Klaus Behling   **Leben in der DDR**

Klaus Behling, Jahrgang 1949, ist Asienwissenschaftler und war Diplomat in Laos, Kambodscha und Rumänien. Bis zur Wendezeit arbeitete er am Institut für Internationale Beziehungen, bevor er von 1991 bis zu seiner Pensionierung als Journalist für den Springer Verlag tätig war. Er ist Autor zahlreicher populärer Sachbücher zur Geschichte der DDR und ihren Folgen im vereinten Deutschland. Zuletzt erschienen in den BEBUG Verlagen: *Auf den Spuren der Alten Meister. Kunsthandel und Kunstraub in der DDR* (Bild und Heimat, 2018) und *Spur der Scheine. Wie das Vermögen der SED verschwand* (edition berolina, 2019).

Klaus Behling

LEBEN IN DER DDR

ALLES WAS MAN WISSEN MUSS

Bild und Heimat

INHALT

FRAGEN UND MOSAIKSTEINCHEN

Die DDR existierte 14 970 Tage lang. Ende 1989 lebten 7 873 300 Männer und 8 560 496 Frauen zwischen Elbe und Oder, Ostsee und Erzgebirge. Manche von ihnen hatten die Republik vom ersten bis zum letzten Tag erlebt, andere nur einen Teil davon. Und jeder Tag war anders. Allein diese Zeit mit den Menschen multipliziert, ergäbe also schnell eine Unzahl von Informationen. Jede von ihnen wäre interpretierbar, denn was den einen erfreute, ärgerte den anderen, was am Tag zuvor noch ein großer Traum gewesen war, schien bald nicht mehr genug. Es gab die, für die alles gut, und jene, für die alles schlecht war. Und die meisten nahmen es, wie es kam. Man richtete sich ein und versuchte – wie überall auf der Welt –, das Beste daraus zu machen. Eine Antwort auf ein pauschales »Wie war's denn so in der DDR?« gibt es nicht. Viele Fragen dazu aber durchaus.

Als die DDR am 7. Oktober 1949 gegründet wurde, geschah das mit dem Anspruch, endlich historische Gerechtigkeit herzustellen und damit einen uralten Menschheitstraum zu verwirklichen. Das sollte genügen, um eine neue Form von Macht und Herrschaft zu legitimieren. Dazu passten aber keine Fragen, denn sie bergen oft den Kern des Zweifels in sich. Also wurden die heiklen unter ihnen nicht gestellt. Oder nicht beantwortet. Denn sie hätten gestört – so gern jegliche Macht die »Machtfrage« stellt, bevor sie diese Macht errungen hat, so sehr unterdrückt sie sie, wenn sie sich etabliert hat. Jahrhundertelang hatten Fragen die Geschichte nach vorn bewegt. Jetzt schienen sie Bremsen geworden zu sein. An die Stelle von Informationen traten Legenden. Sie waren unverwüstlich. Bilder, die sie illustrierten, wurden zu Symbolen.

Ist heute von der DDR die Rede, fehlen weder wogende Fahnenmeere über enthusiastischen Demonstranten, gereckte Fäuste und klirrende Militärparaden noch der Steinewerfer gegen einen sowjetischen Panzer 1953, der Mauer-Maurer aus dem August 1961 oder die verrotteten Straßenzüge in den kleinen und großen Städten. Alles endet mit den Bildern der Menschenmassen gegen Polizeiketten in Leipzig im Herbst 1989 und der hämmernden »Mauerspechte« in Berlin.

Vierzig Jahre Geschichte – und ein jahrzehntelanges Nachspiel um deren Deutungshoheit. Argumente der einen wie der anderen Seite zählen da kaum. Vielleicht helfen Bilder und Erinnerungen doch ein wenig. Sie lügen nicht. Aber sie können trügen. Sie öffnen den Blick hinter die Kulissen und lassen der Fantasie freien Raum. Ihn auszufüllen ist ein sehr persönlicher Vorgang. Waren die DDR-Jahre für die einen die schönste Zeit ihres Lebens, litten andere unter der Bedrückung zwischen Stasi und Schrankwand.

Jeder hat ein Recht darauf, sich an genau das zu erinnern, was sich im Laufe der Zeit für ihn vergoldet oder ihn besonders bedrückt hat. Gleichzeitig kann und darf er jenes vergessen, das ihm schon damals nicht gefiel. Um die daraus zwangsläufig entstehenden Lücken zu füllen, gibt es schließlich die Fragen. Gemeinsam mit den eigenen Erinnerungen werden sie zu Mosaiksteinchen. Ein allumfassendes Bild ist das noch lange nicht.

Wie es aus solchen Teilchen entsteht und wo seine Grenzen liegen, hat Walter Womacka demonstriert, als er Anfang der sechziger Jahre das Haus des Lehrers am Ostberliner Alexanderplatz mit einem 7 Meter hohen und 125 Meter langen Fries verzierte. Bei einem Besuch in seinem Atelier, fast genau 40 Jahre nach Vollendung der »Bauchbinde«, erinnerte er sich: »Ja, das war damals der Traum, den ich träumte.« Er teilte ihn mit vielen anderen. Wie der Künstler ihn präsentieren sollte, stand in seinem Auftrag: »Meine Vision entstand nicht im luftleeren Raum. Sie hatte ihre Wurzeln in fast 20 Jahren DDR-Geschichte. Der Auftrag hieß ›Unser Leben‹. Natürlich konnte ich auch auf den riesigen 875 Quadratmetern nur einen Ausschnitt darstellen, ein Bild des Bildes sozusagen.« Es sollte auch Fragen beantworten.

In Zeiten von Giga- bis Terrabyte weiß jeder, dass Bilder umso deutlicher werden, je mehr Daten zur Verfügung stehen. Womacka fügte rund 800 000 Mosaiksteinchen zusammen. Eine ganze Menge, wie es scheint – aber ein Foto von 12 mal 15 Zentimetern hat heute mindestens 2 Millionen Pixel. Soll trotzdem eine Vorstellung der Vergangenheit entstehen, sind Kompromisse gefragt. »Wer«, »warum«, »wieso«, »weshalb« bilden dabei das Koordinatensystem. Um es auszufüllen, sind mitunter mehr Zahlen nötig, als sich gut lesen lassen, an anderer Stelle erfordert der kurze Sinn einer langen Rede schon mal ein paar Punkte im Zitat. Es bleibt ein Suchen nach den Grautönen im allzu vielen Schwarz oder Weiß. Im Blick auf die Geschichte hat nicht der eine recht und der andere unrecht, sondern jeder sein eigenes Bild. Manche möchten es sich von Fragen nicht ins Wanken bringen lassen, andere suchen eben diese Frage, um es zu ergänzen. Wieder andere vielleicht auch, um es zu korrigieren.

In den 14 970 DDR-Tagen gab es wenig Gelegenheit dazu. Vorgegebene Antworten schnitten den Fragen die Luft ab. Hin und wieder dienten sie auch als Totschlagargumente. Am Ende seines politischen Weges stellte selbst Erich Honecker die zuvor nicht gelittene Frage: »Hatten wir Sozialismus?« Und er antwortet unorthodox: »Wir hatten zumindest ein großes Stück von ihm!« Den Glauben daran, dass dieser Weg irgendwann und irgendwo weitergehen würde, schöpfte er nicht aus der Annahme, dass es irgendein Volk dann so haben will, sondern »weil sich die Gesetzmäßigkeiten der Geschichte nicht außer Kraft setzen lassen.« Doch wie sehen diese Gesetzmäßigkeiten aus? Aus einstigen Gewissheiten wuchsen neue Fragen.

Stefan Heym meinte 1989, von der DDR würde nichts weiter als eine Fußnote in der Geschichte bleiben. Dafür bekam er viele wütende Kommentare und vielleicht kam das Wort ja auch aus seinem gerechten Zorn über die vielen offengebliebenen Fragen. Nur sie können aus der DDR vielleicht doch noch mehr als solch eine Randnotiz machen, denn in seinem historischen Befund hat er zweifellos Recht:

Die kapitalistische Schlange hat das
sozialistische Igelchen geschluckt,
sie wird ihre Verdauungsprobleme haben,
aber das Igelchen ist jedenfalls weg.

»Auferstanden aus Ruinen ...«

1

SCHWERER START, GROSSE PROBLEME

Warum gab es am 7. Oktober 1949 einen Fackelzug?

Alles begann mit einer großen Lüge. Als am 7. Oktober 1949 in der Sowjetischen Besatzungszone Deutschlands die Deutsche Demokratische Republik gegründet wurde, hieß es vollmundig, nun sei erstmals in der Geschichte ein Staat der Arbeiter und Bauern entstanden. Nur waren es weder Arbeiter noch Bauern, die das Sagen hatten, sondern eine Partei, die sich als deren »marxistisch-leninistische« Vorhut ausgab. Dass der Gründungsakt ausgerechnet mit einem Fackelzug unseligen Angedenkens erfolgte, wurde kaum wahrgenommen. Die Menschen hatten anderes im Sinn und um das Überleben zu kämpfen. Im Osten wie im Westen wussten viele, dass es so wie bisher nicht weitergehen durfte. Der »Zusammenbruch« nach zwei verheerenden Kriegen steckte in den Köpfen und in den Knochen. Die Städte lagen in Trümmern, wo einstmals gearbeitet worden war, heulte nun der Wind durch die Ruinen. Wie die Zukunft aussehen würde, wusste niemand, Hoffnungen und Träume kreisten hier wie da um das magische Wort »Demokratie«. Der neue Staat im Osten hatte es sogar in seinen Namen gesetzt. Daran, dass dies nur ein Vorwand war, um eine Diktatur zu errichten, ließ SED-Chef Walter Ulbricht schon vor der Staatsgründung keinen Zweifel: »Es muss demokratisch aussehen, aber wir müssen alles in der Hand haben.« Dafür wurde von Anfang an die Politik verschleiert, Legionen gutwilliger Menschen wurden im Glauben gewogen, sie wären beim Aufbau einer »neuen Gesellschaft« willkommen. Das waren aber beileibe nicht alle. Manche wurden einfach nicht mitgenommen, andere zerrieben. Die einen gingen fort, die anderen resignierten. Das DDR-typische »privat geht vor Katastrophe« krallte seine ersten Wurzeln in die Gesellschaft.

Die Arbeiter und Bauern hatten im Arbeiter-und-Bauern-Staat nicht viel zu sagen. Je länger ihnen das verborgen blieb, umso länger würde die Diktatur dauern. Deshalb versuchte die Führung das Volk glauben machen, es wäre der »Tischler« Walter Ulbricht, der unter der Präsidentschaft des »Tischlers« Wilhelm Pieck das Land führte und später vom »Dachdecker« Erich Honecker beiseite geschoben wurde. Dass Letzterer nicht einmal seine Lehre abschloss, verschwiegen seine Biographen. Dafür sorgte »Expedient« Erich Mielke, der sehr bald nicht mehr – wie einstmals gelernt – für den Versand von Waren und Gütern, sondern den von Menschen verantwortlich zeichnete. Aus diesem vermeintlich proletarischen Stammbaum versuchte die SED, ihren Führungsanspruch herzuleiten – so wie einst die Hohenzollern aus ihrer adligen Herkunft. Zusätzlich braucht jede Diktatur eine Schicht von Funktionären, um zu funktionieren. Das erstrebenswerte Ziel vieler davon war es, den sozialen Status der Arbeiter- und Bauernschaft zu verlassen. Deren Tätigkeit auch nur für einen begrenzten Zeitraum auszuüben, galt als Strafe, euphemistisch »Bewährung in der Produktion« genannt. Doch da war ja immer noch der hehre Anspruch vom Arbeiter-und-Bauern-Staat. Dieser Widerspruch wurde »gelöst«, indem sich die Funktionäre zu Arbeitern ernannten, nämlich zu »Partei-Arbeitern«. Auch den Offizieren der »bewaffneten Organe« verlieh man in der sich permanent militarisierenden DDR per Gesetz den bevorzugten Status. Nun stimmte das ausgefeilte Privilegiensystem der »herrschenden Klasse« wieder: Ihre Abkömmlinge wurden bevorzugt zum Abitur und Studium zugelassen, bekamen schneller eine Wohnung und landeten in den Startlöchern beruflicher Karrieren. Der »real existierende« DDR-Sozialismus hatte seine feudalen Strukturen gefunden.

Doch da waren ja noch diese vermaledeiten Arbeiter und Bauern. Nichts fürchtete die »Partei der Arbeiterklasse« so wie sie. Nicht einmal den »Klassenfeind«. Gegen den konnte man rüsten, ihn mit Propaganda bekämpfen oder einfach aussperren. Aber was war, wenn die Arbeiter und Bauern aufmuckten? Da blieb nur, sie mit ein paar Zugeständnissen ruhigzustellen. Intellektuelle und andere »bürgerliche Elemente« waren mit der Palette von A wie Anbiedern bis Z wie Zuchthaus beherrschbar. Aber doch nicht die Arbeiter und Bauern! Sie ließen sich mit »Bewährung in der Produktion« ebenso wenig disziplinieren wie mit der Drohung, keine Karriere machen zu können. Sie blieben das revolutionäre Potential in der DDR, ob sie es wollten oder nicht.

Als diese Arbeiter das am 17. Juni 1953 zum ersten Mal zu merken schienen, mussten die Panzer der sowjetischen Besatzungsmacht heranrollen, um die Macht der Funktionäre zu sichern. Fortan konzentrierte sich die »Partei der Arbeiterklasse« darauf, die unsichtbare Kraft der Arbeiterklasse nicht noch einmal aufbrechen zu lassen. Ging sie dabei in eine Richtung, die ihren Lehnsherren in Moskau spanisch vorkam, genügte ein kurzer Ruck am Faden der Marionetten, um sie wieder in Reih und Glied einschwenken zu lassen. Diese Diktatur nach Gutsherrenart bekam den schönen Namen »Sozialismus in den Farben der DDR«. Sie dauerte fast vierzig Jahre. Erst ganz zum Schluss nahmen die Arbeiter und Bauern dann doch noch das Heft in die Hand. Sie gingen auf die Straße und machten so »ihrem« Staat deutlich, dass es nun reichte. Fackeln, Trommeln und Fanfaren brauchte dazu niemand, Kerzen genügten.

WIE UNTERSCHIEDEN SICH DDR- UND NAZI-DIKTATUR?

Feldgrauer Stechschritt von Wehrmacht und NVA, trommelnde Jungen, erst in braunen, dann in blauen Hemden, Fackeln, Fahnenmeere und Parolen, Massenaufmärsche und eine Militarisierung der Sprache bis zum Umgang der Behörden mit ihren Untertanen – das alles machte es leicht, die Diktatur in der DDR mit der vorangegangenen Diktatur der Nazis gleichzusetzen. Dennoch wäre diese Klammer um die »beiden deutschen Diktaturen« nichts anderes als ein oberflächlicher Befund ohne Blick auf die Hintergründe. Die Gratwanderung zwischen Dramatisierung und Verharmlosung beider Systeme wäre von vornherein gescheitert. Wütende Reaktionen darauf auf beiden Seiten würden den Blick auf Unterschiede und Gemeinsamkeiten verstellen.

Die gravierenden Unterschiede begannen mit der Errichtung der jeweiligen Diktatur. Die Nazi-Herrschaft fußte auf einer Verachtung der Weimarer Demokratie, die auch unter deutschen Kommunisten verbreitet war. In rasantem Tempo konzentrierte sie sich auf die Herrschaft einer einzigen Partei, ihre Mitglieder besetzten alle wichtigen Stellen im öffentlichen Leben. Gleichschaltung ersetzte die bisherige Gewaltenteilung. Ministerien, Behörden und Verbände wurden der NSDAP unterstellt. Die Machtausübung war total und national orientiert. Im Gegensatz zu diesem »Nationalsozialismus« als hausbackene deutsche Hervorbringung wurde die kommunistische Herrschaft nach der Zerschlagung des NS-Regimes aus der Sowjetunion importiert. Auch sie verfolgte den totalen Herrschaftsanspruch, beschränkte sich aber nicht auf nationale Grenzen. Der Export des sowjetischen Systems in seiner bereits durch Stalins Diktatur erfolgten Deformation des »Sozialismus« diente dem Aufstieg zu einer Weltmacht und der Sicherung der im Krieg erkämpften Expansion. So hatten äußerlich gleiche Erscheinungsformen unterschiedliche politische Hintergründe.

Die wirtschaftliche Grundlage des NS-Regimes blieb – trotz heftiger antikapitalistischer Rhetorik und umfangreicher Zwänge der Kriegswirtschaft – stets das Privateigentum. Die wirtschaftlichen und sozialen Eliten Deutschlands ermöglichten und trugen die Herrschaft des »Führers«. Sein Ende ging mit der physischen Vernichtung riesiger Landesteile einher, wurde von Millionen alliierter Soldaten erzwungen, gegen die das eigene Volk die Nazi-Herrschaft erbittert verteidigte.

Berlin, 1953: 1.-Mai-Demonstration

Ein radikaler ökonomischer und sozialer Umbruch nach sowjetischem Vorbild führte zur Gründung der DDR. Um neue Machtstrukturen zu errichten, wurden die alten beseitigt. Die Teilung Deutschlands erleichterte eine soziale Spaltung des Volkes, weil sie Alternativen für jene bot, die aus politischen Gründen nun zu unterdrücken waren. Viele von ihnen wanderten in den Westen ab. Am Ende erfolgte der Zusammenbruch des DDR-Regimes nahezu widerstandslos im tiefsten Frieden ohne die Bedrohung anderer Staaten. Während ihrer gesamten Existenz blieb die DDR Teil der sowjetischen Globalpolitik. In dieser Rolle nahm sie an der Entspannungspolitik zwischen Ost und West teil. Das kostete sie letztlich ihre Existenz. Das NS-Regime trat dagegen als aggressive Großmacht an, die Eroberung und Unterwerfung ganzer Völker zu ihrem Ziel machte. Sein Untergang war die Folge.

Wer den Vergleich von NS- und DDR-Diktatur grundsätzlich ablehnt, setzt meist bei den ungeheuerlichen Verbrechen der Nazis gegen die Juden und andere Volksgruppen an. Diese Mordtaten sind nicht zu relativieren und bleiben ein barbarischer Zivilisationsbruch. Er darf nicht zur »Entschuldigung« anderer totalitärer Formen der Machtausübung dienen, egal, wo sie auf der Welt stattfinden. Vor diesem Hintergrund ist die NS-Diktatur mit nichts vergleichbar, auch nicht mit diktatorisch verursachtem Unrecht in der DDR. Es gibt aber Wege in totalitäre Strukturen. Sie müssen erkannt werden, um gegen sie einen demokratischen Grundkonsens setzen zu können. Dabei ist es keineswegs eine Denunziation, die DDR als Diktatur zu bezeichnen. Sie selbst hat die »Diktatur des Proletariats« als Weg der Machtergreifung und -sicherung propagiert. Diese Politik stützte sich auf Lenin, der in *Staat und Revolution* darlegte, was er für die zeitlich nicht definierte »Übergangsperiode« darunter verstand: »Diktatur bedeutet ... eine unbeschränkte, sich auf Gewalt und nicht auf Gesetze stützende Macht.« NS- wie DDR-Diktatur fußten auf Ideologie. Allein das verleitet zum Vergleich. Ob Massenmobilisierungen oder Jugendkult, die Kontrolle und Instrumentalisierung sämtlicher Medien oder geheimpolizeiliche Aktivitäten, der mit Machtmitteln durchgesetzte Anspruch der Meinungsführerschaft in der Kultur und im gesamten geistigen Leben – das alles sah sehr ähnlich aus. Beide Diktaturen pflegten ihre Feindbilder und verlangten von ihren Untertanen Gefühlsäußerungen wie »Liebe«, »Fanatismus« oder »Hass«. Auch bei der Machtausübung lassen sich Gemeinsamkeiten finden. Sie liegen in der Ablehnung der Gewaltenteilung und deren Ersatz durch ein »Führerprinzip«. In der DDR wurde dies als »kollektive Führung der Partei« propagiert und von einer relativ kleinen Elite praktiziert. Daraus folgten die Ablehnung einer unabhängigen Justiz und schließlich der Gebrauch der Sozialpolitik als Ersatz von Bürgerrechten.

Dafür, eine Diktatur jedoch einfach nur als Fortsetzung der vorangegangenen zu sehen, reichen diese Indizien nicht aus. Das Bindeglied zwischen beiden bilden die Menschen. Die Deutschen in West wie in Ost waren am Beginn ihrer Teilungsgeschichte von der NS-Diktatur sozialisiert. Dies hier wie dort weitgehend geleugnet und verwischt zu haben, ist eine Grundlage des heute wohlfeilen Vergleichs von DDR und NS-Regime. Historisch haltbar macht ihn das nicht.

Wie viel zahlte die DDR für den Zweiten Weltkrieg?

Die kleine DDR trug die größten Reparationsleistungen, die je ein Land im 20. Jahrhundert erbringen musste. Grundsätzlich sah das Potsdamer Abkommen vom 2. August 1945 vor, dass jede Zone an ihre jeweilige Besatzungsmacht zahlen musste. Da die Sowjetunion jedoch die größten Schäden im Zweiten Weltkrieg erlitten hatte, sollte sie auch aus anderen Zonen Reparationen erhalten. Doch die West-Alliierten waren sich bald einig, mit den Nazis »das falsche Schwein geschlachtet« zu haben, so Winston Churchill. Unter dem Vorwand, dass aus der Sowjetzone zugesagte Lebensmittellieferungen ausblieben, stoppte der amerikanische Militärgouverneur Lucius D. Clay am 25. Mai 1946 die Reparationslieferungen gen Osten. Die Briten und Franzosen schlossen sich an.

Nun konnte sich die Sowjetunion nur noch in ihrer Zone zwischen Ostsee und Erzgebirge schadlos halten. Bis März 1947 wurden rund 11 800 Kilometer Eisenbahngleise demontiert, das war knapp die Hälfte aller Schienenwege, die es 1938 gegeben hatte. Ebenfalls abgebaut wurden etwa 2000 bis 2400 Betriebe. Damit entstand in den ersten zwei Jahren nach dem Krieg neben den Zerstörungen ein zusätzlicher Substanzverlust bei industriellen Ausrüstungen und Infrastruktur von knapp einem Drittel des Vorkriegsbestandes. Ein großer Teil dieser Beute verrottete hinter der sowjetischen Grenze, denn die schwerfällige Bürokratie war nicht in der Lage, die weitere Nutzung zu organisieren.

Mit Befehl Nr. 167 der Sowjetischen Militäradministration in Deutschland (SMAD) vom Juni 1946 begann die Entnahme der Reparationsleistungen aus der laufenden Produktion der inzwischen in der Besatzungszone gebildeten Sowjetischen Aktiengesellschaften (SAG). Sie umfassten etwa 200 größere Betriebe, die wesentliche industrielle Basis der späteren DDR. Die Reparationszahlungen wurden infolge eines sowjetischen Beschlusses mit Wirkung vom 1. Januar 1954 eingestellt und die SAG-Betriebe in DDR-Eigentum überführt. Eine Ausnahme blieb die Wismut, die als wichtigster Uran-Lieferant für die atomare Aufrüstung Moskaus von unverzichtbarer, strategischer Bedeutung war. Die Reparationen beliefen sich 1946, also vor Gründung der DDR, auf 48,8 Prozent des Bruttosozialprodukts der Zone. Ein Jahr später waren es 38,4 Prozent, 1948 noch 31,1 Prozent und im Gründungsjahr der DDR immerhin 19,9 Prozent. Damit bluteten Mecklenburg, Brandenburg, Sachsen-Anhalt, Sachsen und Thüringen weit mehr aus als die West-Länder. Dort gehen 14,6 Prozent des Bruttosozialproduktes 1946 und 6 Prozent im Jahr 1949 für die laufenden Verpflichtungen in der Nachkriegszeit drauf.

Eine genaue Abrechnung der Reparationsleistungen auf Heller und Pfennig gibt es nicht. Sie wird durch die unterschiedlichen Bezugsgrößen – Preise in Reichsmark im Wert von 1936, US-Dollar von 1938 oder Ost- und Westmark von 1953 – erschwert. DDR-Nostalgiker nutzen dies gern, um eine wesentlich höhere Belastung Ostdeutschlands im Vergleich zum Westen zu errechnen. In der Spitze liegt diese Art der Betrachtung bei 98 Prozent – 99,1 Milliarden DM zu Preisen von 1953 – der Zahlungen durch die DDR und nur 2 Prozent – gut 2,1 Milliarden DM – durch die Bundesrepublik. Daraus wurde die politische Forderung entwickelt, die Bundesrepublik sei der DDR einen Ausgleich dafür schuldig gewesen. Wissenschaftlich seriösere Rechnungen schätzen, dass der Osten etwa 12 bis 14 Milliarden US-Dollar, bezogen auf die Preise des Jahres 1938, und der Westen rund 12 Milliarden US-Dollar für die Befriedigung ausländischer Ansprüche nach dem Zweiten Weltkrieg aufbringen musste. Angesichts der unterschiedlichen Größe der Territorien und der unterschiedlichen Bevölkerungszahl ist damit eine wesentlich höhere Belastung der DDR zu konstatieren. Hinzu kommt, dass im Westen ein großer Teil der Zahlungen, besonders die Wiedergutmachung an Israel, aus der sich die DDR völlig herausgehalten hat, erst zu Zeiten des wirtschaftlichen Aufschwungs erfolgte. Im Osten erwiesen sich die Reparationsleistungen von Anfang an als Stein um den Hals beim wirtschaftlichen Neustart. Er begleitete die DDR bis zu ihrem Ende.

Nach den Wahlen am 18. März 1990 wurde Pfarrer und Sozialdemokrat Markus Meckel DDR-Außenminister. Lauthals verkündete er, nun könne man endlich auch den immer noch ausstehenden Friedensvertrag schließen. Bundesaußenminister Hans-Dietrich Genscher (FDP) war entsetzt: Das hieße, plötzlich mit rund 50 ehemaligen deutschen Kriegsgegnern über deren eventuelle Forderungen zur Wiedergutmachung verhandeln zu müssen. Er lud seinen unerfahrenen DDR-Kollegen in sein Privathaus nach Bonn ein. Danach schien Meckel begriffen zu haben, wie Politik gemacht wird, das Wort »Friedensvertrag« war von ihm nie mehr zu hören. Stattdessen steht im Zwei-plus-Vier-Vertrag von 1990, der den Weg zur deutschen Einheit öffnete, ausdrücklich, dass er »anstelle eines Friedensvertrags« geschlossen wurde. Damit waren dann also auch die Kosten des Zweiten Weltkriegs endgültig bezahlt. Eine Verrechnung zwischen den ehemaligen deutschen Teilstaaten fand nicht statt.

WARUM GAB ES DIE DDR?

Nachkriegsdeutschland war von Anfang an ein ungeliebtes Kind aus der Zwangsehe der Alliierten des Zweiten Weltkriegs. Für Väterchen Stalin war es wichtig, westlich seines Riesenreichs Sicherheit zu schaffen. Von dort kamen schon Napoleons Truppen und Polens Soldaten, und aus dem Westen fielen die Armee des deutschen Kaisers und Hitlers Faschisten ein. Alle hatten sich an Mütterchen Russland die Zähne ausgebissen, doch niemals war der Preis so hoch gewesen wie beim letzten Mal: 27 Millionen Tote und ein zerstörtes Land. Dafür war Polen nach Westen verschoben worden und damit ein Drittel von Deutschland von seinen Einwohnern geleert und unter dauerhafter sowjetischer Kontrolle. Ein paar Kilometer mehr als zusätzlichen Cordon sanitaire an der Oder brauchte die Sowjetunion nicht unbedingt. Deshalb glaubte nach dem Potsdamer Abkommen von 1945 kaum jemand, dass es die Besatzungszonen lange geben und der Wiederherstellung eines demokratischen Deutschlands Grundsätzliches entgegenstehen würde.

Doch die West-Eltern des gemeinsamen Kindes trugen sich bald mit Scheidungsabsichten. Väterchen Stalin schien ihnen zu mächtig geworden zu sein. Sie liebäugelten mit einem eigenen Adoptivkind. Es sollte groß und stark werden, um die zerstörte Rest-Familie im Osten zuerst in Schach zu halten und dann langsam auf die eigene Seite zu ziehen. Dieses Adoptivkind hieß erst Bi-, dann Trizone, bekam mit der Währungsreform sein eigenes Taschengeld und mit dem Marshallplan ein dickes Konto in Amerika. Sein endgültiger Name sollte Bundesrepublik Deutschland lauten. Doch weder Geburtstag noch Taufe fielen besonders feierlich aus. Am 23. Mai 1949 trat die vom Westen genehmigte Geburtsurkunde namens Grundgesetz – als provisorisches, das zu einer Verfassung führen sollte – in Kraft, und am 7. September 1949 konstituierten sich Bundestag und Bundesrat, ohne viel Aufhebens zu machen. Erstaunlicherweise sprach das westliche Adoptivkind aber plötzlich im Namen »aller Deutschen«. Das war so nicht vereinbart gewesen und brachte Väterchen Stalin in Zugzwang. Er ordnete die Notgeburt der DDR an. Am 7. Oktober 1949 kam sie als sein ungeliebtes Kind zur Welt.

Früher nannte das Volk ein der Wöchnerin von Fremden untergeschobenes Kind Wechselbalg. Ob Moskau die Patenschaft für seine Schöpfung übernehmen würde, war noch lange nicht klar. Die DDR war anfangs also so etwas wie ein Wechselbalg. Das um sein

Leben ringende Kind musste an den Vater zahlen. Der schickte mal Brot, mal Butter, aber es blieb für ihn zunächst ein ungeliebtes Kind mit wenig Überlebenschance. Für den ersehnten und noch immer ausstehenden Friedensvertrag oder ein andersartiges Arrangement mit dem Geschwisterkind im Westen hätte er es wahrscheinlich preisgegeben. Entscheidend blieb, wie sich das West-Adoptivkind entwickelte. Das bekam süßen Brei aus Amerika und wuchs und gedieh. Seine Ernährer sagten, nur ihr System ließe solchen Brei kochen, und zwar in der Form, wie sie Demokratie damals verstanden. Mit Rassismus, mit Kolonialpolitik, mit Militarismus. So wurde ihre Art Demokratie im Westen lebensfähig. Der Preis dafür waren eine oberflächliche »Entnazifizierung« und die Wiederherstellung der alten autoritär-konservativen Strukturen. Weil das West-Kind jedoch wuchs und gedieh, reichte nun für das Ost-Kind einzig der Antifaschismus als Zukunftsperspektive und alleinige Orientierung nicht mehr aus. Eine gesellschaftliche Vision musste her, Väterchen Stalin seinen Wechselbalg also annehmen. Dafür wollte er von ihm geliebt werden.

Die aus mehr Sozialdemokraten als Kommunisten entstandene SED garantierte die Treue zur Sowjetunion. In ihr fanden sich auch ehemalige Mitglieder der NSDAP wieder – in der Anfangszeit waren es bis zu 25 Prozent –, die erfolgreich auf den neuen Kurs eingeschwenkt waren. So erfolgte die Nachgeburt der DDR nach dem Prinzip der bereits in Osteuropa erprobten »nachholenden Revolution«: Erst wurde die Machtfrage geklärt, dann fanden Veränderungen statt. Die SED mutierte zur Kader- und Massenpartei in einem. Der Preis dafür waren 800 000 Parteiausschlüsse bis 1990 – in keiner kommunistischen Partei der »sozialistischen Bruderländer« gab es mehr.

Den Übergang zur Stalinisierung der DDR markierte der III. Parteitag der SED im Juli 1950. Er veränderte das Parteistatut, begann mit »Säuberungen«, etablierte Kontrollinstanzen und führte das »Parteilehrjahr« und einen Strafkatalog ein. Die SED verstand sich jetzt als »Partei neuen Typus« und war im Sinne Lenins eine »einheitliche Kampforganisation«. Das Kind DDR wurde von da an zu einem irrationalen Sendungsbewusstsein erzogen, das besonders in den frühen Jahren immer mal wieder in Überzeugungsterror umschlug. Die II. Parteikonferenz 1952 gab die Linie für den Aufbau des Sozialismus in der DDR vor. Sie wurde weder vom Zentralkomitee der KPdSU noch dem der SED festgelegt, sondern war der direkten Einflussnahme Stalins auf seinen Statthalter Walter Ulbricht und seinen Besatzern zu verdanken und trug somit typische Züge eines politischen Putsches. So wurde die DDR zu einer Frucht der Enttäuschung der sowjetischen Militärs und der kommunistischen SED-Spitzenfunktionäre über die Krise ihrer Deutschlandpolitik, die durch die positive Entwicklung im Westen immer deutlicher wurde. Die Entstehung der DDR war eine politische Reaktion, die ihre objektiven Umstände in der Nachkriegsgeschichte hatte.

WER WAR WILHELM PIECK?

An einem Juliwochenende im Sommer 1954 bauten die Häftlinge Herbert Friedrich aus Hoyerswerda und Gerhard Lau aus Berlin-Köpenick in der geheimen »Planstelle S« des Staatssicherheitsdienstes in der Ostberliner Freienwalder Straße Wanzen in den schwarzen SIS-Dienstwagen Wilhelm Piecks ein. Das wurde bekannt, weil sie den Sondereinsatz mit Hilfe des MfS-Unterleutnants Hans-Joachim Dittmann zur Flucht in den Westen nutzen konnten. Die Wanzen nahmen sie mit. Solcherart Extras im Wagen eines amtierenden Präsidenten lassen darauf schließen, dass ihm seine Regierung nicht völlig vertraute. Die Geheimdienste im Westen wussten auch, dass sein SIS aus Moskau mit Fünf-Millimeter-Stahlplatten gepanzert war, kugelgesicherte Scheiben hatte und über zwei fest eingebaute Maschinenpistolen verfügte. Das wiederum weist auf die berechtigte Vermutung hin, die Liebe des Volkes zu seinem Präsidenten könnte ihre Grenzen gehabt haben. Dabei war Wilhelm Pieck zu dieser Zeit 78 Jahre alt und galt als gütiger Volks-Opa der DDR. Er war der erste Präsident im Osten Deutschlands und blieb nach seinem Tod am 7. September 1960 auch der einzige.

Am 3. Januar 1876 wurde Wilhelm Pieck in Guben als Sohn eines Kutschers geboren. Er absolvierte die Volksschule, lernte ab 1890 das Tischlerhandwerk und ging danach auf Wanderschaft. Dabei gewann der junge Mann aus einem streng katholischen Elternhaus eine andere Sicht auf die Welt. Die Arbeiterbewegung schien ihm einen Ausweg aus den täglich zu spürenden Ungerechtigkeiten des Lebens zu weisen. Er trat in die Holzarbeitergewerkschaft und 1895 in die SPD ein. Der Tischlergeselle war in Bremen gelandet und begann eine kleine Karriere in der SPD. Pieck galt als verlässlich, wurde Kassierer der Partei und verwaltete bald darauf die Kasse der Gewerkschaft. Die sorgte dafür, dass Wilhelm Pieck 1905 Abgeordneter der Bremer Bürgerschaft wurde. Nun folgte der Aufstieg in der Partei. 1906 wählte sie ihn zum Ersten Sekretär der Bremer SPD.

Versammlungen und Schreibtisch versprachen eher einen bescheidenen Wohlstand als Holz und Späne. Wilhelm Pieck blieb von nun an bis an sein Lebensende hauptamtlicher Funktionär. Für die SPD schien der bodenständige und ambitionierte junge Mann ein idealer »Nachwuchskader« zu sein. Sie schickte ihn 1907 auf ihre Reichsparteischule. Dort lernte er Rosa Luxemburg kennen und wurde ihr begeisterter Anhänger. Wilhelm Pieck war nun ein linker Sozialdemokrat. Er kämpfte gegen den Krieg, wurde 1915 Soldat und landete wegen »Insubordination und Hetze« vorm Kriegsgericht. Vor dem Urteil konnte er fliehen.

Gemeinsam mit Rosa Luxemburg und Karl Liebknecht gehörte Wilhelm Pieck 1918 zu den Gründern der Kommunistischen Partei Deutschlands (KPD). Die

Wilhelm Pieck war von 1949 bis 1960 erster und einziger Staatspräsident der DDR.

Novemberrevolution ließ Hoffnung aufkeimen, doch Freikorps-Soldaten schlugen sie blutig nieder. Karl Liebknecht und Rosa Luxemburg wurden ermordet. Der dafür verantwortliche Offizier, Waldemar Pabst, behauptete später mehrfach, er habe entscheidende Hinweise dazu vom ebenfalls verhafteten und gefolterten Wilhelm Pieck bekommen. Bewiesen ist das nicht. Dennoch war der Spitzenfunktionär nicht mehr unumstritten. Die KPD-Reichstagsabgeordnete und in der Partei eher konservativ orientierte Clara Zetkin warnte 1921, Pieck sei »als Generalsekretär unmöglich, wenn wir nicht der KPD den Totenschein ausschreiben wollen.«

Doch die Zeichen der Zeit standen auf Revolution. Wilhelm Pieck wurde ins Exekutivkomitee der Kommunistischen Internationale gewählt und lernte Lenin kennen. Gleichzeitig war er Mitglied des Preußischen Landtags und ab 1928 des Reichstags. 1922 zählte der inzwischen erfahrene Politiker zu den Mitbegründern der *Internationalen Roten Hilfe*. Diese Tätigkeit brachte ihm 1931 die Wahl ins Präsidium des Exekutivkomitees der *Kommunistischen Internationale* ein. Nun war Wilhelm Pieck ganz oben angekommen. Dennoch bleibt er ein Mann der zweiten Reihe in der KPD. Nach der Machtübernahme Adolf Hitlers im Januar 1933 ging er bereits im Mai nach Paris ins Exil. Die Nazis bürgerten ihn aus. Die KPD agierte nun in Deutschland in der Illegalität. Seit 1925 war Ernst Thälmann ihr Vorsitzender, die Faschisten verhafteten ihn 1933. John Schehr übernahm, er wurde im Februar 1934 ermordet. Wilhelm Pieck als dessen Stellvertreter rückte nach. Die Brüsseler Konferenz der KPD wählte ihn 1935 ausdrücklich nur »für die Zeit der Haft Ernst Thälmanns« zum Parteivorsitzenden. Wilhelm Pieck verlegte sein Exil nach Moskau. Dort überlebte er Stalins Terror, dem drei Viertel aller aus Deutschland emigrierten Kommunisten zum Opfer fielen. Nachdem die Nazis Ernst Thälmann 1944 im KZ Buchenwald ermordet hatten, verblieb nur Wilhelm Pieck als nächster Vorsitzender der KPD. Er war inzwischen 68 Jahre alt und eine Ikone der deutschen und internationalen Arbeiterbewegung. Pieck hatte sie alle persönlich kennengelernt: Rosa Luxemburg, Karl Liebknecht und Lenin, er hatte gegen die Rechtsabweichler in der SPD gekämpft und war Mitinitiator des antifaschistischen Nationalkomitees Freies Deutschland, das die Weichen für die Zeit nach 1945 stellte. Und vor allem hatte er überlebt. Doch der kommende Mann Moskaus war inzwischen längst ein anderer. Er hieß Walter Ulbricht. Für den »dicken Wilhelm« blieb nur der Posten eines Präsidenten ohne Machtbefugnisse übrig.

Was war das »Pankower Regime«?

Als Rocksänger Udo Lindenberg 1983 den alten Glenn-Miller-Song »Chattanooga Choo Choo« coverte und als »Sonderzug nach Pankow« schickte, wusste jeder: Hier geht es um eine Satire auf die DDR-Regierung. Doch die saß in Berlin-Mitte und hatte ihr Domizil in Wandlitz vor den Toren der Stadt. Warum also ausgerechnet Pankow?

Von 1949 bis 1960 residierte im Barockschloss Schönhausen, das zu DDR-Zeiten viele Jahre lang Schloss Niederschönhausen genannt wurde, in Berlin-Pankow der erste und letzte Präsident der DDR, Wilhelm Pieck. Im an den Schlosspark angrenzenden Villenviertel wohnten damals SED-Chef Walter Ulbricht und die Mitglieder der Regierung. Alles war mit einem grünen Bretterzaun von der Außenwelt abgeschirmt. Die Bonzen nannten ihre Häuser rings um den Majakowskiring »Das Städtchen«, das Volk sagte respektlos »Ghetto« dazu. Diese Führung war von Moskau eingesetzt und konnte sich keiner Legitimation durch freie Wahlen rühmen.

Deshalb sind die roten Bonzen dem schwarzen Kanzler im anderen Teil Deutschlands von Anfang an ein Dorn im Auge. Seit der Gründung der Bundesrepublik Deutschland 1949 dachte Konrad Adenauer darüber nach, wie man eigentlich ein Land nennen könnte, dessen bloße Erwähnung schon den Verdacht auslösen könnte, man würde es als existent betrachten. Schließlich fiel ihm mit Blick auf die »Zoffjetzone« nur noch ein, den Ort ihrer Regierung zur Marke zu machen. So redete man dann jahrelang vom »Pankower Regime«, denn allein die Benutzung der Worte »Deutsche Demokratische Republik« hätte ja Akzeptanz bedeuten können. Für Adenauer genügte bald ein kurzes, hartes »Pankoff« für die Umschreibung des beargwöhnten deutschen Zweitstaates.

Die Geschichte von Schloss Schönhausen ist jedoch viel länger als seine Zeit als Symbol für das »Pankower Regime«. Ihr wichtiger Teil begann 1740, als der Alte Fritz noch der junge Fritz war und den preußischen Thron bestieg. Er schenkte Schloss Schönhausen seiner ungeliebten Frau Elisabeth Christine. Der König wollte lieber in Potsdam »Ohne Sorgen«, französisch »Sanssouci«, und ohne Frau leben. Das ließ sich Preußen 16.000 Taler kosten. Doch es lag wohl kein Segen auf dem damals noch weit vor Berlin liegenden Anwesen. Im Siebenjährigen Krieg (1756–1763) wurde es an dem einzigen Tag, an dem russische Truppen Preußens Hauptstadt besetzten, zerstört. Friedrich bezahlte 1764 seiner Gattin den Wiederaufbau. So entstand das Schloss in seiner heutigen Form. Sechzig Jahre später schuf Peter Josef Lenné den Park.

In der zweiten Hälfte des 19. Jahrhunderts verfielen Schloss und Park und gingen 1920 in den Besitz Preußens über. Die Nazis bauten das Schloss 1935 zu einem Ausstellungsgebäude um. Fünf Jahre lang wurden dort die von der Reichskammer der bildenden Künste geförderten Werke gezeigt. Dann mutierte das Haus zum Lager und beherbergte die im Dritten Reich verpönte »entartete Kunst«. In den Räumen stapelten sich nun Werke von Ernst Barlach, Wilhelm Lehmbruck, Franz Marc und vielen anderen. Es gab eine geheime Schatzkammer. Und es war schon fast so etwas wie ausgleichende Gerechtigkeit, denn während Berlin mitsamt seiner NS-Kunst in Schutt und Asche versank, blieben Schloss Schönhausen und das angrenzende Villenviertel nahezu unzerstört.

Ab 1945 waren die Russen wieder da. Diesmal etablierte sich die Besatzungsmacht für Jahrzehnte. Das Schloss wurde zum Offizierscasino und etwas später zu einer Internatsschule für die privilegierte Ausbildung von Kindern hoher sowjetischer Offiziere und deutscher Spitzenfunktionäre. Als DDR-Präsident Wilhelm Pieck eine Kanzlei brauchte, zog er ins Schloss. Sein Schreibtisch trug bis 1955 ein Emblem aus Hammer und Ährenkranz und galt nur inoffiziell. Erst mit Gesetz vom 26. September 1955 wurde das offizielle Staatswappen der DDR mit Hammer, Zirkel, Ährenkranz und eingebundener schwarzrotgoldener Fahne daraus. Für die Bundesrepublik blieb es das »Spaltersymbol des Pankower Regimes« – sein öffentliches Zeigen stand in der BRD bis 1969 unter Strafe. Das Schloss war derweil längst zum Gästehaus der DDR-Regierung geworden, in dem ausländische Staatsmänner logierten.

Es ist fast ein Treppenwitz der Geschichte, dass es ausgerechnet Sowjetführer Michail Gorbatschow war, der dort 1989 als letzter Gast das Licht ausmachte. Mit ihm ging der kleinere deutsche Teilstaat, doch zuvor tagte noch der Runde Tisch des DDR-Übergangsparlamentes in den Nebengebäuden des Schlosses. Später fanden dort Teile der Zwei-plus-Vier-Verhandlungen statt, mit denen die USA, die Sowjetunion, England und Frankreich den Weg zur deutschen Einheit öffneten. So begann und endete die Geschichte der DDR letztlich in Pankow.

Inzwischen ist das Schloss für 8,6 Millionen Euro restauriert und zum Museum geworden. In einem Seitengebäude sitzt heute die Bundesakademie für Sicherheitspolitik. Es war auch mal als Zweitsitz des Bundespräsidenten vorgesehen, das war der Bundespräsidialverwaltung jedoch zu teuer.

War Berlin die »Hauptstadt der DDR«?

»Berlin – Hauptstadt der DDR« stand an allen Straßenschildern. Trotzdem sagten viele, darunter auch manche DDR-Offizielle, sie führen »in die Republik«, wenn sie eine Tour ins Berliner Umland machten. Diese Unterscheidung zwischen Berlin und DDR, vormals Sowjetische Besatzungszone, hatte ihre historischen Ursachen.

Mit dem Londoner Zonenprotokoll von 1944 hatten die Sowjetunion, die USA und das Vereinigte Königreich beschlossen, Deutschland nach der bedingungslosen Kapitulation in drei Besatzungszonen aufzuteilen und »ein besonderes Berliner Gebiet, das gemeinsam von den drei Mächten besetzt wird«, zu schaffen. Später war noch Frankreich als vierte Besatzungsmacht hinzugekommen. Ausgegangen wurde vom 1920 festgelegten Stadtgebiet von »Groß-Berlin«, die Grenzen der früheren Stadtbezirke wurden 1945 zu Grenzen zwischen den Sektoren, die jedoch frei passierbar blieben. Nach gescheiterten Versuchen einer gemeinsamen Verwaltung Berlins war zum Zeitpunkt der Gründung der Bundesrepublik und der DDR auch die Teilung der Stadt – mit zwei Währungen, zwei Verwaltungen, aber offenen Grenzen – faktisch vollzogen.

Nach Inkrafttreten des Grundgesetzes der Bundesrepublik Deutschland am 23. Mai 1949 lehnte die Sowjetunion dessen Gültigkeit für das ursprünglich vorgesehene Groß-Berlin ab. So erhielt es eine nur eingeschränkte Gültigkeit im amerikanischen, britischen und französischen Sektor. Im Gegenzug wurde die Verfassung der DDR am 7. Oktober 1949 für die Länder Sachsen, Sachsen-Anhalt, Thüringen, Brandenburg und Mecklenburg in Kraft gesetzt. Im Artikel 2 hieß es: »Die Hauptstadt der Republik ist Berlin.« Welches Gebiet genau damit gemeint war und wie sich dessen Verhältnis zu den Ländern der DDR begründete, wurde nicht erläutert. Noch standen Bundesrepublik und DDR mit ihren provisorischen Regierungen unter alliierter Oberhoheit und nährten die Hoffnung, wieder zu einem einigen deutschen Staat zu gelangen. Sie zerschlug sich im Laufe der darauffolgenden Jahre.

Nun folgte ein jahrzehntelanges Tauziehen um den Status Berlins. Der Westen wollte die Verantwortlichkeit der vier Alliierten für Gesamt-Berlin erhalten, der Osten den einstigen Sowjetischen Sektor, nunmehr Demokratischer Sektor und später Demokratisches Berlin genannt, als DDR-Hauptstadt anerkannt wissen. Dabei verzeichnete jede Seite ihre Erfolge und Niederlagen. So befand sich zum Beispiel wegen des entmilitarisierten Status der Stadt das Verteidigungsministerium der DDR in Strausberg. Andererseits ließ die DDR mit Billigung der Sowjetunion die 1962 eingeführte Wehrpflicht auch für Ostberlin gelten. Gleichzeitig wurden die sowjetische Garnison und Stadtkommandantur aufgelöst und durch einen Stadtkommandanten der Nationalen Volksarmee (NVA) ersetzt. Gegen Paraden der NVA gab es regelmäßig Proteste der Westmächte. Ihre Militärs konnten sich in Uniform ohne Kontrollen und ungehindert bis 1990 in Ostberlin bewegen.

Die Kontrolle des Luftraums über Berlin blieb bis 1990 in der Hand der Alliierten. Westberlin durfte auch im Zivilverkehr nur von amerikanischen, britischen und französischen Flugzeugen angeflogen werden. Der Flugplatz Ostberlins lag deshalb außerhalb der Stadtgrenzen in Schönefeld und war von solchen Restriktionen nicht betroffen.

Weder West- noch Ostberliner durften Abgeordnete direkt in den Bundestag oder die Volkskammer wählen. Die Berliner Abgeordneten hatten in den Parlamenten nur ein beratendes Stimmrecht. Seit 1976 erhielten die Ostberliner Volkskammer-Abgeordneten keine Sonderausweise mehr, 1979 wurde das Wahlgesetz geändert und ab 1981 auch in Ostberlin direkt gewählt. Erst damit war de facto das Ziel »Berlin, Hauptstadt der DDR« verwirklicht. Dennoch blieben alliierte Vorbehalte bis zum Schluss. So hieß zum Beispiel die US-Botschaft in der DDR offiziell: Botschaft der Vereinigten Staaten von Amerika bei der DDR, denn nach amerikanischer Auffassung befand sie sich ja nicht »in« der DDR.

Das Viermächteabkommen über Berlin, von der DDR Vierseitiges Abkommen genannt, vom 3. September 1971 trug wesentlich zur Entspannung der Streitigkeiten um Berlin bei. Dieses erste Regierungsabkommen der Alliierten seit Kriegsende regelte die Verantwortlichkeiten und Rechte der vier Mächte, die Frage der Transitwege und die Bestätigung der besonderen Beziehungen Westberlins zur Bundesrepublik. Einigkeit bestand darin, dass der Status von Berlin nur gemeinsam von allen vier Mächten geändert werden könne. Damit eröffnete das Abkommen den Weg für die Normalisierung der deutsch-deutschen Beziehungen.

Das alliierte Tauziehen um Berlin endete völkerrechtlich erst mit dem Zwei-plus-Vier-Vertrag vom 12. September 1990. In Artikel 1 Absatz 1 Satz 1 über die »abschließende Regelung in Bezug auf Deutschland« heißt es dazu: »Das vereinte Deutschland wird die Gebiete der Bundesrepublik Deutschland, der Deutschen Demokratischen Republik und ganz Berlins umfassen.« Damit entfielen für Westberlin übrigens auch einige längst vergessene gesetzliche Regelungen wie zum Beispiel die Gültigkeit der im übrigen Deutschland schon lange abgeschafften Todesstrafe. Um sie im Falle eines Falles vollziehen zu können, lag bis 1990 eine gut eingefettete Guillotine im Keller des Gefängnisses Moabit.

Die Außenminister der vier Besatzungsmächte unterzeichneten am 3. Juni 1972 das Abschlussprotokoll des Viermächteabkommens über Berlin, das am selben Tag in Kraft trat.

Wurden NS-Verbrecher im Osten verschont?

Für die einen ist schon die Frage ein Sakrileg, für die anderen sind Beispiele von DDR-Karrieren ehemaliger NSDAP-Mitglieder inzwischen die liebste Entschuldigung für die braune Färbung im Westen des Wirtschaftswunders. Ein Aufrechnen nach dem Prinzip »eure Nazis, unsere Nazis« scheint ebenso wenig hilfreich wie das Absuchen der auf beiden Seiten vorhandenen Beispiele nach Trümpfen und Luschen.

In beiden Teilen Deutschlands begann am 8. Mai 1945 der Neuanfang mit genau dem Volk, dessen Mehrheit bis zum 7. Mai 1945 an den »Endsieg« glaubte. Zwangsläufig wurde aus der Kriegsgeneration in ganz Deutschland die Aufbaugeneration. Unter den rund zwei Millionen der bis zum 13. August 1961 von Ost nach West gezogenen Deutschen waren überproportional viele frühere NSDAP-Mitglieder. Meist nicht, um im Westen wieder politisch aktiv zu werden, sondern deshalb, weil dort ihre, im Dritten Reich erworbenen Rechte – zum Beispiel Pensionen bei Beamten und deren Witwen – wieder auflebten. Dadurch verminderte sich die Zahl potentieller NS-Täter in der DDR.

Nach offiziellen Angaben wurden insgesamt 12 881 Personen wegen »Kriegsverbrechen und Verbrechen gegen die Menschlichkeit« zur Verantwortung gezogen. Dabei ist nicht auszuschließen, dass diese Zahl auch nicht ausreichend bewiesene Fälle, oder sogar Unschuldige, enthält. Im Zusammenhang mit den 3482 Häftlingen, die die Sowjetunion 1950 der DDR-Justiz zur Aburteilung übergab, wurden nach der Einheit Verstöße gegen damals geltendes Recht festgestellt und sanktioniert. In den drei Westzonen verurteilte man bis 1947 rechtskräftig 5025 ehemalige Nazis, davon 806 zum Tode bei einer Vollstreckung von 456 Urteilen. Alles in allem mussten sich dort rund 6500 Personen wegen ihrer Nazi-Vergangenheit den Richtern stellen. Umgerechnet auf die Bevölkerung ging der Osten also weitaus rigoroser gegen NS- und Kriegsverbrecher vor. Ihre Verurteilung in der DDR war aber nie nur juristische Aufarbeitung, sondern immer auch Propaganda und »Klassenkampf«. In Abwesenheit geführte, aufwendige Schauprozesse vor dem Obersten Gericht der DDR gegen aktive Westpolitiker, wie Hans Globke oder Theodor Oberländer, belegen dies. Der Amsterdamer Strafrechtler Professor Christiaan F. Rüter geht davon aus, dass von den nach 1960 geführten 89 NS-Verfahren in der DDR immer noch etwa 10 einen »gesamtdeutschen Bezug« als wesentlichen Hintergrund hatten.

Nach der Einheit kolportierte Zahlen, nach denen bis zu 22 000 NS-Verbrecher in der DDR durch bewusstes politisches Handeln unbehelligt blieben, sind bislang wissenschaftlich nicht ausreichend belegt. Diese Zahl wird in der nachträglichen Auseinandersetzung gern mit der einstiger NSDAP-Mitglieder in meist mittleren Leitungsfunktionen der DDR – Ausnahme: Aufbau der NVA, bei dem auch ehemalige hohe Wehrmachtsoffiziere unverzichtbar schienen – vermischt. Damit soll suggeriert werden, dass die NS-Aufarbeitung in der DDR zumindest halbherzig erfolgte.

Das mag sein oder auch nicht – das Problem lag jedoch in ganz anderen Bereichen. Erstens war der DDR-Umgang mit ehemaligen NSDAP-Mitgliedern zwiespältig. Passte es ins Konzept, integrierte die SED »kleine Nazis« in ihre Reihen. Im Februar 1954 ermittelte eine parteiinterne Statistik, dass sich ihr Anteil von 8,6 Prozent der Mitglieder bei den sich nun bewerbenden Kandidaten auf 9,3 Prozent erhöht hatte. Bei ehemaligen SA- und SS-Angehörigen stieg er von 6,1 auf 9,9 Prozent. Die Partei brauchte diese Leute jedoch, weil nach dem Aufstand von 1953 etwa die Hälfte aller Funktionäre ausgewechselt worden war. Unabhängig davon wurde die »Nazi-Keule« erhalten. In Personalfragebogen war Auskunft zu eigenen Dienstgraden in der Wehrmacht und zu Einsatzorten und denen von Verwandten ersten Grades zu geben. Eine besonders peinliche Ausprägung erfuhr dieser Pragmatismus in der gelegentlichen Nutzung NS-belasteter Personen durch das Ministerium für Staatssicherheit.

Zweitens war die Erklärung der Wurzeln des Faschismus in der DDR eindimensional. Sie interpretierte ihn ausschließlich sozialökonomisch als »offene terroristische Diktatur der reaktionärsten, chauvinistischsten, am meisten imperialistischen Elemente des Finanzkapitals« mit dem politischen Ziel, durch einen Aggressionskrieg Maximalprofite zu erzielen. Diese Erklärung machte es den Menschen leichter, sich mit der »neuen Gesellschaft« zu identifizieren. Um gegen den Krieg zu sein, musste sich niemand automatisch für den Sozialismus engagieren. Die eindeutige Schuldzuweisung entlastete all jene, die kurz zuvor noch begeistert »Sieg Heil« gerufen hatten. Sie mutierten dadurch zu Verführten und Irregeleiteten und glitten so allmählich auf die Seite der »Sieger der Geschichte«, die aus dem Osten kamen.

Dieser Vorgang des kollektiven Vergessens fand im Westen ebenfalls statt. Er führte zur Personifizierung von einigen wenigen Verantwortlichen für die NS-Verbrechen. Die überwiegende Mehrheit der Bevölkerung in der frühen Bundesrepublik sah sich dadurch als unbedeutende »Mitläufer« und wechselte ebenfalls schnell zu den Siegern, diesmal zu denen auf amerikanischer Seite.

Diese Politik mag in der Phase des Neubeginns in Ost und West notwendig gewesen sein, denn eine Dauerstimmung von Selbstanklage und Vergangenheitsbewältigung hätte hier wie dort gebremst. In der Tendenz führte sie jedoch im Westen zur Gleichgültigkeit gegenüber Schuld und Unrecht und zu sorglosem Umgang mit Demokratie und im Osten zur kritiklosen Übernahme diktatorisch geprägter Verhaltensweisen und zu mangelndem Verständnis von Totalitarismus.

War die DDR mal eine Bundesrepublik?

Thüringer lieben Klöße, Sachsen sind Reiseweltmeister und Mecklenburger ein bisschen stur – als nach der Deutschen Einheit die ostdeutschen Länder auferstanden, galt die unterschiedliche regionale Identifikation als wichtiges Bindemittel. Daran hatte die sowjetische Besatzungsmacht auch schon nach dem Krieg gedacht. Mit Befehl vom 9. Juli 1945 bestimmte die Sowjetische Militäradministration die Wiederherstellung einer Struktur im Osten Deutschlands, die sich an die früheren historischen Grenzen anlehnte. So entstanden zunächst die Länder Mecklenburg, Sachsen und Thüringen. Den Rest der sowjetischen Besatzungszone bildeten Teile preußischer Provinzen. Im Zuge der offiziellen Auflösung des Staates Preußen mit Kontrollratsgesetz Nr. 46 vom 25. Februar 1947 entstanden Sachsen-Anhalt und Brandenburg als Länder. Zwischen Dezember 1946 und Juli 1947 gaben sich diese Länder ihre eigenen Verfassungen. Berlin hatte als Viersektoren-Stadt einen besonderen Status und bildete kein eigenes Land.

Die Ergebnisse des Zweiten Weltkriegs hatten die Struktur der neuen Verwaltung wesentlich beeinflusst. Mit der Festlegung der Ostgrenze auf die Oder-Neiße-Linie verlor die ehemalige preußische Provinz Brandenburg alle Gebiete östlich der Oder. Im Entwurf der Verfassung für Mecklenburg, das aus den früheren Großherzogtümern Mecklenburg-Schwerin, Mecklenburg-Strelitz und dem westlichen Vorpommern gebildet wurde, plante man zunächst den Namen Mecklenburg-Vorpommern. Das verboten die Sowjets jedoch, um nicht an die verlorenen deutschen Ostgebiete zu erinnern.

Auch der niederschlesische Landzipfel um Görlitz tauchte in keinem Namen mehr auf und ging an Sachsen. Das Land Sachsen-Anhalt entstand aus der preußischen Provinz Sachsen – nicht mit dem Königreich Sachsen zu verwechseln – und dem ehemaligen Freistaat Anhalt. Damit war die Sowjetische Besatzungszone strukturell als Bundesrepublik angelegt. Deshalb definierte sich die DDR in ihrer ersten Verfassung als dezentralisierter Einheitsstaat. Mit ihrer Gründung am 7. Oktober 1949, die auf dem Staatsgründungsgesetz beruhte, entstand neben der Abgeordnetenkammer – wegen des weiterhin gültigen Besatzungsrechtes Provisorische Volkskammer genannt – auch eine Provisorische Länderkammer, vergleichbar also mit Bundestag und Bundesrat im Westen.

Die 50 Abgeordneten der DDR-Länderkammer kamen aus den Landtagen entsprechend der Fraktionsstärke der dort vertretenen Parteien. Sachsen schickte 13, Sachsen-Anhalt 11, Thüringen 10, Brandenburg 9 und Mecklenburg 7 Parlamentarier. Die 13 Berliner Abgesandten verfügten nur über eine beratende Stimme. Bereits bei den Landtagswahlen vom 20. Oktober 1946 zeigte sich, dass diese Struktur die Macht der ein halbes Jahr zuvor aus KPD und SPD gebildeten SED gefährdete. Trotz erheblicher Behinderung der bürgerlichen Parteien (Liberale und Christen) und der Bauern-Partei, verfehlte sie die angestrebte absolute Mehrheit. In Sachsen-Anhalt entstand eine Regierung aus Christdemokraten und Liberalen. Aufgrund des Misserfolgs der SED änderte die Besatzungsmacht das Wahlrecht, künftig war nur noch die Einheitsliste der Nationalen Front zugelassen. Sie erhielt am 15. Oktober 1950 bei einer Wahlbeteiligung von über 98 Prozent mehr als 99 Prozent aller Stimmen – etwas anderes zu wählen gab es nicht mehr. Da es auf dieser Einheitsliste außer der SED und den Blockparteien – Christlich-Demokratische Union, Liberal-Demokratische Partei, National-Demokratische Partei und Demokratische Bauernpartei – auch Abgeordnete der FDJ, des FDGB, Kulturbunds, Frauenbunds und weiterer Organisationen gab, deren Nominierung die SED bestimmen konnte, war deren Macht fortan gesichert. Mit der Gründung der DDR verloren die Länderinstitutionen einen Großteil ihrer Befugnisse. Die Gesetze wurden nun von der Regierung in Ostberlin als Legislative bestimmt, die Landesbehörden waren als Exekutive für deren Umsetzung verantwortlich.

Sein faktisches Ende fand das Modell »Bundesrepublik DDR« mit dem »Gesetz über die weitere Demokratisierung des Aufbaus und der Arbeitsweise der staatlichen Organe in den Ländern der Deutschen Demokratischen Republik« vom 23. Juli 1952. Damit erfolgte die Umsetzung des von der II. Parteikonferenz der SED kurz zuvor gefassten Beschlusses zum Aufbau des Sozialismus in der DDR. Die Verwaltungsstruktur entsprach nun dem sowjetischen Vorbild. Aus den bisher 132 wurden 217 Kreise, die fünf Länder wandelten sich in 14 Bezirke: Rostock, Schwerin, Neubrandenburg, Magdeburg, Potsdam, Frankfurt (Oder), Halle, Leipzig, Cottbus, Erfurt, Suhl, Karl-Marx-Stadt, Gera und Dresden. Ostberlin behielt seinen Sonderstatus. Dieses Aufblähen der Verwaltung diente letztlich der Sicherung der Macht.

Die Länderkammer der DDR existierte nur noch als verfassungsrechtliche Absurdität, denn es gab ja keine Länder mehr. Dennoch erhielt sie die SED, um nicht die damals angestrebte Wiedervereinigung zu blockieren. 1954 wurde die Länderkammer von den entsprechend der früheren Länderstruktur zusammengetretenen Bezirkstagen gewählt, 1958 dann ein letztes Mal von den Bezirkstagen direkt. Die Abgeordneten hatten danach nur noch eine Aufgabe: Zur Auflösung des Länderparlaments per Volkskammer-Gesetz vom 8. Dezember 1958 zu nicken. Der Traum von der DDR als Bundesrepublik war ausgeträumt.

Was stand in den Personalausweisen?

Wer 14 Jahre alt wurde, empfing mit Stolz und für zwei Mark Verwaltungsgebühr seinen zwölfseitigen Personalausweis und fühlte sich von nun an erwachsen. Wer 24 war, schämte sich beim Besuch im Freundesland manchmal etwas, sich als »Deutscher zweiter Klasse« ausweisen zu müssen. Wer die 34 erreicht hatte, amüsierte sich über das Bild und musste einen neuen Ausweis beantragen – ab 1973 gab es dann gleich Raum für drei Bilder – und mit 44 wurde für viele der »Personalausweis für Bürger der Deutschen Demokratischen Republik« zum ersten Reisedokument ihres Lebens.

Der Personalausweis musste die aktuelle Meldeadresse tragen, der Familienstand war vermerkt und die Kinder wurden namentlich eingetragen. Für sie konnten bei Reisen im Alter bis zu 14 Jahren »Kinderausweise« – ein Faltblatt mit Foto – beantragt werden. Vergessen ist, dass er bis in die siebziger Jahre »Deutscher Personalausweis« hieß, zuerst 20 Seiten hatte, Ostberliner ihn wegen des Viermächtestatus der Stadt erst ab 1953 bekamen und die VP-Meldestellen einen »Einkleber« für Grenzstempel und Geldumtausch hinzufügen konnten, der im Volksmund »Ziehharmonika« genannt wurde. Verdrängt haben die meisten auch den rüden Ton im Ausweis:

Bürger
der Deutschen Demokratischen Republik
Dieser Personalausweis ist Ihr wichtigstes Dokument
Sie haben deshalb:
– den Personalausweis stets bei sich zu tragen …

Die übliche Anrede bei der Polizei lautete dann auch dementsprechend kurz »Bürger!«, am Telefon: »Teilnehmer!« Wer diesen Status verloren hatte, etwa durch eine Haftstrafe, musste mit dem »PM 12« vorliebnehmen. In der Regel war dieser »vorläufige Personalausweis« mit Auflagen wie Hinterlegung des Wohnungsschlüssels und Meldepflicht bei der Volkspolizei sowie Arbeitsplatzbindung verbunden. Allein seine Ausgabe diffamierte die Betroffenen als unzuverlässig. Oft waren dafür politische Gründe wie vorangegangene Verurteilungen nach § 213, versuchter illegaler Grenzübertritt, oder § 212, Widerstand ge-

Die DDR-Ausweisdokumente behielten bis zum 31. Dezember 1995 ihre Gültigkeit: DDR-Bürger erhielten 14-jährig ihren Personalausweis, der Reisepass (links) war bis in die achtziger Jahre ein Privileg für wenige.

gen die Staatsgewalt, der Hintergrund. Möglich war auch ein »Berlin-Verbot«, das hieß, DDR-Bürger durften nicht in die »DDR-Hauptstadt« reisen.

Während des Wehrdienstes musste der Personalausweis beim Wehrkreiskommando hinterlegt werden. Der Wehrpass galt dann gleichzeitig als Ausweis. NVA-Angehörige waren bei jeglicher Kontrolle erkennbar, selbst wenn es im Urlaub die Genehmigung zum Tragen von Zivil gab.

Ab 1. Januar 1970 führte die DDR »Personenkennzahlen« (PKZ) ein. Sie wurden im Ausweis eingetragen und dienten der Errichtung einer zentralen Personendatenbank, ab 1972 mit Sitz in Berlin-Biesdorf. Seit dem 1. Januar 1984 war sie voll funktionsfähig und enthielt zu jeder Person neben den Stammdaten Eintragungen zu Ehepartnern, Kindern, besonderen Erlaubnissen wie Waffen- oder Giftschein, Fahrerlaubnis und Hinweise auf Strafregistereintragungen und besondere Aktivitäten. Die zwölfstellige PKZ bestand aus Geburtstag, Geburtsmonat, Geburtsjahr mit je zwei Stellen, dem Geschlecht und dem Jahrhundert der Geburt in vier Ziffern, der dreistelligen Schlüsselnummer des eintragenden Melderegisters, einer fortlaufenden Nummer innerhalb des Geburtstages und einer einstelligen Prüfziffer. Diese Prüfziffer ergab sich aus einer festgelegten Rechenvorschrift für die vorhandenen Zahlen, um so Eingabefehler erkennen zu können. Ein hartnäckiges Gerücht behauptete, dass über der PKZ im Ausweis geheime Zeichen angebracht worden wären. Manchmal erkennbare »Besonderheiten« hatten aber lediglich in der mangelnden Qualität der Dokumentenschreibmaschinen ihre Ursache und waren harmlos.

Tatsache hingegen ist, dass die PKZ neben der Eintragung im Personalausweis auch im SV-Buch, im Wehrdienstausweis und auf der Erkennungsmarke stand. Sie wurde überdies von den Betrieben und staatlichen Organen genutzt, was eine flächendeckende Verknüpfung der Daten aller Bürger ermöglichte, die ihrerseits jedoch durch die noch rudimentäre DDR-Computertechnik gehemmt wurde. Mit Herstellung der Deutschen Einheit am 3. Oktober 1990 wurde die weitere Nutzung der PKZ grundgesetzwidrig. Laut Einigungsvertrag durften nur die erforderlichen Personendaten zur Überführung des polizeilichen Meldewesens in die örtlichen Melderegister genutzt werden. Danach war die PKZ zum »frühestmöglichen Zeitpunkt« zu löschen, spätestens jedoch am 31. Dezember 1992. Heute existieren diese Personenkennzahlen nur noch in den MfS-Akten. Wer seine noch weiß, kann damit seinen eventuellen Antrag auf Akteneinsicht beschleunigen.

Der DDR-Personalausweis hingegen wurde am Ende der DDR noch einmal richtig wichtig. Er diente als Beleg für den Empfang der 100 DM Begrüßungsgeld im Westen. Nach dem Fall der Mauer wurde er wie ein westliches Personaldokument anerkannt. Bei der Einführung der Wirtschafts-, Währungs- und Sozialunion am 1. Juli 1990 vermerkte die Bank die Kontenanmeldung im Ausweis. Das war nicht nur für den geregelten Umtausch der DDR-Mark in DM wichtig. Es eröffnete gleichzeitig den Zugang zu einem Girokonto West auf Guthabenbasis, auf das es damals keinen Rechtsanspruch gab. Die Gültigkeit der Personalausweise der DDR erlosch am 31. Dezember 1995.

Warum musste die DDR mit der Mauer bis 1961 warten?

Der Zettel ist gerade einmal 20,2 Zentimeter breit und 12,7 Zentimeter hoch. Mit rotem Stift hatte sich US-Präsident John F. Kennedy in Lautschrift den Satz vermerkt, der am 26. Juni 1963 die Westberliner beruhigen sollte: »Ich bin ein Bearleener.« Die beiden »e« sind unterstrichen, Berlin wird auf der zweiten Silbe betont. Viele der am 6. Juni 1961 in Westberlin gezählten 2 197 408 Bewohner der eingemauerten Halbstadt jubelten dem Präsidenten zu.

Die große Enttäuschung schien in jenem Moment vergessen. Dass die DDR das »Schlupfloch Westberlin« zustopfen würde, war ab Mitte der fünfziger Jahre absehbar. Ihre zweite existentielle Krise strebte dem Höhepunkt zu. Nachdem 1953 sowjetische Panzer die Macht der SED in letzter Minute gerettet hatten, stand nun wieder alles oder nichts auf dem Spiel. Die DDR-Bürger stimmten mit den Füßen ab und waren dabei, in den Laufschritt zu verfallen. Im Juli 1961 stellten 30 415 Menschen den Antrag auf Notaufnahme in der Bundesrepublik, das waren doppelt so viele wie im Juli 1960 und 50 Prozent mehr als im Juni 1961.

Wie sie zu stoppen seien, verkündete SED-Chef Walter Ulbricht unabsichtlich auf einer Pressekonferenz am 15. Juni 1961 in Ostberlin: »Niemand hat die Absicht, eine Mauer zu errichten.« Er hatte keinen Zettel, und so vermischte sich unbeabsichtigt der Plan im Kopf mit der Lüge auf der Zunge. Psychoanalytiker Sigmund Freud ließ grüßen. Aber warum sollte es ausgerechnet am 13. August 1961 geschehen, nicht schon früher? Die Antwort auf diese Frage liegt in Moskau.

Seit Kriegsende wollten die Sowjets die Lage in Berlin zu ihren Gunsten verbessern. Das Vorhaben, Westberlin einfach auszuhungern, war bereits 1948 an der Luftbrücke der Westalliierten gescheitert. Zehn Jahre später sah Sowjetführer Nikita Chruschtschow eine neue Chance. Der Republikaner Dwight D. Eisenhower stand in der Mitte seiner zweiten Präsidentschaft in den USA. Wie Chruschtschow war er ein Mann, der wusste, was Krieg bedeutete. Dennoch versuchten die Männer nicht nur, sich gegenseitig in Schach zu halten, sondern pokerten auch um kleine Vorteile. Als Eisenhower 1957 die Staaten des Mittleren Ostens zum Widerstand gegen die politische Offensive Chruschtschows animierte – bekannt als Eisenhower-Doktrin –, verlangte Chruschtschow die Umwandlung Westberlins in eine »freie, entmilitarisierte Stadt«, setzte ein Ultimatum und drohte mit dem Abschluss eines separaten Friedensvertrags mit der DDR.

Über den darauffolgenden Ablauf gibt es unterschiedliche Angaben. Der sowjetische Diplomat und Deutschlandexperte Julij A. Kwizinskij berichtete, Walter Ulbricht habe Chruschtschow im Juli 1961 gebeten, ihn bei der Grenzschließung zu unterstützen. SED-Politbüro-Mitglied Werner Eberlein setzte die Überlegungen bereits 1958 an und sagte: »Die Initiative dazu ging eindeutig von sowjetischer Seite, und zwar persönlich von Chruschtschow aus.« Eberlein hatte alle Gespräche zwischen den beiden Parteiführern gedolmetscht. Bestätigt wurde seine Aussage durch den damaligen westdeutschen Botschafter in Moskau, Hans Kroll. Er berichtete, dass 1958 nur das Eingehen Adenauers und Brentanos auf die Verhandlungsangebote aus Moskau die Grenzschließung verhindert hätten.

In jedem Fall lieferte der Vorschlag eines Separatfriedens mit der DDR Walter Ulbricht eine Steilvorlage. Er meinte, dieser Friedensvertrag sollte vor allem die »Überreste des Zweiten Weltkriegs« beseitigen. Einer davon wäre der Viermächtestatus von Berlin. In mehreren Briefen bohrte Walter Ulbricht bei Nikita Chruschtschow immer wieder dazu nach, doch der wünschte keine Beschneidung der Rechte der Westmächte. Die Sowjets hatten inzwischen festgestellt, dass sie mit ihrem Ultimatum gegen Westberlin nicht durchkamen und ein Sonderfriedensvertrag mit der DDR ihren globalen Interessen erheblich schaden würde. Nun bauten sie auf Verhandlungen mit dem neu gewählten amerikanischen Präsidenten John F. Kennedy, den Chruschtschow für einen unerfahrenen und beeinflussbaren jungen Mann hielt. Er trat im Januar 1961 sein Amt an.

Ulbricht drängelte weiter und schrieb am 18. Januar 1961 wieder nach Moskau. Chruschtschow teilte in seiner Antwort mit, dass es noch einige Zeit brauche, um zu sondieren, wie Kennedy zum Abschluss eines Friedensvertrages und zur »Normalisierung der Lage in Westberlin« stehe. Der einseitige Friedensvertrag mit der DDR bliebe als Option, sei aber nur noch zweite Wahl. Im Kreml war man über Ulbricht ungehalten. »Die Freunde« sahen ihn als engstirnigen Provinzfürsten, der nur eigene Interessen kannte und keinen Blick für weltpolitische Zusammenhänge hatte. Für sie lag das Hauptproblem ihrer Sicherheit schon lange nicht mehr in Berlin, sondern in der atomaren Hochrüstung. Darüber musste mit den Amerikanern verhandelt werden, die Fühler waren ausgestreckt. Chruschtschow fühlte sich als starker Mann. Bei Gesprächen in Wien am 3. und 4. Juni

1961 verlangte er von Kennedy erneut eine »Freie Stadt West-Berlin«. Der US-Präsident antwortete Ende Juli mit seinen »Three Essentials«: Am freien Zugang der Alliierten nach Berlin, der Anwesenheit der Westmächte und der Freiheit der Westberliner Bürger dürfe nicht gerüttelt werden. Diese Rechte würden die USA und die NATO »mit allen Mitteln« aufrechterhalten. Und »alle Mittel« hieß: auch mit Atomwaffen.

In Westberlin herrschte Ernüchterung, denn von freiem Verkehr zwischen den Teilen Berlins war nicht die Rede. Ostberlin sah seine Chance. Die Vorbereitungen für die Grenzziehung quer durch die Stadt liefen seit Monaten unter strengster Geheimhaltung. Sogar ausreichend Stacheldraht von Krupp war aus dem Westen besorgt worden. Seit Ende 1960 hatte Walter Ulbricht auf grünes Licht aus Moskau gewartet. Das war jetzt da: Auf dem Gipfeltreffen der Warschauer-Pakt-Staaten vom 3. bis zum 5. August 1961 wurde die Baugenehmigung der Mauer erteilt.

Warum bekam 1968 jeder Bürger Post von Ulbricht?

Im Frühjahr 1968 bekam jeder der sieben Millionen DDR-Haushalte einen Brief von Walter Ulbricht. Mit ihm wurde der Entwurf einer neuen Verfassung übergeben und zur »breiten Volksaussprache« aufgerufen. Deren erwünschte Richtung hatte Partei-Poet Max Zimmering schon vorgereimt: »Das geht dich an, denn es ist dein Gesetz; es zu gebrauchen bist auch du berufen. Es ist ein deutsches Zukunftsmanifest und es ist Gegenwart, die wir uns schufen.« Das alles war die erste Verfassung der DDR aus dem Jahr 1949 auch schon einmal. Allerdings hatte sie an die Tradition der parlamentarisch-demokratischen Ordnung der Weimarer Republik angeknüpft. Wie auch das Grundgesetz im Westen sollte die DDR-Verfassung ein Konzept für ganz Deutschland sein. Deshalb war auf sozialistische Parolen verzichtet worden.

Inzwischen hatte aber die gesellschaftliche Praxis bis 1968 längst den Widerspruch zwischen Gesetz und Wirklichkeit offenbart. Wenn es um verbriefte Grundrechte wie geheime Wahlen, Streikrecht, Meinungs- oder Versammlungsfreiheit ging, bestimmte das SED-Parteiprogramm das Handeln. Eine Möglichkeit, den damit verbundenen Verfassungsbruch zu artikulieren, gab es in der DDR nicht einmal formal, Verfassungs- oder Verwaltungsgerichte existierten nicht. Die neue Verfassung von 1968 war der Versuch, diese Konflikte zu lösen. Sie definierte im Artikel 1: »Die Deutsche Demokratische Republik ist ein sozialistischer Staat deutscher Nation. Sie ist die politische Organisation der Werktätigen in Stadt und Land, die gemeinsam unter Führung der Arbeiterklasse und ihrer marxistisch-leninistischen Partei den Sozialismus verwirklichen.«

Damit sprach sie erstmals von einer angeblich eigenständigen DDR-Nation und legalisierte den Führungsanspruch der SED. Die neue Verfassung deckte daneben die seit 20 Jahren praktizierten politischen Grundlagen der DDR ab, wie zum Beispiel die Eigenstaatlichkeit, das Volkseigentum an Produktionsmitteln und das Bündnis mit der Sowjetunion. Von zentraler Bedeutung war die damit erfolgte Abgrenzung zum Westen. In seiner Pressekonferenz vom 19. Januar 1970 sagte Walter Ulbricht: »Das ist die historische Realität. Die Deutsche Demokratische Republik ist ein sozialistischer Nationalstaat, die westdeutsche Bundesrepublik ist ein kapitalistischer Nato-Staat« und somit »ein Staat mit beschränkter nationaler Souveränität«. Diese Einschätzung fand international keine Akzeptanz. Für die Mehrheit der Staaten war die Bundesrepublik damals das alleinige Deutschland« und die DDR nicht existent.

Mit der neuen Verfassung erfolgte gleichzeitig die gesetzliche Unterordnung der Bürgerrechte unter die sozialistische Staatsdoktrin. Meinungsfreiheit gab es nun »den Grundsätzen dieser Verfassung gemäß«, das Recht, »sich friedlich zu versammeln«, wenn es »im Rahmen der Grundsätze und Ziele der Verfassung« geschah und Freizügigkeit »innerhalb des Staatsgebietes der Deutschen Demokratischen Republik«. Ein Streikrecht wie 1949 kam nicht mehr vor.

Dieser Beschneidung liberaler Bürgerrechte standen erweiterte soziale Rechte gegenüber. Das »Recht auf Bildung« und »Fürsorge im Alter und bei Invalidität«, auf Gesundheitsschutz, »Fürsorge und Unterstützung« für alleinstehende Eltern, gleiche Bezahlung für Mann und Frau bis hin zu Urlaub, Arbeitszeit und anderem gelangten in den Rang von Grundrechten. Einige dieser Grundrechte, wie das auf Arbeit und Bildung, waren mit Pflichten verbunden. Im Artikel 24 (2) hieß es: »Das Recht auf Arbeit und die Pflicht zur Arbeit bilden eine Einheit.« Artikel 25 (4) legte die »allgemeine zehnjährige Oberschulpflicht« fest und bestimmte: »Alle Jugendlichen haben das Recht und die Pflicht, einen Beruf zu erlernen.« Nach seiner Wahl durch die Volkskammer als oberstes staatliches Machtorgan nahm der Staatsrat die Funktion des kollektiven Staatsoberhauptes wahr.

In der ersten und einzigen Volksabstimmung der DDR wurde die neue Verfassung am 6. April 1968 angenommen. Die Wahlbeteiligung betrug nach den offiziellen Angaben 98,05 Prozent, der Anteil der Ja-Stimmen 94,49 Prozent.

Anlässlich des 25. Jahrestags der DDR, dem 7. Oktober 1974, gab es ohne vorherige Diskussion und Ankündigung ein »Gesetz zur Ergänzung und Änderung der Verfassung«. Es diente dazu – so die offizielle Diktion –, die Verfassung der »sozialistischen deutschen Nation« von 1968 »in volle Übereinstimmung mit der Wirklichkeit« zu bringen. Artikel 1 hieß nun: »Die Deutsche Demokratische Republik ist ein sozialistischer Staat der Arbeiter und Bauern.« Die bis dahin im Artikel 8 formulierte Festlegung: »Die Deutsche Demokratische Republik und ihre Bürger erstreben ... die Überwindung der vom Imperialismus der deutschen Nation aufgezwungenen Spaltung Deutschlands, die schrittweise Annäherung der beiden deutschen Staaten bis zu ihrer Vereinigung auf der Grundlage der Demokratie und des Sozialismus« entfiel ersatzlos. Stattdessen fand nun die Verbundenheit zur Sowjetunion »für immer und unwiderruflich« in einem eigenen Artikel Erwähnung. Außerdem wurde die Legislaturperiode von vier auf fünf Jahre verlängert. Die letzte und wesentlichste Veränderung erfuhr die DDR-Verfassung am 1. Dezember 1989. Unter dem massiven Druck der Öffentlichkeit wurde der Führungsanspruch der SED gestrichen. Erst damit wurden, rein rechtlich gesehen, die vorangegangenen Demonstrationen und Diskussionen legal. Bislang bewegten sie sich allein deshalb außerhalb der Verfassung, weil sie die SED und die Führung durch diese Partei in Frage stellten.

Bemühungen und Initiativen verschiedener oppositioneller Gruppen um eine neue, gesamtdeutsche Verfassung blieben unrealisierte und unrealisierbare Träume.

Warum trat Walter Ulbricht im Schlafrock im Fernsehen auf?

»Der Alte taugt nichts mehr!«, brüllte Marschall Dimitri Ustinow im Kreml und Parteichef Leonid Breschnew sorgte dafür, dass Walter Ulbricht nach dem 31. März 1971 nicht mehr in der sowjetischen Presse erwähnt wurde. Das letzte, was über ihn dort zu lesen war, betraf seinen Auftritt vor dem XXIV. Parteitag der KPdSU. Dabei hatte es für den Mann aus Ostberlin gar keine persönliche Einladung gegeben. Er kam trotzdem und nicht nur das: Der ungebetene Gast hielt auch noch eine freche Rede. Walter Ulbricht verwies zunächst einmal auf seine langjährige Erfahrung im revolutionären Kampf. Sogar Lenin, den Gottvater der Weltrevolution, hatte er noch getroffen!

Leonid Breschnew war sauer. Ja, Lenin! Im November 1922 auf dem 4. Kongress der Kommunistischen Internationalen waren er und Ulbricht mal im selben Zimmer – sie wechselten jedoch kein Wort miteinander. Das hatte Breschnew recherchieren lassen. Und jetzt bramarbasierte der »Große WU«, wie Brecht den DDR-Spitzenmann nannte, dass seine SED den Marxismus-Leninismus tatsächlich auf die konkrete Situation angewandt habe, wie Lenin es forderte. Das Ergebnis sei eine hochtechnologisierte, sozialistische Gesellschaft, für die die Sowjetunion nicht mehr Model stehen könne. Sie müsse immer wieder neu lernen, habe Wladimir Iljitsch gesagt, zum Beispiel von der DDR. – Das Maß war voll. Die Männer im Kreml hatten den Eindruck, Ulbricht sei völlig außer Kontrolle geraten und überschätze sich maßlos. Seine Politik war ihnen schon längst ein Dorn im Auge.

Dass Ulbricht nicht mehr als treuer Gefolgsmann der Sowjetunion regieren würde, meldete Erich Honecker schon am 21. Januar 1971, dreizehn der damals zwanzig Mitglieder der Parteiführung hatten das siebenseitige Geheimschreiben unterzeichnet. Sie forderten die Absetzung des SED-Chefs. Wie man des elegant deichseln könnte, hatte Honecker bereits im Juli 1970 mit Breschnew vorsorglich besprochen. Im Fokus der Kritik stand Walter Ulbrichts »Neues System der Planung und Leitung der Volkswirtschaft«. In bewusster Anlehnung an Lenins »Neues Ökonomisches System«, von Eingeweihten kurz NÖS genannt, war nun vom NÖSPL die Rede. Es sah im Kern mehr Kompetenz und Effektivität in der Wirtschaft vor und ließ sich so gegen das Dogma vom »Primat der Politik« interpretieren. Doch das war nicht alles. Nach Bildung der sozial-liberalen Koalition in Bonn hatte Walter Ulbricht Abtast-Verhandlungen in Erfurt und Kassel zugelassen. Seit 1969 sprach er von Normalisierung der Beziehungen zur Bundesrepublik auf der Grundlage der »friedlichen Koexistenz«. Er zeigte sich flexibler als früher und wollte sich mit »diplomatischen Missionen« statt Botschaften begnügen.

All das bedeutete keinesfalls ein Aufgeben des Sozialismus in der DDR, sondern diente dem Machterhalt. Aber allein schon solche Akzente waren zu viel. Moskau gab grünes Licht für einen stillen Staatsstreich. Am Vormittag des 27. April 1971 verkündete Walter Ulbricht vor dem Politbüro des ZK der SED seinen Rücktritt als Erster Sekretär der Partei – aus Altersgründen. Dann verließ er den Sitzungssaal. Am Tag vor der Politbüro-

Sitzung war Erich Honecker zu Walter Ulbricht auf dessen Landsitz am Döllnsee gefahren, um ihm zu erklären, dass er »freiwillig« zurückzutreten habe. Davor hatte er in aller Stille die Telefonleitungen zeitweilig kappen lassen. Die ihn begleitenden Personenschützer erhielten den Befehl, statt der üblichen Bewaffnung Maschinenpistolen mitzuführen.

Unmittelbar nach dem Rücktritt drängte der neue Mann darauf, Walter Ulbricht auch die Einflussmöglichkeiten zu nehmen. Sein Beraterteam wurde aufgelöst, er bekam ein kleineres Büro. Kurz nach dem VIII. Parteitag der SED im Juni 1971 ließ sich Erich Honecker von der Volkskammer zum Vorsitzenden des Nationalen Verteidigungsrates der DDR wählen, ohne dass Walter Ulbricht zuvor von dieser Funktion zurückgetreten oder abgewählt worden war.

Nach dem Triumph hatte nun die Tragik den vom Stalinismus geprägten Führer erreicht. Erich Honecker demütigte den alten Mann. Das »Walter-Ulbricht-Stadion«, die Potsdamer Akademie für Staat und Recht und die »Leuna-Werke Walter Ulbricht« wurden in Nacht- und Nebel-Aktionen umbenannt, die DDR-Dauerbriefmarken mit seinem Porträt verschwanden. Die Krankheitsbulletins des einstigen DDR-Führers erschienen im Zentralorgan. Zu seinem 80. Geburtstag am 30. Juni 1973 zeigten Fernsehen und Zeitungen den hinfälligen, alten Mann im Schlafrock und in Hausschuhen in einem Sessel sitzend und um ihn herumstehend die neue Führung der SED unter Erich Honecker.

Er fuhr nun die politische Ernte Walter Ulbrichts ein. Endlich gelang die internationale Anerkennung der DDR als souveräner Staat. Nach dem Grundlagenvertrag mit der Bundesrepublik von 1972 wurde sie ein Jahr darauf Mitglied der UNO. Bei der Unterzeichnung der Schlussakte der Konferenz für Sicherheit und Zusammenarbeit in Europa thronte Erich Honecker 1975 gleichberechtigt zwischen Helmut Schmidt und dem US-Präsidenten Henry Ford. Bis 1978 erkannten 123 Länder die DDR völkerrechtlich an.

Walter Ulbricht starb am 1. August 1973. Bei seinem Staatsbegräbnis ein paar Wochen später erschienen unaufgefordert Tausende von DDR-Bürgern. Obwohl zu seinen Amtszeiten »den Zickenbart« kaum jemand mochte, spürten nun offenbar viele, dass mit Ulbricht auch ein Stück DDR-Geschichte zu Grabe getragen wurde.

Wer war noch mal Erich Honecker?

Die allwissende Suchmaschine Google bietet auf diese Frage – in Anführungszeichen gesetzt – 10 000 Antworten an. Beim ehemaligen US-Präsidenten Ronald Reagan sind es nur 2380. Trotzdem haben inzwischen viele den 1989 gestürzten Staats- und Parteichef der DDR vergessen.

Das Honecker-Alphabet: **A**ntifaschist und Altersstarrsinniger. **B**erufsjugendlicher und Breschnew-Gefolgsmann. **C**erberus und Coca-Cola-Trinker. **D**iktator und Dachdecker. **E**hemann und Ehebrecher. **F**anatiker und Funktionär. **G**eneralsekretär und Genosse. **H**äftling und Hasardeur. **I**deologe und Intrigant. **J**äger und Jungrevolutionär. **K**leinbürger und Krebspatient. **L**andesvater und Liberalisierer. **M**auerbauer und Machtmensch. **N**omenklaturkader und Nostalgiker. **O**pa und Opportunist. **P**rivilegierter und Parteichef. **Qu**erulant und Querkopf. **R**egierender und Russenfreund. **S**aarländer und Stalinist. **T**rommler und Täter. **U**topist und Unbelehrbarer. **V**ater und Verräter. **W**eltverbesserer und Weltreisender. **X**-für-ein-U-Vormacher und **Y**achtbesitzer. **Z**erstörer und Zentralist.

Wo liegt die Wahrheit, und wie sieht sie aus? Heute käme wohl kaum jemand auf die Idee, ausgerechnet Erich Honecker zu den »großen Männern« der Geschichte zu zählen. Und das, obwohl er viele Jahre lang Macht ausübte und Wohl und Wehe von 16 Millionen Menschen verwaltete. Es ist ein historisch gewachsener und geübter Brauch, Diktatoren an der Macht zu bejubeln und danach an ihren Untaten zu messen. Den dahinterstehenden Menschen wird das nicht gerecht. Solange die Tragik ihres Lebens verborgen bleibt, ebnen sie unbewusst den Weg für immer wieder erscheinende Nachfolger irgendwo auf der Welt.

Bei Erich Honecker muss an allererster Stelle auf seinen eisernen Willen verwiesen werden. Ohne ihn hätte er das Zuchthaus der Nazis nicht überstanden. Kraftquell dieses Willens war der Glaube an die Utopie des Kommunismus. Er lernte sehr früh, dass seine einfachen sozialen Ziele – ein Dach über dem Kopf für alle, gesichertes Auskommen und geregelte Freizeit – nur durch Herrschaft erreichbar waren. Nur sie konnte die bestehenden Verhältnisse umkehren, das war für ihn die »Revolution«.

Erich Honecker akzeptierte für sich den Status des Funktionärs im kommunistischen Herrschaftsapparat. Dessen Eliten bestachen nicht durch individuelles Charisma, sondern zeichneten sich durch Funktionstüchtigkeit aus. Das sicherte den allmählichen Übergang von der Utopie zum pragmatischen Machterhalt, ohne diesen jemals grundsätzlich in Frage gestellt zu haben. Damit waren in den »Apparaten« gespaltene Persönlichkeiten vorprogrammiert. Erich Honecker litt in jeder Lebenslage unter solch einer gespaltenen Persönlichkeit. Er war im Grunde seines Herzens ein bescheidener Mensch, der sich statt an goldglänzendem Luxus an seinem Kassler mit Sauerkraut erfreute. Gleichzeitig duldete er aber um sich herum einen Byzantinismus, in dem der kommandierende General der Staatssicherheit in der abgeschotteten Waldsiedlung dem Personal allen Ernstes befahl, sie hätten den »führenden Genossen« ihre Wünsche von den Augen abzulesen.

Durch die Wirren seiner Zeit war Erich Honeckers politische Vision von einer besseren Welt inhaltlich und organisatorisch vom Henker und Tyrannen Stalin vorgegeben. Er war auf dessen Vorstellungen von Partei und Sozialismus eingeschworen. Das machte ihn im Laufe seines Lebens zu einem geschmeidigen Machtpolitiker. In kritischen Phasen der DDR-Entwicklung, wie nach dem Aufstand vom 17. Juni 1953, den innerparteilichen Flügelkämpfen 1957 oder dem Zurückdrehen einer kulturellen Liberalisierung 1965, erwies er sich zunächst als bedingungsloser Gefolgsmann Ulbrichts. Skrupellos servierte er jedoch seinen Ziehvater ab, als sich die Chance auftat, selbst nach der Macht zu greifen. Dabei war Erich Honecker niemals ein Zyniker oder Schwankender. Sein Glaube blieb unerschütterlich, auch als sich die Welt um ihn herum mehr und mehr veränderte. Er hatte nicht die Gabe, seine Botschaften mitreißend zu vermitteln. Linkisch bei öffentlichen Auftritten, im gepressten Falsett mit aufgesetzt wirkenden, gellenden Akzenten und dem Faustgerecke im Habitus eines alternden Jungrevolutionärs, erschien er vielen als blasse Persönlichkeit. Im kleineren Kreis korrigierte sich dieser Eindruck. Dort war Erich Honecker oft ein eloquenter Unterhalter, überzeugend und sympathisch. Dennoch blieben seine Gefühlsäußerungen bis auf wenige Ausnahmen im engsten Familienkreis – so zum Beispiel nach dem plötzlichen Tod seiner zweijährigen Enkelin Mariana – gebremst und kühl.

Als absolutistischer Sozialist liebte Erich Honecker keine neuen Gesichter um sich herum. Die Stabilität des »Apparates« war Garant für seine Macht, die er moderat ausübte. Bis ins hohe Alter glaubte er an sein gelungenes Lebenswerk, auf das er zufrieden blickte. Dessen Zusammenbruch muss für ihn eine traumatische Verkehrung des Erfolgs in den Absturz gewesen sein, den er nie richtig realisierte.

Wer also war nun eigentlich Erich Honecker? Eine eindeutige Antwort darauf gibt es bis heute nicht. Vielleicht war er ein deutscher Patriot mit despotischem Talent, der an den Wirren der Geschichte tragisch scheiterte.

WAS VERÄNDERTE HONECKERS MACHTANTRITT 1971?

Als die Welt am 4. Oktober 1957 das Piepsen des sowjetischen Sputniks hörte, schien der Kommunismus plötzlich ganz nah. Der XXI. Parteitag der KPdSU im Januar/Februar 1959 machte es konkret: bis 1965 Erhöhung der Produktion in der Schwerindustrie um 80 bis 85 Prozent, Verdopplung in den Zweigen Elektroindustrie, Maschinenbau und Erdöl, dreimal so viel in der Chemie und fünfmal mehr in der Gasproduktion. Die Arbeitszeit sollte ab 1962 auf 40 Stunden pro Woche sinken und der Lohn von 270 bis

350 Rubel, bis 1965 dann sogar auf 500 bis 600 Rubel steigen. Und auch an Kleinigkeiten wurde gedacht: »Die Sowjetmenschen werden hinreichend mit gediegener und gefälliger Kleidung und schönem Schuhwerk versorgt werden.«

Nur noch fünfzehn Jahre würde das alles dauern, und *Neues Deutschland* verkündete am 21. Februar 1959 die SED-Einschätzung dazu: »Mit dem Beschluss über den umfassenden Aufbau der kommunistischen Gesellschaft hat die KPdSU das größte Ziel, das bisher von Menschen gestellt wurde, in historisch greifbare Nähe gerückt.« Eine Broschüre der Gesellschaft für Deutsch-Sowjetische Freundschaft (DSF) illustrierte das alles mit Grafiken und Diagrammen.

Wer in der DDR das »Überholen, ohne einzuholen« nicht abwarten wollte, ging in den Westen. Das erledigte sich mit dem Mauerbau am 13. August 1961, und danach herrschte eine Weile die Hoffnung, nun würde sich alles zum Guten wenden. Reformansätze in der Wirtschaft förderten sie, doch die große Verheißung des XXI. Parteitags der KPdSU blieb aus. Walter Ulbricht sprach plötzlich vom Sozialismus als »relativ selbständige Gesellschaftsformation«. Der Weg in die lichte Zukunft verlängerte sich also wieder.

Das sollte sich mit der Machtübernahme Erich Honeckers am 3. Mai 1971 ändern. Auf dem VIII. Parteitag der SED vom 15. bis 19. Juni des Jahres definierte er das Neue seiner Politik. Der Sozialismus wurde erneut nur als Übergangsphase zum Kommunismus gesehen, die DDR betonte wieder stärker die unbedingte Gefolgschaft zur Sowjetunion. Auch von der »sozialistischen Menschengemeinschaft« war keine Rede mehr. Stattdessen bestimmte nun die »Hauptaufgabe« den weiteren Weg des Landes: »Die Hauptaufgabe ... besteht in der weiteren Erhöhung des materiellen und kulturellen Lebensniveaus des Volkes auf der Grundlage eines hohen Entwicklungstempos der sozialistischen Produktion, der Erhöhung der Effektivität, des wissenschaftlich-technischen Fortschritts und des Wachstums der Arbeitsproduktivität.« Was nun begann, haben viele als so etwas wie die kurze Blütezeit der DDR in Erinnerung. Es ging spürbar voran, was die bereits in den sechziger Jahren gelegten Wurzeln der Stagnation für ein paar Jahre überdeckte. Dass alles Positive auch seine Schattenseite hatte, bedrückte nur wenige. Sicher, die DDR war derweil international anerkannt, aber in die Welt reisen durfte kaum jemand. Natürlich musste man ein paar Jahre auf eine Wohnung warten, aber das traf andere auch. Augenscheinlich ging es den Verwandten im Westen besser, aber dafür mussten sie sich auch krumm machen, und so riesig war der Unterschied meist nicht. Sowohl die Aufbaugeneration als auch die bereits in der DDR Aufgewachsenen wussten mit alledem umzugehen.

Für sie alle zählte da mehr eine Art von Lebenssicherheit, die damals noch nicht als Stillstand empfunden wurde. Ihr Anker war die gleichberechtigte und gleichbezahlte Arbeit von Männern und Frauen. Hier konnte niemandem ernsthaft etwas passieren. Kinder bremsten weder die Karrierechancen noch bargen sie ein Armutsrisiko in sich. Gescheiterte Partnerschaften wurden nicht automatisch zur existentiellen Bedrohung.

Das Geld spielte keine herausgehobene Rolle. Da in den Familien meist Mann und Frau arbeiteten, reichte in der Regel das Haushaltseinkommen für den in der DDR möglichen Lebensstandard. Rund eine Million Arbeiter, die bislang nur bis 500 Mark Bruttolohn bekamen, erhielten ab 1. Oktober 1976 eine Lohnerhöhung. Konsumgüter, wie Kühlschrank, Waschmaschine oder Fernseher, waren teuer, aber erreichbar, die jahrelangen Wartezeiten aufs Auto unangenehm, doch es ließen sich Wege finden. Ebenso bei den Querelen des Alltags: »Beziehungen schaden nur dem, der keine hat«, kommentierte der Volksmund. Kam irgendwann die »Neubauwohnung«, erhöhte sich die Miete allenfalls von 20 bis 30 Mark für die alte Wohnung mit Ofen und kaltem Wasser auf 80 bis 100 Mark warm für »Vollkomfort«.

Rentner bekamen die Möglichkeit, eine bescheidene Alterssicherung anzusparen. Die Mindestrente stieg langsam an, erreichte aber erst ab dem 1. Dezember 1984 die Grenze von 300 Mark im Monat. Trotzdem baute sich die gravierende Rentnerarmut der frühen Jahre mit dem Aussterben dieser Generation langsam ab. Die Schul- und Berufsausbildung der Kinder verlief streng nach Plan. Benachteiligungen – etwa durch Nichtzulassung zur Erweiterten Oberschule und damit zum Abitur – ließen sich über andere Bildungswege kompensieren. Die Wahl der künftigen Arbeitsstelle verlief manchmal nicht ganz nach Wunsch, doch niemand landete ohne Ausbildung auf der Straße.

»Es bleibt alles viel besser«, sagten die Leute und richteten sich ein. Das Leben von der Wiege bis zur Bahre schien geregelt zu sein, wer damals um die Dreißig war, wusste, was noch kommt. Und was nicht. Die Gesellschaft verfiel in ihre Midlifecrisis, ohne dass es jemandem auffiel. Es gab kaum Anreize, etwas zu verändern, viele zogen sich massiv ins Privatleben zurück. Das braune Büchlein der Gesellschaft für Deutsch-Sowjetische Freundschaft, das 1960 auf 34 Farbtafeln das Erreichen des Kommunismus bis 1985 illustrierte, war nur noch Erinnerung an eine ausgeträumte Illusion.

War Egon Krenz ein Totschläger?

Ja, sagten die Richter am Landgericht Berlin und verurteilten den letzten SED-Generalsekretär zu sechs Jahren und sechs Monaten Haft, weil er gemeinsam mit anderen DDR-Funktionären in vier Fällen für den Tod von Menschen an der Mauer verantwortlich gewesen sei.

Nein, sagte der Delinquent, denn er habe niemanden getötet und das Verfahren gegen ihn sei »verfassungs- und völkerrechtswidrig«.

Ja, stimmt, sagten die Richter, Egon Krenz habe niemanden getötet, aber er habe die Möglichkeit gehabt, den Tod von Menschen an der Mauer zu verhindern. Das habe er nicht getan, seine Schuld liege also im »Tun durch Unterlassen«.

Nein, sagte Egon Krenz, er habe nach den DDR-Gesetzen gehandelt und ein Prozess darüber wäre nun nur noch »Kalter Krieg im Gerichtssaal«. Da möchte er schon wissen, was Deutschlands oberste Richter dazu meinen. Deshalb ging er in Revision.

Das Urteil war rechtens und somit rechtskräftig, urteilte der Bundesgerichtshof im November 1999 und verwarf die Revision. Dann solle das Bundesverfassungsgericht entscheiden, meinte Egon Krenz. Doch das wies seine Verfassungsbeschwerde am 11. Januar 2000 zurück. Am 13. Januar 2000 musste er seine Haftstrafe in Berlin antreten, erst in Hakenfelde, dann in Moabit. Nun gab es nur noch eine Chance: den Europäischen Gerichtshof für Menschenrechte in Straßburg. Der verwarf am 22. März 2001 die vom einstigen SED-Generalsekretär und DDR-Oberhaupt eingelegte Menschenrechtsbeschwerde einstimmig. Egon Krenz wurde am 18. Dezember 2003 vorzeitig aus der Haft entlassen, seine Reststrafe zur Bewährung ausgesetzt.

Für viele ehemalige DDR-Bürger war das alles übelste »Siegerjustiz«. Sie verweisen auf den Rechtsgrundsatz *Nulla poena sine lege* – keine Strafe ohne Gesetz. Das heißt: Bewegt sich eine später als rechtswidrig eingestufte Handlung zum Zeitpunkt der Tat im Rahmen der Gesetze, darf sie nicht rückwirkend bestraft werden. Doch es gibt eine Ausnahme, die der Rechtsphilosoph Gustav Radbruch 1946 angesichts der unfassbaren Verbrechen der Nazis formulierte. Die Radbruch'sche Formel besagt, dass sich Richter gegen Gesetze entscheiden müssen, wenn diese »unerträglich ungerecht« sind. Die Schüsse an der Mauer sah die Justiz als Verstoß gegen die Menschenrechte. Deshalb verurteilte sie sie nachträglich.

Ob das nun gerecht oder ungerecht war, wird eine Streitfrage bleiben. Es ist kaum zu glauben, aber eine zentrale Statistik über die Verurteilungen von DDR-Amtsträgern existiert nicht. Aus den vorhandenen Zahlen ergibt sich folgendes Bild: Von etwa 75 000 Ermittlungsverfahren gegen die einstige DDR-Elite waren ungefähr 100 000 Menschen betroffen. Genaue Zahlen gibt es aus Berlin mit 21 553 Fällen, Mecklenburg-Vorpommern mit 4775 Fällen, Sachsen mit 12 606 Fällen, Sachsen-Anhalt mit 6540 Fällen und Thüringen mit 6420 Fällen. Für Brandenburg werden rund 23 000 Verfahren geschätzt. Sie betreffen Gewalttaten an der Grenze, Rechtsbeugung, Wahlfälschung, MfS-Straftaten, Denunziation, Misshandlung von Gefangenen, Amtsmissbrauch und Korruption, Wirtschaftsstraftaten und Doping.

Dazukommen 5636 zwischen dem 1. Januar 1991 und dem 31. Juli 1997 eingeleitete Ermittlungsverfahren des Generalbundesanwalts wegen Spionage. Sie richteten sich gegen 7099 Beschuldigte, darunter allein 4171 ehemalige DDR-Bürger. Schließlich wurden 22 Ostdeutsche verurteilt und einer mit Strafvorbehalt verwarnt. In zwei dieser Fälle lag die Freiheitsstrafe über zwei Jahren und wurde deshalb nicht zur Bewährung ausgesetzt. Die Gesamtzahl von über 80 000 Ermittlungsverfahren klingt gewaltig, relativiert sich jedoch im Vergleich mit der allgemeinen Kriminalstatistik. Diese verzeichnete zum Beispiel allein für 1998 genau 4 556 786 neue Verfahren. Demgegenüber steht bei den Ermittlungen gegen die einstigen DDR-Bürger ein Tatzeitraum von rund 40 Jahren und ein Verfolgungszeitraum von mehr als 15 Jahren. Nur wenige Ermittlungsverfahren führten letztlich zu Prozessen. Die durchschnittliche Anklagequote lag bei etwa 1,4 Prozent. Alle anderen Ermittlungen wurden eingestellt. Bei allgemeinen Straftaten liegt die Anklagequote bei 12,3 Prozent, unter Einbeziehung der Anträge auf Erlass eines Strafbefehls sogar bei 27,9 Prozent (Zahlen von 1996).

Möchte man Mauerschüsse, Amtsmissbrauch, Wahlfälschung, Korruption und die anderen DDR-Delikte nicht mit der »gewöhnlichen« Kriminalität vergleichen, bietet sich ein Blick auf das politisch motivierte Strafrecht im Westen an. Bis zum Verbot der KPD am 17. August 1956 wurden in der Bundesrepublik rund 250 000 Ermittlungsverfahren durchgeführt und etwa 10 000 Urteile, mehrheitlich mit Freiheitsentzug, gefällt. Für die Aufarbeitung von zwölf Jahren NS-Zeit werden dort circa 98 000 Beschuldigte und 6500 Verurteilungen genannt. Im Zusammenhang mit dem Terror der RAF kam es zu 1431 Verurteilungen. Das Kapitel DDR ist inzwischen abgeschlossen. Ab 3. Oktober 2000 gilt die absolute Verjährung, nur Mord macht eine Ausnahme.

»Die Heimat hat sich schön gemacht …«

2

UNSERE
MENSCHEN

Was tat der Osten für die Umsiedler?

»Vertriebene« durften sie in der späteren DDR nicht heißen, dafür sorgten die Sowjets schon 1945 per Befehl. Doch über das offizielle Wort »Umsiedler« rümpften Einheimische die Nase und auch der Staat sprach lieber von »Neubürgern«. Sie dazu zu machen, war das erklärte Ziel, der Weg dorthin kompliziert.

Rund vier Millionen Flüchtlinge kamen nach 1945 in den Osten Deutschlands. Bei Gründung der DDR 1949 machten sie 24 Prozent der Bevölkerung aus. Laut Volkszählung von 1950 waren es in Mecklenburg 684 601, in Brandenburg 538 411, in Ostberlin 68 861, in Sachsen-Anhalt 777 963, in Sachsen 754 939 und in Thüringen 480 301 Menschen. Damit erschütterte der Flüchtlingsstrom die Bevölkerungsstruktur im Osten weit mehr als im Westen. Der Empfang der »Neubürger« durch die Alteingesessenen war von Ablehnung und Misstrauen geprägt, verbunden mit der Angst vor dem Verlust von Besitzständen. Sie erstreckte sich sowohl auf die Furcht, das noch verbliebene Hab und Gut jetzt teilen zu müssen, als auch darauf, die »Fremden« könnten beim Wiederaufbau möglicherweise bevorzugt werden.

Die *Tägliche Rundschau*, offizielles Organ der Sowjetischen Militäradministration (SMAD), schrieb 1947 mit Blick auf eine damals diskutierte, gesetzlich festgelegte Umverteilung: »Für ein verarmtes Großmütterchen« sei »der Kochtopf, den es durch ein solches Gesetz zu bekommen hofft oder zu verlieren fürchtet, sehr viel wichtiger als die Frage, ob irgendein Konzernherr« enteignet wurde. Die SED hatte dieses Problem zu lösen. Der Aufbau der DDR wurde durch den überproportionalen Bevölkerungszustrom zunächst erschwert. Die Angleichung der Lebensverhältnisse der »Neubürger« durfte nicht zu unbeherrschbaren und lange schwelenden Konflikten mit der Bevölkerungsmehrheit führen. Die Frage ihrer Entschädigung stand, wenn auch unausgesprochen, im Raum. Als einzige Alternative erschien die Verschmelzung der »alten« und »neuen« Bevölkerung durch eine Ansiedlungsstrategie, die Industriepolitik und die Bodenreform. Das blieb ein komplizierter Prozess, dem sich rund eine Million ehemaliger Umsiedler bis 1961 durch die Flucht in den Westen entzog.

Unmittelbar nach dem Krieg wurde die Notwendigkeit einer besonderen sozialen Fürsorge für die Umsiedler anerkannt, fand aber aus Mangel an Masse enge Grenzen. Nach SMAD-Befehl 304 von 1946 bekamen arbeitsunfähige und bedürftige Flüchtlinge einmal 300 Reichsmark (Kinder 100 Reichsmark). Dafür wurden bis 1949 etwa 400 Millionen Mark ausgegeben. Ein sozialpolitischer Neustart erfolgte mit dem »Umsiedlergesetz« im September 1950 vor dem Hintergrund der im Westen anlaufenden Hilfen für »Vertriebene«. Ähnliches war jedoch im Osten politisch nicht wünschenswert, weil es dem 1952 deklarierten »Aufbau des Sozialismus« durch eine soziale Ungleichbehandlung der Bevölkerung geschadet hätte. Einzig ein »Wohnbedarfskredit« bis zu 1000 Mark pro Haushalt wurde realisiert. Mit der allgemeinen Normalisierung der Lebensverhältnisse in der DDR beschränkte sich die Flüchtlingsförderung bald auf die Garantie der Chancengleichheit für die arbeitende Bevölkerung. Alte und Arbeitsunfähige blieben dabei auf der Strecke. Kernproblem für alle blieb die Versorgung mit Wohnraum. Angesichts des geringen Neubaupotentials erfolgte sie durch Umverteilung. Hier kulminierten bis in die sechziger Jahre die Konflikte mit den Alteingesessenen, denn in manchem Privathaus requirierte der Staat Wohnraum. Mit durchschnittlich 4,7 Quadratmetern pro Person hatten die neuen Bürger zu Beginn der DDR etwa die Hälfte des individuellen Platzes der übrigen Bevölkerung zur Verfügung.

Eine wesentliche Entlastung brachte ab 1947 der Bau von rund 95 000 Häusern im Rahmen des »Neubauernbauprogramms«, von denen viele den Flüchtlingen zugute kamen. Schätzungen gehen davon aus, dass dieses Programm bis 1953 rund 900 Millionen Mark kostete. Durch die Beteiligung an der Bodenreform wurden etwa 91 000 Familien aus den verlorenen Ostgebieten aufgefangen. Das war zwar in der Masse gering, trotzdem aber ein politischer Erfolg der DDR, dem der Westen nichts Entsprechendes entgegenzusetzen hatte.

Auch die bis 1950 erfolgte Integration von rund 140 000 Umsiedlern in den öffentlichen Dienst der DDR dokumentierte einen politischen Neuanfang, während im Westen eine Reaktivierung der früheren Beamtenschaft erfolgte. Zum sozialen Schmelztiegel wurde jedoch vor allem die sich entwickelnde Industrie der DDR. Sie zog die sozial mobil gebliebenen »Neubürger« in die Städte. Der gesellschaftliche Wiederaufbau ging mit der Schaffung ihrer neuen persönlichen Existenzgrundlagen einher. Nicht mehr einstiger Besitzstand, sondern persönliche Leistungsbereitschaft eröffnete neue Chancen. Davon profitierten besonders Frauen, die die Mehrheit der Umsiedler bildeten.

Das Gruppenschicksal als »Vertriebene«, ausgedrückt in sozialer Ausgrenzung und materiellem Abstieg, wurde in der DDR nie öffentlich thematisiert. Kritische Reflexionen waren nicht erwünscht. Als Heiner Müller 1961 sein Drama *Die Umsiedlerin* auf die Bühne brachte, wurde es sofort verboten. Erst 15 Jahre später war es wieder zu sehen. Nun hieß es *Die Bauern*.

Nach der Deutschen Einheit erhielten die nun auch im Osten »Vertriebene« genannten Personen eine Einmalzahlung von 4000 DM. Sie betraf jedoch nur die noch lebenden, nach dem Krieg direkt betroffenen Menschen. Einen »Lastenausgleich«, wie im Westen gesetzlich verankert, gab es nicht.

WIE GING DIE DDR MIT JUDEN UM?

»Staatsbürger jüdischen Glaubens« waren wahrscheinlich die kleinste und gleichzeitig problematischste Bevölkerungsgruppe der DDR. Als isolierte Minderheit standen sie im Spannungsfeld zwischen Religionsfreiheit, Zionismus und dem Verhältnis zu Israel.

Einerseits bekam Edgar Bronfman, Präsident des Jüdischen Weltkongresses, im Oktober 1988 von Erich Honecker den »Großen Stern der Völkerfreundschaft« in Gold. Am 10. November 1988 begann die DDR mit dem Wiederaufbau der einstmals größten und prächtigsten Synagoge Europas in der Berliner Oranienburger Straße und gründete dazu die Stiftung »Neue Synagoge Berlin – Centrum Judaicum«. Andererseits sank die Zahl der 1946 gezählten 2442 Juden in Ostberlin, 435 in Sachsen-Anhalt, 428 in Thüringen, 424 in Brandenburg, 153 in Mecklenburg und 652 in Sachsen bis zum Ende der DDR auf insgesamt 400 bekennende jüdische Mitbürger. Der Grund für den erneuten Exodus aus dem »antifaschistischen« deutschen Teilstaat lag im »Klassencharakter« als Kern der DDR-Politik. Die damit verbundene Konzentration auf den sozialen Status führte dazu, dass in der Praxis gegenüber den jüdischen Mitbürgern der ideologische Anspruch und die gesellschaftliche Wirklichkeit auseinanderklafften.

Politischer Opportunismus, wie Ende der achtziger Jahre der Wunsch, mit Hilfe der Juden eine offizielle Einladung Erich Honeckers in die USA zu erlangen, bestimmte das Verhalten. Im Laufe der DDR-Geschichte waren die jüdischen Mitbürger im Osten damit ein Spielball des Kalten Krieges. Sein Verlauf bestimmte den Umgang mit ihnen. Alles begann nach dem Krieg mit großer Toleranz der sowjetischen Besatzungsmacht gegenüber den wenigen Überlebenden des NS-Völkermords. Bereits am 11. Mai 1945 hielt Rabbiner Martin Riesenhuber auf dem jüdischen Friedhof Berlin-Weißensee den ersten Sabbat-Gottesdienst ab. Viele jüdische Emigranten kehrten nach Berlin und in die Ostzone zurück, weil sie dort den künftig besseren deutschen Staat erwarteten. Bereits zwei Jahre später, 1947, verurteilte die Sowjetische Militäradministration den Vorsitzenden der Jüdischen Gemeinde Berlins, Erich Nelhaus, zu 15 Jahren Haft. Angeblich hatte er sowjetischen Deserteuren geholfen. Er starb im Gulag.

Nach Gründung der DDR verweigerte der neue Staat den Juden die Restitution ihres Eigentums. Der Grund war die generelle politische Orientierung der DDR auf den Sozialismus mit »Volkseigentum« als Kern. In den Begründungen der jüdischen Einzelfälle sind jedoch fortwirkende antisemitische Denkweisen erkennbar. Da die DDR-Staatsdoktrin davon ausging, dass Faschismus und Antisemitismus grundsätzlich überwunden seien, sah sie sich in keinerlei Mitverantwortung für die Verbrechen der Nazis. Mit dieser Begründung verweigerte sie jede Art der Wiedergutmachung. Sie führte auch zur Einstufung der rassisch Verfolgten als »Opfer des Faschismus«, nicht jedoch zur Anerkennung des demgegenüber bevorzugten Status als »Kämpfer gegen den Faschismus«. Diese Bewertung als »Opfer zweiter Klasse« hob sich bei jenen auf, die zwar jüdischer Herkunft waren, sich in der DDR aber als Kommunisten die Verwirklichung ihrer Ideale erhofften. Als Beispiele stehen dafür Hermann Axen und Albert Norden in der SED-Führung, Helene Weigel, Stefan Heym, Arnold Zweig, Anna Seghers oder Walter Felsenstein als bedeutende Kulturschaffende, Gerhart Eisler und Gerhard Leo als meinungsbestimmende Journalisten und viele andere. Gleichzeitig verzichtete die DDR als »Sieger der Geschichte« aus dem gleichen Grund auf die Aufarbeitung der Shoah. Mit der Abschaffung des Kapitalismus hatte sie die Ursachen des Faschismus beseitigt, nun galt es, »nach vorn« zu blicken.

Ein besonders dunkles Kapitel der Benachteiligung von Jüdinnen und Juden gab es Anfang der fünfziger Jahre in der Folge der antisemitischen Politik der Sowjetunion. Sie erreichte mit der sogenannten »Ärzte-Verschwörung« im Januar 1953 ihren Höhepunkt. Dabei wurde jüdischen Ärzten und »verkappten Juden« in Moskau unterstellt, sie hätten sowjetische Politiker ermorden wollen. Offener Antisemitismus in der DDR verursachte die Flucht von rund 500 Juden in den Westen, die der Präsident des Verbands der Jüdischen Gemeinden in der DDR, Julius Meyer, organisierte. Meyer saß für die SED in der Volkskammer.

In der Politik gegenüber Israel folgte die DDR strikt dem sowjetischen Kurs. Der begrüßte zunächst die Gründung des Staates Israel. Dessen Politik wurde jedoch bald als die eines »imperialistischen Aggressors« beurteilt, was mit dem Ausbau der Beziehungen der DDR zu den arabischen Staaten und der Unterstützung der Palästinenser einherging. Das enge Bündnis Israels mit den USA verschärfte den Konflikt. Seine Höhepunkte erreichte der militante Antizionismus der DDR während des Sechs-Tage-Kriegs 1967 und der israelischen Invasion im Libanon 1982. Eine Entspannung zu Israel gab es erst Ende der achtziger Jahre, die geplante gegenseitige Anerkennung wurde jedoch nicht mehr wirksam.

Als eine ihrer letzten Amtshandlungen bat die Volkskammer der DDR 1990 die Jüdinnen und Juden in aller Welt um Verzeihung für die Heuchelei und Feindseligkeit der offiziellen DDR-Politik.

WAS WAR DIE »SOZIALISTISCHE MENSCHENGEMEINSCHAFT«?

In die Wände der Wohnung des Ostberliner Eisenbahners waren extra Löcher gebohrt worden, um den müden Mann nach der Schicht im Bett mit Kamera und Mikrophon beobachten zu können. Das hatte nicht die Stasi, sondern der Deutsche Fernsehfunk bewerkstelligt, und im Friedrichstadtpalast verfolgte ein Millionenpublikum, wie der ebenso verdienstvolle wie erstaunte Mann per fahrbarem Bett wenig später in die Show transportiert wurde, um ihn dort weiter zu ehren. Sie hieß »Mit dem Herzen dabei« und war die Umsetzung von Walter Ulbrichts Idee der »sozialistischen Menschengemeinschaft« in Bild und Ton. Das besorgte Moderator Hans-Georg Ponesky.
Er hatte die Überraschungsshow auf Beschluss des VI. Parteitags der SED im Januar 1963 im Rundfunk aus der Taufe gehoben, zum 15. Jahrestag der DDR lief sie dann auch im Fernsehen und erlebte dort 14 Folgen. Die Idee dahinter war simpel: Die Frau oder der Mann von nebenan »kamen durchs Fernsehen«, weil sie etwas Besonderes vollbracht hatten, und diese Vorstellung war mehr wert als eine der rund 10 000 staatlichen oder gesellschaftlichen Auszeichnungen. »Mit dem Herzen dabei« sorgte für ein heimlich renoviertes Haus, einen neuen Trabi oder sogar für einen auf der Bühne verliehenen Professoren-Titel.

All das hatte einen politischen Hintergrund: die »sozialistische Menschengemeinschaft«. Walter Ulbricht persönlich hatte sie erfunden. Am 22. März 1969 verkündete er: »Die sozialistische Menschengemeinschaft, die wir Schritt um Schritt verwirklichen, geht über das alte humanistische Ideal hinaus. Sie bedeutet nicht nur Hilfsbereitschaft, Güte, Brüderlichkeit, Liebe zu den Menschen. Sie umfasst sowohl die Entwicklung der einzelnen sozialistischen Persönlichkeiten als auch der vielen zur sozialistischen Gemeinschaft im Prozess der gemeinsamen Arbeit, des Lernens, der Teilnahme an der Planung und Leitung der gesellschaftlichen Entwicklung ... und an einem vielfältigen, inhaltsreichen und kulturvollen Leben.« All das sollte sich im »entwickelten gesellschaftlichen System des Sozialismus« abspielen, das sich als »besonderer Gesellschaftstyp« bisher nur in der DDR etabliert habe.

Im Kern war diese Politik erstmals der Anspruch eines Sowjet-Satelliten auf einen »eigenen Weg« der gesellschaftlichen Entwicklung. Er unterschied sich vom Moskauer Dogma, das im Sozialismus nur eine kurze Übergangsphase sah und das Erreichen der lichten kommunistischen Zukunft bereits öffentlich für Mitte der achtziger Jahre angekündigt hatte. Walter Ulbricht hoffte, sich mit seinem Beitrag den Weg ins Pantheon der »Klassiker« an der Seite von Marx, Engels und Lenin zu öffnen.

Im Kreml kam das nicht so gut an. Unter der Hand hielten die Genossen dort ihren ostdeutschen Statthalter für größenwahnsinnig, denn die Unterordnung unter Moskaus Führung galt als erstes Gebot. Sie begannen, seine Absetzung zu forcieren.

Das 15. Plenum des ZK der SED im Januar 1971 bestimmte Walter Ulbricht für den im Juni des Jahres geplanten VIII. Parteitag noch als Hauptredner. In seinem Grundsatzreferat sollte es um die »sozialistische Menschengemeinschaft« gehen, doch als es dann so weit war, musste sich der inzwischen entmachtete Parteichef wegen »Kreislaufstörungen« entschuldigen. Erich Honecker übernahm das Reden und beteuerte mit Blick nach Moskau: »Wir berücksichtigen ... die Erfahrungen der Sowjetunion und der anderen sozialistischen Länder« und natürlich die »allgemein gültigen Gesetzmäßigkeiten der sozialistischen Revolution und des sozialistischen Aufbaus«. Der »Kreislauf« funktionierte also wieder, und die DDR verzichtete auf ihre »sozialistische Menschengemeinschaft«. In der »Parteitagsentschließung« hieß es nun, dass sich »einige Genossen« der »Rechthaberei, Schönfärberei und Missachtung des Kollektivs« schuldig gemacht hätten. Der Name Ulbricht wurde nicht genannt.

Im Herbst 1971 erläuterte ZK-Ideologe Kurt Hager vor den versammelten Gesellschaftswissenschaftlern der DDR noch einmal die »neue Linie«: »Der VIII. Parteitag hat aus guten Gründen auf den früher recht oft verwendeten Begriff der Menschengemeinschaft verzichtet ... Auf den gegenwärtigen Entwicklungsabschnitt des sozialistischen Aufbaus in der DDR angewandt, ist er ... wissenschaftlich nicht exakt, da er die tatsächlich noch vorhandenen Klassenunterschiede verwischt und den tatsächlich erreichten Stand der Annäherung der Klassen und Schichten überschätzt.« Der Traum von der sozialistischen Menschengemeinschaft könne »erst mit dem Werden der kommunistischen Gesellschaft erreicht werden«. Und dem war natürlich die Sowjetunion am nächsten. Walter Ulbrichts 1967 formulierte Sozialismus-Thesen landeten deshalb nicht im »Schatzkästlein« des Kommunismus, sondern, wie auch ihr Erfinder, auf dem »Müllhaufen« der Geschichte.

Für den peinlichsten Höhepunkt des Tamtams um die »sozialistische Menschengemeinschaft« hatte der SED-Chef selbst bereits am 16. April 1966 in der 11. Fernsehsendung »Mit dem Herzen dabei« gesorgt. Auf der Bühne des Friedrichstadtpalastes traf er mit seinem früheren Justizminister Max Fechner zusammen. Der aus der SPD in die SED gelangte Politiker und Widerstandskämpfer gegen die Nazis hatte beim Aufstand vom 17. Juni 1953 Sympathie für die streikenden Arbeiter gezeigt und sich so als »unzuverlässig« erwiesen. Dafür verbüßte er drei Jahre Haft. Nun nahm ihn Walter Ulbricht öffentlich zum Bruderkuss in die Arme. Ob die »Blonde Träne« Hans-Georg Ponesky dabei heimlich eine solche aus Wasser und Salz verdrückte, ist auf den verschwommenen Fernsehbildern der Vergangenheit nicht mehr zu erkennen.

WARUM HATTEN RENTNER NIEMALS ZEIT?

Als am 2. Dezember 1978 im DDR-Fernsehen die erste von 20 Episoden der Serie »Rentner haben niemals Zeit« lief, war Hauptdarsteller Herbert Köfer 57 Jahre alt. Seine Partnerin Helga Göring zählte 56 Jahre. Trotzdem kam niemand auf die Idee, die Authentizität des Rentnerpaares Anna und Paul Schmidt in Zweifel zu ziehen. Lebenserfahren, agil und mit viel Witz regelten die beiden die kleinen Katastrophen des Alltags;

dass Rentner niemals Zeit hätten, wurde zum geflügelten Wort. Die Serie spiegelte offenbar das wahre Leben wider, und tatsächlich waren die Omas und Opas in der DDR oft erst um die 50, manche sogar noch jünger.

Dass es sich bei den DDR-»Rentnern« – betrachtet man einmal all jene, die um 1920 herum geboren wurden und im letzten Viertel ihres DDR-Lebens die offizielle Altersgrenze von 60 Jahren bei Frauen und 65 bei Männern erreichten – eigentlich um eine missbrauchte, unverstandene und betrogenen Generation handelte, war ein Tabuthema außerhalb des öffentlichen Bewusstseins.

Die missbrauchte Generation. Der Krieg hatte den Omas und Opas der achtziger Jahre die sprichwörtlich »besten Jahre« genommen. Viele der Männer unter ihnen hatten ihn vom ersten bis zum letzten Tag mitgemacht, für die Mehrzahl folgten Jahre der Gefangenschaft. Oft war das nackte Überleben mit körperlichen Schäden verbunden, die das weitere Leben erschwerten. Frauen waren vom Bombenterror, von Not und Elend geprägt, sie hatten oft nicht nur um das eigene Leben, sondern auch um das der Eltern und Geschwister gekämpft. Das Fehlen der Männer deformierte die soziale Gemeinschaft. Einen Ehemann »abzubekommen« war für viele Glückssache. Nach dem Krieg wurde diese Generation direkt und indirekt für die geschehenen Verbrechen verantwortlich gemacht. Eine Aufarbeitung ihrer Traumata, vom häufig stattgefundenen Heimatverlust durch Flucht und Vertreibung über Vergewaltigungen und andere Demütigungen bis hin zum Verlust ihrer materiellen Lebensgrundlage, war tabu. Wer sich nicht daran hielt, geriet schnell in den Verdacht, »revanchistisch« zu denken oder der Nazi-Ideologie anzuhängen.

Die unverstandene Generation. In den fünfziger und sechziger Jahren waren die späteren Großeltern die Eltern. Über die Vergangenheit herrschte zwischen ihnen und ihren Kindern Sprachlosigkeit. Was sich 1968 im Westen in verschiedenen Formen einer neuen Jugendkultur entlud, fand in der DDR nur im Ansatz eine Entsprechung. Das Aufbauwerk im Osten verblasste vor dem Wirtschaftswunder im Westen. Viele Familien in der DDR fühlten sich bis zum Mauerbau 1961 unter einem Entscheidungsdruck, ob ihr Verbleib in der ostdeutschen Heimat richtig sei. Inzwischen entstandene familiäre Realitäten und die bereits gemachte Erfahrung des komplizierten Neubeginns erschwerten die freie Lebensgestaltung. Aber auch ein Ortswechsel von Ost nach West machte nicht automatisch alles einfacher: Dort wurden viele Ost-Ausbildungen der Nachkriegszeit, zum Beispiel die der »Neulehrer«, nicht anerkannt. Das berufliche Umfeld in der DDR war oft von Opportunismus und Duckmäusertum geprägt, »man hatte ja seine Erfahrungen«. Karrieren kippten, sowie die Nachkriegsgeneration bereit war, das Ruder zu übernehmen. Durch die gesellschaftliche Entwicklung lockerten sich die Familienbande, Einsamkeit im Alter entstand.

Die betrogene Generation. Die Kindheit der späteren Omas und Opas verlief oft in bitterster Armut. Es folgte eine hoffnungsvolle Jugend in der Illusion, sich im Frieden ein materiell gesichertes Leben aufbauen zu können. Der Zweite Weltkrieg beendete sie. Sparguthaben wurden 1948 durch die Währungsreform 1 zu 10 entwertet. Erworbene Ansprüche, etwa auf Pensionen, gingen verloren. Trotz niedriger Lebenshaltungskosten in der DDR machten es geringe Löhne bei zunächst hohen Preisen schwer, ein wenig Wohlstand zu erlangen. Die Sozialversicherung durch den FDGB betrug 20 Prozent des Bruttoverdienstes, höchstens jedoch 120 Mark im Monat. Die eine Hälfte wurde vom Arbeitnehmer bezahlt, die andere vom »Arbeitgeber« Staat. Das Einkommen war nach unten durch einen Mindestlohn abgesichert, der 1958 bei 220 Mark lag und bis 1976 auf 400 Mark stieg. Durch dieses System begrenzte sich die Höchstrente auf 600 Mark. Sonderversorgungssysteme, wie zum Beispiel die »Intelligenzrente«, ergänzten sie. Erst mit der »Freiwilligen Zusatzrente« (FZR) ab 1972 wurde eine rentenwirksame Versicherung bis 1200 Mark, später dann des gesamten Einkommens möglich. Für die Rentnergeneration der achtziger Jahre kam das zu spät. Sie wurde mit der Festlegung einer Mindestrente abgespeist, die ab 1. Dezember 1984 300 Mark betrug.

Seit Beginn der siebziger Jahre öffnete sich massiv die Schere zwischen dem stark steigenden Lohnniveau und den nur gering steigenden Renten. So betrug 1982 das Netto-Haushaltseinkommen eines Arbeitnehmerhaushalts 1575 Mark, das eines Rentnerhaushaltes jedoch nur 560 Mark. Viele Rentner arbeiteten über die Altersgrenze hinaus, denn durch die Rentenquote von nur 40 Prozent des Durchschnittseinkommens war ein kräftiger sozialer Abstieg mit dem Einstieg in die Rente vorprogrammiert. Dennoch hatten die rund 2,8 Millionen Rentner in der DDR nicht nur »niemals Zeit«, sondern auch einen riesigen Vorteil: Sie durften in den Westen reisen. Es mag etwas hochgestochen klingen, aber damit erwiesen sie beiden Teilen des Landes einen Dienst: Ihnen ist es zu verdanken, dass die Familienbande über die Grenze hinweg trotz DDR-Abgrenzungspolitik und West-Desinteresse niemals abrissen.

WIE FUNKTIONIERTE EINE HAUSGEMEINSCHAFT?

Am 30. Mai 1967 berichtete die *Junge Welt* über den Besuch eines ihrer Reporter in der John-Schehr-Straße 11 in Eisenhüttenstadt. Er war ausgerückt, um dort die »sozialistische Hausgemeinschaft« zu begutachten. Beifällig erzählte der Journalist von den beiden Wandzeitungen im Hausflur, »auf denen alle ihre Solidarität mit dem kämpfenden Vietnam bekunden«. Lobend erwähnte er die schmucken Urkunden, die es für die »prima Ausgestaltung des Hauses zum Republikgeburtstag« gegeben hatte. Sein zufriedenes Fazit: Bei den Hausbewohnern war »jeder Tag ein Tag des Mitarbeitens in ihrem Staat, ein Tag des Mitplanens und des Mitregierens«.

Der Mann wird seinen Artikel nicht von A bis Z erlogen haben. Allenfalls formulierte er so, wie es in seinem Blatt üblich war. In der Erinnerung der Betroffenen hört sich das heute anders an, meist wird die Hausgemeinschaft als »der gute Zusammenhalt« in der DDR umschrieben. Fremde aus dem Westen nennen es gern »Blockwart-Idylle«. Die Wahrheit liegt wohl irgendwo in der Mitte. In keinem Bereich unterscheidet sich der Blick von innen nach außen so stark vom äußeren Eindruck des Inneren wie im Alltag.

Ja, es gab ein *Hausbuch*, in dem die Bewohner sich selbst und ihre Besucher schriftlich anmelden mussten – Besucher aus dem Ausland innerhalb von 24 Stunden, Gäste aus der DDR bei Aufenthalten von mehr als drei Tagen. Als besonderen Ausdruck der Unfreiheit empfand das kaum jemand. Der Hausvertrauensmann, der das *Hausbuch* führte, lauschte in aller Regel nicht an der Wohnung nach der »Tagesschau«-Fanfare oder roch, was gekocht wurde.

Ja, es gab hin und wieder den »Subbotnik« als Arbeitseinsatz im Wohnumfeld am freien Samstag. Einer Menge von Leuten machte das Spaß, wer keinen daran hatte, ging nicht hin und musste dennoch keinen unerwarteten Stasi-Besuch befürchten. Dass die allerdings notierte, wer sich hartnäckig weigerte, zum 1. Mai oder zum Republikgeburtstag eine Fahne aus dem Fenster oder vom Balkon zu hängen, ahnten viele. Manche von ihnen konnten es dann später auch in ihren Akten nachlesen. Die »Goldene Hausnummer« für besonders emsige Hausgemeinschaften machte stolz, ein Siegel besonderer Staatstreue war sie hingegen nicht.

Natürlich gereichte es jedem zum Vorteil, der jemanden kannte, der einen kennt, um mal einen Keilriemen zu besorgen, ein Bund Spargel oder Holzkohle für den Grill. Und die Schweinekammscheiben wurden dann schon mal gemeinsam verzehrt. Freundschaften waren aber auch in der DDR von Sympathie und nicht vom Nutzen bestimmt. Manchmal verband sich beides.

Das tagtägliche Zusammenleben in der DDR blieb im Grunde unpolitisch. Die SED unterhielt zwar Wohnparteiorganisationen, doch die agierten meist als Rentnerclubs. Alle anderen SED-Mitglieder waren in ihren Betrieben organisiert. Durch die staatlich, genossenschaftlich oder betrieblich gesteuerte Wohnraumverteilung entstand in Mietshäusern von vornherein eine soziale Mischung. Dass dadurch der Arzt neben dem Busfahrer und die Verkäuferin neben der Lehrerin wohnte, störte nur sehr wenige. Man traf sich beim Autowaschen vor dem Haus, erzählte die neuesten Witze, ohne den angeblich allgegenwärtigen Lauscher zu fürchten und schimpfte über dieses und jenes. Nur Geld war kein Thema. So wie sich die Autos nur zwischen 25 und 50 PS unterschieden, hatte beinahe jede Familie so ungefähr dasselbe in der Tasche.

Jeder wusste, wer im Haus eine Bohrmaschine besitzt, die auch bereitwillig verliehen wurde, oder wo mal im Notfall telefoniert werden konnte. Die Nutzung der »Trockenräume« für die Wäsche wurde organisiert. Oft entstanden daraus Partykeller, wobei der Fantasie keine Grenzen gesetzt waren. Die Hausbewohner tischlerten und tapezierten, verlegten flackernde Lichter und nähten Gardinen. Wer aus mangelndem handwerklichem Geschick nichts beitragen konnte, engagierte sich bei der Dekoration. Alles war willkommen, ob leere West-Bierdose oder Keramik aus Bulgarien. Bei den dann folgenden Hausgemeinschaftsfesten war vom selbstgemachten Kartoffelsalat bis zum »Blauen Würger« alles vorhanden. Natürlich ließ sich auch die Nutzung der Partykeller für private Feiern – von der Jugendweihe bis zur Silberhochzeit – organisieren.

Bei der Haustour gab es eine gegenseitige Kontrolle – wer selbst mit Eimer und Wischlappen die Treppe säuberte, verlangte das auch vom Nachbarn. Das winterliche Schneeräumen gestaltete sich manchmal nach komplizierten Systemen, um auch ja niemanden zu bevorzugen. Spätestens früh um sieben leerten sich die Häuser. Die Eltern gingen zur Arbeit, die Kinder in die Krippe, den Kindergarten oder die Schule. Unverschlossene Haustüren machten keinem Sorgen. All das ist es, was heute manche vermissen. Es als besondere Form der Freiheit oder als Ausdruck von Unfreiheit zu bewerten, bleibt jedem selbst überlassen.

Im *Hausbuch* wurden unter anderem die Personalien der Mieter vermerkt. Es wurde beim »Hausvertrauensmann« verwahrt.

WAS UNTERSCHIED REISEKADER VON REISEKOFFERN?

Walter Ulbricht wusste genau, was seine Untertanen wünschten. »Mehrmonatige Weltreisen werden zu einem festen Bestandteil des Bildungsganges der Jugend gehören«, malte er für die Zeit ab Mitte der sechziger Jahre die lichte Zukunft. Die Praxis sah anders aus: Nach dem Bau der Mauer am 13. August 1961 öffnete sich zum ersten Mal am 2. November 1964 ein Türchen. Am 9. September hatte der Ministerrat der DDR beschlossen, dass Rentner, also Frauen mit 60 und Männer mit 65 Jahren, gen Westen reisen durften. Als das später »in dringenden Familienangelegenheiten« Jüngeren inklusive 15 DM Zehrgeld (ab 1. Juli 1987, vorher 70 DM) erlaubt wurde, nannte man das damals »großzügige Reisemöglichkeiten«, die »gewährt« wurden. Oder eben auch nicht.

Allen anderen, die aus der DDR heraus durften, mussten Reisekader sein. Darum bewerben konnte man sich nicht. Die Auswahlkriterien blieben stets ein strenges Geheimnis. Jeder wusste aber, dass politische Zuverlässigkeit und »Sicherheitsfragen« im Mittelpunkt standen. Der Abbruch aller eventuellen privaten Westkontakte – und dazu gehörte auch das Schreiben einer simplen Geburtstagskarte – wurde als Beweis der Loyalität zwingend erwartet. Überprüft wurde sie durch das Ministerium für Staatssicherheit. Das begann mit dem Einsammeln von Spitzelberichten im Wohnumfeld und reichte bis zur »Kaderakte« im Betrieb. Damit blieben Dienstreisen in den Westen, »nichtsozialistisches Wirtschaftsgebiet« (NSW) genannt, stets ein besonderes Privileg. Neben den rund 10 000 im Ausland an DDR-Einrichtungen tätigen Kadern, war es Funktionären, Sportlern, Künstlern, Wissenschaftlern und spezialisierten Technikern vorbehalten.

Seit den siebziger Jahren stand das Auswahlverfahren vor dem Antrag. Nur wer Reisekader war, zum Beispiel als Wissenschaftler, durfte nach der eventuellen Genehmigung einer Reise fragen. Das führte dazu, dass die DDR auf dem internationalen Parkett oftmals von zweit- oder gar drittklassigem Personal vertreten war, denn Treue stand über fachlicher Kompetenz. Daraus wiederum entstand ein unbeabsichtigter Nebeneffekt: Für viele »nicht bestätigte Reisekader« galt nun das Manko als eine Art politisch-moralisches Gütesiegel. Sie sahen sich als unbestechlich an, weil sie so ihre innere Freiheit bewahren konnten.

Hatte ein Reisekader seinen Einsatz hinter dem Eisernen Vorgang absolviert, war unmittelbar nach der Rückkehr ein Sofortbericht von zwei bis drei Seiten fällig. Darin waren insbesondere die Formalitäten beim Grenzübergang zu beschreiben. Ihm folgte innerhalb von vier Wochen der ausführliche Reisebericht. Er hatte drei wichtige Funktionen. Zum einen sollte er dazu beitragen, die Reiseorganisation zu verbessern. Die NSW-Reisen wurden meist von Leuten geplant, die den Westen noch nie gesehen hatten. Deshalb war vom Hotel bis zur Verkehrsverbindung alles wichtig. Zum anderen musste der Gereiste in seinem Hauptteil die Ergebnisse der Reise und die wichtigsten Erkenntnisse kommunizieren. Damit rechnete man besonders bei wirtschaftlichen Expeditionen hinter den Eisernen Vorhang den stattgefundenen Aufwand ab und die erlangten Informationen flossen an alle, die sie benötigten. Bei Sportler- oder Künstler-Delegationen übernahmen die mitreisenden Funktionäre diese Aufgabe. Oft verantworteten sie auch den dritten Teil, in dem über »gegnerische Aktivitäten« zu berichten war. Dazu zählten nicht nur nachrichtendienstlich relevante Fragen, sondern auch Einschätzungen zu den Gesprächspartnern und zum gesamten Klima des Besuchs.

Zu den weitverbreiteten, aber unwahren Legenden gehört, dass alle Reisekader inoffizielle Mitarbeiter der Staatssicherheit waren. Deren Anteil lag zwischen vier und sieben Prozent. Dennoch hatte das Ministerium für Staatssicherheit uneingeschränkt Zugriff auf die Reiseberichte – ein Umstand, der manchem der einstmals Privilegierten nach dem Ende der DDR Probleme bereitete.

Privat konnten Dienstreisende der DDR keine einzige DDR-Mark in westliche Devisen tauschen. Ihre Ausstattung für Spesen war höchst bescheiden und richtete sich nach den »Dienstreisesätzen« im jeweiligen Gastland. In der Regel lagen sie in der Größenordnung von 15 bis 20 DM pro Tag. Das führte zu vielen Peinlichkeiten, denn kaum jemand hätte einen Geschäftspartner auch nur einmal auf eine Bockwurst und ein Bier am Kiosk einladen können. Mit einem »Sicherheitsbetrag« von 15 US-Dollar wurden Dienstreisende schon mal um die halbe Welt geschickt. Abhilfe suchten erfahrene Reisekader, indem sie mit einer Art von Camping-Gepäck reisten, das sowohl die Dauerwurst von zu Hause wie auch den Tauchsieder zum Kaffeekochen im Hotel umfasste. Wer im Westen Geld verdiente, zum Beispiel als Künstler, war etwas besser dran.

Zum Ende der DDR zeigte sich, dass all das Misstrauen gegenüber den Reisekadern und den »Abgelehnten« gar nicht nötig gewesen wäre. Als die DDR in der zweiten Hälfte der achtziger Jahre mehrere Millionen ihrer Bürger in den Westen reisen ließ, blieb die Zahl der »Republikflüchtigen« im unteren einstelligen Prozentbereich. Gerade einmal rund 7000 Menschen ließen 1988 ihre Rückfahrkarte verfallen. Die Zahl der offiziellen »Antragsteller auf Ausreise« hingegen lag allein in den ersten zehn Monaten des Jahres bei 21 347 DDR-Bürgern.

Wie konnte man mit Kinderkriegen Geld verdienen?

Mag das etwas infantil klingende Wort »Mutti-Politik« als Synonym für die Familienförderung in der DDR noch sympathische Assoziationen hervorrufen, ist der Begriff »abkindern« einfach nur dümmlich. Dennoch gab es ihn. Er entstand im Zusammenhang mit dem heute fast schon vergessenen, zinslosen Kredit für junge Ehen.

Ab 1972 konnte jedes Ehepaar in der DDR, das jünger als 27 Jahre war und dessen Verdienst nicht über 1400 Mark im Monat lag, einen zinslosen Kredit in Höhe von 5000

Mark beantragen. Kam das erste Kind zu Welt, verminderte sich die Kreditsumme um 1000 Mark, beim zweiten Kind um weitere 1500 Mark und mit drei Kindern war der gesamte Kredit »abgekindert«. Ab 1986 erhöhte sich die Kreditsumme auf 7000 Mark, der Kreis der Anspruchsberechtigten wurde erweitert. Da in der DDR jedoch in der Regel jung geheiratet wurde, erfüllten bereits 1972 etwa 80 Prozent aller neu geschlossenen Ehen die Voraussetzungen. Auch das erste Kind kam meist zeitig, denn eigene Elternschaft war vielerorts die einzige Möglichkeit, das Elternhaus zu verlassen. 1986 waren 70 Prozent aller jungen Frauen beim ersten Kind jünger als 25. Dementsprechend häufig wurde der Ehekredit genutzt. Von 1976 bis 1988 gab es 1 371 649 Zahlungen mit einer Gesamtsumme von 9,3 Milliarden Mark. Etwa ein Viertel davon wurde »abgekindert«, ansonsten erfolgte die Rückzahlung in Raten von 50 Mark im Monat, die sich durch die Geburt von Kindern verminderten. Die Abwicklung der Kredite geschah einfach und unbürokratisch. Beim Einkauf genügte die Vorlage der Kreditbescheinigung, die Verrechnung des Kaufpreises nahm die Handelseinrichtung direkt mit der Sparkasse vor. Gekauft werden konnte alles, soweit vorhanden, was zur Einrichtung eines Haushaltes gehörte.

Politisch diente der Ehekredit der Förderung des DDR-Ideals einer Zwei-bis-Drei-Kind-Familie bei voller lebenslanger Berufstätigkeit beider Ehepartner. Der Arbeitsbeginn erfolgte in der Regel mit 16 Jahren – weitere Ausbildungszeiten wurden sozial wirksam berücksichtigt –, so dass lange Arbeitsbiographien keine Seltenheit waren. Hausarbeit galt offiziell als Nicht-Arbeit und war wenig anerkannt. Eine Ausnahme herrschte bei »Kinderreichtum« mit mindestens drei minderjährigen Kindern. Hier wurde die Betreuung der Kinder zu Hause einer beruflichen Tätigkeit gleichgestellt. Ansonsten galt: »In der Regel sind berufstätige Ehefrauen geistig anspruchsvollere Partnerinnen und fähigere Erzieherinnen ihrer Kinder«, so das Standardwerk *Die Frau in der Deutschen Demokratischen Republik* von 1978. Mitte der achtziger Jahre arbeiten 91,3 Prozent aller DDR-Frauen zwischen 16 und 60 Jahren. Die Zahlung gleicher Löhne für gleiche Arbeit wie von Männern war selbstverständlich.

Die finanzielle Starthilfe hatte aber auch einen wirtschaftlichen Hintergrund. Trotz relativ hoher Spareinlagen verfügten die meisten DDR-Familien kaum über vererbbares, nennenswertes Vermögen. Das führte dazu, dass ihre Kinder aus eigener Kraft das materielle Umfeld ihres Lebens aufbauen mussten.

Junge Ehepaare hatten Anspruch auf einen Zinslosen Kredit. Je nach Anzahl der Kinder minderte sich die Rückzahlung, beim dritten Kind war er getilgt und somit »abgekindert«.

Selbst wenn es Werte innerhalb der Familie gab, wie zum Beispiel ein Haus, war dies angesichts der konkreten Umstände oft eher eine Last als ein Vorteil. Größere Einnahmen aus Vermietungen waren wegen der unveränderbaren niedrigen Mieten während der gesamten DDR-Zeit nicht zu erwarten, Instandhaltungskosten überstiegen den Vorteil kostenlosen Wohnens oft um ein Vielfaches. Der Weg in ein relatives Wohlstandsleben – definiert über das Konsumpotential – führte über die Familie.

Hier trafen sich staatliche und persönliche Interessen. Deshalb wurden auch alle anderen Maßnahmen der Familienförderung positiv aufgenommen und von den Nutznießern als Beleg für einen allgemeinen gesellschaftlichen Fortschritt gewertet. Seit 1972 zahlte der Staat bei jeder Geburt eine Beihilfe von 1000 Mark. Der Schwangerschafts- und Wochenurlaub wurde auf 18 Wochen ausgeweitet, alleinstehende Mütter und kinderreiche Familien bekamen Sonderrechte. Ungeachtet des staatlichen Ziels der Geburtensteigerung wurde 1972 der Schwangerschaftsabbruch legalisiert. Die Ausgabe von oralen Verhütungsmitteln erfolgte auf Wunsch kostenlos an Frauen ab 16 Jahren.

Ein zweites Sozialpaket, das der IX. Parteitag der SED 1976 beschloss und das im Laufe der achtziger Jahre weiter ausgebaut wurde, regelte vor allem die zeitliche Entlastung berufstätiger Mütter bei vollem Lohnausgleich. Die bezahlte Freistellung zur Pflege kranker Kinder wurde eingeführt. Zunächst bei der Geburt des zweiten Kindes, ab 1986 dann bereits beim ersten Kind gab es ein bezahltes Babyjahr, beim dritten Kind konnte es um weitere sechs Monate verlängert werden. Auch Väter durften dieses Babyjahr wahrnehmen, es wurde allerdings kaum genutzt. Die Arbeitszeit für Frauen mit zwei Kindern betrug nun bei vollem Lohnausgleich 40 Stunden pro Woche, ein bezahlter Haushaltstag pro Monat wurde eingeführt und der Grundurlaub bei mehreren Kindern erhöht.

An all diese Regelungen gibt es heute nur noch wehmütige Erinnerungen. Dabei ist es für die Nostalgiker nur von geringem Interesse, dass diese »Mutti-Politik« die ökonomischen Potenzen der DDR überschritt und somit zu deren Ende beigetragen hat.

WER HATTE IN DER DDR DIE DICKSTEN KONTEN?

Viele waren es nicht, aber auch in der DDR gab es Leute mit mehr als einer Million Mark auf dem Konto. Zur Währungsunion am 1. Juli 1990 entdeckten die Prüfer der Deutschen Bundesbank eine zweistellige Zahl an DDR-Millionären, Kenner des sozialistischen Geldadels gingen sogar von ein paar Hundert aus. Betrachtet wird dabei nur das Geld, nicht etwa wertvoller Besitz, wie Antiquitätensammlungen und andere Wertsachen.

Im Vergleich zu westlichen Verhältnissen waren es Peanuts. Anfang der neunziger Jahre lebten in der Bundesrepublik 85 Milliardäre und rund 89 000 Millionäre. Die Kontinuität der dortigen Entwicklung, von Kriegsgewinnen über Wirtschaftswundererfolge und Erbschaften bis hin zur gewinnbringenden marktwirtschaftlichen Tätigkeit, erklärt die Riesenvermögen – doch woher kamen sie im Osten? An erster Stelle denkt man wohl an die Künstler. Und tatsächlich bestätigte Hit-Produzent Arndt Bause, dass ihm allein »Sing, mei Sachse, sing« über eine Million Mark eingebracht habe. Insgesamt habe es in der DDR ein gutes Dutzend Musik-Millionäre gegeben, weiß René Büttner, früher Chef des DDR-Plattenlabels Amiga und heute selbst millionenschwerer Unternehmens- und Immobilienberater.

Doch trotz Tages- und Auftrittsgagen von 1000 bis 1500 Mark für Schauspieler und Sänger aus der ersten Reihe war der Weg zur ersten Million nicht so einfach. Richtig Geld verdient wurde erst, wenn neben den Ostmark auch internationale Einkünfte dazukamen. Filmkomponist Günther Fischer schrieb nicht nur die Musik für rund 200 DEFA-Filme, sondern auch für etwa 80 US-Produktionen und Filme in England, der Schweiz und der Bundesrepublik. Wenn dabei auch der Staat kräftig mitkassierte, blieb unterm Strich genügend übrig für ein Anwesen am Seddinsee und einen weißen Jaguar.

Aber es war schwer, überhaupt erst einmal ins internationale Geschäft zu gelangen. Star-Trompeter Ludwig Güttler kaufte von seiner ersten Platte 3000 Exemplare im Einzelhandel, weil er damit im Westen werben wollte. Um sie überhaupt zu bekommen, musste er der Verkäuferin eine goldene Kette für ihre Tochter versprechen. Irgendwo angestellte Künstler mit weit überdurchschnittlichen Monatsgehältern zwischen 3000 und 5000 Mark wurden allenfalls bei sparsamem Lebenswandel zu Millionären wie auch herausragende Wissenschaftler mit bis zu 15.000 Mark dotierten »Einzelverträgen«. Das »einfache Volk« hatte diese Chance nicht. Eine Ausnahme war jedoch die kleine Gruppe privater Unternehmer, die in den fünfziger Jahren im Osten ihr Wirtschaftswunder erlebte. Bekannt ist etwa das Sprudelwasser Margon von Artur Kunz. Dass es noch bis 1972 private Firmen wie etwa die des Laborzentrifugen-Herstellers Janetzki in Leipzig mit 360 Werktätigen und 27 Millionen Mark Umsatz gab, wird jedoch oft vergessen. Ihre früheren Besitzer lebten in der DDR im Wohlstand, manche von ihnen blieben trotz staatlicher Eingriffe reiche Leute.

Das Beispiel Sergej Schilkin: Der Berliner Schnapsfabrikant, der seine Destille vom Vater Apollon Fjodorowitsch geerbt hatte, musste 1958 zwar die staatliche Vorherrschaft hinnehmen, aber 15 Prozent der Firma blieben ihm und er wurde Direktor. Als die DDR Anfang der siebziger Jahre endgültig die »kapitalistischen Überreste« beseitigte, blieb er Chef, und es sprangen auch noch ein Eigenheim und ein Intershop-Fiat heraus. Über sein Devisenkonto im Westen erfüllte er sich seine Wünsche bis zur Rente 1980, und die DDR ehrte ihn mit dem »Vaterländischen Verdienstorden«. Heute ist Schilkin-Wodka wieder das gefragte Produkt eines Privatunternehmens.

Um solche Karrieren zu beschneiden, erließ die DDR 1971 neue Steuerregeln. Alle Produktionsgenossenschaften des Handwerks (PGH) mussten künftig auf den Wert ihrer Anlagen 6 Prozent »Produktionsfondssteuer« zahlen. Die Gewinnsteuer stieg um durchschnittlich 14 Prozent, ihr Höchstsatz von 45 auf 60 Prozent. Die rund 90 000 privaten Handwerksbetriebe mit vorwiegend industrieller Produktion bekamen 3 Prozent Umsatzsteuer und bei Jahresgewinnen über 20.000 Mark einen progressiv steigenden Satz auferlegt. Bei den damals noch existierenden rund 5600 privaten Industriebetrieben mit staatlicher Beteiligung und den etwa 3500 Firma ohne diese, fielen nun 6 Prozent Produktionsfondssteuer an. Nicht mitarbeitenden Gesellschaftern wurde ihr Jahresgewinn auf höchstens 5 Prozent ihrer Einlage begrenzt. Die rund 13 000 Kommissionshändler, die bis dahin auf Gewinne über 24.000 Mark 30 Prozent Steuern zahlen mussten, zahlten nun 50 Prozent. Die Steuern für freischaffende Ingenieure, Architekten und Dolmetscher stiegen bei Jahreseinkommen von mehr als 20.000 Mark. Der Steuerhöchstsatz bei mehr als 100.000 Mark Jahreseinkommen wurde von 30 auf 60 Prozent angehoben.

Mit dem Ende der DDR änderte sich alles. Viele verdienten plötzlich überhaupt nichts mehr, anderen blieb ihre Arbeit oder sie fanden eine neue. Eine kleine Gruppe von DDR-Bürgern hatte nun jedoch die Chance auf das ganz große Geld. Zu ihnen gehörten die kriminellen Wende-Gewinner. Bestens mit der Materie vertraute Staatsanwälte schätzen, dass sie rund sechs Milliarden Mark aus dem »Volksvermögen« für sich privatisiert haben. Andere hatten einfach Glück: Ein bislang eher belastendes Miethaus oder ein wertloser Acker, der nun Bauland wurde, konnte sie per einfacher Unterschrift beim Verkauf völlig gesetzestreu über Nacht zum Millionär machen.

WAR DIE PLATTENBAUWOHNUNG EIN PARADIES?

Bevor die sechsteilige Fernsehserie »Einzug ins Paradies« 1987 über die Bildschirme flimmerte, hatte sie gut drei Jahre im Giftschrank gelegen, rund 50 Details mussten geändert werden. Dabei war die Story harmlos: Fünf Familien ziehen in einen neuen elfstöckigen Plattenbau in Berlin-Marzahn. Durch ein Versehen fehlten die Abgrenzungen zwischen den Balkonen. Das lässt die Leute mit all ihren verschiedenen Problemen schnell zusammenwachsen. Zuerst war die DDR-Führung begeistert. Das Wohnungsbauprogramm im Film – der Stolz der SED-Sozialpolitik. Dann fiel irgendjemandem auf, dass das Wort »Paradies« schon in der Romanvorlage von Hans Weber ironisch gemeint war. Die Serie hatte das Augenzwinkern beim »Zusammenwachsen zum Kollektiv« aufgenommen.

Wo aber lag die Wahrheit zwischen »Arbeiterschließfach« und »Drei-Raum-Komfort-Wohnung«, was dachten »unsere Menschen«? Hunderttausende waren froh und glücklich, wenn sie die »Zuweisung« für eine Neubau-Wohnung im Plattenbau in den Händen hielten oder in ihrer »Arbeiterwohngenossenschaft« (AWG) mit der »Versorgung« dran waren. Meist lagen einige Jahre Wartezeit hinter ihnen, oft unter prekären Wohnbedingungen. Immer war es eine Verbesserung des Wohnstandards und stets blieb die Mietbelastung im Haushaltsbudget geringfügig. Dafür sah man gern darüber hinweg, dass oftmals eingezogen wurde und erst danach Straßen entstanden, die Infrastruktur von Kaufhalle, Schule, Kindergarten und Poliklinik hinterher hinkte und Eintönigkeit die Architektur beherrschte.

Neue Wohnungen belegten, dass es im Land voranging. Der Krieg hatte in den Städten etwa zwei Drittel des Wohnraums zerstört. Bis 1961 wurden rund 550 000 Wohnungen repariert oder neu gebaut. Pro Person standen zu jener Zeit 16,7 Quadratmeter Wohnfläche, inklusive Bad und Küche, zur Verfügung. Die akute Wohnungsnot ließ sich trotz der 1953 von der SED ausgegebenen Parole »Besser leben – schöner wohnen« und des 1958 beschlossenen *Wohnungsbauprogramms des Siebenjahresplans* damit nicht beseitigen.

Anfang der siebziger Jahre betrug der Wohnungsbestand etwa 5,9 Millionen. Nur 20

Prozent davon hatten Fernwärme und Warmwasser. Noch 1969 besaß ein Viertel der Haushalte keinen Wasseranschluss in der Wohnung, ein Drittel die Toilette außerhalb des Wohngebäudes. Bei den 38 Prozent der Wohnungen mit Innen-WC verfügte nur die Hälfte über Wasserspülung. Es gab also dringenden Handlungsbedarf.

Deshalb beschloss der VIII. Parteitag 1971 den Wohnungsbau als Kernstück der Sozialpolitik. Vorgesehen war der Neubau von rund drei Millionen Wohnungen bis 1990. Dafür sollten 200 Milliarden Mark aufgewendet werden. Dieses Ziel war nur durch industrielle Serienfertigung und Schaffung in sich geschlossener »Neubaugebiete« außerhalb der traditionellen urbanen Strukturen zu erreichen. Die angeblich dreimillionste seit 1970 gebaute Wohnung wurde vorfristig am 12. Oktober 1988 von Erich Honecker persönlich in Berlin, Neu-Hohenschönhausen, Erich-Correns-Straße (heute Vincent-van-Gogh-Straße) feierlich übergeben. Da auch sanierte und ausgebaute Wohnungen als »Neubau« und sogar Zimmer in Seniorenheimen als »Wohnung« gezählt wurden, lag die realistische Zahl der bis zum Ende der DDR tatsächlich geschaffenen neuen Wohnungen in Plattenbausiedlungen bei ungefähr 1,92 Millionen – immer noch eine gewaltige Leistung.

Die ehrgeizigen Bauvorhaben führten aber auch gleichzeitig dazu, dass sich die Renovierungen massiv einschränkten. Mit 45 Prozent waren knapp die Hälfte der DDR-Wohnbauten über 70 Jahre alt. Ihr Verfall, besonders in den Innenstädten, beschleunigte sich so stark, dass faktisch mit jeder neu gebauten Wohnung eine alte unbewohnbar wurde. Das führte dazu, dass sich die Zahl der rund 600 000 Wohnungssuchenden seit den sechziger Jahren bis 1989 kaum verringerte.

Hinzu kamen gewachsene Bedürfnisse. Die durchschnittliche Wohnfläche von 65 Quadratmetern pro Familie – etwa 20 Quadratmeter unter dem Schnitt im Westen – wurde tendenziell von weniger Menschen genutzt. Gingen die Kinder aus dem Haus, bestand aufgrund der niedrigen Mieten, in der Spitze 1,25 Mark pro Quadratmeter warm in Neubauten, kaum ein Anreiz zum Tausch in eine kleinere Wohnung. So erhöhte sich die Wohnfläche pro Person zwischen 1971 und 1976 von 20,6 auf 37,6 Quadratmeter. Die bescheidene Wohnqualität wie nicht regulierbare Heizungen, bis zu sechs Etagen ohne Lift, sparsame Ausstattung mit Steckdosen und kleine Zimmer wurde zwar kritisiert, aber auch akzeptiert. Die Schaffung gleicher Wohnverhältnisse für alle war ein politisch gewolltes Ziel, dem auch die soziale Durchmischung bei der »Wohnraumlenkung« diente. Dennoch galten Wohnungen im Plattenbau bis zum Ende der DDR als »Komfort-Wohnungen«.

Die Bezahlung des Wohnungsbaus erfolgte durch vom Staat festgelegte Finanzzuweisungen der zentralistischen Planwirtschaft. Ohne somit echte Kredite zu sein, wurden sie mit der Währungsunion als solche angesehen, auf Marktzinsen umgestellt und von westlichen Banken aufgekauft. Damit entstanden fragwürdige Forderungen von rund 38 Milliarden Mark »Altschulden« an die Unternehmen der DDR-Wohnungswirtschaft. An ihrer Tilgung sind die heutigen Bewohner über ihre Miete indirekt beteiligt. Dadurch müssen sie faktisch für ihre mit jahrzehntelangem Lohnverzicht bereits finanzierten Wohnungen ein zweites Mal einen Teil bezahlen.

Plattenbauidylle: Beim Einzug in ihre neue Wohnung bot sich den Mietern meist noch ein anderes Bild.

WIE BAUTE MAN EIN EIGENHEIM?

Wer sich in der DDR den Traum vom eigenen Haus erfüllen wollte, musste am Anfang viele Freunde haben und konnte sich am Ende glücklich schätzen, wenn davon noch einige übriggeblieben waren. Bauen war eine langwierige, schwierige und abenteuerliche Sache. Bis 1972 war es nahezu unmöglich, ein neues Eigenheim zu schaffen. Das änderte sich mit dem Beschluss des Ministerrates der DDR über die Förderung des privaten Wohnungsbaus vom 21. Oktober 1972. Er sollte das gleichzeitig beginnende Wohnungsbauprogramm etwas entlasten und damit den Druck auf den staatlichen Wohnungsbau mindern. Das schuf Möglichkeiten und setzte gleichzeitig Grenzen.

Wie überall beim Hausbau fing alles mit dem Grundstück, dem Bauplan und der Baugenehmigung an. War kein privater Bauplatz vorhanden, wurde ein beurkundetes, unbefristetes Nutzungsrecht für volkseigenen oder genossenschaftlichen Grund und Boden verliehen. Ein Kauf dieser Flächen war nicht möglich. Damit gehörten zwar die Bauten, nicht aber dass Grundstück dem Besitzer. Zu DDR-Zeiten spielte das keine bedeutsame Rolle. Danach führte es dazu, dass das Grundstück nachträglich – zu Sonderkonditionen unter dem nun neu entstandenen Verkehrswert – gekauft werden musste.

Viel wichtiger war damals jedoch die Baugenehmigung. Sie bestätigte, dass das Eigenheim »im Plan« stand, und dazu gehörte auch die Bereitstellung der nötigen Baumaterialien. Deren Zuweisung ersparte zwar niemandem das stundenlange Anstehen bei der Baustoffversorgung, machte den Start aber erst möglich. Auch wenn Material meist knapp bemessen war und keinerlei Sonderwünsche berücksichtigte, blieb der Plan das Fundament. Selbstverständlich musste alles selbst transportiert werden. Dabei erwarb sich mancher Trabant legendären Ruhm als Lastesel. Glücklich konnten sich jene schätzen, die im Betrieb einen Lkw organisieren konnten. Dort wurde das, was das Strafgesetzbuch der DDR harsch als »Diebstahl am sozialistischen Eigentum« beschreibt, ohnehin nicht allzu eng gesehen.

Manche Werktätige nahmen die Aufforderung der Partei »Aus unseren Betrieben ist noch viel mehr herauszuholen!« durchaus wörtlich. Als Ende der sechziger Jahre um den Alexanderplatz das neue Zentrum Ostberlins entstand, schätzten Experten, dass auf den Großbaustellen täglich Material für ein Einfamilienhaus verschwand. Natürlich gab es Leute, die den Griff ins Volkseigentum scheuten, aber selbst ihnen blieb es manchmal nicht erspart, unorthodox »Hilfe« zu suchen. Für ein Pfund und eine Granate – 20 Mark und eine Flasche Schnaps – weigerte sich oft nicht einmal ein wildfremder Lkw-Fahrer, ein paar Kubikmeter Kies vom Kipper rutschen zu lassen. Diese längst vergessenen Voraussetzungen für einen privaten Bau waren wichtiger als das Geld.

Die Kosten eines Eigenheims wurden mit ungefähr 70.000 Mark veranschlagt, die in der Regel voll über einen Kredit finanziert wurden. Dessen genaue Höhe richtete sich nach einer sogenannten »Aufwandnormative«, die von der Genehmigung der Größe des Baus und somit von der Familiengröße abhing. Eine übliche Summe für eine vierköpfige Familie lag im ländlichen Raum und in Kleinstädten bei etwa 65.000 Mark. Davon musste der Bauherr zehn Prozent als Eigenleistung aufbringen. Handwerker- und Transportleistungen der Betriebe und Genossenschaften konnten darin einfließen. Von den verbliebenen 58.500 Mark wurden 39.000 Mark als Materialkredit ausgereicht. Er blieb zinsfrei und war mit einem Prozent pro Jahr zu tilgen. Die restlichen 18.500 Mark standen für Lohnarbeiten zur Verfügung. Dafür mussten drei Prozent Zinsen und ein Prozent Tilgung pro Jahr entrichtet werden. Diese Gesamtbelastung von nicht einmal 100 Mark im Monat war deshalb so gering, weil es angesichts der niedrigen Mieten sonst keinerlei finanziellen Anreiz zum privaten Bauen gegeben hätte.

In aller Regel reichte die festgelegte Kreditsumme jedoch nicht aus. Was zusätzlich gebaut wurde – etwa der Voll- statt des genehmigten Teilkellers oder die Zentralheizung statt des Ofens –, wurde meist richtig teuer und erforderte erneute Organisationskünste. Unter 20 Mark Stundenlohn nebst Essen und Trinken rührte kaum ein Maurer die Kelle, und auch die Arbeitswut der zahlreichen »Feierabendbrigaden« stieg proportional zum Verdienst. Nahezu alles wurde möglich, wenn »blaue Fliesen« – so der Volksmund für Westmark – geboten werden konnten. Dann dauerte es auch nicht so lange wie die üblichen drei bis fünf Jahre, bis das Eigenheim stand.

Das eigentliche Wunder des privaten DDR-Hausbaus bestand darin, dass irgendwann und irgendwie am Ende alles fertig wurde. Die Zahlen belegen aber, dass trotz der vielen Mühen der private Wohnungsbestand in der DDR schrumpfte. Legten die volkseigenen Quartiere zwischen 1971 und 1989 um gut 70 Prozent und die genossenschaftlichen sogar um 106 Prozent zu, sanken die privaten Wohnungen von 3 772 700 auf 2 882 746 Einheiten. Einige Glückskinder hatten ein Fertighaus. Das stand innerhalb weniger Monate und kostete zwischen 90.000 und 120.000 Mark, allerdings in West. Man nannte sie Neckermann-Häuser, sie wurden über Genex bestellt.

Womit spielten die Kinder in der DDR?

Ostberlin 1985

Ganz klar, die Jungen mit Autos, die Mädchen mit Puppen! Doch diese Spielsachen haben in vierzig Jahren DDR ihr Aussehen verändert. Bei den Autos ging es von ersten, groben Holzklötzen, oftmals aus Abfällen selbstgezimmert, bis zum ferngesteuerten Modell aus Plastik, bei den Puppen von den aus Stoff genähten Bälgen bis zu den pädagogisch wertvollen »Puller-Puppen«.

Schon der zweite Blick wird differenzierter. Da waren am Anfang die Murmeln, der Kreisel, die Anziehpuppen aus Papier, die Gummibälle, später dann der Hula-Hoop-Reifen und das Federballspiel, natürlich die elektrische Eisenbahn von Piko oder Zeuke, der Stabilbaukasten, das Puppenhaus, und wer Familie im Westen hatte, bekam sogar Matchboxautos und die Barbie – alles ganz unpolitisch. Oder vielleicht nicht? Ein Beispiel.

Anfang der achtziger Jahre landete durch eine falsche Postleitzahl ein Posten Monopoly-Spiele in der DDR. Obwohl solche »Irrläufer« gern behalten wurden, gingen sie dieses Mal zurück. »Aus ideologischen Gründen« ist das Monopoly »nicht für die DDR geeignet«, so ein MfS-Vermerk über den Vorfall. Politik beim Spielzeug – eine Spurensuche in Erinnerungen, auf Dachböden und in Museen.

In den fünfziger Jahren ging es noch gesamtdeutsch zu. Ein DDR-Verkehrsspiel »Gute Fahrt durch unser deutsches Vaterland« von 1953 lässt auf Feld 49 in Hof aussetzen, weil der Fahrer »zu viel Kulmbacher Bier getrunken« hat, in Dresden muss er zweimal pausieren, um »freiwillig am Wiederaufbau der Stadt« teilzunehmen. Das traditionelle »Mensch ärgere Dich nicht« kam zuerst aus dem Westen und trug den Aufdruck »Ostzonen-Ausgabe«. 1960 erschien es dann als DDR-Produktion in ähnlichem Design als »Mensch wir werfen raus«, später wurde es aus Tschechien importiert.

Auch die DDR exportierte, Spielzeug war ein devisenträchtiger Artikel. Das Fragespiel »Verkehrslotse« von Gordon hat den DDR-Regler mit schwarzweißem Stab vor der Stalinallee auf dem Karton, auf der Westausgabe wird mit Kelle vor einem Stau geregelt. Fürs Wirtschaftswunder-Puppenhaus baute der VEB Niederseda Nierentische und Tütenlampen. Ostkinder konnten sich stattdessen 1962 am Modellbastelbogen »Das schöne sozialistische Dorf« vom VEB Postkartenverlag Berlin erfreuen. Begleittext: »Mit der Bildung der LPG in unserem Arbeiter-und-Bauern-Staat sind die Voraussetzungen geschaffen, die Umgestaltung auf den Dörfern zu vollziehen ...«

Voranging es auch in den Städten. Der »Mentor-Baukasten für Großbauten« ließ aus Buchenholzklötzchen Arbeiterpaläste statt Schlösser wachsen. Trotzdem: Das Brettspiel »Wer baut unser Haus?« von 1952 mit einer Villa auf dem Karton hieß ab 1955 mit dem gleichen Bild »Wer baut unser Kinderheim?« Die Villa schien für nur eine Familie viel zu komfortabel geworden zu sein.

Dann zog »Der kleine Großblock-Baumeister« von Kari in die Kinderzimmer ein. Die Weiterentwicklung versprach: »Mit Plaspi Typ 2 baut man höher«, und mit dem PEBE-»Einzapf-Baukasten« gab es dann auch in der DDR so etwas wie Lego, allerdings nur für verdammt harte Fingerkuppen. Bis Anfang der siebziger Jahre nutzten private Hersteller wie Anni Friedrich Kunststoffverarbeitung aus Waltershausen die Nischen, um das Angebot bunter zu machen. Nachdem Werner Wind mit seinen beliebten »Formo-Bausteinen« zum VEB Gothaer Kunststoffverarbeitung geworden war, konnte man sogar den Palast der Republik als Modell erstehen. Von Anfang an war alles für Jungen und Mädchen gedacht. Schon 1959 werkelten auf einem Würfel-Brettspiel »Glaserin Erika« und auf Feld 73 »Hilde, die einen Ofen setzt«. Die Verpackung vom »kleinen Schwachstrom-Elektriker« zeigte drei Mädchen, die ihre Puppenstube elektrifizierten, und der »Kleine Chemiker« von Friedrich Bachmann und Co. aus Jena ließ laut Deckelbild Jungen und Mädchen gemeinsam forschen. Solche Sachen fanden damals im Westen keinen Abnehmer, weil dort die Frau noch an den Herd gehörte.

Problematisch wäre dort sicher auch das seit den sechziger Jahren verstärkt auftauchende Militärspielzeug gewesen. Ob die 7,5 Zentimeter großen Soldaten vom VEB Spielzeugland Mengersgereuth-Hämmern, Holzgewehre und Plaste-Pistolen, die NVA-Puzzle-Serie aus dem VEB Kinderspiele Schmalkalden, Raketen-Transporter für den Sandkasten oder Modelle, Autos und ferngesteuerte Panzer, es war alles da, um »Auf Friedenswacht« – so ein Quartett von 1959 aus dem Verlag Rudolf Forkel KG Pößneck – zu stehen. Die Nase vorn hatte der Sozialismus auch im Weltraum. »Ziel Mars« hieß das Brettspiel mit bunten Marsmännchen von Si-Si aus dem Jahr 1963, und einen »Flug ins Weltall« per Würfel bot der VEB Kartonagen und Bürobedarf schon 1956 an.

Neben alledem gab es Tausende anderer Spiele, ob das völlig unbrauchbare Kinderklavier, die spielbare Triola aus Plastik oder Minihandwerkszeug und Küchengeräte aller Art, Puppenwagen oder Roller. In Ost und West hatten sie stets eines gemeinsam: Sie sollten spielerisch auf das Leben vorbereiten. Wie unterschiedlich und gleichzeitig ähnlich das damals war, zeigen die Kaufmannsläden. In den einen standen Spee und Gemol, in den anderen Omo und Persil als kleine Produktwerbung in den Regalen. Gespielt wurde mit beidem gleich gern.

WAS ERLEBTEN HALBSTARKE IN DER DDR?

»Auf der Flucht erschießen«, empfiehlt ein älterer, geifernder Mann für den Umgang mit »Gammlern«, und nur der Hintergrund zeigt, dass die Szene in Westberlin spielt. Die Ablehnung der Anfang der sechziger Jahre plötzlich in ungewohnter Aufmachung erscheinenden Jugendlichen war gesamtdeutsch, auch wenn sie in der DDR ein wenig später kam. Natürlich gab es *Die Halbstarken* schon vorher und nicht nur in *Berlin – Ecke Schönhauser* – so die wichtigsten Filme aus West und Ost zu den Jugendlichen der fünfziger Jahre. Und hier wie da war man überzeugt: *... denn sie wissen nicht, was sie tun.* Doch was James Dean aus den USA vorlebte und -starb, hatte sich bei der Mehrheit der jungen Leute immer noch spätestens in der Tanzschule domestizieren lassen. Das war nun plötzlich anders. Wer in den Sechzigern erwachsen wurde, hatte in der Regel hüben wie drüben Eltern und Lehrer – im Westen weitaus mehr als im Osten – aus der letzten aktiven Kriegsgeneration. Heftig wie nie zuvor und nie danach prallten die unterschiedlichen Jugenderfahrungen zweier Generationen aufeinander. Die dunklen Erinnerungen an Gleichschritt und Kanonendonner gegen das fröhliche Erlebnis von Beatrhythmen.

Die Reaktionen im Osten waren denen des Westens ähnlich. Unverständnis auf beiden Seiten. Dennoch versuchte die DDR erst einmal, der Jugend die Hand zu reichen. Das am 21. September 1963 vom Politbüro der SED verabschiedete Jugendkommuniqué versprach, »Gängelei, Zeigefingerheben und Administrieren« abzuschaffen. »Welchen Takt die Jugend wählt, ist ihr überlassen, Hauptsache, es bleibt taktvoll«, hieß es jetzt.

Die Haare wurden länger, die Röcke kürzer und die Genossen unruhiger. Als sich beim »Deutschlandtreffen der Jugend« im Mai 1964 Jugendliche aus Ost und West auf gleicher Augenhöhe begegneten, zog die SED-Führung zunächst zufrieden die Bilanz, dass sich »alle Spekulationen darauf, dass die Jugend der DDR gegen ihren Staat eingestellt und der Staat dogmatisch sei«, als hinfällig erwiesen hätten. Den nun auch in der DDR gelittenen Beat sah *Neues Deutschland* inzwischen als Protest gegen »Konservatismus und Starrheit einer verspießten Umwelt« und übersah, dass viele DDR-Jugendliche auch den Sozialismus als Spießeridylle erlebten.

Deshalb legte die Partei den Rückwärtsgang ein, und viele kleine Freiheiten verschwanden wieder. Am 31. Oktober 1965 kam es auf dem Wilhelm-Leuschner-Platz in Leipzig zum offenen Konflikt. Rund 2500 junge Leute hatten sich dort spontan versammelt. Die Butlers, die wilde Truppe um Klaus Renft, war gerade ein paar Tage zuvor verboten worden. So wie vier Dutzend anderer Leipziger Bands auch. Angeblich wegen Steuerhinterziehung. Natürlich wusste hier jeder, dass es in Wirklichkeit um die Musik ging, um den Beat. Polizei mit Hunden, Schlagstöcken und einem Wasserwerfer trieb die Jugendlichen auseinander. Sie verhaftete 279 Personen. Per Lkw ging es ohne Urteil ins Arbeitslager nach Regis-Breitingen. In der Sonntagskleidung, so wie sie in Leipzig auf dem Platz standen. Vier Wochen vergingen, bis die letzten wieder zu Hause waren. Die *Leipziger Volkszeitung* erkannte in den Musikliebhabern nun plötzlich wieder Leute, die verdächtig »abnorm« waren, die die »amerikanische Lebensweise nachäfften« und sich von ihren »langen zotteligen Haaren« den Horizont verengen ließen. Die Linie gegen die »Gammler« hatte das Zentralorgan bereits am 17. Oktober 1965 vorgegeben: »Ihr Anblick bringt das Blut vieler Bürger in Wallung: verwahrloste, lange, zottlige, dreckige Mähnen, zerlumpte Twist-Hosen. Sie stinken zehn Meter gegen den Wind.« Die Jugendlichen wanderten in zwei Schubladen. Die Guten pflegten nun »eine sozialistische Romantik der Freude am Schaffen, für das Glück der Nation, für die neue Gesellschaft«. Den Schlechten durfte schon mal die Polizei ungestraft die Haare schneiden.

Als mit dem 11. Plenum des ZK der SED im Dezember 1965 der Deckel auf das bis dahin wehende, liberale Lüftchen in der DDR-Kulturpolitik gedrückt wurde, konnte die Partei auch auf das »gesunde Volksempfinden« bauen. Die Proteste gegen den Kahlschlag blieben auf Diskussionen unter Intellektuellen begrenzt.

Das MfS machte in der Folge eine neue Sparte potentieller Feinde aus. Am 15. Mai 1966 erließ Minister Mielke die Dienstanweisung: »Zur politisch-operativen Bekämpfung der politisch-ideologischen Diversion und Untergrundtätigkeit unter jugendlichen Personenkreisen in der DDR.« Darin wurde betont: »Die überwiegende Mehrheit der Jugend der DDR leistet auf allen Gebieten des gesellschaftlichen Lebens eine vorbildliche Arbeit.« Aber es gab laut MfS angeblich auch einen ebenso perfiden wie geheimen Plan des Westens, der »mangelnde Lebenserfahrung, Unkenntnis des kapitalistischen Systems, Abenteuerlust, leichte Beeinflussbarkeit, übersteigertes Selbstbewusstsein u. a.« ausnutze, um »Jugendliche zu negativen und feindlichen Handlungen im Sinne seiner verbrecherischen Zielsetzung zu verleiten.« Schlussfolgerung: »Die Jugend der DDR stellt im System der psychologischen Kriegsführung einen besonderen Angriffspunkt dar.« Auf die simple Idee, dass Weltanschauung auch etwas mit dem Anschauen der Welt zu tun haben könnte, kamen weder die SED noch ihr Sicherheitsapparat. Stattdessen stieg die Zahl der hauptamtlichen MfS-Mitarbeiter zwischen 1961 und 1971 von rund 20 000 auf etwa 45 500 Leute.

WORIN UNTERSCHIEDEN SICH OST- UND WEST-EHEN?

Ein frischvermähltes Paar mit Hochzeitsgesellschaft in Schwedt 1974

Das neue Ehebuch von Rudolf Neubert gehörte seit Ende der fünfziger Jahre zur Grundausstattung junger DDR-Bürger, 1972 erlebte es bereits die 21. Auflage. Der Professor hatte einen »neuen Ehetyp« entdeckt, den es nur im Sozialismus gab. »Ähnlich wie der

Sozialismus der westlichen Massengesellschaft mutig die Entwicklung eigener Persönlichkeiten entgegensetzt, so setzt er auch der Ehe dieser Massengesellschaft, der Ehe als Sexualkonsum, seine Vorstellung der echten Liebes-Bindung, der Erziehungsehe und der Familie als Keimzelle einer gebildeten Nation entgegen.«

Allerdings sind in den siebziger Jahren in der DDR tendenziell weniger junge Paare bereit, solch eine Keimzelle zu bilden. Läuteten 1960, auf 1000 Menschen gerechnet, noch 9,4 Mal die Hochzeitsglocken und nur 1,7 Ehen davon wurden wieder geschieden, sanken die Eheschließungen bis 1970 auf 7,7 Trauungen bei 1,6 Scheidungen. In der Bundesrepublik lagen trotz der Feststellung des Professors, dass die »Bürgerliche Ehe … brüchig, fragwürdig geworden« sei, die Zahlen etwa gleichauf: 7,3 Hochzeiten auf 1,3 Scheidungen.

Erst danach, als die in der DDR oder in der BRD Geborenen ins heiratsfähige Alter kamen, liefen die Entwicklungen auseinander. Mit 8 Eheschließungen pro 1000 Einwohner 1980 bei 2,7 Scheidungen unterschied sich die DDR deutlich von der Bundesrepublik, die es auf 5,9 Hochzeiten bei 1,6 Trennungen brachte. Ende der achtziger Jahre standen dem Osten bei sinkender Tendenz von 8,5 auf 7,9 Hochzeiten und konstant 3 Scheidungen pro 1000 Einwohnern im Westen eine leichte Steigerung der Heiratswilligkeit von 6,3 auf 6,5 bei einer niedrigeren Scheidungsrate von 2,1 entgegen.

Die Ost-West-Unterschiede entwickelten sich somit mit der Generation der um 1950 Geborenen. Es ist zu vermuten, dass die in beiden Staaten derweil etablierte, unterschiedliche Lebensweise der ausschlaggebende Faktor war. Junge Männer heirateten in der DDR 1960 mit durchschnittlich 23,9 Jahren. Bis 1989 stieg das Alter auf 25,3 Jahren. Bei Frauen lag es zwischen 22,5 bis 23,2 Jahren. In der Bundesrepublik wurde damals 3 bis 5 Jahre später geheiratet, sozial stärker differenziert. Heute gehen Männer im Schnitt mit 33,8 Jahren und Frauen mit 31,2 Jahren die Ehe ein (2015). Die Tendenz geht zu einer weiteren Verschiebung nach hinten.

Die Hauptgründe für die frühere Hochzeit im Osten lagen in der schnelleren Ausbildung und der darauf gesicherten beruflichen Tätigkeit. Hinzu kam, dass eine eigene Wohnung in der Regel nur für verheiratete Paare nach mehrjähriger Wartezeit zu erlangen war. Insgesamt trat die materielle Unabhängigkeit von den Eltern früher ein und bestand auch zwischen den Partnern. Zwei Drittel der Initiativen zur Heirat gingen von den Frauen aus. Fast die Hälfte aller gescheiterten Ehen hielt weniger als fünf Jahre.

Im Gegensatz zur Bundesrepublik wurden in der DDR nicht nur die Familie, sondern auch andere Lebensformen gefördert. Ledige Mütter genossen gegenüber Verheirateten Vorteile bei Steuern und Sonderurlaub. Gleichzeitig galt die staatliche Orientierung jedoch der Ehe. In der Broschüre *Junge Leute in der Ehe* hieß es dazu: »Bedauerlich ist, dass gelegentlich eine Ehe unterbleibt bzw. hinausgeschoben wird, um zusätzliche Leistungen der Gesellschaft zu erlangen. Diese Haltung ist nicht gerechtfertigt.«

Trotz Förderung alleinerziehender Eltern sank die Zahl der Kinder in der DDR Anfang der achtziger Jahre mit minus 6,4 Prozent noch schneller als im Westen mit minus 4,2 Prozent. Im Gegensatz zur Bundesrepublik sah die DDR in dieser Entwicklung ein Problem, das gesellschaftlich gelöst werden sollte. Bereits zehn Jahre zuvor begann sie neben materiellen Maßnahmen mit einer gezielten Werbung für mehr Kinder. »Aus pädagogischer Sicht sind ... drei Kinder zu empfehlen, weil sie erst dann ein Kollektiv bilden und sich der Wert des Zusammenlebens mit Geschwistern erst so voll entfalten kann«, wurde argumentiert. Rudolf Neubert machte es noch drastischer und schrieb: »Die Ein-Kind-Ehe beruht auf einem Lebensirrtum. Lebensangst, mangelndes Selbstvertrauen, irregeleitetes Streben nach gesellschaftlichem Aufstieg haben zu dieser Eheform geführt ... Auch zwei Kinder sind oft Sorgenkinder. Ausgefüllt wird das Leben erst mit drei Kindern. Mit vier bis sechs Kindern ist es dann sehr abwechslungsreich, fröhlich und erfüllt.« In der Realität lebten im Durchschnitt 1,8 Kinder in den Familien.

An dieser Lage änderten auch die seit den siebziger Jahren bestehenden rund 250 Eheberatungsstellen nichts. Sie stellten jedoch fest, dass vor allem die Zahl der Frauen, die »bedingungslos ihre Ehe erhalten wollten«, schrumpfte und viele von ihnen »eine Klärung der Situation vom Standpunkt der Gleichberechtigung aus« suchten. Dass der gesellschaftliche Wandel seit 1990 diese Alternative für Frauen einschränkte, wird heute als Defizit empfunden. Aus der unterschiedlichen deutsch-deutschen Entwicklung der Ehe hat sich jedoch eine weit höhere Zahl der rechtlich gleichgestellten, aber unehelich geborenen Kinder im Osten erhalten. Dort lag deren Anteil zwischen 44 Prozent in Sachsen und Thüringen und 52 Prozent in Ostberlin, im Westen zwischen 13 Prozent in Baden-Württemberg und 29 Prozent in Westberlin.

Warum waren viele Jugendliche mit 14 zum ersten Mal besoffen?

Die Jugendweihe war nach allgemeiner Auffassung in der DDR gleichbedeutend mit dem Einstieg ins Erwachsenenleben. Da galt es, sich beizeiten an die Trink(un)sitten des Landes zu gewöhnen. Deutschland war zu keiner Zeit ein trockenes Land für Heranwachsende, wie anschauliche Beispiele insbesondere aus der bayrischen Folklore belegen. Insofern erwies sich die DDR als würdige Erbin unguter Traditionen. Von der einst in der Arbeiterbewegung angestrebten Abstinenz war nirgendwo die Rede; der aus Kartoffeln leicht zu brennende Wodka als National- und Universalgetränk des Großen Bruders und Vorbilds Sowjetunion tat ein Übriges. Besonders bei den hochprozentigen Spirituosen erreichte die DDR das auf anderen Gebieten vergeblich angestrebte Weltniveau: 1988 trank jeder DDR-Bürger 23 Flaschen Schnaps, der Bierkonsum lag bei rund 150 Liter. Im Jahr! Disziplinarvergehen bei den bewaffneten Organen hingen häufig mit dem Alkoholkonsum zusammen.

Um das Volk bei guter Laune zu halten, blieben die Alkoholpreise moderat, das Angebot stabil. Im Bergbau gab es Alkohol, »Kumpeltod« genannt, als Deputat. Die billigen Sorten wie Goldbrand oder Adlershofer Wodka fehlten nirgendwo in den Regalen und die Produzenten wandten allen Einfallsreichtum auf, die Trinkfreudigkeit durch modische neue Mischungen wie Timm's Saurer, Appelkorn oder die DDR-eigene Whisky-Marke Der Falckner zu heben. In Berlin sollten stets wenigstens drei Biersorten angeboten werden, im Rest der DDR sah es damit im wörtlichen Sinne mitunter trüb aus. Rostocker Hafenbräu erfreute sich, im Gegensatz zu den begehrten Export-Bieren aus Radeberg und Wernesgrün, keines guten Rufs. Tschechisches Bier stand hoch im Kurs, gelegentlich wurde polnischer und rumänischer Gerstensaft importiert. Rumänien, Bulgarien und Ungarn waren die Hauptlieferanten für Wein. Wer das reichliche Dutzend Sorten durchprobiert hatte, hielt sich für einen Weinkenner.

Was die Jugendweihe betrifft, so war sie aus staatlich-parteilicher Sicht keineswegs zur Hebung des Alkoholkonsums im Lande gedacht, sondern vielmehr als der endgültige Einstieg der Heranwachsenden in die sozialistische Menschengemeinschaft – und natürlich als Ersatz für die Konfirmations- und Kommunionsfeiern gläubiger Christen. Das wiederum entsprach durchaus der Tradition der seit dem 19. Jahrhundert von Freireligiösen und Freidenkern initiierten Jugendweihen.

In der DDR besann sich die Partei, und damit war immer und ausschließlich die SED gemeint, erst 1955 auf die atheistischen Traditionen der Arbeiterbewegung. Im Gegensatz zu sozialistischen Namensgebungen und Eheschließungen, die sich nie ernsthaft durchsetzten, wurde die Jugendweihe im Verlauf weniger Jahre zum absoluten Muss. Die Weigerung, sich daran zu beteiligen, zog negative Konsequenzen für Kinder und Eltern nach sich. Der gerade Bildungsweg zu Abitur und Studium beispielsweise war damit verbaut. In Jugendstunden bereitete man die Schüler der achten Klassen auf das Ereignis vor, dessen Höhepunkt ein feierliches Gelöbnis der treuen Söhne und Töchter des Arbeiter-und-Bauern-Staats darstellte.

Ursprünglich waren derartige Initiationsriten für die 14-Jährigen mit der Entlassung aus der Volks- oder Grundschule und dem bevorstehenden Antritt einer Berufsausbildung verbunden. Bis zur Einführung der zehnjährigen Schulpflicht an den allgemeinbildenden Polytechnischen Oberschulen (POS) im Jahre 1959 galt das auch in der DDR. Nun jedoch lag das Ereignis mitten in der Schulzeit, denn auch die zu zwei Anschlussjahren und damit zum Abitur Zugelassenen wechselten zunächst nach der achten Klasse, dann nach dem zehnten Schuljahr zur Erweiterten Oberschule (EOS) oder in eine dreijährige Berufsausbildung mit Abitur. Um das hochgesteckte Ziel der Zulassung zum Abitur zu erreichen, waren mancherlei zusätzliche Anstrengungen nötig, da keineswegs allein der Notendurchschnitt als Kriterium den Ausschlag gab. Gefordert war die gefestigte sozialistische Persönlichkeit mit klarem Klassenstandpunkt, die sich bei den männlichen Bewerbern vor allem und zuerst durch eine mindestens dreijährige *freiwillige* Verpflichtung zum Ehrendienst in der NVA oder eine Entscheidung für die Offizierslaufbahn auszudrücken hatte. Lag eine solche Verpflichtung des Minderjährigen vor, konnte selbst über die Herkunft aus der falschen Klasse – gefragt waren Arbeiter und Bauern und die der Arbeiterklasse gleichgestellten Offiziers- und Funktionärskader – hinweggesehen werden. Kinder der in den fünfziger Jahren noch gehätschelten Intelligenz hatten das Nachsehen, was zu heftigen Protesten der Eltern führte. Der soziale Status eines jeden Kindes förderte oder hemmte den gesamten Bildungsweg.

Ein anderer Weg, früh eine – möglicherweise internationale – Karriere zu beginnen, führte über bemerkenswerte sportliche Erfolge. Mit Argusaugen beobachtete man bereits die Jüngsten und schickte vielversprechende junge Kader auf die Kinder- und Jugendsportschule. Grundvoraussetzung waren allerdings auch dafür die einwandfreie ideologische Ausrichtung der Auserwählten und ihrer Eltern und – mit Blick auf spätere Auslandseinsätze – das Fehlen oder Abschwören jeglicher West-Kontakte.

Wie konnte man der Stasi entwischen?

Nichts leichter als das. Normalerweise hatte der durchschnittliche DDR-Bürger nämlich nicht das Geringste mit »der Firma« zu tun – solange er nicht zum Kader oder Reisekader auserkoren wurde, bei irgendeinem Sondervorhaben, an einem Schwerpunktobjekt oder in einer mittleren bis hohen Funktion im Betrieb oder im Staatsapparat eingesetzt oder mit einem höheren Orden ausgezeichnet, über Nachbarn, Arbeitskollegen, Freunde ausgehorcht oder als IM geworben werden sollte, kein Schriftsteller oder prominenter Künstler war, die Kinder weder die erweiterte Oberschule noch die Sportschule oder gar die Kirche besuchten, der Bürger nicht – und sei es im Hinterhaus – an der Protokollstrecke, nahe an einem Stasi-Objekt oder einem sonstigen neuralgischen Punkt wohnte, weder Pakete und Post noch Westverwandte oder ausländische Besucher empfing, deren Autos nicht vor dem Haus parkten, er – so er ein Telefon besaß – nicht gen Westen telefonierte oder Anrufe von dort entgegennahm, nicht nach Ungarn oder in ein anderes verdächtiges Land reisen wollte, keine höhere Funktion in Kultur und Sport, in der Gewerkschaft oder einer anderen Organisation anstrebte, nicht als Schöffe oder Vorsitzender der betrieblichen Konfliktkommission kandidierte, nicht die Kirche besuchte und dort oder in einer Frauen-, Friedens-, Umwelt- oder sonstigen Gruppe aktiv war, brav und möglichst früh gemeinsam mit der Hausgemeinschaft zu den Wahlen ging, die Wahlkabine nicht benutzte und die Ergebnisse des Zettelfaltens nicht anzweifelte, nie etwas Falsches fotografierte, äußerte oder tat und auch sonst niemandem in der Familie und der Nachbarschaft unliebsam auffiel, zu allen Staatsfeiertagen pünktlich die Fahne heraushängte, keine aufmüpfigen Leserbriefe, Eingaben oder gar Ausreiseanträge verfasste und kein enger Freund, Kollege, Verwandter oder Bekannter als feindlich-negativ auffiel oder republikflüchtig wurde.

So einfach war es im alltäglichen Leben, eventuell und wenn man Glück hatte, unterhalb der Aufmerksamkeitsschwelle der Stasi zu bleiben. Mitunter konnte man fast vergessen, dass es die »Firma Memfis« (abgeleitet aus MfS), auch als »Firma Horch & Guck« bekannt, überhaupt gab. Ostalgiker neigen ohnehin dazu, den unermüdlichen Einsatz der tapferen Tschekisten mit den »heißen Herzen«, den angeblich »sauberen Händen« und der unguten Berufung auf die Tradition einer der blutigsten Terrororganisationen des 20. Jahrhunderts zu bagatellisieren. Dass es sich bei der Tscheka und ihren Nachfolgern nicht nur um Geheimdienste, sondern jeweils um eine Geheimpolizei mit umfassend exekutiver Funktion und direktem Einfluss auf die Justiz handelte, wird gern übersehen oder verdrängt.

Der Fama nach galt die DDR-Staatssicherheit als einer der effektivsten Geheimdienste der Welt, was – sieht man von den Spionageerfolgen der Hauptabteilung Aufklärung ab – kein gutes Licht auf die internationale Konkurrenz wirft. In den rund 185 Aktenkilometern, die das Unternehmen hinterlassen hat, sind neben mitunter peinlich exakten und intimen Details bergeweise jede Form von Unkenntnis – auch der deutschen Sprache – billiger Denunziation und wertloser Wichtigtuerei dokumentiert. Kein Wunder, dass Betroffene nach dem Studium ihrer Akten oft nicht wissen, ob sie lachen oder weinen sollen und sich der Mutmaßung erinnern: Wenn drei DDR-Bürger zusammenstehen, ist einer von der Stasi dabei. Das ist natürlich stark übertrieben. In Wahrheit war es auch in diesem höchstgesicherten Staat nur einer von 180, der ständig oder ehrenamtlich bei der Firma in Lohn und Brot stand. Gelegentlich mussten die unauffälligen Herren sogar bekennen, dass sich bei ihren operativen Maßnahmen keine »auskunftswillige Person« gefunden habe.

Mit der Herausbildung einer zumeist unter kirchlichen Dächern agierenden oppositionellen Szene entwickelten deren Mitglieder in den achtziger Jahren Strategien, um sich der Werbung als Inoffizieller Mitarbeiter (IM) zu entziehen. Als einfachste Methode galt die Dekonspiration. Dennoch waren unter den Oppositionellen mindestens ebenso viele IM tätig wie unter Journalisten, Schriftstellern und im Kulturbereich. Resultierend aus den Erfahrungen in Ungarn 1956 und 1968 in der ČSSR glaubte das MfS nämlich lange Zeit, »konterrevolutionäre Entwicklungen« seien aus diesem Personenkreis am ehesten zu erwarten.

Den neuen, vom sowjetischen Samisdat beeinflussten und von den Westmedien stärker beachteten »Dissidenten« stand die DDR angesichts des intensiven Bemühens um die eigene internationale Reputation mit zunehmender Hilflosigkeit gegenüber. Wie immer, wenn man mit dubiosen V-Leuten arbeitete, ließen die sich nicht hundertprozentig kontrollieren und lenken. Manche feindlich-negativen Aktivitäten in der alternativen Literaturszene von Prenzlauer Berg oder bei der Gründung oppositioneller Gruppierungen hatten möglicherweise ihren Ursprung in der Normannenstraße, dem Sitz des allgewaltigen MfS.

Bemerkenswert bleibt, dass den treuen Tschekisten mit dem Machtverlust der SED beinahe schlagartig der Staat abhandenkam, für dessen Sicherheit sie vierzig Jahre lang so beharrlich gekämpft hatten.

WAR GEMEINSAMES TÖPFCHENSITZEN WIRKLICH SO SCHLIMM?

Eine DDR-Kinderkrippe dürfte der 1944 in Frankfurt an der Oder geborene Jurist Christian Pfeiffer kaum besucht haben, denn 1952 ging seine Familie in den Westen. Dort brachte er es in den achtziger Jahren bis zum Direktor des Kriminologischen Forschungsinstituts Niedersachsen in Hannover und 2000 zum niedersächsischen Justizminister.

Kurz vorher hatte er sich im Osten unbeliebt gemacht. In einem Interview mit der *Magdeburger Volksstimme* erklärte Dr. Pfeiffer, er habe einen Grund für das Anwachsen des Rechtsextremismus in der ehemaligen DDR entdeckt. Schuld sei die autoritäre Erziehung in den Kinderkrippen. Besonders der gemeinsame Stuhlgang auf fünf bis sechs Töpfchen, in einem eigens gezimmerten, länglichen Holzkasten in Reih und Glied befestigt, habe bei vielen irreparable Persönlichkeitsstörungen zur Folge gehabt. Kacken für den Sozialismus sozusagen, denn schon Kinderkrippen und Kindergärten seien von ideologischer Indoktrination durchzogen gewesen.

Ob das wirklich so war, lässt sich heute angesichts verklärter Erinnerungen nicht einmal mehr von Oma und Opa verlässlich erfahren. Wer mehr wissen will und Glück hat, findet ein blaues und ein rotes Buch auf dem Flohmarkt. Das rote Buch heißt *Erziehungsarbeit in Kinderkrippen* und stammt vom Ministerium für Gesundheitswesen der DDR. Zum

Thema »Töpfchen« steht drin, dass längeres Sitzen als fünf Minuten untersagt ist und schon Wickelkinder vor dem Füttern die Händchen gewaschen bekommen müssen. Ab dem 19. Lebensmonat ist »sauber essen, nicht kleckern und schlürfen« angesagt, »nicht mit den Tellern, Bechern und Löffeln spielen« und »ruhig sitzen, nicht mit dem Stuhl schaukeln«. Auch die Verwendung von »bitte« und »danke« spielt eine Rolle, und die Benutzung von Besteck ist zu lehren. Aber es gibt auch Politisches: Die Zweijährigen sind auf die »rote Arbeiterfahne« und »die Fahne der Republik« sowie »auf das Bild des Staatsratsvorsitzenden aufmerksam« zu machen.

War das erfolgreich geschehen, ging es mit dem blauen Buch *Programm für die Bildungs- und Erziehungsarbeit im Kindergarten* weiter. Nun hatte das Ministerium für Volksbildung unter Margot Honecker das Sagen. Von dort wurde unter Verweis auf eine Bildmappe und Zeitungen angewiesen, dass die Vierjährigen Erich Honecker »auf Bildern erkennen« müssen. Sie sollen ihn »als führende Persönlichkeit der Partei der Arbeiterklasse und des Volkes der DDR kennenlernen und anhand aktueller Ereignisse erfahren, dass er mit den Arbeitern und Genossenschaftsbauern berät, was zu tun ist, damit der Sozialismus weiter aufgebaut, die DDR gestärkt und der Frieden erhalten werden kann«. Die Bezeichnung »Onkel Erich« ist nicht erwünscht oder gar vorgeschrieben.

In der Praxis fanden solch hehre Ziele ihre eigenen Wege. Als Mitte der Siebziger in einer mecklenburgischen Kleinstadt ein paar Leute gemeinsam Garagen bauten, waren natürlich auch die Kinder mit ihren Schaufeln dabei. Zwei Jungen, um die fünf Jahre alt, schubsten sich gegenseitig vom Sandberg weg, denn jeder von ihnen wollte gern der »Garagengeteer« sein, von dem sie schon so viel Gutes gehört hatten. Unter »Garage« und »Teer« konnten sich die Knirpse etwas vorstellen, unter »Generalsekretär« nicht, und so wurde das Wort eben verballhornt.

Praktischer war da die im blauen Buch festgehaltene Regel, den »Tagesablaufplan« einzuhalten. Die lieben Kleinen sollen »Stabilität und Regelmäßigkeit« lernen. Anspannung und Spiel wechseln einander ab. Bei der »Beschäftigung« geht es um Pflanzen und Tiere, Farben und Formen, Sport und Musik. Noch vor der Schule folgen mathematische Grundbegriffe und der richtige Gebrauch des Dativs. Die obligatorische Rotlichtbestrahlung, »Bekanntmachen mit dem gesellschaftlichen Leben« genannt, ist für die Dreijährigen mit 20 Minuten, für die Fünfjährigen mit 45 Minuten pro Woche vorgesehen. Sie spiegelt sich aber auch im Spiel wider. Es soll »die Liebe der Kinder zu ihrem sozialistischen Vaterland« fördern und »Sinn für seine Verteidigung« wecken. Die Kinder lernten, dass »es noch immer auf der Welt Feinde gibt, die unser friedliches Leben bedrohen«. Deshalb war »marschmäßig entschlossen«, das Lied »Wir grüßen dich, Soldat« zu schmettern. Die Heimat DDR hingegen war ein Staat, »in dem es keine Ausbeuter und Faschisten gibt wie in der BRD«.

Und natürlich fehlte auch nicht die »Solidarität mit Menschen, die für Frieden und Fortschritt kämpfen«, der Hinweis auf die »Größe und Stärke der Sowjetunion« und die »Freundschaft auch mit den Menschen anderer sozialistischer Länder«. Das Kinderbuch *Der Neger Nobi* von Ludwig Renn heißt seit der 8. Auflage 1962 nur noch *Nobi*.

Weit weniger fragwürdig als derart für Kinder kaum verständliche Themen scheint da die als besondere Erziehungsaufgabe formulierte »ästhetische Bildung«. Die Kinder sollten »schöne Dinge« sehen lernen. Dass Kindereinrichtungen in der DDR trotzdem oft wie kleine Altersheime wirkten, tat dem hehren Ziel keinen Abbruch. Dafür kosteten sie die Eltern nichts, nur 35 Pfennig für das Mittagessen und 20 Pfennig für Milch waren zu zahlen.

Ob das alles nun ganz schrecklich oder eigentlich ganz gut war, hat jeder für sich zu bewerten. Zum Ende der DDR machten 95 Prozent der Kinder, rund 700 000 waren es 1989, die Erfahrung kollektiver Erziehung. Sie alle deshalb als Seelenkrüppel zu sehen, scheint in jedem Fall ebenso weit übers Ziel hinausgeschossen, wie deshalb braunen Blödsinn in den Köpfen zu vermuten.

»Bau auf, bau auf ...«

3

SOZIALISMUS IN STEIN UND BETON

Wie war »Auferstanden aus Ruinen« gemeint?

Wer in der DDR jahrelang auf eine Neubauwohnung wartete oder jahrzehntelang die Unbequemlichkeiten eines Altbaus zu ertragen hatte, interessierte sich wenig für die Richtlinien und Träume des Wiederaufbaus nach dem Krieg. Sie wurden am 27. Juli 1950 von der Regierung als »Die 16 Grundsätze des Städtebaus« beschlossen und bildeten die Grundlage für das am 6. September 1950 verabschiedete »Gesetz über den Aufbau der Städte in der DDR und der Hauptstadt Deutschlands, Berlin«.

Vorausgegangen war eine Studienreise von Bauexperten und Architekten in die Sowjetunion im April/Mai 1950. Sie hatten sich dort des Vorwurfs zu erwehren, das »Auferstanden aus Ruinen« sei als Rückkehr zu bürgerlichem Formalismus und Kosmopolitismus gemeint. Damit wurde unterstellt, die Form über den Inhalt zu erheben und die ganze Erde als Heimat zu betrachten. Und das wiederum rüttelte an der Lehre vom Klassenkampf. Deshalb wurde nun das sowjetische Vorbild als programmatischer Anspruch für den Wiederaufbau der DDR festgeschrieben. Ein Kernpunkt dabei war das Bekenntnis zur Stadt, das den seit den dreißiger Jahren geäußerten westlichen Vorstellungen einer sozialen und räumlichen Trennung ihrer Funktionen entgegenstand. Gleichzeitig wurde aber auch die »Berücksichtigung der historisch entstandenen Struktur bei Beseitigung ihrer Mängel« (Grundsatz 5) gefordert.

Die »16 Grundsätze« bestimmten bis zum Ende der DDR deren Gestaltung. Eine ideologische Abschwächung erfuhren sie Ende der sechziger Jahre durch stärker wirkende ökonomische Zwänge und die politische Umorientierung auf die »Einheit von Wirtschafts- und Sozialpolitik«. Dennoch blieben sie bis 1990 gültig.

In der Präambel des Beschlusses vom 27. Juli 1950 heißt es: »Die Stadtplanung und die architektonische Gestaltung unserer Städte müssen der gesellschaftlichen Ordnung der Deutschen Demokratischen Republik, den fortschrittlichen Traditionen unseres deutschen Volkes sowie den großen Zielen, die dem Aufbau ganz Deutschlands gestellt sind, Ausdruck verleihen.« Vor diesem Hintergrund ist die Stadt »in Struktur und architektonischer Gestaltung Ausdruck des politischen Lebens und des nationalen Bewusstseins des Volkes« (Grundsatz 1). Als Ziel des Städtebaus wurde »die harmonische Befriedigung des menschlichen Anspruchs auf Arbeit, Wohnung, Kultur und Erholung« definiert (Grundsatz 2). Dabei werden Städte »in bedeutendem Umfang von der Industrie für die Industrie gebaut«. Ausnahme: »In der Hauptstadt tritt die Bedeutung der Industrie als städtebildender Faktor hinter der Bedeutung der Verwaltungsorgane und der Kulturstätten zurück. Die Bestimmung und Bestätigung der städtebildenden Faktoren ist ausschließlich Angelegenheit der Regierung« (Grundsatz 3).

Bei den folgenden Aussagen zum Wachstum und zu den Zentren der Städte belegt die im Grundsatz 6 gestellte Aufgabe das Besondere beim sozialistischen Aufbau: »Auf den Plätzen im Stadtzentrum finden die politischen Demonstrationen, die Aufmärsche und die Volksfeste an Feiertagen statt. Das Zentrum der Stadt wird mit den wichtigsten und monumentalsten Gebäuden bebaut ...« Grundsatz 8 bestimmt: »Der Verkehr hat der Stadt und ihrer Bevölkerung zu dienen. Er darf die Stadt nicht zerreißen und der Bevölkerung nicht hinderlich sein.« Ergänzend betont Grundsatz 12: »Die Stadt in einen Garten zu verwandeln, ist unmöglich. Selbstverständlich muss für ausreichende Begrünung gesorgt werden.«

Die Wohngebiete – so Grundsatz 10 – »bestehen aus Wohnbezirken, deren Kern die Bezirkszentren sind. In ihnen liegen alle für die Bevölkerung des Wohnbezirks notwendigen Kultur-, Versorgungs- und Sozialeinrichtungen von bezirklicher Bedeutung. Das zweite Glied in der Struktur der Wohngebiete ist der Wohnkomplex.« Diese Viertel werden »von einem für mehrere Häuserviertel angelegten Garten, von Schulen, Kindergärten, Kinderkrippen und den täglichen Bedürfnissen der Bevölkerung dienenden Versorgungsanlagen« vereinigt. Grundsatz 13 bestimmt: »Die vielgeschossige Bauweise ist wirtschaftlicher als die ein- oder zweigeschossige.« Vor diesem Hintergrund entstanden Ende der sechziger, Anfang der siebziger Jahre vor allem die neuen Zentren der Bezirksstädte der DDR. Für die Neugestaltung Ostberlins war die Errichtung einer »Zentralen Achse« geplant. Sie sollte in Form eines 90 Meter breiten Straßenzugs von der Stalinallee (ab 14. November 1961 Karl-Marx-Allee) über den Alexanderplatz, die Rathausstraße und dann Unter den Linden bis zum Brandenburger Tor reichen. Zwischen Spandauer Straße und Spree war eine monumentale Hochhausdominante als »Krone der Stadt« vorgesehen. Sie kam nicht zur Ausführung und wurde durch den Fernsehturm stilistisch ersetzt.

Mit dem Wohnungsbauprogramm ab 1973 verloren eigene repräsentative Gebäude an Bedeutung. Der Schwerpunkt verlagerte sich nun auf die Rekonstruktion historischer Baudenkmäler wie die des Schauspielhauses in Berlin oder der Semperoper in Dresden.

Wenn bis heute mancherorts über einen Abriss der einstigen »Bauten des Sozialismus« diskutiert wird, geht es dabei immer auch um die Beseitigung der damit verbundenen Idee. Das mögen die einen als legitim empfinden und die anderen nicht – ein Ausdruck demokratischer Kultur ist das Verschweigen nicht, dies hat bereits der Umgang mit dem NS-Erbe gezeigt.

WARUM FLOG BERLINS SCHLOSS IN DIE LUFT?

Wenn Geschichte in gar zu simple Erklärungen gerinnt, scheint alles zu stimmen: Das Berliner Hohenzollern-Schloss musste fallen, weil Walter Ulbricht statt der »Junker-Trutzburg« – Kommunisten-Jargon – einen »maßlosen Aufmarschplatz samt Bonzentribüne« – Anti-Kommunisten-Jargon – wollte. Die letzten Kilogramm von 13 Tonnen Dynamit zerfetzten am 30. Dezember 1950 das Eosanderportal nebst 70 Meter hoher Kuppel, ein Block von 200 Metern Länge und 120 Metern Breite war weg. Auf die feierliche Erhabenheit eines Schlüter-Hofes folgten Pappköpfe und Parolen.

Der Abriss des damals noch teilweise intakten Schlosses als Zeichen der neuen Politik war eine eher hilflose Aktion. Historiker Joachim Fest meinte 1991 in seinem »Plädoyer für den Wiederaufbau des Stadtschlosses«, die Sprengung sei ein Symbol des Sieges der »kommunistischen Herrschaftsidee« gewesen und deshalb »wäre die Wiedererrichtung das Symbol ihres Scheiterns«. Diese Auffassung setzte sich durch, das Schloss steht wieder. Dennoch handelte Ulbricht schon damals inkonsequent. Er ließ das Zeughaus in Berlin – Preußens Waffenkammer – wiederaufbauen und zögerte jahrelang, bevor Stadtschloss und Garnisonkirche in Potsdam fielen. Der rigorose Abriss als Machtdemonstration blieb umstritten.

Der Kronzeuge für die Herrschaftsthese heißt Prof. Dr. Gerhard Strauss. Er war bis 1945 Kunsthistoriker im ostpreußischen Schloss Königsberg, dann im DDR-Ministerium für Volksbildung, das damals auch die Denkmalpflege verantwortete, und bald darauf als Hochschullehrer an der Humboldt-Universität tätig. Sein Gutachten habe den Ausschlag für den großen Knall gegeben, denn darin sei das Hohenzollern-Schloss als »Schutt« und

»Symbol des völligen Verfalls feudalistischer und imperialistischer Macht« denunziert. Dass Strauss aber auch für das Schloss gekämpft hat, fand Anfang der neunziger Jahre die Architekturhistorikerin Simone Hain heraus. Sie bestätigte, dass der Denkmalpfleger am 6. September 1950, am Abend vor der ersten Sprengung, Walter Ulbricht aufgesucht habe, um zumindest einen Aufschub zu erwirken. Den ohnehin widerwillig angenommenen Auftrag der Schlossabwicklung habe er nur unter der Bedingung akzeptiert, »einen den Wiederaufbau ermöglichenden Abbruch« sichern zu dürfen, so Simone Hain. Es gibt durchaus historische Fakten, die auf Erhaltungsgedanken vor und nach dem Beschluss des DDR-Ministerrates vom 23. August 1950 über den Abriss, am 6. September bestätigt durch die Volkskammer, hindeuten. Bereits unmittelbar nach dem Krieg war wieder Leben in die Ruine gezogen. Im Staatsratssaal residierte eine Baufirma. Hans Scharoun ließ als erster Stadtrat für Bauwesen den Weißen Saal sichern und dort etliche Ausstellungen veranstalten. Eine Flut von Demarchen gegen den Abriss erreichten DDR-Regierung und sowjetische Besatzungsmacht. Kunsthistoriker Richard Hamann von der Humboldt-Universität fragte brieflich Ministerpräsident Otto Grotewohl und Ostberlins Oberbürgermeister Friedrich Ebert: »Warum sich für spätere Zeiten dem Vorwurf der Barbarei aussetzen?« Ernst Gall, langjähriger Chef der Preußischen Schlösser und Gärten, nannten den Abriss frevelhaft und unbegreiflich. Offenbar zweifelten auch die Sowjets. Zumindest untersagten sie zunächst die Sprengung des Potsdamer Stadtschlosses, in das 1950 schon Löcher gebohrt worden waren. Von einer Studienreise im Frühjahr 1950 nach Moskau brachte eine DDR-Architekten-Delegation sodann die Empfehlung mit, Ostberlin in seinen historischen Strukturen möglichst zu erhalten und wiederaufzubauen.

Das Gutachten von Gerhard Strauss wurde erst nach Beginn der Sprengungen im September 1950 nachgereicht. Walter Ulbricht hatte der Bergung von Abbruchgut für einen späteren, zumindest teilweisen Wiederaufbau zugestimmt. Er erfolgte tatsächlich in einer Minimalvariante, als der Balkons des Portals IV in das Staatsratsgebäude der DDR eingebaut wurde. Von dort aus hatte Karl Liebknecht 1918 vergeblich eine »freie sozialistische Republik Deutschland« ausgerufen.

Wie bei anderen Abrissplänen gab es für das Schloss eine Planung, die von der Erhaltungsmöglichkeit ausging. Es wurden Reparaturkosten von rund 50 Millionen Mark veranschlagt – reine Gesinnungstäter hätten sich diese Mühe ebenso wie die nachgeschobenen Skrupel ersparen können. Ostberlins Oberbürgermeister Friedrich Ebert erklärte, nicht die SED, sondern »anglo-amerikanische Terrorbomber« hätten »so gründliche Arbeit geleistet, dass nichts mehr zu retten« gewesen sei. Gerhard Strauss protestierte 1960 schriftlich gegen den Abriss der Reste der Schinkelschen Bauakademie und dokumentierte im Zuge dessen noch einmal sein Bedauern über die 1950 gemachten Zugeständnisse.

Vielleicht fehlte wirklich nur das Geld, und so siegten am Ende die Abrissbefürworter. Eventuell wollte der starrköpfige Walter Ulbricht tatsächlich ein Zeichen für seinen Sieg setzen. Doch einen Symbolbau dafür hatte ihm schon Ziehvater Stalin versprochen: Ein Haus wie Warschaus Kulturpalast, 234 Meter hoch. Erich Honecker spielte mit dem Gedanken an einen Wiederaufbau des Schlosses, um einen repräsentativen Mittelpunkt der »DDR-Hauptstadt« zu bekommen. Günter Schabowski, ab 1985 Ostberlins SED-Chef, bestätigte: »In den sechziger Jahren hätte sicher niemand mehr daran gedacht, das Berliner Schloss abzureißen.« Doch da war es bereits zu spät.

Warum wurden Schlösser und Kirchen abgerissen?

Hauptsächlich, weil Walter Ulbricht im Mai 1953 geäußert hatte: »Wir werden Türme haben, zum Beispiel einen Turm fürs Rathaus, einen Turm fürs Kulturhaus. Andere Türme können wir in der sozialistischen Stadt nicht gebrauchen.« Das war eine ernstgemeinte Kampfansage.

Die bereits erwähnten »16 Grundsätze des Städtebaus« sollten dem Land ein neues, sozialistisches Gesicht geben. Schlösser und Kirchen wurden dafür nicht gebraucht. Zum Zeitpunkt von Ulbrichts berüchtigter Turmrede waren in Berlin erst drei »unnötige« Türme gefallen, bis 1985 sollten 14 weitere folgen. Insgesamt wurden in der DDR etwa 60 im Krieg beschädigte Kirchen gesprengt oder abgerissen, darunter auch solche, die schon wieder in Betrieb genommen worden waren. Die historisch wertvollsten Sakralbauten verlor Magdeburg, wo die Ulrichskirche von 1022 und vier weitere, über 700 Jahre alte Bauten aus nichtigen Gründen gesprengt wurden. Ähnlich rabiat verfuhr man mit Kirchenruinen in Dresden und anderen Bezirksstädten. Aber auch Halberstadt, Wismar und Dessau büßten Kirchen ein, deren Erhaltung durchaus möglich gewesen wäre. Die stärksten Unmutsbekundungen löste die Sprengung der Leipziger Universitätskirche St. Pauli am 30. Mai 1968 aus. Begründet wurde die vorsätzliche Zerstörung des intakten Kirchengebäudes mit »städtebaulichen Aspekten«. Vorwiegend politische Gründe waren es hingegen, die fast zeitgleich, im Juni 1968, zur Sprengung der Potsdamer Garnisonkirche führten. Sie galt als Symbol der Verbindung des preußischen Militarismus mit dem Faschismus.

Berlin, dank Kaiserin Auguste Viktoria, genannt Kirchenjuste, besonders reich mit Gotteshäusern gesegnet, verlor markante Bauten wie die Georgenkirche am Alexanderplatz, die Petrikirche und die Böhmische Kirche von 1737. Die meisten wurden in den sechziger Jahren abgerissen oder gesprengt, die Versöhnungskirche in der Bernauer Straße erst 1985. Die intakte Kirche, deren Gemeinde sich auf Westberliner Gebiet befand, stand unmittelbar im Grenzbereich, ihr Turm diente nach 1961 den Grenzschützern als Beobachtungspunkt. In zähen Verhandlungen erreichte die DDR schließlich die Zustimmung der Gemeinde und der Kirchenbehörden zur Sprengung.

Auf ähnliche Weise verschwand im April 1979 die 1930 im besten Bauhausstil errichtete Neuapostolische Kirche aus der Lichtenberger Normannenstraße. Sie stand unmittelbar neben dem »Ministereingang« des Ministeriums für Staatssicherheit und störte Mielkes Sicherheits- und Expansionsdrang ebenso wie die denkmalgeschützten Wohnblöcke von Bruno Taut in der Nachbarschaft. Nachdem der Spezialbau der Tschekisten am Münsterlandplatz einen Kirchenneubau als Ersatz errichtet hatte und der letzte Bewohner aus den Taut-Häusern ausgezogen war, wurden Kirche und Taut-Bauten gesprengt. Das Gelände überbaute das MfS ab 1980 mit einem Dienstleistungs- und Versorgungstrakt. Dem Posaunenchor der Glaubenskirche, die dem Ministerium am Roedeliusplatz gegenüberlag, wurde das Turmblasen verboten. Dass im Zuge der Nachkriegsentwicklung in beiden deutschen Staaten fast überall die Reste der zumeist 1938 ausgebrannten jüdischen Synagogen entfernt wurden, zeugt von keiner guten Geisteshaltung.

Als die Kirchtürme fielen, waren etliche kriegszerstörte Schlösser, etwa in Blumberg bei Berlin, in Buckow, Calbe und Neustrelitz, bereits endgültig verschwunden. Während die alten Herrenhäuser und Schlösser auf dem Land häufig als Wohnungen für Umsiedler und später als Kindergärten oder LPG-Büros dienten, oft aber auch dem Vandalismus und Verfall preisgegeben waren, störten den Landesvater die gut erhaltenen Ruinen der

»feudalistischen Zwingburgen« in Städten wie Berlin und Potsdam. Aufmarschplätze schienen der Partei wichtiger zu sein als historische Identität. Wertvolle Bausubstanz verschwand in Schutt und Asche, leere Plätze blieben übrig – und die Erinnerung des Volkes an unwiederbringlich verlorene Kulturstätten. Das Schloss Monbijou in Berlin fiel 1960.

Hatten die Architekten in den ersten Nachkriegsjahren die Zerstörungen getreu einem Churchill-Wort als »eine Katastrophe, aber eine günstige Gelegenheit« zur Neuordnung der Städte auch im Sinne der Bauhaus-Ideen empfunden, so belehrte sie Ulbricht nach einem Besuch in Moskau eines Besseren. Plötzlich war wieder die »national« verbrämte Monumentalarchitektur gefragt. In Wohnzellen amerikanisch-englischen Prinzips – vom obersten Bauherrn als »Eierkisten« verunglimpft – »wird der Mensch vom Ganzen isoliert und dem politischen Leben entfremdet«. Den erwähnten »16 Grundsätzen« entsprechend, entstanden am sowjetischen Zuckerbäckerstil orientierte Wohnpaläste in der Berliner Stalinallee, wo man im Eilverfahren auch eine neoklassizistische Sporthalle baute. Die Wende erfolgte nach Chruschtschows Kritik am stalinistischen Bauwesen. »Der sozialistische Realismus beginnt damit, dass jeder erst mal seine Wohnung haben muss«, hieß es nun, jedoch dauerte es noch Jahre, bis unter Honecker Stadtteile und ganze Städte aus eintönigen »weißen Keksen«, den Plattenbauten nämlich, emporwuchsen, während die restliche Bausubstanz im Land sichtbar verfiel.

Die Eröffnung des Humboldt Forums im Berliner Stadtschloss an der Stelle des eilig entfernten Palastes der Republik ist für 2019 geplant.

Wieso unterschieden sich Stalinallee und Hansaviertel?

Der Wiederaufbau nach dem Krieg geriet in Ost und West zum Kampf von Stein gegen Stein, ohne dass darüber viel geredet wurde. Die deutlichsten Zeugnisse dafür finden sich im ehemals geteilten Berlin. Sie zeigen, dass sich die Städtebauer viel näher waren, als sie zugaben. Der Kalte Krieg war auch ein Ringen um das schnellere, höhere und modernere Bauen.

Die Stalinallee mit Blick in Richtung Frankfurter Tor im Jahr 1960

Alles begann mit der gemeinsamen Ablehnung der erdrückenden Walhalla-Architektur der Nazis. Neue Sachlichkeit und klassische Moderne von Bauhaus und Werkbund boten die Alternative. Im Vergleich zum notleidenden Westberlin, wo ein Drittel der Erwerbsfähigen ohne Arbeit war, hatte Ostberlin mit seinem »Nationalen Aufbauprogramm« einen Vorsprung. Die ersten Entwürfe für die »Wohnzelle Friedrichshain«, an der ab 1949 nach Stalin benannten Allee, umfassten nicht nur 1900 neue Wohnungen für 5000 Berliner, sondern auch Läden, Kindergärten, ein *Haus der Demokratie* und viel Licht und Grün. Es dominierte die Bauhaus Formensprache ohne Zierrat und Schnörkel. Das kollidierte mit dem kleinbürgerlichen Geschmack Walter Ulbrichts. Er wollte keine »Lungenheilanstalten«, die »ebenso gut in die südafrikanische Landschaft passen« und »kosmopolitische Fantasien« verkörperten. Stattdessen sollten sich die Architekten der Berliner Bautradition erinnern und von Moskau lernen.

Nachdem Ministerpräsident Otto Grotewohl am 3. Februar 1952 den Grundstein für die Stalinallee im Block E-Süd versenkt hatte, zogen nur elf Monate später die ersten Mieter ein und die Presse jubelte: »So wird das ganze Deutschland aussehen.« Im Westen schien Gefahr im Verzug, denn auch *Der Spiegel* stellte im Mai 1952 über die Stalinallee fest: »Im Ostsektor aber baut man – wenn auch im östlichen Sinne – schon hauptsächlich für Gesamtdeutschland.«

Noch während über »seelenlosen Protz« und »Kulissenarchitektur« gegeifert wurde, liefen die Planungen für das Hansaviertel in Westberlin an. Die Ruinenbrache in Grenznähe sollte einer beispielgebenden Stadtlandschaft weichen, deren Gebäude nicht ohne Grund »Individualitäten« genannt wurden. Und es musste weltoffen werden, deshalb lieferten nahezu alle namhaften westlichen Architekten der damaligen Zeit ihre Entwürfe ab. Der Brasilianer Oscar Niemeyer baute einen filigranen Wohnquader, der Italiener Luciano Baldessari entwarf ein schlankes Hochhaus, der Finne Alvar Aalto bevorzugte den Kubismus. Es entstand eine neue Stadt mit Punkt- und Zeilenhochhäusern, Bungalows und Reihenhäusern, mit Geschäften und Gaststätten. Nur für die Fußgänger schien kein Platz zu sein. »Mit unverbesserlichen Neandertalern kann sich die neue Straße nicht abgeben. Wer kein Ziel hat, ist ein Spaziergänger und gehört schleunigst in den nächsten Park«, erklärte die Senatsbroschüre das neue Konzept.

Bei 80 bis 90 Metern Straßenbreite fanden Fußgänger auf der Stalinallee zwar genügend Platz, doch der Westen hetzte weiter gegen die »diktatorisch ausgerichteten Bauten«. Der Osten hielt dagegen und bezeichnete das Hansaviertel als »eine der schrecklichsten Ausgeburten des westdeutschen Städtebaus«. Vorbilder wurden beide Konzepte nicht. Dass sie einander letztlich bedingten, wurde heftig bestritten, führte aber stillschweigend zu einer Umkehrung in Stil und Form.

Walter Ulbricht forderte für seinen Herrschaftsbereich nun, »besser, schneller, billiger« zu bauen, womit vor allem »einfacher« gemeint war. Die Gegenseite reagierte mit dem Einzug der als Zierrat empfundenen Schnörkel der Postmoderne. Doch noch während der oberste DDR-Bauherr den »kapitalistischen Formalismus« geißelte, verflüchtigte sich der stalinistische Zeitgeist. Die gern »Zuckerbäckerstil« genannte Verbeugung vor Moskau unterlag auch im Osten der Rückkehr zur gestalterischen Klarheit. In den Planungen zum neuen Zentrum Ostberlins Anfang der sechziger Jahre dominierten nun ebenfalls Punkthochhäuser, ergänzt von kubischen Pavillons, und Einkaufszeilen. Das Hansaviertel im Westen ließ grüßen, und DDR-Architekturpapst Bruno Flierl gibt inzwischen unumwunden zu: »Natürlich orientierten sich die DDR-Architekten am Westen. Der Unterschied ist nur, dass Gebäude einen anderen Zweck haben. Statt Banken bauten wir Kulturhäuser im Zentrum.«

Das *Haus des Lehrers* mit angeschlossener Kongresshalle, entworfen von Hermann Henselmann, ist ein Beispiel dafür. Springers *Die Welt* lobte im Januar 1960 widerwillig: »Auch vom Gesamtberliner Standpunkt aus kann man die Entwürfe des Ostberliner Architektenkollektivs vorbehaltloser gutheißen als so manches andere sozialistische Projekt.« Natürlich musste dem wieder einmal etwas »entgegengesetzt« werden und das nahm diesmal Springer höchstpersönlich in die Hand: »139 Meter! – *Bild* baut Berlins höchstes Haus« hieß bald eine Schlagzeile. Es wurden dann 78 Meter mit 19 Stockwerken, doch das Axel-Springer-Hochhaus läutete die nächste Runde im Ost-West-Kampf um die schönere neue Welt ein. Er setzte sich in der Leipziger Straße im Osten fort.

Welche Probleme machten sozialistische Denkmäler?

Die Konterfeis von Marx, Engels, Lenin, Stalin und Thälmann gehörten zum sozialistischen Pantheon. Bei Demonstrationen wurden sie gern als übergroße Bilder auf den Schultern von mindestens vier Männern getragen. Das erinnerte an Prozessionen christlicher Eiferer. Nach Gründung der DDR sollten aus den Pappköpfen endlich bronzene oder steinerne Denkmäler werden.

Dazu gab es einen Plan. Anfang der fünfziger Jahre sah er drei große Komplexe vor. KPD-Führer Ernst Thälmann würde am früheren Wilhelm-Platz, der nun nach ihm hieß, in unmittelbarer Nähe von Hitlers noch abzureißender Reichskanzlei stehen, um so den deutschen Widerstand gegen die Nazis zu würdigen. Für Marx und Engels war der geplante Aufmarschplatz mit Ehrentribüne und dem von Moskau versprochenen »Zentralen Gebäude« vorgesehen. Vorher musste jedoch das Schloss verschwinden. Lenin und Stalin würden einstmals die neuen sozialistischen Magistralen an der Landsberger und Frankfurter Allee schmücken.

Für das Thälmann-Denkmal schrieb »die Partei« einen Wettbewerb aus, an dem 182 Konkurrenten teilnahmen. Der beabsichtigten Symbolik kam der Entwurf Fritz Cremers am ehesten entgegen. Er zeigte Thälmann allein zwischen zwei übergroßen, bedrohlichen Kuben und symbolisierte so den Kampf des Einzelnen gegen eine ungeheure Übermacht.

Das 19 Meter hohe Lenindenkmal aus rotem ukrainischen Kapustinoi-Granit auf dem Leninplatz, heute Platz der Vereinten Nationen, in Berlin: Sein Kopf ist mittlerweile in der Zitadelle Spandau ausgestellt.

Das entsprach aber nicht dem von sozialistischem Realismus geprägten Geschmack der Zeit. Den 1. Preis bekam deshalb Ruthild Hahne. Ihr »Teddy« Thälmann stürmte an der Spitze einem altgermanischen Schlachtkeil des Fahnen und Fäuste schwingenden Volkes voran. Die Widerstandskämpferin, die bei den Nazis im Zuchthaus saß und Mitglied der »Roten Kapelle« war, zog 1953 aus Westberlin in den Osten und begann mit der Arbeit. Auf der IV. Deutschen Kunstausstellung 1958 in Dresden war ein 2,50 Meter hoher Teilgips einer Seitenwand ihres Denkmals zu sehen. Dann wurde es still.

Stattdessen erschien am 3. August 1951 an der damaligen Stalinallee eine Bronze des »weisen Väterchens« aus dem fernen Moskau. In der Nacht vom 13. zum 14. November 1961 wurde sie in aller Stille wieder abgerissen. Die Brigade von Gerhard Wolf vom VEB Bauunion zerkleinerte das Material, dann entstanden daraus Tierplastiken für den Tierpark Friedrichsfelde. Illegal, denn es war ausdrücklich verboten, etwas aufzuheben, »retteten« die Männer nur eine Bartspitze. Die künstlerische Herkunft der 4,80 Meter hohen Figur wurde bisher nicht hundertprozentig geklärt. Es war augenscheinlich ein Werk »von der Stange« und wahrscheinlich Grigori Postnikow der Urheber. Ein Vermerk des ZK der KPdSU vom 26. Mai 1953 nannte jedoch Nikolai Tomski als Schöpfer.

Ohne Zweifel gestaltete der sowjetische Akademie-Präsident und oberste Staatskünstler den 19-Meter-Lenin aus rotem ukrainischen Kapustinoi-Granit. Walter Ulbricht weihte ihn am 19. April 1970 ein. Die Skulptur entstand im Auftrag der DDR und unterschied sich in ihrer Monumentalität von der üblichen versöhnlicheren Lenin-Ikonographie.

Hier stand ein »Woshd«, ein »Führer«, der fallen musste, als ihm die Gefolgschaft abhandenkam. Am 8. November 1991 begann der Abriss, am 13. November geriet die Demontage des 3,5 Tonnen schweren Kopfes zum spektakulärsten Teil. Im Film *Good Bye, Lenin!* entschwebt er ins Nirwana. In Wirklichkeit wurde das Denkmal im märkischen Sand bei Müggelheim vergraben. Der für die Aufsicht der Stelle zuständige Revierförster hieß damals Marx – Geschichte kann auch unbeabsichtigte Pointen haben. Seit Frühjahr 2016 ist der wiederauferstandene Kopf in der Zitadelle Spandau zu sehen.

Auch auf der Arbeit von Ruthild Hahne lag kein Segen. 1959 stürzte sie vom Gerüst, am 4. Februar 1963 fiel der ganze Thälmann um. Monumentalskulpturen müssen eine perspektivische Verzerrung aufweisen, um aus der Sicht des Betrachterwurms echt zu wirken. Das hatte die Künstlerin bei Hitlers Lieblingsbildhauer Arno Breker gelernt. Deshalb war die Faust so schwer geworden, dass die kurzen Beine sie nicht trugen. Es dauerte noch zwei Jahre, dann war das Projekt ohnehin beendet, denn der geplante Aufstellungsort lag inzwischen im Grenzgebiet an der Mauer. Auch der Stil gefiel nicht mehr. Ruthild Hahne bekam als Trostpflaster zwei vierwöchige Reisen nach Syrien und Indien.

Der Platz für Marx und Engels in der Mitte der einstmals erträumten Parteiführer-Tribüne war derweil ebenfalls verlorengegangen, denn an der Stelle stand jetzt der Palast der Republik. Die kommunistischen Gründerväter sollten nun zum Füllen der städtebaulichen Brache des einstigen Marienviertels gegenüber dem Roten Rathaus dienen. Das war ästhetisch nicht einfach, denn der das Umfeld dominierende Neptunbrunnen von Begas setzte Akzente. So entstanden 1986 schließlich die merkwürdig aufgepumpten Körper mit den exakt im Portraitrealismus frisierten Köpfen, modelliert von Ludwig Engelhardt. Das Volk reflektierte den augenfälligen Widerspruch mit der Bezeichnung »Sakko und Jacketti«. Umgeben sind sie von einer Stelengruppe und zwei doppelansichtigen Bronzereliefs von Margret Middell und einer mehrteiligen Marmorwand von Werner Stötzer, so dass letztlich ein »aufgeschlagenes Geschichtsbuch« entstand, dessen viele gleichzeitig geöffneten Seiten die Rezeption nicht erleichtern.

Und Ernst Thälmann? Nach 36 Jahren wurde seine 50-Tonnen-Bronze, mit dem roten Granitsockel 13 Meter hoch, in Korrespondenz zu den sie umgebenden Hochhaus-Neubauten auf dem Gelände des früheren Gaswerks an der Greifswalder Straße errichtet. Als am 15. April 1986 die Hülle des Werkes von Sowjet-Künstler Lew Kerbel fiel, präsentierte sich die maßlose Vergrößerung einer lieblos gemachten Ansteckadel. Zwei große

Stelen mit langen Zitaten von Thälmann und Honecker – seit 1990 ebenfalls in der Zitadelle Spandau eingelagert – ergänzten es. Das hohle Pathos und die geistlose Brutalität machten die wie ein Bühnenbild wirkende Anlage dreieinhalb Jahre später zu einem Zeitzeugnis, dem allein aus diesen Gründen der Denkmalschutz gebührt.

Was wurde aus Gutshöfen und Herrenhäusern?

Als in den siebziger Jahren die erste Nostalgiewelle über die DDR schwappte und plötzlich alte Wagenräder an Balkonwänden unerlässlich erschienen, waren die Bezirke Rostock, Schwerin und Neubrandenburg für Liebhaber echter Antiquitäten ein Geheimtipp. Dort fand sich schon mal eine Barocktruhe als Futterlade in der Scheune, ein edler Sattel im Stall oder ein 300 Jahre alter Zinnteller auf dem Hühnerhof. »Dat wier woll von'n Schloss«, hieß die übliche Antwort auf die Frage nach der Herkunft und für eine Flasche Wodka und 20 Mark wechselte es schnell den Besitzer. Für viele Bauern im ehemaligen Land Mecklenburg, zu dem nach dem Krieg auch Vorpommern gehörte, war das wertloses Zeug. Die im Haus verbauten, abgeputzten Mauersteine schienen viel kostbarer zu sein. Auch sie kamen oft »von'n Schloss«.

Nach 1945 strömten weit über eine halbe Million Menschen aus dem Osten ins dünnbesiedelte Mecklenburg, jeder Zweite kam nur mit dem, was er am Leibe trug. Mit der Bodenreform, die im September 1945 begann und sich bis 1948 hinzog, bekamen dort rund 83 000 Neubauern Land. Für etwa 23 000 von ihnen mussten Wohnungen, Ställe und Wirtschaftsgebäude geschaffen werden. Weitere 20 000 Menschen brauchten dringend ein Dach über dem Kopf. Viele fanden es in den derweil verlassenen Guts- und Herrenhäusern.

Das ging nicht ohne Befehl der sowjetischen Besatzungsmacht. Die hatte keineswegs vor – wie später oft kolportiert –, die Schlösser der ostelbischen Junker ausnahmslos zu schleifen. Schon 1946 beauftragte sie die Mecklenburgische Landesregierung, eine Liste aller zu schützenden Schloss- und Gutsanlagen zu erstellen. Manch bewegliches Gut ging gleichzeitig über den Stralsunder Hafen gen Osten. Fritz Adler, bis zu seiner Flucht

1950 in den Westen Chef des dortigen Kulturamtes, erinnerte sich an Möbel, Bilder und Urkunden, die längs des Schienenstranges lagen, weil sie von den Waggons gefallen waren. Dennoch wurden 1951 bereits 21 ausgewählte Anlagen als schutzwürdig erfasst, allerdings nur in Mecklenburg. Zeitzeugen meinen, dass Vorpommern von Schwerin aus einfach nicht erreichbar war, denn die »Dienstreisen« der Mitarbeiter des neu gegründeten Landesamtes für Denkmalpflege erfolgten per Fahrrad.

Doch die Sowjets waren ohnehin in der Zwickmühle. Woher sollte das Material für die dringend benötigten Wohnungen kommen? Am 9. September 1947 erließ Marschall Wassili D. Sokolowski den Befehl 209 über die Errichtung von mindestens 12 000 Wohn- und Wirtschaftsgebäuden für Neubauern in Mecklenburg bis Ende 1948: »Das Baumaterial sollte von zerstörten kriegszwecklichen Werken und Bauten, von zerstörten Bauten der früheren Güter und Ruinen herrenloser Gebäude unbehindert verwendet werden können.« Die Schweriner Landesregierung gab 1947 Hinweise zur »Baulichen Durchführung der Bodenreform« und kalkulierte, dass die Baumaterialien einer großen Gutsscheune für 50 bis 100 Neubauten reichen musste, wenn einheimische Baustoffe wie Holz, Rohr und Lehm ergänzend genutzt wurden. Damit begann der große Abriss und nun sahen die deutschen Behörden ebenso wie die sowjetischen Besatzer großzügig über weitere Plünderungen des noch verbliebenen Inventars hinweg.

Nach der Verwaltungsreform von 1952 erhielten die neu gebildeten Kreisverwaltungen die Aufgabe, eine geeignete Verwendung der freien Gutsgebäude vorzuschlagen. Die Denkmalpflege unterstand damals dem Ministerium für Volksbildung. Nach bisher nicht mit Akten belegbaren Informationen sollen dort etwa 150 Herrenhäusern in der gesamten DDR als »erhaltenswert« eingestuft worden sein. Mehrere Tausend weitere Objekte – allein Mecklenburg verfügte vor dem Krieg über 2328 Gutsbetriebe – mussten im Gegenzug aufgegeben werden. So wurden viele frühere Herren- und Gutshäuser zu Schulen und Internaten, aber auch zu Altenheimen und Gesundheitseinrichtungen. Andere gingen an die örtlichen Gemeinden, die sie weiterhin als Umsiedler-Unterkünfte, für LPG- und Gemeindebüros, Kindergärten, Gaststätten, Laden oder Gemeindeschwesternstationen nutzten.

Finanziell aufwendige Bau- und Sicherungsmaßnahmen unterblieben. Damals als nicht mehr brauchbar erscheinende Anlagen, wie zum Beispiel das Schloss in Putbus auf Rügen, verfielen. 1962 wurde der dortige, einstige Wohnsitz von Fürst Malte dann noch in zwei Etappen gesprengt. In den siebziger Jahren waren viele Gebäude so sanierungsbedürftig, dass sie leergezogen und durch die DDR-typischen, massiven Baracken ersetzt wurden. Das führte zu einer zweiten Verfallswelle, die bis zum Ende der DDR anhielt. Gleichzeitig gab es jedoch erste Bemühungen finanzstarker landwirtschaftlicher Großbetriebe, Gutshäuser zu übernehmen und sorgfältig instand zu setzen.

Nach der Einheit erließ der Landtag Mecklenburg-Vorpommerns 1993 ein Denkmalschutzgesetz. Im Zuge dessen ermittelten Experten 2888 ehemalige Guts- und Herrenhäuser. Davon waren 2201 erhalten geblieben, die Verlustquote betrug also rund 24 Prozent. Von den noch vorhandenen Anlagen befand man 1079 als denkmalwert. Weiterhin erhalten werden können viele davon jedoch nur durch Privatisierung und neue Nutzung, beispielsweise als Hotel. Dafür hält mancherorts die Suche nach Investoren noch an und dieser Weg ist umstritten.

WIE TRUG DER OSTEN ZUM WIRTSCHAFTSWUNDER BEI?

Ihr erstes Auto bauten die Bayrischen Motorenwerke in Eisenach, die Zentrale von Auto Union war mal in Zwickau und der Friseur Franz Ströher aus Rothenkirchen, einem Dorf im Vogtland, erfand 1927 den Dauerwellenapparat Wella. Heute sind BMW aus München, Audi aus Ingolstadt und die Wella Darmstadt Welt-Konzerne. Hat das Know-how, das aus dem Osten kam, dabei geholfen? Ja, denn ohne drei wichtige Entwicklungen der Nachkriegszeit wäre es im Westen weder so schnell noch so gut vorangegangen. Die Abwanderung von Betrieben und Arbeitskräften aus der DDR, der vorangegangene Treck aus den verlorenen deutschen Ostgebieten und schließlich der Verlust internationaler Märkte durch die Abkopplung des Ostens vom gesamtdeutschen Wirtschaftsraum haben unbeabsichtigt ihren Beitrag zum Wirtschaftswunder West geleistet.

»We take the brain«, verkündeten die Amerikaner, als sie am 13. April 1945 Jena besetzten. Das würde wenig später an die sowjetische Zone fallen. Doch vorher wurden auf Listen erfasste *Very Important Persons* bei Carl Zeiss und dem Glaswerk Schott & Genossen ultimativ aufgefordert, mit den US-Truppen in den Westen zu ziehen. Andere verschwanden aus dem Osten, weil ihnen die Entwicklung dort zu unsicher schien. So zum Beispiel der Dresdner Hersteller von Zigaretten-Maschinen »Universelle«. Vor dem Krieg entstanden vier von fünf Zigaretten auf der ganzen Welt auf seinen Maschinen. 1948 ging Firmenchef Kurt A. Körber mit den besten Konstrukteuren nach Hamburg und gründete in Hamburg-Bergedorf die »Hanseatische Universelle« (Hauni). Er reaktivierte seine Kontakte nach Amerika und Asien, und heute werden wieder 80 Prozent der Zigaretten auf der Welt auf Hauni-Maschinen gedreht. Dresden war aus dem Rennen, und auch nach der Einheit kehrte das Unternehmen nicht zurück. Für die einstige Heimatstadt gab es noch ein paar Baufahrzeuge aus der Körber-Stiftung und das war's. Auch Strümpfe gab es vor dem Krieg nur aus Sachsen. Louis Bahner hatte sie mit seiner 1842 in Oberlungwitz gegründeten Firma ELBEO zum begehrten Modeartikel gemacht. Hundert Jahre später, 1945, ging der gesamte Maschinenpark im Wert von 6,5 Millionen Reichsmark in den Westen, und die Erben Hermann und Johannes Bahner fingen neu an. Sie nahmen ihre Patentschriften und technischen Unterlagen mit, viele Facharbeiter aus Sachsen folgten ihnen. Bis dahin gab es in der Bundesrepublik keine Strumpfindustrie. Im Jahr 1960 existierten bereits 137 Unternehmen mit 29 000 Beschäftigten.

Den zweiten Faktor bildeten die 2 686 942 Flüchtlinge, die bis zum 13. August 1961 in den Westen abwanderten. Meist auf Kosten der DDR gut ausgebildet, jung und tatendurstig, waren sie nicht nur gefragte Arbeitskräfte, viele brachten auch Unternehmergeist mit. Hinzu kam – und das wird oft vergessen –, dass die Umsiedler aus den verlorenen Ost-Gebieten ebenfalls zum Wirtschaftswunder im Westen beitrugen. Der Dresdner Ingenieur Hermann Golle hat den Know-how-Fluss von Ost nach West erforscht: »Zuverlässigen Angaben zufolge sind nach 1945 circa neun Millionen Flüchtlinge und Ausgebürgerte in die drei Westzonen gekommen. Wenn nach allgemeinen statistischen Grundsätzen etwa 50 Prozent dieser Flüchtlinge sogenannte Erwerbspersonen sind und 8 Prozent dieser Erwerbspersonen ein Gewerbe betreiben, kann man von 360 000 Unternehmen ausgehen, die sich in diesen Jahren im westdeutschen Wirtschaftsraum angesiedelt haben. Auch wenn sich davon nur drei Viertel als überlebensfähig erwiesen haben, sind es immerhin noch 270 000 Unternehmen.«

Der dritte Bereich war der Verlust oder die Neuaufteilung weltweiter Märkte, denn durch die Neugründungen im Westen wurde um die traditionellen Warenzeichen gestritten. Als »Carl Zeiss« im westlichen Oberkochen neu entstand, führte die DDR zunächst diese Marke und »Jenaer Glas« weiter. Doch bald war »Carl Zeiss Oberkochen« auf den West-Märkten genauso bekannt wie »Carl-Zeiss Jena« auf den Ost-Märkten. Es folgte ein erbitterter Namensstreit. Erst ab 1970/71 gab es dann die Einigung: Verkaufte Jena im Westen, stand nun »Jenoptik« drauf, ging Oberkochen in den Osten, firmierten die Waren unter »Opton«. Bei Agfa, der 1873 in Leverkusen gegründeten Aktiengesellschaft für Anilinfarben, die seit 1910 in Wolfen produzierte und 1935 dort den ersten Farbfilm entwickelte, regelte ein Abkommen bis zur Einführung des Warenzeichens ORWO 1964, dass Agfa Ost und West das gleiche Logo benutzen durften. Nur: »ORWO« erlangte nie den guten Klang der einstigen Weltmarke »Agfa«. So ließen sich Dutzende weiterer Beispiele finden. Ob der 1908 in Dresden von Melitta Bentz entwickelte Melitta-Filter für Kaffee, die Knorr-Bremse aus Berlin oder die einstmals in Leipzig ansässigen Gelddrucker Giesecke & Devrient – sie alle stellen bis heute Produkte her, die auf der ganzen Welt geschätzt werden. In den Jahren des westdeutschen Wirtschaftswunders sind sie groß geworden, ihre Wurzeln lagen jedoch im Osten.

WAS WAR DER RGW?

Die Zahl der Bruderküsse ist im Protokoll zu den Gesprächen im Zentralkomitee der KPdSU vom 10. September 1966 nicht vermerkt. Stattdessen aber ein erstaunlicher Satz, den Leonid Breschnew an Walter Ulbricht richtete: »RGW – das steckt mir im Hals. Ich möchte eine Bombe nehmen und sie unter das neue Gebäude legen … Es gibt da so viel Durcheinander und die verschiedensten Interessen …« Auch sein Vorgänger Nikita Chruschtschow war mit dem »Rat für gegenseitige Wirtschaftshilfe« unzufrieden, der eigentlich viel mehr Gewicht im Handel mit Westeuropa haben sollte. Als im Sommer 1962 in Moskau eine italienische Industrieausstellung eröffnet wurde, schimpfte er: »Der Gemeinsame Markt ist eine widernatürliche Ehe zwischen zwei männlichen Personen. Widernatürlich deshalb, weil alle Mitglieder ungefähr die gleichen Dinge produzieren.« Die EWG-Mitglieder »sollten lieber von den kommunistischen Ländern kaufen. Wir können ihnen Rohstoffe geben und sie uns industrielle Ausrüstungen.« Italiens Außenhandelsminister Luigi Preti konterte unbotmäßig: »Offenbar sind Sie über den gemeinsamen Markt sehr besorgt, da Sie ständig davon sprechen.«

Das war wohl wahr, denn um ihm und dem vorausgegangenen amerikanischen Marshallplan etwas entgegenzusetzen, war am 18. Januar 1949 der »Rat für gegenseitige Wirtschaftshilfe«, im Westen Comecon (englisch: *Council for mutual economic assistance*) genannt, von der Sowjetunion, Polen, Bulgarien, Rumänien, Ungarn und der Tschechoslowakei gegründet worden. Im Februar 1949 trat Albanien bei (dessen Mitgliedschaft später wieder ruhte), am 29. September 1950 die DDR, 1962 die Mongolei, 1972 Kuba und 1978 Vietnam. Jugoslawien war seit 1964 Mitglied einiger RGW-Organe, China und Nordkorea hatten anfangs Beobachterstatus, in den siebziger Jahren gab es überdies Kooperationsabkommen mit Finnland, Irak, Mexiko, Nikaragua, Mosambik, Angola, Äthiopien, Südjemen und Afghanistan. Weitere Länder, wie Laos, äußerten Interesse und entsandten Beobachter. Das Ziel war es, über Spezialisierung und Arbeitsteilung zwischen den sozialistischen Staaten mit rund 330 Millionen Menschen langfristig den Ausgleich der wirtschaftlichen Bedingungen zu erreichen. Dem standen jedoch die politischen Verhältnisse des Kalten Krieges, die anhaltenden Autarkie-Bestrebungen der Mitgliedsstaaten und die ökonomischen Defizite des sozialistischen Systems entgegen. Als Führungsmacht beanspruchte Moskau ökonomische Vorteile aus dem Bündnis, die über die Preispolitik realisiert wurden. So verkaufte zum Beispiel die Sowjetunion Anfang der sechziger Jahre Rohöl in den Westen um 88 Prozent billiger als an die »Bruderländer«. Denen entstand allein im Jahr 1960 daraus ein Verlust von 443,6 Millionen Dollar. Im Gegenzug importierten die Sowjets aus den Satellitenstaaten billiger als aus dem Westen, was sich in jenem Jahr auf weitere 1,5 Milliarden Dollar summierte. Möglich wurde das durch die Preisbildung ohne Angebot und Nachfrage auf der Grundlage von Messwerten, nach denen Produktionskosten und Preise ermittelt wurden und die von Land zu Land unterschiedlich waren. Ein und dasselbe Produkt hatte im Inland einen anderen Preis als im Export und dort wiederum einen Preis, der sich zwischen den »Partnerstaaten« unterschied. Eine DDR-Maschine kostete deshalb in Polen mehr als in der Sowjetunion, und in der ČSSR galt wiederum ein anderer Preis. Die Verrechnung erfolgte seit 1957 über die künstliche Währung »Transferrubel« durch die »Internationale Bank für wirtschaftliche Zusammenarbeit« in Moskau. Aufgrund des verzerrten Preisgefüges ergaben sich aber in den Mitgliedsländern unterschiedliche Werte dieser Einheit. Es gelang nie, allgemeingültige Kriterien zu vereinbaren, die RGW-Empfehlungen galten als unverbindlich und wurden oft nicht befolgt.

Diese Preispolitik machte eine gemeinsame Planung nahezu unmöglich. Hinzu kamen unterschiedliche Vorstellungen über das Produkt, wie beispielsweise Anfang der siebziger Jahre beim angestrebten Bau eines »RGW-Autos«, das Trabant, Wartburg und Skoda ablösen und in die anderen »Bruderstaaten« exportiert werden sollte. Mit einem Beschluss des SED-Politbüros vom 7. April 1973 wurde das Projekt als »nicht entscheidungsreif« zu den Akten gelegt. In einigen Schwerpunktbereichen, wie Elektronik, Metallurgie und Chemie, klappte die Zusammenarbeit besser. Mit verschiedenen RGW-Programmen wurde immer wieder versucht, sie umfangreicher zu gestalten. Das entscheidende Hemmnis blieb jedoch stets die Finanzierung, die größere gemeinsame Investitionsprojekte erschwerte. Das Zellstoffkombinat im rumänischen Braila, an dem die DDR, Polen und die ČSSR beteiligt waren, ein Phosphatkombinat in der Sowjetunion, drei Kupferwerke in Bulgarien, ein Chemiewerk in Ungarn und Erdölerschließungsarbeiten in Polen blieben nach zwanzig Jahren RGW die wenigen positiven Beispiele der Zusammenarbeit. Insgesamt dominierte bis zum Ende der bilaterale Handel in Form von Ware gegen Ware.

Mit dem Staatsvertrag vom 18. Mai 1990 über die Währungs-, Wirtschafts- und Sozialunion mit der Bundesrepublik war für die DDR die weitere RGW-Mitgliedschaft obsolet geworden. Das RGW-Statut sah eine Austrittsmöglichkeit mit sechsmonatiger Kündigungsfrist vor. Dazu nötige Konsultationen kamen jedoch nicht zustande. Deshalb ging die DDR – völkerrechtlich zutreffend – davon aus, dass ihre Mitgliedschaft mit der Aufgabe ihrer Existenz als Völkerrechtssubjekt automatisch erlosch. Mit der Auflösung der Sowjetunion löste sich auch der RGW am 28. Juli 1991 auf.

An dem Moskauer RGW-Gebäude, das ein offenes Buch symbolisieren sollte und das Breschnew so gern in die Luft gesprengt hätte, hatte sich die DDR mit 40 Millionen Rubeln Baukosten beteiligt. Anfang der neunziger Jahre wurde der Wert auf 250 bis 300 Millionen Dollar geschätzt. Eine Auszahlung des Erbanteils an das vereinigte Deutschland lehnte Moskau ab, weil die DDR bereits einen Tag vor ihrem Ende einseitig ihren Austritt erklärt und somit ihre Teilhaberschaft am gemeinsamen Eigentum aufgegeben hatte.

WIE VIEL KOSTETE EIGENTLICH EINE PLATTENBAUWOHNUNG?

Endlich die Zuweisung für eine Neubauwohnung in den Händen zu halten, war für viele DDR-Bürger einer der schönsten Momente im Leben. Ob es nun weg von den Eltern oder aus der geschiedenen Ehe ging oder ob warmes Wasser, Innentoilette und Wanne lockten, immer endete ein langer Weg des Wartens, oft auch des Leidens.

Trotzdem beklagt Brigitte Reimann in ihrem 1973 unvollendet gebliebenen Architekten-Roman *Franziska Linkerhand* die von den »Raster-Priester und Funktionalisten« geschaffene Monotonie. Chef-Architekt Hermann Henselmann sagt: »Das sture Nebeneinander von Wohnzellen entspricht nicht dem Miteinander der Menschen in unserer Gesellschaft.« Und im ohnehin undankbaren Volk bürgert sich die Bezeichnung »Arbeiterschließfächer« für die Neubauwohnungen ein. Als im Defa-Film *Insel der Schwäne* 1983 ein Junge aus einem Dorf am Oderhaff in den 14. Stock einer Marzahner Wohnmaschine ziehen muss, hängen er und seine Freunde einen Zettel ans Schwarze Brett: »Wir wollen keinen Betong.« Die SED- und FDJ-Blätter *Neues Deutschland* und *Junge Welt* treten eine Leserbrief-Kampagne gegen den Film los, seine Schöpfer werden als bornierte Neurotiker angeprangert.

Der Grund für den Unmut liegt auf der Hand: Anders als billig per Platte funktionierte Bauen in der DDR nicht. Bei Mieten zwischen 80 Pfennigen und 1,20 Mark warm pro Quadratmeter interessierte sich niemand dafür, was so eine Wohnung eigentlich kostete. Zwei Drittel der Dauerbelastung trug ohnehin der Staat. Dennoch waren die Kosten genau kalkuliert. Pro Wohneinheit der »Wohnungsbauserie 70« (WBS 70) durften durchschnittlich 65.000 Mark verbaut werden. Davon flossen 39.900 in die Wohnung, 9.700 Mark dienten Gemeinschaftseinrichtungen, 12.400 Mark kostete die Erschließung und 3.000 Mark gingen für »Sonstiges« drauf. Damit war der Gemeinschaftsbau wesentlich billiger als der Bau von Einfamilienhäusern, die mit etwa 70.000 Mark kalkuliert wurden. Für private Besitzer von Miethäusern gab es Anfang der achtziger Jahre ein Angebot, sie mit einem Kredit zu einem Zins von einem Prozent mit 1,5 Prozent Tilgung zu sanieren. Wurde dessen Annahme verweigert, konnte das Haus zum Zeitwert in Volkseigentum übergehen, auch Schenkungen waren manchmal willkommen. Die Großblockbauweise hatte in den sechziger Jahren mit Plattenwänden vom Typ »P2« begonnen. Ab Anfang der siebziger Jahre wurde dann die von der Berliner Bauakademie entwickelte WBS 70 zum Standard. Dieser »Baukasten der Republik« verringerte die Zahl der Elemente und lieferte auch die statischen Hausteile. Sie konnten zu Gebäuden mit fünf bis elf Etagen montiert werden. Gleichzeitig erweiterten sich die Variationsmöglichkeiten zwischen Wohnungen von einem bis zu fünf Räumen, die durchschnittliche Wohnungsgröße stieg von 56 auf 58 Quadratmeter. Neben der WBS 70 entstand für Hochhäuser im Betonskelettbau die Serie SK, die die Montage von 25-Geschossern zuließ.

Der große Vorteil dieser Bauweise bestand im hohen Grad der Vorfertigung unter industriellen Bedingungen. In den Anfang der achtziger Jahre in der DDR vorhandenen 52 Häuserfabriken wurden nicht nur Platten, sondern auch komplette Küchen- und Sanitärzellen, Schächte für Fahrstühle und Müllschlucker sowie Treppen und Dächer gefertigt. Das machte den Bau vor allem schnell. Zwischen 1960 und 1980 sank der Arbeitsaufwand pro Wohnung von 2000 auf 600 Stunden. Bei Wettbewerben wurde diese Zahl bis auf 250 Stunden gedrückt. Dadurch entstanden innerhalb kürzester Zeit riesige Wohngebiete. So wurde zum Beispiel das Projekt Marzahn 1975 von Politbüro und Ministerrat beschlossen und 1977 mit der Montage der ersten Platte an der Allee der Kosmonauten begonnen. Bereits 1979 war es groß genug, um Marzahn zum neuen »neunten Stadtbezirk« zu machen. Das missfiel den Alliierten wegen ihrer Rechte in Berlin, und so wurde daraus stillschweigend der »neue Stadtbezirk«. 1983 lebten etwa 100 000 Menschen in Marzahn, bis 1987 sollten es rund 200 000 werden. In anderen Neubaugebieten, wie Leipzig-Grünau oder in der Fritz-Heckert-Siedlung in Karl-Marx-Stadt (heute Chemnitz) für jeweils etwa 100 000 Einwohner oder den Ausbaugebieten Rostocks für insgesamt 130 000 Leute, ging es ähnlich schnell. Anfang der achtziger Jahre entstanden in der DDR 96 Prozent aller Neubauten in Plattenbauweise, in der Bundesrepublik waren es nur 8 Prozent. Das hohe Tempo ging manchmal auf Kosten der Qualität. Die Mängel reichten von undichten Fenstern bis zu abenteuerlichen Tapeten-Kombinationen und unterschiedlichen Türen. Um hier Abhilfe zu schaffen, wurde die vom sowjetischen Wohnungsbaustrategen Nikolai Slobin erfundene »Slobin-Methode« praktiziert. Sie übertrug einem einzigen Kollektiv den kompletten Aufbau eines Hauses von der ersten Platte bis zur Schlüsselübergabe. Das wurde dann mit einer leistungsbezogenen »Objektprämienlohnsumme« vergütet.

So groß für viele die Freude beim Einzug in die neue Wohnung war, so schnell kam oft Frust über das triste Umfeld und die langweiligen Stadtviertel auf. Deshalb blühten parallel zu den Plattenbausiedlungen die Wünsche nach einer »Datsche« im Grünen auf. Sie boten die private Nische, in der vom Lattenzaun bis zur Terrasse »Individualität« gezeigt wurde. Wer das nicht schaffte, befestigte wenigstens ein altes Wagenrad auf dem Balkon.

Was war an Stalinstadt sozialistisch?

Plötzlich scheint eine Wand aus Eis zwischen Frager und Befragtem zu stehen, und dabei ging es doch nur darum zu erfahren, was denn in Eisenhüttenstadt, dem Ort, von dem ein Teil einmal Stalinstadt hieß, sozialistisch sei. Die erste und einzige »sozialistische Stadt« der DDR, geplant, gebaut und von ihren Bewohnern angenommen. »Hier gibt es nichts Besonderes.« – »Wir leben gern hier, es gibt viel Grün.« – »Sozialistisch war, dass es hier Arbeit gab, die heute weg ist.« Und: »Die Lage ist günstig, in Polen drüben ist das Benzin billiger.« – dürre Auskünfte zu einem einstmals großen Plan.

Der Traum von der »sozialen Stadt« ist älter als die DDR. Er steht in der Tradition der städtebaulichen Moderne, der Idealstadt, deren Leitbilder 1933 in der »Charta von Athen« formuliert wurden. Weg von den gründerzeitlichen Mietskasernen-Städten, her mit einem radikalen Bruch, war ihr Credo. Die Chance, den Traum umzusetzen, schien die sozialistische Idee der Stadtplanung zu bieten. Abschaffung von privatem Grundeigentum als Voraussetzung für Gemeinnutz vor Eigennutz war der eine Pfeiler, die Überwindung der Trennung von armen und reichen Vierteln – wissenschaftlich: der sozialräumlichen Segregation – durch eine materiell ausgeglichene Gesellschaft der andere.

Den Startschuss gab der III. Parteitag der SED im Juli 1950, der den Bau des Eisenhüttenkombinats Ost (EKO) und einer sozialistischen Wohnstadt dazu beschloss. Am 18. August 1950 erfolgte der erste Axthieb für das EKO, am 1. Februar 1953 entstand ein selbständiger Stadtkreis, der ab 7. Mai 1953 Stalinstadt hieß. Im November 1961 wurde Fürstenberg mit dem Ortsteil Schönfließ zu Eisenhüttenstadt. Die Bevölkerung entwickelte sich von 2400 Einwohnern 1953 bis auf den Spitzenwert von 53 048 Menschen

1988. Nach der Einheit sank sie bis 2016 auf 26 325 Bewohner, Prognosen rechnen bis 2030 mit rund 25 000 Bewohnern.

Das »sozialistische« im früheren Stalinstadt begann mit dem zähen Kampf, dort nicht nur eine Wohnsiedlung, sondern eine »Stadt neuen Typs« zu errichten. Kompakte, harmonische Einheiten bestimmten die Planungen der insgesamt 13 Jahre dauernden vier Bauphasen. Den Erbauern kam es darauf an, jeglichen ländlichen Charakter zu vermeiden und betont städtische Gebäude zu errichten. Dem dienten die Anlage von Wohnhöfen anstelle der bislang üblichen, offenen Zeilen und die Einbeziehung öffentlicher Räume mit erkennbar gerichteter Struktur. Die ursprünglichen Planungen gingen von 30 000 Einwohnern in vier Wohnkomplexen für jeweils etwa 7000 Menschen aus. Dabei wurden nicht nur 80 Quadratmeter Grün pro Familie, sondern auch Kindergarten, Einkaufsmöglichkeiten und Schulen einbezogen. Nach sowjetischem Vorbild lagen diese Gebäude am Ende symmetrischer Achsen. Mit nationaler Symbolik dekorierte Stadtportale begrenzten die »Innenwelt« mit ihren Arkaden und Balustraden, Torbogen und Säulen. Als sinnstiftende Geste diente eine schnurgerade Magistrale, die das Zentrum der Stadt mit dem Werkstor verbinden sollte. Das geplante, monumentale »EKO-Tor« entstand allerdings ebenso wenig wie ein Zentralbau, etwa ein riesiger Kulturpalast als städtebauliche Höhendominante. Das hat damit zu tun, dass der Plan von 1950 schnell zu eng wurde und die Kapazitäten begrenzt blieben, aber auch damit, dass sich der gesellschaftliche Geist wandelte.

So ist Eisenhüttenstadt letztendlich mehr als ein »sozialistisches Flächendenkmal« geworden. Das beweist die gern betriebene, aber unzutreffende Gleichsetzung mit der »Stadt des KdF-Wagens bei Fallersleben«. Auf Druck der Engländer hieß sie nach 1945 Wolfsburg. Nach den dort nicht realisierten Plänen sollte die ebenfalls auf dem Reißbrett entstandene Ansiedlung mit »Führerresidenz« und »NSDAP-Paradestraße« vor allem geronnene Ideologie werden. Das war Stalinstadt nicht einmal in seiner ursprünglichen Form. Vielmehr belegen dessen Planungen die Ankunft eines weltweit ähnlichen Verständnisses von Moderne in der DDR. Umgesetzt wurde sie mit einem sozialistischen Anspruch. Das zeigt sich zum Beispiel im Vergleich mit dem westdeutschen Sennestadt. Der Stadtbezirk von Bielefeld mit etwa 21 000 Einwohnern wurde fast zeitgleich geplant und gebaut. Er dokumentiert durch die Verbindung eines verästelten Grundrisses mit einer »autogerechten« Infrastruktur eine andere Auffassung von Privatheit und Individualität.

Ob eine Stadt eine eigene Seele entwickelt, bleibt hier wie da die entscheidende Frage. Eisenhüttenstadt schaffte es. Bequemlichkeit durch kurze Wege, Sicherheit dank kompakter Bebauung und ein freundliches Gesicht, von den prägnanten Grünräumen gezeichnet, waren für die Bewohner erlebbare Qualitäten. Sie lieferten nicht nur Anknüpfungspunkte für eine lokale Identifikation, sondern boten sich auch als Assoziation zum Sozialismus an. Dass mit Ende der Eisenhüttenindustrie das Herz der Stadt in ein anhaltendes Siechtum verfiel, bedroht die Bürger. Ohne die Eisenhüttenindustrie hat Eisenhüttenstadt keine Zukunft. Das erklärt das ablehnende Aufschrecken der Leute auf der Straße. Über die »sozialistische Stadt« machen sie sich keine Gedanken mehr, über ihr Leben dort schon. »Wir wollen hier nicht weg«, sagt einer. Das ist der Punkt.

Weshalb wuchs »Sankt Walter« in Berlins Himmel?

Was hat ein simpler Fernsehturm mit dem Kalten Krieg zu tun? Gar nichts? – Weit gefehlt! Im geteilten Deutschland und seiner noch einmal geteilten Hauptstadt Berlin versuchte die eine Seite jahrzehntelang der anderen zu zeigen, dass sie alles viel besser kann. Und dazu gehörte natürlich auch ein Ausrufezeichen mitten im jeweiligen Zentrum.
In Ostberlin sollte es zunächst ein Kulturhaus in Stalins Zuckerbäckerstil sein. Doch zum Glück drehte der politische Wind, bevor genug Beton da war. Im fernen Moskau hielt Nikita Chruschtschow eine Rede, die mit den Worten: »Teure, leider allzu teure Genossen Architekten« anfing. Deshalb setzte man einfach das technische Bauwerk eines TV-Turms mitten in die Stadt – 1969, zum 20. Jahrestag der DDR, musste er fertig sein, koste es, was es wolle.
Das tat es dann auch, denn statt geplanter 33 Millionen Mark wurden schließlich mehr als 130 Millionen Mark – eine genaue Abrechnung gibt es nicht – in Form von 8000 Kubikmetern Beton und 4950 Tonnen Stahl in den märkischen Sand gesetzt. Dabei ist der Grundstückspreis noch nicht einmal berücksichtigt, denn das teure Bauland riss sich die DDR mit allerlei juristischen Manipulationen unter den Nagel. Erst 2004 bekam eine der Erbinnen, Gret Lüscher aus Thalwil in der Schweiz, deren Familie seit 1849 an der

einstigen Königsstraße 398 Quadratmeter des Fernsehturm-Areals gehörten, die lächerlich geringe Summe von 2761 Franken und 50 Rappen Entschädigung. Das vereinigte Deutschland hatte die Rechtsverdrehungen aus Kaiser-, Nazi- und DDR-Zeiten dankbar aufgegriffen und so rund zehn Millionen Schweizer Franken – den geschätzten Wert des Teilgrundstücks – »gespart«.

Doch nicht nur deshalb verfügt Deutschlands höchster Fernsehturm nicht einmal über einen Grundstein oder feierte den berühmten ersten Spatenstich. Als Ende 1964 Planung und Bau begannen, hatte Bauherr Walter Ulbricht die nötigen Papiere noch nicht unterschrieben. So entstanden die ersten 30 Meter Turmschaft als »Schwarzbau«. Dennoch ließ er sich als »Erfinder« des Turms feiern. Das ärgerte den Architekten Prof. Gerhard Kosel – Schüler der weltberühmten Baumeister Hans Poelzig und Bruno Taut –, denn er hatte das Bauwerk als Erster auf einem Blatt seines Tischkalenders im Januar 1964 skizziert. Doch er wedelte wohl ein wenig zu viel mit diesem Blatt herum, denn im Dezember 1965 verlor er den Job als Oberbaumeister und sein Mitarbeiter Prof. Gerhard Frost folgte. Über die Idee zur 22-Meter-Kugel wird bis heute gestritten.

Die Ostberliner machten sich derweil ganz andere Gedanken: Was mag wohl passieren, wenn der Turm mal umfällt? Ganz einfach: Dann können wir mit dem Fahrstuhl in den Westen fahren! Und zwar mit sechs Metern pro Sekunde. Die schwedischen Fahrstühle gehörten damals zum Modernsten der Welt. Auch die Klimaanlage kam aus Skandinavien, die Sonnenschutzfenster lieferte Belgien, und die Bundesrepublik war mit dem Nirosta-Stahl für die Außenhaut der Kugel dabei. Den sowjetischen Genossen traute man nicht die nötige Qualität zu. Als sie fertig war, gab es eine unangenehme Überraschung: Wenn die Sonne unterging, zeichneten ihre Strahlen durch die Brechung an den Metall-Pyramiden ein riesiges Kreuz darauf. Dafür bekam der Turm vom DDR-Volk den Spitznamen »Sankt Walter«. Kopfgeburten wie »Tele-Spargel« oder »Spree-Sputnik« hatten gegen diese Art urwüchsigen Berliner Humors von Anfang an keine Chance. Auch Namensvorschläge wie »Alexbolle«, »Beton-Ballerina« oder »Silberzwiebel« für das in 207,54 Metern Höhe drehbare Cafe über der Aussichtsplattform blieben unberücksichtigt. Stattdessen nannte man es einfach *TC*, was so viel wie *Tele-Café* bedeutete. Dass dort niemand über die Stränge schlug, überwachte Restaurantchef Hartmut P., den das MfS dafür mit dem der Höhe entsprechenden Decknamen »Lerche« versehen hatte.

So konnte dort oben Fidel Castro ungestört seine Zigarre rauchen, sich Walentina Tereschkowa an ihren Weltraumflug erinnern und sogar Telly Savalas alias »Kojak« seinen Lolli lutschen. Michail Gorbatschow kam erst, als er alle seine Ämter verloren hatte. 1998 feierte er mit seiner Frau Raissa deren 67. Geburtstag im *Tele-Café* – es gab Rehrücken. Gewöhnliche Besucher begnügen sich inzwischen mit einer Currywurst, denn die 200 Plätze im Restaurant sind begehrt und ohne Schlangestehen kaum zu haben. Daran hat sich auch nichts geändert, nachdem der Turm nach der Deutschen Einheit an die Telekom gefallen war. Allerdings dreht sich jetzt das *Tele-Café* doppelt so schnell: Nahm man sich früher für den 360-Grad-Panorama-Blick eine Stunde Zeit, muss inzwischen eine halbe Stunde reichen. *Time is money*.

Diskussionen nach der Einheit, ob der »rote Zeigefinger« nicht besser abgerissen werden sollte, waren schnell vom Tisch. Ohne »Sankt Walter« würden die Bildschirme in Berlin und Brandenburg grau bleiben. Deshalb entschied sich die Telekom, den Turm zwischen 1995 und 1998 einer Generalüberholung für 100 Millionen DM zu unterziehen. Durch das Aufstocken der Antenne wuchs der 365-Meter-Riese dadurch sogar noch um drei Meter. Dass diese Antenne seither auch vom Bundesnachrichtendienst genutzt wird, unterliegt strengstem Stillschweigen. Und so wird der Turm wohl auch künftig seine Geheimnisse haben.

WIE SORGTE NIKOLAI MAMAI FÜR EINE ORDENSSCHWEMME?

In der DDR gab es rund 8,6 Millionen Berufstätige. Mehr als die Hälfte von ihnen, 4,6 Millionen, durfte sich Mitglied eines »Kollektivs der sozialistischen Arbeit« nennen, ausgewiesen durch eine bronzene Medaille. Natürlich hing an dem viereckigen Ehrenzeichen auch eine Prämie, die in aller Regel bei der Verleihung mit Bier, »Blauem Würger« und Grillsteaks verfeiert wurde. Das hatten die Geehrten letztlich Nikolai Jakowlewitsch Mamai zu verdanken. Der sowjetische Bergmann initiierte 1958 eine Wettbewerbsbewegung zur täglichen Übererfüllung der Schichtnorm. Das griff – laut offizieller Propaganda auf »eigene Initiative« – die »Jugendkomplexbrigade ›Nikolai Mamai‹« am Elektrolysebecken des Elektrochemischen Kombinats Bitterfeld am 3. Januar 1959 auf und trat in den Kampf um den Ehrentitel »Brigade der sozialistischen Arbeit« ein. Dazu war neben der Planerfüllung ein »Kultur- und Bildungsplan« nötig, denn es ging um die Umsetzung der gerade aktuellen Parole »Sozialistisch arbeiten, lernen und leben«.

Der politische Hintergrund der Aktion bestand im Bemühen, Arbeit und Freizeit stärker miteinander zu verbinden. Die Richtung hatte der »Bitterfelder Weg« gewiesen. Er sollte bei der Arbeiterschaft mehr Interesse für Kunst und Kultur entwickeln. Ökonomisch verband sich mit dem Wettbewerb die Hoffnung, einen Ersatz für das alte »Konkurrenz belebt das Geschäft« gefunden zu haben. Deshalb wurde der Titel »Brigade der sozialistischen Arbeit« am 6. August 1959 gestiftet und zum 10. Republikgeburtstag am 7. Oktober des Jahres an die ersten »Aktivisten-Kollektive« verliehen. Natürlich waren die »Mamais« aus Bitterfeld dabei. Bis 1961 folgten ihnen und den anderen Geehrten der ersten Runde 3.737 weitere Ausgezeichnete, dann wurde ab 1962 aus der »Brigade« das »Kollektiv der sozialistischen Arbeit«.

Die zwei Jahre zuvor genügten, um einen Anforderungskatalog zu formulieren. Neben der fachlichen Arbeit spielten darin kulturelle und politische Ansprüche eine Rolle, natürlich musste auch die sozialistische Moral und Ethik eingehalten werden und das alles in »abrechenbarer Form« geschehen. Um Letzteres zu dokumentieren, galt das »Brigadetagebuch« als geeignetes Instrument. Offiziell sollte es ein Mittel der Erziehung und Selbsterziehung sein. Ein gutes Brigadetagebuch erzählte von der Entwicklung der Brigademitglieder und war ihr Kummerkasten, wenn es bei der Arbeit hakte. Anleitungen wie 1960 *Das Brigadetagebuch. Künder des Weges vom Ich zum Wir* von Wolfgang Neuhaus oder 1968 mit dem Titel *Wie hilft uns das Brigadetagebuch bei der Persönlichkeitsentwicklung?* von Ursula Steinhausen wiesen den Weg dabei. Die Tagebücher sollten regelmäßig in den Gewerkschaftsgruppen der Betriebe »ausgewertet« werden. Besondere Aktivitäten bei der »Gestaltung des Brigadelebens« wurden von den »Genossen« im Kollektiv erwartet. Gab es Probleme, war der »Parteiauftrag« ein probates Mittel, einen Verantwortlichen zu deren Lösung zu bestimmen.

In der Praxis sah das alles meist nicht so bierernst aus. Hatte sich erst einmal jemand gefunden, der die Schönschrift beherrschte, gern mal ein Bildchen ausschnitt oder ein Foto einklebte oder womöglich noch eine Vignette malen oder gar Schüttelreime verfassen konnte, war der kreativen Buchführung keine Grenze gesetzt. Kegelabende und gemeinsame Ausflüge mutierten zu »kulturellen Höhepunkten«, das Anpacken beim Hausbau des Arbeitskollegen zu »sozialistischer Hilfe«, und wenn mal ein Stammhalter zu begießen war, hieß es einfach »gemütliches Beisammensein«. Ein gemeinsamer Kino- oder

Theaterbesuch lieferte wichtige Punkte, und den geforderten politischen Aktivitäten war Genüge getan, wenn regelmäßig ein aktueller Zeitungsartikel an die Wandzeitung geheftet wurde oder zwei, drei Kollegen – oft zum wiederholten Mal – in die »Deutsch-Sowjetische Freundschaft« eintraten. Das entscheidende Kriterium blieb jedoch, dass der Plan erfüllt oder gar übererfüllt wurde. Wie man das zumindest auf dem Papier hinbekam, wussten alle, und so hatten in aller Regel weder Betriebsleitung noch Betriebsgewerkschaftsleitung – bei »Jugendkollektiven« dann auch noch die FDJ-Leitung – etwas dagegen einzuwenden, den »Titelkampf« entsprechend zu honorieren. Wäre das nicht der Fall gewesen, hätten auch sie in schlechtem Licht dagestanden, und das wollte niemand. So gab es »Sozialistische Kollektive«, die auf den Titel regelrecht abonniert schienen. Er musste Jahr für Jahr neu »errungen« und konnte sogar auch wieder »aberkannt« werden. In den Jahren 1967 bis 1971 durften sich die Geehrten ihrer mehrmaligen Auszeichnungen durch eine Medaillenspange erfreuen, von 1971 bis 1975 gab es extra eine »Ehrenspange« für die »ununterbrochene Verteidigung des Titels« während des gesamten Fünfjahresplans.

Im Laufe der Jahre war dieser »Titelkampf« zum Ritual erstarrt. Daraus entstandene, signifikante Produktionssteigerungen, wie sie angeblich einstmals Nikolai Mamai erzielte, sind nicht überliefert. Um hier stimulierend zu wirken, bewährten sich eher die Jahresendprämien, die in verschiedenen Bereichen faktisch als Lohnbestandteil gezahlt wurden. So erhielten beispielsweise 1972 rund 3,7 Millionen Werktätige eine solche Einmalzahlung von durchschnittlich 650 Mark. Bereits 1973 steigerte sie sich auf 725 Mark und bis 1976 auf 764 Mark. Das war ein wirksamerer Anreiz. Unterm Strich erreichte das Geld auch in der DDR mehr als die vielen Medaillen und Orden.

WIE VIEL DDR STECKTE IM PALAST DER REPUBLIK?

»Zweifel« stand in großen Lettern über dem Palast der Republik, als es ihn nach der Einheit noch eine Weile gab. Die Bezeichnungen für ihn, vom stolzen »Haus des Volkes« bis zum abfälligen »Erichs Lampenladen«, grenzen bis heute an ein Sakrileg und polarisieren.

Der Palast der Republik war von 1976 bis 1990 Sitz der Volkskammer und Vergnügungstempel fürs Volk.

War der Palast der Republik also ein Symbol der DDR oder nur ein sinnloser Protzbau? Sein Ende begann mit der fluchtartigen Räumung der Volkskammer am 19. September 1990. Es schien, als jagten apokalyptische Reiter die fliehenden Parlamentarier in die derweil geräumte SED-Machtzentrale. »Asbest« hieß die plötzliche Bedrohung. Doch niemand glaubte so recht daran, dass wegen des früher gern verwendeten Baumaterials nun ausgerechnet der »Palast« plötzlich ein so gefährlicher Ort geworden war.

Aus der leeren Volkskammer gab es danach keine Bilder mehr. Sie wären interessant gewesen, denn der schmale, fensterlose Saal mit ein paar modischen Wellen an Decke und Wänden im fahlen Neonlicht verriet augenscheinlich, wie Macht in der DDR funktionierte. Für lebhafte Debatten um die Zukunft des Landes schien er kaum geeignet zu sein. Sie gab es erst, als die Vorherrschaft der SED gebrochen war und die Parlamentarier den Beitritt ihres Landes zur Bundesrepublik organisierten.

War der Palast also wirklich nicht mehr als der in der DDR zur Blüte gebrachte Barackenstil der Baukunst? Und das alles für offiziell angegebene Baukosten von 485 Millionen Mark, die in einer internen Abrechnung zu 800 Millionen wurden und nach Experten-Schätzungen sogar eine Milliarde Mark betragen haben sollen? Die biedere

Hallenkonstruktion hinter dem weißen Marmor spricht zunächst dafür. Mit leichter Hand wurden Innenwände schon mal mit Holzimitationen aus Kunststoff beklebt und Steinplatten wechselten mit strukturiertem Gips. Die Veredelung der 180 Meter langen Schachtel mit 8000 Quadratmetern belgischem Bronzeglas im honigfarbenen Alu-Rahmen hatte schon Axel Cäsar Springer mit seinem Hochhaus in Westberlin als Stilelement genutzt. Eine architektonische Offenbarung war sie hier wie da nicht.

Die Pracht des Palastes als Nachahmung von fragwürdigem westlichen Styling also, und somit wenig sozialistisch? Von wegen! Da war doch noch dieser tolle Saal. In sieben Minuten verwandelte er sich vom 5000-Plätze-Konferenzraum zum Veranstaltungsort für 1500 Leute. Wenn das gesamte Parkett in Dreiecken an der Decke klappte, entstand sogar ein intimer Ballsaal für 800 Gäste. Und die Konstruktion verschwand nicht irgendwo, die Technik blieb stets präsent – war das der Wink auf das »alle Räder stehen still, wenn dein starker Arm es will«? Festliches Ambiente fürs Volk?

Seine wahre Schönheit entfaltete das »Haus des Volkes« ohnehin hinter der schlichten Fassade. Den Besucher erwartete eine Piazza aus riesigen Foyers in mehreren Etagen. Galerien luden zum Verweilen, gedämpftes Gemurmel förderte es. Sogar die reichlich vorhandenen Telefone funktionierten und der Postschalter war besetzt. Man traf sich unter der monumentalen gläsernen Blume von Glaskünstler Richard Wilhelm. Dass sie heute ausgerechnet in der Festung Spandau lagert, könnte nicht symbolischer sein.

Im Palast war nichts von der Wucht der Macht oder dem Zuckerguss der Hoffnung zu spüren. Selbst sein unkomplizierter Charme einer Airport-Halle animierte zur begeisterten Inbesitznahme. Schon am Eröffnungstag, dem 23. April 1976, kamen 105 000 Menschen. Für sie wie für die folgenden Millionen blieb der Palast stets mehr als lediglich die größte Kneipe der DDR, an der man sich gern ein Stündchen anstellte. Die 13 »gastronomischen Erlebnisbereiche« wurden im Turnus von verschiedenen »Kollektiven« aus den Bezirken der DDR bewirtschaftet. Es gab eigens gestaltetes Geschirr und eine farblich von der Serviette bis zum Kellnerdress abgestimmte Ausstattung, denn es ging niemals nur um die »Versorgung« von 1500 Gästen. Der Palast der Republik war immer auch eine Vision. So schön konnte Sozialismus sein, der Palast als Wegweiser in die Zukunft. Es gab nicht viel in der DDR, mit dem sich das Volk so identifizierte. Deshalb musste er weg und deshalb sollte er bleiben. Es war ein ungleiches Rennen.

Wer es gewann, war schon vor dem Start entschieden. Auch vom Volk. Dass dessen östlicher Teil mit grimmiger Genugtuung die Explosion der Abrisskosten konstatierte, war das letzte Gefecht. Dennoch: Als Verkaufsstätte für Mauer-Müll, Eliteuniversität, Kulturbetrieb des neuen Establishments oder Imbisshalle zwischen Asia und Burger King wäre das »Haus des Volkes« nicht geeignet gewesen.

Wieso öffnete sich in Rostock ein Tor zur Welt?

Sehr weit vorwärts brachte es die *Vorwärts* nicht mehr, aber bis ins damals sowjetische Ventspils an der Ostsee schaffte es der 1903 in Rostock gebaute Dampfer noch. Er lief am 4. November 1950 unter dem Kommando von Kapitän Willy Beykirch als erstes Schiff der Deutschen Schifffahrts- und Umschlagsbetriebszentrale, dem Vorläufer des am 1. Juli 1952 gegründeten VEB Seereederei Rostock (DSR), in Stralsund aus. Ansonsten gab es nur noch den Leichter, ein Schiff ohne eigenen Antrieb, *Fortschritt* und eine Menge Träume von fremden Häfen in der großen weiten Welt und Schiffen mit der DDR-Flagge am Heck.

Der kleinere deutsche Teilstaat befand sich in einer schwierigen Lage. Die großen Ostseehäfen wie Danzig und Stettin gehörten nun zu Polen, Hamburg lag beim Klassenfeind. Doch das rohstoffarme Land brauchte Importe und die eigenen Waren mussten zu den Kunden geschafft werden. Deshalb entstand ab 1955 eine eigene Reederei. Mit den Dampfern *Rostock* und *Wismar* und dem Motorschiff *Stralsund* begann alles. Bis 1964 wuchs die Flotte auf 111 Schiffe mit einer Kapazität von über 700 000 tdw, bei der DSR arbeiteten 5670 Menschen.

Im internationalen Seefrachtgeschäft Fuß zu fassen, fiel der DSR durch die weltweite Nichtanerkennung der DDR schwer. Ihre Handelsbeziehungen wurden sabotiert, manchmal massiv. So brachten zum Beispiel amerikanische Kriegsschiffe Ende März 1960 vor Gibraltar den griechischen Frachter *Marta* auf, der 6700 Tonnen Borerz für die DDR geladen hatte, das dem westlichen Embargo unterlag. Die bereits bezahlte Ladung für 1.684.154 Westmark ging verloren, es entstanden ein Produktionsausfall von 2.357.000 Mark sowie Folgeschäden von über 15 Millionen Mark.

Der Ausbau der See- und Hafenwirtschaft war in der DDR in den fünfziger Jahren zunächst umstritten. Viele hofften damals noch auf die Deutsche Einheit, mit der die Nutzung der traditionellen deutschen Seehäfen wieder möglich geworden wäre. Mit dem Untergang der *Stralsund* am 8. Februar 1957 vor der englischen Küste mit einer Ladung Kaliumkarbonat bekamen die Diskussionen Auftrieb, doch der politische Wind hatte sich gedreht. Ein neuer Überseehafen in Rostock entstand, der am 30. April 1960 eröffnet und zum Heimathafen der DSR wurde. Die Probleme in den Häfen der Welt verschwanden mit der Anerkennung der DDR. 1974 fuhren 195 Schiffe für die DSR mit einer Kapazität von 1,7 Millionen tdw. Etwa ein Drittel der Frachter waren Neubauten von DDR-Werften.

Bei der DSR standen etwa 11 000 Menschen in Lohn und Brot. Im Rahmen der ab 1958 laufenden »Steckenpferd-Bewegung« – einer Initiative zur zusätzlichen Erwirtschaftung von Devisen, die vom Seifenwerk Steckenpferd in Radebeul ausging – beteiligte sich das ganze Land am Ausbau der Flotte. So kam die DSR zum Beispiel zu den Frachtern *Steckenpferd*, *Stoltera*, *Schwarzheide*, *Lützkendorf* und *Rositz*. Sie alle wurden »außerplanmäßig« finanziert. Die am 1. Januar 1970 gegründete zweite Reederei der DDR unter dem Namen »VEB Deutfracht – Internationale Befrachtung und Reederei« fusionierte vier Jahre später mit der Seereederei. Beide bildeten das Kombinat »Seeverkehr und Hafenwirtschaft«. Ab 1977 wurden aus Rostock 28 Liniendienste bedient, die DDR-Reederei verfügte damit über das umfangreichste Netz aller europäischen Seefahrer. In ihren Registern standen über 200 Frachter, die Kapazität erreichte mit 1,9 Millionen tdw ihren Spitzenwert.

Die Seeleute der DDR erlebten alles, was der Klabautermann für die christliche Seefahrt bereithielt. Es gab Katastrophen wie den Untergang der *Fiete Schulze* am 20. September 1967 mit 14 Opfern und den Verlust der *Böhlen* am 14. Oktober 1976 mit 24 Toten. Piraten überfielen 1979 die *Werner Seelenbinder* und die *Wittenberge* vor Westafrika. Noch größere Probleme machte in den achtziger Jahren jedoch die internationale Entwicklung zum Container- und RoRo-Verkehr (Roll on, roll off). Wegen der begrenzten materiellen Ressourcen der DDR sank die Kapazität auf 1,7 Millionen tdw und 161 Schiffe im Jahr 1989. Dennoch arbeiteten rund 13 000 Mitarbeiter im Kombinat Seeverkehr und Hafenwirtschaft, und das war für die DDR auch ein Sicherheitsproblem. Zur See fahren durfte nur, wer ein Seefahrtsbuch – der übliche Passersatz für Seeleute – und den Sichtvermerk zur Ausreise bekam. Dem gingen umfängliche Ermittlungen über die Zuverlässigkeit des Kandidaten und dessen Familienverhältnisse voraus. So finden sich in den

Akten von Betroffenen Aussagen wie: »H. hat zum Elternhaus keine feste Bindung.« – »Es liegen Informationen vor, dass bei L. erneuter Verdacht zum ungesetzlichen Verlassen besteht. ... Es wird eingeschätzt, dass seine 1979 geschlossene Ehe nur formellen Charakter trägt.« – »Aufgrund der Tatsache, dass die Ehefrau von J. die Information gab, dass ihr Mann sein Seefahrtsbuch dazu benutzt, um die Verwandtschaft in der BRD zu besuchen, wurde die Entscheidung getroffen, J. für den seeseitigen Einsatz zu sperren.« Viele DSR-Seeleute erinnern sich daran, dass etwa ab Mitte der siebziger Jahre Reglementierungen und politische Gängelung zunahmen.

Der letzte Befehl für DDR-Schiffe in aller Welt wurde am 2. Oktober 1990, genau zum Sonnenuntergang am jeweiligen Aufenthaltsort ausgeführt. Er betraf das endgültige Einholen der Hammer- und Zirkel-Flagge. Am 3. Juni 1993 verkaufte die Treuhand die Reste des 1990 aufgelösten Kombinates Seeverkehr und Hafenwirtschaft an die Unternehmer Horst Rahe und Nikolaus H. Schues aus Hamburg. Sie übernahmen 47 Schiffe mit einer Kapazität von 917 000 tdw und etwa 3000 Mitarbeiter. Die *Vorwärts* machte ihre letzte Reise am 29. März 1989 per Schlepper zur Verschrottung am Kai des VEB Metallaufbereitung Rostock.

WARUM WURDE EIN ELEFANTENKLO GEBAUT?

Als Elefantenklo apostrophierte das Volk despektierlich die bauliche Hülle eines der größten Gemälde der Welt auf dem Schlachtberg in Bad Frankenhausen. Der 18 Meter hohe, zylindrische Betonbau mit einem Durchmesser von knapp 44 Metern beherbergt das 14 Meter hohe und 123 Meter lange Bild »Frühbürgerliche Revolution in Deutschland«, 1976 bis 1987 vor Werner Tübke und einigen Helfern geschaffen. Rund 1722 Quadratmeter bemalte Leinwand mit 3000 Figuren. Es ist ein Bild von Untergang und Wiedergeburt. Statt einer von der SED gewünschten Hymne auf den Bauernkrieg entstand das Abbild einer Epoche.

Werner Tübke lässt die Renaissance in die Gegenwart wachsen, zeigt sich als Narr, der den Herrschern die Wahrheit sagt, setzt dem Papst Eselsohren auf und lässt die Mächtigen am Spieltisch um den Besitz von Ländern und Menschen würfeln. Thomas Müntzer, der vermeintliche Held der Bauernrevolten, geriet zum Zweifler im tief religiösen Umfeld, zum müden, gebrochenen Mann.

Angesichts solch suggestiver Bildkraft war es nicht verwunderlich, dass sich Margot Honecker – in Vertretung ihres erkrankten Mannes – bei der Einweihung am 14. September 1989 vor allem dafür interessierte, wie der Meister die Leinwand so glatt bekommen habe. Sie hätte besser den ortsansässigen Autosattler Günter Hohlstamm fragen sollen, der sie zusammengenäht hatte. Dennoch war die Frage nicht so peinlich wie Kurt Hagers Aussage »Wie die Feinde der Bauern 1525 handeln heute führende Kräfte der BRD!« – es war die Zeit, als die ersten Tausende von DDR-Bürgern über Ungarn das Land verließen. Meister Tübke mag so etwas geahnt haben. Bevor er sich mit manischem Ingrimm ans Werk auf der nach einem Geheimrezept von sowjetischen Experten grundierten Leinwand machte, hatte er sich von Kulturminister Hans-Joachim Hoffmann schriftlich bestätigen lassen, dass ihm »niemand reinredet«. Er setzte seinen magischen gegen den sozialistischen Realismus durch.

Als das Politbüro am 9. Oktober 1973 beschloss, solch ein Monumentalgemälde in Auftrag zu geben, dachte es eher an eine historische Legitimation durch Vereinnahmung der »fortschrittlichen Teile der deutschen Geschichte«. Die Bauernaufstände Anfang des 16. Jahrhunderts hätte man gern – wie Karl Marx es tat – als Beginn einer »frühbürgerlichen Revolution« gesehen. Das erste Treppchen auf dem Weg zum Sozialismus. Herauskam hingegen eine Geschichtsspirale, die die ständige Wiederkehr des ewig Gleichen auf anderem Niveau zeigte. Keine Aufhebung von Widersprüchen, kein Fortschritt vom Niederen zum Höheren, sondern Herrscherposen mit Heuchelei und Verrat – die DDR überlebte das Bild nicht lange genug, um einen Interpretationsstreit darüber zu führen.

Funktionäre wie Bürger sahen das Werk von Anfang an mit Misstrauen. Als 1986 große bauliche Mängel auftauchten – es bildete sich Kondenswasser zwischen Innenwand und Bild – musste für eine halbe Millionen DM von einer West-Firma saniert werden, 750.000 »Valutamark« forderte der Kulturminister, um weitere Mängel zu beheben. Die Bezirksfürsten in Halle schimpften, dass der Monumentalbau allein in einem Jahr »zwei Mittelschulen und zwei Vorschuleinrichtungen« verhindere.

Werner Tübke schien in Bad Frankenhausen nicht beliebt zu sein. Man werde ihn »zermalmen wie Picasso«, wenn er »weiter so einen Mist« male, wurde er telefonisch bedroht.

Das MfS griff ein und leitete am 11. Juli 1986 den Operativen Vorgang »Panorama« ein. Mindestens vier Inoffizielle Mitarbeiter – »Dr. Werner«, »Rose«, »Wilhelm« und »Journalist« – wurden im Umfeld des Meisters postiert. Ihr Auftrag: »Im Interesse der Vermeidung zusätzlicher Belastungen für Prof. Tübke« alles vom Schöpfer des »größten Auftragswerkes der Regierung der DDR auf bildkünstlerischem Gebiet« fernzuhalten, was ihn stören könnte. Dieser hatte seinen Posten als Rektor der Leipziger Hochschule für Grafik und Buchkunst aufgegeben, um sich ganz dem Werk widmen zu können. Fünfzehn Gehilfen trainierten ein Jahr lang Tübkes Stil, dann wählte der Meister fünf für sein Werk aus. In zehn- bis zwölfstündigen Arbeitstagen, ohne Wochenende und Urlaub verschliss er sie erbarmungslos und malte sich selbst krank. Ausgerechnet am Bildnis eines Musketiers verließ ihn durch die permanente Anstrengung die Kraft seines Daumens. Sein Kollege Eberhard Lenk musste die Arbeit fortsetzen, bis sie am 11. September 1989 abgeschlossen wurde. Werner Tübke signierte erst zwei Tage nach der offiziellen Einweihung.

Erich Honecker verkündete am 19. Januar 1989 aus Anlass des 500. Geburtstages von Thomas Müntzer: »Die Mauer wird so lange bleiben, wie die Bedingungen nicht geändert werden, die zu ihrer Errichtung geführt haben. Sie wird auch noch in 50 und auch in 100 Jahren noch bestehen bleiben, wenn die dazu vorhandenen Gründe nicht beseitigt sind.« Mit dem ersten Teil seiner Bemerkung behielt er Recht. Am Ende des Jahres hatten sich jedoch die Bedingungen geändert, allerdings auf der Seite der Mauer, auf der Erich Honecker es nicht erwartet hätte.

Was hatte die Weltzeituhr mit Ikarus zu tun?

Ikarusflüge nannte der gelernte Bauschlosser und studierte Formgestalter Erich John seine Lebenserinnerungen, und solch ein Traum vom Fliegen in die Freiheit war es wohl auch, der den damals 36-Jährigen 1968 auf die Idee kommen ließ, ausgerechnet eine Weltzeituhr als Blickpunkt auf dem neu gestalteten Ostberliner Alexanderplatz aufzustellen. Der Maler Walter Womacka, für die künstlerische Ausgestaltung des zu Ehren des 20. Jahrestags der DDR in Bau befindlichen Ensembles verantwortlich, hatte den jungen Mann in sein Kollektiv geholt. Erich John forschte nach, was früher einmal den Platz zwischen Berolina- und Alexanderhaus schmückte und fand die »Urania-Säule«, die eine große Uhr trug. John: »Durch diese Recherche bekam ich den Anstoß, über eine Uhr nachzudenken.«

Dass sie neben dem Stand von Sonne, Mond und Sternen die Uhrzeit von 148 Städten in aller Welt anzeigen sollte, die für die meisten DDR-Bürger unerreichbare Traumziele blieben, hatte nicht nur etwas mit dem Traum des Ikarus zu tun, sondern war auch ein gewagtes Unterfangen. Erich John meinte: »Viele spürten seit dem Mauerbau die Enge der Stadt, die Anmutung von Weltoffenheit und Weltweite war durch eine Weltzeituhr offensichtlich ein berührender Gedanke.« Vielleicht gewann gerade deshalb sein Entwurf den Wettbewerb unter 25 Konkurrenten.

Dann begannen hektische Arbeiten, denn es blieben nur noch neun Monate bis zum großen Geburtstag. John: »Eine äußerst kurze Zeit, wenn man bedenkt, dass es ein Prototyp war und viele Materialien nicht so leicht zu bekommen waren.« Besonders der Antrieb machte Probleme. Der Elektromotor kam aus der DDR, und ein umgebautes Trabant-Getriebe aus Coswig ließ sich auch beschaffen, doch die Herstellung der Kugeldrehverbindung für den beweglichen Stundenring hätte drei Jahre gebraucht. Schneller ging es in der Planwirtschaft nicht. Erich John sorgte dafür, dass die Kugellager aus Dortmund von der Firma Rothe Erde importiert wurden. Ihren Platz fand die gesamte Antriebstechnik in einem unterirdischen 25-Quadratmeter-Raum unter der Uhr.

Konstruiert und gebaut haben den 16-Tonnen-Koloss Ingenieure und Techniker von den Rathenower Optischen Werken und dem VEB Wasseraufbereitungsanlagen Rathenow, die Bauausführung vor Ort leitete der Kunstschmied und Metallbildhauer Hans-Joachim Kunsch. Am 30. September 1969 wurde dann die »Urania-Weltzeituhr« auf dem Alexanderplatz pünktlich übergeben, die ganz große Show gebührte eine Woche später dem ebenfalls zum DDR-Jahrestag gebauten Fernsehturm.

Nun stand über dem als Windrose gestalteten Fußbodenmosaik die 2,7 Meter hohe Säule mit einem Durchmesser von 1,5 Metern. Sie trug vier Normaluhren. Die eigentliche Sensation war jedoch der dreigeteilte Zylinder darüber, der als 24-Eck für jede Zeitzone der Erde eine Fläche aufwies. In seiner Mitte dreht sich der Stundenring mit seinen goldenen Zahlen, jeweils mit fünf Unterteilungen versehen. Auf den Aluminium-Platten darüber und darunter sind die Namen wichtiger Städte aus der jeweiligen Zeitzone eingefräst. Gekrönt wird die insgesamt 10 Meter hohe Konstruktion von einer vereinfachten Darstellung des Sonnensystems, das sich jede Minute einmal im Kreis dreht. Die Planeten erscheinen als Kugeln, ihre Bahnen sind Stahlkreise.

Obwohl Alfred Döblin schon 1929 in seinem Großstadtroman *Berlin Alexanderplatz* bemerkte, »Wind gibt es massenhaft am Alex«, wurde die Weltzeituhr schnell zu einem beliebten Treffpunkt. Wer als DDR-Bürger dort wartete, konnte sich die Zeit damit vertreiben, die Städte zu zählen, die er sich vielleicht mal selbst ansehen konnte, und jene, die wahrscheinlich für immer unerreichbar blieben. Dennoch war das Postkartenmotiv nicht nur in der ganzen DDR bekannt und beliebt, und wer sich als Fremder irgendwann mit irgendjemandem in Ostberlin treffen wollte, dem fiel die mit S- und U-Bahn gut zu erreichende Uhr ganz bestimmt ein. Sie hauchte dem nach der Neugestaltung 1969 auf das Vierfache seiner ursprünglichen Größe erweiterten Platz ein wenig Leben ein und wurde bald sein Symbol, das sie bis heute blieb.

Völlig vergessen ist inzwischen, dass es auch im thüringischen Suhl eine Weltzeituhr gab, die offiziell »Uhr der Freundschaft« hieß. Die 1978 gebaute, damals hochmoderne Säule mit ihrer digitalen Zeitanzeige gegenüber dem früheren Centrum-Warenhaus machte kurz nach dem DDR-Ende Schlagzeilen. Bei einer Schießerei nach einem Bankraub in einer Filiale der Deutschen Bank, bei dem die Täter 110.000 Mark erbeuteten, wurde sie beschädigt. Inzwischen ist die Uhr verschwunden und ihr früherer Standort mit einem anderen Gebäude überbaut.

Solch eine kriminelle Episode blieb der Weltzeituhr auf dem Alex erspart. Trotzdem rutschte auch sie als vermeintlich »sozialistische Architektursünde« auf die Abschussliste, doch dann siegte der Denkmalschutz. 1997 wurde die Uhr für 350.000 Mark renoviert. Das Trabi-Getriebe aus dem Osten und das Kugellager aus dem Westen verrichteten noch zuverlässig ihren Dienst, aber nicht nur die Zeit, auch die Geschichte hatte sich gedreht. Aus Leningrad wurde nun Sankt Petersburg, Kiew in der Ukraine hatte die Moskauer Zeit abgeschafft und damit seine Zeitdifferenz gegenüber Berlin um eine Stunde verringert, Oslo war zu DDR-Zeiten schlicht vergessen worden, und Tel Aviv, Jerusalem und Kapstadt kamen neben anderen neuen und korrigierten Städtenamen hinzu, denn nun gab es gegen sie keine politischen Vorbehalte mehr.

So ist die Weltzeituhr von Erich John inzwischen eigentlich viel mehr als ein simpler Zeitmesser. Wie einstmals der Flug des Ikarus wurde auch sie ein Zeugnis für den Lauf der Geschichte.

Die Urania-Weltzeituhr ist seit 1969 ein beliebter Treffpunkt auf dem Berliner Alexander-platz.

»Breitet leuchtend euch im Blauen,
Farben unsrer Republik ...«

4

HEISSE
HOFFNUNG
–
KALTE MÜHE

Was bekam man auf Lebensmittelkarten?

Die Bratwurst zwischendurch, 100 Gramm mit 345 Kilokalorien, das Leberwurst-Brot zum zweiten Frühstück schafft rund 450 Kilokalorien und das Bierchen mit 177 Kilokalorien dazu – am Ende war jeder vierte DDR-Bürger übergewichtig. Das focht nur wenige an, schließlich hatte man die Hungerjahre nach dem Krieg hinter sich. Gut und viel zu essen galt als Ausdruck wachsenden Lebensstandards. Schon 1955 überholte der Osten den Westen beim Butterverbrauch. Trotz Lebensmittelkarten. Was wollte man mehr!

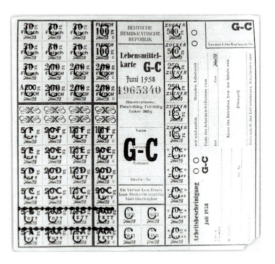

Eine Lebensmittelkarte aus dem Jahr 1958

Die Rationierung von Lebensmitteln kannten die Leute aus dem Krieg. Danach ging sie in ganz Deutschland nahtlos weiter. Im Osten legte die sowjetische Besatzungsmacht am 15. Mai 1945 die Rationen pro Person und Tag in vier Kategorien fest: Kinder/Sonstige, Angestellte, Kranke/Arbeiter und Schwerarbeiter. Sie betrugen zwischen 300 und 600 Gramm Brot, 20 und 100 Gramm Fleisch, 7 und 30 Gramm Fett, 15 und 25 Gramm Zucker pro Tag sowie 400 Gramm Kartoffeln und Salz für alle. Auch im Westen lagen die Lebensmittelrationen zunächst unter den Zuteilungen der Kriegszeit. In der Bundesrepublik wurden die Lebensmittelkarten ab 16. Januar 1950 (Westberlin im September 1950) stufenweise abgeschafft. Mit der Währungsreform 1948 hatte sich die Lage dort erheblich normalisiert.

In der Sowjetischen Besatzungszone konnten die Richtwerte wegen Warenmangels oft nicht eingehalten werden. Deshalb wurde die Bevölkerung am 12. Juni 1945 in fünf Kategorien aufgeteilt. Zur Kategorie I zählten nun Schwerstarbeiter und Funktionäre, zur II. Schwerarbeiter, zur III. Arbeiter, zur IV. Angestellte und zur V., im Volksmund »Friedhofskarte« genannt, Kinder, Rentner, ehemalige NSDAP-Mitglieder, Schwerbehinderte und Nichterwerbstätige. Ab 1. Juli 1945 bekamen ehemals aktive NSDAP-Mitglieder und nichtberufstätige Männer zwischen 14 und 65 sowie Frauen zwischen 14 und 45 Jahren dann überhaupt keine Lebensmittelkarten mehr.

Die Wochen-Rationen lagen Ende 1945 in den fünf Kategorien bei Brot zwischen 2000 und 4000 Gramm, bei Fleisch zwischen 100 und 350 Gramm und bei Zucker zwischen 100 und 250 Gramm. Dazu kamen 62 Gramm Käse, 125 Gramm Quark und 250 Gramm Obst und Gemüse.

Zu Weihnachten 1945 gab es Sonderzuteilungen, wie zum Beispiel zwei Kerzen auf Abschnitt S 3 der Kohlenkarte oder ein Stück Seife oder ein Päckchen Waschpulver auf Abschnitt G der Gemüsekarte. Die Zuteilung der Rationen bleibt unzuverlässig, oft gab es nur Teilmengen oder Austauschwaren. Lebensmittel wurden auf dem Schwarzmarkt zu utopischen Preisen gehandelt. Die Aussicht auf den Erhalt einer »Schwerarbeiterkarte« war für viele in jenen Jahren ein wichtiger Punkt bei der Berufswahl.

Eine weitere Differenzierung erfolgte mit der »Verordnung über die Verbesserung der Versorgung der Bevölkerung mit Lebensmitteln und Industriewaren«. Sie führte am 2. November 1949 neben der »Lebensmittelgrundkarte« nun nach Schwere der Arbeit bemessene Zusatzkarten und Sonderläden für verschiedene Berufsgruppen ein. Eine Entlastung sollten die seit 1948 entstandenen HO-Läden bringen, die jedoch angesichts der dort geforderten hohen Preise gering blieb. Ab 1. Februar 1953 berechtigte die Lebensmittelgrundkarte pro Person und Monat zum Einkauf von 1380 Gramm Fleisch, 1240 Gramm Zucker und 915 Gramm Fett. Die gröbsten Mängel an Grundnahrungsmitteln, etwa bei Brot oder Kartoffeln, waren inzwischen überwunden.

Am 28. Mai 1958 beschloss die Volkskammer der DDR die Abschaffung der Lebensmittelkarten. Viele Grundnahrungsmittel wurden etwas teurer und kosteten nun fast so viel wie zuvor in der HO. Trotzdem war das Verschwinden der Lebensmittelkarten ein riesiger Fortschritt. Man musste nicht mehr lange für Feiertage oder Familienfeste Marken aufsparen, um die Gäste bewirten zu können. Viele Menschen empfanden diesen Schritt als großen Erfolg, denn er zeigte, dass die Nachkriegszeit mit ihrer Armut an allen Ecken und Enden endlich vorbei war.

Mit dem Verschwinden des Mangels begann eine »Fresswelle« übers Land zu rollen, die ab Beginn der siebziger Jahre gesundheitspolitisch bedenklich wurde und erst nach der Einheit abebbte und qualitative Veränderungen erfuhr. Das Mittagessen nahmen die meisten Familienmitglieder in Krippen, Kindergärten, Schulen und Betrieben ein. Dort stand Hausmannskost auf dem Speiseplan, beispielsweise in der Woche vom 18. bis 22. November 1974 auf der Volkswerft Stralsund für 70 Pfennige pro Portion: Kassler mit Sauerkraut, Erbseneintopf mit Fleisch, Brühnudeln mit Rind, geschmortes Herz mit Beilage und Bratfisch mit Kartoffeln. Für 1,25 Mark gab es unter anderem Fleischklopse mit Kartoffeln und Gurke oder Ungarischen Gulasch. Und am Wochenende ließ man es dann richtig krachen. Frühstücken wie ein Kaiser, mittagessen wie ein König, Torte zum Nachmittagskaffee und abends statt des als gesund empfohlenen Bettler-Imbisses Schweinekamm auf dem Grill und Bier zum Spülen. Und es wurde »aufgegessen«. Kein Mensch kam auf die Idee, Lebensmittel wegzuwerfen. Die »schweren Zeiten« waren nicht vergessen.

Im Betriebskonsum des VEB Kaligrube »Glück auf« in Sondershausen schneidet eine Verkäuferin Marken von einer Lebensmittelkarte ab.

»Breitet leuchtend euch im Blauen, Farben unsrer Republik …«

WIE WURDE VON DER SOWJETUNION DAS SIEGEN GELERNT?

»Von der Sowjetunion lernen, heißt siegen lernen«, war 35 Jahre lang eine eiserne DDR-Parole. Der Hinweis auf den großen Bruder fehlte auf keiner Zeitungsseite und gehörte zur Grundlage jeder Betrachtung zu jeglichem Thema. Deshalb spekulierten viele, wie es denn gewesen sein mochte, wenn die Chefs beider Seiten miteinander redeten. Wie konkret wurde über Probleme gesprochen, wie über Lösungen diskutiert?

Ein kleiner Ausschnitt aus einem Telefonat zwischen Walter Ulbricht und Nikita Sergejewitsch Chruschtschow vom 1. August 1961 gibt einen Eindruck davon. Eigentlich ging es um den Mauerbau, doch die beiden zogen einen weiten Bogen durch die Wirtschaft, damit der DDR-Chef endlich mal das Siegen lernte. Walter Ulbricht klagte: »Zwei Monate lang gab es bei uns keine Kartoffeln ... Außerdem wächst bei uns der Butterverbrauch, und es gibt nicht genügend Butter. ... Wir mussten anweisen, dass Butter auf Kartoffelkarten abgegeben wird, denn Kartoffelkarten haben wir noch.« Er beteuerte, dass das beileibe nicht am miesen Wirtschaften, sondern an der Adenauer-Politik im Westen läge. Chruschtschow staunte: »Gerissene Bauern habt ihr. Ich dachte, so sind die nur bei uns.« Der SED-Chef erkläre darauf, unter den Bauern gäbe es sogar noch »nazistische Elemente« und bedauerte: »Allerdings haben wir kein Sibirien. Da müssen solche Leute eben ins Arbeitslager geschickt werden.« Dagegen hatte der Moskauer Genosse nichts einzuwenden.

Und auch das Wetter grollte gegen den Sozialismus. Ulbricht: »Da wir nasses und kaltes Wetter haben, steht der Mais nur 50 Zentimeter hoch, und die Kartoffeln sind verfault.« Nikita Sergejewitsch vermutete messerscharf: »... hier sind eindeutig die Gegner am Werk.« Ulbricht orakelte: »Das ist die Kirche.« Doch der große Chef in Moskau wollte sich nicht mit der göttlichen Wetterküche abfinden: »Die Deutschen sind doch Meister in der Lagerung von Kartoffeln. Also ist das keine Frage des Wetters, sondern schlechter Arbeit oder Sabotage.«

Die Probleme mit dem vermickerten Mais ließ Chruschtschow nicht gelten: »Als ich 1950 aus der Ukraine nach Moskau kam, war das Wetter hier sehr kalt und regnerisch ... Selbst in jenem Jahr ist der Mais bei mir fünf Meter hoch gewachsen. Das liegt alles an der Pflege.« Ulbricht insistierte: »Aber bei uns wächst er nicht«, darauf Chruschtschow: »Da kann ich Ihnen nicht zustimmen. Beim Mais bin ich Fachmann, Sie dagegen akzeptiere ich nicht als solchen!«

Ulbricht hielt dazu nun vorsichtshalber den Mund und schwenkte auf ein anderes Thema um, denn in der Wirtschaft hakte es nicht nur beim Mais: »Die wirtschaftlichen Gründe liegen darin, dass unsere inneren Schwierigkeiten zugenommen haben ... Die Menschen arbeiten ohne wirtschaftliche Perspektive. Solange das so bleibt, werden wir Schwierigkeiten haben, nicht nur wegen der Mängel im Handel. Außerdem übersteigt die Kaufkraft der Bevölkerung bei uns gegenwärtig das Warenangebot um zwei Milliarden Mark ... Mit dem Einfrieren des Lohnes haben wir bereits begonnen, können es aber der Bevölkerung nicht erklären. Wir sagen nicht, warum wir die Planzahlen gesenkt haben ...«

Der Kreml-Chef wunderte sich: »Als ich vor zwei Jahren an eurem Parteitag teilgenommen habe, war alles in Ordnung. Was ist denn da passiert? Ihr wolltet doch die BRD bis 1961/62 überholen!« Ulbricht kleinlaut: »Wir haben unsere Pläne nicht mit Rohstoffen untersetzt ...« Chruschtschow wurde hellhörig: »Die DDR kann Rohstoffe nicht bezahlen? Aber die gibt einem niemand umsonst.« Das bestätigte Ulbricht und klagte gleich einmal über Verluste beim Handel mit den »sozialistischen Bruderländern«. Der Kreml-Chef tat ahnungslos: »Mit uns schließt ihr auch solche unvorteilhaften Verträge ab?« Ulbricht vorsichtig: »Ich bitte Sie, diese Fakten nicht zu verwenden ... Wir haben für euch ein Schiff gebaut und mussten ... Technik in Westdeutschland einkaufen. Eure Außenhandelsorgane stellten als Bedingung, dass der Schiffsmotor aus Westdeutschland stammt ... Dieses Beispiel ist nicht als Kritik gemeint ...«

Die wollte der große Bruder auch nicht hören und beschied: »Ihr habt euch auf die Beziehungen mit den Westdeutschen eingelassen, und jetzt seid ihr in einer so schlechten Lage.« Ulbricht witterte Unbill, würde er weiter von den für die DDR verlustreichen Geschäften mit der Sowjetunion sprechen. Er sah es politisch: »Dann heißt es, ich sei antisowjetisch.« Chruschtschow fuhr ihm über den Mund: »Hören Sie damit auf. Wir bauen schließlich Kreuzer und Atom-U-Boote, die schneller und besser sind als die amerikanischen. Wir können das also ... Schließlich bezahlen wir dafür und wollen nichts umsonst.« Das hatte gesessen!

Unmissverständlich machte er Ulbricht nun noch klar, dass der an der verfahrenen Lage selbst schuld sei: »Anfangs ist es bei euch gut gelaufen, der Handel mit Westdeutschland hat sich entwickelt, und das war nützlich für euch. Aber wie heißt es doch: Solange es nicht donnert, bekreuzigt sich der Bauer nicht.« Und was den wenig vorteilhaften Handel betraf, hatte er auch noch einen »wertvollen Hinweis«, allerdings nur für den DDR-Handel mit den »Bruderländern«: »Ich würde einen solchen Vertrag nicht abschließen, wenn er kommerziell für mich nicht von Vorteil ist.«

Eine Widerrede wagte sein Statthalter nicht. Stattdessen beteuerte er, dass man gegenseitig voneinander lernen müsse. Das kam bei Nikita Chruschtschow gut an. Schließlich hatte er persönlich Walter Ulbricht gezeigt, dass auch die große und mächtige Sowjetunion von der kleinen DDR lernen könne. Bei einem Besuch in Magdeburg konnte ihn Dolmetscher Werner Eberlein in letzter Sekunde hindern, einen Kunststoff-Wasserhahn aus der unter Druck stehenden Leitung zu reißen. Chruschtschow wollte ihn als Muster mitnehmen, um so daheim, in der Sowjetunion, Hunderttausende Tonnen von Buntmetall einzusparen.

Was waren Neulehrer und Volksrichter?

Als Alfred Wellm 1968 seinen Roman *Pause für Wanzka* vorlegte, rief er manch Diskussionen hervor. Sein Protagonist Gustav Wanzka begann als »Neulehrer«, hatte es bis zum Schulrat gebracht und glaubte nun plötzlich nicht mehr an die Unfehlbarkeit des DDR-Schulsystems, das auch Talente verkümmern ließ. Das sah die seit 1963 von Margot Honecker verwaltete offizielle Schulpolitik anders. »Der Mensch müsse erst bezwungen werden, ... auf dass er für den Sozialismus passt ...«, bemängelte Wanzka deren Credo.

Ob nun pro oder contra SED-Bildungspolitik interpretiert, der Roman belegte, wie jene in der DDR-Gesellschaft angekommen waren, die nach dem Krieg mit nicht viel mehr als gutem Willen begannen. Neulehrer und Volksrichter gehörten dazu. Beide Berufsgruppen waren aus dem Bemühen um Entnazifizierung entstanden, die den Austausch einstiger Eliten einschloss. Dass die Suche nach neuen Lehrern nach dem Krieg in allen vier Besatzungszonen begann, ist heute weitgehend vergessen. Im Rahmen der »*Reeducation*«

sollte die Jugend von Anfang an eine demokratische Erziehung genießen. Im Westen lief dazu ein umfangreiches Umschulungsprogramm für akademisch vorgebildete Bewerber an, die in maximal einjähriger Zusatzausbildung das für die Demokratie nötige Rüstzeug als Pädagogen erhielten. Ab 1947 traten nach sogenannten »Entbräunungskursen« auch frühere Lehrer mit fragwürdigem politischen Hintergrund wieder in den Schulen an.

Im Osten war die Lage prekärer und der politische Anspruch rigoroser. Durch die Entnazifizierungsmaßnahmen der Sowjetischen Militäradministration (SMAD) sank dort die Zahl der Lehrer bis 1948 von 39 348 auf 19 348. Im »Neulehrerprogramm« wurde in Vier- bis Acht-Monatskursen Ersatz geschaffen. Obwohl diese Neulehrer ihren Schülern manchmal nur um wenige Lektionen voraus waren, besetzten sie bereits 1949 etwa 67,8 Prozent aller Lehrerstellen. Knapp die Hälfte der Neulehrer, 47,7 Prozent, gehörte der SED an. Sie sicherten nicht nur die Durchsetzung der neuen politischen Linie, sondern auch den Einstieg in die spätere Reform des Schulwesens nach sowjetischem Vorbild. Die Mehrzahl der rund 40 000 bis zur Gründung der DDR ausgebildeten Lehrer blieb lebenslang im Beruf. Viele holten in jahrelangen Fernstudiengängen ihre Qualifizierung nach. Mit dem Beschluss des Parteivorstands der SED vom 24. August 1949, »Schulpolitische Richtlinien für die neue demokratische Schule«, wurde die künftige Lehrerausbildung geregelt. Bis 1952 war der Lehrermangel in der DDR beseitigt.

Genauso wie Lehrer wurden nach dem Krieg auch neue Juristen gebraucht. Rund 80 Prozent der deutschen Richter und Staatsanwälte waren Mitglieder der Nazi-Partei oder einer ihrer Unterorganisationen gewesen. Mit dem »Gesetz zur Regelung der Rechtsverhältnisse der unter Artikel 131 des Grundgesetzes fallenden Personen« vom 11. Mai 1951 restaurierte sich im Westen das Berufsbeamtentum. In der Justiz führte das zu einer Dominanz NS-belasteter Juristen, die bis zur »biologischen Lösung« des Problems in den sechziger Jahren anhielt.

Im Osten waren bereits auf SMAD-Befehl vom September 1945 sämtliche NSDAP-nahen Justizbediensteten entlassen worden. Dadurch sollte nicht nur der traditionelle konservativ-autonome Korpsgeist des Justizapparats gebrochen, sondern auch der Einstieg in eine neue Rechtsauffassung ermöglicht werden. Die Justiz diente nun als Machtinstrument der herrschenden Klasse. Dennoch agierten die Sowjets entsprechend ihrer damaligen Deutschlandpolitik bis etwa 1947 zurückhaltend bei der politischen Einflussnahme. In den ab 1946 für die Ausbildung neuer Richter eröffneten Volksrichterschulen und den Zentralen Richterschulen der ostdeutschen Justizverwaltung auf Länderebene stand deshalb bis dahin die fachliche Qualifikation im Mittelpunkt. Mit Unterstützung der SMAD verlagerte sich später der Schwerpunkt auf die Politisierung der Unterrichtsinhalte. Die Ausbildungsdauer stieg von zunächst sechs Monaten schrittweise auf bis zu zwei Jahre. Die Unterordnung unter das neue Rechtsverständnis, ausgedrückt in der Bereitschaft, künftig Recht zur Herrschaftssicherung der Partei anzuwenden, bildete das Hauptanliegen der Volksrichter-Lehrgänge.

Parallel dazu etablierte sich erneut die Ausbildung von Juristen an den Hochschulen. Nachdem in der ersten Hälfte der fünfziger Jahre die Transformation der Juristischen Fakultäten im Sinne der SED-Politik erfolgt war, lieferten auch sie wieder Nachwuchs bei Richtern und Staatsanwälten. Damit galt das »Volksrichterprogramm« als abgeschlossen. Trotzdem blieb über viele Jahre das Spannungsfeld divergierender fachlicher und politischer Ambitionen erhalten. Die von führenden SED-Funktionären geforderte grundsätzliche Entakademisierung der Juristenausbildung setzte sich nicht durch.

Viele Neulehrer und Volksrichter starteten wegen der antifaschistischen Reformansätze nach dem Krieg in Ostdeutschland in den neuen Beruf. Manche verloren ihre Illusionen im Laufe der Jahre, andere wurden zu überzeugten Sozialisten, und etliche passten sich einfach an die Verhältnisse an. Im Westen wurde ihre Ausbildung nicht anerkannt. Sie im Nachhinein lediglich als Erfüllungsgehilfen der SED-Politik zu sehen, ist ein Geschichte vergessender Blick, der nach 1990 die innere Einheit Deutschlands belastete.

WARUM ENTSTAND VOLKSEIGENTUM?

»Wald ist Volksgut«, stand früher oft auf Schildern neben der Straße, einfach einen Weihnachtsbaum absägen, durfte der »Eigentümer« Volk dort jedoch nicht. Warum gab es dann dieses seltsame Eigentum, und wer durfte darüber verfügen?

Dass es die Verbindung von Wirtschaft und Politik war, die 1945 das deutsche Volk in den Abgrund des Krieges geführt hatte, schien danach allen klar zu sein: »Das kapitalistische Wirtschaftssystem ist den staatlichen und sozialen Lebensinteressen des deutschen Volkes nicht gerecht geworden. Nach dem furchtbaren politischen, wirtschaftlichen und sozialen Zusammenbruch als Folge einer verbrecherischen Machtpolitik kann nur eine Neuordnung von Grund aus erfolgen. Inhalt und Ziel dieser sozialen und wirtschaftlichen Neuordnung kann nicht mehr das kapitalistische Gewinn- und Machtstreben, sondern nur das Wohlergehen unseres Volkes sein.« Das ist kein Propagandasatz der SED, sondern das »Ahlener Programm« der Christlich Demokratischen Union (CDU) für die britische Besatzungszone vom 3. Februar 1947. Die Politiker hatten in Düsseldorf einen radikalen Umbau ins Auge gefasst: »Die neue Struktur der deutschen Wirtschaft muss davon ausgehen, dass die Zeit der unumschränkten Herrschaft des privaten Kapitalismus vorbei ist. Es muss aber ebenso vermieden werden, dass der private Kapitalismus durch den Staatskapitalismus ersetzt wird, der noch gefährlicher für die politische und wirtschaftliche Freiheit des einzelnen sein würde.« Bereits am 15. Juli 1949 ruderten sie dann mit den »Düsseldorfer Leitsätzen« zurück.

Im Osten sah man die Verantwortlichkeit für das von den Nazis hinterlassene Desaster genauso. Die Suche nach dem Weg daraus gab die sowjetische Besatzungsmacht vor. Die Sowjetunion berief sich auf die Ideen von Karl Marx und Friedrich Engels als Leitlinien der künftigen gesellschaftlichen Entwicklung. Deren Kernpunkt war die Betrachtung der Produktionsverhältnisse als Eigentumsverhältnisse. Daraus ergab sich die Annahme, allein neue Formen des Eigentums würden den »Grundwiderspruch des Kapitalismus« – die Aneignung des gesellschaftlich erarbeiteten Produkts durch den Einzelkapitalisten – automatisch lösen. Deshalb entstand, den »Ideen der Klassiker« folgend, neben dem privaten, persönlichen Eigentum der Bürger als Grundlage der künftigen Gesellschaft das »sozialistische Eigentum«. Es umfasste das Volkseigentum, genossenschaftliches Eigentum und Eigentum gesellschaftlicher Organisationen.

Wirtschaftlich unterschied sich Volkseigentum vom herkömmlichen Staatseigentum dadurch, dass eine geplante Fremdbewirtschaftung durch Dritte, also Bürger, Betriebe, Kombinate, »wirtschaftsleitende Organe« und gesellschaftliche Organisationen, angestrebt wurde. Das machte die Verleihung von dinglichen Nutzungsrechten nötig, die oftmals – zum Beispiel bei Grundstücken in der DDR – den gesamten wirtschaftlichen Wert verkörperten und so an die Stelle des privaten Eigentums traten. Die Überführung von Volkseigentum in Privateigentum war per Gesetz ausgeschlossen, es war unveräußerlich und unbeleihbar. In der Praxis hieß das, dem ostdeutschen Eigenheimbesitzer gehörte zwar das Haus, nicht aber das Grundstück, auf dem es stand, und der »volkseigene« Betrieb konnte sein »Eigentum« nur nach Maßgabe staatlicher Pläne nutzen.

Diese Belastung mit dinglichen Nutzungsrechten höhlte den wirtschaftlichen Wert des Volkseigentums aus. Seine Unverfügbarkeit und das Fehlen der Umlaufmöglichkeit beeinträchtigten die Kreditfähigkeit der Wirtschaft. Die mangelnde Identifizierung der Menschen mit »ihrem« Volkseigentum begründete sich in dessen Verwaltung durch den Staat. Da dieser laut Verfassung unter der Führung der SED stand, entstand für viele der Eindruck, nur eine kleine Gruppe von Leuten verfüge über das Eigentum aller.

Der Umgang des Volkes mit »seinem« Eigentum entsprach deshalb nie dem Umgang mit privatem Besitz. Überdies machten viele die Erfahrung, dass sich manche aus dem Volkseigentum schamlos bereicherten, andere jedoch für geringfügige Fehler schwer bestraft wurden. Seit dem 2. Oktober 1952 galt das »Gesetz zum Schutz des Volkseigentums und anderer gesellschaftlichen Eigentums«. Es sah bei Verstößen Strafen bis zu 25 Jahren Zuchthaus vor, schon Bagatelldelikte wurden mit einer Mindeststrafe von einem Jahr Haft geahndet. Doch das schien nicht für alle zu gelten. Machtlos mokierte sich das Volk über die »etwas Gleicheren unter den Gleichen«. Das Volkseigentum in der DDR trug bei manchen so dazu bei, Ungerechtigkeit und Hilflosigkeit bei der Gestaltung des eigenen Lebens zu empfinden.

Mit dem Ende der DDR betrachteten es nur wenige als erhaltenswert. Die mit dem ersten Treuhandgesetz zunächst eingeleiteten Bemühungen um die Aneignung des Volkseigentums durch deren Besitzer – all jene, die zum Zeitpunkt der Einheit in der bisherigen DDR lebten – fanden keine Mehrheit. Das belegten die ersten freien Wahlen am 18. März 1990. Die SPD, die für eine Verteilung dieses Eigentums plädierte, erlitt eine krachende Niederlage. Die Mehrheit der Wähler stimmte für einen schnellen Beitritt zur Bundesrepublik. Damit setzte sich eine Neuverteilung des »Volkseigentums« durch. Es war eine Art von »herrenlosem Gut« geworden, denn das wenig später geltende *Bürgerliche Gesetzbuch* kannte diese Eigentumsform nicht. Viele der eigentlichen Besitzer zogen dabei den Kürzeren.

Wie ging die DDR mit ihren »Intelligenzlern« um?

Wer in DDR-Klassenbüchern in der Rubrik »Soziale Herkunft des Kindes« unter »I« für »Intelligenz« registriert war, hatte schlechtere Karten beim Wunsch nach Abitur und nachfolgendem Studium als jene, die über die Klassifizierung »A+B« – »Arbeiter und Bauern« – verfügten. Womöglich »klüger als das Politbüro« sein zu wollen, war eine Drohung, die über 40 Jahre lang manche Diskussion in der SED abwürgte. Andererseits gab es seit den sechziger Jahren besonders geförderte Spezialschulen, eine »Intelligenzrente« und 1989 rund 170 »Klubs der Intelligenz« im Rahmen des Kulturbundes. Bildungseinrichtungen von Partei, Gewerkschaft, Militär und MfS verliehen Abschlüsse nach akademischer Tradition.

Der in der DDR übliche Begriff der »Intelligenz« folgte russischen und polnischen Soziologen aus der Mitte des 19. Jahrhunderts und umfasste alle Gebildeten, die sich durch ihr aktives gesellschaftliches Engagement von den »Intellektuellen« abgrenzten. Karl Marx und Karl Kautsky trugen wesentlich dazu bei, ihn in Mitteleuropa zum Bestandteil eines modernen Gesellschaftsverständnisses zu machen. Nach der Verfassung der DDR gehörte »das feste Bündnis der Arbeiterklasse mit ... der Intelligenz und den anderen Schichten des Volkes« zu den »politischen Grundlagen« des Staates. Deren Interessen nahm die Gewerkschaft (FDGB) als »umfassende Klassenorganisation der Arbeiterklasse« wahr.

Als »Intelligenzler« Mitglied der SED zu werden war schwierig, denn deren Anteil durfte nicht zu groß sein. Viele nutzten eine zeitweilige oder ehemalige Tätigkeit »in der Arbeiterklasse«, um in die Staatspartei zu gelangen. Im Mai 1989 zählte sie 2 260 979 Mitglieder und 64 016 Kandidaten. Nach Angaben von 1986 galten 58,2 Prozent der SED-Mitglieder als »Arbeiter« und 22,4 Prozent als »Intelligenz«. Die Zahl der in der Produktion Beschäftigten wurde mit 37,9 Prozent angegeben, was auf die statistischen Verrenkungen beim Festlegen des »sozialen Status« hindeutet. Der Hintergrund dafür lag darin, dass das Verhältnis der SED zur Intelligenz des Landes stets von einem latenten Misstrauen geprägt war. Zu den »Lehren der Oktoberrevolution« gehörte, dass den Bolschewiki eine bürgerlich geprägte Intelligenz gegenüber stand, auf die beim Aufbau einer neuen Gesellschaft nicht verzichtet werden konnte. Gleichzeitig forderte Lenin mit seinem »lernen, lernen und nochmals lernen« den Ersatz dieser Schicht durch eine den Ideen des Sozialismus verbundene, neue Intelligenz.

Die im kommunistischen Denken eingebürgerte Reduktion marxistischer Auffassungen auf ein simples Freund-Feind-Schema verhinderte die Auseinandersetzung um den Wandel der geistigen Eliten. Aus der praktischen Machtpolitik kam die Meinung hinzu, »Weisheit« wachse automatisch mit dem Alter. Dem allein durch Herkunft oder deren Manipulation erworbenen »gesunden Klassenstandpunkt« wurde die »intellektuelle Spinnerei« entgegengesetzt. Das führte zur Borniertheit gegenüber der Intelligenz. Deren Disziplinierung mit Zuckerbrot und Peitsche trat frühzeitig und umfänglich an die Stelle einer argumentativen Auseinandersetzung.

Die engstirnige Haltung zu jeglicher Kritik – in der Ablehnung von »Fehlerdiskussionen« sichtbar manifestiert – unterdrückte nicht nur notwendige gesellschaftliche Auseinandersetzungen, sondern machte aus solchen Diskussionen politische Fronten. Ob der »Kampf gegen den Revisionismus« Ende der fünfziger Jahre, der die Entstalinisierung bremste, das Ersticken jeglicher Gedanken um einen »demokratischen Sozialismus« zehn Jahre später oder das Messen der Leistungen der Intelligenz an deren Tauglichkeit zur Vermittlung von Ideologie im weiteren Verlauf der Geschichte – immer wieder gab es Brüche und Konflikte. Die SED verzichtete auf die Intelligenz als notwendiges Korrektiv zur Ideologie und die daraus folgende Bereicherung und Überlebensfähigkeit der Gesellschaft. Die ebenso unausgesprochene wie unnachgiebige Grenze für jegliche intellektuelle Auseinandersetzung wurde mit dem Begriff »real existierender Sozialismus«, später dann noch einmal eingeschränkt durch »in den Farben der DDR«, gezogen.

Im Gegenzug entwickelte die DDR-Intelligenz ein breites Spektrum von Anpassungs- und Ausweichstrategien. Seit Mitte der siebziger Jahre gehörte die Suche nach Alternativen im Westen – von der dortigen Veröffentlichung über künstlerische und wissenschaftliche Auftritte, bis zur zeitweiligen Ausreise und zum ständigen Übertritt – dazu. Eine politische Auseinandersetzung darüber fand in der DDR nicht statt. Vor diesem Hintergrund war die Betonung des »Realen« im DDR-Sozialismus schon lange zur Defensive und Resignation geworden. Sie überdeckten den Widerspruch zum eigenen theoretischen Anspruch. Viele Intellektuelle erlebten dadurch eine Glaubenskrise, auf die oft die Abkehr von der institutionalisierten Ideologie folgte. Sie wurden zu Dissidenten, also Leuten, die von einer offiziellen Meinung abwichen.

Im Laufe der Jahre hatte das gebrochene Verhältnis zur Intelligenz in der DDR zu einem Dilemma geführt: Die Partei – längst auch zum Hort eben dieser Intelligenz geworden – musste sich entscheiden, ob sie wegen des Mangels an Demokratie und Freiheit den Verfall des System in Kauf nehmen wollte oder durch liberale Zugeständnisse den Machtverlust riskierte. Die Dissonanz zwischen Intelligenz und Macht in der DDR führte am Ende dazu, dass beide mit leeren Händen dastanden und die Dogmatiker recht behielten: Es gab keinen »dritten Weg« zwischen dem, was sie für Sozialismus und Kapitalismus hielten. Die Utopien hatten sich zerrieben.

WIE ENTSTANDEN GENERATIONSKONFLIKTE?

Im Mai 1958 zogen ein paar Jugendliche durch das sächsische Dörfchen Ponitz. Sie hatten sich auf eigene Initiative und damit »illegal« zum Rock'n'Roll Klub Schmölln zusammengeschlossen und trugen ein selbstgemaltes Plakat mit sich: »Elvis Presley – das Idol! / Wir wollen nur noch Rock and Roll!« Am 15. Mai 1958 fotografierte die Volkspolizei das Corpus delicti als Beweismittel. Für acht Jugendliche folgten Gefängnisstrafen zwischen acht Monaten und zwei Jahren wegen »Landfriedensbruchs«, der Kneiper der örtlichen Tanzgaststätte verlor seine Konzession.

Der an sich banale Vorgang war eines der ersten Anzeichen für das Entstehen von Generationskonflikten in der DDR, mit denen eigentlich niemand gerechnet hatte. Bis in die sechziger Jahre beherrschte das Zusammenspiel der »Gründergeneration« und der »Aufbaugeneration« die Gesellschaft. Die nach dem Krieg an die Macht gekommenen »Alten« – Walter Ulbricht war Jahrgang 1893, Erich Honecker wurde 1912 geboren – brauchten den Nachwuchs, weil ihre Gesellschaftsvision auf einem konsequenten Elitenaustausch basierte. Von der Wirtschaftsführung über Militär und Polizei, Schule und Justiz bis in die Verwaltung des Staates mussten nahezu alle Positionen neu besetzt werden. Dabei waren die seit Anfang der dreißiger Jahre Geborenen als »Aufbaugeneration« gefragt. Sie einte eine Reihe von kollektiven Erfahrungen: Der überstandene Krieg gehörte ebenso dazu wie die Möglichkeit, den »Neuanfang« aktiv mitzugestalten. Sie lebte mit der Erfahrung, wie sich die Macht in der Hand einer Partei konzentrierte, erlebte Anfang der fünfziger Jahre das Aufbegehren dagegen und kannte die Alternative der offenen Grenze zum Westen.

All das verband sich für viele mit einzigartigen Aufstiegschancen innerhalb der DDR-Gesellschaft. Wer nicht dabei war oder auf dem Karriereweg strauchelte, hatte die Alternative, in den Westen zu gehen. Lag der Anteil der 16- bis 25-Jährigen an der Bevölkerung damals bei rund 16 Prozent, schwankte ihre Quote unter den »Republikflüchtigen« zwischen 17,9 Prozent im ersten Quartal 1953 und 43,2 Prozent im vierten Quartal 1956. Dabei ging es Jahr für Jahr um erhebliche Größenordnungen. Allein 1955 stieg die Zahl der in den Westen geflüchteten Jugendlichen unter 25 Jahren von 42 366 auf 98 217 an. Es schien, als verstärke sich die Ablehnung, je konsequenter die SED den »ideologischen Abwehrkampf« führte.

Zu beobachten war aber auch, dass sich die »Aufbaugeneration« der DDR zum überwiegenden Teil nachhaltig in der DDR-Gesellschaft verankerte. Wer das nicht wollte, stieg frühzeitig aus. Erstaunt konstatierte man im Westen, dass zwischen »Gründer-« und »Aufbaugeneration« eine Symbiose entstand, die die DDR mit den unter ihren Bedingungen sozialisierten Nachwachsenden nie wieder erreichte. Der zunächst im Osten tätige und 1949 dann in den Westen gegangene Publizist, Soziologe und spätere DDR-Forscher Ernst Richert schätzte, dass von den rund 400 000 Absolventen der Diplomjahrgänge 1952–1963 höchstens 3,8 Prozent in die Bundesrepublik abwanderten.

Die Lage änderte sich mit dem Heranwachsen der Kinder der »Aufbaugeneration« und dem Schließen der Grenze. Für die jungen Leute war das, was ihre Eltern erreicht hatten, kaum noch ein realistisches Ziel. Die Ausgangspositionen differenzierten sich, opportunistisches Verhalten wuchs als von vielen Eltern weitergegebene Erfahrung für den Weg ins Leben. Kulturelle Vorbilder des Westens griffen stärker als jene, die aus den »sozialistischen Bruderländern« kamen.

Die Musik des Rock'n'Roll – von Walter Ulbricht angewidert als »Hotmusik« und der Elterngeneration in Ost und West vorzugsweise als »Negermusik« bezeichnet – war in diesem Geflecht nur der hörbare Katalysator der wachsenden Differenzen zwischen Jungen und Alten. Die Renaissance traditionellen Verhaltens, von der Kleidung bis zum Benehmen, galt im Osten wie im Westen als Ausdruck der langsam, aber stetig wiederkehrenden Normalität. Das stieß auf Widerspruch bei jungen Leuten beiderseits der Grenze. Weitere, vergleichbare Faktoren schürten den nun wieder auflebenden Generationskonflikt.

Hier wie da lockerte sich das ökonomische Joch für viele, buchstäblich bei null anzufangen. Die Normalität der Hilfe aus dem Elternhaus zog ein, wenn auch in der DDR nicht so ausgeprägt wie in der reicheren Bundesrepublik. Die materiellen Ziele wandelten sich und passten sich an die Verhältnisse an. Die sexuelle Befreiung vom oftmals schicksalhaften Ertragen ungewollter Schwangerschaften hin zum »Wunschkind« veränderte nachhaltig das Verhältnis zwischen den Generationen. In der DDR setzte sich weitgehend der Atheismus durch. Mit »sozialistischer Ethik und Moral« wurde versucht, den christlichen Wertekanon zu ersetzen. Diese Entwicklungen riefen Konflikte hervor, die sich in Ost und West sehr ähnlich darstellten.

In der DDR gab es jedoch eine Besonderheit: Die Gründergeneration beharrte auf ihrer alleinigen Dominanz beim Bestimmen des gesellschaftlichen Weges. Der Preis dafür, damit die Jugend schrittweise zu verlieren, wurde für viele Jahre durch die enge Bindung der »Aufbaugeneration« an die »Alte Garde« überdeckt. Sie ignorierte das Entstehen eines neuen Generationskonflikts, zeigte sich Gefahr im Verzug, wurde er mit Gewalt unterdrückt. Als die »Aufbaugeneration« Ende der achtziger Jahre selbst ihren Berufsweg abschloss, rächte sich das Festhalten ihrer Vorgänger am Staffelstab. So überraschte beide Generationen eine Entwicklung, die nun ihr Lebenswerk grundsätzlich in Frage stellte.

War die Landwirtschaft ein Erfolgsmodell?

»Ohne Gott und Sonnenschein bringen wir die Ernte ein«, hieß es in der frühen DDR optimistisch, und tatsächlich schienen nach rund zwanzig Jahren viele Probleme auch endlich gelöst zu sein. 1968 fuhren Vollerntemaschinen fast das gesamte Getreide und die Zuckerrüben ein, die Anzahl der Traktoren hatte sich seit 1960 verdoppelt, der Viehbestand um die Hälfte erhöht, und die Hektarerträge waren zwischen 20 und 50 Prozent gestiegen. Rund zwei Drittel der LPG-Bauern verfügten über ein Facharbeiterzeugnis, über die Hälfte der Chefs hatte Hoch- oder Fachschulen absolviert. Mehr als 90 Prozent des Bedarfs der Bevölkerung an tierischen Produkten erwirtschafteten die einheimischen Landwirte.

Schweinezucht in einer Landwirtschaftlichen Produktionsgenossenschaft um 1965

Dabei hatte der Krieg die Landwirtschaft im Osten weit schwerer geschädigt als im Westen. Hier gab es bis zur Stunde Null die schwersten Kämpfe. Total zerstörte Dörfer ohne Vieh blieben übrig, letzte Reste requirierte die Rote Armee. Bei Kriegsende fehlten im Vergleich zu normalen Beständen 900 000 Rinder, 3,7 Millionen Schweine und 1,1 Millionen Schafe.

Hinzu kamen die politischen Veränderungen auf dem Lande, oft mit einer massiven Abwanderung gen Westen verbunden. Im Machtbereich der Roten Armee wurden rund 11 000 Güter und Bauernhöfe enteignet und zum kleineren Teil in Volkseigene Güter umgewandelt, zum größeren an etwa 232 000 landlose Familien von Flüchtlingen und Landarbeitern verteilt. Trotz Startkapitals von 2500 Mark, Krediten und des Neubaus von über 50 000 kleinen Höfen führten die rigiden Ablieferungsregeln – bei denen größere Wirtschaften dreimal so viel zu liefern hatten wie die Neubauern – nach drei Jahren DDR in die erste große Krise. Wegen der schlechten Ernte 1952 konnten Zehntausende Bauern ihr Soll nicht erfüllen. Tausenden drohten deshalb Prozesse, mehr als 60 000 Bauern flüchteten in die Bundesrepublik. Zwischen 1953 und 1955 lag ein Fünftel des Bodens brach. Der unmittelbar vor dem Aufstand vom 17. Juni 1953 eingeleitete »Neue Kurs« der SED brachte eine Entlastung. Das Ablieferungssoll wurde gesenkt, »freie Spitzen« durften auf Bauernmärkten verkauft werden und brachten zusätzliches Geld.

Bereits 1952 hatte die Bildung von Landwirtschaftlichen Produktionsgenossenschaften (LPG), zunächst noch völlig freiwillig, begonnen. Es gab sie in drei Formen, vom »Typ I«, bei dem nur der Acker gemeinschaftlich bewirtschaftet wurde, bis zum »Typ III«, bei dem die Bauern ihr gesamtes festes und bewegliches Eigentum in die Genossenschaft einbrachten. Wirtschaftlich blieb der Erfolg gering: Ende der fünfziger Jahre hatten rund 85 Prozent aller LPGs Schulden, obwohl 1958 erst knapp ein Drittel des Bodens kollektiviert war. Trotzdem wurde der Weg in die Kollektivierung beschleunigt, denn »Produktionsmittel« in privater Hand widersprachen dem Sozialismus. Deshalb erfolgte 1960 die vollständige Vergenossenschaftlichung der Landwirtschaft. Dabei direkt und indirekt ausgeübter Zwang führte neben etwa 200 Selbstmorden zur »Republikflucht« von mehr als 15 000 Bauern über die damals noch offene Grenze. Überdies fanden rund 8000 Schauprozesse statt. Die meisten Betroffenen arrangierten sich jedoch mit den neuen Verhältnissen. Am Ende des »Sozialistischen Frühlings« 1960 standen 19 313 Landwirtschaftliche Produktionsgenossenschaften. Durch Zusammenschlüsse von kleineren Genossenschaften sank ihre Zahl bis 1970 auf 9009, der »Typ III« setzte sich durch. Die Aufteilung in Tier- und Pflanzenproduktion ließ sie in den folgenden zehn Jahren auf 3946 Betriebe schrumpfen, deren Zahl dann bis 1989 etwa konstant blieb.

Nach anfänglichen erheblichen Rückgängen in der Tier- und Pflanzenproduktion schien sich der Weg des gemeinsamen Wirtschaftens ab Mitte der sechziger Jahre zu bewähren. Dazu trug besonders die Verbesserung der sozialen Lage der LPG-Mitglieder bei. Der monatliche Lohn für Produktionsarbeiter und -arbeiterinnen in der Landwirtschaft verdoppelte sich von 1970 bis 1989 auf durchschnittlich 1239 Mark. Zwischen rund 840 000 bis 920 000 Menschen fanden 1976 bis 1989 Jahr für Jahr auf dem Land Lohn und Brot. Die traditionellen Gegensätze zwischen Bauern und Landarbeitern bauten sich allmählich ab. Das Nettoprodukt der Land- und Forstwirtschaft stieg von 14.420 Millionen Mark 1970 auf 30.286 Millionen Mark 1989.

Dennoch reichte die Produktion ab Anfang der achtziger Jahre nicht mehr aus, um wachsende Exporte in den Westen zu Billigpreisen und die geplante Versorgung der Bevölkerung zu realisieren. Am 4. November 1982 stellte das Ministerium für Staatssicherheit (MfS) zum Ansatz des Volkswirtschaftsplans 1983 fest: »Im 1. Halbjahr 1983 wird ... mit einem Schlachtviehaufkommen von 0,9 bis 1,0 Mio. t gerechnet. Das voraussichtliche Fehl zum geplanten Aufkommen wird 110 bis 180 kt betragen.« Das hieß, es war mit etwa 15 Prozent weniger Fleisch zu rechnen. Auch bei Milch ging die Produktion in gleicher Größe zurück: »Aus der voraussichtlichen Mindermenge ist eine geringere Bereitstellung von 5 bis 10 kt Butter im I. Quartal 1983 zu erwarten.« Es gab zu wenig Futter: »Zur Sicherung der für das IV. Quartal und für das I. Halbjahr 1983 geplanten Tierproduktion fehlt zurzeit Futterenergie von rund 2 Mio. t Getreideeinheiten.« Sie hätten importiert werden müssen. Aber: »In den Vorschlag für den Plan 1983 wurden diese Importe nicht eingeordnet, weil sie volkswirtschaftlich nicht realisierbar sind.«

Der Plan war zum Wunsch geworden, und die Stasi konstatierte: »Diese Planzielstellungen liegen um 90 kt Schlachtvieh, 150 kt Milch und um 90 Mio. Stück Eier über den ... Produktionsmöglichkeiten.« Das spürten die Menschen trotz Jubel-»Berichterstattung« in den Zeitungen beim täglichen Einkauf und richteten sich darauf ein.

Wenn die Landwirtschaft dennoch im Rückblick als gut funktionierender Teil der DDR-Wirtschaft gilt, war das vor allem dem unbändigen Fleiß und der Bescheidenheit derer zu verdanken, die über Jahrzehnte und rund um die Uhr diese Arbeit verrichteten.

Weshalb scheiterte die Planwirtschaft?

Im Sommer 1963 veranlasste Alfred Neumann, Mitglied des Politbüros des Zentralkomitees der SED und Vorsitzender des Volkswirtschaftsrats der DDR, ein merkwürdiges Experiment. Er ließ einen Dieselmotor in alle seine Einzelteile zerlegen – es waren rund 12 000 – und versuchte, an diesem Beispiel seinen Genossen klarzumachen, dass die Herstellung solch eines komplexen Produkts ohne vorherige Planung jedes Schräubchens unmöglich sei.

Der Hintergrund waren Walter Ulbrichts Bemühungen, in der DDR ein »Neues ökonomisches System der Planung und Leitung der Volkswirtschaft« (NÖSPL) zu etablieren. Der Staatslenker hatte erkannt, dass die extensiven Wachstumsreserven des Landes aufgebraucht waren und nun ein Strukturwandel anstand. Dafür gab es Signale aus Moskau. Dort diskutierten Wirtschaftswissenschaftler seit Mitte der fünfziger Jahre über die Anerkennung von Rentabilität und Gewinn in der Produktion. Am 9. September 1962 fabulierte die *Prawda* über »Plan, Gewinn, Prämie«. Das laue, nach ein bisschen Marktwirtschaft riechende Lüftchen verflüchtigte sich 1964 mit der Absetzung Nikita Chruschtschows.

Bis dahin fühlte sich Walter Ulbricht jedoch in seinen Überlegungen bestärkt, denn über die Planwirtschaft reden, hieß, an Glaubensgrundsätzen des Kommunismus zu rütteln. Der Plan sollte den Menschen bessere Lebensumstände garantieren, ohne ökonomische Krisen und Arbeitslosigkeit. Das klang verlockend, verbarg aber den auf ewig angelegten und ohne demokratische Legitimation versehenen Machtanspruch »der Partei«. Nur sie sah sich auserkoren, eine »menschlichere Gesellschaft« zu schaffen. Dazu wurden Freiheiten beschnitten und Zwangsmaßnahmen begründet. Die Menschen hatten sich, ebenso wie die Wirtschaft, der Politik unterzuordnen.

Siegessicher verkündete Walter Ulbricht 1953 im DDR-Rundfunk: »Wenn ich durch die Straßen gehe und etwas Neues, Schönes sehe, weis ich stolz darauf: Das hat mein Freund getan! Mein Freund, der Plan!« Und zunächst schienen historische Erfahrungen die Utopie vom Plan als Alternative zum Markt durchaus zu bestärken. Wirtschaftliche Erschütterungen zwischen den Kriegen hatten den Faschismus hervorgebracht und Verwüstungen und Tod hinterlassen. Demgegenüber stand eine erfolgreiche Industrialisierung in der Sowjetunion in den dreißiger Jahren mit hohen Wachstumsraten. Die dafür durch Zwangsmaßnahmen und Unrecht geopferten Millionen von Menschen blieben bei den Lobeshymnen über den Erfolg der Planwirtschaft ausgeblendet.

In der DDR sollte sie sich als Alternative zur Marktwirtschaft in Westdeutschland beweisen. Das machte die Bundesrepublik zur Referenzgesellschaft, an der sich der kleinere deutsche Staat messen musste. Dessen Existenz hing jedoch direkt von der Sowjetunion ab. In der weiteren Entwicklung waren überdies die gemeinsamen Interessen des Ostblocks zu berücksichtigen. All das schränkte die Gestaltungsspielräume des eigenen Systems ein. Der Konflikt zwischen Machtsicherung und Wirtschaft zeigte das. Er offenbarte und überdeckte gleichzeitig die beiden grundlegenden Schwächen jeglicher Planung: den Verzicht auf die direkte Information aus der Produktion und das Fehlen von Anreizen, um sie zu steigern.

Ob ein Unternehmen erfolgreich ist, erfährt es über den erzielten Preis seiner Produkte. Entsteht er aus Angebot und Nachfrage, birgt er jene Krisenpotentiale, die die sozialistische Entwicklung eigentlich abschaffen wollte. Deshalb wurde der Preis politisch bestimmt. Die dafür notwendigen Informationen versuchte man, aus der Planung zu gewinnen. Preise wurden dadurch zu starren Rechengrößen, die die wirtschaftliche Dynamik behinderten und bremsten.

Dies mit echten wirtschaftlichen Anreizen zu kompensieren, verbot das politische Grundverständnis. Die »Arbeiter-und-Bauern-Macht« konnte gegenüber den Arbeitern und Bauern nicht wie ein Unternehmer auftreten und Leistungsdruck ausüben. Sie hätte damit ihre Legitimität gefährdet. Versuche, ökonomisch zu stimulieren, wie Wettbewerb und Prämien, konzentrierten sich auf quantitative, kaum jedoch auf qualitative Steigerungen. Die Erfüllung der zentralen Pläne schien wichtiger als das Risiko von Innovationen. Sie stellten sich oft als »Störung« von außen dar und wurden deshalb tunlichst vermieden.

In der Praxis führte das Planungssystem der DDR zum Interesse der Betriebe, mit möglichst »weichen Plänen« die Vorgaben »von oben« zu erwarten, viele Ressourcen zu erhalten und die tatsächliche Leistungskraft zu verschleiern. Deshalb wurden überdimensionierte Reserven gehalten und überall Arbeitskräfte gesucht. Da das Überleben nicht vom wirtschaftlichen Erfolg des Betriebs abhing, ging im Laufe der Jahre nicht nur die optimale Verteilung der Ressourcen verloren, sondern auch der Anreiz, sie intensiv zu nutzen.

Diese Schwächen waren den Verantwortlichen in der DDR durchaus bekannt. Sie galten jedoch als »Kinderkrankheiten« des Systems, die überwindbar seien. Je mehr sich die DDR an der weltweiten Arbeitsteilung beteiligte, umso hemmender wurden sie. Traditionelle Exportzweige, wie etwa der einstmals international gefragte Maschinenbau, produzierten in den achtziger Jahren zwar noch die material- und arbeitsintensiven Teile, ohne moderne elektronische Steuerungen aus dem Westen ließen sie sich jedoch nicht mehr verkaufen. Diese machten aber mehr als drei Viertel des Wertes der Maschinen aus. Am Ende stand ein bitteres Ergebnis der geplanten Wirtschaft in den Büchern: Je fleißiger in der DDR gearbeitet wurde, umso ärmer wurden die Produzenten.

Waren die Sparguthaben sicher?

Die roten, gelben und grünen Sparbücher von Sparkassen, Post, BHG und der Genossenschaftskasse für Handwerk und Gewerbe der DDR waren 1989 eigentlich nur noch das Papier wert, auf das man sie einstmals druckte. Diese bittere Tatsache hielt Lothar de Maizière als letzter Ministerpräsident des Landes geheim, denn »sonst hätte es möglicherweise noch Blutvergießen gegeben«, meinte er. »Die 160 Milliarden Mark Ersparnisse der DDR-Bevölkerung waren durch nichts abgedeckt. Wenn alle ihr Geld von der Sparkasse geholt hätten, wäre eine gewaltige Katastrophe ausgebrochen.« Diese Gefahr der Enteignung der Ersparnisse des gesamten Lebens in der DDR war in der »Wendezeit« kaum jemandem bewusst. Deshalb spielte sie auch in der öffentlichen Diskussion keine Rolle.

Dabei gehörte Sparen von Anfang an zu den Tugenden der DDR-Bürger. Mit Slogans wie »Es fällt im Leben oft schwer ins Gewicht, ob man gespart hat oder nicht!« oder »Sparen hilft dem Aufbau, sparen hilft auch Dir!« wurde bereits in den fünfziger Jahren geworben. Erfolgreich, denn die Sparguthaben der Bürger wuchsen stetig. Hatten sie 1950 nur insgesamt rund 1,275 Milliarden DDR-Mark auf der hohen Kante, steigerte sich dies bis 1989 auf 159,671 Milliarden Mark. Hinzu kamen weitere 17,773 Milliarden Mark in sparwirksamen Personenversicherungen. Im statistischen Mittel verfügte so jeder DDR-Bürger über gut 11.000 Mark Rücklagen, davon etwa 9.100 Mark Sparguthaben. In der Bundesrepublik lag das Geldvermögen 1988 pro Einwohner bei etwas über 40.000 DM, davon rund 11.600 DM Sparvermögen. Die Sparquote erreichte dort mit 13,9 Prozent fast das Doppelte der DDR-Sparquote von 7 Prozent, so dass die Vermögensunterschiede rapide wuchsen.

Da seit Mitte der achtziger Jahre das Bruttoinlandsprodukt nur etwa ein Drittel so schnell wie der Geldumlauf stieg, ging die Schere zwischen Waren- und Dienstleistungsangeboten und verfügbarem Geld stetig auseinander. Allein die Zinszahlungen an die Sparer beliefen sich 1989 auf rund 5 Milliarden Mark, die angesichts des zur Verfügung stehenden Warenfonds als reiner Kaufkraftüberhang wirkten. Spargeld in der DDR war für dessen Besitzer trotz garantierter Zinszahlung faktisch totes Kapital.

Ganz anders sah es aus staatlicher Sicht aus, denn das von den Bürgern gesparte Geld war längst als Kredit in die Wirtschaft geflossen. Am Ende der DDR betrug die Inlandsverschuldung nur für die Industrie mehr als 200 Milliarden DDR-Mark, bei denen letztlich die Bürger als Gläubiger fungierten. Lothar de Maizière: »Die Ersparnisse waren eigentlich Staatskredit. Sie existierten, solange der Staat zahlungsfähig war.« Dass die DDR über Jahrzehnte bei den eigenen Bürgern hatte anschreiben lassen, bestätigte auch Günter Schabowski als Mitglied des Politbüros der SED: »Die DDR stand mit rund 200 Milliarden Ostmark in der Kreide, wodurch praktisch alle Sparguthaben der DDR-Bürger wertlos waren.« Die Schulden des Staates bei seinen Bürgern hatten sich seit 1970 fast verzwanzigfacht.

Insofern diente die Wirtschafts-, Währungs- und Sozialunion mit der Bundesrepublik mit ihren differenzierten Festlegungen zum Umtausch des nominal vorhandenen Geldes nicht nur als »Einfallstor« in die DDR, sondern auch als Rettung derer Bürger vor der Verarmung. Das war ein Vorgang, den es in den anderen zusammengebrochenen »sozialistischen Bruderländern« nicht gab.

Während der gesamten Existenz der DDR galt das Sparbuch als wichtigste Form der privaten Geldanlage. Nachdem es zunächst differenzierte Zinsen zwischen 3 und 4 Prozent auf kürzere und längere Geldanlagen gab, wurden mit der Einführung der »Spargirokonten« ab Mitte der sechziger Jahre einheitlich 3,25 Prozent Zinsen gezahlt. Diese Spargirokonten entstanden, um einen bargeldlosen Zahlungsverkehr zu ermöglichen. Die Überweisung ersetzte nach und nach die traditionelle Lohntüte und wurde nun auch für Kreditraten, Mieten und andere laufende Verpflichtungen genutzt. Mit den Spargirokonten kamen die grünen Giroschecks für die Bankkunden, mit denen Zahlungen und Barabhebungen bis zu 500 Mark pro Tag erfolgen konnten.

Die Einführung von »Geldkarten« begann in der DDR erst 1989. Die Zeitschrift *Guter Rat* berichtete im Mai, dass es in Ostberlin und einigen Großstädten bereits 200 Geldautomaten gebe, deren Zahl sich bis Jahresende auf 350 steigern solle. Dort konnten täglich bis zu 500 Mark in bar abgehoben werden. Dazu bedurfte es flinker Finger, »weil aus Sicherheitsgründen das Geldfach nach etwa 45 Sekunden automatisch verschlossen wird. Damit ist der Automat allerdings auch für den nächsten Kunden gesperrt und kann erst durch manuellen Service wieder in Betrieb genommen werden.« Kreditkarten existierten in der DDR nicht.

Das größere und beständig wachsende Problem war jedoch, dass es für das Geld immer weniger zu kaufen gab. Die Preise für die subventionierten Waren des Grundbedarfs und die geringen Mieten und Fahrkosten relativierten sich angesichts der wachsenden

Einnahmen. Versuche, mit vermeintlichen Luxusgütern, wie etwa Lederjacken für 1.500 Mark oder Farbfernsehgeräten für 6.000 bis 7.000 Mark, den »Geldüberhang abzuschöpfen«, stießen oftmals auf Unwillen. Damit waren die Sparguthaben der DDR-Bürger zu einer volkswirtschaftlichen und politischen Sprengkraft geworden. Einerseits war Geld vorhanden, das nicht in Waren umsetzbar war, andererseits war es nie so viel, dass Preise keine Rolle mehr spielten.

Aus dem eigentlich erreichten Wohlstand blühte Unzufriedenheit. Viele Menschen sahen die D-Mark als Ausweg aus dieser Misere, manche von ihnen wurden bitter enttäuscht.

WAREN MfS-AKTEN EHRLICH?

Das MfS hat rund 185 Kilometer Akten hinterlassen. Darunter sind Tonnen von Spitzelberichten. Stimmt das alles, was dort drin steht? Allein die schiere Masse macht nahezu alles möglich. Es gibt nachweisbar erfundene angebliche Informanten, es existieren ganze Konvolute mit unwahren, konstruierten Straftatbeständen, die Dutzende von Menschen hinter Gitter gebracht haben, und es lassen sich Manipulationen bis hin zum simplen Spesenbetrug finden. All das ist aber nicht das Typische dieser Akten, sondern die Ausnahme. Prinzipiell wurden die MfS-Akten »ehrlich« geführt. Das, was gesagt wurde, schrieb man auch auf.

Die Akten waren die »Arbeitsgrundlage« eines militärischen Apparates mit rund 100 000 Soldaten, Offizieren und Generalen und wahrscheinlich noch einmal so vielen zivilen Zuträgern. Zur Zeit ihrer Anfertigung rechnete niemand damit, dass sie jemals in fremde Hände gelangen würden.

Ob die dort gesammelten Aussagen jedoch freiwillig oder aus Angst, mit Lust am Denunzieren oder unter Druck erfolgten, ist aus einem Blatt Papier nicht ersichtlich. Die MfS-Informationsbeschaffer waren angehalten, alles »objektiv« zu notieren. Damit sammelten sie keine Informationen im eigentlichen Sinne, sondern Ausgangsmaterial für eine Meinungsbildung vor einem genau definierten Hintergrund. Das Erfassen solchen Materials über einen möglichst langen Zeitraum ist die Grundlage jeder geheimpolizeilichen Tätigkeit.

»Breitet leuchtend euch im Blauen, Farben unsrer Republik …«

Allein im Magdeburger Archiv des Bundesbeauftragten für die Unterlagen des Staatssicherheitsdienstes liegen heute 15 500 Säcke mit zerrissenen Akten.

Dabei ist zunächst der Inhalt der Einzelteile völlig unerheblich. Sie können wahr oder unwahr sein, sich im Laufe der Zeit widersprechen oder ergänzen, mit einer bestimmten Absicht oder unter einem Vorbehalt ausgesprochen sein – sie bleiben immer nur »Ausgangsmaterial« für die Schaffung des Abbildes dieser vermeintlichen Information. Dieses Abbild mutiert dann zum Ermittlungsergebnis. Darauf haben weder der Informant noch der die oft harmlosen Einzelteile Aufnehmende Einfluss.

Ein konstruiertes Beispiel: Spitzel A und Spitzel B berichten an Informationssammler C über Person X. Die ist vorsichtig und spricht mit A und B ausschließlich über das Wetter. Im Sommer ist es X zu warm und im Winter zu kalt. Das gibt C »objektiv« genau so weiter, und allein aus diesen Aussagen entsteht die »Information«, X sei ein stets unzufriedener Mensch, wenig offen und ohne eigene Meinung, weil er nur übers Wetter spricht, einer, dem auch rein gar nichts recht zu machen sei und so weiter. Da die Sammlung dieser »Information« unter der Prämisse erfolgte, der Sicherheit des Staates DDR zu dienen, heißt die Schlussfolgerung dann beispielsweise, einen solchen Nörgler dürfe man nicht aus dem Auge lassen. In dieser abstrusen Denkweise »hilft« man damit sogar noch dem Delinquenten – »Ich liebe, ich liebe doch alle Menschen«, stammelte Mielke 1989 und demaskierte so ungewollt und unbewusst sein System.

Natürlich werden Spitzel A und Spitzel B sagen, sie hätten niemandem geschadet. Schließlich wurde über nichts anderes als das Wetter gesprochen. Auch Informationssammler C hat nur »ehrlich« alles notiert, was er erfuhr – dennoch konnte objektiv Schaden entstanden sein. Mit Blick auf das MfS hat er sich potenziert, weil sich ihre Informationssammler als weltanschauliche Elite verstanden, die im Besitz der absoluten Wahrheit war. Das führte in einer ersten Bewertungsebene zum simplen Maßstab »wer nicht für uns ist, ist gegen uns«. Ein in sich geschlossenes ideologisches System schließt kritische Nachfragen aus und reagiert darauf mit Repression. In einer zweiten Bewertungsebene generiert das Elitebewusstsein einen Generalverdacht gegen alle, die ihr nicht angehören. Sie könnten ja nur so tun, als würden sie glauben, was sie sagen.

Die Folge war eine Atmosphäre des Misstrauens und der Doppelzüngigkeit, wie sie in der DDR außerhalb privater Bereiche herrschte. Sie ist nicht mit Angst oder Ängstlichkeit zu verwechseln. Auch DDR-Bürger haben ihre Meinung gesagt. Aber sie führte zu Fatalismus und Rückzug in die persönlichen Nischen. Insofern haben die »ehrlich geführten« MfS-Akten sicher ein wahrheitsgemäßes Stimmungsbild der DDR geliefert. Gleichzeitig leisteten sie ihren Beitrag zur gesellschaftlichen Stagnation, dann zum Erkennen dessen, was sich eigentlich abspielte und schließlich zum Protest dagegen. Allein deshalb müssen sie erhalten und offen bleiben – als Lehrstücke für das Funktionieren einer Diktatur. Diese Akten jedoch zur Richtschnur oder gar zum Richtschwert bei der Bewertung individueller Biographien zu machen, bleibt fragwürdig. Allein die Tatsache, dass das MfS auch »IM« erfunden hat – auch wenn deren Zahl wahrscheinlich relativ gering war –, verpflichtet zur Anwendung des rechtsstaatlichen Grundprinzips »im Zweifel für den Angeklagten«. Das war in vielen Fällen in der Vergangenheit nicht gegeben und ist deshalb anzumahnen.

Spektakuläre Losungen der Wendezeit wie »Visafrei bis Hawaii« oder »Wir sind ein Volk« sind im Gedächtnis geblieben. Ein kleines Schild mit der schlichten Frage: »Wer hat euch eigentlich gewählt?« nicht. Dazu, auf sie überhaupt zu kommen, hat auch das beigetragen, was damals in den MfS-Akten nur zu vermuten war.

Am Ende der DDR hatte das MfS Informationen über rund 6 Millionen Menschen gesammelt. Bei einer längeren Existenz des Landes wäre die Zahl weiter gewachsen. Wohin hätte das geführt? Spötter Bertolt Brecht bot in einem Gedicht nach dem Aufstand am 17. Juni 1953 »Die Lösung« an: »Wäre es da nicht doch einfacher, die Regierung löste das Volk auf und wählte ein anderes?«

Was bedeutete »Kirche im Sozialismus«?

Es war wohl ein reiner Zufall, dass ausgerechnet ein leibhaftiger Bischof am Steuer des VW Variant saß, der nach dem Winken zweier junger Männer Anfang der siebziger Jahre am Adlergestell in Berlin hielt und sie als Tramper mit in Richtung Thüringen nahm. Der freundliche ältere Herr stellte sich als »Albrecht Schönherr« vor und wies auf ein schweres Kreuz unter dem zivil scheinenden Jackett. Umgehend wurde er von den beiden jungen Sozialisten belehrt, dass die Kirche in der DDR ja wohl nur noch ein Anachronismus und nicht mehr nötig sei. Das war weder höflich noch klug. Schließlich fuhr er das Auto und hatte gehalten.

Der Bischof schwieg bis auf die Autobahn. Dann sagte er: »Wir wollen eine Kirche im Sozialismus sein, nicht irgendwo daneben stehen. Es gibt Menschen, die uns brauchen. Wir sind nicht gegen den Sozialismus.« Er erzählte von über 50 Krankenhäusern, die die Kirche in der DDR betrieb, und rund 130 Heimen für alte und behinderte Menschen, wie zum Beispiel in Dobbertin in Mecklenburg.

»Aber die Trennung von Staat und Kirche steht doch in der Verfassung.« Die jungen Sozialisten witterten Missliches. »Darüber wird bei uns viel diskutiert«, sagte der Bischof. »Die einen meinen, wir sollten uns aus allem heraushalten. Die anderen sagen, wir müssen Wege finden, für die Menschen da zu sein. Egal wie die Bedingungen sind.« Also doch ein Kampf gegen den Staat? »Nein. Kein Kampf, aber auch keine Vereinnahmung.« Der alte Herr hatte Spaß am Streiten gefunden und überhörte die weiteren Frechheiten seiner Mitfahrer: »Wir wollen ein Dach sein für die, die meinen, ein Dach über dem Kopf zu brauchen.«

Ein paar Jahre später war auch in der Zeitung zu lesen, was die Kirchen in der DDR wollten. Am 6. März 1978 traf sich Staats- und Parteichef Erich Honecker mit dem Vorstand des Kirchenbundes, Bischof Schönherr war dabei. Von »vertrauensvoller Zusammenarbeit« wurde geredet, doch es blieb das erste und einzige Treffen. Aber immerhin agierte die Kirche offenbar als gleichberechtigter Verhandlungspartner der Partei. »Das Verhältnis von Staat und Kirche ist so gut, wie es der einzelne christliche Bürger in seiner gesellschaftlichen Situation vor Ort erfährt«, hieß es in der allein durch diesen Satz bemerkenswerten Pressemitteilung über das Treffen.

Das war ein Burgfrieden, aber kein Rechtstitel. Dennoch sahen es viele als Fortschritt. Es war die Zeit der Entspannung in Europa, auch die DDR musste sich bewegen. Wenn zum Beispiel Pfarrerskinder üblicherweise nicht zur Erweiterten Oberschule zugelassen wurden, konnten sich die Eltern nun wenigstens auf eine »Kirchenpolitik« der SED berufen. Das half bei den vielen kleinen SED-Fürsten »an der Basis« oft weiter.

Diese »Kirchenpolitik« funktionierte auf dem kleinsten gemeinsamen Nenner. Er wurde unterschiedlich interpretiert. Die Kirche sah das als Erweiterung des Handlungsspielraums. Der Staat erhoffte sich eine größere Möglichkeit der Einflussnahme. Kritiker in der Kirche empfanden den »Burgfrieden« als Niederlage, weil sich die SED vor einer Neuorientierung ihrer Haltung gegenüber den Christen gedrückt hatte. Die Staatssicherheit machte Pläne, wie sie den Zwiespalt zwischen Anpassung und Protest vieler Kirchenleute nutzen könnte, um potentielle Unruhestifter unter Kontrolle zu halten.

Dass die DDR mit dieser Politik ganz nebenbei auch noch ein Geschäft verband, war erst nach deren Ende zu erfahren. Im Dezember 1972 beschloss der Ministerrat, die Reparatur maroder Kirchenbauten – und in geringem Umfang sogar den Neubau – zuzulassen, wenn der Westen zahlte. Zum Kurs von 1 zu 1 würden dann Bauleistungen und Material bereitgestellt werden, geregelt wurde alles über die Firma Limex aus dem Bereich »Kommerzielle Koordinierung« des Alexander Schalck-Golodkowski. Zwischen 1973 und 1980 flossen so rund 55 Millionen DM für die evangelische und katholische Kirche in die DDR. Davon profitierte zum Beispiel der Dom in Ostberlin, der nun endlich saniert werden konnte.

Unter dem Dach der »Kirche im Sozialismus« entstanden Ende der siebziger Jahre die ersten oppositionellen Gruppen. Sie waren klein und rieben sich an ihren inneren Spannungen. Aber sie brachten Themen in die zumindest halböffentliche Diskussion, die es in der DDR vorher nicht gab. Es ging um den Frieden, die Umwelt, die Menschenrechte. Plötzlich war nicht mehr die SED die alleinige Bestimmerin darüber, wie man alles »zu sehen« hätte. Deren Hilflosigkeit machte manchen Mut, die nun Fragen riskierten. Warum waren Gesprächsrunden unter jungen Leuten in den Kirchen oft viel interessanter und offener als in der FDJ? Weshalb beanspruchte der Staat das Meinungsmonopol und reglementierte den Zugang zu Informationen? Und wieso beteten »Pfadfinder« aus dem »sozialistischen Bruderland« Polen in den DDR-Ferienlagern lieber, wenn die Pioniere ihren Fahnenappell machten? Es war etwas in Bewegung gekommen, von dem noch keiner so recht wusste, was es war, und schon gar nicht, wohin es ging. Doch auch das war »Kirche im Sozialismus«.

»Breitet leuchtend euch im Blauen, Farben unsrer Republik ...«

Die Kirche beschränkte sich nicht mehr darauf, nur das Refugium betender, alter Mütterchen zu sein. Erstaunt und besorgt berichtete ein Stasi-Informant im Februar 1988 über eine Veranstaltung in der Erlöserkirche in Berlin-Lichtenberg: »Es waren 600 Personen anwesend ... 40 Prozent unter 30 Jahre, 50 Prozent 30 bis 40 Jahre, 10 Prozent über 50 Jahre ...«

Westliche Korrespondenten waren längst aufmerksam geworden. Ihre Berichte flossen in die DDR zurück. Viele, die die Kirche schon lange abgeschrieben hatten, fragten sich nun, was das für Leute seien, die sich dort engagierten, und was sie wollten. Es war noch kein Wind, der der DDR ins Gesicht blies. Aber es regte sich ein Lüftchen.

WAS HATTE RUMPELMÄNNCHEN IM SACK?

»Altstoffe« sammeln war eine DDR-Tradition, die die Generation der Eltern mit der ihrer Kinder verband und von allen mit Begeisterung betrieben wurde. Aus der Not des schweren Anfangs geboren, ging es einfach darum, Glas, Papier, Schrott und Lumpen – damals wurde Kleidung oft so lange getragen, bis sie tatsächlich verschlissen war – nicht einfach in den Müll zu werfen. Das »irgendwann kann man alles noch einmal gebrauchen« saß tief in den Köpfen.

Für die Kinder war die Altstoffsammlung meist das erste eigene Geschäft, das sie abwickelten, und das erste Geld, das sie verdienten. Anfangs gab es nur ein paar Pfennige und manch privater »Lumpensammler« in der Aufkaufstelle versuchte, seine kleinen Kunden tüchtig übers Ohr zu hauen. Doch immerhin winkten erstrebenswerte Schätze, wie zum Beispiel ein Abziehbild vom »Rumpelmännchen« oder Lose mit seinem Konterfei, in denen schon mal ein Gewinn von fünf Mark war. Das »Ur-Rumpelmännchen« sah wie ein Zwerg mit einem von den drei Musketieren abgelegten Hut aus, hatte einen langen, weißen Bart und stemmte die Hände in die Hüften. Erfunden hatte es 1954 Johannes Hegen. Er war später auf seine Kreation nicht mehr gut zu sprechen, denn der Comic-Zeichner versäumte es, sich die Idee schützen zu lassen. Das passierte ihm ein Jahr danach als Hannes Hegen bei Dig, Dag und Digedag und dem *Mosaik* nicht noch einmal und so

Werbung für die Aktion Rumpelmännchen auf einem Schulheft

wurden Letztere sein Kapital für ein gutgehendes Unternehmen.

Am Rumpelmännchen versuchten sich danach auch andere Zeichner. Im Auftrag der dem Ministerium für Leichtindustrie unterstellten Vereinigung Volkseigener Betriebe Rohstoffreserven erschienen 1955 Bilderhefte wie *Rumpelmännchen erzählt vom Holzfresser* und *Von unbekannten Schätzen*. Zeichner Horst Boche packte dem kleinen Kerl einen prall gefüllten Sack auf den gekrümmten Rücken und hatte so das noch besser passende Symbol fürs Altstoffsammeln gefunden. Ganz nebenbei waren seine Hefte die ersten Vorläufer der DDR-Comics, die damals natürlich nicht so heißen durften. Zum zehnten Geburtstag der DDR brachte ein Rumpelmännchen von Karikaturist Willy Moese den fleißigen Sammlern einen Riesen-Blumenstrauß und schließlich geisterten ein Dutzend verschiedener Rumpelmännchen durch *Atze*, *Frösi* und *Trommel*.

Ab Beginn der sechziger Jahre ging alles geregelter zu, denn der VEB Kombinat Sekundär-Rohstofferfassung – kurz SERO – übernahm das Geschäft. Sein Logo bestand aus einem blauen Würfel mit den Buchstaben SERO, und das Maskottchen wurde der rosa Elefant Emmy. Die Sammlerleidenschaft blieb.

Jungpioniere zogen mit Handwagen von Haus zu Haus, manche Gruppen lieferten sich erbitterte Wettbewerbsschlachten. Immerhin ging es um die gute Sache: Solidarität mit Vietnam, Schreibhefte für Kinder in Afrika oder um Geld für die Klassenkasse. Etwas schwieriger wurde es, als die Ankaufpreise erhöht wurden, denn nun besserten auch manche Senioren ihre Rente mit Altstoffsammeln auf. Mitte der achtziger Jahre brachte ein Kilogramm gebündelter Zeitungen 30 Pfennige, für Alttextilien gab es immerhin 50 Pfennige. Grüne Flaschen schlugen mit fünf Pfennigen das Stück zu Buche, ausgesuchte weiße sogar mit 20 Pfennigen. Stahlschrott wurde für 12 Pfennige pro Kilogramm angekauft, Guss erzielte 23 Pfennige. Richtig gute Geschäfte ließen sich mit Alu- oder Blei-Schrott für 1,80 Mark pro Kilogramm oder gar mit Kupfer für 2,50 Mark machen. Manch cleverer Pionier baute da schon mal ein bleiernes Wasserrohr im Kleingarten ab oder wickelte Kupferdraht von alten Spulen. Auf kriminelle Ideen wie heutzutage, etwa Gullideckel zu klauen, kam hingegen niemand.

Das alles hatte eine erhebliche wirtschaftliche Bedeutung. So wurden zwischen 1971 und 1989 jährlich zwischen 4,2 und bis zu gut 5 Millionen Tonnen Stahlschrott und 362 000 bis 420 000 Tonnen Gussschrott gesammelt, Aluminium erhöhte sich von 48 900 auf 82 400 Tonnen und Altpapier von 433 700 auf 665 800 Tonnen. Auch wenn der Schutz der Umwelt nicht im Vordergrund stand, diente ihm zweifellos die Steigerung der abgegebenen Flaschen von 261,8 Millionen Stück im Jahr 1971 auf 779 Millionen Stück 1989. Bei »Rücklaufgläsern« stieg die Zahl von 142,5 Millionen auf 490,9 Millionen.

Diese Größenordnungen weckten nach der Einheit Begehrlichkeiten im Westen. Das staatliche DDR-Sammelsystem SERO bildete die Grundlage für eine Aktiengesellschaft gleichen Namens mit Sitz in Berlin. Dahinter standen die Gebrüder Löbbert. Mit 135 Millionen Mark Umsatz galt die SERO AG eine Weile als ostdeutsche Erfolgsgeschichte. Dass die neuen Besitzer SERO hinter den Kulissen wie eine Weihnachtsgans ausnahmen, fiel den meisten Aktionären erst auf, nachdem ihre Papiere 95 Prozent des Wertes verloren hatten. Am 1. Juli 1999 verließen die Lösch Umweltschutz AG und die Sero Entsorgung AG den »Neuen Markt«, am 2. Juli 2001 wurde beim Amtsgericht Berlin Charlottenburg der Antrag auf Eröffnung des Insolvenzverfahrens gestellt.

Heute nutzen verschiedene Entsorger noch den guten Namen aus DDR-Zeiten, mit dem einstigen SERO haben sie nichts mehr zu tun. Das Rumpelmännchen braucht keinen Sack mehr, denn inzwischen wird lieber weggeworfen statt gesammelt.

Weswegen wurde die Kaffeekrise so brisant?

Ein Kilo Bohnenkaffee der Sorte »Mocca Fix Gold« vom VEB Röstfein in Magdeburg kostete genauso viel wie 1400 Brötchen vom Bäcker um die Ecke. Trotzdem nannte SED-Politbüromitglied Albert Norden in einer internen Hausmitteilung an Erich Honecker vom 28. Juni 1977 den Türkentrank »ein Volksgenussmittel im besten Sinne des Wortes«.

Dass dieser Genuss gefährdet war, erfuhr das Volk in sonst ganz ungewöhnlicher Offenheit im September 1977 vom »Allgemeinen Deutschen Nachrichtendienst« (ADN) der DDR: »Das Ministerium für Handel und Versorgung hat sich erneut mit der Frage befasst, wie trotz der außerordentlichen Preissteigerung auf dem Weltmarkt die Versorgung mit Kaffee auch in Zukunft gesichert werden kann. Dabei musste es von der Tatsache ausgehen, dass im Vergleich zum Jahre 1975 die Weltmarktpreise für Rohkaffee um das Vier- bis Fünffache gestiegen waren und gegenwärtig noch das Drei- bis Vierfache betragen. Gleichzeitig ist bis Mitte September der Kaffeeverbrauch in der DDR – trotz der seit August weggefallenen Sorte ›Kosta‹ – um 2290 Tonnen, das sind 8,5 Prozent gegenüber dem gleichen Zeitraum des Vorjahres, gestiegen. Der Jahresverbrauch 1977 wird 56 000 Tonnen Rohkaffee betragen.«

Um das Problem zu lösen, erklärte die Partei den Bürgern via ADN, was »international üblich« sei, denn augenscheinlich konnten sie sich nun mal nicht davon überzeugen: »In vielen Ländern ist infolge der Erhöhung der Einzelhandelskaufpreise der Verbrauch von Kaffee erheblich zurückgegangen, in den USA sogar um 40 Prozent. Dafür wird in vielen kapitalistischen Ländern im verstärkten Maße Mischkaffee bzw. Tee angeboten und getrunken.«

Beim »Trinken« lag der Knackpunkt. Obwohl der in der DDR angebotene »Kaffee Mix« sogar billiger werden und »künftig zum Preis von 4,- Mark pro 125-g-Packung im Einzelhandel« verkauft werden sollte, mochte ihn niemand. ADN versicherte zwar: Die »Qualität entspricht bereits jetzt der in anderen Staaten angebotenen Sorten«, aber das Volk verweigerte standhaft den Genuss von »Erichs Krönung«, aus »49 Prozent Surrogate/Roggen und 51 Prozent Kaffee« bestehend.

In einer Analyse des Ministeriums für Staatssicherheit zu »Reaktionen der Bevölkerung«

vom 1. September 1977 wurde festgestellt, dass bis 30. August 1977 »etappenweise circa 10 Prozent der Verkaufsstellen und circa 50 Prozent der Cafés und Gaststätten in den Verkauf bzw. die Versorgung mit ›Kaffee-Mix‹ einbezogen« seien und sich deshalb die »Abkauftendenz ... rückläufig« zeigte. Betrugen die »Tagesauslieferungen der Produktion« in der ersten Augustwoche noch 32 Tonnen, waren es

Der Mischkaffee »Kaffee Mix« war für die DDR-Bürger keine Alternative zum herkömmlichen Kaffee.

in der zweiten 20,6 Tonnen, dann 15,9 Tonnen und schließlich nur noch 9,6 Tonnen. Bis Jahresende 1977 sollten eigentlich laut Plan weitere 2500 Tonnen »Erichs Krönung« an die Kunden gebracht werden, und die Stasi sorgte sich nun: »Bei weiterhin andauernder geringer Abkauftendenz könnten größere Überplanbestände entstehen, wobei zu bemerken ist, dass dadurch auch beträchtliche Mengen Röstkaffee nicht versorgungswirksam werden.« Es sei damit zu rechnen, dass »die Diskussionen unter der Bevölkerung anwachsen«. Rund 14 000 Eingaben im Zusammenhang mit der Kaffeekrise bewiesen, dass die Stasi richtig lag.

Und wenn das Volk murrte, schien die Sicherheit des Staates gefährdet. Die Kritik beschränkte sich nämlich nicht nur auf die miese Qualität des Mix-Getränks, den unverschämten Preis und die Untauglichkeit des Pulvers für Kaffeemaschinen, sondern wurde schnell politisch. Die Stasi ließ ihre Lauscher ausschwärmen und konstatierte, »dass in Gaststätten Bedienungspersonal von den vollkommen überrascht mit ›Mischkaffee‹ bedienten Kunden beschimpft würden, wodurch das Bedienungspersonal veranlasst werde, entweder mitzuschimpfen oder zu kündigen«. Außerdem stünden die Einsparungen mit dem respektlos »Edescho« – »Erichs Devisenschoner« – genannten Gesöffs in keinem Verhältnis zu den »Repräsentationskosten auf höherer Ebene«, zur »Einfuhr von teuren Westwagen für Funktionäre« und zur »Nutzung von Dienstwagen für private Zwecke«. Nicht nur die sprichwörtlichen Kaffeesachsen fühlten sich über den Tisch gezogen, denn

Mielkes Männer sammelten als wichtigste Argumente: »dies sei ›Betrug am Arbeiter‹«, »Preiserhöhungen gebe es nicht nur in der BRD, sondern auch in der DDR, wobei es sich hier um ›schleichende Preiserhöhungen‹ handele«, »von einem Arbeiter-und-Bauern-Staat könne nicht mehr die Rede sein; dem Arbeiter werde nicht einmal mehr eine Tasse Kaffee gegönnt«, »die DDR sei ›wirtschaftlich am Ende‹ und ›bis zum Hals verschuldet‹«. Zu Letzterem wurde in Klammern vermerkt: »Einzelfälle«. Gefahr schien dennoch im Verzug: »Auch von Mitgliedern der SED wird geäußert, durch eine entsprechende Veröffentlichung und sachliche Darlegung der Ursachen und Zusammenhänge hätten viele jetzt auftretende abwertende bis negative Äußerungen vermieden werden können.« Damals klappte das »Wir bitten um Ihr Verständnis« noch.

Gelöst wurde die Krise, indem klammheimlich per 21. September 1977 die Zollbeschränkung für Kaffee in den Paketen aus dem Westen gelockert und später ganz abgeschafft wurde. Die Ameisentransporte von West nach Ost beliefen sich auf etwa 12 000 Tonnen pro Jahr, und die DDR-Planer konnten so rund 20 Prozent des Bedarfs als »gedeckt« betrachten. Überdies gingen die Außenhändler auf Kaffeefahrt und erschlossen neue Bezugsquellen bei den sozialistischen Freunden von Angola bis Vietnam. Der »Kaffee Mix Silber« verschwand sang- und klanglos aus Läden und Gaststätten – es war noch einmal gutgegangen.

WER TANKTE BEI MINOL AUF KONTO 884488?

Der Minol-Pirol war es jedenfalls nicht, und auch dessen »Stets dienstbereit zu Ihrem Wohl« ließ in der DDR einiges zu wünschen übrig. Kam in der Gegend um Leipzig ein harmlos aussehender Zivilist per Trabi oder Wartburg an die Gemisch-Säule mit VK 79 oder VK 88 und bezahlte mit Scheck aus einem Heft mit der Kreditnummer 884488, wusste jeder Tankwart: Hier ging es um den Friedenskampf, denn es war die Tankkreditnummer der Stasi.

Ein bisschen anstehen mussten auch die grauen Männer mit ihren bunten Schlipsen, denn selbst bei den wenigen neu gebauten Tankstellen der DDR wurden bis zu 15

»Warteplätze« gleich mit einkalkuliert. »Gott der Düsen und der Achsen – lass mehr Tankanlagen wachsen«, flehte der *Eulenspiegel* schon im September 1957, doch das ab 1970 in Gang gesetzte »Komplexprogramm« blieb letztlich nur ein frommer Wunsch. Nachdem zwischen 1959 und 1970 gerade einmal 216 neue Tankstellen gebaut worden waren, sollte es nun richtig vorangehen, 432 Neubauten wurden geplant, darunter 82 große Minol-Stationen. Insgesamt 237,5 Millionen Mark wären nötig gewesen. Entstanden sind bis 1985 nur 185 Neubauten, und 14 grundlegende Rekonstruktionen wurden realisiert.

So blieb das Tankstellennetz der DDR löchrig und veraltet. Von den 1990 insgesamt 1278 vorhandenen Zapfstationen, etwa einem Zehntel des heutigen Bestands, ließen 758 bereits mehr als fünfzig Jahre den Sprit sprudeln. Minol-Investitionsdirektor Wolfgang Schauen resümierte resigniert: »Die Reproduktion sank auf unter 5 Prozent, 25 Prozent wären notwendig gewesen. Die Sicherheit war nicht mehr gewährleistet.« Und der Umweltschutz schon längst nicht mehr. Das Lehrbuch *Grundwissen des Tankwarts* verkündete zwar: »Ein Liter Mineralöl kann eine Million Liter Wasser ungenießbar machen«, entschuldigte aber gleichzeitig: »Eine große Anzahl von Tankstellen aus der kapitalistischen Zeit wurde ohne Rücksicht auf den Umweltschutz« gebaut. Deshalb forderte Minol vom Staat immer wieder Geld für dringende Maßnahmen, bewilligt wurde wenig. 1988 meldete der Mineralöl-Monopolist bei Straßenbau einen Bedarf von 9 Millionen Mark und beim Erdbau von 2,5 Millionen Mark an. Genehmigt wurden 2,2 Millionen für die Straßen und 1,36 Millionen Mark für die Erde.

So gesehen, erschien es fast schon als Vorteil, dass die geplante Vorratshaltung von Kraftstoff für 6,8 Tage niemals eingehalten wurde und im Schnitt bei nur 2,3 Tagen lag. Kalkuliert wurde der gesamte Bedarf an Tankstellen und Sprit Anfang der siebziger Jahre auf der Basis eines angenommenen Verbrauchs von 9,7 Litern pro Person und Monat. Und die hatten sich die Leute gefälligst zu den festen Öffnungszeiten der Tanke abzuholen. Dafür aber zu stabilen Preisen. Sie lagen nach der weitgehenden Aufhebung der unterschiedlichen Beträge für frei verkäuflichen und Sprit auf Marken per 1. März 1975 bei 1,50 Mark pro Liter Normalbenzin, 1,40 Mark pro Liter Diesel und 1,65 Mark für »VK Extra«. Für den Klassenfeind aus dem Westen war es bei Intertank von Minol billiger, und es gab besseres Benzin. Ende der sechziger Jahre warb die Autobahn-Tankstelle Michendorf: »Kraftstoffe in bester Qualität zu günstigen Preisen – Leuna-Benzin für 0,35 DM West per Liter, Dieselkraftstoff für 0,32 DM West«.

Um zu überwachen, dass sich kein Minol-Mitarbeiter den einen oder anderen West-pfennig unter den Nagel riss, waren wieder die Kunden mit dem Tankheft 884488 ge-fragt. Sie hatten reichlich zu tun, denn 1987 arbeiteten 9686 Menschen bei Minol, da-von 7311 Facharbeiter und 1115 Hoch- und Fachschulabsolventen. Verdient wurde im DDR-Durchschnitt. Nach Einführung der Produktivlöhne im Juni 1983 bekam ein ledi-ger Facharbeiter in der Lohngruppe 4 einen Grundlohn von 550 Mark und einen leis-tungsabhängigen Mehrlohn von 313 Mark, so dass er am Ende 863 Mark in der Lohntü-te hatte. Das reichte aber offenbar als Stimulation nicht aus, denn die »Zuwendung zum Kunden« blieb all die Jahre »Hauptanliegen der Erziehungsarbeit« bei Minol. Im Septem-ber 1968 schrieb die *Freiheit* in Halle: »Hunderte ABI-Kontrollen (›Arbeiter-und-Bau-ern-Inspektionen‹, K. B.) stellten in diesem Sommerhalbjahr übereinstimmend fest, die-ser Kundendienst ist im Bezirk noch unterentwickelt.«

Da sollte dann unter anderem auch die »Intensivierungskonferenz« 1978 Abhilfe schaf-fen, und Minol-Hauptdirektor Johann Wittik konstatierte tatsächlich »spürbare Verbes-serungen«. Immerhin hatte sich die Zahl der Eingaben von 548 im Jahr 1976 auf 469 im Folgejahr verringert. Der Beschluss des Ministerrats vom 27. September 1984 forderte eine neue Qualität beim Service. Doch das blieb wohl ein Traum. Die *Berliner Zeitung* tes-tete und fragte am 3. April 1985 nach, ob der Tankwart denn nicht auch mal die Scheiben abwischen könne. Konnte er nicht, und der Minol-Chef an der Holzmarktstraße erklärte auch, warum: »Ist es nicht bei Temperaturen wenig über null Grad Celsius eine Zumu-tung, ständig mit Kaltwasser hantieren zu müssen?« Das sollten die Kunden dann doch lieber selbst machen.

Allerdings gab es auch eine Tankstelle in der DDR, bei der der Service ohne Probleme klappte und der Sprit sogar völlig umsonst floss. Sie lag in der Waldsiedlung Wand-litz, stand direkt unter der Betreuung der Männer mit den Tankkreditscheinen 884488 und hatte die Fahrer der »führenden Genossen« und deren Familie als ausschließliche Stammkundschaft.

Die Privatisierung von Minol im Zusammenhang mit dem Verkauf der Leuna-Werke ist einer der größten unaufgeklärten Kriminalfälle im Zuge der Einheit Deutschlands. Al-lein vom französischem Käufer Elf Aquitaine flossen 47 Millionen Euro Schmiergeld – in welche deutsche Taschen und Parteikassen, ist bis heute nicht völlig geklärt.

WIE STÖRTE DIE ERDÖLKRISE WEST DIE WIRTSCHAFT OST?

Als ab Ende November 1973 an vier Sonntagen im Westen ein Fahrverbot auf den Autobahnen herrschte und für sechs Monate Tempo 100 angeordnet wurde, meinten viele im Osten, nun würde sich die Planwirtschaft für den Sozialismus endlich einmal auszahlen. Die Hoffnung blühte, das Erdöl als wichtigste Wirtschaftswaffe der westlichen Welt bliebe für »den sozialistischen Bruderbund« ein stumpfes Schwert. Schließlich bekam die DDR ihr Erdöl aus der Sowjetunion, durch langfristige Verträge gesichert und zu festen Preisen versprochen.

Anfang der siebziger Jahre lagen die Weltmarktpreise für ein Barrel (159 Liter) Erdöl zwischen zwei und drei Dollar. Bis zum Ende des Jahrzehnts explodierten sie auf 17 bis 18 Dollar. Inzwischen hatte sich mit der *Organization of the Petroleum Exporting Countries* (OPEC) ein Kartell der erdölfördernden Staaten gebildet. 1979/80 verdoppelte es noch einmal die Preise, ein Fass Öl kostete nun 34 bis 35 Dollar.

Im Westen sprach man vom »Ölpreisschock«, die DDR verfügte über beste Möglichkeiten, davon kräftig zu profitieren. Sie hatte in Schwedt an der Oder mit modernster japanischer Technologie Erdöl-Verarbeitungskapazitäten für 21 Millionen Tonnen im Jahr aufgebaut. Diese Produkte von Heizöl über Benzin und Diesel bis hin zur Schuhcreme ließen sich im Westen bestens verkaufen. Das wollte die DDR möglichst umfangreich nutzen. Deshalb startete sie das »Heizölprogramm«. Inhalt: Statt das sowjetische Erdöl im eigenen Land zu verfeuern, sollten rund 6 Millionen Tonnen aus dem inneren Verbrauch herausgelöst, veredelt und exportiert werden. Dazu machte sich die Umverteilung von Investitionen in Höhe von 12 Milliarden Mark notwendig, einer Summe, die dem Gesamtaufwand für Land- und Forstwirtschaft, Verkehr und Post- und Fernmeldewesen im Jahr 1981 entsprach. Sie konnten nur auf Kosten der gesamten Wirtschaft aufgebracht werden, die ohnehin schon unter veralteten und ersatzbedürftigen Anlagen litt.

Dennoch schien die Rechnung zunächst aufzugehen. Durch die Sonderregelungen des zollfreien »innerdeutschen Handels« war der Markt der Bundesrepublik für Erdölprodukte besonders attraktiv. In den Jahren 1981 bis 1985 sprudelten die Deviseneinnahmen, der Exportüberschuss summierte sich auf jährlich 2 bis 4 Milliarden Valutamark.

Dann platzte der Traum vom krisenfreien Wirtschaften, denn auch der Sowjetunion war nicht entgangen, dass sie auf dem Weltmarkt mit ihrem Öl mehr als zehnmal so viel verdienen konnte wie im Handel mit den »Bruderländern«. Ab 1980 kürzte sie ihre Lieferungen an die DDR von 19,3 auf 17,3 Millionen Tonnen Erdöl pro Jahr. Durch den Kraftakt des »Heizölprogramms« ohnehin gebeutelt, war es nun noch schwieriger geworden, die für den West-Export verplante Öl-Menge aufzubringen. Die Braunkohleförderung stieg von 258 Millionen Tonnen 1980 auf 312 Millionen Tonnen 1985. Trotzdem musste der Fünfjahrplan 1981 bis 1985 in allen wesentlichen Kennziffern nach unten korrigiert werden.

Mit der Einschränkung der sowjetischen Öl-Lieferungen wurde im »Rat für gegenseitige Wirtschaftshilfe« (RGW) vereinbart, die Preise mit einer Zeitverzögerung von drei bis fünf Jahren an den Weltmarktpreis anzupassen. Das hieß in der Praxis: Die Schulden bei der Sowjetunion stiegen, ohne dass dafür mehr geliefert würde, aber immerhin blieb das Öl noch ein paar Jahre billig. So erhöhte sich von 1975 bis 1985 der Außenhandelsumsatz mit Moskau wertmäßig zwar auf 245 Prozent, das materielle Produkt der Lieferungen der UdSSR an die DDR war seit 1970 aber nur um 7 Prozent gewachsen. Von den in diesen zehn Jahren aus dem Osten getätigten Importen in Höhe von 260 Milliarden Mark (im Valuta-Gegenwert gerechnet) waren 154 Milliarden Mark reine Preissteigerungen für sowjetisches Erdöl.

Und es kam noch viel schlimmer: Ab 1985/86 fiel der Weltmarktpreis für Erdöl von 34 bis 35 Dollar auf 14, dann 12 und zeitweise 8 Dollar pro Barrel. Dahinter steckte die Strategie der USA, die konkurrierende Großmacht Sowjetunion an den wirtschaftlichen Abgrund zu treiben. Dazu verringerten sie einerseits das Potential der Öl-Einkünfte und begannen andererseits ein Fünfjahresprogramm der Hochrüstung im Wertumfang von 26 Milliarden Dollar, auf das Moskau mit erhöhten Ausgaben reagieren musste.

Für die DDR bedeutete das alles, durch die mit Moskau vereinbarte Zeitverzögerung bei der Erhöhung des Preises von sowjetischem Öl, nun rund viermal so viel zahlen zu müssen, wie es auf dem Weltmarkt gekostet hätte. Dementsprechend brachen ihre Erlöse im Export ein. So wurden zwar weiterhin rund 6 Millionen Tonnen Erdöl veredelt und weiterverkauft, der Exportüberschuss verringerte sich jedoch um etwa 95 Prozent auf magere 100 bis 200 Millionen Valutamark im Jahr. Die wichtigste Devisenquelle der DDR war versiegt. Allein in den Jahren 1986 bis 1989 entstand gegenüber dem Plan – und damit den bereits fest eingeplanten Ausgaben – ein Valutaausfall von 6,6 Milliarden Mark.

Und es blieb nicht nur beim Erdöl. Die Lieferung von 6 Millionen Tonnen Steinkohle wurde schrittweise reduziert und sank 1987 von damals noch einer Million auf 300 000 Tonnen. In den Jahren 1985 bis 1988 verringerten sich die Lieferungen von Blei von 85 000 Tonnen auf 12 000 Tonnen, von Zink von 24 000 auf 12 000 Tonnen und von Apatitkonzentraten für Phosphatdünger von 450 000 auf 300 000 Tonnen. Für die DDR, die seit Jahrzehnten rund 70 Prozent ihrer Rohstoffimporte aus der Sowjetunion bezog, stellte sich die Frage des wirtschaftlichen Überlebens. Ihre Antwort konnte noch ein paar Monate durch das Stopfen von Löchern hinausgezögert werden, indem andere aufgerissen wurden. Eine langfristige Perspektive gab es nicht mehr.

WIE VERLIEF 1988 DER AUTOKAUF VON HERRN P.?

Als Gerhard Priess aus Nelkanitz am 16. Oktober 1973 seinen Wartburg 353 bestellte, musste er mit einer längeren Wartezeit rechnen. Von den 48 471 Autos, die in jenem Jahr vom Band liefen, gingen nämlich nur 18 671 in die DDR und davon gerade einmal 8527 an die Bevölkerung. Der Rest wurde exportiert: 23 021 Wartburg rollten in die »sozialistischen Bruderländer«, 6800 gab es über Genex für Westmark und 2681 für »Sonderbedarfsträger«.

Gerhard Priess gehörte offenbar nicht dazu, aber er brauchte ja ohnehin noch etwas Zeit, um auf das Auto zu sparen. Seit 1966 gab es das Modell, und die »Limousine de Luxe« kostete 17.950 Mark. Da konnte ihn auch die 1975 mit einer Preiserhöhung eingeführte »Weiterentwicklung« – nun erstmals mit Scheibenbremsen vorn und als 353 W gekennzeichnet – nicht schrecken. Schließlich war das Auto moderner geworden. Bis 1988 trieben die stets mit »erhöhtem Gebrauchswert« begründeten kleinen Verbesserungen bei immergleichem Aussehen des Autos den Preis bis auf rund 25.000 Mark hoch.

Als ab Januar 1978 die ersten von 10 000 VW-Golf in den Osten rollten, reichten die bis dahin von Gerhard Priess absolvierten viereinhalb Jahre Wartezeit noch lange nicht aus, um dabei zu sein. Doch nach weiteren zehn Jahren hatte auch er eine Chance, nun den Wartburg 1.3 mit einem 58-PS-Motor des VW Polo 86c zu bekommen, der inzwischen in der DDR hergestellt wurde. Allerdings kostete der seit nunmehr 23 Jahren optisch nur unwesentlich veränderte Wagen als Limousine Standard derweil 30.580 Mark, der Tourist 1.3 S brachte es sogar auf 35.190 Mark.

Dennoch war bei Gerhard Priess die Freude groß, doch bald trübte sie sich ein. Darüber berichtete er am 14. April 1989 an das Wirtschaftsmagazin »Prisma« des DDR-Fernsehens: »Am 08.02.1989 hatte meine Familie das Glück, nach einer Wartezeit von 15 ½ Jahren einen Wartburg 1.3 käuflich zu erwerben. Frohen Mutes ging es auf nach Leipzig zum Autovertrieb.« Nach vier Stunden Wartezeit klappte alles dann auch ganz flott. Gerhard Priess: »Mit den Worten: ›Das ist Ihr Fahrzeug, schauen Sie sich es an, inzwischen mache ich die Papiere fertig!‹, war das Problem des ›Autokaufs‹ erledigt.«

Dass nur zwei Liter Sprit und ein Liter zu wenig Öl im Auto waren, tat der Freude zunächst keinen Abbruch. Auch die Heimfahrt verlief fast ohne Schwierigkeiten. Lediglich die beiden Klappen für die Belüftung fielen beim Versuch, sie richtig einzustellen, nach innen. Sie waren falsch montiert worden. Herr Priess reparierte das, ohne zu murren.

Am folgenden Freitag, Sonnabend und Sonntag fuhr der Wartburg 1.3 wie eine Biene. Am Montag sprang er allerdings nicht mehr an. Die Batterie war leer. »Nach ausgiebiger Fehlersuche bemerkte ich, dass der Ausschalter im Kofferraum verbogen und der Stromkreis nicht unterbrochen war.« Auch das arbeitete Gerhard Priess nach, ebenso wie die Arretierung der Kofferklappe und die nicht funktionierenden Scheibenwischer.

Aber dann wurde es ernst: Das Getriebe knirschte. Von der Vertragswerkstatt in Nossen ging eine Garantiemeldung nach Eisenach, und schon zwei Monate nach dem Kauf, am 12. April 1989, stellte der vom Autowerk herbeigeeilte Kollege Erbse einen Garantiefall fest. Die klemmenden Türen fielen ebenfalls unter die Gewährleistung. Doch dann wurde es kritisch. Gerhard Priess: »Alles andere, so sagte Koll. Erbse, seien keine Garantiefälle. Auch die Antriebe weisen Mängel auf. Man sagte mir, dass dieses konstruktionsbedingt sei, was ich nach Aufklärung auch verstand.« Die fehlende Dämmmatte hätte mit Garantie ebenfalls nichts zu tun, meinte der Fachmann. »Auch über die Roststellen schaute er hinweg, er gab mir nur die Anweisung, die Bedienungsanleitung zu lesen.« Das hatte der dankbare Autokäufer längst getan. Er scheute sich auch nicht, zum »Elaskon« zu greifen, um sein Schmuckstück zu konservieren. Dennoch blieb die Sorge: »Was soll denn alle Pflege, wenn schon nach 6–8 Wochen aus allen Pfalzen des Wartburg 1.3 der Rost austritt?«

Als Gerhard Priess nun auch noch moserte, er könne für sein ehrlich erarbeitetes Geld »auch gute Ware verlangen«, erklärte ihm Herr Erbse, »dass dieses nicht sein Problem sei und ich dieses Auto ja nicht kaufen brauchte«. Und er machte einen ungewöhnlichen Vorschlag: »Auch sei er bereit, mir für den Wartburg 1.3 30.200 Mark zu zahlen, und das Auto wäre sein Eigen.« Das machte nun wiederum den Besitzer stutzig: »Will dieser Mann noch Geschäfte machen?« Herr Priess wusste doch genau, dass Autos in der DDR oft weit über Neupreis verscherbelt wurden.

Frustriert schrieb er an »Prisma«: »Mit meinem Brief möchte ich einen Anstoß geben, Probleme zu lösen, welche sicherlich nicht nur mich und meine Familie belasten ... Mit solchen Leistungen in unserer Volkswirtschaft kann man wohl wenige begeistern, was ich und meine Familie bedaure.« Eine zwei Seiten lange Aufstellung aller Mängel legte Gerhard Priess dem Brief bei. Trotz allem hatte er mit seinem Autokauf offenbar noch Glück. Dieter Voigt, Generaldirektor des Industrieverbands Fahrzeugbau (IFA), teilte in der DDR-Autozeitschrift Der deutsche Straßenverkehr mit, dass für das Jahr 1988 zwar 488 000 Bestellungen vorlagen, aber nur 146 000 Wagen ausgeliefert wurden.

Ein Wartburg 1.3 aus dem VEB Automobilwerk Eisenach

»Mit der Mutter, o wie fein,
kaufe ich im Konsum ein …«

5
LEERE BEUTEL, LEERE KASSEN

Warum kostete ein Schweineohr 1948 in der HO drei Mark?

Alles begann mit einer halben Stunde Verspätung. Etliche Hundert Leute hatten sich an diesem Montag, dem 15. November 1948, vor dem neuen Laden in der Frankfurter Allee 304 in Ostberlin eingefunden. Hier sollte um 9 Uhr das erste HO-Geschäft für Textilien und Schuhe eröffnen, um 9.30 Uhr war es dann so weit. Gleichzeitig startete ein Lebensmittelladen in der Neuen Königsstraße am Georgikirchplatz. Bei den Berlinern heißt er bald »Süßer Laden«.

Nachdem sich mit der Währungsreform und der Einführung der D-Mark im Westteil der Stadt die Schaufenster dort explosionsartig gefüllt hatten, gibt es nun auch im Osten die ersten Geschäfte, in denen ohne Bezugsscheine und Lebensmittelmarken eingekauft werden kann. Die Preise lassen viele jedoch nur den Kopf schütteln: 3 Mark für ein Schweineohr von 50 Gramm, 5 Mark für ein Stück Torte von 75 Gramm, 65 Mark für ein Pfund Butter und 18 bis 24 Mark für die Tafel Schokolade. Die Renner im »Süßen Laden« werden die Kuchenbrötchen für 1,20. Auch Schuhe bleiben ein Luxusgut: Bis zu 300 Mark für ein Paar, 40 bis 120 Mark für Kinderschuhe – bei dem damaligen Durchschnittsverdienst von 184,92 Mark im Monat ein kaum erschwingliches Vergnügen. Verwundert stellen die vielen Schaulustigen und wenigen Kunden fest, dass die Preise nur knapp unter denen des Schwarzmarktes liegen.

Genau der ist einer der Gründe, die zur Entstehung der Volkseigenen Handelsorganisation (HO) geführt haben. Die enormen Gewinne, die auf dem Schwarzmarkt erwirtschaftet wurden, sollten künftig in staatliche Kassen fließen. Dazu kam, dass auf die mit der Lohnentwicklung steigende Kaufkraft reagiert werden musste. Niemand würde mehr leisten wollen, wenn er sich für seinen Verdienst nichts kaufen konnte. Das Schaufenster Westberlin lag vor der Tür. Auch dagegen sollte die HO stehen und das blieb eine Aufgabe bis zu ihrem Ende 1990.

Doch zunächst einmal ging es darum, überhaupt einen staatlichen Sektor im Handel zu schaffen. Neben dem genossenschaftlich organisierten Konsum lag der vorerst ausschließlich in privater Hand. Deshalb beschloss die Deutsche Wirtschaftskommission (DWK) bereits am 3. November 1948, also noch vor der Staatsgründung, die Errichtung der volkseigenen Handelsorganisation. Die ersten Planungen waren bescheiden: In der gesamten sowjetischen Besatzungszone sollten 29 Läden und 21 Gaststätten der HO entstehen. Diese Pläne wurden schnell revidiert, denn die Läden mit den trotz hoher Preise begehrten Waren machten enorme Gewinne. Bereits 1950 existierten 2500 HOs in der DDR, die 26 Prozent des Einzelhandelsumsatzes machten.

Zehn Jahre später waren es 37 Prozent mit 35 000 Geschäften. Die Preise hatten sich derweil beständig normalisiert.

Der Verbrauch stieg enorm. Am 1. Februar 1953 betrug auf der »Lebensmittelgrundkarte« die Ration Fleisch 1380 g pro Person und Monat, Zucker 1240 g und Fett 915 g. Am Ende der DDR wurden im Monat pro Person 8275 g Fleisch und 2092 g Fett konsumiert. Zucker und Zuckererzeugnisse kamen auf 3458 g pro Person und Monat.

Die Differenz zwischen Versorgung und Bedarf sollte in den fünfziger Jahren die HO durch frei verfügbare Waren zum zunächst doppelten Preis der rationierten Lebensmittel decken. Diese »HO-Akzise« wurde schrittweise abgebaut. Mit der Abschaffung der Lebensmittelkarten – Ausnahme Kohlenkarten –verschwand sie am 29. Mai 1958 völlig und es wurde ein einheitliches Preisniveau geschaffen. Nun kostete das Brötchen 5 Pfennige, die Bockwurst 80 Pfennig und ein Stück Butter (250 g) 2,50 Mark. Das war etwas mehr als die vorherigen Markenpreise. Deshalb bekamen Arbeiter und Angestellte mit einem Verdienst bis zu 800 Mark Lohnzuschläge von 9, später 10 Mark im Monat und das monatliche Kindergeld von 20 Mark wurde eingeführt. Niedriglöhne, Renten und Stipendien wurden erhöht.

Mit dem System der stabilen Preise, später dann nur noch für Grundnahrungsmittel, begann die Entwicklung des gesamten DDR-Handels zu einem volkswirtschaftlichen Verlustgeschäft. Je mehr subventionierte Nahrungsmittel – unter anderem auch gern als Tierfutter genutzt – verkauft wurden, umso mehr musste Vater Staat zuschießen. Noch gravierender gestaltete sich diese Diskrepanz in den von der HO bewirtschafteten Gaststätten. Wurde dort zum Beispiel modernisiert und renoviert, schöneres Inventar angeschafft und mit qualifizierterem Personal gearbeitet, stieg objektiv der Preis für Speis und Trank. Der jedoch durfte kaum verändert werden. So biss sich letztlich diese Politik in den Schwanz.

Abweichend vom großen Vorbild Sowjetunion hatte die DDR im Handel neben dem staatlichen Sektor auch Konsum-Genossenschaft, Kommissionäre und Private zugelassen. Dem »Primat der Politik in der Wirtschaft« folgend, sollte dabei die HO die Monopolstellung einnehmen. Trotz positiver Entwicklung und des Engagements und Fleißes von Tausenden von Mitarbeitern wurde sie so zum politischen Sündenbock. Spotteten die Ostberliner vor dem Mauerbau noch gutmütig, sie gingen zur HO Gesundbrunnen nach Westberlin, wenn Mangelwaren besorgt werden sollten, wurde es 28 Jahre später sarkastisch: »Keine Bettwäsche gibt es im dritten Stock. Hier gibt es keine Jacken.«

WARUM WAR DIE WERBUNG SO MERKWÜRDIG?

»Trabant – Symbol eines zuverlässigen Begleiters« oder der üppige herbstliche Gemüsekorb mit Knoblauch, Tomaten, Paprika, Blumenkohl, Zucchini und Salat: »Wertvoll weil vitaminreich« regte kaum jemanden ernsthaft auf. Und auch solch profunde Ratschläge wie »Lebe gesünder – trinke Milch« oder »Fisch auf jeden Tisch« trieb niemanden um. Das war eben gerade da und wenn es besonders gut lief, lockte der Handel: »Jede Woche zweimal Fisch, hält gesund, macht schlank und frisch.« Natürlich zu stabilen Preisen. Viel erstaunlicher war, dass in der Mangelwirtschaft der DDR überhaupt geworben wurde. Manches erklärt sich aus der Tradition. Nachdem es Maggi nach dem Krieg nur noch im Westen gab, musste der Geschmack aus eigener Kraft ins sozialistische Süppchen gelangen. Dabei half seit 1954 das Elektrochemische Kombinat Bitterfeld: »Koche mit Liebe, würze mit Bino.« Letzteres heißt so viel wie »Bitterfeld Nord«, es ist der Herstellungsort. Bei anderen Produkten ging es darum, Interesse an Neuem zu wecken. Der VEB Möwe Teigwaren in Waren/Müritz bekam Ende der sechziger Jahre moderne Maschinen aus Italien. Nun lockte die Werbung: »Müssen es nur immer Makkaroni oder Spaghetti sein?« Nein, denn jetzt gab es auch »Spirelli« und »Wickli«. Musste die Ware für teure Devisen eingekauft werden, wie ab 1970 das lösliche Kaffeepulver Bero Instand aus Brasilien, durfte dafür ohnehin nicht geworben werden. »König Kunde kauft im Konsum«, hieß es, und der ließ sich auch in der DDR offenbar gern verführen. Als 1960 erstmals die Werbesendung »Tausend Tele-Tipps« über die Bildschirme flimmerte, saßen um die sechs Millionen Zuschauer davor und hörten die flotten Sprüche, wie »Bewunderung ein Schuh erregt, der ständig mit Eg-Gü gepflegt«.

»Mit der Mutter, o wie fein, kaufe ich im Konsum ein …«

Das trieb die merkwürdigsten Blüten. Als der VEB Patina, 1902 als Hallesche Dampfseifen- und Parfümeriefabrik gegründet, mit dem Slogan »Siehst du ein Ding mit Streifen, denke an Patina-Seifen« warb, machte sich sogar das ansonsten nicht gerade vor Humor strotzende Parteiblatt *Neues Deutschland* lustig: »Siehst du ein Ding mit Schuppen, denke an Suppina-Suppen.«

Nicht immer wurde der Ton getroffen, der dem Käufer das Wasser im Munde zusammenfließen ließ. Wer hat schon Appetit auf »Fettheringe in Süßweinmarinade«? Doch das war nicht das größte Problem. Nachdem Anfang der siebziger Jahre die letzten Privatbetriebe verschwanden, Kombinate gebildet und überall Budgetkürzungen durchgesetzt wurden, trocknete auch die Werbung langsam aus. Inzwischen hatte ohnehin selbst der letzte DDR-Bürger begriffen, dass ihm kein »Minol-Pirol«, trotz »stets dienstbereit zu ihrem Wohl«, mal den Dreck von der Scheibe wischte. So war das vom Ministerrat 1975 per Gesetz verhängte Verbot der gesamten Inlandswerbung nicht weiter beklagenswert.

Dennoch waren sich die Handelsgewaltigen der DDR stets über die »kulturell-erzieherische Aufgabe« der Werbung im Klaren – so im Lehrbuch *Betriebsökonomie für Industriekaufleute* zu lesen. In der Praxis wird das dazu genutzt, die Lösung der alltäglichen Defizite gleich im Verkaufsinserat mit unterzubringen. Deshalb lockt zum Beispiel der VEB Industrievertrieb Rundfunk und Fernsehen Anfang der siebziger Jahre mit seinem »Sortiment formschöner Erzeugnisse ... einschließlich aller Ersatzteile des Bastlerbedarfs«.

Werbemedien wie die bis 1976 in hoher Auflage kostenlos verteilten Versandhauskataloge, geraten zunehmend zu »Mitteln bei der Schaffung des neuen Menschen und Konsumenten«. Es gibt Vorgaben zur ihrer Nutzung für die patriotische Erziehung, bei der die »Liebe zum sozialistischen Vaterland DDR« im Mittelpunkt stehen soll. Dabei werden auch wirtschaftliche Weichen gestellt. Hieß es zum Beispiel »So zweckmäßig bekleidet, macht ihnen die Arbeit doppelt Freude«, war damit vor allem die Einbeziehung der Frauen in die Produktion gemeint. Zeit dazu bekamen sie, weil die Werktätigen inzwischen bügelfreie Hemden herstellten und mannigfaltige Haushaltsgeräte anboten, wie etwa Kaffeemaschinen – »16 Tassen in nur 8 Minuten« – oder Schnellkochtöpfe – »Ein Menü in 30 Minuten«.

Doch trotz Kampagnen wie »Große Wäsche leicht gemacht« blieben die Geräte rar. Und teuer. Der Kühlschrank Kristall 140, oft nur nach Anmeldung und längerer Wartezeit zu haben, kostete 1.350 Mark, zwei durchschnittliche Monatsgehälter. Die Werber mussten sich kritisieren lassen, sie hätten ihre Aktivitäten »unzureichend mit den Planzielen abgestimmt« und »die konkreten politischen und ökonomischen Bedingungen« nicht genügend berücksichtigt.

Und auch so wurde manche Werbeverheißung zum Ärgernis, denn nach einer 1970 erhobenen Umfrage des Instituts für Marktforschung Leipzig mussten trotz »Moderner Haushaltsgeräte« durchschnittlich 47,1 Stunden pro Woche für Hausarbeit aufgewendet werden. Die Frauen trugen davon 37,1 Stunden, die Männer den schmalen Rest – obwohl gerade ihnen die Werbung das Anpacken im Haushalt schmackhaft machen sollte. Die verbleibende Freizeit wurden von beiden gern vor dem Fernseher verbracht und als sich das Westfernsehen einbürgerte, sah man dort die Werbung. Der »Duft der großen weiten Welt« zog in die DDR-Nasen und wurde seither nie wieder vergessen.

WARUM KOSTETEN ALTE AUTOS MEHR ALS NEUE?

Der Handel mit gebrauchten Autos war die letzte Insel der Marktwirtschaft in der DDR. Hier bestimmten Angebot und Nachfrage die Preise. Bei Wartezeiten von 12, 13, 14 und manchmal mehr Jahren bildeten sie sich nach der Faustformel: tatsächlicher Wert oder Neuwert, plus einen Tausender für jedes Jahr der Benutzung minus sichtbarer notwendiger Reparaturen. Für einen sieben Jahre alten Trabi kamen so schon mal um die 14.000 Mark zusammen, ein alter Wartburg schaffte es locker auf über 20.000 Mark.

Wer einmal ein Auto besaß, hatte immer eines, denn der Altwagen brachte mindestens so viel, wie der neue kostete. Dessen Wartezeit ließ sich mit geschickter Verteilung der Bestellungen auf Vater, Mutter, Opa und Oma verkürzen. Und natürlich war der Weg zum Autohaus oft die erste Amtshandlung nach dem 18. Geburtstag. Zehn Jahre laufende Bestellungen wurden mit 2000 bis 4000 Mark gehandelt. Eine Ausnahme im Wartereigen bildeten nur die weniger beliebten Marken aus Freundesland Moskwitsch und Saporoshez. »Hüte dich vor bösen Frauen und Autos, die die Russen bauen«, spottete der Volksmund. Für die Fiat-Lizenz Shiguli, später Lada, galt das jedoch nicht. Auch die tschechischen Skoda, der Polski Fiat und die rumänische Renault-Lizenz Dacia waren gefragt.

Als Krone der automobilen Schöpfung galten jedoch die Westwagen in der DDR. Rund 30 000 bewegten sich ab Ende der siebziger Jahre auf dem holprigen Asphalt und machten das Straßenbild ein wenig bunter. Alles begann 1977 in Berlin, im Autohaus »Unter den Linden«. Wer rechtzeitig im Buschfunk davon gehört hatte, dass aus Schweden ein paar Volvos importiert würden, über eine mindestens ein Jahr alte Anmeldung auf ein Ostblock-Auto verfügte und genügend Geld besaß, konnte sich für einen Volvo 244 DLS bewerben. Das Sondermodell mit Vier-Zylinder-Motor, 107 PS, und dem Kühlergrill des Volvo 264 wurde nur für die DDR gebaut. Gegen ostdeutsches Bier gelangten rund 1000 Autos in den Farben weiß, blau, gelb, weinrot und grün über die Ostsee, Preis: 42.600 Mark. Die Volvos 244 DLS gab es nur in der »Hauptstadt« und da sie fortlaufend registriert wurden, hieß die Nummernschild-Bezeichnung »IBM« – das interpretierten neidvolle Mitbürger als »Ich bin Millionär«. Nun waren aber erst recht die Begehrlichkeiten geweckt und der Rest der DDR-Bevölkerung maulte. Deshalb konnte sich ab 1979 jeder, unabhängig vom Wohnort, für ein Westauto bewerben. Bedingung: Eine Fahrzeugbestellkarte für einen Viertürer, mindestens vier Jahre alt und ein nachgewiesenes Kapital von 38.500 Mark. So viel kostete dann der französische Citroen Pallas, vom dem 1979 bis 1982 rund 5500 Stück in die DDR rollten. Zum gleichen Preis gab es noch rund 500 Peugeot 305, die an verdiente Funktionäre und »Kunst- und Kulturschaffende« verteilt wurden. Eine wahre Sensation war der Import von 10 000 Golf. Am 13. Januar 1978 ratterte der erste Zug mit 200 Autos von Wolfsburg über die Grenze. Im Gegenzug lieferte die DDR dafür Pressen, Werkzeugmaschinen und einen Zeiss-Projektor für das Planetarium in Wolfsburg, das VW der Stadt zum 40. Geburtstag schenkte. Um solch ein Auto zu ergattern, reichten die normale Bestellung beim VEB IFA Vertrieb und schnödes Geld nicht aus. Auch der soziale Status musste stimmen: Arbeiter an »Brennpunkten der sozialistischen Produktion« wurden bevorzugt. Denen waren aber oft die Preise zu hoch. Für die im Westen für um die 8.000 DM zu habenden Golf, wollte die DDR zwischen 30.000 Ostmark für den zweitürigen 50-PS-Benziner und 35.000 Mark für den Diesel-Viertürer kassieren. Das war zu viel und so geschah eine im DDR-Autohandel einmalige Preissenkung auf 22.000 bis 26.000 Mark. Wer bereits mehr gezahlt hatte, bekam sein Geld zurück!

Der letzte große Import von Autos stammte aus Japan. Ab 1981 kamen rund 10.000 Mazda 323 nach Ostdeutschland. Auch sie unterlagen einer strikt geregelten Verteilung. Mit Preisen von um die 24.000 Ostmark mussten die DDR-Bürger fast das Dreifache dessen zahlen, was die Brüder und Schwestern im Westen auf den Tisch legten. Sie bekamen damals dieses Auto für etwa 9.000 DM.

All das blieb jedoch nie mehr als ein Tropfen auf den heißen Stein. Weil die Volkswagen und Mazda technisch eine ganze Generation weiter waren als die beliebten sowjetischen Lada – das Basis-Modell Fiat 124 war 1969 (!) schönstes Auto des Jahres im Westen – und sich die hohen Anschaffungspreise durch einen niedrigeren Verbrauch und weniger Wartung relativierten, dauerte es nicht lange, bis sie die Stars auf dem Schwarzmarkt von Angebot und Nachfrage wurden. Ein 120 000 Kilometer gefahrener Golf galt als »gut eingefahren«, Preise von um die 100.000 Mark waren keine Seltenheit.

Das letzte große Geschäft mit den Gebrauchten in der DDR machten clevere Händler nach dem Fall der Mauer. Noch waren die alten Preise in den Köpfen, Geld lag auf der hohen Kante und die Wünsche brannten wie Feuer. So ließen sich nach der Einführung der DM im Sommer 1990 noch ein Golf mit 250 000 Kilometern auf dem Tacho für 6000 bis 8000 DM verkaufen. Inzwischen kostet die Verschrottung solcher Kisten um die 200 Euro.

Was machte man mit Konsummarken?

Oma sammelte Konsummarken. Die kleinen Schnipsel – grün für 1 Mark Umsatz, blau für 5 Mark, grau für 10 und rot für 50 Mark – wurden sorgfältig in Din-A-6-Heftchen eingeklebt. Dafür gab es einmal im Jahr die »Rückvergütung«, im Schnitt 1,8 Prozent vom gemachten Umsatz. Bei 5000 Mark kamen so rund 90 Mark zusammen, eine schöne Extra-Einnahme. Die Verteilung der Marken in den Läden war großzügig, der eigentlich notwendige Mitgliederausweis, für einmalig 50 Mark Gebühr für jeden zu haben, wurde kaum kontrolliert. Es war das einzige Rabattsystem der DDR.

Der Konsum war älter als sein Land. Bereits zwei Tage nach der Kapitulation, am 10. Mai 1945, wurde in Calau-Luckau die erste Genossenschaft gegründet. Sie knüpfte an die Tradition des genossenschaftlichen Handels und der Produktion im Vorkriegsdeutschland an. Mit Befehl Nr. 176 vom 18. Dezember 1945 definierte die Sowjetische Militäradministration die künftige Rolle des Konsum: Er soll Lebensmittel und Waren des Grundbedarfs im Groß- und Einzelhandel verkaufen und diese Waren nach Möglichkeit auch selbst herstellen und transportieren. Dazu bekamen die neuen Genossenschaften ihr von den Nazis für deren »Versorgungsringe« beschlagnahmtes Vermögen zurück, Verluste wurden durch die Enteignung von Privatbetrieben kompensiert.

Dahinter steckte ein politisches Anliegen. Es ist die Zeit des Schwarzhandels und der Rationierung, dazu soll eine vertrauenswürdige Alternative entstehen. Deshalb ist der Konsum nicht profitorientiert, sondern muss dem Verbraucher dienen. Der wird vor allem auf dem Lande gesehen. Dort gibt es kaum Läden. Mobile Konsum-Verkaufsstellen – vom Brotwagen als Pferdegespann, über den Verkauf in eilig errichteten Kiosken, auf zeitweilig festgemachten Binnenschiffen bis hin zu ganzen Verkaufsbussen bürgern sich ein. Die 1949 gegründete Mitgliederzeitschrift *Konsum-Verteilungsstelle* ändert schon nach zwei Nummern den Namen in *Konsum-Verkaufsstelle* und weist so den Weg: Jetzt geht es um den Aufbau einer Handelskette, die zwar nicht bei den Preisen, aber in Service und Angebot mit der staatlichen Handelsorganisation (HO) konkurriert.

So entstehen bis zum Ende der DDR 198 Konsumgenossenschaften, die über die Bezirke in einem zentralen Verband organisiert sind. Ihm unterstehen auch die ab Mitte der sechziger Jahre eingerichteten Kaufhausketten Konsument und Kontakt, es gehören Gaststätten und Kaufhallen dazu und schließlich rund 150 eigene Betriebe. Sie stellen vor allem Back- und Fleischwaren her, und 28 von ihnen sind für die Versorgung der DDR von so großer Bedeutung, dass sie der zentralen Planung und Leitung unterliegen. Dazu zählen zum Beispiel die Gewürzmühle Schönbrunn, das Zündholzwerk und das Seifenwerk Riesa, die Bürstenfabrik Stützengrün, das Nährmittelwerk Erfurt und das Kaffeewerk Röstfein in Magdeburg. Außerdem gehörten Schulungsheime, das Erholungsheim in Oberhof, Ferienlager und weitere soziale Einrichtungen für die Mitarbeiter dazu.

Einen ersten Erfolg erzielte der Konsum in den fünfziger Jahren, als es gelang, seinen Anteil am Einzelhandel auf 31 Prozent zu steigern und so den privaten Handel, der zudem durch Benachteiligung bei der Warenbelieferung und eine rigide Besteuerung gebremst wurde, zu überholen. Dennoch versorgten die privaten Tante-Emma-Läden immer noch mehr als ein Viertel (27 Prozent) der Bevölkerung.

Beim Konsum ging es jedoch nie nur um Waren, sondern immer auch um Politik. In den Anfangsjahren betraute ihn die SED mit dem Ankauf von über dem staatlichen Soll produzierten Produkten auf dem Lande, »freie Spitzen« genannt. Beim damit verbundenen »Kampf gegen den Schwarzhandel« konnte schnell mal ein Schwarzer Peter gebraucht werden, der somit der HO erspart blieb. Später galt der Konsum als Muster für die »sozialistische Umgestaltung auf dem Lande«. Sein Vorbild sollte positiv auf die Bildung der LPG wirken und »widerständiges Potential neutralisieren«. Das erklärte Ziel dabei: »Durch die Entwicklung von Dorfkonsumgenossenschaften wird den werktätigen Bauern der Vorteil des genossenschaftlichen Zusammenschlusses deutlich sichtbar werden. Das wird zur kollektiven Zusammenarbeit beitragen und damit auch eine Hilfe für die weitere Entwicklung der Produktionsgenossenschaften sein.«

Dazu wurden bis 1963 in Dörfern, die bislang keinerlei Einkaufsmöglichkeiten hatten, rund 1200 neue Verkaufsstellen errichtet. Zu dieser Zeit betrieb die Konsumgenossenschaft bereits 18 510 Läden auf dem Lande, zu denen auch 426 Landwarenhäuser mit erweitertem Angebot zählten. Der Einzug der Konkurrenz mit der Marktwirtschaft machte diese Entwicklung rückgängig, was viele – trotz der begrenzten Warenpalette in der DDR – bedauern. Statt Verkaufsstellen gibt es heute in vielen Dörfern nur die hin und wieder kommenden mobilen Händler mit entsprechend hohen Preisen.

Heute kaum zu glauben ist, dass die Konsumgenossenschaften in der DDR in all den Jahren ihres Bestehens aufgrund ihrer Rechtsform als Genossenschaft Privatunternehmen waren und auch blieben. Sie gehörten ihren rund 4,5 Millionen Mitgliedern. Das führte dazu, dass diese, wenn sie nach dem Ende der DDR aus dem Konsum austreten wollten, ihr einstmals eingezahltes Kapital von 50 Mark zurückbekamen: 1:1 in Westmark.

WARUM FUNKTIONIERTEN DIE VERSANDHÄUSER NICHT?

Im Sommer 1973 tobten die X. Weltfestspiele durch Berlin, und plötzlich schien tatsächlich für einen Moment die ganze Welt offenzustehen. Im Katalog des Konsument Versandhauses fand sich schicke Mode mit Modellnamen wie »Bonn«, »Rhein« oder »Cannes«, und sogar Schlager-Barde Heino stand bei einer Hose Pate.

Eine solche Ungeheuerlichkeit blieb der SED-Führung nicht verborgen. Das Politbüro machte rund 40 Fälle westlich angehauchter Namensgebungen aus und beschied: »Sie sind ein politisches Versagen, Ausdruck mangelnder Wachsamkeit und als eine grobe Verletzung der Prinzipien und Politik unserer Partei zu werten.«

In Karl-Marx-Stadt (heute Chemnitz) verloren der Konsument-Generaldirektor und der Parteisekretär des Versandhauses ihre Posten. Das mag ihnen vielleicht ganz recht gewesen sein, denn ihre Firma rutschte schon seit längerem steil ab. Und auch der Werbeslogan des zweiten DDR-Versandhauses, Centrum in Leipzig, mit der Verheißung »Sie bestellen – wir liefern«, war längst zum Lotteriespiel geworden.

Begonnen hatten die Planungen für den Versandhandel 1954. Läden oder gar Warenhäuser waren selten, in ländlichen Gegenden gab es gar keine. Das sollte durch das bequeme Bestellen der gewünschten Waren – von Verkaufsstellen unabhängig – kompensiert werden. Dazu kam, dass der Handel endlich mal wissen wollte, was die Leute eigentlich tatsächlich kauften. In den Läden wurde nur die Nachfrage registriert. Das schuf ein Bild, nach dem nicht geplant werden konnte, denn oftmaliges Fragen nach knappen Waren zeigte ja noch nicht, wie viel davon wirklich benötigt wurde.

Am 1. Mai 1956 war es dann so weit: Das Versandhaus Leipzig öffnete. Der unergründlichen Weisheit der Partei folgend, war es der HO zugeordnet worden, obwohl der beabsichtigte Schwerpunkt der Versorgung auf dem Land beim Konsum lag. Dort blieb die Lage prekär. Das Versandhaus Leipzig, ab 1969 unter dem Namen Centrum-Versandhaus, hatte schnell mehrere Millionen Kunden und statt Waren erhielten sie mehr und mehr Briefe über »vorübergehend ausverkaufte Artikel«. Wir bitten um ihr Verständnis. Das hatte 1959 nicht einmal die SED-Handelskonferenz. Sie kritisierte die Mängel kräftig und bald folgte der Beschluss, ein zweites Versandhaus zu gründen. Diesmal wurde es tatsächlich bei den Konsumgenossenschaften angesiedelt. Auch das Konsument in Karl-Marx-Stadt erfreute sich schnell höchster Beliebtheit, doch zunächst wurde alles erst einmal ein bisschen schlechter. Der Konsum muss eine Reihe von Läden schließen, denn die Waren reichen nicht für Versand und Direktverkauf.

Nicht alles, was das Konsumenten-Herz beim Durchblättern des Versandkatalogs höher schlagen ließ, traf nach der Bestellung tatsächlich bei den Kundinnen und Kunden zu Hause ein.

Trotzdem möchte die SED bei der Bevölkerung punkten und achtet von Anfang an darauf, den Versandhandel auch ja politisch richtig einzuordnen. So heißt es zum Beispiel im Katalog Nummer 14 vom Frühjahr/Sommer 1963 im Vorwort an die »lieben Kunden«: »Dieses Jahr begann mit einem richtungsweisenden Ereignis, dem VI. Parteitag der Sozialistischen Einheitspartei Deutschlands. Das dort beschlossene Programm der Partei der Arbeiterklasse stellt uns allen große Aufgaben beim umfassenden Aufbau des

»Mit der Mutter, o wie fein, kaufe ich im Konsum ein ...«

Sozialismus ...« und so weiter und so fort. Als zum 20. Jahrestag der DDR 1969 der erste Konsument-Katalog auf Hochglanzpapier erscheint, schreibt kein Geringerer als Staats- und Parteichef Walter Ulbricht das Vorwort.

Knappe Waren werden dadurch nicht mehr. Deshalb erforschen die beiden Versandhäuser nun erst einmal, wer eigentlich was kaufte, beziehungsweise dementsprechende Wünsche äußerte. Ergebnis: Rund 60 Prozent der Sortimente waren identisch. Da lag Sparpotential und so schnitt die HO ihr Versandhaus Leipzig nun mehr auf »städtische Bedürfnisse« zu, während sich Konsument auf die Landbevölkerung konzentrierte. Deshalb bot das eine also mehr Mode, Haushaltsgeräte und auch schon mal ein paar Musikinstrumente an und das andere hatte Harken und Spaten, Angeln und robuste Arbeitskleidung. Oder eben auch nicht. Die Liefersicherheit blieb nämlich das gravierendste Problem. Dazu trug nicht nur die dünne Warendecke, sondern auch die mangelhafte Logistik bei. Um Letzterem abzuhelfen, sollte in Leipzig ein Großversand entstehen. Am 24. April 1968 erfolgte der erste Spatenstich. In den kommenden Jahren wurden zwei große Lagerhallen, Betriebsgebäude und sogar ein Kindergarten mit 180 und eine Krippe mit 80 Plätzen gebaut. 1972 liegt der Kundenstamm allein in Leipzig bei etwa drei Millionen Bestellern und täglich könnten bis zu 50 000 Pakete das Haus verlassen. Innerhalb von 48 Stunden soll die Bestellung bearbeitet sein – wenn denn der Artikel aus dem Sortiment von rund 4000 Waren verfügbar ist. Das ist allerdings immer seltener der Fall.

So schleppen sich die beiden DDR-Versandhäuser bis in die siebziger Jahre. 1976 zieht »die Partei« die Reißleine: Die Liefersicherheit liegt inzwischen unter 50 Prozent. So haucht der Versandhandel in aller Stille sein Leben aus. DDR-Waren aller Art finden sich künftig nur noch in den Versandhäusern von Quelle, Neckermann und Otto. Dort sind sie wegen ihrer günstigen Preise und der guten Qualität beliebt. Doch diese Häuser liegen leider im Westen.

Weshalb trugen viele Bürger stets einen Dederon-Beutel bei sich?

Der typische DDR-Einkaufsbeutel aus Dederon ist ein Kind der geblümten Kittelschürzen. Diese entstanden eigentlich als *Hooverette* im Amerika der zwanziger Jahre. Nachdem es auch in der DDR seit 1959 den Wunderstoff Nylon gab – hier Dederon genannt, um sich vom westlichen Perlon abzugrenzen –, eroberten die praktischen »Arbeitskleider« im Sturm die Damenwelt. Irgendwie mussten dabei auch die Schnittabfälle verarbeitet werden, und so entstanden die bunten Beutel.

Allein das Material, reißfest, waschbar und gut zu bedrucken, machte sie von Anfang an zu unentbehrlichen Helfern im Alltag. An Beliebtheit übertroffen wurden sie nur noch von Plastiktüten mit westlichen Reklameaufdrucken, die ein bisschen den Duft der großen, weiten Welt in die kleine, provinzielle DDR brachten. Doch schon bei der Wiederverwendung hatte der knitterfreie Dederon-Beutel bei bekennenden DDR-Bürgern wieder die Nase vorn. Er ließ sich auch leichter in die Jackentasche stopfen.

Eingekauft wurde in der DDR nämlich nicht nur, wenn man etwas brauchte, sondern auch, wenn es etwas gab. Was, war ganz egal, es würde auf jeden Fall einmal benötigt werden, wenn nicht vom Käufer selbst, dann von seinen Freunden oder Bekannten. Im Laufe der DDR-Geschichte gab es nur wenige Waren, die nicht irgendwann einmal »Versorgungsengpässen« unterlagen. Einkaufen blieb deshalb stets auch eine Frage der Gelegenheit. Die praktischen Beutel hielten die potentiellen Kunden im permanenten Alarmzustand.

Das machte den Planern Sorgen. Seit Anbeginn der DDR waren sie, je nach der entsprechenden Gerüchtelage, mit Panik-, Hamster- und Vorratskäufen konfrontiert. In Fachkreisen galt das als »bürgerliche Konsumgewohnheit«, die durch »sozialistisches Kaufverhalten« abgelöst werden musste. Wie das zu geschehen hatte, sollte seit den fünfziger Jahren die in Leipzig konzentrierte »sozialistische Handelsforschung« ergründen. Sie befasste sich wissenschaftlich mit der Renitenz der Kunden, der mit »Effektivierung der Verbrauchslenkung«, »der Planung und Leitung vom Nachfragevolumen«, »der Beeinflussung des Bevölkerungskaufverhaltens« oder »optimalen Engpassvermeidung« entgegen gewirkt werden musste. Der Verkauf von Waren wurde mehr und mehr von der Reglementierung ihrer Verteilung bestimmt.

Das alles dankte der Kunde nicht. Er weigerte sich einfach, seine Wünsche dem Angebot anzupassen. Diese Aufmüpfigkeit wiederum kollidierte mit Grundsätzen der Planung. Wurde in der Frühzeit der DDR noch versucht, mit Hilfe einer – wenn auch rudimentären – Bedarfsforschung die Produktion an die Bedürfnisse anzupassen, stand inzwischen die Aufgabe, den Bedarf mit der Produktion in Übereinstimmung zu bringen. Der Käufer sollte kaufen, wenn die Ware verfügbar war, nicht, wenn er sie gerade brauchte. Wozu hatte er schließlich seinen Beutel?

Reißfest, waschbar und gut zu bedrucken: Dederon eignete sich hervorragend als Stoff für bunte Kittelschürzen und wieder verwendbare Einkaufsbeutel.

Vom sozialistischen Kunden wird Verständnis erwartet. Gab es irgendwas im Übermaß, sollte er gefälligst dazu beitragen, das Überangebot abzutragen. Nimm ein Ei mehr! Herrschte andererseits einmal Mangel, möge er diesen durch »unvernünftige Panikkäufe« und »Hamstern« nicht noch verschärfen. Diese »Vernunft beim Kunden« setzte sich nicht durch und manch gelernter DDR-Bürger hat noch heute Bettwäsche für die nächsten zwanzig Jahre im Schrank. »Der Partei« machte das alles große Sorgen. Auf ihrem IV. Parteitag vom 15. bis 21. Januar 1963 gab es deshalb mahnende Worte: »Gegenwärtig bestehen bei der Beeinflussung des Bedarfs noch erhebliche Mängel. Das betrifft insbesondere die inhaltliche Bestimmung bedarfslenkender Maßnahmen. Diese war nicht immer völlig mit den Zielen der Versorgungsplanung abgestimmt. Weder das Warenangebot noch die Preis- und Einkommenspolitik trugen in den vergangenen Jahren ausreichend zur Entwicklung sozialistischer Lebens- und Verbrauchsgewohnheiten bei. Sie wirkten zum Teil einer stabilen Versorgung, einer optimalen Übereinstimmung zwischen Waren- und Kauffonds, entgegen.« Übersetzt heißt das Parteichinesisch, dass es das undankbare DDR-Volk auf dem Weg zur sozialistischen Käuferpersönlichkeit nicht besonders weit gebracht hatte.

Das alles ist politisch brisant. An der paradiesischen Verheißung Walter Ulbrichts, »So wie wir heute arbeiten, werden wir morgen leben«, haben die Leute ohnehin längst die Lust verloren. Nachfolger Erich Honecker lässt deshalb auf dem VIII. Parteitag der SED im Juni 1971 die »Einheit von Wirtschafts- und Sozialpolitik« verkünden. Sie geht mit Lohn- und Rentenerhöhungen, der Verkürzung der Arbeitszeit und dem Beschluss des Wohnungsbauprogramms einher. Dass diese Erhöhung des Lebensstandards eine Menge Geld kostete, das nicht vorhanden und auch kaum zu erwirtschaften war, gehörte bis zum Ende der DDR zu den Tabu-Themen.

Das Volk meckerte und blieb ansonsten bei seinem gewohnten sozialistischen Trott aus Verantwortungslosigkeit, Behäbigkeit und Selbstbedienung in den Betrieben. Versorgungslücken wurde durch die kleinen, alltäglichen Schiebereien geschlossen und wenn es gar nicht anders ging, halfen Westpakete und Intershop. So gesehen vertrauten viele DDR-Bürger ihrem Einkaufsbeutel mehr als den Verheißungen der Partei. Das bunte Stück Dederon hätte die Fahne der Revolution werden können!

Weshalb mussten Gäste in Gaststätten anstehen?

Gaststätten in der DDR hielten selbst für abgehärtete Bürger des Landes immer wieder Überraschungen bereit. Hier galt es, sich als Eindringling zu behaupten, der dem Personal nur Arbeit machte und für ein paar Pfennige auch noch Freundlichkeit erwartete. Doch im Gegensatz zu manch anderem Schlachtfeld der sozialistischen Menschengemeinschaft durfte darüber gemeckert werden. Sogar öffentlich.

Seit Anfang der siebziger Jahre war das SED-Zentralorgan *Neues Deutschland* auf der Suche nach den besten Gasthäusern der Hauptstadt. Beteiligten sich 1977 gerade einmal 160 Leute an der Umfrage, waren es 1981 bereits 152 109 Einsender. Parallel dazu ließen immer mehr Menschen ihren Frust beim Fernsehen in »Prisma«, in der *Wochenpost* oder im *Eulenspiegel* ab. Da beschwert sich zum Beispiel Herbert Bahlke aus Magdeburg über das »herrische Gehabe« im Potsdamer Restaurant *Bolgar*, Dietmar Noack aus Senftenberg findet es »beschämend«, dass er in Frankfurt (Oder) fast eine halbe Stunde vor leeren Tischen warten musste, um »platziert« zu werden und Briefschreiber Haeberke aus Cottbus ist der »preußische Feldwebelton« der wenig gastlichen Häuser zuwider. Der *Eulenspiegel* kommentiert: »Eine dumme Frage von dir, ein frecher Blick – und der Bannstrahl geht auf dich nieder.« Daran war der DDR-Gast gewöhnt. Ausnahmen bestätigten die Regel und wurden mit einem dankbaren »das is'n Sörwies!« quittiert.

Eigentlich leben Gaststätten vom Engagement ihrer Wirte, die Freude an der Dienstleistung haben und damit Geld verdienen. Das war in der DDR nicht so. Bei reglementierten Preisen in meist alten Gebäuden – in den siebziger Jahren befanden sich zwei von drei Gaststätten in Häusern aus dem 19. Jahrhundert – sollte oft nur mäßig ausgebildetes Personal bei langen und ungünstigen Arbeitszeiten und geringem Lohn den Laden schmeißen. Das funktionierte nicht.

Deshalb ging die Zahl der Gastwirte stark zurück. Per Beschluss zogen Partei und Regierung 1976 die Notbremse. Nun wurden mit günstigen Krediten und Befreiung von der Gewerbesteuer auch private Initiativen gefördert. 1978 gab es 7672 Kommissionsgaststätten – dort arbeitete man in staatlichen Häusern bei festgesetzten Preisen auf eigene Rechnung – und sogar 2112 private Kneiper. Gleichzeitig wurden 1977 die Investitionen in das volkseigene Hotel- und Gaststättenwesen um 29 Prozent aufgestockt. *Interhotels*, meist für Devisen-Gäste, und neue Typen von Speise- und Schnellgaststätten entstanden, und es wurde eine Facharbeiterausbildung etabliert.

Dennoch reichte es vorn und hinten nicht. So kamen zum Beispiel Anfang der siebziger Jahre in Karl-Marx-Stadt auf 1000 Einwohner gerade einmal 80 Plätze in Restaurants und Cafés. Abhilfe sollte ein Boom von einfachen und schnellen Gaststätten schaffen. Neben solch beliebten Häusern wie *Gastmahl des Meeres* oder *Goldbroiler* erfand die DDR-Gastronomie nun den Hotdog als »Ketwurst« und den Hamburger als »Grilletta« neu. Und Pizza gab es in *Krusta-Stuben*.

Anfang der achtziger Jahre machten Gaststätten der Preisgruppe I und II – dort gab es für 2,50 Mark bereits ein komplettes Mittagessen – etwa 70 Prozent des Umsatzes. Eintönigkeit auf der Speisekarte – Schnitzel, Gulasch, Rinderbraten – waren der Preis dafür. In den wenigen kulinarischen Fluchtburgen empfahl sich eine rechtzeitige Reservierung. Ein Jahr Vorbestellung waren keine Seltenheit, wollte man mal »Exotisches« genießen.

Die staatlichen Planer setzten indes auf noch mehr Kantinen-Feeling, um die Engpässe zu beseitigen. So schreibt Karl Müller, Gastro-Chef im Bezirk Rostock: »Das Ziel für die achtziger Jahre besteht darin, die Gar- und Vorbereitungsprozesse in Gaststättenküchen um weitere 30 bis 40 Prozent zu reduzieren. Nach dem gegenwärtigen Stand wird ein Vorfertigungsgrad von 33 Prozent erreicht.« Pläne zur Umsatzsteigerung – an der Ostsee sind es zu jener Zeit 6300 Mark pro Lokalstuhl und Jahr – gehen mit einer weiteren Vereinfachung einher. Müller: »Bei einem Angebot von nur einem Gericht erhöht sich der Stuhlumsatz um 80 bis 100 Prozent.«

Trotz aller Bemühungen blieben lange Schlangen vor den Gaststätten, besonders in Urlaubsgebieten und während der Feiertage, ein Ärgernis bis zum Ende der DDR. Dazu kam oftmals der dreiste Versuch, den Gästen ungebührlich in die Tasche zu greifen. Dünner Kaffee – vorgeschrieben waren 6,5 Gramm pro Tasse – der grundsätzlich »Juice« genannte Orangensaft im zu kleinen Grog-Glas oder die Eiswürfel im halbgefüllten »Sekt mit Früchten« sind legendär. Anfang der achtziger Jahre wurden bei etwa 900 Kontrollen in Ostberliner Gasstätten in 300 davon Schummeleien festgestellt. Es folgten Ordnungsstrafen zwischen 50 und 1000 Mark, doch das waren nur die geringfügigen Vergehen. Allein mit Kuchen und Eis betrog die Küchenbrigade des Elbe-Schiffs *Wilhelm Pieck* ihre Gäste innerhalb von fünf Jahre um rund 600.000 Mark. Das brachte den Chef und seine zehn Leute 1980 für zusammengerechnet 72 Jahre hinter Gitter.

»Mit der Mutter, o wie fein, kaufe ich im Konsum ein ...«

Für die Gäste rundete sich all das zum Bild von der »Diktatur der Kellner und Verkäuferinnen«, so die Schriftstellerin Monika Maron. Sie verschwand erst, als auch die DDR Geschichte wurde.

Wieso landete der Goldbroiler in der DDR?

Es gab Briefmarken mit Sowjet- und NVA-Soldaten für 20, mit Lenin für 40 Pfennige und natürlich die große deutsch-sowjetische Truppenparade, eine braune Porzellan-Medaille mit den Köpfen von Marx und Engels, den üblichen Ordenssegen und zahllose Freundschaftstreffen. Der 50. Jahrestag der »Großen Sozialistischen Oktoberrevolution« am 7. November 1967 wurde opulent gefeiert. Sogar im Westen. Im Saalbau des Lokals *Zum Friedrichseck* in Langenselbold, Kreis Hanau, gaben elf schwarzgewandete Damen von den Städtischen Bühnen Magdeburg Brecht zum Besten: »Über das Fleisch, das euch in der Küche fehlt, wird nicht in der Küche entschieden.« Glücklicherweise war es im Westen mit dem Fleisch nicht so prekär wie in der DDR. Aber das würde der Sozialismus schon ändern, deshalb eröffneten am 7. November 1967 in Ostberlin die ersten drei *Broiler-Bars*. Zu Ehren des Jahrestages, versteht sich.

Der Grund dafür ist die bislang unbefriedigte Fleischeslust der DDR-Bürger. Viel und fett essen gilt in den sechziger Jahren als Ausweis für Lebensqualität und Wohlstand. Den will die Partei schaffen. Schon auf ihrem V. Parteitag 1958 hatte die SED beschlossen, die Geflügelproduktion zu versiebenfachen. Das blieb ein frommer Wunsch, denn die Hühner wuchsen trotz Beschluss nicht schneller – bis der VI. Parteitag 1963 den Weg dazu wies: industriemäßige Produktionsmethoden in der Landwirtschaft. Aber auch die waren nicht so einfach zu erlangen. Doch ab Ende 1964 kümmerte sich eine »Zentrale Aufbaugruppe« darum. Sie unterstand dem »Staatlichen Komitee für Erfassung und Aufkauf« und sollte von den Vertragsverhandlungen bis zur Produktionsaufnahme alles regeln.

Goldbroiler mit Brötchen gibt es bei diesem Broilergrill in Leipzig.

Als Erstes musste ein geeignetes Huhn her. In den USA gab es da einen »überaus fleischwüchsigen Spezialhybriden«, doch der hätte kostbare Devisen verschlungen. Glücklicherweise konnten die bulgarischen Brüder helfen. Sie hatten den Trick raus, wie man per industrieller Mast ein Huhn innerhalb von zehn Wochen auf 1,5 Kilogramm brachte. Dem Ergebnis gaben sie den Markennamen »Broijleri«. Das hängt mit dem englischen »to broil« (braten, grillen) zusammen und klang appetitlicher als das bulgarische »Pile« für Huhn. Die Züchter im Geflügelkombinat Tolbuchin, das die ersten Tiere produzierte, hatten einen Sieg gegen den Klassenfeind errungen, den sie mit den DDR-Freunden teilen wollten. Dort machte Horst Zimmermann, der persönliche Referent des damaligen Landwirtschaftsministers Georg Ewald, aus dem bulgarischen Zungenbrecher den »Broiler«. Er schrieb den von ihm so erfundenen Namen einfach in die Vorlage für das Politbüro der SED, zitterte ein wenig wegen dessen englischer Wurzeln, doch die Führung nickte gnädig ab.

»Mit der Mutter, o wie fein, kaufe ich im Konsum ein ...«

Wenig später wurde das »gegrillte Hähnchen mit leicht biegsamem Brustfortsatz« – so das *Lexikon für Hotel- und Gaststättenwesen* 1972 – aus Werbegründen sogar zum »Goldbroiler«. Im Lexikon ist auch zu lesen, dass der Flattermann in einem »besonderen Restauranttyp« zu verspeisen ist, »der den Bedarf nach gegrillten Broilern und einem ergänzenden Speiseangebot auf Geflügelbasis deckt.« Bevor es allerdings so weit war, musste erst noch die Produktion »abgesichert« werden. Dazu wurde die Arbeitsgruppe in Jugoslawien fündig, wo sie Lizenzen holländischer, britischer und westdeutscher Technologien zur industriellen Mast erwerben konnte. Mit diesem Know-how, aufgebaut von Experten aus Jugoslawien, entstand am 1. Januar 1967 das erste Kombinat industrielle Mast (KIM) in Königs Wusterhausen. Es fungierte als Pilotprojekt für weitere KIM, die bald in allen Bezirken wie Pilze aus dem Boden schossen.

Die neuen Gaststätten wurden vom Volk schnell angenommen und waren außerordentlich beliebt. Ihre Einrichtung ließ sich mit geringeren Investitionen bewerkstelligen als die anderer Restaurants und so reichte es sogar noch für Grillgeräte aus dem Westen. Die Gäste wussten es zu danken. Der Geflügelverbrauch von 5,1 Kilogramm pro Kopf und Jahr 1970 verdoppelte sich bis 1985 und blieb dann bei gut 10 Kilogramm bis zum Ende der DDR. Neben dem Speisen im westlich angehauchten *Wienerwald*-Ambiente bürgerte sich auch der Verkauf außer Haus ein. Serviert wurde vorzugsweise der »Halbe«, mit »Butterbrot und gem. Salat« zum Festpreis von 5,85 Mark. Hin und wieder gab es auch Pommes frites dazu. Später ging es dann nach Gewicht, weil KIM es mit der Norm nicht mehr so genau nahm. Dennoch blieb der Goldbroiler einer der kleinen Siege des Sozialismus.

Der Historiker Patrice G. Poutrus, der seine Doktorarbeit über den gegrillten Flattermann schrieb, sieht das sogar dramatisch: »Die Geschichte des Goldbroilers kann ... als exemplarisch für den Übergang von Gewalt zum Arrangement im SED-Staat angesehen werden. Es handelte sich aber nicht um einen Prozess der Ablösung der einen Herrschaftstechnik durch die andere, wie sehr wohlmeinend angenommen werden konnte.« Das geht wohl auch ein paar Nummern kleiner, ebenfalls wohlmeinend: Die Grillhähnchen haben ganz einfach gut geschmeckt, durften ohne das gleichzeitige Schwenken von Winkelementen verzehrt werden und nur beim unbotmäßigen Absingen von Arbeiterliedern nach dem begleitenden Biergenuss wurde man gegebenenfalls des Lokals verwiesen.

Echte »Goldbroiler« gab es in Erfurt bis zum 1. Juli 2015. Inzwischen hat ihn die neue »Herrschaftstechnik« zum »Hendl« gemacht. Der Geschmack blieb gleich.

Was war die »Mondstaubserie«?

Sie hießen Jupiter, Venus und Saturn, doch das Volk traute der rötlich grauen, krümeligen DDR-Schokolade nicht so recht. Wer weiß, was da zusammengekratzt wurde, hieß es, das könne wohl nur Mondstaub gewesen sein! Ganz Kluge behaupteten zu wissen, dass die Süßigkeit längst nicht mehr mit Kakao, sondern mit Stierblut gefärbt sei.

»Das ist eine absolute Räuberpistole«, sagt der Leipziger Lebensmittelchemiker Klaus Valdeig. Er muss es wissen, denn er hat selbst eine Schokopralinenfüllung aus zähflüssig gekochten Erbsen, Zucker und Aromen erfunden, Patentnummer 206 622. Solche Rezepte waren gefragt und galten als »Vertrauliche Verschlusssachen«. Die Substitution seltener und teurer Rohstoffe hat in Deutschland Tradition. Sie ist so groß, dass sich das Wort »Ersatz« auch im Französischen als »l'ersatz« eingebürgert hat – wie »le blitzkrieg«, le schnaps« und »la weltanschauung«.

In der DDR wuchsen weder Kaffee noch Kakao, exotische Nüsse oder Zitrusfrüchte. Sie hätten gegen harte Währung eingekauft werden müssen. Deshalb wurde geforscht, wie all diese Dinge in Konsistenz und Geschmack kostengünstig nachzuahmen sind. Dabei waren die Chemiker gefragt, und die erzielten erstaunliche Erfolge. Ganz oben auf der Agenda stand die Schokolade. Mit nur rund 1200 Tonnen Kakao-Import im Jahr konnte niemand große Sprünge machen. Das Zentralinstitut für Ernährung in Bergholz-Rehbrücke forschte nach einer Alternative, um aus den Schalen, »an sich ein lästiges Nebenprodukt«, so ein interner Institutsbericht, das Aroma zu gewinnen. Das wurde mit dem Patent 205 605 belohnt. Doch beim Geschmackstest fiel das hellbraune Pulver immer wieder durch. Einem »kakaoähnlichen Produkt« aus Roten Rüben, Patentschrift DD 226 763 A1 war 1984 ebenso wenig Erfolg beschieden wie zwei Jahre später einer Masse aus Getreidekeimen und Zucker, Patent DD 245 345 A1. Die DDR hatte sich zwar den internationalen Standards bei der Schokoladenherstellung unterworfen, aber Anfang der achtziger Jahre half nur noch die interne Lockerung dieser Bestimmungen.

1974 bestimmte eine neue Schokoladenvorschrift das Absenken des Kakaomindestgehalts von 25 auf 7 Prozent. Es entstand die »Schlager-Süßtafel« für 50 Pfennige, später, nach einer Rezeptänderung, dann für 80 Pfennige zu haben. Ein weiteres Produkt, die »Süßtafel mit Gebäckperlen« für 1,35 Mark, schmeckte manchmal etwas fischig, denn das jeweilige Futter, Silage oder eben Fischmehl, schlug auf die Milch durch. Offiziell

»Mit der Mutter, o wie fein, kaufe ich im Konsum ein …«

angegeben wurde auf den Tafel schon lange kein Kakao-Gehalt mehr, sondern nur der Anteil von Fett, Kohlenhydraten, Eiweiß und der Brennwert in Joule. Dennoch schrieb der Plan weiterhin die Reduzierung von Rohstoffen bei gleichzeitiger Erhöhung der Produktion vor. So wurde überall Ersatz gesucht. Aus grünen Tomaten entstand am Institut Bergholz-Rehbrücke ein Zitronat-Imitat, das als »Kandinat T« in den Handel wanderte. Der Versuch, aus gezuckerten Apfelstückchen Rosinen herzustellen, blieb hingegen ohne Erfolg. Auch das Strecken von Bockwurstmasse mit Rübenschnitzeln klappte nicht.

Während im Westen in jener Zeit ebenfalls an Ersatzstoffen geforscht wurde, um zu fette und zu kalorienhaltige Nahrung gesünder zu machen, bleibt in der DDR der Mangel die Triebkraft. Als Manfred Richter vom Zentralinstitut für Ernährung Ende der siebziger Jahre ein »gelbildendes Stärkehydrolysenprodukt«, kurz SHP, erfindet, bekommt er den »Nationalpreis II. Klasse«. Der chemisch aufgespaltene Stärkebrei – Rezept geheim – ließ sich als Fettersatz verwenden. Er streckte Schmelzkäse, wanderte in Torten, fettarme Mayonnaise und füllte Schokokugeln. Pro Jahr wurden seither etwa 3000 Tonnen SHP produziert.

Am Ende der DDR ist dann auch der Ersatz für den Ersatz knapp: Das manchmal »Marzipan für Arme« genannte »Persipan« ersetzte aus gekochten Mandeln und Zucker gekochte Masse des »echte« Marzipans durch ein Gemisch aus gemahlenen Pfirsich- oder Aprikosenkerne sowie Soja, Bohnen, Lupine oder Kichererbsen. Als auch diese Zutaten knapp wurden, entstanden unter anderem die DDR-Erfindungen Resipan aus Maisgrieß, Zucker und Aroma und wegen des alsbald eintretenden Maismangels Nakapan, das aus Kartoffelgrieß und aromatisiertem Zucker zusammengerührt wurde. Die kleinen Knabbereien nebenbei blieben immer ein Problem. Aus Sojabohnen kreierte »Knusperlinge«, die wie Cashewkerne schmecken sollten, werden nicht mehr produziert. Es fehlten die Sojabohnen. Längst durchgesetzt hatten sich hingegen die »Knusperflocken«. Sie entstanden aus den Abfällen bei der Knäckbrot-Produktion. Politisch brisant wurde der Mangel, wie bereits berichtet, als im Sommer 1977 der Bohnenkaffee knapp wurde.

Für viele seltene Sachen finden sich in alten DDR-Zeitungen und -Kochbüchern Ersatzvorschläge: Statt Kapern kann man die Blüten der Brunnenkresse einlegen, Bärlauch schmeckt ein wenig wie Knoblauch und gerösteten Haferflocken am Frankfurter Kranz ersetzten die Mandelsplitter. Den heißesten Ersatz-Tipp gab Fernseh-Fischkoch Rudolf Kroboth: »Als Heringe knapp wurden, habe ich dann aus Makrelen ›norwegische Kräuterheringe‹ gemacht. Das brachte rund 30 000 begeisterte Leserzuschriften ein.«

Warum gab es im Russenmagazin Halberstädter Würstchen?

Als Ljudmila Putina mit ihrem Mann Wladimir 1986 in die DDR kommt, ist sie begeistert: »Saubere Straßen und blitzende Fenster, die einmal in der Woche geputzt wurden, ein reichhaltiges Warenangebot, zwar nicht so üppig wie in Westdeutschland, aber immer noch besser als in der Sowjetunion.« Der junge Offizier ist »Hauptoperativbevollmächtigter« des sowjetischen Geheimdienstes KGB in Dresden. Die beiden wohnen in der Radeberger Straße 101 und genießen in vollen Zügen den Wohlstand ihres westlichsten Außenpostens. Wladimir Putin: »Wir kamen ja aus Russland, wo an allen Ecken und Enden Mangel herrschte, und hier gab es nun alles in Hülle und Fülle. Ich habe zwölf Kilo zugenommen.« Er weiß auch, wovon: »Radeberger!«

Das Bier gibt es nur selten einmal in den Dresdner Kaufhallen. Doch die sowjetischen Truppen in der DDR haben ohnehin ihre eigenen Läden. Im Volksmund werden sie »Russenmagazin« genannt. Das kommt vom russischen Wort »Magasin« für Laden. Sie sind für die Angehörigen der Gruppe der sowjetischen Streitkräfte in Deutschland (GSSD) – so die offizielle Bezeichnung der Besatzungstruppen in der DDR – und deren Familien eingerichtet worden.

Und da es »den Freunden« an nichts fehlen soll, werden die Russenmagazine nicht nur mit Waren aus der Sowjetunion, sondern auch mit im DDR-Handel seltenen Konsumgütern beliefert, Leckereien wie Halberstädter Würstchen, Wernesgrüner oder Radeberger Bier gehören ebenso dazu wie Staubsauger und Textilien. In diesen Läden dürfen auch DDR-Bürger einkaufen. Besonders in den frühen fünfziger Jahren galten sie oft als Geheimtipp, wie beispielsweise das »Magasin« in der Treskowallee in Berlin-Karlshorst. Dort gab es Waren zu moderaten Preisen ohne die bis 1958 ansonsten nötigen Lebensmittelkarten, und so wanderte manches Extra-Stück Butter in DDR-Einkaufsbeutel. Später, nach der Aufhebung der Rationierung, entsprachen die Preise dem in der DDR festgeschriebenen Niveau.

Das Ambiente der Läden – oft in beschlagnahmten Wohnungen oder anderen eher ungeeigneten Räumen in der Nähe der Kasernen oder in größeren Garnisonsstädten eingerichtet – erinnert an dörfliche Kramläden. Neben einem ungeordneten Berg von

Kleidungsstücken auf einem oder mehreren der Tische stehen Lebensmittel, Konserven werden aus dem Karton verkauft und technische Geräte oder andere Waren nicht etwa vorgeführt. Legendär ist die angeblich wahre Geschichte eines Ehepaares, das im Russenmagazin einen der raren Teppiche erwarb. Als er zu Hause dann stolz erstmals ausgerollt wurde, schmückte ein kreisrundes Lenin-Bild im Durchmesser von anderthalb Metern die Mitte des guten Stücks mit dem Perser-Muster ringsum. Man hatte nicht bedacht, dass Russen sich Teppiche oft an die Wände hängen und nicht drauf herumlaufen.

Das Verkaufspersonal rekrutiert sich aus mitreisenden Ehefrauen der sowjetischen Offiziere und zelebriert das von zu Hause bekannte Gebaren. Doch die Rolle als Bittsteller sind ja auch die DDR-Kunden gewöhnt. Für sie empfehlen sich auf jeden Fall ein paar Brocken Russisch, sonst wird der Einkauf schwierig. Aber für eine Tüte Mischka-Konfekt, Kamtschatka-Krebsfleisch in der Dose oder eine Flasche Stolitschnaja übte man das ein und ließ sich auch gern mal ein bisschen herumkommandieren. Als geradezu exotisch erscheint bis zum Schluss, als es längst auch in der DDR die ersten elektronischen Kassen gibt, die Berechnung des Einkaufs mit dem Abakus. Auf Russisch heißt das Kugel-Rechenbrett »Stschjot«, es ist bis zur Auflösung der Läden 1993 in Gebrauch. Kassenzettel sind meist nicht gebräuchlich, auch Garantieleistungen fallen stillschweigend unter den Tisch.

Beliefert wurden die Russenmagazine in der DDR vom sowjetischen Militärhandelsunternehmen Wojentorg mit sowjetischen Waren. Später gab es für »die Freunde« zusätzlich die Speztorg-Läden, die zur Volkseigenen Militärhandelsorganisation (MHO) gehörten und mit DDR-Verkäuferinnen besetzt waren. Die MHO entstand auf Befehl des Ministeriums für Nationale Verteidigung Nummer 72/73 vom 3. Mai 1973. Sie wurde meist besser als der Zivilhandel versorgt, so dass ein Einkauf »bei den Russen« oft Fundort seltener Waren war.

Russische Soldaten, die während ihres Dienstes als Wehrpflichtige in der DDR ohnehin die Kasernen nicht verlassen durften, hatten in der Regel weder das Recht noch das Geld, um im Magasin einzukaufen. Bei einem Sold von einem Rubel pro Tag und 25 DDR-Mark im Monat blieb ihnen das »Konsumparadies DDR« verschlossen. Bei Offizieren und Berufssoldaten sah das anders aus. Im Vergleich zu den Dienstbedingungen in der Sowjetunion war der Einsatz in der GSSD deutlich angenehmer und finanziell attraktiver. Ihr Sold lag doppelt so hoch wie in der Heimat, ein Teil wurde in

DDR-Mark ausgezahlt. Dieses Geld wurde gern gespart, um zum Ende des Aufenthaltes im für sie goldenen Westen noch einmal richtig einzukaufen. Vom Teppich bis zur Küchenmaschine wurde alles mitgenommen, was es zu Hause nicht gab.

Ein wahres Konsum-Paradies erlebten die letzten sowjetischen Truppen in Deutschland. 1991 waren noch 337 800 Soldaten und Offiziere und 208 400 Zivilangestellte in der ehemaligen DDR stationiert, die nun sogar Westmark bekamen. Am 31. August 1994 endete mit ihrem Abzug die Geschichte der Russenmagazine mit einem großen Ausverkauf.

Warum musste man 20 Jahre auf ein Telefon warten?

Bei Gewitter wurde »auf eigene Gefahr« telefoniert und die Verbindung kam so zustande: »Wählen Sie die Nummer von links beginnend ohne Verzögerung«. So bestimmen es die »Hinweise zur Benutzung« im *Amtlichen Fernsprechbuch* der DDR. In den Genuss dieser Lektüre kamen allerdings nur wenige, der Besitz eines Telefons gehörte das gesamte DDR-Leben über zu den ersehnten Privilegien. An dessen Ende lagen noch 1,6 Millionen unbearbeiteter Anträge vor. Der älteste zählte 28 Jahre. Elf von hundert Einwohnern verfügten über einen der begehrten Anschlüsse.

Telefonieren war in der DDR eine abenteuerliche Angelegenheit. Es begann nach dem Krieg. Was noch funktionierte, wurde von den Besatzungstruppen abgebaut, private Telefone mussten abgegeben werden. Aus den Resten flickten unerschrockene Postler die ersten Netze zusammen. Bald ratterten die alten Klappenschränke wieder und das »Fräulein vom Amt« stöpselte Verbindungen. Mancherorts arbeitete die Siemens-Technik aus dem Jahr 1922 bis zum Zusammenbruch. Ab Mitte der fünfziger Jahre zog zwar auch in der DDR die Selbstwähltechnik ein, aber das Telefonnetz blieb grobmaschig. Es fehlte an Kupfer für die Leitungen, das durch schlechter leitendes Aluminium, manchmal auch Stahl, ersetzt wurde und die oberirdischen Überlandverbindungen blieben vom Wetter abhängig. Ferngespräche zu führen hieß, in den Hörer zu brüllen und das »Fasse Dich kurz« zu beachten.

Der Tischapparat W 58 wurde ab 1958 im VEB Fernmeldegerätewerk Nordhausen gefertigt.

Obwohl sich die ganze DDR darüber ärgerte, stand Telefonieren nicht auf der Schwerpunktliste der DDR-Führung. Die Telekommunikation gehörte, wie auch die Bahn, zu den Bereichen, wo aus der Substanz gewirtschaftet und auf Verschleiß gefahren wurde. Weil das unkalkulierbare Gefahren barg, gab es mindestens 23 nichtöffentliche Fernmelde- und Richtfunknetze. Die Regierung hatte ihr eigenes Verbindungssystem, die Partei, das Militär, die sowjetischen Truppen und die Räte der Kreise. Auch in der Wirtschaft wurde auf Sonderleitungen telefoniert. Die Deutsche Reichsbahn reaktivierte ihre Fernsprecher aus Vorkriegszeiten, die Bauwirtschaft, die Chemie, der Kalibergbau und manch andere vertrauten nicht auf die Post. Die bekam nur das an Technik, was noch übrig war, um die DDR-Haushalte zu versorgen.

Deshalb war Kreativität gefragt. Zweier-, Dreier- und sogar Vierer-Anschlüsse entstanden. Hob einer der Teilnehmer den Hörer ab, blieben die weiteren Partner stumm. Oder man bekam eine »Mondschein-Nummer«. Tagsüber klingelte sie in einem benachbarten VEB, nach Feierabend um 17 Uhr bis früh um 6 Uhr wurde sie auf den Privatanschluss gelegt. Dort konnten die Leute nur angerufen werden, in der Arbeitszeit des Betriebes jedoch nicht selbst wählen.

Ab den sechziger Jahren installierte die Post in den Großstädten öffentliche Münzfernsprecher. Sie fielen oft blinder Zerstörungswut zum Opfer. Funktionierten sie, waren lange Schlangen davor keine Seltenheit. In ländlichen Gegenden lagen manchmal 70 bis 80 Kilometer zwischen zwei »benachbarten« Telefonzellen. War eine defekt, brauchte der Monteur wegen der langen Wege oft einen ganzen Tag, um dann vor Ort einen Draht anzulöten. Oft waren auch nur die Münzschlitze verstopft. Obwohl ein Ortsgespräch all die DDR-Jahre nur 20 Pfennige kostete, wurden Ferngespräche schnell teuer. Dann ersetzten manche die Zweimarkstücke durch polnische Zloty-Münzen im Wert weniger Pfennige.

Ein besonderes Kapitel blieb das Telefonieren über die Grenze. Am 27. Mai 1952 kappte die DDR die 3910 Leitungen zwischen Ost- und Westberlin. Erst 1971 wurden wieder 65 Direktleitungen eingerichtet, bis zur Wende wurden es dann 72. Westdeutsche konnten die DDR über 690 Leitungen erreichen, von DDR-Seite gab es 111 Stränge – zum Reden zu wenig, zum Schweigen zu viel. Stundenlange Wartezeiten mussten eingerechnet werden, es sei denn, der »Teilnehmer« bekam für den zehnfachen Preis ein »Blitzgespräch«. Da im Westen viermal so viele Menschen wie im Osten lebten, hatte die DDR-Post im »zwischenstaatlichen Post- und Fernmeldeverkehr« weit höhere Leistungen als die Bundespost zu erbringen. Das wollte sie bezahlt bekommen. Bereits Ende 1967 schickte DDR-Postminister Rudolph Schulze deshalb an seinen Bonner Kollegen Werner Dollinger und an den Westberliner Senator Dietrich Spangenberg eine Rechnung über 1.681.134.460,80 Mark. Das waren die seit dem 1. Juli 1948 angeblich aufgelaufenen »Postschulden« des Westens mit Zins und Zinseszins. Beglichen wurde diese Milliardenforderung nicht, Regelungen, darunter auch Ausgleichszahlungen, fanden sich erst mit dem Abschluss des Abkommens über das Post- und Fernmeldewesen zwischen der DDR und der BRD, das am 20. März 1976 unterzeichnet wurde.

Das Knacken blieb auch danach erhalten, und dann war meist die Stasi mit in der Leitung. Sie begann 1950 mit dem Abhören, zu Anfang waren es gerade einmal 20 Leute der damaligen Hauptabteilung Technische Sicherheit. Mitte der achtziger Jahre lauschten rund 1000 Stasi-Mithörer. Heute gehört es unter DDR-Bürgern fast schon zum guten Ton zu berichten, man hätte das am Rauschen gehört. Das ist übertrieben, 1988 wurden »nur« 2 030 130 Gespräche abgehört. Für mehr fehlte auch der Stasi die Technik.

WARUM GAB ES SO SELTEN BANANEN?

»Come, Mister tally man, tally me banana«, sang Harry Belafonte, doch wäre der Ladungskontrolleur für die Südfrüchte in irgendeinem südamerikanischen Hafen nur auf die knappen Lieferungen an die DDR angewiesen gewesen, wäre seine Familie wohl verhungert.

Einkäufe für »Devisen«, die dann zu Hause einfach aufgegessen wurden, waren für die DDR zeitlebens ein Problem. Ob Ananas oder Apfelsinen, Mandarinen oder Bananen – für die DDR-Bürger blieben es Sonderzuteilungen, oft an besondere Feste gekoppelt. Früchte wie Kiwi, Mangos oder Papaya kannten sie zum Glück gar nicht. In schöner Regelmäßigkeit griff der Landesvater persönlich auf sein Sonderkonto und ließ über dem Volk die Bescherung der »Weihnachtsversorgung« oder seltener Leckereien zum Republikgeburtstag niedergehen. Die Devisen auf diesem »Honecker-Konto« stammten zum Teil aus dem Freikauf von Häftlingen durch den Westen.

Doch mit Manna zum Fest waren die Leute nicht zufrieden. Sie verfügten über Geld, konnten dafür aber wenig kaufen. Um diesen Überhang »abzuschöpfen«, erfand die SED in der zweiten Hälfte der siebziger Jahre die Delikat-Läden. Das war von Anfang an eine delikate Angelegenheit, denn schließlich ging es um nichts anderes, als bei Aufrechterhaltung der Parole von den »stabilen Preisen« den Leuten teurere Produkte zu verkaufen. Eine Art Testlauf dazu hatte es bereits Anfang der sechziger Jahre gegeben. Damals tauchten Läden auf, in denen Westwaren – zum Beispiel die Schachtel Zigaretten für 7 Mark – und ein paar Spezialitäten zu haben waren. Das Volk nannte sie respektlos »UWUBUs«, was für »Ulbrichts Wucher-Buden« stand, regte sich aber nicht sonderlich auf.

Das änderte sich nun, denn es dauerte nicht lange, da verschwanden Waren aus dem »normalen« Handel und tauchten zu höheren Preisen im Delikat wieder auf. Begründet wurden sie nun mit »erhöhtem Gebrauchswert«, doch wie kann sich dieser bei einer Wurst, einem Stück Käse oder einem Salat verändern? In Anlehnung an die Exquisit-Läden mit als »Luxuswaren« deklarierten Schuhen, Textilien und Kosmetika nannte das Volk die Delikat-Läden bald »Fress-Ex«. Hatte »die Partei« ursprünglich einmal festgelegt, dass dort 40 Prozent der Waren aus der Bundesrepublik stammen sollten und 60 Prozent zwar aus einheimischer Herstellung, in Qualität, Verpackung und Angebot aber

Weststandard entsprechen müssten, gab es bald Abstriche. Konnten die Käufer 1978 noch unter 555 Artikeln wählen, waren es 1985 nur noch 214. Damit misslang der ursprüngliche Plan, dauerhaft einen festen Käuferkreis und deren Kaufkraft an Delikat als sinnvolle Ergänzung zum sonstigen Handel zu binden. Selbst Dauerbrenner wie Ölsardinen, Ananaskonserven oder Trinkfix waren nur noch unregelmäßig im »Fress-Ex« zu finden. Die Schere zum Intershop, als dessen Konkurrenz das Delikat-Angebot einmal gedacht war, öffnete sich wieder weiter. Besonders benachteiligt fühlten sich die Leute außerhalb von Berlin, wo die etwas üppigere »Hauptstadtversorgung« nicht griff. Dort gab es weniger Verkaufsstellen und sie wurden schlechter beliefert.

Dabei waren es gar nicht einmal die hohen Preise, die den Zorn der Bevölkerung erregten. Viel mehr entstand ein Gefühl, wieder einmal mit schön geredeten Parolen betrogen worden zu sein. Trotz vorhandener hoher Ausgabenbereitschaft nahm die Auswahl ab, es mangelte an Vielfalt im Angebot, die Qualität der »normalen« Waren sank und immer mehr tauchte »mit erhöhtem Gebrauchswert« wieder auf. Das betraf am Ende sogar Marmelade. Die DDR-Marktforscher warnten vor »unberechenbarem Kaufverhalten«. Mit dem sich abzeichnenden Scheitern des Delikat-Modells sehen sie Ende der achtziger Jahre Versorgungsstörungen von ungekanntem Ausmaß auf die DDR zukommen. Ihre Forderungen, genau das zu tun, was einstmals geplant war, nämlich Luxusgüter zu importieren und tatsächlich Delikatessen anzubieten, bleiben ungehört. Der Devisenmangel ist gewachsen und wegen des technologischen Rückstands bringen inzwischen selbst traditionelle und jahrzehntelang gefragte DDR-Exportwaren, wie zum Beispiel Werkzeugmaschinen, nur noch einen Bruchteil der einstigen Erlöse.

Die Unzufriedenheit der Bürger wächst. Konnte sie Walter Ulbricht Anfang der sechziger Jahre noch mit der Aussicht auf eine goldene Zukunft bei Laune halten, sind nun viele Träume am Ende angelangt. Damals hieß es zum Beispiel: »In 20 Jahren, also gegen 1985, wird das monatliche Durchschnittseinkommen 3000 bis 5000 Mark sein. Viele Gruppen von Beschäftigten dürften jedoch darüber liegen.« Dass deshalb die Preise jemals erhöht werden könnten, wurde nicht in Aussicht gestellt.

Wie oft in Krisenlagen, war es auch beim Versuch, die »stabilen Preise« in der DDR mit Delikat und Exquisit zu unterlaufen, das Volk, das mit seinem Mutterwitz das Problem auf den Punkt brachte: Als Ulbricht stirbt, hinterlässt er Honecker drei Briefe und sagt: »Wenn du mal gar nicht weiter weißt, öffne einen Brief.« Das lässt nicht lange auf sich warten. Honecker öffnet den ersten Brief, »Richte Intershops ein«, steht drin. Das hilft

»Mit der Mutter, o wie fein, kaufe ich im Konsum ein ...«

nicht lange, und er holt sich den zweiten Rat: »Eröffne Delikat- und Exquisit-Läden!«
Wieder geht es eine Weile gut, dann greift er zum letzten Brief. Darin steht: »Jetzt ist es
an der Zeit, deine drei Briefe zu schreiben!«

WAS GESTATTETE DIE »GESTATTUNGSPRODUKTION«?

»Lange schallt's im Walde noch – SALAMANDER lebe hoch!« – Den Werbespruch des
Kornwestheimer Schuhproduzenten, seit 1937 vom gelbschwarzen »Lurchi« verkündet, kennen viele DDR-Bürger noch aus der Vorkriegszeit. Salamander-Schuhe sind angesichts der heimischen Botten aus dem VEB Roter Stern in Burg oder VEB »Banner
des Friedens« in Weißenfels selige Erinnerung an Eleganz und Qualität. Deshalb hat es
Franz Josef Dazert, Chef des Unternehmens mit einem Jahresumsatz von einer Milliarde Mark 1976, auch nicht schwer, seinen Partnern in Ostberlin eine Lizenz-Produktion
schmackhaft zu machen. Modelle, Maschinen, Materialien kommen aus dem Westen,
Fachkräfte des Mutterkonzerns weisen ihre Ost-Kollegen ein. Die Produkte werden in
der DDR verkauft. Dort wird diese Art der Zusammenarbeit »Gestattungsproduktion«
genannt.

Es ist ein Geschäftsmodell zum beiderseitigen Vorteil. Für Salamander geht es um die
Erschließung neuer Märkte. Wie erfolgreich das funktioniert, belegen knapp 10 Jahre
später die Bilanzen. Das schwäbische Unternehmen fertigt pro Jahr etwa 8 Millionen
Paar Schuhe, 2,5 Millionen davon wurden im Osthandel verkauft, allein 2 Millionen in
der Sowjetunion. Damit hatte Salamander ein verlässliches Standbein, denn die Firma
schwebte in der Gefahr, in der wachsenden Flut der Importe ihren Marktanteil in der
Bundesrepublik zu verlieren. Mitte der achtziger Jahre sind dort vier Fünftel aller angebotenen Schuhe ausländische Produktionen, meist aus Asien. Salamander hingegen
verkauft auch nach Bulgarien und Ungarn. Dort und in Jugoslawien wird gleichzeitig
produziert, doch nur, um die geringeren Löhne vor Ort zu nutzen. Das will die Firma
ausbauen. »Wir wollen Partner sein, nicht nur Lieferanten«, sagt Dazert. Die Möglichkeit dazu findet er in der DDR.

Deren Vorteil liegt zunächst einmal darin, für den eigenen Bedarf moderne Schuhe zu bekommen, die sich zudem auch noch – trotz der Preise von mindestens 50 Prozent über denen der einheimischen Produktion – im Exquisit gut verkaufen lassen. Mit Beginn der Gestattungsproduktion 1976 wird die Herstellung von bis zu fünf Millionen Paar Schuhe pro Jahr für den DDR-Markt vereinbart. Und es gibt Folgegeschäfte. Im Petrolchemischen Kombinat Schwedt werden jährlich bis zu 1000 Tonnen Salamander-Schuhcreme angerührt, von denen der Großteil in die Sowjetunion geht. So bilden sich Handelsformen heraus, die über den bis dahin üblichen Tauschhandel von Ware gegen Ware hinausgehen.

1980 legt sich Salamander die Firma Klawitter & Co. in Konstanz als Tochterunternehmen zu. Sie verkauft DDR-Textilien auf dem westdeutschen Markt, Wertumfang: Rund 250 Millionen Mark im Jahr. Anfang der achtziger Jahre übernimmt Klawitter die Firma Bock und gründet die Bock Manufaktur-Porzellane Handelsgesellschaft mbH. Sie setzt Meißner Porzellan im Westen ab, Jahresumsatz 30 Millionen Mark.

So ist der Einstieg in die Gestattungsproduktion ein ausbaufähiges Modell für Ost und West. DDR-Außenhändler Alexander Schalck-Golodkowski: »Es entwickelte sich eine Produktionsform, die derart erfolgreich war, dass viele westdeutsche Unternehmen nachzogen: Beiersdorf (Nivea), Schiesser (Unterwäsche), Triumph (Miederwaren und Bademoden), Trumpf (Schokolade und Pralinen), Bosch (Blaupunkt-Autoradios), Underberg (Magenbitter), Varta (Batterien), BAT (Tabakwaren), Francesco Cinzano (Wermut), OK (Ballon-Kaugummi), um nur einige zu nennen.« Mehr als 120 Westwaren wurden schließlich in der DDR produziert. Das brachte nicht nur eine günstig hergestellte Ergänzung der Warensortimente im Intershop für harte Währung und im Delikat und Exquisit, wo über Höchstpreise DDR-Mark »abgeschöpft« wurden, sondern auch neue Ausrüstungen für die Konsumgüterindustrie und eine Menge Know-how. In vielen Fällen erfolgte die Bezahlung der westlichen Lieferungen und Leistungen mit der in der DDR hergestellten Ware. Manchmal, zum Beispiel bei Zigaretten und Alkohol, wurden sie auch für schwarze Geschäfte genutzt.

Eigentlich hätte alles ewig so weitergehen können. Im Westen wie im Osten hielt man die DDR für so stabil, dass sich niemand an den immer nur auf 5 Jahre abgeschlossenen Verträgen störte. Das fiel zum Beispiel Salamander 1990 auf die Füße. Mit der Einführung der DM in der DDR blieben ab dem 1. Juli 1990 die Lizenzgebühren aus. Gleichzeitig brach das Klawitter-Geschäft mit den Billig-Textilien aus der DDR weg, Asien sprang nun ein. Dann stieg die Meißner Porzellan Manufaktur aus, die 1990 etwa 65 Millionen Mark Umsatz machte. Hannes Walter, der neue Chef, teilte Salamander mit, dass er ab 1. Januar 1990 die Vermarktung seiner auch im Westen gefragten Pretiosen selbst übernehmen werde. Die Provisionen, die bisher für den Salamander-Porzellanhändler Bock abfielen, wollten die Hersteller in Meißen nun selbst kassieren. Deshalb blieben Kaufangebote an die Meißner Manufaktur von Salamander, aber auch von Mitsubishi und WMF unberücksichtigt.

Der Geschäftsführer rechnete seinen Leuten vor: Die Salamander-Tochter kassierte bisher 8 Millionen Mark und beschäftigte 15 Angestellte. Ein eigener Vertriebsapparat mit 15 Mann aus dem heimischen Sachsen würde nur zwei bis zweieinhalb Millionen Mark kosten, denn im Osten waren die Lohnkosten weit geringer. Die einstige DDR war in der Marktwirtschaft angekommen.

WARUM GAB ES DAMENSCHLÜPFER ZUM BASTELN?

Im Sommer 1989 sind Damenschlüpfer knapp. Angesichts moderater Temperaturen wäre das ja vielleicht gar nicht so schlimm gewesen, doch Politbüro-Mitglied Inge Lange – in der Parteiführung für die Frauen zuständig – beginnt unverzüglich, den Missstand zu bekämpfen. Und das, obwohl jene, die schon in Ungarn auf ihren Koffern sitzen, gar keine Schlüpfer zum Wechseln mehr brauchen.

Diesmal fehlt es daheim an Näherinnen für die delikaten Kleidungsstücke. Ein großer Teil davon wurde längst von vietnamesischen Gastarbeiterinnen hergestellt und die waren nicht frei verfügbar. Deshalb muss nun der Demokratische Frauenbund Deutschlands (DFD) ran und der für die Leichtindustrie zuständige Minister Günther Kleiber erfährt von der Parteiführung: »Es war der Betrieb Wirkwaren Emminat Cranzahl/Erzgeb., er gehört zum Kombinat Trikotagen Karl-Marx-Stadt. Mustervorgaben mit zugeschnittenen Schlüpfern und allem Zubehör sowie einer Nähanleitung erhielten nach unserer Übersicht der DFD im Bezirk Halle, Neubrandenburg, Cottbus, Magdeburg, Dresden, Suhl und Berlin.« Ein Neuerervorschlag also, der nicht in die Hosen, aber dennoch daneben ging. Das regte sogar Erich Honecker auf. Er ließ die Schlüpfer-Bausätze stoppen und schimpfte: »Das ist doch ein Skandal, so was! Ein Land mit einer großen Textilindustrie und einem Riesenexport kann nicht genug Damenschlüpfer produzieren.«

Damit hatte er den Finger genau auf der Wunde gelegt: Einerseits muss die DDR alles exportieren, was sich verkaufen lässt, um Devisen zu beschaffen, andererseits mangelt es immer wieder an Konsumgütern im eigenen Land. Letzteres tangiert den ehernen Grundsatz der aktuellen Parteipolitik: »Die Hauptaufgabe« bestehe aus der »Einheit von Wirtschafts- und Sozialpolitik«. Für's Volk in die Worte gefasst: »Ich leiste was, ich leiste mir was.«

Abhilfe soll seit den siebziger Jahren die Verpflichtung der Betriebe schaffen, neben ihrer eigentlichen Produktion zusätzliche Konsumgüter herzustellen. Das ist die Stunde der »Meister von Morgen«, die oft mit einfachsten Mitteln, vielen Ideen und unter Nutzung jeglicher Ressourcen für die schier unersättlichen Wünsche der Bevölkerung arbeiten. Da baut nun der Kranbau Eberswalde nebenbei Pkw-Anhänger, das Eisenhüttenkombinat Ost stellt Mikrowellenherde her und das Sprengstoffwerk Gaschwitz wirft Fliegenklatschen auf den Markt. Manche »Konsumgüterproduktion« macht einen abenteuerlichen Eindruck: So bastelt der VEB Robotron-Elektronik Dresden nebenbei den Heizschuh »Sandalon«, die Werktätigen des Petrolchemischen Kombinats Schwedt versuchen sich an Gartenmöbeln und das Dieselmotorenwerk Rostock liefert Büchsenöffner, riesige Geräte, die aber gut funktionieren. Andere machen es sich leicht: Aus dem Braunkohlenkraftwerk Jänschwalde kommen Bügelbretter, das Reichsbahnausbesserungswerk Eberswalde ist mit Brennholz dabei und die Sargtischlerei Oderberg bietet Puderkästen an.

Hinter den Bemühungen steht das Bestreben, mit eigenen Produkten vom Westen unabhängiger zu werden. Der Berliner SED-Chef Günter Schabowski: »Um Devisen zu sparen, versuchte die DDR, so viel wie möglich im Do-it-yourself-Verfahren herzustellen. Das Fahrrad noch einmal zu erfinden wurde zur Alltagsphilosophie und -praxis der DDR-Wirtschaft.« Das mag bei Produkten, bei denen die DDR-Wirtschaft auf Partner angewiesen war, durchaus Sinn gehabt haben, kostete aber seinen Preis. Schabowski: »Um sich von unzuverlässigen Zulieferern unabhängig zu machen, belasten sich die Betriebe mit Bastel-Fertigungen, die jenseits ihres eigentlichen Programms lagen. Das verbesserte natürlich nicht ihre Marktposition gegenüber westlichen Konkurrenten.«

Das große Ganze interessiert die Leute indes wenig. Ihnen ist inzwischen vor allem die »Anwendung der Prinzipien der Warenfondsdifferenzierung« ein Dorn im Auge. Auf

Deutsch heißt das, in Berlin gibt es mehr und bessere Sachen als im Rest des Landes. Manche Produkte, wie Bitter-Lemmon-Brause oder »Trinkjoghurt«, sind dort völlig unbekannt. Hunderttausende fahren zum Einkauf in die Hauptstadt, manche Betriebe stellen ihre Dienstwagen dafür bereit oder organisieren Großeinkäufe per Lkw. Ende der achtziger Jahre nehmen auch in Berlin die Versorgungsmängel zu. Brandmeldungen der Verantwortlichen nennen Bier ebenso wie Brühwürfel, Fertigsuppen oder Dauerbackwaren, Lippenstifte, Nagellack, Pralinen, Wein und Sekt. Die wirtschaftlichen Spielräume sind ausgeschöpft.

Auf dem DDR-Markt blieb die Konsumgüterproduktion trotz aller Verrenkungen ohne durchschlagenden Erfolg. Die SED jubelte zwar, dass sie 1985 doppelt so groß war wie noch 1970 und darunter seit 1980 viele neue Güter auf den Markt kamen, doch die Wünsche der Leute konnten immer noch nicht befriedigt werden. Sie bunkerten immer mehr Geld auf der hohen Kante, für das es nichts zu kaufen gab. Allein die anstehenden Zinszahlungen für die Spareinlagen der DDR-Bürger überstiegen 1989 den gesamten Jahreszuwachs des Warenfonds im selben Jahr.

So treibt auch die Konsumgüterherstellung immer wieder skurrile Blüten. Das Fernmeldewerk Nordhausen stellte zum Beispiel ein »Nostalgietelefon« her. Kaufen kann man es nur im Exquisit oder Intershop. Anschließen überhaupt nicht, denn laut Gesetz gehört ein in Betrieb befindliches Telefon in der DDR automatisch der Post – wenn man denn von der irgendwann mal eine Leitung bekommt.

WAR DIE DDR 1989 PLEITE?

In den Wirren der Wende war es wohlfeil, die DDR pauschal als »wirtschaftlich pleite« zu charakterisieren. Eine Pleite wie die eines Gemüseladens, bei dem der Besitzer die Jalousien herunterlässt, die Türen schließt und die Gläubiger auf ihren Schulden sitzen lässt, gibt es bei einem Staat nicht. Gemeint ist damit immer die Zahlungsunfähigkeit zum Zeitpunkt der Fälligkeit von Krediten. Im Falle der DDR hieß das, sie hat sich Geld beim »Klassenfeind« geborgt und wäre nicht mehr in der Lage gewesen, die vereinbarten Zinsen und die Tilgung dafür zu zahlen. Eben dieser Klassenfeind hätte seine Bedingungen stellen können und das hätte die Souveränität des Schuldners eingeschränkt.

Die Informationen über die prekäre Finanzlage stammen aus einer Vorlage für das Politbüro des Zentralkomitees der SED vom 30. Oktober 1989. Gerhard Schürer, Chef der Plankommission, und einige weitere Wirtschaftsfachleute haben diese 22-seitige »Analyse der ökonomischen Lage der DDR mit Schlussfolgerungen« ausgearbeitet. Sie ist als »Geheime Verschlusssache b 5 – 1158/89« registriert. Das Papier verweist zunächst auf die ökonomischen Erfolge der DDR. Sie zeigen sich im durchschnittlichen Wachstum des Nationaleinkommens von jährlich 4 Prozent in den vergangenen 17 Jahren. Doch dann unterscheidet es sich von der bisher üblichen Selbstbeweihräucherung der SED und weist darauf hin, dass die Ausgaben dennoch diese Einnahmen überstiegen. Kaputte Straßen, zerfallende Innenstädte, »Disproportionen« in der Wirtschaft und ein »übermäßiger Planungs- und Verwaltungsaufwand« führen zur Schlussfolgerung: »Die Verschuldung im Nichtsozialistischen Wirtschaftsgebiet (NSW) ist seit dem VIII. Parteitag gegenwärtig auf eine Höhe gestiegen, die die Zahlungsfähigkeit der DDR in Frage stellt.« Das klingt nach Angst vor dem Bankrott.

Schürer und seine Leute führen die hohe Verschuldung insbesondere auf die Kosten der Sozialpolitik zurück, die sich die DDR so nicht leisten kann: »Es wurde mehr verbraucht, als aus eigener Produktion erwirtschaftet wurde, zulasten der Verschuldung im NSW, die sich von 2 Milliarden Valutamark 1970 auf 49 Milliarden Valutamark 1989 erhöht hat. Das bedeutet, dass die Sozialpolitik seit dem VIII. Parteitag nicht in vollem Umfang auf eigenen Leistungen beruht, sondern zu einer wachsenden Verschuldung im NSW führte.« Dazukommen die gewachsenen Schulden des Staatshaushalts der DDR für Wohnungsbau, Subventionen der Grundnahrungsmittel, Gesundheitswesen, Verteidigung, Staatssicherheit, Bildung, Löhne und Gehälter usw., die sich von 12 Milliarden Mark 1970 auf 123 Milliarden Mark 1988 erhöht haben. Für 1990 wird ein Bedarf von 140 Milliarden Mark geschätzt.

Der Knackpunkt der Schulden sind die in harter Währung. Schürer: »Mit den geplanten Valutaeinnahmen 1989 werden nur etwa 35 Prozent der Valutaausgaben, insbesondere für Kredittilgungen, Zinszahlungen und Importe, gedeckt. 65 Prozent der Ausgaben müssen durch Bankkredite und andere Quellen finanziert werden. Das bedeutet, dass die fälligen Zahlungen von Tilgungen und Zinsen, d. h. Schulden, mit neuen Schulden bezahlt werden.«

Angesichts heutiger Schuldenlasten scheinen 49 Milliarden DM gering. Allein Berlin sitzt inzwischen auf knapp 59 Milliarden Euro, mehr als die DDR im Laufe ihrer Geschichte je hatte. Dennoch war die Last von der DDR nicht zu tragen, weil ihre Wirtschaftsstruktur, und dabei insbesondere der Stand und die absehbare Entwicklung der Arbeitsproduktivität, nicht die Kraft hatte, das weitere Aufgehen der Schere zwischen Schulden und Tilgung in harter Währung zu verhindern.

Das änderte sich auch nicht, als die Bundesbank nachrechnete und der von Gerhard Schürer berechneten Summe der Brutto-Verschuldung von 49 Milliarden Mark die einer Netto-Verschuldung von nur noch 19,9 Milliarden Mark entgegensetzte. Die unterschiedlichen Ergebnisse entstanden, weil die Bundesbank auch das Geld eingerechnet hatte, das aus dem »Bereich Kommerzielle Koordinierung« (KoKo) stammte und sich aus Guthaben und Liquiditätsreserven zusammensetzte. KoKo galt für die SED-Führung als »Devisenausländer«, deshalb tauchten diese Gelder in der Schürer-Bilanz nicht auf. Somit kam die Bundesbank ebenso wie die Bank für internationalen Zahlungsausgleich zu der Auffassung, dass die Devisenliquidität der DDR im Jahr 1989 gegeben war. Aus ihrer Sicht war die DDR also nicht pleite. Der Bankrott der DDR lag demzufolge ursächlich nicht unmittelbar im wirtschaftlichen, sondern im politischen Bereich. Gerhard Schürer hatte ausgerechnet, dass sich der Exportüberschuss von 2 Milliarden Valutamark 1990 schrittweise auf 11,3 Milliarden Valutamark 1995 erhöhen müsste, um die Zahlungsfähigkeit zu erhalten. Seine Schlussfolgerung: »Für einen solchen Exportüberschuss bestehen jedoch unter den jetzigen Bedingungen keine realen Voraussetzungen.« Eine letzte Chance sahen er und seine Genossen in einer »Reduzierung der Konsumtion von 25 bis 30 Prozent« bereits im Jahr 1990.

Glücklicherweise blieb nicht mehr genug Zeit, um zu überlegen, ob dies besser durch Senkungen von Löhnen und Renten oder Preiserhöhungen erfolgen könnte. Die Untertanen hatten so oder so die Nase voll und gingen auf die Straße.

Alles für das Wohl und Glück des Volkes

»Ich weiß ein schönes Land,
da möcht ich immer leben …«

6

BERÜHMT, BERÜCHTIGT, VERGESSEN UND UNGLAUBLICH

Wieso waren die vier Jahreszeiten Feinde des Sozialismus?

Mit dem Ende der DDR hauchte auch ein populärer Witz sein Leben aus, den inzwischen kaum noch jemand versteht: Wer waren die fünf größten Feinde des Sozialismus? – Frühling, Sommer, Herbst und Winter und natürlich der Klassengegner.

Wenn auch heute noch im Sommer die Klimaanlagen im ICE ihren Geist aufgeben und im Winter die S-Bahnen stocken, in der DDR galten die normalen Begleiterscheinungen jeglicher Jahreszeit als Bedrohung. Im Sommer wurden »Ernteschlachten« gegen Sonne und Regen geschlagen, im Winter schon mal die Schulen geschlossen, weil die Heizung nicht reichte. Natürlich ist niemand vor katastrophalen Lagen gefeit, doch in der DDR potenzierten sich schnell die Probleme, weil es in der Wirtschaft stets eng zuging. Beispiel Energie: 75 Prozent davon wurden aus Braunkohle gewonnen. Die Kraftwerke wirtschafteten von der Hand in den Mund, große Vorräte konnten nicht angelegt werden. Wenn im Winter die Oberleitungen und Weichen der Kohlezüge vereisten, stockte der Nachschub. Die stark wasserhaltige Braunkohle fror in den Waggons fest. Durch die Kälte stieg aber gleichzeitig der Energiebedarf – ein Teufelskreis, der oft schwer zu durchbrechen war.

Wurde es richtig eng, zeigten sich nicht nur die Schwächen, sondern auch die Stärken der zentral gesteuerten Wirtschaft und der Art und Weise des Zusammenlebens in der DDR. So im »Jahrhundertwinter« 1978/79. Alles begann mit einer äußerst seltenen Wetterlage. Durch extreme Druckgegensätze stürzte in der Nacht vom 28. zum 29. Dezember 1978 innerhalb weniger Stunden die Temperatur um fast 30 Grad Celsius ab, von mildem Weihnachts-Tauwetter um die 10 Grad auf knackigen Frost. Es regnete und stürmte. Nach ein paar Stunden lagen die Nordbezirke der DDR unter einem dicken Eispanzer. Dann begann ein 78-stündiger Schneesturm. Tausende von Silvesterreisenden blieben im Schnee stecken und mussten zu Fuß weiter. In Turnhallen und Schulen entstanden Notquartiere, viele Leute boten privat kostenlose Hilfe an. Die Insel Rügen war bald völlig abgeschnitten. NVA-Kettenfahrzeuge brachten Lebensmittel, Hubschrauber bargen Schwangere und Kranke. Die 25-jährige Rotraud Hoge hatte schon seit zwei Tagen Wehen. Marineflieger Lutz Weibezahl schaffte sie per Hubschrauber ins Stralsunder Krankenhaus, wo Tochter Bettina geboren wurde. Wer auf dem Dorf noch melken konnte, meldete sich freiwillig im Kuhstall. Die elektrischen Melkmaschinen hatten keinen Strom; die Kühe schrien vor Schmerzen.

Nach ein paar Tagen Dauerfrost drohte die Braunkohleförderung zusammenzubrechen. Die Flöze waren steinhart, in den Kraftwerken gab es kaum Reserven. Es mangelte an geeignetem Werkzeug. Der Otto-Versand lieferte innerhalb von 24 Stunden 500 Bohrhämmer gegen Bares. Tausende freiwillige Arbeitskräfte kämpften um die Kohle. NVA-Soldaten wurden eingesetzt. Dieter Baumann war damals Hauptdispatcher für die Braunkohleversorgung der DDR. Er brach seinen Urlaub in Oberhof ab und brauchte 14 Stunden mit dem Trabi, um die 300 Kilometer bis in sein Büro in Hoyerswerda zu bewältigen. Die folgenden vierzehn Tage verließ er es nicht mehr.

Die DDR-Presse berichtete in ungewohnter Offenheit über die Katastrophe. Die Versorgung mit Fernwärme der Neubausiedlungen stockte, ganze Wohnblöcke blieben eiskalt. Viele DDR-Bürger erinnern sich an die Tage in Kälte und Schnee als an eine Zeit, in der sich viel uneigennützige Hilfsbereitschaft und Solidarität zeigten. Erst als sich die Lage entspannte, griff wieder der alte Trott: Privat geht vor Katastrophe.

Zentrale Probleme, die mit den Folgen von Jahreszeiten und Wetter zusammenhingen, blieben all die Jahre schwierig zu lösen. Das enge wirtschaftliche Korsett ließ keine großen Sprünge zu. Notwendige Arbeiten wanderten von einem Plan in den nächsten und alle waren froh, wenn die »Feinde des Sozialismus« nicht zuschlugen. Zum Beispiel beim Küstenschutz: Die DDR verfügte über 354 Kilometer Außen- und 1358 Kilometer Boddenküste. Investitionen in den Küstenschutz kosteten viel Geld und banden die raren Maschinen. So wurden sie oft von Jahr zu Jahr verschoben. Anderswo gab es politische Probleme, wie an der Oder. Die DDR erhöhte nach einem Eishochwasser 1981/82 zwar die Deiche, aber im benachbarten Polen fehlte das Geld dafür. Statt Hochwasserschutz gab es ein Ultimatum: Entweder ihr bezahlt die Aufschüttung unserer Deiche auf DDR-Höhe, oder ihr tragt bei euch wieder ab.

Wie perfide die Feinde des Sozialismus sogar in die Volksernährung eingriffen, war 1961 in der *Freiheit* aus Halle zu lesen: »Die Zusammensetzung der Fänge und der Ertrag unserer Fischfangflotte sind abhängig von der Jahreszeit, vom Wetter und von vielen anderen, im Voraus nicht zu bestimmenden Faktoren. Deshalb sind nicht ständig alle Fischsorten in gleichen Mengen vorrätig. Daher ist es am vorteilhaftesten, diejenigen Fischsorten zu kaufen, die angeboten werden.«

WIESO GAB ES ALTE HUREN UND KINDERPROSTITUTION?

Nach dem Krieg schien sich auch im Osten Deutschlands das sprichwörtlich »älteste Gewerbe der Welt« wieder zu etablieren. Schon am 7. August 1945 erließ die Sowjetische Militäradministration Befehl Nummer 25 »Über die Maßnahmen zur Bekämpfung der Geschlechtskrankheiten in der Sowjetischen Besatzungszone Deutschlands«. Die Berliner »Dirnenkartei« hatte den Krieg unbeschadet überstanden und umfasste damals etwa 16 000 Einträge in der ganzen Stadt.

Doch je weiter deren Teilung voranschritt, umso schneller alterten die Huren im Osten. In den traditionellen Bumslokalen, wie etwa dem *Hamburg Ahoi* in der Elsässer Straße, waren Anfang der fünfziger Jahre nur noch die unverdrossenen Schlachtrösser der Rotlichtszene zu finden. Das Durchschnittsalter der Prostituierten stieg rapide und lag bald bei 45 Jahren. Die jungen Huren wanderten nach Westberlin ab, um dort harte DM zu machen. Kinderprostitution von Mädchen ab 15 war in jenen Jahren an der Tagesordnung.

Der jungen DDR ist das alles ein Dorn im Auge. Die Volkspolizei begann, »HwG-Personen« (»häufig wechselnder Geschlechtsverkehr«) zu erfassen. Bald wurden die ersten zwangsweise in der Ostberliner Nordmarkstraße (ab 1982 Fröbelstraße) interniert, wenn ihnen eine Geschlechtskrankheit nachgewiesen worden war. Begründung: »Diese Maßnahme ist notwendig, um eine sichere Isolation von der Außenwelt zu gewährleisten und nicht die Möglichkeit bestehen zu lassen, dass während der Behandlung weiterer Geschlechtsverkehr ausgeübt wird. Die Versuchung dazu ist für die hwG und Prostitution treibenden Personen zu groß, da es die einzige Verdienstmöglichkeit für den Lebensunterhalt ist.«

Das Magazin stellte 1958 den erreichten Fortschritt fest: »Heute gibt es bei uns in der Deutschen Demokratischen Republik nur noch wenige käufliche Mädchen mit wechselnder Kundschaft, und auch die ›ehrbare‹ Form, sich für ein ganzes Leben an einen ungeliebten Mann zu verkaufen, ist zur großen Ausnahme geworden. Das liegt an der wachsenden wirtschaftlichen, politischen und rechtlichen Gleichberechtigung der Frau.«

Nach dem Mauerbau genügte das manchen offenbar nicht mehr. Mit einigen Gläsern Rotkäppchen-Sekt in der Nachttanzbar *Lolott* angeheizt, verschwand der eine oder andere Westtourist bis zum Ablauf des Tagesvisums mit einem Ost-Mädchen in einer der leer stehenden Abriss-Wohnungen ringsum. Das Honorar dieser speziellen Berliner »Hausfrauen-Prostitution« gab es meist in Naturalien: Ein Paar Strumpfhosen, ein Pfund Kaffee oder eine Dose Creme 21 genügten. Der gängige Anmachspruch der Damen des horizontalen Gewerbes damals: »Wat du willst, wees ick, wat ick will zeich ick dia im Intaschop.«

Das reizte sogar Teenager. Am 27. April 1973 legte die Kripo dem VP-Präsidium einen Bericht zu unliebsamen Vorkommnissen in Ostberlin vor: »Des Weiteren gibt es am Konzentrationspunkt des Alexanderplatzes Anzeichen von Prostitution, die sich unter anderem darin zeigen, dass sozial fehlentwickelte Mädchen, in einigen Fällen erst 12 und 13 Jahre alt, sich insbesondere von sogenannten Westberliner Gastarbeitern ansprechen lassen, Geschenkartikel annehmen und zu diesen dann intime Beziehungen aufnehmen.« Im Ostberliner Volksmund heißt der dortige Womacka-Brunnen bis heute »Nuttenbrosche«.

Privatinitiativen solcher Art sind nicht gefragt, denn inzwischen hat längst das MfS die Aufgaben der Zuhälter übernommen. Es agiert überall dort, wo sich im Bett »Erkenntnisse erarbeiten« ließen, wie etwa auf der Leipziger Messe. Das enthüllen Aktenvermerke. So beschwerte sich 1979 die Informantin »Schöbel« über den Westdeutschen Dr. S., der an der *Valuta-Bar* im Ostberliner Hotel *Metropol* zwar ständig die Mädchen begrabsche, für deren Liebesdienste aber statt der geforderten 100 nur 50 Westmark zahlen wolle. Das MfS sorgt dafür, dass solche Übergriffe unterblieben. Auch um Arbeitseifer und Leistungsfähigkeit ihrer horizontalen Mitarbeiterinnen kümmerten sich Mielkes Männer. Als Barfrau Ute St. alias IM »Vera« im Interhotel *Neptun* in Warnemünde ein wenig müde wurde, setzten sie einen geheimen »Tester« in Marsch. Er berichtete, dass »Vera« zwar »etwas schlaffe Brüste« habe, aber »es ihr im Bett nicht oft und jeweils lange genug sein kann« und sie »sehr masochistisch ausdauernd« wäre.

Ohne staatlichen Auftrag wurde das Gewerbe hingegen gefährlicher. Das berichteten die West-Zeitungen, die die DDR-Presse aufmerksam durchforsteten. Am 2. Oktober 1979 bescherte das der *BZ* eine kleine Geschichte aus einem Gerichtsbericht des *Morgen*: »Ostberlin gibt zu: Bei uns gibt es Dirnen und Zuhälter – Ein 34-jähriger Klempner wurde von einem Ostberliner Gericht zu 33 Monaten Gefängnis ohne Bewährung verurteilt sowie zu einem fünfjährigen Berlin-Verbot nach dem Strafvollzug. Zu welcher Strafe die Gunstgewerblerin verurteilt wurde, wird verschwiegen.«

Insgesamt lag die Zahl der Straftaten wegen »asozialen Verhaltens« nach Paragraph 249 StGB, der Prostitution einschloss, in der zweiten Hälfte der achtziger Jahre in der DDR bei um die 5500 Delikten pro Jahr. Allerdings wurde 1988 ein Spitzenwert mit 8157 Taten erreicht. Damit entsprach die Größenordnung im Durchschnitt etwa dem Verbrechen »Betrug/Untreue gegen sozialistisches Eigentum« und kam mehr als doppelt so oft vor wie »Verkehrsgefährdung bei Trunkenheit« mit etwa 2700 Delikten pro Jahr.

WURDE IN DER DDR WIRKLICH SO VIEL GESOFFEN?

Kirsch mit Whisky, Pfefferminz-Likör, Sambalita, Maoritraum und Goldbrand sind nur einige der in der DDR hergestellten und beliebten Spirituosen.

»Einer geht noch, einer geht noch rein«, sang MfS-Chef Erich Mielke persönlich, und wenn beim »Organ« Feiern angesagt war, ging es zackig auf Befehl: »Hopp, hopp, hopp – rin in'n Kopp!« Das illustrieren erhalten gebliebene Filme, Fotos und Tonbänder des

MfS. Doch auch anderswo, ob privat oder »auf Arbeit«, waren »Lange« (Bier) und »Kurze« (Schnaps) oft dabei.

Alkohol war die Volksdroge Nummer 1 in der DDR. In den achtziger Jahren hingen 60 Prozent der Krankenhauseinweisungen von Männern direkt oder indirekt mit dem »Blauen Würger«, Goldbrand, »KiWi« oder »Pfeffi« zusammen. Wer viel »vertrug«, rühmte sich gern damit, eine hohe Kneipenrechnung galt als Ausweis eines gelungenen Festes. Der Alkoholkonsum von 16,1 Litern Hochprozentigem pro Kopf im Jahr 1988 – gut drei Jahrzehnte zuvor waren es gerade einmal 4,4 Liter – schien das alles zu bestätigen. Dazu kamen noch 142 Liter Bier und 12,1 Liter Wein und Sekt.

Dennoch gibt es keine Akten, die beweisen würden, dass die DDR jemals eine alkoholisierte Gesellschaft, wie etwa die Sowjetunion, war. Im Gegenteil. Abstinenzler Walter Ulbricht agitierte schon in den fünfziger Jahren gegen Bierkneipen und empfahl stattdessen Milchbars. Pläne eines kompletten Alkoholverbots in der DDR wurden bis Anfang der sechziger Jahre diskutiert, danach sollten Preiserhöhungen das Problem eindämmen. Trunksucht galt als »typisch kapitalistische Verfallserscheinung«. Man machte sich Gedanken, was besser als Schnaps zum Sozialismus passe und warb: »Trinke nicht wahllos, greife zum Rotwein.«

Ab Ende der sechziger Jahre wirkte Alkohol nicht mehr strafmildernd vor Gericht, im Straßenverkehr galt die Null-Promille-Grenze. Filme der Reihen »Polizeiruf 110« und »Der Staatsanwalt hat das Wort« zeigten drastisch die Folgen übermäßigen Alkoholkonsums und bezogen eine klare Position: »Der Teufel hat den Schnaps gemacht.« Dennoch herrschte ein laxer Umgang mit dem Problem. Erst im Sommer 1989 veranlasste die SED-Führung eine »Richtlinie über Aufgaben des Gesundheits- und Sozialwesens zur Verhütung und Bekämpfung der Alkoholkrankheit« und ein Betreuungsgesetz.

Wenn trotzdem so viel in der DDR getrunken wurde, seit 1987 sogar mehr als im Weinland Ungarn und im Wodkaland Polen, lag das am »naiven und offenen Umgang mit Alkohol«. So der Ethnologe Thomas Kochan, der 2011 seine Doktorarbeit darüber geschrieben hat. Er beschreibt die Haltung zu Bier, Schnaps und Wein in der DDR als »alkoholkonzentriert«. Hochprozentiges war überall präsent, galt als beliebtes Mitbringsel, diente als Vergütung bei Tauschgeschäften und wurde selbst gern als Genuss- oder Stärkungsmittel konsumiert. Dass sich die Leute den Sozialismus schön saufen mussten, verweist der Wissenschaftler ins Reich der Legende. Den Zusammenhang zwischen Alkohol und Gesellschaft sieht er so: »Ursächlich war die Erfahrung einer konkurrenzarmen Kollektivgesellschaft, ein wenig gefordertes Leistungsdenken, gemeinschaftliche Verantwortungsfreiheit, existentielle Sorglosigkeit und das Leben in einer räumlich begrenzten, dafür an Zeit umso reicheren Welt.«

Als »Kummertöter« etablierte sich der Alkohol besonders im Osten nach Meinung von Raphael Gaßmann, Geschäftsführer der Deutschen Hauptstelle für Suchtfragen e. V., erst nach der Einheit: »Die Menschen versuchen, sich die Sorgen weg zu trinken. So kann einerseits Arbeitslosigkeit zu Alkoholproblemen führen, andererseits aber auch Alkoholprobleme zu Arbeitslosigkeit.« Auch Mechthild Dyckmans, von 2009 bis 2013 Drogenbeauftragte der Bundesregierung, machte »soziale Probleme« für die erheblich höhere Zahl an Todesopfern durch Alkohol im Osten verantwortlich.

Mit 37,2 Alkoholtoten pro 100 000 Einwohner war Mecklenburg-Vorpommern 2011 das am meisten betroffene deutsche Bundesland. Gefolgt wurde es von 35,6 Opfern in Sachsen-Anhalt, 25,8 in Sachsen, 24,8 in Brandenburg und 23,7 in Thüringen. In den westdeutschen Ländern liegen die Zahlen zwischen 13 in Baden-Württemberg und 19,2 in Niedersachsen, eine Ausnahme bildet der sozial schwache Stadtstaat Bremen mit 28,5 Alkoholtoten. Betroffen sind besonders Männer, sie machen drei Viertel aller Todesfälle aus. Die hohen Zahlen in Ostdeutschland haben mit dem DDR-Erbe zu tun. Gaßmann: »Wer heute im Osten an alkoholbedingten Krankheiten stirbt, ist mindestens 50 oder 60 Jahre alt und damit durch die Trinkkultur der DDR sozialisiert worden. Die wird man nicht los, nur weil sich das politische System geändert hat.«

Vergessen ist heute, dass der Schnapskonsum in der Bundesrepublik bis 1974 über dem der DDR lag. Erst das dann einsetzende Gesundheitsbewusstsein bremste ihn. Dennoch gab und gibt es auch im Westen ein erhebliches Alkoholproblem. Heute liegt der gesamtdeutsche Pegel bei etwa 5,9 Litern Schnaps pro Person und Jahr, bei Alkohol insgesamt sind es 10,1 Liter. Einer besonders starken Gefährdung unterliegen Jugendliche. Alkohol bringt dem Staat jährlich 3,4 Milliarden Euro an Steuer ein. Demgegenüber stehen Folgekosten durch den Alkoholmissbrauch in Höhe von etwa 30 Milliarden Euro durch ärztliche Behandlungen, Frühberentung, Arbeitsleistungsausfall und Erwerbsunfähigkeit, so das Hamburgische WeltWirtschaftsinstitut. Laut Suchtbericht der Bundesregierung trinken fast 10 Millionen Deutsche Alkohol in gesundheitlich riskanten Mengen, mindestens eine Million von ihnen ist alkoholabhängig.

WARUM GAB ES »NEIN«-STIMMEN IN DER VOLKSKAMMER?

Nein sagen gehörte nicht zum parlamentarischen Alltagsbetrieb der Volkskammer. Die Verfassung legte fest: »In der Nationalen Front der Deutschen Demokratischen Republik vereinigen die Parteien und Massenorganisationen alle Kräfte des Volkes zum gemeinsamen Handeln für die Entwicklung der sozialistischen Gesellschaft.« Dennoch gab es am 9. März 1972 ein einziges Mal 14 Gegenstimmen und 8 Enthaltungen unter den 500 Abgeordneten. Dabei ging es um das »Gesetz über die Unterbrechung der Schwangerschaft«. Damit stand eines der damals modernsten Abtreibungsgesetze der Welt zur Diskussion. Es sah vor, dass Frauen innerhalb der ersten 12 Wochen einer Schwangerschaft selbst über einen Abbruch entscheiden konnten. Er wurde arbeits- und versicherungsrechtlich dem Krankheitsfall gleichgestellt und erfolgte somit für die Patientinnen kostenfrei. Gleichzeitig gelang es, sich mit dem neuen Gesetz gegenüber der Bundesrepublik abzugrenzen. Dort forderte die erstarkende Frauenbewegung den straffreien Schwangerschaftsabbruch, der nach § 218 StGB mit bis zu fünf Jahren Haft sanktioniert werden konnte.

Die politische Vorgeschichte des Gesetzes reichte bis in die zwanziger Jahre zurück. Die Kommunistische Partei Deutschlands erhob bereits in der Weimarer Republik die Forderung nach Straffreiheit bei Abtreibungen. Mit Gründung der DDR am 7. Oktober 1949 widersprach die Strafbewehrung der Verfassung, die die Gleichberechtigung von Frau und Mann festschrieb und den Frauen versprach, ihre berufliche Entwicklung ungehindert zu gewährleisten. Im neuen Gesetz hieß es dementsprechend dann auch: »Die Gleichberechtigung der Frau in Ausbildung und Beruf, Ehe und Familie erfordert, dass die Frau über die Schwangerschaft und deren Austragung selbst entscheiden kann.«

Die bis 1972 geltende Gesetzeslage in der DDR sah bislang eine stark eingeschränkte Indikationsregelung vor. Auf Antrag betroffener Frauen entschied eine Kommission über die eventuelle Rechtmäßigkeit eines Schwangerschaftsabbruchs. Ausschlaggebend waren dabei zunächst ausschließlich medizinische Gründe, ab 1965 galten dann auch soziale und ethische Faktoren. Das letzte Wort hatte jedoch das Fachgremium und nicht die Frau. Dies führte mit einer wachsenden Freizügigkeit in der Gesellschaft zur Zunahme illegaler Abtreibungen. Schätzungen von 1962 besagen, dass nur etwa jeder siebte Eingriff legal erfolgte. Die Folge war eine zunehmende Nachbehandlung unsachgemäß durchgeführter Aborte, die oft zu Unfruchtbarkeit und in manchen Fällen zum Tod führten.

Die DDR reagierte mit einer neuen Familiengesetzgebung, die 1965 mit der Verabschiedung eines Familiengesetzbuchs begann. Die Freigabe des Schwangerschaftsabbruchs war unter der konservativ geprägten Staatsführung Walter Ulbrichts zunächst nicht möglich. Mit der Machtübernahme durch Erich Honecker änderte sich das. Haupthindernis blieb die Meinung der Christen in der DDR. In einem »Wort der Bischöfe« stellte die evangelische Kirche im Januar 1972 fest: »Der Abbruch einer Schwangerschaft ist Tötung menschlichen Lebens.« Die katholische Kirche reagierte noch schärfer und betonte, dass eine Gesellschaft, die auf den Schutz werdenden Lebens verzichte, »mit ihrem Bemühen um wahren Humanismus« unglaubwürdig würde.

Die SED versuchte deshalb, die Christlich Demokratische Union (CDU) der DDR, mit 52 Abgeordneten und 54 Mitgliedern in der Volkskammer vertreten, von ihrem Gesetzesvorhaben zu überzeugen. Dazu führte SED-Politbüromitglied Albert Norden ein Gespräch mit dem CDU-Vorsitzenden Gerald Götting, damals Präsident der Volkskammer, über das er am 6. Januar 1972 an Erich Honecker berichtete: »Götting versprach, dass die CDU-Parteiführung eine solche Überzeugungsarbeit leisten werde, dass es nicht zu offenen oppositionellen Äußerungen kommen wird.« Nach einer Tagung des CDU-Präsidiums mit Frauen aus der Partei am 7. Februar 1972 wurde festgestellt, dass »es innerhalb der CDU keine einheitliche Auffassung zur Unterbrechung der Schwangerschaft gibt« und »auf die Abgeordneten der CDU in der Volkskammer kein Fraktionszwang ausgeübt wird.«

In seiner Begründung des »Gesetzes über den Abbruch der Schwangerschaft« vor der Volkskammer am 9. März 1972 legte der DDR-Gesundheitsminister Prof. Dr. Ludwig Mecklinger (SED) den Schwerpunkt darauf, dass es sich um ein Gesetz zur Durchsetzung der Gleichberechtigung der Frau handele und deren letztendliche Entscheidung damit respektiert würde. Er betonte, dass dies auch für kirchlich gebundene Frauen gelte. Dennoch blieb die Haltung innerhalb der CDU gespalten. Viele Mitglieder vermissten eine offizielle Stellungnahme ihrer Partei. Am 13. März 1972 erhielt dazu Albert Norden eine Information vom CDU-Hauptvorstand: »Nach wie vor gibt es bei eng kirchlich gebundenen evangelischen und vor allem katholischen Christen weithin Ablehnung einer

Schwangerschaftsunterbrechung.« Zeitzeuginnen berichten, dass sich diese Ablehnung auch bei manchen christlich denkenden Ärzten manifestierte und zu einer abwertenden Behandlung von Patientinnen führte.

Nach der Einheit setzte sich mit dem »Schwangeren- und Familienhilfegesetz« ab 1. Januar 1996 eine Fristenregelung mit Beratungspflicht vor einer Abtreibung durch. Der Weg bis dahin hatte für Frauen im Westen etwa vierzig Jahre gedauert.

WURDEN OSTDEUTSCHE AUCH IM WESTEN KURIERT?

Ende der siebziger Jahre druckte die *Bild* ein scheinbar bedrückendes Foto, Titel: »›DDR‹-Kinder hinter Gittern«. Ein Westurlauber hatte es in Jugoslawien aufgenommen, und es zeigte Kinder und Jugendliche hinter einem Tor.

DDR-Kinder am Mittelmeer? Das konnte doch wohl nur eine Ente sein. Weit gefehlt. Am 15. August 1982 waren im Zentralorgan *Neues Deutschland* Bilder vom Staatsbesuch Erich Honeckers auf Zypern zu sehen. Eine Unterschrift lautete: »Einen herzlichen Gruß entboten auch Kinder aus der DDR, die zur Kur in Zypern weilten.« Über sie berichtete die Frauenzeitung *Für Dich* in ihrer Nummer 15/1984 unter dem Titel »Jeder Atemzug ist Medizin«. Damit war auch schon das Wichtigste erzählt. Die DDR gehörte mit ihrer hohen Staub- und Schwefelbelastung zu den Ländern mit der dreckigsten Luft in Europa. Besonders viele Kinder litten deshalb unter Asthma und Neurodermitis. Allein bei chronischer Bronchitis erhöhte sich die Zahl der kleinen Patienten zwischen 1974 und 1989 um 172 Prozent.

Dagegen musste etwas geschehen, doch in der DDR gab es nirgendwo Kurorte, in denen allein die gute Luft heilen half. Deshalb suchten die Ärzte ab dem Ende der sechziger Jahre nach geeigneten Plätzen und fanden sie am Mittelmeer. Salzhaltige Luft und 2500 Sonnenstunden boten ideale Bedingungen. Ab 1968 reisten Kindergruppen vom Vorschul- bis zum Jugendalter nach Veli Lošinj an der jugoslawischen Adriaküste und ins Troodos-Gebirge auf Zypern. Sie blieben bis zu sechs Wochen, aus der DDR entsandte Lehrkräfte und Betreuer sorgten dafür, dass nicht zu viel Schulunterricht versäumt wurde. Die Kuren waren so erfolgreich, dass sie auf Zypern ab 1976 auf zehn Durchgänge im Jahr ausgeweitet wurden. Nach Jugoslawien fuhren jeweils rund 200 Kinder, es gab acht Durchgänge im Jahr. Das alles war für die DDR teuer, aber es lohnte sich. Von den insgesamt etwa 30 000 Kindern, die bis 1990 an der kroatischen Adriaküste zur Kur waren, konnten 98 Prozent geheilt werden.

Eine ganz andere Möglichkeit, im Westen kuriert zu werden, gab es nach Abschluss des deutsch-deutschen Gesundheitsabkommens am 25. April 1976. War ein Patient der einen Seite »austherapiert«, auf der anderen gab es aber noch eine Chance, konnte sie genutzt werden. Das wussten jedoch nur wenige, und die DDR machte es auch nicht extra bekannt. Die Journalistin Iris Bleeck aus Sassnitz, die im Juli 1977 mit ihren Söhnen Jens und Bastian zur Familienzusammenführung in die Bundesrepublik übersiedelte, erinnerte sich daran, als der Mann ihrer Freundin in der DDR an einem bösartigen Hodentumor erkrankte. Der Chefarzt der Janker Klinik in Bonn versicherte ihr, dort könne man dem zu Hause bereits aufgegebenen Mann doch noch helfen. Mit viel persönlichem Engagement und Hilfe der Frau des damaligen Bundespräsidenten Richard von Weizsäcker gelang es Iris Bleeck schließlich, die Behandlung des Mannes ihrer Freundin in Bonn zu erreichen. Der wirksamste Trick dabei war, in zahllosen West-Ost-Telefongesprächen auf die Abhörer der Stasi zu vertrauen und immer wieder zu erwähnen, wenn das, was in den Verträgen vereinbart ist, nicht klappt, müsse man eben die Presse einschalten.

Eine heute fragwürdig erscheinende Art der Zusammenarbeit existierte überdies beim Test von Medikamenten westlicher Firmen an DDR-Bürgern. Kritisiert wird dabei, dass aufgrund einer Sonderklausel im DDR-Arzneimittelgesetz in einer groß angelegten dritten Phase einer Studie keine eigenhändig unterschriebene Einverständniserklärung der Patienten vorliegen musste. Daraus entstand der Vorwurf, die Probanden seien unzureichend informiert und über die Risiken im Unklaren gewesen.

Nach Aktenlage gab es etwa 600 Medikamentenstudien in rund 50 Kliniken der DDR. Schätzungen gehen von bis zu 50 000 Teilnehmern aus. Vier Testreihen wurden wegen Todesfällen abgebrochen, so nach zwei Opfern bei der Erprobung des Hoechst-Medikaments Trental in Berlin und zwei weiteren Toten in der Lungenklinik Lostau, die mit dem Blutdrucksenker Spirapril von Sandoz behandelt wurden. Getestet wurden aber auch Antidepressiva wie Brofaromin von Sandoz, Nimodipin von Bayer zur Verbesserung der Hirndurchblutung unter anderem bei Alkoholikern im akuten Delirium und die als Dopingmittel missbrauchbare und von Boehringer-Mannheim hergestellte Substanz

Erythropoetin (»Epo«), die zu wenig entwickelten Neugeborenen beim Überleben helfen sollte.

All das geschah nach bisherigem Kenntnisstand nicht durch verantwortungsloses Nutzen von DDR-Bürgern als »Versuchskaninchen«, sondern im Bestreben, an den neuesten wissenschaftlichen Entwicklungen teilzuhaben. Überdies war es für die DDR ein gutes Geschäft. Bis zu 800.000 DM zahlten die westlichen Pharma-Konzerne für eine Studie. Die Einnahmen mit den Medikamententests allein im Jahr 1988 sollen 6,78 Millionen DM betragen haben. In einem Schreiben von Hoechst vom 21. Januar 1987 hieß es zum Beispiel zum »Projekt Nr. HDE 498/2/DDR/201/H1«, dass »vereinbarungsgemäß« 3.800 DM pro Patient gezahlt würden.

Mehr als zwanzig Jahre nach der Einheit riefen die damals erst bekannt gewordenen Informationen über die Medikamententests westlicher Pharma-Unternehmen in der DDR eine polemisch geführte, skandalisierende Auseinandersetzung hervor. Sie reichte vom Vorwurf, DDR-Bürger seien »missbraucht« worden, bis zur Kritik am Profitstreben der Firmen. Politisch wurden die Diskussionen ohne einen sachlich fundierten Erkenntnisstand als Beispiel für vor 1989 praktiziertes »DDR-Unrecht« genutzt. In der Folge gab es jedoch weder den Nachweis, dass in der DDR gegen die ärztliche Ethik verstoßen wurde, noch, dass die Akteure aus dem Westen geltende Gesetze verletzt hätten.

WIE GING ES DEM SOZIALISTISCHEN ERB-ADEL?

Wer weiland mit dem sprichwörtlichen goldenen Löffel im Mund geboren wurde, hatte ebenso sonnige Aussichten aufs Leben wie jene, deren Eltern sich zur sozialistischen Elite zählen durften. Die Kindheit vieler Hochwohlgeborener verlief im Ghetto von Wandlitz, von dem Horst Sindermann zu seinem Sohn Thomas sagte: »Das ist der wahre Kommunismus. Wir leben ohne Zäune.« Die acht Kilometer lange Betonmauer ringsum sah er schon gar nicht mehr. Schließlich hatten sich ja auch die Untertanen draußen an eine Mauer gewöhnen müssen. Dennoch sind die Kindheitserinnerungen des sozialistischen Erb-Adels rosig. Doris Mittag, Tochter des Wirtschaftslenkers der DDR, schwärmt vom

Skiausflug nach Oberhof: »Im Regierungszug war es richtig gemütlich. Schön gedeckte Tische, keine Abteile, bequeme Sessel. Und der Zug für durch ... das war schön.«

Wie überall kamen erst mit der Pubertät die üblichen Probleme. Gerd Grüneberg erinnert sich an Streit mit seinen Vater Gerhard, der als Landwirtschaftsfachmann galt: »Wir hatten oft persönliche Auseinandersetzungen. Ich war ja viel näher am Leben als er. Aber wenn man ihm mal widersprochen hat, war seine Antwort: Das kann gar nicht sein, wir haben das doch beschlossen.«

Dass auch nach dem Auszug in die Welt des realen Sozialismus die kostenlose Tankstelle, der Laden mit Westwaren und der Handwerker-Service der Stasi erhalten blieb, versteht sich von selbst. Existentielle Fragen für Normalbürger, wie etwa eine eigene Wohnung, stellten sich nicht. Als Sonja Honecker auszog, war das Nest in der Leipziger Straße bereitet, die Haushälterin aus Wandlitz reiste regelmäßig an, um den Staubsauger zu schwingen. Selbstverständlich blieb es bei der Vorzugsbehandlung im westlich ausgestatteten Regierungskrankenhaus. Das konnte jedoch auch ins Unglück führen: Als Honeckers Enkelin Mariana 1988 an einem harmlosen Pseudokrupp erkrankte, erkannten die auf alte Männer spezialisierten Ärzte die Kinderkrankheit nicht rechtzeitig. Mariana starb im Alter von zwei Jahren.

Um beim Start ins Leben kräftig unter die Arme gegriffen zu bekommen, reichte schon der Papa aus der zweiten Reihe, wie zum Beispiel Staatsekretär und Stasi-Oberst Alexander Schalck-Golodkowski. Nach dem Sturz der SED-Vorherrschaft stellten Finanzprüfer fest: »Mit der Rechnungsnummer 364/88 vom 2. 12. 1988 wurde Herrn Thomas Schalck für die Errichtung eines Bungalows gemäß Projekt (lt. Preisbasis 1979) 65.638 M in Rechnung gestellt. Diese Rechnung wurde am 9. 12. 1988 in bar bezahlt. Der Bereich Bau/Investition Hönow zahlte an das BMK Ost für die Errichtung des Bungalows in Stolzenhagen insgesamt 115.405,30 M. Die Schlussrechnung der Investbauleitung ergab jedoch 136.872,10 M. Somit beläuft sich die Stützung für den Bau dieses Bungalows auf 71.234,10 M.« Geld aus dem »Volkseigentum«.

Die berufliche Perspektive der Funktionärssprösslinge wurde gern bei der Staatssicherheit gesucht und gefunden. Dazu gehörten zum Beispiel Töchter und Söhne der Politbüro-Mitglieder Horst Dohlus, Joachim Herrmann, Alfred Neumann, Gerhard Schürer, Harry Tisch und mit gleich zwei Nachwuchskadern, Günther Kleiber und Werner Krolikowski. Natürlich sind hier auch die Abkömmlinge der MfS-Prominenz vorn dabei. Die Generäle Erich Mielke, Rudi Mittig, Bruno Beater, und Markus Wolf steckten ihre Söhne in Offiziersuniformen, Gerhard Neiber und Wolfgang Schwanitz lieferten gleich drei und Alfred Scholz zwei Kader und auch Alexander Schalck-Golodkowski brachte die ganze Familie – zwei Söhne und die zweite Frau – dort unter. Bei etlichen weiteren klappte es – wie auch im früheren Adel üblich – über das Einheiraten. Ein Stasi-Plätzchen fand sich ebenfalls für die Nachkommen von Außen- und Innenminister, Generalstaatsanwalt und weitere bis zu den Bezirksfürsten. Das brachte ein üppiges Gehalt, aber auch viel Stress ein. Hauptamtliche Stasi-Mitarbeiter gehörten paradoxerweise zur am meisten überwachten Bevölkerungsgruppe der DDR Sie bespitzelten sich gegenseitig, viele ersäuften ihren Kummer im Alkohol und manche drehten völlig ab. Stasi-Forscher Ilko-Sascha Kowalczuk berichtet von einem Oberst, der über seine Familie peinlich genau »Kaderakten« führte und seine Söhne nur mit Decknamen ansprach.

Auch wenn tatsächlich mal etwas schief ging, halfen die Halbgötter aus der Partei-Spitze. Als der Neffe von Stasi-Generaloberst Markus Wolf am 15. Juli 1981 beim Fluchtversuch in den Westen in Budapest erwischt wurde, haute ihn der Onkel raus. Nach kurzer U-Haft stand dem Medizinstudium nichts mehr im Wege.

Im Volvo, mit zwei Kindern und Mutter reiste Familie B. am 24. Februar 1984 in der westdeutschen Botschaft Prag zur Flucht an. Frau B. ist die Nichte des DDR-Ministerpräsidenten Willi Stoph. Deshalb kümmert sich Stasi-Minister Mielke persönlich um den Fall. Er notiert am 28. Februar: »1. mit Stoph, Sonja sprechen 2. St. Sonja bearbeiten 3. Sonnabend Zusage RA Vogel um schnell auszuräumen.« Der »RA«, Rechtsanwalt Vogel, richtete es und am 20. März 1984 waren alle wohlbehalten im Westen. Ein Käfig bleibt eben doch ein Käfig, auch wenn er aus Gold ist.

WIESO GALT EIN SOWJET-DENKMAL ALS STAATSFEINDLICH?

Am 4. Dezember 1959 schenkte die Sowjetunion der UNO eine Bronzeskulptur des Bildhauers Jewgeni Wutschetitsch. Die nach einem Wort des biblischen Propheten Micha gestaltete Figur im Stil des sozialistischen Realismus zeigte einen Mann, der ein Schwert zu einer Pflugschar schmiedete. Es war das dritte Werk des Künstlers zum Thema

»Schwert«: Die Monumentalplastik »Mutter Heimat« in Wolgograd (früher Stalingrad) zeigte die Übergabe der Waffe an den Kämpfer, der ebenfalls gewaltige »Befreiungskrieger« in Berlin-Treptow die Zerstörung des Hakenkreuzes mit dem Schwert. Das neueste Werk Wutschetitsches sollte nun die Bereitschaft der Sowjetunion zur friedlichen Koexistenz symbolisieren.

Am Buß- und Bettag 1980 tauchte das Abbild dieser Skulptur, das bislang auch im Schulgeschichtsbuch für die 6. Klassen zu sehen war, mit dem Schriftzug »Schwerter zu Pflugscharen« erstmals als Lesezeichen eines Einladungsheftchens zu Gottesdiensten auf. Die private Druckerei Abraham Dürninger der christlichen Herrnhuter Brüdergemeinde hatte sie in einer Auflage von 120 000 Stück auf Vlies gedruckt. Das galt in der DDR als »Textilveredelung« und bedurfte keiner Druckgenehmigung.

Dem war 1978 in der DDR die Einführung des neuen Pflichtfaches »Wehrerziehung« vorausgegangen. Dagegen hatte der Bund der Evangelischen Kirchen in der DDR erfolglos protestiert und ein Alternativprogramm »Erziehung zum Frieden« vorgeschlagen. Auf dessen Grundlage entstanden nun in den Kirchen unabhängige Friedensinitiativen. Sie mündeten im Sommer 1980 in die erste »Friedensdekade« unter dem Motto »Frieden schaffen ohne Waffen«. Das Lesezeichen mit dem sowjetischen Denkmal wurde zu deren Symbol und als Aufnäher getragen.

Im Frühjahr 1981 kam aus einigen Kirchen der Vorschlag, alternativ zur Wehrpflicht in der NVA gleichberechtigt einen zweijährigen »sozialen Friedensdienst« einzuführen. Das lehnte der Staatssekretär für Kirchenfragen, Klaus Gysi, im September rigoros ab. Vom 8. bis zum 18. November 1981 folgte daraufhin eine zweite Friedensdekade, die gemeinsam mit der Evangelischen Kirche (EKD) im Westen unter dem Thema »Gerechtigkeit – Abrüstung – Frieden« stand. In Herrnhut druckte man weitere 100 000 Aufnäher. Nun schien der SED Gefahr im Verzug zu sein, denn sie beanspruchte die Meinungsführerschaft im Friedenskampf. Dazu gehörte aus ihrer Sicht auch eine wachsende Militarisierung der Gesellschaft, und die zeigte sich jetzt erstmals von einer massiv wachsenden Gegenströmung bedroht.

Polizisten und Lehrer begannen, den meist jugendlichen Trägern der »Schwerter zu Pflugscharen« die Aufnäher von den Ärmeln zu reißen. Der sächsische Landesbischof Johannes Hempel bekam Ende November 1981 die amtliche Mitteilung: »Wegen Missbrauchs dürfen diese Aufnäher in Schule und Öffentlichkeit nicht mehr getragen werden.« Die offiziellen Argumente dagegen reichten vom Vorwurf, sie kämen aus dem

Westen und seien »schulfremdes Material«, bis zur Behauptung, »undifferenzierter Pazifismus« sei friedensfeindlich und wer solche Zeichen trage, würde die »Wehrkraft zersetzen« und die staatliche und gesellschaftliche Tätigkeit zum Schutze des Friedens untergraben. Der Sanktionskatalog umfasste Relegierungen von Oberschulen und Universitäten, Verweigerung gewünschter Lehrstellen, Verbote des Aufenthalts an bestimmten Stellen und Strafversetzungen. Für die Herstellung von Aufnähern wurde eine Genehmigungspflicht eingeführt. Als Reaktion erfuhr die DDR-Staatspartei umfangreichen passiven Widerstand. Manche Jugendliche trugen nun als Zeichen ein Loch im Ärmel oder einen aufgenähten weißen Kreis, andere schrieben mit Filzstift »Hier war ein Schmied« auf die Jacke.

Im Sommer 1982 tauchte dann ein neues Symbol auf. Der Grafiker Gerhard Voigt aus Halle hatte einen Menschen gemalt, der vor einer Weltkugel ein Gewehr zerbrach, und damit den ersten Preis eines Plakatwettbewerbs der UNO gewonnen. Es wurde wegen seiner »Einfachheit und Klarheit des Gedankens« zum offiziellen Emblem der UNO-Sondertagung zur Abrüstung im Juli 1982. Als es die Moskauer Propaganda-Illustrierte *Sowjetunion* groß und in Farbe veröffentlichte, war das Blatt – sonst eher ein Ladenhüter an den DDR-Zeitungskiosken – zum ersten und einzigen Mal ausverkauft. Auch dieses Zeichen wurde von Autos, Türen und Fenstern entfernt, doch der Keim des eigenen Denkens ließ sich nicht mehr ersticken. Die DDR-Führung scheute die politisch notwendig gewordene Auseinandersetzung und beharrte auf ihrer vermeintlich »bewährten« Einteilung in Freunde und Feinde.

Der inzwischen in den Westen abgeschobene DDR-Dissident Rudolf Bahro kennzeichnete die politische Gefahr der kirchlich inspirierten Friedensbewegung in der DDR bereits 1982 so: »Zum ersten Male seit der Spaltung und ungeachtet des anscheinend so unüberbrückbaren Systemgegensatzes haben wir diesseits und jenseits der Mauer Oppositionsbewegungen, die in ihren Antrieben und Zielen eins sind. Auch wenden sie sich gegen die eine, gegen jeweils die ›eigene‹ Machtstruktur durchaus nicht im Namen der anderen. Vielmehr betrachten sie die beiden Establishments als Kehrseiten letztendlich eines antagonistischen Systems, das im Ganzen überwunden werden muss.« Daraus zog er die Schlussfolgerung: »Es ist allein eine Frage der Zeit, wann die geistige Führungskraft, die von da ausstrahlt, Einfluss auf große Teile der Jugend und auf alle politisch Interessierten ausüben wird.« Die Geschichte gab ihm recht.

Weswegen fielen »Antragsteller« in Ungnade?

»Antragsteller« waren im DDR-Sprachgebrauch Leute, die etwas begehrten, was die Gesetze des Landes gar nicht vorsahen: Sie wollten eine »ständige Ausreise« in den Westen genehmigt bekommen. Dieser Wunsch wurde automatisch als politische Stellungnahme gegen die DDR bewertet, die wie ein gekränkter Liebhaber reagierte. Sie musste die Abkehr zur Kenntnis nehmen, nutzte aber ihre Macht, um den Scheidungskrieg nach eigenem Gutdünken zu gestalten. War das »Rechtswidrige Ersuchen« (RWE) – so der interne DDR-Sprachgebrauch – einmal gestellt, konnte alles oder nichts passieren. Manchmal ging es schnell, manchmal dauerte es Jahre. Es gab Leute, die unbehelligt blieben, eines Tages Genehmigung und Container bekamen und dann innerhalb von Stunden verschwinden mussten, anderen wurde das »RWE« nicht abgenommen und der erneute Versuch als »Beeinträchtigung staatlicher Tätigkeit« angelastet. Oft führte der Weg ins Gefängnis, denn ein umfangreiches Arsenal angedrohter Strafen kriminalisierte die »Antragsteller«. Suchten sie Hilfe, womöglich noch im Westen, galt das als »ungesetzliche Verbindungsaufnahme«, äußerten sie, in der DDR nicht nur wohnhaft zu sein, sondern sich in »Wohnhaft« zu fühlen, wurde gern »öffentliche Herabwürdigung« vorgeworfen. Als besonders verwerflich galt, wenn sich jemand auf die auch von der DDR in der Schlussakte der Europäischen Konferenz für Sicherheit und Zusammenarbeit 1975 in Helsinki unterschriebene Verpflichtung, Freizügigkeit zu gewähren, berief. Damit fühlte sich die DDR »erpresst« und schlug zurück, indem sie die Umstände des Antrags als strafrechtlich relevante Taten verfolgte. Diese wurden dann meist mit Freiheitsstrafen geahndet. Der Weg aus dem Gefängnis konnte durch Freikauf oder Abschiebung in den Westen, aber ebenso zurück in die DDR führen. Auch ein theoretisch möglicher Antrag auf »Entlassung aus der DDR-Staatsbürgerschaft« nach dem »Gesetz über die Staatsbürgerschaft der Deutschen Demokratischen Republik« vom 20. Februar 1967 bot keine legale Alternative. Sie konnte nämlich nur dann erfolgen, wenn der Betreffende »seinen Wohnsitz mit Genehmigung der zuständigen staatlichen Organe der Deutschen Demokratischen Republik außerhalb der Deutschen Demokratischen Republik hat oder nehmen will«. Diese »Genehmigung« lag jedoch nicht vor.

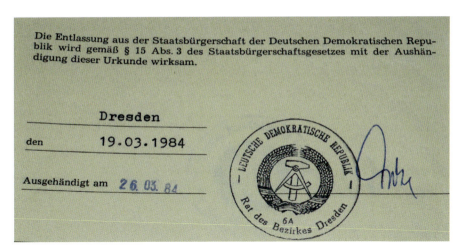

Die Entlassung aus der Staatsbürgerschaft der Deutschen Demokratischen Republik wird gemäß § 15 Abs. 3 des Staatsbürgerschaftsgesetzes mit der Aushändigung dieser Urkunde wirksam.

Dresden

den 19.03.1984

Ausgehändigt am 26. 03. 84

Die Urkunde über die »Entlassung aus der Staatsbürgerschaft der Deutschen Demokratischen Republik« berechtigte ehemalige DDR-Bürger zur ständigen Ausreise.

Dennoch gab es die Möglichkeit, mit einem »Ausreiseantrag« die DDR zu verlassen, und das wussten die Leute auch. Dazu wandten sie sich an die Abteilung Inneres des jeweiligen Kreises oder Rates des Stadtbezirks. Sie registrierten das Begehr, behandelten es aber nicht wie ein übliches Verwaltungsverfahren. Es gab weder schriftliche Ablehnungen noch Genehmigungen. Nach einer geheimen Anweisung des Innenministeriums »Über die Bearbeitung und Entscheidung von Anträgen zur Übersiedlung von Bürgern der DDR in die BRD und nach Westberlin«, die für die Betroffenen völlig undurchsichtig blieb, wurden diese zunächst zu einer »Aussprache« vorgeladen, in der der Antrag »grundsätzlich als rechtswidrig abgewiesen« wurde. Diese Zurückweisung erfolgte mündlich und ohne jegliche Begründung. Anträge wurden von den Behörden nur dann entgegengenommen, wenn intern geklärt war, ob der Weg in den Westen aus »Sicherheitsgründen« überhaupt in Frage kam. Mit der Registrierung des Ausreisewunsches ging in aller Regel eine »Bearbeitung« durch die Staatssicherheit einher. Federführend agierte dabei die »Zentrale Koordinierungsgruppe« (ZKG). Sie veranlasste die üblichen »Operativen Vorgänge« gegen die »Zielperson«, deren gesamte Lebensumstände ausspioniert wurden. Das Hauptanliegen dabei war es, sie zur Rücknahme ihres Ausreiseantrags zu bewegen.

Dazu diente ein umfangreiches Spektrum sozialer Benachteiligungen und staatlicher Restriktionen, in das auch die gesamte Familie des nun als »feindlich-negative Person« entlarvten Bürgers einbezogen werden konnte. Diese, von der Stasi zynisch »Zersetzungsmaßnahmen« genannten Aktivitäten, reichten vom Verlust der Arbeitsstelle und Berufsverboten über das Verwehren von Bildung, Bemühungen um Kriminalisierung der Betroffenen bis hin zur Diskriminierung durch Entzug des Personalausweises. Neben der Peitsche wurde manchmal auch mit Zuckerbrot versucht – besonders dann, wenn es sich bei den Übersiedlungswilligen um prominente Personen des öffentlichen Lebens der DDR handelte –, sie zum Verbleib im Lande zu bewegen.

Trotz all dieser Schikanen verfestigte sich bei vielen DDR-Bürgern die Auffassung, als »Antragsteller« ein allerletztes Mittel zu haben, um das eigene Leben und das der Familie außerhalb der Zwänge und Vorgaben des »realen Sozialismus« zu gestalten. Ihre Zahl reflektierte wie ein Seismograph die inneren Erschütterungen der DDR. So zählte die Stasi zum Beispiel im Krisenjahr 1984 rund 57 600 »Erst-Antragsteller«, von denen etwa 17 300 ihr Begehren zurücknahmen und schließlich rund 29 800 in den Westen übersiedelten. In den letzten Jahren der DDR pendelten sich die Zahlen der »Ausreiseanträge« bei über 40 000 Personen pro Jahr ein. Insgesamt wollten zwischen 1977 und Mitte 1989 nach Stasi-Statistiken 316 000 DDR-Bürger in die Bundesrepublik übersiedeln. Etwa 93 000 zogen nach Schikanen oder auch dem Erfüllen ihrer Forderungen, die zum Ausreisewunsch geführt hatten, den Antrag zurück, 176 200 durften irgendwann die Koffer packen. Dass sie den Weg von Deutschland nach Deutschland mit dem Verlust von Lebenszeit, oft dem Erdulden von Schikanen im Osten und den Mühen des Neuanfangs im Westen und manchem Trauma, das bis heute wirkt, bezahlen mussten, ist inzwischen vergessen.

WAS WAR DIE GRÖSSTE LÜGENGESCHICHTE IM ND?

Das SED-Organ *Neues Deutschland* war in der DDR nicht gerade berühmt für den Wahrheitsgehalt seiner Artikel. Dennoch staunten am 19. September 1989 wohl auch jene, die das Blatt nicht nur lasen, sondern stets Wert darauf legten, es »studiert« zu haben, über die Schlagzeile: »Ich habe erlebt, wie BRD-Bürger ›gemacht‹ werden.« In einem Interview berichtete Hartmut Ferworn (39), Mitropa-Kellner aus dem Corvina-Express, von seiner angeblichen Entführung nach Wien, um von dort in den Westen geschafft zu werden.

Die knalligen Untertitel »In den Fängen kaltblütiger berufsmäßiger Menschenhändler«, »BRD-Botschaft Wien – eine Zentrale der Abwerbekampagne« und »DM-Scheine als Lohn für gewissenlose Schlepper« ließen auf eine spannende Lektüre hoffen – hätten zu jener Zeit die DDR-Bürger nicht von der seit Wochen laufenden Flucht Tausender ihrer Landsleute über Ungarn in den Westen gewusst. Dennoch schienen jetzt Einzelheiten ans Tageslicht zu kommen, die manchen grausen ließen, denn der Mitropa-Mann erzählte, wie alles ganz harmlos angefangen hatte. Ein Schlepper namens »Jens Wunsch« bot dem ahnungslosen Ostdeutschen »Mentholzigaretten« an, präpariert »nach Methoden westlicher Geheimdienste«. Davon ahnte der im Klassenkampf bewährte Kellner natürlich nichts, schließlich war er »Mitglied der SED, glücklich verheiratet, drei Kinder«. Doch dann registrierte der tapfere Hartmut, dass die Zigaretten »irgendwie komisch schmeckten« und fiel erwartungsgemäß in Ohnmacht. Zum Glück wachte er gerade noch rechtzeitig auf, um »einen Packen DM-Scheine auf dem Tisch« des »gewissenlosen Schleppers« zu bemerken. Inzwischen nach Wien entführt, nahm der pflichtbewusste Genosse »telefonisch Kontakt mit der DDR-Botschaft« auf. Die half: »Am Donnerstag, dem 14. September, war ich wieder in der Heimat.«

Nach dem bekannten DDR-Propaganda-Muster erschienen zwei Tage später aufgeregte Leserbriefe: »Bürger der DDR empört über den Menschenhandel der BRD« und die TV-Sendung »Objektiv« brachte einen Bericht. Ihrem Namen machte sie damit jedoch keine Ehre, denn inzwischen gab es diplomatische Verwicklungen.

Mit Blitz-Telegramm 1760/89 vom 21. September berichtete der Ständige Vertreter der DDR in der BRD, Horst Neubauer, über eine tags zuvor im Bundeskanzleramt vorgetragene mündliche Erklärung: »Die Bundesregierung ist äußerst befremdet über den Artikel ›Menschenhandel‹ der DDR-Nachrichtenagentur ADN, der am 19. September 1989 im ND veröffentlicht wurde, sowie über weitere Angriffe gegen die Bundesregierung vom heutigen Tage .... Die Bundesregierung verwahrt sich im Übrigen gegen die in den Artikeln verwendeten, völlig unangemessenen und teilweise sogar beleidigenden Formulierungen.« Ihre Politik entspreche dem Grundlagenvertrag und der Schlussakte von Helsinki, meint Ministerialrat Germelmann. Sein Titel klingt zwar respekteinflößend, doch in der Verwaltungshierarchie steht er noch unter einem Abteilungsleiter. Deshalb hatte die DDR auch nur Genossen Klötzer geschickt, offenbar wollten beide Seiten den Konflikt nicht noch anheizen. Dennoch muss sich der DDR-Vertreter anhören: Niemand »wird vonseiten der Bundesrepublik aus der DDR abgeworben, geschweige denn wird psychologischer Druck ausgeübt. Wenn allerdings sich jemand entschlossen hat, die DDR zu verlassen, werden wir ihn nicht abweisen. Die Probleme haben ihren Ausgangspunkt in der DDR und nicht in der Bundesrepublik Deutschland. Es ist Sache der DDR, ihren Bewohnern solche Lebensumstände zu ermöglichen, die es ihnen erlauben, zufrieden in ihrer Heimat zu leben.«

Natürlich wies »Gen. Klötzer« standhaft die Vorhaltungen »in allen Einzelpunkten und ganz entschieden« von sich. Außerdem habe er »darauf aufmerksam gemacht, dass sich die Darstellung des ADN strengstens an Tatsachen hält«. Das war offenbar nicht der Fall, denn am 3. November 1989 rudert auch das *ND* »In eigener Sache« zurück, »weil der Fall nicht typisch für den Weggang zahlreicher DDR-Bürger sei .... Wir müssen diese Kritik mit dem heutigen Erkenntnisstand akzeptieren und bedauern deshalb die Veröffentlichung.« Dass sich inzwischen auch die Eltern von Jens Wunsch beim *ND* über die Verleumdung beschwert hatten und die ganze Räuberpistole schierer Unsinn war, wurde damit nicht gesagt. Letzteres bestätigte Hartmut Ferworn in einer TV-Reportage am 4. Januar 1990. Angeblich habe ihn das MfS zur »Wiedergutmachung« erpresst, weil er erst abgehauen, dann aber wiedergekommen war.

Vom inzwischen emsig demonstrierenden Volk mit Transparenten wie »Honecker log, Krenz log, ND log, Dia-log« angefeuert, vertiefte sich offenbar derweil auch der »Erkenntnisstand« beim SED-Organ. Am 5. Januar 1990 bestätigte Chefredakteur Herbert Naumann, dass es sich bei der Ferworn-Story um eine frei erfundene Geschichte handelte. Er selbst habe sie »leider zunächst geglaubt«, und »ZK-Abteilung und Staatssicherheit bürgten für die Wahrheit«. Folge: »Gegenrecherchiert haben wir deshalb nicht.« Das wiederum ist dem *ND* kaum vorzuwerfen, denn es gehörte dort ohnehin nicht zum journalistischen Handwerk.

Wie regierte Erich Honecker ohne Handy?

Obwohl es Vorläufer des Mobiltelefons schon ab 1926 für 1.-Klasse-Reisende der Deutschen Reichsbahn gab, entstanden die ersten flächendeckenden digitalen Netze im Westen erst gegen Ende der DDR. Ob sich Erich Honecker damit angefreundet hätte, wie heute üblich per Handy und SMS zu regieren, ist ohnehin zu bezweifeln. Seine Erfahrung war, sich nicht aufs Telefon zu verlassen – Klassenfeind hört mit – und auf die technisch veralteten Anlagen in der DDR schon gar nicht.

Sie resultierte vor allem aus dem Volksaufstand vom 17. Juni 1953. Die SED-Führung hatte sich nahezu komplett ins sowjetische Hauptquartier in Berlin-Karlshorst geflüchtet und blieb so von den Informationen zur aktuellen Lage abgeschnitten. Deshalb wurde danach festgelegt, in direkter Verantwortung der SED ein eigenes Richtfunknetz zu errichten und zu betreiben. Es sollte völlig unabhängig von der Post funktionieren und die vorhandenen Fernmeldeverbindungen überlagern. Die Notwendigkeit dieses Plans bestätigte sich mit der Aufdeckung des amerikanisch-britischen Abhörtunnels – Deckname: Operation Gold – im April 1956 in Berlin-Treptow, Ortsteil Altglienicke.

So entstand ein streng geheimes Schmalbandrichtfunknetz (RFN) auf zwei Ebenen. Die Netzebene 1 erfasste alle Bezirksleitungen, die Netzebene 2 die Kreisleitungen der Partei. Die Struktur orientierte sich an der Verwaltungsreform der DDR vom 25. Juli 1952. Die kleinteilige Organisation des Staats- und Parteiapparats sollte die Macht bis in den letzten Winkel der DDR besser sichern. Doch dazu waren schnelle Informationen von oben nach unten, ebenso wie von unten nach oben, notwendig. Auf das unzuverlässige Telefonnetz der Post mochte sich niemand verlassen.

Die Verbindungsgeräte produzierte der VEB Rafena, Werk Radeberg. Der Aufbau erfolgte durch den SED-Parteibetrieb Fundament GmbH. Ausgebildet wurde an einer technischen Schule der Abteilung Fernmeldewesen des ZK der SED in Brandenburg. Direkt im ZK lag auch die Verantwortung für das gesamte System. Die Bewachung erledigte das Innenministerium. In der zweiten Hälfte der sechziger Jahre nutzte auch die NVA das RFN mit und investierte in den Ausbau, zum Beispiel durch neue Türme in Machern und Usadel. Gleichzeitig entstand ein eigenes Stabsnetz der Armee, das Ende der sechziger

Jahre in Betrieb ging. Erich Honecker wusste sehr genau, wie wichtig das interne Informationssystem war. Bevor er Walter Ulbricht im Mai 1971 vom Thron stieß, ließ er vorsorglich alle Verbindungen kappen.

Spätestens seit Mitte der sechziger Jahre wurden die unverschlüsselten Nachrichten aus den DDR-Richtfunknetzen massiv von der Bundeswehr, dem Bundesnachrichtendienst und den im Westen stationierten Amerikanern, Engländern und Franzosen aufgeklärt. Das sicherten lückenlos längs der Grenze installierte Horchposten, ergänzt durch Anlagen in Westberlin, wie die US Army Field Station Berlin auf dem Teufelsberg. Bei dieser Art der Spionage geht es sowohl um das Sammeln von Informations-Mosaiksteinchen als auch um ein Lagebild anhand der Aktivität in den Netzen. Beim BND trug das Material aus den abgehörten Nachrichten den Decknamen »Laus«.

Die DDR-Behörden registrierten, dass ihnen eine solche offenbar im Pelz saß und für einen Informationsabfluss sorgte, und grenzten zunächst die Zahl der Nutzer der Netze stark ein. Um mehr Sicherheit zu schaffen, beschloss der Nationale Verteidigungsrat der DDR am 16. Dezember 1977 die Errichtung des Sondernetzes 1, offiziell »Integriertes Stabsnetz der Partei- und Staatsführung der DDR und der bewaffneten Organe« genannt. Dieses rechnergestützte Verbindungssystem für Selbstwähl-Telefonverkehr, Fernschreib- und Datenübertragung baute die NVA in eigener Verantwortung.

Das neue Netz entstand in Etappen mit einer oberen, mittleren und unteren Netzebene. Es arbeitete völlig unabhängig vom öffentlichen Fernsprechnetz der DDR. Die Berechtigung zur Nutzung war in einer streng überwachten Nomenklatur geregelt. Die Teilnehmer meldeten sich mit Tarnnamen für die Dienststellen – zum Beispiel hieß die Hauptnachrichtenzentrale des Verteidigungsministeriums der DDR »Wostok« – und Tarnzahlen für die verschiedenen Dienststellungen. Das Sondernetz 1 ging 1983 mit der oberen Ebene in Betrieb.

Auf Beschluss der SED wurden die beiden vorher existierenden Richtfunknetze per 1. Januar 1984 der Deutschen Post übergeben. Angesichts der wachsenden Datenmengen und der Fortschritte bei den Möglichkeiten ihrer Übertragung plante die DDR in der zweiten Hälfte der achtziger Jahre den Aufbau eines neuen Richtfunknetzes. Vorgesehen waren eine hohe Bandbreite mit bis zu 1200 Kanälen und eine integrierte Verschlüsselungstechnik, um alle zentralen Führungsbereiche miteinander zu verbinden. Wegen der sich massiv abzeichnenden ökonomischen Probleme verschob der Nationale Verteidigungsrat die Realisierung dieser Pläne in die neunziger Jahre. Die bereits bereitgestellte Investitionssumme von rund 50 Millionen Mark floss in die Wirtschaft. Was Erich Honecker bei der Absetzung Ulbrichts praktizierte, erfuhr er bei seinem Sturz am 18. Oktober 1989 nun selbst: Er wurde von einer Minute auf die andere von der Kommunikation innerhalb der Partei- und Staatsführung abgeschnitten. Über einen privaten Telefonanschluss verfügte er nie und teilte so das Schicksal vieler DDR-Bürger. Nach 1990 gingen alle Sondernetze der DDR und deren Immobilien an die Deutsche Bundespost. Die Richtfunknetze wurden eingestellt.

WIE GINGEN KALTE KRIEGER MIT WARMEN BRÜDERN UM?

Homosexualität war kein öffentliches Thema in der DDR. Und als es eins wurde, ging es mit der DDR zu Ende. Wer zwischen Ostsee und Erzgebirge aufwuchs, hörte manchmal die Erwachsenen munkeln, diese oder jener sei »andersrum« oder ein »Mannweib«. In fast jeder Kleinstadt gab es eine merkwürdige »Tante Heinz« oder einen »Onkel Waltraut«, und auch der schriftliche Rat von Aufklärungspapst Rudolf Neubert blieb diffus: »Die Zahl dieser echten Homosexuellen ist klein, größer ist die Zahl derer, die durch ungünstige Umwelteinflüsse, Verführung, insbesondere während der Wachstumszeit, sich zum eigenen Geschlecht hingezogen fühlen. Ihnen hilft die Heilerziehung ...« Alles läge an »einer Missbildung der Keimdrüsen« und gehöre »infolgedessen nicht unter die Obhut der Richter, sondern unter die der Ärzte«.

Verlorengeht bei dieser Sicht die Tatsache, dass die DDR in ihrer Gesetzgebung zur Homosexualität der Bundesrepublik stets voraus war. Diese, landläufig als »Paragraph 175« umschrieben, basiert auf der zunächst gleichen Rechtsgeschichte. Seit 1871 wurden homosexuelle Handlungen in Deutschland als Verbrechen gesehen und strafrechtlich verfolgt. Im Oktober 1929 erreichten liberale Kräfte, unterstützt von KPD und SPD im Reichstag einen Beschluss zur Streichung der Strafbarkeit »einfacher Homosexualität« unter Erwachsenen, der jedoch nicht gesetzlich realisiert wurde. Die Nazis verschärften ab 1935 die Strafbestimmungen und fügten den § 175 a hinzu, der die Bedingungen für die Bestrafung mit bis zu zehn Jahren Zuchthaus formuliert. In ihren Konzentrationslagern praktizierten sie die physische Vernichtung Homosexueller, die mit einem Rosa Winkel gekennzeichnet wurden.

Nach dem Krieg übernimmt die Bundesrepublik direkt die §§ 175 und 175 a aus der Fassung der Nazis, die DDR den Gesetzestext von 1935. Das Oberste Gericht stellt dazu 1949 fest, dass bereits die Androhung von Zuchthaus als Normalstrafe zwar »typisch nationalsozialistisch« sei, meint aber, der »besondere Schutz der Jugend« wäre dennoch ein »gesunder rechtspolitischer Gedanke«. Daraus entwickelt sich die Praxis, auch »einfache Homosexualität« seit etwa 1957 kaum noch zu bestrafen. Der entsprechende Paragraph verschwindet aber erst 1968 aus dem Strafgesetzbuch der DDR. Es blieb der Paragraph 151 zum »besonderen Schutz der Jugend«, in der DDR auf homosexuelle Handlungen von Frauen und Männern bezogen. Er wird 1988 gestrichen. In der Bundesrepublik ist »einfache Homosexualität« seit 1969 straffrei, homosexuelle Beziehungen zwischen Erwachsenen und Jugendlichen ab 1994.

Allerdings hinkt die gesellschaftliche Praxis, die die geschätzten 500 000 bis 800 000 Schwulen und Lesben in der DDR erleben, der Gesetzgebung viele Jahre hinterher. Einen wesentlichen Rückschlag erleiden die Reformkräfte in der SED, als 1955 der homosexuelle Justizminister Max Fechner wegen »Boykotthetze« und »faschistischer Propaganda« zu acht Jahren Zuchthaus verurteilt wird. Er hatte sich im Zusammenhang mit dem Volksaufstand vom 17. Juni 1953 für die Legitimität des Streikrechtes ausgesprochen, nun muss seine sexuelle Veranlagung herhalten, um ihn als »nicht nur politisch, sondern auch moralisch verkommen« zu verurteilen. Damit brechen Bemühungen um die Streichung des § 175 zu dieser Zeit ab. Die offiziöse Ansicht, Homosexualität verletze das »Sittlichkeitsgefühl unserer Werktätigen« gewinnt die Oberhand.

Die vorherrschende kleinbürgerliche Doppelmoral der DDR führte zu Benachteiligungen Homosexueller im Beruf und drängte viele in ihrer Freizeit in private Ghettos. In größeren Städten bildeten sich Homo-Szenen, Ostberliner Lokale wie *Café Ecke Schönhauser*, *Burgfrieden* oder *Schoppenstube* wurden legendär. Als Berliner Schwule 1978 einen eigenen Verein gründen wollten, wurde dies strikt abgelehnt. Manche Homosexuelle sahen nun unter dem Dach der evangelischen Kirche die Möglichkeit eines selbstbestimmten Lebens. Diese Entwicklung ruft die Stasi auf den Plan. Sie vermutet in jeder, nicht zentral gelenkten Organisationsform ein potentielles staatsfeindliches Gebaren. Hinzu kommt, dass Homosexualität erwiesenermaßen für jegliche geheimdienstliche Tätigkeit erhebliche Sicherheitsrisiken, insbesondere das der Erpressbarkeit, birgt. Gleichzeitig gibt es aus der Stasi Initiativen zu einem liberaleren Umgang mit Schwulen und Lesben, weil sie ein Interesse daran hat, zwischen tatsächlichen »Staatsfeinden« und harmlosen Bürgern zu differenzieren. Die Namen ihrer »Operativen Vorgänge« gegen Homosexuelle, wie »Bruder«, »Wärme« oder »After Shave«, deuten allerdings auf eine arrogante und sexistische Haltung ihnen gegenüber hin.

Die öffentliche DDR-Politik setzt auf Toleranz. Immer wieder ist in der zentral gelenkten Presse zu lesen, es gebe »keinerlei Grundlage dafür, Homosexuelle zu benachteiligen«. Auch die Kontrolle der aufkommenden Aidsgefahr liegt in staatlichem Interesse. 1989 gibt es in der DDR 10 Tote und 60 HIV-Infizierte. Die Schätzungen für den Westen liegen zwischen 30 000 und 100 000 Personen. Ende der achtziger Jahre entstehen rund zwei Dutzend schwule Initiativgruppen, davon zwei in Zusammenarbeit mit FDJ-Kulturhäusern. Eine gesellschaftliche Emanzipation der Schwulen und Lesben in der DDR zeichnet sich ab. Erste Bücher erscheinen, und am 9. November 1989 hat der DEFA-Film *Coming Out* im Ostberliner Kino *International* Premiere. Am selben Abend fällt die Mauer, und alles wird anders. Für die warmen Brüder, die Kalten Krieger und den Rest des Volkes.

WIE SAH EINE »PRIMITIVE FALSCHAUSGABE« DES ND AUS?

Am 28. März 1988 beklagte sich *Neues Deutschland* heftig darüber, dass unter seinem Namen unverschämt gelogen werde. Das war aber beileibe kein selbstkritischer Blick auf die eigene Arbeit. Das Blatt druckte eine Meldung der DDR-Nachrichtenagentur ADN, in der mitgeteilt wurde, dass »im Verkehr zwischen der BRD, Berlin (West) und der DDR eine primitive, im Westen hergestellte Falschausgabe des *Neuen Deutschlands* verbreitet« worden sei. Die Sache hatte derweil nicht nur bereits laufende, hektische Aktivitäten der völlig überraschten Stasi ausgelöst, sondern machte auch die Zeitungen im Westen auf einen offenbar unerhörten Vorgang aufmerksam.

Am 19. März geriet einigen Tausend DDR-Bürgern ein *Neues Deutschland* in die Hände, das sie überraschte und staunen ließ. »Der neue ›Glasklar‹-Kurs der SED erobert die Herzen der Massen«, hieß der Aufmacherartikel auf der ersten der vier Seiten.

Markus Peichl, Chefredakteur des Hamburger Magazins *Tempo*, am 9. April 1988 mit der Fälschung der DDR-Tageszeitung *Neues Deutschland*

»Ich weiß ein schönes Land, da möcht ich immer leben …«

Die Vorzeilen erläuterten: »Öffnung der SED nach Glasnost-Vorbild / Umfassende Reformen gehen weiter / Erich Honecker als großer Erneuerer des Sozialismus gewürdigt«. Das Blatt sah täuschend echt aus. Das miese Zeitungspapier stimmte, das Layout entsprach der gewohnten Langeweile, und die Typographie saß. Nur das Format war ein wenig kleiner, und der Inhalt schien sensationell. »Kein Staatswesen kann es sich leisten, auf seine kritischen Geister zu verzichten, sie außer Landes zu treiben oder gar in die Gefängnisse zu sperren«, erklärte angeblich Erich Honecker im Interview und fügte hinzu: »Allerdings werden auch die Kritiker lernen müssen, dass sie das Recht auf Wahrheit nicht gepachtet haben. Auf den dauerhaften Dialog kommt es an.«

Ein »Großes ND-Quiz« stellte die Frage: »Was wird aus der Mauer?«, und lieferte gleich »Sieben mutige Vorschläge« dazu, wie sie verschwinden könnte. In einer »Bekanntmachung der Musterung für den Wehrdienst« wurden die jungen Männer vom Geburtsjahrgang 1970 darauf aufmerksam gemacht, dass sie aus Gewissensgründen auch einen Ersatzdienst leisten könnten, und nicht einmal eine Kurzmeldung fehlte, die vermeldete: »Der Fernsehkommentator Karl-Eduard von Schnitzler hat es vorgezogen, die DDR zu verlassen. Er wird seinen Alterswohnsitz in der Volksrepublik Albanien nehmen.«

All das konnte nicht echt sein, doch wer steckte dahinter? Die Stasi hatte die Westberliner *taz* im Verdacht, aber bereits nach wenigen Tagen stellte sie fest: »Inoffiziell konnten Informationen erarbeitet werden, wonach der o. g. Falschdruck mit hoher Wahrscheinlichkeit von der Zeitschrift *Tempo* in Hamburg herausgegeben wurde.« Das Magazin, das 1985 vom österreichischen Journalisten Markus Peichl gegründet und bis April 1996 als Chefredakteur geführt wurde, verstand sich eigentlich als Lifestyle-Ratgeber für die junge Generation West. Dennoch hatte sich die *Tempo*-Mannschaft zwei Monate lang eine Menge Arbeit gemacht und rund 6000 falsche ND hergestellt. Markus Peichl erklärte später, weshalb er und seine Leute diesen Aufwand betrieben hatten: »Wir wollten ein Zeichen setzen. Wir wollten zeigen, dass der Westen nicht pennt, wenn die kritischen Leute in der DDR aufwachen.«

Von den Zeitungen im Westen, die via ADN-Meldung im richtigen Zentralorgan von dem Coup erfuhren, wurde das damals nicht ernst genommen. Die *Frankfurter Allgemeine Zeitung* sprach von einer »Ulknummer«, die ein »harmloser, mit Zynismus abgeschmeckter Lacherfolg« gewesen sei, die *Berliner Morgenpost* bemängelte das »Abiturzeitungsniveau«, und *Die Zeit* befürchtete am 15. April 1988: »Nun müssen die DDR-Emigranten Kunert und Fuchs und Stephan Krawczyk (von ihm war ein Lied abgedruckt, unter der

Überschrift ›Stasi-Archiv wird Bibliothek‹) Schwierigkeiten bei der nächsten Transit-Reise befürchten.« Via Westfernsehen gelangte die Information über die ND-Fälschung zurück in die DDR, und dort suchten nun viele nach dem sensationellen »Zentralorgan«.

Für die *Tempo*-Redaktion war es damals das größere Problem, ihr *Neues Deutschland* überhaupt in die DDR zu schmuggeln. Dabei half unbeabsichtigt der Limousine-Service der Ostberliner Devisen-Hotels, der mit harter Währung zahlende Gäste am Westberliner Flughafen Tegel abholte und unkontrolliert durch die Mauer brachte. Danach verteilten Teams von Freiwilligen das Blatt in Hausbriefkästen und legten es an öffentlichen Plätzen aus, um so ein Foto der erstaunten Ost-Leser machen zu können. Ein Teil gelangte über den Postweg oder Interzonenzüge ins Land. Die Stasi notierte am 22. März 1988, dass 178 »fiktive Zeitungen« im D 439 Köln–Rostock entdeckt wurden: »Die Zeitungen befanden sich abgelegt in Toiletten, Waschräumen und Abteilen.«

Dabei war die Idee, unter dem echten Kopf einer Zeitung falsche Nachrichten zu verbreiten, durchaus nicht neu und von den Propagandamachern verschiedenster Couleur x-mal erprobt. Trotzdem dürfte das gefälschte ND etwas erreicht haben, was Satire üblicherweise kaum schafft: Weniger als 1000 Tage später wurden fast alle der frei erfundenen »Nachrichten« wahr! Sechs Beispiele: »Revolutionärer Vorschlag – DDR schafft AKWs ab«; »Volkskammer beschließt bürgernahe Justiz – Auch neue Gesetze zur Staatssicherheit beraten«; »DDR-Mark jetzt Hartwährung … ›Genex‹ wird aufgelöst«; »DDR wird zum Einkaufsparadies – Anschluss ans Weltniveau erreicht«; »›Billy‹ ist endlich da«; »Hinaus in die Welt – Neue Flüge und Pauschalreisen«. Dass nun sogar ein einiges Deutschland plötzlich in greifbarer Nähe stand, schien wohl 1988 selbst den Satirikern noch als zu spektakulär und unglaubwürdig.

WIE VERSCHERBELTE DIE DDR IHRE KULTURSCHÄTZE?

Als am 20. September 1977 dreiste Diebe am helllichten Tag eine Vitrine im Dresdner Kunstgewerbemuseum knacken und 56 Schmuckstücke im Wert von mehreren Millionen Mark entwenden, tauchen schnell Gerüchte auf, alles sei von der Stasi eingefädelt, um die Pretiosen gegen Devisen im Ausland zu verscherbeln. Nachdem 1999 in Oslo ein großer Teil dieses Dresdner »Sophienschatzes« sichergestellt wurde, sind sie immer noch da. Beweise dafür gibt es nicht, nur den Halbsatz eines Insiders, der 14 Tage nach seiner Bemerkung, dass der Stasi alles zuzutrauen sei, starb. Diese Spekulationen teilen offenbar auch frühere DDR-Bürger.

Nicht ganz zu Unrecht. Der erste belegbare Raubzug der Stasi, von dem auch der eine oder andere Außenstehende etwas mitbekommen haben könnte, fand ab Ende 1961 statt und trug den Decknamen »Aktion Licht«. Es ging um 21 380 Tresore und Bankschließfächer, die seit fast zwanzig Jahren nicht mehr geöffnet worden waren. weil deren Besitzer, darunter viele jüdische Bürger, längst im Westen lebten. In den Stasi-Befehlen dazu hieß es, die Aktion diene der weiteren Entlarvung der Nazi- und Kriegsverbrecher und der Überprüfung der Sicherheitsstandards der Banken. Dabei fiel eine fette Beute an.

Am 11. Juli 1962 berichten die geheimen Schatzsucher ihrem Minister Erich Mielke: »Im Verlauf mehrerer Monate wurden durch das MfS Tresore und Safes sowie Blockschließfächer in den Einrichtungen des sozialistischen Finanzwesens, den Gebäuden und Einrichtungen ehemaliger kapitalistischer Bankunternehmen, die anderweitig genutzt werden, und in beschädigten oder teilweise zerstörten Gebäuden, die nicht mehr nutzungsfähig sind, überprüft.« Das hat sich gelohnt: »Durch die Überprüfungsmaßnahmen wurden umfangreiche Mengen nicht erfasster Wertgegenstände sichergestellt, deren Gesamtwert – nach vorläufigen Schätzungen – auf 4,1 Mio. DM beziffert wird. Darunter befinden sich: Gold- und Schmuckwaren sowie Edelsteine mit einem Wertumfang von circa 1,5 Mio. DM, Silberwaren mit einem Wertumfang von circa 300 TDM, Briefmarken mit einem Wertumfang von circa 1,1 Mio. DM/West, Gold- und Silbermünzen, Medaillen, Ölgemälde, Kupferstiche, Porzellane und Glaswaren, historische Handschriften u. a. ...«

Mehr als 250 Gemälde, Kupferstiche und Radierungen u. a. von Lucas Cranach, Canaletto, Albrecht Dürer oder Rembrandt wurden gefunden. Dazu gab es Schmuckstücke und seltene Handschriften: Ob Busch, Fontane, Goethe, Hauptmann oder Heine, Schiller, Zola, Herder und die Komponisten Paganini, Reger, Strauss, Schumann und Wagner – das meiste davon wanderte in den Westen. Geschäfte dieser Art fanden 1973 ihre Fortsetzung. Ministerpräsident Willi Stoph verfügte, dass aus dem staatlichen Museumsfonds für 55 Millionen Valutamark »Kunst auszusondern« sei. Für dieses Geschäft wurde die »Kunst und Antiquitäten GmbH« (KuA) gegründet. Der zu KoKo gehörende Betrieb erhielt ab 1. Januar 1974 das alleinige Recht auf den »Export und Import von Antiquitäten, bildender und angewandter Kunst, Volkskunst sowie Gebrauchtwaren mit kulturellem Charakter«. Bereits im ersten Geschäftsjahr brachte das 11 Millionen DM ein, im letzten, 1989, waren es 37 Millionen.

Für den Handel tabu blieb Kulturgut der Kategorien I, »von internationalem Rang« und II, »von nationalem Rang«. Vom Ausverkauf betroffen war die Kategorie III, Objekte »von lokalem Wert«, und jene von »minderer nationaler Bedeutung« aus der Unterkategorie II. Strittig blieb in Tausenden von Einzelfällen die jeweils konkrete Einordnung. Dies machte eine Vereinbarung vom 4. November 1982 zwischen Kulturminister Hans-Joachim Hoffmann und Staatssekretär Alexander Schalck-Golodkowski über den Export geschützten Kulturgutes möglich. Dort hieß es, die Ausfuhr könne genehmigt werden, wenn sie »im Interesse der sozialistischen Gesellschaft liegt oder ihrem Anliegen, das nationale Kulturerbe zu wahren und den Bestand allen national und international bedeutsamen Kulturgutes zu sichern, nicht zuwiderläuft.« Protesten von Museumsdirektoren und anderen Kulturfunktionären, zum Beispiel in Form von Eingaben gegen die »landesweite Ausplünderung zur Devisenbeschaffung«, so in den Briefen klar benannt, konnte mit diesem gesellschaftlichen Interesse vom Tisch gewischt werden.

Wie solche Geschäfte manchmal liefen, zeigte ein Deal in Dresden. Die dortige Galerie wollte das Bild »Männer am Meer« von Erich Heckel, das 1937 von den Nazis verschleppt worden war, zurückkaufen. Dafür gab es kein Geld, aber Tausch wäre möglich. Deshalb gab die Galerie 372 angeblich »museumsunwürdige« Bilder an KuA zum Verkauf. Das Heckel-Bild war inzwischen nicht mehr am Markt, und Dresden bekam lediglich »seinen Anteil« von 68.495 DM aus dem Handel. Dass solcherart Schacher mit DDR-Kulturgut fragwürdig war, wusste man seit spätestens 1983 auch im Westen. Zu dieser Zeit floh der bis dahin tätige KuA-Direktor Horst Schuster und machte beim BND umfangreiche Aussagen. Der dort als »Odysseus« geführte Experte diente seit 1960 der Stasi als Inoffizieller Mitarbeiter (IM) »Sohle« und war seit 1965 bei der CIA als »Pfaff« registriert. So ist das Komplott von Dieben und Hehlern mindestens zu vermuten.

Weshalb bezahlte die SED Schwarzarbeit im Westen?

Am 27. Februar 1989 bekommt die Abteilungsleiterin im »Bereich Kommerzielle Koordinierung« (KoKo), Traudl Lisowski, einen kurzen Brief aus dem SED-Zentralkomitee, Abteilung Verkehr: »Liebe Traudl! Zur Renovierung des Parteivorstandes in Düsseldorf, Prinz-Georg-Str. 77–79, werden circa 120.000 DM benötigt ... Von den 120.000 DM werden 50.000 schwarz und 70.000 auf das Arbeitskonto Rekim mit dem Titel Investitionskosten für Liegenschaft Düsseldorf benötigt.« Ihr Chef Alexander Schalck-Golodkowski ist einverstanden. Das Schwarzgeld wird von einem Kurier heimlich über die Grenze gebracht.

Es geht um die Finanzierung der Kommunisten im Westen, in der Deutschen Kommunistischen Partei (DKP) organisiert. Sie hängen am Tropf der SED. So verspricht Erich Honecker noch am 15. Oktober 1989, drei Tage vor seinem Sturz, DKP-Chef Herbert Mies das nötige Geld für die Parteiarbeit 1990. Dessen Bitte lautete, »... doch auch für das kommende Jahr uns eine finanzielle Unterstützung in der Höhe von 64.650.000 DM zu gewähren.« Honecker nickt ab, gezahlt werden muss aus bekannten Gründen nicht mehr.

Die Unterstützung der Westgenossen ist Herzenssache. Um die Devisen zu erwirtschaften, gibt es ein Geflecht von etwa zwei Dutzend Firmen, die seit Ende der siebziger Jahre zur KoKo gehören. KoKo-Chef Alexander Schalck-Golodkowski beschreibt diese »Parteifirmen« so: »Sie waren in Berlin und Hamburg, Bochum und Essen ansässig, einige existierten schon so lange wie die DDR. Nicht zuletzt aus ideologischer Verbundenheit hatten die Firmeninhaber traditionell gute Kontakte in die DDR, auch zu den Betrieben. Sie waren – wie auch viele andere Unternehmen aus dem Westen – mit der Vermittlung von Geschäftsabschlüssen zwischen bundesdeutschen Firmen und DDR-Außenhandelsbetrieben befasst, das heißt, sie kauften und verkauften – im Auftrag und gegen Provision ihrer westlichen Geschäftspartner – Waren von West nach Ost und umgekehrt.«

Das ist allerdings nur die halbe Wahrheit, denn im Handel der DDR mit den »Parteifirmen« gab es etliche Tricks, die zusätzliche Einnahmen bescherten. Einen davon hat der Verfassungsschutz »in Gesprächen mit einer sachkundigen Gewährsperson

Werbeplakat der Deutschen Kommunistischen Partei (DKP)

»Ich weiß ein schönes Land, da möcht ich immer leben ...«

sowie dem für den ›Innerdeutschen Handel‹ zuständigen Referat beim BND« spätestens 1983 entdeckt. Im Schreiben »III A 2–081-S-171063-126/83 VS-Vertraulich, amtlich geheim gehalten« wird am Beispiel der Ostberliner Firma Simpex erläutert, wie durch die Scheinfirmen West Provisionen in die Höhe getrieben werden können. Die westdeutschen Ermittler stellen fest, »dass jährlich circa 50.000.000 DM, die der DDR bisher unversteuert zufließen, als Firmengewinn der hiesigen Körperschaftssteuer unterworfen werden müssten«.

Das alles berührt einen hoch sensiblen politischen Bereich, denn die DDR behauptet stets, dass es keinerlei »besondere deutsch-deutsche Beziehungen« gibt. Gerade aber die Finanzierung der Marionettenpartei DKP gehört dazu. Davon berichtet auch Alexander Schalck-Golodkowski: »In der Vergangenheit hatten die Parteifirmen in der Bundesrepublik negative Aufmerksamkeit auf sich gezogen: finanzielle Unterstützung der DKP, Scheinarbeitsverhältnisse von DKP-Funktionären und ihren Angehörigen, angebliche Steuerhinterziehung. An dieser Front konnten wir keinen Ärger gebrauchen. Hier musste endlich Ruhe sein.«

Das ist wohl wahr, denn seit 1976 hat das Bundesamt für Verfassungsschutz (BfV) die »Parteifirmen« fest im Auge. In etlichen Unternehmen sind Informanten platziert und so bleibt nicht verborgen, dass manche angebliche Mitarbeiter hohe Gehälter kassieren, aber schon allein aufgrund der Entfernung zwischen Wohnsitz und Arbeitsort den Job gar nicht ausfüllen können. Der erste Untersuchungsausschuss des zwölften Deutschen Bundestags zu den KoKo-Aktivitäten stellt dazu fest: »Im Fall der Chemo-Plast Handelsgesellschaft mbH handelte es sich zum Beispiel um: Heinz-Jürgen Nieth, Mitarbeiter des DKP-Vorstandes, Gerda Mies, Mitglied des Bezirksvorstandes der DKP in Rheinland-Westfalen, Hans-Jürgen Kölling, Kraftfahrer des DKP-Vorsitzenden Herbert Mies.« Im Jahr 1982 sind dem BfV insgesamt 50 Scheinarbeitsverhältnisse bei den aus der DDR gesteuerten Firmen bekannt. Die durchschnittliche Vergütung betrug 80.000 DM pro Jahr.

Mit dem Ende der DDR versiegte auch für die Kommunisten im Westen der Geldfluss aus Ostberlin. Weitgehend ungeklärt blieb allerdings, wie viel Geld auf welchen Wegen vorher aus den offiziellen und schwarzen Kassen der SED noch dorthin verschoben wurde. Mit welchen Tricks das geschah, entdeckte die Zentrale Ermittlungsstelle für Regierungs- und Vereinigungskriminalität und verwies auf: »Verkäufe bzw. Beibehaltung der Beziehungen zur früheren personellen Struktur, so auch Verkäufe an frühere Geldkuriere der SED und an frühere Treuhänder, die Gesellschaftsanteile an Firmen im NSW (Nichtsozialistischen Wirtschaftssystem, K. B.) für den Bereich KoKo gehalten hatten.« Das ist oftmals mit »Kreditierungen des Kaufpreises ohne jegliche Sicherheit« und »Beibehalten bzw. Nichtaufdecken von Treuhandverhältnissen, die in einer Reihe von Fällen nach wie vor unaufgeklärt sind.« verbunden. Inzwischen ist das alles längst verjährt.

WIESO HIESS ES, ERICH HONECKER SEI HEIMLICH REICH?

Sechs Tage nach Honeckers Sturz bekam die Ostberliner Staatsanwaltschaft ein Telegramm aus der Schweiz. Es hatte folgenden Wortlaut:

> teletex message ttx d
> 24.10.89
> betr.: ihr nummernkonto 738654 saldenbestaetigung
> sehr geehrter herr honecker.
> bestaetigen hiermit den saldo ihres kontos zum 18.10.89, 24 uhr:
> schweizer franken 367.534.192,12 in worten dreihundert-sieben-und-sechzig-millionen, fünfhundertvierunddreissigtausend
> 192 franken und 12 rappen.
> soll der betrag weiterhin als tagesgeld angelegt bleiben oder planen sie den transfer zu einer anderen bank???
> wir bitten um diesbezuegliche nachricht.
> hochachtungsvoll
> s. suessli verwaltungsrat
> credit suisse et rhône
> genf schweiz

Es sind die Tage des Ringens um die Macht. Noch steht die Mauer und das MfS arbeitet mit gewohnter Wucht. Oberstaatsanwalt Bernhard Brocher: »Diese Unterlagen sind an den verschiedenen Stellen aufgetaucht, unter anderem erinnere ich mich, dass wir ein Exemplar unter den Unterlagen von Herrn Mittag hatten und noch bei mindestens zwei weiteren Politbüromitgliedern in der Wohnung gefunden haben.« Wie es dahin kam, ist niemals aufgeklärt worden. Schnell wird klar, dass es in Wahrheit weder Konto noch Kohle gab. Marc Dosch, Sprecher der Credit Suisse, bestätigt auch bei späteren Recherchen: »Dieses Telex kann nicht aus unserem Hause stammen. Unsere Bank trat nicht unter diesem Namen auf, und es gab nie einen Verwaltungsrat mit dem Namen Suessli.« Die Spur zum »Klassenfeind« scheint ebenfalls eiskalt zu sein. David von Kiedrowski, Sprecher des Bundesnachrichtendienstes: »Dem BND ist dieses Telex nicht bekannt.« Dennoch zeigte es damals seine Wirkung, denn nun war das Gerücht, Honecker habe privat Geld in der Schweiz gebunkert, erst einmal in der Welt.

Ausweislich einer Paraphe Margot Honeckers mit Datum vom 25. Oktober 1989 auf einem Exemplar des fraglichen Telegramms erfuhr auch der angebliche Besitzer selbst von seinem vermeintlichen Reichtum. Die Fälschung war zu offensichtlich, um ihm Sorgen zu machen, aber offenbar hatte er einen Verdacht. Erich Honecker: »Die Schweizer Banken haben das dementiert, und auch die famose Erfindung eines NVA-Angehörigen über ein Konto von mir im Umfang von 370 Millionen Francs erwies sich als eine Fehlleistung.«

Wer Interesse daran gehabt haben konnte, dem abgesetzten SED-Chef durch ein solches Gerücht zu schaden, blieb im Dunkeln. Oberstaatsanwalt Brocher: »Also wir haben das nicht ermittelt … Aber für mich deutet vieles darauf hin, dass entsprechende Truppen im MfS, die auch nicht unbeteiligt am Machtwechsel in der DDR im Oktober interessiert waren, die am besten Geeigneten für so etwas sind. Aber es konnte auch natürlich aus anderen Bereichen stammen. Möglicherweise auch aus konkurrierenden Gruppen in der Partei.«

Zur Erinnerung: Es ging darum, Honecker persönliche Bereicherung anzulasten. Das bei der Deutschen Handelsbank AG der DDR geführte »Honecker-Konto« mit der Nummer 0628, das auch Gegenstand der späteren Untersuchung verschiedener Ausschüsse des Deutschen Bundestages war, stand zwar unter seiner ausschließlichen Verfügungsgewalt, diente aber nicht privaten Zwecken. Die wesentlichen Einnahmen speisten sich aus den Häftlingsfreikäufen, die Ausgaben erfolgten nach Gutsherrenart zum Beispiel für die »Festtagsversorgung« des DDR-Volkes, das Stopfen von Löchern in der Wirtschaft, aber auch für den Kauf von Getreide für 40 Millionen DM, das nach

Mittelamerika ging, oder eine Unterstützung Polens in Höhe von 80 Millionen Mark. Das Guthaben auf diesem Konto durfte nicht unter 100 Millionen DM sinken, um über eine Reserve zu verfügen. Verantwortlich dafür war der »Bereich Kommerzielle Koordinierung« unter Leitung von Alexander Schalck-Golodkowski.

Daneben gab es eine Reihe weiterer Geheimkonten bei der DHB unter solch exotischen Namen wie »655 Flora«, »546 Fauna«, »831 Samba« oder das Dollar-Konto »Lilie«. Die über diese Wege in der Endphase der DDR erfolgten Transfers konnten später nicht in allen Einzelheiten geklärt werden. Dass es offenbar umfangreiche Geldverschiebungen nach der Entmachtung Erich Honeckers durch seine ehemalige Partei gab, belegt ein Zufallsfund des deutschen Zolls Ende März 2013 (!). Beamte des Hauptzollamtes Singen kontrollierten einen Reisenden aus der Schweiz, der einen Koffer mit 2,5 Millionen DDR-Mark (!) in bar bei sich hatte. Das Geld war derweil zwar ungültig, hatte aber noch einen Sammlerwert und wurde somit zu einer zollpflichtigen Ware. Da sie der Besitzer nicht angab, beschlagnahmten die Zöllner den Koffer und setzten den Warenwert auf 15.000 Euro fest.

Wieso landete eine IL-62 im Havelland?

Sie taten es für Otto Lilienthal. Am 23. Oktober 1989 landete eine 75 Tonnen schwere IL-62 der Interflug auf einer nur 900 Meter langen Wiese im havelländischen Stölln. Die ausgemusterte Maschine mit der Kennung DDR-SEG sollte so etwas wie ein Denkmal für den am 9. August 1896 am Gollenberg bei Stölln aus 15 Metern Höhe abgestürzten Flugpionier werden.

Es war ein dramatisches Ereignis: Dreck spritzte, die vier Triebwerke heulten im Umkehrschub, und die Maschine verschwand in einer riesigen Staubwolke. Doch dann stand sie, und Flugkapitän Heinz-Dieter Kallbach, sein Co-Pilot Peter Bley, Bordingenieur Ulrich Müller und Navigator Rudolf Döge stiegen in ihren dunkelblauen Interflug-Uniformen aus der Maschine. Ein Husarenstück war gelungen!

Für die Flotte der einzigen DDR-Fluggesellschaft folgte für die nächsten Monate noch

Passagiere steigen aus einer Interflug-Maschine in Berlin-Schönefeld.

ein kurzer Aufwind, dann ein langer Sinkflug und am 30. April 1991 der endgültige Absturz. Der letzte und offizielle Abschiedsflug der Interflug führte von Wien nach Berlin-Schönefeld. Dort, auf einem ehemaligen unbedeutenden Werksflugplatz vor den Toren der früheren Reichshauptstadt begann 1954 mit der Gründung der Deutschen Lufthansa der DDR die Geschichte der zivilen ostdeutschen Luftfahrt. Über Berlin hatten die Amerikaner, Sowjets, Briten und Franzosen die Lufthoheit, deutsche Flugzeuge mussten draußen bleiben. Aber auch um den Namen gab es Streit. Am 10. September 1958 wurde die Interflug als Gesellschaft für Internationalen Flugverkehr GmbH gegründet. Neben der Deutschen Lufthansa der DDR sollte sie Charter- und Messeflüge durchführen und den Einstieg in den internationalen Luftverkehr ermöglichen. Nachdem der Europäische Gerichtshof in Den Haag 1963 der Bundesrepublik endgültig die Führung des Traditionsnamens Deutsche Lufthansa zugesprochen hatte, übernahm die Interflug ab dem 1. September 1963 alle Aufgaben des zivilen Flugwesens der DDR.

Zu ihren ersten Maschinen zählten in Dresden gefertigte Lizenzbauten der IL-14. Ab 1961 flogen dann nur noch aus der Sowjetunion importierte Iljuschin (IL), Antonow (AN) oder Tupolew (TU). Obwohl für DDR-Bürger die Flugziele begrenzt blieben, entwickelte sich das Passagieraufkommen rasant. 1968 stiegen rund 719 000 Reisende in die rotweißen Interflug-Maschinen, davon etwa 174 000 Charter-Passagiere. Der Flughafen Schönefeld fertigte ein Jahr später erstmals eine Million Fluggäste ab, bis 1990 verdreifachte sich ihre Zahl. Mit dem Eintritt ins Jet-Zeitalter ab 1969 und der dazu erfolgten Anschaffung von TU-134 und der ersten drei IL-62 schaffte es die DDR, nach der sowjetischen Aeroflot die Spitzenposition unter den Fluggesellschaften des Ostblocks zu erobern. Ihre Liniendienste gingen von Kuba im Westen bis nach Hanoi im Osten, nach Afrika und in den Nahen Osten.

In den Farben der Interflug und mit ziviler Kennung flogen auch die Flugzeuge des NVA-Transportgeschwaders 44 in Marxwalde (heute Neuhardenberg) und die Maschinen des Ministeriums für Staatssicherheit, darunter zwei TU-134A mit der Kennung DDR-SDH und DDR-SDI. Erstere besorgten offizielle Staatsbesuche und private Reisen der DDR-Führungselite, die anderen holten erwischte Flüchtlinge zurück, die auch einmal dorthin wollten, wo die anderen bereits Urlaub machten. Die Interflug bestand derweil aus fünf Teilbetrieben: Flugsicherung, Verkehrsflug, Agrarflug, dem Betrieb Fernerkundung, Industrie- und Forschungsflug und dem Betrieb Flughäfen. Am Ende der DDR arbeiteten 7611 Frauen und Männer bei der Fluggesellschaft, davon 1600 auf den Flughäfen und 2566 im Verkehrsflug. Allein Letztere flogen 2,594 Milliarden Passagierkilometer und erwirtschafteten damit einen Umsatz von 1,5 Milliarden Mark. Da die Sowjetunion Ende der achtziger Jahre nicht mehr in der Lage war, ausreichend moderne und große Passagierjets zu liefern, schaffte die Interflug im Sommer 1989 mit Vermittlung des bayerischen Ministerpräsidenten Franz Josef Strauß den ersten Airbus A 310-304 an, der unter der Kennung DDR-ABA im Interkontinentaldienst flog. Ihm folgten der DDR-ABB und der DDR-ABC.

Mit der deutschen Einheit am 3. Oktober 1990 begann vor allem aus Gründen der wirtschaftlichen Konkurrenz durch die Deutsche Lufthansa der Interflug-Absturz auf Raten. Das Ende für die derweil in Treuhandbesitz befindliche Fluggesellschaft kam dann im Frühjahr 1991 klassisch kapitalistisch: Die Banken sperrten die Kredite. Der

»Ich weiß ein schönes Land, da möcht ich immer leben ...«

Versuch der Ausgründung einer Gesellschaft namens BerLine blieb ebenso erfolglos wie der, diese Gesellschaft als German European Airlines noch einmal in den Himmel steigen zu lassen. Auch die anderen neu gegründeten Teilbetriebe verschwanden vom Markt.

Und Flugkapitän Heinz-Dieter Kallbach? Bei der Lufthansa war für den einstigen Chef der Interflug IL-62-Flotte kein Platz mehr. Er wechselte zur Charterfluggesellschaft Germania und flog dort bis 2007 eine Boeing 737. Als die im März 2000 über der spanischen Stadt Saragossa ein Selbstmordattentäter in die Luft sprengen wollte, kämpfte der nur 1,65 Meter große Mann sechs Minuten mit ihm und rettete so 148 Passagieren das Leben. Die Ehre wog seine ein paar Jahre später im *Focus* gemachten kritischen Äußerungen über die schlechten Arbeitsbedingungen bei den Billigfliegern offenbar nicht auf – kurz vor Erreichen des Pensionsalters verlor er seinen Job.

»Völker, hört die Signale!
Auf zum letzten Gefecht ...«

7

WICHTIG UND SELBSTBEWUSST

–

DIE GRÖSSTE DDR DER WELT

Wie friedlich war die Friedensgrenze?

Fritz Gronau wurde Anfang der fünfziger Jahre beim Versuch, illegal die Oder-Neiße-Grenze zu überqueren, erwischt und wanderte dafür nach Bautzen ins Gefängnis. Dort kam er in eine Zelle mit Georg Dertinger. Der hatte am 6. Juli 1950 den Vertrag über die Oder-Neiße-Grenze mit unterschrieben. Da war der CDU-Politiker noch Außenminister der DDR. Am 15. Januar 1953 wurde er zu 15 Jahren Zuchthaus verurteilt. Es war der Terror jener Jahre, verbrämt als angebliche »Spionage und Verschwörung«. Erst 1964 wurde Dertinger begnadigt.

Die neue deutsche Ostgrenze nach dem Krieg galt derweil längst als »Friedensgrenze«. So stand es erstmals am 10. Juli 1948 in der Zeitung *Neues Deutschland*. Das Abkommen darüber hatten Walter Ulbricht und Polens Regierungschef Józef Cyrankiewicz sowie ihre Außenminister am 6. Juli 1950 in Zgorzelec, dem nun polnischen Teil von Görlitz, unterzeichnet. Jetzt hieß es, dass die Grenze Deutsche und Polen »nicht trennt, sondern einigt«. Trotzdem gehörte die »Friedens- und Freundschaftsgrenze« bis in die sechziger Jahre zu den am besten bewachten und abgeriegelten Grenzen Europas.

Ihre Geschichte begann mit der Schaffung vollendeter Tatsachen. Nachdem sich die Sowjetunion und ihre West-Alliierten nicht vor Kriegsende über eine neue Grenzziehung einigten, stand die Frage auf der Tagesordnung der Potsdamer Konferenz im Juli und August 1945. Zu dieser Zeit hatte die siegreiche Rote Armee die Verwaltungshoheit für die östlich der Oder gelegenen deutschen Gebiete bereits an die provisorische Regierung Polens übergeben. Im Juli 1945 folgten mit Einverständnis der Alliierten auch Stettin und dessen Umland, westlich der Oder. Damit war das bisherige ethnografische Prinzip bei der deutsch-polnischen und russisch-polnischen Grenzziehung grundsätzlich durchbrochen. In der Vergangenheit führte es immer wieder zur Unterdrückung der verschiedenen Volksgruppen – Deutsche unter polnischer Verwaltung, Polen unter deutscher oder russischer Herrschaft. Die jetzt erfolgte Grenzziehung ging mit einer zunächst unkontrollierten, dann planmäßigen Aussiedlung der deutschen Bevölkerung aus den inzwischen polnischen Gebieten einher.

Begründet wurde die Oder-Neiße-Grenze mit der Westverschiebung Polens. Dadurch gingen etwa 178 000 Quadratkilometer im Osten verloren, 102 000 Quadratkilometer im Westen kamen hinzu. Von polnischer Seite wurde überdies, historisch umstritten, argumentiert, dass es sich auch östlich der Oder um »urpolnisches Gebiet« handele. Versuche der Alliierten in Potsdam, einen Einfluss auf die neuen polnischen Westgebiete zu erhalten, setzten sich nicht durch. Die Westmächte stimmten nur dem sowjetischen Wunsch nach Annexion der deutschen Gebiete Ostpreußens und Königsbergs zu. Das Territorium jenseits von Oder und Neiße wurde als »vorläufig«, bis zum »Abschluss eines Friedensvertrages« unter polnischer Verwaltung stehend, akzeptiert. Differenzen, ob bei der Grenzziehung die Lausitzer oder Glatzer Neiße gemeint sei, wurden zugunsten Polens entschieden. Dadurch verschob sich die neue Grenze um weitere etwa 50 Kilometer nach Westen, Görlitz und Guben wurden geteilt.

Mit dem aufkommenden Kalten Krieg stellten die Westmächte die Endgültigkeit dieser Grenze erneut in Frage. Da der DDR die Anerkennung versagt wurde, verweigerten sie nach Abschluss des Görlitzer Abkommens am 6. Juli 1950 dessen Anerkennung. Die Bundesrepublik erklärte es als »null und nichtig«. Im Deutschlandvertrag vom 26. Mai 1952 gelang es ihr, die »frei vereinbarte friedensvertragliche Regelung für ganz Deutschland« als Voraussetzung für die Anerkennung der Oder-Neiße-Grenze zu verankern. Das erschwerte ihr bis zur »neuen Ostpolitik« Willy Brandts die Gestaltung der Beziehungen zu Polen. Mit der Annäherung an Polen signalisierte die Bundesregierung ab 1968 die »Anerkennung bzw. Respektierung der Oder-Neiße-Grenze bis zur friedensvertraglichen Regelung«. Mit dem Warschauer Vertrag vom 7. Dezember 1970 wurde nur festgeschrieben, dass sie »die westliche Staatsgrenze der Volksrepublik Polen« bilde und es »gegeneinander keine Gebietsansprüche« gebe und geben werde.

In der KPD und dann der SED im Osten Deutschlands war die Grenzziehung bis etwa 1947 umstritten. Danach sorgte der sowjetische Einfluss für deren uneingeschränkte Anerkennung. Mit einem Abkommen vom 27. Januar 1951 trat die DDR »zum Beweis der Festigung der deutsch-polnischen Freundschaft« Gebiete westlich von Swinemünde auf Usedom an Polen ab. Grenzstreitigkeiten in der Oder-Bucht nach der eigenmächtigen Ausdehnung der DDR-Hoheitsgewässer 1985 wurden erst in einem Abkommen zwischen der DDR und Polen vom 22. Mai 1990 (!) beigelegt. Obwohl die Oder-Neiße-Grenze in den Jahren der Ost-West-Teilung im Schatten der Realpolitik stand und dadurch problemlos erschien, war sie doch ein politisch heißer Ort des Kalten Krieges. Entschärft wurde er erst mit den gemeinsamen, gleichlautenden Erklärungen der Volkskammer und des Bundestages vom 21. Juni 1990: »Die Grenze Polens zu Deutschland, so wie sie heute verläuft, ist endgültig.« Das wurde so im »Vertrag über die abschließende Regelung in bezug auf Deutschland« vom 12. September 1990 bestätigt.

Aus dem Bild von der Unterzeichnung des Vertrages über die Oder-Neiße-Grenze zwischen der DDR und Polen für die Geschichtsbücher war der in Ungnade gefallene einstige DDR-Außenminister Georg Dertinger längst wegretuschiert worden.

WIE SAH DIE WELT DEN 17. JUNI 1953?

Steinewerfer gegen Panzer, ein paar brennende Fahnen und wütende Menschen – Bilder prägen Erinnerungen und die von David gegen Goliath den Blick auf den 17. Juni 1953 in der DDR. Wie sah die Welt damals dieses Ereignis, dessen Bewertung bis heute von »Putschversuch« bis »Volksaufstand« geht?

Die SED stritt von Anfang an jede Eigenverantwortung für die Unruhen und deren Folgen ab. In ihrer vom Politbüro 1978 bestätigten, offiziellen Geschichtsschreibung heißt es: »Die Feinde des Sozialismus im Innern der DDR nutzten die Unzufriedenheit und Missstimmung der Werktätigen für ihren konterrevolutionären Putschversuch aus; sie erhielten operative Anleitung durch in Westberlin und der BRD stationierte imperialistische Geheimdienste und Agentenzentralen sowie Sender der USA. Von Westberlin wurden Provokateure in die Hauptstadt und in die Bezirke der DDR eingeschleust.« Diese Darstellung ist heute historisch überholt.

In der Bundesrepublik wurden die Ereignisse im Osten vor dem Hintergrund der durch das Besatzungsregime eingeschränkten Souveränität als erneuter Ausdruck der »deutschen Ohnmacht« wahrgenommen. Franz Josef Strauß, ab 20. September 1953 im zweiten Kabinett Konrad Adenauers, berichtet in seinen Memoiren: »Wir hatten zwar Informationen, dass die Unzufriedenheit unter den Menschen drüben von Tag zu Tag stieg, dennoch wurden wir von dem plötzlichen Ausbruch der Unruhen und dem demonstrativen Freiheitswillen überrascht.« Auch das dürfte nur die halbe Wahrheit sein, denn es gab durchaus westliche Einflussnahme, zum Beispiel durch das »Radio im amerikanischen Sektor« (RIAS) in Westberlin und geheimdienstliche Vorbereitungen auf den »Tag X« in der DDR.

»Völker, hört die Signale! Auf zum letzten Gefecht ...«

Demonstranten werfen Steine auf einen sowjetischen Panzer.

Die offiziellen westdeutschen Reaktionen blieben symbolhaft. Am 4. August 1953 erklärte der Bundestag den 17. Juni zum »Tag der Deutschen Einheit« und zusätzlichen gesetzlichen Feiertag. In Westberlin wurde eine Hauptstraße in »Straße des 17. Juni« umbenannt. Eine völlige Fehleinschätzung der Lage bestimmte die Haltung der USA. Vor dem innenpolitischen Hintergrund des aggressiven Antikommunismus der McCarthy-Ära lag ihr außenpolitischer Schwerpunkt im Fernen Osten. In Korea wurde Krieg geführt. Der Einsatz sowjetischer Truppen im entmilitarisierten Ostberlin erschien den Amerikanern zunächst als Vorbereitung eines Militärschlags gegen Westberlin. Nachdem sich dies als nicht zutreffend erwies, hielt man es für eine von der SED inszenierte Aktion, die aus dem Ruder gelaufen war.

In Moskau tobte nach Stalins Tod Anfang März 1953 der interne Kampf um dessen Nachfolge. Geheimdienstchef Lawrenti Berija sorgte zwar für die Niederschlagung der Unruhen, spielte aber gleichzeitig mit dem Gedanken der Freigabe der DDR gegen wirtschaftliches Entgegenkommen des Westens. Nach Berijas Hinrichtung am 23. Dezember 1953 und der Machtübernahme durch Nikita Chruschtschow gewann die Furcht überhand, der DDR-Aufstand könne eine Vorbildwirkung für andere osteuropäische Staaten haben. Besondere Sorge hegte dabei die polnische Parteiführung. Sie hatte die Arbeitsnormen weit drastischer als die DDR erhöht und fürchtete nun sowohl Widerstand durch noch in Polen lebende Deutsche als auch in den an die Sowjetunion abgegebenen ehemaligen deutschen und polnischen Ostgebieten. In einer Analyse vom 23. Juni 1953 sah die PVAP die Gründe der Unruhen in einer falschen Politik der SED.

In der von den Moskauer Machtkämpfen nur am Rande berührten Deutschlandpolitik reagierte die Sowjetunion skeptisch auf den 1952 von Walter Ulbricht verkündeten »Aufbau des Sozialismus«. Sie betrachtete ihn als übereilt und fürchtete dadurch innenpolitische Verwerfungen in der DDR. Deshalb verpflichtete Wladimir Semjonow als Hoher Kommissar und damit Chef der Besatzungsmacht die DDR-Führung, Anfang Mai 1953 in Moskau festgelegte »Maßnahmen zur Gesundung der politischen Lage in der DDR« durchzuführen. Auf Ulbrichts Einwand dagegen antwortete er am 2. Juni 1953: »In 14 Tagen werden Sie vielleicht schon gar keinen Staat mehr haben.«

Frankreich bewertete die Ereignisse als sowjetischen Versuch, »die orthodox-kommunistische Regierung Ulbrichts durch eine flexiblere, für die sowjetischen Entspannungsbemühungen geeignetere ostdeutsche Führung (zu) ersetzen«. Die internationale Reaktion blieb zurückhaltend, um keinesfalls die Sowjetunion zu provozieren. Der außenpolitische Schwerpunkt lag im Kolonialkrieg um Indochina. Auch Großbritannien stufte den Aufstand als innere Angelegenheit der DDR ein und sah ihn kritisch, weil er Initiativen für eine erneute Viermächtekonferenz gefährdete. Premier Winston Churchill hatte vor dem 17. Juni sowohl die Amerikaner als auch die Sowjets aufgefordert, die mögliche Neutralisierung eines wiedervereinigten Deutschland wenigstens zu erwägen. Deshalb war er nun nicht bereit, die Ereignisse als Wendepunkt im Ost-West-Verhältnis zu bewerten. Das Eingreifen der sowjetischen Truppen hielt er für legitim.

Nach dem Aufstand in der DDR trieben alle Westmächte die Integration der Bundesrepublik in das westliche Bündnis voran. Die USA sahen in ihm nun ein Argument, um auf dem bisherigen deutschlandpolitischen Standpunkt zu beharren. Für die SED blieb der 17. Juni ein traumatisches Erlebnis, das ihre Politik bis zur Abdankung 1989 wesentlich beeinflusste.

Wer legte der DDR Hallsteine in den Weg?

Es ist ein etwas einfältiger und polemischer Wortwitz, von irgendwelchen »Hallsteinen« oder der »Hallsteinzeit« zu sprechen, aber es geht auch um eine einfältige außenpolitische Strategie des Westens gegen die DDR, die damit beschrieben werden muss.

Benannt ist sie nach dem Rechtsprofessor Walter Hallstein. Er war 1951 bis 1958 Staatssekretär in Bonner Auswärtigen Amt, in dem Bundeskanzler Konrad Adenauer gleichzeitig als Außenminister fungierte. Die Herren hatten den Kalten Krieg in den internationalen Beziehungen zu praktizieren und dazu gehörte, die Anerkennung der DDR zu verhindern, weil es die aus ihrer Sicht ja gar nicht gab. Deshalb ließen sie Mitte der fünfziger Jahre verlauten, die Bundesrepublik würde es als »unfreundlichen Akt« betrachten, nehme ein drittes Land mit »Pankow« Beziehungen auf. Man werde darauf mit Maßnahmen bis hin zum Abbruch der bestehenden Kontakte antworten.

Die Idee der Nutzung eigener Stärke zur diplomatischen Erpressung war nicht neu. Vor dem Krieg hatten die USA viele Jahre der Sowjetunion die Anerkennung verweigert, später traf diese Politik China, Nordkorea und Nordvietnam. Bis heute spielt sie im Nahostkonflikt um Palästina und Israel eine Rolle. Die Bundesrepublik ging jedoch noch weiter und sprach der DDR rundweg ab, überhaupt ein Staat zu sein. Damit manövrierte sie sich in eine weltfremde Position, deren Korrektur 20 Jahre brauchte. Erst 1969 erkannte Bundeskanzler Willy Brandt erstmals verbal die Existenz zweier deutscher Staaten auf deutschem Boden an.

Die bis dahin »Hallstein-Doktrin« genannte Bonner Politik der Nichtanerkennung der DDR war in der Praxis dahingehend erweitert worden, dass nicht nur die formelle Anerkennung, sondern bereits die »Aufwertung« der DDR von der Bundesrepublik sanktioniert würde. Jede noch so kleine Geste, die auf die bloße Existenz der DDR hinwies, galt für Dritte als Tabu. Erschien bei einem Filmfestival die Fahne mit Hammer, Zirkel und Ährenkranz, tauchten irgendwo DDR-Publikationen auf oder starteten Sportler mit ihrem »DDR« auf dem Trikot, folgte postwendend harscher westdeutscher Protest.

Oft nahm dieser diplomatische deutsche Bruderkrieg groteske Formen an. Ebenso korrupte wie clevere Politiker in Afrika und Asien luden gern DDR-Vertreter zu sich, um ihnen ihre neue Musiktruhe aus dem Westen zu zeigen und flochten nebenbei ein, sie könnten auch gut ein Jagdgewehr aus Suhl gebrauchen oder West-Abgesandte erfuhren, das der Neffe in Leipzig studiere und boten prompt einen Krankenhausaufenthalt für ein bedürftiges Familienmitglied in Köln an.

Zwei deutsche Botschaften gab es nur in Moskau. Begegneten sich Vertreter der beiden deutschen Staaten irgendwo auf der Welt, sahen sie wie Glas durch den jeweils anderen hindurch. Das war auch in Moskau nicht anders. West-Botschafter Ulrich Sahm erinnert sich, dass er 1972 »in einem Gedränge« die ersten Worte mit seinem Ost-Kollegen Horst Bittner wechselte. Die beiden deutschen Botschaften in Moskau gab es da bereits seit 17 Jahren.

Wie weltfremd die Hallstein-Doktrin war, zeigte das Beispiel Jugoslawien. 1951 entsandte die Bundesrepublik ihren ersten Botschafter dorthin. Der Balkanstaat verlangte 400 Millionen DM von Bonn, Ansprüche aus dem Krieg. Für deren Zahlung verzichtete Staatschef Tito zunächst auf die Anerkennung der DDR, die seit 1956 nur mit Außenhandelsbüros in Belgrad vertreten war. Bonn überwies 300 Millionen DM, deklarierte sie aber nicht als Kriegsfolgekosten, sondern als »Warenkredit« mit einer Laufzeit von 99 Jahren. Derweil drängte Moskau Jugoslawien auf Anerkennung der DDR. Sie erfolgte am 10. Oktober 1957. Nun musste die BRD ihre Drohung wahrmachen, denn sie rechnete damit, dass 25 bis 35 weitere Staaten die DDR anerkennen würden, wenn der Damm erst einmal gebrochen sei. Also schloss am 18. Oktober 1957 die Bonner Botschaft. Jugoslawien wollte nun seine noch ausstehenden 100 Millionen DM von der DDR und bekam sie auch. Ein 1963 darüber geschlossenes Abkommen verschleierte die wahren Gründe für die Zahlung.

Ein dritter Staat hatte somit die streitenden deutschen Brüder erfolgreich gegeneinander ausgespielt. Diese Taktik würde Nachahmer finden – die Bundesregierung schickte deshalb im Juni 1968 in aller Stille wieder einen Botschafter nach Belgrad. Dort wurden ihm die jugoslawischen Forderungen nach Wiedergutmachung erneut offeriert. Bonn regelte sie 1974 mit einem Kredit über eine Milliarde DM zu den in der Entwicklungshilfe üblichen niedrigen Zinsen.

Der spätere Außenminister Hans-Dietrich Genscher erinnert sich am Beispiel Jugoslawiens an die »lähmenden Folgen« der Hallstein-Doktrin. Sie hatte sich als teuer und nutzlos erwiesen. So wurden am 14. Januar 1963 zwar noch die Beziehungen zu Kuba abgebrochen, aber die 1969/70 einsetzende Anerkennungswelle der DDR konnte die Bundesrepublik nicht mehr aufhalten. Am Ende unterhielt auch der Osten Deutschlands eigene diplomatische Beziehungen zu nahezu allen Staaten der Welt.

Wieso war Jugoslawien kein »Bruderland«?

Glaubt man dem britischen Premier Winston Churchill, verschwand Jugoslawien ebenso wie der Rest des späteren »Ostblocks« nach dem Zweiten Weltkrieg hinter einem »Iron Curtain«. Am 5. März 1946 verkündete er in einer Rede: »Von Stettin an der Ostsee bis Triest am Mittelmeer hat sich ein Eiserner Vorhang auf Europa herabgesenkt.« Das Symbolbild für den »Kalten Krieg« war geboren, es hielt sich bis 1989.

Dass es hinter diesem »Eisernen Vorhang« von Anfang an zwei Entwicklungswege gab, blieb ausgespart. Jugoslawien, als Vielvölkerstaat 1918 aus dem Erbe der Österreichisch-Ungarischen Monarchie entstanden, und Albanien befreiten sich mit Hilfe ihrer eigenen Partisanen von den Faschisten. Im Rest Mittel- und Osteuropas besorgte das die Rote Armee. In der Folge verhalf sie – außer in Österreich – den kommunistischen Kräften unter Moskaus Führung an die Macht. Dem sowjetischen Vorbild schien zunächst auch Partisanenführer Josip Broz Tito zu folgen. Er errichtete eine Parteiendiktatur, sperrte politische Gegner in Lager und avancierte zum leuchtenden Beispiel einer »Volksdemokratie«. Aber er machte sich auch Gedanken um einen »nationalen Weg« zum Sozialismus, der sich zwangsläufig vom Sowjet-Modell unterschied und mit Kritik gegen den Stalinismus einherging. Das war innerhalb der von Moskau gesteuerten, kommunistischen Weltbewegung ein Sakrileg, denn die »Einheit und Geschlossenheit der Partei« galt als Grundregel für deren Erfolg. »Ideologische Abweichungen«, wie sie sich nun in Jugoslawien zeigten, wurden bekämpft. Deshalb brach Stalin 1948 mit dem Balkanstaat und bedrohte ihn militärisch. Jugoslawien reagierte und entwickelte engere Beziehungen zu Griechenland und der Türkei.

Dieser Weg bereitete auch der jungen SED Probleme, denn aus taktischen Gründen behauptete sie damals, keine »leninistische«, sondern eine »marxistische deutsche Partei« zu sein. Das gehörte zur Mischung aus Freiwilligkeit, Zwang und Betrug, mit der 1946 die in Ostdeutschland weitaus stärkeren Sozialdemokraten von den Kommunisten vereinnahmt worden waren. Als Ableger Moskaus bekämpfte die neu geschaffene »Einheitspartei« den »Sozialdemokratismus«, und damit die Suche nach sozialem Fortschritt auf demokratischem Weg, ebenso wie den »Trotzkismus« als Traum von der sozialistischen

Walter Ulbricht verleiht Josip Broz Tito im Juni 1965 den »Großen Stern der Völkerfreundschaft« in Gold.

Revolution als weltweitem Prozess. Wer anderer Meinung war, galt für Stalin als »Bande von Volksfeinden«, »Scheusale« oder »Lakaien der Faschisten« und musste »unerbittlich ausgemerzt« werden.

Dieses Schicksal drohte nun auch Jugoslawien. Das alarmierte die ostdeutschen Vasallen. Deshalb stellte sich die SED-Führung am 3. Juli 1948 demonstrativ auf die Seite Moskaus. Als Folge fasste sie gut drei Wochen später einen Beschluss über die »Säuberung der Partei von feindlichen und entarteten Elementen«. Er löste in der DDR Verfolgungen vermeintlicher »Trotzkisten« und »Titoisten« aus.

Jugoslawiens Sozialismus-Modell mit Arbeiterselbstverwaltung, Verzicht auf Kollektivierung der Landwirtschaft, mehr Freiräumen für die Menschen, zum Beispiel durch Reisefreiheit, und außenpolitische Unabhängigkeit im Rahmen der Blockfreiheit wurde von Stalin als heimlicher Übergang der »Tito-Clique« ins Feindeslager gewertet. Die KP Jugoslawiens sei »in die Hand von Mördern und Spionen« gefallen und demzufolge zu bekämpfen, hieß die »Gegenmaßnahme«. Hintergrund der Kampagne war, dass die Betonung nationaler Aspekte in Jugoslawien den sowjetischen Anspruch auf Hegemonie bei der Führung des kommunistischen Lagers bedrohte.

Diese politische Einschätzung ging mit Schauprozessen gegen »Tito-Sympathisanten« in den KP-Führungen des Ostblocks einher, denen nun »Spionage« vorgeworfen wurde. Sie endeten oft mit Todesurteilen. In der DDR war das SED-Politbüromitglied Paul Merker als Opfer auserkoren. Der seit 1920 in der KPD tätige Funktionär schien durch seine West-Emigration und sein Eintreten für Wiedergutmachung gegenüber den Juden angreifbar. Nach dem Tod Stalins 1953 brach der Vorwurf des »Titoismus« zusammen,

Merker wurde 1955 nur noch als »französischer Agent« zu acht Jahren Zuchthaus verurteilt, 1956 freigelassen und später rehabilitiert.

Als Nikita Chruschtschow 1956 die Verbrechen Stalins aufdeckte, versöhnte sich Moskau wieder mit Jugoslawien. Walter Ulbricht schwenkte geschmeidig auf den neuen Kurs ein und verlieh 1965 Josip Broz Tito den »Großen Stern der Völkerfreundschaft« in Gold. Für Titos Safari-Park kam ein Löwenbaby aus dem Leipziger Zoo als Geschenk hinzu. Trotzdem blieb die DDR für den Balkanstaat stets ein Satellit Moskaus ohne eigene Entscheidungsspielräume. Und auch in Ostberlin erhielt sich das Misstrauen gegen Jugoslawien, weil das Land einen Weg zum Sozialismus beschritt, der der SED als zu frei und zu demokratisch erschien. Der jugoslawische Sozialismus als Suche nach einem »dritten Weg« rüttelte an den Grundfesten des Selbstverständnisses der SED. Wer das tat, war ein Feind.

Für den einfachen DDR-Bürger hieß das alles nur – vorausgesetzt, er war nicht irgendwann einmal in den Verdacht geraten, auf diesen »dritten Weg« zu schielen –, dass der »Eiserne Vorhang« für ihn nicht an der Adria, sondern schon an der Donau verlief. Nach Jugoslawien reisen, unter anderem auch zum Urlaub, durften nur »kapitalismustaugliche« Kader. In den sechziger, siebziger Jahren waren es rund 2000 Leute im Jahr.

WIE WURDE DIE DDR HEIMLICHES MITGLIED DER EG?

Der Alleinvertretungsanspruch der Bundesrepublik war stets der große Ärger der DDR. Im deutsch-deutschen Handel brachte er allerdings eine Menge Geld ein. Das funktionierte, weil Bonn 1957 bei der Gründung der Europäischen Wirtschaftsgemeinschaft (EG, damals noch EWG genannt) darauf bestanden hatte, Gesamt-Deutschland zu repräsentieren. In einem Zusatzprotokoll zu den Römischen Verträgen wurde deshalb festgelegt, den Handel zwischen der Bundesrepublik und der DDR als »innerdeutsch« zu betrachten und somit gegenüber der DDR die Vorschriften für Nichtmitglieder der EG nicht anzuwenden.

Was bis zum Ende der DDR wie ein Relikt einer gesamtdeutschen Illusion erscheint, bringt der ostdeutschen Wirtschaft handfeste Vorteile. Bereits Anfang der siebziger Jahre belaufen sie sich auf mehr als rund 500 Millionen DM pro Jahr. Der größte »eingesparte« Posten mit etwa 230 Millionen Mark besteht in der Befreiung von EG-Zöllen. Die DDR kann wie ein einheimischer Produzent agieren und ist andererseits an keinerlei EG-Kosten oder -Auflagen beteiligt. Weitere rund 162 Millionen Gewinn entstehen durch den ermäßigten Mehrwertsteuersatz für ostdeutsche Waren. Er wurde eingeführt, um den »innerdeutschen« Handel zu fördern. Dieser wird im Prinzip auf einer Tauschbasis durchgeführt.

Da sich die Austauschvolumina rein praktisch niemals zu 100 Prozent ausgleichen, ist ein zinsloser Überziehungskredit – Swing genannt – vereinbart. Weil die DDR aus der Bundesrepublik mehr importiert als sie dorthin exportiert, ist sie auch alleiniger Nutzer dieses Swing. Für Bonn ist er stets ein Hebel politischer Einflussnahme bis hin zur Nötigung. 1950 betrug der Swing 30 Millionen Verrechnungseinheiten (VE, entsprach DM). Er stieg bis 1975 auf 790 VE und wurde ein Jahr später auf einen festen Kreditrahmen von 850 VE festgelegt. Zwischen 1971 und 1983 schöpfte ihn die DDR zu durchschnittlich 87 Prozent aus. Dann fiel seine Nutzung drastisch bis auf nur noch 20 Prozent im Jahr 1985, stieg jedoch danach wieder an und betrug 1988 erneut 82 Prozent. Anfang der siebziger Jahre realisierte die DDR aus Zinsvorteilen durch den Swing rund 40 Millionen DM pro Jahr.

Ein vierter Posten ist der DDR-Export von landwirtschaftlichen Produkten, denen die ansonsten zu leistenden Gebühren, in der EG »Abschöpfung« genannt, erspart bleiben. Sie fallen für sogenannte »Marktordnungsgüter«, wie etwa Zucker, Getreide und Fleisch an und berechnen sich aus der Differenz zwischen dem niedrigeren Weltmarktpreis und dem garantierten EG-Preis und werden zugunsten der inländischen Erzeuger eingezogen. Durch ihre indirekte EG-Mitgliedschaft kann die DDR ihre landwirtschaftlichen Erzeugnisse direkt zum hohen EG-Preis nach Westdeutschland exportieren. Das nutzt sie auch für dunkle Geschäfte, wie den illegalen Weiterverkauf von sowjetischen Weizen in den Westen oder den Handel mit subventionierter EG-Butter. Anfang der siebziger Jahre brachte dieser EG-Vorteil der DDR ein Plus von etwa 86 Millionen Mark pro Jahr ein. In den einheimischen Geschäften wurden hingegen die Waren knapper.

Über diese Vorteile wird auf beiden Seiten nicht groß gesprochen. Auch im Grundlagenvertrag zwischen der DDR und der BRD heißt es nur verschleiert, dass der Handel, »auf der Grundlage der bestehenden Abkommen entwickelt« wird. Von westlicher Seite wird gern verschwiegen, dass der Binnencharakter des deutsch-deutschen Handels auch für die daran beteiligten rund 6000 Unternehmen in der Bundesrepublik ganz erhebliche ökonomische Vorteile brachte. Erich Honecker hatte recht, wenn er immer mal wieder betonte: »Dank großer Aufträge der Deutschen Demokratischen Republik konnten nicht wenige Arbeitsplätze in der Bundesrepublik erhalten werden.«

Sowohl Bonn als auch Ostberlin sind dennoch daran interessiert, den deutsch-deutschen Handel rein optisch geringer erscheinen zu lassen, als er eigentlich ist. Die Bundesrepublik möchte sich dadurch Ärger mit den EG-Partnern vom Halse halten, die DDR will ihre Vorteile vor den sozialistischen Partnern im »Rat für gegenseitige Wirtschaftshilfe« (RGW) verbergen. Auch die Sowjetunion beobachtet die enge wirtschaftliche Verflechtung mit dem Westen argwöhnisch. Dort weiß man längst, dass sie als politischer Hebel gegen die Einbindung der DDR in ihren Machtbereich genutzt wird. Deshalb wird das Handelsvolumen zwischen DDR und Bundesrepublik Ende der siebziger Jahre statistisch mit knapp 9 Milliarden Mark ausgewiesen. Viele Geschäfte laufen daneben und die DDR zieht Nutzen aus verdeckten Bonner Zuwendungen und indirekten Subventionen. Schätzungen gehen von weiteren etwa 250 Millionen Mark pro Jahr aus.

So werden zum Beispiel IBM-Computer aus Sindelfingen extra über den Wiener IBM-Ableger geliefert oder ganze Industrieausrüstungen mit dem Umweg über Holland versandt. Solche Verschleierung klappt auch bei simplen Deals: Tankzüge mit Underberg-Schnaps fahren zum VEB Bärensiegel nach Berlin, um dort auf von Underberg gelieferten Maschinen in die Fläschchen zu gelangen. Diese wandern in den Intershop und werden gegen DM verkauft – die Wiener Underberg-Tochter managt alles, und das Geschäft taucht in keiner Statistik zum deutsch-deutschen Handel auf.

Was widerfuhr Werner Lamberz in Afrika?

Am 8. März 1978 erschienen alle Tageszeitungen der DDR mit einer schwarz umrandeten Anzeige auf der ersten Seite: »In tiefer Trauer um unsere verunglückten Genossen Werner Lamberz, Paul Markowski, Achim Ernst und Hans-Joachim Spremberg«. Lamberz, Mitglied des Politbüros und Sekretär für Agitation und Propaganda, weilte, so hieß es in der Meldung, »als Sonderbotschafter des Generalsekretärs des ZK der SED und Vorsitzenden des Staatsrates der DDR, Erich Honecker, zu Gesprächen mit führenden Vertretern der Sozialistischen Libyschen Arabischen Volksjamarhiya in Tripolis.« Markowski, Leiter der Abteilung Internationale Verbindung im ZK, begleitete ihn. Achim Ernst war ihr Dolmetscher, Spremberg ein Pressefotograf, dessen Anwesenheit nicht auf eine besondere Geheimhaltung der Mission schließen ließ, die alle Insassen des Hubschraubers das Leben kosten sollte.

Gerüchte, Honecker habe seinen Kronprinzen – ein Titel, den die Westpresse Lamberz verliehen hatte und an den viele in der DDR Hoffnungen knüpften – nicht nur in die Wüste, sondern direkt in den Tod geschickt, hielten sich hartnäckig. West-Veröffentlichungen gingen davon aus, Lamberz habe sich in geheimer Mission im Land des eigenwilligen Diktators Muammar al-Gaddafi aufgehalten und sei dort Opfer eines KGB- und/oder Stasi-Attentats geworden.

Hinter dem 48-jährigen Werner Lamberz, 1929 als Sohn eines KP-Funktionärs in Mayen in der Eifel geboren, lag eine für DDR-Verhältnisse keineswegs ungewöhnliche Karriere. Dass er in Mayen zusammen mit dem späteren Schauspielstar Mario Adorf zur Schule gegangen war und später die Adolf-Hitler-Schule besuchte, brachten die Westmedien schnell heraus. 1946 wechselte Lamberz nach Luckenwalde, wo der aus der Sowjetunion zurückgekehrte Vater Bürgermeister war. Lamberz setzte seine Lehre als Heizungsbauer fort und stieg in der FDJ zum 1. Sekretär der FDJ-Landesleitung Brandenburg auf. Längst war die Partei auf den physisch wie geistig herausragenden Jugendlichen aufmerksam geworden, der sich durch Eifer und Redegewandtheit auszeichnete. Nach zwei Parteilehrgängen delegierte man ihn zusammen mit dem späteren letzten SED-Ministerpräsidenten Hans Modrow 1952/53 an die Moskauer Komsomol-Hochschule. Dort erlebten sie die letzten Ansätze einer Stalinschen Säuberung und den Machtkampf nach dem Tod des Diktators. Ihr Bild vom »konterrevolutionären Putsch« am 17. Juni 1953 stammte ausschließlich aus sowjetischen und DDR-Quellen.

Nach seiner erfolgreichen FDJ-Karriere stieg der ehrgeizige junge Mann im ZK der SED schnell auf und wurde 1967 Sekretär für Agitation und Propaganda. Voller Elan schloss er sich den Plänen seines einstigen FDJ-Chefs Erich Honecker an und gehörte im Januar 1970 zu den Unterzeichnern dessen Briefs an Sowjet-Führer Leonid Breschnew, in dem Ulbrichts Ablösung gefordert wurde. Dankbar nahm ihn Honecker auf dem VIII. Parteitag ins Politbüro auf.

Lamberz, der eloquente Redner mit Charisma und Kompetenz, gegen den sich manche Intrige richtete, galt in der Altherrenriege, vor allem aber unter dem Fußvolk der Partei, bald als ein Allroundgenie, das auf internationalem Parkett eine bessere Figur abgab als der zuständige Dogmatiker Hermann Axen. Kein Wunder, dass ihn der Generalsekretär als Sonderbotschafter bevorzugte. Mitte der siebziger Jahre tobten in Äthiopien, Eritrea und Somalia heftige, von der UdSSR und China angeheizte Kämpfe rivalisierender »marxistisch-leninistischer« Gruppierungen. Mehrfach unternahm Werner Lamberz Vermittlungsversuche. Als er im Dezember 1977 in Tripolis von Gaddafi empfangen wurde, fanden die beiden Gefallen aneinander. Da sich Ende Februar 1978 eine Möglichkeit zur friedlichen Beilegung der Konflikte in Ost-Afrika anzubahnen schien, bat Gaddafi Honecker darum, Lamberz als Emissär zu entsenden.

Lamberz wollte eben eine Kur antreten, aber die Weltpolitik ging vor. Am 5. März 1978 flog die kleine Delegation nach Tripolis, für den 7. war der Weiterflug über Aden nach Addis Abeba vorgesehen. Gaddafi ließ sich Zeit und lud Lamberz für den Nachmittag des 6. in sein Hauptquartier, ein Zelt in der Wüste, ein. Das war ein Beweis für die Wertschätzung des DDR-Politikers. Den Transport – Landrover oder Hubschrauber – und drei Begleiter wählte Lamberz aus. Aus Zeitgründen entschied er sich für den Flug und der Medienwirksamkeit wegen für den Fotografen anstelle des Personenschützers.

Die französische *Super Frelon* SA 321 L, ein von zwei Piloten mit der Lizenz »tauglich nur für Sichtflug« gesteuerter Militärhubschrauber aus Gaddafis persönlicher Luftflotte, verlor bereits auf dem Hinflug die Motorabdeckung und musste notlanden. Als die Maschine nach Abschluss der dreistündigen Gespräche gegen 21.30 Uhr bei völliger Dunkelheit startete, »kam es zu einer plötzlichen Havarie des Motors, er fing Feuer«, so die erste Information nach Berlin. »Zweite Möglichkeit: Ein Blatt des Hauptrotors löste sich … Der Untersuchungsausschuss neigt zu der zweiten Möglichkeit«, heißt es im libyschen »Bericht über die Untersuchungsergebnisse zum Hubschrauberunglück« vom 20. April 1978, den in der DDR nur Honecker und das Politbüro zu Gesicht bekamen. Dass es sich um ein – gegen Gaddafi gerichtetes – Attentat handelte, schließt der Bericht nicht aus. Einen Beweis dafür, es hätte sich gegen Werner Lamberz gerichtet, fanden weder Markus Wolfs Mannen noch die Ermittler der Zentralen Ermittlungsstelle für Regierungs- und Vereinigungskriminalität nach 1992.

WESHALB HATTE DIE DDR ANGST VOR POLEN?

Das Centrum-Warenhaus auf dem Berliner Alexanderplatz war ein beliebtes Ziel für Touristen aus Polen.

Sprachführer haben oft mit dem wahren Leben nicht viel zu tun. Als die polnische Zeitung *Polityka* am 1. April 1972 jedoch einen solchen für »Polnisch-deutsche Gesprächsübungen« veröffentlichte, war das ganz anders. Endlich gab es einmal praktische Hinweise: »Gehen wir in den Hausflur«, »Ich gebe es Ihnen hier, und Sie geben es mir drüben wieder«, »Eigentlich nicht, aber mein Mann ist weggefahren« oder auch »Folgen Sie mir unauffällig«.

Natürlich war das Satire. Das Warschauer Wochenblatt kommentierte damit die Aufhebung des Pass- und Visazwangs zwischen der DDR und der Volksrepublik Polen. Endlich konnten die Menschen wenigstens über eine Grenze nur mit dem Personalausweis reisen. Rund 650 000 Polen machten davon in den ersten drei Monaten des Jahres Gebrauch. Für viele war das Centrum-Warenhaus auf dem Berliner Alexanderplatz das Ziel. Trotz Mangelwirtschaft war die DDR für das Nachbarland ein Konsumparadies. Das ließ schnell Ressentiments aufblühen, die ihre historischen Wurzeln im deutsch-polnischen Verhältnis haben. Viele Polen halten ständiges Misstrauen für eine typisch deutsche Eigenschaft, viele Deutsche eben dieses für einen gravierenden polnischen Charakterzug. Beide sind Fremden gegenüber nicht besonders aufgeschlossen und auf Abwehr eingestellt. Die meisten Deutschen gelten für ihre östlichen Nachbarn zwar als fleißig, aber überheblich. Im Gegenzug betrachten Deutsche die Polen gern als faul und arbeitsscheu, die auch mal das eine oder andere mitgehen lassen. Dieser Unsinn in seiner Mischung aus Furcht, Neid und Respekt kulminiert auf beiden Seiten in manchmal bösartigem Nationalismus. Bisweilen ist der sogar im »gutgemeinten« Witz zu spüren: Im Centrum-Warenhaus wird künftig alle halbe Stunde die polnische Nationalhymne gespielt – dann müssen die Polen strammstehen, und die DDR-Bürger können für ein paar Minuten in Ruhe einkaufen.

Für den DDR-Handel wird der »Abkauf« von Waren tatsächlich schnell zum Problem. Das ist besonders bei hochsubventionierten Produkten, wie zum Beispiel Kinderkleidung und Lebensmitteln, der Fall. Hinzu kommt, dass für die begehrte DDR-Mark beim Tausch in Zloty ein Schwarzmarkt entsteht.

Für die Ostdeutschen ist die Reise nach Polen eher der Ausflug in ein freieres Land. Dort gibt es die neueste westliche Rockmusik, Filme, die in der DDR verpönt sind, laufen in den Kinos, und alles scheint viel weltoffener. Die jüngere Generation akzeptiert derweil sogar die Heimweh-Touristen nach Pommern, Schlesien und in die Masuren. Die traditionelle polnische Gastfreundschaft hat längst die Oberhand gewonnen, und es entstehen persönliche Freundschaften und Beziehungen.

Das empfindet die SED als Bedrohung, denn in Polen gärt es politisch. Als 1980 *Solidarnosc* als freie Gewerkschaft entsteht, nutzt die DDR das, um per 30. Oktober 1980 den Reiseverkehr ohne Pass und Visum wieder abzuschaffen. Damit gehen auch die Einreisen aus Polen auf etwa ein Drittel des Vorjahres zurück. Umgehend lässt die DDR-Regierung »wissenschaftlich« untersuchen, wie sich das auf die »Versorgungslage« auswirkt. Zufrieden wird 1981 konstatiert: »Infolge des Rückgangs der Käufe polnischer Touristen wurden die verfügbaren Warenfonds in stärkerem Maße für die Versorgung der Bevölkerung der DDR wirksam.« Volle Läden schafft das nicht. Dazu trägt auch bei, dass viele DDR-Bürger inzwischen ihre neuen polnischen Freunde mit Paketen bedenken. Unter der Hand wird die politische Entwicklung in Polen bis in die Reihen der SED für antipolnische Propaganda benutzt. Die Polen hätten keine Lust zu arbeiten, wie ja an den Streiks deutlich zu sehen sei, und das Land wäre ein Fass ohne Boden. Durch die Polen-Hilfe würde die Lage in der DDR nur verschlimmert, hieß es.

Erst 1983 lockerten sich die rigiden Restriktionen wieder, und es wurden erneut mehr Jugend- und Gruppenreisen möglich. Der prekären Versorgung in der DDR hatte die Einschränkung der »polnischen Abkäufe« nicht geholfen. Deshalb dehnten die ostdeutschen Marktforscher den Kreis der Verantwortlichen für die Einkaufsmisere nun auf alle ausländischen Touristen aus. Das waren 1988 rund zehn Millionen Menschen, die misstrauisch beäugt wurden, wenn sie einen DDR-Laden betraten: »Damit partizipieren Ausländer an den Errungenschaften, die im Zuge der Verwirklichung der Einheit von Wirtschafts- und Sozialpolitik in unserem Land erreicht worden sind. Das bedeutet einen Schaden für die Wirtschaft der DDR und beeinflusst das politische Klima negativ.« Als Gegenmittel schlagen die Wissenschaftler Rationierungen vor, zum Beispiel den Verkauf von höchstens 500 Gramm Fleisch pro Person. Im Parteichinesisch heißt das: »handelsseitige Einflussnahme auf die Höhe der Abkaufmengen«. Das wird in Einzelfällen auch praktiziert, eine zentrale Weisung dazu ist jedoch nicht bekannt.

Dem deutsch-polnischen Verhältnis war diese DDR-Politik nicht zuträglich. Das wurde wohl auf beiden Seiten so empfunden, denn für die Einschätzung des Sozialismus im jeweiligen »Bruderland« bot der Sprachführer schon 1972 diesen Satz an: »Es ist auszuhalten, aber bei uns ist es besser (schlechter / genauso)«.

Wie kam die DDR zu einer Karibikinsel?

Der kubanische Revolutionsführer Fidel Castro schenkt der DDR die »Insel Ernst Thälmann«: Bei seinem Staatsbesuch in der DDR überreicht er Erich Honecker am 19. Juni 1972 eine Landkarte, auf der er ihm die Insel zeigt.

Es war nicht einmal ein Geheimnis und in allen Zeitungen groß zu lesen: Kubas Revolutionsführer Fidel Castro schenkte der DDR im Juni 1972 eine kleine Insel. Er weilte als Staatsgast in der DDR und wollte ein ebenso besonderes wie preiswertes Gastgeschenk überreichen. Erich Honecker mag es gefreut haben, denn er bekam auch schon mal ein Ziegenfell mit seinem Konterfei oder ein mit einer Selbstverpflichtung beschriftetes Brikett. Dieses Mal gelang die Überraschung.

Feierlich breitet Fidel Castro am 19. Juni 1972 in Berlin eine Landkarte aus. Er zeigt auf eine winzige Insel, etwa 25 Kilometer westlich der Schweinebucht, rund 15 Kilometer lang und nur 500 Meter breit. Ab nun solle diese »Island in the Sun« den stolzen Namen »Isla Ernesto Thaelmann« tragen, benannt nach dem 1944 von den Nazis ermordeten Führer der Kommunistischen Partei Deutschlands. Erich Honecker ist gerührt. Zum Glück sind die vietnamesischen Genossen nicht auf die Idee gekommen, etwa eine Insel nach Karl Marx zu benennen. Die hieße dann »Đáo Kak Mak«, was beileibe nicht so gut klingt. Doch jetzt war alles in Ordnung, denn auf der *Isla Ernesto Thaelmann* sollte es sogar noch eine *Playa RDA* (»DDR-Strand«) und ein Denkmal des Arbeiterführers geben.

Der »Maximo Lider« und der Generalsekretär unterzeichnen feierlich die Karte, Brüder zur Sonne, zur Freiheit. Damit auch alles seine Richtigkeit hat, wurde die Umbenennung dieses Teils der Inselkette Cayos Biancos del Sur (Weiße Inseln des Südens) mit Erlass des kubanischen Präsidenten Nummer 3676/72 festgehalten. Damit war alles offiziell und die DDR revanchierte sich, indem sie die Abnahme von kubanischem Zucker zu einem Preis, der über dem Weltmarktpreis lag, zusagte.

Zwei Monate später, am 18. August 1972, ist das Denkmal fertig. Ein vier Meter hoher Betonklotz, auf dem ein riesiger Thälmann-Kopf thront. Die kubanischen Genossen haben den Hamburger Hafenarbeiter nicht nur in den karibischen Sand, sondern auch noch etwas zu dicht ans Wasser gesetzt. Nun schlagen ihm die Wellen ins Gesicht, aber er hält erst einmal.

Eilends werden ein paar DDR-Bürger mit Fischerbooten an den »DDR-Strand« geschafft, um eine würdige Einweihung zu zelebrieren. Botschaftsrat Gerhard Witten fällt beim Ausschiffen ins warme Wasser, und der Handelsattaché liegt seekrank wie tot auf dem Bootsdeck, doch der feierliche Akt wird unverdrossen vollzogen. Manfred Sawitzki, Offizier auf der *MS Fichte*, hält alles mit seiner Super-8-Kamera fest. Dann gerät die ganze Geschichte in Vergessenheit, denn Reisen in die Karibik sind für den gemeinen DDR-Bürger nicht geplant.

Aber auch in der DDR gibt es das Farbfernsehen, und so fällt 1975 einem der Programmgewaltigen ein, dass eine Sendung vom sonnigen »DDR-Strand« auf Kuba vielleicht mal ganz schön wäre. Deshalb wird extra das Lied »Insel im Golf von Cazones« in Auftrag gegeben und Schlagerbarde Frank Schöbel reist mit Frau Aurora Lacasa dorthin. Sie mühen sich redlich im azurblauen Wasser zwischen grünen Mangroven ab. Ein Hit wird das Lied nicht in der DDR. Kaum jemand erinnert sich so richtig, wie alles zusammenhängt und das Volk munkelt, »Honni« hätte da wohl irgendwo noch eine Insel, aber nichts Genaues weiß man nicht.

Als Asyl nach seinem Sturz zog er sie offenbar nicht in Betracht, und so geraten die *Isla Ernesto Thaelmann* und die *Playa RDA* in Vergessenheit. 2001 fällt die Geschichte einem cleveren Redakteur des Berliner Internetmagazins *Thema 1* in die Hände. Er jagt die Schlagzeile: »17. Bundesland vor Kuba – Fidel schenkte uns eine Sonneninsel« um die ganze Welt. Nun ist plötzlich die Freude groß, doch sie währt nur 24 Stunden. Dann kommentiert das Auswärtige Amt der Bundesrepublik Deutschland trocken: Die Übergabe der Karte sei ein rein symbolischer Akt gewesen, der »nichts mit den Besitzverhältnissen« zu tun gehabt habe. Was nicht im deutschen Grundbuch stehe, sei auch nicht da. Dankbar dementiert nun auch die kubanische Botschaft, dass es ein Stück Bundesrepublik in ihrem Land gebe. Ihnen reichen schon die Amerikaner mit Guantanamo.

Doch der Sozialismus ist auch auf Kuba schon lange von der Jagd nach barem Dollar überholt. Das wollte sich Matthias Kästner, ein Bankkaufmann aus Pirmasens, zunutze machen. Er gründete im Internet die »Initiative Ernst-Thälmann-Insel« und meint: »Wenn der Preis stimmt, ist nichts unmöglich.« Für 25 Euro bot er eine Option auf zehn Quadratmeter der Sonneninsel an, das sollte insgesamt dann 15 Millionen Euro einbringen und für den Kauf reichen. Doch das Echo in Deutschland blieb verhalten.

Auf Kuba ist der »DDR-Strand« derweil hinter den Zäunen eines militärischen Sperrgebiets verschwunden. Wer dorthin will, muss eine Menge Dollar Schmiergeld zahlen und dem Klabautermann entwischen. Dann bietet sich ein eher trauriges Bild: Das Denkmal ist umgefallen, Thälmanns Kopf steckt im Sand. Warum? Noch einmal flackert der einstige revolutionäre Elan der Kubaner auf: Die Amerikaner sind schuld, jedenfalls ihr Wirbelsturm »Mitch«. 1998 hat er den Arbeiterführer gestürzt. Dennoch: »Venceremos, wir werden siegen!«

WIE WURDEN AUS LEEREN FLASCHEN MEDIKAMENTE?

»Vorwärts, und nicht vergessen: die Solidarität ...«, sangen die Kommunisten seit 1930 nach der einprägsamen Eisler'schen Melodie, und sie meinten es, in der DDR endlich an die Macht gekommen, ernst damit. War es anfangs noch das eigene Land, das nicht zuletzt dank der gewaltigen Reparationszahlungen dringend der Solidarität des großen Bruders bedurfte, so ergab sich nach einer ersten wirtschaftlichen Stabilisierung die Verpflichtung dazu gegenüber den um ihre Freiheit Ringenden in aller Welt. Brauchte nicht das kämpfende Nordkorea jede Art von Unterstützung, und sei es nur durch Uniformen aus der DDR? Die Unabhängigkeitsbestrebungen in Afrika und der Kampf des vietnamesischen Volkes gegen die französischen Kolonialherren und anschließend gegen die amerikanische Okkupation waren neue Höhepunkte für die Solidaritätsbewegung. An der hatten selbst die jüngsten Pioniere ihren Anteil, taten sie sich doch als die fleißigsten und selbstlosesten Sammler von leeren Flaschen und Altpapier hervor – was wiederum dem Sekundärrohstoffaufkommen der DDR zugutekam, während das Geld auf das Konto des Solidaritätskomitees floss. Als besonders ergiebige Flaschen-Sammelquellen erwiesen sich übrigens Studentenheime. Entgegen den pädagogischen Erwartungen wuchs das Bewusstsein der Schüler nicht mit dem Alter ...

Dennoch war die Solidaritätsbewegung im Lande stark ausgeprägt und so tief im Bewusstsein der Werktätigen verankert, dass der Volksmund nicht einmal vor Witzen über die geheiligte Kuh zurückschreckte und sich früher oder später jedermann als Spender oder Käufer an einem der zahllosen Soli-Basare beteiligte. Die fanden als eine Art sozialistischer Trödelmärkte regelmäßig in allen Schulen, Betrieben und Institutionen und einmal jährlich auf dem Berliner Alexanderplatz statt. Dabei ging es, wie beim Flaschensammeln, nicht um persönlichen Gewinn, sondern stets um den Beitrag zur Erhöhung des Solidaritätsaufkommens. Die im Lauf der Jahre zusammengekommene Milliardensumme bestand zu einem wesentlichen Teil aus geplanten Spenden der Gewerkschaftsmitglieder, monatlich per Soli-Marken abgerechnet – wobei ein Teil des »Solis« an die Gewerkschaftsorganisation zurückfloss.

Die DDR, mit allen Mitteln um ihre völkerrechtliche Anerkennung bemüht, stieß allerdings auch auf dem Gebiet der Solidarität an ihre eigenen Grenzen. Mit der auf dem internationalen Markt wertlosen DDR-Mark war den Ländern der Dritten Welt auf ihrem antikapitalistischen Weg nicht zu helfen, sie benötigten eher konkrete materielle Hilfe an Lebensmitteln, Industriegütern und medizinischen Ausrüstungen – vornehmlich Dingen also, an denen auch in der DDR Mangel herrschte. Dem militärischen Waffen- und Ausrüstungsexport an mitunter dubiose »Nationale Befreiungsbewegungen« und in Spannungsgebiete standen weniger materielle Probleme entgegen.

Solidaritätsgewinn zum beiderseitigen Vorteil ergab sich hingegen durch die Ausbildung und den anschließenden Einsatz ausländischer »Vertragsarbeiter« aus Ländern wie Algerien, Angola, Mosambik, aber auch aus Ungarn oder Vietnam, wobei z. B. die persönlichen Exportwünsche der ebenso fleißigen wie sparsamen vietnamesischen Arbeitskräfte die DDR-Fahrrad-, Moped- und Nähmaschinen-Industrie in zusätzliche Schwierigkeiten brachten. Zur Vorbereitung ausländischer Studienbewerber diente das Leipziger Institut Patrice Lumumba. Mehr als 30 000 Studenten aus Afrika, Lateinamerika und dem Nahen Osten absolvierten in der DDR ein Hoch- oder Fachschulstudium. Außerdem entsandte die DDR im Laufe der Jahre zahlreiche Lehrkräfte, Experten und Entwicklungshelfer in die Länder der Dritten Welt, darunter auch »Helfer« aus den bewaffneten Organen wie der Stasi, die beispielsweise die Ausbildung der Sicherheitskräfte in Äthiopien und anderswo übernahmen. Darin unterschieden sich die beiden deutschen Staaten nicht. In Libyen kamen die Ausbilder vom Bundesnachrichtendienst aus Pullach.

Für die Solidarität wurde vieles möglich gemacht, doch manches scheiterte an mangelnder Kommunikation. So ging zum Beispiel eine für wertvolle Devisen in Österreich gekaufte Gleisbaumaschine von Plasser & Theurer nach Vietnam. Dann verschwand sie. DDR-Experten fanden sie eingerostet auf einem Abstellgleis im Urwald wieder – die mitgelieferten Schotter-Schaufeln waren für die vietnamesischen Arbeiter zu groß. Als unverwüstlich erwiesen sich hingegen W-50-Lkw aus Ludwigsfelde. Sie lassen sich mit einfachsten Mitteln reparieren, und manche leisten bis heute in Afrika und Asien zuverlässig ihren Dienst. Allerdings waren sie auch während des ersten Golfkriegs (1980–1988) bei beiden Gegnern – Irak und Iran – im Einsatz.

In Mittel- und Südamerika erfreuten sich Chile, Kuba, Nicaragua und zeitweise die Inselrepublik Grenada der besonderen DDR-Solidarität. Die DDR verschmähte nicht einmal die hartschaligen kubanischen Apfelsinen. Um den Kaffee- und Südfrüchtebedarf im eigenen Land zu decken, waren manchmal weniger solidarische Manipulationen notwendig. Da unterlief man schon mal den internationalen Boykott gegen das griechische Obristenregime. Es kam 1967 durch einen Militärputsch an die Macht und beherrschte bis 1974 mit Terror das Land.

Wer bekam in der DDR Asyl?

Als 1960 das Fernsehspiel *Neger Kuoli* über die Bildschirme flimmerte, musste Hauptdarsteller Peter Sturm schwarz angemalt werden. Die späteren DDR-Rothäute für die Indianer-Filme wurden in Babelsberg sorgsam geschminkt – echte Ausländer im Osten Deutschlands waren immer etwas Seltenes mit dem Hauch des Exotischen. Doch auch in der DDR gab es eine in der Verfassung geregelte Möglichkeit, Asyl zu gewähren und überdies die Anwerbung ausländischer Arbeitskräfte auf Zeit.

Nach Artikel 23 konnten Asyl Menschen bekommen, »wenn sie wegen politischer, wissenschaftlicher oder kultureller Tätigkeit zur Verteidigung des Friedens, der Demokratie, der Interessen des werktätigen Volkes oder wegen ihrer Teilnahme am sozialen und nationalen Befreiungskampf verfolgt werden«. Damit oblag die Praxis des Asylrechts dem Staat, es gab kein subjektives Recht von Asylsuchenden. Ihnen Zuflucht zu gewähren wurde grundsätzlich als Hilfe auf Zeit gesehen. Eine Ausweisung aus der DDR schloss sich jedoch aus, »wenn sie wegen ihres Kampfes für die in dieser Verfassung niedergelegten Grundsätze im Ausland verfolgt werden«.

Fragen des Aufenthalts und Rechtsstatus für alle, die ohne die DDR-Staatsbürgerschaft dort lebten, regelte das Ausländergesetz vom 28. Juni 1979 und die dazugehörige Ausländerverordnung. Generell hatten in der DDR lebende Ausländer gleiche Rechte wie DDR-Bürger, soweit sie nicht an die Staatsbürgerschaft gebunden und Sonderregelungen mit dem Herkunftsland vereinbart worden waren. Im März 1989 erhielten alle über 18-Jährigen nach einem sechsmonatigen Aufenthalt in der DDR das aktive und passive kommunale Wahlrecht. Der Staat konnte die Aufenthaltsgenehmigung aber auch jederzeit ohne Begründung zeitlich und örtlich beschränken, versagen, entziehen oder für ungültig erklären. Überdies gab es bei den zeitweilig in der DDR lebenden ausländischen Arbeitskräften Maßnahmen zur Immobilisierung und Disziplinierung, wie Betriebsbindung und ein stark eingeschränktes Kündigungsrecht.

Ging es nicht um die Anwerbung von Ausländern aus wirtschaftlichen Gründen, hatte die Gewährung von Asyl immer einen politischen Hintergrund. Das begann 1949 und 1950 mit der Aufnahme von 1062 griechischen Kindern im extra errichteten Heimkombinat Freies Griechenland in Radebeul. Ihre Eltern kämpften im Bürgerkrieg in der kommunistisch geführten Demokratischen Armee, die letztlich unterlag. 1961 lebten noch 980 Erwachsene und 337 Kinder aus Griechenland in der DDR, in den siebziger Jahren gingen die meisten zurück, 482 blieben bis zum Ende der DDR.

Um Kinder ging es auch 1979. Am 18. Dezember kamen die ersten 79 Flüchtlingskinder aus Namibia, bis 1988 wurden es insgesamt rund 430, begleitet von 29 Erzieherinnen und Erziehern. Sie flohen vor dem Bürgerkrieg in ihrer Heimat. Die SWAPO bat dabei die DDR um Hilfe. Für rund 900 Kinder aus Mosambik wurde am 21. Mai 1982 in Staßfurt die Schule der Freundschaft eröffnet. Sie sollte einen »Kaderstamm« von Führungskräften der jungen Volksrepublik heranziehen. In diese Schule gingen später auch 291 namibische Kinder, weitere 134 wurden in Vorschuleinrichtungen in Bellin bei Güstrow betreut. Bis August 1990 kehrten alle nach Afrika zurück.

In Chile mussten nach dem Putsch Pinochets am 11. September 1973 dessen Gegner um Leib und Leben fürchten. Rund 2000 von ihnen fanden in der DDR Asyl. Wichtige Funktionäre wurden von einem geheimen Kommando der Stasi illegal außer Landes geschafft. Die chilenischen Exilanten waren hochqualifiziert und kamen zumeist aus intellektuellen Berufen, waren ehemalige Funktionäre des Staats- und Parteiapparats oder Studenten. In der DDR erhielten sie umfangreiche Eingliederungshilfen. 1989 lebten noch 334 Chilenen in Ostdeutschland. Aus Dankbarkeit für die DDR-Hilfe bekamen später Erich Honecker und seine Frau Asyl in Santiago de Chile.

Aus dem Iran nahm die DDR Ende der fünfziger Jahre politische Flüchtlinge auf. Einige Funktionäre der Kommunistischen Partei (Tudeh-Partei), die zeitweilig ihre Führung im Leipziger Asyl hatte, lebten mehr als zwanzig Jahre in der DDR. Deren Unterstützung wurde jedoch mit der Aufnahme diplomatischer Beziehungen zum Regime von Schah Reza Pahlavi am 2. Dezember 1972 problematisch und schrittweise abgebaut.

Von allein gingen viele der spanischen Kommunisten, die nach dem Krieg in die DDR kamen. Sie waren meist nach dem Bürgerkrieg 1939 nach Frankreich geflohen und wurden dort später ausgewiesen. Ihre genaue Zahl in der DDR ist nicht belegbar. In der Statistik von 1989 finden sich keine Spanier mehr.

Neben diesen Gruppen suchten auch immer wieder Einzelpersonen im Osten Deutschlands ein neues Leben, die sich daheim politisch nicht zu Hause fühlten. So kamen zwischen 1946 und 1950 rund 15 Schweizer Kommunisten nach Ostdeutschland. Anfang der fünfziger Jahre gerieten einige unter Spionageverdacht. Die Lage entspannte sich nach 1956, und bis 1966 kamen noch einmal 15 Schweizer in die DDR. Die Botschaft Österreichs führte in den achtziger Jahren rund 18 000 Leute als Besitzer eines Passes der Alpenrepublik in der DDR, darunter allerdings etliche »Karteileichen« und ostdeutsche Familienangehörige österreichischer Bürger. Sie durften mit dem Dokument nur reisen, wenn es auch ein DDR-Ausreisevisum trug.

Im Laufe der Jahre kamen rund 43 000 Ausländer dauerhaft in die DDR, darunter meist Bürger anderer sozialistischer Staaten, die dorthin heirateten. Insgesamt lebten per 31. Dezember 1989 ohne die sowjetischen Militärs und Zivilbeschäftigten 191 190 Ausländer im Osten Deutschlands. Weit über 100 000 von ihnen arbeiteten oder studierten zeitweilig dort, wie etwa 60 000 Vietnamesen, 52 000 Polen, 16 000 Mosambikaner, 15 000 Sowjets, 13 500 Ungarn und 8000 Kubaner. Der Ausländeranteil an der Bevölkerung betrug weniger als ein Prozent, im Westen waren es zu jener Zeit circa 7,7 Prozent.

WAREN SORBEN AUSLÄNDER?

Dass das Lausitzer Städtchen Spremberg auch »Grodk« hieß und die Sorben »länger hier wie die Deitschen« waren, erfuhren viele DDR-Bürger erst aus Erwin Strittmatters *Der Laden*. Ansonsten berichtete das SED-Organ *Neues Deutschland* hin und wieder über »bunte Röcke, weiße Hauben und ornamentbestickte Bänder«, wenn einmal von dem seit über tausend Jahren zwischen Spreewald und Bautzen ansässigen Volk ohne Mutterland die Rede war. »Wir müssen herunter vom Image der immerfort Trachten tragenden, Ostereier malenden Minderheit«, forderte Detlef Kobjela, der viele Jahre lang tätige Musikdramaturg des Staatlichen Ensembles für sorbische Volkskultur. Doch gelungen ist das den rund 80 000 in der DDR lebenden Slawen nie.

Die Geschichte der Sorben in Deutschland – oft etwas abwertend »Wenden« genannt – begann im fünften Jahrhundert mit der Besiedlung und einem über die Jahrhunderte drückenden Assimilations- und Germanisierungsprozess. Das wollte die DDR anders machen. Nach dem Krieg gab es dafür gute Voraussetzungen. Die Nazis hatten den bereits

1912 gegründeten Dachverband der sorbischen Organisationen, die *Domowina* (Heimat), aufgelöst. Jegliche Kulturarbeit und der Gebrauch der sorbischen Sprache – dem einzig verbliebenen Schutzraum ihrer nationalen Identität, wurden verboten. SS-Führer Heinrich Himmler sah in der slawischen Volksgruppe ein »führerloses Arbeitsvolk«, sorbische Patrioten landeten im KZ.

Unmittelbar nach der Befreiung der Gegend um Görlitz und Bautzen gab Sowjet-Marschall Iwan Konew seinen Truppen den Befehl, »ein gutes, brüderliches Verhältnis« zu den Lausitzer Sorben zu schaffen. Bereits am 17. Mai 1945 erlaubte ihnen die Sowjetische Militäradministration die Wiederbelebung der *Domowina*. Diese Politik hielt an, und der Marschall betonte zwanzig Jahre später: »Das kleine Volk, das auf dem Territorium Deutschlands lebt und im Faschismus so viel erdulden musste, verdiente es, unterstützt zu werden.« Dem schloss sich die SED schon vor Gründung der DDR an. Im Frühjahr 1948 beschloss der sächsische Landtag auf deren Antrag ein »Gesetz zur Wahrung der Rechte der sorbischen Bevölkerung«. Sachsens Parteichef Wilhelm Koenen erklärte es zur »Ehrenpflicht eines jeden Deutschen«, die »bisher im Schatten gestandene schöne Blume der sorbischen nationalen Kultur an die Sonne zu stellen«.

Einig waren sich Sowjets und SED, den Ende der vierziger Jahre aufkommenden, separatistischen Tendenzen der Sorben – getragen vom wiedergegründeten Sorbischen Nationalausschuss *(Narodny Wuberk)* in Prag und auf der Londoner Außenministerkonferenz 1947 vorgetragen – nicht nachzukommen. Auch polnische Bestrebungen, die Oder-Neiße-Grenze in eine Oder-Elster-Grenze zu verändern und so die Sorben nach Polen zu holen, blieben erfolglos. Stattdessen förderte die DDR ihre Minderheit, richtete Schulen ein, ließ die Orts- und Straßenschilder zweisprachig beschriften und unterstützte den Erhalt der Kultur. Sorbische Schriftsteller wie Jurij Brězan, der seine Romane auf Obersorbisch und Deutsch schrieb, wurden ebenso wie Musiker, Film- und Theaterleute gefördert. Die *Domowina* bekam in Bautzen ein großes Haus für all diese Aktivitäten. Mit der *Nowa Doba* (Neue Epoche) existierte eine eigene Zeitung dieser Gruppe von DDR-Staatsangehörigen, die sich in ihren Papieren »Nationalität: Sorbe« eintragen lassen konnten. Bei Reisen in den Westen galten aber auch für sie die gleichen Beschränkungen wie für alle anderen Bürger des Landes.

Keinerlei Kompromisse ließ die SED bei der Führung der Volksgruppe zu. Die *Domowina* verstand sich als zentralistisch geführte, »Sozialistische nationale Organisation der Lausitzer Sorben«. Ihre Spitzenfunktionäre, bis 1972 der Vorsitzende Kurt Krjeńc, danach Jurij Grós als 1. Sekretär des Bundesvorstands der *Domowina*, waren gleichzeitig SED-Abgeordnete der Volkskammer. In den siebziger Jahren repräsentierten rund 2000 Volksvertreter die slawische Minderheit in Bezirks- und Kreistagen und örtlichen Gremien. Fast 120 Sorben versahen das Amt eines Bürgermeisters. Dass im Laufe der Jahre rund 60 sorbische Dörfer in den Braunkohle-Tagebauen verschwanden, konnten sie alle nicht verhindern.

Der Preis für die Führungsrolle der SED war die Akzeptanz der Sorben als praktizierende Christen. Ihre Mehrheit bekannte sich zur evangelischen Kirche, im kleineren Teil der in der Oberlausitz siedelnden Gruppe herrschte der katholische Glaube vor. Das christliche Engagement rief das Ministerium für Staatssicherheit auf den Plan, das eine eigene Abteilung für die Überwachung der Sorben mit Außenstellen in Cottbus und Bautzen unterhielt.

In der gesellschaftlichen Praxis erlebten die sorbischen Erfahrungen aus dem Feudalismus in der DDR eine Neuauflage: Wer im Leben weiterkommen und etwas erreichen wollte, hatte deutsch zu reden und sich anzupassen. Die vielbeschworene sorbische Kulturpolitik der DDR-Führung bot sich als politisches Mittel an, um den Umgang des »Arbeiter-und-Bauern-Staats« mit Minderheiten zu illustrieren und beispielhaft für die internationale Solidarität der DDR darzustellen. In der Praxis wurde sie vor allem als Folklore wahrgenommen, die alle vier Jahre mit einem staatlich finanzierten »Sorben-Festival« ihren Höhepunkt fand.

Mit der deutschen Einheit wurden die in der DDR üblichen Rechte der Sorben in einer Protokollnotiz zum Artikel 35 des Einigungsvertrags übernommen. Die *Domowina* konstituierte sich 1991 neu und wurde damit wieder zum Dachverband von Vereinen und Vereinigungen. Er hat zurzeit rund 7000 Mitglieder. Daneben entstand 2005 in Cottbus die Wendische Volkspartei, die sich 2010 unter dem neuen Namen Lausitzer Allianz zu einer regionalpolitischen Vereinigung mit je einem Regionalverband in der Ober- und Niederlausitz wandelte. In den Landesverfassungen von Sachsen 1999 und Brandenburg 1994 sind die Rechte der Sorben verankert, ein Gesetz über das sorbisch-wendische Siedlungsgebiet in Brandenburg wurde am 22. Januar 2014 beschlossen.

WO WAR DER WILDE OSTEN IM SOZIALISMUS?

»Wir waren dabei und es war eine schöne Zeit« – Das ist das Credo der rund 25 000 DDR-Bürger, die am Bau von zwei Erdgastrassen aus der Sowjetunion nach Westeuropa mitwirkten. Die Schufterei in 12- bis 14-Stunden-Schichten, der zähe Schlamm, der mannshohe Schnee und der schmirgelnde Staub sind vergessen. Sechs Tage Arbeit die Woche, 40 Grad plus im Sommer und das Gleiche als Minus im Winter, das Hausen in Containern, das Hämmern der Motoren rund um die Uhr – für die, die es erlebten, war es die Goldgräberstimmung des Wilden Westens, der im Osten lag.

Das erste Projekt begann im April 1975 und dauerte vier Jahre bis zur »Roten Naht«, dem Lückenschluss des DDR-Abschnitts der »Druschba-Trasse« an das von der Sowjetunion gebaute Stück. Der von der DDR als »Schritt ins nächste Jahrtausend« gefeierte Bau war das größte Vorhaben im Rahmen des »Rates für gegenseitige Wirtschaftshilfe«. Im Juni 1974 wurde es auf der 28. RGW-Tagung beschlossen. Bulgarien, die Tschechoslowakei, Polen, Ungarn und die DDR bauten gemeinsam die 2750 Kilometer lange Gaspipeline »Sojus«, die Orenburg am Ural mit Uschgorod an der sowjetischen Westgrenze verbinden würde.

Das DDR-Teilstück von mehr als 500 Kilometern zog sich von Krementschuk am Dnjepr bis nach Bar durch die Ukraine. Zum Projekt gehörten nicht nur die Rohrleitungen und Verdichterstationen, sondern auch Wohnungen, Schulen, Kindergärten und Kläranlagen längs der Trasse. Die Partner trugen alle Kosten und hatten für die gesamte Technik zu sorgen. Mannesmann-Rohre aus dem Westen wurden zur endlosen Schlange verschweißt, viel technische Ausrüstung war aus der Bundesrepublik und Japan importiert worden, und die Verpflegung der Bauleute sicherte eine Luftbrücke aus der DDR. Bezahlt werden sollte das alles später mit kostenlosen sowjetischen Gaslieferungen.

Von Orten wie Krementschug, Alexandrowka, Talnoje, Gaisin und Tscherkassy war im heimischen Erdkundeunterricht nie die Rede. Jetzt klangen sie nach Sierra Nevada und Sacramento und aus Schweißern, Maurern, Kraftfahrern, Zimmerleuten und Schlossern war eine verschworene Gemeinschaft von »Trassnikis« geworden.

Die FDJ als Trägerin des Projektes bemühte sich, sie die Heimat nicht vergessen zu lassen. Rockbands wie die Pudhys und Karat reisten an die Trasse, für einen stetigen Nachschub an Radeberger-Bier und DDR-Delikatessen wie Halberstädter Würstchen wurde gesorgt und Reporter und Fotografen machten aus der Frontberichterstattung das Loblied auf die »unverbrüchliche Freundschaft«. Den Rhythmus eines jeden Tages gab die harte Arbeit vor. Die Männer litten unter dem Frauen-Mangel, in der Heimat zerbrach manche Familie, andere fanden an der Trasse ihr Glück. Viele Abende endeten am »Brett«, dem Kiosk im Lager, der stets ausreichend Wodka bereit hielt und manch »Trassenkoller« führte zum vorzeitigen Koffer packen.

Erschütternd waren für viele die Eindrücke des »realen Sozialismus« in der Sowjetunion. Dörfer ohne Wasser und Strom, unbefestigte Straßen, ärmlich gekleidete Kinder und alte Frauen, die in den Abfallbergen der DDR-Lager nach Verwertbarem wühlten, entsprachen so gar nicht dem strahlenden Bild vom Mutterland des Fortschritts. Dennoch blieben die meisten der Trassenarbeiter ihrem Staat auch politisch verbunden. Das zeigten die ersten freien Wahlen zur Volkskammer am 18. März 1990. Von den damals insgesamt rund 20 000 in der Sowjetunion lebenden DDR-Bürgern gaben 7848 eine gültige Stimme ab. Die SED/PDS erreichte 44,6 Prozent, die SPD 32,6 Prozent und die für die schnelle Vereinigung von DDR und Bundesrepublik stehende Allianz für Deutschland nur magere 15,8 Prozent der Stimmen.

Wer bis 1989 seinen Einsatz erfolgreich beendete, verfügte danach zu Hause nicht nur über ein ansehnliches Konto – zum Lohn des Heimatbetriebes kam noch ein »Trassenzuschlag« von 20 Mark, im Ural von 25 Mark, pro Tag dazu –, sondern auch über den begehrten »Autoschein«. Ihn gab es nach drei Jahren, und er verkürzte die Wartezeit auf einen Trabant oder Wartburg auf zwei Jahre. Überdies durfte ein Teil der Rubel-Auslöse gespart werden, um später über Genex einkaufen zu können. Dort gab es seltene DDR-Waren 20 Prozent billiger und dazu noch einige ausgesuchte Westprodukte. In der Heimat galten die Trassnikis als privilegiert. Doch das Geld war nichts anderes als der verdiente Lohn für härteste Arbeit. Viele junge Leute sahen nicht nur die materielle Seite, sondern nutzten das Abenteuer als Chance, um sich und anderen zu beweisen, was sie zu leisten imstande waren.

Deshalb mangelte es auch beim Bau der zweiten Erdgastrasse nicht an Bewerbern in der DDR. Er begann als sowjetisches Projekt 1983 und verband Nowy Urengoi im Nordwesten Sibiriens mit Westeuropa. Die letzten Trassenbauer kehrten 1993 in die Heimat zurück, die inzwischen nicht mehr DDR, sondern Deutschland hieß. Beide Pipelines, in die die DDR rund 7 Milliarden Mark investierte, funktionieren bis heute ohne nennenswerte Havarien. 1991 wurden sie privatisiert.

Ökonomisch gelohnt hat sich das alles für die DDR nicht. »Für das Geld, das die beiden Trassen gekostet haben, hätte das Gas auch auf dem Weltmarkt gekauft werden können«, resümiert Ulrich Barth, Ingenieur an der ersten und Chefingenieur an der zweiten Trasse, die Anstrengungen. Für die Trassnikis, die die Sowjetunion und deren Zerfall als Zeitzeugen erlebten, bleibt es dennoch das unvergessliche große Abenteuer im »Wilden Osten« des Sozialismus.

WER WAREN DIE »BOTSCHAFTER IM BLAUHEMD«?

Eine Brigade der Freundschaft aus der DDR unterstützt algerische Arbeiter 1984 beim Bau von Wohnhäusern für Familien gefallener Befreiungskämpfer.

Bis zum Anfang der siebziger Jahre gab es in der DDR nur wenige »echte« Botschafter, denn der kleinere deutsche Staat war kaum international anerkannt. Zur Stärkung des Selbstwertgefühls nannte man gern jene, die im Ausland unter der vom Westen bekämpften Flagge mit Hammer, Zirkel und Ährenkranz auftraten »Botschafter«. Es gab sie »im Trainingsanzug«, das waren die Sportler, und »im Blauhemd« als Entwicklungshelfer.

Seit 1964 organisierte die FDJ »Brigaden der Freundschaft«. Bis 1989 kamen etwa 60 solcher Gruppen als Teil der DDR-Entwicklungshilfe in 26 Ländern Afrikas, Asiens und Lateinamerikas zusammen. Ihre Tätigkeit war vom Bemühen gekennzeichnet, Hilfe zur Selbsthilfe zu leisten. Deshalb konzentrierten sie sich vor allem auf die Berufsausbildung und den Bau und die Inbetriebnahme von Ausbildungszentren. Später kamen die Reparatur und Instandhaltung von aus der DDR gelieferten Maschinen und Anlagen hinzu. In Ländern, die sich auf den »sozialistischen Weg« begeben hatten, realisierten die Freundschaftsbrigaden umfangreichere Projekte, wie 1972 den Bau einer Landoberschule für 500 Schüler auf Kuba und 1985 eine Brauerei, 1977 einen Pionierpalast in Hanoi oder 1981 Häuser für Bergarbeiter in Mosambik. Langjährige und umfangreiche Projekte gab es auch im Gesundheitswesen, so ab 1977 das Krankenhaus »Freundschaft Vietnam–DDR« und Mitte der achtziger Jahre das Hospital »Carlos Marx« in Managua, Nikaragua. Die DDR präsentierte sich mit ihrer Entwicklungshilfe als solidarischer Partner »fortschrittlicher Kräfte« und warb gleichzeitig für den Sozialismus. Bis in die siebziger Jahre sollte die Entsendung der Freundschaftsbrigaden die Bereitschaft der Gastländer zur völkerrechtlichen Anerkennung der DDR fördern. Deshalb bildeten zunächst solche Staaten den Schwerpunkt, die dem aufgeschlossen gegenüberstanden. So baute die erste Freundschaftsbrigade 1964 im algerischen Les Quadhias 150 Häuser für obdachlose Familien, und 1967 und 1969 folgten Berufsbildungszentren in Tadmait und Bouira. In Mali half ab 1964 eine Brigade in der Landwirtschaft, und auf Sansibar entstand im gleichen Jahr das Musterdorf Bambi bei gleichzeitiger Ausbildung einheimischer Bauhandwerker.

Nach der weltweiten Anerkennung der DDR ergänzten ökonomische Interessen – zum Beispiel der Anbau von Kaffee in Angola – das Engagement im Ausland. Mit den »Botschaftern im Blauhemd« eröffnete sich ein Weg, ohne den Einsatz von bis dahin üblichen Krediten – oft nur in konvertierbarer Währung für die Empfänger brauchbar – eine effektive Hilfe zu leisten. Bis Anfang der siebziger Jahre reichte die DDR »Aufbau-Kredite«, meist mit einer Laufzeit von 8 bis 12 Jahren zu einem Zinssatz von 2,5 Prozent p. a. in Höhe von insgesamt etwa 2,5 bis 2,9 Milliarden Mark in Devisen an Staaten wie

Kambodscha, den Irak oder den Sudan aus, die ihr Entgegenkommen signalisierten. Aus Bonn flossen von 1950 bis 1970 rund 12,6 Milliarden Mark öffentliche Kredite in die »Dritte Welt«, oft auch, um die Anerkennung der DDR zu verhindern.

Die wollte mit ihren Freundschaftsbrigaden einen deutlichen Unterschied zur Entwicklungshilfe der Bundesrepublik demonstrieren. Deshalb legte die DDR Wert darauf, sie dem Gastland als Freiwillige ohne Privilegien und materiellen Anreiz anzubieten. Die Bezahlung erfolgte über die entsendenden Betriebe in DDR-Mark in der Heimat. Vor Ort gab es Unterkunft und Verpflegung frei und dazu ein Taschengeld. In Algerien betrug das Anfang der siebziger Jahre monatlich 570 Dinar (etwa 400 DM), von denen 150 Dinar das algerische Arbeitsministerium und 420 Dinar die DDR zahlten. In Angola wurden Ende der siebziger Jahre neben dem in der DDR gezahlten Lohn pro Tag 3 US-Dollar gutgeschrieben. Damit war der Einsatz als »Botschafter im Blauhemd« für DDR-Bürger auch finanziell attraktiv, denn mit den Devisen konnten sie später im Intershop oder über Genex einkaufen und das Gehalt in der DDR sparte sich zu einem kleinen Vermögen an.

Wichtiger als Geld war für viele jedoch die Chance, einmal fremde Luft irgendwo in der Welt zu schnuppern. Brigaden der Freundschaft arbeiteten unter anderem im Jemen und Afghanistan, in Guinea, Äthiopien, Guinea-Bissau, Tansania, Grenada, Simbabwe und Laos. Vor dem Trip in die große, weite Welt stand ein strenges Auswahlverfahren über mehrere Stufen. Wer es schaffte, hatte als letzte Hürde einen mehrmonatigen Lehrgang mit mündlichen und schriftlichen Abschlussprüfungen zu absolvieren, wer nicht, kehrte sang- und klanglos in seinen Betrieb zurück. Für die Frauen und Männer, im Schnitt etwa 35 Jahre alt, war das Erlernen der im Gastland üblichen Sprache meist besonders mühsam, doch ohne englisch oder französisch ging gar nichts, weil die Einsätze oftmals im Landesinneren weitab der Hauptstadt erfolgten.

Sie waren nicht immer ungefährlich: 1984 ermordeten Rebellen in der mosambikanischen Nordprovinz Njassa acht Entwicklungshelfer aus der DDR. Sie leisteten in der Staatsfarm »Unango« Aufbauhilfe. In der Folge dieses Überfalls zog die DDR etwa 1000 Experten aus dem afrikanischen Staat ab, in dem im Laufe der Jahre über 20 000 DDR-Bürger in den verschiedensten Bereichen tätig waren. Trotz solch tragischer Zwischenfälle blieb der Einsatz in den Brigaden der Freundschaft für die meisten Teilnehmer der Höhepunkt ihres beruflichen Lebens. Und auch in Afrika, Asien und Lateinamerika erinnern sich bis heute viele Menschen mit Dankbarkeit an die praktizierte Solidarität der DDR.

Waren wir Freunde der sozialistischen Freunde?

Die erste Frage im »Freundesland« galt immer der Herkunft: »Ost oder West?« Wer nicht allzu stark sächselte, konnte sich für eine Weile mit »Berlin« retten. Spätestens beim ersten Trinkgeld mussten dann die Hosen heruntergelassen werden; Es blieb bescheiden oder ganz aus, denn das Geld der sozialistischen Brüder war für DDR-Bürger schwer zu erlangen.

Im Gegensatz zum »Mindestumtausch« der Reisenden aus dem Westen in den Osten gab es für die Touristen aus dem Osten in den Osten einen »Höchstumtauschsatz«. Maximal 400 Mark pro Person und Jahr betrug er für Ungarn, 40 Mark pro Tag für Bulgarien und 30 Mark für die Tschechoslowakei. Hinzu kamen einmal 100 Mark im Jahr zusätzlich auf »Talons«. Die mitzuführende »Zoll- und Devisenerklärung« sollte Schwarzgeld bremsen. Diese knappe Ausstattung mit »Sorten« – am DDR-Bankschalter unter »Sorten und Devisen« zu erwerben – wurde noch prekärer, weil der Kurs zwischen DDR-Mark und Kronen, Forint, Lew (Mehrzahl Lewa) und Leu (Mehrzahl Lei) zwar über Jahrzehnte »stabil« blieb, die Preise in den Urlaubsländern jedoch beständig stiegen. So kostete ein Martini in Prag am Wenzelsplatz Mitte der siebziger Jahre 45 Kronen, was dann rund 15 DDR-Mark entsprach oder ein belegtes Baguette in Bukarest in den achtziger Jahren 15 Lei, den Gegenwert von gut 5 Mark.

Die unkomplizierte und herzliche Gastfreundschaft – in all diesen Ländern uneigennützig gewährt – ließ trotzdem niemanden verhungern oder ohne ein Dach über dem Kopf. Manch jahrelange Freundschaften bildeten sich nach solchen Nächten in Abstellkammern, Sakristeien oder Gartenlauben und den Abenden mit geröstetem Speck am Feuer und 60-prozentigem Samogon in Polen, rumänischem Zuika oder bulgarischem Slibowitz, meist selbst und schwarz gebrannt. Dennoch blieb Geld wichtig, denn im Bruderland gab es manches zu kaufen, was zu Hause vergeblich gesucht wurde: Schallplatten in Polen, Handschuhe oder gar die Lederjacke in der ČSSR, die echte Salami oder die modischen Früchte des privaten Kleingewerbes in Ungarn und Zahngold in der Sowjetunion. Deshalb wurde gehandelt und, so weit es nur ging, das Nötigste aus der DDR mitgebracht. Die cleveren Händler kannten genau Angebot und Nachfrage. Pfefferkörner waren auf dem Balkan so wertvoll wie weiland bei der deutschen Hanse. Die anderen setzten auf das, was immer ging: Kaffee und Strumpfhosen zum Beispiel. Auch bei der Selbstversorgung gab es abenteuerliche Aktionen. In Plastikflaschen abgefülltes Benzin, transportiert in der Doppelwand des Bastei-Campinganhängers, gehörte dazu. Nicht ganz so eng mit dem Geld war es bei organisierten Reisen über das Reisebüro, denn sie enthielten meist Vollpension.

Begonnen hatte der Weg in die kleine, sozialistische Welt 1951 mit einem »Urlauberlotto« des FDGB. Mit ihm durften die ersten 430 DDR-Gewinner in die Sowjetunion und die »Volksdemokratien« reisen. 1955 folgten dann zwei Sonderzüge nach Moskau, und im Februar 1959 begann der »internationale Touristenaustausch der Gewerkschaften«. Die Reisen über das Reisebüro blieben ein knappes Gut. 1970 waren es 261 147, sieben Jahre später dann 429 857, dazu kamen 124 528 Reisen über »Jugendtourist« ins sozialistische Ausland. Um dabei zu sein, war eine Nacht lang Schlange stehen am Haus des Reisens keine Seltenheit. Plätze auf den Urlauberschiffen, »Auszeichnungsreisen« auch mit Westluft in Schweden, Finnland oder Österreich und Jugoslawien und »Jugendtourist«-Reisen ins »nichtsozialistische Ausland« wurden ohnehin intern verteilt. Wenige Reisen führten zu exotischen Zielen wie in die Mongolei oder nach Nordkorea und blieben finanziell nahezu unerschwinglich.

Neben dem schwierigen Besorgen der Reise erschwerte ohnehin ihr hoher Preis den Urlaubsgenuss. Zehn Tage Leningrad (heute St. Petersburg) für 450 bis 500 Mark waren noch drin, 15 Tage an der Schwarzmeerküste mit Kaukasus, Sotschi und Suchumi für 700 bis 750 Mark pro Person oder die etwa gleich teure Wolga-Schiffsreise schon schwieriger. Trotzdem schätzte sich jeder glücklich, der für rund 1.500 Mark pro Person eine 14-tägige Reise ans Schwarze Meer, zum Beispiel ins bulgarische Albena, bekam. Dass der Freund aus der DDR dort ein Gast zweiter Klasse war, merkte er schon beim Buchen: Mai, September und Oktober gingen, die Hauptsaison kaum. Da kamen die Gäste aus dem Westen. Manche von ihnen verlebten mit ihrem Arbeitslosengeld am Meer ein paar billigere Wochen als zu Hause, denn immerhin gab es für die DM auch einen stets florierenden Schwarzmarkt.

Klappte es doch einmal in den Ferien, zeigte das Hotel in der zweiten oder dritten Reihe deutlich die Wertschätzung der DDR-Touristen. Getrennte Speisesäle für Ost und West waren sogar in der Sowjetunion üblich und wenn die Gäste mit harter Währung an die Bar geführt wurden, blieb für die DDR-Freunde die Hotelhalle. All das entwickelte sich und am Ende ließen sich sogar die Matroschkas als Souvenir nur noch im Berjoska-Devisenladen erhaschen.

Geärgert hat es die Leute schon, bei »Reisen nach dem Ausland«, so die DDR-Reiseverordnung vom 30. November 1988, nur immer die Zweitbesten zu sein. Doch das ist heute vergessen und so bleibt die Erinnerung: »Wir kennen die Russen, Bulgaren, Polen, Rumänen und all die anderen noch so, wie sie wirklich waren.«

Urlauber vor einer Hotelanlage in Albena, Volksrepublik Bulgarien (1969)

»Völker, hört die Signale! Auf zum letzten Gefecht ...«

WIE SAHEN DIE USA »EAST GERMANY«?

Als Horst J. im Sommer 1976 im Auftrag des Ministeriums für Staatssicherheit als »Resident« für ein paar Spione nach New York reiste, war er gut und sicher getarnt. »1. Sekretär der Vertretung der DDR bei der UNO« stand in seinem roten Diplomatenpass. Angesichts der Skyline von Manhattan rief er sich vor der Landung noch einmal seinen Auftrag ins Gedächtnis: »Nun näherte ich mich diesem Land als erklärter Feind.« Doch das Imperium erzitterte nicht, sondern belästigte ihn nur mit den gegenüber allen Ostblock-Diplomaten üblichen Überwachungsmaßnahmen, ergänzt durch ein wenig Psychoterror in amerikanisch-hemdsärmeliger Art: Trotz dreifacher Verriegelung seiner Wohnung in der 30. Etage des East River Towers in der 89th. Street fand Horst J. nach längerer Abwesenheit immer mal wieder eine benutzte, aber ungespülte Toilette vor.

Weniger drastisch und ohne solch eklige Symbole gestalteten sich die gesamten außenpolitischen Beziehungen der USA zur DDR: Sie nahmen den kleineren deutschen Staat nicht so richtig ernst. In den ersten 25 Jahren ihrer Existenz begriffen die Amerikaner die DDR als temporäres Gebilde, das durch die ideologische und geographische Teilung Europas entstanden war. Während sie die anderen osteuropäischen Staaten als Mitglieder des Warschauer Paktes wahrnahmen, sahen sie in Ostdeutschland wegen der Präsenz sowjetischer Truppen lediglich einen Brückenkopf Moskaus mit eingeschränkten souveränen Rechten. Hinzu kam, dass es im Gegensatz zu beispielsweise Ungarn und Polen – Chicago ist nach Warschau die zweitgrößte »polnische« Stadt der Welt – in den USA keine ostdeutsche Bevölkerungsgruppe gab, die ihre Rechte einforderte. »Deutschland« war aus amerikanischer Sicht ausschließlich die Bundesrepublik.

Das änderte sich auch nicht, nachdem die DDR und die USA 1974 diplomatische Beziehungen aufnahmen und Washington eine Botschaft »bei« der DDR in Ostberlin errichtete. Die Amerikaner hielten sie nicht für besonders nötig, denn sie saßen ohnehin in Westberlin und die Mauer existierte für sie nicht. Dennoch folgten sie dem internationalen Trend. Ihre Haltung blieb trotzdem von Desinteresse geprägt. Falls die DDR in der außenpolitischen Strategie überhaupt Beachtung fand, war diese vom Blick auf die amerikanisch-sowjetischen oder amerikanisch-westdeutschen Beziehungen bestimmt.

Horst Grunert, ab 1978 DDR-Botschafter in den USA, erinnerte sich an seine Gespräche mit dem damaligen Vize-Präsidenten George Bush sen.: »So umgänglich und freundlich er sich im Gespräch zeigte, so ließ er keinen Zweifel daran, dass sein Land nicht bereit war, die DDR, wie ich sie stets darzustellen versuchte, als ein ganz normales Land zu betrachten, solange es seine Bürger mit einer Mauer hinderte, das Land zu verlassen.«

Der Außenhandel zwischen beiden Staaten blieb relativ gering. 1985 exportierte die DDR Waren im Wert von 897,1 Millionen Mark und importierte für 578,6 Millionen Mark. Das entsprach etwa dem Handel mit Angola, wo der Export im gleichen Jahr 956,4 Millionen Mark und der Import 423,1 Millionen Mark betrug.

Das Bild von der DDR in den USA – soweit überhaupt eine Vorstellung von »East Germany« bestand – stellte sich durchweg grau in grau dar. Die Amerikaner hielten die Ostdeutschen für eine unglückselige Volksgruppe, die unter die Herrschaft einer orthodox-dogmatischen und von Moskau gesteuerten kommunistischen Führungsclique geraten war. Es gab nur eine kleine Gruppe von Wissenschaftlern, die sich mit der DDR beschäftigte. Sie versuchte hin und wieder, den vorherrschenden Eindruck zu korrigieren. Der Höhepunkt dabei war eine Reihe von Artikeln in der amerikanischen Fachzeitschrift *German Politics and Society*, die Mitte 1989 zum Thema »40 Jahre DDR« erschienen. Ihr erklärtes Ziel bestand darin, zu zeigen, dass »die DDR zu Recht in ihren Anstrengungen, einen Staat aufzubauen, auf eine Erfolgsgeschichte verweisen kann und ebenso auf die Schaffung eines kulturellen Diskurses, der – unabhängig von fortdauernden westdeutschen und sowjetischen Einflüssen – ihr ganz eigener geworden ist«.

Diplomatische Bemühungen der DDR, für Erich Honecker einen Besuchstermin im Weißen Haus zu erlangen, in dem der Staats- und Parteichef so etwas wie die Krönung seines politischen Lebenswerkes sah, blieben ohne Erfolg.

Als sich nach dem Fall der Mauer der Weg zur deutschen Einheit abzeichnete, bestand für den damaligen US-Präsidenten George Bush sen. nicht der geringste Zweifel daran, dass nur das Modell Bundesrepublik das einzig richtige für ein vereinigtes Deutschland sein könne. Das über Jahre gepflegte Desinteresse an der DDR und einer eigenen Politik ihr gegenüber hatte dazu geführt, nun faktisch keine Vorstellungen über Lösungsmöglichkeiten des entstandenen Chaos zu haben, wie Bush erstaunt in seinen Memoiren feststellte. Deshalb vertraute er auf Bundeskanzler Helmut Kohl und überließ ihm die Führung des Vereinigungsprozesses.

Daran, dass an dessen Ende mehr stand als eine »Wiederherstellung der Normalität«, erinnerte 1990 Peter Marcuse, Professor an der Columbia Universität in New York, in seinem *East German Requiem*: »Vielleicht besteht ein bleibender Beitrag aus 40 Jahren DDR-Erfahrung darin, dass mindestens 16 Millionen Deutsche nicht zu denen gehören, die von Macht- und Vorherrschaftsstreben besessen und von ihrer Überlegenheit und absoluten Rechtschaffenheit überzeugt sind.«

WIE REAGIERTE DIE WELT AUF DEUTSCHLANDS VERÄNDERUNG?

The Sun in London warnte vorm »Marsch ins Vierte Reich«, und *Le Point* in Paris titelte, dass nach »Le blitzkrieg des Kanzlers Kohl« nun »LA GROSSE ALLMAGNE« entstehen würde – »grosse« heißt »fett«. Italiens Ministerpräsident Giulio Andreotti erklärte, er liebe Deutschland so sehr, dass er am liebsten zwei davon hätte, der niederländische Premier Ruud Lubbers erinnerte an die hässlichen Deutschen aus dem Krieg – der schnelle Weg zur deutschen Einheit traf zunächst fast überall in Westeuropa auf alles andere als Freude. Besonders die britische Premierministerin Margaret Thatcher und Frankreichs Staatspräsident François Mitterand hatten Bedenken. Die Briten fürchteten nach dem überraschend vorgetragenen Zehn-Punkte-Programm Helmut Kohls vom 28. November 1989 ein Wanken der internationalen Stabilität. Sie schürten das Misstrauen gegen die Friedfertigkeit des künftigen Deutschlands und Ängste vor dessen Stärke. Die Franzosen sahen die Gefahr, Deutschland würde sich aus dem Prozess der europäischen Integration zurückziehen und mehr auf nationale Interessen verlegen. Mitterand versuchte, mit Michail Gorbatschow Anfang Dezember 1989 Einigkeit darüber zu erzielen, »dass sich der gesamteuropäische Prozess schneller entwickelt als die deutsche Frage und dass er die deutsche Entwicklung überholt«. Alle Begegnungen im Rahmen der Europäischen Gemeinschaft (EG), der Vorgängerin der 1993 entstandenen Europäischen Union (EU), knisterten frostig. Am 11. Dezember 1989 trafen sich die Alliierten – USA, Sowjetunion, England und Frankreich – demonstrativ im Kontrollratsgebäude in der Westberliner Kleiststraße. Die Bundesregierung war alarmiert.

Dennoch gab es auch Ermutigung. Bereits einen Tag nach Kohls Vorschlag umriss US-Außenminister James Baker die Interessenlage der Regierung George Bush sen. in einer Art und Weise, die den gelassenen Pragmatismus einer Großmacht spiegelte. Die wichtigsten Punkte waren: Ein vereinigtes Deutschland muss Mitglied der NATO und der EG bleiben. Weiterhin dürfen die Grenzen in Europa nicht verändert werden, das Prinzip der Selbstbestimmung soll sich »ergebnisoffen« und schrittweise, ohne etwas zu überstürzen, realisieren. Daraus sprach zum einen die Sorge, die Sowjetunion zu überfordern, zum anderen die Bestätigung, dass die Zeit für Deutschland reif sei, künftig allein über seinen Weg zu entscheiden.

Hier setzte Helmut Kohl mit politischem Genie an. Er ließ einen Tag vor dem Besuch François Mitterands in der DDR, der für den 20. Dezember 1989 vereinbart war, eine Reise nach Dresden organisieren. Dort hielt er eine außenpolitisch zurückhaltende Rede in die er – fast nebenbei – einflocht: »Mein Ziel bleibt, wenn es die geschichtliche Stunde zulässt, die Einheit unserer Nation.«

Noch vor Monaten hätte solch einen Satz kaum jemand beachtet. Er gehörte zum Ritual der Sonntagsreden. Jetzt jedoch jubeln 100 000 Menschen, und Transparente »Deutschland, einig Vaterland« wurden geschwenkt. Es war der Schrei, der überall auf der Welt die Stimmung zugunsten der schnellen deutschen Einheit kippen ließ.

Gegenüber seinen westlichen Bündnispartnern unterstrich der Bundeskanzler nun zwei Dinge: Zum einen sicherte er zu, dass er die Wirtschafts- und Währungsunion verwirklichen wolle und eine politische Union zwischen den beiden deutschen Staaten anstrebe. Zum anderen ließ er keinen Zweifel an seiner kompromisslosen Haltung zur NATO-Mitgliedschaft eines geeinten Deutschlands zu. Letzteres war ein harter Brocken für die Sowjetunion, der aber mit Zugeständnissen und Geld lösbar erschien. Dass Moskau dringend eine Verständigung suchte, wurde mit der Bitte um Lebensmittelhilfe vom Januar 1990 an die Bundesregierung, also vor den entscheidenden Konsultationen zwischen den Regierungschefs am 10. Februar 1990, signalisiert. Der Kompromiss wurde gefunden, indem der Abzug der sowjetischen Truppen aus der DDR zeitlich großzügig, bis zum 31. August 1994 bemessen, und auf die Stationierung von NATO-Truppen in Ostdeutschland bis dahin verzichtet wurde. François Mitterand nutzte die Gunst der Stunde, um das in absehbarer Zeit nun zu erwartende einige Deutschland auf die endgültige Anerkennung der Oder-Neiße-Grenze und die beschleunigte europäische Integration durch die rasche Einführung des Euro zu verpflichten. Beides wurde verwirklicht.

Als treibende Kraft bei der Herstellung der Einheit erwiesen sich letztlich die Deutschen in der DDR. Sie brachten eine Dynamik in die Entwicklung, die auch die Bundesregierung überraschte und deren Reaktionen herausforderte. Der daraus resultierende Einheitswunsch überzeugte international und führte zum Einverständnis der Alliierten. Sie beendeten damit nicht nur offiziell den Zweiten Weltkrieg, sondern auch den Kalten Krieg danach.

Kanzler-Berater Horst Teltschk notierte über die Verhandlungen in Moskau zum Standpunkt der sowjetischen Führung: »Es gebe zwischen der Sowjetunion, der Bundesrepublik und der DDR keine Meinungsverschiedenheiten über die Einheit und über das Recht der Menschen, sie anzustreben. Sie müssten selbst wissen, welchen Weg sie gehen wollten. Die Deutschen in Ost und West hätten bereits bewiesen, dass sie die Lehren aus der Geschichte gezogen hätten und von deutschem Boden kein Krieg mehr ausgehen werde.« Der Wunsch nach »Deutschland einig Vaterland« – so der Text der DDR-Nationalhymne – hatte sich auch international durchgesetzt.

WER WOHNT HEUTE IN DEN EHEMALIGEN DDR-BOTSCHAFTEN?

Der diplomatische Dienst der DDR endete wenig diplomatisch. Von einem Stapel Kopien kann sich jeder Mitarbeiter des Ministeriums für Auswärtige Angelegenheiten an seinem letzten Arbeitstag einen Brief mitnehmen. Staatssekretär Sudhoff aus dem Auswärtigen Amt in Bonn hat ihn am 27. September 1990 unterschrieben. Darin wird die »Abwicklung« der DDR-Diplomatie mitgeteilt. Immerhin könne »geeignetes Personal entsprechend den Notwendigkeiten der Aufgabenerfüllung in angemessenem Umfang« übernommen werden, wenn sich denn jemand darum bewerbe. Das ist ein Halbsatz mit drei Einschränkungen – geeignet, Notwendigkeiten, angemessen – und jeder auch nur halbwegs erfahrene Diplomat weiß, dass so ein höfliches »Nein« ausgedrückt wird, nicht einmal mit einem »Danke« verbunden. Und tatsächlich sind es dann auch nicht einmal ein halbes Dutzend Leute – vorwiegend in den letzten Monaten der DDR eingestellt – die noch einmal neu in der bundesdeutschen Außenpolitik starten dürfen.

Botschaftsgebäude der Deutschen Demokratischen Republik in Havanna (1972)

Ganz anders sieht es mit der Übernahme des DDR-Eigentums aus dem diplomatischen Dienst in aller Welt aus. Alles Bewegliche wird verramscht. Oft dürfen die DDR-Mitarbeiter einkaufen, wenn sie etwas aus ihren möblierten Wohnungen behalten möchten. Auch die Kollegen aus dem Diplomatischen Corps sind zur Stelle. So kauft in Havanna China das Klavier, der Kongo die Haushaltswaren, Frankreich ein paar Möbel und Guinea-Bissau die Ausstattung der Residenz. Anderswo wird verschenkt: Im DDR-Kulturzentrum Paris plündern die Besucher nach der Abschiedsparty die Bibliothek. Wertvolle Dinge vom Meißner Porzellan über Kunstgegenstände bis zum Tafelsilber übernahm das Auswärtige Amt.

Viel wichtiger war jedoch der riesige Immobilienbesitz. Per 3. Oktober, 0.00 Uhr übernahm das Auswärtige Amt in Bonn 2033 Dienstwohnungen, 72 Botschafterresidenzen, 118 Kanzleien, 35 Kindergärten, 8 Freizeiteinrichtungen und 6 unbebaute Grundstücke, insgesamt 2240 Objekte in aller Welt. 1140 davon waren von der DDR angemietet, der Rest repräsentierte einen geschätzten Milliardenwert, berechnet worden ist er nie. Der Immobilienfonds des Bonner Auswärtigen Amtes kletterte durch das DDR-Erbe von 1225 auf 2325 Liegenschaften. Die wertvollsten Gebäude fanden sich in Großbritannien und

New York. Am vornehmen Belgrave Square in London hatte die DDR ein aus dem Jahr 1850 stammendes Haus im spätgeorgianischen Stil denkmalgerecht restauriert. Das viergeschossige Gebäude mit Stuck, Marmorböden und Säulengängen wurde zur gesamtdeutschen Kanzlei. In New York brachte die DDR ein Parkgelände mit Residenz, Wohnhaus und Pool und ein elegantes Haus mit zweistöckiger Lobby und Bibliothek im teuersten Viertel Ecke Park Avenue, 38. Straße ein. Es wurde zugunsten der Staatskasse verkauft.

In Moskau gab es nichts Edles, aber viel: Botschaft und Kanzlei am Lenin-Prospekt und ein kleiner Stadtteil mit rund 500 Wohnungen in vier 16-geschossigen Hochhäusern, ein 90-Betten-Appartmenthaus, Schule, Kindergärten und Nebengebäude, alles in allem im Wert von etwa 250 Millionen Mark. Die Kanzlei nutzen die Rechts- und Konsularabteilung, im Botschaftsgebäude haben das Rote Kreuz und das Goethe-Institut und weitere Beratungsstellen ihre Räume, die Schule blieb Schule. Der Wohnkomplex, 1984 gebaut, sollte verkauft werden, weil der Sanierungsbedarf bei mindestens 100 Millionen Mark lag. In Peking nutzt Bonn die ehemalige DDR-Vertretung. Die beiden chinesischen Löwen davor zierten einstmals schon die Mission des deutschen Kaiserreichs. Auch in Havanna zogen neue Herren in die alten Häuser, denn die bisherige BRD-Vertretung war wesentlich kleiner als die der DDR. Praktisches Erbe gab es ebenfalls in den früheren »Bruderländern« wie in Ungarn. Dort hatte DDR-Chefarchitekten Heinz Graffunder, in den sechziger Jahren einen funktionalen Neubau geschaffen. In Bulgarien war die bessere Lage der früheren DDR-Botschaft Anlass zum Umzug. Kaum verwertet werden konnte ein neuer Botschaftskomplex in Pjöngjang, denn Deutschland pflegt erst seit 2001 Beziehungen mit Nordkorea.

Dankbar angenommen wurden die früheren DDR-Vertretungen in Vientiane, Laos, Phnom Penh, Kambodscha und im vietnamesischen Hanoi, wo die im Laufe der Jahre heruntergekommenen, früheren französischen Kolonialvillen wieder im alten Glanz erstrahlen. Auch in afrikanischen und lateinamerikanischen Staaten ließen sich die DDR-Einrichtungen zumindest teilweise weiter für den deutschen Auswärtigen Dienst oder andere deutsche Einrichtungen, wie das Goethe-Institut, nutzen.

Ein notwendiger Nachsatz: Die DDR ist der Bundesrepublik beigetreten. Dieser Weg schloss die Bildung einer gemeinsamen Regierung aus, zumal die bis zum 18. März 1990 tätigen DDR-Regierungen inklusive ihrer Diplomaten die Verantwortung für das Scheitern der Politik ihres Landes trugen. Insofern ist hier keinerlei Unrecht zu beklagen. Dennoch hätte es vielleicht Wege gegeben, auch in diesem gesellschaftlichen Bereich einen besseren und solidarischeren Neuanfang zu finden.

»Sag mir, wo du stehst …«

8

Bonn und Ostberlin

–

Brüder und Schwestern

Was unterschied Biox Ultra vom »Bonner Ultra«?

Biox Ultra ist eine Vorkriegs-Zahnpasta, die im VEB Elbe Chemie Dresden die DDR über-lebt hat. »Bonner Ultra« war ein Propaganda-Begriff der fünfziger und sechziger Jahre, der die DDR nicht überlebt hat.

Erklärt wurde das merkwürdige Wort »Ultra« früher nicht. Es stammt aus dem Latei-nischen und bedeutet so viel wie »jenseits« im Sinne von »darüber hinaus«. Gebraucht wird es, wenn jemand als besonders fanatisch beschrieben werden soll. Das erfand eine italienische Zeitung – in der Landessprache steht »ultra« für »extrem« – nachdem Fuß-ballfans des AC Torino Anfang der fünfziger Jahre nach einem misslungenen Spiel den Schiedsrichter bis auf den Flugplatz verfolgten und bedrohten.

Die »Bonner Ultras« waren wohl so etwas wie die italienischen Rowdys und verfolgten die DDR mit Hass und Missgunst. Aber die wusste sich zu helfen und baute einen »an-tifaschistischen Schutzwall«: »Der Sieg wurde errungen von den friedliebenden Deut-schen, von den guten Deutschen, über die »Bonner Ultras« und deren Handlanger in Westberlin.« Dass die Speerspitzen des Schutzwalls nach innen zeigten, ermunterte die »Bonner Ultras« zu weiteren Frechheiten und die DDR befahl ihren Untertanen: »So dürft ihr das nicht sehen.«

Die deutsch-deutschen Querelen begannen 1945. Auf die bedingungslose Kapitulation des Deutschen Reichs folgte kein Friedensvertrag. Als im Mai 1949 die Bundesrepublik Deutschland gegründet wurde, hielt sie sich von Anfang an für die Rechtsnachfolgerin des vorangegangenen Staates. Das wollte die DDR weder akzeptieren noch nachahmen. Probleme wie die dann nötige Wiedergutmachung an den Opfern des Holocaust, die Ein-haltung von Pensionszusagen an frühere Beamten und deren Witwen und manches an-dere aus dem Erbe der Vergangenheit hielten sie ab. Die DDR stellte sich auf den Stand-punkt, sie sei etwas völlig Neues und habe demzufolge mit alledem nichts zu tun. Die Bundesrepublik hingegen fühlte sich für »Ganz-Deutschland« verantwortlich. Doch wo lag das nach den Nazi-Raubzügen quer durch Europa? Man einigte sich auf die Grenzen von 1937. Aus Bonner Sicht bestand damit auch Anspruch auf die DDR und die verlore-nen Ostgebiete, die auf West-Karten als »unter zeitweiliger polnischer bzw. sowjetischer

Kontrolle stehend« bezeichnet wurden. Selbst die TV-Wetterkarte, die auf Beschriftung verzichtete, zeigte Deutschland inklusive Pommern und Ostpreußen. So etwas verstand der Osten als unausgesprochene Kriegserklärung. Wer die Ergebnisse des Zweiten Weltkriegs nicht akzeptierte, will sie verändern und das würde nicht ohne Gewalt gehen.

Die DDR strebte damals die deutsche Einheit an und orientierte sich an den Abkommen der Alliierten, insbesondere dem von Potsdam. Die Ost-Grenze an Oder und Neiße war aus ihrer Sicht ein für allemal festgeschrieben. Nun konnte es nur noch um das Verhältnis von West- und Ost-Deutschland gehen, zu dem die »Bonner Ultras« mit Blick auf den verlorenen Osten »Mitteldeutschland« sagten. Mindestens einmal pro Jahr wurden im Westen dazu Trommeln gerührt und Reden gegeifert. Da waren dann auch gleich die »Sudetendeutschen« dabei, die »der Führer« 1938 »heim ins Reich« geholt hatte, die Siebenbürger Sachsen und die Banater Schwaben und alle anderen, die gern deutschtümelten. Die lettischen SS-Veteranen bekamen ihre deutsche Rente allerdings erst nach der Einheit.

Die DDR nannte das alles – sicher nicht völlig zu Unrecht – Revanchismus. Dagegen kämpfte sie. Ihr Streben nach Einheit in den fünfziger Jahren beruhte darauf, dass die Sowjetunion als Sieger des Zweiten Weltkriegs das Ländchen zwischen Ostsee und Erzgebirge nicht unbedingt als Provinz brauchte. Ihr geht es um mehr Sicherheit. Deshalb knüpft sie zunächst an die traditionelle russische West-Politik der Zaren an: Deutschland als Gegengewicht zu Frankreich, das wiederum von Großbritannien in der Waage gehalten wird. Dazu muss die »großdeutsche Lösung«, die Einverleibung Österreichs in das deutsche Staatsgebiet, rückgängig gemacht und Deutschland neutralisiert werden. Ersteres geschieht nach der Befreiung des Alpenlandes, bei der die Rote Armee die wichtigste Rolle spielte. Deutschland zum neutralen Staat zu machen, gelingt nicht. Erst 1957 entscheidet sich deshalb Moskau mit der Zusage langfristiger Lieferungen wichtiger Rohstoffe für die endgültige Einbeziehung der DDR in den neu entstandenen Ostblock. Die »Bonner Ultras« setzen derweil auf das Bündnis mit den USA. Für Bundeskanzler Konrad Adenauer bleibt die »Zoffjetzone« eine »Irredenta«. Das heißt so viel wie »unerlöste Provinz« und stammt aus der Zeit des Freiheitskampfes in Tirol.

Den USA ist es in der Nachkriegszeit nicht gelungen, die Entwicklung der Sowjetunion zur zweiten Weltmacht zu verhindern. Deshalb sind sie Jahrzehnte später gezwungen, die Unantastbarkeit der neuen Grenzen festzuschreiben, was bei der Konferenz für Sicherheit und Zusammenarbeit in Europa (KSZE) in Helsinki 1975 geschieht. Eine Veränderung »mit friedlichen Mitteln« behält sich der Westen vor, die »Bonner Ultras« haben sich in Realpolitiker verwandelt. Einer ihrer in den Ost-Augen übelsten Vertreter, der bayrische Ministerpräsident Franz Josef Strauß, kam am 24. Juli 1983 zum ersten Mal zu Besuch in die DDR. Als reicher Onkel aus dem Westen brachte er die Bürgschaft für einen ersten Milliarden-Kredit mit. Für die DDR war das dann das Nonplusultra.

WESHALB GAB ES EINEN DEUTSCH-DEUTSCHEN POSTKRIEG?

Hitlers Ermächtigungsgesetz hatte der einstige Reichstagsabgeordnete für die Liberalen, Theodor Heuss, 1933 noch zugestimmt, doch die Anerkennung der DDR verbot ihm 1949 als erstem Präsidenten der Bundesrepublik Deutschland das Grundgesetz. Für seine zweite Amtszeit ab 1954 ließ er sich demonstrativ in Westberlin wählen. Das war für den Osten ein Rechtsbruch, denn die Halbstadt gehörte nicht zur Westrepublik. Um das öffentlich zu zeigen, wurden Briefmarken der Deutschen Bundespost mit dem Heuss-Konterfei in der DDR manchmal vor der Zustellung unkenntlich gemacht.

Bis in die achtziger Jahre tobte zwischen den beiden deutschen Staaten ein Postkrieg, der skurrile Blüten trieb. Begonnen hatte alles nach dem Krieg mit Propagandastempeln, die auf die Briefe von Ost nach West gedrückt wurden. Den ersten großen Streit gab es aber bereits mit der Einführung der D-Mark im Westen. Ab Januar 1949 verlor die Ostmark dort ihren Wert, und damit wurden auch die Ost-Briefmarken ungültig. Briefe gingen zurück, oder es gab eine deftige Nachgebühr. Post-Verhandlungen im September 1949 legten den Konflikt vorerst bei.

Doch nun waren die Kalten Krieger auf beiden Seiten auf den Geschmack gekommen. 1950 beschloss die DDR-Volkskammer die Ausweitung der Stempelkampagne, und zwei Jahre später drückte selbst das kleinste Postamt Ost den Tipp »Lernt vom Sowjetvolk, lernt vom großen Stalin, wie man den Sozialismus aufbaut« auf die Briefe gen Westen. Dort ließ man sich nicht lumpen und fügte vor der Zustellung an den Adressaten einen eigenen Propagandastempel hinzu. Darauf stand: »... und was dabei herausgekommen ist.«

Am 9. Mai 1953 gab die Bundespost die »Kriegsgefangenen-Marke« aus. Sie zeigte den weißen Schatten eines Häftlingskopfes hinter Stacheldraht. Im Osten angekommen, wurde er mit Farbe unkenntlich gemacht oder mit einer extra gedruckten Vignette überklebt. Aufschrift: »Gedenkt unserer gefangenen Friedenskämpfer, die in Adenauers Kerkern schmachten.« Dann wurde der Brief postwendend wieder in den Westen geschickt.

Wer wo schmachtet, wollen wir doch mal sehen, sagte sich die Bundespost und emittierte bereits acht Wochen nach dem 17. Juni 1953 eine Sondermarke zum »Volksaufstand« in der DDR. Damit frankierte Briefe wurden nicht befördert, und als zum »10. Jahrestag der Vertreibung aus den deutschen Ostgebieten« die »Flüchtlingsmarke« erschien und der Westen wenig später auch noch »10 Jahre Berliner Luftbrücke« feierte, kamen auch solche Poststücke meist nicht im Osten an. Der stempelte 1958: »Für eine entmilitarisierte freie Stadt Berlin« – Nikita Chruschtschow hatte dazu gerade ein Ultimatum gestellt –, doch der Westen blieb stur und druckte seine Aufschrift, gern auch in rot, dagegen: »... aber nicht unter kommunistischer Diktatur«.

So richtig trieb es der gelben Post im Osten die grüne Galle hoch, als 1966 die Bundespost die neue Dauerserie »Deutsche Bauwerke« herausgab. Das Schloss in Königsberg oder der Dresdner Zwinger auf einer Westmarke, das galt fast schon als Kriegserklärung. Als Gegenmaßnahme erschien 1968 das Motiv »Unbesiegbares Vietnam«, das auch dem West-Bündnispartner USA seine Grenzen aufzeigen sollte. Drei Jahre später folgte die Sondermarke zum 10. Jahrestag des Mauerbaus: Ein Grenzsoldat vor dem Brandenburger Tor war das Motiv. Briefe mit derartigen Motiven gingen vice versa retour. Jede Seite berief sich dabei auf ihre entsprechenden Postordnungen, die politische Propaganda auf Briefmarken untersagten.

Erst in den siebziger Jahren entspannte sich die Lage, nachdem die Bundesrepublik und die DDR 1972 ein Postabkommen abgeschlossen hatten. Es sah unter anderem vor, die Sendungen unabhängig von der Umschlaggestaltung zu transportieren. Die Bundespost verzichtete 1978 trotzdem vorsichtshalber auf eine bereits geplante Gedenk-Edition zum 17. Juni 1953, um die DDR nicht erneut zu provozieren. Doch die Politik verschwand noch lange nicht von den Briefmarken. 1985 gab es eine Neuauflage der »Flüchtlingsmarke« West, diesmal mit dem Schriftzug: »40 Jahre Eingliederung heimatloser Deutscher«. Das nahm die DDR nicht hin. Mitten in der Weihnachtszeit flatterten 170 000 Briefe zurück, und 1986 erfolgte der Gegenschlag: Mit einem Ersttagsbrief feierte sie »25 Jahre Antifaschistischer Schutzwall«.

Inzwischen hatte die Geschichte diese Art der Auseinandersetzung überholt, und der damalige Bundespostminister Christian Schwarz-Schilling (CDU) verkündete ein »Ende der philatelistischen Grabenkriege«. Briefe, die nur die Mauer-Marke trugen, wurden befördert. Ohne einen weiteren Nadelstich ging es aber trotzdem nicht. Man wolle nicht dazu beitragen, dass »die Mauer zu einer philatelistischen Rarität« werde, hieß es in der offiziellen Begründung, und 4200 DDR-Ersttagsbriefe landeten wieder im Osten. Dagegen protestierte pflichtgemäß die Ständige Vertretung der DDR in Bonn.

Heute ist das alles nur noch ein Spezialgebiet von Sammlern. Besonders Briefe mit dem zweizeiligen Aufdruck: »Zurück. Sendung verstößt gegen gesetzliche Bestimmungen der DDR« oder einfach nur »Zurück. Unzulässig« sind beliebt. Sie erzielen Preise bis zu 200 Euro. Das hat derweil auch Fälscher auf den Plan gerufen, die nachträglich Stempel oder Kennzeichnungen auf Briefen anbringen. Seit dreißig Jahren ist ihnen der Amsterdamer Philatelist Jan Heijs auf der Spur.

Die Kapitulation im Postkrieg durch die Deutsche Post in der DDR erfolgte am 28. Februar 1990 mit der Ausgabe einer Marke zum Gedenken an die Leipziger Montagsdemonstrationen. Aufschrift: »Wir sind das Volk.« Die letzte DDR-Marke erschien am 2. Oktober 1990, sie war dem 100. Todestag Heinrich Schliemanns gewidmet.

War die Flucht in den Westen bis 1961 einfach?

Auf den ersten Blick schien es tatsächlich ganz einfach gewesen zu sein. Im Laufe der DDR verließen rund 3,8 Millionen Menschen durch Flucht, Freikauf oder legale Ausreise das Land, der Löwenanteil illegal bis zum 13. August 1961. Es genügte, nach Berlin zu reisen, sich unbehelligt in die S- oder U-Bahn zu setzen und in Marienfelde, Westberlin, das Notaufnahmeverfahren zu durchlaufen. Für 20 Pfennige in die Freiheit. In der Praxis war es komplizierter.

Seit 25. Januar 1951 bestimmte eine Verordnung, dass bei Übersiedlung in den Westen der DDR-Personalausweis abzugeben sei. Nach § 2 drohten bei Verstoß bis zu drei Monate Gefängnis. Das erste Pass-Gesetz der DDR vom 15. September 1954 legte fest: »Wer ohne Genehmigung das Gebiet der Deutschen Demokratischen Republik nach dem Ausland verlässt …, wird mit Gefängnis bis zu drei Jahren bestraft.« Die nächste Verschärfung kam mit dem Strafrechtsergänzungsgesetz vom 11. Dezember 1957. In seinem § 21 stellt es nun auch »Verleiten zum Verlassen der Deutschen Demokratischen Republik«, zum Beispiel »im Auftrage … von Wirtschaftsunternehmen« unter eine Zuchthausstrafe. Im Strafgesetzbuch von 1968 wurde die Strafe für »ungesetzlichen Grenzübertritt« auf bis zu fünf Jahre festgelegt.

Flüchtlinge vor dem Notaufnahmelager Marienfelde in Westberlin (Juli 1958)

Eine exakte Statistik darüber, wie viele Menschen bis 1961 deshalb tatsächlich im Gefängnis waren, liegt nicht vor. Vorhandene Zahlen deuten darauf, dass über 5 Prozent der gesamten Straftaten »Republikflucht« betrafen. Bei durchschnittlich rund 157 000 Straftaten pro Jahr zwischen 1950 und 1960 könnten so zumindest in der zweiten Hälfte der fünfziger Jahre jährlich an die 8000 Verurteilungen wegen »ungesetzlichem Grenzübertritt« erfolgt sein.

Viel schwerer als diese strafrechtliche Bedrohung wog für viele die persönliche Entscheidung. »Nach drüben gehen« hieß für die Mehrzahl der Flüchtlinge totaler Neuanfang. Die meisten Leute nahmen nur das mit, was sie am Leibe trugen. Viele von ihnen hatten Flucht und Vertreibung erlebt und Angst davor, nun wieder bei Null zu beginnen. Andere hemmte die in der DDR erlangte Berufsausbildung, zum Beispiel als Neulehrer, die im Westen nicht anerkannt wurde. Meist waren inzwischen Familien gegründet. Wie hätten sie im Westen überleben sollen, wer hätte die noch einmal nötige Ausbildung, oft mit dem Nachholen des Abiturs beginnend, finanzieren sollen? Hinzu kam, dass in den fünfziger Jahren auch in der DDR Aufbruchstimmung und Hoffnung auf ein besseres Leben herrschten.

War dennoch der Entschluss zur Flucht gefasst, mussten die Kontrollen im sozialen Umfeld umgangen werden. Verkauf von Möbeln, keine Gardinen mehr an den Fenstern oder ein Wort zu viel bei Abschiedsbesuchen konnten schon alles zunichte machen. Dann folgte der Weg nach Berlin. Tauchte zum Beispiel eine Familie mit Kindern früh um fünf in einem Arbeiterzug auf, war sie schon auffällig, wenn sie in den D-Zug nach Berlin umstieg. An den Stadtgrenzen Ostberlins und in den Zügen gab es Kontrollen. Hatte jemand viel schweres Gepäck, Zeugnisse oder persönliche Papiere dabei – und da reichte schon ein Fotoalbum –, machte er sich verdächtig.

Klappte dennoch alles, war im Notaufnahmelager Marienfelde in Westberlin eine umfangreiche Aufnahmeprozedur zu bewältigen. Plakate warnten vor MfS-Spitzeln im Lager, Entführungen kamen vor.

Planmäßig begann die Eingliederung nach der Gesundheitskontrolle mit Befragungen durch die alliierten Geheimdienste. Viele Flüchtlinge ahnten, dass sie sich damit in DDR-Augen bereits der Spionage schuldig machten. Noch prekärer waren die Befragungen in der »Vorprüfung B«. Hier sammelten Verfassungsschutz, BND und geheimdienstlich beeinflusste Organisationen, wie die Kampfgruppe gegen Unmenschlichkeit, der Untersuchungsausschuss freiheitlicher Juristen und die Ostbüros der Parteien, ihre Informationen. Für Berufsgruppen wie Polizisten oder Lehrer gab es gesonderte Stellen. Durch die hohe Zahl der Flüchtlinge kamen falsche Aussagen schnell heraus, denn fast immer fanden sich bereits Auskünfte von ehemaligen Nachbarn oder Arbeitskollegen des Neuankömmlings.

All das entschied schließlich über die Anerkennung als »politischer Flüchtling. Nur damit gab es den »Flüchtlingsausweis C«, mit dem bevorzugte Vermittlung von Arbeit und

Wohnung und die Gewährung von Krediten und Starthilfen verbunden waren. Die Zuweisung der neuen Heimat geschah durch das Verteilen auf verschiedene Bundesländer. Dort begann die Eingliederung im Landesdurchgangslager, dann folgte die Verteilung auf Lager oder Heime in den Landkreisen, Städten und Gemeinden. Manchmal dauerte dadurch der Weg zur neuen Existenz einige Jahre.

Wer nicht anerkannt wurde, erhielt eine Zuweisung in ein »Nicht-Anerkannten-Lager« und Sozialhilfe. Es gab keinen Anspruch auf eigenen Wohnraum und Arbeit. In den fünfziger Jahren lebten zeitweise bis zu 120 000 Menschen in den sogenannten »Dauerlagern« in Westberlin. Bis zur Erfüllung ihres Traums von Freiheit dauerte es noch länger als im normalen Notaufnahmeverfahren.

WIE WIRKTE DAS GRUNDGESETZ WEST FÜR DDR-BÜRGER?

Alles begann mit einer kleinen Erbschaft und einem großen Traum. Walter S. aus Leipzig hatte sein Leben lang als Geschichtslehrer seinen Schülern von der Pariser Kommune erzählt, nun wollte er einmal selbst an jener Mauer auf dem Friedhof Père Lachaise stehen, an der am 28. Mai 1871 die letzten 147 Kämpfer erschossen worden waren. Mit seinem blauen DDR-Pass durfte er als Rentner zwar in die Bundesrepublik reisen, für Frankreich existierte jedoch 1970 keine DDR, denn es gab noch keine diplomatische Anerkennung des zweiten deutschen Staates. Deshalb galt dort der blaue Pass mit Hammer, Zirkel und Ährenkranz nicht.

Dennoch fuhr Walter S. ohne Probleme nach Paris. In Hannover hinterlegte er sein DDR-Dokument bei der Meldebehörde und ließ sich einen westdeutschen Pass ausstellen. Das widersprach zwar den DDR-Regelungen, aber der Artikel 116 des Grundgesetzes der Bundesrepublik machte es möglich. Er bestimmte: »Deutscher im Sinne dieses Grundgesetzes ist vorbehaltlich anderweitiger gesetzlicher Regelung, wer die deutsche Staatsangehörigkeit besitzt oder als Flüchtling oder Vertriebener deutscher Volkszugehörigkeit oder als dessen Ehegatte oder Abkömmling in dem Gebiete des Deutschen Reichs nach dem Stande vom 31. Dezember 1937 Aufnahme gefunden hat.«

Diese absurde Situation, von der DDR stets als Rechtsbruch gewertet und bekämpft, kam aus der Nachkriegsgeschichte. Nach der bedingungslosen Kapitulation der »Deutschen Wehrmacht« schlossen die Siegermächte am 5. Juni 1945 das als »Berliner Erklärung« bekannte Abkommen, mit dem sie die oberste Regierungsgewalt auf dem Gebiet des Deutschen Reichs in den Grenzen von 1937 übernahmen. Dieses Abkommen und die Kapitulation begründeten den Viermächtestatus, nach dem die Alliierten bis zur Wiederherstellung der deutschen Einheit am 3. Oktober 1990 für »Deutschland als Ganzes« verantwortlich blieben. In Übereinkunft der Alliierten folgten die Wiederherstellung der Eigenständigkeit Österreichs, die Eingliederung deutscher Ostgebiete in die Sowjetunion und Polen, ohne die Oder-Neiße-Linie als polnische Westgrenze anzuerkennen, die Abspaltung des industriell starken Saarlandes und die Räumung des Sudetenlandes.

Die Suche nach einer neuen staatlichen Organisationsform für die restlichen Teile Deutschlands dauerte einige Jahre. Sie war von der beginnenden Ost-West-Konfrontation und dem Bestreben nach Erhalt der Einflussmöglichkeiten in den jeweiligen Besatzungszonen bestimmt. Nach 1945 favorisierten die Amerikaner, Briten und Franzosen einen separaten Weststaat, dem die Sowjets nun zwangsläufig einen Oststaat entgegensetzten, ohne bereits über dessen langfristige Perspektive entschieden zu haben. Beide Neugründungen waren zunächst als Provisorien angelegt. Alle vier Alliierten betonten, das deutsche Volk nicht spalten zu wollen.

Doch die politische Entwicklung in der östlichen und den westlichen Besatzungszonen unterschied sich grundsätzlich. Jede der beiden Seiten träumte davon, bei einer »Wiedervereinigung« ihr Gesellschaftsmodell auf die andere übertragen zu können. Um dafür die Voraussetzungen zu schaffen, schlossen die westlichen Besatzer bereits vor Gründung der Bundesrepublik aus, dies nur für einen Teil des deutschen Volkes zu tun. Der SPD-Politiker Carlo Schmid begründete das am 17. August 1948 so: »Eine solche Wahl setzt voraus, dass es ein Weststaatsvolk gibt, dass also die Menschen dieses Weststaates entschlossen sind, sich nur noch in der Gruppierung als Weststaatsvolk als oberstes Substrat zu fühlen.« Daraus leitete er den Anspruch ab: »Das deutsche Volk, verkörpert in den deutschen Ländern des Weststaatsgebiets, erklärt, dass es in der Zeit, in der Mittel- und Ostdeutschland außerstande sind, sich auch nur relativ frei zu entscheiden, treuhänderisch für das gesamte deutsche Volk die Aufgabe übernimmt, die deutsche Bundesrepublik zunächst im Westen aufzurichten, dies aber ausdrücklich mit dem Anspruch auf Repräsentanz Gesamtdeutschlands.«

Diesen »Alleinvertretungsanspruch« sah die DDR als Vorbereitung einer Aggression, denn er stellte ihre Existenz in Frage. Die Einschätzung verstärkte sich, als der erste Bundeskanzler Konrad Adenauer (CDU) am 21. Oktober 1949 in seiner Regierungserklärung feststellte: »In der Sowjetzone gibt es keinen freien Willen der deutschen Bevölkerung ... Die Bundesrepublik Deutschland ist somit bis zur Erreichung der deutschen Einheit insgesamt die alleinige legitimierte staatliche Organisation des deutschen Volkes ... Die Bundesrepublik Deutschland ist allein befugt, für das deutsche Volk zu sprechen.«

Diese von der DDR mit Hilfe der Sowjetunion bekämpfte Politik isolierte den zweiten deutschen Staat über gut zwanzig Jahre international. Erst mit der Regierungserklärung Willy Brandts (SPD) am 28. Oktober 1969 relativierte sich das deutsch-deutsche Verhältnis. Mit der Aussage: »Auch wenn zwei Staaten in Deutschland existieren, sind sie doch füreinander nicht Ausland. Ihre Beziehungen zueinander können nur von besonderer Art sein«, erkannte Brandt die Existenz der DDR erstmals faktisch an. Eine offizielle, staatliche Anerkennung gab es jedoch nie.

Der Anspruch des Grundgesetzes, für »alle Deutschen« gültig zu sein, blieb bis zum Ende der DDR erhalten und war die rechtliche Grundlage ihrer Auflösung. Er machte die »Flucht« ihrer Bürger in die westdeutschen Vertretungen möglich, denn dort war man laut Grundgesetz dazu verpflichtet, sie als »Deutsche« zu behandeln und ihnen entsprechende Identitätspapiere auszustellen. So wie Walter S. schon fast zwanzig Jahre zuvor problemlos West-Papiere bekam, nutzten nun Zehntausende dieses Recht.

Heute führt diese historisch einmalige Entwicklung oft zu einer Betrachtungsweise, als sei die Bundesrepublik unter den Vorzeichen von Freiheit, Demokratie und Rechtsstaatlichkeit der normale Weg ins heutige Deutschland gewesen, die DDR jedoch nur eine illegitime und fremdbestimmte Fehlentwicklung. Dabei wird vergessen, dass zwischen dem Dritten Reich und dem doppelten Deutschland eine Besatzungs- und Befreiungsdiktatur und die Suche nach »dritten Wegen« standen.

WAS WAR EIN »SCHWINDELKURS«?

Es ist ein sonniger Vormittag im August 1960. Trotzdem flanieren nur wenige Besucher durch den Zoo in Westberlin. Das Kinderkarussell steht still. Ein kleiner Junge aus dem Osten rennt hin und entert die Lokomotive – so etwas hat er noch nie gesehen! Eilfertig setzt der Rummelmann sein Gefährt in Bewegung. Der Vater druckst herum: »Ich komme aus dem Osten, sie wissen ja, das Geld ...« – »Kein Problem«, sagt der Karussellbesitzer, »Fünf mal einssechzig, macht acht Ostmark!«

Der »Schwindelkurs«: Mindestens vier Ostmark müssen für eine Westmark gegeben werden, meist liegt er bei 1 zu 5 oder 1 zu 6, am Ende der DDR bieten manche 15 bis 20 DDR-Mark für eine DM. In den Jahren vor der Mauer wird in unzähligen Wechselstuben rings um den Bahnhof Zoo getauscht, später florierten sie nicht mehr so gut, aber es gab sie immer noch. Manchmal erschienen geheimnisvolle DDR-Emissäre mit ganzen Koffern voller Hunderter mit dem Karl-Marx-Kopf, die illegal in harte Währung getauscht wurden. Eigentlich sollte es das nach dem Bau der Mauer gar nicht mehr geben.

Unter der Überschrift »Ein schwarzer Tag für die Kriegstreiber« erklärt Gerhard Warner, LPG-Chef in Groß Ziethen, am 16. August 1961 im SED-Zentralorgan *Neues Deutschland*: »Vor allem freuen wir uns, dass es den Westberliner Störenfrieden nun nicht mehr möglich ist, Bürger unserer Republik zum Schwindelkurs zu korrumpieren und für die Vorbereitung eines Krieges zu missbrauchen.« Er meint wohl die »Grenzgänger«, in Westberlin arbeitende Ostbürger, die einen Teil ihres Lohnes in DM ausbezahlt bekamen. Ökonomisch den größeren Schaden machte jedoch der Einkauf im Osten zu einem Fünftel des Preises. Doch wie kam das alles zustande?

Der Westpreis für Waren und Geld aus dem Osten ergibt sich in seiner Höhe aus der jeweiligen Arbeitsproduktivität. Diese liegt in der DDR weit unter der in der Bundesrepublik. Veraltete Produktionsanlagen und der von den Betrieben mit zu finanzierende »Wasserkopf« – von Kindergärten über Ferienheime bis hin zu den zahlreichen Funktionären – erhöhen die Produktionskosten. Dadurch werden bei der Arbeitsproduktivität nur etwa 35 bis 40 Prozent des West-Niveaus erreicht. Seit Mitte der siebziger Jahre geht die Schere zwischen Ost- und Westmark immer weiter auseinander. Angebot und Nachfrage bestimmen sowohl den Preis der Waren als auch den Kurs der Währung auf dem freien Markt. Im innerdeutschen Handel wird über festgelegte

Verrechnungseinheiten, »Valutamark« genannt, gehandelt, denn die Ostmark ist nicht konvertierbar. Deshalb spielt hier der »Schwindelkurs« als inoffizieller Tageskurs keine direkte Rolle.

Er zeigt sich jedoch indirekt in den Preisen, die im Westen mit DDR-Waren zu erzielen sind. Da werden für etwa 80 DDR-Mark produzierte Anzüge für sechs bis acht Mark an Versandhäuser verramscht, DDR-Hemden sind für 60 Westpfennige im Einkauf zu haben, Strumpfhosen für 15 Pfennige das Paar. Ökonomisch agierte die DDR wie ein Billiglohnland der »Dritten Welt«. Praktisch hieß das, je mehr produziert und in den Westen exportiert wurde, umso schneller wuchsen die Verluste der DDR.

Im Außenhandel »schützten« sich die Wirtschaftslenker Ost lange Zeit vor dieser Erkenntnis, indem sie einfach nicht ausrechnen ließen, wie viel sie da eigentlich in den Sand setzten. Erst ab 1985 weist die DDR intern ihre Außenhandelsumsätze in konvertierbarer Währung nach einem Kurs aus, der den tatsächlichen Aufwand der DDR-Betriebe bei der Produktion der exportierten Ware berücksichtigt. In der Statistik erscheint nun bei den wertmäßigen Angaben des Warenaustauschs der neue Begriff »Mark Valutagegenwert«. Er beträgt Ende der achtziger Jahre 4,40 Mark, die die DDR aufwenden muss, um eine DM zu erwirtschaften. Dieses Verhältnis hatte sich stetig zu Ungunsten der DDR verändert. Mussten 1970 noch Waren für 1,70 DDR-Mark hergestellt werden, um eine DM zu kassieren, sind es 1976 bereits 2 Mark, 1985 schon 2,50 Mark.

Auch die Umsatzrentabilität wird von den DDR-Ökonomen nicht berechnet. Erste belastbare Zahlen gibt es erst 1990 nach der Umstellung auf D-Mark und dem darauffolgendem Wegbrechen der Ost-Märkte. Sie bieten ein erschütterndes Bild: So beträgt damals die Umsatzrentabilität in der Elektrotechnik minus 50,82 Prozent, bei Glas und Keramik minus 70,48 Prozent, im Maschinenbau minus 38,45 Prozent und in der Textilindustrie minus 41,98 Prozent. Simpel gesagt heißt das: Würde man zum Beispiel in der Exportproduktion der Elektroindustrie sämtliche Leute bei vollem Lohn nach Hause schicken, wäre das halb so teuer wie die Herstellung der Waren.

So hat der oft beklagte »Schwindelkurs« seine stets verschwiegenen ökonomischen Hintergründe. So einfach, wie etwa in der Propaganda gegen die früheren »Grenzgänger« war es nie. Sie arbeiteten in Westberlin, tauschten ihre DM 1 zu 5 und genossen im Osten dann die billigen Mieten und die subventionierten Waren: Dagegen half die Mauer. Wirtschaftlich konnte sie die DDR nicht retten.

Wieso kam Willy Brandt ans Fenster?

Was in der kollektiven Erinnerung blieb, ist ein Foto vom winkenden Willy Brandt am Fenster des Hotels *Erfurter Hof*. Eine Sekunde, die Geschichte machte. Die mageren politischen Ergebnisse des ersten offiziellen deutsch-deutschen Regierungstreffens zwischen DDR-Ministerpräsident Willi Stoph (SED) und Bundeskanzler Willy Brandt (SPD) am 19. März 1970 sind in jedem guten Lexikon nachzulesen. Doch was spielte sich hinter der Fassade von Willi und Willy ab? Wer sorgte überhaupt für die steife Begegnung, warum jubelten die Thüringer dem Klassenfeind zu, und wie versuchte die DDR, die peinliche Situation zu retten?

Der Durchbruch begann mit einem Brief von Egon Bahr, Willy Brandts Ost-Experten. Er schrieb ihn am 12. März 1970 mit roter Tinte auf einen Hotel-Briefbogen des Moskauer Hotels *Ukraine*: »Lieber Willy, dieser Brief soll nur Deinem Vergnügen dienen. Man hat hier Stoph ›gezwungen‹, das Treffen zu machen ... Ich drück Dir die Daumen für Weimar, Magdeburg oder Treuenbrietzen ...« Das Wort »gezwungen« war unterstrichen.

Seit Wochen lagen damals die Bemühungen um eine Verbesserung der Beziehungen zwischen der DDR und der Bundesrepublik auf Eis. Der Osten beharrte auf seiner immer noch ausstehenden Anerkennung, der Westen weigerte sich, darüber überhaupt zu reden. Dennoch bestand auch dort Interesse an einem Gespräch, denn die »neue Ostpolitik« Willy Brandts konnte ohne ein besseres Verhältnis zur DDR nicht funktionieren. Ein Besuch durfte aus Bonner Sicht aber nicht den Eindruck erwecken, Ostdeutschland würde wie ein ganz normaler Staat behandelt. Wegen der unterschiedlichen Auffassungen zum Status der früheren Reichshauptstadt schloss sich Berlin als Ort des Treffens aus. Für die DDR war Ostberlin die Hauptstadt, für die Bundesrepublik Gesamt-Berlin ein unter Viermächteverwaltung stehender Ort, an dem Sowjets, Amerikaner, Briten und Franzosen das Sagen hatten.

Diese deutsch-deutschen Querelen störten in Moskau die bereits laufenden Vertragsverhandlungen mit Bonn. Sie waren für die Sowjetunion wichtiger als die DDR-Interessen, denn es ging um einen Vertrag, der endlich die Ergebnisse des Zweiten Weltkriegs festschreiben sollte. Deshalb wies Moskau die SED an, wegen des Verhandlungsorts nicht alles

Willy Brandt grüßt am 19. März 1970 aus einem Fenster des Hotels *Erfurter Hof* die jubelnde Menge (linkes Fenster).

platzen zu lassen. So einigten sich beide Seiten auf Erfurt, die Wiege der deutschen Sozialdemokratie. Als nächste Kröte musste die DDR als Gegenpart ihres Außenministers Otto Winzer (SED) in der West-Delegation den Minister für Innerdeutsche Beziehungen, Egon Franke (SPD), schlucken. Mit diesem Kompromiss wahrten schließlich beide Seiten ihr Gesicht. Für die DDR war das Treffen eine internationale, für die Bundesrepublik eine nationale Aktivität. Unberechenbar blieb, wie die DDR-Bürger reagieren würden.

Am Morgen des 19. März 1970 war es zu sehen. Tausende von Menschen drängten zum Erfurter Hauptbahnhof, um unaufgefordert Willy Brandt zu begrüßen. Das überraschte die Sicherheitskräfte. Noch bevor der Zug um 9.26 Uhr auf Bahnsteig 1 einlief, versuchten Polizei und Stasi, die Leute vor dem Hotel abzudrängen. Eine leere Straßenbahn fuhr als Barrikade vor, doch sie musste wieder verschwinden, um nicht umgekippt zu werden. So erschallten nach der Ankunft vor den Kameras aus Ost und West unüberhörbar »Willy Brandt! Willy Brandt!«-Rufe. Das Gedränge war so groß, dass der Kanzlersekretärin sämtliche Knöpfe vom Mantel gerissen wurden. Botschafter Karl Seidel, DDR-Delegationsmitglied: »Das alles machte auf mich einen schlimmen, geradezu deprimierenden Eindruck.«

Er verstärkte sich, als das Volk vor dem Hotel *Erfurter Hof* lautstark »Willy Brandt ans Fenster« verlangte. Der zögerte, seufzte: »Mein Gott, wir wollen hier doch keine Geschichten haben«, zeigte sich dann aber doch für eine Minute. Es wurde ein unvergesslicher Eindruck für ihn: »Ich war bewegt und ahnte, dass es ein Volk mit mir war. Wie stark musste das Gefühl der Zusammengehörigkeit sein, das sich auf diese Weise entlud!«

Beim folgenden Besuch in der Gedenkstätte des KZ Buchenwald konnte hingegen die DDR punkten. Willy Brandt hatte um einen privaten Abstecher gebeten. Sein Bonner Büroleiter Gerhard Ritzel riet ab. Doch ein neuer Mitarbeiter im Bundeskanzleramt namens Günter Guillaume überzeugte dann alle mit dem Argument, dort sei schließlich 1944 der SPD-Reichstagsabgeordnete Rudolf Breitscheid ermordet worden.

In der Gedenkstätte wurde der Bundeskanzler entgegen seiner eigentlichen Absicht wie ein Staatsgast empfangen. Es gab die beiden Hymnen, einen von Soldaten der NVA-Ehrenkompanie getragenen Kranz und eine lange Rede. DDR-Chefkommentator Karl-Eduard von Schnitzler resümierte zufrieden: »Willy Brandt musste der Nationalhymne des sozialistischen deutschen Staates die Ehre erweisen. 2000 Menschen zeigten ihm, dass das ihre Hymne ist, ihr Staat, ihr Sozialismus, ihr Bekenntnis zum Schwur von Buchenwald.«

Am Abend war dann auch die Welt in Erfurt für den Gastgeber DDR wieder in Ordnung. Nach Akten der Volkspolizei wurden rund 5000 spontane Demonstranten in die Seitenstraßen abgedrängt. Ein paar Leuten gelang es, ein Schild mit einem »Y« hochzuhalten. Damit wollten sie zeigen, wem ihre Sympathie gehörte: Willy gegen Willi. Auf dem Bahnhofsvorplatz skandierten bestellte Rufer: »Wir stärken unsere Republik, denn sie bringt uns Frieden, Wohlstand, Glück!«

Als der Sonderzug dann noch eine Viertelstunde nach der geplanten Abfahrtszeit regungslos auf dem Bahnsteig stand, hatten sich Willi Stoph und Willy Brandt nichts mehr zu sagen. Es herrschte eine peinliche Stille. Trotzdem gingen die deutsch-deutschen Kontakte weiter. Am 21. Mai 1970 reiste der DDR-Ministerpräsident zum Gegenbesuch nach Kassel. Bis zum Abschluss des Grundlagenvertrags zwischen der DDR und der Bundesrepublik dauerte es danach noch zweieinhalb Jahre.

Welche Rolle spielte Westgeld?

Bürger ohne D-Mark in der DDR hätten einen »gewissen Nachteil«, gab Erich Honecker im September 1977 in einer Rede vor Dresdner Genossen kleinlaut zu und versicherte mit Bezug auf die Einzelhandelskette Intershop: »Diese Läden sind selbstverständlich kein ständiger Begleiter des Sozialismus.« Die Währung des Klassenfeinds war es indes längst. Das Volk spottete: »Kommt ein Funktionär von seiner ersten Westreise zurück und wird gefragt: ›Na, wie war's?‹ Antwort: ›Genauso wie bei uns. Für Westgeld bekommt man alles.‹«

An die insgeheim längst etablierte Zweitwährung der DDR hatten sich seit Jahren alle gewöhnt, und nur wenige moserten. Der Ostberliner Philosoph Wolfgang Harich echauffierte sich im Frühjahr 1979 über die »korrumpierende und demoralisierende« Wirkung der Doppelwährung und erklärte: »Die Grundformel des Sozialismus lautet: ›Jedem nach seinen Leistungen‹ und nicht ›Jedem nach dem Wohnsitz seiner Tante‹.« Sein Kommentar folgte auf die damalige Kapitulation der SED vor der allgegenwärtigen Präsenz der D-Mark in der DDR. »Mit Wirkung vom 16. April 1979«, hieß es einen Tag danach im Zentralorgan *Neues Deutschland*, erfolge »der Verkauf von Waren in den Einrichtungen des Außenhandels (Intertank, Genex, Intershop) an Bürger der DDR nur mit Scheck der Forum Außenhandelsgesellschaft mbH«.

Bereits Tage zuvor gab es überall im Land an den Devisenläden lange Schlangen. Sogar das Waschpulver wurde knapp, da Gerüchte kursierten, der Besitz von »Westgeld« werde verboten. »Westgeld« hieß in der DDR-Umgangssprache alles, was konvertierbar war, egal ob Dollar, Drachme, Lira oder Pfund. Im engeren Sinne war natürlich die D-Mark gemeint. Der offizielle Name für westliche Währungen lautete »Valuta«, bei Außenhandelsgeschäften mit der Bundesrepublik wurde von »Valutamark« gesprochen, einer Verrechnungseinheit, zu der es keine Geldscheine gab.

Ein gesetzliches Zahlungsmittel war die »Westmark« in der DDR bis 1990 nie. Ihren Bürgern blieb bis 1974 der »Besitz von Valuta« sogar offiziell verboten. Danach durften Valuta-Geschenke von Verwandten und im Westen verdiente Arbeitsentgelte in der DDR ausgegeben werden. Überdies sammelte sich durch Erbschaften ein erhebliches Vermögen von DDR-Bürgern im Westen an. Für Mitte der siebziger Jahre schätzten es Experten bereits auf rund 250 Millionen DM. Wer »Westgeld« besaß, konnte dieses auf einem »Valuta-Anrechtskonto« bei der DDR-Staatsbank mit 2,6 Prozent Verzinsung p. a. deponieren. Das Konto wurde in DDR-Mark geführt. Verfügungen waren in Forumschecks für die Intershops, für Genex-Einkäufe und bei genehmigten Westreisen in Höhe von 15 DM täglich sowie unbegrenzt in DDR-Mark möglich. Allerdings wurde der Umtausch in DDR-Mark kaum genutzt, weil dafür der offizielle Kurs von 1 DM-West zu 1 DDR-Mark galt.

Die D-Mark genoss in der DDR von Anfang an den Status einer Schattenwährung. Beim Erwerb von Mangelwaren oder Erlangen der raren Dienstleistungen bürgerte sich die Zahlung eines Anteils in Westmark ein. Wer nicht darüber verfügte, hatte das Nachsehen und musste warten. Kannte jemand Kirchenleute, hatte er gute Chancen, an Westgeld zu kommen. Sie erhielten oft Unterstützung aus der Bundesrepublik, brauchten aber fürs tagtägliche Leben DDR-Geld. Andere versuchten es selbst mit kleinen Deals. Sie reichten vom Schwarztaxifahren bis zur Prostitution bei der Leipziger Messe. Der Aufkauf von Theaterkarten und der Weiterverkauf gegen »Harte« an Westtouristen vor der Abendkasse oder der Handel mit Antiquitäten brachten etwas, und Ende der siebziger Jahre gab es sogar ein paar Einbrüche in Intershops und einen bewaffneten Raubüberfall auf die Sparkasse in Rüdersdorf bei Berlin, um an Westmark zu kommen.

Die wachsende Rolle der D-Mark in der DDR bereitete auch den Genossen in Moskau Sorgen. KPdSU-Chef Leonid Breschnew sprach Ende Juli 1978 mit Erich Honecker darüber. Er verwies seinen Statthalter darauf, dass der Konsumschub in der DDR durch Geld vom Klassenfeind die sozialistischen Brüder argwöhnen ließ, Korruption und Schiebertum fördere und schließlich zur ideologischen Aufweichung der Partei führe.

Dennoch konnte die SED, für die das alles keine großen Neuigkeiten waren, nicht auf die Einnahmen verzichten. So kam es zur Ausgabe der Forumschecks, die wenigstens den Anblick des Westgelds aus der Öffentlichkeit verbannten. Sie trugen die gleichen Werte wie die D-Mark. Forumschecks waren »nicht rücktauschbar«, der Umtausch erfolgte anonym ohne Registrierung der Westgeld-Besitzer.

Die DDR genoss damit zwar den Vorteil, erst über das Geld zu verfügen und danach die Waren bereitstellen zu müssen, an der D-Mark als Zweitwährung änderte sich aber nichts. Im Gegenteil. Durch wachsende Intershop-Sortimente stieg sogar noch deren Attraktivität. Bereits ab dem Frühjahr 1977 konnten devisenstarke Ostbürger nicht mehr nur über Genex Ostautos – zum Beispiel den Trabant 601 Standard im Mai 1977 für 5.184 DM oder den Wartburg 353 W Standard für 8.524 DM – von den Verwandten bestellen lassen, sondern auch selbst Westautos kaufen. Der Fiat Mirafiori für 12.900 DM war das erste Angebot. Später gab es dann sogar ganze Fertighäuser, Mitte der achtziger Jahre ab 114.000 DM.

Eine offizielle Umtauschmöglichkeit von DDR- in D-Mark zum Kurs von 1 zu 5 eröffnete die Staatsbank der DDR am 2. Januar 1990. Nun durften DDR-Bürger auch »Valutakonten« einrichten. Das zu der Zeit immer noch geltende »Devisenmonopol« des Staates brach am 26. Januar 1990 als Erster der Erfurter Gemüsehändler Peter Voigt. Er verkaufte zuvor selbst eingekaufte Südfrüchte in der Domstadt gegen D-Mark. Niemand hinderte ihn daran.

WIESO FÜRCHTETEN SICH WESTBESUCHER AN DER GRENZE?

Geblieben ist für viele Besucher aus dem Westen die Erinnerung an Grusel und Angst beim Überschreiten der Grenze zur DDR, die versteinerten Gesichter der Bediensteten und der Befehlston. All das geschah nicht ohne Absicht, denn aus Sicht der DDR war »die Staatsgrenze« ein Wehrbau, an dem »Kriegsdienst im Frieden« geleistet wurde. Seit 1962 erledigten das Mitarbeiter des Ministeriums für Staatssicherheit, getarnt in den steingrauen Uniformen der Grenzer, die den direkten Kontakt mit den Einlassbegehrenden besorgten. Zöllner und NVA-Angehörige, unter ihnen zahlreiche Inoffizielle Mitarbeiter des MfS, verantworteten die »militärische Sicherung des Umfelds«. Für alle stand jeder Ankommende unter dem Verdacht, ein Feind des Sozialismus zu sein. So wurde er dann auch behandelt.

Bevor es jedoch so weit war, musste in der DDR eine »Einladung« ausgesprochen werden. Das konnte durch Privatpersonen oder Institutionen erfolgen und wurde gern »Aufenthaltsgenehmigung« genannt. Im Kern war es jedoch der Antrag auf einen Antrag zur Erteilung eines Einreisevisums. DDR-Verwandte und -Bekannte von Westbürgern legten mit dieser Einladung ihre Beziehungen zu diesen offen und setzten sich gegebenenfalls einer geheimen Überprüfung und Überwachung aus. Mangelte es am Wohlverhalten des Besuchs, konnten sie wie Geiseln in die Verantwortung dafür genommen werden.

War die Frage der Einladung geklärt und der potentielle Besucher näherte sich in persona der befestigten Grenze, begann seine Beobachtung bereits vor dem ersten Schlagbaum durch die »Kräfte der Absicherung des Hinterlandes«. Sie registrierten jede seiner Bewegungen. Diese hatten ab Passieren der ersten Sperre immer »nur nach Aufforderung« zu geschehen. Dann folgte die »Vorkontrolle Einreise« mit einer ersten Sichtung der Reisedokumente. Wer zuvor durch »abweichendes Verhalten« aufgefallen war, durfte keinesfalls bereits jetzt »enttarnt« werden. Seine Papiere – der maschinell erstellte Antrag auf das Visum, die Zählkarte und die Erklärung für die Zollkontrolle – wurden gegebenenfalls »konspirativ« markiert, und er geriet während seines gesamten Aufenthalts in der DDR in die »operative Kontrolle« der Stasi. War der Ankömmling nicht zur Einreise berechtigt, erfolgte hier die Zurückweisung.

Für die anderen gab es ab nun kein Zurück und keinen selbständigen Schritt mehr. Der Außenposten der Passkontrolle – die erste von zwei Kontrolllinien – überprüfte Gültigkeit und Echtheit der Dokumente, die Anzahl der einreisenden Personen und die Dauer des beabsichtigten Aufenthalts. Alle Papiere verschwanden in einer Plastiktasche, und der Reisende wurde in den »Stauraum« vor der Passkontrolle eingewiesen. Dort erfolgte eine weitere intensive und getarnte Beobachtung. Zeigten sich »Auffälligkeiten« im Verhalten – allein in Marienborn fielen 1988 davon etwa eine halbe Million an, die »Nachfolgehandlungen« auslösten –, hatte das Folgen. Meist bestanden sie in einer intensiven Befragung, entweder direkt an der Kontrollstelle oder in einem gesonderten »Befragungsraum«.

Die verschwundenen Pässe unterlagen derweil einer gründlichen Kontrolle durch Fahnder, die ihre verschiedenen Karteien durchsuchten. Dabei ging es nicht nur um »dringend« und »mittelbare« Tatverdächtige, sondern auch um bestimmte Wohnorte und Berufe. Neben dem »Schutz der Republik« stand nämlich stets »Vorwärtsverteidigung« auf dem Programm, und vielleicht fände sich ja an der Grenze dazu ein geeigneter Kandidat. Das alles war mühsam, aber Abhilfe stand in Aussicht. Im Herbst 1989 legte die Stasi einen Plan für die Einführung einer rechnergesteuerten Grenzkontrolle auf der Basis des Personalcomputers EC 1834 auf den Gabentisch der Republik. Kalkuliert wurde mit einem Speichervolumen von vier Megabyte. Zwei Monate nach dem Mauerfall verschwanden die Pläne.

Ging die Jahre zuvor alles problemlos, wurde nach der Rasterfahndung die Erteilung des Visums bestätigt, und die Reisedokumente bekamen ihre Stempel. Der Außenposten der

»Sag mir, wo du stehst …«

Passkontrolle überprüfte noch einmal die Unterlagen, winkte das Auto der Westbesucher heran und reichte sie zurück in den Wagen.

Nun ging es zur Zollkontrolle. Oft mussten alle Insassen aussteigen. Das Öffnen von Kofferraum und Motorhaube gehörte ebenso zur Inspektion wie rollende Spiegel unter dem Auto oder der gelegentliche Ausbau der Rücklehne. Ab Ende der siebziger Jahre kamen in Marienborn, wenig später an allen großen Grenzübergangsstellen, auch Gammastrahlenquellen zum Einsatz, mit denen die Autos samt Insassen insgeheim durchleuchtet wurden. Trugen die bereits gestempelten Papiere konspirative Markierungen, suchten die Zöllner besonders intensiv. Bei handfesten Verdachtsmomenten konnte eine »Tiefenkontrolle« in einer speziellen Garage folgen.

Blieb auch bei der Zollkontrolle alles ohne Beanstandungen – was bei der überwiegenden Mehrzahl der Reisenden der Fall war –, konnte die Fahrt zu den Verwandten oder Freunden fortgesetzt werden. Dort hatten sich die Ankömmlinge innerhalb von 24 Stunden im »Hausbuch« einzutragen und bei der Polizei anzumelden. Dann stand dem Genuss des Sozialismus in der DDR für ein paar Tage nichts weiter im Weg. Sein Gesicht hatte er ja bereits zur Genüge gezeigt, und die Beschreibung der Grenzpassage gehörte meist zu den ersten Gesprächen in der Familie. Heute sind sie auf ein »Weißt du noch, damals …?« geschrumpft.

WAS ERLEBTE FAMILIE KOHL BEI IHREN DDR-REISEN?

Die Sehnsucht, Orte der Kindheit noch einmal zu sehen, treibt viele Menschen in der Mitte ihres Lebens um. So auch Hannelore Kohl. Am 3. Oktober 1976 hatte ihr Mann die Bundestagswahl gegen seinen SPD-Konkurrenten Helmut Schmidt verloren. Das machte am 29. Oktober einen Privatbesuch mit den Söhnen Walter und Peter in Leipzig einfacher.

Geboren wurde Hannelore Kohl am 7. März 1933 als Tochter des Elektroingenieurs Wilhelm Renner und dessen Ehefrau Irene. Er ging noch im selben Jahr als Betriebsdirektor nach Mitteldeutschland, »Püppi« verlebte bis zur Rückkehr nach Mutterstadt bei Ludwigshafen im Juli 1945 einen Großteil ihrer Kindheit in Leipzig. Deshalb wollte sie noch einmal dorthin, doch ihr DDR-Trip endete mit einer riesigen Enttäuschung. Walter Kohl erinnert sich: »Diese Reise war für meine Mutter eine schlimme Erfahrung. In diesen Tagen musste sie schmerzlich feststellen, dass es die Heimat ihrer Kindheit nicht mehr gab und auch nie mehr geben wird.«

Knapp anderthalb Jahre später, am 15. Januar 1978, wollten sich Helmut und Hannelore Kohl noch einmal privat im anderen Teil Deutschlands umsehen, dieses Mal in Ostberlin. Der damalige CDU-Bundesvorsitzende reihte sich unangemeldet am Bahnhof Friedrichstraße mit seiner Nummer 997 in die Warteschlange ein. Er wurde nicht abgefertigt. Nach einiger Zeit erschien ein Offizier der DDR-Grenztruppen und teilte militärisch knapp mit: Ein »Herr Kohl« sei »in der Hauptstadt der DDR unerwünscht«!

Zehn Jahre später lief hingegen alles problemlos, denn Erich Honecker hatte bei seinem Besuch in Bonn einer Privatreise des Kanzlers in die DDR zugestimmt. Das hielten beide Seiten jedoch streng geheim. Am 27. Mai 1988 erschienen zwei dunkle Daimler um 12.30 Uhr am Grenzübergang Herleshausen/Wartha. Die Kontrolle dauerte keine drei Minuten. Dann tauschte einer der Reisenden – der Kanzler wurde von seiner Frau, Sohn Peter, Regierungssprecher Friedhelm Ost, dem Abteilungsleiter »Inland« des Bundespresseamtes, Wolfgang Bergsdorf, und zwei Fahrern begleitet – 1.000 D-Mark 1 zu 1 in Ostmark um.

Die erste Station der Westbesucher war Gotha. Die Stasi versuchte, sich diskret im Hintergrund zu halten. Ziel ihrer dazu laufenden Aktion »Historiker« war es, Kontakte des Bundeskanzlers mit DDR-Bürgern zu verhindern. Das war schwierig, denn niemand wusste im Voraus, was der Regierungschef aus dem Westen in der DDR vorhatte. Eine ganze Schulklasse erkannte spontan den auffälligen, großen Mann, dessen Bild allabendlich auch über die Fernsehbildschirme im Osten flimmerte. Er gab Autogramme und sprach mit Passanten. Die Stasi war sauer, und Erich Honecker sollte am besten nichts davon erfahren. Im offiziellen Reisebericht an ihn hieß es deshalb: »Da die Bürger von Gotha keine Notiz von Kohl nahmen, wurden vom Bundeskanzler DDR-Bürger angesprochen.« Das stimmte zwar so nicht, dennoch durfte solch eine Panne beim nächsten Stopp in Erfurt nicht noch einmal passieren. Gegen 14.30 Uhr standen die beiden Daimler vor dem Dom. Heimlich fotografierte die Stasi die Westbesucher beim Gang über die Krämerbrücke und den Fischmarkt. Alles schien gut zu laufen, bis die Autos um 16.45 Uhr vom Domplatz rollten. Ein Mann lief auf sie zu, Kohl ließ stoppen, und die Panzer-Scheibe fuhr herunter. Der Mann gab ihm einen Brief, dann wurde er verhaftet.

Zu spät, denn der Kirchenangestellte Wolfgang Henschel war sein Anliegen an den Bundeskanzler los: Seit 1983 kämpfte er um seine Ausreise. In dem Brief bat er ihn um Hilfe. Ein paar Monate später durfte Henschel in den Westen.

Am nächsten Tag stand die Klassikerstadt Weimar auf dem Reiseprogramm. Zweihundert getarnte Stasi-Leute erwarteten den Kanzler. Im Ilmpark, wo Goethes Gartenhaus steht, sammelten sich achtzehn Ausreisewillige – sie hofften, dass Kohl hierherkäme. Fünf Stasi-Jogger drehten ihre Runden, um die Familien sofort abzudrängen, falls Helmut Kohl tatsächlich erscheinen würde. Doch der traf erst nachmittags im Interhotel *Elephant* ein.

Bis zum Abendessen spazierten Kohl und seine Familie durch die Stadt: Markt, Herderplatz, Schillerstraße, Theaterplatz, Goetheplatz und Weimarhallenpark. Die Besucher wurden freundlich von den Passanten gegrüßt, ansonsten passierte nichts. Um 22.30 Uhr zog der Tourist Kohl dann noch einmal allein los und suchte Kontakt zu Jugendlichen. Er wollte es in einer Disco versuchen – und landete in einer Bar. Sie war völlig leer, bis auf den Westgast, der freundlich bedient wurde, und seine Stasi-Schatten.

Am 29. Mai 1988 traf Kohls kleine Reisegruppe in Dresden ein. Auch hier war derweil alles vorbereitet: 968 Stasi-Mitarbeiter und 173 Volkspolizisten erwarteten sie, denn wiederum kannte niemand das Privatprogramm des Kanzlers. Überrascht beobachteten die unauffälligen und uniformierten Aufpasser, dass Helmut Kohl statt in die weltberühmte Gemäldegalerie lieber zum Oberligaspiel Dynamo Dresden gegen den FC Carl Zeiss Jena ging. Er kaufte Stehplatz-Karten für 2,50 Mark (Ost). Fußballfans erkannten Kohl. Hans Modrow – damals SED-Bezirkschef von Dresden und ebenfalls im Stadion – tat so, als würde er den Mann aus dem Westen nicht sehen. Dynamo gewann 3:1.

Als der Kanzler abends dann Wagners Tannhäuser in der Semperoper besuchte, war sogar ein kaltes Büfett mit Krimsekt und Häppchen für die »Touristen« vorbereitet. Doch der Westbesuch mischte sich in der Pause lieber unters Publikum. Der damalige Regierungssprecher Friedhelm Ost erinnert sich: »Natürlich bekamen wir wieder Zettel mit Ausreisewünschen zugesteckt.« Der Aufenthalt des Westpolitikers in Dresden hatte sich wie ein Lauffeuer herumgesprochen. Am nächsten Morgen warteten Hunderte Menschen auf Helmut Kohl, der in der Hofkirche den katholischen Gottesdienst besuchte. »Besondere Vorkommnisse« gab es jedoch nicht.

Danach ging es wieder Richtung Heimat. Am 30. Mai um 16.33 Uhr passierten Bundeskanzler Helmut Kohl, seine Familie und seine Begleitung den Grenzübergang Hirschberg/Rudolphstein. 520 der eingewechselten DDR-Mark wurden in Westmark zurück-getauscht – ein Vorzug, den normale Touristen mit 25 Mark Zwangsumtausch pro Tag nicht genossen. Die Erinnerungen an die drei privaten Tage in der DDR blieben für den Bundeskanzler unbezahlbar. Später sagte er: »Es war eine meiner wichtigsten Reisen … Wie erhofft, erfuhren wir während dieser Wochenendreise mehr vom ›real existieren-den‹ sozialistischen Alltag als bei einem offiziellen Besuch.«

Was war der »Mindestumtausch«?

Eine Extrawurst gab es nur für Helmut und Hannelore Kohl. Als der Bundeskanzler und seine Frau am 27. Mai 1988 privat die DDR besuchten, legte deren Führung vorher intern fest: »Die Passkontrolle hat sich auf die Identitätsfeststellung zu beschränken. Der Min-destumtausch von 25 DM pro Tag wird nicht erhoben.« Alle anderen mussten zahlen, denn die DDR wollte an den Besuchern etwas verdienen. Begründet wurde es allerdings damit, dass die Gäste ja auch etwas kaufen oder konsumieren würden. Ab 1. Dezember 1964 ver-langt die DDR deshalb von Besuchern aus der Bundesrepublik den »Mindestumtausch« von zunächst 5 DM pro Besuchstag, Westberliner 3 DM, zum Kurs von 1 zu 1, Rent-ner und Kinder blieben ausgenommen. Das hatte vor allem politische Gründe. Die DDR will sich abgrenzen, Besuchsreisen stören dabei. Im Westen wird die Regelung zwar als »Eintrittsgeld« empfunden, aber sie ärgert nur wenige. Das ändert sich, als die DDR ab 15. November 1973 die Preise erhöht. Nun müssen alle zahlen. Ein Tag Sozialismus in der DDR kostet jetzt 20 Westmark gegen 20 Ostmark, in Ostberlin nur zehn, Kinder und Rentner sind nicht mehr ausgenommen. Das kommt international nicht gut an, denn es ist die Zeit der Verhandlungen um mehr Sicherheit und Zusammenarbeit in Europa, bei der auch die »Reisefreiheit« immer wieder diskutiert wird. Deshalb senkt die DDR den »Mindestumtausch« ab 15. November 1974 auf 13 DM für die DDR und 6,50 DM für Ostberlin. Ab 20. Dezember dürfen Personen unter 16 Jahren und Rentner wieder ohne Umtausch kommen.

Viele Reisende stört das, denn in aller Regel fahren sie ja zu Verwandten im Osten in Vollpension mit Übernachtung. Auch für manch Besuchte ist das offizielle Abkassieren frustrierend, weil es oft die milde Gabe schmälert, die ansonsten für den Intershop abfällt. Und ausgeben können die Westler das Ostgeld auch nicht so ohne weiteres, denn es gibt nicht viel, was sie in der DDR zum Einkauf reizt und dessen Ausfuhr dann auch noch erlaubt ist. Zurücktauschen darf man das Geld nicht, es kann aber auf einem DDR-Konto deponiert und beim nächsten Besuch wiederverwendet werden.

Im Osten hat man längst erkannt, welch sprudelnde Einnahmequelle sich plötzlich aufgetan hat. Deshalb langt die DDR ab dem 13. Oktober 1980 richtig zu; 25 DM für alle, egal ob für Reisen nach Ostberlin oder ins Land. Nur Jugendliche unter 16 sind auf 6,50 DM begrenzt, Kinder unter sechs Jahren frei. Das ist ein Paukenschlag. Die Besucherzahlen brechen ein, zeitweise halbieren sie sich. Besonders ärgerlich für die Bonner Regierung ist es, dass sie von ihrem Bundesnachrichtendienst trotz dessen Jahresetat von 800 Millionen Mark keinen Tipp vorab bekommen hat. Es gab ihn, aber er kam vom SPD-Politiker Herbert Wehner, dem Erich Honecker unter der Hand eine Andeutung gemacht hatte. Wehner hatte offenbar Verständnis für das Anliegen des einstigen Genossen.

Dennoch wird am Rhein versucht, der DDR die Daumenschrauben anzusetzen. Egon Franke (SPD), damals Minister für innerdeutsche Beziehungen, verkündet per Interview: »Das Ende der Fahnenstange« sei erreicht und wenn Ostberlin nicht bis zum 30. Juni den »Zwangsumtausch« neu regele, »dann muss die DDR sehen, dass sie mit weniger zinslosen Krediten auskommt.« Der Ständige Vertreter der BRD in der DDR, Klaus Bölling, sieht das gelassener. Er spricht zwar von der »von uns unverändert für zwingend notwendig gehaltenen substantiellen Korrektur des Mindestumtausches«, hält aber solch Getöse für falsch: »Diese Politik der Ultimaten führt vielleicht zur Genugtuung für Parlamentsreden da und dort, aber wer es ernst meint mit den menschlichen Erleichterungen, kann sich davon überhaupt keinen Gewinn erhoffen.«

Die DDR fühlt sich derweil im Recht. Sie argumentiert, dass die Kaufkraft der D-Mark »im Verlaufe von zwölf Jahren auf rund 54 Prozent gesunken« sei, in der DDR hingegen »die Preise stabil geblieben« seien. So profitierten die West-Besucher von den »steigenden Mitteln aus gesellschaftlichen Fonds«. Immerhin könnten sie für 25 Mark am Tag acht Bockwürste und 182 Brötchen dazu essen, das Ganze mit zehn Flaschen Hell-Bier herunterspülen, fünf Tassen »Kaffee komplett« zwischendurch trinken und für die restlichen 20 Pfennig kreuz und quer durch die Stadt fahren.

Einer solchen Rechnung will im Westen zwar niemand folgen, aber für eine Weile scheint die DDR am längeren Hebel zu sitzen. Das ändert sich erst, als sich die Chance auftut, mit der Wurst nach dem Schinken zu werfen. Erzfeind Franz Josef Strauß fädelt 1983 den ersten Milliarden-Kredit für die DDR ein, aber dafür will er eine Gegenleistung. Die Selbstschussanlagen an der Grenze verschwanden, die Familienzusammenführung wurde erleichtert und ab dem 15. September 1983 durften Jugendliche nun wieder ohne Eintrittsgeld kommen. Die Zahl der Reisen stieg sprunghaft an, weil auch der Satz für Rentner ab 1. August 1984 auf 15 Mark pro Tag gesenkt wurde.

Alles endet faktisch mit dem Fall der Mauer am 9. November 1989. Nun muss die Einreise nicht mehr von der DDR »gewährt« werden, abkassiert wird offiziell allerdings noch bis zum 24. Dezember 1989. Inzwischen sind nicht nur Reisen innerhalb Deutschlands, sondern in alle Welt Alltag. Für 25 DM, jetzt etwa 12,50 Euro bekommt man jedoch nur noch ein eher bescheidenes Mittagessen. In Ost und West.

Was war Begrüssungsgeld?

Es gab ein paar Leute, denen war es ganz einfach peinlich, sich für das Geschenk von hundert Westmark stundenlang anzustellen. Andere kassierten doppelt, denn in der Hektik nach der Grenzöffnung am 9. November 1989 genügte ein Stempel in den DDR-Ausweis oder Pass, Kontrollen gab es nicht. Die meisten nahmen den Hunderter jedoch dankbar an. Ihr Staat, die DDR, ließ sie nun zwar über die Grenze, aber in der Fremde war das in der Heimat mit harter Arbeit verdiente Geld kaum etwas wert. Der inoffizielle Umtauschkurs stieg schnell auf mehr als 1 zu 10 von West- zu Ostmark und erreichte in der Spitze 1 zu 20. Deshalb hatte die milde Gabe der Brüder und Schwestern im Westen etwas von Goldstaub. Ein paar Bananen? Gut, gibt es bei uns so selten. Ein Eis? Muss nicht sein, haben wir auch zu Hause. Endlich den ersehnten Walkman? Wird gemacht, aber dann gibt es eben nichts anderes mehr, wer weiß, wann wir mal wieder Westgeld kriegen! Dass das letztlich nicht mehr lange dauern würde, ahnte damals niemand. Noch war es ja nur ein Besuch im anderen Teil Deutschlands.

Der war nach dem Mauerbau 1961 zunächst einmal nahezu unmöglich. Das änderte sich mit den Verhandlungen um die Ost-Verträge der Bundesrepublik. Sie erkannten die nach dem Zweiten Weltkrieg entstandenen Grenzen – mit Ausnahme der Oder-Neiße-Grenze – an. Am 12. August 1970 wurde der Moskauer Vertrag, am 7. Dezember der Vertrag mit Polen und am 3. September 1971 das Viermächteabkommen über Berlin unterzeichnet. Um all diese Verhandlungen zu befördern, durften ab 1969 DDR-Rentner und deutschstämmige Polen in den Westen reisen. Für beide führte die Bundesrepublik als Hilfsleistung die Zahlung von 30 DM Begrüßungsgeld ein, denn weder Ostmark noch polnische Złoty waren dort etwas wert. Es konnte zweimal im Jahr in Anspruch genommen werden. Die DDR-Reisenden durften anfangs zu Hause bis zu 70 DDR-Mark 1 zu 1 in DM tauschen.

Bis etwa 1984 kamen jährlich 40 000 bis 60 000 Besucher aus der DDR in den Westen. Ab 1985 stieg deren Zahl sprunghaft an, weil nun auch »Reisen in dringenden Familienangelegenheiten« von den DDR-Behörden »gewährt« wurden. So reisten 1987 bereits 1,3 Millionen Ostdeutsche, die nun jedoch nur noch 15 DDR-Mark als »Zehrgeld« zum Kurs von 1 zu 1 in DM wechseln durften, in die Bundesrepublik. Darauf reagierte Bonn mit der großzügigen Geste des reichen Onkels und beschloss am 26. August 1987 die Erhöhung des Begrüßungsgelds auf 100 DM pro Person, das einmal im Jahr abgeholt werden konnte. Im Jahr 1988 kostete das insgesamt rund 260 Millionen DM. Für 1989 wurde die gleiche Summe eingeplant.

Bereits in den ersten drei Tagen nach dem Fall der Mauer hatten jedoch mehr als drei Millionen DDR-Bürger den Westen besucht, bis zum 20. November 1989 wurden es geschätzte elf Millionen. An manchen Auszahlungsstellen des Begrüßungsgelds, wie zum Beispiel in Westberlin rund um die Gedächtniskirche, standen Tausende Menschen an. Polizei, Feuerwehr und Rettungsdienste mussten den Ansturm unter Kontrolle halten. Einige Länder und Kommunen, wie etwa Bayern, zahlten aus eigenen Mitteln 40 DM zusätzlich oder gaben anderweitige Zuschläge. War das Geld früher nur bei den Gemeinde- und Stadtverwaltungen abzuholen, gab es jetzt den begehrten »Blauen« auch bei Banken und Sparkassen.

All das musste schnell und unbürokratisch vonstattengehen, niemand konnte den Geldfluss kontrollieren. Weil nun plötzlich alle reisen konnten, änderte sich auch das ursprüngliche Anliegen der Bundesregierung, mit dem Begrüßungsgeld eine Unterstützung für den Aufenthalt im Westen zu leisten und ihn so indirekt letztlich der eigenen Wirtschaft zugutekommen zu lassen. Bundeskanzler Helmut Kohl klagte in einem Gespräch mit dem US-Präsidenten George Bush senior am 3. Dezember 1989 in Brüssel: »Eine vordringliche Frage ist die Ersetzung des Begrüßungsgeldes. Die Zahlungen an die DDR-Bewohner, die in die Bundesrepublik zu Besuch kommen, belaufen sich jetzt bereits auf circa 1,8 Milliarden DM. So kann es nicht weitergehen. Das Begrüßungsgeld ist zu einem Zeitpunkt eingeführt worden, als nur Rentner in die Bundesrepublik reisen durften. Wenn jetzt zum Beispiel ein Ehepaar mit drei Kindern in den Westen reist, erhält es 500 DM Begrüßungsgeld. Wenn es für 200 DM Ware bei uns kauft und 300 DM zum Kurs von 1:20 wieder in Mark der DDR umtauscht, bringt es von dieser Reise noch praktisch 6 Durchschnittsgehälter mit zurück ...« Das sollte nicht sein. Kohl zu Bush senior: »Am 31. Dezember 1989 wird die Zahlung des Begrüßungsgeldes eingestellt.«

Dass die hier vom Bundeskanzler genannte Zahl von 1,8 Milliarden DM nur eine grobe und ungefähre Schätzung sein konnte, belegt ein Gespräch des damaligen Kanzleramtsministers Rudolf Seiters mit dem DDR-Kurzzeit-Staatsratsvorsitzenden Egon Krenz am 20. November 1989. Der CDU-Politiker sprach damals von insgesamt etwa 1,6 Milliarden DM, die für Begrüßungsgeld aufgewendet würden. Das war weniger, als Kohl bereits für die ersten drei Wochen angab. Später hieß es, dass zwischen dem 9. November und dem 29. Dezember 1989 drei bis vier Milliarden DM ausgezahlt wurden. Eine genaue Übersicht gibt es nicht. Die Vermutung einer kräftigen Übertreibung liegt nahe.

Angesichts einer Bevölkerungszahl der DDR von knapp 17 Millionen Menschen scheint der Planansatz der Bundesregierung von rund 1,4 Milliarden DM als Begrüßungsgeld für das Jahr 1990 realistischer. Dieses Geld wurde jedoch nicht mehr als Geschenk überreicht, sondern floss in einen zwischen der DDR und der Bundesrepublik vereinbarten Devisenfonds, der ab dem 1. Januar 1990 existierte und in den beide Staaten einzahlten. Er sollte DDR-Bürgern die Finanzierung ihrer Westreisen ermöglichen. Dazu konnte jeder 100 DDR-Mark 1 zu 1 und weitere 100 DDR-Mark im Verhältnis 1 zu 5 in DM umtauschen.

Dass das Jonglieren mit dem knappen Westgeld nur noch ein halbes Jahr dauern würde, sollte möglichst geheim bleiben. Am 2. Februar 1990 dementierte die DDR-Staatsbank Gerüchte über eine angeblich bevorstehende Währungsunion. Fünf Tage später fasste das Bundeskabinett in Bonn den Beschluss darüber.

Warum wollten manche rückwärts in den Intershop?

Ostberlin 1977: Intershop im Luxushotel *Metropol*

Weil sie es satt hatten, ständig vorwärts zum nächsten Parteitag zu marschieren – so ein gängiges DDR-Bonmot der achtziger Jahre. Ein weiteres erklärt, weshalb das so war: Im Intershop sollen künftig Rednerpulte aufgestellt werde. Für 20 Westmark kann man sich dort hinstellen und zehn Minuten lang seine Meinung sagen.

Intershop ist heute nichts anderes mehr als der Name einer abgestürzten Aktie aus der IT-Branche. Früher war es so etwas wie eine politische Bankrotterklärung der DDR: Ein Laden, in dem es vom Kaugummi bis zum Auto alles gab – nur leider gegen harte D-Mark aus dem Westen. Deshalb erhitzten Intershops bis zum Ende die DDR die Gemüter ihrer Untertanen.

Die staatliche Handelsorganisation Intershop wurde am 14. Dezember 1962 gegründet. Ziel war es zunächst, die über den Touristenverkehr in die DDR gekommenen Devisen »abzuschöpfen«. Der erste mobile Laden entstand auf dem nur für Westbürger zugänglichen S-Bahnsteig des Berliner Bahnhofs Friedrichstraße, in der Regie der Mitropa geführt. Das Geschäft boomte, besonders die billigen Zigaretten waren von Westberlinern gefragt. Bereits 1962 machen die Intershops eine Million DM Umsatz. Nun wuchsen das Sortiment und das Netz der Läden. 1974 gab es bereits 271 Intershops, Ende der achtziger Jahre waren es 380 Filialen. Längst durften auch DDR-Bürger dort einkaufen. Da aber nicht alle spendable Verwandte im Westen hatten, entwickelte sich in der DDR ein Schwarzmarkt für DM zum Kurs von 1 zu 5 bis 1 zu 6.

Nachdem der DDR-Ministerrat per 1. Februar 1974 für DDR-Bürger das Verbot, überhaupt Westgeld zu besitzen, aufhob, eskalierte der Unmut. Wer kein Westgeld besaß und auch keine Möglichkeit hatte, sich etwas zu beschaffen, fühlte sich in der DDR oftmals als Bürger zweiter Klasse. Ein kleiner Schwarzmarkt für manche Waren, die es sonst absolut nicht gab, entstand. Es musste etwas geschehen.

Entlastung sucht die SED-Führung durch die seit 1962 erfolgte Einrichtung von Exquisit-Läden für Kleidung, Schuhe und Kosmetika und ab 1976 der Delikat-Geschäfte für Lebensmittel und Feinkost. Im Laufe der Jahre entstehen rund 900 solcher Einrichtungen im ganzen Land, doch der Frust bleibt. Bei Westwaren ist in der Regel der fünffache Preis im DM-Vergleich zu zahlen, DDR-Waren werden oft so unverschämt »veredelt«, dass sie das Budget der Werktätigen sprengen.

Beim Erlangen von ein wenig Luxus spaltet sich die DDR-Gesellschaft in zwei Gruppen: die eine mit und die andere ohne Westgeld. Das kann die Führung dann nur noch verwalten, ihr geht es derweil längst darum, möglichst schnell an die Devisen zu kommen. Diesem Ziel dient 1979 die Einführung der Forumschecks. Sie galten nicht als »gesetzliches Zahlungsmittel« und konnten nur im Intershop eingelöst werden. Ähnliche Schecks gab es unter anderem auch in Polen und Ungarn. Bei Zahlung mit »richtigem« Geld musste der Reisepass vorgelegt werden, ab Mitte der achtziger Jahre nahm diese Bestimmung jedoch niemand mehr so genau. Die Schecks wurden von der Forum Außenhandelsgesellschaft m. b. H. ausgestellt. Die Firma mit rund 900 Mitarbeitern gehört im Ministerium für Außenhandel zum »Bereich Kommerzielle Koordinierung«, der von Staatssekretär Alexander Schalck-Golodkowski geleitet wird. Die Forumschecks gibt es in der Stückelung von 0,50, 1, 5, 10, 50, 100 und 500 Mark. Bei Zahlungen von weniger als 50

Pfennigen im Intershop wurde statt Wechselgeld in Naturalien »herausgegeben«. Das geschah meist mit kleinen Milka-Schokoladentäfelchen oder Kaugummi. Intershop-Mitarbeiter bekamen im Monat zwischen 10 und 30 DM in harter Währung, um nicht zu viel Unzufriedenheit aufkommen zu lassen.

Das Angebot der Intershops weitete sich stetig aus. Das Preisniveau lag meist unter dem in der Bundesrepublik, um so auch Westbesucher von Mitbringseln abzuhalten und zum Einkauf in der DDR zu animieren. Dort gerieten die Forumschecks bald zu einer zweiten Währung. Sie wurde zwangsläufig dann genutzt, wenn es um das Erlangen rarer Handwerkerdienstleistungen ging. Der Volksmund spottete: Frage an den Handwerker: »Hätten Sie vielleicht mal Zeit für mich …? Antwort: »Weshalb, Forum geht es denn …?«

Die Einführung der Forumschecks hatte vor allem einen politischen Hintergrund. Erich Honecker wollte damit die Sowjets beruhigen. KPdSU-Chef Leonid Breschnew machte sich Sorgen, weil über die Geldgeschenke aus dem Westen die Bande zwischen den beiden deutschen Staaten stärker, statt schwächer wurden. Das widersprach dem Bestreben, die DDR als sozialistischen Frontstaat zu stärken. Doch die devisenschwache DDR kann es sich trotz politischer Bedenken nicht leisten, auf den Intershop als wichtige Einnahmequelle für harte Westmark zu verzichten. Betrug der Umsatz 1971 noch 92 Millionen DM, kletterte er bis 1988 auf mehr als das Zehnfache – 1,1 Milliarden Mark pro Jahr!

WARUM VERSCHAFFTE EIN »KRIEGSTREIBER« DER DDR KREDITE?

Der Glaube, ausgerechnet der »Kriegstreiber und eingefleischte Militarist« Franz Josef Strauß habe mit der Vermittlung eines ersten Milliardenkredits 1983 an die DDR deren Leben um ein paar Jahre verlängert, gehört heute zu den Legenden um deren Ende. Denn auch damals galt, dass an Krediten die Geldgeber verdienten – der Flicken musste schon immer größer als das Loch sein. Indes fast vergessen scheint, dass es Anfang der achtziger Jahre weder um unerwartete Freundschaft noch um großherzige Geschenke, sondern mehr um Politik als um Bares ging.

Nach der Bundestagswahl am 6. März 1983 wurde in Bonn über die künftige politische Linie gegenüber der DDR gestritten. Der neue Bundeskanzler Helmut Kohl von der CDU sah Differenzen zu seiner mitregierenden »Schwesterpartei« Christlich Soziale Union (CSU). Gegen den Willen des bayrischen CSU-Ministerpräsidenten Franz Josef Strauß erwog er, die von seinem SPD-Vorgänger Helmut Schmidt »geerbte« Einladung des DDR-Staatschefs zu realisieren. Er versprach sich davon »deutsch-deutsche« Vereinbarungen, die ihm innenpolitisch nützen würden. Strauß sah seine Einflussmöglichkeiten schwinden. Er erinnerte sich: »Dann gab es einen wütenden Streit, der erst spät in der Nacht endete. Diese Nacht war die geistige Geburtsstunde des Milliardenkredits.«

Die Differenzen zwischen Kohl und Strauß blieben auch im Osten nicht unbemerkt. Ein diskreter Kontakt wurde gesucht. Deshalb übermittelte der bayerische Fleisch-Großunternehmer Josef März Ende April 1983 an den bayerischen Ministerpräsidenten den Vorschlag Erich Honeckers, einen Mittelsmann zu treffen. Der hieß Alexander Schalck-Golodkowski. Die Männer begegneten sich erstmals am 5. Mai 1983 im Gästehaus von Josef März auf Gut Spöck bei Rosenheim in Bayern. Es ging geschäftsmäßig zu: Strauß verlangte eine Entspannung bei der Grenzabfertigung, denn er wollte öffentlich »seine« Erfolge zeigen können. Schalck sagte eine sofortige Änderung zu. Bereits nach vierzehn Tagen war der Ton an der deutsch-deutschen Grenze spürbar freundlicher geworden. Die DDR hatte sich als verlässlicher Partner präsentiert.

Bei einem nun folgenden Gespräch las der DDR-Abgesandte dem bayerischen Politiker einen elfseitigen Brief Erich Honeckers vor, in dem unter anderem das Interesse an einem Kredit geäußert wurde. Dafür bot die DDR die Beseitigung der Selbstschussanlagen und Verbesserungen bei Familienzusammenführung und Reiseverkehr an. An Strauß übergeben wurde das geheime Schreiben nicht.

Doch der sah seine exklusive Chance, sich gegenüber Kohl als Deutschlandpolitiker zu profilieren. Das Problem dabei: »Für mich war von Anfang an völlig klar, dass ein staatlicher oder quasistaatlicher Kredit an die DDR nicht in Frage kam.« Das hätte der Bonner Ostpolitik widersprochen. Deshalb sprang auf seine Initiative die Bayerische Landesbank ein. Doch sie wollte Sicherheiten, und die DDR bot an, für einen Kredit ihre Ansprüche aus der Berlin-Pauschale für fünf Jahre zu verpfänden.

Wie das politisch zu bewerkstelligen wäre, fädelte Strauß ein. Er diktierte Schalck in Stichworten einen dazu zu schreibenden Brief des DDR-Finanzministers an den Bundesfinanzminister, der dann auch so in Ostberlin abgefasst wurde. Strauß: »Die Bundesregierung brauchte weder eine Bürgschaft zu geben noch eine Haftung zu übernehmen. Sie brauchte nur zu erklären, dass sie mit dem Modus einverstanden sei, im Falle einer Zahlungsverzögerung durch die DDR die fälligen Beträge aus der Berlin-Pauschale abzuzweigen und an die federführende Bayerische Landesbank und die anderen Konsortialbanken zu überweisen.«

Damit war der Weg zum ersten Milliardenkredit frei. Die DDR zahlte pünktlich zurück, denn auch ihr ging es mehr um Politik als um schnelles Geld. Dank des Kredits aus Bayern konnte sie international das Image eines solventen Schuldners aufrechterhalten. Dem diente ebenfalls die Aufnahme weiterer Verbindlichkeiten, über die weit weniger als über den »sensationellen« Strauß-Kredit gesprochen wurde. Der bayerische Ministerpräsident dazu: »Während der berühmte Milliardenkredit ... ungeheures Aufsehen erregte, redete niemand von einem Drei-Milliarden-Folgekredit ein Jahr später, von dem die DDR freilich nur die erste Rate abgerufen hat.« Während sich die Politiker im Westen noch stritten – Strauß: »Der eine hat gesagt, Strauß ist ein Verräter geworden, die anderen unkten, ich sei wahrscheinlich bestochen worden ...« –, war es der DDR gelungen, sich finanziell wieder Luft zu verschaffen. Nun standen westliche Banken Schlange, um ihr Kredite anzudienen.

Wie prekär die wirtschaftliche Lage damals im Osten tatsächlich war, offenbarte erst 1999 die Analyse der Deutschen Bundesbank »Die Zahlungsbilanz der ehemaligen DDR 1975 bis 1989«. Dort hieß es: »Die Liquiditätskrise des Jahres 1982 hatte gezeigt, dass die DDR in diesem Bereich verwundbar war. Die Schockwirkung dieses Ereignisses veranlasste die Verantwortlichen zu einer drastischen Änderung der Verschuldungspolitik.« Das hatte zunächst Erfolg, denn dadurch sei es »der DDR nach dem Beginn der achtziger Jahre relativ schnell gelungen ..., ein respektables Liquiditätspolster aufzubauen.« Der technologische Rückstand erforderte aber ein weiteres Wirtschaften auf Pump. Die Bundesbank dazu: »Ende 1981 betrugen die Forderungen ... noch 3,2 Milliarden VM (›Valuta-Mark‹, K. B.), bis Ende 1985 waren sie auf 30,2 Milliarden angewachsen.«

Angesichts heutiger Schuldenberge – per 31. Dezember 2016 betrug die Staatsverschuldung Deutschlands 2.005,6 Milliarden Euro – erscheint die Summe gering. Ihre politische Brisanz resultierte jedoch aus den strukturellen Defiziten der sozialistischen Planwirtschaft und endete mit dem Zusammenbruch der DDR.

Im Rahmen seiner Reise in die BRD traf Erich Honecker am 11. September 1987 den bayerischen Ministerpräsidenten Franz Josef Strauß in München.

WIE VIEL ZAHLTE DER WESTEN AN DIE DDR?

Dass Geld nicht stinkt, wusste der römische Kaiser Vespasian schon vor zweitausend Jahren. Dass sich die Bundesrepublik ihren Außenposten Westberlin etwas kosten lassen würde, begriff die DDR spätestens, nachdem die Visagebühren im Westen vom Staat übernommen wurden. Jeder Berlin-Reisende konnte sich das an der Grenze gezahlte Geld bei der Post wieder abholen.

Mit der Normalisierung der deutsch-deutschen Beziehungen ab 1972 wurden Wege gesucht, die Verrechnung gegenseitiger Leistungen zu vereinfachen. Einer davon war der Abschluss des Transitabkommens. Sein Artikel 18, vorab ab dem 1. Januar 1972 gültig, legte die Zahlung einer Pauschale der Bundesrepublik an die DDR fest. Sie betraf »Abgaben, Gebühren und andere Kosten ... einschließlich der Instandhaltung der entsprechenden Wege, Einrichtungen und Anlagen, die für diesen Verkehr genutzt werden«. Ihre Höhe setzte sich aus Straßenbenutzungs- und Visagebühren, Steuerausgleichspauschale und dem Ausgleich der finanziellen Nachteile der DDR durch Wegfall der Lizenzen im Autobus- und Binnenschiffsverkehr zusammen. Für die Jahre 1972 bis 1975 wurde sie auf jährlich 234,9 Millionen DM festgelegt. Wegen des erhöhten Verkehrsaufkommens stieg sie bis 1979 auf 400 Millionen DM, danach bis zum DDR-Ende auf 525 Millionen DM pro Jahr. Insgesamt kassierte die DDR für den Transit rund 7,7 Milliarden DM als frei verfügbare Devisen.

Ein weiterer bedeutsamer Posten war die Postpauschale, die allerdings im innerdeutschen Zahlungsverkehr verrechnet wurde. Sie entstand, weil die DDR-Post weit höhere Leistungen als die Bundespost zu erbringen hatte, da im Westen dreimal so viele Menschen wie im Osten lebten. Ab 1966 verlangte die DDR dafür eine Aufwandsentschädigung in Milliardenhöhe als Ausgleich, die die seit 1948 aufgelaufenen Kosten abdecken sollte. Erst nach langwierigen Verhandlungen erklärte sich Bonn 1969 bereit, rückwirkend seit 1967 jährlich 30 Millionen DM zu überweisen. Ab 1983 bis zum Mauerfall betrug die Pauschale dann 200 Millionen Mark pro Jahr.

Eine dritte Einnahme bestand im Ausbau der Verkehrswege nach Berlin. Hier verfügte die DDR durch ihr geringes Interesse an eigenen Investitionen über einen Hebel, um immer wieder neue Rechnungen aufzumachen. Erstmals 1976 zahlte die Bundesrepublik 46 Millionen DM für den Straßenbau. Den höchsten Investitionszuschuss gab es 1979 mit 566 Millionen Mark, in den achtziger Jahren pendelte er sich auf etwa 400 Millionen DM im Jahr ein. Die größten Einzelposten waren zum Beispiel der Bau der Autobahn nach Hamburg inklusive der Grenzübergangsstellen Zarrentin und Stolpe Süd für 1,2 Milliarden DM, die Grunderneuerung und der Ausbau der Autobahn von Drewitz bis Marienborn für 259,5 Millionen DM und jener zwischen Eisenach West und der Grenze einschließlich der neuen Werratalbrücke für 208 Millionen DM. Gezahlt wurden aber auch 150 Millionen DM für den Mittellandkanal, 120 Millionen DM für Schäden an den Wasserstraßen und 70 Millionen DM für die Öffnung des Teltow-Kanals. Bei der Eisenbahn schlugen unter anderem 80 Millionen DM beim zweigleisigen Ausbau der Strecke Potsdam–Werder und 51 Millionen DM für die Öffnung des Eisenbahnübergangs Staaken zu Buche.

All das war ein gutes Geschäft für den Osten, denn neben dem Geld kamen auch moderne Baumaschinen und das damit verbundene Know-how ins Land, das nach den vereinbarten Projekten weiter genutzt werden konnte. Dennoch war es für die DDR immer besonders wichtig, Bares in die Hand zu bekommen. Im innerdeutschen Handel wurden aufgrund der entsprechenden Regelungen Lieferungen und Bezüge gegenseitig aufgerechnet. Der Grund dafür war das seit der Währungsreform 1948 geltende Militärregierungsgesetz Nummer 53 der Alliierten, das den Geldverkehr in bar zwischen Ost und West untersagte und der Kontrolle des Güterverkehrs diente. Es erlaubte lediglich eine Verrechnung. Im Westen besorgte sie die Deutsche Bundesbank, im Osten die Notenbank der DDR. Deshalb ersetzten die Salden faktisch das Bargeld.

Für die DDR günstiger sah es aus, wenn sich einseitige oder gegenseitige Interessenlagen nutzen ließen. So kassierte Ostberlin außerhalb des kommerziellen Warenverkehrs erhebliche Summen in frei verfügbaren Devisen. Zu diesem »nicht kommerziellen Zahlungsverkehr« gehörten – am Beispiel des Jahres 1977 dargestellt – allein für die Abnahme von Müll aus Westberlin knapp 70 Millionen DM, bis zu 200 Millionen DM brachte der Zwangsumtausch für West-Reisende in die DDR, 430 Millionen DM Reingewinn flossen aus den Intershops, 50 Millionen DM über Genex und etwa 130 Millionen DM spülten die Häftlingsverkäufe und die Familienzusammenführung in die ostdeutschen Kassen. Der Vorteil, den die DDR durch all diese Zahlungen im Gegensatz zu den anderen »sozialistischen Bruderstaaten« genoss, war, dass sie verlässlich kamen und mit viel Eigenleistung außerhalb des sonst üblichen Außenhandels abgegolten werden konnte. Für den Westen waren sie stets auch ein Mittel, politisch Einfluss zu nehmen oder dies zumindest zu versuchen.

Daraus ergab sich insgesamt eine fatale Wirkung, denn je mehr die DDR kassierte, umso größer wurde ihre Abhängigkeit vom Westen. Am Ende erinnerte alles an ein jüdisches Sprichwort: »Lieber einen Kramladen mit eigenem Geld führen als einen großen mit fremdem.«

Wer verdiente an DDR-Gastarbeitern?

Ihr Leben lang beschäftigten sich Karl Marx und Friedrich Engels damit, den Charakter der Arbeit und der Arbeitskraft als Ware zu erkennen und zu analysieren. In seinen Theorien über den Mehrwert stellte Marx dann fest: »Was auf den Markt gebracht wird, ist in der Tat nicht Arbeit, sondern der Arbeiter. Was er dem Kapitalisten verkauft, ist nicht seine Arbeit, sondern der zeitweilige Gebrauch seiner selbst als Arbeitskraft.« Dass damit ein einträgliches Geschäft zu machen sei, erkannten auch die Außenhändler der DDR. Ab Anfang der achtziger Jahre schickten sie Bauleute als Gastarbeiter in den Westen.

»Wetten, dass wir Ihnen morgen Eigentumswohnungen zu Preisen anbieten werden, die Sie in Tübingen nicht für möglich gehalten hätten?«, warb 1983 die SÜBA aus Korntal bei Stuttgart für ihr Objekt im Ursrainer Eggert, einem Neubauviertel im Norden der Universitätsstadt. SÜBA-Subunternehmer Apeg aus Offenbach hatte über die DDR-Außenhandelsfirma Limex ein gutes Dutzend Leute angeheuert. Die Qualität ihrer Arbeit stand außer Zweifel, und eine Arbeitserlaubnis wie für Fachkräfte aus Nicht-EG-Ländern war nicht nötig, weil alles als »innerdeutscher Handel« lief. Insgesamt jobbten damals bereits rund 400 DDR-Facharbeiter im Westen. Es begann mit Baustellen, von denen abends der Bus in die DDR zur Übernachtung zurückkehren konnte. DDR-Handwerker bauten so unter anderem im Grenzgebiet in Friedewald eine Fabrikhalle und renovierten Apartmenthäuser in Tempelhof in Westberlin.

Entscheidend für diese Geschäfte war das Geld. Für einen Westmaurer zahlte sein Bauunternehmer Anfang der achtziger Jahre mit Steuern und Sozialabgaben gut 30 Mark die Stunde. Oft fielen zusätzlich 38 Mark Tagesspesen an. Die Ostkollegen machten es für 5 Mark Stundenlohn plus 25 Mark pro Tag Auslöse und kosteten keine Sozialversicherungsbeiträge.

Fünf Jahre später war der Lohn zwar gestiegen, aber nur ein kleiner Teil in harter Währung kam auch in den Lohntüten der Gastarbeiter Ost an. Abgerechnet wurde von den West-Bauunternehmern über die entsendenden Firmen in der Heimat. Trotzdem war es ein lukrativer Job, denn wer verdiente in der DDR neben seinem Gehalt noch ein paar harte Devisen? Das große Geschäft machte die DDR-Außenhandelsfirma Limex.

Sie strich für jede Arbeitsstunde 40 DM ein und machte so pro DDR-Malocher 300 DM Reingewinn pro Tag. Das lohnte sich. Ende der achtziger Jahre erbrachten Baufirmen aus der DDR in der Bundesrepublik und Westberlin Bauleistungen im Wert von 26 Millionen DM. Nach Schätzungen der Gewerkschaft IG Bau waren rund 2000 DDR-Fachkräfte auf etwa 30 Baustellen tätig. Die Gewerkschafter beobachteten die Ost-Konkurrenz argwöhnisch und befürchteten Lohndumping. Das stritten Westfirmen, wie zum Beispiel das Bauunternehmen Müller-Altvater, das als Generalauftragnehmer für das am 31. August 1988 vereinbarte Projekt »Treffpunkt Rotebühlplatz« in Stuttgart fungierte, stets ab. Zu Recht, denn die Partner im Westen zahlten an Limex »marktübliche Preise«. In den geplanten vierzehn Monaten Bauzeit an dem Freizeitcenter sollten die 87 Fachkräfte aus dem Osten rund 3,5 Millionen DM für die DDR-Devisenkasse erwirtschaften.

Für die Arbeitsbedingungen der Gastarbeiter aus dem Osten waren die Westfirmen nicht zuständig. Die Leute vom BMK Chemie Halle und VEB Industriebau Bernburg mussten sich da nach ihrer »Baustellenordnung« vom 30. September 1988 richten. Punkt 3.6 sagte zum Beispiel: »Die Aufnahme von Kontakten zu Personen, die nicht zum Baustellenkollektiv gehören bzw. nicht mit der Erfüllung der Dienstaufgaben in Verbindung stehen, ist allen auf der Baustelle tätigen DDR-Bürgern untersagt.« Oder im Punkt 3.4: »Das Führen von privaten Telefongesprächen von der Baustelle in die DDR ist durch den Baustellenleiter bzw. seinen Vertreter zu genehmigen.« Natürlich waren auch Alkohol, die »Annahme von Geschenken«, das Einrichten »persönlicher Konten«, der Empfang von Besuchern in der Unterkunft, der Ausgang nach 23 Uhr oder »Tausch- und Kaufhandlungen« und vieles anderes verboten.

Um das alles »abzusichern«, durften nicht nur ohnehin »bewährte Kader« nach Stuttgart auf den Bau, sie wurden auch noch von den eigenen Kollegen überwacht. Unter den dort tätigen 87 Leuten hielten 10 Inoffizielle Mitarbeiter der Stasi Augen und Ohren offen. Oberstleutnant Wolfgang Schörnig von der Hauptabteilung XVIII, »Sicherung der Volkswirtschaft«, hatte den Westeinsatz generalstabsmäßig wie die Entsendung einer Truppe hinter die feindlichen Linien vorbereitet. IM »Franz Heise« – ein Mann aus der Leitung – wachte unermüdlich über die Verlässlichkeit seiner Leute, der Zimmermann und IM »Sonny« beobachtete, ob jemand im Wohnheim gegen das Alkoholverbot verstieß oder Besuch vom Klassenfeind empfing, und IM »Heggi« überprüfte die Eintragungen im Abwesenheitsbuch, die Nutzung der Fahrzeuge und Telefone.

So zog die DDR aus ihrer »wissenschaftlichen Weltanschauung« am Ende sogar noch etwas Profit. Vergessen hatte sie aber wohl, was Karl Marx im Kapital feststellte: »Was dem Geldbesitzer auf dem Warenmarkt direkt gegenüber tritt, ist in der Tat nicht die Arbeit, sondern der Arbeiter. Was Letzterer verkauft, ist seine Arbeitskraft. Sobald seine Arbeit wirklich beginnt, hat sie bereits aufgehört, ihm zu gehören, kann also nicht mehr von ihm verkauft werden.« Das wollten die Arbeiter 1989 dann doch lieber direkt und auf eigene Rechnung tun.

WOLLTE HONECKER DIE MAUER NOCH HUNDERT JAHRE STEHEN LASSEN?

Am 19. Januar 1989 hielt der SED-Chef eine Rede, um Reformator Martin Luther zu würdigen. Fast nebenbei kündigte er dabei an: »Die Mauer wird in 50 und auch in 100 Jahren noch bestehen bleiben, wenn die dazu vorhandenen Gründe nicht beseitigt werden.« Er benutzte sogar das Wort »Mauer« und verzichtete auf den sonst üblichen »antifaschistischen Schutzwall«. Meinte er das ernst? Als Zeichen an seine Untertanen, dass es in der DDR keiner Reformen bedürfe, war das sicher so gemeint, wie gesagt. Im Westen kannte man aber längst den »Schlüssel« zur Mauer. Es war das Geld.

Die Geschichte eines geheimen Krisenmanagements: Seit Anfang der achtziger Jahre stopfte die DDR ein wirtschaftliches Loch mit dem Aufreißen eines anderen. Geld für den dringend notwendigen technischen Fortschritt konnte nur aus dem Westen kommen. Beim Treffen Erich Honeckers mit dem damaligen Bundeskanzler Helmut Schmidt 1981 wurden hinter verschlossenen Türen die Möglichkeiten eines Deals »Geld gegen menschliche Erleichterungen« sondiert.

Harte Währung für die DDR hatte der »Bereich Kommerzielle Koordinierung« (KoKo) im Außenhandelsministerium zu beschaffen. Alexander Schalck-Golodkowski, insgeheim Oberst der Stasi, leitete ihn. Die Finanzierung sicherte die Deutsche Handelsbank AG (DHB) unter ihrem Präsidenten Feodor Ziesche, gleichzeitig Inoffizieller Mitarbeiter (IM) des MfS, Deckname »Halka«. Am 25. März 1982 hatte der Bankchef seinem wichtigsten Kunden – mehr als zwei Drittel der DHB-Einlagen, von damals rund 1,2 Milliarden Valutamark (entspricht DM, K. B.) und sieben Tonnen Gold, dienten der KoKo-Finanzierung – eine unangenehme Eröffnung zu machen. Die Bank hatte ihre Geldanlagen doppelt beliehen. Wenn das ans Licht käme, könnten sich die Gläubiger am Vermögen des Schuldners bedienen. Und das war die DDR.

Was dabei alles passieren könnte, erklärte Feodor Ziesche am 2. April 1982 seinem Stasi-Führungsoffizier, Oberstleutnant Grund: »Das würde sich sogar erstrecken auf Interflug, Seereederei, Deutrans u. ä. Einrichtungen, gemischte Betriebe, Unternehmen und in jedem Land befindliche Vermögenswerte. Der Export von Wirtschaftsgütern der DDR würde die sofortige Beschlagnahme auf den entsprechenden Guthabenkonten bei Banken nach sich ziehen.« Die DDR wäre also nicht nur international bloßgestellt, sondern ihre Pleite auch öffentlich geworden. Um das zu verhindern, musste dringend im Westen frisches Geld geborgt werden. Direkt beim reichen Bruder in Bonn anzufragen, wäre eine politische Blamage gewesen. Deshalb wurde unter dem Codenamen »Zürcher Modell« durch die Hintertür sondiert. Der Chef der in Zürich ansässigen Bank für Kredit und Außenhandel AG (BKA), Holger Bahl, witterte ein Geschäft und entwickelte die Idee, eine deutsch-deutsche Bank in der Schweiz zu gründen. Sie sollte einen Kreditrahmen von 4 bis 5 Milliarden DM für die DDR bereitstellen. Im Gegenzug würde Ostberlin dann das »Reisealter« – bei Männern damals 65, bei Frauen 60 Jahre – pro abgerufene Milliarde um ein Jahr senken.

Die DDR saß in der Zwickmühle. Ihre Deutsche Handelsbank wies am 8. Februar 1982 auf die politische Dimension des fehlenden Geldes hin. Es ging um die nackte Existenz des gesamten Sozialismus: »Mit dem Kreditboykott erhoffen sich die Hauptverfechter des Konfrontationskurses der USA-Administration und seiner Hauptverbündeten, über eine Drosselung der zahlungsfähigen Nachfrage der sozialistischen Länder für Waren des westlichen Marktes mit wirtschaftlichen Mitteln ihre innere Destabilisierung und die Zahlungsunfähigkeit der sozialistischen Länder organisieren zu können.«

Trotz Bedenken bei der Staatssicherheit, die hinter Holger Bahl den BND vermutete und den Banker deshalb im »operativen Vorgang ›Kabine‹« überwachte, gingen die Gespräche zum »Zürcher Modell« mit seinem Kernpunkt »Geld gegen Reiseerleichterungen« voran. Im Sommer 1982 schienen sie fast schon auf der Zielgeraden zu sein.

Dann gab es ein unerwartetes politisches Ereignis. Im Oktober 1982 zerbrach die sozial-liberale Bundesregierung, weil die FDP unter Hans-Dietrich Genscher die Koalition verließ und mit der CDU/CSU unter Helmut Kohl ein neues Regierungsbündnis bildete. An den Geldsorgen der DDR hatte sich bis dahin nichts geändert. Aber es zeigte sich ein neues Licht am Horizont. Bayerns Ministerpräsident Franz Josef Strauß (CSU) wollte sich gegenüber dem neuen CDU-Kanzler Kohl politisch profilieren. Dazu sollten eigene Beziehungen zur DDR dienen, und die ließen sich wiederum am einfachsten mit Geld organisieren. Das verbesserte die Verhandlungsposition der DDR. Sie musste nun keine grundsätzlichen Zugeständnisse mehr machen, um an einen Kredit zu kommen.

Die Gespräche zum »Zürcher Modell« verliefen im Sande, das »Reisealter« für jene, die keine »besonderen Anlässe« vorweisen konnten, blieb, wie es war. Und Erich Honecker behielt schließlich recht. Am Ende des Jahres, an dessen Anfang er das noch hundertjährige Bestehen der Mauer angekündigt hatte, war sie verschwunden. Sein Volk hatte die »dazu vorhandenen Gründe« beseitigt. Dass das etwas anders geschah, als er es sich vorstellte, überraschte nicht nur ihn, sondern auch die restlichen per 31. Dezember 1989 in der DDR gemeldeten 16 433 796 Bürgerinnen und Bürger.

Mit einem Krupp-Hydraulikhammer auf einem vollhydraulischen Universalbagger UB 1233 des ehemaligen VEB Schwermaschinenbau NOBAS Nordhausen wird am 19. April 1990 die Mauer am Brandenburger Tor zertrümmert.

»Brüder, seht, die rote Fahne weht
uns kühn voran ...«

9
ANGST
VORM
KLASSENFEIND

WAS MACHTE DAS »INNERDEUTSCHE MINISTERIUM« IN BONN?

Der letzte Akt fand im Festsaal des Bonner Hotels *Maritim* statt. »Hätte es einen schöneren Abschied geben können?«, fragt Dorothea Wilms gerührt in die Runde und verabschiedet sich als Chefin des Bundesministeriums für innerdeutsche Beziehungen (BMB). Ihre zuletzt noch rund 350 Mitarbeiter sind sich da nicht so sicher. Bis zur Auflösung ihres von der CDU geführten Ministeriums am 18. Januar 1991 hatten sie einen recht ruhigen Job. Nun, als sie an der Godesberger Allee Platz für die Kollegen vom neuen Ministerium für Familie und Senioren schaffen müssen, merken sie, wie es ist, »abgewickelt« zu werden.

Im Osten machen gerade Zehntausende Landsleute ebenfalls diese Erfahrung. Von den »innerdeutschen« Experten in Bonn gibt es dabei weder Rat noch Tat. Dabei haben sich die Leute in dem 1949 als Ministerium für gesamtdeutsche Fragen gegründeten Haus seit Jahren kaum mit etwas anderem als dem Schreiben von Broschüren und dem Abhalten von Seminaren zur lange erträumten deutschen Einheit befasst. Dafür wurde sogar noch 1989 der Etat »deutschlandpolitische Forschung« um 2,8 Millionen Mark auf immerhin 9,1 Millionen Mark aufgestockt.

Die Deutschlandpolitik hingegen machte Bundeskanzler Helmut Kohl längst persönlich. Seit Anfang 1988 hatte seine CDU den Kurs geändert. Nun hieß es, die Wiedervereinigung sei »auf unabsehbare Zeit nicht zu erreichen« und man müsse deshalb das »heute Mögliche und Verantwortbare« tun und die Kontakte zur DDR »auf allen Ebenen« ausbauen. Seine »innerdeutsche« Ministerin ließ der Kanzler verkünden: »Den Nationalstaat um seiner selbst willen, das ist weder der Auftrag des Grundgesetzes noch entspricht dies unserem politischen Bewusstsein.« Deshalb müsse man »den territorialen Aspekt als nachgeordnet« betrachten. Die Christdemokraten wollten nicht länger hinter der Realpolitik der SPD zurückstehen. Das rief vor allem Proteste bis zur Wut in den eigenen Reihen hervor.

Dennoch ermöglichte der neue CDU-Kurs dem BMB, endlich die Kurve aus dem Kalten Krieg zu bekommen. Der stand bei der Geburt Pate. Das Bonner Ministerium hieß bis 1969 Bundesministerium für gesamtdeutsche Fragen und meldete in seiner Frühzeit auch Ansprüche auf Österreich, Teile der Schweiz und Elsass-Lothringen an. Ab 1965 fühlte es sich »nur« noch für die DDR zuständig. Das brachte ihm von östlicher Seite verständlicherweise den Vorwurf des Revanchismus ein. Er basierte unter anderem auch darauf, dass für die Übernahme »Mitteldeutschlands« von Anfang an konkrete schriftliche Pläne geschmiedet wurden. Jakob Kaiser, der erste Minister für gesamtdeutsche Fragen verkündete am 24. März 1952: »Es liegt durchaus im Bereich des Möglichen, dass dieser Tag X rascher kommt, als die Skeptiker zu hoffen wagen. Es ist unsere Aufgabe, für alle Probleme bestmöglich vorbereitet zu sein.«

Deshalb wurde an jenem Tag der »Forschungsbeirat für Fragen der Wiedervereinigung Deutschlands« gebildet. Zwischen Juni und September 1952 entstanden Ausschüsse für die Reintegration der DDR-Wirtschaft, das Vorgehen im Agrarbereich, Probleme der gewerblichen Wirtschaft und für eine volkswirtschaftliche Gesamtrechnung der Zone. Ab Juni 1954 kam noch ein Arbeitskreis zu Währungsfragen dazu. Hauptthema der Experten: Wie kann das weitere Auseinanderdriften von Ost und West verhindert werden und was muss geschehen, um es am »Tag X« rückgängig zu machen.

Die DDR fühlte sich davon bedroht und bezeichnete die seit 1953 erscheinenden Tätigkeitsberichte dieser Gremien als »Grauen Plan«. Sie sah darin aggressive Planungen, die auf ihre Vernichtung zielten. Das scheinen diese Papiere heute noch zu bestätigen. Der »Forschungsbeirat« plante im Detail und ging so weit, bereits »vorsorglich« personelle Überlegungen zu einer »Schattenregierung« der »Zone« zu treffen und Posten im Osten zu versprechen. So herrschte Einigkeit, dass die Volkseigenen Betriebe durch Rückgabe oder Veräußerung reprivatisiert werden sollten. Sie würden von Anfang an marktwirtschaftlicher Rechnungsführung unterworfen werden und vorübergehend einer Treuhandverwaltung unterstellt.

Gestritten wurde um die DM-Einführung. Befürworteten die Planer zunächst eine sofortige Währungsunion, einigten sie sich später darauf, dass zuvor erst eine wirtschaftliche Angleichung erfolgen müsse. Dafür sollten »im X-Fall« für fünf Milliarden Mark Waren und Halbfabrikate aus dem Westen in den Osten geschafft werden. Eigentum an Grund und Boden sollten jene bekommen, »die am 8. Mai 1945 im Grundbuch eingetragen waren« und »denen durch die sowjetzonale Bodenreform der Besitz entschädigungslos enteignet worden ist.« Rückgabe stand also schon damals über Entschädigung. Einen Konsens gab es auch darüber, dass »bis zu 90 Prozent aller im Staatsapparat tätigen Personen in den ersten Wochen ausgewechselt werden müssen.« Listen über Neubesetzungen mit West-Verwaltern wurden erstellt. Obwohl all diese Pläne keinerlei Hinweise darauf enthielten, wie eine Wiedervereinigung vonstatten gehen könnte, interpretierte sie die DDR als indirekte Kriegserklärung.

Diese Aktivitäten endeten zu Beginn der siebziger Jahre mit der neuen Ostpolitik Willy Brandts. Der sich bis dahin recht aggressiv gebärdende »Forschungsbeirat« wurde 1975 in die »Forschungsstelle für gesamtdeutsche wirtschaftliche und soziale Fragen« umgewandelt. Dass seine ursprünglichen Pläne nur 15 Jahre später weitestgehend umgesetzt werden konnten, ahnte damals niemand.

Was war ein »Interzonenpass«?

Gemäß den Vereinbarungen der alliierten Siegermächte von London, Jalta und Potsdam wurde Nachkriegs-Deutschland in drei bzw. vier getrennte Besatzungszonen unterteilt. Anfang August 1945 hatten die Besatzungsmächte endgültig von den vereinbarten Territorien Besitz ergriffen, zwischen denen ein Reiseverkehr für Deutsche vorerst nicht möglich war. Nur in der Viersektorenstadt Berlin wurde das einheitliche Verkehrsnetz wiederaufgebaut und genutzt.

Für Reisen zwischen den Besatzungszonen, also auch zwischen Berlin und den Westzonen, benötigten Deutsche ein viersprachiges, von der jeweiligen Besatzungsmacht ausgestelltes und genehmigtes Papier, für das sich der Begriff »Interzonenpass« einbürgerte. Der 30. Juni 1946 gilt als der endgültige Termin der Einführung dieses Dokuments, dessen Ausgabe an unterschiedlich streng gehandhabte Bedingungen geknüpft war. Zwischen der britischen und der amerikanischen Zone (Bi-Zone) wurden die Reisebeschränkungen bereits Ende Juli 1946 abgeschafft und bald darauf auch die mit Frankreich vereinbarte Tri-Zone in die wiederhergestellte Reisefreiheit einbezogen.

Zwischen dem sowjetischen Besatzungsgebiet – in dessen Mitte die »Insel« Westberlin lag – und den Westzonen blieb es bei der alliierten Interzonenpass-Regelung. Während der sowjetischen Berlin-Blockade in der Folge der Währungsreform kam der Reiseverkehr zwischen Berlin und der Tri-Zone für mehrere Monate gänzlich zum Erliegen. Ende Mai 1952 verstärkte die DDR ihr Grenzregime und verbot Westberlinern die Einreise in die »Zone«. Die diesbezüglichen Kontrollen an der Berliner Stadtgrenze erfolgten bis 1972.

Die Bundesrepublik verzichtete nach Ansprache mit den West-Alliierten ab November 1953 auf den Interzonenpass für Reisen über die innerdeutsche Grenze. Die DDR verlangte von einreisenden Bundesbürgern eine vorher von einem DDR-Bürger zu beantragende Aufenthaltsgenehmigung. Wer aus dem Westen bis 1958 in die DDR kam, erhielt dort sogar anteilig seine Lebensmittelmarken für die Aufenthaltsdauer.

Der Interzonenpass blieb den aus der DDR besuchsweise in die Bundesrepublik Ausreisenden vorbehalten. Genehmigte die Volkspolizei einen entsprechenden Antrag, so erhielt der Reisende für die Dauer der Abwesenheit im Austausch gegen den Personalausweis ein mit seinem Foto versehenes Reisepapier, das nun auch offiziell Interzonenpass hieß und im Westen als Personaldokument anerkannt wurde.

Wie zu erwarten, zeigten sich die DDR-Behörden nicht besonders großzügig bei der Ausstellung dieses Papiers. Erst nach Verkündung des vorgeblich »neuen Kurses« im Juni 1953 und der Rücknahme einiger Repressionsmaßnahmen, stellte sich ein wahrer Boom bei der Beantragung und Genehmigung des Interzonenpasses ein, der plötzlich sogar als ein Positivum in der Propaganda galt. Volkspolizei und örtliche Presse feierten die Ausgabe des tausendsten oder zweitausendsten Passes. In den Jahren von 1953 bis 1961 blieben nicht nur etwa 2 Millionen DDR-Bürger dauerhaft im Westen, sondern reisten – in den Akten sorgfältig vermerkt – Hunderttausende besuchsweise dorthin. So viele, dass es den Parteioberen denn doch zu viel wurde und sie sich neue Restriktionen einfallen ließen. Bald war es nicht erwünscht oder es wurde intern verboten, dass Genossen, Parteilose in verantwortungsvollen Positionen, Oberschüler oder Studenten solche Besuchsreisen unternahmen. Selbst die »Durchreise« mit der S-Bahn durch Westberlin war einem größeren Personenkreis nicht gestattet.

Auslandsreisen standen für den normalen DDR-Bürger vorerst ohnehin in den Sternen. Abgesehen von den nur langsam steigenden Touristenzahlen wurden private Reisen selbst in die sozialistischen Bruderländer erst in den sechziger Jahren möglich. Ins westliche Ausland führte der Weg ausschließlich über das *Allied Travel Office* (ATO, auch *AT Board*) in Westberlin, von dessen Aktivitäten noch ausführlicher zu berichten sein wird (S. 351). Neben den Papieren hemmte vor allem das Fehlen von »richtigem« Geld die Wege der DDR-Bürger gen Westen. Spendierten großzügige Verwandte einen Trip aus der Bundesrepublik in eines der Nachbarländer, gelang die Grenzpassage meist problemlos mit dem Interzonenpass der Ost-Gäste. Viele trauten sich aber auch nicht, auf diese Art zu reisen, denn wenn ein übereifriger Polizist einen Stempel in ihre Papiere drückte, konnte dieser nach der Rückkehr in die DDR alles auffliegen lassen und Ärger einbringen. Trotz ihrer Restriktionen bei Reisen ins Ausland bemühte sich die DDR, mit Staaten außerhalb der NATO touristische Reisemöglichkeiten für organisierte Gruppen zu vereinbaren. Das gelang mit Finnland, Österreich, Jugoslawien und Schweden. Die Auswahl »geeigneter« Reisender und die strengen Kontrollen bei der Ausreise sorgten dafür, dass »besondere Vorkommnisse« dabei möglichst ausblieben.

Für Reisen ins westliche Ausland bestanden nach dem Mauerbau vom 13. August 1961 nur noch stark eingeschränkte Möglichkeiten. Erst mit der weitgehenden Anerkennung der DDR und damit ihrer blauen Pässe – Dienstpässe unterschieden sich von den privaten durch grüne Farbe, Diplomatenpässe der DDR waren rot und in Ziegenleder gebunden – wurden Interzonenpass und TTD überflüssig. Dauerhaft aus der DDR »Übersiedelnde« verließen das Land lediglich mit einer »Identitätsbescheinigung«. Nach dem Beitritt der DDR im Oktober 1990 behielten DDR-Pässe und -Ausweise bis zum 31. Dezember 1995 ihre Gültigkeit und waren den bundesdeutschen Pässen gleichgestellt.

Warum starben Wismut-Kumpel für die Bombe?

Für einen flotten Gebraucht-BMW hat die Abfindung noch gereicht, doch weite Fahrten kann Herbert L. damit nicht mehr machen. Auf dem Beifahrersitz steht sein Sauerstoffgerät. Der Tod fährt mit.

»38 Jahre unter Tage«, sagt er, »wenn ich an die vielen Kumpel denke, denen ich schon am Grab ein letztes ›Glück auf‹ gesagt habe, bin ich doch noch ganz gut dran.« Darauf einen »Kumpeltod«, die Flasche für 1,12 Ostmark, bis zu 6 Liter »Deputat« gab's im Monat, das reichte auch noch für die ersten anderthalb Einheitsjahre. Der nächste Schluck kommt wieder aus der allgegenwärtigen Sauerstoffflasche: »Ein, zwei Jahre halte ich noch durch!« Es werden 9 Monate.

Sterben für die Bombe. In den Jahren von 1946 bis 1990 wurden im »strahlenden Dreieck« der DDR zwischen Ronneburg im Westen, Freital im Osten und Johanngeorgenstadt im Süden rund 220 Kilotonnen Uran für den Bau der sowjetischen Atombomben gefördert.

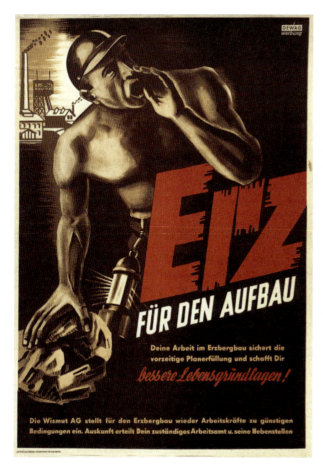

Werbeplakat der Wismut AG von 1950

Das waren rund 12 Prozent der gesamten Weltproduktion. Nach bisherigen Erkenntnissen kostete das rund 7000 Strahlentote, so Michael Beleites, der schon als DDR-Oppositioneller auf die gigantischen Umweltschäden der Wismut aufmerksam machte.

Alles begann nach dem Krieg. Die Amerikaner hatten die Atombombe, die Sowjets wollten sie. Ihre Experten vermuteten in Westsachsen und Thüringen Uran-Vorkommen. Als die Amerikaner zwischen 1. und 3. Juli 1945 vereinbarungsgemäß dort abzogen, ahnten sie nichts davon. Nach Hiroshima befahl Stalin am 20. August 1945, eigene Atombomben zu bauen. Das sollte der Chef des Geheimdienstes NKWD, Lawrenti Berija, regeln. Am 4. April 1946 beschloss der Ministerrat der UdSSR den Beginn des Abbaus von uranhaltiger Pechblende bei Johanngeorgenstadt. Nach nur drei Jahren waren 26 Schächte in Betrieb, und es wurden immer mehr. Die ganze Sache sollte als harmloser Erzbergbau getarnt werden und bekam den Namen des ungefährlichen Metalls Wismut. Im Handelsregister des Landkreises Aue ist im Juli 1947 die Gründung der »Staatlichen Aktiengesellschaft der Buntmetallindustrie ›Wismut‹« vermerkt. Geschäftszweck: »Die Gewinnung, das Schürfen und der Absatz bunter Metalle …« Erster Generaldirektor ist der NKWD-Generalmajor Michael Malzew.

Bis 1950 wächst die Belegschaft auf 130 000 Menschen. Sie bekommen bessere Lebensmittelrationen und guten Lohn, dennoch sind die Arbeits- und Lebensbedingungen katastrophal. Die Bergleute hausen in Massenquartieren, Männer und Frauen zusammen. Es wird gesoffen, gehurt und geprügelt. Geschürft wurde zuerst mit bloßen Händen, dann mit dem technisch veralteten Verfahren des Trockenbohrens. Unfälle sind an der Tagesordnung. So am 27. April 1947 im Schacht 3 Kniebreche, wo 20 Bergleute verschüttet werden, sowie im Mai 1949 der Einsturz eines Schachtes unter dem Filzteich bei Schneeberg mit 180 Toten. Im »Objekt 1, Schacht 14« sollen 1949 rund 800 Kumpel den Tod gefunden haben. Eine geheime Wismut-Statistik nennt für die zweite Hälfte des Jahres 1949 darüber hinaus die Zahl von 1281 Todesfällen, 3467 Amputationen und 16 560 gesundheitlichen Schäden schwerster Art. Für die Bombe wird Krieg unter Tage geführt. Das Uran geht als Reparationsleistung in die Sowjetunion. Seit 1946 gibt es Zwangsverpflichtungen zur Arbeit bei der Wismut, denen sich schätzungsweise 70 000 Betroffene durch Flucht in den Westen entziehen. Das gesamte Gebiet ist weiträumig abgesperrt und gilt als »militärisches Sperrgebiet«. Eine eigene »Bergpolizei« versucht, für Ordnung zu sorgen und zieht bei Prügeleien mit Bergleuten immer wieder den Kürzeren. Die Besatzungsmacht greift stets ein, wenn die Produktion stockt oder gar »Sabotage« vermutet wird. Über 80 Wismut-Kumpel wurden deshalb in Moskau erschossen.

Am 22. August 1953 erklärt die Sowjetunion das Ende der Reparationen. Die Wismut wird nun eine sowjetisch-deutsche Aktiengesellschaft (SDAG). Generaldirektor bleibt bis 1986 ein Russe, für das Uran gibt es aber nun Gegenlieferungen. Ab Mitte der fünfziger Jahre wandelt sich der Betrieb zu einem normalen Bergbauunternehmen. Die Belegschaft pegelt sich ab den sechziger Jahren bei rund 45 000 Menschen ein. Sie verdienen außerordentlich gut und werden bei der Versorgung mit Wohnungen, Autos und Ferienplätzen bevorzugt. Bis zur Einstellung der Förderung am 1. Januar 1991 bietet die Wismut so attraktive und gefragte Arbeitsplätze. Trotzdem haben sie einen hohen Preis: Nach Wismut-Unterlagen erkrankten zwischen 1952 und 1990 etwa 15 000 Bergleute an Silikose und rund 3000 an Lungenkrebs.

Nach der deutschen Einheit zieht Sachsens damaliger Umweltminister, Arnold Vaatz, Bilanz: »Das sowjetische Atomprojekt hinterließ in Ostdeutschland mehr als 500 Millionen Tonnen radioaktiver Abfälle. Eine Fläche von 168 Quadratkilometern ist mehr oder weniger kontaminiert ...« Die Sanierung dieser Altlasten kostete bis 2016 rund sechs Milliarden Euro. Sie soll laut Plan im Jahr 2045 abgeschlossen sein.

WARUM WURDE DER WARSCHAUER VERTRAG GESCHLOSSEN?

Dass die DDR politisch erst 1954 als selbständiger Staat zu existieren begann, entging den meisten ihrer Bürger. Nach dem Zerbrechen der Anti-Hitler-Koalition waren die Amerikaner und ihre westlichen Verbündeten auf ein neues Bündnis angewiesen, um ihren Sieg im Zweiten Weltkrieg zu sichern. Es entstand 1949 mit der NATO. Die Sowjetunion brauchte zunächst kein Gegenstück. Ihr ging es darum, Deutschland in eine Verfassung zu bringen, die ihre Sicherheit garantierte. Als erstrebenswerter Weg galt eine Neutralisierung. Sie gelang nach der Abtrennung Österreichs dort 1955, blieb aber durch die forcierte Westintegration der Bundesrepublik als Gesamtlösung eine Illusion. Das belegte für die Sowjetunion das Scheitern der Berliner Außenministerkonferenz vom 25. Januar bis zum 18. Februar 1954. Als Reaktion erklärte Moskau am 26. Mai 1954 eine beschränkte Souveränität der DDR. Die Bundesrepublik setzte ihre Bemühungen um Einbeziehung in die Pariser Verträge fort, die am 23. Oktober 1954 unterzeichnet wurden. Sie trat damit dem System der militärischen Hilfeleistung im Rahmen der »Westeuropäischen Union« und der NATO bei und bekam ihre staatliche Souveränität (mit einigen alliierten Einschränkungen, zum Beispiel in Westberlin). Die Verträge traten mit der Ratifizierung am 5. Mai 1955 in Kraft.

Angesichts dieser Entwicklung verstärkte die Sowjetunion ihre aktive Vorbereitung eines Gegen-Bündnisses. Dazu hob sie im August 1954 zunächst alle Befehle und Anordnungen ihrer Militäradministration in ihrer Besatzungszone auf. Mit Beschluss vom 21. Januar 1955 beendete sie den Kriegszustand, ähnliche Erklärungen der Volksdemokratien folgten bis April 1955. Damit waren die Weichen für ein östliches Militärbündnis gestellt, das im Ergebnis der Moskauer Sicherheitskonferenz am 2. Dezember 1954 angekündigt worden war. An ihr hatten Vertreter der UdSSR, Polens, der Tschechoslowakei, Ungarns, Rumäniens, Bulgariens, Albaniens und der DDR teilgenommen. Die Umsetzung dieser Erklärung geschah mit der Unterzeichnung des »Warschauer Vertrages über Freundschaft, Zusammenarbeit und gegenseitigen Beistand« am 14. Mai 1955. China war Beobachter der Konferenz.

Nach der Bildung des »Rates für gegenseitige Wirtschaftshilfe« (RGW) 1949 war nun ein östliches Bündnissystem entstanden, dessen militärischer Teil vor allem ein Gegengewicht zur NATO sein sollte. Bereits vor Unterzeichnung des Vertrags in Warschau erklärte der damalige sowjetische Verteidigungsminister, Nikolai Bulganin, dazu, das Militärbündnis könne jeden Tag wieder aufgelöst werden, sobald ein »gesamteuropäisches Sicherheitssystem« geschaffen sei. Militärisch verfügten die »Vereinten Streitkräfte« 1955 über 98 Divisionen Land- und 61 Divisionen Luftstreitkräfte sowie die 4. sowjetische Flotte in der Ostsee, die sowjetische Schwarzmeerflotte und die Seestreitkräfte Polens, Bulgariens und Rumäniens. Die Einbeziehung der DDR erfolgte schrittweise mit dem Ausbau der NVA. Drei Viertel aller Truppen kamen aus der Sowjetunion, so dass deren Hegemonie innerhalb des Bündnisses gesichert war.

Um die DDR in den gesamten Prozess der europäischen Sicherheit einzubeziehen, zu dem der erste Vertrag 1975 in Helsinki geschlossen wurde, gewährte ihr die Sowjetunion mit dem Staatsvertrag vom 20. September 1955 die Souveränität, was die Westmächte jedoch nicht akzeptierten. Dieser Staatsvertrag wurde mit Freundschaftsverträgen 1964 und 1975 weiterentwickelt, zur Stationierung der sowjetischen Truppen in der DDR gab es ein gesondertes Abkommen.

Trotz der erheblichen Streitmacht spielte der Warschauer Vertrag bis Anfang der sechziger Jahre eher eine politische, aber keine militärische Rolle. Das politische Kalkül, ihn als Faustpfand zur Entschärfung der NATO zu nutzen, ging nicht auf. In den folgenden Jahren baute deshalb die Sowjetunion verstärkt auf militärische Stärke als Sicherheitsgarant. Bis Ende der sechziger Jahre wurde zusätzlich ein Geflecht bilateraler Militärbündnisse unter den sozialistischen Staaten geschaffen, zu dem es kein westliches Gegenstück gab. Mit der Besetzung der ČSSR 1968 zeigten sich erste Probleme im Bündnis. Sie führten zum einseitigen Austritt Albaniens am 13. September 1968 und zur Nichtteilnahme Rumäniens an der Aktion. Rumänien signalisierte den USA bereits 1963 insgeheim, dass es im Konfliktfall neutral bleiben würde.

In den Jahren der Herrschaft Leonid Breschnews, 1964 bis 1982, war der Warschauer Vertrag mit seinem »Politisch Beratenden Ausschuss« als Führungsgremium, ein einseitiges Herrschaftsinstrument Moskaus. Nach der Machtübernahme durch Gorbatschow 1985 kam die 1955 strukturell angelegte Integrationsgemeinschaft nicht mehr zum Tragen. Das Bündnis löste sich formell zum 1. Juli 1991 auf, nachdem die DDR bereits 1990 im Zuge der Einheit Deutschlands ausgetreten war.

Worum es all die Jahre eigentlich ging, hatten die Sowjets der DDR-Führung bereits

»Brüder, seht, die rote Fahne weht uns kühn voran ...«

vor Vertragsabschluss 1955 mit einem kurzen Manöverfilm deutlich gemacht. Er zeigte rund 40 000 Rotarmisten bei einer Verteidigungsübung in Kasachstan. Ihr Höhepunkt war ein echter Atomschlag. Walter Ulbricht und seine Spitzenfunktionäre konstatierten betroffen, dass die Topographie des Gefechtsfeldes der Landschaft an der innerdeutschen Grenze nachempfunden war.

Was hatten DDR-Reisekader mit der NATO zu tun?

In den Westen reisen war nach dem Bau der Mauer für DDR-Bürger ein seltenes Privileg. Dennoch gab es Reisekader: Außenhändler, Journalisten, Sportler, Funktionäre, Künstler und manch andere. Doch die DDR war »im kapitalistischen Ausland« nicht anerkannt, ihr Pass galt nichts – wie es trotzdem ging, beschreibt ein heute fast völlig vergessenes Stück Geschichte.

Bis zum Anfang der siebziger Jahre begann die große Reise in die fremde Welt mit einer extra zu genehmigenden S-Bahnfahrt nach Westberlin. Ziel war die Elsholzstraße 32 in Schöneberg. Dort, im Gebäude des ehemaligen preußischen Kammergerichts und damaligen Sitz des Alliierten Kontrollrates, residierte das *Allied Travel Board*, kurz: ATB oder *Travelboard* (auch: *Allied Travel Office,* ATO) genannt. Für die nicht international anerkannten DDR-Bürger stellte es einen *Temporary Travel Document* (TTD) genannten Ersatzpass aus – oder lehnte es ab. Das grüne Büchlein im Taschenbuchformat trug in englischer, französischer und deutscher Sprache die Aufschrift »Vorläufiger Reiseausweis anstelle eines Passes für deutsche Staatsangehörige«. Die Entscheidung darüber, ob der Antragsteller das Dokument bekam oder nicht, lag bei den Verbindungsoffizieren der USA, Frankreichs und Großbritanniens. Gab es das 28-seitige TTD, galt es für fünf Jahre unter der Voraussetzung, dass es alle sechs Monate verlängert wurde.

Der DDR war dieses Verfahren ein Dorn im Auge, denn mit jedem in Westberlin einzuholenden Genehmigungsstempel wurden ihr die Grenzen ihrer Souveränität vor Augen gehalten. Noch schlimmer schien, dass all jene, die schließlich von dem schwarz uniformierten Wachmann ins *Travelboard* vorgelassen wurden, dort Fragebogen »nach bestem

Wissen und Gewissen« über ihr Reiseziel, die Parteizugehörigkeit, die Familienverhält-nisse und den Arbeitsplatz ausfüllen mussten. Deren Bearbeitung dauerte in der Regel mehrere Wochen – nur bei Außenhändlern ging es schneller –, denn der Sinn des *Travel-boards* war die Kontrolle der DDR-Auslandsaktivitäten, was zunächst auch umfänglich gelang. Die NATO-Staaten hatten dieses Verfahren eingeführt, um sich vor »kommunis-tischen Agitatoren« zu schützen. Für die DDR war es eine »unverschämte Diskriminie-rung«, wie immer wieder im Parteiblatt *Neues Deutschland* zu lesen war. Ändern konnte sie an dem Verfahren jedoch nichts.

Bis zum Mauerbau erteilte das Allied Travel Board jährlich rund 15 000 Reisegenehmi-gungen. Danach sank die Zahl auf 3000, stieg aber bis Ende der sechziger Jahre wieder auf etwa 8000 bis 9000 an. Die Zahl der Ablehnungen hielt sich in Grenzen – 1966 waren es bei circa 7000 Genehmigungen 78 –, hatte aber durchaus ihre politischen Hintergrün-de. So durfte beispielsweise das Ostberliner Brecht-Ensemble 1963 nicht zu einem Gast-spiel nach London reisen, 1966 bekamen einige Sportjournalisten keine Genehmigung für die Berichterstattung über die Ski-Weltmeisterschaft in Norwegen, und 1969 durfte ein Kulturfunktionär nicht zur Eröffnung der Ausstellung des DDR-Kunstschmieds Fritz Kühn in Paris.

Noch unangenehmer für die DDR war es, wenn SED-Spitzenpolitiker zu den Genossen ins Ausland wollten. Die eventuelle Ausgabe eines *Temporary Travel Documents* an sie musste im Politischen Rat der NATO abgestimmt werden. Darin sah die DDR nicht nur eine Demütigung, sondern auch ein Sicherheitsproblem. In solchen Fällen bemühte sie sich deshalb zunehmend erfolgreich, mit Hilfe der kommunistischen Parteien vor Ort, den NATO-Sichtvermerk zu umgehen. Das gelang im August 1968 Kurt Hager, der direkt von der belgischen Regierung sein Visum erhielt oder Albert Norden, der im Dezember 1968 und im Februar 1969 mit Genehmigung Italiens nach Bologna und Neapel reiste.

Seit Mitte der sechziger Jahre regte sich besonders in den kleineren NATO-Staaten Unmut über die Reiseregelung der NATO. Der dänische Außenminister Poul Hartling erklärte 1969 im Folketing: »Es gibt starke Gründe dafür, die Reisebestimmungen des ATO aufzuheben.« Die Zeitung der dänischen Sozialdemokraten *Aktuell* hatte sie schon zwei Jahre zuvor benannt: Es könne nicht sein, »dass Personal eines Westberliner Büros bestimmen soll, wen wir im Lande haben wollen« und das *Arbeiderbladet* aus Norwe-gen konstatierte kurz: »Eine stumpfsinnige Einrichtung.« Bei Ablehnung der Reisen von DDR-Gästen gab es nun stets geharnischte Proteste der Regierungen.

Die Kritik blieb bei den führenden NATO-Staaten nicht ungehört. Seit Mitte der sechziger Jahre erteilte das Allied Travel Board in Westberlin Ausnahmegenehmigungen, danach durfte jeder reisen, der versicherte, sich im Gastland nicht politisch zu betätigen. Etwa ab 1968 setzte sich die Praxis durch, dass die Gastgeber entschieden, wer zu ihnen auf einen Besuch kommen durfte. Lag ein Visum von deren Behörden vor, wurde automatisch der NATO-Sichtvermerk erteilt.

Als nach Inkrafttreten des Grundlagenvertrags zwischen der DDR und der Bundesrepublik am 21. Juni 1973 die Anerkennung der DDR durch die NATO-Staaten erfolgte, wurde das alliierte Reisebüro überflüssig und geschlossen. Nun galten auch die DDR-Pässe im Ausland und die besuchten Länder entschieden ohne Nachfrage bei den NATO-Verbündeten selbst, ob sie dem Reisenden per Visum die Einreisegenehmigung geben wollten.

WIESO SCHADETE COCOM DER OSTDEUTSCHEN WIRTSCHAFT?

Ob Stahl in den fünfziger, Transistoren in den sechziger oder Computer in den siebziger Jahren – während des Kalten Krieges unterlagen wichtige Waren einem Embargo und durften deshalb offiziell nicht über den Eisernen Vorhang hinweg und damit auch nicht in die DDR geliefert werden.

Die Wurzeln dieser Beschränkungen lagen in den Ergebnissen des Zweiten Weltkriegs. Das ab 1949 geltende US-Exportkontrollgesetz untersagte jedweden Handel, der zur Stärkung des militärischen oder ökonomischen Potentials der Sowjetunion oder ihrer Satelliten beitragen könnte. Um das durchzusetzen, nahm am 1. Januar 1950 das *Coordinating Committee for East-West Trade Policy*, kurz CoCom genannt, seine Arbeit auf. Diesem »Koordinierungskomitee für Ost-West-Handelspolitik« gehörten die USA, Großbritannien, Frankreich, Italien, die Niederlande, Belgien und Luxemburg an. Anfang 1950 kamen Norwegen, Dänemark, Kanada und die Bundesrepublik Deutschland dazu. Zwei Jahre später folgten Portugal, 1953 dann Japan, Griechenland und die Türkei. Am CoCom beteiligte sich später auch noch Australien, so dass schließlich alle NATO-Staaten, außer Island und Spanien, sowie weitere wichtige Exportländer bereit waren, Embargo-Güter festzulegen. Schweden, die Schweiz, Island, Österreich und Finnland traten dem CoCom nicht bei, sicherten aber Loyalität gegenüber dem Embargo zu.

Prinzipiell entschieden die CoCom-Partner einstimmig darüber, welche neuen Produkte und Technologien nicht in den Osten exportiert werden durften. In der Praxis hatten jedoch die USA als bedeutendste westliche Wirtschafts- und NATO-Führungsmacht das Sagen. Als Außenstelle ihrer Botschaft in Frankreich entstand in Paris, Rue La Boétie 58, das CoCom-Logistikzentrum.

Die CoCom-Festlegungen besaßen keine automatische rechtliche Verbindlichkeit. Die Teilnehmer hatten sich aber verpflichtet, die gemeinsam festgelegten Ausfuhrbeschränkungen und -kontrollen über ihre nationalen Rechtsordnungen sicherzustellen. Die geheimen »CoCom-Listen« umfassten drei Hauptteile: die Internationale Kriegsmaterial-Liste, die Internationale Kernenergie-Liste und die Internationale Warenkontroll-Liste, auch Industrie-Liste genannt. Für die Wirtschaft war vor allem letztere von Bedeutung. Sie verzeichnete alle strategischen Güter, die sowohl im zivilen als auch im militärischen Bereich nutzbar waren (»dual-use goods«).

Damit war CoCom ein Instrument, mit dem der West-Ost-Technologietransfer spürbar negativ beeinflusst werden konnte. Die USA, die die Embargopolitik als Waffe im Kalten Krieg initiiert hatten, sorgten auch dafür, dass sie wirksam blieb. Sie führten über Unternehmen, die bei Embargo-Geschäften erwischt wurden, schwarze Listen, *Denial Orders* genannt. So konnte über die internationalen Verflechtungen im Handel Druck ausgeübt werden. In einem Gutachten vom 3. Februar 1994 stellte das HWWA-Institut für Wirtschaftsforschung Hamburg fest, dass »die CoCom-Listen neben einem festen Kern strategischer Güter auch Produkte geringeren strategischen Werts umfassten, die von außenpolitischen Rahmenbedingungen abhingen und quasi eine ›politische Verfügungsmasse‹ darstellten«.

Genau gegen diese »politische Verfügungsmasse« versuchte sich die DDR zu wehren, die die Embargopolitik mit Hinweis auf das internationale Völkerrecht generell als rechtswidrig ansah. Allerdings verfügte sie im Gegensatz zur Sowjetunion und den anderen sozialistischen Staaten mit dem »innerdeutschen Handel« über einen besonderen rechtlichen Rahmen, in dem Außenwirtschaftsgesetz (AWG) und Außenwirtschaftsverordnung (AWV) der Bundesrepublik nicht galten. Dieser innerdeutsche Handel war durch das Militärregierungsgesetz Nr. 53 und die Interzonenhandelsverordnung von 1951 reglementiert. Aus westdeutscher Sicht sollte er stets »als ökonomischer Hebel die eigenen politischen Ziele durchsetzen helfen«, so das Bundesministerium für Innerdeutsche Beziehungen im Jahr 1979. Trotzdem machten die Sonderregelungen manche Geschäfte möglich, die andere Ostblockstaaten nicht tätigen konnten. Das rief unter den »Bruderländern« immer wieder außenpolitischen Ärger hervor und setzte die SED-Führung dem Vorwurf mangelnder Bündnistreue aus.

Dennoch verließ sich die DDR beim Import strategisch wichtiger Waren nicht nur auf die mögliche Erteilung von Einzelgenehmigungen durch das Bundesamt für gewerbliche Wirtschaft. Die Erfahrung hatte gezeigt, dass Bonn die Wirtschaft zum Erlangen politischer Zugeständnisse effektiv nutzte. Deshalb baute die DDR ein umfangreiches Netz von Tarnfirmen und von Wirtschaftsunternehmen auf, die direkt vom MfS geführt wurden.

Damit ließen sich wichtige Waren und Know-how zwar besorgen, es wurde aber sehr teuer. Ein Bonner Aktenvermerk unter dem Zeichen IV 1 – 28 03 69 vom 3. November 1989 dazu: »Die DDR zahlt für illegal beschaffte Erzeugnisse in der Regel 70 Prozent über dem Marktwert.« Von den illegal erzielten Gewinnen erfuhr der Fiskus natürlich nichts, so dass der Verkauf von Embargo-Waren auch für West-Partner lukrativ war. Die politische Nutzung des Handels als Waffe im Kalten Krieg schadete somit unterm Strich dem Osten und dem Westen. Die einen zahlten Überpreise, die anderen verloren Steuereinnahmen.

WARUM BEKÄMPFTE DIE FDJ DEN OCHSENKOPF?

Der Klassenfeind war ein kleines buntes Kerlchen mit Zipfelmütze. Es sah aus wie ein Gartenzwerg und hieß Mainzelmännchen. Jedenfalls müsste es so gewesen sein, glaubte man der DDR-Propaganda, nach der das Eindringen des »Klassenfeindes ins Wohnzimmer« verhindert werden müsse. Das gelang nur im »Tal der Ahnungslosen« rings um Dresden und östlich des Darß, auf Usedom und in der Uckermark, die von den westlichen UKW-Wellen nicht erreicht wurden.

Offiziell verboten war der Empfang des West-Fernsehens in der DDR nie. Im Gegensatz zum Rundfunk erfolgten auch keinerlei technische Störungen des Fernsehempfanges. Dennoch hätte die SED gern ihren Untertanen den Blick gen Westen via TV verstellt. Am 4. September 1961 rief deshalb die FDJ zur Aktion »Blitz kontra NATO-Sender« auf. Als »Aktion Ochsenkopf« – benannt nach dem gleichnamigen grenznahen bayrischen Fernsehsender – ging sie in die DDR-Geschichte ein. Die »Jugendfreunde« gaben sich kämpferisch: »Seid ihr startklar zur großen Blitzaktion gegen Ochsenköpfe und geistiges Grenzgängertum?«, tönte die *Junge Welt*. Die SED störte vor allem, dass das Westfernsehen ihr Meinungsmonopol einschränkte. Wer in den folgenden Wochen nicht freiwillig auf Westfernsehen verzichtete, dem wurde die Antenne abgesägt oder gewaltsam in »Richtung Sozialismus und Frieden« gedreht. Vereinzelt kam es dabei zu Protesten und Prügeleien. Die Übergriffe waren auch nach DDR-Recht Sachbeschädigung und Hausfriedensbruch.

Im Jahr 1961 scheitert die Kampagne bereits nach einigen Wochen. Besonders vorsichtige Bürger installieren ihre West-Antennen unter dem Dach, andere bauen »Nachtantennen«, die nur in der Dunkelheit ausgefahren wurden. Angehörigen der Staatsorgane, der NVA und der Polizei wird es einfach verboten, die »Sender des Klassenfeindes« anzuschauen. Besonders eifrige Sittenwächter der Partei lassen nun mancherorts, wie z. B. im Bezirk Suhl, die Umschaltmöglichkeit im Fernsehgerät vor dem Verkauf blockieren. Für den »freiwilligen« Eingriff sind 5 Mark zu zahlen. Findige Bastler machen das wieder rückgängig. ARD und ZDF strahlen ihre Programme all die Jahre über absichtlich starke Grundnetzsender ab. Sie sind bis in etwa 200 Kilometer Tiefe der DDR zu empfangen. Von 1961 bis 1980 senden ARD und ZDF exklusiv für die DDR ein gemeinsames Vormittagsprogramm.

In ungünstigen Empfangslagen bauen sich die Bürger in Eigeninitiative Antennenanlagen. Die notwendigen Materialien wurden »organisiert«, ob Stahlmasten, Betonsockel oder Abspannseile, technische Grenzen schien es kaum zu geben. Anleitungen dazu waren in Büchern wie *Das große Antennen-Buch* von Eberhard Spindler oder dem *Antennenbuch* von Karl Rothammel frei erhältlich. Konverter für den ZDF-Empfang wurden aus dem Westen besorgt oder von Bastlern zusammengelötet. Ende der achtziger Jahre entstehen mit privat importierten Satellitenschüsseln ganze Kabelnetze. Baugenehmigungen für die dazugehörigen Großantennen sind meist problemlos erhältlich, private Kostenbeteiligungen um die 1.000 Mark durchaus üblich.

Die Einführung des Farbfernsehens erfolgte 1967 im Westen nach dem PAL-System und

Farbfernsehgeräte aus DDR-Produktion ermöglichten bis 1977 nur den Empfang von DDR-eigenen Sendungen in Farbe.

1969 im Osten im SECAM-Standard. Nach dem ersten DDR-Farbfernsehgerät Color 20 für 3.700 Mark gab es bald den Chromat, der beide Systeme umfasste und 4.500 Mark kostete. Die hohe Nachfrage ließ den Preis der einheimischen Geräte schnell auf 6.500 Mark steigen, so dass der TV-Empfang in Farbe bis zum Ende der DDR ein Luxus blieb.

Die DDR-Propaganda gegen das Westfernsehen konzentrierte sich auf die Sendung »Der schwarze Kanal« von Karl-Eduard von Schnitzler. Sie lief in 1519 Folgen vom 21. März 1960 bis zum 30. Oktober 1989 und wurde in Laufe der Jahre zum Symbol für die Einfallslosigkeit und ideologische Ödnis in der Ost-West-Auseinandersetzung.

Die Haltung der DDR-Obrigkeit zum Westfernsehen blieb stets inkonsequent. Einerseits versuchte sie in manchen Bezirken, die überall entstehenden »Antennengemeinschaften« zu behindern und SED-Mitglieder wurden intern aufgefordert, sich darin nicht zu engagieren. Andererseits zählte die Verkabelung etlicher Neubaugebiete für den Empfang solcher Sender wie RTL, Sat.1, Tele 5 und die Mehrzahl der dritten Westprogramme Ende der achtziger Jahre zum Standard. War in der DDR offiziell vom Westfernsehen die Rede, hieß es schamhaft »internationale Fernsehsender«.

Wer keinen Empfang hatte, fühlte sich gegenüber dem Rest der DDR-Bürger benachteiligt. Manche kompensierten das mit einem Camping-Urlaub vor dem Kofferfernseher in Grenznähe, andere machten ihrem Ärger Luft. So führte die Stasi zum Beispiel in Dresden den operativen Vorgang Turm, weil anonyme Briefschreiber drohten, den Dresdner Fernsehturm in die Luft zu jagen, falls nicht der Empfang von mindestens drei Westprogrammen ermöglicht würde.

Erst nach dem Ende der DDR wird erstaunt konstatiert, dass der Fernsehblick in den Westen durchaus kritisch blieb: Aus den Kreisen jener, die Westfernsehen sahen, kamen stets weniger Ausreiseanträge als aus dem »Tal der Ahnungslosen« rund um Dresden.

WAS WAR DIE »GESAMTDEUTSCHE OLYMPIAMANNSCHAFT«?

Drei erfolgreiche DDR-Olympioniken des gesamtdeutschen Teams der Olympischen Sommerspiele in Melbourne 1956: Boxer Wolfgang Behrendt (links) gewann die Goldmedaille im Bantamgewicht, Leichtathlet Klaus Richtzenhain Silber beim 1500-Meter-Lauf und Schwimmerin Eva-Maria ten Elsen Bronze über 200 Meter Brust.

Vom olympischen Gedanken war in den ersten Nachkriegsjahren in allen vier Besatzungszonen vorerst nicht die Rede. An der Olympiade in London 1948 durften die Kriegsverursacher Deutschland und Japan ohnehin nicht teilnehmen.

In Westdeutschland begannen im September 1949 erste Vorbereitungen für die Teilnahme einer deutschen Mannschaft an den Olympischen Spielen 1952 in Helsinki.

Mit den alten, aus der NS-Zeit stark belasteten Mitgliedern konstituierte sich ein Nationales Olympisches Komitee (NOK), das vom IOC im Mai 1950 vorläufig anerkannt wurde, wegen seiner Zusammensetzung allerdings den – wirkungslos bleibenden – Protest der West-Alliierten hervorrief. Das »neue« deutsche NOK hielt sich selbstverständlich für Gesamtdeutschland zuständig, konnte doch nach den IOC-Regeln jedes Land nur durch ein NOK bzw. eine Mannschaft vertreten werden. Dieser Festlegung entgegen stand die Gründung eines NOK für das Saarland im Oktober 1950, das dank französischer Fürsprache anerkannt wurde und in Helsinki mit einer eigenen Mannschaft antrat.

In jenen Jahren wurden der internationale Sport und die Olympischen Spiele von den westlichen Großmächten und ihren Verbündeten dominiert; die Sowjetunion ordnete erst im April 1951 die Gründung von NOKs im eigenen Land und in der DDR an. Für die Anerkennung eines NOK durch das IOC waren üblicherweise mindestens fünf Mitgliedschaften in den internationalen Sportförderationen notwendig, in denen der deutsche Platz inzwischen von der Bundesrepublik besetzt war. Bei der IOC-Session in Wien wurden 1951 die NOKs der Sowjetunion und der Bundesrepublik problemlos aufgenommen, während der DDR-Antrag aus eindeutig politischen Gründen der Ablehnung verfiel. Stattdessen verlangte das IOC Verhandlungen der beiden deutschen NOKs über ein gemeinsames NOK und eine gemeinsame Mannschaft.

Es war eine Zeit bitterster Kälte im Kalten Krieg. Dass Verhandlungen zwischen der seit NS-Zeiten den deutschen Sport beherrschenden Altherrenriege und den Polit-Funktionären des jungen DDR-Sports zu keinem annehmbaren Ergebnis führen würden, war vorauszusehen. Nachdem das IOC in Lausanne den Westdeutschen die Führung der Mannschaft für Helsinki zugesprochen hatte, ließ das Ost-NOK einen letzten Vermittlungsversuch im Februar 1952 in Kopenhagen zum Eklat werden, worauf das West-NOK für drei Jahre jegliche Zusammenarbeit einstellte und bei den Winterspielen in Oslo wie in Helsinki mit einer westdeutschen Mannschaft als »Deutschland« antrat.

Vergeblich bemühte sich die DDR in den Folgejahren um die Anerkennung seines NOK, nachdem immerhin fünf Sektionen in die Fachverbände des Weltsports aufgenommen worden waren und die massive Sportförderung im Lande erste Erfolge erwarten ließ. Erst die IOC-Session in Paris vom Juni 1955 beschloss die provisorische Anerkennung des DDR-NOK, unter der Bedingung, eine gemeinsame deutsche Mannschaft für die

Olympiade 1956 in Cortina d'Ampezzo und Melbourne aufzustellen. Nach langen Querelen einigten sich die Sportfunktionäre beider Teilstaaten für die Winterspiele auf die schwarzrotgoldene Flagge mit den olympischen Ringen und auf die Hymne gemäß der jeweiligen Herkunft. Damit war jedoch der Hallstein-Doktrin des Westens, also der Anspruch der Bundesrepublik, ganz Deutschland zu vertreten, nicht Genüge getan. Deshalb erklang in Melbourne statt »Auferstanden aus Ruinen« gemäß dem ursprünglichen DDR-Vorschlag Beethovens »Ode an die Freude«, als der Boxer Wolfgang Behrendt die erste Goldmedaille für die DDR errungen hatte. Von einer »gemeinsamen Mannschaft« konnte allerdings nur bezüglich der Flagge und der Kleidung der 138 West- und 37 Ostdeutschen die Rede sein.

Der Flaggenstreit eskalierte noch einmal, nachdem die DDR im Oktober 1959 ihre Staatsflagge mit Hammer, Zirkel und Ährenkranz versah, was zu deren Verbot auf westdeutschem Boden führte. Für die Olympiade 1960 in Squaw Valley und Rom blieb es bei der Melbourner Regelung. Zwar wurde der Westberliner Sport ab 1958 von der DDR und den »sozialistischen Bruderländern« boykottiert, doch litt der rege innerdeutsche Sportverkehr kaum darunter, bis sich die westdeutschen Sportorganisationen nach dem Mauerbau im August 1961 zu einem kompletten Abbruch entschlossen und der (Ost-)Deutsche Turn- und Sportbund (DTSB) vom Bundesgerichtshof in Karlsruhe zur verfassungsfeindlichen Organisation erklärt wurde. Zu den Olympischen Spielen 1964 in Innsbruck und Tokio reisten dennoch wiederum »gesamtdeutsche Mannschaften«, wobei die DDR in Tokio erstmals die Mehrzahl der Athleten und damit den Chef de Mission stellte. Bei den Medaillen zeigten sich die Westdeutschen deutlich überlegen – noch.

Einen von Moskau angeordneten DDR-Antrag für ein Westberliner NOK hatte das IOC zurückgewiesen. Im Oktober 1965 Jahres gelang es dem bundesdeutschen NOK nicht mehr, die vollständige Anerkennung des DDR-NOK zu verhindern. Bei den Spielen 1968 in Grenoble und Mexiko marschierten zwei getrennte deutsche Mannschaften unter dem immer noch gemeinsamen Olympia-Banner ein; die DDR belegte in der Länderwertung den dritten Platz hinter der UdSSR und den USA. Von einer gesamtdeutschen Mannschaft war nie wieder die Rede.

»Brüder, seht, die rote Fahne weht uns kühn voran …«

Was war eine Aggression auf Filzlatschen?

Die »Aggression auf Filzlatschen« ist vermutlich die einzige Formulierung des SED-Politikers Otto Winzer (1902–1975), ab 1965 Außenminister der DDR, die überlebt hat. Gemeint war mit diesem einprägsamen Bild die veränderte Haltung der bundesdeutschen SPD gegenüber der DDR und dem Ostblock, von ihrem Erfinder Egon Bahr als »Wandel durch Annäherung« bezeichnet. Diese Formel, von Bahr als Sprecher des Regierenden Bürgermeisters von Westberlin Willy Brandt und mit dessen Zustimmung im Juli 1963 zum ersten Mal bei einer Diskussion in der Evangelischen Akademie Tutzing ausgesprochen, bestimmte fortan bis zum Ende der DDR die sozialdemokratische Ost- und Deutschlandpolitik und trug – zumindest nach Meinung der SPD – nicht unwesentlich zum Untergang des zweiten deutschen Staates bei.

Bis in die Mitte der sechziger Jahre war die Bonner Politik auf die Nichtanerkennung der DDR, die andauernde Verantwortung der vier alliierten Mächte für Gesamtdeutschland und die Akzeptanz der Oder-Neiße-Grenze allenfalls als »Linie« festgelegt. Vor allem in der SPD mehrten sich jedoch die Stimmen, die eine realistische Haltung gegenüber dem »Status Quo« östlich der Elbe befürworteten – eine Erkenntnis, die sich in der USA-Außenpolitik unter Kennedy und sogar unter seinen konservativen Nachfolgern durchzusetzen begann.

Willy Brandt, seit 1964 SPD-Vorsitzender, wird 1966 Außenminister und Vizekanzler der Großen Koalition. Mit ihm wechselt Egon Bahr, Journalist und ehemaliger Chefkommentator des RIAS, als Botschafter und Ministerialdirigent in den Planungsstab des Auswärtigen Amtes nach Bonn. Hier hat er im Auftrag Brandts und als dessen Freund und einflussreicher Berater Gelegenheit, sich als künftiger »Architekt der Ostverträge« zu profilieren. Als Brandt schließlich im Oktober 1969 Kanzler der sozial-liberalen Koalition wird, steigt Bahr zum Staatssekretär im Bundeskanzleramt und zugleich zum Bevollmächtigten der Bundesregierung in Berlin auf.

Gemeinsam mit dem Außenminister Walter Scheel (FDP) und mit – widerstrebender – Zustimmung der Westmächte können Brandt und Bahr endlich ihre neue Ost-Politik in Angriff nehmen. In zähen Verhandlungen bewährt sich Bahr als Unterhändler und bereitet die Verträge von Moskau und Warschau, das Transitabkommen mit der DDR und schließlich den Grundlagenvertrag der beiden deutschen Staaten vor. Am 7. Dezember 1970 leitet Brandts weltweit beachteter Kniefall am Denkmal der Helden des Ghettos in Warschau endgültig eine Phase der Entspannungspolitik in Europa ein. Dafür wird Brandt 1971 mit dem Friedensnobelpreis geehrt.

In der DDR hält sich die Furcht vor der Aggression auf Filzlatschen. Zwei Gipfeltreffen der Regierungschefs Willy Brandt und Willi Stoph hinterließen einen eher zwiespältigen Eindruck, nachdem die »Willy, Willy«-Rufe in Erfurt eindeutig dem Gast aus dem Westen gegolten hatten. Nach den Verträgen der BRD mit der Sowjetunion und Polen und dem Viermächteabkommen über Berlin vom September 1971 kam jedoch auch seitens der DDR Bewegung in die innerdeutschen Beziehungen. Wieder war es Bahr, der als Bundesminister für besondere Aufgaben mit dem DDR-Staatssekretär Michael Kohl verhandelte und schließlich am 21. Dezember 1972 die Unterzeichnung des Grundlagenvertrags erreichte. Dem Ziel, die Mauer durchlässiger zu machen, war die Bundesrepublik damit deutlich näher gekommen. Dabei sah die innenpolitische Lage für die Regierung Brandt-Scheel keineswegs günstig aus. Abtrünnige SPD- und FDP-Mitglieder hatten deren knappe parlamentarische Mehrheit schmelzen lassen. Ein Misstrauensantrag der CDU/CSU scheiterte dennoch – unter Mitwirkung der DDR-Staatssicherheit, wie man heute weiß. Erst Neuwahlen im November 1972 bestätigten und stärkten die Regierung Brandt und ließen allgemeine Zustimmung zu deren Ost-Politik erkennen.

Brandt scheiterte schließlich an der Spionage-Affäre Guillaume, die das Verhältnis DDR–BRD vorübergehend belastete, den Kurs der Entspannungspolitik jedoch nicht veränderte. Infolge ihrer wirtschaftlichen Schwäche war die DDR zu immer neuen Zugeständnissen an den zahlungskräftigen Bruder gezwungen. Die SPD sah sich nach dem Regierungswechsel 1982 in der Defensive, als Helmut Kohl die Ostpolitik nahezu nahtlos fortsetzte. Ab 1984 führten sozialdemokratische Theoretiker um Erhard Eppler Gespräche mit der SED, die schließlich im August 1987, kurz vor dem Honecker-Besuch in der BRD, in der Veröffentlichung eines bis heute umstrittenen Papiers »Der Streit der Ideologien und die gemeinsame Sicherheit« gipfelten. Während die DDR intern weiterhin auf die Ablehnung jeglicher ideologischer Koexistenz beharrte, enthielt das von Konservativen wie von der erstarkenden DDR-Opposition abgelehnte Papier kaum konkrete Festlegungen, die eine Veränderung in der DDR erwarten ließen. Mit dem Satz: »Beide Seiten müssen sich auf einen langen Zeitraum einrichten, während dessen sie nebeneinander bestehen und miteinander auskommen« erwies es sich überdies als wenig prophetisch. So blieb dieser letzte »Wandel durch Anbiederung« nur eine Marginalie der letztendlich siegreichen Filzlatschenaggression.

WIESO GAB ES EINEN WETTLAUF MIT DEM WESTEN?

Der Traum vom ganz normalen Leben orientierte sich nach der Gründung der beiden deutschen Staaten 1949 am Vorkriegsniveau Deutschlands im Jahr 1936. In der DDR war beim preisbereinigten privaten Pro-Kopf-Verbrauch 1950 knapp die Hälfte davon erreicht. In der Bundesrepublik ging es dank Marshallplan und weniger Reparationszahlungen schneller voran. Das Bruttosozialprodukt der DDR-Bürger – also die Summe aller Waren und Dienstleistungen – lag bei etwa 69 Prozent des Vorkriegsniveaus und das war damals bereits rund ein Drittel weniger als im Westen. 1952 konnte ein Ostdeutscher ungefähr die Hälfte bis drei Viertel dessen konsumieren, was einem Westdeutschen zur Verfügung stand. Der Rückstand der DDR hatte drei wesentliche politische und wirtschaftliche Gründe. Kriegszerstörungen und Kapazitätsverluste durch Demontagen schlugen stärker zu Buche als in den Westzonen. Die Entnahmen der Reparationen aus der laufenden Produktion erzwangen einen industriellen Strukturwandel, der letztlich die Effizienz minderte. Die Abschottung vom Weltmarkt verstärkte diesen Trend. Und schließlich entstanden durch den Übergang zur Planwirtschaft Kosten. So verlor die DDR bis 1953 allein durch die dadurch begründete Westabwanderung mehr als 4000 Betriebe – das war etwa jeder siebente – meist mitsamt Führungs- und Fachpersonal. Nach der Abschaffung der Reparationen verschlangen die gestiegenen Militärausgaben die Einsparungen. Von 1951 zu 1952 verdoppelten sie sich, zwischen Sommer 1952 bis Sommer 1953 wurden rund zwei Milliarden Mark für Rüstung ausgegeben.

Nach dem Beschluss der II. SED-Parteikonferenz im Juli 1952, in der DDR den Sozialismus aufzubauen, verschärfte sich die wirtschaftliche Lage dramatisch. Die Zahl der DDR-Flüchtlinge in den Westen stieg von bislang monatlich 15 000 Menschen im Durchschnitt auf 37 500 allein im Monatsmittel des ersten Halbjahres 1953. Am 17. Juni entlud sich der Volkszorn in einem Aufstand. In seiner Folge bremste Moskau die forcierte Durchsetzung »sozialistischer Entwicklungen«. Das widersprach den politischen Plänen der SED, denn für sie stand die Wiedervereinigung Deutschlands unter sozialistischen Vorzeichen auf der Tagesordnung. Der Weg dazu schien einfach: Würde es den Menschen in der DDR besser als denen im Westen gehen, wäre die Sache klar. Die »Arbeiterklasse« würde sich erheben und die Kapitalisten hinwegfegen, um es auch so gut zu haben wie die ostdeutschen Landsleute. Deshalb erfolgte die wirtschaftliche Orientierung stets am Niveau der Bundesrepublik.

Als »ökonomische Hauptaufgabe« formulierte Walter Ulbricht 1958 auf dem V. Parteitag der SED, bis 1961 bei »allen wichtigen Lebensmitteln und Konsumgütern den Pro-Kopf-Verbrauch der Gesamtbevölkerung in Westdeutschland« zu erreichen und zu übertreffen. Die Euphorie war riesig. Der stellvertretende Regierungschef Fritz Selbmann verkündete: »Wer als Erster einen Erdtrabanten in die Welt schicken kann, dem wird es auch möglich sein, die ökonomische Hauptaufgabe zu lösen, nämlich den Kapitalismus in der Produktion von Fleisch und Fett zu überholen.« Das schien gar nicht so unrealistisch. Von 1960 bis 1966 stieg der Fleischkonsum in der DDR von 55 auf 60,7 Kilogramm, im Westen waren es 66,5 Kilogramm. Bei Nahrungsfetten, wie unter anderem Butter, hatte der Osten zu dieser Zeit mit 28,7 Kilogramm die Nase vor dem Westen mit 25,1 Kilogramm. Auch wenn der Gedanke der Wiedervereinigung inzwischen nicht mehr auf der Tagesordnung stand, sollte der Sozialismus dennoch »anziehend« sein. Und dabei blieb der West-Konsum das Vorbild.

Derweil ging es in der DDR gewaltig voran. Zwischen 1960 und 1966 wuchs die Zahl der Fernsehgeräte von 16,7 pro hundert Haushalte auf 54, der Besitz von Kühlschränken von 6,1 auf 31 und von elektrischen Waschmaschinen von 6,2 auf 33 Prozent. Jede zehnte DDR-Familie besaß 1966 ein Auto, dreimal mehr als noch 1960. Nur, im Westen ging es noch schneller. Dort hatte zu jener Zeit jede zweite Familie einen Wagen, 74 Prozent der Haushalte verfügten über einen Kühlschrank und 51 Prozent über eine Waschmaschine.

Der Grund für diese Entwicklung ist in Lenins *Die Große Initiative* nachzulesen: »Die Arbeitsproduktivität ist in letzter Instanz das Allerwichtigste, das Ausschlaggebende für den Sieg der neuen Gesellschaftsordnung.« Und die blieb im Westen stets höher. Die Westwirtschaft modernisierte sich schneller und die entscheidenden technologischen Entwicklungen gingen von ihr aus. Hinzu kam in der DDR die wachsende Abhängigkeit vom westlichen Markt, auf dem nur im Äquivalent harter Währung das Überleben möglich war. Durch den höheren Arbeitsaufwand, der in den DDR-Produkten steckte, sank im Westen ihr Preis, denn der wurde durch internationale Konkurrenzprodukte diktiert. So wuchs die Unzufriedenheit. Das oft strapazierte Beispiel Banane: 1966 konnten die DDR-Bürger 10,8 Kilogramm Südfrüchte im Jahr verspeisen, die Landsleute West 25 Kilogramm. Dieser Wert wurde im Osten erst 1988 mit 25,8 Kilogramm erreicht. Der Unzufriedenheit tat das keinen Abbruch.

Nebenbei: Dank Grillorgien und Eisbein hat es die DDR 1989 mit einem Fleischverbrauch von 99,3 Kilogramm pro Kopf, mit 146,5 Litern Bier hinuntergespült, am Ende dann doch noch geschafft, den Westen zu überholen. Genutzt hat es nichts, heute werden in Deutschland durchschnittlich 88 Kilogramm Fleisch gegessen und 104 Liter Bier getrunken.

Weshalb war Schabowski gegen Sat.1?

Dass es zu DDR-Zeiten in der Gegend um Dresden ein »Tal der Ahnungslosen« gab, weil das Westfernsehen dort ebenso wenig, oder nur mit erheblichem technischen Aufwand und in schlechter Qualität, wie im Nordosten der DDR zu empfangen war, gehört zum »gesicherten Wissen« über das verflossene Land. Vergessen wird dabei, dass in diesen Gegenden viel intensiver Radio gehört wurde und auch hier Informationen aus dem Westen der Maßstab für die Glaubwürdigkeit der Propaganda aus dem Osten bildeten.

Die SED hatte den »Krieg im Äther« längst verloren. Schon 1961 mussten die gewaltsame Zerstörung von Westantennen und 1978 der Betrieb von Rundfunk-Störsendern aufgegeben werden, und seit Mitte der siebziger Jahre wurden Farbfernsehgeräte mit PAL- und SECAM-System verkauft. Verschämt hieß es in einer Mitteilung an Erich Honecker vom 5. Dezember 1977: »Intern ist festgelegt, dass beim Verkauf in den ausgewählten Verkaufsstellen des sozialistischen Handels die Vorführungen nur mit Sendungen des DDR-Fernsehens erfolgen.«

Solche ideologischen Purzelbäume auch noch als »Sieg« zu betrachten, gehörte zu den Künsten der Dialektik. So wandte sich Ostberlins SED-Chef Günter Schabowski am 18. Dezember 1987 an seinen Politbüro-Kollegen Joachim Herrmann, um gegen den damals neuen TV-Sender Sat.1 zu wettern. Stolz stellte er fest, »dass wir seinerzeit die technischen Empfangsmöglichkeiten für die drei Fernsehprogramme der ARD und des ZDF geschaffen haben«, womit wohl das stillschweigende Einspeisen der Westsender in die Kabelnetze einiger Neubaugebiete gemeint war. Die Beruhigungspille für die murrende Bevölkerung wertete er nun so: »Wir stehen ja in puncto Weltoffenheit auf diesem Gebiet in Europa einzigartig da.« Dennoch könne das »nicht bedeuten, dass wir bei jedem Drecksender, den der Gegner neu installiert, ihm noch die Wirkung seiner Hetze bei uns finanzieren«.

Als mögliches Mittel der Entspannung und Annäherung wurde der Informationsaustausch, der sich seit Beginn der siebziger Jahre mit der Normalisierung der deutsch-deutschen Beziehungen entwickelte, nie gesehen. Erich Mielke vermutete als Minister für Staatssicherheit in den Westkorrespondenten in der DDR ohnehin nur Agenten und Spione und informierte die SED-Spitze: »Die gemeinsam mit dem Bundesnachrichtendienst der BRD fabrizierten Nachrichten und Berichte sind fester Bestandteil einer von imperialistischen Kreisen gesteuerten Kampagne, die das Ziel verfolgt, die Welt erneut in die Zeit des Kalten Krieges zurückzustoßen.«

Dagegen kämpfte die »Abteilung Agitation« im Zentralkomitee von Anfang an. Sie unterbreitete am 9. September 1977 »Vorschläge für die weitere Arbeit gegenüber den akkreditierten Journalisten aus der BRD und Westberlin«. Die ungeliebten Beobachter sollten vor allem beschäftigt werden: »Die Korrespondenten müssen dauernd Vorschläge für ihre Tätigkeit erhalten mit Themen, die sich besonders gut zur Selbstdarstellung der sozialistischen DDR eignen … Wenn die Journalisten der BRD und Westberlins dann von den ihnen gebotenen Möglichkeiten keinen Gebrauch machen, haben wir die Möglichkeit, dies für öffentliche bzw. interne Schritte zu gebrauchen.« Gleichzeitig hieß es: »Unsere Korrespondenten in der BRD sollten verstärkt Anträge für journalistische Vorhaben stellen, mit deren Ablehnung zu rechnen ist (Betriebsbesuche u. ä.).« Daraus ergäbe sich dann die »begründete« Möglichkeit, die Berichterstattung der Westkollegen über die DDR einzuschränken.

Das klappte bekanntermaßen nicht, und so blieben manche Artikel in der DDR-Presse für die Leser des Landes nur verständlich, wenn sie zuvor Westfernsehen gesehen hatten. Als dort zum Beispiel im Oktober 1987 der Glasnost-Film Die *Reue* des georgischen Regisseurs Tengis Abuladse lief, verriss ihn *Junge Welt*-Chefredakteur Hans-Dieter Schütt am 28. Oktober 1987 in seinem Blatt. Wer den Westkanal nicht empfangen konnte, verstand die Schelte nicht.

Schon seit Mitte der sechziger Jahre hatte das Leipziger Zentralinstitut für Jugendforschung zu ergründen versucht, wo und wie sich die Leute politisch informierten. Für 1979 stellte es bei 5532 anonym Befragten fest, dass nicht einmal ein Viertel »vorwiegend über DDR-Sender« ankreuzte. Natürlich blieben solche Erhebungen unter strengstem Verschluss, denn 56 Prozent äußerten entgegen der Hoffnung der Befrager »gleichermaßen über DDR- und BRD-Sender«. Knapp die Hälfte von ihnen, 47 Prozent, waren zudem Mitglieder der SED und etwa zwei Drittel Arbeiter. In den achtziger Jahren nahm der Anteil jener, die sich regelmäßig im Westen informierten, kontinuierlich zu, 1987 belief er sich auf 85 Prozent. Insofern hatte der erste ARD-Korrespondent in der DDR, Lothar Loewe, bereits mit dem Titel seiner Serie im *Spiegel*, Heft 33 bis 37 des Jahrgangs 1977, »Abends kommt der Klassenfeind« die wichtigste Aussage seiner Erkenntnisse formuliert.

Obwohl Günter Schabowski den neuen »Drecksender« Sat.1 harsch angriff, der natürlich auch im abgeriegelten Funktionärsghetto Wandlitz flimmerte, hatte die SED vor der Ersatzöffentlichkeit westlicher Medien in der DDR schon lange kapituliert. Private »Antennengemeinschaften« und deren oft umfängliche Bauten wurden toleriert, und die westlichen Radiosendungen gehörten längst zum DDR-Alltag.

Trotzdem schien Günter Schabowski der »Angriff auf Ätherwellen« bedrohlich: »Die Hauptziele sind politisch durch und durch unmoralisch – Desinformation, Verdummung, feindliche Hetze. Möglichst vielen Zuschauern soll mit billigsten Mitteln der ›goldene Westen‹ vorgegaukelt werden.« Das ist dann wohl auch gelungen.

Warum war 1968 die *Prager Volkszeitung* konterrevolutionär?

Mit Lastwagen versuchen Demonstranten sowjetische Panzer am 21. August 1968 an der Besetzung der Prager Innenstadt zu hindern.

Zuerst war es nur das Programm des Westfernsehens, das plötzlich in der *Prager Volkszeitung* auftauchte. Das Blatt lag im Sommer 1968 im Tschechoslowakischen Kulturzentrum, einem barackenartigen Gebäude am Ostberliner Bahnhof Friedrichstraße, aus. Dann schienen die Artikel einen anderen Geist zu atmen, als man es von den »Organen« in der DDR gewöhnt war. Von Ergänzung der Planwirtschaft durch Marktmechanismen war die Rede, von Eigenverantwortlichkeit der Betriebe und von marktorientierter Produktion. Wenig später hieß es, eine ökonomische Reformation sei ohne Demokratie und Rechtsstaatlichkeit kaum denkbar. Rosa Luxemburg wurde zitiert: »Freiheit nur für die Anhänger der Regierung, nur für die Mitglieder einer Partei – mögen sie noch so zahlreich sein – ist keine Freiheit. Freiheit ist immer nur Freiheit des Andersdenkenden.« So etwas stand in der DDR in keinem Buch! Doch. In der wissenschaftlichen Gesamtausgabe der Werke Rosa Luxemburgs, Band 4, Seite 359. In einer Fußnote. Es musste etwas auf sich haben, wenn schon allein das Wort »Freiheit« versteckt wurde.

In der DDR stand Ende der sechziger Jahre ihre erste Kinder-Generation an der Schwelle zum Erwachsensein. Zum ersten Mal in ihrem Leben verbanden sich für sie nun Politik und Gefühle. Die Welt schien im Aufbruch: Im fernen Osten waren die Vietnamesen dabei, mit ihrer Tet-Offensive 1968 die Amerikaner aus dem Land zu jagen, im nahen Westberlin unterstützten das die Studenten. In Paris wurde gegen den Kapitalismus demonstriert. Und auch in der DDR ging es voran: Am Ostberliner Alex wuchs der Fernsehturm, überall wurde gebaut. Die DDR war endlich nicht mehr zu übersehen.

Dass in den Macht-Etagen zwischen Berlin und Moskau dieses Gefühl des Aufbruchs längst als Problem gesehen wurde, bemerkten nur wenige. Die kühlen Analytiker spürten, wie sich wieder einmal der humanistische Anspruch des Sozialismus an der Herrschaftspraxis der vergangenen 50 Jahre rieb. In der *Prager Volkszeitung* war davon sogar zu lesen. Viele junge Leute meinten deshalb, der Sozialismus könne doch auch Spaß machen und in Prag stünde die Tür dazu offen. Dass sie nicht in Paris mitkämpfen, oder in Westberlin marschieren durften, kannten sie nicht anders. Aber nach Prag konnten sie. Es sind die fröhlichen Menschen, die auffallen. Jeder redet mit jedem, um Mitternacht drängen sich noch Menschen auf dem Wenzelsplatz und sogar eine Wurst kann man um die Zeit dort noch essen. Westliche Zeitungen hängen an den Kiosken, Coca Cola wird getrunken, obwohl das böhmische Bier viel besser schmeckt. Niemand scheint daran zu denken, dass trotz allem ein eiserner Vorhang die Welt spaltet und sich hochgerüstete Militärblöcke misstrauisch belauern. Und dass die Tschechoslowakei der militärisch »weiche Bauch« im Warschauer Pakt ist. Es ist ein ungewöhnlich heißer Sommer 1968, auch was die Temperaturen betrifft.

Am 21. August ist er beendet. 27 Divisionen der Armeen der Sowjetunion, Polens, Ungarns und Bulgariens mit einer Gesamtstärke von 300 000 Mann fallen in die ČSSR ein. Alles läuft wie am Schnürchen. Später wird die Truppenstärke auf eine halbe Million, zeitweilig sogar bis auf 800 000 Mann, erhöht. Es ist die größte Militäroperation in Europa seit dem Zweiten Weltkrieg. Die NVA der DDR steht nur in Reserve. Drei Wochen später hat das Land seinen sozialistischen Grauschleier wieder. Die Mensch sind freundlich wie eh und je. Auch die Russen. Sie fahren mit ihren Panzern auf den Feldern. Die Straßen sollen nicht so leiden.

Nur still ist es geworden. Einige der neuen und alten tschechischen Freunde sind verschwunden. Manchen melden sich später von irgendwo im Westen wieder. Andere machen die Fensterläden zu und legen eine Platte von Smetana auf. Das Blanik-Motiv aus »Mein Vaterland«. Der Blanik ist so etwas wie der tschechische Kyffhäuser. Der Sage nach schlafen dort im Berg die hussitischen Ritter und warten darauf, unter Führung des Heiligen Wenzel dem Volk bei Gefahr zu Hilfe zu kommen. Auf dem Weg nach Hause ist das Elbsandsteingebirge näher als der Berg in Böhmen. An einer Felswand steht in riesigen Lettern »Ulbricht – Verbrecher«. Der tschechische Zöllner trägt Trauerflor an der Uniform. »Fahren Sie weiter bitt' schön«, sagt er, »die Tschechoslowakei existiert nicht mehr« und öffnet den Schlagbaum. Drüben dann die üblich-gehässigen DDR-Zöllner: »Rechts ran, haben Sie Druckerzeugnisse, Fotos?« Die letzte Ausfahrt Freiheit ist verpasst.

Die DDR geht wieder zur Tagesordnung über. Akten der Untersuchungsabteilungen des MfS sagen, dass zwischen dem 21. August und dem 27. November 1968 gegen 506 Personen Ermittlungsverfahren »im Zusammenhang mit Angriffen gegen die Hilfsmaßnahmen der fünf sozialistischen Bruderländer« eingeleitet wurden. Andere Dokumente belegen Ermittlungen gegen 980 Menschen, per 24. September 1968 saßen 794 von ihnen im Gefängnis. Gegen 3358 SED-Kandidaten und -Mitglieder gab es wegen »unklarer Auffassungen« und »schwankenden Verhaltens« Parteiverfahren, 223 endeten mit Ausschlüssen. Es war kein Erdbeben, mit dem der heiße Sommer 1968 endete. Aber es blieb ein Funke, der niemals mehr ganz erstickt werden konnte.

WARUM ERSCHÜTTERTE EIN »MANIFEST« DIE DDR?

Manifestus heißt, etwas handgreiflich zu machen. Doch ob es in der DDR tatsächlich jemals einen »Bund Demokratischer Kommunisten Deutschlands« gab, der als Opposition innerhalb der SED gegenüber seinen Genossen etwas manifestieren wollte, ist bis heute umstritten. Dennoch erschien im Januar 1978 in seinem Namen ein »Manifest«, rund 30 Seiten lang und veröffentlicht in der Zeitschrift *Der Spiegel*, die in der DDR nicht öffentlich zugänglich war.

Um zu verstehen, wer da wem was sagen wollte, ist die Vorgeschichte wichtig. Im November 1976 bürgerte die DDR Wolf Biermann aus. Das fiel ihr sicher nicht leicht, denn Margot Honecker hatte 1953 den damals 17-jährigen überzeugten Kommunisten nach Ostberlin geholt. Damit revanchierte sie sich für den Unterschlupf, den die Kommunisten-Familie Biermann ihr und Bruder Manfred während des Krieges in Hamburg gewährt hatte. Die Reaktion der ostdeutschen Künstler und Intellektuellen auf die nun erfolgte Ausbürgerung fiel unerwartet heftig aus, die SED war hilflos.

Etwa zur gleichen Zeit erschien im Westen die schonungslose Abrechnung mit der SED-Politik *Die Alternative*. Geschrieben hatte sie ein Fachmann aus den eigenen Reihen, Rudolf Bahro. Sein Fazit: »In ihrer jetzigen politischen Verfassung hat diese Ordnung keinerlei Aussicht, die Menschen für sich zu gewinnen.« Rudolf Bahro wurde am Tag nach der Veröffentlichung verhaftet und zu acht Jahren Gefängnis verurteilt. Die Unsicherheit in der SED-Führung blieb. Schon 1979 schob ihn die DDR per Amnestie in den Westen ab.

Im 1. Januarheft 1978 des *Spiegels* folgte das »Manifest des Bundes Demokratischer Kommunisten Deutschlands«, der angeblichen SED-Opposition. Inhalt: Der reale Sozialismus der DDR sei nichts anderes als pseudosozialistischer Spätkapitalismus. Das SED-Politbüro sei reaktionär und überlebt, missachte die Menschen- und Bürgerrechte und widersetze sich notwendigen, weitreichenden Reformen. Eine Wiedervereinigung Deutschlands müsse das politische Ziel sein. Bei den wenigen Spitzenfunktionären, die den *Spiegel* überhaupt lesen durften, schlug das wie eine Bombe ein. Die SED-Führung wollte nicht noch einmal ihre Macht in Frage gestellt wissen, wie es bereits 1953 geschehen war.

In der DDR kursierten bald Abschriften des »Manifests«. Besonders unter Intellektuellen wurde heftig spekuliert, wer hinter den aufrührerischen Thesen stecken konnte, die durchaus Insider-Kenntnisse verrieten. Es war Hermann von Berg, Jahrgang 1933, Anfang der siebziger Jahre für Willy Stoph als geheimer deutsch-deutscher Unterhändler unterwegs und inzwischen Ökonomie-Professor an der Humboldt-Universität. Er hatte im Herbst 1977 bei Ulrich Schwarz, Chef des *Spiegel*-Büros in der DDR angefragt, ob man so etwas drucken würde und auch gleich gewarnt: »Falls ihr das veröffentlicht, ist das euer Ende in der DDR. Sie werden euer Büro dichtmachen und die ganze Sache westlichen Geheimdiensten in die Schuhe schieben.«

Der Spiegel ging das Risiko ein. An die Existenz eines »Bundes Demokratischer Kommunisten Deutschlands« glaubte aber wohl auch in Hamburg niemand so recht, das Blatt titelte deshalb: »Bruch in der SED – Das Manifest der Opposition« und machte es erst auf dem folgenden Heft mit einem diffusen: »SED unter Druck« zum dominanten Cover. Diesen Druck erzeugte Hermann von Berg in seinem Wohnzimmer, indem er dem Korrespondenten Schwarz Aufmüpfiges in den Block diktierte. Weitere SED-Oppositionelle traten nicht in Erscheinung, angeblich konnten sie sich nur konspirativ treffen.

Die DDR-Oberen spuckten trotzdem Gift und Galle. Schwarz-Nachfolger Karlheinz Vater wurde am 2. Januar 1978 die Einreise in die DDR verweigert. Die Lage spitzte sich weiter zu, nachdem am 9. Januar der zweite Teil des »Manifests« erschienen war. Er prangerte besonders den feudalen Lebensstil der »führenden Genossen« an. Nun kam es, wie Hermann von Berg vorausgesagt hatte. Am 10. Januar 1978 ging ein Fernschreiben des DDR-Außenministeriums in der Hamburger Chefredaktion der Zeitschrift *Der Spiegel* ein: »Ihr Blatt hat ... vorsätzlich den Versuch unternommen, durch erfundene Nachrichten und Berichte die Beziehungen ... zu vergiften. Eine besondere Rolle ist dabei offensichtlich dem von Ihnen gemeinsam mit dem Bundesnachrichtendienst der BRD fabrizierten üblen Machwerk ›Bruch in der SED‹ zugedacht ... Das Ministerium für Auswärtige Angelegenheiten ... sieht sich daher veranlasst ..., das Büro mit sofortiger Wirkung zu schließen.« *Der Spiegel* blieb für die nächsten sieben Jahre aus der DDR ausgeschlossen.

Hermann von Berg wurde nach der Veröffentlichung des »Manifests« verhaftet, nach drei Monaten jedoch wieder entlassen. Er verlor seine Professur und siedelte 1986 in den Westen über. Nach dem Ende der DDR wurde bekannt, dass er beim MfS IM »Günter« war. All das bestärkte Zweifel an der Echtheit des Papiers, die erstmals bereits 1978, besonders von der SPD, geäußert worden waren. Es gab Vermutungen, das »Manifest« könne ein MfS-Werk sein. Die tatsächlichen Zusammenhänge um das »Manifest«, einschließlich der Frage, ob es überhaupt einen größeren Kreis Oppositioneller innerhalb der SED gab, sind bis heute umstritten.

WARUM WAR SALZGITTER »DAS SCHLECHTE GEWISSEN DER DDR«?

Das rotbraune Backsteingebäude Am Pfingstanger 2 in Salzgitter-Bad ist heute ein Polizeirevier wie viele. Alexander Hofmann hat Dienst und weiß von nichts. Sein Kollege Hans-Jürgen Bergmeier hingegen erinnert sich: »Ja, wir hatten damals hier einen Alarmknopf für den Flur oben.« Die »Erfassungsstelle Salzgitter«.

Ihre Geschichte beginnt mit dem Bau der Mauer 1961. Willy Brandt, damals Regierender Bürgermeister Westberlins, greift den Vorschlag des Hamburger CDU-Chefs Erik Blumenfeld auf, Gewalttaten an der deutsch-deutschen Grenze und rings um Berlin zu erfassen. Niedersachsens Justizminister Arvid von Nottbeck warnt »sowjetzonale Grenzposten«, sie müssten wissen, »dass sie eines Tages vor ein unabhängiges deutsches Gericht gestellt werden, wenn sie den Finger krumm machen, wo sie ihn nicht krumm zu machen haben«. Es geht um die Vorbereitung auf den »Tag X«, eine Verurteilung ermittelter Täter in Abwesenheit ist nicht vorgesehen.

Das ist von Anfang an eine politische Attacke gegen die DDR. Sie basiert auf dem im Grundgesetz fixierten Anspruch der Bundesrepublik, »alle Deutschen«, die in den Grenzen des Deutschen Reichs von 1937 lebten, zu vertreten. Daraus leitet sie ihre einseitig deklarierte Legitimation her, durch Gerichte der Bundesrepublik in der DDR begangene Straftaten unter Anwendung des BRD-Strafgesetzbuches zu ahnden, wenn die Tat auch in der DDR mit Strafe bedroht ist. Diese Haltung betrachtet die DDR als Einmischung in ihre inneren Angelegenheiten als souveräner Staat und wertet sie als aggressiven Akt. Dennoch beschließen die Justizminister der westdeutschen Länder im Oktober 1961 die Einrichtung einer »Zentralen Erfassungsstelle der Landesjustizverwaltungen« in Niedersachsen, dem Land mit der längsten Grenze zur DDR. Am 24. November 1961 nahm sie als Zwei-Mann-Behörde ihren Dienst in Salzgitter-Bad auf. Zunächst ging es nur um Fälle an der Grenze, ab Ende 1962 wurde die Behörde auf sieben Personen aufgestockt und ab Oktober 1963 ihr Aufgabenbereich erweitert. Er umfasste nun Tote und Verletzte an der Grenze, Opfer der politischen Justiz und Vorkommnisse im DDR-Strafvollzug. Kernstück der Ermittlungen war eine Namenskartei, die Tatverdächtige, Opfer und Zeugen enthielt.

Die DDR versuchte sich gegen diese »juristische Aggression« aus dem Westen zu wehren. Am 22. Oktober 1962 beschoss das Präsidium des Ministerrates: »Beim Generalstaatsanwalt der Deutschen Demokratischen Republik wird eine Arbeitsgruppe gebildet. Ihre Aufgabe ist es … direkte und indirekte Aggressionshandlungen … zu erfassen und die Voraussetzung für deren systematische Ahndung zu schaffen.« Diese Aufgabe wird vom Ministerium für Staatssicherheit wahrgenommen. Mit dem »Gesetz zum Schutze der Staatsbürger- und Menschenrechte der Bürger der Deutschen Demokratischen Republik« vom 13. Oktober 1966 bedroht die DDR all jene mit Strafe – im besonders schweren Fall Zuchthaus bis zu zehn Jahren –, die »unter Zugrundelegung der Alleinvertretungsanmaßung der Bundesrepublik und der Ausdehnung der westdeutschen Gerichtshoheit Bürger der DDR wegen Ausübung ihrer verfassungsmäßigen Staatsbürgerrechte« verfolgen, die Verfolgung anordnen oder veranlassen.

Seit Anfang der achtziger Jahre gehört die Forderung nach Schließung der Erfassungsstelle Salzgitter zu den Voraussetzungen, die die DDR für eine Verbesserung des Verhältnisses zur Bundesrepublik erwartet. Auch im Westen dreht sich der Wind des Kalten Krieges. 1984 befindet die SPD-Bundestagsfraktion einstimmig: »Die Zentrale Erfassungsstelle Salzgitter ist wirkungslos und überflüssig.« Ab 1985 stellt als Erstes das Saarland seine Zahlung in den 250.000-DM-Jahresetat der Behörde ein, 1988 folgt Nordrhein-Westfalen. Die FDP tendiert ebenfalls zur Schließung der Erfassungsstelle. Dennoch setzt sie ihre Tätigkeit bis zum Ende der DDR fort.

Bis 1989 werden die Erkenntnisse der Behörde zur Überprüfung von aus der DDR stammenden Bewerbern im öffentlichen Dienst verwendet. Danach bilden die zwischen 1961 und 1992 etwa 42 000 registrierten »Gewaltakte der DDR« einen Teil der Ermittlungen der nun zuständigen deutschen Staatsanwaltschaften gegen ehemalige DDR-Bürger, zum Beispiel in den »Mauerschützen-Prozessen«.

Die heutige Bewertung der »Zentralen Erfassungsstelle Salzgitter« erfolgt vor dem Hintergrund des Zusammenbruchs der DDR, der deren Aktivität nachträglich zu legitimieren scheint. Oberstaatsanwalt Hans-Jürgen Grasemann, ab 1988 stellvertretender Chef der Behörde, fasst sie so zusammen: »Wir waren das schlechte Gewissen der DDR und Symbol für die Abnormität in Deutschland.«

Eine abschließende politische Beurteilung dieses Teils der deutsch-deutschen Geschichte wurde nicht vorgenommen. Aus der Sicht der damaligen Zeit diente die Erfassungsstelle jedoch weder der SPD-Politik des »Wandels durch Annäherung« noch dem DDR-Bestreben nach »Normalisierung der Beziehungen«. Dennoch war sie für die Rehabilitierung in Einzelfällen für viele Menschen wichtig. Die Akten der Erfassungsstelle wurden 2007 an das Bundesarchiv in Koblenz übergeben. Vor dem Haus steht seit dem 9. November 2009 ein Denkmal, bestehend aus einem Mauersegment mit einer Bronzetafel.

WARUM GAB ES KEINE WEST-ZEITUNGEN?

Dass »Druckerzeugnisse« zur heißesten Konterbande im Ost-West-Verkehr überhaupt zählten, wissen jene, die die Grenze passieren konnten, ebenso wie die, die es durften. Weit weniger bekannt ist, dass in der hohen Zeit des Kalten Krieges nicht nur West-Zeitungen im Osten, sondern auch Ost-Zeitungen im Westen verboten waren. Die Motive waren auf beiden Seiten die gleichen: Angst vor der subversiven Kraft der Druckerschwärze.

Mitte der 60er Jahre gelten für die Bundesrepublik und West-Berlin:

- der § 93 StGB, der jeden mit Gefängnis bedroht, der »Schriften ... die darauf gerichtet sind, den Bestand der Bundesrepublik zu beeinträchtigen ... herstellt, vervielfältigt oder verbreitet«.
- das »Verbringungsgesetz«, das den Zoll ermächtigt, »Gegenstände« deren »Einfuhr oder Verbreitung aus Gründen des Staatsschutzes« verboten ist, zu beschlagnahmen.
- die »Direktive 501« der alliierten Stadt-Kommandanten von Westberlin, die »Einfuhr, Besitz oder Verteilung« von Schriften untersagt, die »darauf hinzielen, Unterstützung zu erlangen für Organisationen, deren Ziel die Einführung eines totalitären Regimes ist«.

Für die DDR gilt alles grundsätzlich als »Boykotthetze«, was von westlicher Seite verlautbart wird. Dagegen gibt es das »Gesetz zum Schutze des Friedens«, das jeden mit Zuchthaus oder Gefängnis bedroht, der »andere Völker oder Rassen schmäht, gegen sie hetzt, zum Boykott gegen sie auffordert«. Damit ist es bereits strafbar, statt DDR »Zone«, »SBZ« oder ähnliches zu schreiben oder den Namen in Gänsefüßchen zu setzen. In der Zeitung *Die Welt* aus dem Axel Springer Verlag wurde am 2. August 1989 zum ersten Mal darauf verzichtet, der Artikel hieß: »Tristesse in der DDR beklagt.«

Im Westen wandern Streifbandsendungen mit Zeitungen aus der DDR direkt an die zuständige Staatsanwaltschaft. In Hamburg, Hannover, Bad Hersfeld und Hof unterhält die Bundespost eigens eingerichtete »Auffangstellen« für DDR-Propagandamaterial. Im Osten kontrollieren Postler flächendeckend tagtäglich die aus dem Westen einlaufenden Sendungen, und Zöllner zusätzlich die Pakete auf Druckerzeugnisse. Beide werden vom MfS überwacht, eine weitere Kontrolle erfolgt direkt durch getarnte Stasi-Mitarbeiter, die nach außen in den Uniformen von Post und Zoll agieren.

Erlaubt sind »unpolitische Zeitschriften«, die eine interne Liste erfasst. Sie enthält 162 West-Periodika und 54 DDR-Publikationen. So dürfen zum Beispiel Fachzeitschriften wie *Meteorologische Rundschau*, *Farbe und Lack* oder *Die Hugenottenkirche* aus dem Westen in den Osten und *Der Modelleisenbahner*, *Plaste und Kautschuk* oder *Dermatologische Wochenschrift* aus dem Osten in den Westen. Darüber hinaus importiert der Leipziger VEB Buchexport- und Importgesellschaft in geringem Umfang Zeitungen und Zeitschriften aus der Bundesrepublik, die nach einem Schlüssel ausgewählten SED-Funktionären, Personen mit Sondergenehmigungen und in Bibliotheken für wissenschaftliche Arbeiten unter Auflagen zugänglich sind. Im Westen können »Personen mit erhöhtem Informationsbedürfnis« Ausnahmegenehmigungen zum Abonnement von DDR-Zeitungen beantragen. Sie werden vom Bundesamt für gewerbliche Wirtschaft in Frankfurt am Main kontrolliert.

Vor diesem Hintergrund schlug Walter Ulbricht am 24. April 1964 Bonn einen »Zeitungsaustausch« vor. Danach sollten unter anderem *Die Zeit* und die *Süddeutsche Zeitung* in der DDR zum Verkauf zugelassen werden, wenn dafür gleichzeitig *Neues Deutschland* und *Junge Welt* im Westen verkauft würden. Das lehnte die Bonner Regierung ab, weil dem das 1956 erfolgte KPD-Verbot und die herrschende Gesetzeslage entgegenstanden. Nach heftigen öffentlichen Diskussionen wurde diese Haltung aufgegeben, doch nun koppelte die DDR das Angebot an die Forderung nach staatlicher Anerkennung. So blieb die Sache letztlich eine Episode im gegenseitigen Propaganda-Krieg.

Gegen die bestehenden Beschränkungen wurde im April 1966 der damalige Hamburger SPD-Innensenator Heinz Ruhnau auf eigene Initiative aktiv. Er autorisierte drei Buchhandlungen, die DDR-Zeitungen *Neues Deutschland*, *Neue Zeit* und *Junge Welt* zu vertreiben. Wer dort kaufen wollte, musste sich allerdings auf schriftlichen Antrag eine »Unbedenklichkeitsbescheinigung« besorgen. Mit diesem legalen Verwaltungstrick war er gegen die Strafandrohung des Paragraphen 93 geschützt, ohne dass der Paragraph selbst angetastet wurde. Das Echo blieb verhalten: Von den 1,8 Millionen Hamburgern trugen sich in den ersten Wochen gerade einmal 70 Leute in die Genehmigungsliste ein. In der DDR wurde das Informationsbedürfnis durch Rundfunk und Fernsehen aus dem Westen abgedeckt. Nach internen Schätzungen nutzten etwa drei Viertel der Bürger diese bequeme Möglichkeit. Druckerzeugnisse jeder Art blieben jedoch eine beliebte Konterbande. Ob Quelle-Katalog, *Spiegel* oder *Mickey Mouse* – alles ging von Hand zu Hand und wurde gelesen, bis im wahrsten Sinne die Fetzen flogen.

Als es nach dem Mauerfall 1989 dann endlich West-Zeitungen gab, schnellte zum Beispiel die verkaufte Auflage von *Bild* im Osten von null auf eine Million Exemplare. Inzwischen kämpft das Blatt im Osten gegen den Abstieg unter 160 000. Viele andere West-Zeitungen sind in der früheren DDR Exoten geblieben, die ihre Vertriebskosten dort bis heute subventionieren müssen.

WIE TAUCHTE DIE RAF IN DER DDR UNTER?

Das Wie ist leicht zu beantworten: Unter strengster Geheimhaltung organisierte das Ministerium für Staatssicherheit der DDR das Asyl für ein knappes Dutzend Mitglieder der »Roten Armee Fraktion« (RAF). Dazu gehörten gefälschte Papiere, neue Lebensläufe und die Abschirmung vor eventueller Entdeckung.

Das Warum ist umstritten: Die einen sagen, die Stasi wollte die West-Terroristen dadurch unter Kontrolle halten. Spätestens seit Mitte der siebziger Jahre kannte sie recht gut deren Pläne und Aktivitäten. Ihre Haltung dazu war ambivalent. Jeder »Schlag gegen den Klassenfeind« war willkommen, andererseits wurde getreu nach Lenin der linke Radikalismus als »Kinderkrankheit des Kommunismus« gesehen. Die anderen meinen, angesichts der durch Akten belegbaren logistischen Unterstützung der RAF durch die Stasi konnte diese auch nach dem angeblichen »Ausstieg« der Polithasardeure die Füße nicht still halten. Erste Nachweise von Westreisen von damals in der DDR ansässigen ehemaligen RAF-Mitgliedern wurden gefunden, endgültige Beweise dafür stehen noch aus.

Klarer sind da die Fakten: Das heimliche Asyl fliegt am 7. Juni 1990 in einem Plattenbau in der Rosenbecker Straße 3 im Ostberliner Stadtteil Marzahn auf. Fünf Kripo-Männer vom Zentralen Kriminalamt der DDR, der bereits gewendeten VP-Kriminalpolizei, warten, bis eine Frau mit Pagenkopf im Eingang verschwindet. Dann gehen sie hinterher und klingeln an der Wohnung 0201. Becker steht auf dem Türschild.

Ingrid Becker wirft weder Bomben noch zieht sie eine Pistole. Aber sie gibt sofort zu: »Ja, ich bin Susanne Albrecht, Mitglied der RAF.« Susanne Albrecht, Jahrgang 1951, wird seit Jahren im Westen per Steckbrief gesucht. Sie gilt als gefährliche Terroristin. Im Juli 1977 war sie am Mord der RAF an dem Bankier Jürgen Ponto, damals 53, beteiligt. Das Bundeskriminalamt fahndet weltweit. Nur in Ostberlin vermutet niemand die RAF-Leute. Bis zum 18. Juni verhaften die Fahnder Inge Viett in Magdeburg, dann Ralf Friedrich, Monika Helbing, Ekkehard von Seckendorff-Gudent, Sigrid Sternebeck und Henning Beer, Christine Dümlein, Werner Lotze und Silke Maier-Witt – alles dringend im Westen gesuchte Gewalttäter!

Ihr Weg in die DDR begann im Mai 1980. Inge Viett sprach mit Stasi-Major Harry Dahl über mögliche Exil-Orte. Sie und ihre »Genossen« werden wegen zahlreicher Entführungen und Morde gesucht. Sie selbst ist bereits zweimal aus dem Knast ausgebrochen. Stasi-Minister Mielke entschied in geheim gehaltener Absprache mit Erich Honecker die delikate Angelegenheit: Die Leute durften in die DDR kommen und würden dort von der Stasi geschützt werden. Die denkbar beste Tarnung wäre dabei eine Verwandlung in ganz normale DDR-Bürger. Dafür sorgen Mielkes Männer.

So leben zum Beispiel Werner Lotze, Jahrgang 1952, und Christine Dümlein, 1949 geboren, als Manfred und Katharina Janssen in Senftenberg. Sie wird Sekretärin in der Betriebsberufsschule des Synthesewerkes, er arbeitet dort als Ofenfahrer. Oder Susanne Albrecht. Sie hieß zunächst Ingrid Jäger und machte an der Karl-Marx-Universität Leipzig ein Fernstudium zur Englisch-Lehrerin. Natürlich sorgt die Stasi auch für Wohnung, Trabi und all den anderen DDR-Wohlstand und kann zufrieden konstatieren: »Alle Personen haben sich fest in das berufliche und gesellschaftliche Leben eingegliedert.« Gleichzeitig hält die Stasi ihre schützende Hand über die RAF-Leute. Deren Bilder prangen nämlich auf Steckbriefen an jedem Grenzübergang, auf jedem Polizeirevier und auch dort, wo das Begrüßungsgeld abzuholen ist. Bei rund drei Millionen Rentnerreisen pro Jahr geht deshalb im Westen über die Jahre der eine oder andere Hinweis ein, nach dem RAF-Leute in der DDR gesehen worden sein sollen. Sie werden im Rahmen der weltweit um die 5000 Spuren eingeordnet, niemand nimmt sie sonderlich ernst.

»Brüder, seht, die rote Fahne weht uns kühn voran …«

Das ändert sich jedoch, als am 13. Juni 1985 ein junger DDR-Übersiedler auf der Polizeistation im schwäbischen Möglingen behauptet, er kenne die auf dem Steckbrief abgebildete Silke Maier-Witt, Jahrgang 1950, als Angelika Gerlach aus Erfurt. Er habe mit ihr gemeinsam an der Medizinischen Fachschule in Weimar studiert. Von dieser Enttarnung erfährt wiederum die Stasi über ihre Leute im »Operationsgebiet« Bundesrepublik. Silke Maier-Witt muss sofort ihre Wohnung in der Moskauer Straße 18 in Erfurt räumen. Sie wird nun zu Sylvia Beyer, geboren am 18. Oktober 1948 in Moskau. Zusätzlich gibt es noch eine kleine Gesichtsoperation – die Nase wird begradigt – und dann folgt eine Odyssee durch einige »konspirative« Wohnungen, bis jede Spur verwischt ist.

So bleibt es bis zum Ende der DDR. Danach kommt der entscheidende Hinweis an die Westfahnder von einem Stasi-Überläufer. Die in der DDR untergetauchten RAF-Mitglieder werden zu langen Haftstrafen verurteilt. Einige Stasi-Mitarbeiter stehen 1997 wegen versuchter Strafvereitelung vor Gericht. Der Bundesgerichtshof hebt die dort ausgesprochenen Urteile 1998 jedoch wieder auf. Nach etwa einem halben Dutzend mutmaßlichen RAF-Mitgliedern wird noch immer gefahndet. Mindestens zwei davon sind inzwischen wahrscheinlich verstorben.

WAS WUSSTE DER BND VOM ENDE DER DDR?

Drei Tage vor dem Mauerfall hatte der Bundesnachrichtendienst eine Sensation zu vermelden: Erich Honecker habe »am 6. 11. seine Schwester in Wiebelskirchen/Saarland besucht« und sei »dann zur ärztlichen Behandlung in die Schweiz weitergereist«. Hätten die Geheimdienstler ihren eigenen Berichten getraut, wäre das kaum noch nötig gewesen. Noch im Juli 1989 bescheinigten sie dem SED-Chef nach dessen ungeplanter Abreise von der Tagung des Warschauer Vertrages in Bukarest eine »harmlose Insuffizienz«, die nur ein Vorwand wäre, um sich »dem unangenehmen Klima der Tagung« zu entziehen. In Wahrheit wurde Erich Honecker an der Gallenblase operiert. Einen Monat später soll er laut BND tödlichen Bauchspeicheldrüsenkrebs gehabt haben. Tatsächlich gab es am 13. September 1989 dann auch eine »Expressmeldung« nach Bonn – vorsichtshalber wurde auf »erhebliche Zweifel« hingewiesen –, nach der der DDR-Chef verstorben und das Begräbnis für den 24. September 1989 geplant sei.

Bislang sind nur wenige tausend Seiten der geheimen BND-Er- und Unkenntnisse über die DDR zugänglich. Sie stammen aus dem Haus 103, einem dreistöckigen Betonkasten im hinteren Teil des BND-Geländes in Pullach bei München, in dem rund 30 Auswerter der Abteilung 3 dem für die »Gesamtlage« in der DDR zuständigen Mann mit dem Decknamen »Dieter Gandersheim« zuarbeiteten. Hans-Georg Wieck, ein ehemaliger Botschafter, CDU-Mann und von 1985 bis 1990 Chef des Bundesnachrichtendienstes, schätzt ihre Arbeit im Nachhinein etwas selbstgerecht als außerordentlich erfolgreich ein: »Der Bundesnachrichtendienst konnte zuverlässig die Stimmungslage in der Bevölkerung und die Entwicklung der Dissidentenszene sowie die Verschlechterung der Wirtschaftslage feststellen.«

Das bestätigen die Akten so nicht. Zwar meldete der BND am 21. August 1989 »eine Art Endzeitstimmung in weiten Bevölkerungsteilen« der DDR, stellte aber zwei Wochen später fest, immer noch würde »ein großer Teil der Bevölkerung dem Regime loyal bzw. resignativ begegnen oder es zumindest akzeptieren.« Am 3. November – also ein paar Wochen nach Beginn der Montagsdemonstrationen in Leipzig und anderen Städten mit Hunderttausenden von Teilnehmern – gewann der Chefauswerter mit dem Decknamen »Schönbeck« die Erkenntnis, die SED müsse »eventuell doch das jetzt noch zäh verteidigte Machtmonopol zur Disposition« stellen. Ende September hieß es noch, die Bürgerrechtsbewegung finde »fast keine Resonanz in der Bevölkerung« und die schlechte wirtschaftliche Lage der DDR wurde erst nach deren Zusammenbruch als große Überraschung kolportiert, die die schlimmsten Erwartungen übertraf.

Dennoch weiß natürlich auch der BND seit langem, dass es in der DDR knirscht und kracht. Das ist an jedem Biertresen, im Konsum und in der Betriebskantine zu erfahren. Wieck sieht es mit dem Optimismus des Geheimdienstlers: »Es hat nie an West- und Ostdeutschen gefehlt, die uns Informationen lieferten.« Dass das viele nicht freiwillig taten, sondern als Gastgeber in der DDR, Privat- und Dienstreisende im Westen oder Flüchtlinge und Übersiedler, die alle gezielt »abgeschöpft« wurden, sagt er nicht. Zu den so rund 1200 »Interviews« im Jahr kamen die Erkenntnisse aus mitgelesenen Briefen und mitgehörten Ost-West-Telefonaten hinzu. Oft vermeldete der BND Falsches, wie etwa Anfang 1989, als nach »zuverlässigen Quellen« rund 1,5 Millionen Ausreiseanträge von DDR-Bürgern vorliegen sollten. In Wahrheit waren es 113 500.

Dennoch haben sich die Schlussfolgerungen auch aus derartigen Meldungen langfristig als tragfähig erwiesen.

Offenbar gern gelesen wurden Informationen, die den Mächtigen schmeichelten. Als der BND am 12. Mai 1989 über das hohe Ansehen Helmut Kohls im Osten berichtete, schrieb der zuständige Auswerter mit der Hand an den Rand: »Eine stimmungsmäßig besonders aussagefähige Meldung, deren Inhalt große Aufmerksamkeit erregt hat ... An solchen Stimmungsaspekten besteht größtes Interesse.«

Für die Analyse wichtiger war aber wohl das unter dem Decknamen »Laus« gesammelte Material aus der elektronischen Aufklärung. Hans-Georg Wieck dazu: »Wir hatten eine ganz wichtige Quelle, die wir anzapfen konnten, die Berichte der SED-Kreisleitungen an die Parteizentrale. Zu denen hatten wir Zugang, weil sie elektronisch erfasst wurden.« Daraus gewonnene Informationen berichteten Anfang 1989 von »tiefem Unbehagen« an der Parteibasis, »Orientierungslosigkeit und Vertrauensverlust in die Führung«, im Mai und im Herbst von »Misstrauen und Resignation nicht nur unter den einfachen Genossen, sondern auch unter den Funktionären der Grund-, Kreis- bis in die Bezirksorganisationen«. Zum Vergleich: Erste Berichte dieser Art schickte Sowjet-Botschafter Wjatscheslaw Kotschemassow bereits 1983 nach Moskau.

Auf das Ende der DDR bauten die Geheimdienstler nicht. Sie setzten auf Egon Krenz, der als »flexibel und pragmatisch« bewertet wurde. »Gandersheim«: »Das war ein bisschen unser Hoffnungsträger.« So bleibt als vorläufiges Fazit festzustellen, dass der BND am Ende der DDR zwar über die NVA sehr gut informiert war, die Stimmung im Land so bewertete wie die DDR-Bürger auch, aber aus dem inneren Führungszirkel so gut wie nichts wusste.

Eingang zum Gelände des BND in Pullach bei München (1985)

»Genossen, der Tag hat zu wenig Stunden ...«

10

MACHT UND OHNMACHT

War Erich Honecker ein Stalinist?

Der Vorwurf des Stalinismus ist inzwischen ein Schwert, mit dem ohne weitere Nachfrage gerichtet wird. Das legitimiert sich aus den Abermillionen von Opfern des sowjetischen Diktators, verstellt aber den Blick auf den Inhalt des Stalinismus. Er ist bis heute umstritten.

Weitgehende Einigkeit herrscht darüber, dass Stalin den Marxismus-Leninismus mechanisch nutzte, um seine Macht zu etablieren, auszubauen und zu erhalten. Marxistische Kritiker wie Leo Koffer sehen in seiner »Kaderbürokratie« den Hebel zur Macht, die durch die Teilung der Gesellschaft in Mächtige und Ohnmächtige praktiziert wird. Der ungarische Philosoph Georg Lukács verweist auf die Vorherrschaft der Taktik und des Taktierens vor einer politischen Strategie und damit vor den grundlegenden Entwicklungstendenzen der Menschheit.

Wenn Erich Honecker Stalinist war, müssen sich die Gründe dafür in seiner Lebenserfahrung mit Stalins Politik finden. Da diese kaum anders als positiv gewesen sein kann, bieten sich seine politische Entwicklung und die Praxis seiner Machtausübung als Maßstab an. Honeckers Überzeugungen waren vom Marx'schen »Proletarier aller Länder, vereinigt euch« geprägt. Dies konnte wegen der historischen Umstände nur unter Führung der Sowjetunion erfolgen. Stalins Kampf um die Vormacht in der KPdSU stellte sich für Erich Honecker als Notwendigkeit dar, um das Überleben dessen zu sichern, was als »sozialistische Idee« verstanden wurde.

Die deutsche KP war damals eine Sektion der Kommunistischen Internationale unter Führung Stalins, Honecker ein relativ unbedeutender Nachwuchskader mit politischen Potenzen. In diesem System erhielt er in Moskau eine einjährige Ausbildung. Nach Volksschule und abgebrochener Lehre war es das erste Bildungsangebot. das ihn beeindruckte und überzeugte. Ideologische Einseitigkeit zu erkennen, überstieg sein intellektuelles Potential.

Bis zu seiner Verhaftung 1935 beherrschten die organisatorischen Aufgaben eines kommunistischen Jugendfunktionärs seine Arbeit. Die Auseinandersetzung mit den auch von Stalin als Verräter empfundenen Sozialdemokraten und den sich national-sozialistisch gebärdenden Faschisten waren ihr politischer Inhalt. Ab 1935 saß Erich Honecker in Haft. Um die Verketzerung der Sozialdemokraten und die Moskauer Schauprozesse gab es auch unter den Gefangenen heftige Auseinandersetzungen. Der Hitler-Stalin-Pakt habe »die bisherigen Bande der Solidarität« zwischen den Nazi-Gegnern zerrissen, berichtete später Mithäftling Heinz Brandt aus dem Zuchthaus Brandenburg. Honecker stand politisch auf der Seite der Unterstützer von Stalins Politik. In ihr sah er die größte und greifbarste Hoffnung auf Befreiung. Sie erfüllte sich 1945. Erich Honecker fand nun eine Partei vor, die Stalins Gefolgsmann Walter Ulbricht in dessen Sinn organisierte und prägte. Stalins Tod im März 1953 erfuhr er als direkte Bedrohung dieser Macht. Sie kulminierte im Juni-Aufstand in der DDR und 1956 in Ungarn. Es war das stalinsche Herrschaftsprinzip von Härte und Terror, das sie letztlich sicherte und Erich Honecker politisch prägte.

In den Jahren 1955/56 besuchte er die Parteihochschule des ZK der KPdSU. Als Honecker 1956 von der Geheimrede über Stalins Verbrechen erfuhr, reagierte er emotional: »Das führte zu einer so großen Erschütterung bei mir, dass ich ein Bild von Stalin von der Wand herunterriss, was ich später bedauert habe ...« Das »saubere Bild über die Oktoberrevolution und den sozialistischen Aufbau« geriet »ins Wanken«. Dem war politisch zu begegnen: »Wir haben gesagt, das ist schlimm, aber die Revolution muss weitergehen.« Dementsprechend verhielt sich Honecker, seit 1958 Vollmitglied im SED-Politbüro, in den innerparteilichen Machtkämpfen. Ob politische Entführungen, wie die seines Mithäftlings Heinz Brandt, oder die Entmachtung von SED-Kontrahenten – immer spielte physische und psychische Gewalt eine Rolle. Erich Honecker empfand sie als »politisch notwendig«. Eine inhaltliche Auseinandersetzung mit dem Stalinismus fand in der SED nicht statt. Stalinistische Denk- und Handlungsweisen erhielten sich bis zu deren Umwandlung in die PDS.

Die unter Führung von Breschnew im stalinistischen Stil erfolgte Niederschlagung der Demokratisierung des Sozialismus 1968 in der ČSSR unterstützte Honecker als richtigen Weg. Die ab Sommer 1970 vorbereitete und im Mai 1971 vollendete Absetzung Ulbrichts betrieb er nach dem Muster Stalinscher Kaderpolitik. Er suchte Rückendeckung in Moskau, bildete eine Fraktion innerhalb der SED und schloss Zwang nicht aus.

Den Stalinisten Breschnew erlebte er als Garanten seiner und der DDR-Existenz. Der agierte als imperialer Herrscher und stützte sich auf die Macht der Waffen. Als danach mit Gorbatschow ein Mann das Zepter ergriff, der ohne die Stalinschen Methoden regieren wollte und deren Geschichte kritisch hinterfragte, konnte Honecker nicht anders als das als Schwäche zu empfinden. Er distanzierte sich vorsichtig von Moskau.

Das Fazit Erich Honeckers Erfahrung mit dem Stalinismus war, dass Stalin zwar Fehler, aber nichts falsch gemacht habe, sein Glück, dass ihm die Geschichte das Hinterlassen einer Blutspur erspart hatte. Nach seinem Sturz 1989 sagt Erich Honecker zu seinem Biographen Reinhold Andert: »Ohne Stalin würden wir hier nicht sitzen und diskutieren.«

Wieso gab es bei Wahlen so viele Ja-Sager?

Auch hier gibt es eine ebenso einfache wie einleuchtende Antwort: Weil nein sagen, Stimmenthaltung oder Wahlverzicht keinen Einfluss auf das vorher festgelegte Wahlergebnis hatten. Abstimmungen unter kommunistischer Herrschaft unterlagen seit der Oktoberrevolution stets besonderen Bedingungen, erreichten doch Lenins Bolschewiki bei den Wahlen zur Konstituierenden Versammlung Russlands im November 1917 nur 24 Prozent gegenüber 54 Prozent für die Sozialrevolutionäre, worauf sie die Konstituante mit Waffengewalt auflösten und Sozialrevolutionäre und Menschewiki von allen weiteren Wahlen ausschlossen.

An eine solche Tradition ließ sich im Nachkriegsdeutschland vorerst nicht anknüpfen. Bei den ersten und einzigen weitgehend demokratischen Landtagswahlen in der Sowjetischen Besatzungszone 1946 erreichte die von der Besatzungsmacht massiv unterstützte und auf deren Verlangen aus KPD und SPD hervorgegangene SED immerhin eine Mehrheit von 47,5 Prozent. In Berlin, wo die Vereinigung nur im Ostteil durchgesetzt worden war, erlangte die SED bei den Wahlen zur Stadtverordnetenversammlung mit 19,8 Prozent nur den dritten Platz hinter der SPD mit 48,7 Prozent und der CDU mit 22,2 Prozent. Selbst in den Ost-Bezirken blieb sie mit rund 30 Prozent weit unter dem erhofften Ergebnis. Als die SPD 1947 Ernst Reuter zum Oberbürgermeister wählte, verhinderten die Russen durch ihr Veto seinen Amtsantritt. Sie kannten Reuter gut. Nach seiner Kriegsgefangenschaft im Ersten Weltkrieg war er Lenins Volkskommissar für das Wolgadeutsche Gebiet gewesen und 1921 einige Monate sogar Generalsekretär der KPD. Erst nach der endgültigen Spaltung des Berliner Magistrats und Neuwahlen in Westber-

WIR LIEBEN UNSERE REPUBLIK

Vati und Mutti wählen
die Kandidaten der Nationalen Front

»Vati und Mutti wählen die Kandidaten der Nationalen Front«: Werbeplakat zur Volkskammerwahl 1963

lin übernahm er dort im Dezember 1948 sein Amt.

Auf den ungewissen Ausgang freier und geheimer Wahlen wollten sich die östliche Besatzungsmacht und die SED nicht noch einmal einlassen. Die Provisorische Volkskammer war am 7. Oktober 1949 aus dem nicht durch eine Wahl legitimierten Zweiten Deutschen Volksrat hervorgegangen; die Wahl erfolgte erst ein Jahr später. Diese Volkswahlen vom Oktober 1950 führen vor, wie SED und Sowjets sich künftige Wahlen vorstellten. Die Volkskammer sollte kein Parlament im bürgerlichen Sinne sein, sondern eine Volksvertretung neuen Typs. Dafür wurde eine gemeinsame Einheitsliste der Nationalen Front aufgestellt, in der die fünf existierenden Parteien und mehrere gesellschaftliche Organisationen wie der Freie Deutsche Gewerkschaftsbund (FDGB), der Kulturbund (KB), der Demokratische Frauenbund (DFD), die Freie Deutsche Jugend (FDJ), die Vereinigung der Verfolgten des Naziregimes (VVN) und die Vereinigung der gegenseitigen Bauernhilfe (VdgB), eine feste Quote für die lediglich zu bestätigenden Kandidaten erhielten. Bei einer Wahlbeteiligung von 99,7 Prozent stimmten 99,72 Prozent der Wähler für den Wahlvorschlag der Nationalen Front. Zu den 400 stimmberechtigten Abgeordneten kamen 66 nicht stimmberechtigte Berliner Vertreter hinzu, von denen 6 der SED-nahen Sozialdemokratischen Aktion (SDA) angehörten. Die SED hatte sich von vornherein 100 der 400 Mandate gesichert. Etliche der 120 Vertreter gesellschaftlicher Organisationen waren ebenfalls Mitglieder der SED oder standen ihr – wie viele der 180 Vertreter der Blockparteien – entsprechend nahe. 1967 beispielsweise gehörten 275 Abgeordnete von inzwischen 500 der SED an.

Am Wahlprozedere und an der Zusammensetzung der Volkskammer und der nach gleichem Muster »gewählten« kommunalen Vertretungen änderte sich in den folgenden Jahrzehnten wenig; SDA und VVN schieden aus der Volkskammer aus; ab 1971 waren auch die Berliner Abgeordneten stimmberechtigt, wovon sie wie alle Abgeordneten nur mit einstimmiger Zustimmung Gebrauch machten – mit der Ausnahme von 14 Gegenstimmen aus der CDU-Fraktion beim Gesetz über den Schwangerschaftsabbruch.

Die Bevölkerung der DDR gewöhnte sich an das nutzlose Zettelfalten, das stets mit gewaltigem Propagandaaufwand einherging. Der angeblichen Wahlbeteiligung von 99,74 Prozent und einer Zustimmung von 99,94 Prozent schenkten 1986 nur noch die treuesten Parteisoldaten Glauben. Zum Eklat kam es jedoch erst bei den Kommunalwahlen am 7. Mai 1989, als die oppositionellen Kräfte sich zu einer in der Wahlordnung vorgesehenen Kontrolle einzelner Ergebnisse vor Ort entschlossen und dabei massive Abweichungen zu den offiziellen Ergebnissen feststellten. Eine solche Aktion war nur durch aktive Mitarbeit zahlreicher kirchlicher Amtsträger und von Mitgliedern aus kirchlichen Gemeinden möglich und erregte Unmut auf beiden Seiten. Egon Krenz als oberster Wahlfälscher gab das amtliche Ergebnis mit 98,85 Prozent Ja-Stimmen an, die Bürgerrechtler schätzten die Zustimmung auf etwa 85 Prozent. Ab 7. Juni fand an jedem 7. des Monats ein öffentlicher Protest auf dem Alexanderplatz statt, den das MfS vergeblich zu verhindern versuchte.

Über den Widerspruch zwischen der geschätzten 85-prozentigen Zustimmung für die Kandidaten der Nationalen Front und das Wahlergebnis der ersten freien Volkskammerwahl in der DDR zehn Monate später mag sich jeder seine eigenen Gedanken machen. Die SED-Nachfolgepartei PDS wurde bei einer Wahlbeteiligung von 93,4 Prozent mit 16,4 Prozent drittstärkste Fraktion.

WIE DEMOKRATISCH REGIERTE DIE »KOLLEKTIVE FÜHRUNG«?

Am 18. Januar 1978 von 15.30 bis 15.55 Uhr telefonierten SED-Generalsekretär Erich Honecker und Bundeskanzler Helmut Schmidt miteinander. Es ging um ein paar deutsch-deutsche Projekte und der Kanzler regte an, einen Gesprächskanal außerhalb der Öffentlichkeit einzurichten, damit nicht immer wieder ärgerliche Missverständnisse entstünden. Der Generalsekretär schien nicht abgeneigt. Dann sagte er: »Das, was ich Ihnen gesagt habe, das muss ich zuerst noch alles unterbreiten. Sie wissen ja, eine bestimmte Kollektivität gibt es trotz allem Personenkult bei uns trotzdem noch.« Helmut Schmidt – das Protokoll vermerkt: »(lacht)« – darauf: »Also, das ist mir völlig klar. Sie müssen die Diskussion und Beschlussfassung im Politbüro abwarten, ehe Sie sich festlegen können, ja, das ist mir völlig klar.«

Auch Klaus Bölling, von Februar 1981 bis Mai 1982 Ständiger Vertreter der Bundesrepublik in der DDR, meint, dass das Politbüro als Kollektiv jedes Wort vorab absegnen musste: »Seine Zuständigkeit für die Deutschlandpolitik lässt Erich Honecker von niemandem antasten. Seine ›Richtlinienkompetenz‹ wird allein durch die Notwendigkeit relativiert, dass alle wesentlichen Schritte zuvor mit dem Politbüro abgestimmt werden müssen.« Aus seiner Erfahrung heraus schränkt er jedoch ein: »Tatsächlich verweist die Machtstruktur die anderen eher auf die Rolle von Gehilfen des Generalsekretärs, mögen sie an der inneren Meinungsbildung und Entscheidungsfindung auch einen hohen Anteil haben.« Da nur eine Partei die Führung hatte, was die Verfassung festlegte, war eine demokratische Meinungsbildung ohnehin eingeschränkt.

Politbüro-Insider Günter Schabowski berichtet deshalb von »Klassenzimmeratmosphäre« im höchsten Parteigremium. Er beschreibt dessen Stellung so: »Eigentlich soll das Zentralkomitee das höchste Organ sein, denn es wählte das Politbüro und kontrollierte es. Dieses Verhältnis kehrte sich in der Praxis aller sozialistischen Länder aber schnell um. Damit unterlag das Politbüro keinerlei demokratischer Kontrolle.« Botschafter Karl Seidel, langjähriger Leiter der Abteilung BRD im DDR-Außenministerium, ergänzt als Praktiker: »Honeckers Weisungen waren Gesetz, ob mit oder ohne Politbürobeschluss.« Grundlage der Verbiegung des Systems zu autokratischen Strukturen war der »demokratische Zentralismus«. Das SED-Parteistatut definiert: »Dieser Grundsatz besagt a) dass alle Parteiorgane von unten bis oben demokratisch gewählt werden ... b) dass alle Beschlüsse der höheren Parteiorgane für die nachgeordneten Organe verbindlich sind, straffe Parteidisziplin zu üben ist und die Minderheit sowie der Einzelne sich den Beschlüssen der Mehrheit diszipliniert unterordnet.« Da die Kandidaten für Parteifunktionen von den Leitungen ausgewählt wurden, schloss dieses System demokratische Strukturen aus. Auf die Frage, ob sich die SED von einem demokratischen Zentralismus eventuell zu einer zentralisierenden Demokratie entwickeln könne, antwortete Erich Honecker nach seinem Sturz: »Das war jedenfalls nicht der Wille unserer Partei.« Eine ausreichende demokratische Mitwirkung, sah er darin, dass »der Austausch von Erfahrungen zwischen der Basis und der Zentrale da war«. Vor diesem Hintergrund übte Erich Honecker seine Alleinherrschaft aus. Schabowski: »Eine wichtige Taktik, mit der er seine Macht behauptete, war die Isolierung der einzelnen Politbüromitglieder. Das schlimmste Vergehen war Fraktionsbildung. Deshalb wurden prinzipielle Diskussionen untereinander strikt vermieden.«

In der bürokratischen Praxis bürgerte es sich ein, die ursprünglich als Diskussionsgrundlagen für eine kollektive Entscheidung bestimmten »Vorlagen« vorab von Honecker – bei Wirtschaftsfragen auch von Günter Mittag – »absegnen« zu lassen. Kamen sie dann jeweils Dienstag, 10 Uhr, paraphiert auf den Tisch des Politbüros, hatten dessen Mitglieder nur noch zu nicken. Daraus bildeten sich eigene Machtstrukturen neben der vorgegebenen Hierarchie. So ignorierte Staatssicherheitsminister Erich Mielke grundsätzlich seinen Vorgesetzten Egon Krenz, der ihm als Sicherheitssekretär im Politbüro übergeordnet war und Günter Mittag regierte uneingeschränkt in die Bereiche der verschiedenen Industrie-Ministerien hinein und gab sogar dem Freien Deutschen Gewerkschaftsbund verbindliche Weisungen. Diese Arbeitsweise führte dazu, dass auch absolut untergeordnete Probleme an höchster Stelle entschieden wurden. So redigierte Erich Honecker tagtäglich das SED-Organ *Neues Deutschland* und überwachte die Nachrichtenreihenfolge in der »Aktuellen Kamera«. Sätze wie der, dass den DDR-Flüchtlingen »keine Träne« nachzuweinen sei, fügte er persönlich mit der Hand ins vorgelegte Manuskript ein.

Politbüro-Mitglied Werner Krolikowski resümiert in seinen handschriftlichen Aufzeichnungen vom 16. Januar 1990: »In der Tat gab es keine kollektive politische Führung durch das Politbüro. In der Tat gab es ein Regime der persönlichen Macht durch Honecker, dessen engster Kumpan Mittag war ...« Er machte diese Aussage nicht zur Aufklärung, sondern, um sich persönlich aus der Verantwortung ziehen. Am Ende schien niemand so richtig zuständig gewesen zu sein, denn auch Erich Honecker sagt im Rückblick: »Ich hatte überhaupt nicht die Macht. Ich konnte nur kollektiv gefasste Beschlüsse durchführen.«

WARUM GAB ES IN DER DDR WAHLEN?

Eigentlich waren Wahlen in der DDR verfassungswidrig, denn das wichtigste Gesetz des Landes verankerte die Führung des Staates durch die SED als unveränderlichen Grundsatz. Wozu also wählen, wenn der politische Weg ohnehin schon vorgegeben war?

Und tatsächlich ruft schon die simple Frage nach dem Warum der Wahlen stets Erstaunen hervor. Dann folgen Überlegungen, dass ein Land, dass »demokratisch« in seinem Namen trug, auch zumindest so tun musste, als ob, oder dass es um die Abgrenzung von den »Ermächtigungsgesetzen« der Nazis habe gehen können. Überzeugend ist das alles nicht, denn dass über Jahrzehnte fast ausnahmslos alle einer Meinung waren – seit den ersten Einheitswahlen der Liste der Nationalen Front 1950 lagen die Wahlergebnisse stets zwischen 98 und 99 Prozent – gibt es nicht einmal innerhalb einer Familie. Es widerspricht der Lebenswirklichkeit.

Werbetafeln für die Volkskammerwahl am 14. November 1971 Am Brühl in Leipzig

Der Schlüssel kann also nur darin liegen, was eigentlich unter Wahlen verstanden wurde. In der DDR stand der politische Grundsatz »Machtfragen sind Klassenfragen« im Mittelpunkt der SED-Politik. Daraus ergab sich a priori ein gebrochenes Verhältnis zum Mehrheitsprinzip. Einerseits wurde es formal befolgt, andererseits spielten historisch gewachsene Faktoren in der Willensbildung, wie Tüchtigkeit und Würde (»saniorita«) und Einmütigkeit (»unanimitas«), durchaus eine Rolle.

In der gesellschaftlichen Praxis war die Herrschaft der Partei politisch zu sichern und nicht demokratisch zu erringen. Dieses Vorgehen legitimierte sich aus der Annahme und dem Anspruch, sie entspreche dem Willen der Mehrheit der Menschen. Wie alle Ideologien, die auf Glauben und Bekenntnis aufbauen, verlangte auch der Sozialismus die regelmäßige rituelle Unterwerfung. Dazu dienten in der DDR die Wahlen, die damit vom Prozess einer mehrheitlichen Willensbildung zu dessen purer Bestätigung geworden waren. Das unterstrich *Das kleine politische Wörterbuch* der DDR: »Das sozialistische Wahlsystem ist darauf gerichtet, dass das souveräne Volk seinen Willen ungehindert zum Ausdruck bringen kann.« Dem gegenüber stand die abfällige Bewertung der westlichen Wahlen: »Das bürgerliche Wahlsystem ist darauf gerichtet, die unterdrückten und ausgebeuteten Klassen, d. h. die große Mehrheit des Volkes und der Wähler, von der tatsächlichen staatlichen Macht fernzuhalten und ihren wirklichen Willen zu verfälschen.« Aus diesem politischen Ausgangspunkt ergab sich: »Deshalb sind die verschiedenen bürgerlichen Wahlsysteme und die sozialistischen Wahlsysteme völlig unterschiedlich.«

Und das waren sie wirklich. Wahlverlierer konnte es dank Einheitsliste nicht mehr geben. Abgestimmt wurde nur mit Ja oder Nein. Überhaupt eine Nein-Stimme abzugeben war nicht einfach. In einer geheimen Anweisung des SED-Politbüros zur Kommunalwahl am 15. Juni 1957 hieß es bereits: »Als Stimmzettel gegen den Vorschlag der Nationalen Front sind zu betrachten: (a) Stimmzettel, auf denen alle Kandidaten und Nachfolgekandidaten einzeln gestrichen sind; (b) Stimmzettel, auf denen ein Kreuz quer über dem gesamten Stimmzettel angebracht ist; (c) Stimmzettel, auf denen Äußerungen des Wählers aufgezeichnet sind, die seine Gegenstimme klar zum Ausdruck bringen.«

Wo Erich Honecker gewählt wurde, erfuhr man bei dessen Besuch in Bonn, als er den damaligen Bundestagspräsidenten Philipp Jenninger (CDU) an Horst Sindermann verwies: »Dafür ist der Präsident der Volkskammer zuständig – ich bin ja nur ein kleiner Abgeordneter, Wahlkreis 37, Karl-Marx-Stadt.«

Die Vorbereitung der Wahlen erfolgte mit großem Ernst und viel Arbeit für die Kandidaten. Sie hatten sich auf öffentlichen Versammlungen den Bürgern vorzustellen. Das geriet oft zum umfangreichen Volksmeckern, bei dem es von fehlenden Telefonen bis zur Wohnung ging. Oft half das sogar und die Drohung »Ich gehe nicht zur Wahl« galt viele Jahre als Geheimtipp bei der Durchsetzung von Forderungen gegen die Behörden. Genutzt wurde sie vorwiegend von Leuten, die in ihrem DDR-Leben ohnehin wenig zu verlieren hatten. Beschwerden – und viele waren ja augenscheinlich berechtigt – mussten auch die Mitglieder der Wahlkommissionen aufnehmen, die oft die Wahlbenachrichtigungskarten persönlich übergaben.

Der Wahlsonntag wurde mit Fahnenschmuck und Marschmusik begangen. Aus unerklärlichen Gründen galt es als opportun, möglichst früh und im Kollektiv zur Wahl zu erscheinen. Dort wurde dann der Zettel mit den »Kandidaten der Nationalen Front« gefaltet und in die Urne geworfen. Wer eine Wahlkabine aufsuchte, machte sich verdächtig, ein verkappter Feind des Sozialismus zu sein. Ab Mittag schwärmten Schlepper aus, um noch fehlende Stimmen von jenen einzuholen, die nicht im »Vorwahllokal« erschienen oder bettlägerig waren.

Dass die Ergebnisse der Wahlen gefälscht wurden, ahnte jeder, aber bis zur Kommunalwahl am 7. Mai 1989 regte es niemanden sonderlich auf. Diese Gleichgültigkeit wertet Historiker Stefan Wolle als »ein im Menschen offenbar tiefverwurzeltes Streben nach Einklang mit den Herrschenden, eine Freude an der Unterwerfung und der kollektiven Demütigung von Außenseitern.« Dennoch war auch in der DDR nicht vergessen, was Wahlen eigentlich bewirken konnten. Die Beteiligung an denen zur ersten und einzigen freien Volkskammer am 18. März 1990 betrug 93,4 Prozent.

Wozu brauchte die SED Blockflöten?

Als sich Walter Ulbricht unmittelbar nach dem Krieg in Moskau auf den Weg machte, um in der sowjetischen Besatzungszone Deutschlands die Macht zu übernehmen, bekam er eine klare »Marschrut« mit auf den Weg: Statt »Sozialismus« war erst einmal eine »antifaschistisch-demokratische Ordnung« angesagt.

Deshalb gestattete die Sowjetische Militäradministration in Deutschland (SMAD) bereits mit »Befehl Nr. 2« die Bildung von vier »antifaschistischen Parteien«. Bedingung: Sie sollten sich zu einem Antifaschistisch-demokratischen Block zusammenschließen, was bereits am 14. Juli 1945 geschah. Später wandelte er sich zum Demokratischen Block der Parteien und Massenorganisationen und agierte als Teil der Nationalen Front der DDR. Das Prinzip der Blockparteien wurde auch in Polen, Bulgarien und der Tschechoslowakei angewandt. Es bedeutete, dass neben der herrschenden Staatspartei weitere Parteien gebildet werden konnten, um bestimmte Bevölkerungsschichten politisch einzubeziehen. In der DDR nannte man Mitglieder dieser Parteien nicht »Genossen«, sondern »Blockfreunde«. Das Volk sprach von »Blockflöten«, denn sie sollten nur die Begleittöne zur Politik der Herrschenden flöten.

Zum Antifaschistisch-Demokratischen Block gehörten 1945 die Kommunistische Partei Deutschlands (KPD), die Sozialdemokratische Partei Deutschlands (SPD), die Christlich-Demokratische Union und die Liberal-Demokratische Partei (ab Oktober 1951 Liberal-Demokratische Partei Deutschlands, LDPD).

Mit der Vereinigung von KPD und SPD zur Sozialistischen Einheitspartei Deutschlands (SED) am 22. April 1946 erfolgte der wichtigste Schritt zu Sicherung der Macht. Sie wurde von vielen SPD-Mitgliedern als Zwangsmaßnahme empfunden und zog Versuche der Einflussnahme der West-SPD auf den Osten nach sich. Zonenübergreifende Aktivitäten der LDP scheiterten schnell wegen deren Anlehnung an die SED-Politik. Die Bildung einer gesamtdeutschen CDU war durch die Lizenzbestimmungen der Besatzungsmächte von vornherein nicht möglich.

Bei den letzten freien Wahlen 1946 verhinderten LDP und CDU die absolute Mehrheit der SED. Die Liberalen, damals mit etwa 200 000 Mitgliedern erhielten knapp 25 Prozent der Stimmen. Für die Christdemokraten stimmten 23,1 Prozent der Wähler. Auch die CDU im Osten hatte 1947 rund 200 000 Mitglieder, deren Zahl aber bis 1950 durch Flucht, Ausschluss und Austritte um etwa ein Viertel sank. Die Gründe dafür lagen in den massiven Versuchen der Einflussnahme aus dem Westen auf die Partei und die darauffolgenden Repressionen der SED.

Somit hatte der Antifaschistisch-Demokratische Block im Vorfeld der DDR-Gründung die Erwartungen der Sowjets nicht erfüllt. Er sollte die Herrschaft der SED bestätigen, nicht jedoch in Frage stellen. Deshalb initiierte die SMAD in ihrer Besatzungszone im April 1948 zusätzlich die Gründung der Demokratischen Bauernpartei Deutschlands (DBD) und im Mai des Jahres der National-Demokratischen Partei Deutschlands (NDPD).

Beide Parteien wurden von bewährten kommunistischen Kadern, die nun zu »Blockfreunden« mutierten, geführt. In der DBD war es der vor 1933 in der KPD tätige Ernst Goldenbaum, in der NDPD der seit 1928 aktive KP-Funktionär Lothar Bolz. Mit der Schaffung dieser Parteien verband sich die Absicht, das Klientel der bürgerlichen Parteien aufzuspalten. Dabei konzentrierte sich die Bauernpartei auf die Landbevölkerung unter der sie bis 1951 rund 85 000 Mitglieder gewann. Die NDPD richtete sich besonders an ehemalige Offiziere der Wehrmacht und Vertriebene. Der SED-Parteivorstand erläuterte bereits im Mai 1948, diese »politisch unklaren Menschen« sollten künftig nicht mehr »das Stimmvieh« für die bürgerlichen Parteien LDP und CDU abgeben. 1953 zählte die NDPD rund 231 000 Mitglieder.

Nun funktionierte die Einbindung der potenziell oppositionellen Kräfte und sicherte bis 1989 die Alleinherrschaft der SED. Neben den etwa 2,2 Millionen SED-Mitgliedern organisierten sich in den Blockparteien in den achtziger Jahren insgesamt etwa 469 000 DDR-Bürger. Zu deren politischer Rolle stellte eine von der ersten frei gewählten Volkskammer eingesetzte Kommission in ihrem am 6. Juli 2006 veröffentlichen Schlussbericht fest: »Die CDU der DDR geriet schon Ende der vierziger Jahre in die Zwänge der ideologischen Gleichschaltungspolitik der SED. Sie verstand sich als ›eine Partei des Friedens, der Demokratie und des Sozialismus‹.« Zur Bauernpartei hieß es: »Die DBD setzte sich für die Durchführung der Agrarpolitik der SED ein.« Die LDPD wurde entsprechend ihrem Selbstbild als Partei charakterisiert, die daran mitwirke, »den sich langfristig vollziehenden Prozess der Annäherung aller Klassen und Schichten auf der Grundlage der marxistisch-leninistischen Weltanschauung der Arbeiterklasse zu fördern.« Der NDPD bescheinigte die Kommission, »kein eigenes politisches Profil« gehabt zu haben, und bestätigte deren eigene Positionsbestimmung: »Sie sah sich ›mit der führenden Partei unseres Staates, der Sozialistischen Einheitspartei Deutschlands, in enger Freundschaft und Kampfbereitschaft verbunden‹.« Damit konstatierte die Kommission insgesamt, dass es sich bei den »Blockfreunden« in keinem Fall um eine Opposition zur SED handelte. Die Staatspartei finanzierte sie und legte deren Politik fest.

Die Bewertung der DDR-Bürger, sie als apologetische »Blockflöten« zu sehen, hatte sich als richtig erwiesen, doch von den Flötentönen wollte 1990 im Westen niemand etwas gehört haben. Die Ost-CDU landete mit der von ihr vorher vereinnahmten DBD im Schoß der West-Schwester, die LDPD und die NDPD fanden bei den Freien Demokraten (FDP) ihre neue Heimat. Sie alle brachten ein beachtliches finanzielles Erbe mit. Für viele einstige »Blockflöten« setzte sich so die politische Karriere nahtlos fort.

Weshalb gab's ein Abstellgleis für SED-Funktionäre?

Weil selbst höhere Parteikader gelegentlich zu einer eigenen Meinung neigten, womit sie in Widerspruch zum wichtigsten Dogma der »Partei neuen Typus« gerieten: Die Partei hat immer recht! In den Anfangsjahren der DDR benötigte man für derartige Fälle noch kein Abstellgleis. Die nimmermüde Staatssicherheit und eine willige Justiz verhalfen – sowjetischem Vorbild getreu – »Abweichlern« zu einem längeren Zuchthausaufenthalt. Einer der ersten, den so der Bannstrahl der Partei trifft, ist der stellvertretende KPD-Vorsitzende im Westen, Kurt »Kutschi« Müller, den die Stasi am 22. März 1950 im Auftrag der Besatzer verhaftet. Müller, nach elf Jahren Nazihaft inzwischen Bundestagsabgeordneter seiner Partei, wird als Spion und »Titoist« verleumdet, ein sowjetisches Gericht verurteilt ihn zu 25 Jahren Gulag. Erst im Oktober 1955 kehrt er in die Bundesrepublik zurück.

Weniger Glück hat der fünf Monate später festgenommene Generaldirektor der Reichsbahn, Willi Kreikemeyer, hauptamtlicher KP-Funktionär seit 1923. Im französischen Exil hatte er im Auftrag der Partei amerikanische Hilfsgelder und Pässe an auserwählte Genossen weitergereicht, oft die Rettung in allerletzter Minute. Einer der so Unterstützten hieß damals »Leistner«, und der verhört ihn jetzt: der frisch gebackene Stasi-Staatssekretär Erich Mielke. Der Vorwurf gegen Kreikemeyer ist schwerwiegend: Zusammenarbeit mit Noel Field, den Stalins Schergen als Kopf einer amerikanischen Spionageorganisation in Budapest inhaftiert haben. Was sich in der Bunkerzelle neben dem Deutschen Theater zwischen Mielke und Kreikemeyer abspielt, ist bis heute ungeklärt. Nach Fields Freilassung im Oktober 1954 hieß es, Kreikemeyer habe sich am 31. August 1950 »an drei zusammengeknüpften Taschentüchern, die er an den Scharnieren seiner Zellentür angebracht hatte«, erhängt. Kreikemeyers Witwe erfährt im Juli 1957 durch den Generalstaatsanwalt der DDR vom Tod ihres Mannes: »Eine Eintragung in das Sterbebuch ist seinerzeit verabsäumt worden ...«

Opfer der Noel-Field-Hysterie wird auch der prominente SED-Politiker Paul Merker, der 28 Monate in Untersuchungshaft verbringt, bevor ihn das Oberste Gericht zu acht Jahren Zuchthaus verurteilt. Im Juli 1956 hebt das Gericht das eigene Urteil auf.

Ebenfalls gefährlich leben in diesen Jahren die führenden Politiker der Blockparteien. Im Dezember 1952 wird der Handelsminister Dr. Karl Hamann (Liberaldemokratische Partei, LDPD) als Saboteur verhaftet und anderthalb Jahre später in einem Geheimprozess zu lebenslangem Zuchthaus verurteilt, sein Staatssekretär Paul Baender zu zwölf Jahren Gefängnis. Drei Wochen später werden die Urteile revidiert. 1956 kommt Hamann frei und flieht im Juni 1957 in den Westen. Außenminister Georg Dertinger (CDU) wurde 1953 verhaftet und wegen angeblicher Spionage zu zehn Jahren Haft verurteilt. Auch seine Frau und sein fünfzehnjähriger Sohn kamen ins Zuchthaus.

Wie bereits berichtet, gerät der SED-Justizminister Max Fechner nach dem Volksaufstand am 17. Juni 1953 in die Mühlen der Justiz. Nach seiner Begnadigung gehört er zu den wenigen, die wieder in die Partei aufgenommen und Jahre später mit dem Vaterländischen Verdienstorden in Silber und Gold und dem Karl-Marx-Orden geehrt werden. 1982 gibt es sogar eine Sonderbriefmarke mit seinem Konterfei. Auf solch eine demonstrative Rehabilitierung warten andere Genossen vergeblich. Rudolf Herrnstadt, langjähriger sowjetischer Agent und 1953 Chefredakteur des *Neuen Deutschland*, gerät zusammen mit dem Minister für Staatssicherheit Wilhelm Zaisser, einem ehemals hochrangigen Spanienkämpfer, in den Geruch der »Fraktionsbildung« – Todsünde in Ulbrichts Augen, der mit Recht um seinen Posten fürchtet. Den lungenkranken Herrnstadt schickt er dorthin, wo das Abstellgleis künftig häufiger endet: ins Staatsarchiv Merseburg, gelegen in einer der am stärksten von Umweltgiften belasteten Regionen der DDR. Zaisser, ebenfalls krank, wird aus der

Partei ausgeschlossen, Anton Ackermann, Begründer der DDR-Auslandsspionage, in die Kultur abgeschoben. Im Mai 1973 begeht er Selbstmord – eine unter Parteifunktionären nicht ganz seltene Todesart. Gerhart Ziller, zeitweise Minister für Maschinenbau und für Schwerindustrie, zum Sekretär für Wirtschaft im ZK degradiert, wählt sie im Dezember 1957, Dr. Erich Apel, Wirtschaftsfachmann und stellvertretender Vorsitzender des Ministerrats, erschießt sich acht Jahre später in seinem Büro.

Dem Zaisser folgenden Staatsekretär und bald wieder Minister für Staatssicherheit Ernst Wollweber ist keine lange Amtszeit beschieden. Im Oktober 1957 tritt er zurück. Im Februar 1958 wird er gemeinsam mit dem Wirtschaftswissenschaftler Fred Oelßner und dem hochrangigen Querdenker und Parteifunktionär Karl Schirdewan wegen »Fraktionstätigkeit und Abweichlertum« aus dem Zentralkomitee der SED ausgeschlossen. Schirdewan darf sich jahrelang in der Staatlichen Archivverwaltung bewähren, bevor Honecker die Parteirüge löscht.

Unter Honecker sind die Zeiten für führende Genossen moderater. Nur zweimal sieht der sich gezwungen, führende Kader auszuwechseln. Seinen Westexperten Herbert Häber opfert er im Interesse der Sowjets, dem großmäuligen Berliner SED-Chef Konrad Naumann beschert die eigene Großmannssucht einen neuen Arbeitsplatz – bei der Staatlichen Archivverwaltung in Potsdam.

Warum brachten Witze manche in den Knast?

»Witze riss das Volk schon immer, ohne Demut und Respekt ...«, sang Wolf Biermann zum Missvergnügen der Partei Anfang der sechziger Jahre. Da konnte man für einen politischen Witz tatsächlich noch eingesperrt werden, und das MfS und die Justizorgane als willige Instrumente der Partei machten regen Gebrauch davon. Dabei waren Witze nicht etwa grundsätzlich verboten. Im Gegenteil. Nach Jahren hart bestrafter Flüsterwitze blühte in Nachkriegs-Ost-Deutschland und -Berlin die von den Nazis beseitigte Kabarettszene wieder auf; die Satire-Blätter *Ulenspiegel* und *Frischer Wind* belebten die Zeitschriftenlandschaft.

Übrig blieb davon in der DDR die ursprünglich sowjetisch lizenzierte Wochenzeitschrift *Frischer Wind*, ab 1954 *Eulenspiegel*, deren 500 000 Exemplare gelegentlich vernichtet oder aus dem Handel zurückgezogen wurden – 1957 einer Ulbricht-Karikatur wegen. Der Chefredakteur wurde nur gefeuert, nicht verhaftet – anders als im September 1961 die Mitglieder des Leipziger Studenten-Kabaretts *Rat der Spötter,* darunter dessen Leiter Peter Sodann und der spätere *Eulenspiegel*-Autor und -Redakteur Ernst Röhl, die wegen »staatsgefährdender Hetze« für neun Monate in Untersuchungshaft landeten und überraschenderweise mit Bewährungsstrafen wegkamen. Das Motiv spielt in Christoph Heins *Der Tangospieler*, noch vor den Veränderungen von 1989 zugleich in der DDR und in der BRD veröffentlicht, die tragende Rolle.

Wie empfindlich die Partei- und Staatsführung noch unter Honecker reagierte, beweist der Fall des Zeichners Alois Kuhn, der 1979 wegen staatsfeindlicher Hetze zu 18 Monaten Haft verurteilt wurde. Komisch ging es in der DDR allemal zu; nirgendwo gedeiht der – politische – Witz so gut wie in einer Diktatur. Er lebte vom Sarkasmus. Wie bis heute immer wieder im Fernsehen zu sehen ist, hatte Walter Ulbricht – vom Dramatiker Brecht »der große Gelehrte WU« genannt – noch im Sommer 1961 erklärt: »Niemand hat die Absicht, eine Mauer zu bauen.« Mit seiner Fistelstimme klang das wie »Niemann hat die Absicht«, und so schlussfolgerte das pfiffige Volk: Dann wird es wohl ein gewisser »Niemann« gewesen sein, der uns eingesperrt hat.

Die Zahl der Witze über WU und seinen Nachfolger war Legion. Mancher behauptete, es gäbe sie »ebenso wenig« wie die weitverbreiteten Polizisten-Späße: Alle Witze enthielten nichts als die blanke Wahrheit ... Mitunter handelte es sich nur um von Braun auf Rot umgefärbten Flüsterwitze der Nazizeit, ergänzt durch den Einfallsreichtum von Volksmund und Kabarett. Eine Rolle spielten in den fünfziger Jahren auch die Einflüsse aus dem Westen. *Tarantel* hieß ein giftiges kleines Satireblatt, das an der Berliner Sektorengrenze verteilt wurde; Redewendungen des populären RIAS-Kabaretts »Die Insulaner« hielten sich lange im östlichen Sprachgebrauch: »Und damit, liebe Jenossinn' und Jenossen, komme ich zu das heutige Themata ...«

Wer mit Texten dieser Art und Herkunft unliebsam auffiel, durfte fest mit einem Aufenthalt hinter Gittern rechnen. Der Humor blieb eben eine ernste Sache im Lande des »zänkischen Bergvolks am Rande des Großchinesischen Reichs«, das 1977 seinen Oberkomiker Eberhard Cohrs nach einem Auftritt in Westberlin verlor. Cohrs und das Duo Hans-Joachim Preil und Rolf Herricht schafften es mit ihren Späßen immerhin ins Fernsehen. Die drei Dialektiker hingegen verschwanden wegen allzu anzüglicher Witze aus der TV-Show »Ein Kessel Buntes«. Das Fernsehen, oder vielmehr die Anwesenheit der Parteielite bei einer Live-Übertragung, wurde auch dem Conférencier O. F. Weidling zum Verhängnis. Der wortgewandte und schlagfertige O. F., Vorsitzender der Sektion Wortkunst beim Komitee für Unterhaltungskunst und Präsidiumsmitglied des Komitees – so hoch war der Humor in der DDR angebunden! –, hielt sich 1984 bei der Eröffnungsveranstaltung des neuen Berliner Friedrichstadtpalastes nicht mit seinen bissigen Bemerkungen zurück, die den Zorn des als nachtragend bekannten Wirtschaftslenkers Günter Mittag erregten. Weidlings Beiträge wurden aus der Aufzeichnung entfernt; er selbst unterlag quasi einem Berufsverbot und starb nur wenige Monate später.

Immerhin brauchten TV-Künstler nicht die vorgeschriebene Abnahme durch die regierenden Bezirksfürsten und ihre Kultur-Lakeien zu fürchten, deren kleinkarierter Zensur sich jede Kabaretttruppe zu unterwerfen hatte. Die ständig ergänzte Liste der sich wandelnden Tabuthemen war lang und galt für alle Medien und Gelegenheiten: Versorgungsprobleme aller Art, Knast, Stasi, Republikflucht – sofern es nicht gegen westliche Menschenhändler ging – Ausreise, Intershop, jegliche Kritik an der von Margot Honecker gluckenhaft beschützten Volksbildung ... Überhaupt hatte Kritik gefälligst »aufbauend« zu sein!

Dennoch hielt sich hartnäckig das Gerücht, ein Großteil der Witze stamme direkt aus dem ZK – was kritische Geister wiederum den Parteifunktionären nicht zutrauten. Nach der Wende erschienen zahllose Sammlungen mit DDR-Witzen. Gleichartige Sammlungen über die alte BRD sind kaum vorstellbar. Wie schrieb der große Humorist Alexander Roda Roda: »In manchen Ländern sind Satiriker überflüssig; die Regierung macht sich selbst lächerlich.«

WIE FUNKTIONIERTE DIE MACHT IM SOZIALISMUS?

Wer in der DDR etwas zu sagen hatte, war ein »Leitungskader«. Er praktizierte die »Einzelleitung« nach den »Prinzipien des demokratischen Zentralismus«. Damit hatte sich das seit der Aufklärung bestimmende politische Denken über die Macht geändert. Der

Engländer John Locke (1632–1704), der Franzose Charles de Montesquieu (1689–1755) und der Deutsche Immanuel Kant (1724–1804) erachteten die Gewaltenteilung zwischen der Gesetzgebung (Legislative), der Gesetzesausführung (Exekutive) und der Gerichtsbarkeit (Judikative) für die wichtigste Voraussetzung, um die Freiheit des Menschen vor dem jeweils Mächtigen zu schützen.

Karl Marx hielt einen solchen Schutz nach dem Übergang in den Kapitalismus im 19. Jahrhundert für besonders notwendig, denn er erkannte: Das Geld »ist die wahre Scheidemünze, wie das wahre Bindungsmittel, die … chemische Kraft der Gesellschaft«. Lenin, der sich auf Marx und Engels berief, leitete daraus als wichtigste Aufgabe die »Machtfrage« ab.

Das alles erinnert an den Italiener Niccolò Machiavelli, der bereits 1532 in seinem Werk *Der Fürst* feststellte: »Die Handlungen aller Menschen und besonders die eines Herrschers, der keinen Richter über sich hat, beurteilt man nach dem Enderfolg. Ein Herrscher braucht also nur zu siegen und seine Herrschaft zu behaupten, so werden die Mittel dazu stets für ehrenvoll angesehen und von jedem gelobt …«

Macht band sich an Menschen, musste exemplarisch gebraucht werden und sich ständig reproduzieren, um nicht zu verfallen. Das geschah am verlässlichsten, wenn es über einen langen Zeitraum immer die gleichen Menschen waren, die agierten. Sie wurden älter, konservativer und immobiler, aber ihre Präsenz minderte die Gefahr des Verlustes oder der Modifizierung der Macht.

In der Praxis diente das Nomenklatursystem aller sozialistischen Staatsparteien der bürokratischen Regelung des Machterhalts.

Als Geheimnis gehütet, stellte es sich nach außen so dar, dass einmal etablierte Machthaber jeglicher Ebene und Institution möglichst auf Lebenszeit agierten. Ihre Vorgänger erschienen oftmals als »Unpersonen«, die in der politischen, manchmal auch persönlichen, Versenkung verschwanden. Nikita Chruschtschow ist das bekannteste Beispiel dafür, die klammheimlichen Namenswechsel des Ostberliner Walter-Ulbricht-Stadions, der Leuna-Werke »Walter Ulbricht« oder der Akademie für Staat und Recht »Walter Ulbricht« in Potsdam liefern beredte Beispiele.

Nach innen galt bis zum Ende des Sozialismus die von Stalin auf dem XVIII. Parteitag der KPdSU 1939 verkündete Maxime: »Nachdem eine richtige politische Linie ausgearbeitet und in der Praxis erprobt ist, sind die Parteikader die entscheidende Kraft der Partei- und Staatsführung.« In der verkürzten Form, »Wenn die politische Linie klar ist, entscheiden die Kader alles«, bestimmte sie auch in der DDR die Politik. Dass sie inhaltlich nicht zur Disposition stand, sicherte eine Fülle von personalpolitischen Richtlinien. Vom »Beschluss des Politbüros vom 8. März 1949 über die Verbesserung der Kaderarbeit« über die am 30. Januar 1950 verabschiedete »Bestätigungs-Nomenklatur des Parteivorstandes: Funktionäre in Partei, Staat, Massenorganisationen, Presse und Film« und das »Gesetz über die weitere Demokratisierung des Aufbaus und die Arbeitsweise der staatlichen Organe in den Ländern der Deutschen Demokratischen Republik« vom 23. Juli 1952 bis zur »Hauptnomenklatur des Zentralkomitees« vom 6. September 1955 – um nur einige wenige Eckpunkte zu nennen – stand die Personalkontrolle stets im Mittelpunkt der SED-Parteiarbeit. Bereits 1955 umfasste sie rund 7000 leitende Positionen. War einmal eine geeignet erscheinende Person für irgendeinen wichtigen Posten gefunden, sollte sie auch möglichst lange dort bleiben.

Entscheidendes Auswahlkriterium war die politische Vertrauenswürdigkeit, ihr nachgeordnet die fachliche Kompetenz und schließlich die Akzeptanz bei den Untergebenen. Schon 1957 definierte die SED: »Die Kader sind jene Menschen, die das volle Vertrauen der Partei haben und die aufgrund entsprechender Fähigkeiten von der Partei als Leiter und Organisatoren … entsendet werden.« Daran änderte sich nichts. 1988 erklärte das *Kleine Politische Wörterbuch*: »Kaderpolitik (sozialistische) – die politische Zielstellung und Hauptrichtung für die Auswahl, Erziehung und Qualifizierung sowie den Einsatz fähiger, der Sache der Arbeiterklasse und ihrer marxistisch-leninistischen Partei treuergebener Kader für alle Bereiche des gesellschaftlichen Lebens.« In entsprechenden Anforderungskatalogen an diese »Kader« tauchte die »fachliche Qualifikation« an sechster Stelle auf.

Nach einer ersten Phase ihrer Rekrutierung auf der Grundlage des »Klassenstandpunktes« nach Gründung der DDR bildete sich für den Nachwuchs der Rückgriff auf bereits »bewährte« Funktionsträger oder deren Familien heraus. Der sicherste Weg in höhere politische Etagen der DDR führte nahezu ausschließlich über vorhergegangene, hauptamtliche Funktionen im Jugendverband. Diese Stufenleiter produzierte einen Typ von Funktionären, deren Lebenserfahrung wesentlich von der bürokratischen Konkurrenz geprägt war. Die Fähigkeit, sich außerhalb der Apparate zu bewegen, ging verloren, der Erhalt einer eigenen, abgeschotteten Welt wurde überlebenswichtig. Sie war zwangsläufig an die eigene Aktivität im Apparat gekoppelt, ein Leben »danach« nicht einmal im fortgeschrittenen Rentenalter vorgesehen.

Der Preis für diese in allen sozialistischen Staaten etwa eine Generation lang praktizierte Kaderpolitik lag im Verzicht auf die Weiterentwicklung der Gesellschaft. Ihre Führung vergreiste und wurde reformunfähig, weil sie sich nicht selbst beseitigen wollte und konnte.

WAREN GENERALDIREKTOREN MÄCHTIG ODER OHNMÄCHTIG?

Günter Mittag war an allem Schuld, lautete die gängige Erklärung für die DDR-Misswirtschaft, als sie zusammenbrach. Der Polit-Bürokrat hatte in den siebziger Jahren die Bildung von Kombinaten vorangetrieben. Am Ende gab es 167 zentral- und 90 bezirksgeleitete Einrichtungen dieser Art, die gern »sozialistische Konzerne« genannt wurden. Wären sie es tatsächlich gewesen, ist die Frage nach der Macht ihrer Chefs zu stellen, von denen sich manche gern »General« nennen ließen. Sie hatte die Fäden der Wirtschaft in der Hand.

Daran so ziehen, wie es ökonomisch vielleicht sinnvoll gewesen wäre, durften sie nicht. Das machte die Planwirtschaft unmöglich. Alle Großunternehmen hingen an zwei Leitungssträngen. Über den einen schrieben die Planer vor, was und wie viel produziert werden sollte, über den anderen teilten sie Ausrüstungen und Material zu. Die Ohnmacht der »Generäle« war durch diese Über-Struktur vorgegeben, ihre Macht konzentrierte sich auf ihre betrieblichen Bedingungen und war gleichzeitig von diesen begrenzt.

Beispiel VEB Kombinat Baumwolle. Als Generaldirektor Siegfried Reinhold 1990 mit 66 Jahren den Chefsessel räumte, machte der Textilriese einen Jahresumsatz von 9,3 Milliarden Mark. Es gab 70 000 Beschäftigte in 27 Betrieben, die über 40 000 Erzeugnisse herstellten. Die Schattenseite: An rund 800 Produktionsstätten wurde von nur etwa einem Drittel der Belegschaft gewerkelt. Der Rest war mit Verwaltung, Wartung, Transport und Lager beschäftigt. Die Arbeitsproduktivität lag bei etwa der Hälfte des Westniveaus. Die unökonomische Produktionsstruktur setzte sich in den einzelnen Unternehmen des Kombinats fort. So verteilten sich die 2700 Beschäftigten vom VEB Vowetex Plauen auf 39

Betriebsteile in 11 Kreisen und vier Bezirken der DDR. Die Produktpalette reichte von der Baby- bis zur Sterbewäsche und brachte einen Jahresumsatz von 500 Millionen Mark. Ein flexibles Reagieren auf den Markt machte eine solche Aufstellung nicht möglich.

Dabei gab es in einzelnen Branchen durchaus vergleichbare Zahlen mit Konzernen im Westen. Zum Beispiel in Schwarzenberg beim Monsator Haushaltsgroßgerätekombinat. Es gehörte zu den fünf Kombinaten der Vereinigung Volkseigener Betriebe (VVB) Eisen-, Blech- und Metallwaren mit Sitz in Karl-Marx-Stadt (heute Chemnitz), die ihrerseits insgesamt über 11 Betriebszweige verfügte. Mit 12 000 Beschäftigten in acht Einzelunternehmen und einer jährlichen Warenproduktion von 1,1 Milliarden Mark Mitte der siebziger Jahre, entsprach Monsator etwa der West-Firma Bauknecht. Die hatte damals 13 500 Arbeitnehmer und machte 970 Millionen Mark Jahresumsatz. Dennoch war Monsator letztlich keine Konkurrenz, denn die technischen Innovationen erfolgten im Westen und die Produktion wurde nicht ökonomisch abgerechnet.

Zu welchen Verwerfungen das führte, zeigt das wohl krasseste Beispiel, das sich im VEB Mansfeld Kombinat Wilhelm Pieck fand. Dort erwirtschafteten 47 000 Werktätige bei einem Jahresumsatz von 13,7 Milliarden Mark 1990 einen Gewinn von 1,1 Milliarden Mark. Doch die sozialistischen Bilanzen hatten nicht viel mit kapitalistischer Rechnungsführung zu tun: Eine Tonne reinen Kupfers kostete in der Produktion im Schnitt 105.600 Mark. Verkauft wurde es an den Metallurgiehandel der DDR zum Festpreis von 12.300 Mark pro Tonne. Das Defizit von 93.300 Mark zahlte das zuständige Ministerium. In dieser Subvention war eine Summe von 8 Prozent der tatsächlichen Herstellungskosten, also 8.448 Mark pro Tonne, die als »planmäßiger Gewinn« des Kombinats nach Berlin zurückfloss.

So entstand faktisch in der gesamten DDR-Wirtschaft ein riesiger Kreislauf »des sich in die eigene Tasche Lügens«. Der Mansfelder Kupferdraht, den Monsator verbaute, hatte keinen realistischen Preis, Damit wurde der »Gewinn« der viel in den Westen verkauften Haushaltsgeräte fragwürdig, und das machte sich wiederum beim Import von Maschinen beispielsweise für das Kombinat Baumwolle bemerkbar. Die von Karl Marx erforschte Ware-Geld-Beziehung stand auf dem Kopf, niemand wusste so genau, wie groß der Schaden eigentlich war, den er mit seiner Produktion anrichtete. Das machte die ökonomische Ohnmacht der »Generäle« aus.

Ihre Macht lag in ihrer Provinz-Despotie. Sie wurde besonders unangenehm, wenn der jeweilige »General« auch noch in der SED-Hierarchie hoch angebunden war, wie

Zeiss-Generaldirektor Wolfgang Biermann, Mitglied des ZK und Honecker-Freund. Seine 65 000 Beschäftigten machten zum DDR-Ende 5 Milliarden Mark Umsatz. Den Preis zahlten seine Untertanen. Zum Beispiel Günter Hähle, Direktor im Betrieb Messtechnik Jena-Göschwitz. Vor 600 Leitungskadern machte ihn Biermann runter: »Und dich, Hähle, treibe ich so weit, dass du bei mir aus dem 11. Stock springst, und da ist kein Netz, da knallst du aufs Pflaster.« Seinen Führungsstil beschrieb Wolfgang Biermann – nach der Einheit schnell in den Westen entschwunden – so: »Bei mir kriegt jeder Leiter een Strick um den Hals, den zieh ick langsam zu, und manchmal lass ick etwas nach.«

Zum Schluss hatte sich die DDR-Wirtschaft selbst den Strick um den Hals gelegt. Die Treuhand musste ihn nur noch endgültig zu ziehen. Das kostete rund 3 Millionen Arbeitsplätze.

WIE STAND ERICH HONECKER ZU ROBERT HAVEMANN?

Sie waren Kameraden im Zuchthaus Brandenburg. Der eine zu zehn Jahren, der andere zum Tode verurteilt. Erich Honecker flüchtete am 6. März 1945 und kehrte Ende April wieder zurück – hinter Gittern war es in den letzten Kriegstagen sicherer als draußen. Pünktlich zu »Führers Geburtstag«, am 20. April 1945, reisten ein Staatsanwalt und ein Scharfrichter an, um die noch ausstehenden 33 Todesurteile zu vollstrecken. Die Obleute vom Gefangenenausschuss drohten dem Zuchthauspersonal, es würde sofort nach dem bevorstehenden Zusammenbruch auf der gleichen Guillotine geköpft. Daraufhin versenkten die Beamten das Fallbeil im nahen Plauer See.

Robert Havemann war an führender Stelle im kommunistischen Widerstand des Zuchthauses Brandenburg beteiligt. Der Chemiker hatte in der Spülzelle des Arresthauses ein kleines Labor bekommen, um weiter an »kriegswichtigen Forschungen« zu arbeiten. Dort baute er heimlich ein Radio, die Zelle wurde zum Kommunikationszentrum des Widerstandes. Für den geplanten Aufstand stellte er 30 Schwelkerzen mit dem chemischen Reizkampfstoff Adamsit her.

Erich Honecker hatte in der kommunistischen Gruppe, zu der 40 der 160 politischen von insgesamt etwa 3000 Häftlingen gehörten, keine herausragende Funktion. In seinen Memoiren *Aus meinem Leben* erzählt er, nach seiner Rückkehr habe ihm der Zuchthausdirektor angeboten, entsprechend einer »Anweisung des Generalstaatsanwaltes am Kammergericht Berlin … ordnungsgemäß die Entlassungspapiere auszuhändigen.« Er empfahl aber, wegen der militärischen Lage abzuwarten. Eine solche Anweisung ist in den Akten nicht belegt. Der Generalstaatsanwalt am Kammergericht war nicht zuständig und Honeckers Strafvollstreckung endete am 8. Dezember 1945. Das alles wurde obsolet, als am 27. April 1945 gegen Mittag der erste russische Panzer das Zuchthaus Brandenburg erreichte.

Aus dem Ablauf der Ereignisse erlaubt sich die Schussfolgerung, dass Erich Honecker den Kommunisten um Robert Havemann für deren Solidarität zumindest zu Dank verpflichtet war. Beide Männer machten dann Karriere. Erich Honecker in der Politik, Robert Havemann in der Wissenschaft: ab 1946 als Professor für Kolloidchemie, ab 1952 als Professor für angewandte physikalischen Chemie an der Berliner Humboldt-Universität. Daneben war er 1949 bis 1963 Abgeordneter der Volkskammer, bis 1948 auch Kontaktperson des sowjetischen Geheimdienstes und 1956 bis 1963 Geheimer Informator des MfS, Deckname »Leitz«.

Den Beginn des Weges Robert Havemanns ins politische Abseits ab 1956 beschreibt Erich Honecker so: »Es gab dann Diskussionen eines dritten Weges des demokratischen Sozialismus. Es kam zum Schluss doch eine sehr starke Contrastellung Havemanns zur Auffassung der Partei und Walter Ulbrichts heraus. Havemann wurde betrachtet als der Widerpart zur Linie unserer Partei.« Es war also das klassische »Dissidere«, »Widersprechen«, dessen sich Havemann schuldig machte. Das konnte für einen Parteisoldaten wie Erich Honecker nicht nachvollziehbar sein. Dennoch nimmt er für sich in Anspruch, Havemann geholfen zu haben: »Ich kenne die Sache, die zur Abriegelung seiner Wohnung führte und hatte zur damaligen Zeit doch die Möglichkeit, ihn etwas abzuschirmen gegen bestimmte Übergriffe, die man vorhatte.« Ein angeblich machtloser Parteichef gegen ein anonymes »Man« – ein fragwürdiges Bekenntnis.

Die Pressionen kulminierten in einem Haftbefehl gegen Havemann. Er wurde einen Tag vor der Ausbürgerung Wolf Biermanns am 16. November 1976 ausgestellt. Unmittelbar nach Biermanns Rauswurf schreibt Havemann dazu einen »Offenen Brief« an Honecker: »Die Männer, die diesen Beschluss gefasst haben, waren wirklich schlecht beraten. Sie waren es, die das Ansehen unserer DDR, das wir verteidigen, beschmutzt haben.« Erich

Honecker sagt nach seinem Sturz: »Auf keinen Fall wollte ich zustimmen, dass man ihn inhaftierte und zwar aufgrund seines antifaschistischen Widerstandskampfes.«

Es folgte ein zweieinhalbjähriger Hausarrest für Havemann. Erich Honecker, der erste Mann der DDR, versteckte sich hinter angeblich fehlender Zuständigkeit: »Ich war natürlich auch später daran interessiert, dass alle Repressionsmaßnahmen Schritt für Schritt aufgehoben wurden. Das hinderte selbstverständlich die Sicherheitsorgane nicht, wenn Havemann einen Ausflug machte, ihn zu begleiten. Das war offensichtlich so.« Auch später tat Honecker so, als sei er »von den Sicherheitsorganen« abhängig gewesen: »Allerdings … hat man in diesen Kreisen auch Verständnis dafür gehabt, dass auf meine Veranlassung hin Havemann eingeladen wurde zu den Feiern anlässlich des Jahrestages aus der Strafvollzugsanstalt Brandenburg-Görden.« Ein Armutszeugnis.

Erich Honecker scheint keinen Loyalitätskonflikt gespürt zu haben. »Die Partei« war wichtiger als die Kameradschaft. Und so bleibt sein letzter Dienst am einstigen Genossen fast makaber: »Als er aufgrund seiner Erkrankung frühzeitig starb, was ich sehr bedauerte, konnte ich meine Anteilnahme dahingehend bekunden, dass wir Biermann die Möglichkeit gaben, an den Trauerfeierlichkeiten von Robert Havemann teilzunehmen.«

WARUM WURDE KONRAD NAUMANN ABGESÄGT?

Dass Erich Honecker sein Leben im fernen Südamerika beschloss, ist allgemein bekannt. Vom Ableben seines einstigen Kronprinzen Konrad Naumann in der gleichen Gegend der Welt wissen nur wenige.

Als Don Conrado am 25. Juli 1992 in Guayaquil, Ecuador, das Zeitliche segnete, war er 63 Jahre alt und es gab nur eine kurze Notiz in der Zeitung. Er galt als schwerer Trinker und tablettensüchtig, da wird man nicht so alt. Dennoch ist es erstaunlich, dass ein Mann, der einmal nach der Macht in der DDR gegriffen hatte, keinerlei Aufmerksamkeit mehr erregte: Konrad Naumann, seit 1971 SED-Parteichef in Ostberlin und seit 1973 im Politbüro der Partei. Nach dem Mauerfall war er in aller Stille mit seiner vierten Frau Carmen, Deutschlehrerin und Dolmetscherin, nach Ecuador verschwunden.

Februar 1974: Konrad Naumann zieht für die Bezirksleitung Berlin der SED Bilanz über die Verwirklichung der Beschlüsse des VIII. Parteitages der SED.

Konrad Naumann machte in der DDR die typische Karriere eines Funktionärs. 1928 geboren, trat er nach dem Krieg in die KPD ein und übernahm 1947 den Vorsitz der FDJ in Leipzig. Unter den Fittichen Erich Honeckers, des damaligen Chefs im Jugendverband, stieg er über die FDJ-Leiter bis in die SED-Spitze auf. Seine Ausbildung beschränkte sich auf ein paar Monate Erfahrungen als Knecht beim Bauern und ein Jahr, 1951/52, auf der Komsomol-Hochschule in Moskau. Vera Oelschlegel, 1977 bis 1987 seine Ehefrau, erinnert sich an den »Naturburschen« Naumann:

»Er war weiß Gott kein Intellektueller. Aber man sucht halt immer einen Gegenpol.« Konrad Naumanns direkte Art kam bei seinen Untergebenen und beim Volk an. Dass er als Saufbold und Weiberheld galt, wurde toleriert, offenbar sahen ihn viele so, wie auch seine Frau Vera: »Da ich ohne Vater aufgewachsen bin, habe ich immer nach einer starken Vatergestalt gesucht. Und das war Naumann. Ich habe immer gesagt: Er ist wie ein Baum; man kann sich unterstellen, hat Schutz, man kann aber auch von fallenden Ästen erschlagen werden oder sich daran aufhängen.« Manche Genossen sahen in ihm wohl auch deshalb eine Alternative zu den steifen Polit-Bürokraten um Erich Honecker. Das tat er selbst auch. Immer wieder stichelte er gegen den Chef, was Honecker nicht verborgen blieb. Schon nach dem X. Parteitag 1981 legte er fest: »Man muss Naumann unter Kontrolle halten.«

Der schaltete und waltete derweil wie ein Duodezfürst: Zu seinem Wochenendhaus in Serwest am Parsteiner See ließ er quer durchs Naturschutzgebiet eine Straße bauen, seine Söhne bekamen Offizierposten in der Stasi-Bezirksverwaltung Berlin und seine Frau Vera den Posten der Intendantin im Theater im Palast und die Wohnungseinrichtung von Möbel-Hübner aus Westberlin. Doch das war alles nicht so schlimm, wie die engen persönlichen Kontakte Naumanns zum Sowjet-Botschafter Pjotr Abrassimow. Erich Honecker vermutete, dass dort unter vier Augen gegen ihn konspiriert würde. Vera Oelschlegel: »Innerhalb der Partei gab es verschiedene Strömungen und Interessen … Die waren sich ja untereinander nicht alle grün. Und es gab da natürlich Stellvertreterkämpfe.«

Als ab 1985 in Moskau Glasnost und Perestroika einziehen, wird das richtig gefährlich. Erich Honecker stellt Konrad Naumann eine Falle. Er inspiriert seinen Chef-Ideologen Kurt Hager, eine Veranstaltung zu organisieren, auf der der so allwissend tuende Berliner Bezirksfürst mal so richtig seine Pläne äußern sollte. Hager regelt das über den Rektor der Akademie für Gesellschaftswissenschaften, Otto Reinhold, der den Plan als »seine Idee« Konrad Naumann vorträgt. In dessen Umfeld wittern einige die Intrige, doch Naumann fühlt sich unangreifbar und baut auf »die Freunde«. Konrad, »kühn am Rat«, wie das mittelhochdeutsche »Kuonrât« den Charakter des Namens erklärt.

Am 17. Oktober 1985 steigt der Vortrag vor ausgesuchten Kadern der Akademie. Ohne ein Blatt vor den Mund zu nehmen, entwickelt der »kühne Ratgeber« ein Neun-Punkte-Programm, das von heftiger Kritik an den Herrschenden getragen ist. Ob Medienpolitik oder Kultur, die Führungstätigkeit der »Reichsregierung«, so Naumann wörtlich, oder die miese Versorgung der Bevölkerung – der Berliner SED-Chef scheint alles besser zu wissen und auch machen zu wollen. Nun reicht es. Am 5. November 1985 wird Konrad Naumann aus dem Politbüro ausgestoßen. Dazu bedienen sich die Genossen der eingeübten Tradition aus der Zeit Stalins: Dem Abtrünnigen wird vorgeworfen, eine »parteifeindliche Plattform« gebildet zu haben. Solch eine »Fraktionsbildung« gilt als die Todsünde der Partei.

Zwei Tage später muss Konrad Naumann seine Pistole abgeben. Nun begreift er, dass ihm sein »kühn am Rat« das Genick gebrochen hat. Der abgestürzte Spitzenfunktionär schreibt Erich Honecker einen zerknirschten Abschiedsbrief: »Deine prinzipielle Kritik und die aller Genossen des Politbüros ist richtig und hat mich tief getroffen … Ich habe mich durch mein Verhalten selbst ausgestoßen.« Vor dem Volk musste das alles streng geheim bleiben, Gerüchte gab es ohnehin genug. Konrad Naumann wurde, wie bereits berichtet, wissenschaftlicher Mitarbeiter bei der staatlichen Archivverwaltung in Potsdam. Vermutlich rettete ihn sein Sturz vier Jahre später vor dem Gefängnis. Als relativ jungen Funktionär hätte man ihn nach der Einheit wohl ebenso wie Egon Krenz für die Mauerschüsse verantwortlich gemacht. Doch da war Don Conrado längst in Südamerika.

WOLLTE EIN OFENSETZER WIRKLICH ERICH HONECKER ERMORDEN?

Nein. Zu diesem Schluss kamen 1994 die leitenden Staatsanwälte in Neuruppin nach einer neuerlichen Untersuchung der Vorgänge vom 31. Dezember 1982 in Klosterfelde bei Berlin. Ans Licht gebracht hatte der *Stern* die ganze Angelegenheit bereits elf Tage nach dem »Besonderen Vorkommnis«: »Der *Stern* enthüllt, was die DDR zu vertuschen sucht: Das Attentat ... Ein Ofensetzer aus einem Dorf bei Berlin versuchte Silvester, auf den DDR-Staatsratsvorsitzenden zu schießen. Der Attentäter verfehlte sein Ziel. Honecker entkam und überlebte. Dem Schützen blieb nur der Selbstmord. Er schoss sich in den Kopf und starb auf der Stelle. Ein Sicherheitsbeamter wurde mit schweren Verletzungen ins Krankenhaus gebracht.«

Was für eine Sensation: Das einzige Attentat auf einen »führenden Repräsentanten« der DDR, wenn man von der Stasi-Erfindung eines geplanten Ulbricht-Attentats im Jahre 1968 absieht. Bei näherer Betrachtung – die in der DDR allein der Staatssicherheit vorbehalten war – blieb allerdings nicht viel übrig von der Sensation. Die erfahrenen Stasi-Kriminalisten von der Abteilung IX/7 – Vorkommnisuntersuchung – waren sich schon Tage vor der *Stern*-Veröffentlichung sicher, dass der vermeintliche Attentäter Paul E. »sich in einem schuldhaft herbeigeführten, die Zurechnungsfähigkeit vermindernden Rauschzustand (Psychose)« befunden habe. Es könne »ausgeschlossen werden, dass E. aus einer feindlich negativen Haltung heraus gezielt einen Angriff auf eine Repräsentantenfahrt geführt oder geplant hatte.«

Was war nun an jenem Silvesternachmittag wirklich geschehen, in der 3000-Seelen-Gemeinde mit der besonders hohen Stasi-Informantendichte? Immerhin lag die Waldsiedlung Wandlitz, das streng abgeschirmte Wohnareal der allerhöchsten Repräsentanten, gleich um die Ecke, und der Weg in die Jagdreviere der neuen Feudalherren führte mitten durch den Ort. Meister E., dessen Öfen das Heim manches DDR- und etlicher Stasi-Prominenten wärmten, war als Handwerker gleichermaßen geachtet wie als Mitmensch wenig beliebt. Von Vater und Großvater hatte er dreierlei geerbt: einen etwas unwirschen Charakter, den Hang zum Alkohol – und eine etwa fünfzig Jahre alte Walther-Pistole, die er gern mit sich führte. Dass er außerdem über ein ganzes Arsenal von Schusswaffen verfügte, wussten mindestens die Stasi-Mitarbeiter, die ihm die Munition für seine illegalen Jagdausflüge beschafften. Ins »Jagdkollektiv« nahm man E., der ein vorzüglicher Schütze war, zu seinem großen Verdruss nicht auf. Er trank zu viel. Auch an diesem Silvestervormittag, an dem er vergeblich versucht hatte, seinen Frust bei einer Frau abzureagieren, die ihm gerade die Freundschaft gekündigt hatte. Seine Ehe war in die Brüche gegangen, die Fahrerlaubnis hatten ihm befreundete Genossen von der Staatssicherheit nach einer Trunkenheitsfahrt auf illegale Weise wieder besorgt.

Mit 2,5 Promille Alkohol im Blut, die Goldbrandflasche griffbereit, die Pistole im Gürtel – so versuchte E. mit seinem Lada auf die Fernverkehrsstraße 109 einzubiegen. Zu seinem Unglück und für ihn völlig unvorhersehbar passierte ausgerechnet in diesem Augenblick der Konvoi des höchsten Jägermeisters der DDR die Straßeneinmündung. Dem trunkenen Ofensetzer gelang es tatsächlich, sich zwischen den Stasi-Kommandowagen und Honeckers Gefährt in die Kolonne zu drängen, deren Tempo sein Auto allerdings nicht gewachsen war. Den als Verkehrspolizisten verkleideten Personenschützern im Nachläufer-Volvo blieb das Vergnügen, den Lada nach kurzer Verfolgung nahe den ersten Häusern von Klosterfelde zum Halten zu bringen. Als sich einer der beiden »Polizisten« dem aussteigenden E. näherte, zog der die Pistole und schoss sofort auf ihn.

Der verblüffte Fahrer des Volvo besann sich seiner Ausbildung und zog die Makarow. Ohne über das Visier zu zielen, schoss er auf den Lada-Fahrer, der gebückt mit seiner Waffe hantierte, sie dann in Kopfhöhe hob und sich selbst in die Schläfe schoss. Neben dem Hinterrad seines Wagens brach er zusammen. Der Makarow-Schütze näherte sich vorsichtig, stieß die Walther-Pistole zur Seite und versuchte, E. Erste Hilfe zu leisten. Eine Krankenschwester, die angehalten hatte, machte ihm klar, dass der Mann tot war. Der andere, durch einen Lungendurchschuss drei Zentimeter über dem Herzen schwer verletzte Personenschützer, hatte gerade noch einen Funkspruch zur Zentrale abgesetzt und einen Rettungswagen angefordert.

Die Ermittlungen der Staatssicherheit dauerten mehrere Tage. Was da ans Licht kam, warf manchen Schatten auf den Ofensetzer, vor allem jedoch auf das eigene Ministerium und dessen Informanten, ließ jedoch keinen Zweifel an den persönlichen Motiven des Toten für seinen Bilanzselbstmord, den E.s behandelnder Arzt nachträglich diagnostizierte. Der angeschossene Personenschützer überlebte, der *Stern*-Korrespondent verlor seine DDR-Akkreditierung und die DDR-Oberen büßten durch ein verspätetes und ungeschickt formuliertes Dementi, in dem der Staatsratsvorsitzende nicht erwähnt wurde, ein Stück mehr an Glaubwürdigkeit ein.

Wie erging es den Wandlitzer Witwen?

First Ladies sind im Sozialismus nicht vorgesehen, deshalb kennt die russische Sprache die ersten Damen auch nur als Fremdwort: Perwaja Ledi. Doch es gibt sie, und wenn sie nicht selbst politische Positionen einnahmen, wie etwa Lotte Ulbricht oder Margot Honecker, blieben sie trotz aller Gleichberechtigung Anhängsel ihrer Funktionärsmänner. Das hatte Folgen, wenn der Genosse Gatte das Zeitliche segnete.

Das traute Heim im Wald von Wandlitz ist nur ein Nest auf Zeit. Das spürte als eine der ersten Christa Apel. Sie hatte ihren Mann Erich 1948 in der Sowjetunion kennengelernt. Der wurde in der DDR oberster Planungschef und erschoss sich am 3. Dezember 1965 in seinem Büro. Es gab noch ein Staatsbegräbnis in der Gedenkstätte der Sozialisten in Berlin-Friedrichsfelde, dann zog sie auf Weisung der Genossen in Wandlitz aus. Dass so etwas ganz schnell gehen muss, erfuhr die Witwe des Landwirtschaftsexperten Gerhard Grüneberg. Nach dessen Tod am 10. April 1981 wurde das möblierte Haus für Familie Schabowski gebraucht. Der Berliner SED-Chef mit seiner russischen Frau und zwei Söhnen fühlte sich anfangs dort nicht sehr wohl, weil überall noch die Spuren des Vorgängers zu sehen waren. Bei Gerhard Schürer, dem langjährigen Chef der Plankommission der DDR, wechselte nur die Frau. Als er in dritter Ehe seine 29 Jahre jüngere Sekretärin Steffi heiratete, zog sie als Hausherrin ins Haus 7.

Besonders rüde ist der Umgang mit den Angehörigen, wenn der Tod des bisherigen Halb-

Lotte Ulbricht war bis 1973 Mitarbeiterin am Institut für Marxismus-Leninismus und Mitglied der Frauenkommission beim Politbüro des ZK der SED.

gottes mit ungeklärten Umständen verbunden ist, wie bei Werner Lamberz. Er starb am 6. März 1978 bei einem Hubschrauberabsturz in Libyen. Seine Witwe erfuhr weder, dass es über den Unfall einen Untersuchungsbericht gab, noch, dass ihr Mann in der DDR obduziert wurde. Stattdessen durfte sie 1984 mit der *Völkerfreundschaft* nach Tripolis fahren, um wenigstens den Ort einmal zu sehen, an dem Werner Lamberz starb. Die dortige Regierung empfing sie wie einen Staatsgast, dann verschwand sie endgültig in der Anonymität.

Mehr Unabhängigkeit genossen die Wandlitzer Witwen, wenn sie selbst die SED-Politik mitbestimmt hatten, denn wie jeder Beruf brachte auch dieser eigene Rentenansprüche.

Margot Honecker, die von 1990 bis zu ihrem Tod am 6. Mai 2016 im Exil in Chile lebte, empfand ihre 1.500 Euro vom Klassenfeind als »unverschämt wenig«. Im Vergleich zu Lotte Ulbricht ist sie tatsächlich schlechter dran. Die bekam zunächst 2.015 Ostmark (Stand Oktober 1985), dann 4.472 Westmark (Stand März 2002). Doch lebte die nicht ohnehin in der Schweiz? Ein hartnäckiges DDR-Gerücht wollte es jahrelang so wissen. Es war Unsinn. Lotte Ulbricht wohnte bis zu ihrem Tod mit knapp 99 Jahren am Majakowskiring in Berlin-Pankow. Doch sie und Walter hätten wohl die Möglichkeit gehabt, den Lebensabend auch anderswo zu verbringen. Das belegen Schriftstücke aus ihrem Nachlass. Demnach tauchte bei dem Pensionisten-Paar am 23. Februar 1973 ein »Gen. Raab« mit einem Koffer voller Blankoschecks, ausgestellt auf US-Dollar, auf. Auch 1.000 Dollar in bar waren dabei, insgesamt umfasste das Angebot eine Summe von 41.000 Dollar. Zum damaligen Wechselkurs waren das gut 108.000 DM. Unter dem Datum 6. März 1973 ist notiert: »Gen Wildenhain (Finanzen) mitgeteilt, dass Valuta nicht benötigt wird.« Das Geld geht zurück in die SED-Zentrale.

Fünf Monate später stirbt Walter Ulbricht. Nun blühen trotz aller Geheimhaltung um das Leben seiner Frau die Gerüchte. Im Mai 1974 wird Lotte Ulbricht, so ihre Aufzeichnungen, von einem Bekannten angesprochen, der sie in der Schweiz wähnte. Dann kommt ihr zu Ohren, dass im Juni in einem Heim für Verfolgte des Nazi-Regimes (VdN) bei Dresden »informiert« wurde, sie lebe nun bei den Eidgenossen. Die treue SED-Genossin ist empört und meint, die Quelle der üblen Nachrede zu kennen: »Erich Honecker«. Lotte Ulbricht notiert akribisch, wer alles von ihrer vermeintlichen Ausreise zu wissen meint: Zwei MfS-Männer in Görlitz, eine »Luise« in Dresden, »Gen. Wach« aus Weimar, »Gustl« von der Wohnparteiorganisation Berlin-Prenzlauer Berg, »Major Junker« aus der »Bruno-Kühn-Kaserne« und so weiter und so fort. Das Gerücht ist nicht totzukriegen. Dazu trägt die DDR-typische Informationsgewährung bei. Am 23. April 1977 schreibt eine Leserin aus Wismar an die Frauenzeitschrift *Für Dich*: »In letzter Zeit musste ich von etlichen Mitbürgern eine hässliche Feindpropaganda erfahren. Unsere Lotte Ulbricht soll unsere Republik verlassen haben und in der Schweiz leben.« Sie möchte, dass die Zeitung das mal öffentlich klarstellt. Ihr Wunsch bleibt unerfüllt. Stattdessen reist die zuständige Abteilungsleiterin der SED-Kreisleitung zu einem Gespräch an.

Die letzte Anfrage nach dem Verbleib von Lotte Ulbricht stellt der Ingenieur Anton H. aus Spremberg am 4. Oktober 1989 an die *Lausitzer Rundschau*. Auch sie bleibt ohne Antwort. Nebenbei: Ihre erste West-Reise nach dem Ende der DDR machte Lotte Ulbricht im September 1991 mit einem Bus von Holiday. Nicht in die Schweiz, sondern nach Paris. Lotte Ulbricht starb am 27. März 2001 in Berlin. Ihre Urne wurde in einem Einzelgrab auf dem Friedhof Weißensee beigesetzt.

Welche Bildung hatte die Volksbildungsministerin?

Ministerin für Volksbildung Margot Honecker im Jahr 1980

Als vor dem 20. Jahrestag der DDR der Ostberliner Alexanderplatz eine einzige Baustelle war und die Baugruben für den Fernsehturm und das Hochhaushotel rechts und links des Bahnhofs noch nicht ahnen ließen, was dort entsteht, fragte sich das Volk: Wonach wird hier eigentlich gebuddelt? Die Antwort: Sie suchen nach dem Diplom von Margot Honecker. Es wurde nie gefunden. Die von November 1963 bis 20. Oktober 1989 tätige Volksbildungsministerin der DDR – offizielle Anrede: »Genossin Minister Honecker« – hatte keine einschlägige Ausbildung. Trotzdem hat sich Margot Honecker als Einzige behauptet, wenn es in der kollektiven Erinnerung ums DDR-Bildungswesen geht. Ihre fünf Vorgänger sind ebenso vergessen wie Helga Labs, Hans-Heinz Emons und Hans-Joachim Meyer als Nachfolger bis zum Ende der DDR am 2. Oktober 1990.

Das hat sicher seinen Grund: Margot Honecker steht wie niemand sonst für das »einheitliche sozialistische Bildungssystem« mit seinen guten und schlechten Seiten.

Ihren Traum, einmal Lehrerin zu werden, musste die am 17. April 1927 als Tochter eines Schuhmachers und einer Fabrikarbeiterin geborene Margot Feist gleich zweimal aufgeben. Nachdem sie 1941 in Halle die Weingärtenschule mit einem sehr guten Zeugnis nach der achten Klasse verließ – Fleiß, Betragen, Aufsatz, Turnen, Sprachlehre und Hauswirtschaft: Eins, Religion, Lesen, Geschichte, Erdkunde, Naturlehre, Naturbeschreibung, Nadelarbeit, Gesang, Raumlehre, Rechnen: Zwei, Schreiben und Zeichnen: Drei –, bekam die Volksschülerin eine Freistelle auf der Lehrerbildungsanstalt angeboten. Sie lehnte ab. Ihre Mutter Helene war 1940 bei einer verpfuschten Abtreibung gestorben, Margot musste sich nach der Schule um Vater Gotthard Feist und ihren Bruder Manfred kümmern. Nach Zuchthaus- und KZ-Haft arbeitete der Vater weiter für die von den Nazis verbotene Kommunistische Partei. Seine damals 15-jährige Tochter half ihm dabei. Deshalb ist es durchaus glaubwürdig, dass sie später die Ablehnung der Freistelle auch mit der Furcht begründete, als Absolventin der NS-Lehrerbildungsanstalt Kinder einmal im Nazi-Geist erziehen zu müssen.

Nach dem Ende des »Tausendjährigen Reichs« gab es eine nächste Chance. Margot Feist besuchte ein paar Kurse für Neulehrer, doch schon im Mai 1946 begann sie ihre hauptamtliche Funktionärstätigkeit im FDJ-Kreisvorstand Halle. Das geschah sicher nicht nur, um Karriere zu machen, sondern entsprach eher ihrem Bestreben, »der Partei« zu dienen. Dem ordnete sie ihr persönliches Leben bedingungslos unter. Als sie mit 19 Jahren von ihrer ersten großen Liebe, Günther Teller, später Generalleutnant und Chef der Gesellschaft für Sport und Technik (GST) schwanger wurde, ließ sie das Kind, trotz des grausamen Schicksals ihrer Mutter, illegal abtreiben.

Im September 1953 wurde Margot Feist, damals schon mit dem noch verheirateten Erich Honecker liiert und junge Mutter eines Kindes von ihm, für ein Jahr auf die Komsomol-Hochschule in Moskau geschickt. Damit wollte »die Partei« das junge Paar mit der wenig orthodoxen Moral disziplinieren. Erich Honecker erinnerte sich 1990 an die dahinter stehenden Intrigen seiner Genossen und nannte die Trennung Margots von ihrem Baby »schier unmenschlich«. Trotzdem absolvierte sie den Kurs mit Bestnote. Danach wurde geheiratet und nun musste der junge Ehemann Erich für zwei Jahre nach Moskau auf die Schulbank. Margot Honecker arbeitete im Ministerium für Volksbildung, zunächst verantwortlich für Lehrerbildung, dann als Stellvertreterin des Ministers.

Der Ministersessel hatte sich bis dahin als Schleudersitz erwiesen. Paul Wandel, 1949 bis 1952 Minister und danach in der SED-Führung für Volksbildung verantwortlich, erhielt Ende 1957 eine strenge Rüge wegen reformpädagogischer Tendenzen und mangelnder Härte beim Durchsetzen der »kulturpolitischen Linie« der SED. Seine Nachfolgerin Elisabeth Zaisser fiel im Herbst 1953 mit ihrem Mann, der als Minister für Staatssicherheit den Volksaufstand vom 17. Juni 1953 nicht verhindern konnte. Offiziell hieß es, sie hätte das sowjetischen Schulsystems »zu schematisch« auf die DDR übertragen. Wegen der danach aufkommenden Reformbestrebungen und Liberalisierungstrends flogen Hans-Joachim Laabs und Fritz Lange. Dem Neulehrer Laabs wurde ebenso wie dem langjährigen KPD-Mitglied und Widerstandskämpfer Lange »Revisionismus« und »Dogmatismus« vorgeworfen. Alfred Lemmnitz, Professor für Politische Ökonomie und ab 1958 Minister für Volksbildung, galt ohnehin nur als Übergangslösung.

Mit Margot Honecker schien die SED nun endlich jemanden gefunden zu haben, der die Zügel mit harter Hand und ganz im Geiste Stalins in ihrem Sinne führte. Zeitzeugen erinnern sich, dass sie sich »mit Feuereifer« und einem unbändigen Fleiß auf ihre neue Aufgabe stürzte. Aber auch, dass die damals junge Frau von 36 Jahren in ihrem Denken nur das wahrnahm, was sie sehen wollte und ihren »Parteiauftrag« von Anfang an ohne jede Ambition eigener Beiträge sah. Stattdessen kannte Margot Honecker den gesamten Lehrplan sämtlicher Fächer und wusste, was in jeder Unterrichtsstunde an jeder Schule des Landes zu geschehen hatte. Sie kontrollierte die Schulbücher und besuchte oft auch selbst Schulen. Nur die Weingärtenschule in Halle war nie dabei. 1985 ließ Margot Honecker ihre alte Volksschule schließen. Der Maler Willi Sitte durfte dort ein Zentrum für Bildende Kunst einrichten. Er war mit der Volksbildungsministerin befreundet. Dass sie genau dort einstmals zur Schule ging, hat sie ihm jedoch nie erzählt. Margot Honecker starb am 6. Mai 2016 in Santiago de Chile.

WER LAUSCHTE IM POLITBÜRO FÜR MOSKAU?

Nachdem Lothar de Maizière (CDU) am 12. April 1990 als Ministerpräsident antrat, erhielt er am 13., es war zufällig der Karfreitag, einen Anruf aus der sowjetischen Botschaft. Er habe um 12 Uhr bei Botschafter Wjatscheslaw Kotschemassow zum Rapport zu erscheinen. Er wunderte sich: »Bis dahin war es offensichtlich üblich, dass ein Botschafter der Sowjetunion nur mit dem Finger zu schnipsen brauchte und die entsprechenden Politiker der DDR brav erschienen.« De Maizière ignorierte den Brauch. Schon lange zuvor hatte sich gerade deshalb der langjährige sowjetische Chef-Diplomat Pjotr Abrassimow, 1962 bis 1971 und 1975 bis 1983 in der DDR, intern den Beinamen »Regierender Botschafter« erworben. Was er nicht in seiner Residenz in Berlin Unter den Linden erfuhr, hörte er in seiner Datscha in Wandlitz. Dabei konnte er sich stets besonders auf Willi Stoph verlassen. Moskaus Mann im innersten Führungszirkel der SED informierte all die Jahre auch über das, was zumindest eine Weile geheim bleiben oder der sowjetischen Führungsmacht allenfalls mit gehörigem diplomatischen Geschick vorgetragen werden sollte. Inhaltlicher Schwerpunkt war dabei die Entwicklung der deutsch-deutschen Beziehungen. Auf diesem Feld versuchte Erich Honecker manche Schritte, die in Moskau Stirnrunzeln hervorriefen.

Zu Willi Stoph hatte Honecker stets ein gespanntes Verhältnis. Das hing mit Stophs Ambitionen zusammen, die Parteiführung zu übernehmen. Der empfand seinen Status als »ewiger zweiter Mann« im Laufe der Zeit als frustrierend. Hinzu kam, dass sich die Männer in ihrer Biographie grundsätzlich unterschieden. Während Honecker bei den Nazis im Gefängnis saß, diente Stoph in deren Wehrmacht.

Nachdem die DDR Anfang der sechziger Jahre mit Hilfe manipulierter NS-Dokumente den Bundespräsidenten Heinrich Lübke international als »KZ-Baumeister« diffamierte, grub man dort eine Regimentszeitung aus, in der sich Rekrut Willi Stoph begeistert über seine Teilnahme an der Parade zu »Führers Geburtstag« am 20. April 1945 äußerte. Das hatte er in seinem internen Lebenslauf verschwiegen – eine offizielle Biographie Willi Stophs gab es in der DDR ohnehin nicht – und gestand es 1964 Walter Ulbricht. Als Sicherheitschef der Partei musste Erich Honecker unverzüglich Stophs Ablösung als Verteidigungsminister exekutieren. Er stellt aus der Erinnerung sein Gespräch mit dem Delinquenten harmlos und freundschaftlich dar, denn er habe nur gesagt: »Willi, hör mal, es gibt da eine solche Frage, die zusammenhängt mit deinem Artikel in der Regimentszeitung, in dem du Adolf den Großen verherrlicht hast.« Da hat der Genosse Willi natürlich gleich eingesehen, dass er »nach oben« weggelobt werden musste.

Ab 1964 bekam er den Posten des Ministerpräsidenten und 1973 bis 1976 den des Staatsratsvorsitzenden. Glücklich war er damit nicht, denn in beiden Funktionen durfte er nur noch die SED-Weisungen ausführen. Das nahm er übel und darüber beschwerte er sich auch immer wieder beim jeweiligen sowjetischen Botschafter.

Stoph und sein Erster Stellvertreter, Werner Krolikowski, meldeten seit Honeckers

Machtübernahme ohnehin alles brühwarm nach Moskau, was die Deutschlandpolitik betraf. Sie wird als gefährlicher Zick-Zack-Kurs denunziert, der dem Klassenfeind in die Hände spiele. Ende der siebziger Jahre hieß es: »Wir schlagen der sowjetischen Seite vor, E. H.s Handlungen in der Außenpolitik gegenüber der BRD sorgfältig zu analysieren und mit ihm über die gemachten Fehler zu sprechen, damit die Grundlagen für einen prinzipiell klaren außenpolitischen Kurs gegenüber der BRD erarbeitet und auf dem X. Parteitag zur Beschlussfassung vorgeschlagen wird.« Aus Moskau kommt prompt das Verbot des lange geplanten West-Besuchs.

In der ersten Hälfte der achtziger Jahre wurden die Berichte der geheimen Informanten immer heftiger. Sie gingen so weit, Erich Honecker des Hoch- und Landesverrats zu verdächtigen. Seine Freundschaft zur Sowjetunion sei nur vorgetäuscht, er pflege deutschen Nationalismus, schaffe privilegierte Beziehungen zur Bundesrepublik, nehme Geschenke westlicher Konzerne an und bilde mit Günter Mittag eine »parteifeindliche Fraktion«. Als Willi Stoph und Werner Krolikowski 1986 versuchen, Erich Honecker mit Hilfe Gorbatschows zu stürzen, hält der sich heraus. Dabei sind Willi Stoph und Werner Krolikowski nicht die einzigen geheimen Informanten des Kreml. Bis zu seinem Sturz 1985 pokert Berlins SED-Chef Konrad Naumann mit Pjotr Abrassimow um Macht gegen Informationen. Auch MfS-Minister Erich Mielke und sein Stellvertreter Markus Wolf pflegen ihre diskreten Informationskanäle. Das langsame Absterben der DDR bremst das alles kaum.

Ein Triumph mag für Willi Stoph sein Auftritt als Antragsteller bei der Entmachtung Erich Honeckers in der Politbüro-Sitzung vom 17. Oktober 1989 gewesen sein. Honecker: »Ich war selbstverständlich sehr überrascht von diesem Antrag Willi Stophs.« Er klagt: »Nachdem vorher immer wieder alle ihre starke Verbundenheit zum Ausdruck gebracht hatten, auf politischem und auch auf persönlichem Gebiet, hat man noch nicht einmal den Anstand besessen, der in unserer Partei immer üblich war, vorher mit dem Genossen, den das betraf, zu sprechen.« Die offizielle Ablösung Erich Honeckers erfolgte durch den ZK-Beschluss vom 18. Oktober. An diesem Tag wurde sie auch öffentlich bekannt.

Die Belohnung für den unblutigen Königsmord blieb Willi Stoph versagt. Als er 1990 über Botschafter Kotschemassow in der Sowjetunion um Asyl bat, ließ Gorbatschow aus Moskau nur kühl mitteilen, er habe den Wunsch zur Kenntnis genommen. Eine Antwort darauf gab es nicht.

Was war in Mielkes Rotem Koffer?

In der erregten Debatte um die Absetzung Erich Honeckers im Oktober 1989 im Politbüro des ZK der SED soll Erich Mielke gesagt haben: »Erich, wenn du nicht zurücktrittst,
dann sage ich hier Dinge, die ich eigent-
lich mit ins Grab nehmen wollte!« Honeckers angebliche Antwort war: »Dann
sag es doch.« Bezeugt hat diesen Dialog
Politbüro-Mitglied Günter Schabowski
gegenüber dem DDR-Staatsanwalt Peter Przybylski. Sowohl Erich Honecker
als auch Erich Mielke bestritten jedoch
in ihren Vernehmungen, dass es ihn je
gegeben habe.

Am 10. Januar 1990 – also fünf Tage
vor dem »Sturm« auf die MfS-Zentrale
in der Ostberliner Normannenstraße –
beschlagnahmte die für das MfS zustän-

Der Rote Koffer von Stasi-Minister Mielke ist heute in der Ausstellung »Staatssicherheit in der SED-Diktatur« im ehemaligen Haus 1 des Ministeriums für Staatssicherheit zu sehen.

dige Militärstaatsanwaltschaft der DDR in einem Kellertresor einen roten Kunstleder-
koffer, der Unterlagen zu Erich Honecker enthielt. Er war augenscheinlich längere Zeit
nicht bewegt worden, denn es gab Abdrücke auf dem Regalboden.

Nach der Herstellung der Einheit galt der Koffer zunächst als verschollen, bis er per
Boten bei der Berliner Justizsenatorin Jutta Limbach abgegeben wurde. Sie leitete
ihn an die Bundesanwaltschaft in Karlsruhe weiter. Am 14. November 1990 berichtete »Kennzeichen D« im ZDF über die Suche nach dem verschwundenen Fundstück.
Im Koffer befanden sich Prozessakten aus den Jahren 1937 bis 1939 in der »Strafsa-
che Bruno Baum u. a.«, zu denen Erich Honecker gehörte, später im Ministerium für
Staatssicherheit entstandene Auswertungen der Protokolle dieses Hochverratsprozes-
ses, zwei Gnadengesuche von Honeckers Vater aus den Jahren 1939 und 1942, Briefe von seiner ersten (offiziellen) Ehefrau, Edith Baumann, und seiner späteren Frau,
Margot Feist, an Walter Ulbricht und eine MfS-Recherche über Umbaukosten eines
privaten Bungalows.

Nach der Beschlagnahme des Koffers wurde aus der angeblichen Drohung Mielkes und dem Vorhandensein bislang geheimer Akten zu Honecker der fragwürdige Schluss gezogen, der MfS-Chef habe den Partei-Chef »in der Hand gehabt« und hätte ihn jederzeit erpressen können. Diese mehrfach als Tatsache kommunizierte Vermutung war nicht nur dem Zeitgeist geschuldet, sondern widersprach auch jeglichen rechtlichen Standards und verstieg sich zu einzelnen, unhaltbaren Behauptungen.

Abgesehen davon, dass das Verhalten Erich Honeckers vor dem »Volksgerichtshof« der Nazis überhaupt nicht Gegenstand der Ermittlungen gegen ihn war, wurde aus den Vernehmungsprotokollen unterstellt, er habe die als kommunistische Kurierin tätige, jüdische Medizinstudentin Fodorova (am 21. Juni 1912 unter dem Namen Libun in Spola, Ukraine, geboren) denunziert. Das habe zu ihrer Hinrichtung geführt, und deshalb sei sie ein Opfer Honeckers. In Wahrheit war Frau Fodorova vom »Volksgerichtshof« wegen »erwiesener Unschuld« freigesprochen worden. Als sie sich aus eigener Initiative nach Bekanntwerden der Vorwürfe aus Israel meldete und erklärte: »Er hat mich nicht belastet, jedenfalls ist mir nichts passiert und ich habe Herrn Honecker keine Vorwürfe zu machen«, fand dies in der Presse kaum Beachtung.

Ebenso unbeachtet blieb, dass Erich Honecker den Inhalt des Koffers offenbar kannte, denn er hatte die Akten in den siebziger Jahren angefordert, als er die Biographie *Aus meinem Leben* schreiben ließ. Belegt ist weiterhin, dass bereits 1954 der »Hohe Kommissar der Sowjetunion in der DDR«, Wladimir Semjonow, Walter Ulbricht darauf hingewiesen hatte, dass in Moskau Material zu Honecker vorliege. Ulbricht beauftragte daraufhin den Chef der Zentralen Parteikontrollkommission, Hermann Matern, eine Aussprache mit Erich Honecker zu führen, was nach Aktenlage auch geschah.

Doch zurück ins Jahr 1989. Die Militärstaatsanwaltschaft erbat von der Historikerin Monika Kaiser ein Gutachten zu den aufgefundenen Papieren. Sie stellte »eine ganze Reihe von Unstimmigkeiten« im Vergleich zur offiziellen Biographie fest. Dass jegliche Autobiographie letztlich immer das völlig legitime Ziel verfolgt, sich möglichst vorteilhaft zu präsentieren, spielte in der darauffolgenden Darstellung keine Rolle. Die Zeitumstände bei der Entstehung einzelner Aussagen wurden nicht hinterfragt. So schrieb zum Beispiel Honeckers Vater in seinen Gnadengesuchen, dass sein Sohn »dem Kommunismus abschwöre« und »seine Jugendideale im jetzigen Staat verwirklicht« sehe. Dass dies nichts weiter als der Versuch eines verzweifelten Mannes gewesen sein konnte, seinen Sohn aus dem Nazi-Zuchthaus zu befreien, interessierte niemanden.

Im Prozess gegen Erich Honecker tauchte der rote Koffer nicht als Beweismittel auf. In der Öffentlichkeit geriet er nach und nach in Vergessenheit. Inzwischen ist das Fundstück nebst Inhalt in der Ausstellung der MfS-Unterlagenbehörde zu sehen.

Was schließlich vom Mythos des roten Koffers bleibt, sind einige rare Dokumente, die einen Blick hinter die so hölzern wirkende Fassade Erich Honeckers erlauben. So beschwerte sich seine damalige Frau Edith Baumann am 11. September 1950 bei Walter Ulbricht über ihre Nebenbuhlerin Margot Feist: »Es frisst wie ein Feuer in ihm, er kommt nicht von dem Mädel los.« Erich Honecker als feuriger Liebhaber, einem Romeo gleich, das war eine bis dahin ungekannte Facette.

Wollten DDR-Bürger Honecker lynchen?

Manchmal kam Erich Honecker auf ein Tässchen »Mocca Fix« und Pflaumenkuchen zum Volk in irgendeine Jubiläumsplatte. Ansonsten blieb sein Kontakt eher zurückhaltend. Fuhr er »in die Republik«, genehmigte das MfS den ungepanzerten Citroën. Bei dem ließen sich, im Gegensatz zum baugleichen »Ersten Wagen«, die Fenster herunterfahren. Dass ihn das Volk nach seinem Sturz nicht mit einem Bad in der Menge aufnehmen würde, schienen Margot und Erich Honecker geahnt zu haben. Nachdem ihnen das Haus in Wandlitz zum 30. November 1989 gekündigt worden war, spitzte sich die Lage zu. Eine am Ostberliner Bersarinplatz angebotene Wohnung sahen sie sich gar nicht erst an, denn es war keine gute Nachbarschaft zu erwarten. Erich Honecker war auf seine Nachfolger böse: »Das war nicht chaotisch organisiert, sondern das war eine bewusste Politik der damaligen Parteiführung der SED-PDS unter Leitung des Herrn Gysi ..., uns praktisch zu Obdachlosen zu erklären!« Nachdem er Anfang Januar 1990 aus der »Aktuellen Kamera« erfahren hatte, dass er Nierenkrebs habe, fand er einen Platz in der Charité. Das gelang durch eine persönliche Beziehung zu Prof. Peter Althaus. Es war die Zeit, in der Ärzte seinem Enkel eine Fieber-Behandlung verweigerten, weil er aus der falschen Familie stammte – kein Ruhmesblatt der friedlichen Revolution. Honecker: »Ich habe den Rausschmiss aus Wandlitz in der Charité erlebt.«

Dort wird er am Abend des 28. Januar 1990 festgenommen. Damit sich der 77-Jährige vorher nicht heimlich aus dem unvergitterten Fenster abseilte, wachten ein Staatsanwalt und ein Kripo-Mann im Zimmer. Es folgte ein Tag im Haftkrankenhaus Rummelsburg. Danach nahm Pfarrer Uwe Holmer, Chef der Hoffnungstaler Anstalten und CDU-Bürgermeister von Lobetal bei Bernau, die Honeckers im Zimmer seiner inzwischen erwachsenen Kinder auf. Dem war eine dementsprechende Bitte der neuen DDR-Regierung vorausgegangen. Viermal lehnte Bischof Gottfried Forck ab, denn es sei Sache der Regierung, den ehemaligen Staatschef unterzubringen. Als die verlauten ließ, sie könne den Honeckers nirgendwo »Schutz vor möglicher Lynchjustiz« bieten, stimmte die Kirche »aus Barmherzigkeit« einer zeitweiligen Unterbringung zu.

Noch während Pfarrer Holmer dabei war, seinen Gästen das Zimmer zu zeigen, traf der erste empörte Anruf bei ihm ein. Holmer: »Ich sagte dem Mann vom Gemeindekirchenrat, wir können nicht jeden Sonntag beten und vom Vergeben der Schuld reden, und es dann nicht tun.« Dennoch hielten die Proteste an. Empörte Christen traten aus der Kirche aus, Demonstranten versammelten sich vorm Pfarrhaus. Fünfzig bis sechzig Leute waren es bei gutem Wetter. »Keine Gnade für Honecker« stand auf eilig gemalten Pappschildern, es gab sogar Bombendrohungen. Pfarrer Holmer erinnert sich: »Wir erhielten in den zehn Wochen des Aufenthaltes bei uns an die 3000 Briefe, viele ablehnende und empörte, aber auch viele zustimmende.«

Auch nachdem die Staatsanwaltschaft am 26. März 1990 den Vorwurf des Hochverrats fallengelassen hatte, standen weitere Ermittlungen im Raum. Vorsorglich hatte auch Bischof Forck darauf hingewiesen: »Herr Honecker befindet sich in Lobetal nicht in einem Asyl, das ihn der strafrechtlichen Verfolgung entzieht.«

Deshalb wollte die am 18. März abgewählte Regierung Modrow diese Rechnung nicht offen hinterlassen. Margot und Erich Honecker wurden am 23. März ins Gästehaus Lindow bei Rheinsberg gebracht. Dort reagierten die Leute mit heftigen Protesten. »Honecker muss weg, wir wollen keinen Dreck«, hieß es und die Autos wurden mit Faustschlägen attackiert. Steine flogen. Rund 40 Polizisten blieben untätig, die Honeckers fürchteten um ihr Leben. Nach einer Nacht voller Angst und der Drohung der Demonstranten, das Haus zu stürmen, flohen sie zurück nach Lobetal. Erich Honecker resignierte: »Dann sollen sie mich doch wie Ceaușescu ...« Der war am 25. Dezember 1989 in Rumänien erschossen worden.

Ihr Kirchenasyl endete am 3. April. Nun zogen sie in das Lazarett der sowjetischen

Streitkräfte in Beelitz-Heilstätten. Nach zwei Monaten kamen auch dorthin wütende Demonstranten. Wieder gab es Geschrei und Drohungen. Die Sowjets machten kurzen Prozess. Ein Schützenpanzer mit auf die Straße gerichtetem MG nahm hinter dem Tor Aufstellung, die Spaziergänge wurden nun von zwei mit Kalschnikows bewaffneten Soldaten begleitet. Am 13. März 1991 verließen Margot und Erich Honecker mit einem sowjetischen Militärflugzeug über Sperenberg Deutschland in Richtung Moskau. Sie blieben unbehelligt, doch ihre Odyssee ging weiter.

Nachfolger Egon Krenz bekam es dann statt mit dem Zorn des Volkes nur noch mit der neuen Bürokratie aus dem Westen zu tun. Um etwas länger Arbeitslosengeld zu beziehen, klagte er vor dem Berliner Sozialgericht. Das sollte feststellen, dass er während der strittigen Zeit bis zu seinem Rücktritt von allen Ämtern im Dezember 1989 »Arbeitnehmer« war, der einem »Direktions- und Weisungsrecht in Bezug auf Zeit, Ort und Art der Ausführung der Arbeit« unterlag. Die Bundesanstalt für Arbeit meinte hingegen, er habe eine »herausragende Führungsposition« bekleidet und »überwiegend Ort und Art der Tätigkeit« selbst bestimmen können. Zum Glück mussten die Richter nicht entscheiden, denn schließlich fielen ihm noch weitere Zeiten als Angestellter ein und er bekam sein Geld.

WIE WURDE EIGENTLICH DER MfS-CHEF GESTÜRZT?

Ein störrischer Greis mit Lederol-Hut, den er auch vor Gericht nicht absetzen wollte, die Verurteilung für einen mehr als 60 Jahre zurückliegenden Doppelmord und die Entlassung aus dem Gefängnis mit 88 Jahren »auf Bewährung« – das sind die Erinnerungen, die an Erich Mielke blieben. Vergessen ist, dass er in der unruhigen Wendezeit noch schnell von seinen eigenen Genossen entlassen wurde, um den Fortbestand des Ministeriums für Staatssicherheit zu sichern. Am Ende seiner Karriere war Erich Mielke Opfer des Wahlspruchs seines Lebens geworden: Die Partei ist alles, der Einzelne nichts.

Am 7. November 1989 trat die Regierung unter Willi Stoph zurück, einen Tag später folgte das gesamte Politbüro. Damit war Erich Mielke nur noch »amtierender« Minister für Staatssicherheit. Dennoch traute sich vorerst niemand, ihm seine Macht streitig zu machen. Dazu bedurfte es erst des peinlichen Auftritts vor der Volkskammer am 13. November. Unter dem Gelächter der Abgeordneten versicherte der einstige Herr der Angst, dass er in Wahrheit alle Menschen liebe. Es war ein wahrscheinlich sogar ehrlich gemeinter Satz, der ungewollt ein ganzes Machtsystem demaskierte.

Dafür musste er sich vor dem Kollegium seines Hauses verantworten. Die ihm bislang Hacken schlagend in strammer Haltung begegnenden Generale äußerten nun »Betroffenheit und Bedauern«, mit dem sie seine Ausführungen »zur Kenntnis genommen« hatten und formulierten in einem Vermerk über die Sitzung: »Durch seine unzureichenden Darlegungen und Rechtfertigungsversuche, ohne zugleich die politische Verantwortung für die Gesamttätigkeit des Ministeriums für Staatssicherheit persönlich zu übernehmen, ist in der Öffentlichkeit ein falsches Bild über die Tätigkeit des Ministeriums für Staatssicherheit entstanden. Davon distanzieren wir uns entschieden.« Es war also nichts falsch gemacht, sondern nur nicht richtig erklärt worden!

Längst waren die Weichen gestellt, um unter neuem Namen im alten Geist weitermachen zu können. Dabei störte der »amtierende Minister, Armeegeneral Mielke«. Doch erst am 17. November 1989 beschloss die Volkskammer, das MfS aufzulösen und durch ein »Amt für Nationale Sicherheit« zu ersetzten. Den Vorschlag dazu brachte der letzte SED-Ministerpräsident Hans Modrow ein.

Am 21. November gab der neue MfS-Chef, Generalleutnant Wolfgang Schwanitz, die Richtlinien für das »Amt« vor. Gleichzeitig wurden MfS-Mitarbeiter in der Wirtschaft und im öffentlichen Dienst platziert, zum Beispiel etwa 6000 bis 7000 Mann beim Zoll. Teile der Opposition waren mit MfS-IM durchsetzt, wie Ibrahim Böhme bei den Sozialdemokraten oder Wolfgang Schnur bei den Konservativen. In diesen Richtlinien betonte Schwanitz, dass im Prinzip alles beim Alten bleibe. So hieß es dort zum Beispiel: »dass es jetzt entscheidend ist, den Schutz unseres inoffiziellen Netzes unbedingt zu gewährleisten, das Vertrauen zum Amt und zu den Mitarbeitern des Amtes wiederzugewinnen und zu festigen und die IM wieder voll entsprechend der Sicherheitskonzeption des Amtes wirksam zu machen.« Die alten Befehle dazu blieben in Kraft.

Erich Mielke wurde auf Beschluss des Ministerrates am 18. November als MfS-Chef abgelöst. Offenbar wusste er nach den herben Vorwürfen seiner Generale nicht so recht, wohin der Hase lief und meldete sich deshalb vorsichtshalber bis Ende November krank. Zufrieden konnte er dann den Befehl seines Nachfolgers zur Kenntnis nehmen: »Er erhält Altersrente entsprechend der Versorgungsordnung des MfS und wird als Armeegeneral a. D. geführt. Aus Anlass seines ehrenvollen Ausscheidens aus dem aktiven Dienst und in Anerkennung seiner langjährigen verantwortungsvollen Tätigkeit beim Aufbau und bei der Entwicklung der Organe für Staatssicherheit sowie bei der Gewährleistung des zuverlässigen Schutzes der DDR und der Sicherung des Friedens zeichne ich Genossen Armeegeneral Mielke mit einem Generalsdolch mit Gravur aus.«

Ein offizielles »Entlassungsgespräch« fand am 24. November 1989 statt. Generalleutnant Schwanitz teilte mit, dass Mielke »persönlicher Waffenträger« bleibe und seine »Dienstpistole Sauer und Sohn Nr. 14382, Kal. 6,35 mit sieben Schuss« mit nach Hause nehmen dürfe. In seiner neuen Wohnung in Berlin-Hohenschönhausen »behält Gen. Mielke einen MfS-Apparat und einen Amtsapparat«. Und: »Im neuen Wohngebiet erfolgt die Sicherung mit vollzogenem Umzug mit einem Begleiter und einem Kraftfahrer. Außerdem wird ihm von diesem Zeitpunkt an ein Pkw Lada zur Verfügung gestellt.« Allerdings musste er »Dienstausweis und persönliche Berechtigungsdokumente wie ›Freie Fahrt‹ abgeben. Dafür war aber für Hilfe im Haushalt gesorgt: »Genosse Mielke wurde freigestellt, ein oder zwei Haushälterinnen zu beschäftigen, die ab Januar 1990 zu bezahlen sind.«

Dazu kam es nicht mehr, denn ab 7. Dezember 1989 genoss Erich Mielke Vollpension in der Untersuchungshaft. Vorher wurden ihm nicht nur seine Waffen – neben der genehmigten Pistole waren auch noch zwei Walther dabei –, sondern auch der schöne Ehrendolch abgenommen. Zum Schluss blieb so nur noch der Krückstock gegen den Klassenfeind. Als ein vorwitziger Fotograf 1997 im Flur des Hochhauses in Hohenschönhausen den Fuß in die Glastür stellte, um ein Bild zu schießen, traf ihn der Gummistempel punktgenau auf den großen Zeh. Heilig die letzte Schlacht.

Erich Mielke auf einem Kampfmeeting zum 35. Jahrestag der Bildung des Ministeriums für Staatssicherheit am 6. Februar 1985 im Palast der Republik

»Im Osten glüht der junge Tag,
und Morgenlüfte wehen ...«

11

STOLPERSTEINE
UND KONFLIKTE

Welche Schatten warf Stalin auf die SED?

Am 16. Dezember 1989 versuchte der Philosoph Michael Schumann von der Akademie für Staat und Recht in Potsdam, mit einem Referat zum Stalinismus auf dem überstürzt einberufenen Sonderparteitag der SED vor 2753 Delegierten den Weg zu einem Neuanfang zu ebnen. Seine Kernaussage: »Wir brechen unwiderruflich mit dem Stalinismus als System!«

Das war erstaunlich, denn bislang gab es angeblich weder in der Staatspartei noch in der Herrschaftspraxis der DDR Stalinismus. Auch dieses Mal fehlte die Definition. Grundlage des Verständnisses blieb das, was Leo Trotzki bereits 1936 in seiner Schrift *Verratene Revolution* erkannt hatte. Er beschrieb Stalins Herrschaft als »Sieg der Bürokratie über die Massen« in einem »totalitär bürokratischen Staat«. Das brachte ihm die Ermordung mit einem Eispickel durch den sowjetischen Geheimdienst im mexikanischen Exil ein, blieb aber Jahrzehnte ohne Einfluss auf eine Politik, die bei der Geburt der DDR Pate stand. Dessen rühmte sich der neue Staat lauthals in seinen ersten Jahren. Als mit dem XX. Parteitag der KPdSU 1956 die blutige Seite des Diktators zaghaft bekannt wurde, verschwand Stalins Name, nur die Methoden blieben.

Der Vorwurf, »stalinistisch« zu agieren, galt fortan als Angriff des »Klassenfeinds«, der besonders harsch verfolgt wurde, wenn er »aus den eigenen Reihen« kam. Die »Entstalinisierung« wurde vorwiegend als sowjetisches Problem gesehen. So beherrschte eine Art von alltäglichem Stalinismus die DDR bis zu ihrem Ende. Er begann mit der Wandlung des Marxismus-Leninismus zum Dogma und der Interpretation der Dialektik zu einem simplen »Wenn-Dann«-Prinzip, manifestierte sich in der totalitär exekutierten Parteiherrschaft und forderte die Unterordnung menschlichen Verhaltens unter die echten und vermeintlichen »Sachzwänge«.

Verbunden mit der personellen Kontinuität der SED-Führung schlossen diese Grundpfeiler der Herrschaft eine Auseinandersetzung mit dem Stalinismus als gesellschaftspolitisches Phänomen aus. Als sie in der Sowjetunion als Begründung für den Neuanfang Nikita Chruschtschows begann, beschränkte sich Stalin-Gefolgsmann Walter Ulbricht darauf, von »Fehlern« zu sprechen. Sie waren in seiner Diktion »von Stalin begangen« worden oder ergaben sich »aus dem Aufbau des Sozialismus«. Der Einschätzung Chruschtschows, der das Wort »Deformation« als Charakteristikum von Stalins Politik benutzte, folgte Ulbricht nicht. Damit war für ihn eher der Verweis auf die »spezifischen Probleme« der Sowjetunion gegeben. Die »Fehlerdiskussion« lehnte die SED strikt ab, der offizielle Schlussstrich wurde 1965 mit dem 11. Plenum des ZK der SED gezogen. Es folgte die Tabuisierung des Themas.

Dieser Deckel machte es möglich, stillschweigend die Untaten Stalins gegen seine »Verdienste« aufzurechnen und so faktisch zu rechtfertigen. Dabei war der kleinste, unumstrittene Nenner die Tatsache, dass unter Stalins Herrschaft in Deutschland der Faschismus besiegt wurde. Kulminationspunkt jeglicher Kritik blieb die Verurteilung des Personenkultes, den Stalin »geduldet« oder »gefördert« hätte. Eine Auseinandersetzung mit den Systemfehlern fand nicht statt, das »Wo gehobelt wird, fallen Späne« blieb ein Leitprinzip bis zum Ende der DDR. Die mit der Machtübernahme durch Michail Gorbatschow 1985 in der Sowjetunion neu aufgekommenen, kritischen Betrachtungsweisen des Stalinismus wurden in der SED nicht aufgenommen, Diskussionen dazu von Erich Honecker aktiv unterdrückt.

Damit war das politische Fiasko der SED 1989 gleichzeitig das Ende eines reformunfähigen Herrschaftsmodells. Der Versuch, nachträglich alles Geschehene in seiner damals noch weitgehend unerkannten Komplexität in die Schublade »Stalinismus« zu pressen, stellte sich so für die abgewirtschaftete SED als Ringen um eine »Stunde Null« dar. Sie wäre die Voraussetzung für einen neuen Anfang gewesen. Der konnte jedoch nicht gelingen, weil stalinistische Denkstrukturen mindestens eine ganze DDR-Generation geprägt hatten. Und er war nicht zwingend nötig, weil in Deutschland zwei unterschiedliche Systeme existierten, zwischen denen nun unvorbereitet und unerwartet gewählt werden konnte.

Diese Wahl erfolgte deshalb nicht nach einer abgewogenen politischen Entscheidung, sondern nach der plötzlichen und oft peinlichen Konfrontation mit dem eigenen opportunistischen Verhalten. Es offenbarte sich mit dem Blick in die Welt auf der anderen Seite der Mauer. Wie sich Adam und Eva nach der Bibel auf einmal ihrer Nacktheit schämten, wurde nun manchen klar, dass sich auch in der DDR niemand auf eine Tribüne gestellt hätte, wäre da nicht ein Volk gewesen, das willig davor demonstrierte und Fähnchen schwenkte.

Der DDR-Psychiater Hans-Joachim Maaz konstatierte 1990 die Folgen des »Stalinismus als Lebensform« auf die Persönlichkeit der DDR-Bürger sehr direkt so: »Er ist autoritätsgläubig, ängstlich und gefühlsblockiert, vor allem aggressiv gehemmt. Seine Bereitschaft, wirkliche Konflikte offen auszutragen, ist gering; seine Realitätswahrnehmung ist verzerrt und eingeengt. Er zeigt einen deutlichen Mangel an Direktheit und spontaner Lebensfreude – alles ist verhalten, gebremst, abgesichert und kontrolliert. Doch unter dieser Oberfläche, die nur unter großem Druck aufbricht, brodeln heftigste Gefühle: mörderische Wut, ohnmächtige Angst, auch tiefer Schmerz und lähmende Traurigkeit. Das allerdings bleibt meist verdeckt, weil es als bedrohlich und belastend empfunden wird.« Das mag eine harte und in manchen Facetten auch übertriebene Diagnose sein. Sie weist aber einen Weg zum Verständnis der gesellschaftlichen Auseinandersetzungen, die bis heute Deutschland bewegen.

WAR DIE DDR FÜR BRECHT EXIL ODER NEUE HEIMAT?

Zwischen dem Brand des Deutschen Reichstags am 27. Februar und dem Verbrennen deutscher Bücher am 10. Mai 1933 vergingen jene Wochen, die Bertolt Brecht von einem Lehrenden zu einem Getriebenen machten. Über die Exil-Stationen Prag, Wien, Zürich, Dänemark, Schweden und Finnland gelangte er im Frühsommer 1941 über Moskau und Wladiwostok nach Santa Monica in die USA. Brecht war nun ein »Lehrer ohne Schüler« geworden.

Er war in Amerika nicht willkommen. Schon 1942 registrierte ihn das FBI als »Enemy Alien«, am 30. Oktober 1947 musste sich der »feindliche Ausländer« vor dem »Ausschuss für unamerikanische Umtriebe« des Senators McCarthy gegen den Verdacht verteidigen, Mitglied der Kommunistischen Partei zu sein. Er dementierte und reiste einen Tag später über Paris in die Schweiz. Bertolt Brecht saß in der Zwickmühle. Er war staatenlos. Freunde drängten, er möge nach Berlin kommen, um seine Stücke dort selbst zu inszenieren. Er plante derweil, sich in Salzburg niederzulassen und die Leitung der dortigen Festspiele zu übernehmen. Doch die ihm wichtigeren Spielstätten, vom Deutschen Theater bis zur Staatsoper Unter den Linden, lagen in Berlin-Mitte. Um sie herum sammelten sich Schauspieler und Theaterleute, mit denen Brecht arbeiten wollte. Dass die Mitte Berlins derweil zum sowjetischen Sektor Berlins gehörte, ließ sich nicht ändern.

Im Oktober 1948 reiste Bertolt Brecht auf Einladung des Kulturbundes zur demokratischen Erneuerung Deutschlands (später Kulturbund der DDR) nach Berlin, um die Lage zu sondieren. Sein Fazit blieb nüchtern: »Alles fürchtet das Einreißen, ohne das das Aufbauen unmöglich ist.« Aber es ergab sich einen einmalige Chance: Wolfgang Langhoff bot an, am Deutschen Theater zu inszenieren. Brecht griff zu, die Premiere von *Mutter Courage und ihre Kinder* mit seiner Frau Helene Weigel in der Hauptrolle am 11. Januar 1949 wurde ein Riesenerfolg. Doch es gab auch Skepsis. Aber noch erschien die Brecht vorgeworfene »volksfremde Dekadenz« mit Fragezeichen.

Im Februar 1949 kehrten Brecht und Weigel in die Schweiz zurück. Die verweigert die langfristige Aufenthaltsgenehmigung. Stattdessen gab es am 12. Oktober 1950 die österreichische Staatsbürgerschaft, aber für Brecht nicht den erhofften, langfristigen Job bei den Festspielen – sein Image als »Kommunist« verhinderte es.

Ihm bleibt das Theater wichtiger als die Schublade. Er und seine Frau leben inzwischen in Ostberlin. Das nahm man in Österreich übel. Die DDR war nur die zweite Wahl, aber er hatte mit Alexander Dymschitz einen einflussreichen Gönner in der Sowjetischen Militäradministration (SMAD). Die SED war an Brecht interessiert, ein gemachtes Nest bereitete sie aber nur seiner Frau Helene Weigel mit dem Posten der Intendantin am neu gegründeten Berliner Ensemble. Und Brecht lässt weiter sein »klares Bekenntnis zum Sozialismus« vermissen. In der Kultur wird die Debatte um den Formalismus in der Kunst der Reibungspunkt. Brecht hält sich in der Theorie zurück und macht Theater. So erreichte sie ihn über erste, noch wohlwollende, aber mahnende Kritiken. Er blieb bei der Suche nach Kompromissen.

Nach dem 17. Juni 1953 wird das schwieriger. Noch am Tag des Aufstands versichert Brecht Walter Ulbricht in dürren Worten seiner »Verbundenheit mit der Sozialistischen Einheitspartei Deutschlands«. Aber er mahnt auch eine »Aussprache mit den Massen über das Tempo des sozialistischen Aufbaus« an. Solidaritätsadressen gehen ebenfalls an SMAD-Chef Wladimir Semjonow und Otto Grotewohl. Brecht macht sich Sorgen, »faschistische Elemente« könnten gemeinsam mit amerikanischen Geheimdienstlern einen neuen Krieg provozieren. Es ist die Erfahrung seines Lebens, die ihn bewegt.

Als das SED-Blatt *Neues Deutschland* am 21. Juni 1953 nur über Brechts »Verbundenheit zur Partei« berichtet, fühlt sich der Theatermann diskreditiert und missbraucht. Und das wird er auch. Der Nicht-Politiker wurde damit in eine Rolle gedrängt, die er so nicht spielen will. Brecht war längst in die Mühlen des Kalten Krieges geraten, ohne es selbst gemerkt zu haben. Er versucht nahezu verzweifelt, seine differenziertere Meinung auch öffentlich zu sagen. Wochenlang trägt er den Brief an Ulbricht mit sich herum, will sich rechtfertigen. Im Westen sind seine Stücke schlagartig von den Bühnen verschwunden. Eine von ihm erhoffte »große Aussprache« kommt nie zustande. Brecht zieht sich aus den fruchtlosen Debatten zurück und sitzt zwischen allen Stühlen. Pöstchen wie die Berufung in den künstlerischen Beirat des DDR-Kulturministeriums oder im Juni 1954 die Vizepräsidentschaft der Akademie der Künste besänftigen ihn ebenso wenig, wie die Auszeichnung mit dem Stalin-Friedenspreis am 21. Dezember 1954.

In seinem Testament vom 15. Mai 1955 verfügt Bertolt Brecht: »An meinem Grab soll nicht gesprochen werden.« Dennoch wünschte er sich eine Inschrift auf seinem Grabstein: »Er hat Vorschläge gemacht. Wir / Haben sie angenommen.«

Das war Bertolt Brecht in der DDR nicht gelungen, und es wurde auch nicht in den Stein gemeißelt. Er starb mit nur 58 Jahren am 14. August 1956 an Herzversagen.

Warum scheiterte Ulbrichts Wirtschaftspolitik?

Die kleine, notdürftig geflickte Stelle in der Wandvertäfelung des Arbeitszimmers von Gerhard Schürer hat die DDR überlebt. Sie stammte von der Kugel, mit der sich Erich Apel, einer seiner Vorgänger als Chef der Staatlichen Plankommission der DDR, am

3. Dezember 1965 in diesem Büro erschossen hatte. Schürer erinnerte sich: »Das war meine Klagemauer. Manchmal stand ich davor und sagte mir, Gerhard, so weit darf es nicht kommen.«

Bedroht war er durch die gleichen Umstände, an denen schon Erich Apel scheiterte: Wie konnte man die starre sozialistische Ideologie mit der Wirtschaft unter einen Hut bringen? Einer der wichtigsten Versuche dazu erfolgte Anfang der sechziger Jahre mit dem »Neuen Ökonomischen System der Planung und Leitung«. Auf Parteichinesisch hieß es kurz NÖSPL, dann auf NÖS verkürzt und jedes Mal nicht in Buchstaben, sondern als Wort ausgesprochen.

Walter Ulbricht hatte damals zwei vergebliche Versuche, eine leistungsstarke Wirtschaft zu schaffen, hinter sich. Der 1952 proklamierte »Aufbau des Sozialismus« hatte ebenso wenig gebracht wie die vom V. Parteitag der SED 1958 festgelegte »Hauptaufgabe« vom »Überholen, ohne einzuholen« der Bundesrepublik. *Neues Deutschland* erklärte die paradox klingende Parole: »Wir wollen dem gegenwärtigen Welthöchststand nicht auf bereits mehr oder weniger bekannten Wegen nacheilen, um ihn zu erreichen. Vielmehr wollen wir, gewissermaßen an ihm vorbei, völlig neue Wirk- und Arbeitsprinzipien, neue Technologien erkunden und praktisch beherrschen und auf diese Weise einen neuen Höchststand bestimmen.« Dass beide Anläufe schiefgingen, war für den DDR-Chef ein Werk des Klassenfeinds aus dem Westen. Nun gab es gegen ihn endlich den »antifaschistischen Schutzwall«. Die Zeit schien gekommen, mit einem dritten Anlauf eine Zweitgeburt des Staates DDR zu versuchen.

Ulbricht erkannte, dass die wissenschaftlich-technische Revolution neue ökonomische Organisationsformen brauchte. Und er wusste auch, wo es hakte. Am 2. Dezember 1962 erklärte der SED-Chef in Cottbus: »Manche Leute sagen: Ja, die in Westdeutschland haben mehr Fernsehapparate und mehr Kühlschränke. Ja, dort ist aber auch die Arbeitsproduktivität 20 bis 25 Prozent höher als bei uns.« Das sollte das NÖSPL ändern. Seine Kernüberlegungen sahen vor, dass der Plan künftig »nicht alle Einzelheiten einer bedarfsgerechten Produktion festlegen« könne und stattdessen die »stärkere Ausrichtung der Betriebe und Einrichtungen auf den Markt« sowie die »richtige Stellung des Gewinns als Ausdruck der Ökonomie der Zeit« erfolgen solle. Ulbricht erklärte: »Man soll nicht glauben, dass es angängig wäre, die aus einer falschen Behandlung der materiellen Interessiertheit entstehenden Mängel durch Appelle an die Moral und das ideologische Bewusstsein zu überbrücken.«

Mit dem Ersatz der Ideologie als Schmiermittel der Wirtschaft durch das kapitalistische »Time is money« und den Blick auf den Markt kratzte der ostdeutsche Statthalter an den ökonomischen Weisheiten Stalins. Dessen Werk *Ökonomische Probleme des Sozialismus in der UdSSR* gab immer noch die verbindliche Richtung vor. Danach spielten Geld und Wert keine große Rolle. Wer die größte Masse produzierte, hatte das beste Ergebnis, ob sich das Produkt verkaufen ließ oder nicht.

Diese auch in der DDR betriebene »Tonnenideologie« sprach die Plan-Bürokratie heilig. So stellte beispielsweise Ökonom Werner Kalweit 1963 fest, dass das Berliner Bremsenwerk für die Herstellung von rund 500 verschiedenen Geräten über 2000 Positionen planen und dafür etwa 18 100 Formblätter ausfüllen musste. Die *Berliner Zeitung* berichtete im Juli 1962 von Betrieben, die Geldstrafen zahlten, weil zu wenige Arbeiter krank waren. Der geplante Krankenstand belastete den Lohnfonds nur mit 50 Prozent, die andere Hälfte zahlte die Sozialversicherung. Fehlten nun die Kranken, wurde der Lohnfonds nicht ausgeschöpft und der »Planverstoß« geahndet. Das NÖSPL korrigierte solche Fehlentwicklungen. Der westdeutsche Ökonom Christoph Kleßmann beobachtete die Erfolge: »Das Nationaleinkommen stieg 1964 und 1965 jeweils um 5 Prozent, die Arbeitsproduktivität 1964 um 7 Prozent, 1965 um 6 Prozent. Das Bruttoeinkommen der Arbeiter und Angestellten erhöhte sich 1964/65 um 4 Prozent, die Versorgung der Bevölkerung mit langlebigen Konsumgütern verbesserte sich sprunghaft.«

Der Erfolg rief in Moskau Argwohn hervor. 1964 hatte Breschnew Chruschtschow entmachtet. Nun hörte er von Ulbricht, »dass der Sozialismus nicht eine kurzfristige Übergangsperiode in der Gesellschaft sei, sondern eine relativ selbständige sozialökonomische Formation in der historischen Epoche des Übergangs vom Kapitalismus zum Kommunismus im Weltmaßstab«. De facto bezweifelte Ulbricht damit die sowjetische Vormachtstellung. Moskau reagierte mit Druck – in diesem Fall durch die Kürzung der vertraglich vereinbarten Rohstofflieferungen –, dann suchten die Sowjets nach einem neuen, weniger unbotmäßigen Vasallen. Der hieß Erich Honecker.

Mit Sätzen wie: »Wenn nun die ökonomischen Hebel etwas anderes bewirken, als im Plan vorgesehen, wer hat dann Recht – der Plan oder die ökonomischen Hebel?«, bewies Walter Ulbricht Renitenz. Die Modifizierung der Reformgedanken ab 1967, nun als »Ökonomisches System des Sozialismus« (ÖSS) bezeichnet, reichten nicht, um das Moskauer Misstrauen zu zerstreuen. Das Maß füllte sich mehr und mehr.

Am 3. Mai 1971 »bat« Walter Ulbricht darum, ihn »aus Altersgründen« abzulösen. Sein

Sturz durch Erich Honecker setzte den Schlusspunkt unter die ökonomischen Reformbemühungen. Die Übermacht des Dogmas hatte gesiegt. Das hatte Erich Apel wohl schon sechs Jahre früher befürchtet und seine Konsequenz gezogen.

Waren die Ostdeutschen politisch gebildet?

In der Buchhandlung in den S-Bahn-Bögen am Ostberliner Bahnhof Friedrichstraße waren die blauen Bände mit den Werken von Karl Marx und Friedrich Engels und die Bücher Lenins in braunem Kunstleder mit goldener Schrift die Bestseller. Allerdings kamen die meisten Kunden aus Westberlin.

Politische Bildung in der DDR war stets ein widersprüchliches Feld. Dem lauthals deklarierten Anspruch, die »Klassiker« des Marxismus-Leninismus »studieren« zu müssen, um die Gestaltung der Gesellschaft zu beherrschen, stand die Praxis entgegen, ihre Bücher in den öffentlichen und privaten Regalen verstauben zu lassen. Trotz FDJ-Studienjahr, Staatsbürgerkunde, Abzeichen für gutes Wissen und zwei Jahre währendem, obligatorischem Grundstudium des Marxismus-Leninismus an jeder Hochschule sowie dem Parteilehrjahr, oft auch für Nicht-Mitglieder der SED Pflicht, genügte es meist, ein paar in Broschüren zusammengefasste Zitate zu kennen, um als politisch gebildeter Bürger zu gelten. Da die anderen meist auch nur die gleichen Sprüche beherrschten, fiel es nicht weiter auf, dass es »die Klassiker« so oft gar nicht gesagt hatten.

Karl Marx entwarf keinen Plan für den Sozialismus, sondern analysierte die Gesellschaft, in der er lebte. Das bestätigte er mit dem Titel seines Hauptwerks *Das Kapital*. Friedrich Engels behielt den Untertitel *Kritik der politischen Ökonomie* bei und unterstrich damit, dass es um die kapitalistische Produktionsweise und die Auseinandersetzung mit der bürgerlichen Theorie darüber ging. Lenin versuchte, daraus die Begründung seiner Revolution zu machen. Das ging nicht ohne die Abkehr von Grundthesen, nun als »Weiterentwicklung« bezeichnet. Es eröffnete die Möglichkeit, die absonderlichsten »eigenen« Theorien zu begründen, um die jeweilige Macht zu festigen. Ob Stalin oder Mao Tse-tung, Kim Il-sung in Nordkorea, Enver Hoxha aus Albanien, Jugoslawiens Führer

Tito oder Pol Pot in Kambodscha, sie alle nutzten den Zitate-Steinbruch. Dort ließ sich für nahezu jeden politischen Purzelbaum passendes Material finden. War die »politische Linie« erst einmal etabliert, galt erneutes Weiterdenken als Sakrileg und wurde bis zur physischen Vernichtung der »Gegner« bekämpft.

Dass im Laufe der Zeit einiges längst zum Gegenteil dessen wurde, was einmal geschrieben worden war, überdeckte nicht nur die Gewalt gegen Andersdenkende, sondern auch das Klippschulniveau, auf dem sich die Theorie überall »angeeignet« wurde. Dabei machte die DDR-Rezeption der »Klassiker« keine Ausnahme. Hatte Marx beispielsweise Freiheit des Einzelnen als Voraussetzung für Freiheit aller begründet, war inzwischen daraus die Freiheit aller zur Bedingung für die Freiheit des Einzelnen geworden.

Im sozialistischen Zitatenschatz heiligte der Zweck die Mittel, und die Aktion wurde wichtiger als der Inhalt. »Durch politische Bildung zu neuen Taten für die DDR«, titelte zum Beispiel *Neues Deutschland* am 5. September 1970 zur Eröffnung des Parteilehrjahres 1970/71. Der Inhalt, hier »Die Lenin'sche Theorie des Imperialismus«, fand keinen Platz in der Überschrift. Schaumschlagen blieb wichtiger als das Thema. 1978/79 lautete es »Theorie und Politik der weiteren Gestaltung der entwickelten sozialistischen Gesellschaft in der DDR«, 1983/84 »Grundlehren der marxistisch-leninistischen Philosophie« oder ab Herbst 1985 »Grundprobleme der politischen Ökonomie des Sozialismus und der ökonomischen Strategie der SED«. Die jeweilige Studien-Broschüre der Partei kostete 1,60 Mark und ersparte den Blick in die Original-Werke. Zusätzlich gab es das »Argument der Woche«, vertrauliche, »parteiinterne« Informationen und andere kurze Schulungen für jene, die als »Multiplikatoren« galten.

Eigentlich hätte sich also niemand in der DDR darüber beschweren können, nicht Bescheid gewusst oder die Möglichkeit der Information über die gesellschaftliche Entwicklung gehabt zu haben. Dennoch hatte die Art und Weise der politischen Bildung im Laufe der Jahre dazu geführt, die Ideologie von einer Quelle der Inspiration zur Liturgie zu machen. Was ab Mitte des 19. Jahrhunderts Menschen in ganz Europa faszinierte, bremste nun nur noch eigene Gedanken. Die »Agitatoren« bewegten nichts, sondern verströmten Langeweile. Auch das theoretische Niveau der kommunistischen Elite sank seit den Arbeiten Lenins beständig. Dazu leistete besonders Stalin seinen Beitrag. Er untermauerte seinen Führungsanspruch durch »Beiträge zur Theorie« und stiftete damit bis lange nach seiner Verbannung aus dem Kreis der »Klassiker« Konfusion in den Köpfen. Seine Nachfolger beschränkten sich gleich ganz auf die Herausgabe ihrer Reden als geistiges Erbe.

Der Grund für diese Entwicklung lag im System der Herrschaft. Ist sie auf eine »Lehre« gegründet, muss diese zum einen intakt und zum anderen »rein« gehalten werden. Schon kleine Zweifel bergen die Gefahr des »Revisionismus« in sich. Die Geschichte hatte gezeigt, dass diese sehr schnell tödlich werden konnte. Trotzdem stellte sich die Aufgabe, die Jugend in dieser Lehre zu erziehen und die Älteren daran zu binden. Das ist in jeder Ideologie ein Prozess, der ihre Weiterentwicklung ausschließt. Wenn sich ein Gesellschaftssystem auf eine staatsverbindliche Doktrin gründet, ist es zur Indoktrination verurteilt. Diese wiederum wird von vielen instinktiv abgelehnt. Die Menschen versuchen, sich ihr zu entziehen, indem sie den ideologischen »Betriebsablauf« wie einen Dienst absolvieren und gleichzeitig möglichst wenig darüber nachdenken.

Im Parteilehrjahr klappte das schon, wenn ein gewöhnlich schlecht vorbereiteter Teilnehmer beteuerte, die Zeitung zwar »gelesen«, aber noch nicht »studiert« zu haben. Dann musste er eben seine Arbeit »weiter verbessern«, und alle waren zufrieden.

WIE FUNKTIONIERTEN PRIVILEGIEN IN DER DDR?

Erich Honecker hatte eine Dusche mit Grohe-Armaturen aus dem Westen im gefliesten Bad und Lieschen Müller nur eine Duschkabine Ahlbeck in der Küche. Was am Ende der DDR 1989 gern als »Privileg« und somit als wesentlicher Grund für deren unaufhaltsamen Zusammenbruch angesehen wurde, war eigentlich gar keines.

Privilegien sind das Gegenstück der Diskriminierung. Historisch gesehen, waren sie im Römischen Recht nichts anderes als Vorrechte einzelner Personen. Das Kirchenrecht kennt das Privileg bis heute als Möglichkeit eines Gnadenerweises, der zugunsten ganz bestimmter Menschen erteilt werden kann. Das kommt dem System der Privilegien in der DDR – in seinen Grundzügen aus der Sowjetunion übernommen, wo es besonders unter Stalin ausgebaut und perfektioniert worden war – schon näher.

Wenn ein Offizier 42 Tage Urlaub im Jahr und schneller eine eigene Wohnung bekam, durch Zuschläge mehr Gehalt kassierte und früher in Rente gehen durfte, stellten das nicht unbedingt Privilegien dar. Es war ebenso eine Kompensation höherer Arbeitsanforderungen an meist unbequemen Orten zu ungünstigen Zeiten. Ganz anders sieht es aus, wenn zum Beispiel die Lehrgänge und das emsige Nachbeten vorgegebener Parolen an Parteischulen den Teilnehmern wie ein Hochschulstudium angerechnet wurde, er für seine erfolgreiche Erziehung zum Klassenkämpfer mit akademischen Titeln dekoriert wurde und dadurch im Machtgefüge aufstieg.

Die Teilhabe an der Macht war das wichtigste Privileg der DDR. Es reichte vom Zücken des »Klappfix« der MfS-Mitarbeiter, das schlagartig jede Frage nach der Befugnis oder gar Kompetenz des Nutzers verstummen ließ, bis zur Möglichkeit, per Telefon etwas »durchzustellen«. Der Hinweis, »man« würde es gern sehen, wenn für jemanden ein Antrag bewilligt oder abgelehnt oder etwas »ermöglicht« würde, beeinflusste Lebenswege, ohne Spuren in den Akten zu hinterlassen. Jegliche Rechtssicherheit gegenüber dieser Art der Machtausübung blieb ausgeschlossen, denn offiziell gab es sie ja gar nicht. In der Praxis hat sich die DDR zu Lebzeiten nie als »Rechtsstaat« bezeichnet – sie war im Inneren nach feudalen Rechtsprinzipien organisiert, zu denen das Privilegiensystem gehörte. Dabei hat die Privilegierung Diskriminierung erzeugt und diese wiederum die vielen Ausnahme- und Vorrechte für einige wenige hervorgerufen. Das Volk sprach gern von »den etwas Gleicheren unter den Gleichen«.

Zum Beispiel im Gesundheitswesen. Natürlich war für alle Gesundheitsversorgung garantiert. Aber in Berlin-Buch standen das nicht öffentliche »Regierungskrankenhaus« und eine Klinik für MfS-Mitarbeiter. Dort befanden sich die modernsten Geräte, die Medikamente kamen aus dem Westen und die Krankenzimmer entsprachen gehobenem Hotel-Standard. Im Regierungskrankenhaus gab es 85 davon und dazu den »Pavillon-Bereich« mit Zwei-Zimmer-Apartments, um die Patienten aus der Partei-Nomenklatur und deren Familien kümmerten sich 115 Pflegekräfte und 58 Fachärzte.

Besonders materiell greifbare Privilegien gediehen in der Mangelwirtschaft. Dabei ist es kein entscheidender Unterschied im System dieser Bevorzugungen und Benachteiligungen, ob der Klein-Privilegierte sein Auto mit verkürzter Wartezeit oder der Groß-Privilegierte ein für 1.500 DM im Westen gekauftes Farbfernsehgerät im Ladenkombinat Wandlitz für 1.700 DDR-Mark kaufen kann. Wenn ein Untersuchungsbericht der bereits gewendeten DDR-Kriminalpolizei zu Letzterem lapidar feststellt, die Bewohner in Wandlitz hatten seit 1984 »finanzielle Vorteile von mehr als 100 Millionen Mark« genossen und diese »gleichzusetzen mit finanziellen Einbußen des Staatshaushaltes gewesen seien«, ist das nur die eine Seite. Die andere Seite ist die der moralischen Wirkung, die jeglichen Nutzer von Privilegien gleichermaßen betrifft. Sie suggeriert dem Empfänger das Gefühl einer Macht, die durch nichts legitimiert werden muss, dem Diskriminierten gleichzeitig die Ohnmacht dem gegenüber. Das zeigt sich oftmals erst im Inneren dieser Systeme.

Ein Beispiel der »Großen«: MfS-Offizier Günter W. ließ sich 1980 von dem Berliner Kfz-Meister H. einen Lada-Niva zum Jagdwagen umbauen. Gleichzeitig beauftragte er H. von einem ähnlichen Wagen, allerdings aus Westberlin besorgt und für Staatssekretär Schalck-Golodkowski bestimmt, Fotos anzufertigen. Damit würde er gegebenenfalls jede Kritik am sich selbst verschafften Privileg abblocken können. Ein Beispiel der »Kleineren«: Der Sohn des Westberliner SEW-Chefs Gerhard Danelius berichtet vom Familienurlaub im abgeschotteten SED-Heim »Soja Kosmodemjanskaje« in Ahlbeck für sechs Mark pro Familie und Tag: »Getränke wie Wodka, Wein, Bier, Limonade konnte man von einem großen, weiß gedeckten Tisch neben dem dekorativen Klavier entnehmen, auf dem die Kasse des Vertrauens stand ... Die Kasse stimmte selten.«

Dieses nassforsche Nutzen der usurpierten Macht, das heimliche Wein saufen und öffentliche Wasser predigen – so Heinrich Heine in »Deutschland. Ein Wintermärchen« – war es, was sich letztlich als destabilisierendes Element einer Gesellschaft erwies, die Gleichheit und Gerechtigkeit als ihr Credo verkündete.

Klubhaus mit Schwimmbad und großzügiger Sitzecke: In der Waldsiedlung Wandlitz genossen die Mitglieder des Politbüros der SED allerlei Privilegien.

WAS BESCHRIEB DIE KONVERGENZTHEORIE?

Am Ende glaubte wohl sogar SED-Politbürokrat Günter Mittag, irgendwie sei alles ein Lack gewesen. Von der »Hauptaufgabe« – der so oft und viel beschworenen »Einheit von Wirtschafts- und Sozialpolitik« – meinte er, dass sie »im Übrigen keine Erfindung der SED war, sondern bereits der ›sozialen Marktwirtschaft‹ der BRD zugrunde lag«. Eine Sicht, die ihn ein paar Jahre zuvor mit Sicherheit das Amt gekostet hätte, denn das Verfechten der »Konvergenztheorie« gehörte zu den ideologischen Todsünden des Sozialismus.

In aller Kürze besagt sie, dass sich unterschiedlich strukturierte Wirtschaftsordnungen industrialisierter Länder zwangsläufig einander annähern, weil sie gleichen Sachzwängen unterliegen. Diesen Gedanken einer möglichen Annäherung – nichts anderes bedeutet »Konvergenz« – bekämpfte die SED vehement. Ihre Verfechter verstanden darunter nämlich die vermutete Tendenz des kapitalistischen und sozialistischen Systems, eines Tages eine einheitliche Industriegesellschaft zu bilden. Das »entlarvte« das »Zentralorgan« schon Ende der sechziger Jahre: »Die berüchtigte Konvergenztheorie ist eine in den USA entwickelte Wunderwaffe für die psychologische Kriegsführung gegen den Sozialismus.« Der schwarze Kanalarbeiter Karl-Eduard von Schnitzler stellte wenig später fest, die »falsche und längst widerlegte Konvergenztheorie« sei trotzdem immer noch ein perfides »Attentat auf die Grundlagen des Sozialismus«.

Auch die SED-Politiker ließen niemals einen Zweifel daran, dass es keinerlei Annäherung geben könne. DDR-Ministerpräsident Willi Stoph erklärte bei seinem Besuch in Kassel im Mai 1970 Bundeskanzler Willy Brandt: »Zwischen Sozialismus und Kapitalismus ist, welches Gebiet des gesellschaftlichen Lebens man auch immer betrachten mag, eine Mischung nicht möglich.« Erich Honecker wiederholte 1987 in Bonn seinen Appell, »die Realitäten« zu respektieren: »Und die bedeuten, dass Kapitalismus und Sozialismus sich ebenso wenig vereinigen lassen wie Feuer und Wasser.«

Die Konvergenztheorie war in beiden Teilen der Welt umstritten. Der niederländische Wirtschaftswissenschaftler und Nobelpreisträger Jan Tinbergen meinte, der Produktionsprozess unter den Bedingungen der wissenschaftlich-technischen Revolution, die damals noch nicht von den entscheidenden Umwälzungen des Computerzeitalters dominiert wurde, erfordere eine bestimmte soziale Verfassung der Gesellschaft. Diese sah er weder in dem, was Kapitalismus hieß, noch in dem, was sich Sozialismus nannte. Daraus schlussfolgerte er, dass sich die Unterschiede zwischen den Blöcken einebnen und neue Gesellschaftsformen in beiden Systemen entstehen würden. Eine Übernahme des einen durch das andere zog er nicht in Betracht.

Die Konvergenztheorie war aber auch in beiden Teilen der Welt populär. Sie barg die Hoffnung in sich, die Konfrontation durch einen Brückenschlag zwischen den Systemen zumindest zu entschärfen. Das verband sich mit einer Menge politischer Illusionen.

Der Westen müsse nur etwas »sozialistischer« und der Osten etwas »demokratischer« werden, und alles sei geregelt, glaubten manche. Negiert wurde, dass die deutsche Sozialdemokratie mit ihrem Einschwenken auf den konservativen Kurs des Godesberger Programms vom November 1959 ihren früheren revolutionären Zielen abgeschworen hatte. Auf der anderen Seite gehörte Demokratie im westlichen Sinne niemals zu den gesellschaftlichen Grundlagen des Sozialismus. Eine festgelegte Art und Weise der Machtausübung schließt deren »Weiterentwicklung« durch die sie in Frage stellende Demokratie aus. Die Diskussionen um das diffuse Konzept eines »demokratischen Sozialismus« belegen das bis heute. In der Praxis ging es härter zu: Als 1968 die ČSSR zaghafte Ansätze eines solchen »demokratischen Sozialismus« versuchte, und ansonsten nur viel darüber geredet wurde, marschierten die Verbündeten ein.

So blieb von der Konvergenztheorie letztlich nur die westliche Forderung, der Osten möge sich verändern, um sich anzupassen. Das war für die sozialistischen Staaten insgesamt unannehmbar, für die DDR aber im Besonderen mit Gefahr verbunden. Was böte sich besser als »Experimentierfeld« an als das geteilte Deutschland? Und wer wäre besser geeignet, den »demokratischen Sozialismus« im Osten zu befördern als die Sozialdemokratie im Westen? Und die regierte seit 1966 in der Bundesrepublik mit. Deshalb riskierte die SED nach der 1952 überstürzten Proklamation des Aufbaus des Sozialismus in der DDR ohne den Segen Moskaus sogar einen weiteren Ideologie-Konflikt mit der »sozialistischen Führungsmacht«.

Aus Anlass des 50. Jahrestages der 1919 von Lenin gegründeten Kommunistischen Internationale erklärte KPdSU-Vordenker Michail Suslow 1969: »Ungerechtfertigt war die These, dass die Sozialdemokratie die größte Gefahr darstellte und dass deshalb in einer bestimmten Periode gegen sie der Hauptschlag geführt werden müsse.« Walter Ulbricht widersprach auf der Stelle, und Erich Honecker warnte im Februar 1970 vor der »Konterrevolution« im »sozialdemokratischen Tarnanzug«. *Neues Deutschland* schrieb am 6. April 1970 über die Politik des damaligen SPD-Fraktionschefs im Westen, Herbert Wehner, sie »passt in die von Nixon entworfene Taktik innerhalb der Globalstrategie mit dem alten Ziel. Die Sozialdemokratisierung der sozialistischen Länder ist also das erste konterrevolutionäre Etappenziel.«

Am Ende des Sozialismus bestätigte sich die Konvergenztheorie, wenn auch viel radikaler als zwanzig Jahre zuvor diskutiert. Die moderne Industriegesellschaft erforderte einen Rahmen, den ihr der Sozialismus nicht geben konnte. Auch deshalb verschwand er aus der Geschichte.

WARUM WAREN MEINUNGSUMFRAGEN GEHEIM?

»Was ich nicht weiß, macht mich nicht heiß«, sagt der Volksmund, und da die DDR-Führung meinte, den Stein der Weisen in der Hand zu haben, hielt sie es lange Zeit nicht für nötig, das durch Fragen möglicherweise zu erschüttern. Dabei sah sie sich im Einklang mit der Sowjetunion. Dort knüpften nach der Oktoberrevolution Parteiführer und -theoretiker wie Bucharin und Bogdanow zwar zunächst an die bereits im Zarenreich betriebene soziologische Forschung an, in den zwanziger Jahren erklärte sie Stalin dann jedoch zur »bourgeoisen Pseudowissenschaft«. Sein Regime der »Revolution von oben« vertrug weder empirische Erhebungen noch analytisch-kritische Studien.

Diese Auffassung änderte sich zu Zeiten Chruschtschows. 1958 entstand in der Sowjetunion die Gesellschaft für Soziologie, unter deren Schirm nun erforscht werden sollte, wie das Sein das Bewusstsein bestimmte. Das komplizierter gewordene Wirtschaftssystem erforderte Antworten auf immer wieder neu auftretende »Störfaktoren«. Um sie zu erlangen, mussten die Betroffenen gefragt werden. Diesen Zusammenhang begriffen nun auch die DDR-Oberen. Sie verstanden die Entwicklung ihrer Gesellschaft als geplanten Prozess. Wollte man ihn effizient vorantreiben, waren Erkenntnisse über die Bedürfnisse, Wertvorstellungen und sozialen Ordnungsmuster der Bürger gefragt. Das verband sich von vornherein mit zwei Problemen. Zum einen durften wissenschaftlich begründete Beschreibungen nicht mit den politisch vorgegebenen Kategorien kollidieren, zum anderen fehlte die kritische, mediale Öffentlichkeit, die im Diskurs Ergebnisse bestätigen oder verwerfen müsste.

Deshalb begann die empirische Sozialforschung in der DDR auf einem Gebiet, auf dem anscheinend wenige Stolpersteine lagen: 1962 wurde das Leipziger Institut für Bedarfsforschung gegründet. Man wollte erfahren, was die Leute gern konsumieren würden. Schon die Umbenennung in »Institut für Marktforschung« zeigte jedoch, dass auch dabei Fallen lauerten, denn einen »Markt« im klassischen Sinne gab es in der DDR ja nicht. Die erste Volks- und Berufszählung fand nach jahrelangen Vorarbeiten 1964 in der Verantwortung der Staatlichen Zentralverwaltung für Statistik statt und eröffnete den Weg zur »soziologischen Massenforschung«. Sie sollte die Auswirkungen der »wissenschaftlich-technischen Revolution« auf die Sozialstruktur ergründen. Schnell entstanden nun Institutionen, die den Fragen in den verschiedenen Bereichen nachgingen: 1963 die am Institut für Wirtschaftswissenschaften der Akademie der Wissenschaften eingerichtete »Arbeitsgruppe Soziologie«, 1964 das Institut für Meinungsforschung und 1966 das Leipziger Zentralinstitut für Jugendforschung. Die Koordination und Kontrolle besorgte das Institut für Gesellschaftswissenschaften beim ZK der SED in Berlin.

Dort stellte sich bald der Widerspruch zwischen Wunsch und Wirklichkeit heraus. So erbrachte zum Beispiel 1965 die erste große Mobilitätsuntersuchung der Soziologen Kurt Braunreuther und Helmut Steiner, dass bei Schülern, Lehrlingen, Studenten, Facharbeitern und Fachschulabsolventen der Beruf des hauptamtlichen FDJ-Sekretärs zu den am wenigsten angesehensten zählte. Er war zwischen Friseur und ungelerntem Hilfsarbeiter angesiedelt. Bürgerliche Berufe wie Arzt, Diplom-Ingenieur oder Universitätsprofessor galten hingegen als erstrebenswert. Auch die Arbeiterklasse insgesamt genoss weniger Prestige. Dass solche Ergebnisse eher im Panzerschrank als in der Zeitung landeten, lag auf der Hand.

Das Bemühen, sich vor neuen Erkenntnissen zu schützen, beeinflusste über einen langen Zeitraum die wissenschaftliche Methodik. »Klassen« wurden mit relativ wenigen Indikatoren definiert, quantifizierbare Merkmale von »Schichten« boten Hilfskonstruktionen, und manchmal half eine einfache Festlegung: Hauptamtliche Parteifunktionäre oder Offiziere, die einmal einen Beruf gelernt hatten, galten – obwohl beide Gruppen in der Regel ein Hochschulstudium absolvierten – qua Definition als »Arbeiter«. International übliche, mehrdimensionale soziale Zuordnungsbegriffe, wie zum Beispiel »Milieus«, blieben verpönt.

Dennoch ließen sich die Ergebnisse empirischer soziologischer Forschungen nicht ignorieren. Die »Sozialstrukturuntersuchung 1973« als erste große Studie zu den Differenzen in der sozialen und beruflichen Struktur der DDR umfasste 11 000 Probanden, die zu 400 Zusammenhängen befragt wurden. Ergebnis: Die bis dahin unterstellte Homogenität der Gesellschaft gab es nicht. Gerade sie galt jedoch als Errungenschaft des Sozialismus. Das noch 1989 erschienene Lehrbuch *Lebensniveau im Sozialismus* definierte die »Einheitlichkeit der Lebensweise der Arbeiterklasse« als Fortschritt gegenüber dem Kapitalismus, denn dort verhinderten nach SED-Meinung die »antagonistischen Widersprüche« diese Entwicklung. Nahezu zwangsläufig manövrierten sich DDR-Soziologen so in den Verdacht, alles nicht vom »richtigen Klassenstandpunkt« aus zu sehen. Einige wanderten zu dessen Auffrischung in die Produktion, für andere blieb der Verschluss ihrer Erkenntnisse das geringere Übel.

Nachdem sich unter Erich Honecker die »Einheit von Wirtschafts- und Sozialpolitik« nur noch an Zielen, nicht jedoch an den realen Möglichkeiten, orientierte, hatte die empirische Soziologie endgültig ihre ursprüngliche Funktion als Politikberatung verloren. Kritische Hinweise zur Zukunftsfähigkeit der Gesellschaftspolitik wurden nun zu »Angriffen« – so lange, bis sich ihr Korrekturpotential zu sozialen Sprengsätzen wandelte. Sie explodierten 1989 auf den Straßen.

Warum gab es für »Nieten in Nietenhosen« echte Jeans?

»Auseinandertanzen verboten« und »Nieten in Nietenhosen unerwünscht« stand Mitte der sechziger Jahre an den raren Tanzlokalen zwischen Ostsee und Erzgebirge. Es ist die Zeit des Rock 'n' Roll im Westen und wie die älteren Brüder und Schwestern dort, nennt auch manch »guter Genosse« in der DDR die neuen Töne »Negermusik«. Sie wird bekämpft. Als sich am 31. Oktober 1965 rund 2500 Jugendliche, viele in Jeans und mit Lederschlips, in Leipzig auf dem Wilhelm-Leuschner-Platz versammeln, weil dort angeblich ein Beat-Konzert stattfinden soll, schlägt die Polizei zu. 279 Personen werden verhaftet. Per Lkw geht es ab ins Arbeitslager nach Regis-Breitingen. Erst nach vier Wochen sind die letzten wieder zu Hause.

Werbefoto aus dem Jahr 1973: DDR-Jeans der Marke Wisent. Der Entwurf für die bogenför-mige Naht und das angenähte Etikett an der hinteren rechten Tasche war ursprünglich von Levi Strauss abgekupfert – das US-amerikanische Unternehmen klagte.

Gut zehn Jahre später hat sich das gründlich geändert. Nun sagt man auch in der DDR zu den einstmals verpönten »Nietenhosen« Jeans. Die blaue Baumwollarbeitshose aus Amerika hat nicht nur die ganze Welt, sondern auch die kleine DDR erobert. FDJ-Hemd und Jeans gelten als akzeptiertes Outfit, kompliziert nur für jene, die mangels West-Kontakt auf die echten Levi's 501 oder Wrangler verzichten müssen. Die in den sechziger Jahren in der DDR entwickelten Cottino-Hosen werden ebenso wenig akzeptiert, wie die seit 1974 geschneiderten eigenen Jeans.

Deshalb muss der für den Westhandel zuständige, legendäre »Devisenbeschaffer« Alexander Schalck-Golodkowski für Abhilfe sorgen. Seine Leute kaufen im Westen eine Million Levi's für 25 Mark das Stück ein. Sie werden per Flugzeug eingeflogen. Als am 27. November 1978 im Ostberliner Centrum-Warenhaus am Alexanderplatz die Schlacht um die Levi's beginnt, kosten sie dort 149 Mark. Dass das fast auf die Mark genau der so oft beklagte »Schwindelkurs« von einer West- zu fünf Ostmark ist, geht in der allgemeinen Freude über die »Sonderversorgung« unter. Die Schlangen sind riesig, Kaufwillige aus allen Teilen der DDR reisen an, denn die Kunden argwöhnen, es würde sich wieder einmal um eine Bevorzugung der »Hauptstadt« handeln. Innerhalb der ersten vier Tage gehen 120 000 Jeans über die Ladentische.

Das Geschäft mit blauen Baumwollhosen lässt deren Erfinder in den USA aufmerken. Die Leute von Levi Strauss & Co. wollen gern wissen, weshalb ihre Jeans in *East Germany* so gut laufen. Dabei stoßen sie auf die DDR-Konkurrenz der Marke Wisent. Das hat Folgen. Anfang 1980 trifft in der DDR ein Brief von Levi's-Vizechef MacNeill ein:

»Sehr geehrte Herren, es ist uns zur Kenntnis gebracht worden, dass in Ostberlin Jeans auf den Markt gebracht worden sind, die das angenähte Wisent-Etikett und die bogenförmige Naht an der hinteren rechten Tasche tragen. Der Entwurf dieser Tasche mit Naht und Etikett stammt ursprünglich von Levi Strauss & CO. USA und ist ein gewisses Unterscheidungsmerkmal für Levi's Jeans. Im Interesse der Erhaltung guter Beziehungen und eines ordnungsgemäßen Marktes müssen wir darauf bestehen, dass Sie auf die Verwendung des angenähten Etiketts und der bogenförmigen Naht auf Ihren Jeans verzichten. Mit freundlichen Grüßen«

Der Brief landet beim Hersteller der Wisent-Jeans, dem VEB Bekleidungswerke Templin. Betriebsdirektor Gärtner denkt gar nicht daran, auch noch auf Etikett und Bogennaht zu verzichten, denn sein Produkt erfreut sich wegen der schlechten Stoffqualität ohnehin nur geringer Beliebtheit. Also schreibt auch er nun einen Brief in die USA:

»Sehr geehrte Herren, die von Ihnen aufgeführte Taschengestaltung wird von unserem Betrieb bereits seit mehreren Jahren in größerem Umfang angewandt und ist dadurch für unsere Erzeugnisse in der DDR bei breiten Käuferschichten bereits bekannt ... wir beabsichtigen, die Produktion für den DDR-Markt in gleicher Weise fortzuführen ...« Das wollen sich die Levi's-Leute nicht bieten lassen. Zwei Jahre lang wird zäh verhandelt. Das Unternehmen droht mit Klage. Ein Prozess um Markenpiraterie könnte dem DDR-Außenhandel nachhaltig schaden. Deshalb müssen die Templiner auf Weisung von ganz oben zurückstecken: Die umstrittene Wisent-Naht wird geändert.

Ihre Kreationen bleiben ebenso wie die Versuche von Shanty-Mode Rostock, ELDAMO Zwickau oder dem VEB Bekleidungswerke Lößnitz, »echte Jeans« an den Mann zu bringen, ohne große Erfolge. Warum das so ist, können die DDR-Gewaltigen bei Ulrich Plenzdorf nachlesen. Sein Held in *Die neuen Leiden des jungen W.* heißt Edgar Wibeau, und der liebt seine Bluejeans über alles. Im Brustton der Überzeugung erklärt er: »Jeans sind keine Hose, Jeans sind eine Lebenseinstellung.«

WIE ENTSTANDEN GERÜCHTE UND WANDERSAGEN?

Gerüchte und Wandersagen breiteten sich in der DDR mit einer Geschwindigkeit von etwa vier Stundenkilometern aus. Das klingt spektakulär, ergibt sich aber aus der akribisch festgehaltenen Erkenntnis der Stasi, dass es etwa sieben Tage brauchte, bis derartige Geschichten in Sassnitz auf der Insel Rügen ebenso bekannt wie im 678 Kilometer entfernten Eisenach waren.

Sie waren im Grunde ein Teil der DDR-Mangelwirtschaft. So wie diese die Verteilung von Waren und Dienstleistungen reglementierte, geschah das auch mit dem Zumessen von Nachrichten. Gerüchte und Wandersagen fungierten in diesem System als »Schwarzmarkt« von Informationen. Es gab sie zu den unterschiedlichsten Alltagsdingen. Ein paar Beispiele: Am 26. Dezember 1986 schrieb Anneliese Griesel aus Greiz an die Fernsehsendung »Prisma«: »Ich habe seit langem gehört, dass es bei uns in der DDR zwei Intershops gibt, wo man auch mit unserem Geld bezahlen kann und nicht nur mit Westgeld. Ich hätte gern erfahren, ob das stimmt.« Puhdys-Keyboarder Peter Meyer beschäftigte eine ganz konkrete Frage, die er am 6. April 1988 direkt ans SED-Politbüro stellte: »Lieber Genosse Hager, ›Gerüchte‹ besagen, dass es bei uns Möglichkeiten zum Kauf von Pkws BMW für Mark der DDR gibt. Sollte das zutreffen, bitte ich Sie, zu überprüfen, ob das auch für uns möglich wäre.« Ein Körnchen Wahrheit steckte hinter beiden Fragen. Es gab Westwaren für DDR-Geld, allerdings nur im »Ladenkombinat« Wandlitz, zu dem nur die oberste SED-Spitze nebst Familien Zutritt hatte. Und auch Westwagen, wie Volvos, Citroëns oder Peugeots, wurden an verdienstvolle Bürger in kleiner Stückzahl verkauft. Die auf Hörensagen basierten Anfragen reflektierten die Hoffnungen, auch dabei zu sein. Andere Gerüchte zeigten, dass dem Staat nahezu alles zugetraut wurde. So war immer mal wieder zu hören, der Leipziger Hauptbahnhof würde abgerissen, weil darunter Braunkohle lag. Dahinter steckten geheim gehaltene und nicht realisierte Planungen, die Tagebaue im Süden der Messestadt bis in die Gegend des Stadtwalds vorzuschieben. Die Berliner Variante solcher Geschichten war der immer mal wieder kolportierte Abriss des Fernsehturms wegen Baufälligkeit oder statischer Probleme.

In abgemilderter Form zeigte sich das Misstrauen in angeblich »sicheren« Informationen über geplante Preiserhöhungen. In einer »Information zu ausgewählten Preisproblemen und Abkauftendenzen« des ZK der SED vom 22. September 1977 hieß es, dass es »Bürger gibt, die ›ganz genau wissen‹, dass in der Dresdner Zigarettenfabrik bereits F-6-Packungen mit dem Preisaufdruck 4,80 M« lägen. Die f6 kostete jedoch bis zum Ende der DDR 3,20 Mark, und der Dreh mit den Preiserhöhungen wurde für viele Waren durch die angebliche »Verbesserung des Gebrauchswerts« gefunden.

War es nicht eine direkte Preiserhöhung, wurde gern erzählt, die Produkte seien nicht mehr das, was sie einmal waren. Derartige Vermutungen rankten sich besonders – wie bereits berichtet – um die vielen Ersatzstoffe. Dabei schreckte die Fama auch nicht vor den abenteuerlichsten Spekulationen zurück: Bockwürste würden mit Sprotten gestreckt, hieß es. Das Körnchen Wahrheit steckte in der Suche nach Möglichkeiten, Waren billiger zu produzieren. Gab es Ungewohntes in den Zeitungen, wie Anfang der achtziger Jahre das Wiederauftauchen einstmals deutscher Städtenamen in Polen, blühten »politische« Vermutungen: Die Russen geben uns Stettin zurück, weil sie ihren polnischen Genossen nach der Bildung der *Solidarność* nicht mehr trauten, hieß es.

Eine weitere Serie von Gerüchten und Wandersagen speiste sich aus dem geliebten Tratsch, zu dessen Bedienung es in der DDR keine Medien gab. Hier war die Rede von

Promi-Frauen oder Funktionärsgattinnen, die angeblich nach Paris zum Friseur flogen, von Verkehrspolizisten, die namhafte »Fernsehschaffende« in flagranti mit minderjährigen Mädchen im Auto erwischten und »nichts machen« konnten, geheimen Sexpartys und Ähnlichem. Sie hatten ihren Hintergrund im undurchsichtigen Privilegiensystem der DDR. Von den »Gleicheren« unter den »Gleichen« erfuhr man offiziell wenig, so dass der Fantasie keine Grenzen gesetzt waren.

Die im Volk tiefverwurzelte Skepsis gegen »die da oben« bot auch der Stasi Ansatzpunkte in ihrem »Kampf« gegen missliebige Personen. Sie reichten vom »rein zufällig« erschienenen Bild in der Zeitung, auf denen ein stadtbekannter Stasi-Mann gemeinsam mit jemandem zu sehen war, der diffamiert werden sollte, wie 1975 dem Jenaer Schriftsteller Siegfried Reiprich geschehen, bis zu zahlreichen lancierten Schmutzgeschichten um den Sänger Wolf Biermann. Im mecklenburgischen Vipperow platzierte ein emsiger IM ein FKK-Foto von Pfarrer Markus Meckel beim Baden mit ein paar nackten Frauen im Mitteilungskasten der Kirche. Alle sollten »wissen«, was »uns Paster« so in seiner Freizeit treibe. All das waren dabei noch die harmloseren Varianten der »Zersetzung«.

Regelrecht gefährlich waren Gerüchte wie das Mitte der sechziger Jahre erschienene, nach dem die bulgarischen Grenzer auf Eseln reiten und ihre Mittagsruhe pflegen würden, so dass die Flucht dort ein Kinderspiel wäre. Es resultierte daraus, dass es zwischen 1965 und 1970 etwa 270 DDR-Bürgern gelungen war, über das »Bruderland« in den Westen zu gelangen. Bis 1989 kostete es weitere rund 2000 Menschen die Freiheit, etliche von ihnen das Leben. Auch wenn heute viele der alten Geschichten nicht mehr als ein Lächeln über die »verrückten Zeiten« damals verdienen, waren sie letztlich doch alle auch Ausdruck von Angst und Misstrauen. Diese Gefühle im Volk zu ignorieren oder gar noch zu pflegen, bekommt keiner Gesellschaft.

Wie vertrugen sich Geist und Macht?

»Stürmt die Höhen der Kultur« hieß eine der gängigen DDR-Losungen, doch über den Sturm auf den Höhen der Kultur diskutierte man nicht so gern. Dabei hatte Ministerpräsident Otto Grotewohl schon auf dem 5. Plenum des ZK der SED im März 1951 die Richtung vorgegeben: »Literatur und bildende Künste sind der Politik untergeordnet ..., die Idee der Kunst muss der Marschrichtung des politischen Kampfes folgen.« Das martialische Vokabular vom Stürmen und Kämpfen kam nicht von ungefähr. Kunst und Kultur sahen die DDR-Gewaltigen stets als Mittel der Indoktrination und Erziehung »der Massen«. Sie orientierten sich an Lenin, der unter »Kulturrevolution« nicht das Schaffen einer neuen, »proletarischen« Kultur verstand, sondern den instrumentellen Charakter von »Kultur« und »Wissen« betonte. Er beinhaltete in seiner Sicht den Erwerb wissenschaftlicher, organisatorischer und technischer Mittel zur Überwindung der sozial-ökonomischen Rückständigkeit Russlands. Das musste eigentlich von vornherein mit der geistig-kulturellen Tradition Deutschlands kollidieren.

Hans-Joachim Hoffmann (SED), von 1973 bis zum Zerfall der SED-Herrschaft Kulturminister der DDR, erinnerte sich an seine Genossen: »Sie sahen Kunst und Kultur als zwei der vielen üblichen Mittel der Massenbeeinflussung an und verlangten, dass jede Regung und Wendung des Tages sich in den kulturellen und künstlerischen Ergebnissen widerspiegelt.« Das schien besonders deshalb kompliziert und kaum realisierbar, weil Autoren und Schöpfer von Büchern, Theaterinszenierungen und Kunstwerken die Lücken ausfüllten, die die begrenzten öffentlichen Informationen aufrissen. Hoffmann: »So wurden sie zusätzlich Überbringer von Botschaften, die höchst unwillkommen gewesen sind.«

Daraus ergab sich ein grundsätzlicher Konflikt zwischen Macht und Kultur. Der zuständige Minister wusste aus seiner jahrelangen Praxis: »Wenn die SED-Führung versuchte, mit Künstlern zurechtzukommen, dann nicht auf der Basis einer gemeinsamen Wahrheitsfindung, sondern mit Taktik, mit Kompromissen, mit materiellen Zuwendungen ... Ein wirkliches inniges, beständiges Verhältnis zu führenden Künstlerpersönlichkeiten war nicht vorhanden.« Diese Situation führte zu einem beständigen Hineinregieren in künstlerische und kulturelle Schaffensprozesse. Sie spitzten sich immer mal wieder zu, manchmal von an sich harmlosen Ereignissen angefeuert, wie zum Beispiel 1976 der Ausweisung des in der DDR ohnehin damals weitgehend unbekannten Sängers und Dichters Wolf Biermann. Dann dominierte das simple Freund-Feind-Denken im orthodoxen Sozialismus-Verständnis der Staatssicherheit. Sie hielt Künstler grundsätzlich für »unsichere Kantonisten« und verhielt sich dementsprechend.

Gleichzeitig entstanden in den verschiedenen gesellschaftlichen Milieus unterschiedliche kulturelle Praktiken. Was in einem Bezirk möglich war, galt ein paar Dutzend Kilometer weiter als bedenkliche Dissidenz. Es bildeten sich interne Kulturszenen heraus und einzelne verantwortliche Funktionäre verlangten die Schützenhilfe der Künstler für ihren jeweiligen Bereich. So wollten »Kunstsammler« wie die Wismut in Aue oder die Deutsche Seereederei in Rostock Bilder ihrer Helden, die sie auch üppig honorierten, der Theaterspielplan war für Volksbildungsministerin Margot Honecker nichts anderes als die Fortsetzung des Lehrplans in der Schule, oder das Fernsehen bekam seinen Stempel von kulturfeindlichen Funktionären in der Abteilung »Agitation« des ZK der SED aufgedrückt. Hans-Joachim Hoffmann: »In der ehemaligen DDR existierte im Grunde keine einheitliche Auffassung über Inhalte und Form der Kulturpolitik.«

Das hemmte nicht nur den notwendigen gesellschaftlichen Disput über Kunst und Kultur, sondern ließ auch die Fachleute resignieren. Hoffmann: »Gegen das Unvermögen der führenden Leute bei uns, mit den wirklich herausragenden Künstlern im ständigen Dialog zu bleiben, sind wir nicht angekommen. Denn diese Künstler sagten, wenn es tatsächlich einmal dazu kam, immer etwas Unangenehmes, und da war dann der Faden wieder für lange zerschnitten.«

Unterhalb dieser Gemengelage gab es in der DDR ein breitgefächertes kulturelles Leben. Es wurde stattlich gefördert – von Eintrittspreisen von 1,05 Mark in Museen und stark subventionierten Theater- und Konzertkarten über die Veranstaltung wichtiger Ausstellungen mit Werken der Weltkultur bis hin zum Neu- oder Wiederaufbau solch bedeutender Kulturorte wie dem Gewandhaus in Leipzig, der Semperoper in Dresden oder dem Schauspielhaus in Ostberlin. Für viele DDR-Bürger galten Kunst und Kultur als unverzichtbares Lebenselexier. Der Zugang dazu war nicht von materiellen Schranken verstellt, wer diesen Teil des Lebens genießen wollte, konnte es auch tun. Zeitweise schien es sogar, als würde die traditionell verwurzelte Intelligenzfeindlichkeit in der deutschen Arbeiterklasse von der DDR-Entwicklung besiegt.

Dennoch gelang es in der Summe nicht, die gesellschaftspolitischen Kräfte von Kunst und Kultur für den Sozialismus zu mobilisieren. Kulturminister Hans-Joachim Hoffmann sah im Nachhinein im »schreienden Widerspruch zwischen Geist und Macht« eine der Ursachen für das Scheitern des »realen Sozialismus« in der DDR. Dem ist kaum zu widersprechen.

Was hatte der *Magazin*-Akt mit dem Parteilehrjahr zu tun?

In der DDR war alles Politik, FKK und Massenmedien eingeschlossen. Als *Das Magazin* im Januar 1954 zum ersten Mal erschien und das Foto einer Nackten hinter einer Glastür enthielt, löste das unter den sich damals noch sehr prüde gebärdenden Genossen ein mittleres ideologisches Erdbeben aus. Gleichwohl war man sich in den oberen Etagen klar, dass man »unseren Menschen« Sex und Erotik auf die Dauer nicht völlig vorenthalten konnte.

Nach der Bedrohung der Macht durch den 17. Juni 1953 sollte alles etwas lockerer werden. Nachdem man sich an der Ostsee höchst ungern an die Okkupation immer größerer Strandabschnitte durch die Nackten gewöhnt hatte, genoss fortan auch der lange Zeit einzige monatliche Republik-Nackedei im *Magazin* Bestandsschutz, garniert mit guten Fotos, unterhaltsamen Geschichten und Reportagen, Rezensionen und Partnerschaftsannoncen. *Das Magazin*, seit 1956 unter der Chefredaktion von Hilde Eisler, überstand die mit Papiermangel begründete Bereinigung der ohnehin übersichtlichen Zeitungs- und Zeitschriftenlandschaft in den sechziger Jahren und blieb mit über 500 000 Exemplaren und viel beneideten Abonnenten die populärste Monatsschrift, die im offenen Verkauf nur als Bückware erhältlich war.

Ganz ohne Anstellen bekam man hingegen die in riesigen Auflagen gedruckten »Dokumente und Materialien« für das Parteilehrjahr. Der Unterschied zwischen der lockeren Aufmachung im *Magazin* und den trockenen Broschüren hätte nicht größer sein können. Trotzdem verfolgten beide das gleiche Ziel: Das DDR-Volk sollte erzogen werden. *Magazin*-Urgestein Manfred Gebhardt erinnert sich: »Wir hatten von Anfang an größere Freiräume als andere, aber auf der richtigen politischen Linie musste es trotzdem liegen. Das galt sogar für unsere ›Nackte unterm Ladentisch‹.«

Das gelang nicht immer in zufriedenstellendem Maße. Schon am 24. April 1959 bekamen die *Magazin*-Macher einen höchst offiziellen Brief mit dem Aktenzeichen ZI 55.243–4/59 vom Innenminister der Republik Österreich. Er hatte einen »Spruch« mitzuteilen: »Auf Grund … des Bundesgesetzes über die Bekämpfung unzüchtiger Veröffentlichungen und den Schutz der Jugend gegen sittliche Gefährdung … wird im Einvernehmen mit dem

Bundesministerium für Unterricht die Verbreitung des Heftes 3 des Druckwerkes *Das Magazin* des laufenden Jahrgangs an Personen unter 16 Jahren ausgeschlossen und sein Vertrieb ... für das gesamte Bundesgebiet untersagt.« Manfred Gebhardt: »Das schlug damals bei uns ein wie eine Bombe. Das Politbüro hatte kurz zuvor einen Beschluss über die ›Aufgaben der Parteipropaganda bei der sozialistischen Erziehung der Volksmassen‹ gefasst. Danach hatten wir uns natürlich auch beim *Magazin* zu richten.«

Deshalb nahm sich die Redaktion zuerst noch einmal die inkriminierte Nackte aus dem März-Heft des Blattes vor. Das Mädchen stand in einem Badezimmer, war von hinten zu sehen und wohl gerade dabei, Wäsche aufzuhängen. Die Österreicher mokierten sich: »Die Abbildung auf Seite 69, darstellend die Rückenansicht eines unbekleideten Frauen-körpers, ist durch den zweifellos beabsichtigten photographischen Effekt der Beleuch-tung und die blickfängerische Betonung der unteren Partien des Körpers, insbesondere durch die provozierende Stellung der Beine geeignet, die sittliche Entwicklung jugendli-cher Personen durch Reizung der Lüsternheit schädlich zu beeinflussen.«

Nun galt es, furchtlos in den Klassenkampf zu ziehen. Die Redaktion meinte, mit ei-nem solchen Foto könne man sogar problemlos im Parteilehrjahr argumentieren und die »bürgerliche Doppelmoral« entlarven. Journalist Gebhardt: »In dem Beschluss gab es so eine Passage, dass man die sozialistische Ideologie im Kampf gegen die bürgerliche Ideologie einsetzen müsse. Das wollten wir nutzen, doch an höherer Stelle winkte man ab: *Das Magazin* sei ohnehin schon Mangelware, da dürfe man nicht noch extra Reklame machen.« So blieb es bei den langweiligen Broschüren mit ihren Parolen. Auch die waren im Westen brandheiß. Den Ostberliner Eckart H. brachten sie in Bedrängnis: »Ich war damals in Köln und sollte die West-Gewerkschaft besuchen und ihnen anhand unserer Parteilehrjahres-Hefte zeigen, wie bei uns politische Bildung läuft. Dummerweise kon-trollierte mich ein Polizist und drohte wegen Verbreitens ›verfassungsfeindlicher Schrif-ten‹ mit Gefängnis. Ich musste mit dem nächsten Zug wieder nach Hause.«

Beim *Magazin* hatte man sich derweil etwas einfallen lassen. Die Geschichte mit dem amtlichen Schreiben aus Österreich wurde brühwarm der geschätzten Leserschaft mit-geteilt. Prompt gab es wenig später einen Leserbrief, der ebenfalls erschien. Der Schrei-ber »enthüllte« politisch korrekt die »wirklichen Hintergründe« des verbotenen Blicks unters Dirndl: Die Österreicher sollen nämlich nichts vom Inhalt des restlichen Heftes erfahren, zum Beispiel die Wahrheit »über die Atomrüstung in Westdeutschland«. Man-fred Gebhardt: »Inzwischen kann ich es ja zugeben, dass wir bei dem Brief etwas nachgeholfen haben. Aber das Parteilehrjahr war eben auch für uns heilig.« So schloss sich der Kreis zwischen *Magazin* und Parteilehrjahr.

Warum durfte Angelika Unterlauf nicht lächeln?

Darauf ließe sich einfach antworten: Weil es beim Verlesen der drögen ADN-Meldungen mit ihren endlosen Genitiven, Titeln und Planerfüllungszahlen ohnehin nichts zu lachen gab. Außerdem war die Lage in der DDR immer und zu jeder Zeit ernst, todernst mitunter, wenn man allen Nachrichten von den unaufhörlichen Kriegsvorbereitungen im Westen Glauben schenkte. Der Klassenfeind schlief nie, wie jeder wusste, dem galt es kühn und kühl ins Auge zu blicken. So mischten sich in der Hauptnachrichtensendung der DDR der aufgesetzte Stolz auf die eigenen Leistungen mit oberlehrerhafter Didaktik, patriotischem Pathos und gebührender Verachtung für den Klassenfeind.

Information betrachtet man üblicherweise als beseitigte Ungewissheit. In diesem Sinne strebte der Informationsgehalt der »Aktuellen Kamera« eher gegen Null. Nur wer bis zum Schluss durchhielt, wurde dafür mit der einen oder anderen Neuigkeit und dem Wetterbericht belohnt. Dass der Sozialismus als einzig zugelassene marxistisch-leninistische und damit wissenschaftlich begründete Weltanschauung sich weltweit auf dem Vormarsch befand und nicht einmal von Ochs und Esel aufzuhalten war, wusste sowieso jeder. Was es wirklich an Neuem und Interessantem im eigenen Land gab, sah und hörte der überwiegende Teil der Bevölkerung im West-Fernsehen. Nur die wahrhaft Überzeugten und die Dresdener blieben bis in die achtziger Jahre auf das Programm »Royal Television« in den Farben der DDR angewiesen. Eberhard Fensch, im Zentralkomitee der SED für Film und Fernsehen zuständig, gibt die Einschaltquote der Sendung mit optimistischen 7 bis 18 Prozent an.

Dennoch hielt die Partei die »Aktuelle Kamera« für das wichtigste Instrument ihrer Propaganda. Die Chefredaktion – ein Chef und sechs (!) Stellvertreter – unterstand direkt der Agitationskommission des ZK. Die allein bestimmte, was in welcher Reihenfolge den Bürgern jeden Abend um 19.30 Uhr auf dem Bildschirm zuzumuten war. Mit Honeckers Machtantritt trat eine Veränderung ein, die sich bald als Verschärfung erwies. Er schwang sich zum obersten Oberredakteur der Sendung auf, nach dessen persönlichen Wünschen sie nunmehr zusammengestellt und oft genug in allerletzter Minute verändert wurde. Hintergrund dafür war u. a. die »heute«-Sendung von 19 Uhr im ZDF, auf die reagiert werden sollte.

Wahrhaftig keine zum Lachen anreizende Aufgabe für das »Sprecherkollektiv«. Das bestand zu einem Teil aus gestandenen Rundfunksprechern, von denen etliche nur »unter Bild« zu hören waren, und einer Reihe jüngerer, im Fernsehen Ausgebildeter. Mit Argusaugen und -ohren verfolgten und überwachten die Partei- und Fernsehoberen jede Sendung und sparten nicht mit Manöverkritik. Als Klaus Feldmann einmal leicht angeheitert die Nachrichten las, brachte ihm das ein dreiviertel Jahr Bildschirmabwesenheit ein. Dennoch wurde er – auch in dem betroffenen Jahr 1976 – vierzehnmal zum Fernsehliebling gewählt.

Feldmann war neben Chefsprecher Hans-Dieter Lange, 1950 vom Stadttheater Bonn zum DDR-Rundfunk gekommen und zeitweise Sprecher des deutschsprachigen Programms von Radio Peking, für Jahrzehnte der *anchorman* dieser ältesten deutschen Fernsehnachrichten. Angelika Unterlauf hingegen galt ab 1977 zwölf Jahre lang als das sympathische Gesicht der DDR. 1985 wurde auch sie Fernsehliebling des Jahres. Ein Versprecher, der aus 600 Büchern auf dem Weg nach Wien 600 Bürger gemacht hatte, wurde ihr nicht zum Verhängnis. Ernst nahm die Stasi dagegen den Text eines Liedes, das ihr 1985 der Westberliner Sänger Lonnie widmete:

> 17 Uhr im Ostkanal
> Dunkle Augen sehn mich an
> was du sagst das klingt banal
> aber darauf kommt's nicht an
> gerne würde ich dich fragen
> ob ich dich mal treffen kann
> ich möchte dir was Nettes sagen
> einfach so dann und wann
> könnt ich nur beiseite schieben
> was uns auseinander hält
> ich bin hier und du da drüben

wie lebst du in deiner Welt?

Angelika, Angelika, vom Fernsehen in der DDR

Du erscheinst zum Greifen nah und doch bist du so fern.

Dass sich hinter dem Pseudonym Lonnie ausgerechnet ein RIAS-Redakteur verbarg, machte die Sache nicht besser. Frau Unterlauf hatte sich heftig gegen alle Unterstellungen zu wehren.

Im Übrigen war Angelika Unterlauf keineswegs die erste oder die einzige Nachrichtensprecherin des DDR-Fernsehens. Anne-Rose Neumann, vorher Tänzerin und Kabarettistin, las schon seit dem Frauentag 1963 als erste Frau in Deutschland die Nachrichten. Wibke Bruhns folgte erst acht Jahre später bei »heute«. Dass Angelika Unterlauf nicht lächeln durfte, ist natürlich eine Legende; Klaus Feldmann beschreibt in seinen Erinnerungen manch muntere Silvestersendung der »Aktuellen Kamera«: Einmal im Jahr durften sie ...

War Grigori Kossonossow ein Dissident?

Wenn sich heute Frauen und Männer aus der ersten, in der DDR aufgewachsenen und auch dort gebliebenen Generation begegnen und jemand sagt bedeutungsschwanger »agitiert nur, agitiert nur« oder gar »auch Pferde ...«, entspinnt sich schnell eine Diskussion über das Zwischen-den-Zeilen Hören und Sehen im Theater und die selige Kultur abseits des Mainstreams, der damals »Große Linie« hieß.

Die geraunten Worte stammen aus der Satire *Die Kuh im Propeller* von Michail Sostschenko, russischer Originaltitel *Der Agitator*, und waren rund 40 Jahre alt, als sie in der DDR-Veranstaltung »Lyrik – Jazz – Prosa« 1965 in der Interpretation von Manfred Krug Furore machten. Drei Jahre später gab es sie auf einer Langspielplatte für 12,10 Mark unter dem Ladentisch zu haben. Auf der Neuauflage von 1983 verschwand Manfred Krug, und nach dem DDR-Ende tauchte alles auf CD wieder auf und verkaufte sich noch einmal über 60 000 Mal.

Dabei war die Geschichte über Grigori Kossonossow eigentlich wenig sensationell: Der Wächter einer Fliegerschule im weiten Russland der zwanziger Jahre sollte in seinem Dorf Geld für ein neues Flugzeug sammeln. Stolz berichtete er von den wildesten Zwischenfällen mit den neuen Maschinen: »Da ist einmal eine Kuh bei uns in den Propeller gekommen! Ritsch, ratsch, weg war sie! Auch Hunde!« ... »Und Pferde?«, fragten ängstlich die Bauern. »Auch Pferde, Väterchen?« ... »Auch Pferde!«, sagte stolz im Brustton der Überzeugung der Redner. »Das kommt oft vor!« »... Ach, diese Kanaillen, hol sie der Teufel!«, sagte jemand. »Was sie sich jetzt alles ausdenken: Pferde zu Tode quälen – nun Väterchen – und das entwickelt sich jetzt?« Spätestens hier brüllte der Saal vor Vergnügen und kaum jemand verstand noch den Rest der Geschichte.

Doch warum hatte so eine alte Geschichte eine solche Wirkung? In der DDR ging man ins Theater, um Aufmüpfiges zu hören. Ob *Wilhelm Tell* oder *Don Carlos*, *Wallenstein* oder *Faust*, immer ließen sich die klassischen Worte auf das gerade aktuelle DDR-Leben übertragen. Oft genügten eine Betonung oder eine Geste. Als Eberhard Esche im Deutschen Theater in Berlin Heinrich Heines »Deutschland, ein Wintermärchen« las, musste er immer mal wieder unterbrechen und darauf hinweisen, dass es sich um einen bereits etwas älteren Regimekritiker handelte.

Wer mutig war und auch noch die richtigen Leute kannte, ging zu den Wohnzimmer-Lesungen und Flur-Ausstellungen privater Veranstalter. Es gab sie in allen größeren DDR-Städten. In Berlin lebte diese »Szene« am Prenzlauer Berg. Ob Lyrik-Abende bei Biermann-Freund Ekkehard Maaß, der dazu Lieder des russischen Dissidenten Bulat Okudschawa vortrug, Vernissagen in der Galerie Schweinebraden in der Dunckerstraße 17 oder Happenings bei Aktionskünstler Reinhard Zapka – wer wollte, konnte sich in diesen geschlossen scheinenden Kreis begeben. Auch die Stasi. Sie hatte die »Untergrund«-Szenen ohnehin mit ihren Inoffiziellen Mitarbeitern durchsetzt. In Berlin war es Lyriker Sascha Anderson, der als »David Menzer«, »Fritz Müller« und »Peters« mindestens sein halbes schriftstellerisches Werk als Spitzelberichte über seine »Künstlerfreunde« verfasste.

Die Teilnehmer dieser vermeintlich oppositionellen Kultur übersahen, dass sie sich mit ihrer geschlossenen Gesellschaft in der ohnehin schon eingemauerten DDR freiwillig noch einmal ins Abseits begaben. Bald drehten sich Diskussionen im Kreise, die Horizonte verengten sich und selbst die, die irgendwann nach Westberlin gingen oder abgeschoben wurden, blieben larmoyanter Kritik ohne echte Impulse, nun auf der anderen Seite der Mauer, verhaftet.

Auch dem Theater tat die Suche nach »verdeckten Botschaften« nicht immer gut. Manche Inszenierungen verkamen zur simplen Gag-Abfolge oder erinnerten an Agitprop-Veranstaltungen. Was sich in der Frühzeit der DDR noch als Auseinandersetzung um Kunst darstellte, wie etwa die Formalismus-Debatte zwischen Bert Brecht und Friedrich Wolf, wurde nun um den Preis eines DDR-Bezugs oftmals wohlfeil. Es gab Inszenierungen, die sich vom ursprünglichen Anliegen der Autoren lösten und in ihrer DDR-Fassung nahezu unkenntlich wurden.

Ein probates Mittel, sie zu »modernisieren«, schien die Form zu sein. Nachdem es in der Ostberliner Volksbühne 1976 zum ersten Mal gelungen war, blanke Brüste auf die Bühne zu bringen, war der Damm gebrochen. Fortan garantierten manchmal nackte Leiber den Erfolg einer Inszenierung mehr als deren Inhalt. Das Theater schickte sich an, seine Kraft aufs Spiel zu setzen.

Nach den langweiligen Aufbaustücken der fünfziger Jahre, in denen meist der Produktionsalltag den der Menschen dominierte, entstand im DDR-Theater eine Bandbreite, die nun alles miteinander zu vermischen schien. Neben der von der SED geförderten Affirmationsdramatik, die zur Bejahung des »real existierenden Sozialismus« in der DDR aufforderte, stand die systemimmanente Kritik mit dem Versuch, die Schwierigkeiten beim Aufbau des Sozialismus vorzuführen. Sie wurde von mythisch orientierten, sozialistischen Utopien, wie denen Heiner Müllers und Peter Hacks', ergänzt. Dabei galt schon das simple Ausweichen vor der DDR-Wirklichkeit als kritischer Ansatz. Zu dessen Gipfel wurden die Schilderungen des Subjektiven im Kollektivismus, wie sie zum Beispiel Ulrich Plenzdorf betrieb.

Ob das DDR-Theater insgesamt die dringend nötige gesellschaftliche Diskussion ausreichend reflektierte, sehen die Akteure von einst sehr unterschiedlich. Und so bleibt es bei der klammheimlichen Freude über den Genossen Kossonossow und seine Bäuerlein, die die Herrschenden schlicht »diese Teufel« nannten und dann still auseinandergingen.

WARUM WAREN KABARETTKARTEN MANGELWAREN?

Werbeplakat für die Spielzeit 1953/54 des Berliner Kabaretts Die Distel

Wer in der DDR Karten für »Die Distel« in Berlin, die »Herkuleskeule« in Dresden oder die »academixer« und die »Pfeffermühle« in Leipzig besorgen konnte, verfügte über ein Pfund, mit dem sich fast wie mit der Westmark wuchern ließ. Die 12 Profi-Kabaretts des Landes waren auf Monate, manchmal sogar Jahre im Voraus ausverkauft. Allein die »großen Vier« lockten zum Beispiel 1984 über 515 000 Zuschauer an. Überdies verzeichneten die etwa 300 Laiengruppen 1,5 Millionen Besucher pro Jahr. Die Kabarettisten gehörten zum »Verband der Theaterschaffenden der DDR« und waren seit Mitte der achtziger Jahre in einer eignen »Sektion« organisiert. Wie alle anderen Bühnen auch, wurden ihre Häuser mit etwa der Hälfte ihrer Ausgaben staatlich subventioniert. Die Eintrittspreise lagen nach Auskunft der Distel zwischen 1,50 und 4,50 Mark der DDR und durften nicht erhöht werden. Wegen des riesigen Zuspruchs hätten sie sich bei geringfügig höheren Preisen von 6 bis 8 Mark durchaus auch selbst finanzieren könne, doch das erlaubte die Politik nicht.

Den Grund für den anhaltenden Sturm des Publikums zu den Veranstaltungen nannte Peter Ensikat, der zusammen mit Wolfgang Schaller zu den meistgespielten Kabarett-Autoren der DDR gehörte, 1987 in einem Satz: »Im Kabarett können Dinge gesagt werden, die bei uns nicht in der Zeitung stehen.« Dabei hatte sich die Schmerzgrenze der Zensoren im Laufe der Jahre erheblich erhöht. Als Schauspieler Peter Sodann 1961 als Chef des Studentenkabaretts »Rat der Spötter« die sozialistische Presse persiflierte, wurde das Programm als »konterrevolutionär« verboten. Er flog aus der SED und saß 9 Monate im Gefängnis. Sodann: »Ich hatte einem Stoffhund ein Loch in den Hintern gebohrt und ihm das *Neue Deutschland* in den Hintern geschoben und wieder herausgezogen. Bei der Vorstellung habe ich dann ins Publikum gesagt: ›Sehnse, nicht mal der Pfeffi kann das verdauen.‹« Beim 1. Nationalen Theaterfestival der DDR Anfang 1987 regte so etwas niemanden mehr auf. In einer Kabarettszene bemerkte der Protagonist, »die Partei macht sich Sorgen«, worauf der andere antwortete: »Das ist neu. In unseren Zeitungen macht sie sich immer bloß Erfolge.«

Auf solche Zwischentöne reagierte das Publikum begeistert, denn es entsprach den eigenen Alltagserfahrungen. Manche meinten, auf den Kleinkunstbühnen des Landes den offiziell abgelehnten Hauch von Glasnost und Perestroika doch noch zu spüren, wenn es beispielsweise hieß, das Spiel der DDR-Nationalhymne sei »unentschieden« ausgegangen: Die Musik habe gewonnen, der Text verloren – die Zeile »Deutschland, einig Vaterland«. Andere lachten über Anspielungen wie: »Unsere Straßenzustände sind Bestandteil unserer Friedenspolitik.« Der Grund: »Nichts kann abschreckender auf den Gegner wirken.«

Dennoch gab es Tabus, die jeder kannte. Die Politik der »sozialistischen Bruderländer« gehörte ebenso dazu wie die Kritik an der Regierungsspitze, Erich Honecker kam zunächst hin und wieder volkstümlich als »unser Erich« vor. Nachdem die *Frankfurter Allgemeine Zeitung* im März 1979 das Programm der Leipziger Pfeffermühle zum 30. Jahrestag der DDR gelobt hatte, wurde es abgesetzt, und er wünschte, künftig nicht mehr auf den Kabarett-Bühnen des Landes genannt zu werden. Und auch die DDR-Enge durften die Kleinkünstler nur indirekt beklagen: »Mit von der DDR exportiertem Benzin rasen die ›Bundis‹ mit 140 ins Ausland, wir mit 65 – im Rentenalter.«

Wie die Macher ihre Spitzen trotz diverser »Abnahmen« vor der Premiere auf die Bühne brachten, war seit Jahrzehnten eingeübt. Fernseh-Unterhalter Heinz Quermann erinnerte sich: »Bei jeder Abnahme eines Programms waren ein, zwei Gags drin, die garantiert Anstoß erregen mussten und dann eben einfach raus flogen. Wozu gab es die Planwirtschaft?« Das Verbot kompletter Veranstaltungen blieb die Ausnahme. Bei der am 2. Oktober 1953 gegründeten Distel in Ostberlin traf es von 76 Programmen 1965 »Die Geschichte vom großen Muckefuck« und 1988 »Keine Mündigkeit vorschützen«. Der

Germanist und Kabarettist Christopher Dietrich, der die DDR-Szene untersucht hat, stellte zu den Total-Verboten fest: »Bei mehr als 400 Programmen von Berufskabaretts zwischen 1953 und 1989 lag ihr Anteil bei unter fünf Prozent.« Autor Peter Ensikat sah es 1987 so: »Die Tabu-Grenze hängt von der Qualität des Schreibers ab. Es gibt für mich heute kein Thema, über das ich nicht im Kabarett reden könnte.«

Grundvoraussetzung blieb, dass jegliche Kritik nicht die herrschende Ideologie, sondern nur den gerade herrschenden Zustand attackierte. »Dauerbrenner«, wie etwa der dünne Mitropa-Kaffee, der Frust über die Intershops oder der herbe Umgang mit den DDR-Gaststättenbesuchern fanden sich in nahezu allen Programmen. Ensikat: »Ich versuche, Probleme zu benennen. Benannt ist nicht gebannt – aber Grundvoraussetzung, Probleme zu bewältigen. Kabarett, Satire sind sozusagen ›öffentliche Eingaben‹.« Dennoch warnte die Stasi ab Anfang der achtziger Jahre öfter davor, die Eigendynamik der künstlerischen Prozesse beim »spöttischen Umgang mit den Mängeln in der DDR« nicht zu unterschätzen.

Dadurch entstand bis zum Ende der DDR ein widersprüchliches und ambivalentes Spannungsfeld. Einerseits lag es durchaus im Interesse »der Partei«, die vielen Sünder wider die sozialistische Moral, die Duckmäuser und Karrieristen und sogar das »Fehlverhalten« ihrer eigenen kleinen Bonzen anzuprangern. Hinzu kam die bekannte und erprobte Funktion des Humors als Ventil für die Unzufriedenheit des Volkes. Andererseits durfte aber nicht »der gute und richtige Weg« in Frage gestellt werden. Diese Gratwanderung ging nicht immer zugunsten der Obrigkeit aus, denn auch in der DDR verstanden sich viele Kabarettisten als »Gewissen der Gesellschaft«.

Und die Zuschauer wussten sehr wohl, was gemeint war, wenn 1987 beim Nationalen Theaterfestival von der Bühne »Maß-Regeln für ein Kind, das was werden soll, nach einem alten Lied zu singen« verkündet wurden: »Die Gedanken sind frei./ Darfst nur nichts verraten./ Denn Schönrederei / bringt mehr ein als Taten./ Lass nie dich ertappen,/ dann wird es schon klappen./ Die Gedanken sind frei – / also schweig und gedeih.«

Weshalb trug Hauptmann Fuchs immer einen Schlips?

Weil es auf die Vorbildwirkung ankam. Wer, wenn nicht die Genossen der Volkspolizei – nur im Westen ständig mit den Grenzorganen verwechselt und als Vopo diskriminiert –, konnte der sozialistischen Menschengemeinschaft besser als Leitbild dienen? Die unauffälligen Herren an der unsichtbaren Front, in ihren Anoraks gut erkennbar an den Protokollstrecken stehend oder sich gern als Kriminalpolizei tarnend, waren dafür kaum geeignet. Im Gegensatz zur echten K erfuhren sie weit weniger Anerkennung. Dabei spielte sich die Arbeit der Kripo zu deren Leidwesen ebenfalls meist im Verborgenen ab, galt es doch, die Bevölkerung nicht unnötig zu beunruhigen. Nur in Ausnahmefällen durfte eine Bitte zur Mithilfe bei der Aufklärung eines Verbrechens in der Tagespresse erscheinen.

Gemessen am Standard westlicher Industrienationen war die Aufklärungsquote in der DDR bei einer insgesamt niedrigen Verbrechensquote durchaus zufriedenstellend. Dass man dem Westen beim Häftlingsfreikauf auch den einen oder anderen Kriminellen unterschob, blieb dort offiziell unbemerkt. Drogen und die damit zusammenhängende Kriminalität kamen in der DDR nicht vor: für Ostgeld lohnte der Handel nicht. Bankraub und Geiselnahmen entfielen ebenfalls – welcher Räuber nahm sich die Zeit, vierzehn Jahre auf ein Fluchtauto zu warten ...

Prostitution, im Wesentlichen auf die Leipziger Messe und die Interhotels konzentriert, war eine Domäne des MfS, und den Diebstahl an gesellschaftlichem Eigentum sah niemand besonders »verbissen«. Wer konnte, griff beim »Volkseigentum« zu, obwohl strenge Strafen drohten. Sie trafen aber am Ende nur wenige. Natürlich gab es auch in der DDR Verbrechen, die man in der Anfangszeit gern als bürgerliche Relikte bezeichnete, wenn sie nicht sowieso von Agenten, Diversanten und Saboteuren begangen wurden, um den Friedenskampf und die friedliche Aufbauarbeit zu stören. Die ersten Kriminalromane der DDR gehörten demzufolge fast ausnahmslos zum Genre des »Sabogentenkrimis«, der es trotz seiner einwandfreien ideologischen Ausrichtung schwer genug hatte, sich durchzusetzen. »Die bürgerliche Trivialliteratur, die unter imperialistischen Verhältnissen zur Schmutz- und Schundliteratur herabsank, diente den herrschenden

Klassen als Manipulierungsinstrument gegenüber den Volksmassen«, lautete das vernichtende Urteil. Kriminalität und Kriminalliteratur waren im Sozialismus nicht mehr vorgesehen. »Eines Tages landet der Krimi in der Schrottkiste«, prophezeite ein Autor. Dementsprechend zögernd entwickelte sich das Genre, nach dem das Publikum lebhaft verlangte. Ab 1970 erschienen die Taschenbücher der beliebten DIE-Reihe – Delikte, Indizien, Ermittlungen – mit einer sofort ausverkauften Startauflage von 100 000 Exemplaren; vermehrt tauchten Krimis im Fernsehprogramm auf. Nur die Kriminalstatistik blieb vorerst unveröffentlicht.

Angeblich war es Honeckers Schwester, die ihren hohen Bruder auf den Widerspruch zwischen der erfreulichen Statistik und deren Geheimhaltung aufmerksam machte. Fortan konnte man sich im Statistischen Jahrbuch der DDR nicht nur über die stabilen Preise für Kirschmarmelade und Heringe, eigene Anlandung, informieren, sondern auch über die Anzahl der vorsätzlichen Tötungen im Lande – etwa 140 pro Jahr. Dennoch wies die DDR nur rund ein Zehntel der Straftaten pro 100 000 Einwohner gegenüber der BRD aus. Immer noch genug für TV-Sendereihen wie »Der Staatsanwalt hat das Wort« und »Polizeiruf 110« mit dem notorischen Schlipsträger Hauptmann Fuchs. Auf korrektes Auftreten und die passende Wortwahl achtete man streng.

Etwas legerer behandelten die Gutachter des Innenministeriums die inzwischen etablierte und anerkannte Kriminalliteratur, in deren Texte sie nur sehr selten eingriffen. In Wolfgang Kienasts *Das Ende einer Weihnachtsfeier* entgingen ihnen glatt die Nonchalance des Autors bei der Darstellung eines Staatsanwalts und die Erwähnung eines KZ-ähnlichen Straflagers. Beides fiel erst in höheren Etagen der Justiz auf und führte zum Verbot einer Nachauflage und der Verfilmung. Einige Jahre später erschien das Buch erneut – mit geringfügigen Änderungen. Jürgen Höpfner benannte mit Frau Ändering und Herrn Streicher ironisch die verlagsverantwortlichen Zensoren und bezog sie in sein Romanmanuskript *Verhängnis vor Elysium* ein.

Mitte der achtziger Jahre war auch die Krimiszene reif für tiefer gehende Veränderungen. In den »Endzeitkrimis« ab etwa 1983 spielt die DDR-Realität eine weitaus größere Rolle als bis dahin. »Man erkennt das Land wieder – und nicht zu seinem Vorteil«, äußerte ein Kritiker. Natürlich blieb der Spielraum eingeengt, aber Tabuthemen wie die Volksbildung, Westreisen, Homosexualität, Alkoholismus und Spielsucht – euphorisch hatte die DDR in ihrem Strafgesetzbuch das Glücksspiel ausgeklammert – konnten wenigstens angerissen werden, handelte es sich doch bei den Verdächtigen oder Tätern in den Romane ohnehin um Abweichler von den gesellschaftlichen Normen. Das darunter plötzlich auch Genossen auftauchten, fiel kaum noch auf. Die Liste der Tabuthemen blieb dennoch lang und reichte von Intershop bis Strafvollzug. Wer den jemals kennengelernt hatte, wusste warum.

WIESO WAR FÜR BÄRBEL WACHHOLZ »DAHAMALS« ALLES SO SCHÖN?

Als Amiga 1959 das Lied »Damals« von Bärbel Wachholz in Vinyl presste – übrigens mit Heidi Brühl auf der B-Seite – ahnte niemand, dass die Schnulze zwei Jahre später zum Sehnsuchtshit vieler DDR-Bürger werden würde. Inzwischen stand in Berlin die Mauer und die Leute erinnerten sich: »Dahamals, dahamals, damals war alles so schön …« Wieder einmal hatte ein simpler Schlager seine subversive Sprengkraft bewiesen. Diese offenbar unterschätzte Gefahr sah der ostdeutsche Komponist und Musikwissenschaftler Ernst Meyer bereits 1951. In der Zeitschrift *Musik und Gesellschaft* malte er ein bedrohliches Bild: »Der heutige Boogie-Woogie ist ein Kanal, durch den das Gift des Amerikanismus eindringt und die Gehirne der Werktätigen zu betäuben droht. Diese Bedrohung ist ebenso gefährlich wie ein militärischer Angriff mit Giftgasen.« Dagegen nimmt die SED unverzüglich den Kampf auf.

Am 2. Januar 1958 ordnete der Kulturminister an, dass künftig bei allen Veranstaltungen nur noch höchstens 40 Prozent der Musik westlichen Ursprungs sein dürfe. Am 24. April 1959 geißelte SED-Chef Walter Ulbricht in Bitterfeld persönlich die »kapitalistische Dekadenz der Hotmusik« und polemisierte gegen die »ekstatischen Gesänge eines Presley«. Sein persönlicher Hit 1961 hatte den Refrain: »Die Klasse gibt uns Kraft und Mut,/ Und die Richtung die Partei./ Mit Walter Ulbricht kämpft sich's gut,/ Voran die Straße frei.«

Doch auch mit den volkseigenen Heimatschnulzen à la Herbert Roth, die nicht ganz so dick auftragen, sind die Partei-Ideologen unglücklich. Grund: Bei der »leichten Muse« herrscht im Osten der gleiche Geschmack wie im Westen. Ebenso wie die Erwachsenenwelt West bei der Ablehnung des Rock 'n' Roll ungewollt mit der Parteilinie

Ost übereinstimmt, gedeiht auch die Schnulze als gesamtdeutsches Phänomen. Die westdeutsche Musikwissenschaftlerin Maren Köster sieht die Ursache dafür so: »Das Publikum, das waren ja im Osten und im Westen die gleichen Deutschen mit ihrer gleichen NS-Vergangenheit und dem gleichen Wunsch zu verdrängen. Denn genau das ist ja der Hintergrund der Heimatschnulze: eine Idylle zu zeichnen, die eben nicht real ist, wenn man zwischen Trümmern sitzt.«

So viel »Gesamtdeutsches« soll nicht sein. Abgrenzung ist angesagt und auf dem Tanzboden soll sie beginnen. Rene Dubianski komponiert deshalb den »Lipsi Nr. 1« und das Leipziger Tanzlehrerehepaar Christa und Helmut Seifert erfindet die Schritte im 6/4-Takt. Sie werden 1959 auf der Tanzmusikkonferenz in Lauchhammer vorgestellt. Die

Schlagersängerin Bärbel Wachholz 1964 auf der Freilichtbühne »Ernst Thälmann« in der Wuhlheide

DDR-Kulturpolitiker glauben an eine Weltsensation und greifen zu raren Devisen, um den »Lipsi« per Patent rund um den Globus zu schützen. Im DDR-Fernsehen erklärt eine Sprecherin, der Tanz breite sich wie eine Epidemie aus, die Presse überschlägt sich in Lobeshymnen. Der »DEFA-Augenzeuge« zeigt tanzende Paare – in Wirklichkeit sind es Seiferts Schautänzer – und Schlagersängerin Helga Brauer trallert von »Mister Brown aus USA« der das Lipsi-Fieber gerade nach Amerika bringt. In Wahrheit ist der vermeintliche Sachsen-Hit bereits Anfang der sechziger Jahre längst in den Gräben des Kalten Krieges versickert.

Stattdessen marschiert noch immer der Klassenfeind über die Ätherwellen von Radio

Luxemburg, SFB und RIAS in der DDR ein. »Tom Dooley« von den Nilsen Brothers steht im Westen auf Platz 2 der Hitparade 1959, Ivo Robić mit »Morgen« auf Platz 11. Am Zweiten Weihnachtstag 1960 klärte Karl-Eduard von Schnitzler im »Schwarzen Kanal« die DDR-Bürger darüber auf, was solcherart reaktionäres Liedgut bedeute. Gegenüber den Interpreten heuchelte er Verständnis: »Freddy Quinn ... weiß nicht, was er tut und wozu er missbraucht wird, wenn er den Legionär singt.« Dennoch sieht Schnitzler den direkten Zusammenhang mit Hitlers Afrikakorps und »entlarvt« die angeblich versteckte Kriegshetze: »Freddy lebt doch und singt doch so schön – so schlimm kann's also nicht sein.« Denn in einen neuen Krieg wollen die »Bonner Ultras« marschieren, das ist klar, und zwar »Morgen«. Zu dem Hit von Ivo Robić erschienen Ritterkreuzträger auf dem Bildschirm, denn »Gestern, gestern – ist uns heut einerlei, war es auch eine schöne, schöne Zeit«. Aus dem »Schwarzen Kanal« entsteht ein Tonband-Vortrag für die Schulen. Er funktioniert, weil erst der heißbegehrte West-Titel in voller Länge abgespielt und dann sein »reaktionärer Inhalt« erklärt wird. Endlich mal die Hits ohne das Jaulen von »Radio Luxemburg« im 49-Meter-Band auf Kurzwelle. Und Schnitzlers Gelaber lässt sich mit viel Zeit und bisschen Klebstoff beseitigen. Bei »Tom Dooley«, der die Frau eines Freundes erstach und dafür hängen soll, klang das dann so: Solche Texte »sind keine Ausnahmen, sondern Bestandteil einer Methode, einer ganzen Lawine, die in ›harmloser‹, ach so ›unpolitischer‹ Schlagerform die Jugend mit Revanchismus, Landsknechtsromantik und Lebensverachtung überrollen soll.« Das sahen die Fans etwas anders.

Das DDR-Volk hatte derweil längst einen Weg gefunden, die ungeliebte 60-zu-40-Begrenzung auf dem Tanzboden auszuhebeln. Auf den offiziellen Listen für die »Anstalt zur Wahrung der Aufführungsrechte« hieß es dann einfach statt »Cotton Fields« eben »Lied der Baumwollarbeiter« oder beim »Haus in New Orleans«, »Song eines armen amerikanischen Schneiders«. Dagegen hatte kaum jemand etwas einzuwenden.

WURDEN POLITISCHE WITZE TATSÄCHLICH IM ZK ERFUNDEN?

Als im Dezember 1975 der Vorverkauf für das Dresdner Kabarett Herkuleskeule begann, lagen 60 000 Vorbestellungen vor. Die Veranstaltung wäre also am Abend der Premiere bis 1985 ausverkauft gewesen. Der *Eulenspiegel*, trotz einer Auflage von 500 000 Exemplaren nur unter dem Ladentisch zu haben, war Träger des Ordens Banner der Arbeit, Stufe I, und das Ostberliner Kabarett Die Distel des silbernen Vaterländischen Verdienstordens. War die DDR also ein lustiges Land, in dem sich die Parteiführung persönlich um Frohsinn mühte? Das Gerücht, die besten Witze würden im Zentralkomitee erfunden, kursierte Jahrzehnte.

»Humor in der DDR hielt sich immer in Grenzen« – und das war auch schon einer der Witze, die heute kaum noch jemand als solche versteht. Sicher wurde er, wie viele andere Sottisen, nicht im ZK erfunden, aber auch dort erzählt. Sie alle hatten nämlich die gleiche Quelle und die spürten Funktionäre wie Mitläufer: Den Widerspruch zwischen hehrem sozialistischen Anspruch und grauer Realität. Schon eine einfache Beschreibung eines Alltagsvorganges barg groteskes Potential: Sagt der Kunde: »Ich möchte grüne Fliesen mit Dekor.« Darauf der Verkäufer: »Wann dürfen wir liefern?« Der Kunde schüttelt unwirsch den Kopf: »Wollen Sie mich auf den Arm nehmen?« Entgegnet der Verkäufer: »Und wer hat damit angefangen?«

Tausende solcher Witze waren Ventile gegen die Tücken des Alltags. Sie kursierten in den privaten Rückzugsräumen und stifteten Identität. Dem konnte sich auch der offizielle Humor nicht verschließen. »Warum heißt der Trabant ›601‹? – Weil ihn 600 Leute bestellen und nur einer bekommt«, war auch schon mal auf Kabarettbühnen zu hören, »Was ist 20 Meter lang und hat keinen Zahn? – Die erste Reihe im Politbüro« eher nicht.

Warum, waren doch beide nur die Reflexion einer allgemein bekannten Tatsache? Auch Lachen sollte »politisch richtig« bleiben, subversive Systemkritik wurde bestraft. In den fünfziger Jahren wanderten Leute fürs Witzeerzählen ins Gefängnis. Das war nach dem Mauerbau 1961 nicht mehr der Fall. Dennoch blieb es in der Erinnerung: »Er hat einen 08/15-Witz erzählt – 8 Sekunden Witz für 15 Jahre Zuchthaus« oder »Nächstes Jahr findet das Festival des politischen Witzes statt – 1. Preis: zehn Jahre Winterurlaub in Sibirien«.

Die Bedrohung, aus einem Witz den Vorwurf »staatsfeindlicher Hetze« nach Paragraph 106 des Strafgesetzbuches der DDR zu konstruieren, existierte bis zum Ende des Staates. Die wahrscheinlich letzte Denunziation eines politischen Witzes findet sich in MfS-Akten vom November 1989. Dennoch senkte kaum jemand die Stimme, wenn es im Betrieb oder in der Kneipe um Witze ging. Sie waren nicht nur »Waffe der Wehrlosen«, wie Sigmund Freud mit Blick auf den jüdischen Humor meinte, sondern auch Testballons: Wie würde der neue Kollege reagieren, ließ er sich in den vertrauten Kreis einbeziehen? Um das zu probieren, bewährte sich oft die Verbindung des Politischen mit der Zote: »Was ist der Unterschied zwischen Sozialismus und Orgasmus? – Beim Sozialismus stöhnt man länger.«

Der ambivalente Charakter solcher Witze beinhaltete immer auch die Anerkennung der Verhältnisse. Das Schmunzeln über den Alltagstrott überdeckte die subversive Kraft von Satire, wie sie in den zwanziger Jahren in Deutschland eine Blüte erlebt hatte. In der DDR blieben Witze meist nur ein Barometer der allgemeinen Stimmung. Allerdings beschrieben sie oft komplexe politische Zusammenhänge in pointierter Form: »Zum 60. Jahrestag der Oktoberrevolution sollte eine sowjetische Veteranin einen Orden bekommen. Ein Funktionär musste sie in den russischen Weiten finden, was auch ohne Problem gelang. Fragt der Parteisekretär: ›Wie hast du die Frau erkannt?‹ – ›Kein Problem, am Mantel.‹«

Den schmalen Grat zwischen Aufmüpfigkeit und Akzeptanz beherrschten DDR-Witze-Erzähler meisterhaft, was sich in unzähligen Kombinationen der immer wieder gleichen Aussagen zeigte: »Fragt der Gast in der Kneipe einen Fremden am Tisch: ›Was ist der Unterschied zwischen diesem Bier und der Partei? – Das Bier ist flüssig, die Partei überflüssig!‹ Darauf der Fremde: ›Was ist der Unterschied zwischen diesem Bier und Ihnen? – Das Bier bleibt hier, sie kommen mit!‹« In der kastrierten Form ging das dann so: »Es gibt Leute, die Witze erzählen und es gibt Leute, die Witze sammeln, und es gibt Leute, die Leute sammeln, die Witze erzählen.«

All diese Geschichtchen verbreiteten sich mit rasender Geschwindigkeit über das ganze Land. Beinhalteten sie gar noch eine Spitze gegen den Klassenfeind, wurde auch der DDR-Seitenhieb augenzwinkernd akzeptiert: »Sagt der West-Bürger zum Ost-Bürger: ›Ich kann mich zu Hause auf den Markt stellen und sagen, der Bundeskanzler ist doof.‹ Darauf der Ost-Bürger: ›Das kann ich auch.‹«

Trotz immer wieder gestarteter Bemühungen der Kabaretts, den Humor für »konstruktive und vorwärts weisende Kritik« zu instrumentalisieren, blieb der politische Witz eine sehr private Art der Volkskommunikation. Er lebte vom gemeinsamen sozialen Humus, den es heute so nicht mehr gibt. Deshalb verschwanden mit der DDR auch ihre Witze. Was blieb, sind die in allen Kulturkreisen beliebten Kalauer und Wanderwitze, in denen der Polizist früher wie heute den Trottel spielt oder der Ostfriese sich nicht mehr vom Mecklenburger unterscheidet. Ein »gesamtdeutscher Witz« scheint nicht in Sicht, und schließlich gibt es ja auch kein Zentralkomitee mehr, das ihn doch noch erfinden könnte.

»Genossen, hoch die Gläser,
wir stoßen auf sie an ...«

12
KLEINE FREUDEN UND RIESIGE TRÄUME

WIE STELLTE SICH »DIE PARTEI« IHREN NACHWUCHS VOR?

Jugendlicher in der DDR zu sein, konnte zum Beruf werden. Egon Krenz schaffte es mit 34 zum obersten Pionier, mit 46 Jahren zog er dann das blaue Hemd der »Freien Deutschen Jugend« (FDJ) aus. Seinem Vorgänger Günter Jahn gelang das schon mit 43 Jahren, und Pionierleiterin Helga Labs erklomm mit 36 den Stuhl als Mitglied der Jugendkommission des SED-Politbüros. Und das alles in einem Land, in dem 40- bis 45-jährige Großmütter keine Seltenheit und ein Drittel der Frauen und Männer jünger als 25 Jahre waren.

Im richtigen Leben waren die »Jugendfreundinnen und Jugendfreunde« – so die offizielle Ansprache in der FDJ – längst »junge Muttis«, die »ihren Mann standen« und die Männer Familienväter geworden, die sich auch nicht mehr unbedingt als unerfahrene Grünschnäbel betrachten lassen wollten. Die Möglichkeiten der politischen Einflussnahme auf die Jugendlichen sanken proportional zum Fortschreiten der Ausbildung.

Dem wollte die SED-Führung mit dem »Gesetz über die Teilnahme der Jugend der Deutschen Demokratischen Republik an der entwickelten sozialistischen Gesellschaft und über ihre allseitige Förderung in der Deutschen Demokratischen Republik« vom 28. Januar 1974 entgegenwirken. Danach war jeder Bürger verpflichtet, »der Jugend bei der Gestaltung eines interessanten und inhaltsvollen geistigen, kulturellen und sportlichen Lebens zu helfen«. Die Umsetzung dieses sperrigen Gesetzesauftrags sollte nicht »im Selbstlauf«, durfte aber auch nicht durch »Gängelei« geschehen. Das rufe »leicht eine Protesthaltung hervor«, und überdies dürfe »auch nicht eine Stunde« der Freizeit »dem Klassengegner überlassen werden«. Das war ein neuer Ansatz, der das bisherige, grobe Entweder-oder-Raster der Vergangenheit ablöste. Das »Kommuniqué zu Problemen der Jugend« von 1963 hatte noch deutlich betont: »Ihr seid auf der Höhe der Zeit, lernt fleißig, arbeitet schöpferisch, kämpft gegen alles Rückschrittliche, helft dem Sozialismus bewusst voran ... oder Ihr lebt in den Tag hinein, lasst andere für Euch denken, nehmt es mit der Arbeit nicht so genau, redet oder macht politischen Unsinn und schadet unserem Volk und damit Euch selbst.« Nun sollten sich die jungen Leute selbst Gedanken machen. »Sag mir, wo Du stehst«, fragte der Oktoberklub in einem modern gemachten Song, »und welchen Weg Du gehst«, wollte man auch wissen.

Bei anonymen Befragungen gesammelte Antworten entsprachen offenbar nicht den Erwartungen. Die verfügbare Freizeit, die 1978 im Schnitt bei 3,3 Stunden an Wochentagen und 8,2 Stunden am Wochenende lag, war 48 Prozent der Jugendlichen zu wenig. Auch ihre Vorstellungen vom Urlaub, in dem 85 Prozent »tanzen gehen«, 79 Prozent »Kino« und 67 Prozent »nichts tun« angaben, korrespondierten nicht mit dem Bestreben, die Jungbürger mögen ihre Freizeit mit »gesellschaftlich nützlichen Tätigkeiten« füllen. Die Presse mahnte das immer wieder an. Die Zeitschrift *Für Dich* brachte es so auf den Punkt: Ob »eine 17-Jährige vor Langeweile mault oder ständig voller neuer Ideen steckt«, sei »schließlich nicht nur ihr Problem«. Dahinter steckte der politische Anspruch, die Freizeit in die »Entwicklung der sozialistischen Lebensweise« einzuordnen. »Freie Zeit« entstand »im Sozialismus« nicht durch soziale Ausgrenzung, sondern als gemeinsamer Reichtum von Gesellschaft und Individuum. Daraus leitete die SED die Forderung nach ihrer »sinnvollen« Gestaltung ab. Diese war dann gegeben, wenn gesellschaftliches Interesse und persönliches Verhalten weitestgehend übereinstimmten.

Die aus diesem Anspruch und der Lebenswirklichkeit resultierenden Widersprüche versuchte man zu lösen, indem unter dem Dach der politischen Organisationen genau das geschah, was die Jugendlichen mochten. So war die Freie Deutsche Jugend in der Praxis nicht nur »Kampfreserve der Partei«, sondern auch Organisator und Zahlmeister von Festivals, Tanzabenden und Zeltlagern, bei denen die erste Liebe blühte und auch die Banane nicht im »Verpflegungsbeutel« fehlte. Die vormilitärische Gesellschaft für Sport und Technik (GST) lernten viele als den Ort kennen, an dem für wenig Geld und ohne jahrelange Wartezeit die Fahrschule für alle Klassen gemacht werden konnte, und der Deutsche Turn- und Sportbund (DTSB) eröffnete Interessierten den Weg in Stadien und Sporthallen, finanzierte Sportgeräte und organisierte Wettkämpfe.

Damit ließ es sich für alle Betroffenen gut leben. Das Unverständnis Außenstehender für den Unterschied zwischen Hülle und Inhalt prägt bis heute das Bild vom Jugendleben in der DDR. Wer etwa in der FDJ-Gruppe das Pöstchen des »Agitators« bekleidete, musste nicht zwangsläufig der politische Vorturner sein. Er oder sie demonstrierten damit einfach nur eine Art von Loyalität, wie es inzwischen jedes nur seine Steuer zahlende »Kirchenmitglied« tut.

Mit dieser Ambivalenz erreichte die SED weitgehend ihr politisches Erziehungsziel, ohne es restriktiv durchzusetzen. Die Mehrheit der in der DDR heranwachsenden jungen Generation akzeptierte den Deal, für umfangreiche soziale Sicherheit einerseits im

Leben ab 35 andererseits nicht mehr viel Aufregendes erwarten zu dürfen. Akzeptanz und Rücksichtnahme auf private Interessen förderten die Anpassung der Jugendlichen im öffentlichen Leben. Das änderte sich erst, als nach der Machtübernahme Michail Gorbatschows 1985 in Moskau ein neuer Blick auf den Sozialismus entstand. »Gorbi, hilf!«, wurde der Schlachtruf der jungen Leute, die trotz ihrer Erziehung zum Opportunismus ihre Träume nicht verloren hatten.

WAS ERWARTETEN JUGENDLICHE VON IHRER ZUKUNFT?

Wer in der DDR mit 14 Jahren per Jugendweihe »in den Kreis der Erwachsenen« aufgenommen wurde, hatte einen sicher geregelten Lebenslauf vor sich. Berufsausbildung oder Studium, frühe Heirat und beizeiten Nachwuchs, der Kampf um die erste eigene Wohnung und das Warten auf das Auto bestimmten ihn. Dann ging es um den bescheidenen Wohlstand von Reisen in die »sozialistischen Bruderländer« bis zur selbstgebauten Datsche oder dem Ausbau eines Hauses – viel Platz für ohnehin unerreichbare Träume gab es da nicht.

DDR-Schriftsteller Christoph Hein brachte es auf den Punkt. »Zukunft hierzulande«, stand in seiner 1989 erschienenen Erzählung »Der Tangospieler«, »bedeutet die Verlängerung dessen, was man gerade tut.« Dennoch machten sich viele junge Leute so ihre Gedanken, wie die Welt aussehen sollte und könnte, in der sie ihr Leben verbringen würden. Das unermüdliche Wiederaufrappeln der Elterngeneration nach dem Krieg reichte nicht als Vorbild für Träume, Wünsche wuchsen und manche Hoffnungen keimten. Das alles geschah im geteilten Deutschland, in dem ein Teil dem anderen über Jahre zu beweisen versuchte, dass er der bessere sei.

Darüber wurde beileibe nicht nur untereinander und hinter vorgehaltener Hand geredet. Diese Erfahrung machte auch das Mitte der sechziger Jahre in Leipzig gegründete »Zentralinstitut für Jugendforschung«. Bei seinen regelmäßigen Befragungen sagten ihnen Tausende von Jugendlichen aus den verschiedenen Milieus – von Schülern über Lehrlinge und junge Arbeiter bis zu Studenten – die Meinung. Allerdings verschwanden die

Ergebnisse der repräsentativen Umfragen sehr schnell in den Panzerschränken. Dabei hätten die Mächtigen durchaus Grund gehabt, auf ihren Nachwuchs stolz zu sein, und auch das Beobachten, wie der Glaube an die lichte Zukunft bei den Jugendlichen stetig sank, wäre sicher nützlich gewesen, um darauf zu reagieren. Doch nichts geschah.

Bis in die Mitte der achtziger Jahre war die Mehrheit der DDR-Jugend vom weltweiten Sieg des Sozialismus überzeugt, auch wenn sie gleichzeitig zweifelte, ihn selbst noch zu erleben. Der Feststellung »Der Sozialismus wird sich in der ganzen Welt durchsetzen« stimmten 1983/84 noch 53 Prozent der Schüler der 8. bis 10. Klassen, der Lehrlinge, jungen Arbeiter und Studenten »vollkommen« und rund 41 Prozent »mit Einschränkungen« zu. Nur etwa 6 Prozent glaubten nicht daran. Mit mehr als zwei Dritteln (68 Prozent) im Jahr 1983 lag die vorbehaltlose Zustimmung bei den Studenten am höchsten und zeigte seit etwa 1970 ein stabiles Niveau in dieser Größenordnung. Bei den Lehrlingen und jungen Arbeitern stieg sie seit 1969/70 von gut einem Drittel auf knapp die Hälfte der Befragten an.

Dieses Bild von der Zukunft wandelte sich drastisch bis 1989. Nun hielten 60 Prozent der Schüler, 70 Prozent der Lehrlinge, 64 Prozent der jungen Arbeiter und 46 Prozent der Studenten den Sozialismus kaum oder gar nicht mehr für ein erstrebenswertes Zukunftsmodell. Im Herbst des Jahres gab ihm weniger als jeder Zehnte überhaupt noch eine Chance. Dieser Meinungsumschwung ging mit dem Verlust von Vertrauen in die SED als »führende Kraft« einher. Auf die Frage »Die SED besitzt mein Vertrauen« kreuzten 1970 nur 22,7 Prozent der Lehrlinge, Jungarbeiter und Studenten »kaum/überhaupt nicht« an, zwischen Frühjahr und Herbst 1989 wurden daraus 45,3 Prozent. Bemerkenswert war das Teilergebnis aus dem Jahr 1974. Nachdem 1970 nur rund ein Viertel der Jugendlichen Vertrauen ohne jegliche Einschränkung zur SED äußerte, wuchs dieser Wert nach der Machtübernahme Erich Honeckers von Walter Ulbricht auf 48,3 Prozent. Dann ging es kontinuierlich bergab.

Trotzdem blieb auch der Blick auf die Bundesrepublik kritisch. Eine Umfrage aus dem Jahr 1988 fragte dazu nach »Merkmalen des Gesellschaftssystems der DDR bzw. der BRD«. Rund 82 Prozent der Befragten stimmten dabei »vollkommen« der Feststellung zu, dass die »Sicherheit des Arbeitsplatzes« eher zur DDR gehörte, 69 Prozent waren es bei der »sozialen Sicherheit«, 68 Prozent bei der »Beseitigung der Wurzeln von Kriegen« und 57 Prozent bei »gleichen Bildungschancen für alle«. Beim »hohen Lebensstandard« sahen jedoch 79 Prozent der Befragten den Westen vollkommen oder mit nur geringen

Einschränkungen vorn. Dennoch bevorzugten 57 Prozent das Leben in der DDR. Mehr als dem eigenen Land wurde der Bundesrepublik beim »Schutz und Erhalt der natürlichen Umwelt« und der »umfassenden Information über gesellschaftliche Ereignisse und Prozesse« zugetraut.

Im Laufe der Jahre änderte sich die Meinung über die Landsleute im Westen. Meinungsforscher Peter Förster: »Westdeutsche (›BRD-Bürger‹) wurden in den sechziger und siebziger Jahren von den DDR-Jugendlichen bedeutend negativer beurteilt als ›DDR-Bürger‹. Sie galten – im Vergleich zu DDR-Bürgern – als mehr materiell und genussorientiert, als überheblicher, aggressiver, egoistischer, als wenig kameradschaftlich und tolerant, daher auch als weniger sympathisch.« Diesen Befund bewertete er als »damals starke Identifikation der Jugendlichen mit der DDR«. Das änderte sich grundlegend. Förster: »Bei einer Wiederholungsuntersuchung im Jahr 1989 hatten sich die geschilderten Relationen geradezu umgekehrt: Westdeutsche erschienen jetzt den DDR-Jugendlichen viel positiver und sympathischer ... Darin zeigte sich, dass die Verbundenheit mit der DDR bedeutend abgenommen hatte, was dann in der Endzeit der DDR (1990) seinen Höhepunkt erreichte.«

WAR DIE DDR PRÜDE?

Friedrich Engels war ein echter Freund. Als Lenchen Demuth, die Haushälterin von Karl Marx, am 23. Juni 1851 den kleinen Henry Frederick zur Welt brachte, soll er pro forma die Vaterschaft übernommen haben. Fremdgänger Karl sollte nicht in Misskredit gebracht werden. Auch Lenin war kein Kostverächter. Seine Frau, Nadeschda Krupskaja, musste sich damit abfinden, dass er seine 14 Jahre jüngere französische Geliebte aus der Schweiz im Sonderzug quer durch Deutschland mit nach Russland nahm und im Haus gegenüber einquartierte.

Walter Ulbricht nutzte dagegen die Gunst der Stunde. Der Funktionär des Kommunistischen Jugendverbandes Erich Wendt war 1937 in Moskau auf Stalins Befehl im Gulag verschwunden. Seine Ehefrau Lotte hatte 1938 in der Praxis Stalinscher Sippenhaft dafür eine Parteirüge bekommen und in Walter einen Seelentröster und neuen Mann gefunden, zu dem sie zog. Geheiratet wurde erst 1951 nach der Scheidung. Erich Honecker hielt seine erste Ehe mit der Gefängnisaufseherin Charlotte Schanuel streng geheim. Die zweite mit der FDJ-Funktionärin Edith Baumann lief nicht gut und als nach der ersten gemeinsamen Tochter Erika 1952 auch noch ein uneheliches Kind kam, drängten die Genossen auf »klare Verhältnisse«. Ein Jahr später wurde Erich geschieden und heiratete Margot Feist mit Tochter Sonja. Zur Strafe folgte die Parteischule in Moskau.

Über diese Geschichten wurde in der frühen DDR allenfalls gemunkelt. Ausführliche »Aussprachen« gab es jedoch in den frühen Jahren, wenn ein SED-Mitglied das 9. »Gebot der sozialistischen Moral« verletzte: »Du sollst sauber und anständig leben und Deine Familie achten.« Tat er das nicht, diskutierte die Parteigruppe die Verfehlung bis ins intimste Detail. Als Strafe sah das SED-Statut eine »Rüge« vor und der Fremdgänger musste »Konsequenzen ziehen«. Wie das ging und wer dabei alles mitzureden hatte, ist in berühmten DDR-Büchern wie *Spur der Steine* von Erik Neutsch oder *Buridans Esel* von Günter de Bruyn nachzulesen.

Angesichts dieser Geschichten scheint es, als sei die DDR ein besonders prüdes Land gewesen. Das ist natürlich Unsinn. Wie überall auf der Welt wurde gelebt und geliebt, doch der öffentliche Blick unter die Bettdecken befreite sich erst Anfang der siebziger Jahre aus der Tabuzone. Das mag mit dem Aufkommen der Antibabypille zusammenhängen, die in der DDR »Wunschkindpille« hieß und kostenlos für jede Frau zugänglich war.

Ihren ersten Sex hatten junge Mädchen damals mit 16,8 Jahren und junge Männer mit 17,8 Jahren und mithin ein Jahr früher als im Westen. Auch danach blieb es locker: 26 Prozent der Ostdeutschen, aber nur 19 Prozent der Westdeutschen landeten bereits nach dem ersten Treffen im Bett. Dass das so in Ordnung sei, bestätigte Jutta Resch-Treuwerth »Unter vier Augen« im FDJ-Blatt *Junge Welt*. Rat zur Tat fand sich nun überall. Ob »wenigstens viermal in der Woche noch normal sei«, fragte Monika K. in der Frauenzeitung *Für Dich* und Dr. Siegfried Schnabl hatte nichts dagegen, riet aber »zur geringfügigen Einschränkung«, wenn ihr Mann nicht so viel mochte. Sei es *Die Legende von Paul und Paula,* Premiere am 29. März 1973, oder drei Jahre später *Hostess* – ohne nackte Haut ging auch im Kino gar nichts mehr, und die ansonsten wenig gefragten DEFA-Filme erfreuten sich plötzlich erhöhten Zuspruchs.

All das hatte auch einen Hintergrund: Die Geburtenrate sank. Zwischen 1961 und 1971 geht sie von 17,6 auf 13,8 je tausend Einwohner zurück. Nach Freigabe der Abtreibung 1972 wurde mehr als jede zweite Schwangerschaft vorzeitig beendet. Die Zahl der Neugeborenen sank fast auf Nachkriegsniveau. Begleitet war das alles von einer großen

Scheidungsfreudigkeit. Geschieden wurde schnell und einfach, denn es gab kaum Vermögensauseinandersetzungen. Rund 18 Prozent der Eltern waren alleinerziehend. Sorgen dabei macht, dass fast die Hälfte der Ehen in den ersten fünf Jahren scheiterte und in 60 Prozent der Fälle die Initiative von den Frauen ausging.

Sie wiederum profitierten vom freizügigeren Sprechen über die Liebe, und Heiratsanzeigen waren ein probates Mittel, um einen Partner oder Ersatz für ihn zu finden. Hieß es dort dann »m-l WA bevorz.«, wies das nicht auf besonders ausgefeilte sexuelle Praktiken hin, sondern meinte, der erwünschte Kandidat solle »marxistisch-leninistischer Weltanschauung« sein. Wer anderes im Sinn hatte, ließ »Ehepaar sucht gleichgesinntes« oder »Interesse an FKK und allem Schönen« in *Das Magazin* oder die *Wochenpost* einrücken.

Ohne Auswirkungen blieb die neue Offenheit da, wo sie die Mangelwirtschaft berührte. Wer nicht verheiratet war, hatte auch kein Recht auf einen Wohnungsantrag. Für unverheiratete Paare gab es kein gemeinsames Hotelzimmer oder einen FDGB-Ferienscheck. Die eine Weile geschlossenen Ehe- und Sexualberatungsstellen wurden reaktiviert und »Eheschulen« der FDJ ergänzten das Angebot. Neue »Elternakademien« entstanden, und das Fernsehen besann sich seines pädagogischen Auftrags in Sachen Liebe. All das geschah natürlich streng im Sinne der »wissenschaftlichen Weltanschauung«. Die Frauenzeitschrift *Für Dich* berief sich auf Sozialisten-Vater Friedrich Engels: »Es wird nachgerade Zeit, dass wenigstens die deutschen Arbeiter ... von Dingen, die sie täglich oder nächtlich betreiben ... äußerst vergnüglichen Dingen ... unbefangen zu sprechen« lernen. Er hatte da ja schließlich seine Erfahrungen.

Warum hatte die DDR Ferien-bungalows auf Gran Canaria?

»Devisennot kennt kein Gebot« lautete der interne »Kampfauftrag« der DDR-Außenhändler und das bedeutete, möglichst alles zu harter Währung zu machen, was nicht niet- und nagelfest war. Dieses Geschäftsgebaren schlug bisweilen merkwürdige Blüten. So gingen zum Beispiel alte Pflastersteine in den Westen, die dort für die Rekonstruktion der historischen Innenstädte gern genommen wurden. Der Außenhandelsabtei-

Gräfenroda in Thüringen: Seit 1974 werden hier Gartenzwerge hergestellt, die zu den Exportschlagern der DDR gehörten.

lung »Kommerzielle Koordinierung« (KoKo) unter Leitung von Alexander Schalck-Golodkowski spülte das acht Millionen Westmark in die Kasse.

Dort hatte man längst bemerkt, dass auch mit Tourismus Geld zu verdienen ist. Deshalb unterhielt die DDR ein Feriendorf in Spanien. Zur KoKo-Firma Inver Canary S.A. gehörten 361 Bungalows und 17 Villen mit insgesamt 1140 Betten, das Ganze auf einem repräsentativen 207 000 Quadratmeter großen Grundstück. Auch die Standseilbahn Sunnegga S.A. in der Schweiz, die

Hotels *Bellevue* und *Passauer Hof* in Wien und die Firma GT Cars Kfz-Handels- und Reparatur GmbH in Österreich machten ihre Profite für die DDR. Dort flossen sie direkt in die Kassen der SED.

Bei solcherart Handel war kein Geschäft zu klein. Als sich Ende der siebziger Jahre eine westfälische Kleinstadt für ihren Tierpark zwei Emus anschaffen wollte, half der Leipziger Zoo. Die Tiere zum Stückpreis von 1.500 DM gingen zunächst nach Holland, um die bestehenden gesetzlichen Hemmnisse zu umgehen, dann in die Bundesrepublik. Ein Weißkopfmaki mit Eltern aus dem Erfurter Zoo zog 1986 nach Köln um, zwei Guanako wanderten 1982 ebenso wie zwei Löwen nach Holland aus, fünf Mufflons reisten 1981 nach Österreich.

Ein besonders gutes Geschäft ließ sich auch mit »123L« machen. Das ist ein Gartenzwerg aus der seit 1884 bestehenden Manufaktur der Familie Griebel im thüringischen Gräfenroda. Das »L« steht für Laterne und der Zwerg nicht nur in der Sammlung des thailändischen Königs Rama IX., sondern auch in amerikanischen Vorgärten. Am besten lief der Wichtel jedoch in Schweden: Dort werden die kleinen Kerle zum Jahreswechsel traditionell zerschlagen, und so war ständiger Nachschub nötig. Regelmäßiger Kunde war auch der Kölner Karneval. Viertausend Tonnen Hartkaramellen gingen Ende der siebziger Jahre jede Saison über die Grenze. »Ein Zeug, das kein Mensch fressen kann«, grauste sich Storck-Manager Ralf Harder, sicher auch mit Blick auf die Konkurrenz aus dem Osten. Aber zum Werfen gingen sie und mit 1,64 DM pro Kilo kosteten die Bonbons ein Drittel der West-Ware.

Kurzfristige Devisen-Löcher wurden gern mit Ramschwaren gestopft. Im Sommer 1977 verscherbelte die DDR mehrere Waggons mit Blusen, Röcken, Kostümen und Mänteln in den Westen – Kleidungsstücke, die auch die einheimischen Verbraucher gern gekauft hätten. Jenseits der Grenze erzielten sie einen Durchschnittspreis von 2,50 DM pro Stück, denn es wurde nach Gewicht abgerechnet. Diese oftmals dubiosen DDR-Geschäfte rufen ebenso dubiose Geschäftspartner auf den Plan. Als Anfang der siebziger Jahre Bau-Investor Kurt Kohls mit seiner Annabella-Liegenschaften GmbH & Co. im Westen in riesige Bordelle investiert, macht er auch Ostberlin ein Angebot. Der Geschäftsmann: »Seit immer mehr Staaten die DDR anerkannt haben und sich bereits über 75 ausländische Missionen in Ostberlin etablieren, besteht in Ostberlin ein dringendes Bedürfnis. Deshalb habe ich mit meinem Angebot, die Marktlücke durch Sex mit Herz zu schließen, gute Chancen.« Das klappt dann jedoch nicht, denn in diesem Geschäft hatte schon die Stasi ihre Finger. Ihre »Damen«, in den DDR-Devisenhotels tätig, arbeiteten zwar ohne Herz, aber verlässlicher.

Prüde ist jedoch niemand, wenn es um ein paar Westmark geht: Die Spielkartenfabrik Altenburg versucht sich mit einem deftigen »erotischen Kartenspiel« und schon in den fünfziger Jahren ließ die SED in Leipzigs Parteidruckereien plüschige Akt-Postkarten für den Export herstellen. Als Inge von Wangenheim 1980 ihr Buch mit dem doppeldeutigen Titel *Die Entgleisung* veröffentlichte, zweifelte niemand an der Geschichte. Sie erzählt, wie die DDR Pornographie für den Westen produziert und das durch den Unfall eines Eisenbahnwagens mit dem heißen Material zufällig entdeckt wird. Dass manche dieser Klein-Geschäfte für ein paar DM ohnehin recht unappetitlich sind, zeigte sich am 17. Juli 1987, als sich ein DDR-Flüchtling kurz hinter der bayrischen Grenze aus einer Ladung stinkender Knochen wühlte. Der VEB SERO Crimmitschau lieferte das Zeug zum Leimkochen in den Westen.

Über all diese Geschäfte wurde auch in der DDR immer wieder gemunkelt. Um das Volk zu beruhigen, mussten dann hin und wieder auch einmal westliche Konsumgüter beschafft werden, die in den DDR-Läden auftauchten. So erschienen eines Tages im Exquisit elegante Lackschuhe – ein besonders cleverer Außenhändler hatte sie zum Spottpreis in Österreich bekommen. Allerdings hielten die vermeintlichen Treter gerade einmal bis zum ersten Regen, dann lösten sich die Sohlen auf. Die Reklamation wurde vom Hersteller nicht akzeptiert: Schließlich handelte es sich um Sargschuhe und mit denen läuft erfahrungsgemäß niemand besonders weit. Deshalb waren sie ja auch so billig.

WIE LEBTEN ZOCKER IN DER DDR?

Sie hießen »Wildschütz« und »Antrieb« oder »Santamoss« und »Zigeunersohn«, und wenn die edlen Pferde liefen, schien so etwas wie ein Hauch von Ascot über Berlin-Hoppegarten oder Leipzig-Scheibenholz zu schweben. Beim Totalisator auf der Trabrennbahn Berlin-Karlshorst Wetten, bei denen die Teilnehmer untereinander und nicht zu festen Quoten gegen einen Buchmacher setzen – waren für einen Zehner bei ein bisschen Glück und »Pferdeverstand« schon ein paar Tausender drin. Die Männer mit ihren Camping-Tischen und Würfelbechern an den Rennbahnen konnten darüber nur lächeln. Seit Ende der sechziger Jahre etablierte sich eine illegale Zocker-Szene in der DDR, in der Hunderttausende umgesetzt wurden. Möglich machte das die Änderung des Strafgesetzbuchs 1968, das nun Glücksspiel nicht mehr unter Strafe stellte. Man glaubte an das Aussterben der Kriminalität im Sozialismus. Staatsanwalt Peter Przybylski: »Das war ein kapitaler Irrtum des Gesetzgebers.« Ihn nutzten Leute wie Christian Kaisan Anfang der siebziger Jahre für ihre Geschäfte. Er erinnert sich an regelmäßig um die zwanzig Tische in Leipzig: »Dort waren Leute zugange mit einem Knödel Geld in der Hand und Würfelbecher.« Gespielt wurde »Die goldene Sechs«. Doch richtig zur Sache ging es in den geheimen Spielhöllen am Waldplatz. Jeden Montag und Freitag rollten die Roulette-Kugeln. Da wollte auch Christian Kaisan einsteigen: »Wenn du gut bist, hast du sofort Geld in der Tasche.« Der Chef einer Broilerbar beobachtete den Laden, dann spielte er 22 Stunden am Stück und gewann 84.000 Mark. Die Bank war pleite und Kaisan übernahm für 5.000 Mark Abstand die Ausrüstung. Nun war er der Zocker-König von Leipzig.

In Ostberlin wurde in Hinterhofwohnungen im Prenzlauer Berg ums große Geld gespielt. Kellner Peter Gurak erzählt von 10 oder 20 Mark »Lichtgeld« pro Stunde für den

Bankhalter, es gab einen illegalen Ausschank und einen Imbiss. Spieler Wolfgang Arlt: »Neue Leute kamen auf Empfehlung.« Etwa ein Dutzend Gäste fanden sich so immer zusammen. Beim Kartenspiel »Meine Tante, deine Tante« ging es um Zehntausende Mark pro Nacht. Arlt: »Bevor ich das Spiel begriffen hatte, war ich schon ein paar Tausend los.« Dabei hatte der Staat gar nichts gegen das Glücksspiel, nur, er wollte selbst daran verdienen. Seit November 1953 veranstaltete die Berliner Bären-Lotterie ihr »5 aus 90«, mit einer »Aufbaulotterie« konnte man sogar eine Wohnung gewinnen und in den sechziger Jahren wurden alle Anbieter im VEB Vereinigte Wettspielbetriebe zusammengefasst. Schon 1963 gaben wöchentlich 2,2 Millionen DDR-Bürger ihre Tippzettel ab, und eine weitere Million spielte »System« mit direkter Bankabbuchung. Als ab 1972 das beliebte »Tele-Lotto 5 aus 35« dazu kam, brummte der Laden. Für 50 Pfennige Einsatz waren Gewinne von ein paar Zehntausend Mark möglich. Im Laufe der Jahre summierten sich die Lotto-Einnahmen auf fast 4 Milliarden Mark, 40 Prozent davon flossen in den Staatshaushalt oder gingen für Sonderausgaben wie Sportstätten und Tierparks drauf.

Umso ärgerlicher waren die Schwarzgeld-Umsätze in der illegalen Spieler-Szene. Volkspolizist Werner Pinkert: »Damals hat einen gewurmt, dass es etwas gab, gegen das man nicht vorgehen konnte.« Die Presse agitierte gegen die Glücksspieler und der TV-Staatsanwalt warnte: »In solchen Dingen müssen wir den Anfängen wehren.« Derweil lagen die illegalen Umsätze bereits im Millionen-Bereich. Zocker-König Kaisan berichtet von zwei Dacias in der Familie, seinem Melkus-Sportwagen für 30.000 Mark, Boot und Wohnwagen sowieso: »Für DDR-Verhältnisse war das unanständig viel.«

Mitte der siebziger Jahre zieht der Staat die Notbremse. Zunächst wird wegen »unerlaubter Gewerbeausübung« zugegriffen. Am 29. Mai 1976 machte die Volkspolizei eine Razzia in Leipzig. Das DDR-Fernsehen filmte, und 13 illegale Buchmacher wurden festgenommen. Drei weitere Razzien folgten, doch nun wich die Szene in private Räume aus. Dann folgte eine Veränderung des § 249 des Strafgesetzbuches. »Kriminelle Asozialität«, also zum Beispiel Glücksspiel und Prostitution, standen danach unter Strafe. Das Spiel ging trotzdem weiter. Wolfgang Arlt erinnert sich an eine zwölfstündige Pokernacht mit 16 Leuten 1982 im Dresdner Interhotel, »da hatte jeder um die 20 bis 30.000 Mark in der Tasche.«

Natürlich hatte das MfS die Szene inzwischen längst im Auge. Es wunderte sich nicht nur über einen privaten Roulette-Tisch aus Marmor in Dresden, sondern nutzte seine Erkenntnisse auch, um den einen oder anderen zur Inoffiziellen Mitarbeit zu erpressen. Bei Christian Kaisan klingelte die Zollfahndung, und er wanderte für anderthalb Jahre ins Gefängnis. Danach machte er weiter, investierte aber über einen MfS-Bekannten 50.000 Mark in die Genehmigung einer legalen Ausreise in den Westen. Dort blieb er Berufsspieler und wurde Millionär. Wolfgang Arlt saß 18 Monate in U-Haft und bekam dann ein Urteil von zwei Jahren. Die DDR hatte inzwischen eigene Pläne. Mit dem 1986 begonnenen Neubau der Ostberliner Friedrichstraße soll im Haus 108 auch das Casino Berlin entstehen. Es wurde nicht mehr fertig. Im Mai 1990 eröffnete stattdessen die erste Spielbank der DDR im Hotel *Stadt Berlin* auf dem Alexanderplatz. Nun ging es um D-Mark.

War der Sex im Osten besser?

Dass es in ostdeutschen Betten bis zum Ende der DDR lockerer und lustvoller zuging als im Westen, ist ein Dauerbrenner in der nachträglichen Geschichtsschreibung über den verschwundenen kleinen Staat. Es hat so ein bisschen etwas von: »Ihr hattet zwar nur selten Bananen und immer hartes Klopapier, aber ansonsten auch euren Spaß.« Wer seine sprichwörtlich »besten Jahre« zwischen Ostsee und Erzgebirge verbrachte, stimmt dem begeistert zu, doch das hat wohl eher mit der goldenen Jugendzeit zu tun. Wie war es also wirklich?

Für die erste DDR-Generation galt Sex noch als Tabuthema. Als Mitte der sechziger Jahre die kostenlose Antibabypille kam und ab 1972 Frauen eine legale Abtreibung wählen konnten, änderte sich die herrschende puritanische Sexualmoral. Sie schloss bis dahin diskretes Schweigen ein. Nun gab es viele Fragen. Jutta Resch-Treuwerth, die 1971 als junge Journalistin beim FDJ-Blatt *Junge Welt* ihre Sexkolumne »Unter vier Augen« begann und bis 1991 insgesamt 1061 Folgen schrieb, erinnerte sich: »Ich bekam in den 20 Jahren rund 22 000 Briefe, und alle waren im Grunde Hilferufe. Viele kamen von jungen Frauen, die selbstbestimmter und eigenständiger über ihre Sexualität entscheiden wollten.«

Das reflektierte sich auch in der zeitgenössischen Literatur, wofür 1974 der Roman über *Leben und Abenteuer der Trobadora Beatriz nach Zeugnissen ihrer Spielfrau Laura* von Irmtraud Morgner einen der deutlichsten Belege lieferte. Der Penis sei auch in der DDR ein »Herrschaftszepter«, meinte sie und empfahl ihren Leserinnen nachdrücklich, »die Produktivkraft Sexualität souverän zu nutzen«. Kulturwissenschaftler Dietrich Mühlberg bestätigt im Rückblick: »Frauen haben eine andere soziale Stellung eingenommen, waren selbstständiger, und dies dehnte sich auch auf ihre sexuellen Wünsche aus.«

Als diese DDR-Entwicklung Mitte der siebziger Jahre im Westen entdeckt wurde, war das Erstaunen groß. Dort förderten nach wie vor Kirche, Politik und Medien den Trend zur häuslichen Idylle, und »Bräuteschulen« vermittelten das Ideal der Frau als Mündel des Mannes, verlässlich und duldsam, am Herd und im Bett. Dem hatten gerade die revoltierenden Studenten Ende der sechziger Jahre ihre »sexuelle Revolution« entgegengestellt. Sie spaltete die Gesellschaft.

Mit ihrem Buch *Liebe, Ehe, Sexualität in der DDR. Interviews und Dokumente* legten Barbara Bronnen und Franz Henny 1975 erstmals eine empirische Untersuchung zum Sex im Osten vor. *Der Spiegel* resümierte deren Fazit: »Mehr sexuelle Freizügigkeit, aber ohne Sex-Rummel.«

Die hohe Zahl von rund 40 000 Scheidungen pro Jahr – 60 Prozent auf Antrag von Frauen – fand nun eine schlüssige Erklärung: »Da 82 Prozent der DDR-Frauen einem Beruf nachgehen, ist die Bedeutung der Ehe als Versorgungseinrichtung gleich Null.« Das spiegelte sich im Umgang mit dem Problem wider. Bereits Mitte der siebziger Jahre gab es mehr als 250 Eheberatungsstellen in der DDR. Jutta Resch-Treuwerth bestätigte aus ihrer Erfahrung: »Es ging nie nur um sexuelle Aufklärung. Ich habe Sexualität immer als Teil der Persönlichkeit und diese in ihrem gesellschaftlichen Kontext gesehen.« Sie scheute dabei keine Tabus, dennoch blieb der öffentliche Diskurs jener Zeit kompliziert. Das zeigte beispielhaft das Standardwerk zur Geschlechtserziehung in der sozialistischen Oberschule in seiner Aussage zu Homosexuellen. Die Gesellschaft dürfe sie »nicht verunglimpfen«, aber: »Man sollte sich nicht mit Homosexuellen befreunden oder ihre Gesellschaft aufsuchen.«

Die Westbeobachter stellten trotzdem mit Blick auf ihre Erfahrungen in der Bundesrepublik fest: »Sachlichkeit ohne frivolen Zungenschlag bestimmt … die Debatte über sexuelle Fragen. Bei dem Wort ›bumsen‹, so die Journalistin und DDR-Kennerin Marlies Menge, ›würden die drüben vor Schreck vom Stuhl fallen‹. Die Veränderungen seien viel eher in der Beziehung der Geschlechter untereinander zu finden als in der Art, wie über die Dinge gesprochen werde. Marlies Menge: ›Die Frauen sind – im Vergleich zur Bundesrepublik – aggressiver und selbstbewusster bei der Wahl ihres Partners.‹ Und: ›Ein Kind ohne Mann zu haben, ist drüben kein Problem.‹«

Die Zahlen bestätigen das. 61 Prozent der Mädchen und 45 Prozent der Jungen hatten in der DDR eine feste Partnerschaft. Heute sind es nur noch 52 und 35 Prozent. Das erste Kind bekamen die Frauen im Schnitt mit 23 Jahren, dem Alter, in dem die meisten auch mit durchschnittlich 25 Jahre alten Männern verheiratet waren. Heute feiern Frauen mit 30, Männer mit 34 Jahren Hochzeit. Die zweite Ehe beginnt zwischen 46 und 49 Jahren, in der DDR waren die Männer dabei im Schnitt 40, die Frauen 37 Jahre alt. Vor der Einheit trennten sich jedes Jahr 12 500 Paare nach der Silberhochzeit. Inzwischen sind es doppelt so viele.

All das eignet sich, im Nachhinein den »Es war nicht alles schlecht«-Nostalgikern ein bisschen das Ego zu streicheln. Natürlich darf dabei der politische Seitenhieb nicht fehlen. In der MDR-Dokumentation *Liebte der Osten anders?* vom November 2006 hörte sich das dann so an: »Als der Leipziger Soziologe und Sexualwissenschaftler Kurt Starke 1980 seine Studienergebnisse zum Sexualleben der Ostdeutschen vorlegte, rieben sich seine Kollegen im Westen verwundert die Augen. Die Diktatur schien der Libido keineswegs abträglich. Im Gegenteil. Die Gruppe der sexuell Aktiven, die mehr als viermal pro Woche mit ihren Partnern verkehren, war mit 38 Prozent in der provinziellen DDR genau doppelt so hoch wie im Westen.«

Ob es tatsächlich »die Diktatur« war, die Wollust und Triebe beförderte, sei dahingestellt. »Mein Bett – Kampfplatz für den Frieden« ist unter den unzähligen DDR-Parolen jedenfalls nicht überliefert.

WAS PRODUZIERTE DER VEB VEREINIGTE WETTSPIELBETRIEBE?

Die Lotterie erbte die DDR vom Alten Fritz. Am 8. Februar 1763 unterschrieb er das Königliche Majestätspatent für das damals bereits seit sechzig Jahren in Preußen existierende Spiel und übernahm mit seiner Kriegskasse das staatliche Monopol. Er hoffte auf ein gutes Geschäft und philosophierte: »Jeder ist vor dem Glücke gleich. Die Ungleichheit, die in der menschlichen Geschichte ihre eigensinnige Rolle spielt, fällt beim Glücksspiel in nichts zusammen.«

Daran dachte vielleicht auch Berlins Oberbürgermeister Friedrich Ebert, als er sich nur drei Monate nach dem Krieg, am 16. August 1945, von der Alliierten Kommandantur eine Stadtlotterie genehmigen ließ. Die erste Ziehung brachte 350.000 Reichsmark Einnahmen. Die Hoffnung des Alten Fritz, mit der Durchführung einer »zum besten des Landes abzielenden und zur Erhaltung vieler Hundert armer Leute gereichenden Lotterie« sei eine langfristig sprudelnde Einnahmequelle gefunden, schien sich zu bestätigen.

Von derartigen Wohltaten sollte die gesamte Ostzone profitieren. Auf Befehl der Sowjets entstand bereits 1945 die Sächsische Landeslotterie. 1953 und 1954 folgten dann in der inzwischen gegründeten DDR Lotto und Toto. 1963 vereinigten sich der VEB Zahlenlotto, die Berliner Bären-Lotterie und die Sächsische Landeslotterie zum VEB Vereinigte Lotteriebetriebe in Leipzig, der am 20. April 1968 per staatlicher Anordnung mit dem VEB Sport-Toto Berlin zusammengelegt wurde. Der so entstandene VEB Vereinigte Wettspielbetriebe mit Sitz in Ostberlin »produzierte« nun zentral und nach Plan den kleinen Traum vom großen Geld. Das sollte möglichst unkompliziert geschehen: »Dauerspiel – einfach und bequem über Ihr Konto« lautete die Werbung, und Schlagersänger Bert Hendrix trällerte 1969 sein Lied »90 kleine Lottozahlen« auf einer Amiga-Platte. Ein besonders großer Hit wurde es nicht, ganz im Gegensatz zum Lotto-Spielen.

Ende der siebziger Jahre waren Spielarten wie Zahlenlotto 5 aus 90, Lotto-Toto 5 aus 45, das Sportfest-Toto 6 aus 49, Fußball-Toto und die Losbrieflotterie Fortuna-Express fest etabliert. Als beliebteste Wette stellte sich jedoch das Tele-Lotto 5 aus 35 heraus. Am 9. Januar 1972 flimmerte es zum ersten Mal über die Bildschirme. Per 30. September 1992 verfügten die Finanzminister der neuen Bundesländer die Einstellung des Spiels nach 1351 Sendungen zugunsten des im Westen üblichen 6 aus 49. Für die DDR lohnte sich das Glücksspiel wie einstmals schon für den Alten Fritz. Bis 1979 brachten die früher einmal geknipsten, dann angekreuzten Tippscheine knapp 20 Milliarden Mark ein. Mehr als 12 Milliarden davon wurden als Gewinn ausgeschüttet, der Reinertrag von rund 6,5 Milliarden Mark floss in den Bau von Sportanlagen, Erholungsstätten und Tierparks. In der ansonsten ganovenarmen DDR lockte der Traum vom schnellen Lotto-Geld auch Kriminelle an. Es gab Versuche, die Zahlen zu manipulieren, und besonders tragisch war 1976 der brutale Mord an einer 76 Jahre alten Berliner Lotto-Verkäuferin aus der Pankower Dietzgenstraße, die von einer Frau für ein paar Mark Lotto-Einnahmen erschlagen wurde.

Am Ende der DDR betrug der Umsatz allein beim Tele-Lotto wöchentlich etwa sechs Millionen Mark. Mit der Übernahme von 6 aus 49 starb eine Wettform, die es so sonst nirgendwo anders gab. Das beliebte Tele-Lotto war eigentlich eine 25-minütige Unterhaltungssendung, von prominenten Künstlern moderiert. Jeder Zahl war eine Rubrik zugeordnet – von A(nekdote) bis Z(irkus) –, zu der dann bei der Ziehung ein kleiner Film lief. Als beliebteste Zahl galt die 19 mit dem Kurzkrimi, gefolgt von 31 für Tierwelt und 10 »frecher Zeichenstift«.

Mit dem Einsatz von einer Mark pro Tipp versuchten wöchentlich zwischen 2,5 und 3,5 Millionen Menschen ihr Glück. Die möglichen Gewinne lagen zwischen 10 und 500.000 Mark. Klappte es nicht, spendete die Werbefigur Tele-Otto Trost, ein Stehaufmännchen mit Zylinder und Clownsgesicht. Seine Tücken hatte auch das bis 1984 benutzte Ziehungsgerät, die Tele-Lotto-Schnecke. War eine der am Fuß des sich drehenden Kegels angebrachten Klappscheiben bereits gefallen, machte die Kugel einen »Durchläufer«. Der Satz »Das war ein Durchläufer, Herr Rohr« bürgerte sich als geflügeltes Wort im DDR-Wortschatz ein. Walter Rohr, der Ziehungsleiter des VEB Vereinigte Wettspielbetriebe, veranlasste dann einen zusätzlichen Druck auf den Starter. Das alles geschah am Sonntagvormittag in Berlin-Adlershof, wenn die Wettscheine bereits sicher im Tresor lagen. Gesendet wurde – als »live« deklariert – um 19 Uhr.

Wer dann schließlich gewonnen hatte, erlebte in der DDR auch mit einer halben Million Mark in der Tasche nicht unbedingt ungetrübte Freude. Das war 1980 im Film *Der Baulöwe* mit Komiker Rolf Herricht in der Hauptrolle im Kino zu besichtigen. Zeitweise bekamen Lotto-Gewinner bevorzugt ein Auto. Der Traum von einer Weltreise klappte manchmal bis nach Kuba, denn wer so ein ansehnliches Konto zu Hause auf der hohen Kante hatte, würde kaum verschwinden. Die meisten DDR-Lottogewinner genossen deshalb zwar ihren vom VEB Vereinigte Wettspielbetriebe bescherten Wohlstand, aber ihr Leben ging im gewohnten Trott weiter.

WO WURDEN »JUNGE MÄNNER ZUM MITREISEN« GESUCHT?

Irgendwo an einem Karussell oder einer Losbude war es auf einem der jährlich rund 5200 in der DDR stattfindenden Rummel fast immer zu finden, das Pappschild mit dem Angebot: »Junge Männer zum Mitreisen gesucht«. Es klang nach Verheißung und Abenteuer, nach dem ganz anderen Leben.

Dass das mit Glitzer, flotter Musik und reichlich Kohle in der Tasche verlaufen würde, schien garantiert. Immer, wenn es um ein wenig Halbwelt in dem ansonsten so geordneten, kleinen Land ging, spielte der Rummel eine Rolle. Ben war zum Beispiel *Einer vom Rummel*. Als er versuchte, als Schweißer sesshaft zu werden – so die Story eines DEFA-Films von 1982 – schlug ihm Skepsis und Misstrauen entgegen. Schließlich landete er wieder bei den Karussells. *Die Walzerbahn,* ein »Polizeiruf 110« von 1979, erzählte von Anita, die auf dem Rummel im kleinkriminellen Milieu zu versinken drohte. Spielte die bunte Welt von Fahrgeschäften und Buden nicht direkt mit, diente sie immer noch als Metapher. *Rummelplatz* nannte Werner Bräunig seinen Roman, der das wilde Leben bei der Wismut bis zum Aufstand vom 17. Juni 1953 beschrieb. Das brachte ihm 1965 ein Verbot des Buches ein, denn seine Helden agierten ebenso glanzlos zwischen Tristesse und Alkohol, wie es den Leuten auf dem Rummel angedichtet wurde. Und um einen jungen Sozialisten heranzubilden, war für einen Lehrerstudenten bei Hans Weber, selbst gelernter Grundschullehrer, 1968 der Sprung ins Riesenrad nötig. Er war wohlgelitten.

Das war inzwischen auch beim richtigen Rummel der Fall. Bis in die Mitte der sechziger Jahre mussten die Schausteller um ihr Überleben fürchten. Ihr Gewerbe galt als »niveauloses Massenspektakel«, aus der dunklen Zeit des Kapitalismus ererbt. Doch immerhin gingen zu jener Zeit rund 40 Millionen Leute, rein statistisch jeder DDR-Bürger dreimal im Jahr, gern auf den Rummel. Dass es dabei ohne die traditionellen Schausteller nicht ging, bewies der herbe Reinfall 1966 beim rummelfreien Paradiesfest in Jena. Nur wenige verirrten sich zum »sozialistischen Volksfest«. Selbst Prominente, wie der DDR-bekannte Rechtsanwalt Friedrich Karl Kaul, erklärten: »Ich möchte den Bimmelklang der Karussells nicht entbehren.« Und Fußballer Peter Ducke stellte schlicht fest: »Zu einem Volksfest gehören Schausteller.«

Die Pläne, den Rummel volkseigen zu machen und ihn dem VEB Zentral-Zirkus, später »Staatszirkus der DDR«, zuzuschlagen, verschwanden Ende der sechziger Jahre endgültig in den Schubladen. 1987 befanden sich 96,8 Prozent der Fahrgeschäfte und alle Spielgeschäfte in privater Hand. Den einzigen staatlichen, jedoch auch stationären Rummel in der DDR gab es seit 1969 im Berliner Plänterwald. Seine rund 1,7 Millionen Besucher pro Jahr belegten das ungebrochene Bedürfnis nach leichter und lauter Unterhaltung.

Für die DDR-Oberen galt sie derweil längst als »volkskulturelles Erbe«, und Schausteller waren zu »wichtigen und aktiven Mitgestaltern der Volksfeste in Stadt und Land« mutiert. Inzwischen ging es den Kommunen so gut, dass sich nahezu jede ihr Heimatfest oder eine Kirmes leisten wollte. Das machte um 1970 rund 3500 Veranstaltungen pro Jahr aus, und schnell trat der DDR-übliche Mangel auf. Nur 650 Schausteller reisten im Land umher. Sie konnten sich bald die attraktivsten Plätze aussuchen und wurden zu Spitzenverdienern, denn das Geld saß bei den Rummellustigen locker.

Dafür wurden diese mit Attraktionen nicht gerade verwöhnt. Die meisten Karussells stammten aus den zwanziger und dreißiger Jahren vor dem Krieg. Sie wurden immer wieder trotz rarer und schwer zu beschaffender Ersatzteile zusammengeflickt und mit modernen Namen wie Venus Clipper oder Cortina Jet aufgemotzt. Selbst Daumenkino-Automaten aus der Zeit vor der Jahrhundertwende – den Registrierkassen ähnliche Geräte, in denen per Kurbel aus sich abblätternden Postkarten bewegte Bilder entstanden – sammelten ihre Groschen ein, und für 1 Mark ließen sich in zugigen Bretterbuden »Liliputaner« in Aktion bestaunen, oder »Todesfahrer« knatterten mit ihren Motorrädern im 90-Grad-Winkel auf der Steilwand in riesigen Holzzylindern. Die erste Achterbahn der DDR, 1958 von der Baugesellschaft Roßla KG gebaut, feierte am 25. Juli 1959 beim Sommerfest Zwickau ihre Premiere. Sie wurde nach einem tödlichen Unfall des Betreibers 1977 in Magdeburg zwei Jahre später verschrottet, weil niemand mehr die Baupläne hatte. Besondere Fahrgeschäfte, wie das 40 Meter hohe Riesenrad im Plänterwald mit seinen 36 Gondeln für 216 Personen und die anderen dorthin aus dem Westen importierten Attraktionen, blieben die absolute Ausnahme.

Dafür gab es alles zu stabilen Preisen. Karussellfahrten für Kinder kosteten 20 Pfennige, auf Klaus Taubes Wiener Sport Rad waren es 30 und bei Autoskooter Upleger 50 Pfennige. Der Lospreis lag von 1948 bis 1990 einheitlich bei 25 Pfennigen. Hergestellt und gemischt wurden sie im VEB Tombolalose Dresden, vorschriftsmäßig ein Gewinn auf vier Nieten. Wie damit dennoch reichlich Profit zu machen war, weiß Werner Liebig. Mit Frau und Tochter betrieb er jahrzehntelang Liebigs Schnell-Verlosung. Dort kauften manche Rummelbesucher mehrere Handvoll Lose, um die als Preis ausgelobten Mangelwaren zu ergattern. Liebig: »Wir hatten Wasserkessel und Kochtöpfe, aber auch Spreewaldgurken, Halberstädter Würstchen, ›Schlagschaum‹ und ›Rosenthaler Kadarka.‹« Die Leute vom Rummel verfügten eben über ihre ganz besonderen Beziehungen. So konnte Werner Liebig manchen Wunsch mit seinen Losen erfüllen, nur sein eigener blieb unerhört: »Ich wollte immer, dass aus der Tätigkeit als Schausteller mal ein richtiger anerkannter Beruf wird.« Das war in der DDR nie der Fall. Für ihn und die immer wieder gesuchten »jungen Männer zum Mitreisen« genügte ein »Gewerbeerlaubnisschein«, der jährlich erneuert wurde und beim Rat des Bezirks oder Rat des Kreises beantragt werden musste.

War Udo Lindenbergs »Sonderzug nach Pankow« strafbar?

Am 3. Januar 1983 kam den Abhörern der Westprogramme beim »Staatlichen Komitee für Rundfunk der DDR« Erschreckliches zu Ohren. Um 15.30 Uhr sendete RIAS II ein neues Lied von Panik-Rocker Udo Lindenberg. Als es am 6. Januar um 21.20 Uhr noch einmal in der ZDF-Sendung »Kennzeichen D« erklang, wurde die Hauptabteilung XX der MfS aktiv. Am 7. Februar 1983 legte sie eine »Rechtliche Einschätzung des Liedtextes ›Entschuldigen Sie, ist das der Sonderzug nach Pankow‹« vor.
Glasklar entlarvte das MfS den Hintergrund des schnöden Angriffs mit neuen Reimen auf eine alte Melodie: »In dem Text wird unterstellt, dass für den Sänger Udo Lindenberg in der DDR ein Auftrittsverbot bestehe, weshalb sich der Verfasser des Textes an die Person des Generalsekretärs des ZK der SED, Genossen Erich Honecker, in seiner Eigenschaft als Vorsitzender des Staatsrates der DDR wendet, wobei dieser als »Oberindianer«, »sturer Schrat«, »Rocker« und als »Honni« bezeichnet wird.« Da am Ende des Liedes auch noch ein paar russische Worte genuschelt wurden, werde »eine Abhängigkeit des Vorsitzenden des Staatsrates der DDR von der Staatsführung der UdSSR suggeriert«. Solch frechen Worten und perfiden Vermutungen war unverzüglich ein Riegel vorzu-

Auf der Veranstaltung »Für den Frieden der Welt – Weg mit dem Nato-Raketenbeschluss« im Palast der Republik hatte Udo Lindenberg am 25. Oktober 1983 seinen einzigen Auftritt in der DDR.

schieben, weil »diese Passagen des Textes objektiv geeignet sind, die persönliche Würde eines Menschen grob zu verletzen und zugleich das gesellschaftliche Ansehen des Vorsitzenden des Staatsrates der DDR wegen seiner staatlichen Tätigkeit herabsetzen.« Die Folge: »Eine Verbreitung dieses Liedtextes in der Öffentlichkeit stellt somit objektiv eine Straftat der Beleidigung im Sinne des § 139, Absatz 3 StGB dar.«

Dieser Paragraph im Strafgesetzbuch der DDR vom 12. Januar 1968 war durch Gesetz vom 7. April 1977 um den besagten Absatz 3 erweitert worden. Er bestimmte: »Wer die Tat in der Öffentlichkeit gegen einen Bürger wegen seiner staatlichen oder gesellschaftlichen Tätigkeit oder wegen seiner Zugehörigkeit zu einem staatlichen oder gesellschaftlichem Organ oder einer gesellschaftlichen Organisation begeht, wird mit Geldstrafe, Haftstrafe, Verurteilung auf Bewährung oder Freiheitsstrafe bis zu zwei Jahren bestraft.« Damit knüpfte die DDR faktisch an die früher strafverfolgte »Majestätsbeleidigung« an, zu der das Strafgesetzbuch des Deutschen Reichs im § 95 androhte: »Wer den Kaiser, seinen Landesherrn oder während seines Aufenthalts in einem Bundesstaate dessen Landesherrn beleidigt, wird mit Gefängnis nicht unter zwei Monaten oder mit Festungshaft von zwei Monaten bis zu fünf Jahren bestraft.«

Ob der »Sonderzug nach Pankow« direkt in den Knast fuhr, setzte nun voraus, dass »eine bewusst vorsätzlich begangene öffentliche Beleidigung« vorlag. Konnte »eine derartige subjektive Zielstellung nicht nachgewiesen werden«, gab es immerhin noch »weitere rechtliche Möglichkeiten zur Unterbindung bzw. Maßregelung einer öffentlichen Verbreitung dieses Textes.« Für »Berufsmusiker, Laienformationen oder nebenberuflich tätige Musiker« reichten sie von einer Verwarnung bis zum unbefristeten Auftrittsverbot und dem »Ausspruch einer Ordnungsstrafe bis 300 Mark«.

Wesentlich härter traf es dagegen alle »anderen frei- oder nebenberuflich auf dem Gebiet der Unterhaltungskunst tätigen Personen, einschließlich Schallplattenunterhaltern«. Ihnen drohte »der Entzug der Zulassung« und bei »Schallplattenunterhaltern außerdem der Ausspruch einer Ordnungsstrafe bis 1.000 Mark«. Dabei berief sich das MfS auf die »Zulassungsordnung Unterhaltungskunst« vom 21. Juni 1971, die solcherart Verbote möglich machte, wenn »die erforderliche gesellschaftliche, moralische und fachliche Eignung nicht mehr vorliegt«.

Ebenfalls einen Tausender konnte es »die Organisatoren und Teilnehmer nicht genehmigter Veranstaltungen« kosten, wenn sie den »Sonderzug nach Pankow« dudelten. »Andere Personen, die dadurch die Öffentlichkeit des sozialistischen Zusammenlebens der Bürger stören« – also wenn sie etwa im Garten das Kofferradio mit gerade diesem Song zu laut aufdrehten – kamen mit einer Ordnungsstrafe bis 500 Mark davon. Einzelfälle sind bekannt, in denen Leute für das Abspielen des Lindenberg-Songs Konsequenzen erfuhren. So verlor zum Beispiel ein Offizier der Deutschen Seereederei Anfang der achtziger Jahre deshalb sein Seefahrtsbuch. Mit dieser »rechtlichen Einschätzung« stand das Signal für den »Sonderzug« zwar auf rot, doch Lindenbergs Manager hatte sich inzwischen auch noch mit einem höflichen Brief an Erich Honecker gewandt und darin nicht nur um eine DDR-Tournee gebeten, sondern auch auf das Engagement seines Schützlings für den Frieden hingewiesen. Das gefiel dem Landesvater schon besser.

Egon Krenz erinnert sich an ein Gespräch dazu mit ihm: »Honecker sagte: ›Du hör mal, ich hab hier einen Brief von diesem Lindenberg bekommen. Sag mal, wer ist denn dieser Lindenberg?‹ Darauf antwortete ich ihm: ›Na ja, das ist der, der mit dir den leckeren Cognac trinken will.‹ Und Erich Honecker meinte: ›Aha. Ach der, der mich Honni nennt!‹« Für ihn waren damals die Atomraketen in Ost und West »Teufelszeug«, das weg musste. Wenn der Nuschel-Sänger aus dem Westen das unterstützte, war er zu einem Auftritt im *Palast der Republik* willkommen. Acht Monate nach dem frechen Lied sang Udo Lindenberg am 25. Oktober 1983 dort vor »Blauhemden und Steiftieren«. Der »Sonderzug nach Pankow« durfte allerdings nicht in die DDR einrollen und mit der großen Tournee wurde es auch nichts.

WIE STANDEN DIE NACKTEN ZU DEN ROTEN?

Im Frühjahr 1969 nahm Werner Lamberz, der damalige Agitationschef im Zentralkomitee der SED, seinen für das Fernsehen verantwortlichen Mitarbeiter Eberhard Fensch beiseite und übermittelte ihm einen ungewöhnlichen Wunsch, der gewohnheitsmäßig Befehl war: »Sorg mal dafür, dass im DDR-Fernsehen auch mal erotische Filme zu sehen sind. Ein bisschen nackte Haut macht auch unseren Menschen Spaß.« Fensch erinnert sich an das Vieraugengespräch und den geraunten Zusatz: »Aber nur im Sommer!« Auf seinen fragenden Blick bekam er die Erklärung: »Dann ist Walter auf der Krim. Dort kriegen sie unser Fernsehen nicht.« Staatschef Ulbricht sollte also nichts merken, und Lamberz fügte hinzu: »Erich Honecker hat gemeint, so etwas wäre nicht schlecht, wenn er während Ulbrichts Abwesenheit amtiere. Du verstehst …« Der kommende Mann war gerade dabei, seinen politischen Ziehvater zu entmachten, und da kämen ein paar blanke Brüste gerade recht.

Das DDR-Volk hatte sich ohnehin längst entschieden, Sommer, Sonne und Strand hüllenlos zu genießen und spottete: Die DEFA dreht gerade ihren ersten Sexfilm. Er heißt *Lenin ohne Mütze*. Dass mit der Freikörperkultur (FKK) keine heimliche Sexwelle der DDR schäumte, hatte sich bis nach Berlin herumgesprochen. Nach Auswertung von 1085 Fragebogen, die auf den Ostsee-Zeltplätzen Prerow, Ückeritz und Dranske beantwortet worden waren, gaben im Herbst 1966 zwei Sportmediziner Entwarnung. Herr Dr. Märker und Frau Dr. Diwok stellten fest, dass 83 Prozent der FKK-Freunde mit ihrer Frau und 64 Prozent mit der ganzen Familie am Strand saßen. Nur 4,5 Prozent der Nackten kamen allein und »79,8 Prozent der Befragten gaben gesundheitliche Gründe für ihre Teilnahme bei der FKK an, bei den Frauen sogar 100 Prozent«. Erfreut stellten sie auch fest, »dass der Anteile der Arbeiter bei den Männern bei 19 Prozent, bei den Frauen 11 Prozent betrug«.

Das sah ein paar Jahre zuvor noch ganz anders aus. Besorgt meldete der Rostocker Polizeichef 1955, »Angehörige der Intelligenz« machten 98 Prozent der Nacktbader aus. Eine Verfügung des Justiz- und Innenministeriums an die Räte der Bezirke Rostock und Neubrandenburg vom 14. August 1954, nach der FKK an der Ostsee zu unterbinden sei, hatte sich als Flop erwiesen. Statt sittsame Ruhe zu pflegen, wurde an den Stränden immer wilder gefeiert. Die nach einem »Kamerun« genannten Küstenstreifen bei Bansin benannten Feste erregten den Missmut der Obrigkeit. Der Chef der Deutschen Volkspolizei und stellvertretende Innenminister Karl Maron wetterte: »Die Kameruner Feste stellen in höchstem Maße eine Schmähung der Sitten und Gebräuche der Negervölker dar.« Und daran waren natürlich die »Intelligenzler« schuld, doch das hatte sich ja nun glücklicherweise gewandelt.

Das Volk ließ sich das nackte Baden nicht mehr verbieten, und die Obrigkeit gab nach. »Kamerun« blieb bis in die siebziger Jahre ein Synonym für FKK-Strände in der DDR, die 20 Jahre zuvor auch gern »Abessinien« genannt wurden. Ob der Name der ehemaligen deutschen Kolonie in Westafrika oder der Hinweis auf das alte Kaiserreich im heutigen Äthiopien – unerfüllbare Träume von fernen Ländern waren sie beide. An der Ostsee ließen sie sich für 14 Tage verwirklichen und so akzeptierte die Obrigkeit schließlich das Recht auf Nacktheit als realsozialistische Errungenschaft. Anfang der achtziger Jahre bekannten sich mehr als drei Viertel aller ostdeutschen Sonnenanbeter zur hüllenlosen Freizeit.

Mit dem Sieg der Nackten in der Öffentlichkeit zerbrach auch die Sprachlosigkeit zu Sex und Liebe in der DDR. Vorreiter war im Juni 1973 *Das Magazin* mit dem Artikel »Kann man Liebe lernen« von Prof. Dr. Siegfried Schnabl. Der Autor von zwei Aufklärungsbüchern und Arzt aus dem Wismut-Sanatorium in Johanngeorgenstadt, später dann Leiter einer Ehe- und Sexualberatung in Karl-Marx-Stadt (heute Chemnitz), fand als Erster klare Worte über die Liebe, die sich auch in der DDR nicht aufs sozialistische Vaterland beschränkte. Das war keine Selbstverständlichkeit in einer Zeit, in der es – und das beileibe nicht nur in der DDR – noch schwer war, überhaupt Worte für das zu finden, über das geredet werden sollte. Schon Schnabls nächster Beitrag »Sex ohne Liebe« im Juli 1973 barg politischen Sprengstoff. War »Sex« nicht ein Symbol »bürgerlich dekadenter, dem Sozialismus fremden Lebensweise«?

Doch der Damm puritanischen Lebens und der erotischen Bevormundung der Bürger war gebrochen. Der Widerstand der Nackten gegen die Roten leistete das Seine, um endlich auch über die Liebe offen reden zu können. Prof. Schnabl, und bald folgten ihm weitere Fachleute, brach nun ein ehemaliges Tabu nach dem anderen. Es war ebenso über Partnerwechsel und sexuelle Bedürfnisse zu lesen, wie es im Dezember 1973 ein »Plädoyer für eine Minderheit« gab: »Der Unterschied zwischen Heterosexuellen und

Homosexuellen hat ebenso wenig mit Moral zu tun, wie der zwischen Rechts- und Linkshändern«, hieß es nun höchst offiziell. Als *Die Legende von Paul und Paula* am 29. März 1973 Premiere feierte, diskutierten danach selbst die emsigsten Genossen nicht mehr über die freizügigen Bettszenen des Films, sondern eher, ob es denn wirklich nötig gewesen sei, den Fremdgänger Paul aus dem gehobenen DDR-Milieu auch noch in Kampfgruppenuniform zu zeigen.

Ärger um das Nacktbaden an der Ostsee gab es erst wieder nach 1989, als die Westbesucher an die Ostsee kamen. Die Lokalzeitungen berichteten ausführlich vom »Höschenkrieg«, und nach wenigen Jahren hatten ihn die zahlungskräftigeren Gäste gewonnen.

Weshalb klaute die Gewerkschaft Häuser?

Ein FDGB-Urlaubsplatz an der Ostsee, und dann auch noch im Sommer, das ist bis zur Reisefreiheit der Traum vieler Ostdeutscher. »Jeder Bürger der Deutschen Demokratischen Republik hat das Recht auf Freizeit und Erholung«, steht in der Verfassung von 1968. Von diesem Recht wurde rege Gebrauch gemacht. Konnten sich 1946 gerade einmal 24 000 Urlauber einen Aufenthalt in den Ostseebädern leisten, waren es 1980 etwa 2 677 000 Menschen. Sie alle mussten irgendwo essen und schlafen. Ende der achtziger Jahre vergab der Freie Deutsche Gewerkschaftsbund (FDGB) rund zwei Millionen Urlaubsplätze in der gesamten DDR. Der Ferienscheck inklusive Unterkunft und Vollverpflegung kostete bis 1960 einheitlich 30 Mark für Kinder, 70 Mark für Gewerkschafter und 85 Mark für Nichtmitglieder. Danach gab es mit dem Bau neuer Heime leichte Erhöhungen, es blieben aber stets zwei preiswerte Wochen für die Familie. In den Schulferien und in der Saison – im Sommer an der Ostsee, im Winter in den Bergen – war so etwa alle acht bis zehn Jahre ein FDGB-Ferienscheck drin. Zwischendurch halfen betriebliche Ferieneinrichtungen, Privatinitiativen oder das Reisebüro.

Seinen Anspruch verkündete der FDGB von Anfang an. »Die Kurorte gehören den Werktätigen«, stand auf Plakaten und: »Der Feriendienst der Gewerkschaften, eine Errungenschaft unserer Arbeiter- und Bauernmacht.« Die geht nicht zimperlich vor, um Anfang der fünfziger Jahre dafür die Voraussetzungen zu schaffen. Am 10. Februar 1953 beginnen fünf extra gebildete Einsatzgruppen der Volkspolizei Hunderte von privaten Hotels, Pensionen und Gaststätten an der mecklenburgisch-vorpommerschen Ostseeküste zu durchsuchen. Rund 400 Mann sind im Einsatz. Die meisten kommen von der Polizeischule Arnsdorf. Die Aktion dauert bis zum 10. März. Sie trägt den Decknamen »Rose« und dient dazu, irgendwelche »Vergehen« der privaten Besitzer zu finden, um ihnen dann unter diesem Vorwand ihr Eigentum wegnehmen zu können.

Im Zuge der Aktion Rose verhaftet die Volkspolizei 447 Personen unter der Beschuldigung »Wirtschaftsverbrechen« begangen zu haben. Dazu zählen angesichts der in der DDR noch herrschenden Lebensmittelrationierung zum Beispiel auch die Einlagerung eines Fasses Salzheringe oder die Vorratshaltung von eingewecktem Gartenobst, um die Feriengäste einigermaßen versorgen zu können. In 527 Fällen folgen Ermittlungsverfahren, 440 Hotels und Pensionen an der Ostseeküste werden enteignet, 181 Gaststätten, Wohnhäuser und Wirtschaftsbetriebe beschlagnahmt. 219 Betroffene des staatlich sanktionierten Raubzuges gehen bei Nacht und Nebel in den Westen.

Für die Aburteilung der während der Aktion Rose Verhafteten richten die DDR-Behörden in der Untersuchungshaftanstalt Bützow ein Sondergericht ein. Die eigens dorthin verpflichteten Richter verurteilen die bedrängten Mittelständler auf der Grundlage der Gummiparagraphen der »Wirtschaftsstrafverordnung« vom 23. September 1948. Innerhalb kurzer Zeit sprechen sie Urteile von ein paar Monaten Gefängnis bis zu zehn Jahren Zuchthaus aus. Durchweg wird ein »Vermögenseinzug« verhängt. Stolz präsentiert der Generalstaatsanwalt der DDR am 2. Mai 1953 das Ergebnis der Aktion Rose. Der Wert der beschlagnahmten Objekte beläuft sich auf 30 Millionen Mark. Außerdem wurden 1,7 Millionen Mark Bargeld und Schmuck und Wertsachen für etwa eine halbe Million Mark eingezogen. Dann kommt der Volksaufstand vom 17. Juni 1953, und die Sowjets fordern von der DDR, ihre harte Umgestaltungs- und Repressionspolitik etwas abzumildern. Vom nun einsetzenden »Tauwetter« profitieren auch die Opfer der Aktion Rose. Die meisten der verurteilten Hotelbesitzer kommen frei, einige erhalten sogar, zumindest zeitweilig, ihr enteignetes Eigentum zurück.

Nach den Erschütterungen des 17. Juni 1953, hält Justizministerin Hilde Benjamin Ende August 1953 vor Justizfunktionären eine selbstkritische Rede: »Die Partei, die den richtigen Kurs auf den Aufbau der Grundlagen des Sozialismus in der DDR genommen hatte, beschritt den falschen Weg der beschleunigten Lösung dieser Aufgabe ohne ent-

»Genossen, hoch die Gläser, wir stoßen auf sie an …«

sprechende Berücksichtigung der realen inneren und äußeren Voraussetzungen.« Nach der deutschen Einheit wurden die zu Unrecht Verurteilten auf Antrag juristisch rehabilitiert. Ehemalige Besitzer, die aus dem Westen zurückkamen, erhielten ihr Eigentum in der Regel zurück. Anders sah es bei den in der DDR verbliebenen Opfern der Aktion Rose aus. Wegen der staatlich verordneten Niedrigmieten waren viele ihre Häuser in einem desolaten Zustand. Bereits in den siebziger Jahren wurden deshalb bereits etliche Objekte zu geringen Preisen verkauft. Andere erfuhren eine Zweckentfremdung oder Umwidmung. Für die Entschädigung der daraus entstandenen materiellen Schäden gibt es keine gesetzliche Grundlage. Auch die Rückgabe ist ausgeschlossen. Manchen ehemaligen Besitzern wurde der Rückkauf ihrer früheren Häuser zum Verkehrswert angeboten. Er überstieg jedoch meist erheblich deren finanzielle Möglichkeiten.

WAREN DATSCHEN-BESITZER LAUBENPIEPER?

Für gelernte DDR-Bürger dürfte schon die Frage ein rotes Tuch sein, erfunden von Raubrittern, die seit dem Untergang der DDR auf »Rückgabe vor Entschädigung« pochen und ihre Vasallen in den Landratsämtern, die mit Pachterhöhungen und nachträglich umgelegten »Erschließungskosten« die finanziellen Daumenschrauben anziehen. Dabei hatte doch das eine mit dem anderen überhaupt nichts zu tun! Oder vielleicht doch? Laubenpieper waren die Gartenfreunde, die in den zu Ehren des Leipziger Arztes Moritz Schreber (1808–1861) seit Mitte des 19. Jahrhunderts nach ihm benannten Kleingärten Erholung und körperlichen Ausgleich suchten. Das geschah in solidarischer Nachbarschaft im Verein in Pachtgärten. Meist waren sie um die 400 Quadratmeter groß, und hinter den nach Statut geschnittenen Hecken herrschte eine vereinbarte Ordnung: Standort und Größe der Laube wurden ebenso festgelegt wie die Flächen für den Anbau von Obst, Gemüse, den Komposthaufen und die Ecke für die Freizeit. Rund drei Millionen solcher Gärten gab es in Europa, etwa 855 000 davon in der DDR. Gemeinsam mit weiteren rund 2,6 Millionen Datschen hielt das kleine Land damit die Weltspitze in der Dichte von Freizeit- und Erholungsparzellen. Der Boom dieser Entwicklung begann Ende der sechziger Jahre.

Mit der Senkung der Arbeitszeiten, dem schrittweisen Übergang zur Fünftagewoche und der 1979 erfolgten Erhöhung des Mindesturlaubs auf 21 Tage entstanden die Möglichkeiten dazu. Dass sie intensiv genutzt wurden, wird im Nachhinein gern mit den Defiziten und Nöten der DDR erklärt. Das ist aber sicher nur die halbe Wahrheit. Zur anderen Hälfte gehört, dass das Wochenendgrundstück nebst Bungalow im Land der Mietwohnungen und genormten Plattenbau-Quartiere der Bereich war, an dem sich eigene Kreativität, handwerkliche Geschicklichkeit und das Geflecht von »Beziehungen« ungehemmt entfalten konnten. Gebaut wurde, wo Grund und Boden zur Pacht zu haben war – das kostete ein paar Pfennige pro Quadratmeter, meist kaum mehr als 100 Mark im Jahr –, und oft begann es mit dem Urbarmachen der um die 300 Quadratmeter großen Grundstücke. Immer lagen sie in landschaftlich reizvollen Gegenden im Wald oder am Wasser, meist waren sie innerhalb einer Stunde von der Wohnung aus erreichbar.

Dass das Wort »Datscha«, in der DDR zu »Datsche« verballhornt, mit dem russischen »dat'« (»geben«) zusammenhing und seinen Ursprung im Geschenk eines Fürsten an seinen Untertanen hatte, mögen manche bei der Landvergabe gespürt haben. Beim Bauen eher weniger. Da war Eigeninitiative angesagt. Die typische DDR-Datsche war ein meist selbst errichtetes Ferienhäuschen mit 30 bis 50 Quadratmetern Grundfläche. Wer das nicht konnte, bestellte einen Fertigteil-Bungalow und musste nur für Terrasse und Bodenplatte sorgen. B 22 und B 34 hießen die beliebtesten Typen, für die es deshalb längere Wartezeiten gab.

Der Innenausbau, natürlich mit Strom und meist auch fließendem warmen und kalten Wasser, zeigte, was alles möglich war, wenn sich Eigeninitiative ungehemmt entfalten konnte. Wer von seinen zwei linken Händen gebremst wurde, fand Hilfe bei »Feierabendbrigaden«. Für Stundenlöhne zwischen 15 und 20 Mark griffen sie gern zu. Noch lieber taten sie es allerdings für ein paar Westmark, und wer in DM zahlen konnte, bekam über Genex (Geschenkdienst- und Kleinexporte GmbH) auch seinen B 22 für 6.157 Mark oder den B 34 für 8.280 Mark sofort geliefert.

Die Masse der anderen half sich selbst, und das ging nicht immer im Rahmen der Gesetze. Die Frauenzeitschrift *Für Dich* moserte Mitte der siebziger Jahre: Bei »so mancher Datsche« seien »Zäune und Tore ... für jedermann sichtbare Beispiele unrechtmäßiger Verwendung von Material. Viele sehen das, aber keiner sagt ein Wort, wahrscheinlich, weil so mancher sich auch schon einmal umsonst aus dem großen Topf der Gesellschaft bedient hat.« Das war durchaus zutreffend. Ab den siebziger Jahren galt die Datsche als

Ausweis, sich in der DDR erfolgreich eingerichtet zu haben. In Serien wie »Polizeiruf 110« wurden sie als Beleg des Wohlstands vorgeführt. »Die Partei« tolerierte das alles, denn eine stille Zufriedenheit des Volkes entsprach durchaus auch ihrem Anliegen. Viele Familien zogen den ganzen Sommer über ins Grüne, manche irgendwann endgültig »auf« die Datsche. Dazu genügte es, die örtliche Gemeinde darüber zu informieren.

Mit alledem sollte nach der Einheit Schluss sein, denn nun waren Grund und Boden wieder etwas wert, und das weckte die Begehrlichkeiten der Besitzer. Viele von ihnen waren vor dem Mauerbau in den Westen verschwunden, andere Grundstücke gehörten jetzt den Kommunen, die vorher nichts davon wissen wollten. Angesichts der Größe dieses Problems wurde es aus dem Einigungsvertrag ausgespart. Mit dem Schuldrechtsanpassungsgesetz folgte dann der Einstieg in die »Rückgabe«. Es schützte die Pachtverträge bis zum 3. Oktober 2015. Eine vom Bundesrat vorgeschlagene Verlängerung des Kündigungsschutzes um weitere drei Jahre lehnte die Koalition aus CDU/CSU und SPD ab. Um Härtefälle zu vermeiden, gilt überdies bis 2022, dass der Grundstückseigentümer den Zeitwert der vorhandenen Bauten, Anlagen und Anpflanzungen entschädigen muss, wenn er den Vertrag kündigt. Falls er das Wochenendhaus abreißt, muss er auch dafür die Kosten tragen. Erst nach 2022 können Pächter zu 50 Prozent beteiligt werden.

Wer zu den glücklichen Kleingarten-Besitzern gehörte, verbrachte dort am liebsten seinen Feierabend, das Wochenende oder gleich den ganzen Sommer.

WIE KAUFTE MAN KONDOME IN DER DDR?

Kondome hießen in der DDR »hygienischer Gummischutz« oder »Präservative«, und die Beschaffung war für viele eine peinliche Angelegenheit. Jedenfalls beim ersten Mal. Danach konnte man die Schachtel nutzen, um unauffällig in der Drogerie seinen Wunsch kundzutun. »Bitte verwenden Sie diesen Abschnitt zum diskreten Einkauf in Ihrem Fachgeschäft«, stand drauf. Wer sich selbst das nicht traute, kaufte bei seinem Friseur im »Männersalon« oder suchte sich einen Automaten, die es in öffentlichen Toiletten und schmuddeligen Bahnhofsklos mit der Aufschrift »Männerschutz« gab.

Eine noch elegantere Lösung bot der Kästner-Versand aus Dresden-Neustadt. In fast jeder DDR-Zeitung fand sich die kleine Anzeige mit dem großen schwarzen Ausrufezeichen. Sie versprach »unauffälligen Versand, spesenfrei und diskret«. Die Dienste des Dresdner Drogisten nutzten rund 30 000 Leute, die in der Kartei Hans Kästners standen und Jahr für Jahr rund 2 Millionen Kondome bestellten. Sein Vater, Hugo Kästner, hatte die Drogerie 1899 gegründet, ab Mitte der fünfziger Jahre sattelte der Sohn auf den Versandhandel um und hielt damit in der DDR so etwas wie ein Monopol. Es funktionierte, weil der Laden mit seinen sieben Angestellten, die zu Spitzenzeiten täglich bis zu 200 Päckchen packten, nicht den Hauch eines Sexshops hatte. Er verstand sich als im Dienste der Volksgesundheit und der sozialistischen Familienplanung stehend. Wer ungewöhnliche Sonderwünsche hatte, wie ein Kunde, der nach »Wäsche bzw. Sachen aus Gummi« fragte, bekam vom Chef persönlich einen freundlichen Brief: »In Beantwortung Ihrer anderen Frage muss ich Ihnen leider mitteilen, dass es die von Ihnen gewünschten Artikel nicht gibt, da solche bei uns nicht hergestellt werden.«

Fast alle anderen Kunden bekamen jedoch ihr unauffälliges Päckchen per Post und rund 6000 Briefe belegen ihre Dankbarkeit angesichts des in der DDR eher ungewohnten Services. So schrieb eine 30-jährige Dame, nicht ohne vorher ausführlich zu begründen, dass Ihre umfangreiche Bestellung »aus gesundheitlichen Gründen« erfolge: »Da mein Mann keine Präservative kaufen würde, ist durch Ihre Firma unser Eheleben keinesfalls beeinträchtigt, worüber ich sehr glücklich bin.« Ein anderer Mann outete sich als »stets und langjährig zufriedener Kunde, der wegen des Kleinstadtmiefs froh ist, so diskrete

Bedienung geboten zu bekommen.« Im Volksmund hießen die »Gummi-Schutzmittel« in Kästners Päckchen meist »Fromms« und manch heranwachsender Jugendlicher fühlte sich mit starken Sprüchen wie »Auf dem Bier, da schwimmt ein Fromms – wohl bekomm's« in der Pubertät gut aufgehoben. Dass dieser Name auf die 1914 in einem Ladengeschäft in Berlin-Prenzlauer Berg gegründete Einmann-Firma Israel Fromm, Fabrikations- und Verkaufsgeschäft für Parfümerie und Gummiwaren zurückging, wussten die wenigsten. Der jüdische Geschäftsmann erfand 1916 das erste Markenkondom und errichtete im Bauhaus-Stil in Köpenick eine hochmoderne Fabrik. 1926 produzierte sie bereits 24 Millionen seiner »nahtlosen, transparenten Spezialmarken Fromms Act«. Im November 1938 zwangen die Nazis den Unternehmer, der sich inzwischen längst Julius Fromm nannte, seine Firma im Wert von 8 Millionen Reichsmark für 200.000 Schweizer Franken zu verkaufen. Hermann Görings österreichische Patentante Baronin Elisabeth von Epenstein griff zu.

Trotz starker Bombenschäden ordnete nach dem Krieg der sowjetische Stadtkommandant bereits im Sommer 1946 die Wiederaufnahme der Produktion von Präservativen an. Als Opfer der Nazi-Diktatur hätten die Erben – Julius Fromm verstarb am 12. Mai 1945 – die Fabrik zurückerhalten müssen. Die Kommunisten umgingen jedoch diese Bestimmung des Potsdamer Abkommens, indem sie den »Auf- und Ausbau der betrieblichen sozialen Einrichtungen« durch den Fabrikanten nun als »aktive Unterstützung der nationalsozialistischen Propaganda« auslegten und ihm vorwarfen, die Firma aus freien Stücken »in Form eines guten Devisengeschäfts selbst an einen reaktionären Kaufpartner« veräußert zu haben. Nach Gründung der DDR entstand so der VEB Gummiwerk Friedrichshagen.

Die Traditionsmarke lebte im Westen in den Hanseatischen Gummiwerken Zeven wieder auf. In der DDR hießen die Präservative nun Mondos und waren als »Silber, Gold und Mondos-Spezial – für höchste Ansprüche feucht« ab einer Mark im Dreierpack zu haben. Produziert wurden sie auch im VEB Plastina Erfurt, ebenfalls einer Traditionsfirma, die 1929 die Marke Blausiegel auf den Markt brachte und heute zur Kölner condomi AG gehört.

Für Kästner in Dresden ging das Geschäft mit dem »diskreten Versand« mit dem Verlöschen der DDR zu Ende. Zwar bedankte sich im Frühjahr 1990 noch ein Kunde brieflich, dass »Sie jetzt auch Kondome aus der BRD versenden«, doch mit der D-Mark kam das Aus. Kästner-Mitarbeiterin Hannelore Perner versuchte zwar noch, mit Hannelores

Sexshop ein zweites Standbein neben dem Versand aufzubauen, doch ein Jahr vor dem 100. Jubiläum der Firma Kästner war sie pleite. Zum Abschied bekamen die Kunden einen Dankesbrief für die »langjährig erwiesene Treue« und das konnte nun jeder verstehen, wie er mochte. Wer es ganz genau wissen will, findet die Korrespondenz des Familienbetriebes H.-K.-Versand in ein paar Kartons im Dresdner Stadtarchiv. Einige orangefarbene Pappkisten Mondos spezial sind auch noch da.

Warum fuhren FDGB-Urlauberschiffe für Neckermann?

Wenn sich der oberste DDR-Planer Gerhard Schürer an die Urlauberschiffe des FDGB erinnerte, meinte er, den leibhaftigen Klabautermann zu sehen: »Seit Mitte der siebziger Jahre habe ich immer wieder auf die Einstellung der viel zu teuren Kreuzfahrten gedrängt. Ohne Erfolg. Allein die *Völkerfreundschaft* verschlang zwischen 1976 und 1980 rund 65 Millionen Mark Subventionen.«

Walter Ulbricht kritisierte die Gewerkschaft schon ein Jahr nach der am 3. Januar 1960 erfolgten Indienststellung der für 17,5 Millionen Mark gekauften früheren *Stockholm*: »Ich sympathisiere durchaus mit den Mittelmeerreisen, das ist gar nicht die Frage, die Frage ist doch, wer zahlt es? Das Schiff, mit dem gefahren wird, muss auch amortisiert werden, das ist nicht berechnet, das wird sozusagen alles auf himmlische Weise gelöst.« Doch auf Dauer ging das nicht, und außerdem gab es im Laufe der DDR-Geschichte drei gewerkschaftliche Kreuzfahrer. Deshalb mussten zahlende Touristen aus dem Westen her und Neckermann verkaufte ihnen die Reisen. Damit war dann auch gleich das peinliche Problem der Fluchten von den Schiffen gelöst.

Begonnen hatte alles sehr hoffnungsvoll, lange bevor das Horn zum ersten Mal tutete. Ende der fünfziger Jahre baut die DDR ihre Hochseeflotte auf, doch Devisen sind knapp. Da hilft die bereits erwähnte Steckenpferd-Bewegung. 1958 produzieren die Seifensieder aus Radebeul bei Dresden für 100.000 Dollar mehr Export-Seife. Der Extraerlös soll dem Kauf eines Schiffes im Westen dienen. So geschieht es, und zur Belohnung dürfen ein paar verdiente Werktätige mit auf See. Das spricht sich bis in eine Fabrik für Babywindeln herum. Die Leute dort wollen auch gern mal in die Welt hinaus, und so verkaufen sie ihre Windeln einfach im Export. Da die jedoch planmäßig von DDR-Babys gefüllt werden sollten, gab es plötzlich in der ganzen DDR keine Windeln mehr zu kaufen. Deshalb wird Mitte 1960 die Steckenpferd-Bewegung klammheimlich wieder eingeschläfert, vorher jedoch von dem erwirtschafteten Geld noch das erste Urlauberschiff angeschafft. Die *Völkerfreundschaft* schippert durchs Mittelmeer, bringt DDR-Touristen an die Pyramiden und nach Finnland. Nach dem Mauerbau schränken sich die Ziele ein. Nun stehen Kuba und Leningrad (heute Sankt Petersburg) auf dem Programm. Doch das Schiff von 12 644 BRT, 1946 in Schweden gebaut, hat bereits eine schwere Kollision mit der italienischen *Andrea Doria* hinter sich und erweist sich als teuer im Unterhalt. Die Kapazität ist auf knapp 600 Passagiere beschränkt. Deshalb kommt im April 1960 die in Wismar gebaute *Fritz Heckert* dazu. Sie ist mit 8120 BRT etwas kleiner und kann 379 Passagiere befördern. Finanziert werden die mehr als 30 Millionen Mark Baukosten wieder aus der »Steckenpferd-Bewegung« und aus Spenden der Bevölkerung. Technisch ist das Schiff kein großer Wurf. Die Gasturbine bringt nicht die errechnete Leistung, die *Fritz Heckert* ist instabil – luvgierig genannt – und ab Windstärke 7 nur noch schwer zu steuern. Reparaturarbeiten lassen sich wegen der Bauweise nur unökonomisch bewerkstelligen, 1972 wird das Alptraumschiff außer Dienst gestellt.

Nun ist wieder nur die betagte *Völkerfreundschaft* da, die bis heute als *Astoria* die Meere kreuzt. 1985 kommt deshalb das bis dahin als *Astor* bekannte West-Traumschiff dazu. Der 1980 in Hamburg gebaute 18 000-Tonner bot mehr als 500 Reisenden Platz. Die Hamburger Firma HADAG hatte es 1983 nach Südafrika verkauft und über Zwischenhändler – die DDR wollte mit dem dortigen Apartheid-Regime offiziell keine Geschäfte machen – gelangte es 1985 für einen Preis von 165 Millionen Mark nach Rostock. Seither halten sich hartnäckig Gerüchte, nach denen der Kauf ein von der Landesregierung Schleswig-Holstein eingefädelter Deal war, bei dem es auch um U-Boot-Pläne für Südafrika und die heimliche Sanierung der Howaldtswerke-Deutsche Werft (HDW) ging und nebenbei etwa 150 Millionen Mark Schmiergelder flossen.

Ob der Preis für die DDR dadurch nun günstig war oder nicht, mit den paar für DDR-Bürger möglichen Reisezielen, wie der Jungfernfahrt am 19. November 1985 nach Leningrad, ließ sich das in *Arkona«* umbenannte Schiff nicht halten. Deshalb wurde es neben den Fahrten mit Ost-Gästen an westdeutsche Reiseunternehmen verchartert. Heute läuft die einstige *Arkona* als *Saga Pearl II* unter der Flagge Maltas. Dabei profitiert sie immer noch von ihrem Bekanntheitsgrad, den sie sich als »Traumschiff« erworben hat. Für die ausgesuchten DDR-Gäste zu FDGB-Zeiten war eine Reise auf der *Arkona* ein kleines Schnuppern an der großen weiten Welt.

Dafür waren nicht alle dankbar. Zwischen 1961 und 1989 gab es insgesamt 233 Flucht-versuche von DDR-Urlauberschiffen, von denen 225 gelangen. Insgesamt war das jedoch eine geringe Verlustquote, rechnet man Passagiere und Mannschaft zusammen. Sie lag bei nur 0,01 Prozent. Die kürzeste Seereise absolvierte der Mediziner Lutz Grävinghoff. Bereits drei Stunden nach dem Auslaufen in Rostock sprang er am 12. Juni 1966, damals 26 Jahre alt, von der *Fritz Heckert*. Sein Bruder hatte den Bundesgrenzschutz alarmiert, der mit drei Booten vor Ort war und ihn einsammelte.

Das DDR-Urlauberschiff *Völkerfreundschaft* fährt heute als *Astoria* unter portugiesischer Flagge und ist das dienstälteste Transatlantikschiff der Welt.

Wieso hatte das Hotel *Neptun* eigenes Geld?

Wenn die Stimmung in der *Sky-Bar* im 19. Stock des Interhotels *Neptun* am Strand von Warnemünde so richtig hochkochte, kam es schon mal zum »blauen Regen«. Dann ließen gut abgefüllte Westgäste die DDR-Hunderter – meist schwarz zum Kurs von 1 zu 7 oder 1 zu 10 getauscht – über den Tresen trudeln.

Damit sollte nach Erich Honeckers Machtantritt Schluss sein. Am 21. September 1971 fasste das Politbüro des ZK der SED den Beschluss, dass künftig 80 Prozent der Nobelherberge als FDGB-Ferienheim zu nutzen sei. Hoteldirektor Klaus Wenzel war entsetzt: »Dann kam diese schwachsinnige Idee, dass die besten Hotels für die Werktätigen freigegeben werden mussten. Wir haben schon einen Schock gehabt.« Die neue Linie betraf viele Interhotels in der ganzen DDR, das *Neptun* an der Ostsee zählte zu den beliebtesten. Anfang der siebziger Jahre machten rund 2,5 Millionen Urlauber Ferien am Strand. Der FDGB gab dafür 234 Millionen Mark aus, denn die Plätze wurden stark subventioniert. Die Gäste zahlten je nach Qualität und Einkommen für 13 Tage Vollpension zwischen 52,50 und 120 Mark pro Person, Kinder 30 Mark – allerdings gab es rein statistisch nur etwa alle zehn Jahre die Chance, einen Ostseeurlaub zu erwischen.

Im *Neptun* kostete er für die FDGB-Urlauber 310 Mark pro Person. Dafür erhielt jeder pro Tag 18 Mark in Gutscheinen des hoteleigenen Neptun-Geldes, um den Unterschied zu den Westgästen in der Disco *Daddeldu* oder der *Sky-Bar* nicht allzu augenscheinlich werden zu lassen. Verbergen ließ er sich ohnehin nicht, denn manche FDGB-Gäste erschienen in gewohnter Ferienheimmanier schon mal in Schlappen und Trainingsanzug im Speisesaal. Trotzdem waren die Tage im Fünf-Sterne-Hotel für viele die schönsten ihres Lebens. Ob beim »Abschwimmen der Freundschaftsmeile« im hauseigenen Meerwasserbad oder bei der Wirbelsäulengymnastik – für Unterhaltung war gesorgt. »Nicht das Gehirn von der Sommersonne austrocknen zu lassen«, forderte die Tageszeitung *Neue Zeit* von den Feriengästen, denn: »Die allseits gebildete, kulturell und geistig interessierte Persönlichkeit beurlaubt ihre Bedürfnisse nicht, sondern entspricht ihnen im Urlaub auf andere der Aktivierung ihrer Kräfte dienliche Weise.«

Das durfte nicht zu teuer werden. Im *Neptun* galt die Preisstufe »S + 200«, die allerhöchste der DDR, und das war für die FDGB-Gäste zu teuer. Klaus Wenzel: »Wir mussten die Preise senken, da haben wir andere Namen erfunden, ein Schaschlik-Spieß hieß dann eben Störtebeckers Feuerschwert.« Die Urlauber dankten es, denn der Hotelchef und seine Leute verstanden es immer wieder, ihnen in der DDR seltene Genüsse zu bieten. Wenzel: »Unser Motto war: Tauschen, organisieren, besorgen.« Drei Mitarbeiter reisten ständig durchs ganze Land, um dort einzukaufen, wo es gerade etwas Besonderes gab. Direkte Kontakte zu ein paar LPGs sicherten schon mal Champignons, auch wenn Kohl abgerechnet wurde. Ausgeglichen wurde unter der Hand. Klaus Wenzel: »Was brauchten die Bauern? Mal war es ein Traktor, mal eine neue Melkmaschine. Das haben wir dann natürlich besorgt, von Leuten, die etwas von uns wollten.«

Die saßen unter anderem in Berlin beim Devisenimperium »Kommerzielle Koordinierung« Alexander Schalck-Golodkowskis. Der machte alles möglich. So lieferte zum Beispiel die KoKo-Firma Asimex am 23. Dezember 1988 mit Rechnung HN 086/88: »1,5 kg Großgarnelen m. Kopf, 100 Stck. Gigas Felsenaustern Holl., 4,5 kg Hummer gekocht / gefroren und 10,17 kg Lachs, vorgeschn. geräuchert« inklusive »0,1 Prozent Reklamierungspauschale« für 861,38 DM ans *Neptun*. Das blieb dann allerdings den Devisengästen vorbehalten. Aber auch die Urlauber mussten nicht darben. In den Restaurants *Koralle*, *Goldbroiler* und *Seemannskrug* gab es eine gute Küche zum kleinen Preis: »Kalbssteak au four« kostete 5,35 Mark, Zander aus dem Oder-Haff 5,80 Mark oder Tatar-Beefsteak nur 3,20 Mark.

Das Hausgeld sorgte dafür, dass sich die DDR-Bürger im Hotel nicht als Gäste zweiter Klasse fühlen mussten. Klaus Wenzel: »Das war eines der Geheimnisse des Hotels, ein wichtiges Prinzip, mit dem wir einfach den Betrug mit den Umtauschsätzen unterbunden haben. Es war auch moralisch wichtig, denn unsere Mitarbeiter konnten am Geld nicht erkennen, woher der Gast kam.« Die Stasi konnte das sehr wohl, mehr als hundert Inoffizielle Mitarbeiter unter dem Personal, Klaus Wenzel als »Wimpel« an vorderster Front, hielten Augen und Ohren offen. Allerdings waren für sie die FDGB-Urlauber bei weitem nicht so interessant wie die Gäste aus dem Westen. Akribisch wurde im Zimmer 1719 vermerkt, dass Schleswig-Holsteins Ministerpräsident Uwe Barschel den Kaviar-Ersatz aus Seehasenrogen abfällig als »schwarze Kaninchenscheiße« bezeichnete und sein Nachfolger Björn Engholm zum morgendlichen Joggen so zerknittert erschien, dass ihn nicht einmal die beiden wartenden Stasi-Aufpasser erkannten.

Für die FDGB-Urlauber blieben solche Gäste gern von weitem bestaunte Showeinlagen, und nicht willkommen war im *Neptun* nur ein prominentes DDR-Paar. Im Sommer 1972 standen plötzlich Lotte und Walter Ulbricht unangemeldet im Foyer. Sie hatten zuvor den Bau des *Neptun* sehr gefördert und wollten nun mal kurz bei Fidel Castro vorbeischauen, der gerade zum Besuch in Warnemünde weilte. Direktor Wenzel musste sie auf höchste Anweisung hinauskomplimentieren, denn inzwischen war Erich Honecker der Hausherr der DDR, und der wollte die beiden Alten nicht sehen. Dafür musste Direktor Wenzel mit der gebotenen Diskretion sorgen: »Die beiden waren klug genug, um den eigentlichen Grund des Rauswurfs zu begreifen ... Sie drehten sich um und verließen wortlos das Hotel.«

In der *Sky-Bar* im 19. Stock des Hotels *Neptun* wurde nachts das Dach für den »Tanz unter Sternen« geöffnet.

WESHALB SAHEN BUSEN UND HINTERN WIE FEUERMELDER AUS?

Das Peinlichste an den Stränden für Freikörperkultur der DDR, kurz FKK, waren die Neuankömmlinge. Sie ließen sich noch tagelang am rot leuchtenden Sonnenbrand erkennen. Selbst wer versuchte, am heimischen Baggersee vorzuglühen, trug an der Ostsee noch einige Zeit Hintern und Busen in Feuermelderfarbe, bis nahtloses Braun alles bedeckte und nach Nussöl oder Florena roch. Sonst war eigentlich nichts peinlich. Nur männliche Pubertierende verbrachten mal einen Urlaub auf dem Bauch im Sand. Oder wenn jemand in Badehose auftauchte. Beim FKK hatte sich das DDR-Volk seinen Freiraum längst erkämpft.

Alles beginnt Anfang der fünfziger Jahre. In der DDR gilt, wie auch im Westen, die »Polizeiverordnung zur Regelung des Badewesens« von 1942. Sie erlaubt öffentliches Nacktbaden, wenn die Betreffenden »von unbeteiligten Personen nicht gesehen werden können«. Inzwischen werden sie aber nicht nur gesehen, sondern auch gehört: Sind es zunächst noch Künstler und Intellektuelle, die sich wie im Paradies an der Ostsee bewegen, zieht es nun immer mehr Leute dorthin, denn am Strand wird kräftig gefeiert. Kamerun-Feste werden legendär und empört berichtet der Hamburger *Spiegel* im September 1954: »Mit dem Verbot von ›Kameruns‹ am Ostseestrand ist es jedoch allein nicht getan. Die Volkspolizei hat vielmehr Weisung erhalten, gewissen Anzeigen nachzugehen, denen zufolge an ausschweifenden ›Sittenfesten‹ der Nackedeis nicht nur etliche aktive SED-Genossen, sondern auch Mitglieder der ›schaffenden Intelligenz‹ teilgenommen haben.«

Im Sommer 1954 hatte sich die Lage tatsächlich zugespitzt. So verkündete der Feriendienst des Kulturbundes im Mai in Ahrenshoop: »Bevor die Saison beginnt, halten wir es für notwendig, unsere geschätzten Gäste darauf aufmerksam zu machen, dass die für die Verwaltung der Ostseebäder zuständigen Stellen wegen verschiedener Ausschreitungen, die es im Vorjahre leider gegeben hat, in dieser Saison das Nacktbaden nicht mehr gestatten.« Am 14. August 1954 weitete die Regierung das Nacktbadeverbot auf die gesamte DDR-Ostseeküste und das Stettiner Haff aus. Daraufhin hagelte es Proteste. Praktiker ließen einfach trotz Verbot die Hüllen fallen, Theoretiker verwiesen auf die Popularität der Nacktkultur in der sozialistischen Arbeiterschaft der zwanziger Jahre, und ganz Kluge erinnerten daran, dass es die Nazis waren, die die Verbände und Vereine der Freikörperkultur im März 1933 verboten und die nackte Körperertüchtigung zum völkischen Propaganda-Kult gemacht hatten.

Die DDR kapitulierte. Im Juni 1958 erschien eine neue »Anordnung zur Regelung des Freibadewesens«. Sie erlaubte das Baden ohne Schwimmbekleidung an »Orten, zu denen jedermann Zutritt hat«, wenn diese »als ausdrücklich dafür von den zuständigen örtlichen Räten freigegeben und entsprechend gekennzeichnet waren.« Als die Zahlen der Urlauber wuchsen und in den Siebzigern kaum noch Stehplätze an der Ostsee zu haben waren, galt der hüllenlose Sommer mit Sonne und Sonnenbrand als Standard. Er drang an die Seen im Binnenland vor.

Eine Familie urlaubt am FKK-Zeltplatz bei Gotthun an der Müritz.

An der Ostsee bildete sich derweil ein eigenartiger Dresscode heraus: Ging angesichts rotbrennender Haut gar nichts mehr, wurde ein schlabbriges T-Shirt übergezogen, das etwa zehn Zentimeter unter dem Bauchnabel endete. In dieser Anzugordnung waren auch lange Strandspaziergänge an der Wasserkante beliebt, oft mit dem Fotoapparat vor dem Bauch. Rückzugsmöglichkeiten bot – nachdem der Bau aufwendiger Strandburgen aus Platz- und

Küstenschutzgründen verboten worden war – der mitgebrachte Windschutz. Meist selbst aus einer Stoffbahn und ein paar Besenstielen gebaut, steckte er den Kreis des »privaten« Claims ab. Drinnen saß man auf dem Handtuch, denn Luftmatratzen waren an der Ostsee in den achtziger Jahren verboten.

Die Idylle endete, als nach der Einheit die ersten Landsleute West die ehemalige DDR-Ostseeküste entdeckten. Trotz Hochglanz-Busen an jedem Zeitungskiosk fühlten sich viele von der nackten Tatsache am Strand belästigt. Die Kurverwaltungen gerieten in die Zwickmühle. Einerseits wollten sie die zahlenden Gäste nicht vergraulen, anderseits ihre angestammten Urlauber nicht vor den Kopf stoßen. Doch die reisten mehr und mehr Richtung Mallorca und Türkei und tauschten den weißen Ostseesand mit einer Liege am dortigen Hotelpool. Allerdings immerhin bei garantiertem Sonnenbrand rings um Badehose und Bikini, was an der Ostsee mangels UV-Strahlen auch schon mal glimpflicher ausgehen konnte. So tauchten zuerst die Schilder wieder auf, die Textil- und FKK-Strand kennzeichneten. Dann kam der bis dahin zwischen Boltenhagen und Ahlbeck völlig unbekannte Hundestrand dazu und die Bademode eroberte Stück für Stück auch die letzten FKK-Strände zurück. Heute scheinen nicht nur die einstigen Kamerun-Feste und die nackten Volleyball-Turniere am Strand Geschichte zu sein. Selbst an ausgewiesenen Nacktbadestränden wie zwischen Zingst und Prerow hocken meist nur noch etwas fülligere, ältere Pärchen trotzig im Sand und erinnern sich wehmütig: Es war nicht alles schlecht in der DDR.

Warum war es im Ferienlager meist schön?

»Mir geht es gut. Sonne scheint, Essen schmeckt.« – Eine Ansichtskarte mit derartigen Nachrichten war für viele Eltern oft ein sehnlichst erwartetes Lebenszeichen ihrer Sprösslinge während der Sommerferien. Sie kam aus dem Ferienlager. Dort waren die Kinder für drei Wochen gut und preiswert untergebracht. Ein »Durchgang« kostete – je nach Einkommen der Eltern – inklusive Unterbringung, Vollverpflegung, An- und Abreise, Ausflüge und Programm zwischen 12 und 30 Mark Eigenanteil. Den Rest zahlten die Betriebe als Träger der Ferienlager aus ihrem Kultur- und Sozialfonds.

Damit löste sich für viele ein großes Problem. Der Urlaub der Werktätigen, ab 1979 mindestens 18 Tage, für kinderreiche Mütter, Schichtarbeiter oder Arbeiter unter besonders schweren Bedingungen bis zu 10 Tage mehr, war wesentlich kürzer als die Ferienzeit von 8 Wochen allein im Sommer. Wer da nicht auf Großeltern zurückgreifen konnte, war oft dankbar für diese Art der Freizeitgestaltung.

Ihren Sinn erklärte das Handbuch für Freundschaftspionierleiter so: »Hauptaufgabe der Ferien ist es, körperliche Kräftigung und Gesunderhaltung der Schüler zu sichern und den sozialistischen Bildungs- und Erziehungsprozess weiterzuführen.« Trotz derartiger Vorgaben nahm die »Erziehung« im Laufe der Zeit spürbar ab. Seit den siebziger Jahren dominierten Spiel und Spaß, und das wurde als »frohes Jugendleben« von den Verantwortlichen auch toleriert. Meist blieb der Fahnenappell das einzige feste Ritual, das an den Schulalltag erinnerte.

Jahr für Jahr nutzten mehr als eine Million Kinder bis 14 Jahren die rund 6500 Betriebsferienlager, die es seit etwa Mitte der siebziger Jahre gab. Für die meisten von ihnen war es eine schöne Zeit, für viele das erste Mal ein Ausflug aus dem heimatlichen Nest. Es gab Abenteuerliches wie Nachtwanderungen und Lagerfeuer, manchmal die erste schüchterne Liebe, Disco und vor allem das Zusammensein mit Gleichaltrigen außerhalb der eigenen Schulklasse und Nachbarschaft. Die weniger schönen Erfahrungen, vom brennenden Heimweh bis zum gelegentlichen Mobbing der Schwächsten in der Gruppe, oder der militärisch-straff organisierte Tagesablauf, vom Wecken um 7 bis zur Nachtruhen um 22 Uhr, waren nach der Rückkehr schnell vergessen oder vergoldeten sich in der Erinnerung. Nahezu alle früheren Ferienlager-Fahrer schwärmen von der lockeren Atmosphäre, den Gemeinschaftserlebnissen, Ausflügen und jugendlichen Streichen. Niemand musste dorthin fahren, wenn ihm das kollektive Erlebnis nicht so behagte.

Die »materielle Verantwortung« für die Ferienlager hatten die Betriebe. Ihre Ausstattung lag meist auf niedrigem Camping-Niveau mit Doppelstockbetten in Zelten, Bungalows oder Baracken, strapazierfähigem Plastik- oder Blechgeschirr und zentralem Sanitärtrakt. Für die Ferienkinder erhöhte das den abenteuerlichen Reiz des Ungewöhnlichen. Die Betriebsgewerkschaftsleitungen (BGL) hatten überdies für die nötigen Arbeitskräfte zu sorgen, von der Lagerleitung über die Küchenfrauen bis zu den Gruppenleitern und Helfern. Meist wurden dafür ein paar Kollegen freigestellt, interessierte Familienangehörige aus der »nichtwerktätigen Bevölkerung« gesucht und junge Erwachsene, oft Studenten, als Gruppenleiter, Sanitäter oder Rettungsschwimmer verpflichtet. Pro Jahr band so die Feriengestaltung im Sommer rund 80 000 Arbeitskräfte in der DDR. Damit es für die Kinder der Betriebsangehörigen nicht immer an den gleichen Ort ging, blühte der Tausch von »Kontingenten« zwischen den verschiedenen Lagern, der rechtzeitig von findigen BGL-Funktionären über Kleinanzeigen in der Tagespresse organisiert wurde. Ganz besonders rührigen Feriengestaltern gelang sogar ein Austausch mit Partnerbetrieben in der benachbarten Tschechoslowakei oder in Polen.

Neben den meist nur in den großen Ferien betriebenen Betriebsferienlagern gab es in Verantwortung der verschiedenen Ministerien »Zentrale Pionierlager«, deren personelle und materielle Ausstattung ein »Trägerbetrieb« oder mehrere gemeinsam besorgten. Am Ende der DDR waren es 49 solcher Einrichtungen mit einer Kapazität von fast 40 000 Plätzen. Der Aufenthalt dort galt als besondere Auszeichnung und wurde durch die in den Kreisen und Bezirken tätigen FDJ-Leitungen per »Delegierung« geregelt. Während der Schulzeit nutzte man die Zentralen Pionierlager für andere Zwecke, wie Lehrgänge oder vormilitärische Ausbildung.

Eine Sonderrolle nahm die am 16. Juli 1952 vom ersten und einzigen DDR-Präsidenten Wilhelm Pieck eröffnete und nach ihm benannte »Pionierrepublik« am Werbellinsee ein. Sie beherbergte ganzjährig jeweils für mehrere Wochen ausgewählte Thälmann-Pioniere, die dort nicht nur politisch geschult wurden, sondern auch ihren Unterricht in den üblichen Fächern bekamen, was durch die zentralen Lehrpläne in der gesamten DDR relativ problemlos zu organisieren war. Zwischen 1952 und 1990 hielten sich rund 400 000 DDR-Pioniere in der »Pionierrepublik Wilhelm Pieck« auf, in den Sommermonaten auch gemeinsam mit Delegationen aus aller Welt.

Für Schüler bis zur 4. Klasse bot die Schule in den längeren Sommer- und Winterferien »Ferienspiele« in der Schule an. Sie sicherten die Ganztagsbetreuung der Kinder durch die Lehrer, die dafür eine geringe Sondervergütung bekamen. Für eine Woche musste, inklusive eines warmen Essens, ein Unkostenbeitrag von einer Mark gezahlt werden. Für ältere Schüler gab es – ebenfalls in Verantwortung der Volksbildung – Ferienprogramme unter Nutzung der jeweiligen örtlichen Bedingungen wie Clubhäuser, Museen, Kinos und Büchereien. Geblieben ist von alldem die Erinnerung: In den Ferien in der DDR war immer »was los«!

Kinder mit Betreuerinnen am Eingang zu einem Pionierlager im Ferienheim des VEB Zemag Zeitz in Schneeberg im Sommer 1972

»Spiel und Buch und Singen,
Sport und Fröhlichsein …«

13
KUNST,
KÖNNEN
UND MANCH
SELTSAMES

Was machte Heinz Quermann auf dem Bitterfelder Weg?

Geblieben sind der Slogan »Greif zur Feder, Kumpel« und ein paar Bücher, die den Weg von Schriftstellern zu den »Arbeitern« beschrieben. Beabsichtigt war, dass »die Arbeiterklasse« nicht nur den Staat DDR, sondern auch dessen Kultur beherrschen solle. Dazu rief der Mitteldeutsche Verlag Halle im April 1959 auf Anregung Walter Ulbrichts die »Kulturschaffenden« ins Chemiewerk Bitterfeld, um dort den nach dem Konferenzort benannten »Weg« zu beschreiten.

Einer der das wirklich tat, war Heinz Quermann, den man heute Entertainer nennen würde. Dabei gehörte er eigentlich gar nicht zur Zielgruppe, doch Walter Ulbricht hatte damals aus der Literaturtagung kurzerhand eine »Unterhaltungskonferenz« gemacht. Als Heinz Quermann mit Schriftstellern beisammen saß und der Parteichef erschien, um »wertvolle Hinweise« zu geben, erkannte der zwar nicht die Schreiberlinge, aber den kleinen Dicken aus dem Fernsehen. Er bat ihn zum Vieraugen-Gespräch, und nach zwei Stunden hatte nicht nur Heinz Quermann seine Lektion über die Verbindung von Volk und Kultur gelernt, sondern auch Fernsehintendant Heinz Adameck Manschetten: »Mit dir werde ich mich nie streiten«, verkündete er Quermann, »denn ich weiß ja nicht, wer alles hinter dir steht.«

Es war wohl vor allem der feine Instinkt des 1921 geborenen und gelernten Bäckers aus Hannover, der riechen konnte, was »unsere Menschen« von ihm erwarteten. Nach Schauspielprüfung 1939 und ersten Bühnenschritten 1946 in Köthen übernahm Heinz Quermann 1947 das Unterhaltungsressort beim damaligen Mitteldeutschen Rundfunk in Halle. Mit dem Fernsehen wurde er zum Bildschirm-Protagonisten, ohne den bald gar nichts mehr zu gehen schien. Er suchte Talente: ob Frank Schöbel oder Dagmar Frederic, Helga Hahnemann oder Nina Hagen – ohne »Herzklopfen kostenlos« und »Heinz, den Quermann« begann oder endete kaum eine Karriere in der DDR-U-Kunst. Ob die seit 1958 dann 36 Jahre lang laufende »Schlagerrevue« im Rundfunk, oder ab 1955 »Da lacht der Bär« und zwei Jahre später die Weihnachtsrevue »Zwischen Frühstück und Gänsebraten« im Fernsehen – Heinz Quermann brachte es im Laufe seiner DDR-Karriere auf 2500 Sendungen und 7500 Veranstaltungen. Ein paar überlebten sogar die DDR und verschafften ihm einen Platz im Berliner Wachsfiguren-Kabinett. Der Bitterfelder Weg als Erfolgsweg.

»Ich war immer ein volkseigener Künstler«, erzählte Heinz Quermann und er meinte es so, dass er »dem Volk aufs Maul geschaut« habe. »Ich war pausenlos unterwegs, die Leute habe mit mir von du zu du gesprochen, mir ihre Sorgen und Nöte anvertraut.« Dabei war er nicht einmal SED-Genosse, sondern nur Block-Freund. Dennoch hat Heinz Quermann ein Stückchen Zufriedenheit ins DDR-Leben gebracht. Als ihn der West-berliner RIAS 1964 in einem Porträt erwähnte und damit die »Information« verband, Walter Ulbricht habe dem Conférencier als Dank dafür ein Haus in Berlin-Karolinenhof geschenkt, waren die Leute sauer. Quermann: »Fast anderthalb Jahre konnte ich mich danach nirgendwo sehen lassen!«

Doch seine Erfahrung half ihm, auf dem Bitterfelder Weg niemals zu straucheln. Obwohl Heinz Quermann die Sorgen seines Publikums kannte, verzichtete er gern auf Gags, die die Oberen hätten erzürnen können. Sich über die Zensur aufzuregen, war nicht seine Sache, und schließlich ließ sich ja auch der »Abfall« noch gut verwerten. »Den Sketch, in dem Didi Hallervorden im Knast Kaufmann spielt und eine Flasche Pommes frites erwerben will, habe ich ihm für 500 Mark verkauft.« West, versteht sich. Ein anderes Mal löste sich das Problem ganz von selbst. Als es Krach um die heimliche DDR-Hymne »Sing, mei Sachse, sing« gab, machte Heinz Quermann das Lied zum Hit. Die Kultur-funktionäre runzelten schon die Stirn, als plötzlich Politbüro-Mitglied und Armeege-neral Heinz Hoffmann die Bänder bestellte; seine NVA-Soldaten sollten künftig danach marschieren – »Es is' e eichen Ding und ooch e tichtches Glück um d'n Zauber der Mu-sik.« Sogar auf dem Bitterfelder Weg.

Selbstzweifel haben Heinz Quermann weniger geplagt als seine Körperfülle, die ihn im Alter vom Platz vor der Kamera auf den dahinter zwang. Und der gelegentliche Vorwurf, er mache eigentlich immer nur dasselbe, focht ihn nie an: »Das war das, was ich konn-te und was die Leute von mir sehen wollten.« Dass er der wohl mächtigste Mann im DDR-Unterhaltungsbetrieb gewesen war, wischte er mit einem Lächeln beiseite: »Die ha-ben eben alle auf mich gehört. Ob Honecker oder Krenz, wenn es um die Künstler ging, wurde ich gefragt.« Der Weichensteller auf dem Bitterfelder Weg.

In die Reihe der nacheilenden Widerstandskämpfer nach dem Ende der DDR, die deren letzten »Geburtstag« noch besungen hatten und wenig später angeekelt eine rote Socke aus der Hosentasche zogen, gehörte Heinz Quermann nie. Nicht ohne List sagt er stattdessen: »Als meine Frau noch lebte und wir uns manchmal die alten Sendungen angesehen haben, meinte sie manchmal: Du hast dir ja damals allerhand getraut! Aber ich war nie böse.« Heinz, der Quermann, einer, der den Bitterfelder Weg nicht nur gegangen ist, sondern ihn wohl auch verstanden hatte.

WIE VERSCHWANDEN AUFMÜPFIGE SÄTZE BERÜHMTER LEUTE?

Kunst ist, nach einem Wort des Schriftstellers Leonhard Frank, nichts anderes, als Weglassen. In diesem Sinne gibt es kaum jemanden, der mehr für die Kunst – und die historischen Wissenschaften, doch das ist ein anderes Kapitel – getan hat als die DDR. Wer immer etwas den Herrschenden Unbequemes äußerte, durfte mit dem Verschweigen seiner Bemerkungen rechnen, fand sie jedoch, sofern er nicht ohnehin dafür bestraft worden war, nach 1990 mit einiger Sicherheit in den Akten der Staatssicherheit vermerkt.

Eine Zensur der Presse und Literatur war in den Verfassungen der DDR – sie verbrauchte zwei davon – nicht vorgesehen, fand jedoch vom ersten Tag an statt. Offiziell blieben nur »Publikationen ausgeschlossen, die den Frieden, die Völkerverständigung, die Menschenwürde und den sozialen Fortschritt gefährden«. In der Bildenden Kunst sollte anfangs die Staatliche Kommission für Kunstangelegenheiten das künstlerische Schaffen im Sinne des »sozialistischen Realismus« administrativ lenken und den Kampf gegen »Kosmopolitismus und Formalismus« führen. Keiner der drei Begriffe war jedoch exakt definiert.

Der sozialistische Realismus, von dem unter Honecker kaum noch die Rede war, blieb auch den Literaten als einzig zugelassene künstlerische Methode vorgeschrieben. Harry Thürks Kriegsroman *Die Stunde der toten Augen* stieß wegen der »harten« Schreibweise auf Ablehnung, Brechts und Dessaus *Verhör des Lukullus* war formalistisch, und Uwe Johnsons *Mutmaßungen über Jakob* wurden gar nicht erst gedruckt. Brechts *Buckower Elegien* erschienen erst nach Jahren in der DDR, unbequeme Texte aus dessen Stalin-Mappe sogar erst in den Achtzigern. Als vorbildlich sozialistisch-realistisch galt dagegen die Parteiprosa von Ulbrichts Sekretär Otto Gotsche oder Stephan Hermlins haarsträubend erfundene *Die Kommandeuse*, ein faschistisches Ungeheuer an der Spitze der Aufständischen vom 17. Juni 1953 – in Wahrheit eine kleinwüchsige Psychopathin, der kein Verbrechen nachzuweisen war. Sie starb dennoch unter dem Fallbeil.

Großzügig verfuhr man mit den Texten der eigenen Genossen, die Stalin oder Hitler nicht überlebt hatten. Während die erste Gruppe totgeschwiegen wurde, redigierte Walter Ulbricht eigenhändig Thälmanns Briefe aus dem Gefängnis und die Parteihistorie der KPD. Für die Fälschung der Polizeigeschichte fühlte sich der stellvertretende Innenminister zuständig. Die zunehmend kritischen Äußerungen Robert Havemanns erschienen ebenso wie Biermanns Gedichte und Lieder nur im Westen.

Selbst Literatur-Importen, bei deren Auswahl die Verlagsmitarbeiter viel Mut und Hartnäckigkeit bewiesen, blieben Eingriffe in den Text nicht erspart. B. Travens Haltung zum Kommunismus wurde korrigiert, aus Robert Neumanns Erinnerungen *Ein leichtes Leben* verschwand das aufschlussreiche Kapitel »Meine Freunde, die Kommunisten« spurlos. Heinrich Bölls beanstandete *Ansichten eines Clowns* und sein *Gruppenbild mit Dame* blieben in der DDR ebenso wie die Werke der abtrünnigen Kommunisten ungedruckt. Selbst altkommunistische Kader wie Jürgen Kuczynski mussten sich der offiziell nicht vorhandenen Zensur beugen. Dabei waren gerade sie an deren erste Stufe, die verinnerlichte Selbstzensur, wahrlich gewöhnt. Die nächste Stufe verantworteten die Verlage, mit deren Leitern oder Lektoren die Autoren gelegentlich aushandeln mussten, »was noch geht«, bevor das Werk nach einem weiteren Gutachten das Druckgenehmigungsverfahren passierte.

Einen herben Einschnitt erfuhr die Kulturpolitik im Dezember 1965 auf dem berüchtigten 11. Plenum, das eine sechsjährige Eiszeit einläutete. Das rigorose Verbot von etlichen Filmen und Büchern schadete jedoch spür- und hörbar dem Ansehen der SED-Führung. Erst mit Honeckers Machtantritt war plötzlich wieder von vielen Blumen die Rede, die auf der sozialistischen Wiese blühen durften. Allerdings dauerte die »Blütezeit«, der die DDR-Leser kritische Veröffentlichungen u. a. von Volker Braun, Reiner Kunze, Erich Loest und Ulrich Plenzdorf verdankten, nur etwa fünf Jahre. Stefan Heyms DDR-freundlicher Roman über den 17. Juni 1953 verfiel endgültig der Zensur. Sein *Lassalle*-Roman jedoch und der sarkastische *König David Bericht* wurden ebenso gedruckt wie die leicht zu durchschauende *Schmähschrift*, in der er seine Erfahrungen mit der Zensur schilderte. Im gleichen Jahr 1979 war sein Roman *Collin* verboten und eine »Lex Heym« erlassen worden, die es Autoren bei Strafe untersagte, ihre Werke im Westen zu veröffentlichen.

Das betraf allerdings kaum die nach ihrem Protest gegen die Biermann-Ausbürgerung zumeist mit Langzeit-Visa ausgereisten Autoren – wo, wenn nicht im Westen, sollten ihre Bücher erscheinen?

Die Hauptverwaltung Verlage beim Ministerium für Kultur als oberste Zensurbehörde sah sich zunehmenden Schwierigkeiten ausgesetzt. Die Liste der verbotenen oder mehr oder weniger stark zensierten Autoren wurde immer länger, sie reichte von Günter de Bruyn bis zu Christa Wolf und enthielt die Namen vieler weiterer bekannter DDR-Schriftsteller. Manche von ihnen konnten sich deshalb einer Aufmerksamkeit erfreuen, die sie allein mit ihren Büchern kaum erlangt hätten. In der DDR suchten die Leser stets nach neuen Informationen darüber, was sich der eine oder andere zu sagen »traute«. Literatur wurde so zu einem Teil der Öffentlichkeit, den heute erfolgreich Journalisten besetzen.

War Jazz tatsächlich in der DDR verboten?

Nein. Jedenfalls nie ganz und gar. Verfolgt, geduldet, gefördert – diese Reihenfolge beschreibt recht genau das Verhältnis der offiziellen DDR-Kulturpolitik zu dem umstrittenen musikalischen Phänomen, das je nach Standpunkt als Ausfluss amerikanischer Unkultur und bürgerlicher Dekadenz wie als Kulturgut der unterdrückten Schwarzen in den USA angesehen oder ausgegeben wurde.

Wie in vielen Bereichen der Kultur bewies die sowjetische Besatzungsmacht in den Nachkriegsjahren auch in der Musik ein weites Herz. Gegen den Einfluss des Swing und des Glenn-Miller-Sounds auf die Tanzmusik wäre sie ohnehin machtlos gewesen. Der von ihr lizenzierte und kontrollierte Rundfunk brachte ab 1946 erste Jazzsendungen; das im Juni 1945 (!) gegründete Radio Berlin Tanzorchester (RBT) unter Michael Jary, Horst Kudritzki und Erwin Lehn vereinte die besten (Jazz)-Musiker, zu denen Walter Dobschinski gehörte. Er leitete die Swing-Band des Berliner Rundfunks, die zahlreiche Rundfunk- und Schallplattenaufnahmen machte.

Der Sänger und Schauspieler Ernst Busch war einer von drei Lizenzträgern der einzigen

Sänger und Schauspieler Manfred Krug (r.) mit Jazzmusiker Günther Fischer bei einem Fernsehkonzert des Günther-Fischer-Quintetts 1975 im DDR-Fernsehen

östlichen Schallplattenfirma, auf deren Label Amiga eine ganze Reihe hörenswerter Jazztitel erschienen. Höhepunkt dieser bis 1949 andauernden Jazzwelle war Rex Stewart's Hot Club Berlin Session, pikanterweise drei Wochen nach Beginn der sowjetischen Berlin-Blockade im damaligen Amerikahaus am Nollendorfplatz aufgenommen. Von den sechs für Amiga produzierten Titeln mit dem Ellington-Trompeter wurde später das Album »Air Lift Stomp« in »Amiga Stomp« umbenannt.

Eine gleichermaßen lebendige Jazzszene entwickelte sich auch in der sowjetisch besetzten Provinz – ein in der DDR verpöntes Wort. Besonders das spätere Rundfunk-Tanzorchester Leipzig unter Kurt Henkels nahm sich moderner Jazzformen an und begeisterte beim regelmäßig stattfindenden Kapellenwettstreit im Berliner Friedrichstadtpalast. Ab 1950 ging für die Jazzfreunde das ohnehin dürftige Schallplattenangebot – des Schellackmangels wegen musste man zeitweise für eine neue zwei alte Platten abgeben – noch weiter zurück, hörte aber erstaunlicherweise nie völlig auf. Kurt Henkels legendäre Amiga-Aufnahme »The Mess Is Here« entstand im Sommer 1955.

Der »demokratische Rundfunk«, bis Mitte 1952 in der Masurenallee im britischen Sektor von Berlin ansässig, erwies sich als weniger progressiv und verbannte den Jazz für lange Zeit fast vollständig aus den eintönigen Programmen des Staatlichen Rundfunkkomitees. Nach dem Umzug in das neue Funkhaus in Berlin-Oberschöneweide setzten sich nach manchem Auf und Ab erst ab 1959 wieder spezielle Jazzsendungen durch. Neben den nach wie vor existierenden Big Bands spielten zu dieser Zeit bereits eine ganze Reihe junger Berufs- und Amateurmusiker – sofern sie nicht wie u. a. Michael Naura, Jutta Hipp oder Rolf Kühn das Land verlassen hatten – Jazz in seinen verschiedensten Formen und Stilarten. Überall entstanden Dixielandgruppen, von denen die Berliner Jazzoptimisten – bis zu ihrem ersten Fernsehauftritt Blue Music Brothers – gemeinsam mit dem Sänger und Schauspieler Manfred Krug erfolgreich bei DEFA und Amiga reüssierten.

Nachdem allmählich auch die ideologisch begründete Ablehnung aus den Kreisen der ernsten Musik und der Musikwissenschaft verstummte, lockerte sich die offizielle Einstellung zum Jazz, der in den Volksdemokratien zunehmende Anerkennung fand. In den USA war der Jazz gerade dabei, sich zu einem revolutionären Protest – wenn auch nicht im marxistisch-leninistischen Sinn – zu entwickeln. Enthusiastisch bedienten sich vor allem die jungen Berufsmusiker der DDR der neuen freien Spielweise, die den Oberen zwar schrill in den Ohren klang, deren Protesthaltung ihnen aber glücklicherweise unverständlich blieb.

Schließlich wurde 1984 beim Komitee für Unterhaltungskunst die Sektion Jazz als Berufs- und Interessenverband der Jazzmusiker gegründet. Die erreichten inzwischen überall im Land ein erstaunlich breites und interessiertes Publikum und brachten es zunehmend zu internationaler Anerkennung. Nur wenige kehrten von Tourneen in den Westen nicht zurück, wie Joachim Kühn oder der Trompeter und Bandleader Klaus Lenz, der 1977 die Jazzbühne Berlin begründet hatte. Der Rundfunk nahm sich der Veranstaltungsreihe und des Dresdener Dixielandfestivals an und baute sie zu internationalen Festivals aus. Die Leipziger Jazztage und die Jazzwerkstatt Peitz boten weitere Möglichkeiten zu internationalen Begegnungen. Importplatten blieben rar, doch betrieb Amiga eine rege Jazzproduktion. Immerhin konnten die Jazzfans über den Postzeitungsvertrieb das *Internationale Jazz Forum* beziehen.

Ein vollständiges Verbot des Jazz hatten übrigens nicht einmal die Nazis durchgesetzt. Es existierte lediglich eine Anordnung, den Jazz aus den Rundfunkprogrammen zu verbannen. Musiker und Schallplattenindustrie unterliefen Goebbels scharfe Angriffe gegen die »Niggermusik«. Überraschenderweise sind die späten dreißiger und frühen vierziger Jahre als Hochzeit des (deutschen) Swing zu betrachten, wie zahlreiche Plattenaufnahmen aus dieser Zeit beweisen.

Weshalb fuhren Menschen zur Dresdner Kunstausstellung?

»Lieber vom Leben gezeichnet als von Sitte gemalt«, spottete das DDR-Volk. Trotzdem fuhren viele ganz freiwillig und aus eigenem Interesse nach Dresden zur Kunstausstellung. Um die vermeintlich so »staatstragende« Kunst der »Viererbande« – Bernhard Heisig, Werner Tübke, Wolfgang Mattheuer und Willi Sitte – zu betrachten, geschah das nicht. Obwohl manche sogar im heimischen Wohnzimmer »Das Paar am Strand« vom ebenfalls als »Staatskünstler« apostrophierten Walter Womacka als Kunstdruck hängen hatten.

Die Bilder sprachen die »Landessprache« der DDR und an deren Zwischen-den-Zeilen-Lesen waren die Leute gewohnt. Ob unförmige, dicke Frauen von Sitte, Historien-Fratzen von Heisig oder der »Sturz des Ikarus« von Mattheuer – das war oft ebenso donnernde Rhetorik wie sinnschwere Gegenständlichkeit, deren offizielle Interpretation niemanden vom Hocker riss.

Dass Wolfgang Mattheuer sein SED-Parteibuch ausgerechnet am Republikgeburtstag 1988 nach 30-jähriger Mitgliedschaft zurückgab und dazu schrieb: »Meine Verantwortungswilligkeit und Verantwortungsfähigkeit haben ihre Grenzen erreicht«, war weniger bekannt. Leisten konnte er es sich allemal, kosteten seine Bilder in der Westberliner Galerie Brusberg doch damals schon um die 40.000 DM. Doch auch darum ging es nicht. Die Tröpfchen wurden gesucht, die langsam aber stetig den Stein höhlten. Die Betrachter wussten doch, dass sie Bilder sahen, die unter besonderen Umständen entstanden waren und dass sich die Maler diese Umstände nicht ausgesucht hatten. Wie haben sie sich damit arrangiert, mit ihren künstlerischen Mitteln, die nun mal über die der vor den Bildern Suchenden hinausgingen?

Und dann kam das Echo aus dem Westen hinzu. Das Feiern der Abstraktion als Kontrapunkt zur monumentalen Totschlag-»Kunst« der vorangegangenen Diktatur ließ die ideologisch grundierten Ost-Leinwände allenfalls als Ästhetik der Anpassung erscheinen. Schon das Zugestehen, welche Kompromisse akzeptabel seien und welche nicht, schien zu viel verlangt. Wie wohl tat da ein Günter Grass, der Anfang der achtziger Jahre die DDR-Bilder als »deutscher« gemalt charakterisierte. Und warum bestellte

Bundeskanzler Helmut Schmidt sein Konterfei fürs Kanzleramt gerade bei Bernhard Heisig? Schmidt war doch der Mann, der unbedingt den »Schwebenden Engel« von Ernst Barlach in Güstrow sehen wollte, wo das MfS nicht nur Hunderte von Schergen an die Straße stellte, sondern auch noch »ermitteln« musste, wer denn eigentlich dieser Ernst Barlach war.

Dresden, das war der Ausflug in die freiere Gedankenwelt, die virtuelle Begegnung mit Leuten, die ihr Land ernst nahmen. Natürlich konnte man sie bei Bedarf auch als Vorbeter des ewigen Klassenkämpfers sehen, aber ebenso als Chronisten der erloschenen Euphorie und des Wandels der Aufbruchstimmung in Melancholie.

Als das SED-Organ *Neues Deutschland* zur Eröffnung der IX. Kunstausstellung der DDR 1982 einen ratlosen Erich Honecker mit fragenden Augen zeigte, dem Kulturfunktionär Willi Sitte sein Bild erklärte, war das das Bild im Bild. Der Röntgenblick seiner Frau Margot, die nicht neben ihm stand, sondern »weilte«, ergänzte die Ignoranz. Da wurde plötzlich auch ein Bild von »Staatsmaler« Sitte zum Code für Eingeweihte – und der abgebildete Zwangsbetrachter gehörte nicht dazu. Er sah nicht, wie sich der Kitt der bindenden Utopie seines Landes auflöste, weil er es nicht sehen konnte. Die es konnten, fuhren für solche Momente nach Dresden. Schwulstige Denkmäler und Proletarier-Ästhetik wurden in Kauf genommen. Wer wusste nicht, dass »Kultur- und Sozialfonds« ausgegeben werden mussten und Pfründe von Stadträten und Betrieben den Angepassten ein Leben im oberen DDR-Standard sicherten? Die Toskana sah man eben nur auf den Bildern von Willi Sitte in der DDR und nicht im eigenen Fotoapparat. Dissidentische Subkultur erwartete niemand in Dresden, Zwischentöne schon.

So wie zum Beispiel bei der »Serviererin«, 1957 von Manfred Böttcher gemalt. Die Frau in der Schürze, die typische DDR-»Arbeiterin«, die doch so müde und einsam in einem düsteren Raum sitzt. Oder »Kind und Eltern«, 1976 von Heidrun Hegewald: Das helle Kind im lichten Dreieck zwischen den im Dunkeln von einander abgewandten Eltern. Oder die surreale Leere der Braunkohle-Mondlandschaft 1974 von Wolfgang Mattheuer mit ihren schwebenden Kasten-Köpfen, oder, oder, oder …

Nach Dresden wurde gefahren, um etwas zu erfahren. Dass es dabei auch Begegnungen mit Tätern und Opfern geben konnte, schien ein kalkulierbares Risiko. Eine Begegnung mit Kunst war es schon, auch wenn gnadenlose Abrechner das heute in Frage stellen möchten. »Nein«, sagt Bernhard Heisig Anfang der neunziger Jahre in seinem Atelier im havelländischen Strodehne: »andere Bilder hätte ich ohne die Schere im Kopf auch nicht gemalt. Weil ich es nicht kann. Ich wäre dann doch nicht ehrlich gewesen.« Seine Nationalpreise hat er 1989 zurückgegeben. Galerist Dieter Brusberg erhöhte derweil den Preis seiner Bilder in Westberlin von 30.000 bis 150.000 auf 50.000 bis 180.000 DM. Nach Dresden eilt derweil niemand mehr, um »DDR-Kunst« zu betrachten.

Erich und Margot Honecker lassen sich von Willi Sitte auf der IX. Kunstausstellung 1982 ein Gemälde erklären.

WAR DIE DEFA EINE TRAUMFABRIK?

Es war ein reiner Zufall und hätte doch symbolträchtiger nicht sein können: In einem als Sterbezimmer dekorierten Raum lässt Friedrich von Hardenberg, genannt Novalis, sein Leben Revue passieren. *Novalis – Die blaue Blume* in der Regie von Herwig Kipping erlebte am 13. Oktober 1993 als letzter Film der DEFA seine Premiere. Ihr erster Film hieß *Die Mörder sind unter uns* von Wolfgang Staudte und hatte am 15. Oktober 1946 seine Uraufführung. Das war kein Zufall. Mit dem ersten deutschen Nachkriegsfilm, in den Trümmern Berlins gedreht, sollte ein neues Kapitel Filmgeschichte beginnen. Dazwischen lagen rund 950 Spiel- und Kurzfilme, 820 Animationsfilme, 5800 Dokumentarfilme und Wochenschauen und etwa 4000 Synchronisationen ausländischer Filme.

Die Geschichte der DEFA begann vor Gründung der DDR und bewegte sich von Anfang an zwischen Erziehungsholzhammer und Traumfabrik. Bereits am 6. Juni 1945 befahl die sowjetische Besatzungsmacht, eine deutsche Fassung des Films von Sergei Eisensteins *Iwan der Schreckliche* herzustellen, dessen ersten Teil – den Aufstieg des russischen Zaren – Stalin liebte und dessen zweiten Teil er verbot. Eine Woche später wurden 1000 Farbkopien des sowjetischen Märchenfilms *Die steinerne Blume* gezogen.

Unter den Nazis war der Film neben dem Rundfunk das wichtigste Propagandamedium geworden. Jetzt sollte er dazu beitragen, »in Deutschland die Demokratie zu restaurieren, die deutschen Köpfe vom Faschismus zu befreien und auch zu sozialistischen Bürgern zu erziehen.« So verlangten es die Sowjets von den Filmschaffenden. Deshalb übernahm der sowjetische Filmverleih Sojusintorgkino im Auftrag der Besatzungsmacht bis Ende Oktober 1945 sämtliche Kinos und alle Vermögenswerte der Filmproduktion in der sowjetisch besetzten Zone. Gleichzeitig begann eine kleine Gruppe engagierter Filmschaffender mit politischen Wurzeln in der KPD, unter ihnen Regisseur Kurt Maetzig und Schauspieler Hans Klering, mit dem Aufbau eines neuen Filmwesens. Mit sowjetischer Lizenz bildete dieses Filmaktiv den Kern der am 17. Mai 1946 gegründeten Deutschen Film AG (DEFA). Sie wurde am 11. November 1947 in eine sowjetisch-deutsche Aktiengesellschaft mit 55 Prozent sowjetischem Anteil umgewandelt. Das ursprüngliche Stammkapital von 20.000 Reichsmark stockte der SED-Parteibetrieb VOB Zentrag auf 10 Millionen Reichsmark auf. Bereits Ende 1948 arbeiteten rund 2000 Menschen bei der DEFA, bis 1990 stieg der Personalbestand auf etwa 2300 Mitarbeiter an.

Bereits im Juli 1950 übertrugen die Sowjets ihre Eigentumsrechte an die provisorische Regierung der DDR. Die reorganisierte die DEFA am 1. Oktober 1952 und strukturierte sie in verschiedene Volkseigene Betriebe um. Dafür, dass diese nicht nur zur Traumfabrik wurden, sorgte ab 1954 die »Hauptverwaltung Film« beim Ministerium für Kultur. Sie fungierte faktisch als Zensurbehörde, denn sämtliche Ideen, Szenarien und Drehbücher unterlagen nun neben der Diskussion über die künstlerischen Inhalte auch einer umfangreichen Überprüfung durch Parteifunktionäre. Überdies erfolgte ja die Finanzierung durch die SED. Diese Struktur schränkte die künstlerische Freiheit ein und legte immer wieder die »Parteilichkeit« als Elle an den durchaus auch vorhandenen Mut zum Risiko an.

Das machte die gesamte Geschichte der DEFA zu einer Gratwanderung zwischen Kunst und Propaganda. International beachtete, wichtige antifaschistische Filme standen neben reinen Unterhaltungsproduktionen, üppig ausgestattete Literaturverfilmungen und Märchenfilme wurden von politisch unterlegten Indianerfilmen begleitet, Auftragswerke im Stil des sozialistischen Realismus kontrastierten mit zeit- und gesellschaftskritischen Werken, die immer wieder zu Konflikten führten. Legendär wurde das Verbot einer gesamten DEFA-Jahresproduktion nach dem 11. Plenum des ZK der SED im Dezember 1965, bei dem Erich Honecker den Filmschaffenden »Nihilismus«, »Skeptizismus« und »Pornographie« vorwarf. Der damalige DEFA-Generaldirektor Jochen Mückenberger erinnerte sich im Nachhinein: »Die Stimmung uns gegenüber war feindlich, als ob wir nicht dazugehörten. Es war eine Art Spießrutenlauf.«

Die von der SED erzwungene Tendenz, in den DEFA-Filmen Kritik an den politischen und sozialen Verhältnissen zu vermeiden oder wenigstens zu verschleiern, schadete dem Ansehen der Werke im Land. Dadurch blieben auch manche künstlerisch wertvollen Filme wenig beachtet. Die wachsende Verbreitung des Fernsehens förderte diese Entwicklung. Die Zahl der Kinogänger sank von circa 300 Millionen in den sechziger Jahren auf 70 bis 73 Millionen in den achtziger Jahren, die der stationären Kinos von 1369 auf 817. Um den Film als Kulturträger zu erhalten, subventionierte die DDR die durchschnittlichen Eintrittspreise von 1,33 Mark (1987, Kinderfilme weniger als die Hälfte) mit 1,18 Mark pro Besucher. Das summierte sich zum Beispiel 1987 auf rund 82 Millionen Mark. Dafür gab es täglich rund 2200 Vorstellungen mit etwa 195 000 Besuchern.

Die Geschichte der DEFA endete 1990 mit deren Überführung in die Treuhand, die sie im August 1992 privatisierte. Die Mehrzahl der Mitarbeiter wurde »abgewickelt«.

Was bleibt, ist ein heute zunehmend beachteter Fundus von unersetzlichen Zeitzeugnissen, die den sozialistischen Traum ebenso beschreiben wie dessen Scheitern. Verwaltet wird das DDR-Filmerbe von der 1998 von der Bundesregierung gegründeten DEFA-Stiftung.

WER WAR »DER AUGENZEUGE«?

Nach 755 Folgen der seit 1940 gleichgeschalteten und zentralisierten »Deutschen Wochenschau« der Nazis wussten die Kinogänger, dass mit der aus »Les Préludes« von Franz Liszt geklauten »Russland-Fanfare« vermeintlich Bedeutsames auf der Leinwand erschien. Nicht einmal zwei Monate nach der letzten Ausgabe vom 22. März 1945 wussten sie auch, dass viel davon erbärmliche Propagandalügen gewesen waren.

Der Film bot damals die einzige Möglichkeit, bewegte Bilder von Personen und Ereignissen zu zeigen. Deshalb war die Wochenschau im Osten Deutschlands am 19. Februar 1946 wieder da, wenn auch nur mit 10 Kopien in der sowjetischen Besatzungszone, statt vormals 2000 »reichsweit«. Sie hieß nun »Der Augenzeuge« und formulierte ab Ausgabe 13/1946 einen neuen Anspruch: »Sie sehen selbst, Sie hören selbst, urteilen Sie selbst!« Erfunden hatte den Slogan Kurt Maetzig, einer der fünf Gründungsdirektoren der DEFA, der auch die ersten »Augenzeugen« produzierte. Mit den Spielfilmen *Ehe im Schatten*, *Der Rat der Götter* und *Die Buntkarierten* machte er sich wenig später einen Namen als Regisseur antifaschistischer Filme.

Neben den aktuellen Beiträgen der zunächst zweiwöchentlich, ab 1946 dann wöchentlich erscheinenden Wochenschau, zählte die Aktion »Kinder suchen ihre Eltern« zur wichtigsten Rubrik. Sie flimmerte ab Ausgabe 12/1946 über die Leinwände. Die Idee dazu stammte von Erich Kästner. Rund 400 im Krieg verlorengegangene Kinder fanden so ihre Familien wieder. Zur Ausgewogenheit der Berichterstattung in der Nachkriegszeit trug der seit 1947 betriebene Austausch von Beiträgen mit den französischen »Les actualités francaises«, der »MGM-Woche« aus den USA und der sowjetischen »Weltwoche« bei.

Mit der Gründung der beiden deutschen Staaten 1949 geriet auch »Der Augenzeuge« in den Sog des Kalten Krieges. Die Berliner Luftbrücke kommentierte die Wochenschau martialisch: »Amerikanische Bomber fliegen wieder nach Berlin. Diesmal nicht, um zu bombardieren, sondern um auszuplündern.« Das Motto vom selbst sehen und urteilen verschwand offiziell mit der Ausgabe 34/1949, blieb aber als Symbol der DEFA-Wochenschau noch 30 Jahre im Gedächtnis der Zuschauer.

Dass der östliche Filmmonopolist mit seiner Wochenschau nicht auf völlig verlorenem Posten kämpfte, blieb auch im Westen nicht unbemerkt. Schon 1950 untersagte Bundesinnenminister Robert Lehr per Erlass den Austausch mit westdeutschen Wochenschauen. Ein Zusammenschnitt aus DEFA-Spielfilmen und »Augenzeugen« wurde wenig später unter dem Titel: »Blick hinter den Eisernen Vorhang – Propaganda und Diktatur« nur vor einem ausgesuchten Publikum im Bundesministerium für gesamtdeutsche Fragen vorgeführt. Staatssekretär Franz Thedieck befand: »Ohne Begleitworte und ohne die Voraussetzung eines sicheren Urteils ist der Film für das allgemeine Publikum doch wohl nicht geeignet.« Immerhin seien Ereignisse wie der »Aufmarsch von eineinhalb Millionen auf dem Weltjugendtreffen 1951« so beachtlich fotografiert, »dass sie, unvorbereitet auf die Bundesrepublik losgelassen, eine gewisse Wirkung nicht verfehlen würden«.

Das wusste seit der Gründung der DDR am 7. Oktober 1949 auch die SED-Führung. Nun standen die Aktivisten im Mittelpunkt der Berichte, das »weise Väterchen« Josef Wissarionowitsch Stalin fehlte niemals, Bilder aus den »Volksdemokratien« gaukelten internationale Beziehungen vor, und die neuesten Parteibeschlüsse wurden verkündet. Rollende Panzer des Westens – zum Beispiel in Korea – machten Angst vor dem nächsten Krieg, für den bereits kräftig aufgerüstet wurde, und Schauprozesse gegen »Agenten des Klassenfeindes« zeigten, wie sich die DDR davor schützte.

Erst nach dem Volksaufstand vom 17. Juni 1953 schallten die Propaganda-Trommeln wieder etwas leiser, und »Der Augenzeuge« blickte öfter mal in die weite Welt. Mit der Ausgabe 18/1954 bekam er die eigene Rubrik »Sport im Bild«. Seit etwa 1954 etablierte sich auch ein Filmaustausch mit westdeutschen Wochenschauen, wie zum Beispiel mit dem Hamburger »Blick in die Welt«. Überdies arbeiteten inzwischen im Westen etliche freischaffende Kameramänner, die ihre Beiträge sowohl dort als auch in den Osten verkauften.

Noch gab es kaum Fernsehapparate in privater Hand, und deshalb produzierte »Der Augenzeuge« ab 1957 als einzige Wochenschau der Welt sogar zwei Ausgaben. Jeweils am Freitag erschien die »A-Ausgabe« mit 480 Kopien, am Dienstag dann die »B-Ausgabe« mit noch einmal 275 Kopien. Allerdings stieß das an die Grenzen der Kino-Kapazitäten. Nur 200 der damals noch rund 3500 Filmtheater zeigten beide Folgen, 1961 kehrte die DEFA wieder zu einer Ausgabe zurück. Die Zuschauer dankten das alles wenig. »Der Augenzeuge« galt vielen als lästige »Rotlichtbestrahlung« vor dem damals üblichen »Kulturfilm« und dem dann folgenden »Hauptfilm«. Viele kamen einfach eine Viertelstunde später ins Kino und ließen sich von der »Platzanweiserin« mit der Taschenlampe zu ihrem Sitz führen, um die Wochenschau zu vermeiden.

Mit der Ausgabe 52 vom 19. Dezember 1980 stellte »Der Augenzeuge« sein Erscheinen ein. Die SED setzte inzwischen weit mehr auf das Fernsehen als Propagandainstrument, die Mittel für die Wochenschau waren vorher kontinuierlich gekürzt worden. Ab 1981 gab es stattdessen als neues Format die »Kinobox«, die bis 1988 zwölfmal im Jahr erschien. Sie trug eher den Charakter eines Magazins, in dem die Unterhaltung überwog.

WER KÄMPFTE TROTZ »SESSEL-FRAGE« UM »ZUSCHAUKUNST«?

Auf der Lichtspielkonferenz 1977 beklagte der für das Filmwesen der DDR zuständige, stellvertretende Kulturminister, Horst Pehnert, die »Sessel-Frage«. Er stellte fest: »Wir haben keine. Es ist ganz einfach so, … dass wir nur eine ganz geringe Kapazität haben und dass wir auch … nicht im Stande sind, das zu importieren. Und wir werden uns schon noch auf einige Jahre einstellen müssen, wo wir … mit dem Hintern Filme empfinden müssen.« Das wollten immer weniger Zuschauer. Gab es 1960 noch 529 570 Kinoplätze, die von 230 997 Filmenthusiasten genutzt wurden, waren es 1989 nur noch 237 906 mit 64 681 Kinogängern. Natürlich waren es nicht nur die Holzklappsitze – nur in jedem fünften, der am Ende der DDR vorhandenen 805 Kinos gab es moderne Sessel –, sondern vor allem das Fernsehen, das die Leute auf der Couch hielt. Das Angebot an Lichtspielen tat sein Übriges. Das alles widersprach dem kulturpolitischen Anliegen. Seit Mitte der sechziger Jahre machten sich die Funktionäre im Kulturministerium Gedanken, wie die »Zuschaukunst« zu entwickeln sei, denn das Kino spiele »eine wichtige Rolle bei der filmgeschichtlichen und filmästhetischen Bildung der Bevölkerung der DDR, insbesondere der Jugend«. Dafür engagierten sich viele Leute, und oft kämpften sie gegen Windmühlenflügel.

Das Rundkino in Dresden eröffnete am 7. Oktober 1972 als *Filmtheater Prager Straße* und diente als »Erstaufführungshaus für den Bezirk Dresden«.

Die Kinos in der DDR waren meist ein Erbe des Kapitalismus. Ein Drittel der Gebäude, in denen 1967 »Lichtspiele« über die Leinwand flimmerten, stammte aus den Jahren vor 1900, jeweils ein Viertel aus der Zeit bis 1925 und ein weiteres aus jener bis 1945. Oft waren es ungenutzte Gaststätten, ehemalige Tanzsäle oder Turnhallen. Der überwiegende Teil der Technik hatte Museumsreife. Die Bezirksfilmdirektion Rostock gab beispielsweise 1984 einen Verschleißgrad von 76 Prozent, bei transportablen Anlagen sogar von 88 Prozent an. Ersatz stand kaum in Aussicht, denn durch die »Spezialisierung« innerhalb des RGW baute die DDR keine Filmprojektoren mehr, und für die tschechischen 35-mm-Meopta-Maschinen, mit ungarischen Tungsram-Xenon-Brennern bestückt, fehlte das Geld. »Filmminister« Horst Pehnert dazu auf einer Fachkonferenz 1984: »Ich muss hier ganz offen sagen, dass dem kulturellen Bereich und damit auch für die Rekonstruktion der

Filmtheater Investitionsfonds im Fünfjahrplanzeitraum bis 1990 nicht im erforderlichen Umfang zur Verfügung stehen werden, da wir alle Kräfte darauf konzentrieren müssen, das Wohnungsbauprogramm als Kernstück unserer Sozialpolitik ... zu realisieren.«

Dennoch war den Kulturfunktionären die Bedeutung des Kinos für die Unterhaltung und Propaganda durchaus klar. Bereits in den fünfziger Jahren begann mit dem »Landfilm« ein mobiles Angebot, das zehn Jahre später in den Bau einfacher Dorfkinos mündete. Auch die ab etwa 1963 eingerichteten Freilicht-, Zelt- und Urlauberkinos, vor allem in den Feriengebieten, sollten Entlastung schaffen. Eine kleine Sensation war das 1977 in Zempow bei Wittstock eröffnete erste und einzige Autokino der DDR. Filmvorführer Klaus Neumann erinnert sich: »Damals beim Otto-Film, da war um drei der Ort schon von Trabis und Wartburgs verstopft, und der Film fing erst um 21 Uhr an.«

Um bei Filmen wie *Das russische Wunder, Ernst Thälmann – Sohn seiner Klasse* und *Ernst Thälmann – Führer seiner Klasse* oder *Schlacht unterwegs* vorzeigbare Zuschauerzahlen zu erreichen, mussten hingegen ganze Schulklassen ins Kino. Die »Zuschaukunst« förderte das nicht wie erwartet. Deshalb fasste der Ministerrat am 28. Dezember 1972 einen Beschluss. Er sollte »zur Verbesserung der Arbeit mit Filmen aus sozialistischen Ländern« beitragen, aber auch ein kulturelles Fenster öffnen. Dazu hieß es: »Im Interesse einer höheren kulturpolitischen Wirksamkeit des sozialistischen Films sind nach dem Vorbild des Filmtheaters ›Studio Camera‹ der Hauptstadt der DDR Berlin in den Bezirksstädten sowie in den Zentren des gesellschaftlichen Lebens Studio-Filmtheater (circa 20) einzurichten.« Als erstes Wiederaufführungskino gab es ab 1954 das Berliner *Aladin*, das nach einer Umgestaltung ab Oktober 1957 als *Camera* wiedereröffnet wurde und ab 1963 als Archivfilmtheater des Staatlichen Filmarchivs fungierte. Nach verschiedenen Umzügen spielte das Kino, nun als *Studio Camera*, für dessen Besuch eine preiswerte »Clubmitgliedschaft« nötig war, ab 1972 in den früheren *Oranienburger-Tor-Lichtspielen*. Es war ebenso eine kulturelle Insel wie das seit 1970 betriebene Leipziger Studiokino im *Capitol* und das am 7. Oktober 1972 eröffnete *Filmtheater Prager Straße* in Dresden. Hier konnten Filmfreunde an der Welt-Filmkunst teilhaben und Streifen von Ingmar Bergman bis Alfred Hitchcock sehen, die es sonst nirgendwo gab. Für den Umbau der Kinos zu Studio-Filmtheatern wurden für den Zeitraum 1973 bis 1975 »auf Bezirksebene« zusätzlich 1,5 Millionen Mark eingeplant.

Was auf der einen Seite ausgegeben wurde, fehlte jedoch auf der anderen. Große Neubauviertel mit Zehntausenden von Einwohnern oder neu entstandene Städte wie Schwedt oder Eisenhüttenstadt blieben lange Zeit ganz ohne Kino. Nach den Ostberliner Kino-Neubauten des *Cosmos*, am 5. Oktober 1962 eingeweiht, und des *International*, das am 15. November 1963 eröffnet wurde, entstanden zwischen 1971 und 1988 nur noch vier neue Filmtheater mit insgesamt sechs Sälen, 1972 in Dresden, 1981 in Berlin-Marzahn, 1982 in Halle-Neustadt und 1987 am damaligen Ostberliner Hauptbahnhof. Ansonsten setzte sich das DDR-typische Provisorium fort. Rund achtzig Kinosäle wurden durch Teilung vorhandener Räume oder den Ausbau von Nebenräumen »geschaffen«.

WAS ZEICHNETE »STAATLICH GEPRÜFTE SCHLAGERSÄNGER« AUS?

Als sich Schlagersänger Frank Schöbel 1973 nach den Klängen von Arndt Bause »vom Nordpol zum Südpol zu Fuß« aufmachte, bekamen manche DDR-Kulturfunktionäre »ideologische Bauchschmerzen«. Wurden da nicht Bedürfnisse geweckt, die im normalen DDR-Alltag keinen Platz fanden? Doch letztendlich ging es nur »um einen Kuss«, und den gab es auch zwischen Ostsee und Erzgebirge – die »kulturpolitischen Richtlinien« stimmten also.

Um deren Durchsetzung zu sichern, entstand im Herbst 1967 das »Zentrale Studio für Unterhaltungskunst«, denn auch die leichte Muse war in der DDR eine schwere Sache. Ihm war bereits die »Kommission für das Liedschaffen« beim Kulturministerium vorausgegangen. Minister Klaus Gysi forderte von ihr Werke mit »klarer Klassengrenze zwischen Sozialismus und Kapitalismus.« Komponisten, Texter, Musikverleger, Rundfunkprogrammgestalter und Jugendfunktionäre sollten gemeinsam – so FDJ-Chef Horst Schumann – an der »Schaffung einer echten sozialistischen Unterhaltungskunst in der DDR« arbeiten.

Das war schwierig genug, denn der Feind stand im Westen und hieß Gerhard Höllerich alias Roy Black, Manfred Nidl alias Freddy Quinn oder Ludwig Franz Hirtreiter alias Rex Gildo. Er passierte Tag und Nacht ungehindert auf Ätherwellen die Grenze aus Stahl und Beton. Erich Honecker hatte gleich nach seinem Machtantritt 1971 die Linie dagegen vorgegeben: Keine »Stellvertreterkriege« mehr gegen Kreppsohlen oder Ringelsocken, aber es müsse verhindert werden, »dass Konsumgut zum Träger westlicher Ideologie« werde. Bis dahin waren eigene Offensiven, wie der 1959 erfundene »Lipsi« oder der 1960 bei den Arbeiterfestspielen in Zwickau aufgeführte »Pertutti«, statt in die Beine in die Hosen gegangen. Eine »zentrale Ausbildungsstätte« für Schlagersänger schien geboten. Im Studio für Unterhaltungskunst, aus der Berliner Fachschule für Artistik hervorgegangen, hatten die Nachwuchs-Barden die Möglichkeit der Aus- und Weiterbildung. Neben dem Gesang fand Ballettunterricht statt, und auch der Marxismus-Leninismus fehlte nicht im Lehrplan. Dafür war die Ausbildung als Studium anerkannt und endete mit dem Diplom als »Staatlich geprüfter Schlagersänger«. Bekannte DDR-Interpreten wie Nina Hagen, das Duo Hauff und Henkler oder Aurora Lacasa erwarben es. Den Sieg im Klassenkampf an der Schlagerfront brachte das alles nicht. Deshalb wurde das Studio 1973 geschlossen und wieder zur Artistenschule. Seine Aufgaben übernahm nun das im April des Jahres geschaffene »Komitee für Unterhaltungskunst« beim Ministerrat der DDR. Es kümmerte sich nicht nur um Ausbildung, Wettbewerbe, Gastspiele im Ausland und zahllose Forderungen, sondern auch um die richtige politische Linie vom Schlagertext bis zum hohen C. Die Unterhaltung sollte Produktivkraft sein. Mitte der siebziger Jahre widmete ihr das DDR-Fernsehen 2000 Sendestunden pro Jahr – fast ein Drittel der gesamten Sendezeit. Die Plattenfirma Amiga presste ab 1976 täglich rund 50 000 Langspielplatten, 53 Prozent der Produktion waren für Unterhaltung geplant. Spitzentitel wie »Du bist heute wie neu« von Manfred Krug erschienen mit Startauflagen von 100 000 Exemplaren.

Dennoch blieb die Unzufriedenheit mit der »U-Kunst«. »Die Qualität unserer Unterhaltungskunst wäre wesentlich höher, hätten wir mehr Klarheit in den Köpfen«, verkündete Mitte der siebziger Jahre Manfred Spitz, TV-Regisseur der 25 Jahre lang laufenden Sendung »Klock 8, achtern Strom«, für die im Laufe der Zeit extra 1250 neue Werke kreiert wurden. Es müsse nämlich »zur Ehre jedes DDR-Künstlers gehören, zunächst einmal unsere Lieder wirkungsvoll zu gestalten«. Wie das zu geschehen hatte, wollten sich immer weniger Entertainer, auch in der grauen DDR längst zu exotischen Paradiesvögeln mutiert, von den Funktionären vorschreiben lassen. Das SED-Zentralorgan *Neues Deutschland* monierte an der gerade entstehenden Beat-Szene die »kompositorische Einfallsarmut« und die Kultur-Wochenzeitung *Sonntag* fand die DDR-Schlagertexte »beängstigend banal«, voll von »Plattitüden im Überfluss«. Die *Deutsche Lehrerzeitung* machte eine »subversive Strategie gegen die Hirne« aus, meinte damit aber nicht den Herzschmerz aus dem Osten, sondern aus dem Westen. Dort fuhren die Schlager gerade aufs Abstellgleis, um dem stampfenden Beat Platz zu machen. All das blieb nicht ohne Auswirkungen auf die DDR. Neben dem offiziellen Kulturbetrieb entstand eine »Undergroundszene« von Rock-Gruppen über Punks bis zum Jazz. Viele dieser Bands traten in Kulturhäusern oder Jugendclubs, aber auch zunehmend in Kirchen und privaten Räumen auf. Ihre Fans trampten durch die ganze Republik, um ihre Idole zu hören, die so erfrischend aus der offiziellen DDR-Kulturszene herausfielen.

Doch auch die offiziell gelittenen »Kunst- und Kulturschaffenden« wollten vom Gängelband und for-

Hauff und Henkler bei einem TV-Auftritt am 6. März 1977

derten beständig mehr Mitsprache. Die Gründung eines eigenen Interessenverbandes wurde ihnen bis zum Ende der DDR untersagt. Stattdessen organisierte der Staat das »Komitee für Unterhaltungskunst« 1984 neu. Fachsektionen, Beiräte und Kommissionen entstanden, und die Tätigkeit des Gremiums erfolgte nun ehrenamtlich. Was jedoch blieb, waren die Differenzen zwischen Künstlern und Funktionären. Mit ihrer »Resolution von Rockmusikern und Liedermachern« stellten sich viele von ihnen bereits am 18. September 1989 auf die Seite des Neuen Forums. Drei Monate später wurde das »Komitee für Unterhaltungskunst« aufgelöst.

Warum gab es Theater ums Theater?

Um die Werktätigen in der DDR ins Theater zu locken, war stets »kulturpolitische Überzeugungsarbeit« nötig. Kultur sollte »erobert«, der Arbeiter oder Bauer »an die Kultur herangeführt« werden. Dahinter verbarg sich der Anspruch, in der DDR ein sozialistisches Nationaltheater zu schaffen, das den Weg »vom Ich zum Wir« begleitete und den Charakter des »neuen Menschen« formte.

Für die materiellen Voraussetzungen fühlte sich der Staat verantwortlich. Er hielt von der Premiere der DDR bis zu deren letzten Vorhang pro 1000 Einwohner etwa 3,3 Plätze vor, was einem Bestand von insgesamt gut 55 000 Sitzen entsprach. Trotz der Erhöhung der Zahl der Theater und Spielstätten von 77 im Jahr 1951 auf 217 im Jahr 1989 blieb er konstant. Die Ausgaben des Staatshaushaltes für die Theater stiegen kontinuierlich, in den letzten zehn Jahren von 324,7 auf 514,8 Millionen Mark im Jahr. Die Eintrittspreise blieben durch Subventionen niedrig, lagen selbst in der Spitze unter 20 Mark und damit nicht einmal beim Dreifachen eines Stundenlohns, der 1989 brutto 6,10 Mark betrug.

Inhaltlich bewegte sich Theater in der DDR stets im Widerspruch zwischen Anspruch und Wirklichkeit. Dieses Spannungsfeld baute sich von Anfang an zwischen hoher Wertschätzung und rigider Zensur auf. Das Theater verfügte einerseits über Spielräume, die es anderswo in der DDR kaum gab, litt aber andererseits gleichzeitig unter Reglementierungen, die aus den Veränderungen der parteipolitischen Richtlinien »notwendig« erschienen. Wie sich dieser Prozess abspielte, war bereits in der Frühzeit der DDR an Brechts Lehrstück des epischen Theaters *Mutter Courage und ihre Kinder* erkennbar. Die Premiere am 11. Januar 1949 am Deutschen Theater in Ostberlin stellte das wichtigste Kulturereignis seiner Zeit dar, eröffnete neue Wege und besaß eine hohe Symbolkraft. Trotzdem wies Brecht mit seiner Ablehnung des Agitprop-Theaters und der Bühne als Podium für den Klassenkampf auf die Grenzen der Politik hin. Sein politisches Theater definierte sich über die Form. Brecht ging es um die offenen Schlüsse seiner Werke, nicht um die Vermittlung von Lehren und Botschaften. Als er dies gemeinsam mit dem Komponisten Paul Dessau 1951 in der Oper *Die Verurteilung des Lukullus* versuchte, verschwand das Stück vom Spielplan. Der dafür genutzten Vorwurf, »Formalismus« zu pflegen, hieß nichts anderes als gegen die verbindliche festgelegte Ästhetik der SED – als sozialistischer Realismus beschrieben – verstoßen zu haben. Es war das alte »Wer die Musik bezahlt, bestimmt, was gespielt wird«. Parteiliches Mäzenatentum überlagerte künstlerische Ansprüche so, wie es heute oftmals der Kommerz tut.

Dennoch greift es zu kurz, die Geschichte der Theater in der DDR nur als Abfolge von Verhinderungen und Verboten zu sehen. Der Mäzen wollte ja das visionär-utopische Potential fordern und verlangte dazu auch nach Kritik. Aus dem permanenten Ausloten von Spielräumen und Grenzen entstand eine einzigartige Spannung. Das Theater funktionierte als Gegenöffentlichkeit zu den Parolen der Funktionäre. Zwei Beispiele: Im Mai 1960 hatte das Stück *Die Sorgen und die Macht* von Peter Hacks seine Premiere am Theater der Bergarbeiter in Senftenberg. Sätze wie: »Kommunismus, wenn ihr euch / den vorstellen wollt, dann richtet eure Augen / auf, was jetzt ist, und nehmt das Gegenteil« waren bei einer »Probeaufführung« zuvor am Deutschen Theater Berlin missliebig aufgefallen. Das Stück wurde nicht verboten, sondern nur in die Provinz abgeschoben. Zwanzig Jahre später machte Frank Castorf am Theater Anklam Furore. Seine Inszenierungen drückten ein DDR-Lebensgefühl aus, das es im Land so nicht gab und das demzufolge als subversiv angesehen wurde. Castorf wurde fristlos entlassen. So warfen die Bühnen in der DDR stets auch Schlaglichter auf deren Gesellschaft, egal, ob durch Apologetik oder Dissidenz. Der Grat zwischen diesen Polen war dünn. Neben Gegenwartsstücken wurde die klassische Dramatik sorgfältig »aktualisiert« und die Bearbeitung von Geschichtsdramen und Mythen, zum Beispiel von Heiner Müller, für ganz neue Aussagen genutzt.

Dafür, dass diese nicht zu sehr über die Stränge schlugen, sorgte die »führende Rolle der Partei« an der Basis ebenso wie die Vorlage der Konzeptionen bei den Behörden. Drei- bis Fünfjahrespläne hatten künstlerische und kulturpolitische Ziele zu definieren, Jahrespläne konkretisierten sie. Die letzte Instanz lag im ZK der SED, das Spektrum der Entscheidung von geprüft über gutgeheißen, verworfen, auf Jahre zurückgestellt oder verboten.

Einfacher schien es stets bei der leichteren Unterhaltung. Operetten und Komödien waren beliebt. Waren sie ausverkauft, blieb kaum ein Platz unbesetzt, was bei ebenfalls als »ausverkauft« geltenden Gegenwartsstücken schon vorkam, wenn die Brigade die Karten bekam, aber dann doch lieber Kegeln ging. Als Kulturminister Hans-Joachim Hoffmann 1988 unter anderem deshalb im Fachblatt *Theater heute* eine vorsichtige Abkehr von der Doktrin des sozialistischen Realismus anmahnte und sich für mehr Beweglichkeit aussprach, wackelte sein Stuhl.

Das Spannungsfeld zwischen Politik und Kunst zeigte sich ein letztes Mal, als ab September 1989 auch die Theaterleute ihre Stimme zum Niedergang der DDR erhoben. Das Ensemble des Staatsschauspiels Dresdens brachte den Vorgang auf den Punkt und formulierte: »Wir treten aus unseren Rollen heraus.«

Was machte die »Zuschauer-forschung« im Fernsehen?

Es klingt wie ein Märchen: Es war einmal eine Zeit, in der das Fernsehen mit seinen Sendungen zwar die Gunst der Zuschauer erringen musste, das »Quotenschwert« aber noch stumpf in der Scheide steckte. Trotzdem wollten die Macher damals schon wissen, wer was gern sah. In der DDR gab es dazu seit Anfang der sechziger Jahre die »Abteilung für Zuschauerforschung«. Natürlich galten ihre Arbeitsergebnisse als streng geheim, denn es ging nie nur darum, was die Leute sehen wollten, sondern vor allem auch immer darum, was sie sehen sollten. Dabei galt in den ersten 20 Jahren: unterhaltend bilden und bildend unterhalten. In den achtziger Jahren – inzwischen hatte sich die Auswahlmöglichkeit erheblich erweitert – wurden die ideologischen Zügel angezogen. Nun stand das Selbstbild der DDR an erster Stelle, gefolgt vom Freundbild der »Bruderstaaten« und dem Feindbild der »Gegner des Sozialismus«, alles ergänzt durch ein »Weltbild für bewusste Zeitgenossen«.

An die Zahlen gelangten die Zuschauerforscher über die international übliche Methode der anonymen Befragung eines statistisch ermittelten Bevölkerungsquerschnitts, der auf 2000 Personen heruntergerechnet wurde. Ehrenamtliche Helfer schwärmten aus und prüften die Zuverlässigkeit der Antworten durch Gegenfragen. So lagen Abweichungen letztlich im Bereich von plus/minus 5 Prozent. Zusätzlich ermittelten sie den »Gefallgrad« verschiedener Sendungen nach einer Zensurenskala von 1 bis 5. Der Durchschnitt lag zwischen 2,5 und 3,4, damit war man ebenso zufrieden, wie mit der gesamten Sehbeteiligung. In den achtziger Jahren band das DDR-Fernsehen zwischen 33 und 36 Prozent der potentiellen Zuschauer, in Spitzenjahren wie 1982 und 1985 kam es auf fast 40 Prozent.

Dabei gab es zwischen den einzelnen Sendungen starke Unterschiede. Die »Aktuelle Kamera« schwankte von 5 bis zu 50 Prozent, im Jahresdurchschnitt der achtziger Jahre lag sie bei 8 Prozent. Am Ende der DDR schaffte sie 40 Prozent. »Der schwarze Kanal« von Karl-Eduard von Schnitzler dümpelte trotz des vorangehenden Ufa-Schinkens am Montag zwischen 5 und 15 Prozent dahin, galt aber vielen kleinen Funktionären als Informationsrüstzeug und verstärkte so seine Wirkung. Mit 45 bis 50 Prozent bzw. 35 bis 45 Prozent Sehbeteiligung blieben »Polizeiruf 110« und »Der Staatsanwalt hat das Wort« all die Jahre sichere Bänke. Die Unterhaltungssendungen der zweiten Reihe wie »Da liegt Musike drin« oder »Klock 8, achtern Strom« sanken im Laufe der Jahre von etwa 40 Prozent auf die Hälfte, was am Wachsen des Angebots lag.

Über ein Fünftel der Zuschauer kam aus der Altersgruppe der 36- bis 45-Jährigen, ein weiteres war zwischen 26 und 36 Jahre alt. Rentner ab 66 Jahren waren nur noch mit 5,2 Prozent vor dem Bildschirm präsent. Dort saßen vor allen Arbeiter (33 Prozent), Angestellte (27 Prozent) und Nichtberufstätige (19 Prozent). Von den Bauern hatten nur 4 von 100 Zeit zum Fernsehen, ebenso viel wie unter der Intelligenz.

Von besonderem Interesse für die Zuschauerforschung des DDR--Fernsehens blieb stets, wie viele Bürger des Landes auf den TV-Wellen gen Westen ritten. ARD-Korrespondent Lothar Loewe hatte im Herbst 1977 im *Spiegel* verkündet: »Abends kommt der Klassenfeind«, und das war tatsächlich so. Mehr als ein Fünftel der DDR-Bürger informierten sich in der »Tagesschau«, rund 40 Prozent derer, die ZDF sehen konnten – damals war dazu noch ein »Konverter« nötig – sahen »heute«. Traumquoten erzielten ab Ende der siebziger Jahre politische Magazine wie »Panorama« mit 38 Prozent, »Monitor« mit 42 Prozent und »Report« mit 18 Prozent. Das ZDF-Wirtschaftsmagazin sahen regelmäßig 18 Prozent der Zuschauer, das Kulturmagazin »aspekte« rund 25 Prozent. Das »ZDF-Magazin« von Gerhard Löwenthal, West-Gegenstück zum »Schwarzen Kanal«, fiel von 70 Prozent auf 30, als die Propaganda dort allzu dick aufgetragen wurde. Kritisch blieben die Ost-Zuschauer auch bei den großen Unterhaltungsshows. Den protzigen Aufmarsch von Geschenken und unerreichbaren Reisen bei Rudi Carrells »Am laufenden Band« wollten weit weniger Leute sehen als die von Wim Thoelke vorgeführte soziale Selbsthilfe in »Der Große Preis«. Ende 1977, Anfang 1978 waren da dann zwischen 64 und 68 Prozent der DDR-Fernsehkonsumenten dabei.

Zufrieden konnten die ostdeutschen Zuschauerforscher konstatieren, dass das Interesse der jungen Generation am West-Fernsehen tendenziell nachließ. Schauten zunächst noch bis zu 40 Prozent der Leute Sendungen wie »Disco« mit Ilja Richter oder die »ZDF-Hitparade« mit Dieter Thomas Heck, war es bald nur noch jeder Zehnte. Als hemmend erwies sich auch der unterschiedliche Lebensrhythmus in Ost und West. Zwischen Ostsee und Erzgebirge waren laut Statistik nach 22 Uhr nur noch 7 Prozent der Fernsehzuschauer munter. Die extra für die DDR im gemeinsamen Vormittagsprogramm von ARD und ZDF wiederholten Sendungen sahen nur wenige, denn Arbeitslose vor der Glotze gab es kaum.

Im Ergebnis zeigte sich 1989, dass die Ostdeutschen über die Westdeutschen weit mehr wussten als es umgekehrt der Fall war. Zu einer realistischeren Bewertung dessen, was mit der neuen Gesellschaft auf sie zukam, trug das jedoch nur wenig bei. Fernsehen bleibt eben Märchen, auch wenn das »Es-war-einmal« inzwischen längst nur noch selige Erinnerung weckt.

War Willi Sitte ein Staatskünstler?

»Die Partei« hatte Willi Sitte zum Chronisten ihres sozialistischen Lebens auserkoren – seine Bilder riefen stets Diskussionen hervor. Üppig bunte Gestalten mit schwellenden Muskeln, Frauen mit ausladenden Hinterteilen und kraftstrotzenden Brüsten, die Männer gern mit einer Hand am Hebel irgendeiner Maschine oder auch schon mal an der Bierflasche – manche amüsierte eine derartige Darstellung, andere regte sie auf. Einig waren sich jedoch beide Betrachtergruppen: »Das sind wir nicht!« Darüber diskutieren mochten nur wenige. Der monumentale Proletkult von Willi Sittes gemalter Propaganda beschwerte wie Blei jede künstlerische Auseinandersetzung. Da sich der Maler selbst sein Leben lang als »Kommunist« verstand, erschien die Schublade »Staatskünstler der DDR« als geeignete Ablage für ihn und seine so realitätsfernen Bilder des sozialistischen Realismus.

Verloren ging bei dieser Sicht die lebenslange Suche Sittes nach dem legitimen künstlerischen Weg, um sich mit seiner Welt auseinanderzusetzen. Kommunismus war für den 1921 geborenen Zimmermannssohn zunächst nichts anderes als der Traum von Gerechtigkeit. Ihn träumten viele, die mehr konnten, als das Leben in seinen eingefahrenen Bahnen für sie bereithielt. Willi Sitte hatte Glück: Schon früh fiel er als begnadeter Zeichner auf, ein wohlhabender Fabrikant förderte ihn. 1940 landete der junge Mann an der »Hermann-Göring-Meisterschule für Malerei« in Kronenburg in der Eifel. Er durfte an Entwürfen für Gobelins in Hitlers »Neuer Reichskanzlei« mitarbeiten und so blieb es ihm nicht verborgen, dass Kunst offenbar nicht nur mit Können, sondern auch mit Macht zu tun hatte. Das war eine widersprüchliche Erfahrung, die Sitte mit lästerlichen Sprüchen über die Nazis zu kompensieren versuchte. Das brachte ihm die Einberufung zur Wehrmacht ein – 1945 desertierte er in Italien zu den dortigen Partisanen.

Für den neuen Anfang danach kam für ihn nur der Osten Deutschlands mit seinen Hoffnungen aufs Alles-anders-machen in Frage. Willi Sitte malte gegen die Gewalt seines Jahrhunderts an. Pablo Picasso mit seinem »Guernica« war sein Vorbild – 1959/60 entstand danach Sittes Triptychon »Lidice«. Es gefiel den neuen Herren nicht. Nicht Nachdenklichkeit und eigener Stil, sondern sozialistischer Realismus nach sowjetischem Vorbild waren angesagt. Auf dem Weg in die Tschechoslowakei, wo es die Gedenkstätte in dem Mord-Ort der Nazis schmücken sollte, ging das Bild »verloren«.

Willi Sitte wehrte sich nicht gegen dieser Art der Zensur. Aber er nannte Halle, die Stadt, in die er 1947 kam, auch nie seine Heimat, sondern sagte nur: »Es ist mein Wohnort.« Seit 1951 lehrte er in der Saale-Stadt an der Kunsthochschule Burg Giebichenstein. Seine Partei, die Sozialistische Einheitspartei Deutschlands, kritisierte ihn dafür als »Formalisten«. Nach 20 Jahren wurde seine Malklasse aufgelöst. Das MfS legte einen Operativen Vorgang zu dem Maler an. Nach der Feier seines 40. Geburtstages nahm er eine Überdosis Schlaftabletten. Willi Sitte überlebte.

Zwei Jahre später, am 2. Februar 1963 erschien im SED-Bezirksorgan *Freiheit* ein Artikel des Malers: »Meine ganze Kraft dem sozialistischen Realismus«. *Neues Deutschland* druckte ihn nach, ein rasanter Aufstieg Willi Sittes zum DDR-Kulturfunktionär begann. Auch das MfS war wieder da. 1965 registrierte es ihn als Inoffiziellen Mitarbeiter »Guttuso«. Zehn Jahre später stellte sie den Vorgang »wegen erwiesener politischer Unzuverlässigkeit« wieder ein. Kulturfunktionär blieb Willi Sitte trotzdem. Als Präsident des Verbandes Bildender Künstler 1974 bis 1988 verantwortete er Einseitigkeit und Unterdrückung in der DDR-Kunst, als Mitglied der Volkskammer 1976 bis 1989 gerierte er sich als deren Claqueur, und als Mitglied im Zentralkomitee der SED ab 1986 schien er sich endgültig als »Staatskünstler« etabliert zu haben. Seine monumentalen Werke beherrschten derweil zahllose öffentliche Räume der DDR.

Kritiker warfen dem Vorzeigekünstler nun in die Macht verliebten Opportunismus vor, er selbst sprach von »Visionen«, die jede Zukunft brauche. Ob seine Bilder wie »Chemiearbeiter am Schaltpult«, 1968 entstanden und von vielen Proletkult-Bildern im plakativen Propagandastil gefolgt, Herzenssache oder Geschäft waren, gab Willi Sitte nie preis. Aber er bekannte sich auch nach dem Ende der DDR zu seinem Werk und verzichtete darauf, Skepsis oder stillen Widerstand hineinzudeuteln und Preise dafür zurückzugeben. Dafür ertrug er Verachtung und Ausgrenzung. Willi Sittes Bilder verschwanden in den Depots. Erbitterte Streitereien um sein Werk belegen letztlich nichts anderes, als dass es wichtige Bilder waren.

Die siegessicheren Proletarier wichen nun gesichtslosen Figuren. »Ikarus ist abgestürzt« hieß eines der Bilder, auf denen sie kopfüber in der grauen Landschaft einer Braunkohlegrube steckten. Willi Sitte kämpfte zwischen den Fronten, doch recht gehabt zu haben und Resignation. »Es ist das Ende eines Traumes«, sagte er, »aber nicht das Ende meines Traumes.« Und er ahnte: »Doch das glaubt mir wohl niemand mehr.« Willi Sitte starb am 8. Juni 2013. Er war trotz allem ein großer deutscher Maler, der im Spannungsfeld zwischen Träumen und Hoffnungen arbeitete und so nicht weniger zerrissen als sein Jahrhundert sein konnte.

WAREN KONSUMGÜTER SOZIALISTISCHE KUNST?

Über Kunst wurde in der DDR gestritten, über Design – DDR-deutsch »Industrielle Formgestaltung« – weniger. Seit 1958 waren deren Ergebnisse auf den regelmäßigen Kunstausstellungen in Dresden zu sehen, und in den Gästebüchern fand sich eine nahezu einhellige Zustimmung: »Warum sind die schönen und funktionellen Sachen nicht im Handel zu finden?«

Das beantwortete das SED-Zentralorgan *Neues Deutschland* schon im Oktober 1962: »Hinter dem Leben zurück« titelte das Blatt und verdammte bei einer neuen Prototypenreihe von RFT-Radios und Plattenspielern von Formgestalter Jürgen Peters die »farblose Eintönigkeit und Verarmung der künstlerischen Formen«. Und noch schlimmer:

Werbefoto für einen Kofferplattenspieler aus der DDR

Die »klinischen Kästen« zeigten das »Abgleiten in bürgerliche Dekadenz«, denn sie sahen Braun-Geräten ähnlich. 1965 gingen sie im Westen unter dem Namen Wega 3000 fast identisch mit den Peters-Entwürfen in die Produktion, und die gelten dort bis heute als Ikonen des BRD-Designs.

DDR-Design war von Anfang an ein Politikum. Architekt und Bauhaus-Anhänger Mart Stam baute bereits 1950 eine Sammlung von Objekten auf. Sie sollte Anregungen und

Hilfestellung für die gerade erst entstehende, ostdeutsche Industrie geben. Das kollidierte mit den knappen Ressourcen der Aufbaujahre. Kochtöpfe und Milchkannen mussten her, die Moderne hingegen warten. Stam flog aus seinen Funktionen, die Design-Sammlung wurde direkt dem Ministerrat unterstellt und landete schließlich nach etlichen Umbenennungen als »Amt für Industrielle Formgestaltung« in der DDR-Verwaltung. Die hatte die Kulturvorstellungen der SED durchzusetzen, und diese wiederum lagen in engen Grenzen. So durften in den sechziger Jahren die glattweißen, zylindrischen Blumenvasen des Hallenser Entwerfers Hubert Petras zwar noch hergestellt werden, die Geschmackspolizei bemängelte jedoch »unkünstlerische Lösungen ideologischer Natur«, die als »formalistisch« verworfen wurden. Sie verordnete kunterbunte Ornamente und Städteansichten nach alten Stichen auf den Vasen.

In den siebziger Jahren spielten nicht mehr die Streitereien um die »sozialistische Kunst«, sondern die knappen Kapazitäten die wichtigste Rolle. Das von Rudolf Horn und Erich Schubert auf der Burg Giebichenstein entwickelte »Mitnahme-Möbelprogramm« ging aus »ökonomischen und handelstechnischen Gründen« nie in Serie. Weitere zehn Jahre später verstaubte der Plattenspieler P 2001 Olympia von Stern-Radio-Chefdesigner Michael Stender, weil die elektronischen Bauteile für die Produktion nicht zu beschaffen waren. Eine gemeinsame Sprache fanden die mit der Gestaltung der Produkte befassten Künstler in der DDR mit der SED-Führung nie. Deren Geschmack wurde ohnehin nach dem Motto »Lieber etwas weiter laufen, aber stets im Westen kaufen« befriedigt.

Nach offizieller Auffassung sollten die »Formgestalter« am besten direkt in die Industrie eingebunden werden und so die Spinnereien gleich lassen. Vielen Freiberuflern verweigerte das »Amt für Industrielle Formgestaltung« seit den siebziger Jahren die Gewerbeerlaubnis. Ausnahmen gab es, wenn Prestigeobjekte, wie zum Beispiel die Weltzeituhr am Ostberliner Alexanderplatz, zu gestalten waren. Den Widerspruch zwischen Weltoffenheit und Mauer löste Erich John, Professor an der Kunsthochschule Weißensee.

Karl Clauss Dietel, seit 1974 als Vizepräsident des Verbands Bildender Künstler oberster Design-Papst der DDR, trat 1981 wegen der ständigen Bevormundung durch das Amt bei der Gestaltung der DDR-Produkte und der engen Grenzen bei ihrer Realisierung zurück. Solcherart Hemmnisse freute die Konkurrenz im Westen. Dort machten nicht nur die Versandhäuser mit DDR-Produkten unter eigenen Handelsnamen glänzende Geschäfte. Auch die Designer wurden nicht müde, die DDR-Entwürfe als »rückwärts gewandt« und vom Geschmack der Funktionäre geprägt, zu denunzieren. Gleichzeitig kupferten sie manches einfach ab. So sahen zum Beispiel die damaligen Berliner Designstudenten Albrecht Ecke und Reinhard Panier ihre 1985 entworfene und vom Glühlampenhersteller Narva prämierte Lampe Clip+Clap erst im Jahr 2000 wieder – auf der Konsumgütermesse in Frankfurt am Main als Produkt einer italienischen Firma.

Doch der Ärger um das DDR-Design ging nach der Einheit nicht nur beim Produktklau weiter. Das Erbe des »Amtes für Industrielle Formgestaltung«, ergänzt um zahlreiche weitere Stücke der Alltagskultur, wanderte in ein Depot in Berlin-Spandau. 2005 übernahm die Stiftung Haus der Geschichte der Bundesrepublik Deutschland den Bestand von rund 160 000 Exponaten. Als im November 2013 in Berlin das Museum in der Kulturbrauerei mit der Ausstellung »Alltag in der DDR« eröffnete, die unter anderem auch 700 Exponate aus der DDR-Design-Sammlung umfasste, war das krampfhafte Bemühen um eine »politische Interpretation« der ostdeutschen Alltagsgegenstände kaum zu übersehen. Stiftungspräsident Hans Walter Hütter erklärte: »Über das Stapelgeschirr zum Beispiel lassen sich die Probleme in der Versorgung und Gastronomie abbilden. Über den Rasierapparat Bebo Sher die Absurdität, dass Schwermaschinenkombinate Konsumgüter herstellen mussten.«

Inzwischen scheint aber doch mehr der sachliche Blick auf die ostdeutsche Alltagskultur zu greifen. Am 25. September 2014 bekam Karl Clauss Dietel mit 80 Jahren als erster Formgestalter der DDR für sein Lebenswerk den Bundesdesignpreis.

Warum verschwanden Bücher von »kaputten Typen«?

Am 22. Mai 1979 machte Schriftsteller und Parteifunktionär Dieter Noll – in der DDR durch den zweibändigen Roman *Die Abenteuer des Werner Holt* bekannt – seinem Herzen Luft. In einem offenen Brief schrieb er an Erich Honecker: »Einige wenige kaputte Typen ..., die da so emsig mit dem Klassenfeind kooperieren, um sich billige Geltung zu verschaffen, weil sie offenbar unfähig sind, auf konstruktive Weise Resonanz und Echo bei unseren arbeitenden Menschen zu finden, repräsentieren gewiss nicht die Schriftsteller unserer Republik.«

Das sah der Landesvater offenbar genauso, und am 7. Juni des Jahres schlossen rund 350 der 400 Teilnehmer einer Versammlung der Berliner Sektion des Schriftstellerverbandes der DDR im Roten Rathaus die »kaputten Typen« aus. Zu ihnen gehörten Kurt Bartsch, Karl-Heinz Jakobs, Klaus Poche, Joachim Seyppel und Klaus Schlesinger, die später in den Westen gingen und, als berühmteste der Ausgestoßenen, Stefan Heym sowie Rolf Schneider, Dieter Schubert und Adolf Endler.

Auslöser des Ganzen war das Rumoren nach der Ausbürgerung des Sängers Wolf Biermann im Herbst 1976, das zu einem Exodus von Künstlern aus der DDR geführt hatte. Den Hintergrund bildete das geradezu neurotische Verhältnis zwischen SED und Kunst und Literatur, das nach Statuierung eines Exempels verlangte. Die Partei sah ihr Meinungsmonopol gefährdet und denunzierte nun die Geister, die Erich Honecker mit seiner Machtübernahme 1971 gerufen hatte: »Wenn man von den festen Positionen des Sozialismus ausgeht, kann es meines Erachtens auf den Gebieten von Kunst und Literatur keine Tabus geben. Das betrifft sowohl die Fragen der inhaltlichen Gestaltung als auch des Stils.«

Wer das ernst genommen hatte, stand nun in der Gefahr, als »kaputter Typ« zu gelten. Die DDR verlangte von ihren Literaten, ihre Politik zu begleiten. Zunächst stand die antifaschistisch-demokratische Erneuerung auf der Tagesordnung. Es ging um die Nutzung des bürgerlich-humanistischen Gedankenguts für die Erziehung und Umerziehung. Die Versatzstücke des Stempelkastens des sozialistischen Realismus waren Parteilichkeit, proletarische Helden, die schwierige Aufbauaufgaben meisterten und gern auch mal Klassenfeinde entlarvten, und Volkstümlichkeit. Der Leser sollte an Identifikationsfiguren Orientierung finden. Das erreichte Ende der fünfziger Jahre mit dem Bitterfelder Weg – dem Versuch, die Schriftsteller direkt in das heroische Leben der Arbeiterklasse einzubeziehen – seinen Höhepunkt.

Den Namen der nächsten Phase prägte Brigitte Reimann 196 mit ihrer *Ankunft im Alltag*. Der Klassenfeind saß nun hinter dem »antifaschistischen Schutzwall«, der »Aufbau des Sozialismus« schien weitgehend abgeschlossen. Die Ankunftsliteratur beschrieb die Mühen der Ebene. Ihre Helden hatten sich nicht durch Berge von süßem Brei ins Schlaraffenland, sondern durch Zweifel und Bedenken zum sozialistischen Bewusstsein durchzufressen. »Vom Ich zum Wir« hieß der Weg in die sozialistische Menschengemeinschaft, das ging nicht ohne Konflikte. Der Rat der »guten alten Genossen«, die im Zweifel bedächtig anmerkten: »Ich will mich ja nicht einmischen, aber damals«, wahlweise in

Spanien, im KZ oder bei den Partisanen, »haben wir das so und so gemacht«, war nicht mehr gefragt. Die neuen Helden haben eine Privatsphäre, manche sogar ein Recht, Außenseiter zu sein. Opportunismus und Anpassung sind so weit entwickelt, dass sie kritisiert werden müssen.

Mit Walter Ulbricht verschwanden Anfang der siebziger Jahre dann auch seine Technokraten und deren Weltbild – das Leben bestand nun nicht mehr aus kybernetischen Systemen und den daraus erwachsenen »relevanten« und totalen Planungen. Der VIII. Parteitag hatte die »entwickelte sozialistische Gesellschaft« verkündet. Unerschütterliche Optimisten glaubten an das laue kulturpolitische Lüftchen, das Erich Honecker streichen ließ. Dass sich am grundsätzlichen Misstrauen zwischen Macht und Kunst nichts geändert hatte, versuchte manche zu ignorieren. Subjektive Befindlichkeiten der »allseitig entwickelten Persönlichkeiten« rückten in den Fokus. Die DDR-Bürokratie wurde gegeißelt, manche machten sich über sie auch nur lustig.

Die Leser suchten in den Büchern nach dem Abbild dessen, was sie selbst tagtäglich erlebten. Manchmal fanden sie es, manchmal bemerkten sie das Bemühen zwischen Solidarität und Balance der Schreiber. Darauf, dass sich all das immer wieder auch am Spannungsfeld des Verhältnisses der beiden deutschen Staaten rieb, machten nicht zuletzt die übereifrigen Sittenwächter wie Dieter Noll aufmerksam. Ihn regte auf, »wie da ein kleiner Klüngel von sogenannten Literaten verzweifelt von sich reden machen will, indem er sich vor den Karren des Westfernsehens spannen lässt oder die Partei mit unverschämten Briefen traktiert.«

Als deren Macht 1989 zu Ende ging, malte der »kaputte Typ« Stefan Heym am 4. November auf dem Alexanderplatz seine Vision von der Zukunft: »Der Sozialismus – nicht der Stalinsche, der richtige –, den wir endlich erbauen wollen zu unserem Nutzen und zum Nutzen ganz Deutschlands, dieser Sozialismus ist nicht denkbar ohne Demokratie. Demokratie aber ... heißt Herrschaft des Volkes.« Von Dieter Noll war hingegen nichts mehr zu vernehmen.

WIE VIEL KOSTETE DAS FERNSEHEN?

Für die Zuschauer war Fernsehen in der DDR ein billiges Vergnügen. Seit 1962 kosteten Rundfunk und Fernsehen 7 Mark im Monat, nach der Rundfunk-Anordnung vom 28. Februar 1966 dann 8 Mark. Mit der Einführung des Zweiten Programms stieg die Gebühr auf 10 Mark. Dazu kamen 50 Pfennige für ein Autoradio und 5 Pfennige Kulturabgabe, alles zu zahlen beim Post-Zeitungsvertrieb. Knapp ein Drittel der Haushalte – Studenten, Rentner, Schwerstbeschädigte und andere – brauchten nicht zu zahlen.

Für die Macher kostete es hingegen immer mal wieder viel Ärger. Der kam von »der Partei«, an deren Spitze seit 1971 ein neuer Chef stand: Erich Honecker. Um den ersten Zuschauer des Landes zu begeistern, flimmerte bereits im Februar des Jahres *Der Sonne Glut* über die Bildschirme, ein Epos über die Gründungsjahre der FDJ und – so Dramaturg Hans Müncheberg – »ohne große Gewissensbisse zusammengeklittert«. Im März folgte der Mehrteiler über den Jungkommunisten *Artur Becker*, doch den ganz großen Hammer verhinderte das alles nicht.

Auf dem VIII. Parteitag der SED im Juni 1971 ging er auf die »Fernsehschaffenden« nieder: »Unser Fernsehen«, sagte Erich Honecker, »das auf gute Leistungen zurückblicken kann, sollte verstärkt bemüht sein, die Programmgestaltung zu verbessern, eine bestimmte Langeweile zu überwinden, den Bedürfnissen nach guter Unterhaltung Rechnung zu tragen, die Fernsehpublizistik schlagkräftiger zu gestalten und den Erwartungen jener Teile der Werktätigen Bevölkerung besser zu entsprechen, deren Arbeitstag sehr zeitig beginnt und die deshalb schon in den frühen Abendstunden Zuschauer wertvoller Fernsehsendungen sein wollen.« Für den ebenso langen wie vernichtenden Satz erscholl »starker Beifall«. Hieß es nämlich im Partei-Chinesisch, irgendetwas sei »weiter zu verbessern«, bedeutete das im Klartext: So geht es nicht, Genossen!

Durch einen glücklichen Zufall tauchte acht Tage nach dem Parteitag der rasch sehr beliebt werdende »Polizeiruf 110« auf dem Bildschirm auf. Doch Erich Honecker hatte derweil die Bundesrepublik erstmals als »imperialistisches Ausland« bezeichnet, und so wurde aus dem Deutschen Fernsehfunk am 11. Februar 1972 das Fernsehen der DDR. Der alte Name verschwand sang- und klanglos. An den tieferen Sinn der Umbenennung durch den neuen SED-Chef erinnert sich der im Zentralkomitee für das Fernsehen verantwortliche Funktionär Eberhard Fensch: »Etwa zu dem Zeitpunkt, als Erich

Die Zahl der Fernsehgeräte stieg von 1970 bis 1989 von 89 auf 114 pro 100 Haushalte, davon waren 55 Farbempfänger.

Honecker diese Funktion übernahm, kriegte das Fernsehen, aber auch bis zu einem gewissen Grade der Rundfunk in der Politik der Führung der SED einen völlig anderen Stellenwert angesichts des riesigen Masseneinflusses ... Und sie wurden in jeder Hinsicht durch ihn persönlich und dann später auch durch Joachim Herrmann nicht in erster Linie als kulturelle Einrichtungen gesehen, sondern als politisch-ideologische Instrumente der Partei zur Massenbeeinflussung.« Das ließ sich der Staat für fünf Rundfunk- und zwei Fernsehprogramme jährlich mehr als 200 Millionen Mark kosten. Weitere rund 500 Millionen kamen aus den Gebühren, so dass das Gesamtbudget 701,7 Millionen Mark betrug. Den mit 495 Millionen Mark größten Anteil verbrauchte das Fernsehen. Dabei lagen die Programmkosten bei 259 Millionen Mark, die technischen Kosten bei 256 Millionen.

Von diesen »technischen Kosten« kassierten die rund 4600 festen Mitarbeiter 58 Millionen Mark, 4,3 Millionen Mark flossen in den »Kulturbund Sozialfonds«. Rund 37,2 Millionen Mark mussten für Honorare aufgewendet werden, 10,3 Millionen standen für Reisen zur Verfügung. Auftragsproduktionen der DEFA kosteten 56 Millionen, für 12,5 Millionen Mark wurden Filme angekauft. Für Werterhaltung, Abschreibung und Versicherungen gingen 15,5 Millionen Mark drauf, die sonstigen Kosten betrugen 45 Millionen Mark.

Das Plansoll für die »Erwirtschaftung von Devisen« war mit 2 Millionen Valutamark festgelegt. Wurden es mehr, konnten dafür technische Ausrüstungen im Westen gekauft werden. Eine weitere wichtige Einnahmequelle erschloss sich mit dem am 9. Januar 1972 eingeführten »Tele-Lotto 5 aus 35«. Bei einer Gewinnchance von 1 zu 324 632 waren Spitzengewinne bis zu 20.000 Mark möglich. Die Einnahmen betrugen rund 600 Millionen Mark, rund 100 Millionen, von denen 24 Millionen Mark ans Fernsehen flossen, blieben als Gewinn übrig.

Für all das Geld wurden 1970 im Jahr 6028 Stunden gesendet, davon 392 in Farbe. Bis 1989 wuchs diese Leistung auf etwa 8900 Stunden, davon 8437 in Farbe, an. Die Zahl der Fernsehgeräte stieg in dieser Zeit von 89 pro hundert Haushalte auf 114, davon 55 Farbempfänger. Die DDR-Männer verbrachten 1985 im Durchschnitt 113 Minuten pro Tag vor dem Gerät, die Frauen nur 82 Minuten. Zum Vergleich: Gelesen wurde von beiden durchschnittlich 16 Minuten am Tag.

Heute liegen die Einnahmen aus der Rundfunk- und Fernsehgebühr mit rund 8 Milliarden Euro im Jahr bei einem Vielfachen der DDR-Erlöse. Dennoch sind viele Zuschauer davon überzeugt, dass sich die Qualität des Programms beständig an die Bauart der neuen, flachen Bildschirme angleicht. Trotzdem verbrachten die Deutschen 2016 im Durchschnitt 223 Minuten am Tag mit Fernsehen.

Wieso war das Sandmännchen politisch?

Als der Sandmann am 22. November 1959 zum ersten Mal auf dem Bildschirm des Deutschen Fernsehfunks erschien, war das ein Sieg für den Sozialismus im Wettlauf der Systeme. DFF-Programmdirektor Walter Heynowski hatte nämlich in Axel Springers *Hör zu!* gelesen, dass der Sender Freies Berlin für die ARD einen Abendgruß mit einem Sandmännchen entwickeln wollte.

Solch ein Betthupferl gab es seit dem 8. Oktober 1958 auch im Ost-Fernsehen, bis dahin rund 350 Mal gesendet. Doch der Rahmen fehlte. Deshalb fragte der Chef bei seinem Abteilungsleiter Kinderfernsehen, Siegfried Böhme, an, ob man nicht noch schnell der West-Konkurrenz zuvorkommen könne. Der wiederum wusste, dass Puppengestalter und Regisseur Gerhard Behrendt gerade dabei war, ein Puppentrickstudio aufzubauen. Er fing sofort an, für den Klassenkampf am »SM« – so die interne Bezeichnung der Fernsehmacher für den Sandmann – zu kneten. Jahre später notierte er: »Schwere Geburt unter kritischen Augen.« Es ging um den Bart. Ein solcher zierte das Kinn des Landesvaters Walter Ulbricht, und der wurde vom Volk despektierlich »Spitzbart« genannt. Jegliche Ähnlichkeit musste also ausgeschlossen werden, und das gelang, indem Gerhard Behrendt mit den furchterregenden SMs aus den Märchenbüchern von Hans Christian Andersen und E. T. A. Hoffmann argumentierte. Das überzeugte. Behrendt zum Sandmann-Bart: »... gebe ihm schließlich einen spitzen, weißen, finde Zustimmung!«

Das ist der Durchbruch zu »einem Erwachsenen mit kindlichen Zügen.« Schnell wird aus dem Knetmodell eine Gelenkpuppe: »Zipfelmütze und Jacke in blaugrün, braun die Hose, Stiefelchen spitz und mit Umschlag in weißem Ziegenleder, Knopfaugen.« Und natürlich das Säckchen mit dem Schlafsand, alles in allem 25 Zentimeter groß.

Der Puppenmacher wusste, welche Charaktermerkmale SM verkörpern sollte: »duldsam, gutmütig, ehrgeizig, wagemutig, sehr lieb zu Mensch und Tier.« Das musste die Musik unterstreichen. Texter Walter Krumbach nahm sich ihrer an und schrieb das Auftrittslied: »Sandmann, lieber Sandmann, es ist noch nicht so weit«. Die Verse teilte er dem DFF-Hauskomponisten Wolfgang Richter am Telefon mit, und der fügte die Töne hinzu. Szenenbildner Harald Serowski bastelte eine fantasievolle Kulisse, und wenige Wochen nach dem Start der Arbeiten hatte der Sandmann um 18.50 Uhr Premiere. Die Sendung »Unser Sandmann« war geboren und eine Schlacht im Klassenkampf erfolgreich geschlagen.

Das neue Mitglied der sozialistischen Menschengemeinschaft eroberte im Sturm das Publikum. Gerhard Behrendt notierte: »Unerwartetes Echo, Rührung beim Publikum. SM erhält Einladungen, Kinderbetten, ja ganze Kinderzimmer werden angeboten. SM soll ihnen, den Kindern, erhalten bleiben. Es gewinnt die Herzen aller kleinen, vieler großen Zuschauer. Erste Untersuchungen seinerzeit: Unser SM – Höhepunkt und Abschluss des Tagesprogramms für Kinder.« Der Klassenfeind ist geschlagen, denn auch wo der DFF im Westen zu sehen ist, läuft nun oft das DDR-Sandmännchen. Fernsehchef Heinz Adameck beschied knapp: »Gut so. Weitermachen.«

Aber wie der Sozialismus insgesamt musste sich natürlich auch das Sandmännchen entwickeln. Zuerst kam es ganz schlicht zu Fuß. Bald ging es auch zu den Kindern aufs Dorf oder ins Ferienlager, steuerte eine Straßenbahn oder flog zu den Kosmonauten in den Weltraum. Da steckte Erziehungspotential, und so ist in den entsprechenden Plänen des Kinderfernsehens zu lesen: »Es muss Sorge getragen werden, dass Sandmanns Fuhrpark um mehr modernes Kinderspielzeug wie Zementmischer, Straßenreinigungsgeräte, Traktoren neuer Bauart erweitert wird, um öfter in dieser Reihe die Arbeitswelt und die sich ständig entwickelnde Technik zu repräsentieren.« Auch daran, wie man sich in dieser Welt zu benehmen hatte, wurde gedacht: »Es ist unbedingt darauf zu achten, dass Sandmanns Gutmütigkeit, Besonnenheit und Höflichkeit auch durch den heftigsten Trubel seiner jeweiligen Gastgeber nicht erschüttert wird.«

Zwischen Auftritt und Abgang des Sandmanns erzählten oft verschiedene Puppenpaare ihre Geschichten. Aus Herrn Fuchs und Frau Elster wurde im Laufe der Jahre ein ganzer Märchenwald, Rolf und Reni gaben wertvolle pädagogische Hinweise. Aber es gab auch echte Menschen, wie Frau Puppendoktor Pille mit der großen, klugen Brille. Nachdem aufmerksame Oberlehrer schriftlich protestiert hatten, weil ja nun mal eine Brille nicht »klug« sein konnte, wurde daraus Frau Puppendoktor Pille, mit der großen, runden Brille.

Viel ernstere Probleme gab es jedoch mit der Abwicklung des DDR-Fernsehens, denn ganz besonders emsige Erneuerer entlarvten SM nun als staatstragenden Funktionär, nicht weit weg vom allgegenwärtigen IM. Es folgte so viel Protest, bis sie verstummten und der RBB, der MDR und der Kinderkanal den Sandmann übernahm, allerdings zu ungünstigeren Sendezeiten. Für Sandmann-Vater Gerhard Behrendt ging alles gut aus. In der DDR bekam er den Nationalpreis, später das Bundesverdienstkreuz und zwischendurch sogar ein Dankschreiben vom polnischen Papst.

WAR GOETHES *FAUST* EIN DDR-WEGBEREITER?

Das Theaterereignis des Jahres 1979 fand am Staatstheater Schwerin statt. Christoph Schroth hatte den gesamten *Faust* auf die Bühne gebracht. Vier Faust-Darsteller und eine Frau als Mephisto – das hatte es noch nie gegeben. Über fünf Stunden saßen die Zuschauer wie gebannt und saugten aus Goethes Worten die Bestätigung ihres eigenen Lebensgefühls. Wenn der alte, erblindete Faust das »Auf freiem Grund mit freiem Volke steh'n« ersehnte und dabei der eiserne Vorhang der Bühne zu sehen war, lag Revolution in der Luft.

Das FDJ-Organ *Junge Welt* lobte zaghaft und verwies auf »Fausts welthistorischen Aufbruch«, dennoch blieb er für die »Kampfreserve der Partei« letztlich »der Intellektuelle, der der mittelalterlichen Wissenschaft entsagt und sich nach langem, kämpferischen Leben zum frühkapitalistischen Unternehmer mausert«. Das »freie Volk auf freiem Grund« sei »für ihn, den Kapitalisten, unerreichbar«, meinte das Blatt. Die *Faust*-Diskussion in der DDR als Stellvertreterkrieg zwischen den Dogmatikern und jenen, die auf Reformen hofften, hatte einen Höhepunkt erreicht.

Sie begann mit einer erbitterten kulturpolitischen Debatte, nachdem Hanns Eisler im Dezember 1952 sein Libretto zur Oper *Johann Faustus* veröffentlichte. »Pessimistisch, volksfremd, ausweglos und antinational«, urteilte *Neues Deutschland* am 14. Mai 1953. Hanns Eisler ging enttäuscht nach Österreich, kehrte aber 1954 in die DDR zurück. Die Kraft für die *Faust*-Musik seiner Oper fand er nicht mehr. Goethes Faust sollte Symbol des neuen, nach Erkenntnis strebenden, sozialistischen Menschen sein und vor dem Pakt mit dem Teufel Kapitalismus warnen. Deshalb gab auch der Aufbau Verlag bereits 1956 *Mephisto* von Klaus Mann heraus. Das Buch war im Westen wegen des Streits um Persönlichkeitsrechte bis 1981 verboten.

Aber auch eigene *Faust*-Adaptionen, wie 1966 der fünfteilige Fernsehfilm *Dr. Schlüter*, regten die Diskussion an. In der Studenten-Zeitschrift *Forum* erschienen überdies »Faust-Gespräche«, 1967 auch als Buch. Die Botschaft all dieser Publikationen korrigierte das Angebot, zu erkennen, »was die Welt im Innersten zusammenhält«. Dies sei nämlich nur dann legitim, wenn es auf die »richtige Seite« der Geschichte führe.

Natürlich gehörte *Faust* zum Schulstoff der DDR. Zahllose Abiturienten interpretierten den Schlussmonolog »Das letzte war das Höchsterrungene« als Goethes Prophezeiung des Sozialismus. Es gab keinen Zweifel daran, wo sich der »Sumpf ... am Gebirge hinzog« und dass »Den faulen Pfuhl auch abzuzieh'n«, die Aufgabe war, die vom Sozialismus noch zu erledigen war. Dazu fühlte sich die DDR berufen. Deshalb wurde Faust »bei uns so oft zitiert, selbst oder vielmehr gerade auch auf Parteitagen der Sozialistischen Einheitspartei Deutschlands (und) auf Plenartagungen ihres Zentralkomitees.« Und *Faust*-Experte Gerhard Scholz erläutert weiter: »In seinem – immer wieder von den Antagonismen der Klassengesellschaft überlagerten, gefährdeten, verletzten – Kern nimmt er viele Züge der freien schöpferischen Persönlichkeit vorweg, wie sie massenhaft erst aus dem langen Prozess der sozialistischen Umwälzung hervorgehen kann.«

Als Adolf Dresen und Wolfgang Heinz am 30. September 1968 am Deutschen Theater in Ostberlin mit ihrer *Faust*-Inszenierung versuchen, diese Diskussion ohne Ehrfurcht vor der klassischen Monumentalität zu führen, scheitern sie an der Zensur. Ein Goethe, in dem gelacht werden konnte und leicht bekleidete Hexen im Walpurgisnachttraum Anspielungen auf die DDR auslebten, provozierte die anwesende Polit-Prominenz so sehr, dass sie den Saal verließ. Das Ensemble um Fred Düren und Dieter Franke spielte vor den leeren ersten Reihen weiter. Daraufhin tobte das Publikum vor Begeisterung, denn was den hohen Herren nicht gefiel, musste einfach in Ordnung sein. Allerdings erschienen am nächsten Tag zwei Herren vom Kulturministerium bei Wolfgang Heinz und forderten etwa 60 Änderungen. Außerdem sei die Walpurgisnacht-Szene ganz zu streichen, ließ der Minister ihnen bestellen. Die Herren vom Theater fügten sich und ärgerten sich darüber. Wolfgang Heinz trat als Intendant zurück, und Adolf Dresen ging wenig später in den Westen. Sie hatten sich der Blasphemie schuldig gemacht, weil sie zweifelten, die DDR sei »des Volkes wahrer Himmel«. Walter Ulbricht sah sie als den Ort, an dem gerade der dritte Teil des Faust'schen Weltgemäldes entstand: »Goethe hat ihn nicht schreiben können, weil die Zeit dafür noch nicht reif war. Erst weit über hundert Jahre, nachdem Goethe für immer die Feder aus der Hand legen musste, haben ... alle Werktätigen der Deutschen Demokratischen Republik begonnen, diesen dritten Teil des *Faust* mit ihrer Arbeit, mit ihrem Kampf für Frieden und Sozialismus zu schreiben.«

Dass der Meister aus Weimar sein Stück *Tragödie* genannt hatte, wurde übersehen. Goethes Schreckensvision an deren Ende »Und auf Vernichtung läuft's hinaus« war in einen Zukunftsentwurf für die DDR uminterpretiert worden. Das Volk bestätigte ihn im Herbst 1989.

Achtzehn Jahre nach der DDR inszenierte Christoph Schroth den *Faust* noch einmal, dieses Mal in Cottbus. Obwohl manche der damals Beteiligten wieder dabei waren, fehlte die bunte Sinnlichkeit der legendären Schweriner Aufführung. Faust war nun ein nörgelnder, alter Mann geworden, der keinen Eisernen Vorhang mehr aufstieß, sondern in seinem Zimmer-Käfig verharrte. Vielleicht war er letztendlich dann doch so etwas wie eine literarische Identifikationsfigur eines Landes, das an seinen Träumen scheiterte.

WIESO GAB ES GIFTSCHRÄNKE IN BIBLIOTHEKEN?

Die DDR war das einzige »Leseland« der Welt mit einer perfekt funktionierenden Zensur, obwohl es die offiziell gar nicht gab. Es ist ein Streitthema, denn es kratzt an der vergoldeten Erinnerung: Ob Klassiker oder Zeitgenossen, Weltliteratur oder Avantgarde – es war doch alles da! Ja, es gab viele Bücher, aber viele gab es auch nicht. Oder nur in den »Giftschränken« der Bibliotheken, unter Verschluss und ausschließlich mittels Sondergenehmigung zur »Benutzung« zu erhalten.

In der DDR wurden weder Bücher verbrannt noch existierten Listen mit verbotenen Titeln. Dennoch gab es in den fünfziger Jahren Gefängnisstrafen für das Lesen und die Weitergabe unliebsamer Bücher, wie zum Beispiel für *Die Revolution entlässt ihre Kinder* von Wolfgang Leonhard. Dieses rigide Vorgehen milderte sich im Laufe der Zeit, trotzdem konnte aber auch am Ende der DDR ein Buch wie *1984* von George Orwell durchaus noch eine Karriere still beenden. »Ideologische Unklarheiten« hieß das Stichwort dazu. Das deutet auf die subtile Praxis der Zensur, die bis ins Banale ging. Sie verschonte nicht einmal berühmte Leute. Ein Beispiel: Anfang der sechziger Jahre schickte Erwin Strittmatter – durch *Der Wundertäter* und *Ole Bienkopp* schon lange eine Institution der DDR-Literatur – ein Gedicht an eine Illustrierte. Darin hieß es: »Die Ente schiebt Daunen auf ihr Gelege, dann frisst sie hastig, die Augen sind nestwärts gewandt.« Durch einen Satzfehler wurde aus »nestwärts« »westwärts«. Das fiel dem Korrektor auf und er änderte es kurzerhand in »ostwärts«. Eigentlich nicht so furchtbar schlimm, aber leider so furchtbar typisch.

Wenn nicht die Schere im eigenen Kopf zuschnitt, taten es andere. Es wurde um Worte und Halbsätze gerungen, manches klappte, anderes nicht. Wo die gerade aktuelle Grenze lag, blieb im Nebel. So war zum Beispiel *Die Blechtrommel* von Günter Grass, 1959 erschienen, lange Zeit unerwünscht. Die Geschichte spielt in Danzig, und das nicht exakt »Gdansk« zu nennen, galt in der DDR als revanchistisch. Trotzdem brachte dann der Verlag Volk und Welt 1986 das Buch des späteren Nobelpreisträgers für Literatur doch noch heraus.

Bei anderen Dingen lagen politische Gründe auf der Hand. Stefan Heym durfte seine Geschichte des Aufstands vom 17. Juni 1953 unter dem Titel *Der Tag X* nicht veröffentlichen, weil sie der offiziellen Interpretation vom »faschistischen Putsch« widersprach. Geregelt wurden solche Sachen über die Hauptverwaltung Verlage und Buchhandel im Kulturministerium der DDR. Sie war für die Erteilung der »Druckgenehmigung« – und damit also für das klassische Instrument jeglicher Zensur – zuständig. Das machte gleichzeitig die Verschleierung der Zensur möglich, denn es wurde ja kein Buch verboten – es gab eben nur keine Druckgenehmigung dafür! Verzichtete diese zentrale literaturpolitische Steuerungsbehörde unter der langjährigen Leitung des stellvertretenden Kulturministers Klaus Höpcke auf diese härteste Maßnahme, gab es immer noch die Möglichkeit der Klein-Auflage. Dass Buchauflagen nach ihrer Ankündigung im *Börsenblatt* fünf- bis zehnfach »überzeichnet« waren, blieb keine Seltenheit. Die wenigen Exemplare landeten dann unter dem Ladentisch.

Die HV Verlage war eng mit dem Ministerium für Staatssicherheit verzahnt. Major Peter Gütling von der Hauptabteilung XX/7 hatte als in den siebziger und achtziger Jahren zuständiger Verbindungsoffizier über Inoffizielle Mitarbeiter im Kulturministerium, wie »Margot Karl«, »Gabriele Herz«, »Paul Peters«, »Karlheinz«, »Erika« und viele andere alles im Griff. All diese Decknamen verbinden sich mit Namen bekannter Bücher, die erschienen oder behindert wurden, und denen von Schriftstellern, die sich im breiten Spektrum zwischen Staatstreue und Dissidenz bewegten. Den Betroffenen und Interessierten sind sie bekannt, ein öffentliches Nennen würde heute die Persönlichkeitsrechte der Täter verletzen.

Der grenzüberschreitende Literaturverkehr, wie Lizenzen oder Vergabe von DDR-Manuskripten ins Ausland, oblag dem »Büro für Urheberrechte«. Dort hatte MfS-IM »Erno« besonders die internationalen Buchmessen im Auge. Bei DDR-Literaturfreunden hingegen galt die Leipziger Buchmesse als Nabel der Welt. Manch frommer Bürger wurde dort zum Bücherdieb und manch West-Verleger drückte ein Auge dabei zu. Die Augen offen hielt hingegen IM »Fred Richter« beim Urheberrechtsbüro, denn wenn alle anderen Zensurbemühungen versagten, blieb immer noch das »Devisenvergehen« bei Veröffentlichungen in der Bundesrepublik. Das erfuhr auch Stefan Heym. Für die West-Veröffentlichung des Romans über den frühen Gründervater der Sozialdemokratie, Ferdinand Lasalle, gab es 1969 eine Geldstrafe, für *Collin* – einer Abrechnung mit der stalinistischen DDR-Vergangenheit – folgte sie 1979 und führte gleichzeitig zu Heyms Ausschluss aus dem Schriftstellerverband. Der perfekte Kreis der Zensur war so geschlossen.

In der DDR erschienen dennoch im Jahr rund 6000 Titel. Neunzig Prozent des Umsatzes von 600 Millionen Mark jährlich machten die etwa 1000 Volksbuchhandlungen und das bei stark subventionierten Preisen. Heute gibt es jedes Jahr rund 95 000 neue Bücher in Deutschland. Die Zensur ist vom Markt ersetzt, und niemand redet mehr vom »Leseland Deutschland«.

»Soldaten sind vorbeimarschiert,
die ganze Kompanie ...«

14

Im Gleichschritt mit Pauken und Trompeten

War die Wehrpflicht wirklich »Ehrendienst«?

Vom »Feind«, »Kämpfen« und natürlich »Siegen« war in der DDR oft die Rede. Rund 2,5 Millionen ihrer Bürger, mit nur wenigen Ausnahmen Männer, wurden in der Nationalen Volksarmee im Laufe ihrer Geschichte als Wehrpflichtige oder Soldaten auf Zeit ausgebildet. Manche trugen stolz ihr »Ehrenkleid«, die meisten ertrugen mit oder ohne Murren ihre anderthalb Jahre in der *Armee für Frieden und Sozialismus*, und für manche war es nur verlorene Zeit bei der »Asche«. Vor der Einführung der allgemeinen Wehrpflicht für männliche Bürger der DDR vom 18. bis zum vollendeten 50. Lebensjahr, bei Offizieren bis zur Vollendung des 60. Lebensjahres, lag ein langer Weg. Er endete mit dem Wehrpflichtgesetz vom 24. Januar 1962.

Bereits Mitte 1946 begann unter dem Namen Deutsche Verwaltung des Innern (DVdI) die Bildung einer zentralen Polizeiführung. An deren Spitze stand der Kommunist und Buchenwald-Häftling Erich Reschke, einer der Vizepräsidenten war der spätere Stasi-Chef Erich Mielke. Die ersten Grenzpolizei-Einheiten wurden am 23. November 1946 aufgestellt, das offizielle Gründungsdatum der Deutschen Grenzpolizei (DGP) war der 1. Dezember 1946. Die Zahl der kasernierten Truppe stieg von 3800 im Jahr 1946 auf rund 10 000 Mann bereits ein Jahr später.

Die DVdI-Planungen gingen von vier Polizisten für je 1000 Einwohner aus. Das hätte die Aufstellung von etwa 50 000 Mann bedeutet, was den Sowjets zu viel und zu unüberschaubar war. Am 14. Mai 1948 einigten sich die Sowjetischen Militäradministration (SMAD) und die SED-Führung, dennoch eine verdeckte Militarisierung der Sowjetischen Besatzungszone einzuleiten, um die über 1000 Kilometer lange Demarkationslinie unter Kontrolle zu bekommen.. Am 3. Juni 1948 ordnete die SMAD deshalb die Gründung der Hauptabteilung Grenzpolizei und die Schaffung von Bereitschaften an.

Am 2. Juli 1948 stimmte Stalin der Aufstellung einer 10 000 Mann starken kasernierten Polizeibereitschaft zu. Sie wurde mit leichten militärischen Waffen ausgerüstet. Rund 5000 ehemalige Wehrmachtssoldaten und -unteroffiziere, etwa 100 frühere Offiziere und fünf Generäle aus sowjetischen Gefangenenlagern bildeten den Grundstock für die bis 1949 in der Sowjetischen Besatzungszone aufgestellten 24 Infanterie-, 8 Artillerie-, 3 Panzer-, 3 Nachrichten- und 2 Pionierbereitschaften.

In der ersten DDR-Verfassung von 1949 fand sich, im Gegensatz zum Grundgesetz der Bundesrepublik, weder ein Hinweis zur Wehrpflicht noch zur Möglichkeit der Kriegsdienstverweigerung. Auch als am 18. Januar 1956 per Gesetz die NVA gegründet wurde, blieb sie eine Freiwilligenarmee. Die Bundeswehr entstand am 5. Mai 1955 und rekrutierte von Anfang an ihre Soldaten durch die gleichzeitig eingeführte Wehrpflicht von (zunächst) 12 Monaten. Die im Osten Deutschlands erhaltene Freiwilligkeit des Militärdienstes war ebenso ein politisches Problem, wie eine praktische Notwendigkeit. Wegen der bis zum 13. August 1961 offenen Grenze in Berlin traute sich die DDR nicht, junge Männer zum Dienst zu zwingen. Andererseits galt nach dem Vorbild der Sowjetunion eine Armee als unverzichtbares Mittel der Macht durch »Erziehung« der nachwachsenden Generationen und der Sicherung der »Diktatur des Proletariats«. Die Sonderrolle der DDR wurde durch die im Land stehenden Sowjettruppen und die seit Anfang der fünfziger Jahre betriebene massive getarnte Aufrüstung im Rahmen der Kasernierten Volkspolizei möglich. Junge Männer ab dem 18. Lebensjahr konnten sich nun freiwillig zum Dienst in der Hauptverwaltung für Ausbildung (HVA) und ab 1952 dann in der Kasernierten Volkspolizei (KVP) melden. Mit deren Bildung entstanden im Herbst 1952 in den Bezirken und Kreisen Registerverwaltungen, aus denen später die 15 Wehrbezirks- und 220 Wehrkreiskommandos der NVA hervorgingen. All dies geschah vor dem Hintergrund einer breiten Ablehnung jeglichen Kriegsdienstes durch die Bevölkerung. Ausschlaggebend dafür waren die traumatischen Erlebnisse des gerade beendeten Zweiten Weltkriegs. Die SED und die FDJ orientierten deshalb auf die Werbung politisch überzeugter Kader. Ab 1953 wurde die gesamte männliche Bevölkerung zwischen 18 und 50 Jahren »in getarnter Form« registriert, um die jährliche Einstellung von 30 000 bis 35 000 Mann zu gewährleisten. Das blieb ein kaum zu erreichendes Ziel, so dass die SED-Sicherheitskommission im März 1955 wegen der Wiederbewaffnung West den Wehrdienst für männliche Parteimitglieder zwischen 18 und 22 Jahren zur Pflicht machte.

Den politischen Inhalt der Wehrpflicht in der DDR beschrieb die Verfassungsänderung vom 26. September 1955. Damit wurde der Artikel 5 um den Absatz: »Der Dienst zum Schutze des Vaterlandes und der Errungenschaften der Werktätigen ist eine ehrenvolle nationale Pflicht der Bürger der Deutschen Demokratischen Republik« erweitert. Aufgabe der wenig später gegründeten NVA war somit nicht nur die Verteidigung der DDR, sondern auch die der Politik der SED. Im Gegensatz zur Bundesrepublik verzichtete die SED auf die gleichzeitige Einführung einer allgemeinen Wehrpflicht. Neben der offenen Grenze in Berlin dürften der Anspruch der eigenen moralischen Überlegenheit und der Wunsch, Wehrdienstverweigerern aus dem Westen Asyl bieten zu können, die Hauptgründe dafür gewesen sein. Trotz massiver Werbung, hin und wieder auch mit Druck auf die Kandidaten verbunden, gelang es bis zur Einführung der Wehrpflicht 1962 nicht, die Sollstärke der NVA durch Freiwillige zu erreichen.

Nachdem das 1962 erlassene Gesetz die Wehrpflicht zu einer »Schule der politisch-militärischen Ausbildung und Erziehung« der Jugend gemacht hatte, erhob sie die neue DDR-Verfassung von 1968 zur »Ehrenpflicht«. Das neue Wehrdienstgesetz vom 25. März 1982 legte im Paragraph 1 fest: »Durch den Wehrdienst sichert die Deutsche Demokratische Republik ihren Bürgern die Wahrnehmung ihres Rechtes und die Erfüllung ihrer Ehrenpflicht, den Frieden und das sozialistische Vaterland und seine Errungenschaften zu schützen.« Das wurde am 26. April 1990 im Fahneneid geändert und mit dem Einigungsvertrag vom 31. August 1990 aufgehoben.

Die NVA sah sich von Anfang an in der militärischen Tradition der Bauernkriege des 16. Jahrhunderts, der Napoleonischen Befreiungskriege im 19. Jahrhundert sowie der gescheiterten Revolutionen von 1848 und 1918 und der Kämpfe der Internationalen Brigaden im Spanischen Bürgerkrieg 1936. Später kam der 13. August 1961 hinzu, der als Beleg für die friedenssichernde Funktion der Armee gewertet wurde. Dabei hatte die Politische Hauptverwaltung nicht immer ein glückliches Händchen. So wurde dem Grenzregiment 3 in Dermbach, Bezirk Suhl, am 1. März 1966 der Name des Bauernführers Florian Geyer verliehen, den vorher bereits die 8. SS-Kavalleriedivision trug. Auch der Name Egon Schultz basierte auf einer Propagandalüge. Der 21-jährige Grenzer wurde am 5. Oktober 1964 in Berlin versehentlich von seinem Kameraden Volker M. erschossen, was jedoch in der NVA geheim blieb.

Trotz Einsatz von ehemaligen Wehrmachtsangehörigen und einiger fragwürdiger preußischer Traditionsbezüge blieb eine antifaschistische Orientierung die politische Grundlage der NVA. Sie wollte sich damit bewusst von der Bundeswehr unterscheiden. 1959 waren dort von 14 900 Offizieren 12 360 bereits in Wehrmacht oder Reichswehr aktiv gewesen, rund 300 Offizieren kamen aus der Waffen-SS.

Magdeburg 1972: Als Bekenntnis der Verbundenheit der NVA mit den Werktätigen werden junge Soldaten im Schwermaschinenbau-Kombinat »Ernst Thälmann« vereidigt.

Die als notwendig erachtete »Erziehung zur sozialistischen Soldatenpersönlichkeit« erlebten viele Wehrpflichtige aus den verschiedensten sozialen Milieus als entwürdigenden Abschnitt ihrer Jugend. Die strenge innere Ordnung der NVA, die primitiven Lebensbedingungen in den Kasernen und der teilweise schikanöse Umgang mit Untergebenen legten oft die Wurzeln einer persönlichen Abkehr von der DDR-Politik, die sich seit Beginn der achtziger Jahre massiv verstärkte.

Der vom Leipziger Zentralinstitut für Jugendforschung abgefragten Meinung »Ich bin bereit, die DDR auch unter Einsatz meines Lebens zu verteidigen« stimmten 1975 unter Lehrlingen, jungen Arbeitern, Studenten und Schülern der 9. und 10. Klassen »vollkommen« noch 46,5 Prozent der Befragten zu. Ende 1988, Anfang 1989 waren

Im Gleichschritt mit Pauken und Trompeten

es nur noch 19,5 Prozent. Besonders drastisch sank die Zahl bei den Jüngeren. Das kontinuierliche Abnehmen der Wehrbereitschaft belegte nicht nur ein Versagen der erzieherischen Kompetenz der NVA, sondern auch eine nachlassende Akzeptanz des sozialistischen Gesellschaftsmodells, das sich innerhalb der Armee in seiner drastischsten Form offenbarte.

Legte ein Beschluss des Präsidiums des Ministerrates der DDR vom 1. Juli 1956 noch fest, dass nur jene in die Armee aufgenommen werden, die »guten Willens sind sowie ehrlich zur Arbeiter-und-Bauern-Macht stehen« und deren »freiwillige Dienstleistung« in der NVA auf dem Schwur zur Treue gegenüber der DDR beruht, nutzte die SED nun Wehrpflicht und Wehrdienst, um die jungen Leute zu disziplinieren und zu indoktrinieren. Jegliches Ablehnen oder das Infragestellen dieses Dienstes wurde bekanntermaßen gesellschaftlich geächtet. Wer es dennoch tat, wurde als »Feind des Friedens und des Sozialismus« gesehen. Davon Betroffene unterlagen außerhalb jeglichen rechtlichen Rahmens umfangreichen sozialen Sanktionen, zum Beispiel beim Erhalt eines Studienplatzes. Mit Nachteilen hatten auch jene zu rechnen, die die – in den Staaten des Warschauer Vertrages einzigartige – Möglichkeit des waffenlosen Wehrdienstes als »Bausoldat« wahrnahmen.

Im Ergebnis förderte der »Ehrendienst« bei vielen Wehrpflichtigen Anpassung und Opportunismus. Durch die rigide Gehorsamsdiktatur bei »der Asche« lernte man den Umgang mit Rechtsunsicherheit, das Verweigern von Verantwortung durch Passivität und die kollektive Entsolidarisierung.

In der Endphase der DDR wurde in einer Militärreform die Wehrpflicht von 18 auf 12 Monate herabgesetzt und erstmals ein Zivildienst eingeführt. Wehrdienstverweigerer Rainer Eppelmann, nun »Minister für Abrüstung und Verteidigung«, hielt noch im Mai 1990 ausdrücklich an der Wehrpflicht für die schon untergehende NVA fest. Am 24. September 1990 unterzeichneten er und der Oberkommandierende der Vereinten Streitkräfte des Warschauer Vertrages, Armeegeneral Pjotr Luschew, in Ostberlin die Übereinkunft über den Austritt der NVA aus dem Bündnis des Warschauer Vertrages. Mit dem Ende der DDR am 3. Oktober 1990, 0.00 Uhr trat sie in Kraft. Gleichzeitig endete die Existenz der Nationalen Volksarmee.

Warum sollte ein »Rügenhafen« gebaut werden?

Das langsame Versanden der Bucht am Königshörn in Glowe auf Rügen, ein paar von Sanddorn überwucherte Böschungen, die Umgehungsstraße und ein Umspannwerk in Sagard und einige Barackenreste sind alles, was vom »Projekt Rügenhafen«, später »Sonderbauvorhaben Glowe«, übrig geblieben ist. In der idyllischen Rügener Boddenlandschaft sollte einmal ein riesiger Kriegshafen mit Artillerie-Küsten-Batterien, Flugplätzen und Kasernen entstehen. Erste konkrete Pläne dazu gab es bereits 1853. Der Geheime Oberbaurat Dr. Hagen plante einen Durchstich der Schaabe bei Breege, um einen Hafen im Jasmunder Bodden zu bauen. Dann wurden die Planungen zugunsten Kiels aufgegeben. Die Nazis griffen sie wieder auf, 1937 begann Marineoberbaudirektor Linde mit der Projektierung eines U-Boot-Hafens. Nun war ein Durchstich östlich von Glowe vorgesehen. Erste Bauten wie eine U-Boot-Anlegebrücke aus Stahl entstanden. Ein Plan vom Mai 1939 sah die Stationierung von fünf Flottillen mit 45 U-Booten vor. Der Krieg beendete das Projekt und seine Wiederaufnahme 1944.

Richtig große Pläne schmiedete dann die DDR. Mit der Teilung Deutschlands waren sämtliche wichtige Ostsee-Häfen an Polen und die West-Zonen verloren. Sowjet-Marschall Tschuikow inspizierte im Frühjahr 1952 die Insel Rügen und gab »wertvolle Hinweise«. Politisch schien ohnehin alles klar: Durch die seit Gründung der Bundesrepublik betriebenen Remilitarisierung im Westen verstand sich die DDR stets in der Position desjenigen, der Nachrüsten musste. Sie sah sich in ihrer Existenz bedroht. Aufgabe der zu schaffenden Streitkräfte war deshalb der äußere Schutz des Landes, verbunden mit der Bewahrung der »Errungenschaften der Werktätigen«.

Der »Rügenhafen« sollte eine militärische und zivile Nutzung miteinander verbinden. Vorgesehen war der Bau eines U-Boot-Bunkers und einer Reparaturwerft. Dazu kamen ein Handelshafen an der Küste der Semper Heide, nordwestlich von Lietzow, mit einer Wassertiefe von acht Metern und auf der Ostseite im Spykerschen See, am Ende des Kanaldurchstichs, ein Fischereihafen. Zu allen Einrichtungen waren neue Straßen- und Eisenbahnanschlüsse geplant. Ein zweiter Ausgang der Häfen in die freie See sollte durch einen Kanal im Kleinen Jasmunder Bodden zur Prorer Wiek mit einem weiteren Durchstich führen. Bis Ende 1963 wollte man eine Großwerft mit der Kapazität von 635 000 Bruttoregistertonnen bauen, was etwa der Leistungskraft aller Hamburger Werften im Jahr 1939 entsprach. Hier hätte man 18 000-Tonner auf Kiel legen können. Eine weitere Werft, vor allem für Fischereifahrzeuge, wurde für die Ostküste des Jasmunder Boddens geplant. Eine Wohnstadt für 100 000 Menschen würde sich zwischen Sagard, der Ostseeküste und dem Waldmassiv der Stubnitz erstrecken. Eine zweite Siedlung für 30 000 Einwohner wäre westlich von Ralswiek entstanden.

Die Arbeiten an dem gigantischen Projekt begannen im Juli 1952. Neben schwerer Technik des VEB Bauunion Nord kamen auch bis zu 3000 Häftlinge beim Graben des ersten Kanals bei Glowe zum Einsatz. Das Gebiet wurde weiträumig abgesperrt, Straßenkontrollpunkte entstanden und mehr als 600 Personen sollten umgesiedelt werden. Allein für diesen Kanal-Durchstich waren 5,3 Millionen Kubikmeter Erdreich zu bewegen. Deshalb plante man bereits für das erste Quartal 1953 den Einsatz von 5000 Arbeitskräften, die bis Ende des Jahres auf 13 200 Mann aufgestockt werden sollten. Es entstanden vier Lager mit 134 Baracken, 66 davon dienten als Polizei- und Haftlager. Rund 2000 Arbeitskräfte fanden in den Dörfern der Umgebung und im Kinderheim Wiek Unterkunft.

Doch kurz nach dem Start wurde das riesige Projekt abgebrochen. Die Ursache dafür lag in der unmittelbar vor dem 17. Juni 1953 beschlossenen wirtschaftlichen Umorientierung. Der von der SED-Führung eingeleitete »Neue Kurs« stoppte die überproportionalen Investitionen in die Infrastruktur und die Schwerindustrie und deren Durchsetzung mit massiven Einschränkungen für die Bevölkerung. Deshalb ordnete die Regierung am 13. Juni 1953 kurzerhand die »Liquidierung des Bauvorhabens Nord« in der Zeit vom 15. Juni bis zum 10. August 1953 an. Nun ging alles sehr schnell. Kähne mit Zement, Kies und Straßenbaustoffen wurden gestoppt, bis 31. Juli räumten die Bauarbeiter des VEB Bauunion und die Verwaltung das Gelände, 18 000 Tonnen Baugeräte und Baustelleneinrichtungen wurden abtransportiert Am 14. August 1953 übergab die bis dahin für den Bau zuständige Regierungskommission an den Bezirk Rostock die Reste in Form eines »Anlagevermögens« von 21.972.812,24 Mark. Es bestand vor allem aus Baracken und Gebäuden, die sich später in Ferien- und Schulungslager, Unterkünfte und Materialdepots der Grenzpolizei und danach der Volksmarine und in den Jugendwerkhof »Makarenko« verwandelten. Den großen Traum vom Tor zur Welt erfüllte sich die DDR schließlich mit dem Neu- und Ausbau des Rostocker Hafens, der am 30. April 1960 eröffnet wurde. Deutschlands größte Insel Rügen ist trotz des dreimaligen Anlaufs heute nicht mehr von solcherart Projekten bedroht.

WAS WAR DER »DIENST FÜR DEUTSCHLAND«?

Es blieben nur ein paar Fotos im Bundesarchiv übrig und eine Medaille in Form eines blauemaillierten Spatenblattes mit gekreuztem, silbernen Hammer und einer Schaufel, von Lorbeer- und Eichenlaubzweig eingerahmt. Unten steht »Dienst für Deutschland« und die Jahreszahl »1953«. Die Bilder zeigen meist uniformierte, junge Leute, die gerade mit der Eisenbahn irgendwo hin zum Dienst für Deutschland fahren. »Bau auf, bau auf« – auf den Spuren einer vergessenen Initiative.

Blick in ein Wohnzelt bei der Eröffnung eines DD-Lagers im Kreis Pasewalk (1952)

Es war der große Traum des damaligen FDJ-Vorsitzenden Erich Honecker: Zehntausende von Jugendlichen erschaffen den Sozialismus, freiwillig, für eine Mark Lohn am Tag. Dafür sollte es in den Lagern ein üppiges Sport- und Freizeitangebot geben, Verpflegung sowieso und obendrauf auch noch eine vormilitärische Ausbildung. Mit KPD-Chef Max Reimann war besprochen, dass sogar Jugendliche aus dem Westen heimlich daran teilnehmen durften, die Posten an der grünen Grenze wussten Bescheid. Natürlich hatten die Sowjets zugestimmt und im neuen Bruderland Polen gab es bereits ähnliches mit einigem Erfolg, den *Sluzba Polska* (Dienst an Polen).

Offiziell begonnen hatte alles auf dem IV Parlament der FDJ im Mai 1952 in Leipzig. Die Jugendorganisation übernahm die »Patenschaft« über die künftigen DDR-Streitkräfte, damals noch in der blauen Uniform der Kasernierten Volkspolizei. Die mussten untergebracht werden, die meisten früheren Kasernen der Wehrmacht waren gesprengt worden oder wurden von der sowjetischen Besatzungsmacht genutzt. Andere waren zu Wohnungen geworden. Die politische Vorarbeit hatte das Politbüro des ZK der SED mit einem Beschluss vom 11. April 1952 geleistet. Auf dessen Grundlage erließ der Ministerrat am 24. Juli die Verordnung zur Schaffung der Organisation Dienst für Deutschland (DD), im Innenministerium wurde dazu eine eigene Hauptabteilung gebildet.

Vorgesehen war ein freiwilliger Dienst von sechs Monaten für Jungen und Mädchen zwischen 17 und 21 Jahren. 66 Lager mit insgesamt 100 000 Jugendlichen wurden geplant. Das alles erinnerte sehr an Hitlers »Reichsarbeitsdienst«. Aus dessen »Arbeitsmann« und »Arbeitsmaid« waren nun »Brigademann« und »Brigadistin« geworden, verschiedene Dienstgrade als »Truppführer« und »Feldmeister« gab es hier wie dort. Das war ein arger politischer Missgriff, denn der Ursprung dieser Hierarchie stammte bereits aus der SA und viele Menschen wussten das noch. Der Westen nutzte das zu propagandistischer Häme. Es war die Zeit, in der dort ehemalige Nazis wieder ihre Bürosessel einnahmen – die DDR lieferte eine Steilvorlage, weil nun auch sie an die Nazi-Tradition anzuknüpfen schien.

Dennoch stellten am 8. August 1952 Vorauskommandos die ersten Zelte auf. Schwerpunkt war das dünnbesiedelte Land Mecklenburg, wo vor allem in Prora und Eggesin künftige Militärstützpunkte entstehen sollten. Die DD-Brigade 1 errichtete ihre Lager unter anderem in Altwarp, Karpin, Drögeheide und Stallberg. Die Brigade 2 entstand in Fürstenberg an der Oder, aus dem dann Stalinstadt (heute Eisenhüttenstadt) wurde. Doch schon im Herbst verflog die anfängliche Ferienlager-Romantik. Materialmangel hemmte den Bau fester, beheizbarer Baracken, die völlig unzureichenden sanitären Einrichtungen führten zu Krankheiten. Die fehlende Qualifikation der Arbeitskräfte ließ nur einfache Arbeiten zu. Das befriedigte die tatendurstigen FDJler nicht, die Disziplin bröckelte. Obwohl die Lager nach Geschlechtern getrennt waren, blieb die »sozialistische Moral« das Hauptproblem. Als das Mädchenlager Drögeheide aufgelöst wurde, waren 240 der 600 jungen Frauen schwanger und 142 geschlechtskrank.

Vor allem wurde jedoch der DD ein wirtschaftliches Desaster. Geplant war, eine sich finanziell selbsttragende Organisation zu schaffen, die dann auch die Gehälter ihrer Funktionäre erwirtschaftete. Trotzdem wandte die DDR 1952 rund 64 Millionen Mark auf, denen eine Arbeitsleistung von 384.000 Mark gegenüberstand. Das entsprach noch nicht einmal dem Sold von einer Mark pro Tag für die Arbeitskräfte. Allein das Stammpersonal kostete 3,5 Millionen Mark. Vor allem aus diesem Grund wurden im November 1952 alle Mädchenlager und im Januar 1953 die Jungenlager aufgelöst.

Mit dem »Arbeitseinsatz Dienst für Deutschland« (ADD) versuchten SED und FDJ einen Neustart. Diesmal ordneten die Organisatoren die Brigaden direkt den Großbaustellen, wie dem Eisenhüttenkombinat »J. W. Stalin« und jenem in Calbe, der Großkokerei Lauchhammer und der Maxhütte in Unterwellenborn, zu. Das kostete noch einmal rund 7,5 Millionen Mark, brachte aber auch nichts ein. Deshalb wurde auch der ADD am 7. Juni 1953 ersatzlos aufgelöst. Was blieb, war die Einsicht, dass weder Begeisterung noch politische Propaganda ausreichten, um qualifizierte Arbeitskräfte zu ersetzen. Erich Honeckers Karriere schadete das nicht, er machte ab 1955 seinen Weg in der SED-Führung. Sein Stellvertreter Heinz Lippmann, für die »Westarbeit« der FDJ und damit auch für die Beteiligung westdeutscher Jugendlicher am DD verantwortlich, verschwand am 29. September 1953 in Richtung Bundesrepublik, 300.000 DM-West aus der FDJ-Kasse nahm er als Zehrgeld mit.

WER FÜHLTE SICH VON WEM WESHALB BEDROHT?

Ständige Gefechtsbereitschaft, Dienst an Wochenenden, Feiertage in den Kasernen – als die NVA-Offiziere und -Soldaten nach dem Mauerfall ihre ersten Erfahrungen im Westen machten, herrschte Erstaunen und Frust darüber, dass es bei der Bundeswehr einen pünktlichen Feierabend gab, viele »Staatsbürger in Uniform« im heimischen Bett schliefen und alles viel ziviler zuzugehen schien. Wer hatte da eigentlich vor wem Angst und weshalb?

Trotz gleicher schrecklicher Kriegserfahrungen wurden nach 1945 in Ost und West neue Bedrohungsszenarien aufgebaut. Dabei spielten die strategischen Erfahrungen des Zweiten Weltkriegs eine besondere Rolle, und die hießen: Wer mehr Panzer, Flugzeuge, Geschütze und schließlich auch »Menschenmaterial« hat, gewinnt. Dass mit der bisher ungekannten atomaren und nuklearen Aufrüstung nichts mehr zu »gewinnen« war, wurde damals noch verdrängt. Konventionelle Aggressionen bis in die achtziger Jahre, zum Beispiel der USA in Vietnam und der Sowjetunion in Afghanistan, vernebelten den Blick auf die inzwischen tatsächlich herrschende Gefahr: Die Menschheit hatte sich die Möglichkeit der eigenen vollkommenen Vernichtung geschaffen. »Feindbilder« dominierten die Vernunft.

Für den Westen ist der Feind der Osten. Die Bundesregierung sah es so: »Die westliche Allianz war die Antwort auf die expansive Politik Stalins, der in der zweiten Hälfte der vierziger Jahre Osteuropa Zug um Zug dem Kommunismus unterwarf.« Die vorausgegangene Aggression Deutschlands gegen die Sowjetunion schien dabei vergessen zu sein. Bei der Einschätzung der Bedrohung stritten die westlichen Strategen nur noch darüber, ob sich die eigene Aufrüstung an den unterstellten Absichten oder an den vorhandenen Fähigkeiten eines vermuteten Angreifers aus dem Osten ausrichten sollte.

Mit beiden Faktoren wurde die Aufrüstung inklusive der Schaffung einer nuklearen Bedrohung legitimiert. Der NATO-Lageeinschätzung zu Beginn der siebziger Jahre: »Eine großangelegte Aggression gegen Westeuropa, die auf die Vernichtung oder Annexion der Bundesrepublik und ihrer Nachbarländer abzielt, liegt zwar nicht außerhalb der militärischen Möglichkeiten des Warschauer Paktes, sie würde jedoch die vorbedachte Eskalation der NATO auslösen ...« Dabei war auch der Einsatz von Kernwaffen durch die NATO nicht ausgeschlossen. Deshalb wurde ein Angriff des Ostens als »zurzeit wenig wahrscheinlich« betrachtet.

Trotzdem wird die »Angst vorm Russen« geschürt. In einer dreiteiligen *Spiegel*-Serie im Sommer 1959, die angeblich auf Aussagen eines DDR-Überläufers beruht, hieß es zum Beispiel: »Die Nationale Volksarmee ist keinen Schuss Pulver wert. Die Sowjet-Armee dagegen hat eine ungeheure Schlagkraft. Gegen die Sowjet-Armisten, Mann gegen Mann, haben die westdeutschen Soldaten überhaupt keine Chance ...« Nach ersten Erfolgen in der Entspannungspolitik, nun 1973, wird auch die NVA in das angebliche Bedrohungsszenarium einbezogen. Wieder ist es ein DDR-Überläufer, der nun verkündet: »Die zum Hass erzogenen, hart trainierten Soldaten in der DDR sind motivierter als die Bundeswehr.« Er habe »seine Soldaten knallhart auf Angriff trimmen« müssen. Die DDR sieht dagegen die Gefahr aus dem Westen und postuliert: »Der Feind des Sozialismus ist der Imperialismus.« Das wiederum wird auf der anderen Seite als Bestätigung aggressiver Absichten interpretiert.

Aber auch in der DDR will niemand Krieg führen, weil man sich bedroht fühlt. Dennoch sehen die Strategen in der Bundesrepublik eine besondere Gefahr: »Auf Gedeih und Verderb mit dem USA-Imperialismus verbunden, wollen sich die aggressiven und reaktionären Kräfte des Monopolkapitals und die rechten Führer der Sozialdemokratie in der BRD um keinen Preis mit der Existenz und Anziehungskraft unserer sozialistischen Deutschen Demokratischen Republik abfinden. Die Militärpolitik der BRD ist daher Aggressionspolitik gegen den Sozialismus. Sie alle wollen den Sozialismus vernichten.«

Die ständige Wiederholung derartiger Lagebeurteilungen im wöchentlichen Politunterricht war im Einzelfall zwar kaum einleuchtend, blieb aber auf Dauer nicht ohne überzeugende Wirkung. Eine vergleichbare Indoktrination dieser Art gab es in der Bundeswehr nicht. Trotzdem dürfte die Vermittlung der »Verteidigungsaufgabe« politisch auf einem antikommunistischen Grundkonsens basiert haben. Wehrdienstverweigerung, ziviler Wehrersatzdienst und die Möglichkeit, sich dem Wehrdienst durch einen Umzug nach Westberlin zu entziehen, boten Andersdenkenden Ausweichmöglichkeiten.

So haben sich der Osten und der Westen im Laufe der Jahre gleichermaßen politisch in eine Sackgasse manövriert. Neue Einsichten kamen erst mit der Stationierung der atomaren Mittelstreckenraketen auf ost- und westdeutschem Boden Anfang der achtziger Jahre. Mit den Worten »Wer als Erster schießt, stirbt als Zweiter«, beschrieb Sowjetführer Leonid Breschnew diese Lage. Am »Gleichgewicht des Schreckens« änderte er nichts, denn auch die USA und ihre Verbündeten beharrten auf der Option, die von US-Präsident Ronald Reagan als »Reich des Bösen« diffamierte Sowjetunion zu vernichten. Die Distanz zwischen Leben und Tod lag nun in einer Zeitspanne von fünf bis zehn Minuten.

Erst Michail Gorbatschow zerschlägt den gordischen Knoten. Der Preis ist das Ende der sozialistischen Vision. Der fast 50 Jahre die Welt bestimmende Ost-West-Konflikt verwandelt sich wieder in den alten Konflikt zwischen arm und reich. Die Bedrohung der Welt ist damit nicht verschwunden – sie hat nur neue Schauplätze gefunden.

WAS MACHTEN KINDERSOLDATEN IN DER NVA?

Die Episode der Kindersoldaten an der Kadettenschule Naumburg gehört zur vergessenen und verdrängten Geschichte der Nationalen Volksarmee. Im Standardwerk zur NVA-Historie *Armee für Frieden und Sozialismus* wird zwar auf vier Seiten über die »Rompe-Bewegung«, eine Initiative zur Verlängerung von Panzerlaufzeiten, berichtet, die Lehranstalt jedoch nicht erwähnt. Im DDR-*Wörterbuch zur deutschen Militärgeschichte* finden sich neun Zeilen, ohne den Ort des Geschehens zu nennen.

Es kann sich also wohl nur um ein gescheitertes Experiment handeln. Das begann mit der feierlichen Eröffnung der Kadettenschule der NVA am 1. September 1956. Der Tradition der sowjetischen Suworow- und Nachimow-Schulen folgend, sollte eine »Kaderschmiede für den Führungsnachwuchs der Nationalen Volksarmee« – so Willi Stoph in seiner Festrede – entstehen. Mit der »Kadette« in Naumburg war ein traditioneller Ort gewählt worden. Für 1.980.650 Reichsmark plus 100.000 Reichsmark für eine Bade- und Schwimmanstalt war dort von 1897 bis 1900 ein Gebäudekomplex für Kinder in Uniform gebaut worden. Später diente die Anstalt unter anderem als staatliche Schule, Eliteschule der Nazis und Ausbildungsstätte der Kasernierten Volkspolizei.

Mit dem Einzug der NVA sollte eine neue Tradition entstehen, die peinlich jeden Bezug auf die militaristischen Vorgänger vermied. Das Statut definierte die Kadettenschule als eine allgemein bildende Mittel- und Oberschule »mit bestimmten Formen militärischer Ordnung«, die mit dem Abitur »und dem Nachweis eines bestimmten militärischen Minimums« abschloss. Das Bildungsziel: »In den Kadetten ist die Liebe zum Militärwesen und zum Dienst in der Nationalen Volksarmee zu entwickeln.« Dafür hatten Generalmajor Paul Blechschmidt als Schulleiter, 38 Offiziere, 18 Unteroffiziere, 17 Soldaten und 179 Zivilbeschäftigte zu sorgen. Sie betreuten im ersten Lehrgang 211 Kadetten, die ab einem Alter von elf Jahren aufgenommen werden konnten. Insgesamt brachte die Schule in den vier Jahren ihrer Existenz etwa 400 Absolventen hervor.

Sehr schnell zeigte sich das Problem bei der Auswahl des Nachwuchses, denn es handelte sich vor allem um Söhne hoher und höchster Partei- und Staatsfunktionäre und höherer Offiziere. Das entsprach nicht dem Anliegen, denn es bestand die Gefahr, dadurch eine

»Soldaten sind vorbeimarschiert, die ganze Kompanie ...«

abgehobene Offizierskaste zu erziehen. Am 24. Februar 1958 legte das Ministerium für Nationale Verteidigung als vorgesetzte Dienststelle fest, dass »vorwiegend Kinder von Arbeitern und werktätigen Bauern aufgenommen werden.« Dies konnte auch in den Folgejahren niemals durchgesetzt werden. Die Meinungsverschiedenheiten zwischen SED- und NVA-Führung über den elitären Charakter des Schulabschlusses an der »Kadette« führten dazu, dass es den Kadetten gegenüber zwar manche Versprechen auf eine künftige Karriere, in der Praxis aber dazu nur einen sehr schweren Weg gab.

Absolventen mussten nach dem Abitur ein fünfmonatiges Truppenpraktikum als einfacher Soldat absolvieren, um danach auf eine Offiziersschule delegiert zu werden. Nach den Erfahrungen unter dem strengen Regiment von »Papa Blechschmidt« und dem manchmal rüden Umgang untereinander, was sogar zu einigen Selbstmorden führte, schieden etwa 15 Prozent nach dem Abitur aus und begannen zivile Studien. Fast die Hälfte ging nach der Zeit bei der Truppe. Literarische Spuren der »Kadette« finden sich im Werk des Schriftstellers und Dissidenten Thomas Brasch. Der Sohn des ehemaligen stellvertretenden Kulturministers der DDR wurde 1956 bis 1960 dort ausgebildet.

Für die NVA-Führung noch bedenklicher als die hohe Fluktuation war jedoch, dass auch die militärischen Berufswünsche der verbliebenen Absolventen nicht mit den Erwartungen der Armee korrespondierten. Weniger als 30 Prozent der Naumburger Kadetten blieben letztlich langfristig bei der NVA. Da sich diese Entwicklung schon frühzeitig abzeichnete und die Kadettenausbildung überdies immense Kosten verursachte, beschloss das Politbüro des ZK der SED am 17. Mai 1960 die Auflösung der Anstalt. Die mit dem Gesetz über die Entwicklung des Schulwesens in der DDR vom 2. Dezember 1959 eingeführten Polytechnischen Schulen und Erweiterten Oberschulen würden künftig auch für ausreichend Offiziersnachwuchs sorgen. Die spezielle militärische Ausbildung spielte in Naumburg und den dazugehörigen Sommer- und Winterlagern in Prora und Bärenstein ohnehin nicht die erhoffte Rolle. Im zur Schließung der Kadettenschule erlassenen Befehl 21/60 des Verteidigungsministeriums hieß es deshalb auch: »Insgesamt führte die Notwendigkeit, mit der Entwicklung der Schulen, besonders auf dem Gebiet der Verbindung mit der sozialistischen Produktion Schritt zu halten, dazu, dass das militärische Element der Kadettenschule immer mehr zurück gedrängt wurde. Die an der Kadettenschule durchgeführte vormilitärische Ausbildung ermöglicht keine Verkürzung der Ausbildungszeit an den Offiziersschulen.«

Die letzten Absolventen machten 1961 ihr Abitur in Naumburg, die verbliebenen rund

250 Schüler wechselten an zivile Oberschulen. Danach fiel nicht nur die Episode der Naumburger Kadettenschule in Vergessenheit, auch die Absolventen wurden angehalten, nicht über ihre Zeit als Kindersoldaten der NVA zu sprechen. In der Karriere galt die vorangegangene Kadetten-Ausbildung eher als Hemmnis. Keiner der zahlreichen Generale und Admirale der NVA hatte seinen Weg in Naumburg begonnen.

Was verkündete die Wehrkunde?

Der Weltfriedenstag, traditionell am 1. September begangen, hielt für die 15- und 16-Jährigen im Jahr 1978 eine besondere Überraschung bereit: In den 9. und 10. Klassen der Polytechnischen Oberschulen (POS) der DDR wurde das Unterrichtsfach »Wehrkunde« eingeführt. Ab Mai 1981 gab es Unterweisungen »in Fragen der sozialistischen Landesverteidigung« auch in den 11. Klassen der zum Abitur führenden Erweiterten Oberschulen (EOS). An den POS bestand dieser Unterricht aus jeweils vier Doppelstunden. Ende der 9. Klasse war eine 12-tägige »vormilitärische Ausbildung« in einem Lager mit 8 Stunden pro Tag vorgesehen. Mädchen und diejenigen Jungen, die aus gesundheitlichen oder anderen Gründen nicht an dieser Ausbildung teilnahmen, mussten alternativ eine gleich lange Zivilschutzausbildung mit 6 Stunden täglich absolvieren.

Die Einführung der Wehrkunde war von Anfang an umstritten. Für die einen war sie eine notwendige und logische Konsequenz aus der vermuteten »Bedrohung des Sozialismus«. Für die anderen markiert sie einen Höhepunkt der Militarisierung der DDR-Gesellschaft, die ihr Abbild im gesamten Staatswesen fand. Nach den »Unterrichtshilfen« für Wehrkunde-Lehrer sind die erzieherischen Potenzen des neuen Fachs »für die weitere Ausprägung der Wehrbereitschaft« der Schüler und die »Herausbildung ihres Wehrbewusstseins und ihrer Wehrmoral« zu nutzen. Hinzu kommt, »einen Beitrag zur Kollektiv- und Willenserziehung und zur Erziehung zur bewussten Disziplin und Ordnung« zu leisten. Damit richtet sich der Schwerpunkt dieses Unterrichtes auf die politische Beeinflussung der Schülerinnen und Schüler. Dies dezidiert in der ohnehin problematischen Lebensphase der Pubertät vorzunehmen, scheint zumindest fragwürdig. Es wird eine alternativlose und damit einseitige Weltsicht angeboten und physische Gewalt als potentielles Lösungsmittel von Konflikten propagiert.

»Soldaten sind vorbeimarschiert, die ganze Kompanie …«

Eine Relativierung erfolgt, indem die »Methoden der Imperialisten, Kriege auszulösen und zu beginnen« als wesentlicher Grund für die Notwendigkeit der eigenen Verteidigungsbereitschaft im Unterricht vermittelt werden. Hier ordnet sich auch die umfangreiche Unterweisung in das Wissen und das Training von Fertigkeiten zum Zivilschutz ein. Der gesamte Unterricht soll »emotional gestaltet« werden und die Einsicht erzeugen: »Heldentum trägt immer Klassencharakter.« Daran knüpft die praktische Seite an: »Als Ergebnis muss erarbeitet werden: Vollbringen höchster Leistungen in der Volkswirtschaft ist ein Kennzeichen wahrhaft kommunistischer Arbeitsmoral (Helden der Arbeit).« Beim »Unterrichtstag in der sozialistischen Produktion« (UTP) machten viele Schüler ihre ersten persönlichen Erfahrungen mit dieser »kommunistischen Arbeitsmoral«. Sie widersprachen oft den dazu gelehrten Inhalten, so dass hier eine Differenz zwischen Anspruch und Wirklichkeit zu vermuten ist, die ihre Auswirkungen auf die Glaubwürdigkeit der Schule hatte.

Ob durch »Ausschnitte aus der Kriegsbelletristik« oder Filme wie *Soldatenpflicht*, *Des Volkes Soldaten* oder *Zu jeder Zeit gefechtsbereit*, die »bewusste Unterordnung als wesentliches Kriterium militärischer Disziplin herausgearbeitet und von den Schülern anerkannt« wurde, sei dahin gestellt. Das Grundprinzip von Zwang und Drohung, das den Wehrdienst in der NVA beherrschte, wenn die Wehrpflichtigen dem direkten Zugriff der Armee unterlagen, spricht eher für eine wenig erfolgreiche Vorabschulung. In den »Unterrichtshilfen« zu findende Aussagen wie: »Militärische Disziplin und Ordnung beinhalten: bedingungslosen Gehorsam, jeden Befehl widerspruchslos und initiativreich mit höchstem persönlichen Einsatz ausführen« deuten auf den Versuch, mit der »Wehrkunde« vor allem Untertanen einer Diktatur zu erziehen.

Gegen diesen Versuch protestierten nicht nur die Kirchen und besorgte Eltern, auch Lehrer trugen ihre Bedenken vor. Das führte zu Modifikationen am Unterrichtsinhalt. So wurde zum Beispiel Anfang der achtziger Jahre das Kapitel »Atomschutz« ersatzlos gestrichen. Die SED-Führung hatte erkannt, dass die »Friedenspolitik« der DDR durch solcherart Aktivitäten international fragwürdig erscheinen könnte. Ab dieser Zeit verzichtete auch die zentral gesteuerte Presse darauf, über das spielerische Heranführen von Kindern und Jugendlichen an Waffen, etwa im Rahmen der Gesellschaft für Sport und Technik, zu berichten. Intern erfolgte der Hinweis, die DDR solle im Westen nicht als militaristischer Staat erscheinen.

Als geradezu sensationell wurde in der DDR die Bemerkung Erich Honeckers zu den nuklearen Mittelstreckenraketen der USA und der Sowjetunion auf der 9. Tagung des ZK der SED am 23./24. November 1983 empfunden. Er forderte »Das Teufelszeug muss weg«, ohne – wie bisher – die »guten« und die »bösen« Raketen voneinander zu unterscheiden. Zu verhindern, dass dennoch gleichzeitig im Osten wie im Westen »nachgerüstet« wurde, lag nicht in seiner Macht. Insgesamt hat die wachsende Militarisierung der Gesellschaft in der DDR, auch ausgedrückt in der schulischen Wehrkunde, dazu beigetragen, den Traum vom Sozialismus, der nach dem Krieg mit der Friedenssehnsucht begann, verblassen zu lassen.

WESHALB FÜRCHTETEN NVA-SOLDATEN SCHWEDT?

Das moderne Militärwesen, 1968 in Berlin erschienen, gilt als wissenschaftliches Standardwerk über die Nationale Volksarmee der DDR. Als »sozialistische Armee« praktiziert sie angeblich einen völlig neuen Führungsstil, den das fünfzehnköpfige Autorenkollektivs des Werkes so darstellt: »Die Übereinstimmung der Klasseninteressen führt auch zu einem qualitativ neuen Wechselverhältnis von Führungsorganen und Geführten im Führungsprozess: Die Geführten verbleiben nicht einfach in der Rolle von Willensvollstreckern ihrer Führungsorgane.«

Doch dann, auf Seite 391, ist plötzlich von »Soldatenmaterial« die Rede. Ein Wort, das auf eine Art von Gehorsamsabsolutismus als Grundpfeiler der NVA-Führungspraxis hindeutet, der über die übliche soldatische Pflicht von Befehl und Gehorsam hinausging. Die Hebel seiner Durchsetzung sind Angst, Arroganz und Repression. Im Alltag der Truppe subsumiert sich die Furcht vor diesem sozialistischen Kadavergehorsam unter dem Namen »Schwedt«. Die Stadt an der Oder war der Standort des NVA-Militärstrafvollzuges für Urteile von bis zu zwei Jahren Haft und der Disziplinareinheit, in der Arrestanten bis zu drei Monaten verbleiben konnten. In der Verantwortlichkeit der NVA verbüßten dort nur Soldaten und Unteroffiziere ihre Strafen. Urteile von mehr als zwei Jahren Haft wurden in den Justizvollzugsanstalten exekutiert.

Die Einrichtung einer eigenen Militärstrafgerichtsbarkeit ist letztlich eine Frage der rechtlichen Organisation eines Staates und insofern nicht zu beanstanden. Doch warum zucken manche ehemalige NVA-Gediente noch heute allein beim Wort »Schwedt« zusammen? Zeitzeugen berichten, dass sie während ihres Wehrdienstes einer ständigen Drohung unterlagen, sie würden für nahezu jegliches Vergehen mit »Schwedt« bestraft. Es kursierten – völlig unsinnige – Gerüchte, dort wäre härteste Steinbrucharbeit zu erwarten. Umfangreicher militärischer Drill neben der Arbeit wurde hingegen bestätigt. Die rechtlichen Voraussetzungen, um zu »Schwedt« verurteilt zu werden, blieben im Dunkeln. Wer diese Erfahrung gemacht hatte, musste Stillschweigen bewahren. So entstand eine Drohkulisse, die weit mächtiger erschien, als es die Tatsachen des NVA-Strafvollzuges belegen.

In den Jahren der Existenz der DDR absolvierten etwa 2,5 Millionen Männer den Wehrdienst. Nach verschiedenen Schätzungen gab es seit 1982 – dem Jahr der Einrichtung des Militärgefängnisses und der Disziplinareinheit in Schwedt – insgesamt etwas 800 Strafgefangene und 2500 Strafarrestanten. Jeweils ungefähr die Hälfte der Betroffenen wurde für kriminelle Delikte bestraft. Die Strafen der anderen basierten auf den »politischen Paragraphen« im DDR-Strafgesetz.

Begonnen hatte der Strafvollzug für verurteilte Angehörige der bewaffneten Organe, außer jenen aus dem Ministerium für Staatssicherheit, 1957 auf der Grundlage des Befehls 71/57 des Ministeriums für Nationale Verteidigung im Haftarbeitslager Nitzow. Es unterstand dem Ministerium des Innern (MDI). 1963 stellte das MDI der NVA zusätzlich die Strafvollzugseinrichtung Bernsdorf im Kreis Ückermünde und 1968 das seit 1964 eingerichtete »Sonderlager Strafvollzugskommando Schwedt/Oder« zur Verfügung.

Auf Beschluss des Nationalen Verteidigungsrates von 1980 übernahm die NVA 1982 Schwedt als Militärgefängnis. Das Personal von 14 Offizieren und 13 Wachtmeistern wechselte von der Volkspolizei zur Armee. Zu diesem Zeitpunkt waren in Schwedt 85 Militärstrafgefangene und 54 Arrestanten inhaftiert. In Anlehnung an die gesellschaftliche Gerichtsbarkeit der DDR durch Schieds- und Konfliktkommissionen wurde per 17. Dezember 1982 die NVA-Disziplinarvorschrift 010/0/006 um den Punkt »Dienst in der Disziplinareinheit« erweitert. Er erlaubte Regimentskommandeuren in Abstimmung mit dem Militärstaatsanwalt das Verhängen von Disziplinarstrafen von bis zu zwei Monaten, Divisionskommandeuren bis zu drei Monaten. Dies geschah ohne Gerichtsverfahren und war somit kein Rechtsverfahren im Sinne des Strafgesetzbuches der DDR. Deshalb waren dagegen keine Rechtsmittel möglich. Gleichzeitig galt der »Dienst in der Disziplinareinheit« aber auch nicht als Vorstrafe, seine Zeitdauer verlängerte die Wehrpflicht jedoch entsprechend. Für Militärgerichte war es seit der Strafrechtsreform 1977 möglich, Strafarrest bis zu sechs Monaten zu verhängen, was der Mindestdauer von Freiheitsstrafen entsprach.

Die Rechtsverhältnisse der Militärstrafgefangenen glichen denen der verurteilten Zivilisten. Die von ihnen getrennten Disziplinarbestraften unterlagen der Arbeitspflicht in einem Tagesrhythmus von 4 bis 20 Uhr. Außerhalb der 8-stündigen Arbeitszeit erfolgte ein militärischer Drill. Gearbeitet wurde nicht nur im Petrolchemischen Kombinat, sondern auch für speziellen NVA-Bedarf auf dem Gelände des Gefängnisses. Berüchtigt sind gesundheitsschädliche Arbeiten an Armeefahrzeugen mit Glaswolle und Epoxidharz. Alle Berichte über »Schwedt« belegen, dass die wichtigste Aufgabe der Einrichtung die Abschreckung war. Sie wurde bis zur Entlassung des letzten Militärstrafgefangenen am 26. April 1990 im Sinne der NVA-»Erziehung« erfolgreich praktiziert. Ob das der Würde einer »sozialistischen Armee« entsprach, bleibt eine offene Frage.

Waren Spaten-Soldaten auch »Genossen Genossen«?

»Genosse« war die übliche Anrede in der Nationalen Volksarmee und innerhalb der SED. Da es aber in den Streitkräften natürlich auch Parteimitglieder gab, wurden sie in der unnachahmlichen Logik militärischer Wortschöpfungen »Genossen Genossen« genannt. Unten den Soldaten, die statt Metallpickeln Spaten auf den Schulterklappen trugen, dürfte es kaum »Genossen Genossen« gegeben haben, denn ihr Abzeichen war Ausweis dafür, dass sie den Dienst an der Waffe verweigert hatten.

Das machte eine Anordnung des DDR-Verteidigungsministeriums vom 7. September 1964 möglich. Sie legt in § 1 fest: »(1) Im Bereich des Ministeriums für Nationale Verteidigung sind Baueinheiten aufzustellen. (2) Der Dienst in den Baueinheiten ist Wehrersatzdienst gemäß § 25 des Wehrpflichtgesetzes vom 24. Januar 1962. Er wird ohne Waffe durchgeführt.« Der Dienst als »Bausoldat« – von Zivilisten und Betroffenen meist »Spaten-Soldat« oder »Spati« genannt – dauerte mit 18 Monaten genauso lange wie der reguläre Wehrdienst. Außer in der NVA gab es ihn in keiner anderen Armee des Warschauer Paktes. Im § 4 legt die Anordnung fest: »(1) Zum Dienst in den Baueinheiten werden solche Wehrpflichtigen herangezogen, die aus religiösen Anschauungen oder aus ähnlichen Gründen den Wehrdienst mit der Waffe ablehnen.«

Den »Spatis« blieb der Fahneneid erspart, stattdessen hatten sie ein »Gelöbnis« zu leisten. Innerhalb der Armee galten sie als unzuverlässige Drückeberger, die in der Regel von den regulären Wehrpflichtigen abgesondert und von den Unteroffizieren und Offizieren schikaniert wurden. Viele »Genossen Genossen« nutzten ihre Untergebenen mit den Spaten auf den Schulterklappen, um durch rüden Umgang mit ihnen ihre eigene Linientreue unter Beweis zu stellen. Wer seinen Wehrdienst als Bausoldat wahrnahm und sich somit gesetzeskonform verhielt, hatte dennoch mit späteren beruflichen Nachteilen zu rechnen. Damit ist dieser Wehrersatzdienst ein Beispiel für die allgemeine Rechtsunsicherheit in der DDR.

Es gab kein Grundrecht auf Kriegsdienstverweigerung mit der Waffe und keinen zivilen Wehrersatzdienst. »Lieber vor Hoffmann marschieren, als bei Mielke sitzen«, sagten sich die allermeisten Wehrpflichtigen, denn sogenannte »Totalverweigerung« wurde mit Gefängnis zwischen 18 und 22 Monaten bestraft. Allerdings gab es danach oft die Möglichkeit der Ausreise aus der DDR. Um diesen Weg nicht populär werde zu lassen, bemühte sich die DDR-Justiz, den wenigen Totalverweigerern weitere Delikte anzulasten, um so das Strafmaß zu erhöhen. Wie so etwas geschah, zeigt der Fall Nico Hübner. Der am 5. Februar 1955 in Berlin geborene Mann verweigerte nach einem Zwangsaufenthalt im geschlossenen »Jugendwerkhof« Torgau bis zur Volljährigkeit 1974 Wehr- und Wehrersatzdienst. Dabei berief er sich auf den von den Alliierten übereinstimmend festgelegten, entmilitarisierten Status von Berlin, den die DDR für Ostberlin nicht anerkannte. Diese Haltung erlangte öffentliche und internationale Aufmerksamkeit, die beim Prozess unter Ausschluss der Öffentlichkeit im Juli 1978 Hübner strafverschärfend angelastet wurde. Am 7. Juli verurteilte ihn das Ostberliner Stadtgericht wegen Verletzung der Wehrpflicht, der Sammlung von Nachrichten (§ 98 StGB-DDR) und staatsfeindlicher Hetze (§ 106 StGB-DDR) zu einer Freiheitsstrafe von fünf Jahren. Das Verfahren verlief nach einem vorab von der Stasi erstellten Drehbuch, dessen Inhalt SED-Chef Erich Honecker persönlich bestätigte. Am 11. Oktober 1979 wurde Nico Hübner amnestiert und wenige Tage später in den Westen abgeschoben. 1988 emigrierte er nach Israel und nahm den Namen Naftali Hibner an. In der Armee Israels leistete er seinen Wehrdienst.

Insgesamt blieb die Zahl solcher Totalverweigerer gering. Für die Bausoldaten wurden zunächst vier Bataillone bei den Landstreitkräften und je eines bei der Luftwaffe und der Marine – insgesamt für 256 waffenlose Wehrdienstleistende – geschaffen. Weitere wurden in die Pioniertruppe eingegliedert. Bis 1973 arbeiteten die Bausoldaten vorwiegend in der militärischen Infrastruktur, danach setzten sich »zivile« Aufgaben, wie Krankenpfleger, Gärtner und ähnliches, durch. In den achtziger Jahren verstärkte sich der Einsatz in der DDR-Industrie. Mit dem Bau des Fährhafens in Mukran entstand der bekannteste Standort mit zeitweise bis zu 500 Bausoldaten. Sie wurden als billige Arbeitskräfte ausgebeutet und nach Zeitzeugenberichten gleichzeitig entsprechend der in der NVA üblichen Behandlung schikaniert.

Anfang 1990 gab es Bestrebungen, erstmals einen Zivildienst in der DDR einzuführen. Etwa 1500 zu diesem Zeitpunkt kasernierte Bausoldaten wurden entlassen, verbleibenden der Wechsel in den Zivildienst freigestellt. Mit Pfarrer Rainer Eppelmann berief die letzte DDR-Regierung einen ehemaligen »Spati« als Minister für Verteidigung und Abrüstung. Seine Hauptaufgabe war es, die Genossen inklusive der »Genossen Genossen« der Nationalen Volksarmee zu entlassen oder in die bis dahin als Feind geltende Bundeswehr zu überführen. Dabei gab es keine besonderen Vorkommnisse. Aus Genossen und »Genossen Genossen« wurden gleichermaßen »Herren«, so die bei der Bundeswehr übliche Anrede.

WAS IST EINE »WIEGER«?

Waffenhandel ist ein ebenso übliches, wie anrüchiges Geschäft. Immerhin geht es um Geräte, deren einziger Sinn darin besteht, Menschen zu töten und damit Geld zu verdienen. Dabei wollte auch die DDR nicht fehlen, Moral und Friedensbekundungen hin oder her. Eine Chance sah sie bei Handfeuerwaffen. Seit 1958 wurden im erzgebirgischen Wiesa, im harmlos klingenden VEB Geräte- und Werkzeugbau, Maschinenpistolen der Marke Kalaschnikow in sowjetischer Lizenz produziert. In Spitzenzeiten arbeiteten 1000 Leute dort und stellten bis zu 115 000 MPi pro Jahr her. Doch die durfte man nicht so einfach exportieren.

Deshalb erteilte der für die Beschaffung von harter Währung zuständige Staatssekretär und Stasi-Oberst Alexander Schalck-Golodkowski 1986 dem Kombinat Spezialtechnik

Dresden – zu dem der Geräte- und Werkzeugbau Wiesa gehörte – den Auftrag, selbst ein Sturmgewehr zu entwickeln, das sich im Nichtsozialistischen Wirtschaftsgebiet (NSW) absetzen ließ. Verantwortlich dafür war das Außenhandelsunternehmen IMES der Abteilung »Kommerzielle Koordinierung« (KoKo). Unter dem Tarnnamen »Internationale Messtechnik Import-Export GmbH« betrieb es in enger Verknüpfung mit dem Ministerium für Staatssicherheit der DDR Waffengeschäfte.

Bereits im Krieg zwischen dem Iran und dem Irak 1980 bis 1988 hatte man die Erfahrung gemacht, dass Kriegsgerät gutes Geld brachte. Die DDR belieferte beide verfeindeten Seiten und verdiente allein im Iran in den ersten zwei Kriegsjahren rund 60 Millionen Valuta-Mark. Nun sollte eine eigene Entwicklung Geld bringen. Auf der Basis der sowjetischen AK-74 – in der DDR als Reihe 920 gebaut – entstand zunächst das Experimentalmuster 985. Daraus entwickelte sich dann eine ganze Familie von Sturmgewehren. Sie firmierte unter der Bezeichnung Wieger STG 940. »Wieger« war eigentlich die Abkürzung für »Wiesa« und »Gerätebau«, Das Wort »Sturmgewehr« ist ein Erbe der Nazis. Später bürgerte sich die martialischer klingende Interpretation »**Wie**sa-**Ger**many« ein, gleichzeitig ein indirekter Fingerzeig auf die »deutsche Wertarbeit«.

Die Modellreihe 940 umfasst fünf verschiedene Ausführungen und ist vom Standardsturmgewehr (STG 941) über eine Kompaktvariante (STG 943) bis zum leichten Maschinengewehr (LMG 944) zu haben. Die neue Waffe verschießt Patronen im NATO-Kaliber 5,56 x 45mm. Die sowjetischen Maschinenpistolen hingegen benötigen die Kaliber 7,62 x 39mm (DDR-Baureihe 91x) und 5,45 x 39mm (DDR-Baureihe 92x). Mit der Adaption der NATO-Munition war ein weltweiter Verkauf, besonders in Krisengebieten, beabsichtigt.

Am 28. Oktober 1986 baten Gerhard Tautenhahn, Leiter der »Führungsgruppe Schlüsseltechnologie« im Zentralkomitee der SED, und KoKo-Chef Alexander Schalck-Golodkowski, den SED-Wirtschaftslenker Günter Mittag um Zustimmung »zur Entwicklung eines Sturmgewehrs im Kaliber 5,56 x 45 NATO«. Dazu teilten sie folgende »Überlegungen« mit: »Mit der eigenständigen Entwicklung einer Erzeugnisvariante des Schützenwaffensystems Kalaschnikow wird DDR-seitig ein erster Schritt getan, um von der Position des reinen Lizenznehmers wegzukommen und mit eigenen, wissenschaftlich-technischen Leistungen auf dem NSW-Markt aufzutreten.« Und: »Das parallel für die Waffe zu entwickelnde Munitionssortiment kann auch unabhängig vom Verkauf der Waffe für den Einsatz mit Geräten anderer Hersteller angeboten werden.«

IMES verpflichtete sich, die Kosten für das Vorhaben zu tragen, denn »ihre Refinanzierung muss über den Export der Erzeugnisse gewährleistet werden.« KoKo machte 10,849 Millionen DDR-Mark Entwicklungskosten locker und der VEB Spezialtechnik Dresden spendierte weitere zwei Millionen. Schon 1988 werden rund 2000 Wieger 940 produziert, weitere 9000 folgen im Jahr darauf. Die internationalen Interessenten bekommen ihre Muster, und auch die bewährte AK-74 ist jetzt gefragt. Peru will 38 000 Waffen im Kaliber 7,62 x 39 mm für seine Polizeikräfte kaufen, Indien hatte schon 35 000 AK-74 vom Kaliber 5,45 bestellt und lässt den Bedarf von weiteren 10 Millionen Exemplaren vormerken, wobei auch die Wieger im Gespräch ist. Uganda möchte 5000 Knarren der gleichen Bauart haben. Im Jahr 1990 sollen 15 000 neue Wieger 941 und 942 nach Ghana und Nigeria geliefert werden.

Mit dem Ende der DDR werden all diese für die Zukunft geplanten Geschäfte obsolet. Insgesamt hat KoKo zwischen 1981 und 1989 aus Waffenverkäufen rund 590 Millionen Mark erlöst. Angesichts des weltweiten Volumens von jährlich etwa 80 Milliarden US-Dollar (Angabe für 1987) war das »international unbedeutend«, so der Deutsche Bundestag 1994 in einem Gutachten. Dennoch bleibt ein schaler Beigeschmack. Mit bisher rund 80 bis 100 Millionen überall auf der Welt gebauten Exemplaren auf Basis der Kalaschnikow ist sie die Waffe, die die meisten Menschen tötete. Weder Bomben noch Granaten oder Minen richteten so viel Leid an. Der Erfinder dieser Waffe, Michail Timofejewitsch Kalaschnikow, starb am 23. Dezember 2013 in Ischewsk, der Hauptstadt der russischen Teilrepublik Udmurtien. Als Held fühlt er sich da schon längst nicht mehr.

Wie erging es NATO-Deserteuren in der DDR?

Die US-Army hat ein langes Gedächtnis und eine gute Buchführung. Als der renommierte DDR-Journalist Victor Grossman sich traute, 1994 zum ersten Mal seit 42 Jahren wieder in seine Heimat USA zu reisen, wurde er in New York vom Militär in Empfang genommen und in einen Stützpunkt gebracht. Dort erfolgte mit einem mehrstündigen Verwaltungsakt die offizielle Entlassung aus der Armee. Verlassen hatte sie der jüdische

Kommunist am 12. August 1952 als Stephen Wechsler in Österreich. Er war über die Donau geschwommen und landete mit Hilfe der Sowjets in der DDR. So wie über 200 NATO-Militärs aus den Vereinigten Staaten, Großbritannien, Frankreich und den Niederlanden, die bis 1961 als Deserteure hinter den Eisernen Vorhang flohen. Die Gründe dafür waren vielfältig und reichten von politischen Überzeugungen über die Angst, in Korea oder Indochina in den Krieg geschickt zu werden, rassistische Übergriffe in der US-Army und Homosexualität bis zur Flucht wegen krimineller Vergehen.

Die DDR empfing die Überläufer mit offenen Armen. Sie galt international als nicht existent und sah nun eine Möglichkeit, sich als der bessere Teil Deutschlands zu präsentieren. Die »Gäste« wurden zunächst in der requirierten Jugendstilvilla des Bautzener Industriellen Eduard Weigand untergebracht. Dort bereiteten sie besonders verlässliche DDR-Funktionäre auf ein künftiges Leben im Sozialismus vor, halfen bei den Behördengängen und kümmerten sich um die materiellen Hilfen bei der Eingliederung. Offiziell hieß die Villa *Haus der Internationalen Solidarität*, inoffiziell behielt das MfS unter dem Stichwort »Filtration« alles im Auge. Sie hegte den – sicher nicht völlig unbegründeten – Verdacht, unter den Neuankömmlingen könnten sich westliche Spione befinden.

Das eigentliche Problem lag jedoch in einem ganz anderen Bereich: Die Militärs aus dem Westen zeigten sich trotz der bevorzugten Behandlung schnell erschrocken über das geringe Lebensniveau in der DDR, empfanden ihre Isolation in Bautzen als bedrückend und fühlten sich durch die Bevormundung der DDR-Behörden nicht willkommen. Mit ihrer Ankunft bekannten sich zwar alle zum »Sozialismus«, hatten von dem, was sie erwartete, jedoch kaum eine Vorstellung. Deshalb blieb auch die propagandistische Nutzung der Deserteure durch die DDR beschränkt.

Der Schotte Jack Stuart, der 1949 aus einer britischen Fallschirmjäger-Einheit geflohen war, schaffte es unter der Überschrift »Warum ich über die Elbe ging? Weil ich den Frieden will!« auf das Titelblatt der *Neuen Berliner Illustrierten,* und der Afroamerikaner Jackie Hillie stand beim 1. Deutschlandtreffen als Rassismusopfer auf der Bühne. Doch das blieben Episoden. Stuart ermordete am 1. Februar 1951 seine Dresdner Vermieterin, raubte sie aus und floh nach Westberlin. Das MfS holte ihn zurück, und ein DDR-Gericht verurteilte ihn wegen Mordes zu lebenslanger Haft. Hillie kam zunächst gut zurecht, glitt dann aber in Alkoholismus und Asozialität ab. Andere, wie Charles Lucas, der aus Ohio floh, weil er in den Korea-Krieg ziehen sollte, scheiterten an Alltagsproblemen und Partnerschaften. Lucas drehte am 12. Juni 1956 den Gashahn auf.

Eine Rückkehr in den Westen war für die Deserteure nicht so einfach, denn ihre Fahnenflucht stand unter Strafe. Um andere davon abzuschrecken, fiel die bisweilen heftig aus. So wurde der Überläufer William P. O'Ryan nach seiner Abschiebung aus der DDR von einem US-Gericht zu zehn Jahren Zuchthaus verurteilt. William Smallwood, der am 22. Mai 1954 um Asyl bat, gab bei Verhören durch das MfS zu, in Korea an Kriegsverbrechen beteiligt gewesen zu sein und Kameraden ausspionieren zu wollen. Dafür bekam er in der DDR eine Gefängnisstrafe, die sich durch einen Ausbruchsversuch noch verlängerte und die er bis 1957 verbüßte. Das Angebot einer Zusammenarbeit mit dem MfS hatte er abgelehnt. Nach seiner Abschiebung wanderte er in den USA für die Fahnenflucht ein weiteres Jahr hinter Gitter.

Angesichts solcher Umstände glaubte das MfS, unter den Deserteuren leicht Spitzel zu gewinnen, was jedoch nur in Einzelfällen gelang. So verpflichtete sich der am 12. Januar 1954 über Österreich geflohene amerikanische Militärpolizist William D. Adkins, ihm als Inoffizieller Mitarbeiter »Jack Forster« zu Diensten zu sein. Er berichtete über seine militärischen Kenntnisse und wurde dann zur Überwachung seiner Kameraden in Bautzen eingesetzt. Im Fall Smallwood nutzte ihn das MfS sogar als Zellenspitzel. Als sich der *Lieutenant* wenig später mit seinen persönlichen Problemen alleingelassen fühlte – seine Frau war schwer erkrankt –, schwand auch die Loyalität zur DDR. Das MfS schätzte ihn als »politisch unklar« ein und schob ihn am 4. Mai 1963 über den Berliner Bahnhof Friedrichstraße ab.

Letztlich kehrte etwa die Hälfte der gut 200 NATO-Deserteure in den Westen zurück oder wurde dorthin abgeschoben. Viele warteten die Verjährung ihrer Fahnenflucht ab – in den Niederlanden zum Beispiel zwölf Jahre –, bevor sie gingen. Das MfS analysierte die Ursachen dafür und stellte die vor der Flucht stattgefundene langjährige kapitalistische Beeinflussung, den relativ niedrigen Bildungsgrad und charakterliche Labilität als wesentliche Gründe fest. Diejenigen, die in der DDR blieben, gründeten Familien und lebten als unauffällige Bürger. Dass sie jedoch stets die Sorge in sich trugen, im Fokus des MfS gestanden zu haben, belegen zahlreiche Anfragen bei der MfS-Unterlagenbehörde nach der Deutschen Einheit. Victor Grossman hatte in der DDR eine echte Heimat gefunden. Mit der Einheit verlor er nur einen stillen Rekord, den wohl kaum ein weiterer DDR-Bürger hielt: Er war der Einzige, der sowohl in Harvard als auch an der Karl-Marx-Universität Leipzig studiert hatte.

Wofür bekam man den Blücher-Orden?

Offiziers- und Generalsbrüste ohne Orden gelten gemeinhin als nackt. Da das klappernde Metall jedoch nicht täglich getragen werden kann, werden persönliche »Interimsspangen« angefertigt, von denen das Vorhandensein des Brustschmucks ablesbar ist. Wie in einem Setzkasten pranken darauf dann mindestens ein Dutzend Ehrungen. Armeegeneral Heinz Keßler trug so viele, dass sogar die vorschriftsmäßige linke Brusttasche der Uniform fehlte, weil an deren Stelle die Spangen untergebracht waren. Und das in Friedenszeiten. Hätte es Krieg gege-

Militärorden, die nie vergeben wurden: der Blücher-Orden 1., 2. und 3. Klasse (oben) sowie die Blücher-Medaille für Tapferkeit in Gold, Silber und Bronze (unten)

ben, wäre kaum noch Platz für weitere Orden gewesen. Dennoch lagen sie im Verteidigungsministerium in Strausberg schon bereit: 30 Blücher-Orden in Gold, 170 in Silber, 180 in Bronze, dazu 2660 Blücher-Medaillen in den drei Stufen Gold, Silber und Bronze. Gebhard Leberecht von Blücher war preußischer Feldmarschall. Er erlebte die Niederlage gegen Napoleon 1806 bei Jena und Auerstedt mit. Daraus zog er die Schlussfolgerung, dass die Franzosen vernichtend geschlagen werden müssten. Das tat er sieben Jahre später in der Völkerschlacht bei Leipzig, an die er gleich einen Marsch auf Paris anschloss, obwohl die beteiligten Monarchen lieber verhandelt hätten. Das trug Blücher bei den Russen den Beinamen »Marschall Vorwärts« ein, dem er auch in der abschließenden Vernichtung Napoleons bei Waterloo das erwies, was Militärs als »Ehre« sehen. Wie passte dieser Mann zu den Aufgaben, Plänen und Zielen der Nationalen Volksarmee, die sich auf ihn berief, nachzulesen im an jeden Wehrpflichtigen übergebenen Handbuch *Vom Sinn des Soldatseins*? Blüchers Neigung zum Foltern, wie 1772 die Scheinerschießung eines polnischen Pfarrers, seine Spielsucht und sein Alkoholwahn sowie der, zu glauben, von einem Elefanten schwanger gewesen zu sein, können kaum den Grund geliefert haben. Der nur durch den Sieg im Nachhinein scheinbar legitimierte, konsequente Marsch gegen Frankreich schon eher.

Natürlich wollte die NVA Frankreich nicht überfallen. Im Verbund mit der sowjetischen Militärdoktrin setzte sie aber in den sechziger und siebziger Jahren durchaus auf die schon von Blücher bevorzugte »Vorwärtsverteidigung«. Es ging um die »Zerschlagung des Gegners in schnellen, tiefen Operationen mit Tagestempo von 80 bis 100 Kilometern und die Eroberung des Territoriums bis zum Atlantik in 12 bis 16 Tagen«. Und der liegt nun mal im Westen Frankreichs. Später wurde die Planung realistischer und das Angriffstempo der Verbündeten Ost nach einer vorangegangenen Aggression des Westens auf 25 bis 30 Kilometer pro Tag zurückgenommen. Nun sollten »die vorderen NATO-Länder aus dem Krieg bis zur französischen Grenze« herausgebrochen werden. Nach dem Beginn des europäischen Entspannungsprozesses, den sowjetischen Afghanistan-Erfahrungen sowie der virulent werdenden Polen-Krise ab 1980 begann ein strategisches Umdenken. Es fand in der im Mai 1987 verkündeten, defensiven Militärdoktrin der Warschauer Vertragsstaaten seinen Niederschlag.

Planungen für einen möglichen Krieg gab es trotzdem. Dazu gehörten nicht nur Orden, sondern auch die Vorbereitung von Formularen für die Verwaltung besetzter Gebiete und die Bereitstellung von »Militärgeld«. Auf der 60. Sitzung des Nationalen Verteidigungsrates der DDR (NVR) am 19. März 1980 wurde über die Einlagerung dieses Geldes in Höhe von 4,8 Milliarden Mark in »Sonderdepots« berichtet, die für den »Verteidigungszustand« geplant waren. Das DDR-Militärgeld ist laut NVR »vorgesehen zum Einsatz auf fremden Territorien« und »soll aber noch mit dem Vereinten Kommando abgestimmt werden«. Die Scheine im Nennwert von 5 bis 100 Mark stammten aus der Emission von 1955. Die nach 1990 aufgefundenen Exemplare trugen einen Handstempel mit dem DDR-Staatswappen und den Aufdruck »Musternote«. Dieses Geld wurde nie in Umlauf gebracht, der Blücher-Orden niemals verliehen.

Zu den ersten Trägern des goldenen Ehrenzeichens für besondere Tapferkeit vor dem Feind hätte sicher der »Marschall der DDR« gezählt, von denen es in Kriegszeiten einige gegeben hätte. Der Dienstgrad wurde am 25. März 1982 eingeführt, jedoch nie verliehen. Wahrscheinlich sollte damit im Ernstfall eine Angleichung an das Rangsystem der Sowjets erfolgen, die diesen über den Generälen stehenden Führer seit 1943 kennen. Etliche hoch besoldete Schreibstuben-Helden im Ministerium für Nationale Verteidigung der DDR be-

schäftigte er trotzdem: Sie kämpften um den Entwurf einer passenden Uniform. Heraus-
kamen goldgeflochtene Schulterstücke mit einem Stern aus roten Rubinen. Für alle Fälle
wurden schon mal 12 Paar angefertigt und in Strausberg eingelagert. Man kann ja nie wissen, denn immerhin war auch eine Beförderung »bei besonderen militärischen Leistungen
auf Beschluss des Staatsrates der DDR« möglich. Ganz ohne Krieg und bis zur Wahl am
18. März 1990. Danach beschloss die letzte DDR-Regierung, den Staatsrat bis zur Einheit
nicht mehr zu besetzen. Die bis dahin von ihm wahrgenommene internationale völkerrechtliche Vertretung der DDR wurde der Präsidentin der Volkskammer, Frau Dr. Sabine
Bergmann-Pohl übertragen. Auch sie wurde keine Marschallin der DDR.

WAREN »DIE FREUNDE« WIRKLICH FREUNDE?

Es ist eine gespenstische Szene Anfang der neunziger Jahre im Hauptquartier der »Westgruppe« der sowjetischen Streitkräfte in Wünsdorf bei Berlin. Generaloberst Matwej
Burlakow gewährt dem Reporter Arnt Stefansen Audienz. Das tut er nicht gern, denn
er hat nur noch den Abzug seiner Truppen aus der gerade verblichenen DDR zu organisieren. Der Fernseh-Mann aus Norwegen will eigentlich über die dabei im großen Stil
stattfindenden Auto-Schiebereien und schwarzen Geschäfte der Russen berichten. Das
Interview ist eigentlich nur ein Vorwand. Doch der Oberkommandierende befiehlt drei
Obristen zu sich. Auf dem rechten Bein kniend, das linke nach vorn und exakt 90 Grad
abgewinkelt, drehen sie einen riesigen Globus in einem Standgestell. Burlakow: »Der ist
aus Hitlers Reichskanzlei.« Mit einem Stöckchen erklärt er auf der Weltkugel die Lage.
So wie er jetzt, hätte sein Vorgänger, Armeegeneral Boris Snetkow, ein paar Monate zuvor auch auf Berlin weisen können. Und 350 000 sowjetische Soldaten mit 6000 Panzern
hätten sich in Bewegung gesetzt, um den Fall der Mauer zu verhindern oder rückgängig
zu machen. Warum haben »die Freunde« den Feind kampflos ihren westlichen Vorpos-
ten nehmen lassen? Die russischen Militärarchive sind noch bis 2019 geschlossen. So
bleiben nur Zeugenaussagen und Spekulationen. Rechtlich wäre ein Eingreifen der Sowjets möglich gewesen. Im Stationierungsabkommen von 1957 heißt es: »Im Falle der

Bedrohung der Sicherheit der sowjetischen Streitkräfte kann das Oberkommando ... bei entsprechender Konsultation der Regierung der DDR ... Maßnahmen zur Beseitigung einer derartigen Bedrohung treffen.«

Es geschah aber nichts. Die Politik Michail Gorbatschows verunsicherte seit 1985 die Militärs. Sein Generalstabschef, Marschall Sergej Achromejew, hatte im Zuge von Glasnost und Perestroika eine defensive Militärdoktrin ausgearbeitet und drängte den KPdSU-Generalsekretär, sich auf neue Entwicklungen vorzubereiten. Später klagt er jedoch: »Soweit ich mich erinnern kann, diskutierte Gorbatschow nicht ein einziges Mal mit der militärischen Führung detailliert die militärisch-politische Situation in Europa und die Perspektiven ihrer Entwicklung.« Außenminister Eduard Schewardnadse behauptet mit Blick auf die DDR-Entwicklung: »Es gab eine gemeinsame Entscheidung einer Mehrheit im Politbüro – kein Einsatz von Militärstärke.« Igor Maximytschew, Gesandter an der Sowjet-Botschaft Ostberlin, widerspricht: »Alles Quatsch. Einen solchen Befehl gab es nicht, weil es nicht notwendig war.« Schriftliche Belege dazu wurden bisher weder für die eine noch für die andere Aussage gefunden. Als Gorbatschow zum 40. Jahrestag der DDR nach Berlin kommt, gibt es keinen Abstecher nach Wünsdorf, nur ein geheimes Gespräch mit Armeegeneral Snetkow. Der Militärhistoriker, Generalmajor Alexander Furs: »Das wurde als eine Vernachlässigung, als Zeichen mangelnden Respekts gegenüber der Truppe wahrgenommen.« Was Gorbatschow mit seinem Kommandeur in der DDR besprochen haben könnte, deutet Valentin Falin, damals Chef der Internationalen Abteilung im ZK der KPdSU, wenige Tage vor dem Treffen dem Regierenden Bürgermeister Westberlins, Walter Momper (SPD), an: »Ich sagte ihm: Wenn keine Waffen gegen unsere Garnisonen und unsere Truppen verwendet würden, werden sie in den Kasernen bleiben.« Nach Gorbatschows Abreise bittet NVA-Stabschef Generaloberst Fritz Streletz den sowjetischen Oberkommandierenden, ein im November 1989 geplantes Manöver abzusagen, um die gespannte Lage in der DDR nicht weiter zuzuspitzen. Sein Wunsch wird erfüllt.

Honecker-Nachfolger Egon Krenz sagt, er habe in der Nacht des Mauerfalls seinen Versuch, Gorbatschow zu informieren, aufgegeben, um keine unnötige Aufregung zu verursachen. Bei seinem vorausgegangenen Besuch in Moskau am 1. November 1989 waren keine Militärfragen diskutiert worden. Gorbatschow bestätigt, erst am 10. November gegen 10 Uhr vom Mauerfall erfahren und ihn gebilligt zu haben. Der Oberbefehlshaber seiner westlichsten Truppe hatte also keinen Befehl für den Fall der Grenzöffnung in Berlin. Sie betraf nicht nur die Sowjetunion, sondern auch die West-Alliierten. So wie die unangekündigte Grenzschließung 1961 kein Teil irgendeiner alliierten Abmachung war, war es nun auch nicht die Grenzöffnung. Iwan Kusmin, damals Chef der KGB-Informationsabteilung in Ostberlin: »Es war ein Wunder, dass nichts passiert ist.«

Wahrscheinlich hat er Recht. Zum Wunder kam der Zufall: Der Jahrestag der Oktoberrevolution am 7. November war der größte sowjetische Feiertag. Der Gesandte Maximytschew: »Ab dem 6. bis zum 13. November war die ganze Truppe kaserniert ... das war so üblich während der großen Feiertage.« Dennoch tat das der »Gefechtsbereitschaft« keinen Abbruch. Dass der Mauerfall schließlich zur Aufgabe des westlichen Vorpostens führen würde, erkennen die Militärs erst später. Einige wollen dagegen Widerstand leisten. Snetkow weigert sich, den Rückzug vorzubereiten und wird gegen Burlakow ausgetauscht. Ein halbes Jahr nach dem Abzug verliert der seinen Job wegen Korruption. Wie es auch immer gewesen sein mag – im entscheidenden Augenblick haben sich »die Freunde« tatsächlich als Freunde erwiesen und die DDR in die Freiheit entlassen.

Die Verbundenheit der NVA mit der Sowjetarmee kam etwa im Rahmen von gemeinsamen Militärmanövern zum Ausdruck, hier beim Manöver Waffenbrüderschaft 80 im September 1980.

WO GAB ES GEHEIME RUNDFUNKSENDER?

Genau genommen nirgends, denn so geheimnisvoll die Veranstalter auch agierten, ließen sich ihre Aktivitäten im Äther doch leicht bis an den Ort des ausstrahlenden Senders zurückverfolgen. Dass die Hörer in und um Burg bei Magdeburg die Programme des Deutschen Freiheitssenders 904 und des Deutschen Soldatensenders in besonders guter Qualität empfangen konnten, war ein offenes Geheimnis. Der 250-kW-Sender und die Masten des Funkamtes im Burger Ortsteil Brehm waren kaum zu übersehen und als Quelle für Sendungen der »westdeutschen Patrioten« leicht auszumachen. Erreichen ließ sich damit allerdings nur der Westen und Nordwesten des Zielgebiets Bundesrepublik. Der Deutsche Freiheitssender 904 nahm am Abend des 17. August 1956, dem Tag des KPD-Verbots in Karlsruhe, den Sendebetrieb auf. Produziert wurden die morgens und abends ausgestrahlten Programme anfangs im Funkhaus des DDR-Rundfunks in der Berliner Nalepastraße, wo die geforderte Konspiration jedoch auf Dauer nicht gewährleistet war. Da die Geheimhaltung auch am neuen Standort im Osten Berlins nicht ausreichend erschien, bezog der DFS 904 in den sechziger Jahren ein ausgedehntes, als FDGB-Heim getarntes Objekt in Bestensee bei Berlin, wo er bis zu seiner letzten Sendung am 30. September 1971 verblieb. Redakteure und Sprecher waren zumeist in die DDR übergesiedelte Funktionäre der verbotenen KPD, die unter direkter Anleitung des ZK der SED arbeiteten. Das technische Personal kam vom Rundfunk der DDR. Aufgrund des Programms – gespielt wurde aktuelle Popmusik – wurde der Sender als »Radio Luxemburg des Ostens« bezeichnet und hauptsächlich von Jugendlichen in Ost und West gehört. Die durch geheimnisvolle Sprüche – sogenannte »Eidechsen« – aufgepeppte politische Wirkung blieb nach eigener Einschätzung der Beteiligten bescheiden.

Ähnlich negativ fällt die Erfolgsbilanz des 1960 nach langjähriger Planung installierten Deutschen Soldatensenders 935 aus, ein für die Bundeswehr bestimmtes Programm, das ebenfalls vom Sender Burg ausgestrahlt wurde – auf oder dicht neben der Frequenz des amerikanischen Soldatensenders AFN Berlin. Auch beim DSS fand die betont flotte Musik mehr Anklang als die Propaganda. In den Kasernen in Ost und West blieb der Empfang des Senders dennoch verboten. Sein Studio befand sich auf dem Gelände des

»Soldaten sind vorbeimarschiert, die ganze Kompanie ...«

Armeesportclubs in Berlin-Grünau. Neben NVA-Offizieren kamen Redakteure und Techniker zum Teil vom Rundfunk der DDR. Nach dem Verstummen des Senders am 30. Juni 1972 – Viermächteabkommen und Grundlagenvertrag vertrugen sich nicht mit dem Betrieb von Geheimsendern – übernahm das Fernsehen der DDR die meisten Sprecher.

Außer DFS und DSS gab es noch weitere geheime Programme. Die Sowjets betrieben am Berliner Thälmannplatz ein Studio für ihren Sender Stimme der Heimat, der Emigranten in die Sowjetunion zurücklocken sollte. Das in Potsdam-Wildpark stationierte Radio Wolga war der offizielle sowjetische Armeesender. In Berlin-Weißensee existierte ein Studio für ein italienisches Kurzwellen-Programm, das ebenso wie die in Leipzig produzierten griechischen, iranischen und türkischen Sendungen konspirativ betrieben wurde. OPS hingegen, eine Station, die in den Tagen nach dem 13. August 1961 ihren Halbstundenbetrieb über den Mittelwellensender Berlin-Köpenick aufnahm, war ein eindeutiger Ableger der englischsprachigen Programme von Radio Berlin International RBI. Die in der Machart dem AFN nachempfundene Sendung richtete sich vor allem an afroamerikanische GI in Westberlin, wurde aber der heißen Musik wegen vermutlich eher von Deutschen gehört. Als Sprecher und Redakteure waren hier vor allem amerikanische Muttersprachler gefragt; im DEFA-Film *For Eyes Only* sind einige von ihnen zu sehen.

Muttersprachliche Kenntnisse wären auch beim Geheimsender Radio Moldau notwendig gewesen, einem wesentlichen DDR-Beitrag bei der Intervention der Warschauer Vertragsstaaten in der ČSSR. Die tschechischen und slowakischen Hörer erkannten jedoch von der ersten Morgensendung am 21. August 1968 an, dass die Sprecher und demzufolge der Sender ausländischer Herkunft waren. In der Nalepastraße ließen sich Produktion und Programmabwicklung nicht lange geheim halten. Auf Wunsch der Prager KP-Führung wurden sie im Februar 1969 eingestellt, bzw. erfolgten im Rahmen der vorhandenen RBI-Programme. In Prag war inzwischen ein tschechischsprachiger DDR-Zensor tätig. Einen ähnlichen Akt der »Freundeshilfe« leistete die DDR Anfang der achtziger Jahre noch einmal mit dem Programm Radio International Berlin in polnischer Sprache.

Die über das gesamte Territorium der DDR verstreuten Störsender sind kaum als Geheimsender zu bezeichnen. Weitgehend unbekannt blieb, dass Rundfunkprogramme der West-Alliierten und der ARD auch nach Einführung des Richtfunks Westberlin über Kabelverbindungen die DDR erreichten. Selbst das im Äther so intensiv gestörte RIAS-Programm gelangte störungsfrei über Kabelwege und Verstärkerämter der DDR zum Sender Hof in Bayern und von da wieder zurück in die DDR-Radios.

WIESO MACHTE MIELKE SEIN MfS ZUM AFFEN?

Im Sommer 1973 gibt MfS-Minister Erich Mielke einen der skurrilsten Befehl seiner gesamten Karriere: »Im übrigen haben wir klar orientiert, dass man sich als Kommunist, als Tschekist diesmal wie die drei Affen verhalten muss und trotzdem sehen, hören und richtig und konsequent handeln, wo es sein muss.« Nichts sehen, nichts hören, nichts sagen und trotzdem … Da war nicht nur die Grammatik seltsam, sondern auch das Anliegen. Es ging um Erich Honeckers ersten großen Coup: Er wollte der DDR für ein paar Tage das Fenster zur Welt öffnen. Die X. Weltfestspiele der Jugend und Studenten vom 28. Juli bis zum 5. August 1973 in Ostberlin. Es war die Zeit der internationalen Anerkennung der DDR, sie musste Weltoffenheit und Toleranz demonstrieren.

Was sich dadurch für die einen als »Woodstock des Ostens« ins Gedächtnis grub, war für die anderen die »Aktion Banner«. Sie galt es »abzusichern«, und dazu war eine ganze Armee auf den Beinen. An der Front standen die »Ordnungsgruppen« der FDJ, von deren Existenz kaum jemand vorher gehört hatte. In Lehrgängen wie im Lager »Am Hölzernen See« bei Berlin, waren sie besonders auf den verbalen Schlagaustausch trainiert worden. Sollte ein West-Lümmel über die Mauern mosern, hieß die Antwort: »Uns steht die Welt des Sozialismus offen und wer will, kann auch mit Jugendtourist in den Westen fahren.« Blitzte das Weiß im Auge des Feindes dann immer noch, rückte die schnelle Eingreiftruppe in Form der »FDJ-Delegation« des MfS an. Die kurzhaarigen, kräftigen Männer vom Wachregiment hatten die Uniformen gegen das blaue FDJ-Hemd zur dunklen Hose getauscht und die Pistole im Spezialhalfter mitten auf dem Rücken über dem Steißbein verstaut, damit es nicht so auftrug. Als Reserve standen 1800 Mann »FDJ-Delegation« des Ministeriums des Innern, die Schüler und Lehrer der verschiedenen MfS-Hoch- und Fachschulen und die Sportler vom MfS-Club »Dynamo« – diesmal im Trainingsanzug – bereit.

Die Taktik der Truppe: Besetzen von strategischen Punkten. Wurden Diskussionsgruppen zu groß, wälzte ein Fanfarenzug mit seinen Landsknechtstrommeln durch die Menge. Geführt wurde alles durch 4260 extra geschulte MfS-Mitarbeiter, denen 1500 Volkspolizisten direkt unterstellt waren. Weitere 19 800 VP-Angehörige standen als »Freund und Helfer« auf den Straßen, jederzeit freundlich und ansprechbar. Ihre Reserve bildeten zwei gefechtsmäßig ausgerüstete VP-Bereitschaften. Die Grenztruppen bekamen einen gesonderten Schießbefehl, der sich auf äußerste Notfälle beschränkte. Die NVA bildete mit dem Mot-Schützenregiment Oranienburg, dem Pionierbataillon Storkow und einer Hubschrauberstaffel in Strausberg die strategische Reserve.

Das MfS war nach der Methode der drei Affen für einen Bürgerkrieg gerüstet. Stattdessen fand ein fröhliches Fest statt. Auch dafür hatte das MfS gesorgt, denn im Vorfeld der Weltfestspiele legte es einen in der DDR bis dato ungeahnten kriminellen Sumpf trocken. Laut MfS-Bericht vom 27. Juli 1973 waren im ersten Halbjahr 1973 erstaunliche 917 »kriminelle Gruppen« mit 5238 Mitgliedern aufgelöst und 1824 Personen in Haft genommen worden. Daneben gab es 6635 Ermittlungsverfahren wegen »Gefährdung der öffentlichen Ordnung durch asoziales Verhalten« nach § 249 StGB. Mit »Stand vom 23.7.1973« wurde festgestellt, dass 25 927 Personen »unter Kontrolle« standen und gegen 2982 weitere »staatliche Kontrollmaßnahmen« angewandt wurden. Mit 19 779 Leuten wurden Gespräche geführt, um sie von einer Reise ohne Einladung nach Berlin abzuhalten, 637 mussten ihren blauen Personalausweis gegen einen »PM 12« tauschen, um gar nicht erst in Versuchung zu kommen. Prophylaktisch in die Klapsmühle wanderten 477 Personen, 639 bezogen zwangsweise Quartier in »Jugendwerkhöfen«, 1163 in geschlossenen Kinderheimen und 53 junge Frauen, die unter dem Verdacht des »häufig wechselnden Geschlechtsverkehrs« standen, wurden interniert. Dazu kamen ein paar Hundert der üblichen Verdächtigen, denen Zeltplatzgenehmigungen entzogen oder über die Urlaubssperren, Meldeauflagen und Aufenthaltsbeschränkungen verhängt wurden. Während der Weltfestspiele nahm die Volkspolizei lediglich 231 Personen fest, darunter 24 Gäste. Meist wegen krimineller Delikte folgten 93 Ermittlungsverfahren.

So blieben die Tage im August 1973 als das vielleicht schönste Fest der DDR in Erinnerung. Das Konzept der kontrollierten Toleranz hatte sich bewährt und wurde bei den folgenden Treffen – nun nicht mehr international – immer wieder angewandt. Es funktionierte bis Ende der achtziger Jahre, als die Kinder der Festival-Teilnehmer von 1973 plötzlich begannen, ganz andere Fragen zu stellen.

Der damals einzige ungeplante Zwischenfall war der Tod Walter Ulbrichts am 1. August. Doch der wanderte erst einmal ins Kühlhaus. Die nachgeschobene Erklärung: Er habe sich gewünscht, dass die Weltfestspiele unbeschwert weitergingen. Seine Frau Lotte, 25 Jahre später nach dem Wahrheitsgehalt dieses Vermächtnisses befragt, schnaubt verächtlich: »Blöde Frage, Sie wissen doch … Honecker, ist doch allgemein bekannt!«

WARUM SIND FRÜHERE NVA-OFFIZIERE NICHT »A. D.«?

Wer seinen Dienst fürs Vaterland in der Armee abgeleistet hat, darf auch noch als Ruheständler auf seinen früheren Status verweisen. Dem letzten Dienstgrad wird einfach ein »a. D.«, »außer Dienst«, angefügt, und die Welt bleibt in Ordnung. Für viele frühere NVA-Offiziere ist sie das nicht. Ihnen ist das a. D. verwehrt. Und dabei gibt es manchmal ganz skurrile Fälle: Ein ehemaliger NVA-General darf sich zwar nicht General a. D. nennen, aber immerhin Leutnant a. D. Das hat er inzwischen sogar schriftlich vom Bundesverteidigungsministerium. Was steckt dahinter?

Die angeblich so gelungene »Integration« der Nationalen Volksarmee der DDR in die Bundeswehr war in den neunziger Jahren ein beliebtes Thema in Presse, Funk und Fernsehen. Juristen können darüber nur müde lächeln. Laut Gesetz hat die NVA am 2. Oktober 1990, 24.00 Uhr, aufgehört, zu existieren. Deshalb war am 3. Oktober, 0.00 Uhr gar nichts mehr da, was »integriert« hätte werden können. Das mag spitzfindig klingen, aber alle, die mit versorgungsrechtlichen Fragen konfrontiert sind, zum Beispiel bei im NVA-Dienst erlittenen Gesundheitsschäden durch Radarstrahlen, mussten erfahren, dass mit Vehemenz gerade auf diese Rechtslage als Grund für die Ablehnung von Ansprüchen hingewiesen wurde. Auch das Bundesministerium für Verteidigung (BMVg) bestätigte in einem »Sachstandbericht« vom 15. Februar 1994: »Die soldatenrechtlichen Bestimmungen des Einigungsvertrages sind aus naheliegenden Gründen so gefasst, dass die Bundeswehr nicht zur Rechtsnachfolgerin der NVA wurde. Gegenüber ehemaligen NVA-Soldaten bestehen also keine wie auch immer gearteten nachwirkenden Verpflichtungen der Bundeswehr aus dem früheren Dienstverhältnis.« NVA-Angehörige, die in der Bundeswehr bleiben durften, bekamen nur 82 Prozent des Soldes (ab 1. Oktober 1995 dann 84 Prozent), unterlagen zahlreichen ungünstigeren finanziellen Sonderregelungen und wurden auch im Dienstgrad zurückgestuft. Das betraf zunächst etwa 6000 Offiziere, 11 200 Unteroffiziere und 800 Mannschaften, die als »Soldat auf Zeit« für zwei Jahre weiter beschäftigt wurden. Danach wurden – bei erneuter Rückstufung im Dienstgrad – rund 3000 Offiziere, 7600 Unteroffiziere und 200 Mannschaften übernommen. Der NVA-Bestand lag 1989 bei rund 125 000 Mann, dazu kamen über 70 000 Zivilbeschäftigte.

Den Rechtsstatus der entlassenen NVA-Angehörigen sieht das BMVg so: »Soldaten der ehemaligen Nationalen Volksarmee, die vor dem Beitritt der DDR zur Bundesrepublik Deutschland am 3. Oktober 1990 aus der NVA ausgeschieden sind ... gelten als Gediente in fremden Streitkräften. Einen Dienstgrad der Bundeswehr besitzen sie nicht. Der in der ehemaligen NVA erworbene Dienstgrad darf nicht mit dem Zusatz ›der Reserve‹ oder ›außer Dienst‹ geführt werden.« Gestritten wird um den Terminus »Wehrdienst in fremden Streitkräften«. Die Bundesregierung beruft sich dabei auf den § 8 des Wehrpflichtgesetzes. Er schützt im Absatz 2 Bürger davor, eventuell eine doppelte Wehrpflicht ableisten zu müssen. In der Antwort auf eine Kleine Anfrage im Bundestag, Bundestagsdrucksache 12/4815 vom 24. Mai 1993, erläutert das Ministerium: »Ebenso wie ... Militärdienst, den ein Deutscher mit einer weiteren Staatsbürgerschaft eines anderen Landes geleistet hat, wird auch der in der ehemaligen NVA geleistete Wehrdienst nach dieser Vorschrift auf den Grundwehrdienst angerechnet.« Also eigentlich ein Vorteil für die neuen Bundesbürger aus dem Osten, denn sonst müssten junge Männer ein zweites Mal einrücken. Doch was ist eigentlich die »weitere Staatsbürgerschaft«? Eine eigene Staatsbürgerschaft der DDR hat die Bundesrepublik niemals anerkannt. Laut Grundgesetz galt die deutsche Staatsbürgerschaft auch vor der Einheit für DDR-Bürger. Das wurde von der DDR zu Recht stets als politische Diskriminierung empfunden und bekämpft.

Die politische Brisanz, die also letztlich hinter dem kleinen a. D. steckt, erkannte die SPD im Januar 1994. Mit ihrem Antrag 12/6566 versuchte sie, den Terminus »Wehrdienst in fremden Streitkräften« durch »Wehrdienst in der ehemaligen Nationalen Volksarmee« zu ersetzen und den Zusatz »a. D. der ehem. NVA« einzuführen. Das fand keine Mehrheit. Auch die Begründung, »fremde Streitkräfte« stelle »zumindest einen erheblichen Mangel an Einfühlungsvermögen für den betroffenen Personenkreis« dar, blieb ungehört. Eines solchen »Einfühlungsvermögens« konnten sich die einstigen Soldaten der Reichswehr und der Wehrmacht des Dritten Reichs stets erfreuen. Das Bundesverteidigungsministerium dazu: »Dass Berufssoldaten der Wehrmacht ihre letzte Dienstgradbezeichnung mit dem Zusatz ›a. D.‹ weiterführen dürfen, ist in § 53 Abs. 5 des Gesetzes zur Regelung der Rechtsverhältnisse der unter Artikel 131 des Grundgesetzes fallenden Personen geregelt.« Der bereits erwähnte NVA-General hatte es in der Hitler-Wehrmacht bis zum Leutnant gebracht. Entsprechend der Gesetzeslage darf er diesen Dienstgrad als »a. D.« führen, den aus NVA-Zeiten jedoch nicht. Wer es dennoch tut, hat nichts zu befürchten – denn inzwischen warten die Verantwortlichen darauf, dass sich dieses Problem »biologisch« löst.

»Ein neues Kleid hab ich heut an,
und seht, auch neue Schuh ...«

15

ZWISCHEN MANGEL UND WELTNIVEAU

Was meinte »Überholen ohne Einzuholen«?

Zugegeben, viel abstruser als »Überholen ohne Einzuholen« kann eine politische Parole eigentlich gar nicht mehr sein. Trotzdem bestimmte sie im zweiten Drittel der sechziger Jahre die Bemühungen um eine dringend notwendige Reform der DDR-Wirtschaft. Formuliert hatte diesen Satz der sowjetische Kybernetiker Gluschkow in einem Artikel der *Iswestija*. Er meinte damit nichts anderes, als dass man bei technischen Entwicklungen schneller als der Westen sein müsse, um das Weltniveau zu bestimmen. Das gefiel DDR-Staatslenker Walter Ulbricht so gut, dass er diesen »wertvollen Hinweis« der sowjetischen Genossen künftig mit Blick auf den Wettlauf mit der Bundesrepublik benutzte. Der »weise WU« glaubte an die Möglichkeit eines »Großen Sprungs«, obwohl Genosse Mao Tse-tung im fernen China kurz zuvor damit auf die Nase gefallen war. Aber dessen Parole, »nach drei Jahren angespannter Arbeit – zehntausend Jahre Glück«, das wäre doch auch etwas für die DDR.

So wird »Überholen ohne Einzuholen« zur Leitschnur des »Ökonomischen System des Sozialismus«. Dessen Anliegen ist es, die strategische Basis für die wissenschaftlich-technische Revolution zu schaffen. Den Weg dorthin sollen geplante, langfristige Prognosen für Produktion und Konsumtion beschreiben. Und das braucht Prioritäten. Im Plan heißen sie nun »strukturbestimmende Haupterzeugnisse und Erzeugnisgruppen« und konzentrieren sich zunächst auf Chemie, Maschinenbau, Elektronik und Automatisierung. Damit entsteht faktisch eine Zweiteilung der Wirtschaft. Wichtige, also »strukturbestimmende«, Betriebe bekommen mehr Ressourcen und mehr Geld, die anderen arbeiten im Rahmen der zentralen Planung, sollen aber ihre Geschäfte untereinander über marktähnliche Beziehungen selbst organisieren. Auch Erlöse aus dem Außenhandel würden sich dann direkt im Gewinn bemerkbar machen und somit einen zusätzlichen Anreiz schaffen.

Der Stolperstein des Systems lag darin, dass es verständlicherweise ein großes Interesse der Wirtschaftszweige und ihrer Betriebe gab, als »strukturbestimmend« eingestuft zu werden. Sehr bald galt deshalb viel mehr als »besonders wichtig«, als es die volkswirtschaftlichen Möglichkeiten der DDR hergaben. Das führte zwangsläufig dazu, dass die Investitionen in die Produktion nur zulasten des Konsums erhöht werden konnten. Zwischen 1962 und 1967 stieg der Anteil der Bruttoinvestitionen von 25 auf 28 Prozent, Anfang der siebziger Jahre wurde er auf 33 Prozent heraufgesetzt. Das ging sowohl auf Kosten der Bevölkerung als auch zulasten der Betriebe, die nun plötzlich als nicht ganz so wichtig galten. Der Wirtschaftswissenschaftler André Steiner von der Uni Potsdam: »Der Anteil der im Juli 1968 festgelegten ›strukturbestimmenden‹ Erzeugnisse an der Warenproduktion der Industrie sollte bis 1970 auf 16 Prozent und bis 1975 auf 21 Prozent steigen und die dafür eingesetzten Mittel für Wissenschaft und Technik 54 bzw. 61 Prozent des Gesamtvolumens betragen.« Für den Rest hieß das, den Gürtel enger zu schnallen.

Das gefährdete wiederum das wichtigste Ziel der SED: Sie will den Westen bis 1980 bei Produktivkräften und Lebensstandard übertreffen. Walter Ulbricht wusste sehr gut, dass seine DDR nur dann stabil sein würde, wenn die Leute hier besser als in der Bundesrepublik leben könnten. Seine Kritiker hingegen monierten, man solle nicht dem »überlebten System« nachlaufen, sondern eher auf den alternativen Charakter des Sozialismus setzen. Auch dieser interne Widerspruch wurde mit der Parole »Überholen ohne Einzuholen« bemäntelt.

Bevor aber überhaupt vom »Einholen« die Rede sein konnte, musste ein erhebliches jährliches Wachstum der industriellen Arbeitsproduktivität erfolgen. Der »Perspektivplan 1971–1975« sah 8,5 Prozent vor. Das war »der Partei« zu wenig. Wie so oft in der DDR-Wirtschaft galt wieder einmal das politische Machtwort mehr als wirtschaftlicher Sachverstand und ökonomisches Potential. Walter Ulbricht verlangte die Planung von jährlich 10 bis 12,5 Prozent Wachstum. Nach Verhandlungen mit der Sowjetunion über die dazu nötigen Rohstoffe kamen schließlich wenigstens theoretisch 9 Prozent im Durchschnitt heraus – zu viel für das wahre Leben.

Überdies hemmten Lücken im wirtschaftlichen Regelwerk. Betriebe und Unternehmenszweige nutzten sie, um sich zusätzliche Kredite zu verschaffen. Zwischen 1966 und 1970 verachtfachte sich das Volumen der Investitionskredite. Clevere Betriebsleiter legten Reserven und Polster an, die bei Bedarf zum Tausch mit anderen Firmen genutzt werden konnten. Die Wünsche an den Außenhandel überstiegen die politisch festgesetzte Grenze der Verschuldung. Seit 1970 gingen die zunächst hohen Wachstumsraten deshalb wieder zurück.

Gleichzeitig entstanden Disproportionen innerhalb der Industrie. Bereits Ende der sechziger Jahre wurde in die »strukturbestimmenden« Betriebe mit 31 Prozent der Gesamtinvestitionen das Dreifache dessen gesteckt, was die anderen bekamen. Ab 1970 sollte der Anteil der besonders Geförderten bis auf 57 Prozent der Investitionen steigen. Die Ernteausfälle 1969 und der harte Winter 1969/70 beendeten dann endgültig den Traum vom »Überholen ohne Einzuholen«. Das Volk, von alledem gebeutelt, kommentierte wieder einmal lakonisch: »Wo steht der Imperialismus?« – »Am Abgrund.« – »Und wir?« – »Wir sind wie immer einen Schritt weiter!«

Ⓦ︎IE KONNTE HERR B. IM SOZIALISMUS MILLIONÄR WERDEN?

Die Illustrierte *Freie Welt* erscheint Mitte der siebziger Jahre zwar mit knapp 260 000 Exemplaren im Monat, zählt aber zu den langweiligsten Blättern des Landes. Das Publikumsinteresse an Kampfberichten von der Front der deutsch-sowjetischen Freundschaft hält sich in Grenzen. Dennoch haben die Journalistinnen und Journalisten 1967 eine zündende Idee. Sie starten die Serie »Männer mit Millionen«. Dem Magdeburger DDR-Modeschöpfer und Millionär Heinz Bormann wird das »unproduktive Leben« des kapitalistischen Playboys Gunter Sachs gegenübergestellt. Das kommt beim SED-Propagandachef Albert Norden gar nicht gut an. Die Serie wird gestoppt, Chefredakteur Karl-Heinz Wegener und sein Doku-Chef Heinz Knapp fliegen aus der Redaktion.

Wer war dieser DDR-Millionär, der mit seiner Deutschen Dogge Ringo neben seinem dicken Opel mitten in der DDR posierte? Heinz Bormann kommt 1945 mit 27 Jahren aus dem Krieg zurück nach Magdeburg. Außer Offizier hat er nichts gelernt. Die Russen gestatten ihm, eine Nähwerkstatt einzurichten. Aus den Trümmern des Betriebs seiner Schwiegereltern werden 20 Nähmaschinen geborgen, alles beginnt mit dem Umschneidern alter Uniformen. Im Herbst 1954 beschäftigt der umtriebige Mann bereits 230 Mitarbeiter. Ihm war ein geniale Geschäftsidee gekommen: Frauen lieben auch in schweren Zeiten Mode, sie muss nur angeboten werden. Heinz Bormann beginnt deshalb, in seinem Damen-Maßatelier im benachbarten Schönebeck Modellkleider zu nähen.

Im Frühjahr 1955 zeigt er sie zum ersten Mal auf der Leipziger Messe. Seine Kreationen finden auch internationale Aufmerksamkeit. Verbindungen nach Finnland, Frankreich und in die Bundesrepublik werden geknüpft. Das wird zu Hause von manchen beargwöhnt. Dabei ist Heinz Bormann ein loyaler DDR-Bürger. Er engagiert sich in der Nationaldemokratischen Partei und in der Gesellschaft für Deutsch-Sowjetische Freundschaft. Als ihn die westdeutsche *Quick* 1965 interviewt, erklärt er selbstbewusst: »Wir lehnen uns mit unserem Modellgenre grundsätzlich an Paris an. Wir versuchen jedoch, diese Mode für einen möglichst breiten Kundenkreis tragbar zu machen ...« Der rekrutiert sich schnell aus den »oberen Zehntausend«, die es auch in der DDR gibt. Die Kleider kosten zwischen 180 und 450 Mark, Letzteres ist für viele Arbeiter und Bauern etwa ein Monatslohn.

Allerdings nicht für Heinz Bormann. Der verdient ungefähr fünfzehnmal so viel. Auf die *Quick*-Frage nach seinem Umsatz gibt er »sechs bis zehn Millionen Mark« an. Und auf die Frage: »Was bleibt für sie persönlich übrig?« antwortet er »Wenn ich jährlich auf etwa 60.000 bis 80.000 Mark netto komme, so entspricht das dem Höchstsatz dessen, was man bei uns überhaupt verdienen kann.« Trotzdem möchte er von dem Blatt nicht als »roter Dior« bezeichnet werden: »Ich bin kein Kommunist und auch kein ›Roter‹. Ich bin ein Mensch wie Millionen andere bei uns dort drüben.«

Allerdings ist sein Lebensstil eher großbürgerlich: Die Villa mit Antiquitäten möbliert und Meißner Porzellan ausgestattet, ein Wassergrundstück mit Boot in Berlin, Urlaub in Jugoslawien und Österreich. Und dazu der 220-PS-Opel. Bormanns Fahrer: »Bevor bei der Volkspolizei der Blitzer überhaupt auslöste, waren wir vorbei.«

Um seine Geschäfte auch zukünftig zu sichern, macht Heinz Bormann 1956 als einer der ersten den Staat zum Teilhaber. Nun wird er wie ein Volkseigener Betrieb beliefert und kann expandieren. Neben dem Maßatelier produziert sein Betrieb Konfektionskleidung, 1960 zieht er von Schönebeck nach Magdeburg um. Die Belegschaft wächst auf 370 Mitarbeiter an. Der VEB Treffmodelle Berlin wird Komplementär. Das führt – so sah es das Prinzip der »staatlichen Beteiligung« von Anfang an vor – zu einem wachsenden Anteil an Staatseigentum in der Firma. 1972 sind es 92 Prozent. Als die DDR beschließt, das Privateigentum in der Wirtschaft endgültig abzuschaffen, kann Heinz Bormann nicht nein sagen. Im »Register der volkseigenen Wirtschaft« heißt es deshalb: »Mit Wirkung vom 10. 4. 1972 wurde der VEB Magdeburger Damenmoden gegründet.« Heinz Bormann hat den Vertrag dazu bereits als Betriebsdirektor unterzeichnet.

So wie ihm geht es damals etwa 6400 halbstaatlichen und 2700 privaten Betrieben. Der

Anteil der Privatwirtschaft in der DDR schrumpft damit von 1,3 auf 0,1 Prozent. Im Volk bürgert sich für VEB nun »Vaters ehemaliger Betrieb« ein. Der Staat zahlt jedoch eine Abfindung. Für Heinz Bormann soll sie etwa 200.000 Mark betragen haben. Das reicht nicht, um dem Mann die Zerstörung seines Lebenswerks schmackhaft zu machen. Er wird im Betrieb gemobbt und bald darauf krank. Krebs. Am 31. Dezember 1974 gibt er den Posten auf.

Die Familie versucht einen Neustart mit einer Modeboutique. Ehefrau Johanna und Sohn Reinhard, stellen die Anträge, die Funktionäre blocken ab. Die Bormann-Söhne kämpfen bis 1983 um »Vaters ehemaligen Betrieb« – umsonst. Am 1. Dezember 1984 stirbt Johanna Bormann, am 8. Februar 1989 folgt ihr Heinz. Drei Söhne gehen in den Westen, nur der jüngste bleibt. Im Handelsregister des Rates der Stadt Magdeburg heißt es lapidar: »Heinz Bormann Bekleidungswerkstätten KG: Eintrag vom 30. Mai 1973: Entsprechend den zentralen Festlegungen (Umwandlung in Volkseigentum) ist die Firma erloschen.«

Weshalb stank es so in Leuna und Bitterfeld?

Der Betrieb Chlor IV des Chemiekombinates Bitterfeld war bis zu seiner Stilllegung die modernste Chlorfabrik Europas. Die tiefere Spaltung von Erdöl zugunsten der »weißen Produkte«, wie Benzin, Diesel und Heizöl, erfolgte in Leuna II auf Maschinen aus der BRD, Japan, Österreich und Schweden und wurde von neuesten westdeutschen und amerikanischen Prozessleitsystemen gesteuert. Also alles auf dem guten Weg, der mit dem »Chemieprogramm der DDR«, beschlossen vom V. Parteitag der SED 1958, begann? »Chemie schafft Brot, Wohlstand und Schönheit«, hieß es damals.

Dass dabei etliche Abstriche zu machen waren, bemerkte jeder, der sich in Leuna oder Bitterfeld aufhielt und danach schwarzen Dreck auf dem Hemd hatte. Das bisschen Husten verging von selbst wieder, und die Einheimischen waren ohnehin daran gewöhnt. Chemie brodelte und zischte in der Gegend um Halle, Leuna und Merseburg seit Mitte der zwanziger Jahre. Zehn Jahre später trug dort die IG Farben zu Hitlers Aufrüstung bei. Nach den Bombardierungen im Krieg und den Reparationen wurden die Reste für einen Neuanfang genutzt. Neuinvestitionen blieben all die DDR-Jahre kompliziert. Der technische Verschleiß von 60 bis 70 Jahre alten Anlagen wie denen zur Synthesegaserzeugung, zur Ammoniaksynthese und zur Hochdruckmethanolsynthese war so hoch, dass kein wirtschaftliches Arbeiten mehr möglich war. Der Energieverbrauch und die Instandhaltung machten die Produkte zu teuer, die NVA musste mit Bausoldaten als Arbeitskräfte aushelfen.

Was in der DDR jeder wusste, der nur einmal mit dem D-Zug durch das Leuna-Gelände oder mit dem Auto – »Vorsicht, Industrienebel!« – zwischen den Werken fuhr, wollte Erich Honecker nicht wahrhaben. Noch nach seinem Sturz erklärte er stolz das Wachsen des Nationaleinkommens so: »Dieser Zuwachs wurde in der Hauptsache erreicht durch Investitionen. Rund 50 Prozent der Grundfonds der DDR waren nicht älter als fünf Jahre ...« Die Ökonomie-Professorin und letzte SED-Wirtschaftsministerin, Christa Luft, weiß das aus ihren Forschungen besser: »1989 betrug das Durchschnittsalter aller Industrieausrüstungen in der DDR etwa 18 Jahre. Die vergleichbare Größe für das produzierende Gewerbe der Bundesrepublik lautete acht Jahre. Nur gut 20 Prozent der Ausrüstungen waren in der DDR jünger als fünf Jahre, 45 Prozent jünger als zehn und etwa 25 Prozent waren länger als 20 Jahre in Betrieb, einige stammten noch aus der Zeit vor dem Kriege.«

Nicht nur in der Chemie-Industrie wird an den maroden Anlagen immer wieder herumgeflickt. Dort ist es aber besonders gefährlich, und es geht auch nicht immer gut. Am 11. Juli 1988 um 14.02 Uhr erschüttert eine gewaltige Explosion Bitterfeld. Die PVC-Halle des Chemie-Kombinates ist in die Luft geflogen, 42 der 57 in der Halle tätigen Arbeiter sind sofort tot. Die gewaltige Druckwelle walzt weite Teile des Werkes nieder. Eigentlich war nur eine Bagatelle zu reparieren, ein Manometerflansch brauchte eine neue Dichtung. »Normalerweise« wird bei solchen Reparaturen das gasförmige Vinylchlorid einfach in den grauen Himmel über Bitterfeld abgeblasen. Diesmal war die Gaskonzentration noch zu hoch. Folge: Direkte Produktionsausfälle für 80 Millionen Mark. Unfälle begleiten die gesamte Geschichte der DDR-Chemie-Industrie. Eine Auswahl:

- Am 6. November 1954 explodierte in der Farbenfabrik Wolfen der Autoklav 7 des Nitrobetriebes. Drei Arbeiter erlitten tödliche, zwei schwere und 15 leichte Verletzungen.
- Am 8. August 1959 brach gegen 9.25 Uhr im VEB Leuna-Werke »Walter Ulbricht«, Betriebsdirektion Erdöl-Olefine, Bau 941, ein Brand aus. Er wütete in der »Neuen Erdöldestillation«.

- Am 24. November 1960 knallte es gegen 13.45 Uhr im VEB Teerchemie Erkner in der Pyridin-Abteilung. Sachschaden: etwa 250.000 Mark.
- Am 4. Januar 1963 ereignete sich in den Chemischen Werken Buna in Merseburg, Bau F 59 (PVA-Anlage), eine Explosion. Folge: Drei Schwerverletzte, 300.000 Mark Sachschaden. In der Anlage wurden Vinylacetat und Vinylperoxid (beide Gefahren-klasse A 1) zu Polyvinylacetat polymerisiert.
- Am 12. Januar 1970 erschütterte eine Explosion den Bau H 55 im Chemiekombinat Buna. Es gibt zwei Tote und zwei Schwerverletzte.

Solcherart Zwischenfälle mit Katastrophen-Potential setzten sich fort. Für 1988 verzeichnet die Statistik der DDR 3899 Unfälle an überwachungspflichtigen Anlagen. Dabei finden 31 Menschen den Tod und 463 werden zum Teil schwer verletzt. Der Produktionsausfall wird auf 262 Millionen Mark geschätzt.

Wie Erich Honecker dennoch zu seinem Traum von der modernen DDR-Wirtschaft kam, erklärt sein Politbüro-Kollege Günter Schabowski: »Ein Werkleiter erzählte mir nach der Wende, dass Mittag 1983 ohne Wissen des Politbüros durch eine von ihm verfügte ›staatliche‹ Verordnung die normative Nutzungsdauer vieler Maschinen um acht Jahre verlängern ließ. Durch einen bürokratischen Federstrich wurde die technologische Verschlissenheit und Rückständigkeit einfach weggebucht.« Das Volk nennt so etwas »in die eigene Tasche lügen«.

WARUM FUHREN MANCHE BAUERN IN DER ERNTEZEIT IN URLAUB?

Als Bundeskanzlerin Angela Merkel am 13. Juli 2006 mit dem amerikanischen Präsidenten George Bush in Trinwillershagen ein Wildschwein grillte, war von der einstigen Vorzeige-LPG »Rotes Banner« schon lange nichts mehr zu sehen. Früher galt das vorpommersche Dorf zwischen Rostock und Stralsund als Beispiel für die erfolgreiche sozialistische Entwicklung in der Landwirtschaft.

Das sollte Anfang der sechziger Jahre augenscheinlich vor aller Welt demonstriert werden, indem sich die Bauern vom »Roten Banner« im Sommer ein Flugzeug charterten

Glaubitz 1971: Zwei Genossenschaftsbauern der LPG »Vereinte Kraft« legen die Flügelleitung der Beregnungsanlage aus.

und mit der IL-14 von Barth nach Markkleeberg bei Leipzig zur Landwirtschaftsausstellung AGRA flogen. Mitten in der Erntezeit. Seht her, hieß die Botschaft, die Landwirtschaftliche Produktionsgenossenschaft (LPG) ermöglicht nicht nur geregelte Arbeitszeiten, sondern auch Fortbildung und sogar Urlaub – für Bauern bis dahin ein Fremdwort. Der Landbevölkerung solcherart Vorteile schmackhaft zu machen, schien bitter nötig. Gemeinschaftlich gewirtschaftet wurde seit Beginn der fünfziger Jahre. Seit Ende 1953 erhöhte sich zwar die Zahl der LPG-Mitglieder von 128 550 auf 229 026 Bauern und die der von ihnen bearbeiteten Flächen von 11,6 auf 23,3 Prozent, doch dann stagnierte die Entwicklung. Dazu kam, dass es oftmals die schwachen Bauern waren, die ihr Überleben in den neumodischen LPGs suchten.

Als »Kollektivierung«, oft auch »Zwangskollektivierung«, wird der dann folgende Prozess erst heute bezeichnet. In der DDR wurde er als »Vergesellschaftung der Produktionsmittel« beschrieben. Das deutet darauf hin, dass auch hier wieder einmal das Primat der Politik gegenüber der Ökonomie durchgesetzt wurde. Die Wahl des Zeitpunkts erklärt der frühere Landwirtschaftsminister und spätere SED-Parteichef Mecklenburgs, Bernhard Quandt so: »Ende der fünfziger Jahre entstand die Industrie in Mecklenburg. Viele Leute, die mit der Bodenreform Land bekommen hatten, wanderten ab, alteingesessene Bauern übernahmen ihre Felder. Die ersten Knechte und Mägde wurden wieder angestellt. Die alte Gesellschaft restaurierte sich, das wollten wir verhindern.« Die Zeit drängte, die DDR konnte die Grenzschließung zu Westberlin nicht mehr abwarten und machte Druck. Viel aktiven und passiven Widerstand musste die SED in Kauf nehmen. Agitationsbrigaden suchten die Bauern heim und verschwanden erst, wenn alle unterschrieben hatten. Im »sozialistischen Frühling« von März bis Mai 1960 traten rund 400 000 Landwirte in die LPG ein. Alle merkten bald, dass die genossenschaftliche Zusammenarbeit auch ihre Vorteile hatte.

Deshalb entstanden Vorzeige-Betriebe wie die LPG »Rotes Banner« in Trinwillershagen, das die Leute dort kurz »Trin« nennen. Sie wurden auch genutzt, um den Bauern die »neuesten sowjetischen Methoden« schmackhaft zu machen. Ob Mais-Anbau – »Der Mais, der Mais, wie jeder weiß, das ist die Wurst am Stengel« – oder das »Quadratnestpflanzverfahren« bei Kartoffeln, ob Rinderoffenställe oder kleine aus Stangenholz und Stroh gezimmerte Schweinehütten, Schweinepilze genannt«, mit mehr oder weniger Druck von oben musste alles ausprobiert werden. Die wortkargen vorpommerschen Bauern in Trin und anderswo quittierten das meist nur mit der für sie ungewöhnlich langen Rede: »Nee, nee, nee, wat dat allwedder sull«, und warteten ab, bis die jeweilige Verrücktheit von selbst im Sande verlief. Und so kam es ja auch jedes Mal.

Schritt für Schritt wuchs in der DDR jedoch die Akzeptanz der LPGs. Nachdem die Erträge unmittelbar nach deren Bildung zunächst einbrachen, stabilisierten und erhöhten sie sich bald. Die LPGs übernahmen den Ausbau der dörflichen Infrastruktur von der Verkaufsstelle bis zum Kindergarten. Sie kümmerten sich um die Ausbildung von Nachwuchs und unterstützten ihre Mitglieder beim Bau von Eigenheimen. Durch Zahlung von Jahresendprämien, die Möglichkeit der individuellen Nebenwirtschaft und die Zuteilung ertragsabhängiger Deputate entstand ein attraktives Verdienstsystem.

Mit der Kollektivierung der Landwirtschaft war in der DDR die Möglichkeit des Übergangs zur industriellen Produktion gegeben. Sie galt als erstrebenswertes Ziel, das mehr Ertrag bringen sollte, und es entstanden die »Kooperativen Abteilungen Pflanzenproduktion« (KAP). Unter den Bauern blieb die Trennung von Pflanzenbau und Viehzucht umstritten. Trotz beachtlicher Erfolge war es wieder die Politik, die wichtiger als die Ökonomie erschien. Riesenbetriebe mit kilometerlangen Wegen und überdimensionierten Verwaltungen wurden in Kauf genommen. Dennoch war die DDR-Landwirtschaft einer der besser funktionierenden Wirtschaftszweige.

Nach der Einheit 1990 mussten sich die LPGs dem neuen Wirtschaftsrecht anpassen. Neben der Reprivatisierung beherrschen inzwischen mächtige Agrarbetriebe die Dörfer. Viele Bauern sehen in ihnen eine Domäne der aus den LPGs gewachsenen »Roten Barone«. Für Dörfer wie Trinwillershagen sind das inzwischen alles alte Geschichten. Der Ort wirbt mit Urlaub an der nahen Ostsee und dem Windpark, die Gaststätte *Zu den Linden* mit ihrer »Bush-Terrasse«. Natürlich gibt es dort gegrilltes Wildschwein, jetzt jedoch ohne 12 000 Beamte, die auf die Gäste aufpassen.

WARUM MACHTE MALIMO DEN ERFINDER GAR NICHT FROH?

Im Juli 1966 registrierte das DDR-Patentamt den von Gestalterin Erika Nerger erfundenen »Meister Malimo«, und wenig später warb die Puppe in den »Tausend Tele-Tips« (damals noch mit einem »p«!) des Deutschen Fernsehfunks: »Der Meister spricht von Malimo, denn Malimo hat Weltniveau.« Das stimmte sogar, und wenn in jenen Jahren im Osten Deutschlands auch oft und gern vom »Weltniveau« die Rede war, hinkte ihm der kleinere deutsche Staat doch erheblich hinterher. Nur bei Malimo schien der große Coup gelungen: »Jeder Meter Malimo – modisch – mollig – farbenfroh«, stand 1963 im Schaufenster des »Kaufhaus des Friedens« in Leipzig.

Der Weg dorthin war für den Erfinder nicht einfach und begann in einer Garage – ja, das gab es nicht nur in Amerika, sondern auch in der DDR – in Limbach-Oberfrohna. Dort lebte der gelernte Färbereitechniker Heinrich Mauersberger mit seiner Frau Elsbeth. Der am 11. Februar 1909 geborene Mann war ein Tüftler. Schon als Chemiker und Colorist einer Handschuhfabrik machte er seine ersten patentierten Erfindungen. Als er 1947 seiner Elsbeth beim Ausbessern der Wäsche zusah, kam ihm die geniale Idee: Man könnte doch einen Stoff nicht nur weben, sondern durch das Vernähen von kreuzweise übereinandergelegten Fäden herstellen. Das hätte den großen Vorteil, aus den Rohmaterialien Wolle oder Vlies nicht erst Garn spinnen zu müssen und in nur einem Arbeitsgang zum fertigen Produkt zu gelangen. Zwanzigmal schneller als die bisherige Technik wäre es überdies. Mauersberger nannte sein Verfahren nach den ersten zwei Buchstaben seines Namens, dem Ort der Erfindung, Limbach, und dem Material Molton: »Ma-li-mo«. Die sowjetische Besatzungsmacht wollte von der Erfindung nichts wissen, und so begann Heinrich Mauersberger in seiner Garage, aus Brettern und Schrott das Urmodell

Während eines internationalen Malimo-Symposiums mit Fachleuten aus 24 Ländern 1970 in Karl-Marx-Stadt zeigt eine Ausstellung neueste Nähwirkmaschinen. Auch Mode aus Malimo wird vorgestellt, hier ein Mantel aus Teddyfell und dazu passende Stiefel.

seiner Maschine für die neue Nähwirktechnik zu bauen. Geschweißt wurde in der Wohnküche, und am 3. Februar 1949 bekam er das erste Malimo-Patent »WP 8194«. Im Laufe der Jahre meldete der Erfinder 67 weitere Patente an. Bis 1989 entstanden sieben verschiedene Malimo-Verfahren, die sich auf insgesamt rund 400 Patente gründeten. Doch zunächst wollte niemand den neuen Wunderstoff haben – bis es Mauersberger kurz nach

Gründung der DDR gelang, auf der Leipziger Messe eine Lizenz an die USA zu verkaufen. Es war das erste derartige Geschäft des angeblich »nicht existierenden« Staates mit dem kapitalistischen Ausland. Das erregte Aufsehen. Nun jubelte nicht nur *Neues Deutschland* »Die DDR ist auf dem Weg zum Sieg«, sondern auch Walter Ulbricht ließ sich das Ganze vorführen.

Hatten bislang die etablierten Fachleute mit ihren Gutachten die revolutionäre neue Methode der Textilherstellung nach Kräften gebremst, beschied der Staatslenker nun: »Nun lasst endlich mal das professionelle Geschwätz!« Der Erfinder bekam 1954 den Nationalpreis für Wissenschaft und Technik und 1963 den Held der Arbeit. Gleichzeitig entstand auch das Warenzeichen Malimo, nun als Mauersberger-Limbach-Oberfrohna eingetragen.

Die knitterarmen, formbeständigen, wärmenden und leichten Stoffe und die Methoden ihrer Herstellung ließen sich für alles Mögliche verwenden, vom Handtuch über Kleidung, Kunstpelze bis zu Tapeten und Wandverkleidungen, Dachpappe und Dämmstoffen ebenso wie für Fußbodenbeläge und Industriestoffe. Zahlreiche Mischungen wie Malimo-Teddy, Malimo-Elastik, Malimo-Jersey und Malimo-Druckstoffe entstanden. Die DDR nutzte ihre Weltniveau-Technik sogar, um sich international ins Gespräch zu bringen. Im Februar und März 1965 erschienen die französische Zeitschrift *Nouvelles*, die englische *News* und die arabische *Al Matschalla* mit vierfarbig bedruckten Malimo-Umschlägen, die nach dem Lesen als Servietten oder Taschentücher verwendbar waren.

Die Probleme Heinrich Mauersbergers löste das alles nicht, denn er weigerte sich, Mitglied der SED zu werden. Mitte der sechziger Jahre flog er deshalb aus der »Kammer der Technik« und durfte nicht mehr ins Ausland reisen. Nach seinen Protesten dagegen verlor er auch noch seinen Posten als Malimo-Institutsleiter und wanderte in die Psychiatrie nach Waldheim. Man bot ihm an, zum 20. Jahrestag der DDR an der Entwicklung von Präsent 20 mitzuwirken, doch Heinrich Mauersberger zog sich 1967 ins Privatleben zurück und lebte von seinen schrumpfenden Ersparnissen in Bestensee bei Berlin. Als ihn dann auch noch offene Lizenzgebühren für Malimo aus den USA nicht mehr erreichten – wie viel die DDR insgesamt daran verdiente, blieb bis heute geheim –, erfuhren Fachkollegen im Westen von seiner Not. In einer internationalen Branchenzeitschrift erschien ein Aufruf zur Solidarität: »DDR-Erfinder nagt am Hungertuch«. Das wollte der inzwischen in aller Welt anerkannte Staat nicht auf sich sitzen lassen. Der Ministerrat beschloss die Zahlung einer Ehrenpension an Heinrich Mauersberger. Selbst

verdient hatte er sie allemal, denn in den achtziger Jahren produzierten rund 100 Textil-
betriebe Malimo, das weltweit exportiert wurde.

Der Erfinder arbeitete noch einige Jahre ehrenamtlich für den Warenzeichenverband
»Malimo« und repräsentierte seinen Wunderstoff im In- und Ausland. Er starb am
16. Februar 1982. Nach der deutschen Einheit übernahm 1998 Textilunternehmer Karl
Mayer aus Hessen den Betrieb Malimo Textilmaschinenbau. Im Juli 2017 feierte das
weltweit agierende Unternehmen seinen 80. Geburtstag.

WIE WURDEN KOMMISSIONSHÄNDLER WOHLHABEND?

Als Klaus B. 1967 in einer kleinen vorpommerschen Kleinstadt im Lebensmittelladen
seines Vaters seine Lehre als Kaufmann beendet hatte, gab es ein Gespräch mit ihm
beim örtlichen Bestimmer über »Handel und Versorgung«. Der teilte unverblümt mit:
»Irgendwann einmal Nachfolger Ihres Vaters zu werden, können Sie sich aus dem Kopf
schlagen. Das Geschäft bekommen Sie nie!« – Klaus B. war Opfer der DDR-Politik gegen
das Privateigentum geworden. Im Einzelhandel wurde sie seit Mitte der fünfziger Jahre
nie besonders aggressiv, aber kontinuierlich geführt. Deshalb war Heinz B. mit seinem
für Freundlichkeit und guten Service stadtbekannten Laden auch längst »Kommissionshändler des sozialistischen Einzelhandels«.

Der Umbau der Eigentumsverhältnisse in der Sowjetischen Besatzungszone begann nach
dem Krieg. Im Einzelhandel, der 1946 noch zu 83 Prozent in privater Hand lag, wurde
zunächst weitgehend auf direkte staatliche Zwangsmaßnahmen verzichtet. Stattdessen
erfolgte eine systematische Benachteiligung der privaten Händler von der Warenzutei-
lung über die steuerliche Belastung bis zur Kreditvergabe. Mit Gründung der volkseigenen Handelsorganisation (HO) 1948 und der Wiederbelebung der traditionellen Kon-
sum-Genossenschaften etablierte sich eine Verdrängungsstrategie. Sie führte dazu, dass
1952 nur noch 36,9 Prozent des Einzelhandels durch private Händler betrieben wurden.
Nach dem Volksaufstand vom 17. Juni 1953, der wesentlich durch die schlechte Versorgung der Bevölkerung provoziert worden war, korrigierte die SED ihren Kurs. Ge-

schäftsgründungen wurden erleichtert, private Eigentumsformen im Einzelhandel sollten besser in die zentralgelenkte Wirtschaft eingebunden werden. Dazu begann man, ab
Mitte der fünfziger Jahre zunächst dem staatlichen, dann auch dem privaten Einzelhandel Waren »auf Kommission«, also ohne vorherige, komplette Bezahlung, anzubieten.
Eigentlich sollten so schwer absetzbare Waren an den Kunden gebracht werden, doch die
Notlösung verfestigte sich im Laufe der Zeit. Eine gesetzliche Grundlage entstand 1966
mit der Zusammenfassung der über vierzig Einzelbestimmungen.

Mit dem Abschluss eines Kommissionshandelsvertrags, in der Regel immer auf ein Jahr
befristet, blieb der private Einzelhändler rechtlich selbständiger Handelsunternehmer.
Sein Vorteil: Bei Übernahme der staatlichen Ware musste er nur eine Kaution von bis zu
einem Drittel des Warenwerts hinterlegen. Eine garantierte Provision und steuerliche
Erleichterungen stellten ihn finanziell besser als die übrigen privaten Einzelhändler und
verschafften ihm eine sichere Existenzgrundlage. Der gesamte Erlös der verkauften Waren wurde dafür an die staatlichen Handelseinrichtungen abgeführt. Der Nachteil: Die
Geschäftsführung unterlag Reglementierungen, und es herrschte die uneingeschränkte
Bindung an feste Preise.

Politisch klassifizierte die DDR die Kommissionshändler nun als »Werktätige«. Nach einer anfänglich verhaltenen Entwicklung erreichte der Kommissionshandel 1961 etwa
34 Prozent und bis 1989 dann 56,3 Prozent des privaten Einzelhandels. Bei den 1972
erfolgten Verstaatlichungen blieb er ausgenommen. Allerdings sank der Umsatz der Privaten am gesamten Einzelhandelsumsatz von 21,9 Prozent 1961 auf nur noch 11,2 Prozent am Ende der DDR. Mitte der sechziger Jahre betrieben rund 23 000 Kommissionshändler ihre Geschäfte. Typisch war die Arbeit als Ehepaar, im statistischen Mittel gab
es in den Läden 1,3 Angestellte, bis zu drei waren erlaubt.

Einen privat geführten Tante-Emma-Laden um die Ecke zu haben, galt in der DDR als
Hauptgewinn. Er zeichnete sich durch freundlichere Bedienung im Vergleich zu Konsum
oder HO aus, lieferte einen Großeinkauf schon mal nach Hause und wenn ein Stück Butter fehlte, konnte man auch außerhalb der Öffnungszeit klopfen. Vor allem jedoch waren
die Kommissionsläden ein Teil des DDR-üblichen Beziehungssystems. Erika S., Kom-
missionshändlerin für Obst und Gemüse in Berlin, erinnert sich: »Mein Mann pflegte
seine Kontakte zum Großhandel und holte frische Ware aus der Markthalle. Irgendwo
fand er immer etwas Besonderes. Dann wurden für die Stammkunden Tüten gepackt,
die ungeöffnet über den Ladentisch gingen. Alle haben einfach erst einmal bezahlt und

sich zu Hause dann überraschen lassen – die wussten, was sie an uns hatten!« Und auch die Händler wussten, was sie an ihren Stammkunden hatten, denn je höher der Umsatz, umso besser verdienten sie. 1988 betrug das Durchschnittseinkommen eines Kommissionärs mit 1.712 Mark im Monat mehr als das Doppelte des Nettolohns der Beschäftigten im staatlichen Handel. Der Wissenschaftler Heinz Hoffmann, der den Kommissionshandel in der DDR als besondere Eigentums- und Handelsform erforscht hat, resümiert: »Die etablierten Kommissionshändler (hatten) im Binnenhandelsgefüge ihren Platz gefunden. Einen Platz, der durch eine Normalität gekennzeichnet war, für die es keine Alternative gab. Wollten die Betroffenen ihre Existenz erhalten, blieb ihnen keine andere Möglichkeit, als sich mit den Gegebenheiten des sozialistischen Staates zu arrangieren. Dabei war ihr Spielraum so groß, dass sich niemand verbiegen musste.«

Arrangieren musste sich Ende der sechziger Jahre auch Klaus B., dem nichts anderes übrigblieb, als umzusatteln. Er wurde Steward auf der Fähre von Rostock nach Gedser. Dass er auf diesem Weg ins »kapitalistische Ausland« fliehen würde, befürchtete niemand, denn sein Vater war für DDR-Verhältnisse ein wohlhabender Mann, der ein stolzes Erbe erwarten ließ.

WELCHE PLÄNE GAB'S MIT DEM TRABANT?

In Sekt gebadete, hupende Trabis gehörten zu den Symbolbildern des glücklichen Jahres 1989. Mit viel Geduld wurden einige von ihnen sogar noch zu soliden Wende-Gewinnern. Wer 2009 zu den 1819 Trabi-Besitzern zählte, die ihre 1988 für 10.887 DDR-Mark gekaufte Rennpappe mit nunmehr 21 Jahren auf dem Buckel für 2.500 Euro »Abwrackprämie« abgaben, bekam einen weit höheren Wert heraus als den des einstigen DDR-Einsatzes.

Bei allem Augenzwinkern zeigt das Beispiel, welche Purzelbäume Geschichte manchmal schlägt und die des Trabants macht da keine Ausnahme. Alles begann mit dem revolutionären Material für das Auto. »Warum wurde es überhaupt lackiert?«, fragte sich das Volk und antwortete: »Damit die Pappe nicht einlief.« Dass dabei dann allein die Farbnamen – zum Beispiel »Taigagrün, Alaskagrau, Persischorange, Baligelb oder Nilbraun« – nach große Versprechungen klangen, die das kleine Auto kaum erfüllen konnte, stand auf einem anderen Blatt.

Dabei hatten sich die Genossen schon etwas dabei gedacht, als sie 1954 beschlossen, einen »Kleinwagen mit zwei Haupt- und zwei Nebensitzen« entwickeln zu lassen, denn der sollte nicht mehr als 600 Kilo wiegen. Das wurde eingehalten, der angepeilte Verbrauch von 5,5 Litern Benzin und der Preis von höchstens 4.000 Mark nicht. Als sich 1957 der erste P 50 präsentierte, waren es 6,8 Liter und 7.450 Mark geworden. Dafür bekam man eine flott gestylte Karosse mit 18 PS und 90 km/h Spitze. Konzeptionell hatten sich die Zwickauer Autobauer am seit 1950 in Bremen gebauten Lloyd LP 300 orientiert. Doch im Gegensatz zum legendären »Leukoplastbomber« schufen sie ein richtiges kleines Auto, das auch international Anerkennung fand. Sein Geheimnis war die Haut aus Duroplast, die Diplom-Ingenieur Wolfgang Barthel extra erfand. Sie bestand aus baumwollverstärktem Phenoplast. Dazu verdichtete man kurze Baumwollfasern, »Linter« genannt, aus der Sowjetunion zu Vliesmatten und presste sie mit Phenolharz aus heimischem Braunkohleteer zu Matten. Diese ließen sich bei 180 Grad zu Karosserieteilen formen, die dann mit Buna-Kautschuk und ein paar Schrauben am Stahlgerippe befestigt wurden.

Die neue Methode hatte Vorteile: Der Trabant war wetterfest, stabil und das Material leicht verfügbar. Aber es gab auch Nachteile: Das Aushärten jedes Teils blockierte acht Minuten lang die Pressen, eine Produktionssteigerung blieb unmöglich. Die Sachsenring-Werker meldeten 1962 stolz eine Tagesproduktion von 160 Autos, bei VW in Wolfsburg liefen zur gleichen Zeit allein beim Käfer 3400 Stück pro Tag vom Band. Trotzdem galt der Trabant als gewaltiger Erfolg für die DDR: Entstanden 1950 gerade einmal 7165 Autos, schraubte man zehn Jahre später bereits 64 071 Stück zusammen. Allerdings baute der Westen zu jener Zeit bereits 1 674 298 Autos pro Jahr.

Doch auch im Osten schritt die Entwicklung der fahrbaren Untersätze voran. Bereits 1962 bewunderten die Messebesucher in Leipzig in der Halle 22 das vollsynchronisierte Vierganggetriebe. Die *Wochenpost* jubelte: »Ausgesprochenes Weltniveau«, und die Zwickauer Autobauer ließen mit Blick auf den Westen in der MM-Sondernummer des *Neuen Deutschland* eine 130-mal-170-mm-Anzeige einrücken: »Trabant – noch besser, noch vollkommener«. Was der merkwürdige Name – zu Ehren des sowjetischen Sputniks kreiert – bedeuten könnte, erklärte damals der ohne großen Erfolg gebliebene Hamburger West-Importeur des Ost-Autos auf einem Werbeplakat: »Temperamentvoll, Rasant,

Ausdauernd, Bequem, Ansprechend – Na, Sie wissen schon, Trabant 601«. Den gab es nach der 1963 erfolgten Vergrößerung des Motors von 494 auf 599 Kubikzentimeter und der damit verbundenen Leistungssteigerung von 18 auf 23 PS seit 1964 in Serie. Er war nun 18 Zentimeter länger und 5 Kilogramm leichter, und als beliebtestes Modell stellte sich bald der Trabant Kombi 601 universal mit seiner Ladekapazität von 1400 Litern heraus.

Gebaut werden sollte der 601 eigentlich nur bis 1967. Das Industriegestalter-Duo Karl Clauss Dietel und Lutz Rudolph nannten ihn schon bei seiner Einführung ein »überholtes Auto noch mit dem Gesicht und Ausstattungsgrad der späten Fünfzigerjahre«. Doch weder ihr Kleinwagen unter der Typbezeichnung P 610 noch eine spätere Studie Anfang der siebziger Jahre, die dann im Renault Twingo wiederzuerkennen war, gelangten je auf die Straße.

Bei den sechs Grundvarianten des »DDR-Volkswagens« reichte es bis 1988 nur zu insgesamt 17 Verbesserungen. Sie alle führten zu einer langen, nicht abwählbaren Aufpreisliste, die letztlich nur die versteckte Preiserhöhung kaschierte. Für eine neue Karosserie reichte das Geld nicht, denn inzwischen war der stinkende Zweitakter technisch so veraltet, dass sich alle Anstrengungen auf einen neuen Motor richteten. Nachdem Anfang der sechziger Jahre der P 603 mit einem Wankel-Motor getestet worden war, was nicht funktionierte, sollte in den achtziger Jahren der Polo-Viertakter von VW das Problem lösen. Für die dazu nötigen Maschinen und die Umstrukturierung der bisherigen Produktion mussten 7,96 Milliarden Mark investiert werden. Zu den Lizenzkosten von 60 Mark pro Aggregat kam dann noch eine unbefristete Verpflichtung zur Rücklieferung von Motoren in den Westen, mit der die Produktionsstraße bezahlt werden sollte. So entstand der Trabant 1.1 mit 40 PS, von dem ganze 39 474 gebaut und für Preise von bis zu 19.865 DDR-Mark verkauft wurden.

Dem alten Knatter-Trabi als Symbol der deutschen Einheit konnte er nicht mehr den Rang ablaufen. Zwischen November 1957 und April 1991 produzierte Sachsenring insgesamt 3 051 385 Autos mit dem Namen Trabant. Am 1. Januar 2018 waren nach der Statistik des Kraftfahrzeugbundesamts insgesamt noch 35 422 Trabis von privaten Haltern zugelassen – 2,8 Prozent mehr als im Vorjahr, denn sie sind derweil beliebte Oldtimer.

Warum wurde ein neuer Wartburg ausgebremst?

Sogar die autoverwöhnten Amerikaner waren begeistert: Die zweisitzige Sportausführung des Wartburg 311 erhielt 1958 in New York einen Preis als »schönstes Auto Europas«. Ein Importeur fand sich, und bis 1960 wurden 1215 Wartburg in den USA verkauft. Allerdings machten viele Umrüstungen das Geschäft unrentabel. Trotzdem finden sich ihre Spuren bis heute im Internet unter www.wartburgusa.com, und einer der bekannteste Sammler, Fernsehmechaniker Victor Bierschansky aus Los Angeles, nennt gleich 16 verschiedene Typen sein Eigen.

Aus eigener Kraft hatte die DDR in den fünfziger Jahren nämlich ein Auto gebaut, das ganz vorn an der Weltspitze mitfuhr. Der Wartburg 311 war heimlich entwickelt worden und stand 1955 fertig im Labor. Damit begannen für Wartburg-Chef Martin Zimmermann – 1947 bis 1966 im Amt – die Probleme. Die Auto-Entwicklung war nicht geplant. Das einstige BMW-Werk in Eisenach produzierte den Zweitakter F9 mit bewährter Motor-Technik aus der Vorkriegszeit. Deshalb bekam Zimmermann wegen »verbotener Entwicklungsarbeiten« erst einmal ein Busgeld von 5.000 Mark aufgebrummt.

Inzwischen hatte sich jedoch bis Berlin herumgesprochen, dass der Wartburg 311 ein modernes Auto war. Damals wurde auch im Westen auf Zweitakter und Frontantrieb gesetzt, und so trauten sich die Eisenacher, ihre Neuentwicklung auf der Leipziger Frühjahrsmesse 1956 auszustellen. Sie hatten einen Riesenerfolg. Der Wartburg ging in die Produktion, und Martin Zimmermann bekam seine 5.000 Mark zurück. Natürlich nicht als unrechtmäßig eingezogenes Bußgeld, sondern als »Prämie für die Neuentwicklung«. Nun blühten die Träume. Die Weimarer Hochschule für Architektur und Bauwesen projektierte bei Sättelstadt, östlich von Eisenach, eine neue Autostadt. Ein Werk zum Bau von 300 000 Autos im Jahr – fünfmal so viele wie bisher maximal in Eisenach möglich gewesen wären –, eine Wohnsiedlung für 18 000 Arbeiter und sogar ein Panoramacafé mit Blick über den Thüringer Wald sollten entstehen, um den Kunden Service zu bieten. Doch »die Partei« hatte derweil vom Wunder des Wankel-Kreiskolbenmotors von NSU im Westen gehört. Dem trauten sie mehr als den fertigen eigenen Entwicklungen eines Vierzylinder-Viertakt-Boxer-Motors und der bereits erforschten Verbesserung des

Zweitakters durch Benzindirekteinspritzung. Die DDR trat einer Lizenzgemeinschaft bei und schoss viel Geld in den Wind, der Wankel setzte sich bis heute nicht durch. So reichte die Kraft für die Weiterentwicklung des Wartburg 311 zum 353 nur noch für kleine Schritte – 1965 das Fahrwerk, 1966 die Karosserie und 1967 ein neues Getriebe. Nur der Zweitakter blieb, nun mit 1000 Kubikzentimetern und ein wenig stärker.

Die Leitung des Werkes übernahm derweil Wilhelm Hellbach, wie Zimmermann ein Mann mit Benzin im Blut. Ihm war klar, dass auch der Wartburg 353 weiterentwickelt werden musste und dass das nicht so einfach werden würde. Deshalb richtete er in einem alten Chemiebetrieb in Buchenau bei Eisenach ein Geheimlabor ein. Das war clever, denn es lag im Sperrgebiet an der Grenze und war nur mit Sondergenehmigung zu betreten. In Buchenau entstanden bis 1969 fünf Prototypen eines Wartburg-Coupé mit Kunststoffkarosse, Fließheck und Viertakter. Die Typbezeichnung lautete Wartburg 355. Er sah so aus wie der 1973, also fünf Jahre später, vorgestellte VW-Passat. Wie seine Idee in den Westen kam, weiß Hellmann bis heute nicht.

Doch er hatte andere Probleme: Von der Neuentwicklung bekam Minister Günther Kleiber Wind. Der damals 38-jährige gelernte Elektriker war an sowjetische Staatslimousinen vom Typ Tschaika (die Möwe) gewöhnt, die US-Straßenkreuzern aus den dreißiger Jahren nachempfunden waren. Der flotte Flitzer aus der DDR schien für ihn nichts anderes als ein »Auto für Playboys« zu sein. Und wo gab es die schon in der DDR? Für die meisten war der legendäre Wartburg Sport für 19.900 DDR-Mark schon ein unerfüllbarer Traum.

Im Westen verkaufen ließen sich die Zweitakt-Wartburgs inzwischen längst nicht mehr. Planungen für ein Ostblock-Einheitsauto mit Skoda brachten zwar den »Hängebauchschwein« genannten Prototypen P760 auf die Räder, scheiterten dann aber auch an der Politik. Deshalb versuchte Wilhelm Hellbach 1978, wenigstens die Export-Wagen mit einem Renault-Viertakter auszustatten. Die Franzosen wollten 1000 Maschinen sofort und weitere 10 000 Stück 1979 liefern. Am 16. Mai 1978 bestätigte der Ministerrat das Projekt. Für die Herbstmesse plante man die Präsentation, die Prospekte waren schon gedruckt. Dann kam ohne Erklärung das politische Aus. Am 13. Oktober 1978 wurde Wilhelm Hellbach fristlos entlassen, bekam Hausverbot und eine strenge SED-Rüge. Grund: Seine Gespräche mit Peugeot galten plötzlich als unerlaubte West-Kontakte. Alle Arbeiten mussten sofort abgebrochen werden. Jegliche Weiterführung der Entwicklung wurde unter Strafe gestellt.

Der Eisenacher Ingenieur Konrad von Freyberg hatte zwar inzwischen einen Dreizylinder-Viertakter gebaut, doch streng geheim wurde bereits mit Volkswagen verhandelt. Im Austausch gegen andere Waren sollten künftig Golf-Motoren den Wartburg bewegen. Doch die passten nicht, und so verschlangen die nötigen Zusatzinvestitionen und Anpassungen noch einmal 10 Milliarden Mark – das Zehnfache der eigentlich geplanten Summe. Als der Vierzylinder-Wartburg 1.3 dann 1988 zum Preis von rund 32.000 Mark vorgestellt wurde, dauerte es nicht lange, bis er direkt ins Museum rollte.

WAS WAR EIN MELKUS RS 1000?

Einer der 101 Melkus RS 1000, die zwischen 1969 und 1973 gebaut wurden, ist heute im Haus der Geschichte in Bonn zu sehen.

Rein mathematisch gesehen lag die Chance, einen Melkus RS 1000 Mitte der achtziger

Jahre auf einer Straße der DDR zu sehen, bei 1 zu 31 368, denn insgesamt wurden nur 101 Rennsportwagen (RS) von Heinz Melkus aus Dresden gebaut.

Die Legende begann Ende 1968 mit dem Traum eines sächsischen Fahrlehrers vom einem Sportwagen aus eigenen DDR-Kräften. Bei deren Funktionären galt das aber als unnötiger und teurer Luxus, und so musste als Erstes eine Begründung her, dass alles zum Wohle des Volkes geschehe. Sie fand sich im bevorstehenden runden DDR-Geburtstag. Und so beantragte die Kommission Automobilrennsport des Allgemeinen Deutschen Motorsport Verbandes (ADMV) im November 1968 die Genehmigung zum Bau eines Sportwagens »zu Ehren des 20. Jahrestages der DDR«. Bis April sollten drei Prototypen fertig werden, bis Oktober vier weitere Autos folgen. Danach war ein Plansoll von jährlich 25 straßentauglichen Rennwagen ins Auge gefasst.

Als der erste Gipsentwurf 1968 in der Werkstatt von Heinz Melkus zu bestaunen war, schienen die Corvette und der Porsche Pate gestanden zu haben. Nur einen Meter hoch, eine lange Haube und elegant geschwungene Kotflügel ließen schon beim unscheinbaren Standmodell des Zweisitzers Geschwindigkeit ahnen. Gekrönt wurde die später in den VEB Robur-Werken Zittau gebaute Plastikkarosserie von nach oben aufschwenkbaren Flügeltüren wie beim Mercedes 300 SL. Doch die Probleme fingen schon bei den Scharnieren für diese Türen an.

Schließlich erwiesen sich Teile des Skoda MB 1000 als brauchbar. Und das war schon die Ausnahme, denn eigentlich sollte ja alles mit DDR-Material entstehen. Deshalb kamen Rahmen, Fahrwerk und Räder vom Wartburg 353. Er gab damit die Grundmaße vor und lieferte auch den Dreizylinder-Zweitakter. Bei Melkus wurde der 50-PS-Motor auf 70 Pferdestärken getunt, für den Renneinsatz gab es sogar Varianten mit 90 PS. Da die Karosserie leicht war – die Angaben schwanken zwischen 680 und 780 Kilogramm – brachte das beachtliche Fahrleistungen mit Spitzengeschwindigkeiten an die 200 Kilometer pro Stunde. Das ging zwar auf Kosten der Lautstärke, aber ein echter Sportwagen, und das war der RS 1000, darf auch ein bisschen Krach machen. Und dabei hatte der Melkus nun sogar seinen ganz besonderen, weltweit einmaligen Zweitakt-Sound.

Ansonsten glich wohl keines der in Dresden in Handarbeit gebauten Autos dem anderen, denn immer waren neue Improvisationslösungen zu finden. Zeitzeugen erinnern sich, dass es nur am Anfang feste Kontingente aus Eisenach gab. Später mussten die Einzelteile in Werkstätten zusammengekauft werden. Als es einmal gar nicht anders ging, sollen auch schon mal die Kettchen von Badewannenstöpseln als Halter für die aufgeklappte Motorhaube gedient haben. Manch abenteuerliche Konstruktionen wie die aus zwei Wartburg-Getrieben zusammengesetzte Fünf-Gang-Schaltung mit Schweißperlengarantie beim Bedienen machten den RS 1000 unnachahmlich. Er lag steinhart wie ein Brett auf der Straße, und dass damit Rennen zu gewinnen waren, bewies Heinz Melkus persönlich, der bei 80 seiner über 200 Wettkämpfe auf dem Siegertreppchen ganz oben stand.

Zu kaufen gab es den Baukasten-Sportwagen in der DDR allerdings nicht so einfach. Dabei war nicht einmal der Preis von rund 30.000 Mark das Haupthindernis. Ein Weg führte über den amtlichen »Nachweis einer rennsportartigen Tätigkeit«, doch derartige Bescheinigungen stellte der ADMV nur in seltenen Ausnahmefällen aus. Ein anderer funktionierte mit Vitamin B; man musste einen kennen, der einen kennt ... So kamen einige der RS 1000 auch an gutbetuchte Handwerker, Professoren oder Künstler.

Nach dem Ende der DDR schienen zunächst alle Türen offen. Der Enkel von Heinz, Sepp Melkus, stellte erst einmal ein Remake des legendären Melkus auf die Räder. Männer wie Siegfried Anacker, schon 1966 an der Konstruktion des ersten Rennwagens beteiligt, nahmen wieder die Schraubenschlüssel in die Hand, und in der kleinen Werkstatt in Dresden-Weisig bastelten bald sechs, später zehn Leute am Traum vom DDR-Renner. Doch der Name Melkus war nur im Osten Deutschlands bekannt und lockte Käufer.

Als nach dreijähriger Entwicklung ab 2009 der RS 2000 in Kleinstserie ging, blieb er von Anfang an ein Exot. Aus den RS 1000-Genen war nun ein moderner Rennwagen mit 270-PS-Turbomotor entstanden. 2011 stellte Melkus noch die Variante GT und GTS mit 300- und 350-PS-Mator vor. Der GTS, mit seiner Karbon-Karosserie nur 950 Kilogramm schwer, schaffte es in 3,9 Sekunden von null auf hundert und war bis 300 Kilometer pro Stunde schnell. Die Preise lagen bei 115.000 Euro aufwärts, mindestens 25 Autos pro Jahr hätten verkauft werden müssen, um die Manufaktur zu halten. Bis August 2012 fanden sich in jenem Jahr aber gerade einmal sieben Käufer, und so blieb nichts anderes übrig, als Insolvenz anzumelden.

Was vom einstmals großen Traum eines DDR-Sportwagens bleiben wird, ist die Exklusivität des Melkus RS 1000. Noch heute sind fast alle gebauten Modelle fahrbereit und gelten als wertvolle Sammlerstücke. Ihren Status als Klassiker kann ihnen niemand mehr nehmen, schließlich ist selbst ein Rolls-Royce gegen einen Melkus RS 1000 nur noch schnöde Massenware.

Weshalb waren Gemeinde-schwestern unentbehrlich?

»Hörn Se auf«, sagt Agnes Kraus am Telefon, »alle fragen se immer nur nach ›Schwester Agnes‹. Dass ich über zwanzig Jahre beim Be-Ee war, weeß keen Mensch mehr ...« Die unverkennbare schnodderig-weinerliche Stimme der inzwischen über achtzig Jahre alten Dame klingt Anfang der neunziger Jahre etwas genervt, aber stolz ist sie auf ihre berühmte Rolle von 1975 als unermüdliche Gemeindeschwester auf der knatternden Schwalbe doch: »Wissen Se, junger Mann, dit war der Nerv der Zeit.«

Wohl wahr, denn mit ihrer *Schwester Agnes* setzte die Volksschauspielerin Agnes Kraus den rund 5500 Gemeindeschwestern der DDR ein Denkmal, das bis heute das Bild der Gesundheitsvorsorge und -versorgung auf dem Lande prägt. Unter der Parole »Gesundheit für alle« gehörte beides seit Gründung der DDR zu jenen Aktivitäten, die die Überlegenheit der sozialistischen Gesellschaft augenscheinlich beweisen sollten. Dazu entstanden »Landambulatorien« als »Zentren dörflicher medizinischer Betreuung«. Sie waren unterschiedlich mit Technik und Personal ausgestattet, ihre Zahl wuchs stetig bis 1988 auf 435 solcher Einrichtungen.

Das war ein schwieriges Unterfangen, denn bis zum Bau der Mauer 1961 wanderten etwa 2400 in der DDR ausgebildete Ärzte in den Westen ab. Um den daraus entstandenen Mangel abzufedern, »erfand« das Gesundheitswesen die mobile Gemeindeschwester. Sie fungierte als Bindeglied zwischen Arzt und Patient und ersparte so aufwendige Hausbesuche bei Bagatellfällen und regelmäßigen medizinischen Dienstleistungen. Dadurch verkürzten sich gleichzeitig die langen Wege für die Patienten und die Wartezeiten in den Landambulatorien.

Um als Gemeindeschwester tätig werden zu können, bedurfte es einer besonderen Qualifizierung. Hildegard Rabbach, früher Chefin der ambulanten Pflegekräfte der Stadt Brandenburg, bestätigt: »Die Gemeindeschwestern waren qualifizierte Krankenschwestern, Kinderkrankenschwestern oder Sprechstundenschwestern. Das war damals die A-3-Ausbildung. Aber die reichte nicht aus. ... Und da ist es so, dass wir noch eine Gemeindeschwesternausbildung, die A-4-Ausbildung, das war eine Fachspezialisierung, machen lassen mussten.« Dazu gehörten nicht nur ein Jahr Theorie, sondern auch praktische Einsätze in der Chirurgie, der inneren Medizin, der Orthopädie, der Augenheil-kunde, der Hautabteilung und im Kreißsaal. Im Notfall konnten Gemeindeschwestern sogar eine Geburt selbständig begleiten und die Erstversorgung des Säuglings sichern.

In ihrem Alltag kümmerten sie sich um Bettlägerige und Gebrechliche, maßen den Blut-druck, brachten Medikamente, verabreichten Impfungen und schauten bei Schwange-ren nach dem Rechten. Oft ging die Tätigkeit der Gemeindeschwestern auch weit über rein medizinische Probleme hinaus. Gabriela Marx, damals auf ihrer Schwalbe in den Dörfern rund um Lübbenau unterwegs, erzählt: »Wir waren Krankenschwester, Sozialar-beiterin, Mutter, Anvertraute, Freundin und manchmal auch seelischer Mülleimer.« Die Erinnerung an solcherart umfangreiche Betreuung ist für viele frühere DDR-Bürger bis heute Anlass, das damalige Gesundheitssystem als vorbildlich zu sehen.

Dazu gehörte auch die aufopferungsvolle Arbeit vieler Landärzte. Dr. Klaus-Dieter Schwarz, früher in Sanitz bei Rostock tätig, erinnert sich an die sechziger Jahre: »Be-reits morgens um sieben stand man bei den ersten Patienten, dann machte man bis zum Nachmittag Sprechstunde. Anschließend fuhr man noch zu Hausbesuchen übers Land, so dass man abends erst gegen 22 Uhr wieder zu Hause war.«

Das alles sicherte eine medizinische Grundbetreuung, die für die Patienten einschließ-lich der Medikamente und Hilfsmittel kostenlos war. Ihren Umfang vor Ort gab die je-weilige Ausstattung der Landambulatorien vor. Sie eröffnete oft nur bescheidene Mög-lichkeiten. Dr. Hellmuth Rühle, damals Landarzt in Friedland: »Da gab es nur Stethos-kop und Reflexhammer.« Für Laboruntersuchungen oder wenn der Einsatz von Technik, wie etwa bei einem EKG, nötig war, wurden die Patienten in die Krankenhäuser oder Polikliniken der jeweils nächstgelegenen größeren Kreis- oder Bezirksstadt überwiesen. Mit Kampagnen, wie Anfang der sechziger Jahre unter der Losung »Ärzte aufs Land«, strebte das Gesundheitswesen eine Verbesserung der personellen Situation auf dem Land an. Neben materiellen Anreizen diente dazu auch eine Verpflichtung vieler junger Mediziner und Studienabsolventen, dort ihren Dienst zu tun. Dennoch blieben die Ge-meindeschwestern eine unverzichtbare Stütze des Systems.

Nach der Einheit Deutschlands verschwand ihr Beruf, weil nach dem nun geltenden Recht ärztliche Verrichtungen allein ausgebildete Mediziner vornehmen durften. Land-ambulatorien und Polikliniken wurden aufgelöst, Arztpraxen zu selbständigen Unter-nehmen umgestaltet. Das schuf stark unterschiedliche Verdienstmöglichkeiten, wobei besonders im ländlichen Raum ein Missverhältnis von Arbeitsaufwand und Vergütung entstand. Dies wiederum führte mit dem allmählichen Ausscheiden der traditionellen Landärzte aus Altersgründen aus ihrem Beruf zu massiven Problemen bei der medizinischen Versorgung auf dem Land. Deshalb gibt es etwa seit der Jahrtausendwende Bemühungen, in einigen Modellprojekten die Tätigkeit der früheren Gemeindeschwestern nach DDR-Vorbild wiederzubeleben. Diese Vorhaben werden von vielen Ärztefunktionären beargwöhnt, die eine Übertretung ärztlicher Kompetenz befürchten. Als Kompromiss sollen künftige Gemeindeschwestern nur auf Weisung und im Auftrag eines Arztes aktiv werden und nicht wie in der DDR weitgehend selbständig wirken.

Erfahrungen dazu werden seit 2004 in Ostdeutschland unter anderem mit einem Projekt der Universität Greifswald gesammelt. In Anlehnung an frühere Zeiten trägt es den Namen AGnES, doch viel mehr ist von der früheren Tätigkeit der Gemeindeschwestern nicht geblieben. Das gekünstelte Kürzel setzt sich zusammen aus: Arztentlastende Gemeindenahe E-Health-gestützte Systemische Intervention. Ob das die aufopferungsvolle Arbeit der vielen Frauen, die Agnes Kraus alias *Schwester Agnes* unsterblich gemacht hat, ersetzen kann, bleibt abzuwarten.

Was verband die Schwalbe mit dem Krause-DUO?

Das merkwürdigste Gefährt, das auf den Straßen der DDR rollte, war wohl das dreirädrige Krause-DUO, das von vorn an das legendäre Moped Schwalbe erinnerte und zwei Personen gemächlich nebeneinander befördern konnte. Heute gilt es als Kultfahrzeug unter Jugendlichen und ist für Preise zwischen 1.500 und 3.500 Euro zu haben. Damals gab es für Erstkäufer das Knattermobil aus der Krankenfahrzeugfabrik Krause in Leipzig nur für Gehbehinderte und auf Rezept. Es kostete rund 2.900 Mark, war zuerst olivgrün, später ausschließlich orangefarben, und alle sechs Jahre bekam man ein neues.

In seiner heute noch bekannten Form folgte das DUO 1970 auf das 1961 auf der Leipziger Messe erstmals vorgestellte Piccolo DUO mit Leichtmetallkarosserie und 50-Kubikzentimeter-Motor. Es wurde dann bis 1991 nahezu unverändert produziert. Manche hielten das Gefährt wegen der Nutzung vieler Schwalbe-Bauteile irrtümlich für ein Produkt der Simson-Werke Suhl, doch es war eine Eigenentwicklung des privaten Krankenfahrzeugbauers. Als der 1972 verstaatlicht wurde, wanderte die Produktion in den VEB Fahrzeugbau und Ausrüstungen Brandis, der 1981 den Robur-Werken Zittau als »Werk 5« angegliedert wurde.

Das lohnte sich für die DDR, denn jedes zweite DUO der jährlich rund 1100 hergestellten Fahrzeuge ging in den Export, Polen war der Hauptabnehmer, aber auch an der Adria in Albanien blies der unverwüstliche 50-Kubikzentimeter-Motor mit seinen 3,6 PS blaue Stinkwölkchen in die Luft. Als deshalb nach der deutschen Einheit Ende März 1991 die Allgemeine Betriebserlaubnis des Kraftfahrzeug-Bundesamts endete, fand sich dennoch ein Interessent im Westen. Werner Kothe aus Bohmte bei Osnabrück kaufte von der Treuhand die Produktionsanlagen und bastelte mit seinen vier Leuten weiter DUOs zusammen. Der Preis für die Grundausstattung lag nun bei 6.300 DM, Sonderausstattungen vom (damals brandneuen) Funktelefon bis zu Fellbezügen waren möglich. Kothe: »Das ist etwas für Leute, die schon alles haben und ein bisschen auffallen wollen.«

Überhaupt nicht auffallen konnte man in der DDR mit der DUO-Mutter Schwalbe. Die robuste Mischung aus Motorroller und Mokick wurde seit 1964 über eine Million Mal gebaut. Wenn sich die DDR-Jugendlichen zur Jugendweihe auch lieber die sportlicher aussehenden Mopeds Spatz, Habicht, Star oder Sperber wünschten, hatten die Vögel aus dem 1856 von den Brüdern Simson gegründeten Werk in Suhl alle eines gemeinsam: Sie durften bereits mit 15 Jahren gefahren werden.

Im VEB Fahrzeug- und Gerätewerk Simson Suhl, später VEB Fahrzeug- und Jagdwaffenwerk »Ernst Thälmann«, wurden seit 1964 drei Baureihen mit insgesamt acht Modellen der Schwalbe produziert. 1984 kam zum traditionellen Blau das weltläufigere »Saharabraun«, später »Biberbraun«, hinzu, und mit der Schwalbe KR 51/2/L gab es sogar ein »Luxusmodell«. Eine elektronische Zündanlage machte den anfälligen Unterbrecher überflüssig, und der Scheinwerfer strahlte nun mit 35 Watt. Die Farbpalette erweiterte sich auf »Kirschrot« und »Billardgrün«. Die Preise der verschiedenen, weiterentwickelten Modelle lagen zwischen 1.265 und 1.755 Mark.

Auf den meisten Knattervögeln fuhren Bauern aufs Feld, schützten Volkspolizisten die Republik, verteilte die Post ihre Briefe oder rasten Gemeindeschwestern zu ihren Schützlingen. Dabei schaffte es die Schwalbe mit ihrem Schnapsglas-Motor, der 151 Kilogramm Nutzlast transportierte, sogar auf 60 Stundenkilometer. Im Westen sind für Mopeds nur 50 Kilometer pro Stunde erlaubt, und das »Überholen, ohne einzu-holen« brachte dem DDR-Moped sogar eine Sonderregelung im Einigungsvertrag ein. Dort heißt es in der Anlage 1: »Kleinkrafträder und Fahrräder mit Hilfsmotor im Sinne der bisherigen Vorschriften der Deutschen Demokratischen Republik gelten als Klein-krafträder und Fahrräder mit Hilfsmotor nach § 18 Abs. 2 Nr. 4, wenn sie bis 28. Fe-bruar 1992 erstmals in den Verkehr gekommen sind.« Klartext: Die Schwalbe durfte auf der Straße bleiben.

Der Thüringer Traditionsbetrieb mit einstmals 3500 Mitarbeitern dümpelte noch bis ins Jahr 2002 vor sich hin, bevor die letzten 90 Leute endgültig ihre Arbeit verloren. Geblieben sind ein paar Dutzend Schwalbe-Fanclubs in Ost und West. Als Anfang der neunziger Jahre mit dem Suhler Vogel noch gute Geschäfte zu machen waren, versi-cherte Händler Rainer Horsthemke aus Friedrichsdorf bei Gütersloh seinen Kunden, der Ost-Roller »ist vom Fahrkomfort und von der Leistung her doppelt so gut wie die Vespa«. Inzwischen ist die alte DDR-Schwalbe nur noch ein Liebhaberstück, für das rund 1.000 Euro gezahlt werden muss.

An einer Wiederauferstehung der Schwalbe als Elektro-Roller wird seit 1994 getüf-telt. Seit 2010 beschäftigte sich die Firma elektrofahrzeugwerke (efw) in Suhl damit. Im Herbst 2014 stieg die GOVECS GmbH aus München ein und übernahm die weitere Entwicklung. Sie produziert seit August 2017 ihre neue »Elektro-Schwalbe« in Breslau. Offiziell heißt der Roller mit 4 Kilowatt und einer Höchstgeschwindigkeit von 45 Stun-denkilometer L1e. Es gibt aber auch die Variante L3e, deren Acht-Kilometer-Bosch-Elek-tromotor den alten Vogel mit bis zu 90 km/h surren lässt. Die Preise liegen je nach Mo-dell zwischen 5.390 und 6.900 Euro. Die Werbung lockt: »Unverwechselbar im Design, unerreicht in der Technik. Der kultige Elektroroller mit modernem LCD-Display und LED-Beleuchtung.«

Ein elektrisches Duo hat jedoch niemand auf dem Reißbrett, und so wird es wohl auch nie wieder das »Cabrio des kleinen Mannes« auf Rezept geben.

Was tat die Mitropa für die »gesellschaftliche Speisung«?

Nach dem Vorbild amerikanischer Motels eröffnete 1971 die Mitropa an der F 96 bei Usadel diese Bungalow-Anlage.

Nach dem Johannesevangelium, Kapitel 6, bewerkstelligte Jesus die »Speisung der 5000« mit fünf Broten und zwei Fischen. Eine ähnliche Aufgabe war der Mitropa aufgebürdet, und das wusste auch das Direktorium. 1964 hieß es in einer Stellungnahme: »Während der Handel in der erweiterten sozialistischen Reproduktion im Wesentlichen die Funktion der Warenzirkulation auszuüben hat, haben die Betriebe der gesellschaftlichen Speisung Produktions-, Zirkulationsfunktion und die Organisation der Konsumption durchzuführen. Die Einheit dieser drei Funktionen trifft auch für die Mitropa AG zu.« Dafür kämpften am Ende der DDR rund 15 000 Mitropisten an der Front von Qualm, Brühe und Bockwurst. In den Zügen, auf Bahnhöfen, Fährschiffen und bei der Weißen Flotte, in Raststätten, Kneipen, Kiosken und sogar im Mitropa-Hotel Rügen in Sassnitz und dem ersten DDR-Motel in Usadel machten sie rund 1,5 Milliarden Mark Umsatz.

Begonnen hatte es am 23. Mai 1945 mit der Neuanmeldung der 1916 gegründeten Mitteleuropäischen Schlafwagen- und Speisewagen Aktiengesellschaft in Ostberlin. Das Erbe des einst florierenden Unternehmens – zur Olympiade 1936 bewirtschaftete die Mitropa 1775 Sonderzüge, im Kriegsjahr 1939 rollten noch täglich 244 Schlaf- und 298

Speisewagen – war bescheiden. Die nun der Deutschen Reichsbahn unterstellte Gesellschaft verfügte nur noch über 32 reparaturfähige Wagen, 12 landeten dann auf der Schiene. Deshalb stand auch zunächst die stationäre Versorgung im Fokus. Sie diente direkt dem Klassenkampf, denn schon Anfang der fünfziger Jahre vermerkte das neue Mitropa-Statut unmissverständlich, es sei »erforderlich, Verkehrsknotenpunkte und hier insbesondere die Bahnhofsgaststätten usw. in unmittelbare staatliche Lenkung zu nehmen und damit den Agenten, Schiebern und Spekulanten wichtige Schlupfwinkel zu entziehen«. Schon 1959 existierten deshalb 379 meist eher weniger gastliche Stätten auf Bahnhöfen der DDR.

Das Geschäft des nach HO und Konsum drittgrößten Arbeitgebers im Bereich Handel und Versorgung lief aber längst auch anderswo. Ab 1954 gab es ein spezifisches Sortiment für Fahrbetriebe, das ab 1956 standardisiert wurde, sowie einheitliches Geschirr und Besteck. So kamen nicht nur die legendären, dickwandigen Tassen, sondern auch die Thermoskanne zum imbissbedürftigen Volk. Das alles schien bitter nötig, denn auf der 1. Konferenz der Deutschen Reichsbahn 1955 waren die Missstände bei der Fahrgastbetreuung beklagt worden: »Verbessert werden muss die Arbeit der Mitropa und aller Bahnhofsgaststätten, was die Sauberkeit, Höflichkeit der Bedienung, Reichhaltigkeit und Auswahl der Speisen und Getränke anbelangt.« Bei Letzteren gelang der Durchbruch. In den Mitropa-Wagen flossen nun begehrte Biere wie Radeberger, Wernesgrüner, Berliner Pils und Sternburger – alles sonst schwer erhältliche Leckereien. Mit denen wurden ab 1959 auf den Ostseefähren *Sassnitz* und *Warnemünde* nur die Westurlauber verwöhnt. Auf den Speisekarten standen unter anderem: »Beluga Malossol Caviar«, »Ungarisches Gänseleberparfait in Weinaspik«, »Blätterteigpastete à la reine«, »Artischockenböden« und »Weinbergschnecken«.

Für das DDR-Volk fiel das Essen auf Rädern nicht ganz so opulent aus. 1961 dominierte beispielsweise »Hackbraten in Sahnesoße mit Salzkartoffeln und Mischgemüse« für 2,20 Mark die Speisekarte. Gleichzeitig wuchs die Imbissversorgung über Automaten. Ab 1962 entstanden Typen-Kioske, und die Selbstbedienung hielt Einzug. Die erste Mitropa-Selbstbedienungsgaststätte eröffnete 1957 im thüringischen Meiningen, und nach einem entsprechenden Beschluss des VI. Parteitages der SED erfreute das »Selbstbedienungs-Durchlaufsystem mit Selbstentnahme« die Reisenden in Karl-Marx-Stadt (heute Chemnitz). Motto: »Der Kaufanreiz wird neben Hunger durch ein ansprechendes Äußeres hergestellt.«

Nun ging es richtig bergauf. Die Einführung der Tiefkühlkost ermöglichte neue Gerichte, die Schlaf- und Speisewagen wurden erneuert. Die Mitropa und ihre Mitropisten sollten »Visitenkarte des Arbeiter-und-Bauern-Staats« sein, und das waren sie auch – so oder so. Mit einem zentralen Produktionsbetrieb für Feinfrostgerichte in Berlin-Altglienicke blühten ab 1969 die großen Träume: Fünf Gerichte in fünf Millionen Assietten pro Jahr standen im Plan. Im gleichen Jahr verkündete die Mitropa: »Das Prinzip der gesunden Ernährung ist richtungsweisend.« Eigene Zigarettenmarken wie Reisegruß, Reisefreund und Reisequintett störten dabei ebenso wenig wie das »Pully-Programm« handlicher Schnapsflaschen. Auch nur Brot und Fisch wie einst bei Jesus gab es längst nicht mehr. Mit Sorten wie Mitropa-Juwel (weiß), Mitropa-Rubin (rot) und Mitropa-Pußtagold (Dessertwein) flossen sogar 7000 Hektoliter Rebensaft im Jahr.

Dass es mit all den schönen Sachen bald zu Ende gehen würde, schienen die reiseerfahrenen Mitropisten wohl schon im Oktober 1989 zu spüren. Auf eine Zug-Weinkarte ließen sie ein ungarisches Trinklied drucken: »Herr Wirt, nun muss geschieden sein, wir danken für den guten Wein und machen uns jetzt, mit Verlaub, alle sachte aus dem Staub.« Es dauerte dann noch bis 1994, bis die alte DDR-Mitropa durch verschiedene Fusionen immer mehr Geschäftsbereiche verlor, in neuen Gesellschaften auf- und die Traditionsmarke schließlich unterging.

Weshalb war Präsent 20 ein Danaergeschenk?

»Ich fürchte die Danaer, selbst wenn sie Geschenke bringen«, ließ der Dichter Vergil seinen Priester Laokoon sagen und meinte damit die Gemeinheit mit dem Trojanischen Pferd. Die DDR-Bürger bekamen ihre Geschenke vorzugsweise zum Geburtstag der Republik. Als 1969 der neue Stoff Präsent 20 auf dem Gabentisch lag, stellte er sich schnell ebenfalls als solch ein Danaergeschenk heraus. Die zuerst im VEB Textilkombinat Cottbus auf Großrundstrickmaschinen aus dem Westen produzierte Ware stand steif ab, förderte strenge Gerüche, lud sich elektrisch auf und war der Alptraumstoff der Staatlichen Versicherung, weil Raucher schon mit dem geringsten Funken Löcher erzeugen konnten. Trotzdem hatte Präsent 20 auch seine Fans. Chemiefasern lagen im Trend – ein ähnli-

Im Blickpur... ...r Saison

Dieses Präsent-20-Kostüm aus der Kollektion des VEB Textilkombinat Cottbus wurde im März 1973 auf der Leipziger Messe präsentiert.

»Ein neues Kleid hab ich heut an, und seht, auch neue Schuh ...«

ches Produkt im Westen hieß Trevira –, denn sie waren pflegeleicht und strapazierfähig. In der DDR sollte Präsent 20 endlich die seit Jahren wuchernden Mode-Probleme lösen. Wie kaum ein anderes Produkt verkörperte der aus 100 Prozent Polyester bestehende Stoff die wirtschaftliche Eigenständigkeit des Landes und war preiswert. Ab den siebziger Jahren beherrschte er besonders die als »festlich« und »gediegen« geltende Bekleidung für Frauen und Männer, einen modischen Durchbruch gab es jedoch nicht.

Als die Ostdeutschen 1989 in den Westen einfielen, waren die meisten an der Kleidung und an den Schuhen zu erkennen. Und das, obwohl sie nicht im »Ehrenkleid« herumstolzierten oder im FDJ-Hemd Parolen brüllten. Allein die sozialistische Mode hatte es vollbracht. Ihr Hauptproblem war, dass es sie eigentlich gar nicht gab. Ob Rocklänge oder Jeans, Kragenform oder Holzsandalen – die Untertanen orientierten sich am Westen. Für die Obertanen galt Mode als »Fragment des Bürgertums« und Verzicht auf selbiges als politisches Gebot. *Meyers Neues Lexikon* bemerkte dazu 1962 dürr: »Der Sozialismus ermöglicht eine gute Kleidung für alle, ohne Standesprivilegien, ohne luxuriöse Überspitzung, aber von geschultem Geschmack und mit Freude an Farbe und Form.« Diese Freude ereilte das Volk nur gebremst, denn entscheidend war, was die Industrie stemmen konnte. Der fehlte es an hochwertigen Textilien, was zur Konzentration auf Chemiefasern zwang, und der Plan orientierte auf Menge statt modischem Schnickschnack. Die Partei als oberster Modestylist hoffte, dass »die sozialistische Gesellschaft sich über eine gemeinsame Modeentwicklung verständigen« würde, »die ihren besonderen Klasseninteressen entspricht«. Das schaffte auch das 1952 gegründete »Institut für Bekleidungsindustrie«, später »Modeinstitut der DDR«, nicht.

Modebewusste DDR-Frauen halfen sich mit ihren flinken Fingern und den Nähmaschinen von Veritas. Die Marschrichtung gaben die Schnittmusterbögen aus der *Pramo* (»Praktische Mode«) vor, die Anregungen kamen aus der *Sibylle, Saison* oder *Modischen Masche*, deren Abos gern vererbt wurden. Damit auch hier keine Wünsche geweckt wurden, die letztlich unerfüllbar geblieben wären, mussten die meisten Modefotografien von der Frauenkommission im ZK der SED vor dem Druck abgenickt werden.

Dennoch verfügte die DDR über einen international gefragten Textilmaschinenbau und fähige Gestalter mit vielen Ideen. Davon profitierte vor allem der Export, oft zu Erlösen, die denen anderer Billiglohnländer entsprachen. Die Ausfuhr von DDR-Kleidung in den Westen nach Gewicht (!) war nicht unüblich. Dass auch die heimische Bevölkerung mehr als die Dederon-Kittelschürze zum Wechseln wollte, blieb der Partei nicht verborgen.

Abhilfe konnte sie nicht schaffen, denn bevor irgendein Modetrend in der schwerfälligen Planwirtschaft ankam, war er meist schon wieder überholt. Außerdem arbeiteten viele DDR-Textilbetriebe als Billiglöhner für den Westen. Dort profitierten besonders die großen Versandhäuser unter eigenen Markennamen davon. Da die Ware gut und preiswert war, floss vieles im Geschenkpaket West zurück in den Osten. Zwischen Ostsee und Erzgebirge blieb nach wie vor Selbermachen angesagt, wenn man etwas »Besonderes« haben wollte.

In den Hinterhöfen am Ostberliner Prenzlauer Berg entstand sogar eine schrille Underground-Modeszene mit eigenen Labels wie »chic, charmant und dauerhaft« (ccd) oder »Allerleirauh«. Findige junge Leute verarbeiteten Baumwollwindeln und Erdbeerabdeckfolie, Duschvorhänge und »Ziegenmembran«, ein Veloursleder. Ihre Eigenproduktion ließ nicht nur einen florierenden Schwarzmarkt entstehen, sondern bekam schnell auch eine politische Dimension: Wer selbstgenähte Sachen trug, wollte damit seine Individualität zeigen und so die DDR-Realität subtil kommentieren. Dass der Einheitslook seine Grenzen hatte, begriffen auch die offiziellen Modemacher. Deshalb wurde 1970 das volkseigene Produktions- und Handelsunternehmen Exquisit gegründet. Es durfte für Devisen einkaufen, ausgesuchte Mitarbeiter nach Paris und Mailand zum Schauen schicken und eine gut bestückte, internationale Zeitschriftenbibliothek unterhalten. Die Preise waren gepfeffert, Hosen für 170 bis 200 Mark, Schuhe für 200 bis 250 Mark oder Lederjacken für 1.500 Mark keine Seltenheit. Dafür gab es zunächst auch nicht mehr als 30 bis 50 Modelle von einem Entwurf, doch in den achtziger Jahren wurden es dann oft 500 bis 1000, und das Exquisite am Exquisit ging verloren. Was blieb, war das offizielle Anliegen, in den Läden »Kaufkraft abzuschöpfen«.

Nach der Einheit begannen viele DDR-Nähmaschinen zu rosten. Die von schamlos ausgebeuteten Näherinnen und flinken Kinderhänden produzierten Kleidungsstücke aus Asien sind billiger als allein die Zutaten beim Selbermachen. Discounter sorgen heute erfolgreich dafür, dass es wieder mehr »Einheitslook« gibt, als ihn Präsent 20 jemals zu kreieren vermochte.

Warum gab es »Papierkleider« mit »Einreissgefahr«?

Im Mai 1968 startete die *Junge Welt* unter dem Motto »100 Kleider warten auf ihre Trägerinnen / Ihr testet – Konfektionsbetriebe produzieren« eine bislang ungekannte Werbeaktion für jugendliche Mode. Es ging um bunte Kleider für junge Mädchen, die zwischen 8,90 und 11,50 Mark kosteten und im Volksmund schnell »Papierkleider« genannt wurden. Der Eindruck entstand, weil sich der neue Stoff Vliesett so anfühlte. Er vertrug auch nur fünf Wäschen, und die Länge der Robe konnte mühelos selbst bestimmt werden. Die *Junge Welt*: »Ihr nehmt eine Schere und schneidet die entsprechenden Zentimeter ab. Umsäumen ist dann nicht mehr erforderlich.«

In Wirklichkeit bestand der neue Stoff aus Viskose, Dederon und Grisuten. Der 60-prozentige Viskose-Anteil aus Cellulose wurde zu gleichen Teilen durch die chemischen Polyamid- und Polyesterfasern ergänzt. Das Zentralorgan der Freien Deutschen Jugend lobte begeistert: »Sie kommen unserem Bedürfnis entgegen, etwas modisch Neues schnell ausprobieren zu können.« Das war für die erste Generation der DDR-Kinder beileibe nicht selbstverständlich. Nachdem in den schweren Anfangsjahren die Zweitgeborenen oft die Kleidung der größeren Schwester oder des älteren Bruders »auftragen« mussten, unterschied sich fast zwanzig Jahre lang die Mode für Jugendliche von der für Erwachsene nur in der Konfektionsgröße. Wer Glück hatte, bekam abgelegte Klamotten von der Westverwandtschaft. Doch nun sollte alles viel besser werden.

Dennoch warnte die *Junge Welt*, die »glücklichen Trägerinnen« mögen ihre »Vliesett-Kleider« nicht zu sehr strapazieren, weil »durch starkes Bewegen der Arme Einreißgefahr besteht«. Allerdings gab es auch eine leichte Abhilfe: »Wenn man von links einen Streifen durchsichtige Klebefolie über den Riss klebt, ist er von außen weder zu spüren noch zu sehen.« Der Tipp, wie man an derartige Folie kam, fehlte. Dennoch waren die »Papierkleider« nur eines der Ergebnisse der wenige Monate zuvor vom Minister für Handel und Versorgung einberufenen »Arbeitsgruppe für Jugendmode«, die Grundsätzliches ändern sollte.

Bereits im Frühjahr 1968 präsentierte sie ihre erste Kollektion unter dem Motto »Jugendmode 68 – kess und farbenfroh«. Die vom »Modeinstitut der DDR« an westlichen

Trends orientierte Linie bekam den Markennamen »Sonnidee – sonnige Jugend, ideenreich gekleidet« und fand ein begeistertes Echo. Sie umfasste Freizeit- und Festbekleidung, dazu Schuhe, Mützen und passenden Schmuck. All das sollte zu moderaten Preisen zu haben sein, die den »finanziellen Möglichkeiten der Schüler, Studenten und Lehrlinge angepasst wurden«. Allerdings war die Jagd auf die »Saisonschlager« schwierig, denn im April 1968 wurden nur in acht Bezirkshauptstädten der DDR und in Ostberlin »Jugendmodezentren« eröffnet. Wer nach langem Anstehen hineingelangte, traf auf einen ungewöhnlichen Laden mit jungen Verkäuferinnen – im Schnitt 20 Jahre alt und selbst in DDR-Jugendmode gekleidet –, der einen Hauch vom Zeitgeist des sich im Westen gerade auf dem Höhepunkt befindlichen jugendlichen Aufbruchs versprühte.

Damit war die ganze Aktion politisch nicht unbedenklich. Zu den Aufgaben der Modegestalter der DDR gehörte es, auf die Widerspiegelung der »sozialistischen Lebensweise« zu achten. Dazu sollten die internationalen Trends aus Ost und West zwar beobachtet, aber nicht unkritisch umgesetzt werden. So wie die *Junge Welt* die »Sonnidee« lobte, versäumte sie es nicht, tagtäglich auf den Missbrauch der Jugend als Konsumenten zur »Profitmaximierung« im Westen hinzuweisen. Einen wichtigen Hebel dabei bildeten die westliche Kurzlebigkeit der Mode und deren »lässige und dekadente« Trends, die schnell zu einer Einstufung der Träger als »Gammler« führen konnten. Und die mochte »die Partei« unter ihren Fittichen gar nicht.

Das problematischste Kleidungsstück waren dabei die auch in der DDR heißgeliebten Jeans. Noch Anfang der siebziger Jahre wurden manche aus der Schule nach Hause geschickt, um sich »eine ordentliche Hose« anzuziehen. Doch schließlich bemühte sich auch die DDR-Textilindustrie im »Kampf für zeitgemäße Jugendkleidung« redlich und brachte Jeans der Marken Wisent, Boxer oder Shanty hervor. Sie blieben für die Jugendlichen stets nur die zweite Wahl, vor allem als im November 1978 eine Million echter Levi's erhältlich waren. Ergebnis: Ende der achtziger Jahre hatte – rein statistisch gesehen – jeder DDR-Jugendliche durchschnittlich zwei Jeans im Schrank. Das fiel sogar der amerikanischen Journalistin Karen Kramer auf, die eine Reportagereise durch den »realen Sozialismus« machen durfte. Sie notierte erstaunt, die DDR sei »das Jeans tragende Land an sich«. Eine solche »Jeansdichte« erreichte weiland nicht einmal der Westen Europas.

Was stand im Impfkalender?

Der Impfausweis war das erste amtliche Dokument jedes DDR-Bürgers. Er wurde mit der Geburt ausgestellt und verzeichnete alle Pflichtimpfungen. Der erste Eintrag betraf die in der ersten Lebenswoche verabreichte Tuberkuloseschutzimpfung. Im ersten, vierten, und achten Schuljahr gab es eine obligatorische Prüfung der Tuberkulose-Allergie und wenn nötig eine Wiederholung der Immunisierung. Dieses Vorgehen rottete die TBC in der DDR nahezu aus.

Mit der Deutschen Einheit verschwand die gesetzliche Impfpflicht, weil sie mit dem Artikel 2, Absatz 2 des Grundgesetzes – Grundrecht der körperlichen Unversehrtheit – kollidiert. Es besteht jedoch auch heute die Möglichkeit, im Notfall entsprechende Anordnungen zu treffen. Sie finden sich im Infektionsschutzgesetz, wo es im § 20 (6) heißt: »Das Bundesministerium für Gesundheit wird ermächtigt ... anzuordnen, dass bedrohte Teile der Bevölkerung an Schutzimpfungen und anderen Maßnahmen der spezifischen Prophylaxe teilzunehmen haben, wenn eine übertragbare Krankheit mit klinisch schweren Verlaufsformen auftritt und mit ihrer epidemischen Verbreitung zu rechnen ist. Das Grundrecht der körperlichen Unversehrtheit ... kann insoweit eingeschränkt werden.«

Im Gegensatz zur Bundesrepublik setzte die DDR auf die verpflichtende Gesundheitsvorsorge, die von entsprechenden Untersuchungen begleitet wurde und sich im fünften, sechsten und siebten Monat mit drei Grundimmunisierungen gegen Diphtherie, Keuchhusten und Wundstarrkrampf fortsetze. Im zweiten Lebensjahr erfolgte eine Wiederholungsimpfung, im fünften eine erneute Impfung gegen Diphtherie und Wundstarrkrampf. Die Keuchhusten-Impfung (Pertussis) war in der DDR seit 1964 fest etabliert und führte bei Impfraten um die 90 Prozent faktisch zum Verschwinden der Krankheit bei Klein- und Schulkindern. Noch nicht geimpfte Säuglinge profitierten vom Impfschutz ihrer älteren Geschwister. In der Bundesrepublik wurde aus Furcht vor Nebenwirkungen die Impfung ab 1974 nur noch bei individuell hohem Krankheitsrisiko empfohlen. Die Impfraten sanken auf unter 10 Prozent, die Erkrankungsrate stieg. Im Alter von acht Monaten wurde in der DDR gegen Pocken geimpft. im zwölften Lebensjahr erfolgte eine Wiederimpfung. Die Pocken-Impfung war seit 1807 in Bayern, 1815 in Baden und Preußen und 1874 im Deutschen Reich eine Pflichtimpfung. 1967 ordnete sie die Weltgesundheitsorganisation verbindlich an, 1976 endete die Impfpflicht gegen Pocken im Westen.

Eine Masernschutzimpfung bekamen DDR-Kinder im elften Monat. Die Schluckimpfung gegen Kinderlähmung erfolgte obligatorisch im zweiten Lebensjahr und stand in der DDR seit 1960, in der Bundesrepublik als freiwilliges Angebot seit 1962 zur Verfügung. Insgesamt stellen sich die gesetzlich vorgeschriebenen Impfungen in der DDR auch im Nachhinein als positiv dar. Das belegen unter anderem epidemiologische Vergleiche, die erst für die Zeit nach 1989 eine signifikante Zunahme von Allergien in der Bevölkerung der früheren DDR ausweisen. Impfgegner hingegen verweisen gern auf tatsächliche oder angebliche Risiken von Immunisierungen.

In der DDR gab es einen solchen Vorfall, der mit dem Rückzug einer Charge Immunglobuline zur Anti-D-Prophylaxe durch das Staatliche Kontrollinstitut für Seren und Impfstoffe der DDR (SKISI) in Berlin am 9. Januar 1979 begann. Das hatte folgenden Hintergrund: Aus begründeter Vorsorge und auf der Grundlage damaliger wissenschaftlicher Erkenntnisse wurde bei Schwangeren in den siebziger Jahren das Immunsystem durch eine Impfung gestärkt. Dadurch erhielten zwischen August 1978 und März 1979 etwa 6800 Frauen ein mit dem Hepatitis-C-Virus infiziertes Serum. Die Herstellung des Serums erfolgte in der Verantwortung des Bezirksinstituts für Blutspende- und Transfusionswesen in Halle. Im Frühjahr 1978 wurden dort regelwidrig 3000 Milliliter Plasma von drei Blutspendern verarbeitet, die an Hepatitis erkrankt waren. Obwohl die zuständigen Chefs diesen Sachverhalt kannten, ließen sie die Verwendung des verseuchten Serums zu. Wegen dieses Verstoßes gegen das Arzneimittelgesetz der DDR wurden sie später verurteilt, die Öffentlichkeit erfuhr jedoch nichts von dem Impfskandal. Er weitete sich nach dem Verbot des verseuchten Serums durch Weiterverwendung der Waschflüssigkeit für das Blutplasma aus und die Viren verunreinigen weitere Chargen des Impfstoffs. Sie wurden am 14. März 1979 endgültig aus dem Verkehr gezogen.

Diese Hepatitis-C-Infektion führte bei Betroffenen zur chronischen Leberentzündung. Gravierende Spätfolgen der damaligen Schädigung, wie Leberzirrhose oder Leberkarzinom, traten erst nach 1990 auf. Durch eine seit dem 9. Juni 2000 geltende Rentenregelung (Bundesgesetzblatt 2000 Teil 1, Nr. 38, Seiten 1270–1272) für die Opfer des größten Impfskandals der DDR erhalten diese inzwischen Renten zwischen 271 und 1.082 Euro im Monat (Stand 2004). Dazu kamen Einmalzahlungen. Knapp 2500 Anträge wurden anerkannt. Da dieser bedauerliche Vorfall jedoch auf eine nachgewiesene Gesetzesverletzung zurückzuführen ist, scheint er nicht geeignet, um die Impfpraxis der DDR generell in Frage zu stellen.

»Ein neues Kleid hab ich heut an, und seht, auch neue Schuh ...«

Wie zeigte das Kino das »frohe Jugendleben«?

Das Nationale Spielfilmfestival 1984 in Karl-Marx-Stadt (heute Chemnitz) wurde mit dem Film *Erscheinen Pflicht* von Helmut Dziuba eröffnet. Er erzählt die Geschichte der 16-jährigen Elisabeth Haug (Vivian Hanjohr), die sich nach dem Tod ihres Vaters, eines einstmals mächtigen SED-Kreissekretärs, mit dem DDR-Leben ohne Privilegien arrangieren muss. Sie steht tapfer zu ihrer FDJ-Fahne, resümiert aber auch enttäuscht: »Ihr habt uns immer erzählt, im Sozialismus scheint immer die Sonne. Ich bin schon ganz blind vor lauter Licht.«

Der Realismus auf der Leinwand gefiel der Zuschauer-Jury, Erich Honecker und seiner Frau und Volksbildungsministerin Margot jedoch nicht. *Erscheinen Pflicht* verschwand aus den Kinos und durfte fortan nur noch in geschlossenen Veranstaltungen gezeigt werden. Besonders oft wurde er bei Jugendweihen gewünscht. Regisseur und Drehbuchautor Helmut Dziuba erinnerte sich nach der Erstaufführung im DDR-Fernsehen am 7. März 1990: »Ich wollte einen ehrlichen Film machen und war damals völlig hilflos. Bis heute weiß ich nicht, ob wir uns der Meinung der Parteifunktionäre unterwerfen mussten oder es nur einfach taten.« Die hinter diesem Zweifel steckende Schizophrenie provoziert die Frage, wie die DEFA mit der Wirklichkeit des »frohen Jugendlebens« in der DDR umging. Ein Blick auf vier Jahrzehnten, in denen neben 60 Märchen- auch 90 weitere Kinder- und Jugendfilme entstanden, offenbart Spuren.

Zu den frühen DEFA-Filmen, die sich mit der Jugend beschäftigen und durch Qualität überzeugen, zählt *Berlin – Ecke Schönhauser ...*, 1957 von Gerhard Klein nach einem Buch von Wolfgang Kohlhaase gedreht. Die Geschichte aus dem geteilten Berlin mit seiner offenen Grenze griff den Zeitgeist und das Ostberliner Lebensgefühl auf. Das Thema »Halbstarke« bewegte damals die ältere Generation in Ost und West. Der Jugend gegenüber herrschte Unverständnis und Misstrauen. Dem Film *Berlin – Ecke Schönhauser ...* gelang scheinbar mühelos der Spagat zwischen Propaganda und Realität.

Das änderte sich, als Anfang der sechziger Jahre die Erziehung der jungen Leute in den Vordergrund trat. Die Lebenswelten in Ost und West entwickelten sich auseinander. So kritisierte zum Beispiel der westdeutsche *film-dienst* das Werk *Die aus der 12b* von

1962 als »Lehrfilm mit einem Loblied auf das Kollektiv, das gemeinsam mit den Pädagogen die neue sozialistische Schule schaffen wird«, während die Zuschauer durchaus Leinwand-Vorbilder akzeptierten. Rund 3 Millionen gingen ins Kino, um den dem VI. Parteitag der SED gewidmeten Film *Beschreibung eines Sommers* mit Manfred Krug und Christel Bodenstein als jungem Liebespaar zu sehen.

Akzeptanz beim jungen Publikum fanden sogar reine Propagandafilme wie 1963 *Die Glatzkopfbande* und 1965 deren indirekte Fortsetzung *Entlassen auf Bewährung*, beide von Richard Groschopp, die durch gutes filmisches Handwerk und hervorragende Besetzung bestachen. Damit öffneten sie den Weg zu mutigen und ehrlichen Filme aus der damaligen sozialistischen Gegenwart. Egon Günther erzählte 1965 in *Wenn du groß bist, lieber Adam* von einer Wunderlampe, die Lügner wie von Zauberhand über der Erde schweben ließ und die letztlich deshalb niemand haben wollte. Wie eine junge Lehrerin scheiterte, weil sie ihren Abiturienten selbständiges und kritisches Denken beibringen will, beschrieb Herrmann Zschoche 1965 in *Karla*. Beide Filme fielen dem Kahlschlag des 11. Plenums des ZK der SED 1966 zum Opfer und wurden erst im Oktober und Juni 1990 uraufgeführt.

Anfang der siebziger Jahre schien mit der Machtübernahme Erich Honeckers die Eiszeit dem Tauwetter zu weichen. Die DEFA wandte sich nun dem deutlich werdenden Generationskonflikt zu. Filme wie 1972 *Euch werd ich's zeigen* und *... verdammt, ich bin erwachsen*, beide von Rolf Losansky, zeigten DDR-Leben live. Sogar das SED-Zentralorgan *Neues Deutschland* lobte sie für die Darstellung der Wirklichkeit, ohne eine »harmonische Idylle« zu malen, und die genaue Beobachtung des Milieus. Mit *Sieben Sommersprossen*, einer unverkrampft erzählten Geschichte einer Jugendliebe, im Oktober 1978 von Herrmann Zschoche (Regie) und Christa Kozik (Buch) in die Kinos gebracht, war die DEFA in den Herzen der Jugend angekommen. »Kino-Eule« Renate Holland-Moritz schrieb im *Eulenspiegel*: »Man muss weder unbedingt jung sein noch Sommersprossen haben, um den Film zu mögen, der lebenswichtige Probleme Jugendlicher so ehrlich, mutig und ohne falsche Scham und mit ansteckendem Spaß behandelt.« Direkt nach der Premiere gingen 1,2 Millionen Zuschauer ins Kino.

In den Produktionen der achtziger Jahre setzte sich das Bemühen um eine nüchterne und realitätsnahe Darstellung der Jugend fort. Das blieb jedoch nicht ohne öffentliche Kontroversen. Im Film *Insel der Schwäne*, 1983 in der Regie von Herrmann Zschoche erschienen, mussten Szenen geschnitten und andere »positiver« nachgedreht werden. Der

Bezug einer modernen Wohnung in einer neuen Plattenbausiedlung am Rande Ostberlins durfte nicht einmal auf die Kritik des vierzehnjährigen Stefan Kolbe (Axel Bunke) stoßen. Der Junge aus dem Oderbruch vermisste das Grün. *Neues Deutschland* bemängelte am 4. Mai 1983 eine »verstellte Sicht auf unsere Wirklichkeit«. Einen Tag zuvor hatte bereits die *Junge Welt* gemosert: »Das ist wieder kein DEFA-Film über uns!« Zu einem Verbot führte die harsche Kritik nicht mehr.

Ein Fazit: Das Bemühen um ehrliche und realistische Filme war meist vorhanden. Dem tat manchmal nicht einmal ein propagandistischer Hintergrund Abbruch. Dennoch griff die Zensur unerbittlich ein, wenn zu viel vom »wahren Leben« auf der Leinwand erschien. Die junge Zielgruppe quittierte das tendenziell mit einer Abkehr vom DEFA-Film.

Im Kino *International* in Berlin feierten von 1963 bis 1990 zahlreiche DEFA-Filme ihre Premiere.

»Über sieben Brücken
musst du gehn …«

16

DEUTSCH-
DEUTSCHES
IN KLEINEN
SCHRITTEN

WIE VERÄNDERTE SICH DIE GRENZE ZWISCHEN OST UND WEST?

Auf dem Papier in Jalta schien es im Februar 1945 ganz einfach: Deutschland würde nach dem Sieg in Besatzungszonen geteilt werden, deren Grenzen an den früheren Ländergrenzen verlaufen würden. Auch nachdem die Westmächte über diese Demarkationslinien weiter in den Osten vorstießen als gedacht, ließe sich das mit einfachen Truppenbewegungen regeln. Doch wie so oft steckte der Teufel im Detail. Plötzlich merkten die Strategen, dass zum Beispiel dem Land Thüringen mit Ostheim noch eine Exklave in Bayern gehörte, die Harzer Brockenbahn im Zickzack über die künftige Grenze fuhr und das niedersächsische Amt Neuhaus ohne Brücke auf dem rechten Elbufer in der Sowjetzone nicht zu erreichen war.

Deshalb folgten etliche Grenzkorrekturen, die in den Jahren der Teilung das Leben der Menschen dort beeinflussten und heute längst vergessen sind. Der kritischste Punkt lag zwischen Streckenkilometer 219,021 und 223,063 an der Bahnlinie Bebra–Göttingen. Sie führt in den Norden bis nach Bremerhaven, damals eine amerikanische Exklave in der britischen Zone, über die sich die US Army versorgte. Auf diesen vier Kilometern in der sowjetischen Zone lag der Haltepunkt Werleshausen, den dreißig Rotarmisten besetzt hielten. Das machte auf der ab 10. August 1945 wieder provisorisch befahrbaren Strecke andauernd Ärger. Vom 13. bis 15. September 1945 wurde sie völlig blockiert und ein Lokführer von einem Sowjetsoldaten erschossen. Daraufhin schlossen die Kommandeure am 17. September 1945 in Wanfried ein knappes Abkommen, das den Streitpunkt entschärfen sollte. Es nannte keine Gründe für die Grenzkorrektur, die betroffenen Dörfer waren nur aus dem Kartenanhang ersichtlich. Brigadegeneral William Thaddeus Sexton für die Amerikaner und Generalmajor Wassili Semenowitsch Askalepow für die Sowjets bestimmten: »Die in den bezeichneten Gebieten wohnende Bevölkerung bleibt dort mit ihrem Eigentum.« Dann übergaben sie sich gegenseitig eine Flasche Whisky und eine Flasche Wodka. Deshalb ging das Wanfrieder Abkommen auch als »Whisky-Wodka-Linie« in die Geschichte ein. Dennoch hatte es als einziges Abkommen dieser Art den Status eines Vertrags und wurde somit später dem Potsdamer Abkommen gleichgestellt. Betroffen waren die hessischen Dörfer Sickenberg, Asbach, Vatterode und Weidenbach/

Hennigerode mit einer Fläche von 761 Hektar und 429 Einwohnern, die nun zu Thüringen kamen. Die thüringischen Orte Neuseesen und Werleshausen mit 560 Einwohnern und 845 Hektar gingen an die US-Zone.

Ohne ein besonderes Abkommen überließen die Briten am 1. Juli 1945 das auf dem östlichen Elbufer und damit kaum erreichbare Amt Neuhaus aus dem Regierungsbezirk Lüneburg den Sowjets. Im Harz wurde der Landkreis Blankenburg, einstmals zum Freistaat Braunschweig gehörig, am 23. Juli 1945 zwischen der Sowjetischen und Britischen Besatzungszone aufgeteilt. Der größere, östliche Teil gehörte später zu den DDR-Kreisen Wernigerode und Quedlinburg. Die Stadt Braunlage und die Gemeinden Hohegeiß, Neuhof, Walkenried, Wieda und Zorge kamen zur britischen Zone und damit zu Niedersachsen. Die einstmals im Thüringer Landkreis Nordhausen gelegene Stadt Bad Sachsa mit ihrem späteren Ortsteil Tettenborn ging ebenfalls an die Britische Zone. Besenhausen bei Kirchgandern kam zum Landkreis Göttingen. Dadurch verkürzte sich der Grenzverlauf, die Briten gewannen Unterkunftsmöglichkeiten für ihre Truppen, und die gesamte Brockenbahn fuhr nun im Osten. Die thüringische Exklave Ostheim wurde Bayern zugeschlagen.

Verhandelt wurde auch am 13. November 1945 zwischen dem britischen Generalmajor Colin Muir Barber und dem sowjetischen Generalmajor Nikolai Grigorjewitsch Ljaschtschenko im Schloss Gadebusch. Dabei ging es um die Grenzkorrektur zwischen Mecklenburg und Schleswig-Holstein. Gebiete östlich des Ratzeburger Sees und des Schaalsees mit den Gemeinden Ziethen, Mechow, Bäk und Römnitz kamen an den Kreis Herzogtum Lauenburg und damit zur britischen Zone. Im Austausch gingen Dechow, Groß- und Klein Thurow (heute Roggendorf) und Lassahn (gehört heute zu Zarrentin) an die Sowjetische Besatzungszone. Mecklenburg gewann dadurch insgesamt 4880 Hektar, davon 815 Hektar See und 526 Hektar Wald. Die britische Zone bekam 2442 Hektar. Die Mehrzahl der Bevölkerung zog gen Westen. Von 1237 Personen in Dechow blieben nur 120, von 256 in Thurow 79 Menschen zurück. Mit der deutschen Einheit wurde lediglich das Amt Neuhaus am 30. Juni 1993 per Staatsvertrag wieder Niedersachsen eingegliedert, die anderen früheren Gebietsverschiebungen änderten sich nicht.

Dass die Geschichte der Querelen zwischen den Besatzern um kleine Gebiete zwischen ihren Truppen nach dem Kriegsende nicht völlig vergessen wurde, ist Stefan Heym zu verdanken. 1984 schrieb der ehemalige US-Offizier und spätere DDR-Schriftsteller seinen Roman *Schwarzenberg*. Aus der historischen Tatsache, dass ein Fleckchen rund um die Stadt Schwarzenberg im Erzgebirge nach der bedingungslosen Kapitulation der Wehrmacht für 42 Tage weder von den Amerikanern noch von den Russen besetzt und stattdessen von einem selbst gebildeten »antifaschistischen Aktionsausschuss« verwaltet wurde, entwickelte er die Vision einer »freien« Republik. Sie war sozialistisch geprägt und basisdemokratisch verwaltet. Das widersprach dem tatsächlichen Verlauf der Geschichte mit ihrem stalinistischen Diktat der »Revolution von oben« so sehr, dass der Roman in der DDR keine Druckgenehmigung bekam. Er wurde als politische Botschaft an die Bürger interpretiert, ihr Schicksal in die eigenen Hände zu nehmen. Als das Buch 1990 erstmals in der DDR erschien, war das bereits geschehen.

WAS WAR EIN GRENZGÄNGER?

»Grenzgänger zu bedienen ist unter unserer Würde«, stand im Sommer 1961 auf Schildern in vielen Geschäften in den DDR-Orten rings um Berlin, und: »Sie werden erst dann wieder zuvorkommend bedient, wenn sie eine Arbeit in unserer Republik aufgenommen haben.« Die »Beweispflicht« lag beim Kunden, und der DDR-Personalausweis war damals in Ostberlin ohnehin bei jedem Brot- oder Bockwurstkauf unaufgefordert vorzuweisen. Es ging um Leute, die im Osten wohnten und im Westen arbeiteten. In den DDR-Zeitungen hießen sie »Grenzgänger« und wurden tüchtig beschimpft. Sie würden die billigen Mieten und Lebensmittel im Osten genießen, hieß es, und ihre Arbeitskraft trotzdem im Westen feilbieten. Dass der Kurs von einer Ost- zu einer Westmark bei 1 zu 4 bis 1 zu 5 lag, wusste sowieso jeder – diese Leute rissen sich also das Ost-Brötchen für einen Pfennig unter den Nagel, zahlten höchstens 2 Pfennige für die Kilowattstunde Strom und wohnten fast umsonst.

Ganz so einfach wie in der Propaganda war es allerdings nicht. Das Problem der »Grenzgänger« entstand noch nicht einmal nach dem Krieg mit der neuen Grenze um Berlin, sondern erst 1948, als zunächst in den Westsektoren, dann auch in Ostberlin und der DDR die neuen Währungen eingeführt wurden. Zu jener Zeit arbeiteten etwa 122 000 Westberliner in Ostberlin und im Umland und 76 000 Ostberliner und DDR-Bewohner im amerikanischen, britischen oder französischen Sektor. Nun bekamen die einen plötzlich DM-West, die andern DM-Ost als Lohn. Da sich der Wert der beiden Währungen sehr schnell voneinander entfernte, musste etwas geschehen. Die Westmächte waren daran interessiert, einen einheitlichen Berliner Arbeitsmarkt zu erhalten. Deshalb schufen sie am 20. März 1949 eine »Lohnausgleichskasse für Beschäftigte der gewerblichen Wirtschaft«. Dort konnten jene, die im Osten arbeiteten, aber im Westen lebten, 60 Prozent ihres Lohns 1 zu 1 in DM-West umtauschen. Im Gegenzug bekamen die West-Grenzgänger ihr Einkommen zu 10 Prozent in DM-West, den Rest in DM-Ost ausgezahlt. Obwohl die Sektorengrenzen innerhalb Berlins offen blieben, sank die Zahl der im Osten arbeitenden Westberliner rapide, nachdem 1952 die Grenze zum DDR-Umland gesperrt wurde. Hinzu kamen Massenentlassungen im Osten aus politischen Gründen. Ab 1949 durften Westberliner als Polizisten, in Behörden und als Lehrer nur bleiben, wenn sie in den »Demokratischen Sektor« umzogen. So gab es Anfang der fünfziger Jahre noch etwa 13 000 Grenzgänger in den Osten.

In der Gegenrichtung pendelte sich die Zahl bis 1961 auf rund 40 000 bis 60 000 Personen ein. Durch die Stärke der DM-West blieben die Arbeitsplätze dort beliebt. Dazu trug auch die Erhöhung der Westgeldquote durch die Lohnausgleichskasse bei, die durch die »Einsparung« bei den Grenzgängern in den Osten möglich wurde. 1961 erreichte sie 40 Prozent bei einer Höchstgrenze von 275 DM. Das heißt, wer im Osten billig wohnte und lebte, »verdiente« allein durch den illegalen Umtausch seines Westgeldes das Doppelte bis Dreifache dessen, was Beschäftigte in der DDR und Ostberlin bekamen. Das empfanden viele Leute als ungerecht, und so legitimierte sich daraus all die Jahre der Kampf der DDR gegen das Grenzgängertum. Ost-Bürger, die es praktizierten, wurden gezielt benachteiligt, zum Beispiel bei der Wohnraumvergabe und der Zulassung der Kinder zum Abitur. Das wiederum führte jedoch meist nicht zur Aufgabe der Arbeitsplätze in Westberlin, sondern zur Flucht der gesamten Familien in den Westen. Geschätzt werden etwa 50 000 Fälle, in denen die Menschen aus diesen Gründen »rüber« gingen.

Auch eine massive Propaganda der DDR durch Pressekampagnen und öffentliche Veranstaltungen minderte die Zahl der »Schmarotzer, Verräter und Kriminellen« nicht wesentlich. Erst im Frühjahr 1961 entschloss sich die DDR zu gesetzlichen Maßnahmen, wie etwa der Pflicht, die Wohnungsmiete auch in DM-West zu zahlen, wenn der Mieter in Westberlin arbeitete. Durch die Schließung der Grenze am 13. August 1961 wurden sie jedoch nicht mehr wirksam. Die Grenzgänger aus dem Osten waren damit nämlich vom Sonntag auf den Montag von ihren Arbeitsplätzen im Westen abgeschnitten. Ihnen wurden nun Arbeiten zugewiesen, die häufig unter ihrer beruflichen Qualifikation lagen. Sie galten noch jahrelang als »unzuverlässig«, viele wurden von der Polizei und der Staatssicherheit überwacht.

Bis zum Mauerbau waren noch etwa 12 000 Grenzgänger West in Ostberlin beschäftigt, darunter rund 6000 bei der Deutschen Reichsbahn und ein weiterer beträchtlicher Teil in der Kultur, vom Orchester der Staatsoper bis zur Bühne des Deutschen Theaters. Da es nun keinen West-Grenzgänger aus dem Osten mehr gab, stellte die Lohnausgleichskasse auch für die Westberliner die Zahlungen ein. Das führte in der Regel zur Aufgabe des Arbeitsplatzes im Osten. Dort fehlten nun plötzlich viele Künstler, Ärzte und Wissenschaftler.

Neben den über die Lohnausgleichskasse registrierten »offiziellen« Grenzgängern gab es bis zum Mauerbau 1961 zwischen 8000 und 20 000 Schwarzarbeiter aus dem Osten. Sie verdingten sich für Dumpinglöhne, oft unregelmäßig und meist in Gaststätten, im Reinigungsgewerbe und auf dem Bau. Nachdem DDR-Rentner seit 1972 mehrfach reisen durften, ab 1984 dann insgesamt 60 Tage im Jahr, lebte die Schwarzarbeit in Westberlin wieder auf. Manch Rentner verdiente so ein paar DM, die dann, schwarz 1 zu 5 und mehr getauscht, das Leben im Osten süß machten.

Was stand im »Passierscheinabkommen«?

Der Riss durch nahezu jede zweite Berliner Familie nach dem Bau der Mauer am 13. August 1961 war die wohl schmerzhafteste Wunde der Nachkriegszeit in der geteilten Stadt. Sie griff direkt ins Leben ein. Wo früher die Oma aus Neukölln zum Enkel nach Lichtenberg kam oder der Bruder aus dem Prenzlauer Berg die Schwester in Kreuzberg besuchte, trennte nun in Berlin ein Todesstreifen Familien, Freunde und Verwandte. In die DDR und nach Ostberlin durften nur noch Reisende kommen, die einen Pass der Bundesrepublik besaßen. Wenige Westberliner hatten ihn neben ihrem grauen Personalausweis. Dass die Menschen darunter litten, wussten auch die DDR-Oberen.

Walter Ulbricht glaubte, mit der Grenzschließung einen Trumpf für die staatliche Anerkennung seines Landes in die Hand bekommen zu haben. Auf Westberliner S-Bahnhöfen, die unter der Hoheit der Deutschen Reichsbahn der DDR stehen, ließ er vor Weihnachten 1961 zwei »Reisebüros« einrichten, die Passierscheine für den Ostteil der Stadt anbieten sollten. Für den Westberliner Senat gingen politische Prinzipien jedoch vor menschlichen Erleichterungen. Der Regierende Bürgermeister Willy Brandt argwöhnte, die DDR wolle damit »Hoheitsrechte« praktizieren und schickte die Polizei, um die Büros zu schließen. Gleichzeitig schlug er vor, man möge die Angelegenheit dem Roten Kreuz übertragen. Das war für Ulbricht unannehmbar. Ein Jahr später unterbreitete die DDR

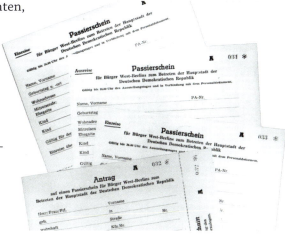

Passierschein bzw. Antrag auf einen Passierschein

ein neues Angebot, das eigentlich ihrer Politik widersprach. Sie zeigte sich bereit, mit dem Chef der Treuhandstelle für den Interzonenhandel über Passierscheine für Westberliner zu verhandeln, wenn es dafür Wirtschaftslieferungen gäbe. Eine gezielte Indiskretion stoppte den Deal. Danach war die DDR nicht mehr zu solchen Kompromissen bereit. Vor Weihnachten 1963 bot sie »direkte Verhandlungen zwischen der Regierung der DDR und dem Westberliner Senat« an. Da der Osten vom Fortbestehen der Viermächteverantwortung für Westberlin ausging, war Bonn für die DDR kein akzeptabler Verhandlungspartner in dieser Frage.

Derweil war auch im Kessel Westberlin der Druck gestiegen. Viele Bürger verstanden es nicht, weshalb politische Prinzipienreiterei das Wiedersehen mit ihren Familien verhindern sollte. Nach sieben Verhandlungsrunden fanden Senatsrat Horst Korber und DDR-Staatssekretär Erich Wendt am 17. Dezember 1963 eine »Regelung«, die kein offizielles Abkommen sein durfte, weil der Westen auf seinem Alleinvertretungsanspruch beharrte. Möglich wurde sie durch die Klausel: »Beide Seiten stellten fest, dass eine Einigung über gemeinsame Orts-, Behörden- und Amtsbezeichnungen nicht erzielt werden konnte.« Als Salvatorische Klausel ging der Satz in die Geschichte der Diplomatie ein. Bundeskanzler Ludwig Erhard klagte später, der Westberliner Senat hätte ihn damit »überrumpelt«, sein Außenminister Gerhard Schröder (nicht mit dem späteren SPD-Kanzler zu verwechseln) meinte, er sei nicht ausführlich informiert gewesen.

Künftig legte Bonn gegen jede weitere Passierscheinregelung für Westberliner sein Veto ein. Die West- und Ostberliner interessierte das alles nicht besonders. Sie konnten vom 20. Dezember 1963 bis zum 5. Januar 1964 erstmals seit dem Mauerbau gemeinsam die Feiertage begehen. Die DDR hatte mit rund 30 000 Passierscheinanträgen gerechnet, etwa 1,24 Millionen Einreisen erfolgten. Für die begehrten Genehmigungen stellten sich Westberliner oft stundenlang in der Kälte an. Wer mehrfach in den Osten wollte, musste sich auch mehrfach in die Schlange einreihen. Weitere Passierscheinregelungen erfolgten am 24. September 1964 und am 25. November 1965 jeweils für Weihnachten und am 7. März 1966 für Ostern und Pfingsten.

Trotz der nicht gerngesehenen familiären Kontakte, war das alles ein politischer Sieg für die DDR, denn sie musste als Verhandlungspartner akzeptiert werden. Dementsprechend wurde aus Bonn immer wieder versucht, die Gespräche zu torpedieren. Der damalige CDU-Fraktionschef Rainer Barzel wetterte gegen den Westberliner Senat: »Die Berliner nehmen die Sicherheit von den Amerikanern, das Geld von Bonn und die Passierscheine von Ulbricht.« Die DDR hingegen wollte den Fuß in der Tür nutzen. Am 3. Januar 1964 erklärte Walter Ulbricht: »Durch das Berliner Abkommen ist eine Basis geschaffen worden, von der aus weitere Verhandlungen möglich sind.«

Das wollte die Bundesregierung in Bonn um jeden Preis verhindern. Dies gelang, nachdem 1966 auch die DDR nicht mehr bereit war, die Salvatorische Klausel zu akzeptieren. Sie verlangte, wenigstens als Regierung bezeichnet zu werden, wenn sie schon – wie in der Vergangenheit durch den Hoheitsakt der Passierscheinausgabe bewiesen – die Macht einer Regierung ausübte. Damit bekamen in Bonn jene Oberwasser, die in den Regelungen ohnehin eine »Teilanerkennung« der DDR zu erkennen glaubten. Folge: Die Mauer blieb künftig für Westberliner ebenso dicht, wie sie es für die Ostberliner seit 1961 war. Eine grundsätzliche Erleichterung für Westberliner Besucher erfolgte erst nach dem Viermächteabkommen von 1971, auf dessen Grundlage am 29. Februar 1972 eine Übereinkunft geschlossen wurde. Daraufhin entstanden in Westberlin fünf »Büros für Besuchs- und Reiseangelegenheiten«. Die Mitarbeiter dieser Büros traten als Postler auf, gehörten aber zur MfS-Arbeitsgruppe XVII mit Sitz in Hohenschönhausen – bis am 9. November 1989 die Mauer für alle fiel.

Wurden im Westen auch DDR-Bürger bespitzelt?

Anfang der sechziger Jahre verteidigte der westdeutsche Rechtsanwalt Heinrich Hannover einen Mann aus Leipzig. Dem schaute bei der Ankunft in Hamburg eine DDR-Zeitung aus der Jackentasche. Daraufhin hatte ihn ein Polizist wegen des Verdachtes auf »Einfuhr verfassungsfeindlichen Schrifttums« nach Paragraph 93 des damaligen Strafgesetzbuches der Bundesrepublik festgenommen. Der DDR-Besucher erzählte freimütig, dass er seine Mutter besuchen, aber auch im Auftrag des FDGB zwei Leute zur Leipziger Messe einladen wolle. Das brachte ihm eine Anklage nach Paragraph 92 StGB ein, für einen »verfassungsverräterischen Nachrichtendienst« tätig geworden zu sein. Er bekam eine Bewährungsstrafe und wurde in die DDR abgeschoben.

Verfolgung und Bespitzelung von DDR-Bürgern im Westen – gab es das wirklich, oder war es nur Propaganda? Sicher war die Überwachung nicht mit der des MfS vergleichbar, aber es gab sie bis zur Einheit, und sie begann hier wie da an der Grenze. Das westliche Gegenstück zur östlichen Grenzaufklärung war das im BND-Referat 14A angesiedelte Grenzmeldenetz. Im komplizierten Amtsdeutsch wurde es dort so definiert: »Sammelbezeichnung für alle mit Sicherungs- und Kontrollaufgaben an den Grenzen und im grenzüberschreitenden Personen- und Güterverkehr befassten Behörden und Dienststellen der Bundesrepublik Deutschland, die im Wege der Amtshilfe in Form der Beschaffung von geheimen Nachrichten und Personenhinweisen und der sonstigen Unterstützung der nachrichtendienstlichen Arbeit genutzt werden.«

Gearbeitet wurde mit den üblichen geheimdienstlichen Methoden wie Abschöpfung von Quellen, Beobachtungen und konspirativer Materialbeschaffung. Manch nette, meist ältere Dame, die im Zug mit DDR-Besuchern plauderte, tat dies für ein Taschengeld vom BND. Im Jahr 1979 wurde öffentlich bekannt, dass der Geheimdienst West 23 Grenzübergangsstellen mit speziellen Fotoausrüstungen versehen hatte und an 45 weiteren Übergangsstellen die Grenzpolizei Ablichtungen von Reisedokumenten vornahm. Knapp 1000 Fotos gelangten so monatlich in die BND-Auswertung.

Erste Einzelheiten über die Briefkontrolle erfuhr die interessierte Öffentlichkeit durch gezielte Indiskretionen des Chefs der BND-Schulen, Kurt Weis, BND-Deckname »Winterstein«. Zwischen 1978 und 1980 ließ er hin und wieder Tipps an den *Stern* durchsickern. Die Reporter der Illustrierten wurden daraufhin in der Schwanthaler Straße 91 in München und in einer Villa in Hamburg-Winterhude fündig. Sie entdeckten dort Briefkontrollstellen des BND, die nach außen hin als »Hauptstelle für spezielle Datenverarbeitung« (HSD), Bonn 2, Zweigstelle München bzw. »Erfassungsstelle für Grunddaten der HSD« getarnt waren. Angaben zum Umfang der dortigen Tätigkeit finden sich in einem Urteil des Bundesverfassungsgerichts vom 20. Juni 1984. Danach gingen im Jahr 1978 insgesamt 188,4 Millionen Briefsendungen in beide Richtungen über die deutsch-deutsche Grenze. Davon wurden etwa 1,6 Millionen Briefe kontrolliert. Außerdem gelangten weitere 60 Millionen Briefe aus anderen oder in andere Staaten des Warschauer Paktes in die Hände der Kontrolleure.

Welcher Art Informationen das Mitlesen brachte, zeigt das Beispiel einer beim BND gelandeten Briefkopie vom 16. Mai 1981 aus Mellin bei Salzwedel. Dort heißt es unter anderem: »Vorgestern hatten wir Elternversammlung, hier in der DDR ist man praktisch gezwungen, zu solchen Treffen hinzugehen. Es wurde dann aber doch recht interessant, als eine jüngere Frau aufstand und dem Kreisleiter, der da war, die Frage stellte, ob die DDR durch den Wehrkundeunterricht nicht gegen den Frieden verstößt.« So erfuhr der Geheimdienst West, dass die Militarisierung des DDR-Bildungswesens durchaus nicht unumstritten war.

Die BND-Abhörer am Telefon arbeiteten in den sogenannten K-Stellen, die meist als Scheinfirmen getarnt waren. So residierte zum Beispiel in der Stammestraße 40 in Hannover-Ricklingen die erfa-Datenerfassungsstelle GmbH & Co., die in der Mittleren Zwingerstraße 2 in Nürnberg-Wohrd eine »Schwesterfirma« hatte. In Köln hieß die Abhörzentrale des Geheimdienstes im Generali-Haus in der Neuen Wyerstraße 10 »Erfassungsstelle für Industriebeteiligungen des Bundes«. Ergänzt wurden die stationären Stellen durch mobile Abhörtrupps in VW-Bussen. Der Militärische Abschirmdienst (MAD) verfügte Ende der siebziger Jahre über eigene K-Stellen in Münster, Koblenz und Würzburg. Wer abgehört werden durfte, bestimmte im Westen die G-10-Gesetzgebung. Sie setzte strenge Maßstäbe, die aber nicht immer eingehalten wurden. Lag die Genehmigung erst einmal vor, wurden die Telefonleitungen von der Post zu dem K-Stellen überschaltet. Dazu genügte es, einen etwa 40 Zentimeter langen Aufsatz – im BND-Jargon »Neger« genannt – auf das Anschlussrelais zu setzen. Aktiv waren die westlichen Brieföffner und Lauscher am Telefon bis nach dem Mauerfall. Am 5. Februar 1990 gab der

BND-Kontrolleur und Staatsminister im Bundeskanzleramt, Lutz Stavenhagen, die Einstellung der G-10-Maßnahmen gegen Privatpersonen in der Bundesrepublik mit DDR-Kontakten öffentlich bekannt.

WIE KAM ES ZUM GRUNDLAGENVERTRAG?

Fünfundzwanzig Jahre nach dem Krieg stand die europäische Nachkriegsordnung immer noch auf tönernen Füßen. Es gab die Frontlinie zwischen NATO und Warschauer Vertrag quer durch Deutschland, aber keine völkerrechtliche Anerkennung der seit 1945 bestehenden Grenzen. Das deutsch-deutsche Verhältnis war eine tickende Zeitbombe, die entschärft werden musste. Das ging nur, wenn beide Seiten Wege fanden, ein neues Miteinander zu gestalten, ohne politische Grundsätze aufzugeben. Für die Bundesrepublik war das Festhalten am Wunsch nach der Wiederherstellung der Deutschen Einheit ein nicht verhandelbarer Anspruch. Die DDR wollte ihre Abgrenzungspolitik nicht aufgeben und setzte auf eine eigene »sozialistische deutsche Nation«.

Dennoch gab es beiderseitige Interessen. Der Westen wollte »menschliche Erleichterungen« erreichen, der Osten brauchte die Normalisierung, um endlich internationale Anerkennung zu erlangen und die Wirtschaftsbeziehungen ausbauen zu können. Die Chance auf eine Regelung der offenen Fragen ergab sich nach der Bundestagswahl am 28. September 1969. Die SPD gewann mit 42,7 Prozent der Stimmen, Koalitionspartner FDP bekam 5,8 Prozent. Damit reichte es für Willy Brandt, der Bundeskanzler wurde. Er machte die »neue Ostpolitik« zum zentralen Anliegen seines Handelns und wollte zunächst einmal das Verhältnis zur Sowjetunion normalisieren. Das geschah mit einem Vertrag vom 12. August 1970. Am 7. Dezember 1970 folgte ein ähnliches Abkommen mit Polen.

Die DDR war alarmiert. Sie wollte die Beziehungen zum Westen möglichst ohne Zugeständnisse neu gestalten. Das widersprach nun jedoch der sowjetischen Politik. Botschafter Karl Seidel, im DDR-Außenministerium für die BRD zuständig: »Die Sowjetunion war am Ausgleich mit der BRD interessiert, da Brandt und Bahr ihr anboten, den politisch-territorialen Status quo zu akzeptieren; darüber hinaus erhoffte sie von einer Europäischen Sicherheitskonferenz eine zusätzliche Anerkennung des europäischen Status quo.« Es ist für Moskau die politische Chance, endlich die europäische Nachkriegsordnung völkerrechtlich festzuschreiben. Die Deutschland-Experten im Kreml sind elektrisiert. Julij Kwizinskij, damals Botschaftsrat an der sowjetischen Botschaft in der DDR und später Botschafter in der Bundesrepublik: »Bonn bot uns einen Leckerbissen an, aber um ihn zu verspeisen, musste in Berlin bezahlt werden.«

Dass das nur auf Kosten der DDR ging, weiß der westdeutsche Verhandlungsführer Egon Bahr: »Sie sollte für den Moskauer Vertrag bezahlen und viele ihrer heiligen Kühe schlachten: Ihre völkerrechtliche Anerkennung vor Aufnahme von Verhandlungen, die strikte Ablehnung, mit Bonn über Berlin zu reden, als ob die Bundesrepublik an der Spree etwas zu sagen hätte, oder ihre Souveränität auf den Zugangswegen.«

In dieser Situation setzte die Sowjetunion ihre eigenen Interessen über die des Bündnispartners DDR. Das Vertragsangebot an die Sowjetunion schloss die DDR aus den Verhandlungen über Berlin aus. Seidel: »Die BRD ... machte die Erfüllung der sowjetischen Wünsche von einer Einigung in der Berlin-Frage abhängig. Darüber konnten aber nur die drei Westmächte mit der Sowjetunion verhandeln. Damit wurde der Fortgang der Bonner Ostpolitik von den Westmächten abhängig.« Am 3. September 1971 unterzeichneten die USA, Großbritannien, Frankreich und die Sowjetunion ihr Vierseitiges Abkommen, im Westen Viermächteabkommen genannt. Damit war der Weg für die Regelung der deutsch-deutschen Beziehungen frei. Er führt zum »Vertrag über die Grundlagen der Beziehungen zwischen der Bundesrepublik Deutschland und der Deutschen Demokratischen Republik«. Das Dokument wurde am 21. Dezember 1972 unterzeichnet, am 11. Mai 1973 im Westen und am 13. Juni im Osten ratifiziert und trat am 21. Juni 1973 in Kraft. Nach einer Klage Bayerns entschied das Bundesverfassungsgericht (BVG) am 31. Juli 1973, dass der Vertrag mit dem Grundgesetz vereinbar sei.

Damit war ein diplomatischer Trick der Bundesrepublik legitimiert, der den grundsätzlichen Anspruch auf Wiedervereinigung erhalten sollte. BRD-Verhandlungsführer Egon Bahr übergab zum Vertrag den »Brief zur deutschen Einheit«, in dem einseitig festgestellt wurde, dass der Vertrag »nicht im Widerspruch zum politischen Ziel der Bundesrepublik Deutschland steht, auf einen Zustand des Friedens in Europa hinzuwirken, in dem das deutsche Volk in freier Selbstbestimmung seine Einheit wiedererlangt«. Das BVG sprach deshalb von einer »faktischen Anerkennung der DDR besonderer Art«. Damit konnte die DDR leben.

Der Grundlagenvertrag führte am 18. September 1973 zur Aufnahme beider deutscher Staaten in die UNO, eröffnete den Weg zur weltweiten Anerkennung der DDR und ließ ein umfangreiches deutsch-deutsches Vertragswerk folgen. Mit Ausnahme des Zahlungsverkehrs wurden viele bilaterale Fragen geregelt. Am 2. Mai 1974 nahmen die »Ständigen Vertretungen« in Bonn und Ostberlin ihre Arbeit auf. Sie wurden wie Botschaften behandelt, obwohl sie keine waren. Während Günter Gaus als »Staatssekretär im Bundeskanzleramt« agierte, bekam DDR-Vertreter Michael Kohl den persönlichen Rang eines Botschafters. So konnte man – wenigstens – in den Nachrichten so tun, als seien die Beziehungen zum Westen so wie die zu jedem anderen Land der Welt.

Was war in den Westpaketen?

»Geschenksendung – keine Handelsware« musste auf jedem Paket aus dem Westen stehen und ein genaues Inhaltsverzeichnis gehörte auch dazu. Rund 25 bis 26 Millionen solcher Liebesgaben gingen Jahr für Jahr von West nach Ost über die deutsch-deutsche Grenze. Die Pakete rochen gut, entlasteten die Haushaltskasse und enthielten manche in der DDR vergessene oder unbekannte Leckerei. Nur eines waren sie nie: Eine Überraschung. Im Laufe der Jahre hatte sich ein Kanon von Waren eingebürgert, der wohl in jeder Sendung zu finden war. Kaffee gehörte dazu, auch wenn es nicht immer die Krönung war, Schokolade und Kakao, die duftende Seife und gern 4711, Puddingpulver, Götterspeise und Tütensuppen, zu Weihnachten dann Südfrüchte, Nüsse und Backzutaten. Ohne Palmin, Zitronat und Orangeade, Mandeln und das gute Backpulver von Dr. Oetker ging gar nichts. Strumpfhosen waren ein wichtiger Haushaltsposten, denn in der DDR kosteten sie das Zehnfache des West-Preises und produziert worden waren sie meist ohnehin »bei uns«. Champignons und Ananas in Dosen galten als Delikatessen. Wer Pech hatte, bekam auch noch trockene Erbsen und ein Stück Speck, als es in der DDR längst genug zu essen gab.

Westpakete sollten stets eine Hilfe sein, und das waren sie auch. Sie milderten den Mangel in der DDR. Dort gehörten sie schon lange als geheimer Posten zur Planwirtschaft. So beschäftige sich zum Beispiel das Politbüro der SED am 28. Juni 1977 mit einer Vorlage »zur Produktion und der Versorgung mit Kaffee- und Kakaoerzeugnissen«, denn die mussten für harte Devisen im Westen gekauft werden. Die Genossen konnten sich auf die Pakete verlassen. Nicht nur über 10 000 Tonnen Kaffee kamen im Ameisentransport pro Jahr über die Grenze, bei manchen Sachen konnte man sich den eigenen Import fast sparen. So kaufte die DDR 1988 insgesamt 1200 Tonnen Kakao ein, weitere 2383,8 Tonnen gelangten aber über Westpakete ins Land. Außerdem kamen in jenem Jahr 9120 Tonnen Schokolade, 17,13 Millionen Stück Damen-Oberbekleidung, 13,46 Millionen Strumpfhosen, 15,03 Millionen Obertrikotagen und 3,33 Millionen Oberhemden.

Die DDR-Zoll-Regelungen, die durch eine flächendeckende Kontrolle auch durchgesetzt wurden, erfuhren stillschweigend die eine und andere Modifizierung, denn der wirtschaftliche Nutzen stand über den politischen Bedenken. Absolut tabu blieben all die Jahre Zeitungen, Zeitschriften und andere »Druckerzeugnisse«. Selbst geknülltes Zeitungspapier zum Ausstopfen war suspekt.

Offiziell setzte die DDR auf Abgrenzung. Sie will nicht auf »milde Gaben« angewiesen sein und ist es aber doch, denn die Alternative Westpaket hält das Murren der Bürger im Rahmen. Bis Anfang der siebziger Jahre gehörten Paket-Kampagnen zur offiziellen Deutschlandpolitik der Bundesregierung. Dafür wurde mit Slogans wie »Die Menschen in der Zone brauchen uns« geworben, Kosten können bis zur Einheit mit höchstens 50 DM im Monat steuerlich geltend gemacht werden. Das politische Anliegen ist dabei genau das, was die DDR so ärgert: Der Gedanke an die Einheit Deutschlands soll aufrechterhalten werden.

Neben privaten Sendungen organisierten Hilfsorganisationen den Versand an DDR-Bürger. Dafür gab das Ministerium für gesamtdeutsche Fragen 1964 zum Beispiel 3.860.500 Mark seines Etats von 11 Millionen Mark aus. Durch private Geschenke kamen weitere rund 7 Millionen Mark dazu, so dass allein in jenem Jahr ein Warenversand für etwa 10 Millionen Mark erfolgte. Er stieg bis Ende der siebziger Jahre kontinuierlich durch Erhöhung des privaten Anteils und pegelte sich dann auf etwa 13 bis 15 Millionen Mark im Jahr ein.

Gegengaben aus dem Osten waren schwierig. Wegen der Subventionen darf faktisch all das, was die Verwandten im Westen vielleicht gut brauchen könnten und dort teuer bezahlen müssen, wie zum Beispiel Kinderkleidung, nicht geschickt werden. So blieben das Kunstgewerbe, klassische Musik auf Schallplatten und Bücher – es ging eher um den guten Willen.

in die
Sowjetzone

Dein Brief
baut
Brücken!

Aufruf des Ringes politischer Jugend zum Versand von Briefen aus der BRD in die DDR

Nicht alle Pakete kamen an. Zwischen 1984 und 1989 wurden Konsumgüter für mehr als zehn Millionen Mark aus den Sendungen entnommen. Das erfolgte im Zusammenspiel von Stasi, Zoll und Post in der sogenannten »Stelle 12«. Dort wurden Pakete dem »Regellauf entzogen« und, nach dem Öffnen, dem »Regellauf wieder zugeführt«, so die Post-Fachsprache. Die »Stelle 12« war unter strengster Geheimhaltung bei allen Postämtern in den Bezirkshauptstädten der DDR präsent.

Die West-Postler schätzen, dass insgesamt etwa ein Prozent der Westpakete für den Osten vom Paketklau betroffen waren. Das würde dann pro Jahr 200 000 bis 250 000 geplünderte Poststücke betreffen. Als normal gilt im internationalen Postverkehr eine Verlustquote von 0,02 Prozent. Nach Angaben der Bundespost betrug die Verlustrate beim Postverkehr mit der DDR das Neunfache der Verluste im übrigen Versand. Bei Einschreibe-Sendungen, oft (illegal) mit Geld bestückt, war es sogar das 32fache. Der geschätzte Wert der Diebesbeute, die die DDR so machte, lag bei weiteren 5 Millionen Mark pro Jahr.

WER WAR GUNNAR JAUER AUS KOPENHAGEN?

Westwaren waren nicht nur bei DDR-Bürgern, sondern auch bei DDR-Funktionären beliebt. Anfangs bezogen sie beide aus Paketen. Die einen bekamen diese von Verwandten geschenkt, die anderen bedienten sich darin bei den üblichen Kontrollen. So wurde in den frühen Jahren zum Beispiel der gesamte Bedarf an West-Medikamenten für die »führenden Genossen« aus konfiszierten Paketen gedeckt. Doch das war bald ebenso peinlich, wie es ein direkter Einkauf im Westen gewesen wäre. Deshalb wurde am 20. Dezember 1956 die Geschenkdienst und Kleinexport GmbH, kurz Genex, gegründet. Sie wickelte ihre Geschäfte – vom Vertrieb der Kataloge bis zur Zahlung – über die gleichzeitig in Kopenhagen eingerichtete Firma Jauerfood von Gunnar Jauer ab. Wenig später kamen noch die Palatinus GmbH in Zürich und deren Tochter Alimex in München dazu. Damit war der zusätzlich Devisenfluss in die DDR erst einmal etwas verschleiert. Gunnar Jauer sei Dank.

Bis Anfang der sechziger Jahre wurde Genex vor allem von den Kirchen genutzt, um deren Schäfchen hinter dem eisernen Vorhang zu versorgen. Dann hat die DDR die Idee, statt über die Westpakete Ware ins Land zu lassen, lieber direkt das Geld zu kassieren. Dazu wurden am 28. März 1962 das Zollgesetz geändert und attraktive Angebote gemacht. Im Jauerfood-Katalog 1962/63 findet sich zum Beispiel der Trabant für 3.760 DM, der Wartburg für 5.800 DM, ein 140-l-Kühlschrank für 740 DM sowie eine Waschmaschine für 580 DM. Der größte Reiz lag jedoch darin, dass die bestellten Waren nach Zahlung von Vorkasse ohne Wartezeit in die DDR geliefert wurden. Für ihre Dienste bei der Verrechnung kassierten Jauerfood oder Palatinus zwischen vier und acht Prozent vom Warenwert.

Der stetige Fluss der Westpakete versiegte dadurch nicht, trotzdem blühte das Genex-Geschäft langsam auf. Zunächst waren es Gelder von Konten im Westen, die sich DDR-Bürger vor dem Mauerbau eingerichtet hatten. Dann kamen DM-Guthaben in der Bundesrepublik dazu. Etwa zwei bis drei Milliarden aus Erbschaften lagen auf Sperrkonten. Anfang der sechziger Jahre wurden rund zwei Drittel aller Autos in der DDR mit Devisen über Genex bezahlt. Der Umsatz lag wenige Jahre später bei 150 bis 200

Genex-Katalog aus dem Jahr 1986

Millionen DM im Jahr. Der Gewinn floss direkt an die SED, denn Genex war ein »Partei-betrieb«. Er wurde auch vom Westen gefördert: Konnten DDR-Bürger mit DM-Konten zuerst nur 12.000 DM pro Jahr abheben, gestattete die Bundesbank bei Genex-Geschäften 20.000 DM, auf Antrag auch mehr.

Die DDR maximiert ihren Profit durch Ausweitung der Angebote und flexible Preise. Der Trabant steigt bis 1967 auf 4.430 DM, im Genex-Katalog 1988 ist das immergleiche Auto für rund 7.500 DM angeboten. Neben Lebensmitteln aus dem Intershop gibt es Ende der sechziger Jahre bei Genex auch den Zentner Brikett für 6,35 DM oder den Liter Benzin für 0,78 DM. Bei allem wird sehr genau darauf geachtet, was beim Käufer maximal zu holen ist. So kostet 1967 zum Beispiel der DDR-Waschautomat WA 66 im heimatlichen Laden bei Wartezeit 2.600 DDR-Mark. Bei Quelle ist er als Privileg für 498 DM sofort zu haben und über Genex sind 820 DM zu zahlen. Solch ein Preisvergleich ist zu DDR-Zeiten allerdings nicht möglich, denn sämtliche Genex-Kataloge stehen »nur für den Dienstgebrauch« zur Verfügung.

Da alle Waren aus dem ohnehin knappen DDR-Kontingent kommen, müssen die westgeldlosen Untertanen umso länger warten, je mehr bei Genex gekauft wird. Das ist besonders bei Autos spürbar: 1985 werden rund 11 000 Trabants und Wartburg über Genex verkauft, die Anmeldezeiten auf den Tafeln im Autohaus rücken im Laufe eines Jahres um gerade einmal sechs Wochen vor.

Ab 1983 bietet Genex dann ganze Fertighäuser an. Für den Richtpreis von 120.000 DM ist das FH 108 ohne Keller bei einer garantierten Lieferzeit von drei bis acht Monaten zu haben. Ab 1985 gibt es drei Haustypen, die zwischen 96.220 und 113.275 DM kosten. Das ausgebaute Dachgeschoss und einen Keller gibt es für rund 50.000 DM mehr, und wenn Oma im Westen besonders spendabel ist, kann sie für 2.252 DM auch noch eine kleine Sauna ordern.

Inzwischen genießen auch die rund 6000 in der Sowjetunion arbeitenden »Trassenkumpel« die Genex-Segnungen. Die Hälfte ihrer 20 Rubel Auslösung pro Tag fließt auf ein Sperrkonto. Für einen Rubel werden 3,20 DDR-Mark gutgeschrieben. Zum Verbrauch dieses Geldes richtet Genex ein zweites Ressort für »Deviseninländer«, kurz Devis genannt, ein. Sie dürfen aus einem Katalog auswählen, der neben etwas Intershop-Ware ausschließlich Ost-Produkte enthält, die in der DDR rar sind. Die Preise sind in DDR-Mark ausgedruckt und liegen 20 Prozent unter den sonst festgelegten Ladenpreisen. Auch für die Devis gilt: Sofortige Lieferung ist garantiert. Nicht zuletzt dieser Anreiz sorgt dafür, dass sich für die Trasse stets genug Bewerber finden. Als einige von ihnen beginnen, mit den so erworbenen, raren Waren, wie etwa Fliesen, einen kleinen Schwarzhandel aufzuziehen, werden erste Beschränkungen erlassen.

Unterm Strich lohnt sich Genex jedoch für die DDR. Von 1967 bis 1989 macht die Gesellschaft rund 3,3 Milliarden DM Umsatz. Und für DDR-Bürger, die nicht dabei sind, bleibt wieder einmal nur der Spott: Woran erkennt man einen Snob in der DDR? Er abonniert sein *Neues Deutschland* über Genex!

WARUM VERSCHWANDEN TRANSIT-LKW VON DER AUTOBAHN?

Zöllner sprühen gemeinhin nicht vor Humor, aber für den illegalen Verkauf erfolgreich geschmuggelter Waren haben sie ein schönes Wort erfunden: Sie werden auf dem Markt »eingeschwärzt«. Mit ihren Transitstrecken in den Westen hat die DDR dafür beste Möglichkeiten. Sie erlauben ganz unauffällig das Verschleiern der Herkunft von Waren und deren »Einschwärzen« in den Handel. Bei Zigaretten wurde das von DDR-Experten im Bund mit internationalen Schmugglern kräftig genutzt. Für einen Einkaufspreis von zwei Pfennig pro Stück sind Ende der siebziger Jahre zum Beispiel bei der Schweizer Fabriques de Tabac Réunies S. A. Marlboro und Muratti zu haben. In Potsdam-Drewitz werden sie umgeladen und unter »ordnungsgemäß« verplombter Tarnfracht nach Westberlin geschafft. Die damals ermittelnde Staatsanwaltschaft Darmstadt weiß allein für 1976 bis 1978 von mindestens 15 Transporten mit rund 100 Millionen Zigaretten. Der Schmuggelgewinn pro Fuhre lag bei 300.000 Mark, für die ostdeutschen Helfer fielen 35.000 Mark ab.

Eine effektivere Methode war es, die Kippen gleich selbst zu produzieren und illegal und unversteuert in den EG-Raum zu schaffen. Das machte die »Gestattungsproduktion« in Dresden möglich. Abgewickelt wurde das Geschäft von der DDR-Firma Delta unter Leitung von Klaus-Dieter Richter, der auch als Inoffizieller Stasi-Mitarbeiter »Peter Reichelt« diente, und dem Mitinhaber der Schweizer Firma Tracomex S. A., einem Herrn namens Weder. Stasi-Offizier Richter notiert Anfang Oktober 1985: »Ablauf der Zigarettengeschäfte: Weder organisiert verschiedene Warenlieferungen per Container von Dänemark nach Italien. Auf dem Transit durch die DDR werden diese Container durch die Fa. DELTA mit Zigaretten der Marke »Marlboro« beladen und mit einem Teil der ursprünglichen Ware getarnt. Daraufhin werden die Container, die offiziell die ursprüngliche Ware enthalten, nach Italien gesandt. Auf diesem Wege gelangen die Zigaretten unter Umgehung des italienischen Zolls nach Italien. Das Umladen der Container erfolgt überwiegend im Lager Schacksdorf des VEB Antikhandel Pirna. Zu diesem Zwecke übergeben die ausländischen Partner die Container-Lastzüge auf der DDR-Autobahn einem Mitarbeiter der Fa. DELTA und übernehmen sie nach der Umladung wieder. In der Zwischenzeit werden sie von einem Mitarbeiter der Firma DELTA betreut.«

Ein weiteres Schmuggelgut mit hoher Gewinnspanne ist Alkohol. Die Bundesmonopolverwaltung verkauft den Liter Rohalkohol 1978 für 20 DM. In der DDR und in anderen Ostblockstaaten ist er für Preise zwischen 80 Pfennigen und einer Mark zu haben. Westdeutsche Zöllner schätzen, dass innerhalb von knapp zehn Jahren, seit 1969, etwa 1 287 000 Liter unverzollten Alkohols in die Bundesrepublik geflossen sind. Sichergestellt wurden während dieser Zeit nur 211 000 Liter. Bei einer Gewinnspanne von 11 Mark pro Liter kommt so ein Profit von rund 14 Millionen Mark heraus.

Schwarze Geschäfte, mit Hilfe offizieller DDR-Behörden unter Nutzung der Transitwege abgewickelt, gibt es auch mit anderen Waren. Da werden 1975 Ferrochrom und Ferrosilizium aus RGW-Staaten in Coswig umgepackt und in die Bundesrepublik exportiert, 1976 wandern Textilien aus Polen als Erzeugnisse »Made in GDR« über die Grenze, und 1977 wird bei Nicolas Cormann & Fils in Belgien EG-subventionierte Butter gekauft und als »Erzeugnis der DDR-Milchwirtschaft« wieder in den Westen verscherbelt. Solche schwarzen Geschäfte laufen mit Herren-Oberhemden aus Korea ebenso wie mit Roggen aus Norwegen, mit Braugerste aus Dänemark oder mit Schlafanzügen aus Rumänien.

Über manch derartigen Deal sickern Informationen in den Westen. So legt der Bundesnachrichtendienst (BND) am 16. August 1978 unter der »Tagebuchnummer 798/78, DDR 1935 BRD, VS-Vertraulich« einen Bericht über »Unregelmäßigkeiten im innerdeutschen Handel« vor. Darin wird festgestellt: »Verstöße der DDR gegen die Bestimmungen des Innerdeutschen Handels (IDH) bzw. ihre Umgehung haben in erster Linie den Zweck, der DDR zusätzliche Devisen zu verschaffen. Trotz beträchtlicher Unkosten (Transport, Umpackung, Provisionen, Schmiergelder etc.) soll der finanzielle Gewinn der DDR durch derartige Transaktionen beachtlich sein.« Er ist in der DDR längst fest eingeplant. Dazu nutzt man die unterschiedlichsten Methoden. Der BND: »Zu den häufigsten bzw. gravierendsten (hier bekannten) Verstößen gehört neben vorgetäuschten Transitgeschäften, Schmuggel, Zahlungen außerhalb des Verrechnungsabkommens und Umfakturierung, die Fälschung von Ursprungszeugnissen und Frachtpapieren. Auf diese Weise gelingt es der DDR, Erzeugnisse aus Drittländern (z. B. aus anderen RGW-Ländern) im Rahmen des IDH abzusetzen oder DDR-Produkte neutralisiert in den EG-Markt einzuschleusen (sogenannter Kontingentsbetrug).« Protestiert dagegen wird nicht. Der offizielle Bonner Standpunkt lautet: Solange die Beteiligung ostdeutscher Stellen nicht von einem westlichen Gericht zweifelsfrei bewiesen ist, habe man auch keine Handhabe, dagegen vorzugehen.

WIE KAM DIE DDR AN DAS WEST-VERMÖGEN IHRER BÜRGER?

»Erbschaft ist noch kein Gewinn«, weiß der Volksmund. Wer als DDR-Bürger im Westen oder als Bundesbürger im Osten Vermögen besaß, erfuhr das am eigenen Leibe. Experten schätzten Mitte der siebziger Jahre, dass in der DDR etwa 150 Millionen Mark aus Erb- und Geschäftsanteilen und Immobilienerlösen auf Eis lagen. Die privaten ostdeutschen Guthaben in der Bundesrepublik betrugen schätzungsweise das Doppelte in D-Mark. Bis 1989 erhöhten sich die Summen, weil auf beiden Seiten potentielle Erblasser älter wurden und starben.

In mehreren Anläufen wurde nach Unterzeichnung des Grundlagenvertrages darüber verhandelt, wie die Besitzer an ihr Geld kommen könnten. Eine befriedigende Lösung für beide Seiten blieb aber selbst nach dem Abkommen über den nicht kommerziellen Verrechnungs- und Zahlungsverkehr zwischen der BRD und der DDR vom 24. April 1974 aus.

Ihre Ursachen hatten die Querelen im Militärregierungsgesetz (MRG) Nr. 53 der Alliierten, das vom Bund übernommen worden war. Demnach mussten sämtliche Devisengeschäfte mit der DDR von der Deutschen Bundesbank genehmigt werden. Zur Sicherung dieses Anspruchs durften im Westen Vermögenswerte beschlagnahmt, Verdächtige verhaftet und Postämter durchsucht werden.

Die DDR war zwar stets bereit, Westmark ins Land zu lassen, aber nicht, West-Ansprüche in DM in die Bundesrepublik zu zahlen. Sie berief sich auf den Kurs von 1 zu 1 zwischen DM und DDR-Mark. Für Ostdeutsche mit West-Vermögen bot die DDR-Staatsbank ein Konto an, bei dem die DM in DDR-Mark zum Kurs von 1 zu 1 geführt wurden. Um Interessenten zu locken, gab es sogar Zinsen. Unbegrenzte Abhebungen waren nur in Ostmark möglich. Es gab aber auch die Möglichkeit, sich das Geld in Forumschecks auszahlen zu lassen. Die wurde genutzt, an Auszahlungen von West- in Ostmark zeigte jedoch kaum jemand Interesse. Deshalb blieben der Löwenanteil der Ost-Vermögen im Westen und das West-Vermögen im Osten auf den »Sperrkonten« blockiert. In dieser Situation nutzte die Bundesregierung die ostdeutschen Millionen als Faustpfand, um die DDR zum Einlenken beim gegenseitigen Transfer zu bewegen.

Ziel des Zahlungsabkommens war es, die privaten Konten gegeneinander aufzurechnen, um so die Guthaben allmählich abzutragen und jedem zu dem Seinen zu verhelfen. Dabei einigte man sich auf ein Transfer-Volumen von 30 Millionen Mark im Jahr und den Grundsatz: Überweisungen aus dem einen Staat dürfen nicht höher sein als die Überweisungen aus dem anderen Staat. Das klappte bei Unterhaltszahlungen, weil es die beiden Staatsbanken über eine Kompensation regelten. West-Bürger zahlten in DM und bekamen DM, Ost-Bürger zahlten und bekamen ihre Währung. Der Transfer der Guthaben geriet aber bald ins Stocken, denn auf zehn West-Anträge, ein Konto im Osten anzulegen, kam nur ein Ost-Antrag, Geld im Westen abzuheben. So konnten bis 1976 statt der vereinbarten 60 Millionen Mark nur 19 Millionen wechselseitig überwiesen werden.

Vor diesem Hintergrund fand der DDR-Außenhandelsbereich »Kommerzielle Koordinierung« gemeinsam mit dem MfS einen Trick, um an das Westgeld seiner Bürger zu kommen. Gemanagt wurde er von dem Mitarbeiter der Koko-Hauptabteilung I, Gerhard Losch, beim MfS als IM »Alois« tätig, unter Führung des »Offizier im besonderen Einsatz« der HVA Albert Weisbach. Der 1. Untersuchungsausschuss des 12. Deutschen Bundestages stellte im Bericht vom 2. November 1994, BT-Drucksache 12/8595, dazu fest: »Wenn bekannt wurde, dass Bewohner der DDR größere Guthaben in der Bundesrepublik Deutschland besaßen, suchte Gerhard Losch diese Bewohner der DDR auf, um ihnen die Möglichkeit des vollständigen Transfers des Guthabens anzubieten bzw. nahezulegen. Er wurde dabei unterstützt von Rechtsanwalt Manfred Wünsche, der auch in anderen Fragen für die katholische Kirche tätig war. Erklärten sich die Betroffenen mit dem ›Vorschlag‹ einverstanden, wurde vereinbart, eine Schenkungserklärung an die katholische Kirche zugunsten karitativer Zwecke abzugeben. Die katholische Kirche überwies das Geld an eine karitative Organisation in Berlin (West), wo es abgeholt und in die DDR gebracht wurde. Nach Abzug einer Bearbeitungsgebühr, unter anderem für die Tätigkeit von Rechtsanwalt Wünsche, überwies der ›Bereich Kommerzielle Koordinierung‹ sodann dem jeweiligen Empfänger 70 Prozent des Geldes in Mark der DDR. 30 Prozent wurden als Valutaanrechte auf ein Konto bei einer Bank der DDR gutgeschrieben. Hierfür konnten sogenannte Forumschecks, die zum Einkauf im Intershop berechtigten, erworben werden oder bei der DDR-eigenen Genex Geschenkdienst GmbH Waren bestellt werden. Auf diesem Weg beschaffte der ›Bereich Kommerzielle Koordinierung‹ nach Angaben von Gerhard Losch jährlich zwischen 2 und 2,5 Millionen Valutamark (VM) für den Staatshaushalt der DDR. Nach Erkenntnissen des Untersuchungsausschusses wurden diese Devisenbeträge allerdings nicht direkt in die Zahlungsbilanz eingestellt, sondern flossen auf das sogenannte Mielke-Konto 0528.«

Auch nachdem die DDR als Gegenleistung für die Erhöhung ihres zinslosen Überziehungskredites im Westen am 5. Juli 1985 die Gesamtsumme im nicht kommerziellen Zahlungsverkehr auf 70 Millionen Mark im Jahr erhöht hatte, blieb diese Praxis erhalten. Sie verschwand erst 1990 mit der Einführung der DM in der DDR.

WAS PASSIERTE, WENN KRIMINELLE IN DEN WESTEN FLOHEN?

Die Bundesrepublik hatte zwar ein Rechtshilfeabkommen, zum Beispiel mit dem Senegal, und die DDR mit Zypern, zwischen den beiden deutschen Staaten gelang ein solcher Vertrag trotz jahrelanger Verhandlungen jedoch nie. Grund: Die formal bis zum Schluss aufrechterhaltene Nichtanerkennung der DDR. Deshalb musste ein »Gesetz über die innerdeutsche Rechts- und Amtshilfe in Strafsachen« von 1953 reichen. Das erlaubte zwar die »Zulieferung«, aber nicht die »Auslieferung« von Tätern. Unter welchen Bedingungen diese erfolgen konnte, legte 1974 das für die DDR nicht zuständige Bundesverfassungsgericht fest. So durften keine »unausgesprochenen politischen Ziele für die Strafverfolgung« vorliegen und keine Vollstreckung der Todesstrafe drohen.

Wie die Politik ins Recht eingriff, wenn Kriminelle von Ost nach West flohen, zeigen drei Beispiele: Im Juli 1972 erschlug die 16-jährige Ingrid B. auf einer Müllkippe bei Senzig mit einem Hammer ihren Vater. Er hatte sie jahrelang sexuell missbraucht, zum Stehlen und zur Leichenfledderei gezwungen und regelmäßig mit einer Fahrradkette brutal geschlagen. Im Oktober floh sie nach Westberlin und legte dort ein Geständnis ab. Die DDR forderte die »Auslieferung«, die Westberliner Instanzen stimmten der »Zulieferung« zu. Der Verteidiger legte Verfassungsbeschwerde ein, und nun begann eine politische Lawine zu rollen. Die Alliierten untersagten dem Westberliner Gericht, überhaupt Akten nach Karlsruhe zu schicken, weil Westberlin unter ihrer Hoheit stand. Die Europäische Kommission für Menschenrechte in Straßburg tagte und vertagte. Die Verfassungsrichter entschieden trotz der alliierten Vorbehalte. Aber nicht mehr im Fall B., sondern darüber, inwieweit das Rechts- und Amtshilfegesetz überhaupt dem Grundgesetz entsprach. Die Bundesregierung änderte am 18. Oktober 1974 das Gesetz von 1953 und machte so eine Verhandlung in Westberlin doch noch möglich. Dort wurde nun die »Zulieferung« endgültig abgelehnt, und zwei Jahre nach der Tat begann die Untersuchung, ob es überhaupt Mord oder vielleicht doch nur Totschlag oder Körperverletzung mit Todesfolge gewesen sei. Eine Jugendstrafkammer verurteilte die Angeklagte Ingrid B. schließlich zu zweieinhalb Jahren Freiheitsentzug. Möglich war das überhaupt nur, weil sie alles gestanden hatte.

Einen solchen »Fehler« machte Raubmörder Frank W. (25) nicht. Er hatte am 8. Oktober 1982 mit seinem Kumpanen Klaus J. bei Eilsleben einen Mann mit einem Kabel erdrosselt, seines Geldes beraubt und die Leiche auf einem Acker vergraben. Im Januar 1983 floh er nach Hamburg. Wieder forderte die DDR die Auslieferung. Klaus J. war inzwischen in Magdeburg nach seinem Geständnis zu lebenslanger Haft verurteilt worden, W.s Ehefrau bekam als Mitwisserin und Profiteurin an der Beute vier Jahre. Im August 1984 machte das Hamburger Schwurgericht kurzen Prozess – und sprach W. frei. »Die Kammer (sehe) keinerlei Grund, die Korrektheit und Sorgfalt der polizeilichen Ermittlungen in der DDR oder die Rechtsstaatlichkeit des gegen J. durchgeführten Strafverfahrens anzuzweifeln«, hieß es in der Begründung. Trotzdem könne sie nicht anders urteilen, denn nur die Protokolle hätten dafür nicht gereicht. Weil sie nicht einmal verlesen worden waren, hob der Bundesgerichtshof dieses Urteil wegen dieses Formfehlers wieder auf. Vor der nun dritten Verhandlung lud das Magdeburger Gericht die West-Anwälte zu einer »Beweiserhebung« in die DDR. Daraufhin verurteilte das Hamburger Gericht den Raubmörder. Doch der Fall wäre erneut mit guten Chancen der Urteilsaufhebung in Revision gegangen, hätte nicht W. zwischendurch in der Strafanstalt Fuhlsbüttel einen Mithäftling ermordet und dafür eine zweites Mal lebenslänglich bekommen.

Sich gleich mit der großen Politik herauszureden, versuchte ein Kunsträuber. Am 29. Januar 1977 ließ er im Potsdamer Schloss Sanssouci zehn Bilder von den Wänden reißen und von zwei Türken nach Westberlin schaffen. Das wertvollste war Jacopo Tintorettos »Bildnis eines alten Mannes«, der Gesamtschaden belief sich auf eine Million Mark. Wenig später, am 8. März, konnte das Bundeskriminalamt in Kassel zwei Männer verhaften. Die Bilder wurden ebenfalls sichergestellt. Im Prozess in Frankfurt am Main wurde der simple Kriminalfall dann doch noch zum Politikum. Die Parteien stritten, ob die

DDR überhaupt ein Staat sei und somit Schadensersatzansprüche stellen dürfe. Bernd W., einer der Angeklagten, erklärte: »Unseren Brüdern in der Zone wollte ich helfen. Wir erkämpfen ihnen durch Erpressung die Freiheit … Wir holen uns aus den Museen des Zonenstaates Bilder und Porzellan und geben sie der Ostzone erst wieder, wenn sie dafür die von uns verlangten Ausreisegenehmigungen erteilt.« Diese Rechnung ging aber im Westen nicht auf, denn Erpressung steht auch dort unter Strafe. Er bekam dennoch nur zwei Jahre Haft auf Bewährung, aber die gestohlenen Bilder kehrten nach Potsdam zurück.

Die letzten Profiteure der ungeklärten deutsch-deutschen Rechtsverhältnisse waren die Ost-Parksünder in Westberlin. Bis 12. Dezember 1989 hatten sich dort 60.000 Mark Bußgeld für abgeschleppte Falschparker angesammelt. Sie fielen unter den Tisch, weil niemand wusste, wie damit verfahren werden sollte.

WARUM ERFAND DIE SED EINEN NEUEN MARTIN LUTHER?

Das Jahr 1983 stellte den Propaganda-Strategen der SED eine große Aufgabe, denn dem 100. Todestag »unseres größten Sohns« und dem 500. Geburtstag »eines unserer größten Söhne« war gleichzeitig angemessen zu gedenken. Karl Marx und Martin Luther. »Proletarier aller Länder, um Gottes willen, vereinigt euch«, empfahlen Spötter als »Martin-Luther-Ehrung im Karl-Marx-Jahr«, und manch bigotte Genossen machten sich Sorgen, die DDR würde angesichts der vielen Aktivitäten regelrecht »verluthern«, denn Luthers Wirkungsstätten lagen im Gegensatz zu denen von Karl Marx nicht im »kapitalistischen Ausland«.

Die Wartburg und Luthers Geburts- und Sterbehaus in Eisleben waren rechtzeitig renoviert worden, in Wittenberg wurde umfänglich saniert. Es erschienen an die 120 Bücher zum Thema und eine mehrteilige, auch international beachtete TV-Serie mit Ulrich Thein als Martin Luther, Ausstellungen wurden gezeigt, und über hundert kirchliche und staatliche Veranstaltungen erwarteten eine Million Besucher, mindestens ein Viertel davon aus dem protestantischen Ausland. Die Luther-Feier aus Eisenach übertrugen DDR- und Westfernsehen gleichzeitig, zwei kirchliche Veranstaltungen flimmerten live über DDR-Bildschirme. Das Berliner Kabarett Die Distel konstatierte: »Mit Herrn Luther ist alles in Butter.«

Um bis dahin zu gelangen, hatte sich im Juni 1980 ein »Martin-Luther-Komitee der DDR« unter Leitung von Erich Honecker gegründet. Die SED verkündete 15 Thesen – Karl Marx bekam am 1. Dezember 1982 dann 29 Leitsätze als »Revolutionär und Theoretiker der Arbeiterklasse«, um ein angemessenes Gegengewicht zu schaffen –, und der SED-Generalsekretär gab die Linie vor: »Unser Staat der Arbeiter und Bauern verwirklicht die Ideale der besten Söhne des deutschen Volkes im Sinn seiner Politik zum Wohle des Menschen. Zu den progressiven Traditionen, die wir pflegen und weiterführen, gehört das Wirken und Vermächtnis all derer, die zum Fortschritt, zur Entwicklung der Weltkultur beigetragen haben, ganz gleich, in welcher sozialen und klassenmäßigen Bindung sie sich befanden.«

Die Abkehr von Luther als »Fürstenknecht« und »Bauernschlächter« hatte bereits 1967 beim 450. Jubiläum der Reformation begonnen. Damals blieben die Bemühungen, den Kirchenmann zum »Revolutionär« zu machen, relativ unbeachtet, weil die SED versuchte, ihn als Christen und Theologen zu ignorieren. Das war nun anders. »Wir müssen endlich begreifen, dass Sozialismus bei uns in einem getauften Land stattfindet«, stellte der DDR-Historiker Professor Gerhard Brendler von der Akademie der Wissenschaften fest und war sich eins mit Friedrich Engels, der in »Ein feste Burg ist unser Gott« die »Marseillaise des 16. Jahrhunderts« sah. In der zentralen Luther-These hieß es auch: »Mit dem Sieg der Arbeiterklasse und ihrer Verbündeten, mit dem Aufbau und der Gestaltung des Sozialismus sind in der DDR die gesellschaftlichen Voraussetzungen dafür geschaffen, Martin Luther allseitig wissenschaftlich begründet und gerecht zu würdigen.«

Diese Wandlung vom Bruder zum »Genossen« Luther umfasste zwei neue Ansätze: Zum einen wurde in der DDR Luthers Bedeutung als »Weltveränderer« und Anstifter der »frühbürgerlichen Revolution« nun auch als theologische Reform begriffen. Zum anderen endete die einseitige Hervorhebung des bis dahin hochgelobten Thomas Müntzer. Dieser Versuch der Harmonisierung zwischen dem Bauern-Rebellen und dem Reformator wertete die Rolle der Kirche in der DDR auf, ob es die SED wollte oder nicht.

Die Kirche war trotz aller Bemühungen, sie in die DDR-Gesellschaft als »Kirche im Sozialismus« zu integrieren, ein dem Staat kritisch gegenüber stehender Faktor geblieben.

Anfang der achtziger Jahre begann sich unter ihrem Dach eine eigene Friedens- und Umweltbewegung zu formieren. Selbstbewusst setzte die Kirche in ihren Luther-Ehrungen 1983 ein Motto aus dem *Kleinen Katechismus* des Protestanten den SED-Thesen entgegen, das die Distanz zum Staat demonstrierte: »Gott über alle Dinge fürchten, lieben und vertrauen.«

Dennoch fühlte sich die DDR Anfang der achtziger Jahre stark genug, ihren erweiterten Blick auf Martin Luther mit ihrer gewachsenen Macht zu begründen. Professor Adolf Laube, Mitverfasser der Thesen, sah das so: »Eine Macht ausübende Arbeiterklasse, die auch die Interessen der anderen Klassen vertritt, hat einen breiteren Blick auf die Vergangenheit als eine, die im Kampf um die Macht steht.« Er und seine Kollegen teilten den Reformator nun in die im Glauben für die Kirche wirkende, subjektive Persönlichkeit einerseits und die daraus entstandenen objektiven Entwicklungen andererseits. So schloss sich dann wieder der Kreis zu Friedrich Engels, der in der Reformation die »Revolution Nr. 1 der Bourgeoisie« erkannte.

Dabei pflegte die DDR durchaus einen gesamtdeutschen Anspruch: »Die Deutsche Demokratische Republik ist tiefverwurzelt in der ganzen deutschen Geschichte. Als sozialistischer deutscher Staat ist sie das Ergebnis des jahrhundertelangen Ringens aller progressiven Kräfte des deutschen Volkes für den gesellschaftlichen Fortschritt. Alles, was in der deutschen Geschichte an Progressivem hervorgebracht wurde, und alle, die es bewirkt haben, gehören zu ihren unverzichtbaren, die nationale Identität prägenden Traditionen.« Vor diesem Hintergrund mahnte Bischof Werner Leich als Vorsitzender des evangelischen Luther-Komitees als Gast beim Staatskomitee in Gegenwart Erich Honeckers: »Die Grundaussage über das Verhalten von Kirche und Staat bedarf der beständigen Bestätigung durch die tägliche Erfahrung der Menschen, für die und um derentwillen wir Verantwortung tragen.«

WIE HÄTTE BONN 400 MILLIONEN MARK SPAREN KÖNNEN?

Seit Anfang der sechziger Jahre kaufte die Bundesrepublik in der DDR politische Häftlinge frei. Bis zu deren Ende werden es 33 755 Menschen. Dafür zahlte Bonn an Ostberlin rund 3,5 Milliarden Mark, also etwa 100.000 DM pro Person. Ende der siebziger Jahre entdeckt die frühere Leipziger Studentin Brigitte Klump einen Weg, ganz ohne Kopfgeld für die DDR, Menschen von dort zu befreien. Sie setzt ihr privates Vermögen für die entstehenden Nebenkosten ein und löst so 1003 Fälle, die mehr als 4000 Personen betreffen. Dafür bekommt sie 1984 ein Bundesverdienstkreuz – und alle sorgen dafür, dass kaum jemand öffentlich erfährt, wie DDR-Bürger so in den Westen gelangten. Unterm Strich hätte die Bundesrepublik durch den Einsatz der hartnäckigen Frau rund 400 Millionen Mark sparen können – wenn sie es denn gewollt hätte.

Das »Patent« von Brigitte Klump blieb von der BRD ungenutzt. Wer heute etwas erfindet, kann nach dem Arbeitnehmererfindungsgesetz z. B. folgenden Anspruch haben: »Verwertet der Dienstherr die Erfindung, beträgt die Höhe der Vergütung 30 vom Hundert der durch die Verwertung erzielten Einnahmen.« Das hätte rund 120 Millionen Mark für Brigitte Klump gebracht. Natürlich hinkt der Vergleich, denn sie hat natürlich kein Patent angemeldet und wollte mit ihren Aktivitäten kein Geld verdienen. Dennoch bleibt die Frage, was eigentlich dahintersteckt.

Brigitte Klum studiert in den fünfziger Jahren an der Karl-Marx-Universität Leipzig Journalistik. Sie hat Freunde im Osten und im Westen, die die Stasi interessieren. Weil die junge Frau weder die einen noch die anderen verraten will, flieht sie 1957 aus der DDR. Sie beendet ihr Studium an der Freien Universität Berlin. Zwölf Jahre später wird ihr Neffe Klaus bei einem Fluchtversuch über Ungarn erwischt. Brigitte Klump versucht, eine Familienzusammenführung zu erreichen. Ohne Erfolg. Klaus wird zwar amnestiert, darf aber die DDR nicht verlassen. Da hat seine Tante im Westen eine Idee: Sie will sich an die UNO wenden. Schließlich hat die DDR deren Menschenrechtsregelungen zugestimmt. Doch eine Einzelperson hat vor der Weltorganisation keine Chance, gehört zu werden.

Unter der Hand bekommt Brigitte Klump einen Tipp. Der Wirtschafts- und Sozialrat der UNO (ECOSOC) hat in seiner Resolution 1503 festgelegt, dass Beschwerden über die Verletzung von Menschenrechten in den UNO-Mitgliedsstaaten an die in Genf sitzende, dafür zuständige Kommission gerichtet werden dürfen. Diese informiert die betroffenen Staaten, und die können sich dazu äußern oder auch nicht. Doch die Frau entdeckt fünf Worte in der ECOSOC-Resolution 1503, die sie hoffen lassen: Gibt es »systematische und glaubhaft nachgewiesene Menschenrechtsverletzungen« in einem Land, könnte sich die UNO-Menschenrechtskommission auch aktiv einschalten. Deren Mittel sind bescheiden. Sie kann eine Studie anordnen oder einen Berichterstatter beauftragen. Aber genau das würde der DDR weh tun. Seit sie es 1973 ebenso wie die Bundesrepublik geschafft hat, UNO-Mitglied zu werden, möchte sie dort als »ganz normaler Staat« auftreten. Die Peinlichkeit einer öffentlichen Verurteilung wäre ihr unerträglich. Das weiß Brigitte Klump, denn sie kennt die Denkmuster ihrer früheren Genossen.

Horst Grunert, UNO-Diplomat der DDR, bestätigt: »Natürlich war uns das in Helsinki beschlossene ›Freizügigkeitsrecht‹ ein Dorn im Auge. Aber das politische Ergebnis rechtfertigte es, auch dem zuzustimmen. denn diese Frage unterlag ohnehin innerstaatlichen Regelungen.« Das klappte aber nur, solange sich niemand über eine Einschränkung dieses Rechts beschwerte. Brigitte Klump erfährt von einem UNO-Insider vertraulich, dass die Menschenrechtskommission aktiv werden muss, wenn »gleichzeitig und personenbezogen« mehr als zwanzig Fälle aus einem Land bezeugt würden. Es mussten also Sammelklagen her. Darum kümmert sich Brigitte Klump nun als Privatperson mit ihrem Verfahren 1503. Manche Diplomaten helfen ihr heimlich und riskieren ihren Job dafür. Offiziell will die Bundesregierung von ihrer Methode nichts wissen. Die DDR vor der UNO anzuklagen, passt nicht in die politische Landschaft. Brigitte Klump reist umher, sorgt für Übersetzungen, telefoniert und telegraphiert und führt immer wieder Gespräche. Die Sache kommt ins Rollen. Die Frau setzt ihr gesamtes Geld ein, um die Tränen aus Eis zu schmelzen.

Offiziell wird die »Methode 1503« bis heute totgeschwiegen. Menschenhandel ist peinlich genug. Stillschweigend wurde damals an die DDR auch für jene Kopfgeld gezahlt, die von Brigitte Klump mit Hilfe der UNO befreit wurden. Neben der streng geheimen, amtlichen Freikaufliste sollte es keine kostenfreien »UNO-Fälle« geben. Deshalb kassierte die DDR zusätzlich 400 Millionen Mark. Menschenhandel, wenn er denn offiziell betrieben wurde, war stets ein Tabuthema. Als Hessen vor fast 240 Jahren Söldner nach Amerika verkaufte, vergingen sieben Jahre, bevor Friedrich Schiller 1784 in *Kabale und Liebe* darüber vorsichtig berichtete. Seit dem deutsch-deutschen Häftlingsfreikauf sind mittlerweile Jahrzehnte vergangen. Und noch immer gibt es Vorgänge, die kaum jemand kennt.

Was passierte am 5. August 1976 in Hirschberg?

Auf dem Schlüsselanhänger waren Hammer und Sichel eingraviert. Vielleicht genoss Benito Corghi bei seinen Reisen durch die DDR sogar ein bisschen seinen sozialistischen Traum. Seit Jahren ist der 38-Jährige Mitglied der Kommunistischen Partei Italiens. Wer wie er in der italienischen Provinz lebt und Frau und zwei Kinder zu versorgen hat, braucht einen Halt im Leben. Dabei half ihm die Partei mit dem Trucker-Job bei einer ihrer Genossenschaften. Corghi fuhr Fleisch aus der DDR nach Italien.

Am frühen Morgen des 5. August 1976 passierte er den Grenzübergang Hirschberg–Rudolphstein. Schon im Westen, sagt ihm ein Kollege, er habe seine Veterinärpapiere drüben liegengelassen. Benito Corghi geht zu Fuß über die Saalebrücke zurück. Es nieselt. Er steckt sich eine Zigarette an. Es ist die letzte seines Lebens. In der Tagesmeldung der in Hirschberg zuständigen DDR-Grenzer heißt es später: »Von 3.40 bis 3.52 Uhr war der grenzüberschreitende Verkehr unterbrochen.« In diesen zwölf Minuten wurde das Leben zweier Menschen zerstört. Eines direkt, das andere indirekt. Postenführer Uwe Sch. hat seine Schicht fast hinter sich, als ihn ein Befehl des Dienst habenden Oberstleutnants der Führungsstelle erreicht: »Grenzverletzer – mit allen Mitteln festnehmen!« Der Oberstleutnant weiß, dass nur ein Lkw-Fahrer zu Fuß in Richtung DDR unterwegs ist, um vergessene Papiere zu holen. Trotzdem gibt er Alarm.

Der 20-jährige Grenzer auf der Brücke lässt den Mann auf 15 Meter herankommen, dann springt er mit der MPi im Anschlag aus seinem Versteck und ruft »Halt, stehen bleiben, Grenzposten, Hände hoch!« Der Italiener wirft die Zigarette weg und redet auf den Jungen ein. Der versteht kein Wort. Corghi dreht sich um und geht zurück Richtung Westen. Wieder tönt es hinter ihm »Stehen bleiben, Hände hoch!« Eine Salve peitscht in den Asphalt. Nun beginnt der Lkw-Fahrer zu rennen. Wieder ein Rufen, fast schon flehend: »Bleib stehen, bleib doch endlich stehen!« Noch ein Warnschuss in die Luft. Corghi rennt jetzt um sein Leben, ist schon 80 Meter entfernt. Uwe Sch. zielt auf den Oberschenkel. Der Flüchtling reißt die Arme hoch und bricht zusammen. Der Grenzer läuft hin, verbindet ihm eine Platzwunde am Kopf. Als die Alarmgruppe eintrifft, schreit er, sie möge sich um den Verletzten kümmern. Er zittert und wird von den Kameraden weggebracht. Andere scheuern das Blut vom Asphalt. Im Grenzbericht wird vermerkt: »Am 5.08.1976 gegen 3.40 Uhr drang ein italienischer Staatsbürger aus Richtung BRD kommend circa 600 m in den Grenzstreckenabschnitt der Güst ein. Er widersetzte sich der Festnahme und wurde flüchtig. Nach Anwendung der Schusswaffe durch den Sicherungsposten festgenommen, wurde der Grenzverletzer wegen vermutlicher Schussverletzung in das Krankenhaus Schleiz überfuhrt. Dort wurde gegen 4.50 Uhr dessen Tod festgestellt.«

Grenzer Uwe Sch. bekommt die Medaille für vorbildlichen Grenzdienst, 200 Mark Prämie und wird versetzt. Mit der Last, einen Menschen getötet zu haben, muss er allein fertig werden. Das schafft er nicht. Er greift zum Alkohol, wird immer wieder abhängig davon. Als Uwe Sch. 1994 in Gera für seine Tat vor Gericht steht, muss die Verhandlung immer wieder wegen seiner Weinkrämpfe unterbrochen werden. Trotzdem scheint sie eine Befreiung für ihn zu sein.

Neues Deutschland berichtete am 6. August 1976 nur lapidar von einem »Zwischenfall an der Staatsgrenze«. Nach weit mehr als hundert Todesopfern, meist auf der Flucht aus der DDR erschossen, war es zum ersten Mal ein Ausländer, der sterben musste. Es ist die Zeit der Entspannung in Europa nach der Konferenz von Helsinki. Sie hat ihre Gegner. »Die Killer an der Zonengrenze« nennt die Illustrierte *Quick* ihren Bericht über den Tod Corghis. Der Osten erwidert das Propaganda-Trommelfeuer.

Dessen ungeachtet, versuchen die DDR-Diplomaten mit ihren italienischen Kollegen, die Angelegenheit zu regeln. Das wird kompliziert, weil auch die italienische KP – traditionell der DDR wohlgesonnen – die Erschießung ihres Genossen scharf verurteilt und eine materielle Entschädigung verlangt. Von 25 Millionen Lire (etwa 70.000 DM) ist die Rede. Ein heikles Thema, denn es zieht unweigerlich die nächste Diskussion – »Wie viel ist den Kommunisten ein Menschenleben wert?« – nach sich. Das West-Fernsehen kennt diese Skrupel nicht und zahlt der Witwe Silvana Corghi 12.000 Mark für eine Talkshow. Die Frau, selbst Mitglied der KPI, macht sich ihre Gedanken und sagt bei der Trauerfeier für ihren Mann in Gegenwart eines DDR-Vertreters: »Was geschehen ist, ist das Ergebnis einer absurden und unannehmbaren Art, Sozialismus zu verteidigen. Wir, meine Kinder und ich, haben einen Preis bezahlt, der hoch ist, zu hoch ... Sozialismus kann nicht mit Morden verteidigt werden.« Auf der Saalebrücke starb nicht nur ein Mensch, sondern auch ein Stückchen Traum.

Richter Ullrich Klimmek urteilt 18 Jahre später, dass der »eigentlich Schuldige« am Tod Benito Corghis der kommandierende Oberstleutnant gewesen sei. Doch der blieb unbehelligt. Den vor ihm stehenden Uwe Sch. sprach er frei. Der Bundesgerichtshof bestätigte das Urteil: »Der Einsatz der Schusswaffe gegen eine Person, die – wie in diesem Zusammenhang zu unterstellen ist – unerlaubt die Grenze überschritten hat und sich der Festnahme durch Flucht zu entziehen sucht, ist nicht offensichtlich rechtsstaatswidrig.«

WARUM KAMEN WEST-KÜNSTLER IN DIE DDR?

Costa Cordalis schwitzt in seinem Pelzmantel vor der Leipziger Kongresshalle. Doch es ist nicht »Mann-o-Mann-o-Mann, der Wein von Samos«, denn das Thermometer zeigt an diesem 11. März 1978 gerade einmal 10,7 Grad an – es sind die DDR-Fans, für die er Autogramme bis zur letzten Hochglanzkarte schreiben muss. Hunderttausend Vorbestellungen lagen für seine Konzerte in Dresden, Leipzig, Karl-Marx-Stadt (heute Chemnitz) und Cottbus vor. Um zwei Uhr morgens stellten sich die ersten Schlager-Begeisterten am Kulturpalast der Elbestadt an, obwohl es nicht ein einziges Plakat, sondern nur eine Rundfunkmeldung gegeben hatte. Nicht alle bekamen Tickets zum Höchstpreis von 25 Mark.

Der Run begann, als der damalige SED-Agitations-Chef Werner Lamberz im Sommer 1976 erstmals seinen verblüfften Genossen auf einer Tagung in Leipzig erklärte: »Unsere Bevölkerung will die Musikstars aus dem West-Fernsehen auch bühnennah erleben.« Als einer der ersten kam Österreicher Udo Jürgens im Frühjahr 1977 in den Ostberliner Friedrichstadtpalast. Das Konzert wurde aufgezeichnet und brachte die Spitzen-TV-Quote von 78,8 Prozent für Adlershof. Dass Ideologie-Wächter Karl-Eduard von Schnitzler den Mann am Flügel 1969 nach einem Konzert beim damaligen Kanzler Kurt Georg Kiesinger als »Aktivisten, der dem Alt-Nazi Kiesinger erneut auf den Kanzlerstuhl helfen will,« beschimpft hatte, schien vergessen – »Aber bitte mit Sahne ...«

Die Schleusen waren geöffnet und alle, alle kamen: Marianne Rosenberg und Rex Gildo, Roy Black oder Katja Ebstein, Salvatore Adamo und Dalida, Gilbert Bécaud und Harry Belafonte. Es ging um »Ablenkung vom Alltag«, so der stellvertretende Kulturminister Werner Rackwitz, »damit die Werktätigen am nächsten Tag wieder voll den Aufgaben der sozialistischen Wirklichkeit gewachsen sind.« Ein wenig »Ganz in Weiß« im grauen Sozialismus. Die von Ulbricht bemängelte »Monotonie des Je-Je-Je, und wie das alles heißt« schien vergessen. Nach 22 ausverkauften Konzerten der Beatles Revival Band aus Frankfurt am Main im Frühjahr 1978 moserte nur noch die *Junge Welt*: »Wer auf tatsächlich perfekte Kopie der Beatles aus ist, dem sei die ungarische Gruppe ›Hungaria‹ empfohlen.« Die wollte aber niemand hören. Die West-Kopisten kamen im Sommer schon wieder, diesmal an die Ostsee.

Das ließ sich die »Künstleragentur der DDR« eine Menge Geld kosten: 6.000 Mark für die Beatles Revival Band pro Konzert. Bei den richtigen großen Stars wie Udo Jürgens wurden es schon mal 30.000 Mark, und im Friedrichstadtpalast gab es die Hälfte in harter Währung. Für die anderen war das Geldausgeben der Ostmark schwieriger, aber es ließen sich Wege finden. Katja Ebstein wollte einen weißen Flügel mit über die Grenze nehmen, Roy-Black-Manager Schmitt spekulierte auf den Kauf einer Druckmaschine, die sich im Westen zu Geld machen ließ. Dem Star selbst wären auch »an einem Mecklenburger See mal acht Wochen Ferien« recht gewesen.

Von der Herzlichkeit der Aufnahme durch das Publikum schwärmen viele bis heute, und sogar der Service ringsum stimmte. Exzellente Begleitmusiker standen bereit, in den Interhotels wurde schon mal die Küche bis nach der Show warm gehalten, und selbst die Fanpost kam nach dem DDR-Auftritt im Westen an. Über die unauffälligen sozialistischen Wegbegleiter – Roy Black: »Ich war abgeschirmt wie in einem Ghetto« – sah man großzügig hinweg.

Bei Amiga wurden LPs zum Einheitsverkaufspreis von 16,10 Mark mit den Songs der West-Barden gepresst. Zu kaufen gab es sie meist nur unter dem Ladentisch. Dennoch drehten sie sich auf den Plattentellern der rund 5000 Discotheken in den Städten und Dörfern der DDR, und rund 20 000 Tanzkapellen spielten munter die Titel nach, ohne sonderlich auf die Vorschriften der »Anstalt zur Wahrung der Aufführungsrechte« zu achten.

Frohsinn war angesagt. Nach einer Studie des Leipziger Zentralinstitutes für Jugendforschung galt Musik hören als mit Abstand beliebteste Freizeitbeschäftigung der ostdeutschen Jugendlichen. Es folgten Kino und Fernsehen, Letzteres meist aus dem Westen. Die Partei reagierte: 1971 bis 1974 stieg die Zahl der Kulturhäuser von 921 auf 963, 1975 wurden 5400 Räume zu Clubeinrichtungen umgebaut und modernisiert. Kulturminister Hans-Joachim Hoffmann verkündete stolz, dass 1975 in der DDR 450 000 Veranstaltungen mit 35 Millionen Besuchern stattfanden. All das blieb nicht unumstritten. Die *Deutsche Lehrerzeitung* beklagte »die Manipulation des musikalischen Geschmacks durch die westdeutsche Schlagerindustrie«, und eifrige Ideologen konstatierten »wachsende Disziplinlosigkeit bei den Jugendlichen« sowie »mangelndes Interesse an ideologischen Fragen und einen zunehmenden Rückzug ins Private«.

Obwohl das Parteiblatt *Neues Deutschland* dem Leipziger Klaus Renft und seinen Musikern 1973 noch bescheinigte: »Alle Musikstücke sind unserem Hier und Heute, unserer Lebenshaltung, verbunden«, wurde die Combo – Spitzengage 2.400 Mark pro Konzert – per 22. September 1975 aufgelöst. Sie sang nun »Ketten werden knapper«, und damit war nicht die Mangelwirtschaft gemeint.

Roy Black in Dresden (1977)

WIESO PFLÜCKTE ERICH HONECKER IM SAARLAND EINEN APFEL?

Erich Honecker war kein Mann, der seine Gefühle zeigte. Er erlebte seine Mutter Caroline, die die achtköpfige Familie im saarländischen Wiebelskirchen führte, als starke Frau. An sie erinnerte er sich gern, von Vater Wilhelm, einem Bergmann, sprach er kaum. Schon als Jugendlicher ordnete Erich Honecker sein Leben der Politik unter. Er verinnerlichte die vom KP-Funktionär Eugen Leviné, 1919 wegen Hochverrats hingerichtet, postulierte Lebensmaxime, dass Kommunisten »alle Tote auf Urlaub« seien. Zu einem solchen Leben gehörten keine Gefühle. Die Jahre im Nazi-Zuchthaus scheinen ihn darin bestärkt und hart gemacht zu haben.

Als Erich Honecker mit Anfang dreißig Jahren erstmals ein freies Leben beginnt, bezeichnet er sich selbst als »Spätzünder« und sagt in der Rückschau dazu: »Ich war damals sehr anlehnungsbedürftig.« Seine Liebe als wichtigstes aller Gefühle war bis dahin von Politik und Tragik dominiert. Eine erste Beziehung 1930 zur russischen Arbeiterin Natascha Grejewna während seiner Zeit an der Leninschule Moskau widersprach den damals dort üblichen »Lebenskommunen«. Die folgende große Liebe zu einer Bediensteten im Berliner Frauengefängnis Barnimstraße endete 1947 mit dem plötzlichen Tod der Frau. Sie war durch deren Nähe zu den Zeugen Jehovas belastet.

Danach zog Erich Honecker zu der drei Jahre älteren Edith Baumann, heiratete sie und wurde Vater. Es war eine politische Beziehung ohne große Gefühle. Er suchte die starke Frau, die das hatte, was ihm fehlte. Erst als er Margot Feist kennenlernte, ließ er wieder Gefühle zu. Sein Liebesleben hatte die bürgerliche Bahn von Liebe, Ehe, Scheidung durch den Tod, Liebe, Ehe, Trennung und wieder Liebe gefunden. Das politische Korsett ließ emotionale Momente selten werden. Doch auch Erich Honecker hatte sie. Als er im Herbst 1984 in Finnland einen Elch erlegt, ist er glücklich und meldet den Abschuss zackig seinem Botschafter Stefan Doernberg. Sein Enkel Roberto genoss in Wandlitz Narrenfreiheit und durfte sogar einen Ring im Ohr tragen, und als Enkelin Mariana im Januar 1988 mit zwei Jahren starb, war er verzweifelt und wochenlang kaum ansprechbar. Er litt und verschloss sich. Nur nach außen ließ er sich nichts anmerken.

Wie reagiert solch ein gefühlsarmer Mann, wenn er nach fast vierzig Jahren sein Elternhaus sieht? Erich Honecker ist 75 Jahre alt und macht im Herbst 1987 seinen ersten offiziellen Besuch im Westen. Es ist der Triumph seines Lebens. Die DDR-Fahne steigt am Mast auf, »Auferstanden aus Ruinen« ertönt. Stolz steht er neben dem massigen Bundeskanzler Helmut Kohl. Das »Auferstanden« empfindet er als sein Werk.

Für den Besuch in Wiebelskirchen, heute ein Stadtteil von Neunkirchen, bleibt gerade eine Stunde Zeit. Erich Honeckers jüngere Schwester erwartet ihn am 10. September 1987 im einstigen Elternhaus, Kuchenbergstraße 88. Seit 1949 ist er zum ersten Mal wieder in der saarländischen Heimat. Er besucht das Grab der Eltern, trinkt mit der Schwester Kaffee und pflückt im Garten des Hauses einen Apfel. Der Großvater hatte einst den Baum gepflanzt. Und dann sind wohl doch die Gefühle nicht mehr zu verbergen. »Fühle se sich wie dehemm«, begrüßt ihn der saarländische Ministerpräsident Oskar Lafontaine im Heimatdialekt, und Erich echot bewegt, »wie dehemm«. Der sonst so hölzerne Honecker wird weich, lässt seinen Redetext von der »Bunsreplikdeuschland« und der »Deutschkratischenreplik« beiseite. Als »alter Neunkirchner« verkündet er, dass doch alle wüssten, wie die zwei deutschen Staaten in unterschiedliche Blöcke eingebunden seien. Und »dass die Grenzen nicht so sind, wie sie sein sollten, ist nur allzu verständlich«. Aber man habe ja gerade in Bonn ein Kommuniqué unterzeichnet und wenn alles im gewünschten Sinne liefe, »dann wird auch der Tag kommen, an dem die Grenzen uns nicht mehr trennen, sondern uns vereinen«. Es scheint einen Moment, als habe der Apfel von Großvaters Baum seine Weltsicht ein klein wenig verändert. Das war eine sensationelle Aussage des Abgrenzungspolitikers. Als er sich wieder im Griff hat, schiebt Honecker nach, die Grenze könne dann ja mal so werden wie die zwischen der DDR und Polen. Der Mann, der keine Gefühle zeigte und es auch nach seinem Sturz gut zwei Jahre später nicht noch einmal tat, hatte Gedanken offenbart, die ihn im Innersten bewegten. Dafür gibt es auch ein ganz anderes Indiz in den Akten. 1984 schwärzten übereifrige Genossen der SED-Kreisleitung Berlin-Pankow die dort organisierte Fernsehansagerin Margot Ebert an, weil sie mit ihrer Schwester im Westen Briefe wechselte. Deren Mann sei General der »die DDR bedrohenden Bundeswehr«, und deshalb müsse man wegen »mangelnder Wachsamkeit« einschreiten. Der »Fall« landete auf Erich Honeckers Schreibtisch. Der machte nur eine einzige handschriftliche Bemerkung an den Rand: »Aber es ist doch ihre Schwester!« Margot Ebert erfuhr keine weiteren Konsequenzen. Am Kontaktverbot zur Westverwandtschaft für Funktionäre und verantwortlich tätige DDR-Bürger änderten Erich Honeckers Gefühle nichts. Aber auch er hat sie wohl gehabt, der Apfel im Saarland war ein winziges Zeichen dafür.

WIE ERGING ES REPUBLIKFLÜCHTIGEN WEST?

Übersiedler und Rückkehrer aus Bayern und Baden-Württemberg im Aufnahmeheim Eisenberg-Saasa (1960)

Es sind ausgerechnet die *New York Times* und die *New York Harald Tribune*, die sich um die Jahreswende 1959/60 mit dem geteilten Deutschland beschäftigen, und diese Postillen des Klassenfeindes stellen dann auch noch fest, es sei »bedeutsam, dass die Zahl der Leute, die von der Bundesrepublik in die Sowjetzone hinüberwechseln, heute etwa die Hälfte der Zahl derjenigen erreicht, die in die andere Richtung gehen.« Das war etwas übertrieben, doch die Tendenz stimmte. Damals schien es tatsächlich ein Sinken der Zahl der DDR-»Republikflüchtigen« und ein Ansteigen der Rückkehrer zu geben. 1958 gehen 204 092 Menschen in den Westen, ihnen stehen 52 900 West-Ost-Wanderer gegenüber. Ein Jahr später sind es nur noch 143 917 »Abgänger«, doch 63 076 kamen, davon 41 585 reumütige Rückkehrer, die zuvor die DDR verlassen hatten. An solchen Wanderern zwischen den Welten bestand in der DDR offenbar kein sonderliches Interesse, denn am 11. Dezember 1957 hatte sie das Passgesetz verschärft. Nun droht ihnen bis zu drei Jahren Haft.

Stattdessen werden »echte« West-Umsiedler umworben. Das Parteiblatt *Neues Deutschland* begrüßt sie mit seinen unnachahmlichen Schlagzeilen wie »Schaumgoldener Westen mit Realität in der DDR vertauscht«. Erstmals veröffentlicht die DDR-Presse Schicksale von West-Zuwanderern mit Namen und früherem Wohnort, alles ist im Westen nachprüfbar. Als später noch einmal diese Methode versucht wird, und das *ND* am 6. März 1985 titelt: »Über 20 000 Ehemalige wollen zurück« sind viele Namen getürkt, und die Propagandablase platzt.

Damals kamen jedoch Leute, und so ist bald auch wieder das Versprechen, »kein Rückkehrer wird dafür bestraft, dass er einmal ohne Genehmigung die DDR verlassen hat«, zu hören. Doch die Rechtslage bleibt unsicher. Unterwerfung heißt die Eintrittskarte, die Atmosphäre in den »Umsiedlerheimen« ist dementsprechend. 1959 gibt es acht solcher Anlaufstellen in der DDR, deren Betreiben sich Ostberlin rund drei Millionen Mark im Jahr kosten lässt. Als Übersiedlungsgründe stellt das DDR-Innenministerium Ende der fünfziger Jahre fest: Entzug von der Wehrpflicht, Existenzunsicherheit und Perspektivlosigkeit, Gefühl mangelnder Freiheit. Exakt dieselben Motive sind es auch, die zur Ost-West-Flucht treiben, die immer mehr zu einer Abstimmung gegen die DDR mit den Füßen wird.

Aber es gibt immer auch Menschen, die ihre Lebensperspektive in der DDR suchen. Verlässliche Zahlen liegen nicht vor, neueste Forschungen gehen von insgesamt etwa 550 000 Personen zwischen 1949 und 1989 aus, die vom Westen in den Osten kommen. Nach dem Mauerbau sind es zwischen 1200 und 2500 West-Ost-Übersiedler pro Jahr. Die meisten zieht die Liebe in die DDR, wenige kommen aus politischen Gründen. In den siebziger Jahren wird die Aufnahme der übersiedlungswilligen Bundesbürger und der Rückkehrer auf die Heime in Barby, Eisenberg-Saasa und Molkenberg bei Fürstenwalde konzentriert. 1977 beschließt die DDR-Regierung die Zentralisierung, 1979 wird das Zentrale Aufnahmeheim (ZAH) Röntgental eröffnet.

Die Zahl reuig zurückkehrender DDR-Bürger liegt 1980 bis 1984 bei etwa einem Drittel der Neuankömmlinge insgesamt und betrifft durchschnittlich etwa 150 Personen pro Jahr. Sie alle unterliegen nach ihrer Ankunft dem Generalverdacht, von westlichen Geheimdiensten in die DDR geschickt worden zu sein. Im Unterschied zu den Befragungen durch die geheimdienstlich besetzten »alliierten Sichtungsstellen« bei der Notaufnahme von DDR-Bürgern im Westen, übernimmt im Osten das Ministerium für Staatssicherheit die Überprüfung aller Neuankömmlinge. Unter dem offiziell als »Mitarbeiter des Innenministeriums und der Volkspolizei« firmierenden, 114 Personen umfassenden Personal im ZAH Röntgental sind 26 Stasi-IM. Sie bespitzeln sich gegenseitig ebenso wie die Heimbewohner. Im Umfeld des Heimes sind weitere 16 IM tätig, die die 700 Einwohner des Ortes im Auge haben. Die Stasi hat festgestellt, dass 113 von ihnen öfter in den Westen reisen. Es soll verhindert werden, dass sie dort über das Aufnahmeheim berichten. Trotz rückläufiger West-Ost-Wanderer, lässt die DDR 1986 für 22 Millionen Mark einen siebengeschossigen Neubau errichten. Das von vornherein als »Wiederverwendungsobjekt« geplante Haus beherbergt Ein- und Zweibettzimmer, Clubraum, Kinderspielraum, eine Bibliothek und medizinisch genutzte Räumlichkeiten. In der sechsten Etage befindet sich ein extra gesicherter Verhörtrakt. Der Tagesablauf im Heim ist streng geregelt. Es gibt Vorträge zur DDR-Bürokratie, Propaganda-Filme und politische Referate. Ausgang ist nicht vorgesehen. Die Verweildauer im ZAH beträgt in der Regel zwei bis vier Wochen. Wer während dieser Zeit als für die DDR nicht nützlich eingestuft wird, muss in den Westen zurück.

Dorthin wollen inzwischen weit mehr als kommen. Eine VP-Statistik nennt für 1980 bis 1984 insgesamt 2253 Personen als Rück- und Umsiedler, denen 150 400 Ausreiseanträge von DDR-Bürgern gegenüber stehen. Das ist ein Verhältnis von 1 zu 67. Im Westen wird die Übersiedlung in die DDR nie als ernstes Problem gesehen. In der Polemik der Konservativen gegen links heißt es jedoch all die Jahre giftig: »Dann geh doch rüber, wenn es dir hier nicht passt!«

WESHALB GIBT ES KEIN GRAB VON ERICH HONECKER?

Ob die Geschichte von der im Urlaub verstorbenen und zum Heimtransport in einen Teppich gerollten Oma oder jene vom heimlichen Nieren-Klau durch einen Hinterhof-Chirurgen – es gibt moderne Wandersagen, die immer wieder auftauchen. Die von Erich Honeckers Urne im Wohnzimmer seiner Frau Margot in Chile gehörte dazu. Zeitungen schrieben sie voneinander ab, seit sie jemand erfunden hat – Belege, etwa ein Foto, existieren dafür nicht.

Wahr ist, dass Erich Honecker am 29. Mai 1994 in Santiago de Chile verstarb und einen Tag danach eine Trauerfeier stattfand. Der Tote war in einem grauen Sarg mit einem Sichtfenster unter einem Christusbild aufgebahrt, der Sargdeckel mit Kruzifix und DDR-Fahne geschmückt. Zum Abschied erklang die »Internationale«, dann wurde der Leichnam eingeäschert. Da es in Chile keine gesetzliche Pflicht zur Bestattung Verstorbener gibt, bewahren üblicherweise die Angehörigen die sterblichen Überreste an einem Gedenkort auf dem Friedhof oder anderswo auf.

Der frühere chilenische Innenminister Hernán del Canto bestätigte, dass nach den Feierlichkeiten die Urne Erich Honeckers an seine Frau ausgehändigt wurde, die sie zunächst mit in ihr Haus im Stadtteil La Reina nahm. Es wurde vermutet, dass sie sich bis zu ihrem Tod dort befand. Hans Modrow, der letzte SED-Ministerpräsident der DDR, sagte 2004: »Ich war zweimal da, eine Urne hat mir Margot Honecker nicht gezeigt.« Auch andere Besucher haben sie nicht gesehen. Ein weiteres Gerücht behauptete, Margot Honecker habe sich die feierliche Beisetzung in der Gedenkstätte der Sozialisten Berlin-Friedrichsfelde gewünscht. Ein entsprechender Antrag dazu ist nicht nachweisbar. Dennoch teilte das zuständige Bezirksamt 1994 eilfertig mit, dass dort »kein Platz« mehr sei. Allerdings fand in der Gedenkstätte am 4. Juni 1994 eine Trauerfeier statt. Sie wurde von der 1990 neu gegründeten Kommunistischen Partei Deutschlands (KPD) organisiert. Erich Honecker war der Splitterpartei mit etwa 400 Mitgliedern 1993 aus der Ferne beigetreten. Nach Zählung eines KPD-Genossen am Friedhofseingang erschienen »2012 Trauergäste, Presse mitgezählt«. Die identifizierte den früheren DDR-Verteidigungsminister Heinz Keßler und den einstigen SED-Chef von Erfurt, Gerhard Müller, als prominenteste Gäste. Andere, wie die Schriftstellerin Ruth Werner oder die Sängerin und Frau von Karl-Eduard von Schnitzler, Márta Rafael, wurden nicht erkannt.

Der Chefpropagandist selbst hatte im KPD-Blatt *Die Rote Fahne* den Artikel »Gnade einer Spätgeburt« beigesteuert und erschien einen Tag später bei einer weiteren Gedenkfeier in der Thälmann-Gedenkstätte Ziegenhals, an der auch Egon Krenz und Kurt Hager teilnahmen. Ganz nach kapitalistischer Manier wurden Fotorechte exklusiv verkauft. Die Rede hielt der einstige FDJ-Chef und spätere SED-Bezirkssekretär von Potsdam, Günther Jahn. Sein letzter Gruß: »Der Name Erich Honecker ist mit hervorgehobenen Lettern in die Geschichte eingetragen.« Die letzten deutschen und internationalen Schlagzeilen waren nicht so freundlich. Die *Daily Mail* meldete den »Tod von Erich, dem Unterdrücker«. Die *International Harald Tribune* sprach von »Herrn Honecker«, dem »sturen

Marxisten«, für *Die Zeit* starb der »letzte deutsche Kommunist« und die *Berliner Morgenpost* nannte ihn »Scheuche einer ganzen Nation«. Das entsprach offenbar dem Zeitgeist. Als die *Bild* in einer Telefonabstimmung (TED) am 1. Juni 1994 fragte, ob Erich Honeckers Asche in Deutschland bestattet werden solle, riefen 53 318 Leserinnen und Leser an. 92 Prozent von ihnen waren dagegen, 8 Prozent dafür. Hintergrund des TED war das damals kursierende Gerücht, der frühere SED-Chef habe in seinem persönlichen Testament den letzten Willen geäußert, im Familiengrab seiner Eltern in Wiebelskirchen im Saarland beigesetzt zu werden. Honeckers Rechtsanwalt Friedrich Wolff hat von einem solchen Vermächtnis keine Kenntnis. Er bestätigt nur, dass das Testament »bei klarem Bewusstsein« verfasst worden sei und es sich nicht von dem eines »normalen Menschen« unterscheide.

Friedrich Decker, der damalige SPD-Oberbürgermeister von Neunkirchen, in das Wiebelskirchen eingemeindet wurde, teilte auf Anfrage mit, dass die Belegungsrechte für die elterliche Grabstätte im April 1994 erloschen seien. Dennoch könne die Urne von Erich Honeckers jederzeit in seinem Geburtsort Neunkirchen beigesetzt werden. Die Friedhofsordnung der Stadt vom 28. April 2010 sieht im Paragraphen 2, »Friedhofszweck«, vor, dass unter anderem »alle Personen, die in Neunkirchen geboren waren«, dort bestattet werden können.

Über Erich Honeckers Tod hinaus beschäftigte das Berliner Verwaltungsgericht eine Klage um sein Privatvermögen. Auf Beschluss der DDR-Volkskammer waren im September 1990 (umgerechnet) 117.000 DM beschlagnahmt worden. Da auf dieses Konto danach versehentlich Rentenzahlungen flossen, stand seiner Witwe nach einem letztinstanzlichem Urteil von 14. Juni 1999 eine Auszahlung von 12.630 DM zu. Allerdings beliefen sich die Gerichtskosten auf 3.705,62 DM und die Anwaltskosten nach Gebührenordnung auf 4.189,17 DM.

»Das Leben ist unser,
wir sind seine Saat ...«

17
HAUCH DER GESCHICHTE, LAST DER TRADITION

Warum brauchte die junge DDR Helden?

Helden waren in den Jahren nach dem Krieg recht zweifelhafte Gesellen. Manche ihrer Taten entpuppten sich nun als Verbrechen, andere nur als Missbrauch oder Propaganda. Wer gerade dem »Heldentod« entronnen war, hielt nicht viel vom Heldentum. Dennoch brauchte auch der neue Alltag seine Helden. In Zeiten zerbrochener Werte schien die junge Generation dafür kaum geeignet. Wer Mitte der fünfziger Jahre im besten Anpack-Alter war, war um 1930 geboren. Die nun 25-Jährigen hatten eine Jugend im Gleichschritt erlebt, waren mit unmenschlichen Denkmustern aufgewachsen, in den »Zusammenbruch« geschlittert und im Chaos angekommen.

Trotzdem mussten auch die neuen Helden so funktionieren, wie es die alten taten, denn »Held sein« ist historisch gewachsen. Helden werden nach immergleichen Mustern gemacht. Sie repräsentieren das »Außeralltägliche« in ihren Fertigkeiten, ihrer Gesinnung und ihrem Glauben. Sie sind der Idealtypus des »neuen Menschen«, ihre »Heldentat« muss in das Leben vieler anderer integrierbar sein. Reichte bei bisherigen Helden-Wechseln allein die neue Botschaft, kam in der Vor- und Frühzeit der DDR das Alter hinzu. Die neuen Helden konnten kaum aus der jungen Generation kommen, sondern mussten deren Vorbilder werden.

Das zeigte sich 1948. Die sächsischen Steinkohlegruben meldeten rund 2000 Aktivisten. Die Öffentlichkeit interessierte es kaum, einige nannten sie abfällig »Russenknechte«. Nicht wahrgenommene Helden sind aber keine. Das änderte sich schlagartig mit der legendären Sonderschicht des Bergmanns Adolf Hennecke, damals 43, am 13. Oktober 1948 in der Steinkohlengrube »Karl Liebknecht« bei Zwickau. Er baute 24,4 Kubikmeter Steinkohle ab und erfüllte so das Plansoll mit 387 Prozent. Vorbild war der russische Bergarbeiter Alexej Stachanow, der 1935 im Donezk-Gebiet 102 Tonen Kohle förderte. Zunächst beeindruckte das die Kumpel kaum. Schließlich hatte sich Hennecke sein Flöz aussuchen können, bekam bestes Werkzeug und auch ansonsten war einiges schief gegangen. Der junge Bergmann Franz Franik hatte als erster Kandidat die Sonderschicht abgelehnt, und das Jubel-Komitee kam zu spät. Henneckes offizielle Prämie bestand aus 50 Mark, einer Flasche Bergmannsschnaps, drei Schachteln Zigaretten, eineinhalb Kilo

Fett und Anzugstoff. Drei Tage nach der Tat rollte jedoch die Propaganda-Maschine an. Eine Pressedokumentation glättete die Pannen, in einem Film wurde die Begrüßung nach der Schicht erneut gedreht. In der *Täglichen Rundschau* erschien der schon vor der Schicht geschriebene Beitrag und nun wucherten die Hennecke-Schlagzeilen. Ihre Botschaft: »Wir brauchen viele Henneckes!« Für Adolf folgte die politische Karriere: Nationalpreis, Verdienter Bergmann, Abgeordneter der Volkskammer und Mitglied im Zentralkomitee der SED.

Dabei blieb der Hauer ein bodenständiger Mann aus dem Volk, und erst das brachte ihm Akzeptanz ein und machte ihn zum Helden. Wie jeder Held polarisierte Hennecke, viele schickten ihm Briefe. manche Gedichte, wenige warfen ihm die Fensterscheiben ein. Bald hieß es bei jedem Regenguss: »Das regnet ja wie Hennecke.« Die Botschaft war angekommen: Die Aufbaugeneration sollte ihr Leben in den Dienst des Glücks der Nachgeborenen stellen. Adolf Hennecke diente dafür als Beispiel. So wie er jetzt schon eine gute Wohnung, ein Auto und manches Privileg hatte, würden es bald viele haben.

Als nach dem Aufstand vom 17. Juni 1953 daran Zweifel aufkamen – immerhin war die Forderung nach mehr Arbeit zum gleichen Lohn bei noch weniger Konsum der Auslöser – musste ein neuer Held her. Dieses Mal war es eine Frau, wieder eine ältere Arbeiterin. Die Meisterweberin Frida Hockauf, 1903 geboren, sollte die Aktivisten-Bewegung erneut ankurbeln. Dazu genügte es, das Plansoll im VEB Mechanische Weberei Zittau zu knacken und als »eigene Erkenntnis« den Slogan »So wie wir Werktätigen heute arbeiten, wird morgen unser Leben sein« zu verkünden. Ulbricht machte ihn dann zu seiner Parole.

Als die Generation derer, denen in die fünfziger Jahren die »Helden des Alltags« zum Vorbild gemacht worden waren, in den sechziger Jahren an den Schaltstellen der DDR-Gesellschaft ankamen, änderten sich auch die Helden-Typen, Das war ein teilweise schmerzhafter Prozess, wie die Auseinandersetzungen um deren bloße Darstellung zeigten – zum Beispiel die des rebellischen Super-Bauarbeiters Balla in *Spur der Steine* von Schriftsteller, Kultur- und SED-Funktionär Erik Neutsch. Dennoch blieb die zentrale Botschaft: Sozialistischer Held ist, wer im richtigen Moment die richtige Tat für die richtige Sache vollbringt.

Das konnte auch schnell schief gehen, wie etwa bei der NVA. Die Armee ließ Ende der sechziger Jahre unter dem Tarnnamen »Objekt 123« eine neues Hauptquartier für ihren Geheimdienst bauen, von dessen Existenz und Lage niemand wissen durfte Doch wie überall in der DDR hakte es auch hier, bis ein Aktivist eingriff. *Der Rüttler*, die Betriebszeitung des Baukombinats, lobte Anfang 1971: »Auch auf seiner jetzigen Baustelle, dem Objekt 123 in der Oberspreestraße, gab es Probleme, die die Planerfüllung des Kombinates beeinträchtigt hätten – wenn sie nicht von Rudi Schmolt beseitigt worden wären.« Die Grenze zwischen Held und Verräter blieb wohl stets dünn.

WOZU DIENTE DAS GESCHICHTSBILD?

»Unsere Geschichtsforscher befassen sich zu sehr mit Fragen der Vergangenheit«, stellte Walter Ulbricht nach einer Aktennotiz der ZK-Abteilung Wissenschaft vom 12. Mai 1955 bedeutungsschwanger fest. Das klingt auf den ersten Blick fast lächerlich, denn was sollte Geschichte anderes sein als die Betrachtung der Vergangenheit? Der zweite Blick zeigt aber, dass es eigentlich eine zutiefst politische Aussage war. Hinter ihr stand das Bekenntnis zum »historischen Materialismus« als eine der Grundlagen der DDR.

Seit Beginn des 19. Jahrhunderts unterschied sich die moderne Geschichtsforschung von der literarisch-künstlerischen Überlieferung eines Herodot der griechischen Antike. Geschichte verband nun die Suche nach Antworten auf gesellschaftliche Entwicklungen mit deren Legitimation. Für alle Sozialisten, aber auch viele andere, galt dabei das Kommunistische Manifest als Leitsatz: »Die Geschichte aller bisherigen Gesellschaft ist die Geschichte von Klassenkämpfen.« Karl Marx nahm für sich aber nicht in Anspruch, Klassen und Klassenkämpfe entdeckt zu haben. In einem Brief an den Journalisten und Freund aus dem Bund der Kommunisten, Joseph Weydemeyer, vom 5. März 1852 schrieb er: »Was ich neu tat, war 1. nachzuweisen, dass die Existenz der Klassen bloß an bestimmte historische Entwicklungsphasen der Produktion gebunden ist, 2. dass der Klassenkampf notwendig zur Diktatur des Proletariats führt, 3. dass diese Diktatur selbst nur der Übergang zur Aufhebung aller Klassen zu einer klassenlosen Gesellschaft bildet.«

Die Übernahme dieser teleologischen Weltsicht – einer Betrachtung der Welt also, in der jeglicher Entwicklungsprozess einen Zweck hat und zweckmäßig abläuft – war in der DDR Staatsdoktrin. Aus ihr folgte, dass der Kommunismus aus »historischen Gesetzen« entstehee und den Endpunkt der Geschichte darstelle. Deshalb brauchte er nicht gewählt oder anders legitimiert werden. Er kam von selbst. Die Geschichtswissenschaft war damit Teil der politisch-ideologischen Auseinandersetzung auf diesem Weg. Sie hatte die Deutung der Vergangenheit durch die Partei zu untermauern. Das klingt furchtbar kompliziert, ist aber der Hintergrund für alles, was von der Schule über Radio und Fernsehen bis zu den Zeitungen in der DDR an Geschichtsbild vermittelt wurde. Ob »Erbe« – also das, was man sich nicht aussuchen konnte – oder »Tradition« – und damit die Teile des Erbes, die ausgesucht wurden – alles schien nur noch Vorgeschichte der DDR zu sein. Diese Geschichtspropaganda wirkt bis heute und hat auch in der westlichen Wissenschaft Anhänger.

Wenn historische Fakten verfälscht, verleugnet oder unterdrückt wurden, waren das keine simplen oder gar DDR-spezifische »Lügen«, sondern politisch bedingte Sichtweisen. Sie gab und gibt es in allen Geschichtsschreibungen, nur unter den jeweils unterschiedlichen politischen, kulturellen oder religiösen Vorzeichen. Wie das funktionierte, zeigt die Darstellung des Nazi-Mordes an John Schehr am 1. Februar 1934. Durch das Gedicht Erich Weinerts »John Schehr und Genossen« wusste in der DDR jedes Kind, dass der damals amtierende Vorsitzende der KPD – deren Chef Ernst Thälmann war bereits verhaftet – angeblich »auf der Flucht erschossen« wurde. Die Tat wird beschrieben und damit entlarvt. Im Gedicht wird sie zum Auslöser des Widerstands bis zur »Abrechnung für John Schehr und Genossen.« Die DDR übernahm sie in ihren Gründungsmythos. Weinerts Werk wurde zum Schulstoff, Kasernen, Straßen und Schulen trugen den Namen Schehrs.

Nicht erzählt wurde, dass der Mord an ihm eine Vergeltungsaktion der Nazis für die vorausgegangene Ermordung des Gestapo-Spitzels Alfred Kattner war. Nach unmenschlicher Folter hatten die Nazis den wichtigen KPD-Funktionär aus dem Umfeld Thälmanns »umgedreht«. Er sollte im geplanten Hochverratsprozess die Rolle des Kronzeugen spielen, immerhin war die KPD damals noch die drittstärkste politische Kraft in Deutschland. Um das zu verhindern, ließ die Partei Kattner in Potsdam ermorden. Verschwiegen wurde auch, dass der Mörder Schehrs, der Gestapo-Kommissar Bruno Sattler, am 11. August 1947 von der politischen Polizei K 5, dem MfS-Vorläufer, aus Westberlin entführt wurde. Gegenüber der Familie erklärte man ihn 1949 für tot. Stattdessen wurde er aber am 3. Juli 1952 in einem Geheimprozess in Greifswald wegen des Mordes an John Schehr und mehr als 200 weiterer Morde als Gestapo-Chef in Belgrad zu lebenslanger Haft verurteilt. Sattler starb am 15. Oktober 1972 in der Haft in Leipzig.

So wurde aus einer wahren eine dem Zweck angepasste Geschichte. Dass es auch in der KPD Verrat und Gewalt gab, blieb ebenso verschwiegen wie die rechtlich fundierte Aburteilung des Gestapo-Mörders – aus Geschichte war, wie in vielen anderen Fällen auch geschehen, ein politisches Geschichtsbild geworden. Dieses Vorgehen begleitete die DDR bis zum Ende. So lag zum Beispiel der Grund für das Verbot des sowjetischen *Sputnik* im Oktober 1988 darin, dass sich durch Glasnost die Geschichtsbilder zu wandeln begannen. Das konnte die DDR nicht mitmachen, ohne sich politisch in Frage zu stellen. Die Parole »Von der Sowjetunion lernen, heißt siegen lernen«, war fragwürdig geworden.

Weshalb hiess die DDR-Bahn Deutsche Reichsbahn?

Die Deutsche Reichsbahn (DR) unterhielt im Jahre 1935 ein Streckennetz mit einer Betriebslänge von 68 728 Kilometern. Fast fünfzig Jahre später, 1982, waren es noch 14 231 Kilometer und der alte Namen zierte noch immer die Hochbauten, Lokomotiven und Wagen in der DDR.

Das hatte einen guten Grund. Die Deutsche Reichsbahn bekam nach dem Krieg von der Sowjetunion die Betriebs- und Eigentumsrechte in Westberlin. Dazu gehörte auch der S-Bahn-Betrieb. So hatte die DDR stets ein Standbein beim Klassenfeind. Dies wäre durch eine Umbenennung der »Deutschen Reichsbahn« gefährdet gewesen. Erst nach einem Streik der Westberliner Reichsbahnangestellten legte die DR Anfang der achtziger Jahre große Teile des S-Bahn-Netzes still. Gleichzeitig wurde verhandelt und ab 1984 übernahm die BVG West die Betriebsrechte. Die Bedienung der Fernbahnhöfe in Westberlin und der Güterverkehr, und somit das Hausrecht auf den Bahnanlagen, blieben bis zur Gründung der Deutschen Bahn AG am 1. Januar 1994 in der Hand der DR und damit Ostberlins.

Begonnen hatte alles unmittelbar nach dem Krieg. Bei der bereits zuvor vereinbarten Besetzung Berlins herrschte unter den Alliierten Einvernehmen darüber, von der Sowjetischen Militäradministration (SMAD) bereits getroffene Entscheidungen zu akzeptieren. Mit Blick auf die Eisenbahn wurde es »von allen Beteiligten als natürlich und zweckmä-

»Das Leben ist unser, wir sind seine Saat ...«

ßig empfunden«, sie in Berlin nicht auch noch zu spalten. Von einer schriftlichen Vereinbarung sahen die Siegermächte ab, um nicht falsche Weichen für spätere Entwicklungen zu stellen. Den Westmächten war die Sicherung ihrer Transporte nach Westberlin wichtig, die garantierten die Sowjets über alle Krisen hinweg. Der SMAD-Befehl Nr. 17 vom 27. Juli 1945 regelte mit Wirkung vom 10. August in der Sowjetischen Besatzungszone die Errichtung einer deutschen »Zentralverwaltung des Verkehrs für die Leitung und Verwaltung der Reichsbahndirektionen und Schifffahrt«. Schon zum 1. August 1945 war die Bildung einer »Reichsbahndirektion Berlin« befohlen worden, die entsprechend den vorausgegangenen mündlichen Absprachen ganz Berlin umfasste.

Die Baureihe E 11 war die erste neu entwickelte Elektrolokomotive der Deutschen Reichsbahn in der DDR.

Mit diesem Erbe startete die DDR. Für sie stellte sich die Frage der Umbenennung zum ersten Mal, als die Beschriftung des »rollenden Materials« – bislang englisch als »USSR Zone DR« gekennzeichnet – verschwinden sollte. Experten erwogen, um das »DR« kreisförmig den Schriftzug »Deutsche Demokratische Republik« anzubringen. Doch dann wurde ihnen ein ganz anderes, viel schwerwiegenderes Problem bewusst: Die Nazis hatten in ganz Europa Eisenbahnwagen gestohlen und diese »Fremdwagen« der DR als »Beutegut« einverleibt. Nach der Kapitulation war anderes zu tun, als sie auszusortieren. Niemand wusste, wie viele Wagen betroffen waren, Ansprüche aus den verschiedensten Ländern waren zu erwarten. Sie konnten schon aus rein praktischen Überlegungen nicht befriedigt werden, denn die DR hatte die Transporte der sowjetischen Besatzungsmacht zu sichern. Das ginge nicht, wenn von den ohnehin knappen und veralteten Wagen auch noch welche abgeben müssten.

Als die »Sowjetische Kontrollkommission« (SKK), die vom 10. Oktober 1949 bis zum 28. Mai 1953 bei allen Entscheidungen der provisorischen Regierung der DDR das letzte Wort hatte, von den Umbenennungsplänen erfuhr, stoppte sie die Aktion. Moskau fürchtete angesichts des sich verschärfenden Kalten Krieges einen staatsrechtlichen Streitfall heraufzubeschwören, der sich vermeiden ließ. Dahinter stand, dass sich die DDR nicht als Rechtsnachfolger des Deutschen Reichs sah. Auch die weitere Entwicklung der deutsch-deutschen Beziehungen stand in den Sternen. Alle Schritte, die hier die Bewegungsfreiheit einengten, mussten vermieden werden.

Einfach die Deutsche Reichsbahn im Handstreich zur DDR-Bahn zu machen, blieb auch später kompliziert. Der kleinere deutsche Teilstaat war in den ersten zwanzig Jahren seiner Existenz international nicht anerkannt. Mit einer angeblich »nicht vorhandenen« Regierung würde aber niemand verhandeln – die internationalen Folgen einer Umbenennung der Bahn blieben so lange Zeit unkalkulierbar. Und schließlich spielte auch das Geld eine Rolle. Ein neuer Name hätte erhebliche finanzielle Mittel beansprucht, denn es hätte ja von den Loks über die Wagen und Bahnhöfe bis hin zum letzten Formblatt alles neu gemacht werden müssen. Dieses Geld wollte man lieber für die »Stärkung der sozialistischen Gesellschaft in der DDR« verwenden. Im September 1969 formulierte das Verkehrsministerium deshalb einen pragmatischen Standpunkt, der bis zum Ende der DDR beibehalten wurde: Eine dringende Notwendigkeit zur Umbenennung – sieht man einmal von den Bevölkerungseingaben ab – bestehe nicht, weil sie politische und ökonomische Nachteile bringen könnte. Was bleibt sind Hunderte von Briefen an das ehemalige Ministerium für Verkehrswesen der DDR mit Namensvorschlägen. Eine Auswahl: Deutscher Demokratischer Zugverkehr, Deutsche-Republik-Bahn, Bahn der Republik, Volkseisenbahn, Bahn des Neuen, Deutsche Sozialistische Bahn oder schlicht Eisenbahn der DDR.

Wer war »Der kleine Trompeter«?

»Der kleine Trompeter« ist heute Chefarzt einer Klinik am Tegernsee, die Nazis sangen sein Lied vom »lustigen Hakenkreuzlerblut«, und Erich Honecker ließ es sich am Grabe blasen. – Alles Unsinn? »Den kleinen Trompeter« kennt doch jeder gelernte DDR-Bürger, da gab es den Film, die Bücher, Straßen, Schulen und Plätze, natürlich das Lied ... Also der Reihe nach.

Der Chefarzt stand Modell für das Denkmal des Kleinen Trompeters, das Bildhauer Gerhard Geyer aus Halle schuf. Das rottete nach der DDR jahrelang in einem Depot der Saalestadt vor sich hin. Die Nazis hatten das Arbeiterlied nur geklaut, schließlich kam die Melodie vom Soldatenlied »Von allen Kameraden«. Und Erich Honecker teilte seinen letzten Wunsch mit etlichen anderen Genossen, denn »Der kleine Trompeter« erinnerte so schön an die alten Kampfzeiten.

Von dem Mann, der dahintersteckte, Friedrich August Weineck hieß und Fritz genannt wurde, ist wenig bekannt. Sein einziges schriftliches Zeugnis von eigener Hand ist die 1921 geleistete Unterschrift auf der Heiratsurkunde mit Meta Dietze. Über ihn ist vermerkt, dass er 1897 in der Kanzleigasse im Hallenser Arbeiterviertel Glaucha geboren und im Ersten Weltkrieg als Soldat verwundet wurde. Er lernte Bürstenbinder und trat 1924 dem Roten Frontkämpferbund (RFB) bei. In dem paramilitärischen KPD-Verband war Fritz Hornist im Spielmannszug.

In Halle und Umgebung brodeln in jenen Jahren die Kämpfe zwischen Rechten und Linken. Der Mitteldeutsche Aufstand von 1921 war blutig niedergeschlagen worden. Die KPD gewann Sympathisanten und rechnete sich gute Chancen bei den Wahlen 1925 aus. Am 13. März will Ernst Thälmann im Wahlkampf auftreten. In der Gaststätte *Volkspark* in Halle jubelt ihm eine begeisterte Menschenmenge zu. Fritz Weineck bläst sein Hornsignal, als der KPD-Vorsitzende auftaucht. Doch die Polizei will die Veranstaltung abbrechen. Schüsse peitschen, ein Treppengeländer bricht, panisch drängen die Menschen ins Freie. Die Polizei schießt über achtzigmal rücksichtslos in die Menge, es gibt zahlreiche Verletzte, zehn Menschen sterben. Fritz Weineck ist unter ihnen.

Dieser »Blutfreitag von Halle« löste einen Skandal aus, denn die Polizisten wurden freigesprochen, nur der Polizeipräsident musste zurücktreten. Tausende erwiesen den Opfern die letzte Ehre. Schnell bildeten sich Legenden. Eine davon erzählte, »der kleine

Trompeter« habe sich in die für »Teddy« Thälmann bestimmte Kugel geworfen. Die KPD griff die Geschichte für ihre Propaganda auf, 1925 entstand das Lied »Der kleinen Trompeter«. Die Nazis ebneten nach 1933 die Gräber der *Volkspark*-Opfer ein. Statt des »Kleinen Trompeter« besangen sie nun ihren »Helden« Horst Wessel. Er war am 13. Januar 1930 vom RFB-Mann Albrecht Hohler niedergeschossen worden und am 27. Februar verstorben.

Ende der fünfziger Jahre suchte die DDR nach eigenen Helden, um ihr revolutionäres Geschichtsbild zu untermauern. Zum III. Pioniertreffen in Halle wurde deshalb 1958 das Rive-Ufer an der Saale in Weineck-Ufer umbenannt. »Der kleine Trompeter« bekam dort sein Denkmal. Nun fehlte nur noch die passende Geschichte dazu. Gerhard Holtz-Baumert und seine Frau hatten zwar schon 1959 das Buch »Der kleine Trompeter und sein Freund« für Kinder geschrieben, doch das reichte nicht. Deshalb kümmerte sich nun Otto Gotsche, Sekretär im Staatsrat bei Walter Ulbricht und Schriftsteller im Nebenjob, um die Sache. Der Tod von Fritz Weineck war immerhin belegt, viel mehr nicht – das ist der Stoff, aus dem Legenden gewoben werden, überall auf der Welt. Otto Gotsche beauftragte einen Heimatforscher, Näheres in Erfahrung zu bringen. Dessen Forschungen warfen Schatten auf das Heldenbild: Friedrich Augusts Eltern lebten getrennt. Der Vater kam bei einer Messerstecherei in einer Kneipe ums Leben, die Mutter vegetierte in der DDR als Lumpensammlerin und Alkoholikerin in der Magdeburger Gegend vor sich hin. Doch Staatsschriftsteller Otto Gotsche meinte ohnehin, Kunst habe eher mit »Künden« zu tun und nicht mit »Können«, wie es Johann Gottfried Herder rund 150 Jahre zuvor in *Kalligone* beschrieben hatte. Deshalb verkündete er nun die erfundene Märtyrergeschichte vom »kleinen Trompeter«, dem »lustigen Rotgardistenblut«. 1964 folgte der Film »Das Lied vom Trompeter« und aus dem ersten »Trompeterbuch« wurde nun eine ganze Reihe von Kinderbüchern für zwei Mark das Stück. Alle DDR-Kinder lernten die Ballade »Der kleine Trompeter« in der Schule: »Von all unseren Kameraden, war keiner so lieb und so gut ...«

Dann mochte ihn plötzlich niemand mehr. 1990 flogen Farbflaschen auf das Denkmal, Mitte der neunziger Jahre wurde es entfernt. Seither wird in Halle darum gestritten. Die Linken mochten weiter Fritz Weinecks gedenken, allerdings wollten sie vorher prüfen, ob der nicht doch auch Alkoholiker war, wie ein Gerücht behauptet. Die Stadt ist gegen den »kleinen Trompeter«. Gutachter Bernd Werner, Chef des Stadtmuseums, stellte 1996 fest: »Er war eine historische Person, jedoch bei weitem keine historische Persönlichkeit.« Im Jahr 2012 fand wenigstens das Denkmal einen neuen Platz im Museum. Es ist sogar restauriert. Dafür sorgte der Chefarzt vom Tegernsee mit einer Spende. Schließlich stand er Modell, und wer hätte nicht gern ein eigenes Denkmal?

WÄRE KARL-EDUARD VON SCHNITZLER KAISER GEWORDEN?

Glaubt man der Autobiographie Karl-Eduard Richard Arthur von Schnitzlers – vom SFB-West-Kollegen Günther Lincke ab 1961 auch »Sudel-Ede« und in der DDR wegen des schnellen Abschaltens seines »Schwarzen Kanals« Herr von Schni genannt –, hätte er deutscher Kaiser werden können. Seine Großmutter soll nämlich eine außereheliche Tochter des »99-Tage-Kaisers« Friedrich III. gewesen sein. Wäre er also irgendwann vom Haus Hohenzollern legitimiert worden, hätte es Prinz Karl-Eduard irgendwo in der Erbfolge gegeben.

Das ist natürlich niemals geschehen, und so soll es auch nur als Illustration dafür dienen, welch merkwürdige Blüten die Geschichte des 20. Jahrhunderts treiben konnte. Die Erhebung in den preußischen Adelsstand erhielt Schnitzlers Vater am 20. September 1913, weil er jahrelang als Vizekonsul in Shanghai tätig war. Sein 1918 geborener Sohn Karl-Eduard landete nach Widerstand in der französischen Résistance, Propagandaarbeit beim der BBC in London und einer Rundfunkkarriere beim Nordwestdeutschen Rundfunk 1948 schließlich in der DDR und wollte sein »von« wieder loswerden. Das untersagte Walter Ulbricht.

Auch im kleineren deutschen Staat war man stolz auf ein paar Adlige – streng rechtlich gesehen waren es nur noch Nachkommen von Adligen, denn der Adel war in Deutschland offiziell seit 1918 abgeschafft – und tolerierte deshalb ihre oft bizarren Biographien. Wie etwa die von Egbert Wilhelm Erwin von Frankenberg und Proschlitz, seit 1957 der führende militärpolitische Kommentator des Rundfunks der DDR. Was gehauen und gestochen wurde, wusste er aus eigener Erfahrung. 1909 geboren, trat er schon 1931, also vor Hitlers Machtübernahme 1933, in die NSDAP und 1932 in die SS ein. Im Spanischen Bürgerkrieg bombte sich der Pilot 1936 bis zum Kommodore der Legion Condor.

Sieben Jahre später, 1943, holten die Sowjets den Luftwaffen-Major erst vom Himmel, dann ins Nationalkomitee Freies Deutschland und schließlich in die Führung der in der DDR neu gegründeten Nationaldemokratischen Partei Deutschlands (NDPD). Das dankte ihm die neue, sozialistische Heimat zum 70. mit dem Vaterländischen Verdienstorden in Gold und zum 80. Erich Honecker persönlich, weil Herr von Frankenberg und Proschlitz so emsig »bei der Herausbildung patriotische Handlungen und sozialistischen Bewusstseins« geholfen hatte.

Ferdinand Judas Thaddäus Graf von Thun und Hohenstein, 1921 als Sohn eines böhmischen Fürsten geboren, legte hingegen seinen prunkvollen Titel ab und nannte sich fortan nur noch Ferdinand Thun. Auch ihn hatte die Gefangenschaft in der Sowjetunion geläutert und ab 1948 erst in die NDPD, dann in deren Führung gespült. Der jungen DDR diente er ab 1949 als Diplomat. Als Chef des Protokolls hatte der »Graf von Pankow«, so spöttisch *Die Welt*, bis 1956 zuerst für gute Manieren der bislang ungeübten Außenpolitiker aus dem Volk im Ministerium für Auswärtige Angelegenheiten zu sorgen. Dann verschlug es den geborenen Grafen zweimal als Botschaftsrat nach Moskau und nach einem Intermezzo 1973 bis 1975 als Botschafter im Iran in mehrere Verwendungen in verschiedenen Abrüstungsgremien der UNO. Von 1982 bis 1987 war Ferdinand Thun ständiger Delegierter der DDR bei der UNESCO in Paris.

Wie Gott in Frankreich zu leben, gelang Manfred Baron von Ardenne in Dresden auf dem Weißen Hirsch. In Hamburg 1907 geboren, hatte er zwar das Abitur nicht geschafft, hielt aber stattdessen mit 16 Jahren sein erstes Patent in den Händen. Bis 1997 wurden es über 600, viele von dem Physiker und Allround-Naturwissenschaftler in seinem Dresdner Privat-Institut entwickelt. Das war mit rund 500 Mitarbeitern die größte und einzige derartige Einrichtung im ehemaligen Ostblock. Manfred von Ardenne, der sich auch in der DDR als »Herr Baron« ansprechen ließ, half nicht ganz freiwillig 1945 bis 1954 der Sowjetunion bei der Entwicklung der Atombombe. Das brachte ihm nicht nur zwei Stalin-Preise, sondern auch das Vertrauen »der Freunde« ein. Bei einem geheimen Besuch in der DDR fragte ihn der sowjetische KGB-Chef Wladimir Krjutschkow 1987, wie es wohl nach Honecker weitergehen könnte.

Ein Fluchtpunkt und Asyl war die DDR hingegen für Manfred Georg Rudolf von Brauchitsch. Der 1905 als schlesischer Adliger geborene Rennfahrer überlebte den Krieg in verschiedene Funktionen in der Rüstungsindustrie als Sturmführer im Nationalsozialistischen Kraftfahrerkorps. Danach machte der legendäre »Silberpfeil«-Pilot erst Karriere im Automobilclub von Deutschland. Dann überzeugte ihn Walter Ulbricht, Chef des »Westdeutschen Komitees für Einheit und Freiheit im Deutschen Sport« zu werden. Als 1951 seine Autobiographie in Ostberlin erschien, folgten im Westen acht Monate Haft und eine Anklage wegen Hochverrats, Geheimbündelei und Staatsgefährdung. Manfred von Brauchitsch floh in die DDR und wurde dort Funktionär im Motorsport und in der Olympia-Bewegung. Die SED bedankte sich mit drei Vaterländischen Verdienstorden. Der verhinderte Kaiser Karl-Eduard bekam nicht nur die, sondern statt des preußischen »Schwarzen Adlerordens« Karl Marx ans Revers.

WAS WAR IN DER DDR »OPIUM FÜRS VOLK«?

1844 schrieb der junge Karl Marx: »Die Religion ist der Seufzer der bedrängten Kreatur, das Gemüth einer herzlosen Welt, wie sie der Geist geistloser Zustände ist. Sie ist das Opium des Volks.« Lenin setzte 1905 noch eins drauf: »Die Religion ist das Opium für das Volk. Die Religion ist eine Art geistigen Fusels, in dem die Sklaven des Kapitals ihr Menschenantlitz, ihren Anspruch auf ein auch nur halbwegs menschenwürdiges Dasein ersäufen.«

Die markigen Worte der Säulenheiligen des Kommunismus ließen die Gläubigen nichts Gutes für nachrevolutionäre Zeiten erwarten – eine Befürchtung, die sich in der Sowjetunion schnell und gründlich bewahrheitete. In ihrer Besatzungszone dagegen ging die Sowjetische Militäradministration in den Nachkriegsjahren erstaunlich tolerant mit den Christen um. Erst nach Gründung der DDR verschärften sich die Gegensätze zwischen dem atheistischen Staat und vor allem der evangelischen Kirche, deren Organisationsstruktur bis 1969 gesamtdeutsch ausgerichtet blieb. Otto Dibelius, umstrittener und in Westberlin ansässiger (Landes-)Bischof von Berlin-Brandenburg und Ratsvorsitzender der Evangelischen Kirche in Deutschland, ließ es an Deutlichkeit seiner Missachtung der DDR-Obrigkeit nicht fehlen.

Das MfS konzentrierte sich vorerst auf den Kampf gegen die »Zeugen Jehovas«. Die Sekte war vom Obersten Gericht der DDR 1950 für illegal erklärt worden und galt als

US-gesteuerte Agentenorganisation. Den direkten »Kirchenkampf« überließ man anfangs der FDJ, galt es doch vor allem, die Jugend dem Einfluss der »Jungen Gemeinde« zu entziehen, der einzigen Jugendorganisation neben der FDJ. Staatlicherseits – was in der DDR immer und unbedingt hieß: vonseiten der SED – war seit 1957 das dem Ministerrat unterstehende Staatssekretariat für Kirchenfragen für alle die Glaubensgemeinschaften betreffenden Fragen zuständig und damit beauftragt, »jeden Versuch der Einmischung kirchlicher Stellen in staatliche Angelegenheiten, insbesondere in Schul- und Erziehungsfragen« zu unterbinden. Der in der Verfassung verankerten Religionsfreiheit zum Trotz verschärften sich die Repressionsmaßnahmen gegen die Kirche, deren Pfarrer mangels Berufsnachwuchs in der DDR zu jener Zeit häufig aus Westdeutschland kamen. Der Religionsunterricht wurde aus den Schulen verbannt, die Jugendweihe als Ersatz für die Konfirmation durchgesetzt. Kirchenzeitungen und die Buchproduktion kirchlicher Verlage unterlagen einer besonderen Zensur. Immerhin gelang es der Kirche, den Häftlingsfreikauf und Familienzusammenführungen in Gang zu setzen und ab 1964 die Bausoldaten als Wehrersatzdienst durchzusetzen. Zwölf Jahre später blieb ihr Protest gegen den Wehrkundeunterricht in den Schulen erfolglos.

Oskar Brüsewitz, ein aus dem Memelland stammender Schuhmacher, hatte seit 1947 in der Bundesrepublik gelebt, bevor er 1954 nach Weißenfels übersiedelte. Nach einer krankheitshalber abgebrochenen Ausbildung absolvierte er schließlich die Erfurter Predigerschule und wurde 1970 als evangelisch-lutherischer Pfarrer in Rippicha, Kreis Zeitz eingesetzt. In seiner Gemeinde fiel er bald durch unkonventionelle Werbe- und Protestmaßnahmen auf, die ihm zunehmend Konflikte mit seinen Kirchenoberen, vor allem aber mit staatlichen »Organen« bescherten. Mit seiner letzten »politische Aktion« erfüllte er, wie es in seinem Abschiedsbrief hieß, als berufener Zeuge einen Sendungsauftrag: Am 18. August 1976 stellte er vor der Michaeliskirche in Zeitz Plakate auf das Dach seines Autos: »Funkspruch an alle: Die Kirche in der DDR klagt den Kommunismus an! Wegen Unterdrückung der Kirchen in Schulen an Kindern und Jugendlichen.« Dann übergoss er sich mit Benzin und zündete sich an. Während die Plakate sofort von der Staatssicherheit beseitigt wurden, transportierte man Brüsewitz in ein Krankenhaus, wo er seinen schweren Verletzungen erlag. Zwei Jahre später verbrannte sich in Falkenstein ein weiterer Pfarrer, angeblich aus innerkirchlichen Gründen.

Brüsewitz' Protestaktion »Fanal von Zeitz«, von den DDR-Medien als Tat eines Psychopathen abgewertet, erregt internationales Aufsehen und löst in der DDR – zwei Monate vor der Ausbürgerung Wolf Biermanns – eine erste Welle der Solidarisierung mit oppositionellen Kräften aus, derer SED und MfS in den Folgejahren nicht mehr Herr werden. Bald sammeln sich die verschiedensten Strömungen unter dem Dach der Kirche, der die DDR nach einem Grundsatzgespräch Honeckers mit den Vorstandsvorsitzenden des Bundes Evangelischer Kirchen etwas größere Freiräume gewährt. Feierlich begeht die DDR das Lutherjahr 1983, während die »Kämpfer an der unsichtbaren Front« samt ihren zahlreichen IM in den Kirchen ihre liebe Not mit Aktionen wie »Schwerter zu Pflugscharen« und Friedensdekaden haben. Vergeblich blieb ihr Bemühen, vervielfältigte Mitteilungsblätter wie die *Umweltblätter* oder *Grenzfall* »durch ordnungsrechtliche Maßnahmen zu unterbinden«. Auch das Erziehungsziel scheitert, »den Hass gegen den Imperialismus und seine bewaffneten Söldner tiefer in den Herzen der Jugendlichen zu verwurzeln«. Am Ende erwächst aus den Montagsgebeten von Leipzig eine friedliche Protestbewegung, die den Abgesang der DDR mit Kerzen erleuchtet.

WO WAR DER MERKWÜRDIGSTE BAHNHOF DER WELT?

Panzersperren, Stacheldraht, Zäune, freies Schussfeld – die Grenze zwischen Deutschland und Deutschland war ein Todesstreifen. Bis auf eine Ausnahme: Am Berliner Bahnhof Friedrichstraße bestand sie nur aus einer Milchglaswand mit Drahtgeflecht, später durch eine dünne Blechwand als »Hörschutz« ersetzt.

Als der Bahnhof am 7. Februar 1882 für die Stadt – und am 15. Mai für die Fernbahn – eröffnet wurde, war noch alles ganz normal. Bis 1925 kam die stählerne, verglaste Doppelhalle hinzu, 1923 die U-Bahn im »Keller«, und 1936 wurde die unterirdische Nord-Süd-S-Bahn eröffnet. Nun war der Bahnhof Friedrichstraße endgültig ein wichtiger Berliner Verkehrsknoten. Bis zum Mauerbau schepperte das »Letzter Bahnhof im Demokratischen Sektor« blechern aus den Lautsprechern, dann fuhren die Züge weiter in den Westen. Damit war am 13. August 1961 Schluss, und Berlin-Friedrichstraße wurde zu einem der heißesten Orte im Kalten Krieg – eine unvollständige Chronik:

13. August 1961: Hunderte von Menschen drängen sich auf dem Bahnhof. Alle S-Bah-

nen aus dem Osten enden in der kleineren Halle C. Berlin ist geteilt, die Leute haben den letzten Zug in den Westen verpasst. Die Polizei räumt den Bahnhof.

24. August 1961: Gegen 16.15 Uhr versucht der Schneider Günter Litfin, über den Bahndamm in den Westen zu gelangen. Schüsse peitschen, er springt in den Humboldthafen. Gegen 19.10 Uhr wird seine Leiche herausgefischt. Es ist der erste Tote an der Mauer.

Sommer 1961: Architekt Horst Lüderitz baut zwischen Bahnhof und Weidendammer Brücke aus Stahl, Glas und Beton einen Pavillon als Grenzübergangsstelle, die ab 1962 in Betrieb ist. Im Volksmund wird die Abfertigungshalle bald »Tränenpalast« genannt.

15. August 1962: MfS-Hauptmann Walter Thräne flieht mit seiner Freundin durch die »Ho-Chi-Minh-Pfad« genannten Gänge des Bahnhofs. Am 5. September 1962 entführt ihn das MfS in Österreich. Alle vermuten, Thräne werde hingerichtet, doch er bleibt am Leben. Als »Beschuldigter 595« sitzt er bis zum 30. Januar 1973. Spionagechef Markus Wolf wird am 17. Mai 1997 unter anderem dafür zu zwei Jahren Haft auf Bewährung und 50.000 DM Geldstrafe verurteilt.

14. Dezember 1962: Mitropa und die Deutsche Genussmittel GmbH gründen die Intershop GmbH. Auf dem Bahnsteig des Berliner Bahnhofs Friedrichstraße entstehen erste mobile Verkaufsstände für zollfreie Westwaren gegen harte Devisen. Clevere Westberliner nutzen sie für Schnäppchen und Schmuggeltouren.

30. Januar 1964: Jeden Tag um 20.53 Uhr rollt der Moskau-Paris-Express aus dem Bahnhof Friedrichstraße Richtung Westen und verschwindet kurz in seiner eigenen Dampfwolke. Das wollen zwölf Jungen für die Flucht nutzen, acht schaffen es in den nächsten Tagen.

14. März 1964: Ein Mann schiebt einen anderen im Rollstuhl auf den Ost-Bahnsteig. Ein Grenzer will helfen und zeigt ihnen einen Fahrstuhl. Sie knacken eine Blechtür, gelangen so auf den Westbahnsteig und reisen ab – nun beide bei bester Gesundheit.

10. Januar 1969: Um 0.27 Uhr gleitet ein Mann ins Gleisbett der S-Bahn auf der Ost-Seite. Mit dem Fuß tritt er ein Segment aus der Drahtglaswand ein und gelangt so unbehelligt auf die Westseite. Doch der Zug nach Wannsee ist gerade raus. Er wird festgenommen.

7. Juli 1976: Alles ist unter strengster Geheimhaltung vorbereitet. Am Bahnhof Friedrichstraße tauchen die RAF-Terroristin Inge Viett und drei weitere steckbrieflich im Westen gesuchte junge Frauen auf. Sie reisen in die DDR. Das MfS sorgt für neue Identitäten und versteckt sie bis 1990. Am 27. Mai 1978 folgt RAF-Terrorist Till Meyer als »Willi Walldorf«, bis dahin für das MfS im Westen tätig.

18. Januar 1979: Stasi-Oberleutnant Werner Stiller ist auf der Flucht. Er hat sich selbst eine Sondergenehmigung zum Betreten des »West-Teils« am Bahnhof gefälscht. In der Bundesrepublik verrät er Dutzende von Agenten, einige können noch in die DDR fliehen. Die CIA gibt ihm eine neue Identität. Als »Klaus-Peter Fischer« wird er in den USA ein erfolgreicher Börsenmakler. Er starb am 20. Dezember 2016 in Budapest.

27. Mai 1983: Müllfahrer Wolfgang K, damals 24, versucht um 18.24 Uhr mit einem Luftgewehr die aus Mahlsdorf kommende S-Bahn zu entführen. Er weiß nicht, dass im Bahnhof automatisch eine Zwangsbremsung erfolgt und die Gleise Richtung West längst abgebaut sind. Ein MfS-Kommando überwältigt ihn.

Sommer 1985: Beim Umsteigen verliebt sich die Westberliner Studentin Ariane D. Knall und Fall in einen Ostberliner Grenzer. Vom Balkon ihrer Wohnung an der Wollankstraße hält sie ein Schild mit ihrer Adresse hoch. So findet sie zu einem Ostgrenzer Kontakt, von dem sie Hilfe erhofft. Doch das MfS ist von Anfang an dabei. Dann mischen sich auch der Verfassungsschutz, der französische Geheimdienst und der sowjetische KGB ein. Ariane landet als Agentin in deren Karteien, ihren Liebsten trifft sie erst nach dem Mauerfall.

9. November 1989: Nach 22 Uhr fährt normalerweise vom West-Bahnsteig nur noch alle 30 Minuten ein Pendelzug mit vier Wagen nach Bellevue. An diesem Tag drängen Tausende Ostberliner auf den Bahnsteig. Nicht einmal mehr der Fahrer kommt in den Zug, er muss von außen mit einer Leiter durchs Fenster steigen. Ab 2.48 Uhr fahren wieder Vollzüge bis Charlottenburg. Berlin ist wieder Berlin.

Was geschah wirklich auf der Glienicker Brücke?

12. Juni 1985, High Noon – 12 Uhr mittags. Aus Richtung Potsdam trifft ein Bus an der Glienicker Brücke ein. Sie verbindet den amerikanisch verwalteten Sektor Westberlins direkt mit der DDR. 23 Fahrgäste sehen gespannt aus dem Fenster. Sie wissen noch nicht, was in wenigen Minuten passieren wird. – Auf dem Westberliner Flughafen Tempelhof ist derweil eine Maschine der U. S. Air Force gelandet. Vier Passagiere in Handschellen steigen aus, US-Marschälle begleiten sie. An der Brücke im Schatten der Berliner Mauer drängen sich die Journalisten. Ein Agentenaustausch steht an.

Den ersten derartigen Transfer gab es in aller Heimlichkeit am 10. Februar 1962. Der amerikanische Spionage-Pilot Francis Gary Powers wurde gegen den Sowjet-Spion Rudolf Abel alias William Genrikowitsch Fischer getauscht, der am Verrat der Atom-Geheimnisse an die Sowjetunion beteiligt war.

Dieses Mal sind es 23 CIA-Agenten aus DDR-Gefängnissen gegen vier Spione östlicher Geheimdienste. Die Nachricht geht um die Welt, und die Glienicker Brücke hatte nun ihren Spitznamen endgültig weg: *Bridge of spies* – die »Brücke der Spione«. Diesem Zweck diente sie jedoch nur noch ein weiteres Mal. Am 11. Februar 1986 wurde der sowjetische Dissident Anatoli Schtscharanski über der Havel in die Freiheit entlassen. Er ging nach Israel und bekleidete dort verschiedene Ministerämter. Mit ihm gelangten drei im Osten inhaftierte Spione in den Westen. Von dort kamen fünf Agenten in den Osten.

Dennoch lebt der Name *Bridge of spies* bis heute – nur die vielen Geschichten um die 128-Meter-Brücke sind inzwischen vergessen. Als Ende des 17. Jahrhunderts die erste schmale Holzbrücke gebaut wurde, durfte sie nur der Adel benutzen. Erst mit der Postverbindung 1754 zwischen Berlin und Potsdam entstand ein öffentlicher Übergang, und 1831 begann Hofarchitekt Karl Friedrich Schinkel neben der Holzbrücke mit dem Bau einer Steinbrücke über die Havel. 1907 folgte ihr die heute noch bestehende, genietete Stahlkonstruktion. Nach zwei russischen Panzerschüssen am Ende des Zweiten Weltkriegs rutschte deren Mittelteil ins Wasser. Doch der Schaden ließ sich reparieren. Am 19. Dezember 1949 eröffnete der ostdeutsche Verkehrsminister Hans Reingruber den Übergang und taufte ihn auf *Brücke der Einheit*. Doch bereits am 26. Mai 1952 wurde sie für den gesamten privaten Autoverkehr gesperrt. Bundeskanzler Konrad Adenauer unterzeichnete an diesem Tag den Generalvertrag über die Beziehungen der Bundesrepublik zu den drei Westmächten. »Zur Strafe« wurde die Brücke für mehr als 37 Jahre geschlossen. Fortan konnten sie nur Angehörige der westlichen Militärmissionen passieren und dort ihre Kontakte zu den Sowjets pflegen.

So zum Beispiel 1978: Am 7. April waren zwei DDR-Flüchtlinge mit einem geklauten Sportflugzeug in Gatow im britischen Sektor gelandet. Auf der Glienicker Brücke wurde es an die Sowjets zurückgegeben. Für den Transport hatten die Briten das Leitwerk mit einer Sperrholzplatte fixiert. Darauf vermerkte ein Unbekannter mit typisch englischem Humor: »Vor dem nächsten Fluchtversuch zu entfernen!«

Wegen des Viermächte-Status von Berlin durften Amerikaner, Briten und Franzosen nur von sowjetischen Militärs kontrolliert werden. Deshalb wehten am DDR-seitigen Ende der Brücke Sowjet- und DDR-Flagge nebeneinander und es gab einen sowjetischen Posten und eine DDR-Grenzbaracke. Erst mit Beschluss des DDR-Ministerrates 131/12/85 vom 28. November 1985 wurde festgelegt: »Die Grenzübergangsstelle Potsdam, Glienicker Brücke, ist ab 1.12.1985 für den Wechselverkehr von in der DDR akkreditierten Diplomaten und weiteren Diplomaten solcher Staaten, für die aufgrund entsprechender Vereinbarungen Visafreiheit besteht, zugelassen.«

Für Bürger beider deutscher Staaten blieb sie weiterhin gesperrt. Drei DDR-Bürger versuchten es am 10. März 1988 trotzdem. Sie rasten mit einem Lkw auf die Sperranlagen zu, der mit 92 Gasflaschen beladen war. Das sah der sowjetische Posten, der eine Explosion fürchtete und deshalb nicht schoss. Der Wagen durchbrach sämtliche Schlagbäume und rutschte, inzwischen schrottreif, bis auf die Brückenmitte. Die Männer erreichten unverletzt Westberlin.

Gefährlich konnte es auch für die Soldaten und Offiziere der drei westlichen Militärmissionen im Feindesland DDR werden. Sie hatten bis 1990 ihren Standort in Potsdam.

Von dort aus sollten sie die Streitkräfte der anderen Seite im Auge halten. Das blieb in den Jahren des Kalten Krieges nicht ohne Opfer. Am 22. März 1984 will ein »Ural«-Lkw der NVA die französischen Aufklärer stoppen. Es kommt zum Zusammenstoß und Sergeant Philippe Mariotti stirbt in der Nähe von Halle. Ein Jahr später, am 24. März 1985, erschießt ein sowjetischer Posten den US-Major Arthur D. Nicholson, als der bei Ludwigslust (Mecklenburg) eine russische Panzer-Kaserne heimlich inspizieren will. Die sterblichen Überreste der beiden kehren über die Glienicker Brücke vom Einsatz hinter den feindlichen Linien in den Westen zurück.

Heute ist die einstige »Brücke der Spione« nur noch eine ganz normale Straße zwischen Potsdam und Berlin.

WELCHE DUNKLEN GEHEIMNISSE BIRGT DAS BRANDENBURGER TOR?

In 28 Mauer-Jahren war das Brandenburger Tor nur mit gehörigem Abstand zu betrachten. Dass das Wahrzeichen Berlins im Laufe seiner Geschichte immer mal wieder auch ein Tatort war, schien vergessen.

Es begann mit dem Raub der Quadriga. Nach dem Sieg über Preußen bei Jena und Auerstedt zog Napoleon am 27. Oktober 1806 durch das Brandenburger Tor ein und schickte die Friedensgöttin, von der manche auch behaupten, sie sei die Siegesgöttin, als Beutegut nach Paris. Marschall Blücher eroberte sie nach sieben Jahren zurück. So konnte Adolf Hitler 120 Jahre später das komplette Tor zur Volksverhetzung missbrauchen und am 30. Januar 1933 seine braunen Horden hindurchmarschieren lassen. An das Ende dieses Marsches erinnert sich Karl Deutmann, ein Berliner, der im August 1945 immerhin noch Papier und Stift hatte, um Tagebuch zu führen. Er notierte: »Wir besuchten die ›Schwarze Börse‹ am Brandenburger Tor. Hier wird von amerikanischen und russischen Soldaten alles gekauft und verkauft, was es an Uhren, Kleidungsstücken, Ringen, Juwelen, Stiefeln, Ferngläsern, Photoapparaten, Rasiermesser, Pelzmänteln, Strümpfen und seidener Damenwäsche noch gibt.«

Acht Jahre später wurde das Tor zu einem Symbol des Aufstands. Am 17. Juni 1953

rissen Ralf Schönhofer, Horst Ballentin und Wolfgang Panzer die rote Fahne vom Brandenburger Tor. Dafür wurde Schönhofer in der DDR in Abwesenheit zum Tode verurteilt. Dreimal versuchte das MfS, ihn zu entführen. Panzers Spur verlor sich noch am selben Tag, wahrscheinlich wurde er von den Sowjets standrechtlich erschossen. Ballentin konnte in den Westen flüchten.

Wenige Jahre später folgte eine kleine Kunstfälschung. Die Ostberliner Stadtverordneten hatten beschlossen, dass die »Embleme des preußisch-deutschen Militarismus« nicht mehr ausgestellt werden durften. Deshalb wurde in der Nacht vom 2. zum 3. August 1958 heimlich der Eichenkranz mit Eisernem Kreuz, über dem der preußische Adler seine Schwingen ausbreitete, vom Stab der Friedensgöttin entfernt.

Seine Funktion als Wahrzeichen Berlins verlor das Tor weder dadurch noch durch die Grenzschließung am 13. August 1961. Vielleicht wählte es deshalb Dieter Beilig als Ort seines Protests gegen die Mauer aus. Im Herbst 1971 steigt er über die Grenzsperren am Brandenburger Tor. DDR-Grenzer verhaften ihn und bringen den unbewaffneten Mann ins Wachlokal in einem der Torhäuser. Bei der Vernehmung dort springt er plötzlich auf. Eine Kalaschnikow-Salve zerfetzt auf zwei Meter Entfernung Beiligs Rücken. Das MfS weiß, dass es Mord war. Es fälscht sämtliche Unterlagen und lässt die Leiche des 30-Jährigen verschwinden.

Das Brandenburger Tor ist längst Symbol des Kalten Krieges zwischen Ost und West geworden. »Solange dieses Tor geschlossen ist, ist die Deutsche Frage offen«, sagte Bundespräsident Richard von Weizsäcker. »Mr. Gorbachev, open this gate!«, forderte US-Präsident Ronald Reagan am 12. Juni 1987 auf der Westseite. Er hatte den Geist der Zeit erschnuppert, denn eine Woche zuvor, am Pfingstwochenende 1987, waren auf der Ostseite erstmals Rufe ertönt: »Die Mauer muss weg.« Anlass war ein Konzert von David Bowie im Westen, bei dem die Ost-Fans auf der anderen Seite der Mauer mithören wollten. Das verhinderten Polizei und MfS mit Gummiknüppeln und Knebelketten.

Als ein Jahr später Pink Floyd an der Mauer am Brandenburger Tor auftreten sollte, forderte die Ostberliner Führung vom Westberliner Senat, er möge das Konzert verbieten. Grund: Durch die Wummerbässe könnten in der nahe gelegenen Charité Schwerkranke zu Tode kommen. Da Veranstalter Peter Schwenkow schon 30 000 Karten verkauft hatte, musste er die Band bitten, leiser zu spielen. Zwei Jahre später gab es keine Mauer mehr, Pink Floyd kam wieder und donnerte »The Wall« nun so gegen das Tor, dass der Putz rieselte.

Hätten die Gebrüder Bethke gewusst, dass am 9. November 1989 die Mauer fällt, hätten sie sich am 26. Mai 1989 elf Minuten und zwei Sekunden Angst ersparen können. Diese Zeit brauchten Holger und Ingo, um mit zwei Ultra-Leichtflugzeugen in den Osten zu fliegen. Im Treptower Park wartete ihr Bruder Egbert. Er stieg zu, und dann ging es direkt über das Brandenburger Tor zurück in den Westen.

Inzwischen reduzieren sich die spektakulären Ereignisse am Brandenburger Tor auf Silvesterfeiern, diverse Fan-Meilen und zur Berlinale 2010 gab es die Premiere des rekonstruierten, weltberühmten Stummfilm-Klassikers *Metropolis* von 1927. Die Säulen waren verhüllt und so bildete das ganze Tor die Leinwand. Einem guten Dutzend von Leuten wurden beim Staunen in der Eiseskälte die Geldbörsen geklaut, und so ist die dunkle Geschichte des Wahrzeichens wohl auch heute noch nicht ganz vorbei. Sowie die Sonne scheint, wird das Brandenburger Tor ein EIdorado für Kleinkriminelle. Es gibt Warnungen vor Taschendieben wie unter dem Pariser Eiffelturm oder in der Londoner U-Bahn. Und die fliegenden Händler verkaufen hier ihre »garantiert echten« Uniformteile der einstmals gefürchteten Russen. Genäht werden sie schon längst im früheren Jugoslawien.

Wie machte eine Brücke politische Schlagzeilen?

Eigentlich wollte der Mann nur seine Arbeit anständig machen. Am 14. September 1964 setzte der Dezernent Otto Georg Uch vom Autobahnamt Nürnberg seine Unterschrift unter ein Protokoll. Es hielt den Verlauf eines Ost-West-Treffens fest, bei dem es um den Wiederaufbau der Autobahnbrücke auf der A 9 über die Saale ging.

Die Nazis hatten die gut 250 Meter lange Bogenbrücke, auf die sie so stolz waren, dass sie 1936 das Motiv einer Briefmarke und eines Werbeplakats zur »Reichsautobahn« abgab, am 13. April 1945 gesprengt. Seither mussten Reisende zwischen Berlin und München einen 33 Kilometer langen Umweg fahren, um zwischen Töpen und Juchhöh die Demarkationslinie zu überqueren. Die einen nannten sie Staatsgrenze, die anderen Zonengrenze. Das war das politische Problem, denn die Bundesrepublik erkannte die staatliche Existenz der DDR nicht an. Mit der Saalebrücke hielt Ostberlin jedoch einen

Trumpf in der Hand. Schließlich waren es fast ausschließlich Westbürger, die die Stunde Umweg durchs Tal fahren mussten.

Jahrelang wurde um den Wiederaufbau der Brücke verhandelt. Die DDR bestand darauf, sie zu bauen, aber der Westen sollte dafür 7 Millionen DM zahlen. Bonn bot 4,5 Millionen, und schließlich einigte man sich auf 5,5 Millionen DM. Dafür verlangte die DDR, die Sache nach außen so darzustellen, als trüge sie alle Aufwendungen. Das schluckte die Bundesregierung. Direkte Verhandlungen mit der DDR-Regierung wollte sie jedoch nicht. Deshalb sollte eine Arbeitsgruppe die Sache lösen.

Um eines ihrer Treffen ging es genau in dem Protokoll, das Dezernent Uch unterschrieb. Darin war auch die Rede von der »DDR«, ihrem »Ministerium für Verkehrswesen«, »Bundesbehörden« und einer »gemeinsamen Kommission« der beiden deutschen Regierungen. Überdies gelang es den DDR-Vertretern, für alle folgenden Protokolle die Absicht festzuhalten, diese »Begrifflichkeiten« weiter zu verwenden. Damit hatte ein subalterner bayerischer Beamter unbeabsichtigt den wichtigsten Grundpfeiler der Bonner Deutschlandpolitik verletzt, denn für die Bundesrepublik gab es ja offiziell keine DDR. Bundesverkehrsminister Hans-Christoph Seebohm (CDU) wetterte, denn der Nürnberger Dezernent hatte nun mit seiner Unterschrift ganz nebenbei die DDR anerkannt! Das berichtete natürlich umgehend die ostdeutsche Presse. Uch war zwar nur ein kleiner Beamter, aber was ein Staatsdiener tut, ist ein Hoheitsakt. Bonn drohte mit dem Abbruch der Verhandlungen und wollte sogar den gesamten Brückenbau platzen lassen.

Eine Lösung wurde gefunden, indem das umstrittene Papier zurückgezogen wurde. Nun regelte Kurt Leopold als Chef der »Treuhandstelle für den Interzonenhandel« im Westen die Sache. Sie unterstand offiziell dem »Deutschen Industrie- und Handelstag« und war damit »privatrechtlich«. Leopold agierte ohne Vollmacht des Verkehrsministers, und die DDR musste das akzeptieren, um das Projekt zu retten. Künftig stand in den Papieren, der Treuhand-Chef und sein DDR-Pendant, Siegfried Kasper, Vize-Chef der Hauptverwaltung Straßenwesen im DDR-Verkehrsministerium, handelten »im Auftrag und mit Vollmacht der von ihnen vertretenen zuständigen Behörden«. Damit war die diplomatische Bombe erst einmal entschärft, denn nun konnte sich jeder unter »zuständigen Behörden« das vorstellen, was er mochte. Für den Westen blieb es damit ein »innerdeutsches«, für den Osten ein »internationales« Geschäft.

Dennoch brodelte die politische Spannung weiter, denn der Westen musste noch eine dicke Kröte schlucken. Die DDR verlangte den Bau eines massiven Bretterzauns von 2,30

Metern Höhe auf 6000 Quadratmetern bayerischen Gebiets, um die Flucht von Bauleuten zu verhindern. Juristisch hieß das, jemandem Sonderrechte einzuräumen, den es angeblich gar nicht gab. Die Nürnberger Firma Johann Walthelm und die Zimmerei Otto Schlemmer aus Münchberg bauten die Sperre, allerdings mit einer Tür. Die vernagelte der Osten, und der Westen schnitt sie wieder auf. Schließlich verlief alles im Sande, denn kein DDR-Bauarbeiter versuchte zu fliehen.

Der Kampf für und gegen die faktische Anerkennung ging unverdrossen weiter. Als zwei Fliegerbomben unter der Brücke gefunden wurden, wies man den Ost-Emissär mit der »wichtigen Mitteilung« an der Pforte des Bonner Verkehrsministeriums ab, denn angeblich gab es ja keine DDR, die einen Boten schicken konnte. Ein darauffolgender Einschreibebrief des DDR-Verkehrsministeriums mit der Nachricht kam ungeöffnet zurück. Daraufhin sprengte der Osten ohne Vorwarnung die Blindgänger, glücklicherweise passierte nichts.

Trotz all dieser Querelen wurde die Brücke fertig. Die Eröffnung fand am 19. Dezember 1966 um 12 Uhr ohne das übliche rote Band statt. Allerdings stand Westberlins Regierender Bürgermeister Heinrich Albertz (SPD) privat mit seinem Mercedes 220 S am neuen Grenzübergang und freute sich über die Zeitersparnis. Das von der CSU geführte bayerische Innenministerium hingegen ließ lediglich verlauten, »die Verbesserung eines anormalen Zustands ist kein Anlass für Feierlichkeiten«. Dieser »anormale Zustand« hielt noch knapp 23 Jahre an. Heute ist es kaum noch vorstellbar, welche politischen Kämpfe es einstmals um eine simple Autobahnbrücke gab. Die ziemlich sinnlose Geschwindigkeitsbegrenzung auf 130 Kilometer pro Stunde vor der Kurve zur Raststätte Frankenwald ist dort inzwischen der einzige Ärger.

WIESO WURDE DER ALTE FRITZ ZU »FRIEDRICH DEM GROSSEN«?

So richtig böse war die DDR Friedrich II. wohl nie. Als eine Kneipe in der Lausitz nicht mehr *Zum Alten Fritz* heißen durfte, nagelte der Wirt ein Brett über den »Alten« und das Volk nannte die Destille fortan *Zum Brett'l Fritz*. Niemanden störte es. Viel wichtiger war nämlich von Anfang an, den Preußenkönig »richtig« einzuordnen, und das geschah schon vor der Gründung des neuen Staates. Im Mai 1946 erschien der Sammelband von Franz Mehring *Historische Aufsätze zur preußisch-deutschen Geschichte* und im gleichen Jahr das Exilwerk von Alexander Abusch *Der Irrweg einer Nation.* Aus der Sowjetunion kamen die Broschüren *Marx und Engels über das reaktionäre Preußentum* und der Aufsatz von S. M. Lesnik: »Was hat Preußen Deutschland gegeben?«. Es ging darum, die Wurzeln der Untaten des Dritten Reichs in der Entwicklung Preußens nachzuweisen, und als der Staat Preußen am 25. Februar 1947 als »Träger des Militarismus und der Reaktion« von den Alliierten aufgelöst wurde, schien erst einmal alles in Ordnung zu sein. Schließlich hatte ja auch Lessing Preußen als das »sklavischste aller Länder« bezeichnet, und das sollte verschwinden.

Das war nicht so ganz einfach, denn immerhin gehörte Preußen ja nun mal zur deutschen Geschichte. Deshalb spielten zunächst deren am ehesten akzeptable Teile eine Rolle. Die ersten *Lehrhefte für den Geschichtsunterricht an Oberschulen* für Lehrer würdigten »Die preußischen Reformen« und waren von Paul Ostwald, einem Pädagogen der Weimarer Zeit, geschrieben. Sie standen gemeinsam mit der Aufklärung und den Bemühungen um einen deutschen Nationalstaat auch im Mittelpunkt der Preußen-Betrachtung im 1952 gegründeten Museum für Deutsche Geschichte in Ostberlin. Im vierten Band des zwölfbändigen Hochschullehrbuchs für Historiker hob Gerhard Schiffer die »militärische Begabung« Friedrich II.: hervor, an die die Tradition der 1956 entstandenen Nationalen Volksarmee bereits angeknüpft hatte. Er meinte, der König sei »der einzige hervorragend begabte Vertreter der Hohenzollerndynastie« gewesen. Dennoch fehlte das rote Schwänzchen nicht, denn der Professor postulierte, Friedrichs Regierung habe »dazu beigetragen, dass die Junkerklasse zum größten Schaden Deutschlands und der Welt ihre Machtstellung bis weit ins 20. Jahrhundert hinein behaupten konnte«. Im Geschichtslehrbuch für die 10. Klassen der Erweiterten Oberschulen kulminierte diese Auffassung in der Feststellung: »Nur in der DDR wurde die Bürokratie samt ihrer preußischen Verwaltungstradition vernichtet.«

Berlins SED-Chef Paul Verner schien »Eff Zwo« verzichtbar, er ordnete 1960 das Einschmelzen des Bronzestandbilds des reitenden Preußenkönigs von Christian Daniel Rauch an. Kulturminister Hans Bentzien verhinderte das und ließ es im Hippodrom des Potsdamer Parks Sanssouci verstecken. Das war eine weise Voraussicht, denn ab 1970 drehte sich der Wind. Es setzte sich die Einsicht durch, dass die Geschichte der Arbeiterbewegung nur zu verstehen sei, wenn man auch deren Kontrahenten und Wurzeln betrachtete. Die Geschichtsdozenten Günter Vogler und Klaus Vetter legten mit *Preußen. Von den Anfängen bis zur Reichsgründung* erstmals einen geschlossenen Abriss vor. Es folgte ein wenig öffentlich beachteter akademischer Streit, bis die Historikerin Ingrid Mittenzwei 1978 im Wochenblatt *Forum* zunächst »Die zwei Gesichter Preußens« beschrieb. Der *Horizont* nannte den Preußenkönig 1978 erstmals wieder »Friedrich den Großen«. Ein weiterer Artikel von Ingrid Mittenzwei, Horst Bartel und Walter Schmidt im SED-Theorieorgan *Einheit* im Sommer 1979 ebnete dann den Weg zu ihrer Biographie *Friedrich II. von Preußen.*

Hans Bentzien meinte, sie habe bei Erich Honecker den entscheidenden Anstoß gegeben, den Alten Fritz neu zu sehen. Das ist umstritten, denn das Buch von Ingrid Mittenzwei war kaum geeignet, die Vorbehalte gegen Friedrich II. abzubauen. Sie überlegte zwar einen ganzen Abschnitt lang, ob ihm denn nun der Beiname »der Große« zustünde, gab aber keine klare Antwort: »Ob Friedrich der Große oder Friedrich II., so viel jedenfalls muss gesagt werden, dass die Politik des Preußenkönigs – wenn auch unbeabsichtigt – weit über die eigene Zeit hinaus wirkte.« Dennoch war es ihr Verdienst, an die historische Persönlichkeit nicht den Maßstab der neuen Zeit für sein Handeln als absolutistischer Herrscher angelegt zu haben.

Und so sprach 1980 dann auch Erich Honecker erstmals in einem Interview von »Friedrich dem Großen« und ließ ihn Unter den Linden wieder gen Osten reiten. Das zog die Verstimmung der polnischen Brüder nach sich, aber auch aus der Sowjetunion kamen Zeichen einer Rückbesinnung auf die Vergangenheit. Dort war es »Peter der Große«, der nun wieder freundlicher kommentiert wurde. So setzte sich die Neubetrachtung der Geschichte in der DDR fort.

Zum 200. Todestag 1986 begeisterte die Ausstellung über den »Philosophen von Sanssouci« im Potsdamer Neuen Palais die Besucher, wenig später folgte der TV-Mehrteiler *Sachsens Glanz und Preußens Gloria.* Der Westen kommentierte die neuen Töne mit: »Ostberlins Ideologen haben ein Stück verbrannter Erde wiederentdeckt: Preußen«, und orakelte; »... dass die SED sich vom Dogma deutscher Zweistaatlichkeit zu lösen beginnt.« Im Osten sahen es die Bürger angesichts ihres beschwerlichen Alltagslebens pragmatischer und reimten in der Tradition eines Spruches, dessen Wurzeln im Jahr 1848 liegen: »Lieber Friedrich, steig hernieder und regiere Preußen wieder! Lass in diesen schweren Zeiten lieber unseren Erich reiten.«

WER ERBTE WILHELM PIECKS BRIEFMARKENSAMMLUNG?

Es war ein peinliches Erbe von Papa Pieck. Als der erste und letzte DDR-Präsident im September 1960 verstarb, hinterließ er eine bedeutsame Briefmarkensammlung. Sie enthielt nicht nur die gängigen Hitler- und Hakenkreuzmarken aus dem Dritten Reich, deren Handel in der DDR streng verboten war, sondern auch einige Top-Raritäten dieser Zeit. Der Antifaschist Wilhelm Pieck war offenbar von der Nazi-Symbolik auf den Marken fasziniert. Spitzenwerte wie die Tunis-Feldpostpäckchenmarke von 1943 oder der nur in 1000 nummerierten Exemplaren erschienene Block zum Gedenken an den durch ein Attentat ums Leben gekommenen Nazi-Schergen Reinhard Heydrich gehörten zur Sammlung. Seine Töchter Eleonore Staimer, als Botschafterin tätig, und Elly Winter, Abteilungsleiterin im Institut für Marxismus-Leninismus, mögen froh gewesen sein, als sie das Zeug 1983 ohne großes Aufsehen für 25.000 DDR-Mark an den VEB Philatelie Wermsdorf abgeben konnten. Der war ab 1972 für den Briefmarkenexport in den Westen zuständig, ab 1985 dann als Teil der »Kommerziellen Koordinierung« (KoKo).

Allein die Tunis-Marke brachte später bei Ebel in Frankfurt am Main 50.000 Westmark. Solche lukrativen Geschäfte waren nicht immer drin, aber Kleinvieh machte auch Mist. Die DDR exportierte ihre Sammlermarken in mehr als 20 Länder, der Schwerpunkt lag in der Bundesrepublik. Die großen Auktionshäuser wie Sieger im schwäbischen Loch, Ebel in Frankfurt oder Domke in Westberlin waren dankbare Abnehmer. Sie zahlten im Rahmen ganz offizieller deutsch-deutscher Handelsverträge in der Regel etwa 40 Prozent des Katalogwertes und bekamen dafür die von der betriebseigenen Zollabfertigung des VEB Philatelie in der Leipziger Talstraße ordnungsgemäß versiegelte Lieferung.

Anrüchig an diesen Geschäften war die Herkunft der Ware. Viele Sammlungen wurden bei »Republikflüchtigen« beschlagnahmt, andere ihren Vorbesitzern abgepresst. Dabei gab es einen simplen Trick: Wertvolle Briefmarkenkollektionen wurden nach Katalogwert – einem fiktiven Wert, der sich erst dann realisiert, wenn ein Sammler kauft – geschätzt. Daraus entstand dann eine »Steuerschuld« und um die zu »begleichen«, wurden die Marken in Zahlung genommen.

Eine weitere Möglichkeit, Deviseneinnahmen zu erzielen, waren Preismanipulationen. Bei Sammlerobjekten bestimmen Angebot und Nachfrage den Markt. Da die DDR die Restbestände der ehemaligen Reichsdruckerei geerbt hatte und die ostdeutschen Briefmarkenhändler ihre Nazi-Ware nach 1949 an den Staat abliefern mussten, war genügend Nachschub da. Gern wurden diese Sachen im Westen in Form der »Wermsdorfer Wunderkartons« angeboten, Pakete von 10 bis 30 Kilogramm, die in der Regel für 100 Mark bei Auktionen aufgerufen wurden und nicht selten fünfstellige Beträge erzielten. Schnell hatte sich nämlich herumgesprochen, dass sich in den Kartons oft auch Urkunden, Orden, seltene Briefe und andere Zeitdokumente aus dem Dritten Reich fanden, so dass manches Schnäppchen möglich wurde. So soll zum Beispiel ein Briefwechsel des SS-Obersturmbannführers und Juden-Mörders Adolf Eichmann allein 13.000 DM bei einer Versteigerung gebracht haben. Objekte dieser Art gelangten mit Sondergenehmigung und über das Sonderzollamt des Ministeriums für Außenhandel in den Westen.

Auf diesem Weg gingen auch etliche Kulturgüter aus dieser Sparte verloren, wie beispielsweise von den Nazis konfiszierte Briefe prominenter Häftlinge aus den NS-Konzentrationslagern, Spezial-Sammlungen seltener Stempel und Ähnliches. Wie viel Geld das alles eingebracht hat, ist nicht mehr zu ermitteln. Offizielle Umsatzzahlen von zehn bis zwölf Millionen Mark im Jahr werden von Insidern als viel zu niedrig bewertet. Nach der Übernahme durch KoKo wurde nämlich der VEB Philatelie aus dem bis dahin bestehenden Unterstellungsverhältnis gelöst und dem Ministerium für Außenhandel direkt unterstellt. Das ging mit der Aufhebung einer kontrollierten Kontenführung einher, weil nun nur noch mit Guthabenkonten gearbeitet wurde.

Die Abwicklung der Geschäfte lag in der Hand ganz weniger Spezialisten. Als Jürgen M., in Wermsdorf Fachmann für Raritäten und Marktanalysen im Westen, Mitte der achtziger Jahre wegen Steuerhinterziehung ins Gefängnis wanderte, mochte seine Firma auch dort nicht auf seine Dienste verzichten. Er bekam ein Büro im Knast, konnte Besucher empfangen, telefonieren und weiter Briefmarken sortieren, die mehrfach in der Woche in gesiegelten Kartons angeliefert wurden. Er meint heute, durch seine Hände seien Bestände »im Wert einiger Hundert Millionen Mark« gegangen.

Die Sammler aus Wermsdorf kannten aber nicht nur die Einbahnstraße in den Westen. Als Briefmarkenfreund Leonid Breschnew 1979 einen Staatsbesuch in der DDR absolvierte, besorgten sie für ihn einige der raren Zeppelin-Luftpostmarken auf Briefen, importiert aus der Schweiz, als Gastgeschenk. Mit dem Ende der DDR erbte die Deutsche Bundespost die lukrative Sparte. Sie wird als Tochterunternehmen unter dem Namen Deutsche Postphilatelie GmbH geführt. An die DDR-Vergangenheit mag sich dort heute niemand mehr so recht erinnern.

WAR BISMARCK EINER VON DEN GUTEN?

Als 1985 in der DDR das dickleibige Buch *Bismarck. Urpreuße und Reichsgründer* von Ernst Engelberg erschien, gehörte es zur Bückware unter dem Ladentisch. Der Grund dafür lag gar nicht einmal darin, dass viele wissen wollten, ob Reichskanzler Otto von Bismarck nun eventuell zum sozialistischen Vorkämpfer mutiert war, sondern eher in der Neugier, wie er künftig »zu sehen« sei.

»DDR – Unser Vaterland« hieß seit Jahren eine beliebte rhythmisch zu skandierende Losung der FDJ, und immer wieder war versucht worden, das auch mit dem Rückgriff in die Geschichte zu unterfüttern. Seit Anfang der achtziger Jahre rollte diese Welle mal wieder, begonnen hatte es mit einem Artikel von Professor Walter Schmidt, dem Chef des Zentralinstituts für Geschichte in der DDR, im Juli 1981. Er forderte den Blick auf die »nationale Identität«, die sich in die »ganze deutsche Geschichte« einordnen müsse, denn die sozialistische DDR-Identität entwickle sich nun mal auf »historischem Boden«.

Was Otto von Bismarck betraf, schien dies nicht allzu schwer, denn die Ideologie-Päpste Marx, Engels und Lenin hatten ihn trotz aller prinzipieller Gegnerschaft mit einiger Sachlichkeit behandelt. Friedrich Engels schätzte den eisernen Kanzler als »Menschen von großem praktischen Verstand«. Wladimir Iljitsch Lenin stellte fest, Bismarck habe mit der Gründung des Deutschen Reichs 1871 »in seiner Art auf junkerliche Weise eine historisch fortschrittliche Sache vollbracht«. Karl Marx spottete über die Versuche des sozialdemokratischen Urvaters Ferdinand Lassalle, in Gesprächen mit Bismarck einen »königlich-preußischen Regierungssozialismus« zu propagieren, und nannte den »eisernen Kanzler« in Briefen auch schon mal »Pißmarck«. Aber alles in allem richtete sich sein

Zorn nicht gegen den Preußen, sondern eher gegen die sozialdemokratische Konkurrenz in der sich formierenden deutschen Arbeiterbewegung.

Die Organisation der Arbeiterschaft im 19. Jahrhundert hatte Bismarck 1878 mit dem Verbot der SAP und den »Sozialistengesetzen« zu unterdrücken versucht. Das blieb natürlich auch in der DDR-Neubetrachtung seines Wirkens ein Ausfluss beispielhafter reaktionärer Politik. Wie sie künftig einzuordnen sei, war im Februar 1983 in einem umfangreichen Bismarck-Artikel des FDJ-Blattes *Junge Welt* von Heinz Wolter zu lesen. Der Historiker, der ebenfalls am Zentralinstitut für Geschichte forschte, beschrieb den adeligen Politiker als einen Mann, der »mit Realitäten wirtschaften« konnte, was dazu führte, dass es ihm gelang, »sich mit dem Prozess der bürgerlichen Umgestaltung zu arrangieren, die im 19. Jahrhundert in Deutschland gebieterisch auf der Tagesordnung stand«. Mit der Bewertung Bismarcks als »Realpolitiker« rückte er genau auf die Linie der DDR-Politik. Es gab die reale Bedrohung des Friedens durch die Hochrüstung, die sich durch die gerade stattfindende Stationierung von sowjetischen und amerikanischen atomaren Mittelstreckenraketen auf deutschem Boden verschärfte, und es gab die reale Existenz von zwei deutschen Staaten, deren faktische Anerkennung Vorteile für beide Seiten brachte. Dass jede von ihnen mit diesen Realitäten auf ihre Weise umgehen musste, hatte Bismarck vorgemacht. Auch er arrangierte sich mit dem wachsenden Einfluss des deutschen Bürgertums, wenn auch »auf junkerlich-preußisch-militaristische Weise«. So stimmte der Zirkelschluss zu Lenin, und es blieb nur noch, Bismarcks Russland-Politik ins rechte Licht zu rücken.

Dies geschah nach der bewährten Methode einer selektiven Betrachtung. In der *Jungen Welt* war zu lesen, dass »Bismarcks realistische Einsicht, es niemals zum Kriege mit Russland kommen zu lassen«, auch hundert Jahre später noch gelte und demzufolge »eine Wiederbegegnung mit Bismarck ... sicher auch im Rahmen unseres differenzierten historischen Erbeverständnisses« denkbar wäre. Der durchaus delikate Aspekt, dass gerade das Russland des 19. Jahrhunderts für Demokraten wie Linke als »Zitadelle der Reaktion« galt, blieb ebenso ausgespart, wie die Hoffnungen von Marx und Engels 1848 auf einen Krieg gegen den Zaren. Hier kollidierte die neue DDR-Linie auch mit der sowjetischen Geschichtsschreibung, in der dem erzreaktionären preußisch-russischen Bündnis durchaus positive Züge abgewonnen wurden, obwohl es in der Mitte des 19. Jahrhunderts der Unterdrückung jeglicher revolutionärer Bewegung in Europa, insbesondere in Deutschland, diente.

Bei der Neubewertung Bismarcks in der DDR stand deren gewachsenes Selbstbewusstsein Pate. Mussten in den fünfziger Jahren noch Bismarck-Bilder verschwinden – zum Beispiel ein Relief an der Leipziger Universität –, ging es nun darum, identitätsstiftende Wurzeln zu finden. Mit Blick auf Preußen reichten sie seit längerem bis in die Zeit der Stein-Hardenberg'schen Reformen. Gneisenau, Scharnhorst und Clausewitz marschierten bereits in den Reihen der DDR-Vorläufer. Mit Otto von Bismarck war ein grauer Fleck gefüllt worden.

Für Ernst Engelberg war mit seinem 1985 gleichzeitig in der DDR und im Westen erschienenen Werk über Bismarck die Betonung der Rolle der Persönlichkeit und des Individuellen in der Geschichte noch ein Punkt, der ihm Kritik aus der SED einbrachte. Dennoch wurde er am 7. Oktober 1989, dem 40. Jahrestag der DDR, als einer der beiden letzten Hervorragenden Wissenschaftler des Volkes geehrt. Seine 1600-Seiten-Fortsetzung *Bismarck. Das Reich in der Mitte Europas* erschien 1990 und war dann auch ohne besonders gute Beziehungen zur Buchhändlerin zu haben.

Wollten die Kommunisten die Sprache verändern?

Als George Orwell 1948 seine Vision *1984* schrieb, ließ er seinen »Großen Bruder« die Einführung des »Neusprech« befehlen. Die Sprache der Diktatur sollte sich so verändern, dass bald niemand mehr Kritik oder gar Widerstand auch nur ausdrücken könnte. Wenn in der DDR allein schon das Wort »Mauer« suspekt erschien, erinnert das an diese Praxis, und Erich Mielkes »Ich liebe doch ...« gemahnte an das »Liebesministerium« Orwells, das die politischen Gegner verfolgte.

Ob die Mächtigen in der DDR tatsächlich eine eigene »Landessprache« anstrebten, ist bis heute umstritten. Zunächst war das Gegenteil der Fall. Der III. Schriftstellerkongress beschloss bereits 1952 ein Manifest »Für die unteilbare deutsche Sprache«. Anlass waren die blühenden Amerikanismen im Westen. Dennoch verkündete Walter Ulbricht 1970 vor dem 13. ZK-Plenum der SED: »Sogar die einstige Gemeinsamkeit der Sprache ist in Auflösung begriffen.« Das hatte politische Folgen. Nachdem noch 1967 zahlreiche Partei- und Funktionärswörter aus der 16. Leipziger Duden-Ausgabe verschwanden, gab nun die Ostberliner Akademie der Wissenschaften ein mehrbändiges *Wörterbuch der Gegenwartssprache* heraus. Ideologisch begründet, erklärte es die Unterschiede zwischen west- und ostdeutschem Sprachgebrauch. Das rief damals auch die Sprachwissenschaftler West auf den Plan, die nun ihre Sicht zusammenfassten. Zwischen 1973 und 1991 entstanden sechs spezielle Wörterbücher dazu. Heute bewegen sich seriöse Schätzungen über unterschiedliche Wörter und Wortbedeutungen in beiden deutschen Staaten im Bereich zwischen 800 und 3000 Stichwörtern, das wären 1,8 bis drei Prozent der Alltagssprache.

Die Besonderheiten der »DDR-Sprache« speisten sich aus verschiedenen Quellen und unterlagen unterschiedlichen Einflüssen. Der peinlichste war die weitere Nutzung der Nazi-Sprache. *Arbeitsscheue Elemente* oder gar *Rowdys* weigerten sich, die *Einheitsliste* zu wählen, und wenn es ganz schlimm kam, mussten *150-Prozentige* von der Stasi mit *Bonbon* am Revers den Vorgang *liquidieren.* Walter Ulbricht sprach von *entarteter Kunst* und konstatierte mit Kennermiene: »Wir brauchen weder Bilder von Mondlandschaften noch von faulen Fischen ...« Verbunden war sie mit der militarisierten Sprache. In der DDR *meldete man sich zum Kampf gegen Feinde,* gegen die die *Nationale Front mobilisierte,* damit die *Ernteschlacht* tapfer ohne westliches *Störfeuer* von den *Helden des Alltags geschlagen* werden konnte.

Weit weniger martialisch blieben die Einflüsse der sowjetischen Besatzungsmacht, euphemistisch »die Freunde« genannt. Sie reimportierte nicht nur Begriffe westlichen Ursprungs, wie *Brigade, Kombinat* oder *Magistrale,* sondern brachte auch die erbarmungslose Substantivierung, die in endlosen Genitivfolgen auftauchte. TV-Nachrichtensprecher Klaus Feldmann: »Diese Aufzählungen waren eisernes Gesetz in den Nachrichten. Empfing der Generalsekretär des Politbüros des Zentralkomitees usw. drei Botschafter, mussten auch die langen Titel drei Mal aufgesagt werden.« Daneben bildete auch das Volk seine eigenen Begriffe aus dem Zusammenleben mit »den Freunden«. Die *Taigatrommel* musste nicht mehr, wie zuvor die Dampflok, mit *Kosakenkies* geheizt werden, und in der *Kolchose,* das war *Fakt, rollte der Rubel.* Originale russische Worte wie *Datscha* (DDR: *Datsche*), *Schaschlik* oder *Wodka* bürgerten sich ein, andere, wie *Subbotnik* oder *Soljanka,* haben bis heute etwas von Ost-Geheimsprache.

Ergänzt wurde alles durch die Phraseologie. Sie kannte nicht nur den *sozialistischen Gruß,* es gab auch die *sozialistische Eheschließung* und die *sozialistische Namensgebung* und unzählig anderes *Sozialistisches*. Oft gebrauchte Floskeln verflossen ineinander: In der *Deutschkratschenreplik* war *polilogische Wachsamkeit* angesagt.

Viele Worte gewannen ihren DDR-typischen Inhalt. Wer Berlin verließ, reiste *in die Republik*, obwohl die offiziell *Territorium der Deutschen Demokratischen Republik* hieß. Die *Neubauwohnung* war selbstverständlich eine *Komfortwohnung*, wenn auch der zweite Wasserhahn in der *Nasszelle planmäßig wegrationalisiert* wurde. Am *Haushaltstag* mussten die Sprösslinge nicht in die *Kinderkombination*, sondern gingen mit in die *Kaufhalle*, wo *Vitamin B* nicht schadete. Wer das *Reisealter* erreicht hatte, benötigte als *Bürger für seine Individualreisen nach dem Ausland keinen SVK-Urlaub* mehr.

Im Gegenzug verschwanden Begriffe aus dem DDR-Duden. Die *Weltreise* gab es ebenso wenig wie das *Postgeheimnis*, und auf dem *Markt* wurde nicht eingekauft, sondern allenfalls *demonstriert*. Und zwar *machtvoll*. Eine Unzahl von Sprachtrompeten blies dazu die Begleitmusik. Die *unverbrüchliche Freundschaft* speiste sich aus *unerschöpflichen Quellen*, die mit *revolutionärem Eifer* von der *verschworenen Gemeinschaft aller Werktätigen* geschützt wurden. Dagegen konnten weder die *Bonner Ultras* noch die *Kriegstreiber* und *Atomstrategen vom Rhein* etwas tun. Allerdings revanchierten sich die *Revanchisten* mit bösen Worten, wie beispielsweise den Zusammensetzungen mit *Zone*. Der Rundfunk im amerikanischen Sektor (RIAS) sendete Nachrichten »*Aus der Zone, für die Zone*« und berichtete von den *Zonen-Machthabern*, die das *Zonen-Regime* im Auftrag Moskaus verwalteten.

All diese »imperialistischen Stör- und Einmischungsversuche« führten dazu, dass jegliche Verbindungen mit »Ost« suspekt waren. Natürlich gab es Westdeutschland und Westberlin, aber keinesfalls Ostdeutschland oder gar Ostberlin. Zum Orwell'schen »Neusprech« schaffte es das alles nicht, aber manche Ansätze und Parallelen waren trotzdem nicht zu übersehen. Vielleicht reichte auch einfach die Zeit nicht aus. Der 1950 in London gestorbene Schriftsteller veranschlagte für den endgültigen Sieg des »Neusprech« das Jahr 2050. Glaubt man ihm, fehlte der DDR mindestens noch eine weitere Generation für eine eigene Sprache.

WAS UNTERSCHIED WEIDMÄNNER IN OST UND WEST?

Erich Honeckers Jagdhaus *Wildfang* in der Schorfheide. Davor posiert sein Cocker Spaniel Flex.

»Der Herr Baron von Itzenplitz ist unbekannt verzogen, aus seinem alten Rittersitz ist er hinausgeflogen … Der starke Hirsch, herangehegt vom Landarbeitersohn, wird heute von ihm selbst erlegt und nicht vom Herrn Baron.« So klang's im »Lied der neuen Jagdherren« in der DDR, und der Drang, sich vom westlichen Halali zu unterscheiden, ging bis in die Sprache. In ihrem Anfang der siebziger Jahre erschienenen Werk *Jagdliches Brauchtum* verkündeten Karl Lemke und Franz Stoy: »In unserem sozialistischen Jagdwesen werden alle mit ›weid‹ zusammengesetzten Wörter sprachgeschichtlich zutreffend wieder mit dem Diphthong ›ei‹ geschrieben, während

im westdeutschen Bundesjagdgesetz … die Schreibweise mit dem falschen ›ai‹ erfolgt.« Das stimmte zwar so nicht ganz, zeigte aber, dass es auch im Wald eine grüne Grenze geben sollte. Immerhin hatte die DDR erstmals seit dem Mittelalter das Jagdrecht vom Eigentum an Grund und Boden getrennt.

Das erste Jagdgesetz von 1953 machte »alle jagdbaren Tiere« zum »Eigentum des Volkes«. Allerdings legte es auch das Recht des Staates fest, »Sonderjagdgebiete« zu definieren – dieses Privileg hatten sich davor letztmalig Fürsten in ihren Jagdverordnungen im

Feudalismus genommen. So entstanden in der DDR ein öffentliches und ein geheimes Jagdwesen. Bis 1953 gab es gar keines, denn die Sowjets sahen die bis Kriegsende vom »Reichsjägermeister« Hermann Göring angeführte Jägerschaft als überflüssige braune Ballermänner an. Das Schießen besorgten sie selbst, meist wenig weid- oder waidmännisch, deutsche Förster dienten ihnen nur als mit Knüppeln bewaffnete Wildhüter.

Wenig später wurde die Parole »Die Jagd gehört dem Volke« im Kollektiv verwirklicht. Die Jagdkollektive waren Teil der Gesellschaft für Sport und Technik (GST). Das Komitee für Forstwirtschaft als oberste Jagdbehörde wies ihnen – und ab 1962 dann den daraus entstandenen »Jagdgesellschaften« – Jagdgebiete zwischen 5000 und 20 000 Hektar zu. Flinten und Büchsen wurden zentral verwaltet. Später durften Jäger, die sich »durch aktive gesellschaftliche Arbeit sowie hervorragende Leistungen in der Produktion, wissenschaftlichen Institutionen oder Verwaltungen beim Aufbau des Sozialismus … ausgezeichnet haben«, ihre Waffen zu Hause aufbewahren.

Die Mitgliedschaft in den rund 970 Jagdgesellschaften der DDR, in denen etwa 35 000 Jäger organisiert waren, kostete – je nach Einkommen – zwischen 10 und 100 Mark im Jahr. Abhängig war sie allerdings laut Statut von der »persönlichen politischen Eignung«, denn geschossen wurde »unter der Führung der Sozialistischen Einheitspartei Deutschlands«. Die Jagdgesellschaft erzog »ihre Mitglieder zu aufrechten Kämpfern für den Sozialismus«, in ihren Lehrstunden nahm »Staatsbürgerkunde« mehr Raum als die Ausbildung an den Waffen ein. Das geschossene Wild blieb Volkseigentum, die Jäger bekamen jedoch ihre Zuteilung davon, bevor der Rest in den HO-Handel wanderte. Dort wuchs Wild zu einem bedeutenden Versorgungsfaktor. Wurden 1960 noch 7615 Stück Rotwild und 27 204 Stück Schwarzwild geschossen, stiegen diese Zahlen bis 1989 auf 27 800 Stück Rotwild und 148 500 Stück Schwarzwild.

Neben dieser öffentlichen Jagd gab es in der DDR ein umfangreiches System der Privilegiertenjagd, das mit Bildung der »Inspektion Staatsjagd« nach Erich Honeckers Machtantritt beständig perfektioniert wurde. Etwa acht Prozent der für die Jagd geeigneten Fläche der DDR blieben dabei in der Verfügungsgewalt der Sowjets, eigene Jagdgebiete wurden neben jenen für die SED-Führung auch für die Armee und die Staatssicherheit eingerichtet. Bei diesen Jagden stand das Erlangen der Trophäe im Mittelpunkt. Erich Honecker schoss jedes Jahr an die hundert Hirsche und dazu Hunderte von Rehen und Hasen – Wild aß er jedoch ebenso wenig wie Pilze oder anderes aus dem Wald. Seine jagdlichen Exzesse gingen so weit, dass die »Abschussbücher« an manchen Tagen bis zu

»Das Leben ist unser, wir sind seine Saat …«

fünf erlegte Hirsche vermerkten. Forstmeister Horst Mildner erinnert sich: »Die Jagd-leidenschaft, oder sagt man besser, Erlegungssucht Honeckers, führte sogar dazu, dass er die Forderung stellte, den Wildbestand durch Importe zu verbessern. Und so wurden halt Tiere importiert, etwa Rothirsche aus Ungarn.«

Auch für das Umfeld wurden weder Kosten noch Mühen gescheut. Allein die Stromrech-nung für das Jagdhaus Wildfang betrug zwischen 1982 und 1988 rund 597.000 Mark. Jagdwagen aus dem Westen zum Stückpreis von bis zu 300.000 DM wurden angeschafft, Straßen im Naturschutzgebiet verlegt und ganze Jagdgebiete, wie etwa die Schorfheide, eingezäunt. Hier hatte die »sozialistische Jagd« zu ihren feudal geprägten Formen zu-rückgefunden. Deshalb waren auch die, zunächst von der DDR-Führung abgelehnten, weidmännischen Rituale bald wieder gefragt, die sich über die Jahrhunderte aus einem klar definierten Verhältnis zwischen Herren und Dienern entwickelt hatten.

Die Jagd in der DDR spiegelte so in einem kleinen Teilbereich den Widerspruch zwischen politischem Anspruch und Lebenswirklichkeit der DDR wider. Er löste sich mit ihrem Ende ohne das »Muffel tot«, im Halali als letzter Gruß für verblichene Vierbeiner vorgeschrie-ben, indem die Jagdrechte wieder westlichen Verhältnissen angepasst wurden. Dort lag die Zahl weniger kapitalkräftiger Revierpächter seit jeher bei rund zwei Prozent. Die Jagd gehört heute also nicht mehr »dem Volke«, sondern nur noch einigen Privilegierten.

WIE ÜBERLEBTE LENIN DIE NAZIS IN EISLEBEN?

»Es war einmal ...« – so beginnen seit ewigen Zeiten die Märchen, und da macht auch dieses keine Ausnahme. Es waren also einmal ein tapferer Antifaschist und eine muti-ge Sowjetfrau, zur Zwangsarbeit ins finstere Hitler-Deutschland verschleppt. Sie taten sich zusammen und bewahrten so ein 3,20 Meter hohes und 2,9 Tonnen schweres Le-nindenkmal vor dem Einschmelzen. Als am 2. Juli 1945 die Befreier aus dem fernen So-wjetland nahten, stellte der Antifaschist es am »Plan«, mitten in der Stadt, auf, und alle waren glücklich und zufrieden. Und wenn die Geschichte nicht gestorben wäre, lebte sie heute noch.

Das tut sie aber nicht, denn in Eisleben haben schon früher die einen die Sache geglaubt, die anderen nicht. Ohne Zweifel gab es den überlebensgroßen Lenin. Der sowjetische Bildhauer Matwej Maniser schuf ihn, und ab 1929 schmückte das Denkmal die frühere Zarenresidenz Puschkin, vormals Zarskoje Selo. Es sah so aus wie Zehntausende andere Lenins auch: optimistischer Blick in die Zukunft, die rechte Hand in der Tasche, den linken Daumen unter die Weste geklemmt, die Faust über dem Herzen.

Auch den tapferen Antifaschisten gab es. Er hieß Robert Büchner, war Mühlenarbeiter und seit 1922 Mitglied der KPD. Dort stieg er bis in die illegale Reichsleitung auf, was ihm 1935 bis 1940 Haft im *Roten Ochsen* in Halle einbrachte. Danach führte er gemeinsam mit Walter Ulbrichts späterem Sekretär Otto Gotsche die Antifaschistische Arbeitsgruppe Mitteldeutschlands. Nach dem Krieg war Robert Büchner kurz Oberbürgermeister von Eisleben, dann Journalist bei der Magdeburger Volksstimme und dem SED-Zentralorgan *Neues Deutschland*, bis er 1953 wegen »parteischädigendem Verhalten« aus der Partei ausgeschlossen und wieder Mühlenarbeiter im VEB Osthafenmühle wurde. 1956 nahmen ihn die Genossen wieder auf. Bis zur Rente arbeitete der verdienstvolle Veteran als wissenschaftlicher Mitarbeiter im Institut für Marxismus-Leninismus beim ZK der SED.

Diesen Dank der Partei hatte er sich mit dem Lenindenkmal verdient. Im Oktober 1943 schickten es die Nazis mit weiterem Buntmetallschrott nach Eisleben. In der Krughütte sollte die Statue eingeschmolzen werden. Doch der Klotz war zu groß für den Ofen, und so blieb er auf dem Schrottplatz liegen.

Als am 13. April 1945 die Amerikaner in Eisleben einmarschierten, sorgte Robert Büchner nach der Flucht von Nazi-Oberbürgermeister Heinrich für die kampflose Übergabe der Stadt. Dafür setzten ihn die Besatzer als neuen Chef ein. Doch bald eckte der Kommunist an, am 21. Juni 1945 verlor er den Posten. Derweil standen die Russen bereit, entsprechend den Vereinbarungen zwischen den Alliierten die Besatzung zu übernehmen. Robert Büchner ließ die Lenin-Statue aus der Krughütte in die Stadt transportieren und am Tag vor dem Abzug der US-Truppe und dem Einmarsch der Rotarmisten aufstellen. Als besonders beeindruckende heroische Tat verzeichnete das weder die Chronik der einen noch der anderen Seite. Dennoch brachte es Büchner erneut den Bürgermeisterposten ein. Am 1. Mai 1948 schenkte die Sowjetregierung der Stadt Eisleben offiziell das Denkmal. »Der Augenzeuge« drehte 21 Meter Film davon, die in Ausgabe 104/48 zu sehen waren.

Nun begannen die Legenden zu wuchern. 1950 druckte die sowjetische Zeitschrift *Ogonjok* die Geschichte der wundersamen Rettung des Lenindenkmals von Eisleben. Sie ging so: Zuerst wurde die Bronze von sowjetischen Zwangsarbeiterinnen versteckt. Als dafür 1944 das Verschüttmaterial knapp wurde, wandte sich Walentina Schestakowa als Verbindungsfrau an den deutschen Antifaschisten an Robert Büchner. Der nahm sich in einem Vieraugengespräch den deutschen Nazi-Ingenieur zur Brust und drohte ihm Schreckliches an, ließe er Lenin schmelzen. So wurde das Denkmal gerettet.

Allerdings war der Hütteningenieur inzwischen verstorben. Die Geschichte entwickelte ihr Eigenleben, auch im Ausland wurde man auf die vermeintlichen Helden aufmerksam. Deshalb sollten Namen und Gesichter her, und das Institut für Marxismus-Leninismus ließ Otto Gotsche offiziell nachforschen. Auch Büchner war Mitglied der Kommission. Allerdings sagten die Hüttenarbeiter übereinstimmend aus, Lenin sei gar nicht versteckt worden, er passte einfach nicht in den Ofen. Dabei blieben sie auch 1959 nach einer zweiten Befragung.

Trotzdem wanderte die getürkte Heldensage in den Abschlussbericht der Partei, und Robert Büchner schrieb die Broschüre »Die Geschichte des Lenindenkmals in Eisleben«. Die dort genannten Namen von angeblich an der Rettung Beteiligten rief in der Region so viel Widerspruch hervor, dass 1960 eine neue Broschüre erschien – dieses Mal ohne Büchners Beteiligung und ohne Namen. Sie hieß nun nur noch »Um ein Standbild schlagen Herzen«. Robert Büchner reiste bis zum Ende seines Lebens 1985 herum und erzählte immer wieder die Geschichte in seiner Fassung.

Das weitere Schicksal Lenins in Eisleben verlief unspektakulär. In der DDR war »der Plan« Aufmarsch- und Gelöbnisplatz, 1991 wanderte die Bronze ins Deutsche Historische Museum. Richtig genützt hat die Legende eigentlich nur Walentina Schestakowa. Nach der Befreiung galt sie in der Heimat zunächst wie viele ihrer Schicksalsgenossinnen und -genossen, die unter Zwang für die Deutschen schuften mussten, als »Kollaborateurin«. Die ihr zugesprochene Rolle bei der Rettung Lenins rettete sie vor dem Gulag und ihr damit vielleicht sogar das Leben. Als sie im Jahr 2000 noch einmal Eisleben besuchte, vertraute sie Bekannten an, dass die angeblichen Zeitzeugen damals eine Menge Märchen erzählt hätten. Für sie war es das schönste Märchen ihres Lebens.

»Kalinka, kalinka, kalinka moja …«

18
FREUNDE UND BESATZER

WARUM NUTZTEN DIE SOWJETS DIE NAZI-KZ WEITER?

Erika Grabe war 14 Jahre alt, als sie im thüringischen Mühlhausen mit einem Lippenstift ein Stalin-Bild bemalte. Dafür wurde sie am 2. Januar 1946 verhaftet. Der sowjetische Offizier amüsierte sich über den Kinderstreich und ließ sie frei. Dann folgte ein weiteres Verhör. Nun wurde in der russischen Übersetzung aus der »Schleife« plötzlich ein »Strick«, den sie angeblich um Stalins Hals geschlungen habe. Das brachte ihr ein Urteil über »10 Jahre Sibirien« ein. Erika Grabe wanderte ins KZ Sachsenhausen, später in verschiedene DDR-Gefängnisse. Am 18. Januar 1954 wurde sie entlassen.

Otto Pruske, 1900 geboren, schlängelte sich durchs Leben, indem er seine Kontakte zu den jeweils Mächtigen nutzte. Das waren Anfang der dreißiger Jahre die Nazis, fünfzehn Jahre später die sowjetischen Besatzer. Er machte mit beiden kleine Schmuggelgeschäfte. Am 16. Februar 1947 verhafteten ihn »die Russen«, am 17. Oktober verurteilte ihn ein sowjetisches Militärgericht zu 25 Jahren Haft. Seine Familie erfuhr davon nichts, er blieb fortan verschwunden. 1991 rehabilitierte ihn die Militärstaatsanwaltschaft in Moskau und teilte mit, er sei am 9. August 1948 im »Speziallager Bautzen« an »tuberkulöser Meningitis« verstorben.

Zwei von – nach sowjetischen Angaben – 122 671 deutschen Schicksalen nach dem Krieg. Westliche Historiker rechnen mit bis zu 180 000 deutschen und weiteren mehr als 34 000 sowjetischen Betroffenen solcher Urteile. Mindestens ein Drittel der Inhaftierten überlebte die Lager nicht. Die Internierung in den »Spezlagerja« ging auf die Vereinbarung der Alliierten zurück, als gefährlich eingestufte Personen einem »automatic arrest« zu unterwerfen. Dazu reaktivierten die sowjetischen Besatzer die Konzentrationslager Buchenwald und Sachsenhausen und richteten in Mühlberg, Berlin-Hohenschönhausen, Bautzen, Ketschendorf, Jamlitz (zuvor Frankfurt/Oder), Werneuchen, Torgau und Fünfeichen bei Neubrandenburg weitere Lager ein. Sie unterstanden dem Volkskommissariat für innere Angelegenheiten (NKWD, ab 1946 MWD).

Zusätzlich gab es mehrere Gefängnisse. Die »Speziallager« in der Sowjetischen Besatzungszone waren im rechtlichen Sinne keine Kriegsgefangenenlager. Mit Befehl 00559 vom 9. August 1948 schafften die Sowjets den Begriff »Spezlager« ab und lösten sieben von ihnen auf. Die danach noch internierten rund 14 000 Häftlinge verlegten sie nach Sachsenhausen, Buchenwald und Bautzen. Im März 1950 wurden sie als »Kriegsverbrecher« an die DDR übergeben, die in den Waldheimer Prozessen 3324 Personen in Schnellverfahren erneut verurteilte.

Im Gegensatz zur westlichen Internierungspraxis nutzten die Sowjets die »Spezlagerja« auch, um politische Gegner – zum Beispiel aus der SPD – zu unterdrücken. Zur Einweisung reichten oft Denunziationen, bei Verhören durch die NKWD-Dienststellen war Folter an der Tagesordnung. Die Protokolle wurden in Russisch verfasst, es gab keine Möglichkeit der Verteidigung und keine Anhörung von Entlastungszeugen. Bei den meisten Beschuldigten reichten die Ermittlungen nicht für ein Gerichtsverfahren vor dem Militärgericht. Sie wurden dann ohne Urteil gefangen gehalten.

Kam es zu Verurteilungen – oft in »Ferngerichtsverfahren« aus Moskau ausgesprochen – erfolgten diese auf der Grundlage des deformierten, sowjetisch-stalinistischen Rechtsverständnisses. Dieses suchte nicht nach individueller Schuld, sondern begriff sich als Instrument zur Sicherung der Macht, indem Gegner des Systems durch rückwirkende Anwendung des § 58 des sowjetischen Strafgesetzbuchs vom November 1926 für nicht näher definierte »konterrevolutionäre Verbrechen« belangt wurden. Damit geriet das zunächst legitime Anliegen, NS-Aktivisten zu sanktionieren, zu einer umfänglichen Unrechtspraxis, die neben notwendigen und berechtigten Verurteilungen auch viele unschuldige Opfer forderte.

Bereits 1946 stellten die Sowjets selbst fest, dass nur etwa die Hälfte der damals über 80 000 Internierten früher Nazis in unteren und mittleren Funktionen waren. Marschall Sokolowski und Generaloberst Serow meldeten am 4. Dezember 1946 an Stalin, dass von diesen 40 000 Insassen bei 35 000 wegen festgestellter »Minderbelastung« keine Strafverfahren möglich seien.

Erika Grabe ging nach ihrer Entlassung am 18. Januar 1954 nach Hamburg, heiratete mehrfach, hieß sodann Erika Riemann und bekam Kinder. Jahrzehntelang sprach sie nicht über ihr Schicksal. Erst mit über 70 Jahren tat sie es dann doch und verfasste die Autobiografie *Die Schleife an Stalins Bart. Ein Mädchenstreich, acht Jahre Haft und die Zeit danach.* Für ihre Aufklärungsarbeit erhielt sie am 16. November 2009 das Bundesverdienstkreuz.

Otto Pruskes Frau Irmgard erhielt nach einem halben Dutzend Gnadengesuchen 1956 den amtlichen Bescheid der DDR-Behörden, ihr Mann sei »1955 in der Sowjetunion verstorben«. Ihre drei Töchter waren Anfang der fünfziger Jahre bei der Suche nach ihrem vermissten und bereits verstorbenen Vater mit der »Kampfgruppe gegen Unmenschlichkeit« in Westberlin in Kontakt geraten. Dafür wurden sie in der DDR zu insgesamt 18 Jahren Zuchthaus wegen »Spionage« verurteilt. Nach Verbüßung der Strafe flohen sie in den Westen.

WAS WAREN SOWJETISCHE AKTIENGESELLSCHAFTEN?

Das wahre ostdeutsche Wirtschaftswunder galt in der DDR als Tabuthema. Es bestand darin, dass die Sowjetische Besatzungszone mit weniger als einem Viertel des deutschen Kapitalstocks – gemessen am Vorkriegsniveau 1936 – die Hälfte der im Potsdamer Abkommen 1945 festgelegten Reparationen von insgesamt 20 Milliarden Dollar aufbringen musste. Die Sowjetunion bezifferte ihre Kriegsschäden auf 130 bis 150 Milliarden Dollar. Nach dem Abkommen mit den Amerikanern, Briten und Franzosen hatte sie das Recht, sich aus ihrer Zone 10 Milliarden Dollar durch »einmalige Entnahmen aus dem Nationalvermögen«, »Entnahmen aus der laufenden Produktion« und »Arbeitsleistungen« zu holen. Das geschah zunächst durch drei große Demontagewellen. Im kollektiven Gedächtnis der Ostdeutschen ist der Abbau des zweiten Gleises geblieben. Nicht so augenscheinlich, aber wirtschaftlich schmerzhafter, stellten sich die Verluste an Ausrüstungen dar. Verfügte zum Beispiel Autobauer Horch (heute Audi) in Zwickau 1944 noch über 942 Werkzeugmaschinen, blieben 1946 davon noch 98 übrig.

Dennoch brachte der Abbau nicht den erwarteten Erfolg. Die Verluste waren zu hoch. Deshalb setzte sich Stalins Wirtschaftsfachmann Anastas Mikojan mit dem Plan durch, die größeren Betriebe in der Sowjetischen Besatzungszone zu belassen und ihre Produktion als Wiedergutmachung zu vereinnahmen. Dazu wurden sie in sowjetisches Eigentum überführt. Weil damals der künftige Weg Deutschlands noch nicht klar war, geschah dies in Form von Sowjetischen Aktiengesellschaften (SAG) nach deutschem Aktienrecht. Damit wäre die Sowjetunion auch in einem Gesamtdeutschland ökonomisch präsent und rechtlich abgesichert gewesen. Dieser in der sowjetischen Führung umstrittene Weg endete mit einem Kompromiss. Ab 1946 wurden die Demontagen stark eingeschränkt und im Frühjahr 1948 endgültig eingestellt. Parallel dazu entstanden aus 213 Großbetrieben, wie BMW Eisenach, den Chemiewerken Leuna und Buna, den IG-Farben-Werken Wolfen und Bitterfeld oder dem Panzer- und Zementhersteller Krupp-Gruson in Magdeburg, 35 SAG. Sie beschäftigten 1947 rund 300 000 Werktätige und erwirtschafteten ein Fünftel der industriellen Produktion.

Im Februar 1947 gaben die Sowjets bereits 74 SAG-Betriebe zurück, im Frühjahr 1950 folgten weitere 23 – sie waren zu unrentabel. Dennoch machten die enteigneten Betriebe bis 1953 etwa 3,5 Milliarden Mark Gewinn, der als Reparation gen Osten floss. Die größte Rückgabeaktion mit 66 Unternehmen erfolgte im April 1952. Dafür wurden der DDR 1,75 Milliarden Mark und die Übernahme von 430 Millionen Mark Schulden in Rechnung gestellt. Gezahlt werden mussten sie nicht, denn der politische Wind hatte sich gedreht. Die Einheit Deutschlands war durch die verstärkte Westintegration der Bundesrepublik keine realistische Option mehr. Die Macht der SED in der DDR wackelte. Als Konsequenz überführten die Sowjets zum 1. Dezember 1953 die letzten 33 SAG-Betriebe »entschädigungslos« in »Volkseigentum« und befreiten ab 1. Januar 1954 die DDR von weiteren Reparationsleistungen. Eine Ausnahme blieb nur die Wismut, die bis 1990 als Sowjetisch-Deutsche Aktiengesellschaft betrieben wurde.

Als die Sowjetunion mit den SAG ihr Kapitalismus-Experiment 1946 begann, gab Anastas Mikojan den ersten Direktoren eine klare Anweisung: »Denkt daran, das Wichtigste ist die Zahlungsfähigkeit der Betriebe und ihr Profit.« Deshalb wurde nicht nur aufgebaut, sondern auch von Anfang an ein System von Prämien und Aktivisten eingerichtet und gefördert. Die Bezahlung in den SAG-Betrieben war überdurchschnittlich, Fachkräfte – selbst wenn sie bürgerlicher Herkunft oder früher in der NSDAP waren – wurden den politischen Kadern vorgezogen. In manchen Betrieben investierten die Sowjets, andere Zweige, wie der Schiffbau an der Ostsee, entstanden völlig neu.

Damit waren die SAG weit effizienter als die ersten Volkseigenen Betriebe. Ihr wirtschaftlicher Erfolg stand der rigorosen Zentralisierung der volkseigenen Wirtschaft entgegen. Dennoch sprach die SED von »Schulen des Sozialismus« und nahm sie zum Vorbild. In der Propaganda wurde aus der Reparationszahlung nach und nach so etwas wie sowjetische Entwicklungshilfe für die DDR. Bis 1957 fanden die Ansätze einer Wirtschaftsreform durch Dezentralisierung von Entscheidungsbefugnissen, das Bemühen um flexiblere Planung und wirtschaftliche Rechnungsführung ihren Niederschlag in den Beschlüssen der SED. Danach gewann die zentrale Leitung die Oberhand. Sie wurde durch erneute Versuche, ein »Neues ökonomisches System der Planung und Leitung der Volkswirtschaft« Anfang der sechziger Jahre zu etablieren, unterbrochen und beherrschte danach die DDR-Wirtschaft bis zu deren Untergang.

Für das Volk blieb das alles wenig durchschaubar. Die Beziehungen zur Sowjetunion erklärte es sich mit einem Witz: Walter Ulbricht besucht den Rostocker Hafen und fragt den Kapitän eines Handelsschiffes: »Was habt ihr geladen?« – »Maschinen für Südamerika!« – »Und womit kommt ihr zurück?« – »Mit Kaffee und Bananen.« – »Und ihr?«, fragt Ulbricht einen zweiten Seemann. »Wir bringen Kaffee und Bananen in die Sowjetunion!« – »Und womit kommt ihr zurück?« – »Wie immer, mit der Bahn!«

WAS TAT DIE DDR-REGIERUNG FÜR DIE KRIEGSGEFANGENEN?

Weinende, bartstoppelige Männer, hoffnungsvolle Frauen mit Suchschildern aus Pappe und dann immer wieder die erlösende Umarmung – die 1955 endlich stattgefundene Rückkehr der letzten rund 10 000 Kriegsgefangenen aus der Sowjetunion über das Lager Friedland gehört zu den starken Bildern der Aufbauphase der Bundesrepublik. Sie sicherten Bundeskanzler Konrad Adenauer (CDU) seinen Platz im Geschichtsbuch.

Aus dem historischen Bewusstsein verschwunden scheint, dass sich die ostdeutschen Politiker Walter Ulbricht, Wilhelm Pieck und Otto Grotewohl bereits lange vorher erfolgreich um die Gefangenen bemüht hatten. Grotewohl schrieb vor Gründung der DDR an Stalin, dass deren provisorische Regierung gern die Entlassung aller Kriegsgefangenen aus der Sowjetunion bis Ende 1949 verkünden würde. Pieck intervenierte im Oktober 1949 in Moskau beim Generalissimus, der die Rückführung zusagte. Ulbricht beschwerte sich am 8. Dezember 1949 bei dem dafür zuständigen General, weil alles zu langsam ging. Für viele betroffene Frauen war 1949 auch eine erfolgreiche Bitte der DDR hilfreich, die dazu führte, »dass die deutschen Behörden in die Lage versetzt werden, Todesbescheinigungen für an der Front gefallene Soldaten ausstellen« zu können. Im Ergebnis der Bemühungen kehrten bis 1950 etwa 1,7 Millionen deutsche Kriegsgefangene aus der Sowjetunion über Frankfurt an der Oder zurück. Ihr Ziel waren die früheren Heimatorte. Deshalb blieb rund ein Drittel in der DDR, zwei Drittel reisten weiter gen Westen. Das entsprach ungefähr der damaligen Bevölkerungsverteilung.

Die danach noch knapp 10 000 in der Sowjetunion verbliebenen Personen sah Moskau als verurteilte Kriegsverbrecher an. Dabei war man sich durchaus darüber bewusst, dass es neben »Gewalttätern, Brandstiftern, Mördern von Frauen, Kindern und Greisen« auch mit unbegründeter Härte Verurteilte gab. Und sicher waren auch einige durch unglückliche Zufälle oder gar völlig unschuldig in die Lager geraten. Um die Freilassung dieser rund 10 000 Menschen bemühte sich eine DDR-Regierungsdelegation 1953. Im Kommuniqué über den Besuch wurden Maßnahmen angekündigt, »um die deutschen Kriegsgefangenen von der weiteren Abbüßung der Strafen zu befreien, zu denen sie für während des Krieges begangener Verbrechen verurteilt wurden«.

Doch Moskau hatte andere Pläne. Diese Personen sollten Faustpfand für die Gestaltung der Beziehungen zur Bundesrepublik werden. Dazu teilte Nikita Chruschtschow am 14. Juli 1955 der DDR-Führung zu den »bevorstehenden Verhandlungen mit dem Kanzler Adenauer über die Herstellung der diplomatischen Beziehungen« mit: »Nach einem erfolgreichen Abschluss der Verhandlungen mit der Deutschen Bundesrepublik beabsichtigen wir, 5614 deutsche Bürger, darunter 3708 Kriegsgefangene, 1906 Zivilisten und 180 Generale der ehemaligen Hitlerarmee, von der weiteren Strafverbüßung zu befreien und sie entsprechend ihrem Wohnsitz nach der DDR oder nach Westdeutschland zu repatriieren.« Hinzu kam: »Wir halten es für erforderlich, 3917 Personen (2728 Kriegsgefangene und 1189 Zivilpersonen) in Anbetracht der Schwere der von ihnen auf dem Gebiet der UdSSR verübten Verbrechen entsprechend ihrem Wohnsitz den Behörden der DDR oder Westdeutschlands als Kriegsverbrecher zu übergeben.«

Auf diesen zunächst als »Vorschlag« deklarierten Beschluss reagierte die SED-Führung mit der Ankündigung, die überstellten Personen »aufgrund deutscher Gesetze wegen Verbrechen gegen die Menschlichkeit abzuurteilen«. Das widersprach den sowjetischen Interessen, denn Moskau wollte sich weder den Handlungsspielraum gegenüber Adenauer einengen lassen noch international viel Aufsehen erregen. Nach Regierungskonsultationen im Juli 1955 in Ostberlin erklärte die SED ihr Einverständnis mit dem Plan. Ein offizielles Ersuchen übermittelte DDR-Präsident Wilhelm Pieck am 31. August 1955 an den Vorsitzenden des Präsidiums des Obersten Sowjets, Kliment Woroschilow: »Ich halte den Zeitpunkt für gekommen, mich an das Präsidium des Obersten Sowjets der

UdSSR, in dessen Kompetenz die endgültige Entscheidung dieser Frage fällt, mit einer offiziellen Fürsprache der Deutschen Demokratischen Republik für die vorzeitige Entlassung aller ehemaligen deutschen Kriegsgefangenen, die in der Sowjetunion Strafen verbüßen, und ihre Rückkehr in die Heimat zu wenden. Mit Rücksicht darauf, dass seit der Beendigung des Krieges zehn Jahre vergangen sind, gestatte ich mir die Hoffnung auf eine wohlwollende Prüfung meines Anliegens auszusprechen.«

Als Adenauer am 9. September 1955 in Moskau eintraf, waren die Entscheidungen gefallen. Der Historiker Werner Kilian stellte nach Auswertung der in jüngster Zeit zugänglich gewordenen sowjetischen Dokumente fest, man könne Bundeskanzler Konrad Adenauer »auch heute nicht den Respekt für seine herausragende Leistung und sein Durchhaltevermögen verweigern«, doch sei klar, »dass die Freilassung der Gefangenen schon vorher als Preis für den Botschafteraustausch feststand, dass es also gar nicht mehr auf Adenauers Verhandlungskünste, sondern nur auf sein Nachgeben ankam«. Dass die Rückkehr der Gefangenen in Deutschland ungeheuer starke Emotionen auslöste, die weit über die Zahl der tatsächlich Betroffenen hinausgingen, hatte Moskau nicht erwartet. Damit machte der Kreml gegen seinen Willen Adenauer zum strahlenden Sieger und malte mit an dem Bild, das bis heute die Geschichtsschreibung beherrscht.

WIE BEEINFLUSSTE BRESCHNEWS TOD HONECKERS POLITIK?

Oktober 1979 im abgeriegelten *Palast*-Hotel neben dem Berliner Dom: Ein greisenhaft wirkender Mann mit versteinertem Gesicht bewegt sich inmitten einer großen Entourage ruckartig und eckig, gerade so, wie sich Kinder Roboter vorstellen. Es ist Sowjetführer Leonid Iljitsch Breschnew, knapp 73 Jahre alt, der trotz sichtbaren körperlichen Abbaus der DDR zum 30. Jahrestag ihres Bestehens die Ehre erweist. Dass er seinen politischen Zenit weit überschritten hatte, blieb niemandem verborgen. Doch wie würde es weitergehen, und welche Spielräume hätte dann die DDR?

Rund zehn Wochen später, am 25. Dezember 1979, wird Breschnew den Einmarsch der extra gebildeten 40. sowjetischen Armee nach Afghanistan befehlen. Es ist seine letzte bedeutsame Aktivität als Führer einer Weltmacht. Erstmals sah die DDR die Politik Moskaus skeptisch.

Breschnew erlitt ab 1980 einige Schlaganfälle und Herzinfarkte. Er starb am 10. November 1982. Zwei Tage später wurde Juri Wladimirowitsch Andropow, lange Jahre zuvor KGB-Chef, sein Nachfolger. Der 68-jährige, gesundheitlich bereits schwer angeschlagene Mann verkündete »Kontinuität«. Nach 15 Monaten einer nahezu unsichtbaren Regierung folgte ihm am 13. Februar 1984 der 72-jährige Konstantin Ustinowitsch Tschernenko. Der schwankte bis zu seinem Tod am 10. März 1985 zwischen den Reformern und Dogmatikern im riesigen Sowjetreich. Für die SED-Führung wurde die Lage immer undurchsichtiger.

Es waren kalte Jahre im Kalten Krieg: SS-20-Stationierung in der DDR und »Pershings« in der Bundesrepublik, Hochrüstung in den USA und ein nicht zu gewinnender Krieg der Sowjets in Afghanistan bildeten ihre Eckpunkte. Die Weltmacht Sowjetunion war von eigenen Problemen paralysiert und vertraute auf die eingelaufenen Bahnen ihrer Satelliten. Die wackelten mit dem Erstarken der Gewerkschaft Solidarnosc in Polen. Doch noch schien keine grundsätzliche Gefahr zu drohen.

Trotzdem wagte nun die DDR eigene politische Schritte, ohne den Konsens mit Moskau wie bisher als Maß aller Dinge zu sehen. Sie richtete den Blick auf den Ausbau der deutsch-deutschen Beziehungen, und das war im Kern durch ökonomische Abhängigkeit erzwungenes »neues Denken«, obwohl es damals den Begriff noch nicht gab. Nach der Kürzung der sowjetischen Erdöllieferungen um 2 Millionen Tonnen ab 1982 und der darauffolgenden Krise der DDR ging es ums wirtschaftliche Überleben. Erich Honecker signalisierte der Bundesrepublik, dass er Hilfe brauche, und benannte unverblümt die Alternative: einen Bittgang nach Moskau. Der Westen sprang ein. Eine Reihe bilateraler Abkommen mit der DDR sicherten regelmäßige Geldzuflüsse, es gab die von Franz Josef Strauß vermittelten Kredite, der Handel blühte, und die DDR genoss Vorzugsbedingungen. Es war an der Zeit, das alles durch einen Staatsbesuch zu besiegeln, eine Einladung Honeckers nach Bonn lag vor. Als er sich am 17. August 1984 die Reisegenehmigung in Moskau holen wollte, bekam er stattdessen harsche Vorwürfe. »Es fehlt Ihnen an Härte gegenüber der Bundesrepublik«, warf Verteidigungsminister Marschall Ustinow dem SED-Chef vor. Er gefährde die Sicherheit der Sowjets in der DDR, hieß es. Erich Honecker musste zurückstecken, sein »neues Denken« war nicht gefragt.

Und es gab einen zweiten Punkt, in dem er die Moskauer strategische Planung mit Sorge sah. In der DDR und im Westen standen derweil Atomraketen. Erstmals in der Geschichte der Atomrüstung schien ein auf Europa begrenzter Nuklearkrieg vorstellbar. Würde auch nur eine SS-20 oder Pershing gezündet, gäbe es kein Deutschland mehr, weder im Osten noch im Westen. Erich Honecker wollte deshalb, dass »das Teufelszeug« verschwand. Moskau argwöhnte dahinter »deutschen Nationalismus«, der gegen die Anerkennung der »Führungsmacht« ging. Man sah die Annäherung von DDR und Bundesrepublik skeptisch.

Im Kreml fürchteten die alten Männer, dass die NATO einen atomaren Erstschlag vorbereite. Hatte US-Präsident Richard Nixon seinen Widerpart Leonid Breschnew noch als Mann bezeichnet, der »zwar die Welt, aber keinen Krieg wolle«, fabulierte Ronald Reagan am 8. März 1983 nun vom »Reich des Bösen«, das zu beseitigen sei. Die am 23. März 1983 verkündeten Pläne über die Weltraumrüstung (SDI) werteten die Sowjets als Schritt der USA, das Rüstungsgleichgewicht einseitig auszuhebeln. Die Präsenz von Flottenverbänden vor ihren Küsten und der immer wieder simulierte Anflug amerikanischer Bomber auf ihren Luftraum steigerten die Nervosität. In der Nacht zum 26. September 1983 meldete das sowjetische Raketen-Frühwarnsystem den Anflug von fünf US-Interkontinentalraketen. Es war ein technisch bedingter Fehlalarm. Trotzdem steigerte sich die Nervosität, als am 7. November 1983 unter sehr realistischen Bedingungen in bisher ungewöhnlichem Umfang die geheime NATO-Kommandostabsübung Able Archer 83 begann.

Erich Honecker wusste, dass Moskaus Kriegsangst übertrieben war. Durch seine Spione verfügte er über NATO-Dokumente, die deren strukturelle Nichtangriffsfähigkeit bewiesen. Und er kannte die Haltung der Deutschen im Westen. Auch dort wollte niemand einen Krieg. Aber er hatte nicht das Gewicht, um die Sowjets davon zu überzeugen. Die Lage blieb explosiv.

Dass Erich Honecker in den Jahren zwischen Breschnews Tod 1982 und Gorbatschows Machtübernahme am 11. März 1985 letztlich eine realistischere Politik als die des großen Bruders in Moskau verfolgte, wurde ihm nicht honoriert. Seine politischen Ambitionen waren gescheitert, das nun langsam heranwachsende Reformpotential erkannte er nicht. Am Ende war er der Hardliner und Gorbatschow der Mann des »neuen Denkens«.

Was war an »Liedern, Lyrik und Soljanka« politisch?

Wenn in der DDR zu »Liedern, Lyrik und Soljanka« oder zur »Runde am Samowar« geladen wurde, handelte es sich meist um die einmal im Jahr stattfindende Veranstaltung der Gesellschaft für Deutsch-Sowjetische Freundschaft. 1988 hätten daran rund 6,4 Millionen Mitglieder teilnehmen können. Theoretisch, denn in der DSF wimmelte es von Karteileichen. Angeblich hatte sich ihr Mitgliederstamm seit 1970 um 2,9 Millionen Menschen erhöht – viele traten jedoch zum zweiten oder dritten Mal ein, weil es Punkte auf dem Weg zur »Brigade der sozialistischen Arbeit« brachte oder einfach für den moderaten Mitgliedsbeitrag zwischen 10 Pfennigen und 1,50 Mark ein probates Alibi für »gesellschaftliches Engagement« lieferte. Andererseits war aber auch die Weigerung, nicht der DSF beizutreten, zu keiner Zeit der DDR Grund für politische Repressalien.

Natürlich gab es auch viele Leute, die sich für Dia-Vorträge interessierten, Brieffreundschaften pflegten oder auch mal auf eine Studienreise, Sprachkurse oder einen Platz im »Freundschaftszug« spekulierten. Die Zahl der Veranstaltungen stieg von etwa 394 000 im Jahr 1970 bis 1988 auf 1 161 262. Gezählt wurde sehr großzügig, jede gemeinsam getrunkene Flasche Wodka, zum Beispiel nach einem Ernteeinsatz sowjetischer Soldaten in einer LPG, war auch ein abrechenbarer »Freundschaftsabend«.

Gab es keine derartigen Begegnungen im halbprivaten Bereich, begannen von der DSF organisierte »Freundschaftstreffen« meist recht formal. Unendlich variierbare Trinksprüche förderten den Alkoholkonsum, und mit jedem »Sto Gramm« Wodka wurde die Stimmung lockerer. Freundschaftliche Kontakte in Eigeninitiative zu den Soldaten, Offizieren und Zivilangestellten der Armee in der DDR – immerhin etwa eine halbe Million Menschen – waren von beiden Seiten nicht erwünscht.

Einen echten Zulauf von Interessenten gab es nach 1985, als sich viele DDR-Bürger für Glasnost und Perestroika begeisterten. Die DSF enttäuschte die meisten. Sie versuchte zu informieren, vermied aber jede Stellungnahme oder gar Diskussion dazu. Wenn es eine politische Bedeutung der Gesellschaft für Deutsch-Sowjetische Freundschaft in der DDR gab, lag sie darin, dass ihre Akzeptanz belegte, dass kaum jemand etwas gegen ein gutes Verhältnis zum »Bruderland« einzuwenden hatte. Angesichts der Vorgeschichte war das ein politischer Erfolg. Nach dem Krieg begann nämlich alles mit Misstrauen, Hass, Angst und Brutalität. Der Vernichtungsfeldzug der Nazis gegen die Sowjetunion schuf in der Roten Armee eine Atmosphäre zwischen politischer Vernunft und der Sucht nach Rache. Stalin erklärte am 23. Februar 1942: »Es wäre lächerlich, Hitlers Clique mit dem deutschen Volk, dem deutschen Staat gleichsetzen zu wollen ... die Hitlers kommen und gehen, das deutsche Volk, der deutsche Staat aber bleiben bestehen.« Der Schriftsteller Ilja Ehrenburg hetzte hingegen in seinem 1943 erschienenen Buch *Der Krieg* die Soldaten auf: »Die Deutschen sind keine Menschen ... Wir werden nicht reden. Wir werden uns nicht empören. Wir werden töten. Wenn du im Laufe eines Tages einen Deutschen nicht getötet hast, ist dein Tag verloren.«

Trotz wiederkehrender Aufrufe nach Mäßigung durch die sowjetische Führung, untersetzt von entsprechenden Befehlen innerhalb der Roten Armee, und dem Versuch der Einflussnahme der deutschen Kommunisten, entlud sich mit dem Einmarsch eine Welle von Gewalt und Grausamkeit, insbesondere durch die Vergewaltigungen von deutschen Frauen jeglichen Alters. Beginnend mit dem Massaker von Nemmersdorf am 21. Oktober 1944 kam es aus Angst vor Übergriffen in vielen Orten zu regelrechten Selbstmordwellen. Für Stolp werden rund 1000 Opfer geschätzt, für Schönlanke 500 und Lauenburg etwa 600. Nach Überschreiten der Oder starben in Neustrelitz 681 Menschen von eigener Hand, in Demmin über 900, in Neubrandenburg mindestens 600, in Penzlin 230 und in Berlin allein im April und Mai 1945 über 4000. Aus Vergewaltigungen gingen bei einer angenommenen Abtreibungsquote von 90 Prozent, die trotz gegenteiliger Gesetzeslage stillschweigend akzeptiert wurde, zahlreiche Kinder hervor, deren deutsch-sowjetische Herkunft in der DDR ein Tabuthema war. Die Schätzungen ihrer Zahl liegen zwischen 30 000 und 200 000 in der sowjetisch besetzten Zone.

Der Einstieg in die offizielle »Deutsch-Sowjetische Freundschaft« begann mit der am 30. Juni 1947 gegründeten Gesellschaft zum Studium der Kultur der Sowjetunion. Aus ihr ging am 2. Juli 1949 die DSF hervor. Einer wenig später erfolgten Gründung im Westen begegnete man dort mit dem Verbot der Gesellschaft in den meisten Bundesländern. In Westberlin existierte die DSF unter dem Namen »Deutsch-Sowjetische Freundschaftsgesellschaft« als Verein auf der Basis alliierten Rechtes bis 1990. Mit den gesellschaftlichen Veränderungen in der DDR ab 1989 verblühte auch die DSF. Ihr Präsident Erich Mückenberger trat am 16. November 1989 zurück, zwei Wochen später folgte der Zentralvorstand. Bis November 1991 sank die Zahl der Mitglieder auf rund 20 000

Menschen. Die von der DSF genutzten *Häuser der Freundschaft* – 1989 etwa 25, daneben existierten circa 1.600 *Kabinette der Freundschaft* – gingen an die Länder und Kommunen zurück. Große Pläne, nach der Einheit die DSF grundsätzlich zu erneuern, blieben unerfüllt.

Wer heute das Bedürfnis hat, etwas für die deutsch-russische Freundschaft zu tun, kann in den eingetragenen Vereinen in allen neuen Bundesländern und Berlin aktiv werden. Sie pflegen noch immer die »Abende am Samowar« und das beliebte russische Mischka-Konfekt, oder die süße *Warenije* zum Tee gibt es inzwischen in zahllosen Läden mit russischen Spezialitäten zu kaufen.

Halle, Mai 1972: Beim Festival der Deutsch-Sowjetischen Freundschaft haben sich Soldaten der Sowjetarmee und Angehörige der Volkspolizei zum gemeinsamen Singen zusammengefunden.

WIE REISTE MAN UNERKANNT INS FREUNDESLAND?

Vom Ostberliner Prenzlauer Berg in den Westberliner Wedding waren es nur ein paar Hundert Meter. Jens Kießling nahm im Sommer 1987 notgedrungen den Weg über die Mongolei und China. Für das Land Dshingis Khans hatten er und seine Freundin Marion Mentel mit Hilfe einer getürkten Einladung DDR-Papiere bekommen. In Ulan Bator holten sich die beiden ein chinesisches Visum, das es ohne Probleme in den DDR-Pass gab. Tausende Kilometer von der Heimat entfernt wurde dem jungen Mann klar, dass er nicht mehr zurück hinter die Mauer wollte. Dort hatte er seinen Studienplatz und damit seine Zukunft verloren. In der westdeutschen Botschaft in Peking ließ sich Jens Kießling neue Papiere ausstellen, seine Freundin reiste zurück nach Ostberlin.

Wie man überhaupt unbehelligt so weit gelangen konnte, wusste der Biologe aus zahlreichen vorhergegangenen Reisen, die unerkannt ins Freundesland führten. War man erst einmal dort, half bei den überall gastfreundlichen Fremden einen gute Geschichte, um weiterzukommen. Für ihn und Marion war es die, sie wären die Vorhut einer Expedition von Vogelkundlern.

Möglich wurden die illegalen Aufenthalte im Riesenreich bis zum Stillen Ozean mit einem Trick. Nach dem Einmarsch in die Tschechoslowakei 1968 führte die Sowjetunion ein drei Tage gültiges Transitvisum ein. Damit konnte man beispielsweise nach Rumänien reisen. Dann verschwand zwar der Ausnahmezustand, aber nicht die Ausnahmeregelung. Der offizielle Geldumtausch von DDR-Mark in Rubel blieb eng begrenzt, aber mancher tauschte auch gern schwarz ein paar Ostmark ein, und ein Päckchen Kaffee oder gar eine Jeans waren allemal mehr wert als Geld. Und ginge tatsächlich mal alles schief, halfen Kathi-Backmischungen als Notration. Mit ein bisschen Wasser angerührt, sättigte die puddingartige Masse, bis sich der nächste Gastgeber fand.

So machten sich ab Anfang der siebziger Jahre manche vom Fernweh Geplagte als »Transitniks« auf den heimlichen Weg ins Bruderland. Unermessliche Weite über elf Zeitzonen lockte. Wer nach der Einreise einfach weiterfuhr und einen wochenlangen Abstecher an den Baikalsee oder in den Hohen Norden plante und sich auch noch auf Russisch verständigen konnte, blieb meist unbehelligt. Klappte das nicht und irgendwo griff doch die

»Kalinka, kalinka, kalinka moja ...«

Miliz zu, half oft eine sehr russische Art der Problemlösung: Der Aufgegriffene wurde in den nächsten Zug oder irgendein Flugzeug gesetzt und in den Nachbar-Rayon verfrachtet. Sollten sich die Towaritschii dort doch etwas einfallen lassen und einen Propusk ausstellen. Wie wichtig so ein Passierschein war, wusste auch der 1919 geborene, hochdekorierte sowjetische Schriftsteller Daniil Granin: »Ohne ein Papierchen bist du nur ein kleines Tierchen, erst mit 'nem Papier, wird ein Mensch aus dir.«

Und in die DDR zurück und hinein ging es auch immer, denn das Herauskommen war ja der weitaus schwierigere Teil der Reise. Pfarrer Gernot Friedrich aus Gera erinnert sich: »Losgefahren bin ich eigentlich immer mit ungültigen Papieren. Wenn ich dann zurückkam, waren sie dank der vielen Stempel – der letzte meist von der mongolischen Grenze – gültig. Dort kannte man mich schon, weil ich immer wieder aufgetauchte.« Insgesamt verbrachte er so in Wochen- und Monatsetappen rund drei Jahre auf Reisen durch die Sowjetunion.

Dass man dort trotz des eigentlich ungültigen Transitvisums schnell mit allen Ehren empfangen wurde, erfuhr André Nickel, den es mit seinen Freunden wie viele andere Bergsteiger zum 5642 Meter hohen Elbrus im Kaukasus zog: »Im Elbrusgebiet trafen wir Ulrich Henrici aus Potsdam. Er hatte sich selbst ein Schreiben verfasst, dass er von der Sektion Turbine in Potsdam delegiert sei, den König des Elbrus zu erklimmen und einen Wimpel der Freundschaft zu hissen. Dieses Schreiben hat uns Tür und Tor geöffnet. Es war abgestempelt mit 10, 12 Stempeln, vom Leibarzt bis hin zur Betriebsleitung. Ehe wir uns versahen, waren wir dort offizielle Persönlichkeiten.«

Wer es nicht so offiziell mochte, wie beispielsweise Gernot Friedrich, besuchte einfach seine Glaubensbrüder. Der Pfarrer erinnert sich: »Schwer war eigentlich nur, irgendwann mal wieder weiterzureisen. Als Gast wurde ich von einer Familie zur nächsten weitergereicht und die Gastgeber hätten sich beleidigt gefühlt, wäre ich nicht mindestens ein paar Tage geblieben.« Brachte er dann auch noch eine Bibel in russischer Sprache mit, die er zuvor über die Grenze geschmuggelt hatte, wollte ihn erst recht niemand mehr fortlassen.

Natürlich blieben die heimlichen Trips der »Transitnikis« nach Rückkehr in die DDR der Stasi nicht verborgen. Das war besonders dann der Fall, wenn sie – wie Pfarrer Friedrich – darüber auch noch stolz erzählten, Vorträge hielten oder Dias zeigten. Die merkwürdige Logik der Stasi: Wer über »die Freunde« so berichtet, wie er sie tatsächlich erlebte, könne nur »antisowjetische Hetze« betreiben. Deshalb wurden im Umfeld Spitzel tätig, man versuchte, den Verdächtigen unbedachte Worte zu entlocken oder sie zu provozieren. Das blieb in den meisten Fällen ohne Erfolg, denn letztlich war ja über nichts anderes, als über ungewöhnliche und exotische Reiseerlebnisse geredet worden.

Doch nicht nur die waren es, die die jungen Leute reizten. Es ging auch darum, sich ein Stückchen Freiheit und Unabhängigkeit zu erobern, das die DDR für ihre Bürger nicht vorsah. Thomas Krüger, 1982 als junger Pfarrer erstmals gen Osten unterwegs und später SPD-Politiker, sagt es so: »Wir wollten uns etwas herausnehmen, was für uns nicht vorgesehen war.« Für all jene, denen das gelang, bleiben ihre Abenteuer als »Transitnikis« unvergessliche Zeiten in ihrem Leben.

WESHALB MOCHTE KURT HAGER KEINE NEUEN TAPETEN?

Wie die Wände in »Tapeten-Kuttes« Heim in der Waldsiedlung bei Wandlitz aussahen, erfuhr die interessierte Öffentlichkeit im November 1989 aus dem Fernsehen. Dass Kurt Hager sie ganz gewiss nichts selbst tapeziert hatte, wie es bei den Bürgern im Lande ringsum Brauch war, wusste sowieso jeder. Für die optimale und niveauvolle Betreuung und Versorgung der führenden Repräsentanten, ihrer Familien und Gäste war »mit hoher Einsatzbereitschaft, revolutionärer Wachsamkeit und tschekistischer Meisterschaft« die Hauptabteilung Personenschutz des MfS unter Generalleutnant Günter Wolf zuständig. Und ob die Tapeten bei seinen Nachbargenossen gewechselt wurden oder nicht, gehörte vermutlich selbst für den Chefideologen Hager in die Rubrik Geheime Verschlusssache.

Als West-Emigrant war es dem KP-Kader Kurt Hager erst spät vergönnt, in die allererste Garnitur der Partei- und Staatsfunktionäre aufzusteigen. Obwohl er 1949 mit dem Vorwort zu *László Rajk und Komplizen vor dem Volksgericht* ein denkwürdiges Bekenntnis zum Stalinschen Terror abgeliefert hatte, rückte er erst 1963 als Leiter der Ideologiekommission ins Politbüro und 1976 in den Staatsrat auf. Seine hohen Ämter halten den Herrn Professor – übrigens das einzige Politbüromitglied mit einem populären Spitznamen – im April 1987 nicht davon ab, sich als Spezialist für innenarchitektonische Fragen hervorzutun und sich dabei so weit aus dem Fenster zu lehnen, dass es auch dem folgsamsten DDR-Bürger unangenehm aufstößt. *Neues Deutschland* veröffentlicht Hagers Interview mit der Illustrierten *Stern*, in dem er sich zu den Reformen in der Sowjetunion und deren Auswirkungen auf die DDR äußerte: »Würden Sie, nebenbei gesagt, wenn Ihr Nachbar seine Wohnung neu tapeziert, sich verpflichtet fühlen, Ihre Wohnung ebenfalls neu zu tapezieren?«

Ratschläge, die quasi Befehlen gleichkamen, waren die Genossen und Bürger des Landes aus jenem *Großen Haus* gewohnt, in dem Hager saß und die ideologische Marschrichtung vorgab. In seinen Reden bestritt der aus Schwaben Stammende gern die Existenz einer einheitlichen deutschen Kulturnation und einer gemeinsamen deutschen Geschichte. Dass sein Nebenbeigesagtes im *Stern* der allgemeinen Stimmung im Lande diametral entgegensteht, sollte eigentlich auch er wissen, obwohl die Partei unter Erich Honecker das Institut für Meinungsforschung vorsichtshalber abgeschafft hat. Die DDR-Bürger interessieren sich nämlich lebhaft für die sich in der Sowjetunion anbahnenden Veränderungen, die mehr versprechen als bloße Schönheitsreparaturen. Dass der neue »Mineralsekretär« Gorbatschow den Wodkakonsum einzuschränken versucht, gibt Anlass zu manchem Witz – dass er es mit grundlegenden Reformen in Staat, Wirtschaft und Gesellschaft bis hin zu einer endgültigen Entstalinisierung ernst meint, bietet Anlass zu Hoffnungen. Als er dann im Januar 1987 in einer programmatischen Rede die Fehler der KPdSU kritisiert und eine demokratische Umgestaltung von Partei und Gesellschaft fordert, verschärfen sich die Gegensätze zwischen dem altstalinistisch geschulten Honecker nebst seinem Chefideologen Hager und dem sich leninistisch gebärdenden Generalsekretär im Kreml. Mit wachsendem Misstrauen verfolgt die SED die Moskauer Aufweichungstendenzen. Als Gorbatschow den sozialistischen Bruderländern zusichert, ihre Selbstbestimmung zu achten und in keinem Fall militärisch einzugreifen, läuten in Berlin endgültig alle Alarmglocken. Der 17. Juni 1953 ist nicht vergessen. Und dass in der DDR eine spezielle KGB-Truppe namens *Lutsch* (Strahl) Ausschau nach Kadern für die Nach-Honecker-Zeit hält, lässt die Lage noch gefährlicher erscheinen.

Dennoch hält die SED an ihrem starren Kurs fest, der schon seit langem keine Veränderung mehr zulässt. Trotz der von den Russen beargwöhnten Annäherung von Ost- und Westdeutschland sind die ökonomischen und ideologischen Strukturen inzwischen so stark verkrustet, dass selbst kritische Optimisten eher eine »Revolution« als halbgewalkte Reformen für notwendig halten. Während Honecker auf der kompromisslosen Durchsetzung von Einheit und Sozialpolitik beharrt, wofür längst die Mittel fehlen, kämpft die notorische Mangelwirtschaft in der Sowjetunion mit den Kosten der Hochrüstung. Noch gilt dort die in der DDR vorherrschende Konsumideologie als »Ausfluss bürgerlicher Manipulation«. Die historischen Realitäten hingegen, denen man sich im Vaterland aller Werktätigen zunehmend stellt, wollen Honecker und seine Getreuen nicht anerkennen. Sie sind in einer Zwickmühle. Die SED-Führung kann und will sich öffentlich nicht von Moskau distanzieren, sieht sich aber in wachsendem Widerspruch zum DDR-Volk. Deshalb dominiert hilfloses Schweigen die zweite Hälfte der achtziger Jahre. Die Probleme wuchsen und wurden brisanter. Die Fälschung der Kommunalwahlen, Krenz' Kampfesgruß zum Massaker in Peking, die Öffnung der Grenzen in Ungarn, die Ausreise der Botschaftsflüchtlinge bleiben schwach oder gar nicht kommentierte Ereignisse auf dem Weg in den Abgrund. Bei der Demonstration am 4. November 1989 erscheint »Tapeten-Kutte« nur noch als Karikatur auf Protestplakaten. Kostproben: »Professor Hager, unser Land wird tapeziert durch Volkeshand« und »Wir brauchen Architekten statt Tapezierer«. Einen Monat später macht er sich ein letztes Mal zum Gespött, als er das Wandlitzer Wohnghetto zu seinem »siebten Internierungslager« umstilisiert.

WAR GORBATSCHOW EIN VERRÄTER?

»Natürlich war Gorbatschow ein Verräter«, ist heute manchmal als Grund für das Scheitern des Sozialismus zu hören. Doch was hat er eigentlich getan? Er hörte irgendwann auf, daran zu glauben, dass Waffen Frieden schaffen, und handelte entsprechend – ein merkwürdiges Motiv für »Verrat«!
Die Grenze zwischen Verrat und Vernunft liegt im Blickwinkel des Betrachters. Schadet vernünftiges Handeln seiner Macht, wird er es als Verrat sehen, nutzt ihr der Verrat, mutiert dieser in der Sichtweise zur Vernunft. Insofern ist es nicht erstaunlich, dass die Verlierer der Entwicklung in Deutschland die Ursache dafür im vermeintlichen Verrat Gorbatschows vermuten. Vergessen sind dabei die Überlegungen von Friedrich Engels über *Revolution und Konterrevolution in Deutschland*. Darin lehnt er den Verweis auf Verrat als »bequeme Antwort« ab, denn »unter keinen Umständen erklärt sie auch nur das Geringste ... wie es kam, dass das Volk sich verraten ließ«.

Juni 1989: Michail Gorbatschow mit Bundeskanzler Helmut Kohl im Rahmen seines vier-tägigen Staatsbesuchs in Bonn

Diese Frage klammern auch jene aus, die die Ursachen für den DDR-Untergang im »Verrat« Gorbatschows sehen. Nach fast achtzig Jahren stand der sowjetische Sozialismus 1985 vor einem Scherbenhaufen: »Die überkommene Form unserer Gesellschaft hatte sich erschöpft. Es zeigte sich, dass sie nicht in der Lage war, auf schnelle Veränderungen im Zeitalter neuer Technologien und der Elektronik zu reagieren. Die Kultur, die Bildung unseres Volkes konnte sich in diesem System nicht verwirklichen. Darum war es – historisch gesehen – zu Ende.« Der angestrebte Systemwandel begann so, wie aufgeblähte Imperien – vom Römischen Reich über Dschingis Khan und die Osmanen bis zum britischen Commonwealth – stets versuchten, ihn zu bewältigen: Sie zogen sich freiwillig oder unfreiwillig Schritt für Schritt in ihre Kerngebiete zurück. Ebenso wenig einmalig war, dass in den nun verlassenen Teilen der Reiche ein Systemwechsel folgte.

In der neuen sowjetischen Politik vermuteten die Verbündeten zunächst keine Gefahr. Gorbatschow: »Wir sagten uns von der sogenannten Breschnew-Doktrin los, der eingeschränkten Souveränität, übrigens noch an demselben Tag, an dem ich zum Generalsekretär gewählt wurde ... Jede Partei solle für ihre Politik selbst verantwortlich sein. Wir unterstrichen das Prinzip der Unabhängigkeit jedes Staates, jeder Partei, jeden Volkes.« Alle fühlten sich ihrer Macht sicher und »haben das damals so gesehen, als hätte ich etwas ganz Banales wiederholt, was auch schon andere immerzu heruntergeleiert haben«. Dass Verzicht auf Vormacht gleichzeitig Annäherung an den Westen bedeute und somit die ungelöste »Deutsche Frage« neu in die langfristigen strategischen Interessen der Sowjetunion einzuordnen sei, war ab etwa 1986 in der sowjetischen Fachpresse zu lesen. Das blieb Machtpolitikern wie Erich Honecker nicht verborgen. Ende 1987 meldete Sowjetbotschafter Kotschemassow aus Ostberlin, dass der SED-Chef unter der Hand geäußert habe, Gorbatschow werde in zwei Jahren die Partei und das Land zerstört haben, wenn er so weitermache. Ein Jahr später, nach der Rede Gorbatschows vor der UNO-Vollversammlung 1988, in der statt vom Sozialismus von allgemeinen menschlichen Interessen die Rede war, kommentierte Honecker intern: »Entweder hat Gorbatschow keine Ahnung von Politik, oder er besorgt die Geschäfte anderer.«

Der hier artikulierte Verdacht auf »Verrat« resultiert sicher aus dem Realitätsverlust in der Sicht auf die eigene Politik, aber auch aus dem Unverständnis des »neuen Denkens«. Gorbatschow sagt im Rückblick: »Der zentrale Punkt unserer Politik des neuen Denkens war die Entscheidungsfreiheit für jedes Volk. Dass die Deutschen das nutzen würden, war mir vollkommen klar.« Unabsehbar für alle Beteiligten blieben die Dynamik und Rigorosität dieses Prozesses. Sie wurden nicht nur von den Entwicklungen in den Staaten Osteuropas, sondern auch von der katastrophalen wirtschaftlichen Lage in der Sowjetunion, den sich zuspitzenden Nationalitätenproblemen und der daraus resultierenden politischen Instabilität getrieben.

Insofern hat Egon Krenz sicher recht, wenn er heutige Aussagen Gorbatschows, alles sei langfristig genau so vorgesehen gewesen, skeptisch sieht: »Ich nehme ihm nicht ab, dass er einen über Jahrzehnte geplanten Verrat begangen haben will. Ihm sind die Dinge aus dem Ruder gelaufen und seine Eitelkeit lässt es nicht zu, dass er sich das eingesteht.« Ob es so war oder nicht, ändert jedoch nichts daran, dass Millionen von Menschen in Osteuropa den von ihnen erlebten Sozialismus nicht mehr als erstrebenswerte Zukunftsvision ansahen, als sie frei darüber entscheiden konnten. Deshalb wurde er mit dem Lockern der sowjetischen Zügel überall obsolet.

Gorbatschows Berater Georgi Schachnasarow beantwortet die Frage nach Verrat und

Bündnistreue so: »Wenn man vom Standpunkt des früheren Systems ausgeht, als es zwei Machtblöcke gab und jeder für seinen Teil verantwortlich und verpflichtet war, seine Verbündeten zu unterstützen, dann ja, selbstverständlich. Im Rahmen dieses Ganzheitssystems hatte die Sowjetunion ihre Pflicht nicht erfüllt. Aber im Zusammenhang mit dem Begriff des neuen Denkens und vor dem Hintergrund der veränderten Welt galt es, sich neuen Realitäten zu stellen. Und in diesem Zusammenhang war es unsere Pflicht, so zu handeln, wie Gorbatschow es tat. Wenn das deutsche Volk beschlossen hatte, dass es in einem Staat leben wollte, dann war es sein eigenes Recht, und deswegen durften wir uns nicht einmischen.«

Wie lebten Sowjet-Rekruten hinter ihren Mauern?

Dedowschtschina hieß das Angstwort hinter den sowjetischen Kasernenmauern in der DDR. Die »Herrschaft der Großväter« war in der »Gruppe der Sowjetischen Streitkräfte in Deutschland« (GSSD), später »Westgruppe«, für die Soldaten Terror und die Offiziere Garant der Disziplin. Länger gediente Rekruten unterdrückten systematisch und brutal die neuen, deren Lebensbedingungen in den Militärobjekten ohnehin denen in Straflagern glichen. Es gab kein Wochenende, keinen individuellen Ausgang, keinerlei Privatsphäre und keinen offiziellen Dienstschluss. Die Mahlzeiten waren einfach und knapp – oft bekamen die Soldaten wochenlang nur *Kascha*, einen Hirsebrei –, persönliche Hygieneartikel mussten selbst beschafft werden, und die medizinische Versorgung entsprach Kriegsbedingungen, unter denen schon mal Operationen ohne Betäubung an der Tagesordnung waren.

Der Kern der *Dedowschtschina* bei den Truppen in der Sowjetunion lag in der wechselseitigen Unterdrückung der verschiedenen Nationalitäten. Obwohl in der GSSD mit etwa 65 Prozent Russen und weiteren 20 Prozent Ukrainern eine relative ethnische Homogenität herrschte, forderten oder tolerierten die Offiziere zumindest den inneren Terror, der in seiner Brutalität weit über die üblichen rauen Soldatensitten hinausging. So waren nicht nur Schläge und Tritte an der Tagesordnung, es gab Nötigung, den Sold von rund einem Rubel pro Tag (damals etwa 3,20 DDR-Mark) abzugeben, Vergewaltigungen und sogar Morde.

Drakonische Strafen bei militärischen Vergehen führten mehrfach zu Gewaltexzessen mit Toten und Verwundeten und zu bewaffneten Fluchtversuchen, die oft mit dem Tod der Betroffenen endeten. Rund 400 bis 500 Soldaten pro Jahr versuchten zu desertieren. Dabei war ihr Hauptziel, in den Osten, die Heimat, zu gelangen, was nur sehr wenigen gelang. Gefasste Deserteure erwarteten Strafen von bis zu 15 Jahren Lagerhaft in der Sowjetunion oder die Todesstrafe. Hier knüpfte die sowjetische Militärjustiz an die exzessive Strafpraxis des Krieges an. Während in der Hitler-Wehrmacht etwa 30 000 Todesurteile gegen Soldaten und Offiziere ausgesprochen und rund 23 000 vollstreckt wurden, waren es in der Roten Armee ungefähr 157 000. Schätzungen gehen davon aus, dass innerhalb der GSSD pro Jahr bis zu 4000 Menschen durch Gewalt, Unfälle und Suizid zu Tode kamen. Etwa 1000 von ihnen begingen Selbstmord.

Wie viele sowjetische Militärs sich genau in den rund 2500 Quadratkilometern abgeschotteten Gebietes in der DDR befanden, wusste nicht einmal das MfS. Es versuchte, sich über Messungen des Wasser- und Stromverbrauchs ein ungefähres Bild zu machen. Angenommen wurde, dass die Stärke der Truppe in den Jahren der Stationierung zwischen 350 000 und 500 000 Militärs schwankte. Hinzu kamen die Familien der Offiziere und die Zivilangestellten.

Zweimal im Jahr erfolgte die Verlegung in die DDR, für Soldaten meist in Viehwaggons. Sie erfuhren auch nach ihrer Ankunft nicht, wo genau sie sich befanden. Bis Mitte der siebziger Jahre dauerte der Dienst in der GSSD für Soldaten drei, danach dann zwei Jahre. Ihre ohnehin durch die sowjetische Bürokratie auch im Zivilleben eingeschränkten staatsbürgerlichen Rechte durften sie in dieser Zeit nicht wahrnehmen. Es gab kein Gericht, das sie hätten anrufen können, nur Beschwerden beim Kommandanten, der letztinstanzlich entschied, waren möglich.

Grundsätzlich anders stellte sich der Aufenthalt für Offiziere dar. Sie blieben in der Regel drei Jahre in der DDR, Geheimdienstler und Spezialisten auch bis zu fünf Jahre. Das Leben für sie war komfortabler, der Standard ihrer Wohnungen meist wesentlich höher als zu Hause. Die gesamte Infrastruktur wie Schulen, Kindergarten, Theater und Kino befand sich innerhalb ihrer Militärobjekte. Private Kontakte zu DDR-Bürgern waren offiziell verboten, dennoch entstanden auch zaghafte Beziehungen. Im Politunterricht wurde den GSSD-Angehörigen immer wieder erklärt, sie stünden zwar als »Schutzmacht« in einem befreundeten Land, aber »Deutsche blieben Deutsche«, denen man grundsätzlich misstrauen müsse.

Ostdeutschland galt aus sowjetischer Sicht als »Konsumparadies«. Die gesonderte Versorgung über Militärläden, die auch für DDR-Bürger zugänglich waren, und Läden der DDR-Militär-HO schloss Versorgungslücken. Der Aufenthalt wurde genutzt, um möglichst viele Waren in die Heimat zu schaffen, was oftmals zu bösem Blut mit der DDR-Bevölkerung führte. Ansonsten waren die Beziehungen lose und bewegten sich fast ausschließlich im Rahmen organisierter Freundschaftstreffen. Ehemalige Nachbarn mancher sowjetischen *Sapretnaja Zona* (Verbotene Zonen) erinnern sich nicht nur an Übergriffe, sondern auch an Hilfeleistung bei Bauprojekten mit schweren Armeemaschinen oder an Arbeitseinsätze sowjetischer Soldaten, mit denen Geld für die »Regimentswirtschaft« verdient wurde. Gern galt auch Wodka als Zahlungsmittel, obwohl Alkohol in den Kasernen streng untersagt war. Clevere sowjetische Zahlmeister tauschten illegal beschafftes Hochprozentiges gegen Benzin oder Diesel und machten so manche LPG mobil. Als 1994 auf dem letzten abziehenden sowjetischen Panzer »Lebe wohl Deutschland – für immer« stand, war das ein Wunsch, den wohl alle Beteiligten ehrlich meinten.

WAS SYMBOLISIEREN DIE DENKMÄLER UND EHRENHAINE?

Das deutsche Wort »Denkmal« brachte Martin Luther in die Sprache, und er meinte damit eine »Gedächtnisstütze«. Genau diese Funktion haben auch die sowjetischen Kriegerdenkmäler, von denen es neben denen im Osten Deutschlands auch größere Anlagen in Wien und im ehemaligen Westteil Berlins gibt. Sie sollen im Gedächtnis von Siegern und Besiegten die Erinnerung bewahren, dass Menschen sterben mussten, damit anderen leben konnten.

Deshalb wurden die sowjetischen Denkmäler nach Ende des Krieges schnell gebaut und an symbolischen Orten platziert. So entstand das Sowjetische Ehrenmal in Westberlin, errichtet zwischen dem 8. Mai und 7. November 1945, genau auf der geplanten Kreuzung der Ost-West- und Nord-Süd-Achse von Adolf Hitlers größenwahnsinnig erträumter »Welthauptstadt Germania«. Es war der Teil der deutschen Hauptstadt, an dem schon Preußen und das Deutsche Reich seine Helden ehrten. Diese Tradition schrieb das neue Denkmal um, indem der Ewigkeitsanspruch des Alten gebrochen und ein neuer politischer Akzent gesetzt wurde. Dazu verbauten die Schöpfer ganz bewusst Materialien, die den Sieg symbolisch belegten, in diesem Fall Granitquader aus der zerstörten »Neuen Reichskanzlei« Hitlers. Hinzu kamen wertvollste, teure und knappe Produkte für die Ausstattung – von Bronze über Marmor bis zu Edelhölzern für die Türfüllungen – die die Kraft der Sieger trotz des kriegerischen Aderlasses belegen sollten. Das knüpfte an historische Traditionen an. Friedrich II. ließ nach dem Siebenjährigen Krieg in Potsdam das Neue Palais bauen, um zu zeigen, dass ihm der Krieg nicht geschadet habe.

Ein zweiter bevorzugter Ort von Gedenkstätten waren streng komponierte, großräumige Friedhofsanlagen wie das Sowjetische Ehrenmal im Treptower Park in Berlin. Sie knüpften an internationale Traditionen des ritualisierten Totengedenkens an und waren als Pilgerstätten konzipiert. Hierarchien bestimmten die Architektur, deren Monumentalität und künstlich geschaffener Abstand als Garant des Ehrfürchtigen der Anlage diente. Trotz des realen Hintergrunds einer Beerdigungsstätte beherbergten sie keine Gräber für die Erinnerung durch Angehörige, sondern blieben anonymisierte Gedenkstätten. Sie animierten nicht den zufällig Vorübergehenden zur Einkehr. Stattdessen wurde dort zu festgelegten Feiertagen in sich stets wiederholender Form und mit entsprechender Symbolik – von der Uniform über die Beteiligung der Veteranen bis zum Paradeschritt – das Vergangene beschworen. Dabei ging es immer auch darum, den Blick der Sieger auf die Geschichte zu festigen und deren Macht zu legitimieren. Die Erinnerungskultur hat es bislang nicht vermocht, Kriegerdenkmäler zum Denk-mal-(nach) im eigentlichen Sinne des Wortes zu machen. Deshalb sind sie nirgendwo Schlussstrich geworden, sondern immer eher offene Wunden geblieben.

Das bestimmt den Umgang mit ihnen und ihre Akzeptanz. Im Jahr 1974 zählte das Institut für Denkmalpflege der DDR 266 denkmalwürdige sowjetische Ehrenhaine, Gedenkfriedhöfe und Denkmäler. Dazukommen rund 3500 kleinere Soldatenfriedhöfe im Osten Deutschlands, auf denen 653 499 bekannte und unbekannte Rotarmisten die letzte Ruhe fanden. Für die frühere Sowjetunion war der Erhalt der Erinnerung daran so wichtig, dass sie sich den weiteren Bestand mit dem Abzug vertraglich zusichern ließ.

Mit der laxen Handhabung dieses Vertrages erweist sich Deutschland keinen Dienst.

Feierliche Kranzniederlegung am Sowjetischen Ehrenmal im Treptower Park in Berlin durch führende Persönlichkeiten der DDR und Delegationen aus Schulen, Betrieben und Institutionen anlässlich des Tages der Befreiung am 8. Mai 1973

Sie hemmt das Zusammenleben der einstigen Gegner. Dass Kriegsdenkmäler erst dann zu akzeptierten Teilen von Stadtlandschaften werden, zeigen Beispiele wie das Völkerschlachtdenkmal Leipzig oder die Siegessäule in Berlin. Bei aller künstlerischen Fragwürdigkeit gehörten sie ab dann zum Leben, als die obskuren Siegesfeiern – in beiden Fällen von Attacken gegen Frankreich – obsolet geworden waren. Dass Denkmäler einen meist unbemerkten politischen Dunstkreis ausstrahlen, zeigen alte und neuere Geschichten von den sowjetischen Erinnerungsstätten in Berlin.

Im Januar 1990 tauchten am Ehrenmal in Berlin Treptow rechtsextreme Schmierereien auf, deren Herkunft ungeklärt blieb. Die gerade entmachtete und zur SED-PDS gewendete DDR-Staatspartei nutzte diese Schändung, um ein paar Tage später mit einer Großkundgebung den Erhalt der Staatssicherheit in der sich auflösenden DDR zu fordern. Das klappte bekanntlich nicht. Dennoch demonstrierten auch mehr als 20 Jahre nach der Einheit, im Jahr 2013, immer noch Männer in NVA- und MfS-Uniformen an den Gräbern der sowjetischen Kriegsgefallenen.

Im Westen wurde die Straße des 17. Juni vor dem Ehrenmal bis 1961 zum stillschweigend akzeptierten Straßenstrich. Nach dem Mauerbau bis 1990 schützte es die britische Militärpolizei. Am 7. November 1970 schoss ein Mann auf den sowjetischen Ehrenposten. Weshalb der rechtsextrem orientierte 21-jährige Hilfspfleger Ekkehard Weil den 20-jährigen Kolchosbauern Iwan Iwanowitsch Schtscherbak aus Kaplinzy in der Ukraine verletzte, wurde nicht gefragt. Ob die Denkmaler somit ihren Sinn als »Gedächtnisstütze« bisher erfüllt haben, bleibt damit fraglich.

Wieso waren Fähnriche so gefährlich?

Ihr besonderes Kennzeichen war das sorgfältig gestutzte Menjou-Bärtchen. Im Gegensatz zu den sowjetischen Soldaten durften die Fähnriche beim Ausgang die Kasernen verlassen. Weit weniger gebildet als die Offiziere, nutzten das manche, um sich ganz privat in der DDR als Sieger aufzuspielen. Das führte oft zu Übergriffen.

Am 4. Januar 1983 zog Generalleutnant Alfred Leibner, 1966 bis 1987 Chef der Militäroberstaatsanwaltschaft der DDR, zu deren »rowdyhaftem Verhalten in der Öffentlichkeit« Bilanz: »Es häufen sich die Fälle, dass sowjetische Armeeangehörige z. T. in Uniform und in Zivil auf Dörfern und in Städten DDR-Bürger (Frauen und Männer) grundlos anfallen, persönliches Eigentum wie Geld, Uhren und auch Bekleidungsstücke entwenden und sie niederschlagen.« Viel dagegen tun konnte er nicht. Obwohl zwischen der DDR und der Sowjetunion seit den fünfziger Jahren ein Rechtshilfeabkommen bestand, das genau regelte, wann, wo und für welche Delikte die DDR-Behörden zuständig waren, endeten Ermittlungen der Volkspolizei und der Staatssicherheit am Kasernentor. Das änderte sich erst mit der Glasnost-Politik Gorbatschows. Nun wurden immer mehr Straftaten bekannt, wie zum Beispiel eine Massenschlägerei am 30. Juli 1989 vor einem Jugendclub in Chemnitz (damals Karl-Marx-Stadt) oder eine Rauferei am 12. April 1989 in Fürstenberg, bei der ein Deutscher zu Tode kam.

Weit schlimmere Folgen hatten zahlreiche schwere Verkehrsunfälle mit eindeutiger Schuld der sowjetischen Truppen. Das prominenteste Opfer war Armeegeneral Heinz Kessler, dessen Dienstwagen am 4. Januar 1971 auf der nebligen Autobahn auf einen links abgestellten, unbeleuchteten Lkw auffuhr. Nach neun Monaten Lazarett blieb er zeitlebens gehbehindert. Auch andere traf es wie aus heiterem Himmel: Am 14. Juni 1980 kollidierte auf der Autobahn bei Chemnitz ein DDR-Pkw mit einem unbeleuchtet abgestellten Sowjet-Laster, es gab drei Tote. Am 7. Februar 1980 verunglückte ein Mopedfahrer bei Benkendorf (Kreis Saalfeld) tödlich, als er auf einen ungesicherten Brückenlegepanzer auffuhr. Dessen Batterie war leer, die Lichtmaschine kaputt. Ein anderer Zweiradfahrer starb, als ihn am 20. Mai 1980 bei Wintersdorf (Kreis Altenburg) ein URAL 375 mit defekten Bremsen auf seiner Fahrspur überrollte. Drei Menschen in einem Trabant kamen am 12. Januar 1981 im Kreis Röbel durch einen unsachgemäß abgeschleppten und dadurch unlenkbaren Schützenpanzer ums Leben.

Obwohl solche Verkehrsunfälle während der gesamten Besatzungszeit vorkamen, bezeugen zum Beispiel die Zahlen aus den Jahren 1980 bis 1981 die Brisanz des Problems. Allein in diesen beiden Jahren gab es 2987 Verkehrsunfälle mit sowjetischer Beteiligung. An 2551 Unfällen waren sowjetische Militärs Schuld. 94 DDR- und 53 sowjetische Bürger starben. Dazu kamen 207 deutsche Schwer- und 731 Mittel- und Leichtverletzte. Der Sachschaden (ohne Folgeschaden wie Renten, Ausgleichszahlungen) betrug 7.504.450 Mark. An den Unfällen waren 55 Panzer, 89 Schützenpanzer, 1996 Lkw, 286 Pkw, 28 Kräder und 97 Busse beteiligt.

Die Militärstaatsanwaltschaft der DDR stellte fest, dass die sowjetischen Behörden oft, trotz eindeutiger Beweislage, die Schuld leugneten. In Einzelfällen konstatierte sie Versuche, Zeugen zu beeinflussen, manchmal auch durch Bestechung und Drohungen. Wenn solche Vorkommnisse zu »erheblichen negativen Diskussionen unter der Bevölkerung führten«, reagierten die Sowjets auch mit harten Strafen. So wurde zum Beispiel ein Fähnrich, der am 17. September 1987 auf der F 96 Richtung Berlin betrunken und ohne Fahrerlaubnis mit seinem Lkw die vier Insassen eines Trabant tötete, zu einer Freiheitsstrafe von neun Jahren verurteilt.

Dass es sogar zahlreiche grausame Morde gab, belegt die »Vertrauliche Verschlusssache«, Militärstaatsanwaltschaft B I/058182 vom 2. Februar 1989 – fünf Beispiele: Am 25. Oktober 1988 floh Soldat Selenzow in Wurzen. Um sich Zivil zu beschaffen, brach er in das Haus des Bürgers H. ein, den er erwürgte, um einer Festnahme zu entgehen.

Der fahnenflüchtige Soldat Koschunow drang am 2. November 1988 in ein Wohnhaus in Maltershausen ein. Er suchte nach Essbarem. Dabei überraschte ihn die Wohnungseigentümerin Frau S. Mit dem Bajonett erstach er die 74-jährige Rentnerin. Die Soldaten Samson und Sharikow aus Krampnitz bei Potsdam wollten Geld. Sie klingelten am 22. September 1988 bei Rentner Bruno T., als der 75-Jährige öffnete, stachen sie ihn nieder. Dann erschlugen sie ihn und seine Frau Margarete. Einen homosexuellen Hintergrund hatte ein Mord am 2. Dezember 1988 in Plauen. Untersergeant Rushkalin erschlug den entsprechend veranlagten DDR-Bürger M. in seiner Wohnung und beraubte ihn. In Ludwigslust schoss am 1. Januar 1988 der Fähnrich Gerassimow dem DDR-Bürger B. mit einer Pistole in den Bauch. B. hatte die Herausgabe von Geld verweigert. Gerassimow wurde von einem sowjetischen Militärtribunal zu sieben Jahren Haft verurteilt.

Zu solchen Gewalttaten kamen Vergewaltigungen, Raubüberfälle, Sachbeschädigungen, Unfälle, bei denen DDR-Bürger erschossen wurden, Diebstähle und vieles andere. Manche Taten wurden intern von den Sowjets geahndet, andere verschwiegen und vergessen.

WARUM NAHMEN DIE RUSSEN BEIM ABZUG ALLES MIT?

Viele, die 1945 den Einmarsch der Roten Armee miterlebten, wussten Merkwürdiges zu berichten. In besetzten Häusern meißelten Soldaten Mauersteine mit Lichtschaltern aus der Wand, um sie zu Hause wieder zu verbauen, damit dort dann auch das Zimmer mit einem Knipsen hell werde. Andere trugen den Porzellanklöppel der Toilettenspülung als Schmuck um den Hals oder wuschen im WC Kartoffeln. In Deutschland waren sie auf einen Lebensstandard gestoßen, den viele von daheim nicht kannten.

Als die Truppe 1994 wieder abzog, glichen die Umzugstrecks Karawanen. Alles, was nicht niet- und nagelfest war, wurde mitgenommen. Die gerade in der Konsumgesellschaft angekommenen DDR-Bürger belächelten das und entsorgten nebenbei manches, was nun durch neue West-Technik ersetzt werden konnte. Niemand machte sich groß darüber Gedanken, dass sich die 334 000 Mann starke Truppe, von mehr als 200 000 Familienangehörigen und Zivilbeschäftigten begleitet, in ein Land in Auflösung zurückzog, in dem sie niemand richtig brauchte. Mit dem Auseinanderbrechen der Sowjetunion gab es ohnehin riesige innere Truppenverschiebungen und umfangreiche Binnenwanderungen der Bevölkerung. Die zurückkehrenden Soldaten wurden plötzlich Bürger unterschiedlicher Länder, manche Nationalitäten begannen sogar, sich zu bekämpfen. Nirgendwo erwartete die Truppe ein neuer Stationierungsort mit einigermaßen ausgebauter Infrastruktur. Sie musste sich als Söldnerheer etablieren, ohne dass jemand genau wusste, wer künftig den Sold zahlen würde.

Vor diesem Hintergrund war die Mitnahme jedes Bretts und jedes Nagels wichtig. Das hatte der letzte Oberkommandierende der Westgruppe, Generaloberst Matwej Burlakow, ausdrücklich befohlen: »Ich forderte von den Kommandeuren, sorgsam mit materiellen Werten umzugehen und nach Möglichkeit alles mitzunehmen, weil man praktisch alles am neuen Stationierungsort in Russland gebrauchen konnte. Immer wieder paukte ich den Kommandeuren ein: was vom zurückgeführten Material nicht unmittelbar für die eigenen Bedürfnisse im neuen Stationierungsort gebraucht wird, Montagebauten, Zäune und ähnliches, das kann den örtlichen Behörden in Russland für die Verbesserung der Wirtschaftslage zum Tausch angeboten werden. Installiert man zum Beispiel irgendwo tief in Russland auf einer Dorfstraße eine Beleuchtung auf jenen Betonmasten, von denen es in jedem unserer Truppenteile in Deutschland Hunderte gibt, kann man im Gegenzug vielleicht drei bis fünf Ferkel bekommen. Umgibt man einen Kindergarten mit einem schönen Zaun, der sonst in Deutschland zurückgeblieben wäre, kann man dafür vielleicht sogar ein paar Kälber bekommen – und mit der Regimentswirtschaft beginnen.«

Die Truppe stellte sich auf Selbstversorgung und Biwak ein, die Offiziere auf den nahenden Kapitalismus. Das führte zu schwarzen Geschäften und Korruption, Russlands oberster Staatsinspektor, Juri Boldyrew, stellte nach dem Abzug aus der ehemaligen DDR 1994 »grobe Verletzungen verantwortlicher Personen der Westgruppe und des Verteidigungsministeriums Russlands bei der Veräußerung von Armee-Eigentum« fest. Er bezifferte den Schaden auf rund 100 Millionen Mark. Entstanden ist er durch unzählige, kleine und größere, kaum kontrollierbare Einzelaktionen. Zwei Beispiele: Die Westgruppe kassierte von der Deutschen Telekom für die Reparatur des Untersee-Telefonkabels Ahlbeck – Kaliningrad 5,6 Millionen Mark, machte aber keinen Finger krumm. Die russisch-schweizerische Firma Mos-Enico-Invest und eine lettische Firma in Riga bekamen

82 000 Tonnen Diesel zum Dumpingpreis von 27 Pfennigen pro Liter. Russland, das den Sprit bei Lieferung bezahlt hatte, ging leer aus.

Ein weiteres Geschäft war der Einkauf nicht mehr benötigter Ausrüstungen zu überhöhten Preisen. So beschaffte die Truppe von der österreichischen Firma Rekont noch schnell 3390 veraltete Fernsehgeräte und Video-Rekorder und 30 000 Kochgeschirre. Preis: 14 Millionen Mark. An derartigen Geschäften war auch die Moskauer Bürokratie beteiligt. Das Verteidigungsministerium bestellte in Indien 800 000 Garnituren zu 40 Prozent überteuerter Bettwäsche für die Westgruppe – angekommen ist kein einziges Bettlaken.

Wer konnte, griff direkt zu. Die Finanzprüfer entdeckten eine Überweisung von 13 Millionen DM von einem Armeekonto bei der Deutschen Bank in Leipzig »ohne irgendwelche Kontrakte, ohne Warenlieferungen, mit gefälschten Anweisungen.« In Moskau wurden Warenlager mit Möbeln, Schuhen und Delikatessen im Wert von 42 Millionen Mark gefunden, in denen nur höhere Offiziere einkaufen durften. Die Flasche Champagner kostete 49 Rubel, etwa 20 Pfennige. Als »Telefonapparate« deklariert, gingen zollfrei und per Luftfracht auf Staatskosten 17 000 Liter Alkohol nach Warschau.

Neben dem Abzug aus der DDR wurden Anfang der neunziger Jahre auch die Truppen aus Polen (»Nordgruppe«), der Tschechoslowakei (»Zentralgruppe«) und Ungarn (»Südgruppe«) ins Mutterland zurückgeführt, insgesamt allein etwa 270 000 Armee-Angehörige. Auch sie kamen aus russischer Sicht aus dem »reichen Westen«. In der Heimat angekommen, brachen Machtkämpfe innerhalb der Armee aus. Sie führten unter anderem dazu, dass Russlands Präsident Boris Jelzin Generaloberst Burlakow bereits im November 1994 wegen Korruption in den Ruhestand schickte.

Wie viel musste die DDR für die Sowjettruppen zahlen?

»Ein notwendiges Instrument des Friedens« titelte am 14. März 1957 *Neues Deutschland* zum zwei Tage zuvor erfolgten Abschluss des Abkommens »Über Fragen, die mit der zeitweiligen Stationierung sowjetischer Streitkräfte auf dem Territorium der DDR zusammenhängen«. In der nächsten Ausgabe listete das Blatt die »Besatzungskosten« im Westen auf und rechnete die NATO-Kosten gleich mit dazu: »1,8 Milliarden DM kostet die westdeutsche Bevölkerung der Aufenthalt britischer Besatzungstruppen. Für Ami-Besatzer muss sie jährlich 650 Millionen und für belgische und dänische Truppen zusammen 120 Millionen DM zahlen. Auch Frankreich verlangt statt 278 neuerlich 540 Millionen DM ...«

Von den Kosten der DDR für ihre Besatzer ist nirgendwo die Rede, auch später nicht. Der Grund: Besatzungs- und Stationierungskosten wurden niemals vertraglich vereinbart. Über sie zu diskutieren, galt ebenso als Sakrileg, wie die Tatsache, dass der Stationierungsvertrag und ihm folgende Abkommen, wie das über Rechtshilfe vom 26. September 1957, faktisch nur dazu dienten, den Eindruck einer kooperativen Zusammenarbeit zu erwecken. Im Gegensatz zu ähnlichen Stationierungsverträgen mit anderen sozialistischen Ländern fehlten im Abkommen mit der DDR Regelungen, wie ein Mitspracherecht bei Truppenbewegungen oder über den Ersatz von durch das Militär verursachten Schäden. Stattdessen behielt sich Moskau das Recht vor, in Krisenlagen der DDR mit deren Zustimmung einzugreifen.

Diese Unterordnung unter die Führungsmacht der Sowjetunion entsprach der DDR-Staatsdoktrin und wurde erst mit der Machtübernahme durch Michail Gorbatschow 1985 von sowjetischer Seite anders gesehen. Statt einer Abrechnung der Stationierungskosten, dienten sie als Instrument politischer Propaganda. Die deklarierte Summe sank, die tatsächlichen Kosten stiegen. Bis 1954 zahlte die DDR rund 17 Milliarden Mark Besatzungskosten. Das entsprach in etwa dem, was auch die Bundesrepublik aufbringen musste. Allerdings teilte es sich dort auf die rund viermal größere Bevölkerung auf und war durch das höhere ökonomische Potential leichter zu tragen. Ab 1954 senkte die Sowjetunion ihre Forderung auf 1,6 Milliarden Mark pro Jahr, ab 1957 dann sogar auf 0,8 Milliarden. Das ging mit der vermehrten Lieferung von Ausrüstungen und Lebensmitteln für die Truppe direkt aus der Sowjetunion einher. Es verschleierte das reale Ansteigen der Kosten für die DDR, die im gleichen Zeitraum ungefähr 3 Milliarden Mark pro Jahr betrugen und nach Schaffung der DDR-Volksarmee in den Verteidigungshaushalt einbezogen wurden.

Der Weg, die tatsächlichen Aufwendungen intransparent zu halten, setzte sich fort, so dass die offiziellen Stationierungskosten für 1958 nur noch mit 650 Millionen Mark angegeben wurden und sie ab dem 30. November des Jahres völlig entfielen. Demgegenüber standen tatsächliche Ausgaben für die sowjetischen Truppen in der DDR, die inzwischen im Durchschnitt auf rund 1,1 bis 1,8 Milliarden Mark pro Jahr bis 1989 geschätzt werden. Jährlich insgesamt etwa 11 Prozent des Nationaleinkommens der DDR gingen für Militär und Rüstung drauf. Das überstieg nicht nur westliche Verteidigungsausgaben, sondern markierte auch den Spitzenplatz innerhalb des Warschauer Vertrages.

Zum Streitpunkt wurden die Kosten noch einmal mit dem Abzug der Westgruppe aus der DDR. Er wurde ohne Berücksichtigung des Stationierungsabkommens vom März 1957 verhandelt, das im Absatz 17 festlegte: »(1) Die von den sowjetischen Streitkräften benutzten Objekte … werden, wenn kein Bedarf mehr vorliegt, der Deutschen Demokratischen Republik ohne jegliche Entschädigung der Aufwendungen, die der Union der Sozialistischen Sowjetrepubliken durch die Einrichtung, Renovierung oder den Umbau solcher Objekte und Mittel entstanden sind, übergeben.«

Das Ignorieren dieser Vertragsklausel führte zunächst zu einer sowjetischen Forderung von 17 bis 17,5 Milliarden Mark an Deutschland, die dann auf 10,5 Milliarden reduziert wurde. Zur Begründung nannte Generaloberst Burlakow die Zahl von mehr als 20 000 Gebäuden in knapp 800 Militärobjekten, die er später beständig nach oben »korrigierte«. Die deutsche Seite wollte bei dieser Kompensation zumindest die Kosten für die Beseitigung der hinterlassenen Umweltschäden in Rechnung stellen. Das wiederum führte zu sowjetischen Gegenrechnungen. Sie behaupteten nun, 90 000 Hektar Waldflächen durch den Einsatz von 20 000 Soldaten rekultiviert und 6,6 Millionen Stück Munition und Sprengstoff entschärft zu haben. Gesamtwert: 2 Milliarden Mark.

Da sich das Problem in der Praxis auf diese Art und Weise als nicht lösbar erwies – vor allem konnte keine Einigkeit über den Wert der Immobilien erzielt werden –, vereinbarten Bundeskanzler Helmut Kohl und Russlands Präsident Boris Jelzin im Dezember 1992, dass Deutschland die russischen Liegenschaften kostenlos erhalte und im Gegenzug dafür die Umweltsanierung übernehme. Damit war Moskau aus seiner Verantwortung entlassen und der Grundstein für die bis heute mancherorts dominierenden Müllhalden und Schuttberge gelegt. Genaue Zahlen zu den so entstandenen Kosten gibt es nicht, Schätzungen bewegten sich 1990 um die 5 Milliarden Mark. Erste Erfolge bei der Konversation zeigen, dass es dennoch ein »gutes Geschäft« werden konnte.

Was geschah in der Angelikastrasse in Dresden?

Als Wladimir Putin nach fünf Jahren 1990 seinen Job in der Dresdner Außenstelle des russischen Geheimdienstes in der Angelikastraße 4 nach der Beförderung zum KGB-Major beendete, rechnete er damit, danach Taxifahrer in Leningrad (heute St. Petersburg) zu werden. Das vertraute er seinem Kameraden Wladimir Usolzew an. Der damals 37-jährige Physiker aus Sibirien teilte mit Putin Zimmer und Schicksal: Wer in der KGB-Außenstelle Dresden auf Wacht saß, hatte Hamburg oder Bonn verpasst.

Doch seit Gorbatschow gab es Hoffnung. Usolzew: »Wir waren die junge Generation in der Staatssicherheit. Uns war völlig klar, dass die Sowjetmacht unaufhaltsam Richtung Abgrund marschiert.« Gesprochen wurde darüber allenfalls am Freitag in der Banja der KGB-Villa. »Im kleinen Kreis hat uns Putin mit seinen politischen Ansichten überrascht«, sagt der Major. Er ist davon überzeugt, dass Wladimir Putin im letzten Moment ein Job als »Offizier im besonderen Einsatz« beim Leningrader Bürgermeister vor dem Taxi rettete. Über seine Eindrücke mit dem Geheimdienstkameraden hat er das Buch *Sosluschiwez* geschrieben. Das bedeutet in etwa »Schreibtischkollege« – einer, dem man nahe war und den man kennt.

Im Gegensatz zu deutschen Zeitungen, die bis heute nicht wissen, was die sechs KGB-Offiziere in der Angelikastraße eigentlich machten – die *Frankfurter Allgemeine Zeitung* kennt nur »einige wilde Spekulationen«, die *Süddeutsche Zeitung* fabuliert über geheimnisvolle Operationen, gegen Honecker –, berichtet Usolzew Konkreteres. Als Legende des damals 33-jährigen Hauptmanns Putin aus der Abteilung II (Illegale Aufklärung) galt die Betreuung des *Haus der DSF* in Leipzig. Wichtiger war wohl die Informationssuche zu den U. S. Special Forces in Bad Tölz und zu den Aktivitäten auf den Truppenübungsplätzen Wildflecken und Munster. Dazu wurde versucht, ausreisewillige DDR-Bürger anzuwerben, die zwar mit Honecker, aber nicht mit Gorbatschow über Kreuz lagen. Ein zweiter Schwerpunkt soll die Herstellung von Kontakten zu ausländischen Studenten an der TU Dresden gewesen sein, die oft aus den Eliten ihrer Entsendungsländer stammten. Erfolg habe er mit Hilfe als IM angeworbener DDR-Kripo-Männern besonders bei Lateinamerikanern gehabt. Dazu kamen noch Wissenschaftsklau mit Unterstützung des DDR-Zolls – Schwerpunkt Computer- und Laser-Technik – und die Anwerbung von NVA-Reservisten als Schweigefunker für den Ernstfall. So weit die Berichte von Major Usolzew über seinen »Schreibtischkameraden«.

Nun sind solcherart Auskünfte von Geheimdienstlern nicht unbedingt göttliche Wahrheiten, aber manches lässt sich prüfen. So beschwerte sich zum Beispiel Dresdens MfS-Chef, Generalmajor Horst Böhm, am 29. März 1989 bei Putins Vorgesetzten General Wladimir Schirokow über die Anwerbung der Funker. Der Brief wurde beim MfS abgelegt. Gewichtiger scheint eine Spur, die Stella Rimington, bis 1995 Chefin des britischen MI5 und danach Direktorin bei der Kaufhauskette Marks & Spencer, legte. Sie schrieb als Ruheständlerin den Krimi *Beutezug*, in dem sie berichtet, der BND habe einen KGB-Agenten in Dresden anwerben können, weil er eine komplizierte Operation für dessen Sohn bezahlte. Geheimdienstfachleute wie Friedensforscher Erich Schmidt-Eenboom sind davon überzeugt, dass darin ein wahrer Kern steckt. Das BND-Referat 12 LX, »Sonderaufgaben Gegenspionage«, soll unter dem Decknamen »Lenchen« seit Anfang der achtziger Jahre die baltendeutsche Dolmetscherin Sch. als Agentin geführt haben. Sie unterhielt ein Verhältnis mit dem in der Angelikastraße kommandierenden Oberst und wurde schwanger. Der BND habe ihr eine Spätabtreibung in Westberlin ermöglicht und sie danach mit neuer Identität und Pension in Süddeutschland angesiedelt. Zur Zeit Wladimir Putins in Dresden war »Lenchen« – beim BND intern wegen ihres üppigen Busens »Der Balkon« genannt – der Kummerkasten für dessen Frau Ljudmilla. Die studierte Romanistin litt unter der Abschottung in ihrer Zweieinhalb-Zimmer-Wohnung in der Radeberger Straße 101. Es gab keine privaten Kontakte zu Deutschen, bei »Lenchen« weinte sie sich aus. Der »kleine Wolodja« soll nämlich ein gnadenloser Schürzenjäger gewesen sein, dem hin und wieder auch schon einmal die Hand ausrutschte.

Im Frühjahr 2013 verkündete das Paar öffentlich seine Trennung. Diese Informationen riefen ein weltweites Presseecho hervor. Die Londoner *Times* schrieb am 3. November 2011: »Putin's wife poured her heart out to spy called The Balcony«, *The Telegraf* titelte: »Vladimir Putin ›a wife beater and philanderer‹«. Ob Frankreich, Schweiz, Belgien, Niederlande, Tschechien, Rumänien, Polen, Türkei oder Indien, alle berichteten, nur in Deutschland blieb es ruhig. Lediglich die *Berliner Zeitung* erwähnte am 31. Oktober 2011 »Schläge und Affären«, die *Sächsische Zeitung* machte »Putins Schatten an der Elbe« aus. Natürlich gibt es auch beim BND keinen endgültigen Aufschluss. Erich Schmidt-Eenboom sagt jedoch: »Zwei hochrangige ehemalige Führungspersönlichkeiten des BND, die mit dem Fall ›Lenchen‹ befasst waren, bestätigen den erfolgreichen Einbruch ihres Dienstes in die Dresdner KGB-Station – off the record.«

Die ehemalige Villa des russischen Geheimdienstes KGB in der Angelikastraße in Dresden. Hier arbeitete zwischen 1985 und 1990 Wladimir Putin.

WAS SAGTE GORBATSCHOW AM 7. OKTOBER 1989 WIRKLICH?

»Wer zu spät kommt, den bestraft das Leben«, ist die frei übersetzte Bemerkung, die vom Besuch Michail Gorbatschows zum 40. DDR-Jubiläum für die Geschichtsbücher blieb. Interpretiert wird, er habe damit unmissverständlich die SED-Führung kritisiert, dringend Reformen in der DDR angemahnt und ansonsten deren Ende in Aussicht gestellt. Das Protokoll der Unterredung zwischen dem KPdSU-Generalsekretär und dem SED-Politbüro am 7. Oktober 1989 im Schloss Niederschönhausen belegt das nicht.

Zunächst lobte Gorbatschow Erich Honecker und die anderen Anwesenden: »Ihr ganzes Leben und alle Ihre Taten waren nicht umsonst. Das, was die DDR heute ist, ist eine hervorragende Krönung des langen Weges bis zur Gründung des Arbeiter-und-Bauern-Staats auf deutschem Boden.« Dann folgte das Freundschaftsbekenntnis: »Die Deutsche Demokratische Republik ist für uns der vorrangigste Partner und Verbündete. Davon lassen wir uns in unserer Politik leiten.« Gorbatschow konstatierte »völlige Übereinstimmung« auch »in Bezug auf die Einschätzung der Prozesse … die sich in unseren Ländern und in der sozialistischen Welt im Ganzen vollziehen«.

Der erste zaghaft kritische Satz lautete: »Wir kommen zu der Schlussfolgerung, dass wir die Impulse des sich entwickelnden Lebens unbedingt aufnehmen müssen.« Gorbatschow bemängelte, dass in den siebziger Jahren nicht adäquat auf die Anforderungen der wissenschaftlich-technischen Revolution reagiert worden war, relativierte aber mit Blick auf die DDR: »Sie haben Anfang der siebziger Jahre anders reagiert und die Herausforderungen der Zeit angenommen. Das war richtig.« Und er bestärkte Honecker: »Ich … habe dem Genossen Honecker heute gesagt, dass ich die Idee, die seiner gestrigen Ansprache zugrunde lag, sehr gut finde.«

Nun stellte Gorbatschow die Frage »Was weiter?« und nörgelte vorsichtig: »Was Genosse Erich Honecker in seiner Rede als Antwort auf diese Frage sagte, konnte natürlich nicht vollständig sein. Es war ja nur eine Jubiläumsansprache …« Wie der »Notwendigkeit der weiteren gründlichen und tiefgreifenden Veränderungen der Gesellschaft« zu genügen sei, müsse der kommende SED-Parteitag bestimmen, »der eine Wende in der Entwicklung des Landes sein und die Perspektiven für die weitere Entwicklung der Gesellschaft bestimmen muss«. Mit Blick auf das Vorbild von Glasnost und Perestroika hieß es nur: »Ich glaube, dass auch unsere Umgestaltung eine Antwort auf die Erfordernisse der Zeit ist.« Gleichzeitig machte Gorbatschow der SED-Führung Mut, denn er meinte, »dass es Ihnen leichter wird, Umgestaltungen durchzuführen, weil Sie keine solchen Spannungen im sozialökonomischen Bereich haben«. Der KPdSU-Chef verwies auf seine Erfahrung, »dass viel Wurst und viel Brot noch nicht alles sind. Die Leute verlangen dann eine neue Atmosphäre, mehr Sauerstoff, einen neuen Atem, insbesondere für die sozialistische Ordnung.« Sie wollten eine den materiellen Bedingungen »entsprechende geistige Atmosphäre in der Gesellschaft«. Dass es die in der DDR nicht gab, sagte Gorbatschow nicht und referierte stattdessen ausführlich die Probleme im Sowjetland. Vorher kam jedoch noch einmal – in etwas abgewandelter Form – der berühmte Satz: »Ich halte es für sehr wichtig, den Zeitpunkt nicht zu verpassen und keine Chance zu vertun. Die Partei muss ihre eigene Auffassung haben, ihr eigenes Herantreten vorschlagen. Wenn wir zurückbleiben, bestraft uns das Leben sofort.«

Damit war die große Kritik-Bombe geplatzt, und Gorbatschow versicherte versöhnlich: »Ich bin voller Zuversicht, dass Sie richtig handeln. Man muss weitergehen und die Impulse der Zeit erfassen.« Und noch einmal: »Wir haben nur eine Wahl: entschieden voranzugehen, sonst werden wir vom Leben selbst geschlagen.« Dafür sah er trotz der täglichen Flucht Tausender DDR-Bürger in den Westen und der Proteste auf den Straßen in der SED den geeigneten Partner: »Ich glaube, die KPdSU und die SED sind die stärksten Parteien, und sie müssen ihre Taten auch untermauern und sogar anwachsen lassen, aber auf der Grundlage der Erneuerung und der Realität, auf der Grundlage der Ideale und der Ideen, die vom Oktober proklamiert wurden.« Dazu sollte die weitere Zusammenarbeit dienen: »Wir sind bereit, gemeinsam zu gehen, zusammenzuarbeiten. Wir sind für alles offen, ohne Vorbehalt.«

Dass sich ein Mann vom Format Erich Honeckers von einer solchen Rede nur bestätigt fühlen konnte, liegt auf der Hand. Er wiederholte sein »vorwärts immer, rückwärts nimmer« und stellte selbstgefällig fest: »Wir haben auf dem Plenum unseres Zentralkomitees die Losung gewählt, die Politik der Kontinuität und der Erneuerung fortzusetzen. Damit wollen wir die Richtigkeit dessen unterstreichen, was wir ständig zum Ausdruck brachten, dass wir die Partei der Neuerer sind. Das heißt, bei Erfolgen darf man nicht stehenbleiben, sonst bleibt man zurück; man muss vielmehr die neuen Fragen erkennen und nach vorn gehen.« Es folgten noch ein paar gegenseitige Freundlichkeiten, und wie in einer Klippschule rief der Generalsekretär einige Genossen auf, die dann im ganzen Satz positive Bemerkungen zu einzelnen Bereichen der Beziehungen machten. Nach anderthalb Stunden beendete Erich Honecker das Treffen und fasste zusammen: »Wir müssen alle rechtzeitig handeln. Ich danke noch einmal recht herzlich. Wir sehen uns beim Empfang wieder.« Es war sein letztes Glas, das er auf die unverbrüchliche Freundschaft trank.

»Seht die bunten Fahnen wehen, …«

19

Innenansichten und Erinnerungen

WAR PAWEL KORTSCHAGIN EIN SOZIALISTISCHER SUPERMAN?

Wenn in allen 8. Klassen der DDR vier Stunden lang *Wie der Stahl gehärtet wurde* auf dem Lehrplan stand, wurde auf die Seele der gerade 14-jährigen Mädchen und Jungen gezielt. Sie sollten sich den »Helden« Pawel Kortschagin zum Vorbild nehmen. Dabei ging es nicht um sein von der Liebe zum Prügeln und Fluchen bestimmtes Verhalten, sondern – so das Ministerium für Volksbildung in einer Vorgabe von 1986 – um Moral und Ideologie des Kampfes für den Fortschritt: »Die Schüler sollen Werte wie Parteilichkeit und Prinzipientreue, Verantwortungsbewusstsein und eine hohe Einsatzbereitschaft für den Sozialismus, die für Pawels Lebenseinstellung charakteristisch sind, auch für ihre eigene Einstellung und Haltung als beispielgebend empfinden.«

Pawel wusste, wie man Anfang der dreißiger Jahre in der Sowjetunion mit »Abweichlern« der Partei fertig wurde, besonders, wenn sie es auch noch perfide verstanden hatten, gutgläubige Anhänger zu finden. Er hielt eine flammende Rede über die »richtige Linie«, und die Zweifler wurden erst einmal aus der Versammlung geschickt. Dann »überzeugte« er die verbliebenen Genossen, die Andersdenkenden zu verurteilen, danach, sie als »Sowjetfeinde« zu vernichten. Ganz im Sinne des weisen Väterchens Stalin endeten seine »Kämpfe« stets mit der »Liquidierung« der »trotzkistischen« Gruppe. Diese bestand aus einer undisziplinierten Horde unrasierter und arbeitsscheuer Trunkenbolde ohne jede Ehre.

Ihren Weg aufs Schafott beschrieb der Roman nicht. Auch im Unterricht blieb Stalin ebenso ausgespart wie das tragische Schicksal des Autors Nikolai Ostrowski, das nur in seiner autobiographischen Kunstfigur Pawel Kortschagin auftauchte. Ostrowski, 1904 im ukrainischen Wilija geboren, gehörte zu den Kindern, die in die Wirren von Revolution und Konterrevolution gerieten. Als 15-Jähriger ritt er mit Budjonny gegen die Weißen, als 20-Jähriger wurde er schwer verwundet und Kommunist. Für den Kampf ließ er sich danach nicht mehr gebrauchen. Seine Verletzungen und ein verschleppter Typhus ließen ihn erblinden, die letzten neun Jahre seines Lebens, bis 1936, verbrachte er als ans Bett gefesselter Krüppel.

Die Beschreibung seines Schicksals als »Pawel Kortschagin« war ein Befreiungsakt des ausgemergelten Todkranken. Er meinte, statt mit der Waffe in der Hand, nun mit seinem Schreiben Parteiarbeit leisten zu können. Als der Komsomol-Verlag Molodaja Gwardija 1932 sein Manuskript *Wie der Stahl gehärtet wurde* annahm und in 10 000 Exemplaren druckte, traf es den Nerv der Zeit. Mit Büchern wie Fadejews *Die junge Garde,* Furmanows *Tschapajew,* Polewois *Der wahre Mensch* oder Gaidars *Timur und sein Trupp* wurde es beispielgebend für die frühe Sowjetliteratur mit ihrer Verklärung des Kampfes für die neue Gesellschaft. Da Nikolai Ostrowski bereit war, sein Werk vor der Massenauflage in weit über 200 Auflagen in nahezu allen Sprachen der Sowjetunion auch ideologisch zu glätten, geriet es zum Muster der sozialistischen Erziehungsliteratur. Der Autor hinterließ dazu: »In dieser dritten Ausgabe wurde auf meinen Wunsch hin die Episode gestrichen, wo Pawel, genannt Pawka, in die Arbeiteropposition gerät. Ich habe es darum getan, weil die Gestalt eines jungen Revolutionärs unserer Epoche makellos sein muss und Pawka in der Opposition nichts zu suchen hat.«

Mit dieser Botschaft war das Buch aus einer anderen Zeit und einer anderen Welt auch als Erziehungsmittel in der DDR gefragt. Die erste Auflage erschien bereits 1947, insgesamt wurden es über eine Million Exemplare. Pawel Kortschagins Lebensphilosophie hieß: »Das Wertvollste, was der Mensch besitzt, ist das Leben.« Es als Märtyrer für »das Schönste der Welt – den Kampf um die Befreiung des Menschen« – hinzugeben, trat an die Stelle des Todes auf dem vormaligen »Feld der Ehre« vergangener Helden. Das neue Vorbild hatte sich »in Reih und Glied« oder auch in »Kampfreihen« – je nach Übersetzung – zu bewegen, und sein Bild wurde stetig weiterentwickelt. Drei Verfilmungen, 1942, 1956 und 1975, passten es still an die jeweilige »Kampfsituation« an. Nikolai Mashchenkos Protagonist des letzten Films trug dann schon fast Züge eines Popstars, eine Rockgruppe lieferte den Sound. Thomas Reschke versuchte Anfang der siebziger Jahre eine Neuübersetzung in »jugendgemäßer Sprache«, und Liedermacher Gerhard Schöne trällerte: »Geil, geil, dieser Typ ist geil ...«

So ernst wie noch Jahre zuvor nahm den guten Pawka aber wohl niemand mehr. Der besonders eifrige Bürgermeister von Stadtroda hatte 1958 den Eltern anlässlich einer »sozialistischen Namensgebung« noch ein »Gelöbnis« abverlangt, ihre Kinder im Geiste Nikolai Ostrowskis und dessen Alter Ego Kortschagin zu erziehen. Inzwischen verdrängten die Mikes und Kevins den Super-Pawel und seine angebliche Fähigkeit, allein mit der Kraft seines Willens die Welt aus den Angeln zu heben.

Zum hundertsten Geburtstag des Schriftstellers, 2004, versuchte der Leipziger Kinderbuchverlag noch einmal ein Geschäft mit dem gehärteten Stahl. Die Werbung kündigte »die schonungslose, pralle Geschichte eines jungen Rebellen, eines aufsässigen Schülers« an und nannte das Buch eine Abenteuergeschichte vor historischem Hintergrund. Doch die schlichte menschliche Botschaft Pawel Kortschagins, trotz individueller Hilflosigkeit etwas aus seinem Leben zu machen, schien nicht mehr sonderlich gefragt zu sein.

War die DDR ein Land ohne Analphabeten?

In der Gewerkschaftszeitschrift *Erziehung und Wissenschaft* erschien 1993 eine kurze Notiz, in der vermeldet wurde, dass sich mit der Deutschen Einheit die Anzahl der Analphabeten um eine Million auf vier Millionen Menschen erhöht habe. Das rief wütende Proteste der Leser hervor. Analphabeten aus der DDR – die gab es doch gar nicht! Und dann noch eine Million! Unglaublich?

Die Rede ist von »funktionalem Analphabetismus« – es geht um Menschen, die zwar einzelne Sätze, nicht aber zusammenhängende Texte lesen und schreiben können. Nach einer Studie der Universität Hamburg von 2011 liegt deren Zahl in Deutschland bei etwa 7,5 Millionen Erwachsenen. Damit waren mehr als 14 Prozent der Erwerbstätigen betroffen – fast doppelt so viele wie bislang angenommen wurde. Zwei Millionen von ihnen scheitern bereits an Sätzen, rund 300 000 sogar an einzelnen Worten. Analphabetentum im engeren Sinne beträfe damit etwa 4 Prozent der erwachsenen deutschen Bevölkerung.

Dass es auch in der DDR des Lesens und Schreibens unkundige Menschen gab, war einerseits ein Tabuthema, andererseits aber auch ein gesellschaftlich weniger relevantes Problem als im Westen, weil es ein funktionierendes Integrationssystem gab. DDR-Analphabeten waren in die Berufswelt einbezogen, zum Beispiel durch die Möglichkeit einer Ausbildung als »Teilfacharbeiter« nach dem Besuch einer Hilfsschule. So etwas existierte im Westen nicht. Dort trat der Analphabetismus erst mit den tiefgreifenden Veränderungen in der Arbeitswelt ab den siebziger Jahren als sichtbares Problem in die Öffentlichkeit. Dieser Prozess vollzog sich zeitversetzt im Osten nach der Einheit.

Dennoch gab es auch im »Leseland DDR« Menschen, die weder lesen noch schreiben konnten. Eine Spur der Analphabeten findet sich zum Beispiel in der *Spur der Steine* von Erik Neutsch, 1964 geschrieben. Zimmermann Balla, selbst mit der Orthographie auf Kriegsfuß stehend, hatte den 20-jährigen Nick in seiner Brigade, der als Analphabet immer wieder gehänselt wurde. Einmal machten ihn seine Kumpel betrunken und setzten ihn auf einem fremden Bahnhof ab: »Nick hatte sich nicht zurechtgefunden. Er konnte weder das Ortsschild noch die Fahrpläne lesen.« Als der Baumaschinist von der Gewerkschaft ausgerechnet ein Buch als Auszeichnung bekommt, zwingt ihn Balla mit sanfter Gewalt, nun endlich das Lesen und Schreiben zu lernen: »Doch der Text war schwierig. Nick verschrieb sich oft und verlor den Mut. Balla seufzte, überlegte, wie er seinem Schüler das Lernen erleichtern konnte. Schließlich fiel ihm ein, ein Schulbuch zu kaufen, eins, das übersichtliche Sätze hatte ...«

Auch Erwin Strittmatter kratzte am Tabu, so in *Der Laden* und *Die Nachtigall-Geschichten* oder *Sulamith Mingedö, der Doktor und die Laus*. Meist wurde dabei auch gleich die Situation der verlorenen Generation nach dem Krieg als Ursache für den Analphabetismus genannt, denn das DDR-Schulsystem galt stets als vorbildlich. Per Verfassung hatte sich das Land von Anfang an das gleiche Recht auf Bildung für alle auferlegt. Mit dem Schulpflichtgesetz von 1950 setzte der Staat die Verantwortung für die Bildung und Erziehung der Kinder um. Für den Umgang mit jenen unter ihnen, deren geistige oder körperliche Fähigkeiten begrenzt waren, mussten Wege gefunden werden.

Im Oktober 1951 erließ das Ministerium für Volksbildung deshalb zu Paragraph 6 des Schulpflichtgesetzes die »Verordnung über die Beschulung und Erziehung von Kindern und Jugendlichen mit wesentlichen physischen und psychischen Mängeln«. Geistige Behinderung (Oligophrenie) wurde nun möglichst frühzeitig medizinisch orientiert, aber auch unter Einbeziehung von Pädagogen und Psychologen diagnostiziert. Im Ergebnis stand eine Unterscheidung in drei Grade: Debilität verband sich mit einer Hilfsschulprognose, Imbezillität hieß, das Kind war nicht schulbildungs-, aber lebenspraktisch förderungsfähig. Bei Vorliegen manifester Idiotie fehlte jegliche Förderungsfähigkeit. In den Hilfsschulen für debile Schüler, die seit 1959 auch der zehnjährigen Schulpflicht unterlagen, ging es darum, anwendbare, elementare Fähigkeiten im Lesen, Schreiben und Rechnen zu erwerben. Waren Kinder im schulpflichtigen Alter aufgrund ihrer Intelligenzminderung nicht für die Hilfsschule geeignet, konnten sie im Vorschulteil dieser Schulen durch Erzieher gefördert werden. Dabei lag die Verantwortung für diese Gruppe beim Gesundheitswesen.

Ein nennenswerter Ausbau von Förderungstagesstätten fand in den sechziger Jahren statt. Ein Beschluss des Ministerrates über die Schaffung von »Rehabilitationspädagogischen Förderungseinrichtungen des Gesundheits- und Sozialwesens« wurde am 20. August 1969 gefasst. Förderungsschwerpunkte waren das Bekanntmachen mit Dingen und Erscheinungen der Umwelt, die muttersprachliche Erziehung, Spiel und musikalisch-rhythmische Bildung und Erziehung, Bewegungserziehung, Arbeitserziehung, Bekanntmachen mit quantitativen Sachverhalten und Erlernen von Selbstversorgung. Damit praktizierte die DDR einerseits einen effektiven Weg möglichst großer Hilfe für intelligenzgeminderte Kinder und Jugendliche, andererseits ignorierte sie aber das Vorhandensein von funktionalem Analphabetismus. Dessen Ursachen liegen im Spektrum von sozialen und familiären Gegebenheiten über schulische Defizite bis hin zu individuellen Voraussetzungen, die es auch in der DDR gab. Dabei dürfte die von »Erziehung und Wissenschaft« genannte Zahl wegen der wesentlich geringeren Zahl von eingebürgerten Ausländern in der früheren DDR etwas hochgegriffen sein, realistisch geschätzt aber doch bei etwa 500 000 bis 700 000 Analphabeten liegen, die der Osten in das gesamte Deutschland einbrachte.

WAREN DDR-SCHULEN BILDUNGS- ODER VERBILDUNGSSTÄTTEN?

Als 1978 das Buch *Eine Anzeige in der Zeitung* von Günter Görlich erschien, griffen viele der auf das zwischen den Zeilen Lesen trainierten DDR-Bürger interessiert zu. Es ging um den Selbstmord eines Lehrers. Damit wurden gleich zwei sozialistische Tabuthemen berührt, der Tod von eigener Hand und die autoritäre Praxis in den Schulen. Obwohl vom Kulturfunktionär und Schriftsteller Görlich dazu keine revolutionären Erkenntnisse zu erwarten waren, erreichte sein Buch eine Gesamtauflage von mehr als einer Million Exemplaren. Das deutet darauf hin, dass er den Nerv der Leute getroffen hatte. Und das war die Schule, mit der jeder seine Erfahrungen verband.
1989 lebten zwischen Ostsee und Erzgebirge 16,434 Millionen Menschen, etwa die Hälfte von ihnen – die Geburtsjahrgänge 1943 bis 1979 – hatte ihre gesamte Bildung in der

DDR genossen. Sie stand in der Verfassung als Recht und Pflicht. Dafür waren am Ende der DDR rund 185 000 Lehrerinnen und Lehrer zuständig. Deren Arbeit basierte auf dem »Gesetz über das einheitliche sozialistische Bildungssystem« vom 25. Februar 1965. Es war eine Weiterentwicklung der ersten Bildungsreform der DDR, die mit dem »Gesetz über die sozialistische Entwicklung des Schulwesens« vom 2. Dezember 1959 durchgeführt wurde. Dieses Gesetz hatte die »Zehnklassige Allgemeinbildende polytechnische Oberschule (POS)« als einheitlichen Schultyp für alle Schülerinnen und Schüler eingeführt. Staatlich anerkannte private Schulen gab es in der DDR nicht, einzige Ausnahme: die Katholische Theresienschule in Berlin-Prenzlauer Berg. Sie überdauerte die Wende und ist 1991 nach Berlin-Weißensee umgezogen.

Am ersten Schultag verteilt eine Lehrerin an der 35. Oberschule in Berlin-Hohenschönhausen die Schulbücher (1986).

Das Volksbildungssystem umfasste Kinderkrippen (unter Aufsicht des Ministeriums für Gesundheitswesen) und -gärten, die POS und die nach zwölf Klassenstufen zum Abitur führende Erweiterte Oberschule (EOS), die Berufsausbildung mit Abitur als zweitem Weg zur Hochschulreife und die Arbeiter-und-Bauern-Fakultäten (ABF). Letztere dienten in der Frühzeit der DDR dazu, bislang bildungsfernen Schichten den Zugang zu Hochschulen zu ermöglichen, später zur sprachlichen und politischen Vorbereitung auf ein Auslandsstudium in einem »sozialistischen Bruderland«. Das Bildungsmonopol des Staates richtete sich laut Gesetz auf das Ziel, »allseitig und harmonisch entwickelte sozialistische Persönlichkeiten« heranzubilden. Daraus ergab sich die neben der Wissensvermittlung als gleichwertig betrachtete Aufgabe der Erziehung. Sie war von den politisch-ideologischen Leitlinien der SED geprägt und wurde durch das Ministerium für Volksbildung unter langjähriger Leitung von Margot Honecker organisiert und überwacht.

Diese Gleichwertigkeit von Bildung und Erziehung stellte an die Lehrerinnen und Lehrer neben den fachlichen, auch politische Anforderungen. Auf diesem Gesamtsystem beruht heute die nachträgliche Kritik am Bildungswesen der DDR. In ihrer schärfsten Form spricht sie von einem »Verbildungssystem«, bei dem der Teil der Erziehung den der Bildung angeblich überwogen habe. Angesichts der Entwicklung 1989 und der Lebenswirklichkeit der ehemaligen DDR-Bürger knapp dreißig Jahre nach Herstellung der Deutschen Einheit scheint diese generelle Kritik unzutreffend. Mit seiner engen Verbindung von Theorie und Praxis, der naturwissenschaftlichen Orientierung in der Wissensvermittlung und dem anerkannt hohen Standard der Allgemeinbildung brachte das DDR-Bildungssystem Menschen hervor, die durchaus in der Lage waren und sind, ihr Leben eigenverantwortlich zu gestalten. Darüber hinaus haben sie sich 1989 als fähig erwiesen, mit friedlichen Mitteln einen gesellschaftlichen Umbruch zu erreichen. Dieser positive Befund besteht trotz der kritikwürdigen Auswüchse des Bildungssystems in der DDR.

Hierbei stellen die Vermischung von ideologischer Indoktrination mit Bildungsinhalten und die Durchsetzung fragwürdiger Erziehungsziele, wie die Unterordnung der Individualität unter das Kollektiv, die Förderung von Anpassung und Opportunismus und die politische Kontrolle bis in die Elternhäuser hinein den Mittelpunkt dar. Dazukommen inhaltliche Faktoren wie die vernachlässigte musische Bildung, die wenig erfolgreiche Fremdsprachenausbildung und die politische Dominanz der gesamten Lehrplangestaltung. Weitere systembedingte Mängel des Bildungswesens wie die Militarisierung des

Schulalltags, die eingeschränkte Chancengleichheit beim Zugang zu weiterführender Bildung und die Eingriffe in das Grundrecht auf weltanschauliche Ansichten, wurden individuell unterschiedlich erlebt. Die Zahl von etwa 8000 Eingaben an das Ministerium für Volksbildung im Laufe der gesamten DDR-Geschichte gibt einen Hinweis auf den Umfang dieser Problematik. Das Bildungswesen der DDR war zu allen Zeiten ein Teil des »Systems DDR«. Vor diesem Hintergrund war es erfolgreich. Heute muss es sich an Maßstäben messen lassen, die nicht die seinen waren.

In vielen DDR-Schulen prangte der Spruch: »Nicht für die Schule, für das Leben lernen wir.« Er basiert auf der Umkehrung des vor rund 2000 Jahren vom römischen Philosophen Seneca geprägten Satzes: »Non vitae sed scholae discimus« (»Nicht für das Leben, sondern für die Schule lernen wir«) und trifft in der verballhornten Form durchaus auf das Grundanliegen der ostdeutschen Schulen zu. Es wurde für das Leben gelehrt und gelernt – allerdings für das in der DDR.

Was war eine Eingabe?

»Ich mache eine Eingabe!« Mit dieser Drohung glaubten viele DDR-Bürger, ihre Oberen zu erschrecken oder wenigstens zu bewegen, sich ihrer Probleme anzunehmen, und in vielen Fällen gelang das auch.

Die »Eingabe« war die DDR-typische Form, um sich gegen staatliche Willkür zu wehren. Da es keine Verwaltungsgerichtsbarkeit gab, ersetzte sie teilweise das fehlende individuelle Klagerecht, schloss aber keinen Rechtsanspruch auf Erfüllung des Anliegens ein. Gleichzeitig verzichtete sie auf die Anforderungen förmlicher Rechtswege wie Instanzen und Fristen.

Eingaben waren weit mehr als die Meckerecke der Nation. Im Laufe des DDR-Lebens machte im Durchschnitt jeder Haushalt einmal eine Eingabe. Ihre Zahl stieg kontinuierlich an und galt der Führung stets als Seismograph der Stimmung im Lande. Zählte der Staatsrat mit seinem Vorsitzenden als oberste Eingaben-Instanz 1983 noch rund 52 800 Petenten, wuchs deren Zahl im Wendejahr 1989 auf 134 000. Den Umgang mit ihnen regelte das »Gesetz über die Bearbeitung der Eingaben der Bürger« vom 19. Juni 1975, das den Eingabenerlass von 1953 ablöste. In seinem Paragraphen 1 legte es fest: »Jeder Bürger hat das Recht, sich schriftlich oder mündlich mit Vorschlagen, Hinweisen, Anliegen und Beschwerden an die Volksvertretungen, die staatlichen und wirtschaftsleitenden Organe, die volkseigenen Betriebe und Kombinate, die sozialistischen Genossenschaften und Einrichtungen sowie an die Abgeordneten zu wenden.«

Die politische Grundlage des Eingabewesens lag im »Plane mit – Arbeite mit – Regiere mit«, das die SED umsetzen wollte. Gleichzeitig setzte der »demokratische Zentralismus« als Führungsprinzip der Partei die Grenzen jeglichen Widerspruchs. Durch die Eigentumsverhältnisse war der Staat faktisch für alles verantwortlich. Fehlte es also an Fleisch, oder war die Milch sauer, fungierte er als Adressat einer Eingabe. Zwischen 3500 und 4000 Menschen pro Jahr wandten sich damit direkt an das MfS. Etwa ein Fünftel davon betraf Wohnungsangelegenheiten, 15 bis 20 Prozent kamen von örtlichen Funktionären, die sich über ihre Chefs beschwerten.

Gesetzlich festgelegt war, dass den »Bürgern … aus der Wahrnehmung dieses Rechts keine Nachteile entstehen« dürfen und ihr Anliegen innerhalb einer vierwöchigen Frist zu bearbeiten sei. Im DDR-Alltag war die Eingabe ein probates Mittel, um seinen Sorgen Luft zu machen. Dabei verfolgten die Bürger zwei unterschiedliche Taktiken. Die einen warben beim Adressaten um Verständnis, äußerten die Hoffnung auf Hilfe und erwarteten allenfalls, dass die Verantwortlichen für die Missstände zur Rechenschaft gezogen wurden. Die anderen drohten dem Staat mit Liebesentzug. Nicht zur nächsten Wahl zu erscheinen oder gar einen Ausreiseantrag zu stellen, galten als die wirksamsten Argumente.

In beiden Fällen galt die Festlegung des Eingabengesetzes, Paragraph 2, Absatz 1: »Das achtungsvolle Verhalten gegenüber den Bürgern und die sorgfältige und schnelle Bearbeitung ihrer Anliegen sind grundlegende Pflichten für alle Leiter und Mitarbeiter …« und im Absatz 2: »Die Leiter und Mitarbeiter haben durch eine gewissenhafte Bearbeitung der Eingaben beizutragen, den Bürgern bei der Überwindung persönlicher Schwierigkeiten zu helfen, ihr Vertrauen zu den Staatsorganen zu stärken, ihre Bereitschaft zur Teilnahme an der Lösung der staatlichen Aufgaben zu fördern und die sozialistische Gesetzlichkeit zu festigen.«

Der Historiker Felix Mühlberg hat in seiner Dissertation über Eingaben in der DDR an der TU Chemnitz festgestellt, dass diese Vorgaben meist erfüllt wurden. Viele Mitarbeiter der Behörden zeigten sich »extrem bemüht, im Sinne der Menschen zu agieren.« Keine Kooperation war allerdings bei Problemen zu Westreisen erkennbar, die mit der Einführung der Reisemöglichkeiten »in dringenden Familienangelegenheiten« sprunghaft zunahmen. Bis Mitte der achtziger Jahre lag der unangefochtene inhaltliche Schwerpunkt der Eingaben bei der Wohnungsvergabe und Wohnungspolitik. Der oft in der DDR geäußerten Kritik, man könne sich per Eingabe nur bei demjenigen beschweren, der auch Verursacher des Missstandes war, widersprach der Paragraph 8 des Eingabengesetzes: »Ist ein Bürger mit der Entscheidung über seine Eingabe nicht einverstanden, kann er sich an das übergeordnete Organ oder den übergeordneten Leiter wenden.« Dies entfiel natürlich, wenn die Eingabe gleich an SED-Generalsekretär Erich Honecker ging, was von vielen als besonders erfolgversprechend angesehen wurde. Damit mutierte sie zur klassischen Bittschrift, die auch entsprechend beschieden wurde.

Dennoch sind die in Archiven oft nur durch Zufall erhaltenen Eingaben neben den Hinterlassenschaften des MfS die einzigen Dokumente, die heute noch Auskunft über die Sorgen und Nöte des DDR-Alltags geben. In ihnen wurden auch Tabuthemen wie Altersarmut und Privilegien von Funktionären angesprochen. Manche Petenten forderten sogar freie Wahlen und den Abriss der Mauer, allerdings anonym und ohne Antwort zu bekommen – jedenfalls vom Adressaten.

WEN VERURTEILTE DIE KONFLIKTKOMMISSION?

»Edel sei der Mensch, hilfreich und gut«, war nicht nur der große Traum von Johann Wolfgang von Goethe, sondern auch der des Sozialismus. Kriminalität würde es da bald nicht mehr geben, hofften die Gründerväter, denn sie wäre ja nicht notwendig. Bis es so weit wäre, mussten die Menschen erzogen werden. Dazu diente die »gesellschaftliche Gerichtsbarkeit« in der DDR. Die Voraussetzungen für ihre Tätigkeit sind im Paragraphen 28 des Strafgesetzbuches der DDR vom 1. Juli 1968 geregelt. Danach sind für eine Reihe von Verfehlungen in Betrieben, Einrichtungen der Kultur, des Gesundheitswesens, der Volksbildung und der gesellschaftlichen Organisationen Konfliktkommissionen verantwortlich. In Wohngebieten der Städte und Gemeinden und Genossenschaften übernahmen Schiedskommissionen diese Aufgabe. Das Gesetz bezeichnet beide als »gewählte Organe der Erziehung und Selbsterziehung der Bürger«.

Für Arbeitsrechtssachen waren die Konfliktkommissionen, für »arbeitsscheues Verhalten« dagegen Schiedskommissionen zuständig. Waren »Vergehen« im Hinblick auf den eingetretenen Schaden und die Schuld des Täters nicht »erheblich gesellschaftswidrig«, komplett aufgeklärt und von ihm zugegeben, konnten die Untersuchungsorgane, Staatsanwaltschaften oder Gerichte die Verhandlung und Bestrafung an die Konfliktkommissionen übergeben. Bei Fahrlässigkeit war dies auch bei großem materiellen Schaden möglich. Weiterhin wurden von ihnen »Verfehlungen« wie am Eigentum, bei Beleidigung, Verleumdung, oder auch Hausfriedensbruch sanktioniert. Bei »Ordnungswidrigkeiten« musste gewährleistet sein, dass die Behandlung durch die gesellschaftliche Gerichtsbarkeit »erzieherische und vorbeugende Wirkung« entfaltete. Einfache zivilrechtliche und andere Rechtsstreitigkeiten um Geldforderungen konnten geführt werden, wenn die Höhe nicht über etwa 500 Mark lag. Auch Verletzungen der Schulpflicht fielen an die Konfliktkommissionen.

Tätig werden konnten sie nur auf Antrag von Geschädigten oder von »zur Antragstellung Berechtigter« – Letzteres war zum Beispiel in Arbeitsrechtssachen so – und durch die Übergabeentscheidung der staatlichen Organe. Alle Verhandlungen waren öffentlich, jeder Teilnehmer an der Verhandlung durfte seine Meinung äußern. Die vom Gesetz vorgesehenen Erziehungsmaßnahmen begannen bei der Entschuldigung des Rechtsverletzers beim Geschädigten oder vor dem Kollektiv. Weiterhin konnten die Verpflichtung und Wiedergutmachung des angerichteten Schadens durch Arbeit oder Geld angeordnet werden. Die schärfere Strafe war die Rüge oder eine Geldbuße von 5 bis 50 Mark. Bei Eigentumsvergehen konnte sie bis zum dreifachen des verursachten Schadens, nicht jedoch über 150 Mark reichen. Weitere Maßnahmen, wie zum Beispiel Rücknahme einer Beleidigung oder die Verpflichtung, unverzüglich einer geregelten Arbeit nachzugehen, waren ebenfalls möglich. Genügte bereits die Verhandlung vor der Konfliktkommission der Erziehung, gab es keine weiteren Folgen. Voraussetzung war immer, dass sich die Kontrahenten einigten, ansonsten ging die Sache vor das Kreisgericht. Gegen die Entscheidungen der gesellschaftlichen Gerichte war innerhalb von zwei Wochen ein Einspruch möglich. Er ging an das zuständige Kreisgericht. Der Staatsanwalt konnte seinerseits innerhalb von drei Monaten nach Beschlussfassung dagegen vorgehen.

Entstanden waren die Konfliktkommissionen lange bevor sie 1961 durch das Arbeitsgesetzbuch der DDR (§ 144c) legalisiert und im Gerichtsverfassungsgesetz vom 17. April 1963 gesetzlich verankert wurden. Bereits 1953 wurden die ersten Gremien in den Betrieben gebildet, um Arbeitsstreitigkeiten vor Ort zu entscheiden. Walter Ulbricht forderte auf dem 4. Plenum des ZK der SED im Januar 1959 eine größere Verantwortung und mehr Befugnisse für diese neue Art der gesellschaftlichen Gerichtsbarkeit, zu der ab 1963 auch die neu entstandenen Schiedskommissionen zählten. Das führte nicht nur zu einer erheblichen Entlastung der Gerichte, sondern auch zu neuen Wegen in der Rechtspflege. 1978 gab es in der DDR 25 358 Konfliktkommissionen mit 225 623 Mitgliedern und 5124 Schiedskommissionen mit 53 448 Mitgliedern. Frauen waren darin mit etwa 40 bis 43 Prozent leicht unterrepräsentiert.

Beiden Formen der gesellschaftlichen Gerichtsbarkeit kam eine erhebliche Bedeutung zu. Waren es 1954 noch etwa 8400 Beratungen, die die Konfliktkommissionen durchführten, stieg deren Zahl bis 1977 auf rund 60 000. Hinzu kamen etwa 23 000 Beratungen pro Jahr durch Schiedskommissionen. Der Schwerpunkt der Konfliktkommissionen lag mit rund 60 Prozent bei Arbeitsrechtssachen, in den Schiedskommissionen bei Mietproblemen und Streitigkeiten unter Nachbarn. Nur gegen rund 3,5 Prozent der Entscheidungen der gesellschaftlichen Gerichte gab es Einsprüche, etwa 1 Prozent davon mussten aufgehoben oder verändert werden. Die erfolgreiche Tätigkeit der Konflikt- und Schiedskommissionen ergab sich aus dem in der DDR angestrebten neuen Charakter der Gesellschaft. Sie war eine Form der Rechtspflege, die der klassische »Rechtsstaat« nicht kennt. Allein diese Tatsache reicht jedoch nicht, um sie heute als »richtig« oder »falsch« zu bewerten.

WIESO WAR DAS AMPELMÄNNCHEN EIN DDR-BÜRGER?

Karl Peglau ist ein netter, älterer Herr, aber wenn es um sein Ampelmännchen geht, kennt er keine Kompromisse: »Natürlich ist das ein echter DDR-Bürger, sogar mit Hut!« Um den hat er kämpfen müssen: »Ich hatte mir damals ernstlich Sorgen gemacht, dass der Hut als kleinbürgerliche Tendenz angesehen wurde, aber er wurde problemlos genehmigt. Ich brauchte ihn als Lichtfläche.« Der Verkehrspsychologe beim »Medizinischen

Dienst des Verkehrswesens der DDR« in Berlin hat das DDR-Ampelmännchen erfunden. Ein gründlicher Mann. Nach dem Gespräch gibt er einen Zettel mit: »Ur-Entwurf hatte 1961 größeres und auffälligeres Ampelgehäuse und größere Männchen-Leitsymbole / aus ökonomischen Gründen 1963 verändert, d. h. auf die Maße der seit 1924 üblichen Kraftfahrzeugampel zugeschnitten.«

Der Kampf ums Ampelmännchen. Zuerst war es ein Ringen mit den Behörden, dann die letzte Schlacht im Kalten Krieg. Als Ost-Journalist Christoph Dieckmann im August 1996 in der West-Zeitung *Die Zeit* unter dem Titel »Danke, Herr Ampelmann« einen Artikel schrieb, schlugen die Wellen hoch. Er meinte es satirisch, dem Rot-Männchen »ungesunde Korpulenz« wegen Gemüsemangels und dem Grün-Männchen ein Rasen »in sklavischer Hast« zu attestieren. Doch sofort trudelten bergeweise Protestbriefe aus aller Welt ein. Der weiteste kam aus Papua-Neuguinea vom Missionars-Ehepaar Karl-Heinz und Ingrid Wuertenberg: »Es kann doch nicht im Ernst im Interesse einer Gesellschaft ... sein, sich darüber aufzuhalten, dass da Ampeln sind, deren Männchen an irgendwelche Regimes erinnern ...«

Und dabei hatte alles so harmlos angefangen. Karl Peglau: »Hinter dem Ampelmännchen stand ein völlig neues Konzept der Verkehrslenkung. Zur Vermeidung von Unfällen hatte ich damals die Idee, die Verkehrsströme von Autos, Straßenbahnen und Fußgängern separat zu regeln. So entstand eine Ampel nur für Fußgänger.« Sie sollte wesentlich größer als die heutigen Ampeln sein, oben ein langes, liegendes rotes Rechteck als Sperrbalken tragen, darunter kam der kreisrunde gelbe Achtungspunkt und dann ein aufrecht stehendes, grünes Rechteck, nach oben in einer Spitze auslaufend. Peglau: »Mein Konzept war: drei Farben, drei Formen.«

Doch das brauchte zu viel Blech. So schrumpfte die Ampel und der Verkehrspsychologe machte sich erst einmal wissenschaftliche Gedanken: »Im Gegensatz zum Kraftverkehr ist ja die Teilnahme am Fußgängerverkehr ohne jede Alters-, psychologische Gesundheits- und Leistungseinschränkung und ohne Ausleseprüfungen für jedermann frei.« Es ging also um eine Symbolik, die auch »Kinder, alte Menschen und geistig Behinderte berücksichtigte«. So kam er auf die zwei Männchen. Das rote musste etwas korpulenter sein, denn es sollte »durch dicke, frontal ausgebreitete Arme die Funktion des Sperrbalkens, also die Halt-Forderung unterstützen.« Das grüne Männchen hingegen stellte »durch weit ausschreitende Beine in seitlicher Stellung die Funktion des dynamisierenden Pfeils, also die Geh-Erlaubnis« dar.

Karl Peglaus Sekretärin Anneliese Wegner brachte alles exakt aufs Papier; 240 Millimeter im Quadrat bei beiden Kerlchen, von den äußersten Ausdehnungen gemessen. Der VEB Leuchtenbau Berlin produzierte die Muster und an der Ecke Greifswalder/Dimitroffstraße (heute Danziger Straße) in Ostberlin bestanden sie ihre Feuertaufe. Das geschah mit Bravour, ein Stolperstein auf dem Weg in die lichte Zukunft des Sozialismus war beseitigt. Und so dauerte der Marsch durch die Instanzen bis ins Gesetz nur noch einige Jahre, bis das DDR-Bürger-Ampelmännchen 1970 DDR-Standard wurde. Als nach 1990 doch nicht der Russe, sondern nur das Ampelmännchen im Westen einmarschieren wollte, schlugen sich selbst »Neubürger« im Osten auf die Seite der von Unterdrückung bedrohten Landsleute: »Diese Figuren waren für mich nach meinem Umzug nach Sachsen immer ein Anlass zur Freude. Nun werden sie leider gegen die profillosen westdeutschen Pendants ausgetauscht, in denen ich beim besten Willen keine Demokraten und Freunde erkennen kann«, schrieb ein empörter *Zeit*-Leser. Auch Karl Peglau machte sich so seine Gedanken: »Vermutlich liegt es an ihrem besonderen, einer Beschreibung kaum zugänglichen Fluidum von menschlicher Gemütlichkeit und Wärme, wenn sich so viele Menschen von diesen Symbolfiguren der Straße angenehm berührt und angesprochen fühlen und darin ein Stück ehrlicher historischer Identifikation finden, was den Ampelmännchen das Recht zur Repräsentation der positiven Aspekte einer gescheiterten Gesellschaftsordnung gibt.«

So ist es wohl kaum verwunderlich, dass der letzte DDR-Bürger auf dem Weg zum Sozialismus letztlich auch noch Gegenstand etlicher Gerichtsverhandlungen bis weit ins neue Jahrtausend wurde. Es ging um seine Nutzung als Warenzeichen. Ob T-Shirt, Lampen, Souvenir-Kitsch oder sogar Ampelmännchen-Schnaps, mit allem Rot-Grünem war plötzlich viel Geld zu verdienen. Karl Peglau hatte sich seine Idee nicht schützen lassen und musste die Rechte erst einklagen, um gemeinsam mit Produktdesigner Markus Heckhausen die Ampelmann GmbH zu gründen. Er verstarb am 29. November 2009 in Berlin.

WAR DAS DDR-GESUNDHEITSWESEN GESUND?

Genau zwanzig Jahre nach dem Mauerfall ließ die FDP-nahe Friedrich-Naumann-Stiftung 3000 Deutsche unter anderem darüber befragen, was sie vom DDR-Gesundheitswesen hielten. 40 Prozent der West- und 84 Prozent der Ostbürger hielten es für eine Errungenschaft, die »hätte bewahrt werden sollen«.

Obermedizinalrat Prof. Dr. Herbert Kreibich, früher DDR-Vertreter bei der Weltgesundheitsorganisation in Genf, meint zu wissen, warum: »Das Gesundheitswesen der DDR war und bleibt in vielen seiner Facetten international hoch anerkannt und national bis in die Gegenwart vorbildlich.« Prof. Dr. Ludwig Mecklinger, langjähriger Gesundheitsminister der DDR, relativiert das etwas aus seiner Erfahrung und weist auf den »offenkundigen Widerspruch zwischen Zielstellung, Aufgabenstellung, auch Willensvorstellung und dem tatsächlich Erreichten – durch die nur begrenzt vorhandenen ökonomischen Möglichkeiten der DDR« hin.

Zweifellos haben sich viele engagierte Schwestern, Pfleger und Ärztinnen und Ärzte im DDR-Gesundheitswesen verdient gemacht. Das gesellschaftliche Umfeld schloss eine unternehmerische Tätigkeit der Mediziner weitgehend aus und erlaubte ihnen, sich auf ihr humanistisches Anliegen zu konzentrieren. Eine umfangreiche und fundierte fachliche Ausbildung war beispielhaft. Grundstrukturen des Gesundheitswesens, von der Poliklinik über die Verbindung von Arbeits- und Gesundheitsschutz bis zu den Gemeindeschwestern hatten sich bewährt. Ihr Fehlen wird heute als Defizit empfunden. Auch das in der DDR vorbildlich strukturierte Impfwesen und wesentliche Teile der Gesundheitsdokumentation, zum Beispiel das Nationale Krebsregister, fielen der Neuorganisation des Gesundheitswesens auf privatwirtschaftlicher Basis zum Opfer.

Die Leistungen für die Bevölkerung stiegen in den siebziger Jahren von 13,9 Milliarden Mark (1971) auf 15,2 Milliarden Mark (1980) und erfuhren somit eine Steigerung um 9,4 Prozent. Zum Vergleich: Im Bildungswesen betrug die Steigerung 31 Prozent, bei Wohnungsbau und Mietsubventionen 94 Prozent und bei Kultur, Sport und Erholung 45 Prozent. Der Ausbau des Gesundheitswesens stellt sich somit nicht als Schwerpunkt des Sozialwesens dar.

Für DDR-Funktionäre in hohen Funktionen und die Führungsspitze des Ministeriums für Staatssicherheit gab es bei der gesundheitlichen Betreuung Privilegien. Sie unterschieden sich in den verschiedenen Leitungsebenen und reichten für »Nomenklaturkader« von einer individuellen Betreuung über regelmäßige »vorbeugende Kuren« bis zu zwei nicht öffentlich zugänglichen Sonder-Krankenhäusern in Berlin-Buch. Deren medizinische und Service-Leistungen unterschieden sich vom öffentlichen Bereich durch modernere Ausrüstungen und vorwiegend aus Importen stammende Medikamente und Hilfsmittel.

Das Durchschnittsalter der Krankenhaus-Bausubstanz der DDR lag 1989 bei 60 Jahren. Die Zahl der Krankenhausbetten verringerte sich von 206 000 im Jahr 1965 auf 169 000 Mitte der achtziger Jahre. Überschrittene Verschleißgrenzen der Gebäude und das Fehlen von Personal ließen die Bettenauslastung von 81,3 Prozent (1966) auf 75 Prozent (1988) sinken. Patienten wurden überwiegend in Vier- bis Acht-Bett-Zimmern untergebracht. Spürbare Defizite bestimmten die Behandlung chronisch Kranker. So gab es in der DDR auf eine Million Einwohner nur 200 Behandlungsplätze für die Nierendialyse, in der Bundesrepublik waren es 510. Technische Innovationen wie die Ultraschall-Untersuchung kamen in der Regel aus dem Westen und wurden in der DDR um Jahre später und in geringem Umfang eingeführt. Ende der achtziger Jahre kamen auf etwa 600 000 Einwohner ein Computertomograph und ein Ultraschall-Gerät auf 32 000 Einwohner. In Westeuropa lag der Bestand beim 6- bzw. 13-fachen. Bei hoch spezialisierten Behandlungen, wie Herz- und Gefäßchirurgie und Implantation künstlicher Gelenke, waren lange Wartezeiten üblich.

Als Indikator für die Wirksamkeit eines Gesundheitswesens gilt im Allgemeinen die durchschnittliche Lebenserwartung. Sie lag in der DDR, je nach Altersgruppe, zwischen 1,3 bis zu 3 Jahren unter der des Westens. Dabei gab es ein Gefälle von 73,23 Jahren in den industrialisierten Gebieten zu nur 72,12 Jahren im landwirtschaftlich geprägten Norden. Seit der Einheit steigt die Lebenserwartung stetig an und nähert sich dem Niveau im Westen. Das vorrangige Ziel des Gesundheitswesens lag im Erhalt und in der Wiederherstellung der Arbeitskraft. Mehr als 7,3 Millionen Werktätige wurden jährlich betriebsärztlich betreut. Durch diese Konzentration fokussierten sich die Mängel und Defizite besonders in den Alten- und Pflegeheimen.

Wenn das Gesundheitswesen der DDR trotz aller Probleme inzwischen von vielen Menschen vermisst wird, können die Gründe dafür eigentlich nur in der Übertragung profitorientierter Strukturen auf einen Bereich, zu dem sie einfach nicht passen, liegen. Wenn Ärztinnen und Ärzte nicht mehr nur Helfer sein können, sondern auch Unternehmer sein müssen, verändert das ihre Arbeitsweise. Das modernere Medikament oder die praktische Einwegspritze lässt sich nicht gegen menschliche Zuwendung und das Gefühl, Aufmerksamkeit zu bekommen statt in eine Gesundheitsfabrik geraten zu sein, aufwiegen.

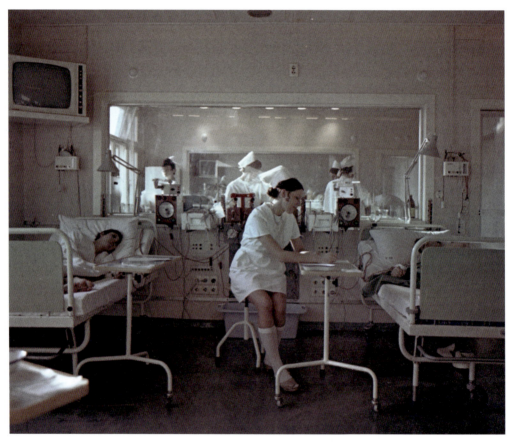

Das Nierentransplantationszentrum im Berliner Krankenhaus Friedrichshain wurde 1969 eröffnet und gehörte zu den modernsten klinischen Einrichtungen der DDR.

WAREN ALLE ÄRZTE STETS VERTRAUENSWÜRDIG?

Im Eid des Hippokrates, dem allgemein anerkannten grundsätzlichen Kanon der ärztlichen Ethik, heißt es: »Was ich bei der Behandlung oder auch außerhalb meiner Praxis im Umgang mit Menschen sehe und höre, das man nicht weiterreden darf, werde ich verschweigen und als Geheimnis bewahren.« Dieser Eid trägt keine Rechtskraft, sondern ist nur eine Richtschnur für moralisches Handeln. In viele Staaten erfährt er im Abschnitt »Straftaten gegen die Rechtspflege« durch das Strafgesetzbuch eine Einschränkung. In der DDR war das im § 225 StGB »Unterlassung der Anzeige« der Fall. Das »Absehen von Maßnahmen der strafrechtlichen Verantwortlichkeit bei Unterlassung der Anzeige« regelte § 226. Sehr ähnliche Vorschriften formuliert das heute gültige Strafgesetzbuch in den §§ 138 und 139. Die Besonderheit der DDR bestand in zwei Faktoren. Zum einen wurde seit etwa dem Beginn der siebziger Jahre politisch davon ausgegangen, dass sich im »sozialistischen Gesundheitswesen« ohnehin das »ärztliche Ethos als Bestandteil der sozialistischen Moral« durchgesetzt habe und demzufolge die im Eid des Hippokrates skizzierte Ethik mit neuem Inhalt gefüllt sei. Zum anderen umfasste die Strafandrohung nach § 225 nicht nur Verbrechen gegen das Leben, sondern auch solche »gegen den Frieden und die Menschlichkeit«, »gegen die Deutsche Demokratische Republik«, »gegen die allgemeine Sicherheit oder gegen die staatliche Ordnung« und sah »im besonders schweren Fall« Freiheitsstrafen von zwei bis zehn Jahren vor. Damit war praktisch all das erfasst, was zutreffend allgemein als »Gummiparagraphen« beschrieben wird.

Vor diesem Hintergrund versuchte das MfS, auch in der sozialen Gruppe der Ärzte ihre Inoffiziellen Mitarbeiter (IM) zu platzieren. Das schien ihr einerseits besonders wichtig, weil viele Mediziner bürgerliche Wurzeln hatten und durch ihren Beruf schwer beeinflussbar waren, womit sie a priori als potentielle Träger oppositioneller Gedanken galten. Andererseits machte es gerade diese Tatsache schwer, geeignete »Kader« zu finden. Im Jahr 1989 gab es in der DDR 40 143 Ärztinnen und Ärzte. Experten schätzen, dass etwa drei bis fünf Prozent von ihnen dem MfS nebenbei als Spitzel dienten. Damit lagen sie über dem allgemeinen Bevölkerungsdurchschnitt und es waren zwischen etwa 1200 und 2000 Menschen betroffen.

Aus einer Auswertung von 454 IM-Akten von Ärztinnen und Ärzten, die für das MfS die Ohren offen hielten, ergibt sich, dass rund 77 Prozent von ihnen die eigenen Kollegen ausspionierten. Dabei ging es um deren politische Haltung, fachliche Kompetenz und persönliche Belange. Etwa 23 Prozent bespitzelten ihr persönliches Umfeld. Weitere 27 Prozent informierten vor allem über medizinisches und technisches Know-how, das ihnen auf Reisen, besonders in die Bundesrepublik, bekannt wurde. Rund 24 Prozent gaben Auskunft über ihre Patienten und verletzten so ihre ärztliche Schweigepflicht.

Damit gab es also schätzungsweise etwa 300 bis 500 untreue Ärztinnen und Ärzte in der gesamten DDR, die ihren Patienten gegenüber den Eid des Hippokrates brachen. Die Hintergründe ihrer Anwerbung umfasst das gesamte Spektrum von politischer Überzeugung bis hin zur Erpressung durch das MfS. Vorliegende Berichte der angeworbenen Medizinerinnen und Mediziner belegen, dass ihr Bruch der Schweigepflicht nicht in jedem Fall den Patienten geschadet hat. Es gibt Beispiele, die eine Beteiligung von Ärzte-IM bei der Werbung weiterer MfS-Mitarbeiter ebenso beweisen wie solche, bei denen die dem MfS verpflichteten Ärzte versucht haben, ihre Patienten durch ihre inoffiziellen Angaben zu schützen.

Weiterhin ist zu berücksichtigen, dass es vermehrte MfS-Aktivitäten gegenüber Ärzten in ohnehin sicherheitsrelevanten Bereichen, wie zum Beispiel beim Doping im Sport oder bei beruflichen Sonderanforderungen, gab. Damit scheint die Gefahr für einen DDR-Durchschnittsbürger, damals an einen Arzt geraten zu sein, der dem MfS über seinen Gesundheitszustand berichtete, relativ gering. Rein rechnerisch wäre dazu der Besuch von 80 bis 130 verschiedenen Ärztinnen oder Ärzten nötig gewesen. Das ändert nichts an der Tatsache des stattgefundenen Vertrauensbruchs – strafrechtlich ist er inzwischen verjährt.

Die Ärzteschaft der DDR blieb für das MfS stets eine Risikogruppe, die es auch mit seinen dort platzierten Spitzeln nicht beherrschte. In internen Analysen wurde immer wieder auf »die Zählebigkeit bürgerlicher politischer, ideologischer, ökonomischer, kultureller und moralisch-ethischer Auffassungen, Gewohnheiten und Vorstellungen« und die »hochgespielten Humanitätsgedanken« hingewiesen. Für ihre eigenen Mitarbeiter richtete das MfS wohl auch deshalb eine selbständige gesundheitliche Betreuung ein. Das schränkte nicht nur die freie Arztwahl der Stasi-Mitarbeiter ein, sondern dürfte auch dafür genutzt worden sein, Informationen über deren physischen und psychischen Gesundheitszustand zu erlangen. Das vermeintliche Privileg hatte sich in diesem Fall in ein Überwachungsinstrument verwandelt.

Warum waren DDR-Zeitungen »Organe«?

Im Artikel 27 der Verfassung der DDR vom 6. April 1968 in der Fassung vom 7. Oktober 1974 heißt es: »(1) Jeder Bürger der Deutschen Demokratischen Republik hat das Recht, den Grundsätzen dieser Verfassung gemäß seine Meinung frei und öffentlich zu äußern. Dieses Recht wird durch kein Dienst- und Arbeitsverhältnis beschränkt. Niemand darf benachteiligt werden, wenn er von diesem Recht Gebrauch macht. (2) Die Freiheit der Presse, des Rundfunks und des Fernsehens ist gewährleistet.«

Als DDR-Oppositionelle 1988 diesen Artikel auf Transparente schrieben, wurden sie verhaftet. Bei einer unangemeldeten Demo für die Freiheit christlicher Zeitungen am 1. November 1988 nahm die Polizei achtzig Teilnehmer wegen »unerlaubter Zusammenrottung« vorübergehend fest. Die Kirchenzeitungen hatten ihre Lizenzen nach dem Krieg von der sowjetischen Militäradministration erhalten und waren in der DDR im Abo erhältlich. Nun erschien die Nummer aus Protest mit weißen Flecken auf der Titelseite.

Warum gab es diesen Widerspruch? Die DDR sah in der Pressefreiheit vor allem die »Freiheit der Arbeiterklasse, ihre Presse ungehindert herausgeben zu können«, so in »Theorie und Praxis der Sozialistischen Journalistik« im März 1974 nachzulesen. Die Zeitungen verstanden sich nach Lenin als »kollektiver Propagandist«, »kollektiver Agitator« und »kollektiver Organisator«. Da sie die offiziellen Verlautbarungen von Organisationen publizierten, wurden sie zu deren »Organen«. Mit einer Zeitung – früher bedeutete das Wort nichts anders als Nachricht – hatten sie letztlich nur den Namen gemein.

Um trotzdem an die erwartete Nachricht zu gelangen, bildete sich in der DDR eine eigene Form der Zeitungslektüre heraus: Das »Lesen zwischen den Zeilen«. Dabei gab es zwei Grundmuster. Das erste bestand darin, genau das Gegenteil dessen zu glauben, was in der Zeitung stand. Hieß es also zum Beispiel im Zentralorgan der SED, *Neues Deutschland*, dass die »Versorgung mit Bettwäsche weiter zu verbessern« sei, bedeutete das im Klartext, es gab nicht genügend Laken, Kopfkissen und Bezüge. Das war vielen dann Anlass, Vorräte anzulegen, was wiederum zu einer weiteren Verknappung der Waren führte. Da es wohl nichts gab, das im Laufe des DDR-Lebens irgendwann einmal nicht schwer zu besorgen war, folgte die Bevölkerung fast 40 Jahre lang solchen unbeabsichtigten Alarmrufen. Sie verstärkten ihre Wirkung, wenn zum Gerücht noch ein wenig Fleisch kam. Auch hier ein Beispiel. Ende der sechziger Jahre mangelte es an Klopapier. Um den Bedarf besser planen zu können, verschickte Hauptdirektor Pein vom Staatlichen Kontor Papier und Bürobedarf am 18. September 1968 ein Rundschreiben mit der Bitte, »den Verbrauch von Toilettenpapier nach Abrissen pro Tag anzugeben. Dabei sollte nicht das Importpapier, sondern die Qualität unserer Papierfabriken zugrunde gelegt werden.« Ein Abschnitt für bis zu zehn »Abrisse« pro Tag zum Ankreuzen war dabei und die Aufforderung: »Bitte ziehen Sie deshalb eine recht große Zahl Ihrer Bekannten in diese Befragung mit ein.« Ein zeitweiliges völliges Verschwinden von Klopapier unter den Ladentischen war die Folge.

Die zweite Variante dieser Kunst des täglichen Zeitungslesens war es, zu erkennen, wo im Verschweigen Nachrichten steckten. Günter Schabowski, in den siebziger Jahren Chefredakteur des SED-Zentralorgans: »Zu einer spezifischen Form der Information wurde die Nichtinformation. Man vermutete oder wusste, wenn etwas weithin Bekanntes nicht mitgeteilt wurde, dass dahinter gravierend Missliches stecken musste.« Jeder wusste beispielsweise, dass auf einen Trabi mindestens zwölf Jahre gewartet werden musste, Heimelektronik nur mit Beziehungen zu stark überhöhten Preisen zu erlangen war oder die bevorzugte Versorgung Berlins misstrauisch beäugt wurde. Alle waren damit unzufrieden. Wurde aber auf einem Parteitag, in einer wichtigen Rede oder anderswo trotzdem kein Wort darüber verloren, war das die Nachricht: Es bleibt alles so, wie es ist.

Durchgesetzt wurde der »Organcharakter« der DDR-Presse durch die im Sekretariat des Zentralkomitees der SED angesiedelte Abteilung »Agitation und Propaganda«, zuletzt der Verantwortung von Politbüro-Mitglied Joachim Herrmann unterstellt. Ein straffes System von regelmäßigen »Anleitungen« und »Argumentationshinweisen« – intern »Argu« genannt – sorgte für eine lückenlose Kontrolle und die stete Aktualität der »Schere im Kopf« der Journalisten. Die ganz bösen unter ihnen nannten Heinz Geggel, den ausführenden Chef der Abteilung Agitation im ZK der SED hinter vorgehaltener Hand »Dr. Geggels«. Eine als solche ausgewiesene Zensur-Behörde brauchte die DDR deshalb nicht, Selbstzensur und vorauseilender Gehorsam genügten.

Wichtige Akzente in der Bericht- und Nichtberichterstattung setzte Erich Honecker persönlich. Er überwachte auch die »Aktuelle Kamera« und gehörte zu ihren treuesten Zuschauern. Von den anderen Fernsehzuschauern des Landes sah nicht einmal jeder Zehnte die tägliche »Nachrichtensendung«, die eher eine Propaganda-Show war.

Ohne jegliche kritische Distanz konsumierten die wenigen Bevorrechtigten die West-presse. Ob *Die Welt* oder *Bild* – was dort stand, galt wie ein Evangelium, auch wenn schon mal verächtlich von den »Organen des Klassenfeindes« die Rede war.

Was machten die Digedags an Berlins Flughafen?

Der Bau eines internationalen Airports in Berlin war schon vor fast 60 Jahren eine schwierige Sache. Nicht nur Tageszeitungen, auch das *Mosaik*, berichteten im Februar 1960 über die entsprechenden Pläne der DDR-Fluggesellschaft, die damals noch, wie auch im Westen, Deutsche Lufthansa hieß: »Mit einer Gruppe von Studenten arbeiten Dig und Dag im Arbeitseinsatz beim Bau eines modernen Flugplatzes. Grafisch wird die Anlage nach Zeichnungsunterlagen der Deutschen Lufthansa für den Flugplatz Ber-lin-Schönefeld gestaltet. Herr Hegenbarth machte daraus eine einzige primitive Ge-schichte mit einem halbblöden Studenten, obwohl sich die Gestaltung unseres zukünf-tigen Flughafens Schönefeld regelrecht anbot und eine ausgezeichnete Gelegenheit war, die Kinder anhand dieses großartigen Objektes unseres Siebenjahrplans für die sozialis-tische Perspektive zu begeistern und ein Stück Erziehungsarbeit für den Sozialismus zu leisten.«

Dabei waren mit Dig und Dag nicht etwa die Regierenden von Berlin und Brandenburg gemeint, und auch Herr Hegenbarth ist heute eher unter seinem Künstlernamen »Han-nes Hegen« bekannt. Die harsche Kritik des Chefredakteurs des Verlages *Junge Welt*, Hans Ehrhardt, betraf eine Geschichte im Heft 39 des ersten Comics der DDR, der dort »Bilderheft« heißen musste. Sie illustrierte die Probleme des Blattes und seines Schöp-fers, der die knollennasigen Kobolde Dig, Dag und Digedag erfunden hatte und sie nun im *Mosaik* ihre Abenteuer erleben ließ.

Alles begann am 23. Dezember 1955. Das war knapp vier Jahre, bevor Asterix und Obe-lix erstmals in der französischen Jugendzeitschrift *Pilote* auftauchten. Dennoch hatten beide etwas gemeinsam: So wie sich das kleine Dorf in Gallien gegen die Römer wehrte, stand ein kleines Heft gegen die DDR-Kulturpolitik. Dafür sorgte Johannes Hegenbarth,

1925 geboren, der in Wien und danach dann in Leipzig zusammen mit den Malern Werner Tübke und Wolfgang Mattheuer studierte. Nach Illustrationen für die Satire-Zeitschriften *Frischer Wind* und deren Nachfolger *Eulenspiegel* wurde er zu »Hannes Hegen«, dem Erfinder des *Mosaiks*. Seine drei Helden Dig, Dag und Digedag bereisten das alte Rom, streiften durch den Vorderen Orient, den Wilden Westen Amerikas und flogen in den Weltraum, wo es den Planeten Neos zu entdecken gab. Es waren Fluchtwelten in Räumen und Zeiten, die den Nerv der DDR-Bürger trafen. In der Spitze erlebte das *Mosaik* Auflagen von bis zu 660 000 Exemplaren, bei etwa einer halben Million pegelten sie sich dann ein.

Die Grundidee von Hannes Hegen, unpolitische Helden zu schaffen, rief schnell den Argwohn der DDR-Kulturfunktionäre hervor. Doch Hannes Hegen blieb nicht nur ein unangepasster Künstler, sondern hatte sich die Digedags auch als sein geistiges Eigentum schützen lassen. Darauf baute er nun in seinem Atelier in Berlin-Karlshorst privat einen kleinen Betrieb auf, in dem seine Frau Edith – eine gelernte Kostümbildnerin – seit 1957 mitarbeitete. Die ersten Hefte zeichnete er selbst, dann entstand das *Mosaik*-Kollektiv. Dadurch konnte nicht nur alle drei, sondern nun jeden Monat ein neues Heft erscheinen. Dafür bekam Hannes Hegen jeweils 25.000 Mark Honorar, eine für DDR-Verhältnisse sehr beachtliche Summe.

Im Gegenzug forderte der Verlag bereits 1958, das *Mosaik* müsse zumindest der »polytechnischen Propaganda« dienen. Die Verbindung von Theorie und Praxis war die wichtigste Idee der damals beginnenden Schulreform. So bot sich für Hannes Hegen und seine Leute die Entwicklung des ersten eigenen DDR-Flugzeugs an, die gerade in aller Munde war. Bis Februar 1960 halfen dabei nun auch Dig, Dag und Digedag tatkräftig mit. Damals am *Mosaik* Beteiligte erinnern sich, dass über solcherart Vorgaben keine große Freude herrschte. Trotzdem blieb ihnen die zeichnerische Qualität wichtiger als der Inhalt. Die Illustrationen entstanden als große, detaillierte Bilder. Um möglichst genau zu sein, wurden nicht nur Fachzeitschriften aus Ost und West, sondern sogar Lehrmaterialien des Forschungszentrums Luftfahrtindustrie Dresden genutzt.

Inhaltlich dominierten lose Handlungsfäden. Neben den eigenen Ideen gab es auch »Anleihen«, zum Beispiel bei alten Ufa-Filmen wie *Quax, der Bruchpilot* von 1941. Stets blieb jedoch ein politisches Anliegen im Vordergrund. Nach dem Abbruch des DDR-Flugzeugprogramms folgte deshalb eine sozialistische Zukunftsvision, die auf dem neu entdeckten Planeten Neos spielte, dann ging es zu Ritter Runkel ins Mittelalter.

Trotz anhaltendem Erfolg und sogar Export des *Mosaiks* nach Finnland, in die Niederlande und nach Ungarn, schwelte der Konflikt zwischen Hannes Hegen und seinem Verlag. Er drohte, das Erscheinen der Digedags zu untersagen, gab dann aber 1975 auf. Die
Digedags hauchten nach 223 Heften unter seiner Leitung ihr Comic-Leben aus.

Als Nachfolgeserie setzten sich die Abrafaxe durch, die Autor Lothar Dräger erfand und
Lona Rietschel, eine frühere Mitarbeiterin Hegens, erstmals zeichnete. Sie erschienen ab
Januar 1976. Hannes Hegen zog sich im Zorn zurück. Seine Vorwürfe, die Abrafaxe seien
ein Plagiat der Digedags, blieben ungehört. Seinen gesamten Nachlass übergab er 2009
dem Zeitgeschichtlichen Forum Leipzig, das zum Bonner Haus der Geschichte gehört.

WARUM BEGRUB DIE DDR DAS KRIEGSBEIL MIT WINNETOU?

Viele Jahre galt Karl May in der DDR als »Deutschtümler«, »Rassist« und »Exzentriker«.
Manch Winnetou- oder Old-Shatterhand-Band ritt vom Westpaket direkt in die ewigen
Jagdgründe, bis Erich Honecker Anfang der achtziger Jahre die Friedenspfeife mit dem
berühmtesten erfundenen Indianer der Welt rauchte. Der bislang ungelittene, sächsische »Proletariersohn« Karl May, 1842 in Ernstthal geboren, hatte sich zum vorbildlichen »Kämpfer gegen die US-amerikanische Raub- und Ausrottungspolitik« gewandelt.
Die Geschichte seiner Bücher in der DDR ist eine Geschichte der Zensur, ohne dass es
jemals ein offizielles Verbot des May'schen Œuvre gegeben hatte. Schon Anfang der
fünfziger Jahre bedrängten unzählige Abenteuerfans das Amt für Literatur und Ver-
lagswesen der DDR mit Briefen und forderten Freiheit für Winnetou & Co. – doch das
war nicht so einfach. Immerhin beherrschte die Kolonialpolitik der Kaiserzeit die Fantasie von Karl May, und die Nazis nutzten ihn für ihre chauvinistische und rassistische
Verhetzung. Deshalb wurde er auch gar nicht wegen »der Abenteuerlichkeit seiner Er-
zählungen« abgelehnt, sondern »weil er seine jugendlichen, unkritischen Leser in vielfa-
cher Hinsicht antihumanistisch beeinflusst und ihnen ein völlig verzerrtes Bild der Welt
malt«. Howgh, die Partei hatte gesprochen.

Trotzdem drängten die Interessenten. Der Chef des Verlags Neues Leben, Bruno Peterson, in der DDR für Abenteuerliteratur zuständig, argumentierte: »Seine Bücher vermitteln gute völkerkundliche Kenntnisse, die der wissenschaftlichen Nachprüfung durchaus standhalten, seine Bücher sind lehrreich.« Auch der Hinweis auf »garantiert gesicherten Absatz« fehlte nicht, doch die Oberen blieben stur. Wenn es um die Verteilung der knappen Papierkontingente ging, blieb die Bewertung Karl Mays stets bei »überflüssig« und es wurde nicht gedruckt. *Wie der Stahl gehärtet wurde* war wichtiger.

Dennoch fragten die Leser weiter nach dem Sachsen. Am 3. Februar 1958 beantragte der Verlag Kultur und Fortschritt deshalb, wenigstens ein Karl-May-Abenteuerheft erscheinen lassen zu dürfen. Erstaunlicherweise wurde dies genehmigt. Allerdings gab es Bedingungen. Das Heft mit der Nummer 1/1958 der »Kleinen Jugendreihe« bekam nur eine Auflage von 5000 Exemplaren, der Autor wurde auf dem Titel nicht genannt und Werbung entfiel. Es hieß *In Ibrahim Mamurs Gewalt*. Nun konnte niemand mehr behaupten, in der DDR unterliege Karl May einer Zensur.

Nachdem Hermann Kant in seinem Buch *Die Aula* 1965 eine Lobpreisung des »hinreißenden Aufschneiders« und »herrlichen sächsischen Lügenbolds« untergebracht hatte, erinnerte sich auch manch Genosse an die Lieblingsbücher seiner Jugend. Erich Loest schrieb 1980 die romanhafte Karl-May-Biographie *Swallow, mein wackerer Mustang*, und plötzlich war das Kriegsbeil begraben. Ein Mann, dessen Bücher allein in Deutschland rund 70 Millionen Mal verkauft worden waren, ließ sich nicht aus dem Gedächtnis des Volkes löschen. Nun beschäftigte sich sogar das SED-Politbüro mit dem bis dato verfemten Autor und beschied im November 1981, dass dessen beste Bücher in der Lage seien, »der Bildung sozialistischer Persönlichkeiten produktive Impulse zu geben«. Die Anmerkungen der letzten ideologischen Sittenwächter, wie im Anfang der achtziger Jahre erschienenen Buch *Kurze Geschichte der deutschen Literatur,* nach denen Karl May den völligen »Abbau des Geschichtlich-Sozialen« betreibe und statt des erstrebenswerten Kollektivs den »großen und einsamen Ausnahmemenschen« propagiere, waren nur noch Scharmützel.

Old Shatterhand und Winnetou ritten in die DDR ein und das mit Macht. Innerhalb kürzester Zeit erschienen 60 Bände mit einer Auflage von 250 000 Exemplaren, die dennoch ständig vergriffen waren. Der Export in den Westen florierte, und als Leckerbissen zu Weihnachten und zum Jahreswechsel 1982/83 liefen die drei Winnetou-Filme mit Pierre Brice und *Der Schatz im Silbersee* im Festtagsprogramm des Fernsehens. Dazu gab es eine Fernseh-Dokumentation zum Leben Karl Mays. Am 28. Februar 1983 entschied der oberste Karl-May-Leser Erich Honecker, dass das Karl-May-Museum in Radebeul bei

Dresden überarbeitet wird. Zwei Jahre später, am 14. Januar 1985, meldete Egon Krenz seinem Chef: »Nach Deiner Anweisung wurde in Dresden das Karl-May-Museum entsprechend den Traditionen gestaltet.« Dass sich in der »Villa Shatterhand« derweil auch die sozialistischen Späher einen Wigwam eingerichtet hatten, blieb natürlich geheim. In der Bibliothek unterhielt das MfS bis 1989 eine konspirative Wohnung.

Nun blieb nur noch die Aufgabe, ja nichts Missverständliches in den Büchern stehen zu lassen. So wurde aus dem Winnetou-Satz »Ja, die rote Nation liegt im Sterben« in der DDR das unverfänglichere »Der rote Mann liegt im Sterben«. Kam es noch dicker, griff der Rotstift ein, wie bei der Begrüßung zwischen Old Shatterhand und Klekih-petra: »Wir Deutschen sind eigentümliche Menschen. Unsere Herzen erkennen einander als verwandt, noch ehe wir es uns sagen, dass wir Angehörige eines Volkes sind – wenn es doch nur endlich einmal ein einiges Volk werden wollte!« Dieser Satz wurde ersatzlos gestrichen, ein paar Jahre später bewahrheitete er sich.

Nachdem die Geschichten Karl Mays in der DDR salonfähig geworden waren, besuchte Winnetou-Darsteller Pierre Brice das Karl-May-Museum in Radebeul (1988).

WAS HATTE PAC-MAN MIT HASE UND WOLF ZU TUN?

Pac-Man war ein eiförmiger Punkt mit Schnappmaul, der sich seit 1980 auf Computern durch ein Labyrinth fraß und dabei von Gespenstern verfolgt wurde. Das bekannteste Videospiel aus der Computer-Steinzeit stammt aus Japan, doch schon 1985 war es auch in der DDR angekommen – allerdings als Hase und Wolf.

Die berühmten sowjetischen Zeichentrickfiguren aus der Serie »Nu, pogodi!« (Na, warte!), tummelten sich auf dem ersten selbst produzierten ostdeutschen Heimcomputer der Baureihe KC 85. Mit dem »Heim« war es allerdings so eine Sache, denn die Geräte kosteten zwischen 1.700 Mark im Jahr 1987 und 2.200 Mark dann 1989. Dazu kamen die verschiedenen »Module«. 1986 musste man zum Beispiel für ein »Drucker-Modul« 700 Mark und für ein 16-KB-RAM-Modul als Speicher weitere 600 Mark hinlegen. Kassetten mit vier Spielen kosteten 38 Mark. Deshalb hieß das Gerät, das optisch und technisch als Mischung aus dem westlichen Commodore 64 und dem Amstrad Schneider CPC erschien, offiziell auch Klein-Computer (KC). Es fand sich vor allem in Kulturhäusern und Schulen und blieb eine bestaunte Rarität. Gebaut wurden die KC vom VEB Mikroelektronik »Wilhelm Pieck« in Mühlhausen. Auch das war schwierig genug, denn die maßgebliche Technik aus dem Westen unterlag dort dem Exportverbot und dieses Embargo konnte nur unterlaufen werden, wenn das MfS oder findige Außenhändler illegal Muster beschafften. So schaffte es der vierte und letzte KC 1989 immerhin auf einen Arbeitsspeicher von 64 KB.

Doch nicht nur die Technik war die Hürde. Gestritten wurde vor allem darüber, was gespielt werden sollte. Bei Tetris war es noch einfach, denn das hatte 1984 der sowjetische Programmierer Alexei Paschitnow erfunden. Doch »Bomben, Ballern, Metzeln« – so der *Funkamateur* im November 1989 in der Rubrik »Imperialismus« – sollte in der DDR nicht stattfinden. Mit Spielen wie Jet oder Falcon würden auf Kosten der Jugendlichen viele Millionen Dollar verdient, meinte das Blatt. Das wollen wir nicht, und so war auch gleich eine Erklärung dafür gefunden, dass es für solcherart Spiele in der DDR weder die Soft- noch die Hardware gab.

Andererseits erkannte man auch in der DDR, dass am Computer kein Weg vorbeiführte.

Auf der Konferenz »Computernutzung in der außerunterrichtlichen Tätigkeit« im Oktober 1988 in Halle erklärte Dozent Dr. Hutterer ausführlich, dass »Computerspiele objektiv Tendenzen besitzen, die Ideen und Werte des Sozialismus durch die Kinder über Spiel und Romantik aneignen zu lassen«. Das Bemühen, es im Osten besser als im Westen zu machen, hatte 1980 mit dem ersten DDR-Videospiel aus dem Halbleiterwerk Frankfurt (Oder) begonnen. Ähnlich dem westlichen Pong von 1972 bewegte sich beim BSS 01 auf dem TV-Bildschirm ein Balken auf und ab, zwischen dem Tennisbälle sprangen. Das war harmloser als die in der Bundesrepublik bereits üblichen Weltraum- und Raketenkriege wie Space Invaders oder Missile Command. Allerdings gab es das BSS 01 kaum im Handel und überdies kostete es rund 550 Mark, so dass fast nur in Clubs und Kulturhäusern gespielt werden konnte.

Dennoch sah die DDR Videospiele von Anfang an als Bestandteil der Kultur- und Bildungspolitik. Im Westen ging die Entwicklung entgegengesetzt. Das neue Medium verbreitete sich zuerst in der jugendlichen Subkultur. Nach einer Änderung im Jugendschutzgesetz von 1984 durften kostenpflichtige Videospielautomaten – in der Fachsprache Arcade-Spiele, weil sie in den siebziger Jahren erstmals in den US-Spielhallen, Penny-Arcaden genannt, auftauchten – nicht mehr auf öffentlichen Plätzen stehen.

Das wollten die ostdeutschen Pädagogen besser regeln. Deshalb gab es ab 1986 auf der ersten und einzigen Arcade-Maschine der DDR, dem Polyplay aus dem VEB Polytechnik Karl-Marx-Stadt auch nur Spiele wie Schießbude, Autorennen, Melodie-Raten oder Schmetterlingsfangen mit Pittiplatsch. Allerdings wurden bis zum Ende der DDR nur etwa 1000 Geräte produziert und mit einem Preis von rund 35.000 Mark blieben sie FDGB-Ferienheimen und zentralen Einrichtungen vorbehalten. Die größte Spielhalle gab es im Ostberliner Freizeitzentrum SEZ mit 42 Maschinen. Bei einem Preis von 50 Pfennigen pro Spiel wurden dort Tagesumsätze von bis zu 5.000 Mark erzielt.

Das Nachhinken gegenüber der westlichen Entwicklung rief die Bastler auf den Plan. Es wurde gelötet und geschraubt. Da die Betriebssysteme und die Software meist vom Westen inspiriert waren – so lief zum Beispiel DOS auch auf den Robotron-Rechnern, allerdings als DCP –, half manchmal die Reise-Oma. Ansonsten war kreatives Improvisieren angesagt. Das Jugendradio DT64 sendete seinen »Computerclub« und übertrug in dessen Rahmen Programme via UKW. Die wurden dann auf Tonbandkassetten mitgeschnitten und in den eigenen Computer eingelesen.

Mit dem Mauerfall endete die DDR-Geschichte der eigenen Computer und Videospiele.

Die Produktionen wurden eingestellt, die meisten der vorhandenen Geräte wanderten auf den Müll. Inzwischen wird gesamtdeutsch geballert und gemetzelt – die Pädagogen haben hüben wie drüben kaum mehr dazu zu sagen, als alles kräftig zu beklagen – und darin sind sie sich dann völlig einig.

Wer sprach wirklich von »geflügelten Jahresendfiguren«?

Die »geflügelte Jahresendfigur« als angebliches DDR-Synonym für den Weihnachtsengel war eigentlich nur ein missverstandener Witz. Erfunden hat ihn die Satire-Zeitschrift *Eulenspiegel*, um das auch in der DDR grassierende Amtsdeutsch zu karikieren. Im Westen wurde die Wortschöpfung ernst genommen – so die Erkenntnis der Gesellschaft für deutsche Sprache in Mannheim – und wanderte postwendend in die Wörterbücher. Man unterstellte der DDR den Blödsinn, weil man ihn ihr zutraute, denn wie ging ein atheistisches Regime eigentlich mit einem christlichen Fest um?

Der 25. und 26. Dezember waren in der DDR gesetzlicher Feiertage. Als der VII. Parteitag der SED 1967 die durchgängige Fünftagewoche einführte, wurden dafür fünf Feiertage gestrichen. Von den großen kirchlichen Festen fielen der Ostermontag und Himmelfahrt weg. Einige Jahre musste die Arbeitszeit vom Karfreitag und Pfingstmontag an einem der darauffolgenden Sonnabende nachgearbeitet werden, diese Regelung wurde jedoch wieder aufgehoben. Für die freien Nachmittage von Heiligabend und Silvester wurde an zwei Sonnabendvormittagen im November und Dezember vorgearbeitet.

Dass zu Weihnachten die Geburt Jesu gefeiert wurde, war – im Gegensatz zum Inhalt des Oster- und Pfingstfestes – den meisten bekannt. Dafür sorgten die von den traditionellen Weihnachtsliedern wie »Stille Nacht« oder »O du fröhliche« erzählten Geschichten. Eigene DDR-Weihnachtslieder propagierten den Frieden als inhaltlichen Mittelpunkt des Festes. So heißt es zum Beispiel in dem 1950 von Erika Engel-Wojahn geschriebenen und durch den Kinderchor Leipzig berühmt gewordenen Lied »Sind die Lichter angezündet«: »Weihnachtsfriede wird verkündet – zieht hinaus in alle Welt«. Später wurde mit flotten Arrangements, wie von Jo Kurzweg oder auf der 1985 erschienenen Plat-

Neben der Berliner Markthalle am Alex werden im Dezember 1976 Vorbereitungen für das Weihnachtsfest getroffen: Der Verkäufer vermisst einen Weihnachtsbaum aus dem Erzgebirge, um den Preis zu bestimmen.

te »Weihnachten in Familie« von Frank Schöbel und Aurora Lacasa, versucht, eine zeitgemäße Form des Feierns als Familien- und Winterfest zu finden.

Auch in der Alltagssprache bemühte sich die DDR, das Wort *Weihnachten* zu ersetzen. Gegen *Weihnachtsmänner* hatte sie nichts einzuwenden, aber schon das *Weihnachtsgeld* wurde zur *Jahresendprämie* und die Sonderzuteilung von Bananen und Apfelsinen galt als *Festtagsversorgung.* Im Fernsehen lief ein besonderes *Feiertagsprogramm.* Es zeichnete sich durch exklusive Kinofilme, meist aus westlicher Herstellung, aus. Die große Weihnachtsmatinee hieß »Zwischen Frühstück und Gänsebraten«, und der kam meist aus Ungarn und kostete um die 30 Mark. Auch am Heiligen Abend ging es in den Familien meist traditionell zu: Es gab Würstchen mit Kartoffelsalat oder Karpfen, der pro Kilogramm Lebendgewicht für 5,50 Mark zu haben war.

Die Symbolik des Stollens als gewickeltes Christkind war ebenso vergessen wie seine einstige Funktion als Fastenspeise. Das Gebäck gehörte unbedingt zum Fest, meist selbstgeknetet und beim Bäcker im großen Ofen »abgebacken«. Wer Zitronat, Orangeat, Rosinen und Mandeln besorgen konnte – oft kamen sie mit Westpaketen in die Familien –, bevorzugte das schwere Dresdner Rezept. Als Warenzeichen geschützt wurde es erst nach der Deutschen Einheit.

Zwischen zwei bis fünf Mark kostete der Weihnachtsbaum, der auch so hieß. Die kleinen Fichten oder Kiefern waren nicht immer rank und schlank gewachsen, aber da half ein Bohrer, um ein paar zusätzliche Äste einzusetzen. Manche banden einfach zwei Bäume zusammen – schön sahen sie mit den sorgsam gehüteten Lauschaer-Kugeln und dem Alu-Lametta allemal aus. Letzteres wurde von manchen nach dem Fest vorsichtshalber sorgsam geglättet und zur Wiederverwendung aufgehoben. Manche hatten noch aus Vorkriegsbeständen ihr Blei-Lametta. Wachskerzen gab es bis in die Wochen vor Weihnachten reichlich, dann waren sie schwieriger zu bekommen, aber auch elektrische Beleuchtung war beliebt.

Rechtzeitiges Bunkern war auch bei den Geschenken angesagt. Obwohl sich die staatlichen Planer bemühten, vor Weihnachten besonders gefragte Waren in die Läden zu bringen, gelang das oft nicht in ausreichender Menge. Die Weihnachtsbesorgungen blieben meist normaler Einkaufsalltag mit seinem vielen Ärger und den wenigen Freuden. Weihnachtsmärkte waren keine Alternative zum Kauf von Geschenken. Sie trugen den üblichen Volksfestcharakter und blieben selbst an Orten mit langer Tradition bescheiden. So standen zum Beispiel auf dem Leipziger Weihnachtsmarkt Mitte der siebziger Jahre rund 50 Buden und 8 Karussells.

Von Jahr zu Jahr weniger wurde der Kirchgang zu Weihnachten. Dennoch gehörte er für manche Familien, die ansonsten keine praktizierenden Christen waren, zur Tradition. Nach den Gesprächen über das Verhältnis von Staat und Kirche 1978 waren der evangelischen Kirche sechs Fernsehsendungen im Jahr und monatlich eine Hörfunksendung zugestanden worden. Zu hohen Feiertagen wurden Gottesdienste übertragen, zunächst zeitversetzt, ab 1983 live.

Das von Lenin in der Sowjetunion anstelle des orthodoxen Weihnachten etablierte Jolkafest am 31. Dezember fand in der DDR keine Nachahmung. Väterchen Frost und das Schneeflöckchen Snegurotschka blieben Märchenfiguren aus dem russischen Winterwald. In DDR-Wohnstuben fand sich kein Platz für sie.

Warum wurde Ulbrichts Adoptivtochter Alkoholikerin?

»Das Sein bestimmt das Bewusstsein«, postulierte Karl Marx, und Walter Ulbricht glaubte fest daran. Da seine Frau Lotte keine Kinder bekommen konnte, beschlossen die beiden, ein Mädchen zu adoptieren. Mit Hilfe des sächsischen Jugendamtes fiel die Wahl auf die am 6. Mai 1944 in Leipzig geborene Maria Pestunowa. Die Waise war wahrscheinlich die Tochter einer ukrainischen Zwangsarbeiterin, die bei einem Bombenangriff ums Leben gekommen war.

Lotte Ulbricht nahm sie von Anfang an wie ein eigenes Kind an. Begeistert berichtete sie am 20. März 1947 »Frl. Pietsch« von der Sozialfürsorge: »Beate (wie sie bei uns heißt) ist von Geburt her offenbar ein kräftiger Schlag. Sie hat etwas derb Bäuerliches an sich, isst alles, was die Kelle gibt, und besonders gern Brot, Kartoffeln, Fleisch und dergleichen. Sie ist in dem einen Jahr sehr stark gewachsen, um mindestens dreißig Zentimeter. Jetzt ist sie 89 cm lang. Ihr Gewicht beträgt jetzt 29 Pfund. Der aufgetriebene Leib ist ganz verschwunden ...«

Auch Papa Walter liebte seine kleine Beate. Er hatte bereits zwei leibliche Töchter mit zwei Frauen. Am 7. Februar 1920 hatte Ulbricht Martha Schmellinsky geheiratet, weil sie schwanger war. Sie und Tochter Dorle begleiteten ihn 1926 für ein halbes Jahr in die Sowjetunion. Danach arbeitete Ulbricht in Paris und pflegte ein Verhältnis mit der in der französischen KP organisierten Rosa Michel. Sie war als Polin unter dem Namen Marie Wacziarg geboren. Die beiden bekamen eine Tochter, die sie Rose nannten und Mimi riefen. Das Familienglück endete, als Walter Ulbricht wieder nach Moskau gerufen wurde. Dort lernte er am 29. Januar 1935 während einer Dienstreise aus Paris Lotte Wendt, geborene Kühn, kennen. Ab 1938 lebten sie im Moskauer Hotel *Lux* zusammen. Offiziell geheiratet wurde erst 1953. Zuvor hatte Martha Ulbricht ihren Walter 1949 »aus Parteidisziplin« und aus Ergebenheit gegenüber der »Partei« freigegeben. Das Verhältnis zu Rosa Michel und Tochter Mimi blieb freundschaftlich.

Mit dem Adoptivkind sollte nun endlich eine eigene Familie entstehen. Lotte und Walter Ulbricht waren entschlossen, aus Beate »ein wertvolles Glied unseres neuen Deutschlands« zu machen. Deshalb wurde sie 1954 auf die Russisch-Spezialschule in der Kissingenstraße in Berlin-Pankow geschickt. »Sie war eine sehr nette, disziplinierte Schülerin«, erinnert sich Sportlehrer Hans Kretzschmar. Trotzdem hatte sie es als »Bonzenkind« schwer. Deshalb organisierten die Eltern für Beate ab 1959 die weitere Ausbildung in Leningrad. Die Trennung fiel der 15-Jährigen schwer. Mehrfach reiste Lotte Ulbricht privat in die Sowjetunion, um sie aufzumuntern. Alles schien sich zum Guten zu wenden und nach dem Abi begann Beate an der Newa ein Studium in Geschichte und Russisch. Doch dann schlug der Blitz der ersten großen Liebe ein: Das Mädchen verguckte sich in Ivanko Matteoli, den Sohn eines italienischen Kommunisten. Das passte den Eltern nicht. Walter Ulbricht schrieb ihr im Mai 1963: »Da Dich der Staat zum Studium entsandt hat, bestimmt er auch Deinen zukünftigen Arbeitsort. Wir denken, Du machst Dir das rechtzeitig klar.« Genau das tat die 19-Jährige nicht. Walter und Lotte reisten im Sommer 1963 auf die Krim und wuschen ihr den Kopf. Vergebens. Im Oktober heiratete sie in Pankow ihren Ivanko. Dessen Eltern bekamen keine Einreise, auch die Adoptiveltern blieben der Hochzeit fern. Beate durfte nicht weiterstudieren und wurde Löterin im VEB Stern-Radio Berlin. Nachdem im Februar 1965 ihre Tochter Patrizia geboren war, wollten die beiden zurück in die Sowjetunion. Ivanko fuhr vor, Beate wurde der Pass abgenommen. Sie kämpfte zwei Jahre, dann willigte sie in die Scheidung ein. Einen Tag später bekam die junge Frau ihren Pass zurück, doch Ivanko Matteoli war in Leningrad nicht mehr aufzufinden.

In ihrer Verzweiflung und Einsamkeit begann Beate nun ein Verhältnis mit ihrem einstigen Schulfreund Juri Polkownikow. 1968 heiratete sie ihn, 1969 kam Söhnchen Andre zur Welt. Die Ehe ging schief, Polkownikow soff und schlug seine Frau. Trotzdem nahm sie ihr Studium noch einmal auf. In ihrer »Letztwilligen Verfügung« vom 28. Juni 1971 baten Lotte und Walter Ulbricht das »Zentralkomitee unserer Partei«, »unsere Adoptivtochter Beate Polkownikowa weitere 5 / fünf / Jahre, unter der Voraussetzung, dass sie ihr Studium beendet bzw. berufstätig ist« zu unterstützen. Damals bekam sie im Monat 100 Rubel von ihren Eltern in der DDR. Doch die junge Frau rutschte immer tiefer ab, 1973 war in Leningrad alles vorbei. Aus Beate Polkownikowa wurde wieder Beate Matteoli. Mit ihren beiden Kindern ging sie zurück nach Berlin. Sie landete in einer kleinen Wohnung in der Rummelsburger Straße, war nun alleinstehend und hatte in Leningrad vor allem das Trinken gelernt. Beate fasste nirgendwo Fuß. Ihre Abende verbrachte sie in Berliner Kneipen wie *Sonja* oder *Solidarität*. Sie vernachlässigte ihre Kinder so, dass ihr Ende der siebziger Jahre das Sorgerecht entzogen wurde.

Einen letzten Hilfsversuch »der Partei« gab es Anfang der achtziger Jahre: Beate wurde in Lichtenberg in die Psychiatrie eingewiesen. Doch die Ärzte konnten keine Krankheit feststellen. Wieder folgte das Leben auf der Straße mit ihren Saufkumpanen. Das Ende der DDR erlebte Beate Matteoli im Vollrausch. In der Nacht vom 5. zum 6. Dezember 1991 fand man sie in ihrer Lichtenberger Wohnung erschlagen auf. Die genauen Umstände ihres Todes wurden nie geklärt, in den Akten steht »Gehirnblutung« als Todesursache. Lotte Ulbricht blieb der Beerdigung ihrer Adoptivtochter am 21. Dezember 1991 auf dem Friedhof Baumschulenweg fern. Das Grab trägt keinen Namen.

WER WOLLTE DIE GRENZER MIT BLASROHREN AUSRÜSTEN?

Der Physiker Manfred Baron von Ardenne galt als vielleicht berühmtester Forscher der DDR, auf jeden Fall war er wohl der außergewöhnlichste. Das 1907 in Hamburg geborene Genie schaffte es nach der erfolgreichen Vorführung des ersten elektronischen Fernsehens am 21. August 1931 bis auf die Titelseite der *New York Times*. Über seine Mitarbeit am Bau der sowjetischen Atombombe bis Anfang der fünfziger Jahre wurde hingegen nicht berichtet. Stattdessen machte der Baron mit zahllosen Erfindungen Furore, und dabei schien er keine Grenzen zu kennen. Eine macht ihm dennoch besondere Sorgen.

Am 4. Dezember 1986 unterbreitete er dem Ministerium für Staatssicherheit schriftlich seinen »Vorschlag zur Sicherung der Staatsgrenze«. Der auf vielen Gebieten erfolgreiche Erfinder äußerte ernste Bedenken: »Durch den zur Sicherung der Staatsgrenze gegebenen sogenannten ›Schießbefehl‹ ist bekanntlich eine erhebliche außenpolitische und innenpolitische Belastung gegeben. Es wird daher der Vorschlag unterbreitet, künftig beim Schusswaffengebrauch zu bestimmten Methoden der Veterinärmedizin überzugehen, bei denen das Zielobjekt nur vorübergehend betäubt und bewegungsunfähig wird.« So würde »das Ziel erreicht, dass Bürger unseres Staates am Verlassen des Staatsgebietes gehindert werden«. Wie so etwas zu verschießen wäre, wusste der Professor auch, denn »ein bekanntes Beispiel dafür ist die Zahnbehandlung von Löwen«. Und die werden mit einer Spritze per Blasrohr betäubt. Es müsste nur noch erforscht werden, wie man den »schnelleren Wirkungseintritt« erreichen könnte.

Dresdens Stasi-Chef, Generalleutnant Horst Böhm, ließ die Idee umgehend an Armeegeneral Erich Mielke weiterleiten. Daraufhin prüften die »Abteilung Bewaffnung, Chemischer Dienst«, der Zentrale Medizinische Dienst, der Operativ-Technische Sektor und die Rechtsstelle des MfS den Vorschlag. Ergebnis: Völkerrechtlich sei nichts gegen die Betäubungsspritze einzuwenden, aber es gebe technische und organisatorische Probleme. Blasrohre ließen sich bei keinem »sozialistischen Bruder« finden. Generalleutnant Wolfgang Schwanitz meldete am 26. Januar 1987 seinem Chef: »Ein derartiges spezielles Injektionsschussgerät wird z. Z. in keinem RGW-Land (›Rat für gegenseitige Wirtschaftshilfe‹, K. B) hergestellt. Hinzu kommt, dass die Treffsicherheit bei Anwendung von Betäubungsmitteln stark sinken würde.« Der Dresdner Stasi-Chef wurde beauftragt, »Prof. Manfred von Ardenne in mündlicher Form zu danken und ihm die politischen Gründe für die Nichtrealisierung darzulegen«. Intern machte sich die Stasi vor allem darüber Sorgen, dass die Zahl der Fluchtversuche – und dabei besonders die der Fahnenfluchten – steige, wenn bekannt würde, dass der Weg in den Westen kein tödliches Risiko mehr in sich berge.

Um Abschreckung ging es nämlich auch schon fast zwanzig Jahre zuvor. Unter der Tagebuch-Nummer VK 483/69 A vom 27. Dezember 1969 wurde von einer entsprechenden Aktion des »Grenzregiments 6 ›Hans Kollwitz‹« an der »Staatsgrenze« westlich von Schwerin berichtet: »Am 24.9.1969 wurden in der Zeit von 20 bis 21 Uhr in der 5. Grenzkompanie, GR 6, durch Angehörige dieser Einheit im Grenzabschnitt Täuschungsmanöver hinsichtlich der Wirksamkeit der Minensperre durchgeführt.« Fünf Offiziere und ein Soldat als Fahrer eines Krankenwagens ließen »zwei Knallkörper (Imitationsmittel) als Mittel zur Darstellung einer Minendetonation« in die Luft gehen. Dann folgten »Hilferufe … Einsatz einer Alarmglocke, imitierte Handlungen zur Bergung«. Eine »Alarmgruppe« aus einem Unteroffizier und fünf Soldaten »sicherten« die uniformierten Schausteller an der Demarkationslinie. Sachlich vermerkte die Stasi: »Ziel der Handlungen war es, Diskussionen unter der Bevölkerung über die Unwirksamkeit der Minensperre entgegenzuwirken.« Das war mit solch einem Knall an der Grenze nicht so einfach, denn kein DDR-Bewohner durfte ihr zu nahekommen, und Explosionen hörte man im Grenzgebiet immer wieder, wenn Wild die Minen auslöste. Doch auch dieses Mal half verlässlich der Klassenfeind. Am 26. September 1969 berichtete *Bild* über einen offenbar misslungenen

Fluchtversuch bei Ratzeburg. Minen seien detoniert, und ein Krankenwagen habe ein unbekanntes Opfer abtransportiert. Die Meldung wanderte als Gerücht zurück in die DDR und breitete sich wie ein Lauffeuer aus. Nun galt der Grenzabschnitt wieder als unüberwindbar.

Trotz solch skurriler Vorschläge und abstruser Aktionen barg die deutsch-deutsche Grenze in all den Jahren ihrer Existenz tatsächlich ein sehr reales, tödliches Risiko in sich. Die Zahl der Todesopfer ist bis heute nicht eindeutig belegt. Die Berliner Staatsanwaltschaft ging davon aus, dass bis zum Mauerfall 270 Menschen an der Grenze starben. Die nach der Einheit tätige Zentrale Ermittlungsgruppe für Regierungs- und Vereinigungskriminalität zählte 421 Verdachtsfälle von Tötungen durch das Grenzregime. Opferverbände nennen weit höhere Zahlen, die stetig steigen. So sprach zum Beispiel das Museum am Checkpoint Charlie bereits 2010 von 1393 Toten an Mauer und Stacheldraht. Die Differenz in den Zahlen erklärt sich zumindest zum Teil aus der jeweiligen Zählweise der Geschädigten. Neben den Erschossenen rechnen die Opferverbände auch in der Ostsee Ertrunkene, an Grenzen außerhalb der DDR zu Tode gekommene Flüchtlinge, Opfer tödlicher Unfälle bei der Flucht und verzweifelte Selbstmörder dazu.

WER STECKTE HINTERM »UNSICHTBAREN VISIER«?

»Als Erich Mielke mir gerührt die Hand drückte und mich als ›seinen Kundschafter Achim Detjen‹ begrüßte, war das schon ein gespenstisches Gefühl«, erinnert sich Schauspieler Armin Mueller-Stahl an seine größte Rolle in der DDR. Schon nach der ersten Folge im Weihnachtsprogramm 1973 wurde *Das unsichtbare Visier* zu einem Straßenfeger. Atemlos verfolgte das ostdeutsche Publikum die Abenteuer des Agenten Werner Bredebusch alias »Achim Detjen«, der für seine sozialistische Heimat den Westen ausspionieren sollte. Armin Mueller-Stahl: »Ich war so etwas wie ein Ost-James-Bond.« Im Westen erschien ein paar Monate zuvor der Supermann mit der Lizenz zum Töten auf der Leinwand, um stets im allerletzten Moment die Welt vor verschlagenen Ost-Agenten und anderen Bösewichtern zu retten. Sein östliches Gegenstück brauchte nur die Lizenz zum Lügen, um die »wahren Machenschaften« zu entlarven. Sein Name war Bredebusch, Werner Bredebusch, oder eben Achim Detjen. Und er agierte als Held, der durchaus auch preußische Offizierstugenden haben durfte und im Felde unbesiegt blieb, weil er ja auf der richtigen Seite stand. Dafür sorgte das Ministerium für Staatssicherheit. Dessen »Abteilung Agitation« begutachtete das Szenarium, damals noch unter dem Arbeitstitel *Vergissmeinnicht*, und stellte am 12. März 1971 zufrieden fest: »Die Autoren Bonhoff/ Schauer haben sich grundsätzlich an die in den vorangegangenen Fachberatungen erarbeitete Fabel gehalten.«

Umgesetzt wurde der Abenteuerthriller von Otto Bonhoff und Herbert Schauer von dem Regisseur Peter Hagen. Er konnte sich auf verlässliche Beratung zu zahlreichen Details stützen und sogar erotische Eskapaden des Ost-Bond zeigen, wenn sie denn einen »dienstlichen« Hintergrund hatten. Nur extreme Gewaltdarstellungen waren untersagt. Und statt eines einzigen Bösewichts gab es nun ein Netzwerk aus unverbesserlichen Altnazis, Rüstungsproduzenten, CIA-Agenten und aggressionslüsternen Militaristen. Sie alle bedrohten die DDR bereits, als die noch gar nicht existierte. Bredebusch alias »Detjen« hatte ein paar Jahre in der sowjetischen Kriegsgefangenschaft gelernt, wo die richtige Seite war. Nun bekämpfte er die alten Nazis, die sich mit Hilfe der Kirche und obskurer Organisationen der »alten Kameraden« ins ferne Südamerika retteten, um für den »Tag X« wieder bereitzustehen.

Damit stützte sich die Geschichte auf den breiten antifaschistischen Konsens in der DDR. Ihm wurden die braunen Spuren in der frühen Bundesrepublik gegenübergestellt, die es zu bekämpfen galt. So eröffnete das Konglomerat von Wahrheit, Halbwahrheit und Propaganda im *Unsichtbaren Visier* den Weg in die DDR-übliche Legitimationsgeschichte. Sie mündete in die Lebenslüge des Landes vom Mauerbau als antifaschistischem Schutzwall.

Anfang der siebziger Jahre begann die weltweite Anerkennung der DDR. Das rief bei den Verbündeten Fragen nach der Standhaftigkeit des Bündnispartners gegenüber dem Westen hervor. *Das unsichtbare Visier* gab Antworten. Der »internationale Klassenkampf« und die Betrachtung der Bundesrepublik als Hauptfeind blieben unerschüttert. Es gab für die DDR keine »gesamtdeutsche« Politik. Sie sah sich als Regulativ angeblich rechtskonservativer Entwicklungen im Westen. Die Abgrenzung wurde als zwangsläufig notwendige Alternative dazu dargestellt.

Mit dieser Art der Geschichtsschreibung transportierte die DDR gleichzeitig ihre Skepsis gegenüber der »neuen Ostpolitik« und somit auch des Eingehens der Sowjetunion darauf. Wie bereits berichtet, ging das auf Kosten der DDR. Ob die sowjetisch-bundesdeutsche Annäherung in die SED-Politik passte, wurde im Vorfeld trotz aller »Brüderlichkeit« nicht gefragt. Moskau agierte als Großmacht, die DDR hatte das Nachsehen. Kritik an diesem sowjetischen Vorgehen war für die DDR politisch nicht artikulierbar, wohl aber künstlerisch. So kolportierte die Serie eigentlich gar nicht mehr vorhandene Gefahren und nutzte sie zur Legitimation der DDR-Politik gegenüber der Bundesrepublik.

Das zweite politische Anliegen der Serie war die Darstellung der Stasi als diskreter Auslandsapparat, der – »wie überall auf der Welt«, so ein heute gern genutztes Erklärungsmuster – seine Bürger vor fremden Bedrohungen schützte. Dazu musste sie hinter dem *Unsichtbaren Visier* kämpfen. Im Innern betreute der Geheimdienstapparat allenfalls die unerschrockenen Kundschafter »an der unsichtbaren Front«. Die führenden Genossen wackelten verantwortungsvoll-besorgt mit dem Kopf, den Kampf mussten ihre Männer vor Ort ganz allein führen. Ihre Gegner waren brutal und grausam. Und der in den Filmen ausführlich vorgeführte Lebensstil der saturierten Altnazis im Westen musste den DDR-Bürger zwischen Platte und Pappe einfach aufregen.

Vor diesem Hintergrund wurde aus dem Abenteuerstoff ein politischer Thriller, ursprünglich auf drei Teile geplant. Doch *Das unsichtbare Visier* brach sämtliche Zuschauerrekorde, denn es entstanden einfach gute Filme, die bis heute gern gesehen werden. So wurden es schließlich 16 Folgen in Spielfilmlänge. Dabei war der Erfolg besonders dem Hauptdarsteller Armin Mueller-Stahl zu verdanken. Der fühlte sich damit nicht glücklich: »Im Laufe der ersten neun Teile musste ich erleben, wie immer mehr die Propaganda Überhand nahm. Das wurde dann für mich zu einem der Hauptgründe, die DDR zu verlassen.« In der letzten Folge der ersten Staffel, »Sieben Augen hat der Pfau«, inszenierte Kundschafter Werner Bredebusch alias ›Achim Detjen‹ deshalb im Feuer spektakulärer Explosionen seinen vermeintlichen Tod im Westen und kehrte konspirativ in die DDR zurück. Im wahren Leben nahm Hauptdarsteller Armin Mueller-Stahl den umgekehrten Weg und wurde wenig später zu einem der wenigen deutschen Hollywood-Stars.

»Ketten werden knapper,
und brechen sowieso …«

20
WENDE
UND
ENDE

WIE ZERBRACH DIE DDR?

Im Nachhinein scheint alles ganz einfach: Das DDR-Volk hatte die Nase voll von seiner Führung, ging eines Tages auf die Straße und jagte sie zum Teufel. Erst danach begann der Streit, wer denn dabei eigentlich die Häuptlinge waren. Er reichte von der gerade entstandenen Opposition und ging über das diffuse »Wir sind das Volk« bis zur im Herbst 1989 scheinbar noch felsenfest etablierten SED. Dennoch gab es erst einmal ein gemeinsames Ziel: Eine »bessere DDR« sollte entstehen. Wie sie aussehen könnte, wusste niemand, doch den Anstoß dazu reklamierten die verschiedensten gesellschaftlichen Kräfte für sich.

Erhart Neubert, Mitbegründer der Organisation »Demokratischer Aufbruch«, sagt, was viele Protagonisten der Bürgerbewegungen auch für ihre Aktivitäten sahen: Es sei »das historische Verdienst der DDR-Opposition gewesen, im Kampf gegen ein totalitäres Regime die gesellschaftliche Selbstbefreiung politisch ermöglicht zu haben«. Egon Krenz hingegen, letzter SED-Generalsekretär und gleichzeitig Vorsitzender des Staats- und des Nationalen Verteidigungsrates der DDR, ist stolz darauf, dass er eben dies nicht militärisch verhinderte und sogar noch die Grenze öffnete.

Mit dem schnellen Verblühen der DDR geriet diese Frage schließlich in die Schublade der Geschichte. Dennoch zeigt ein Blick auf die zeitlichen und inhaltlichen Entwicklungen, dass es verschiedene Strömungen waren, die sich im Laufe des Auflösungsprozesses der DDR isoliert voneinander bewegten und schließlich auf dem kleinsten gemeinsamen Nenner, der Abschaffung der Alleinherrschaft der SED, vereinigten.

Ihre wesentlichsten Teile waren die allmähliche Herausbildung der Bürgerrechtsbewegung, die Fluchtwelle, die Massendemonstrationen und das Bemühen um Reformen innerhalb der SED infolge der veränderten sowjetischen Politik. Erst als diese vier Faktoren begannen, miteinander zu agieren, verstärkten sie sich wechselseitig und beschleunigten so den Umbruch. Professor Detlef Pollack von der Universität Münster, der in seinem Buch *Politischer Protest* diese These vertritt, verweist zu Recht auf die entscheidende Rolle der relativen Isolation zwischen diesen verschiedenen Segmenten des gesellschaftlichen Protestes: »Hätten die Flüchtlinge gewusst, dass sich die DDR in Kürze grundlegend verändern würde, dass es Demonstrationen und Veränderungen in der Parteispitze geben würde, so hätten sie möglicherweise darauf verzichtet, das Risiko einer Flucht mit ungewissem Ausgang einzugehen. Hätte die Opposition gewusst, dass

»Ketten werden knapper, und brechen sowieso ...«

ihnen die Revolution von den Volksmassen aus der Hand genommen würde, hätten sie sich möglicherweise gar nicht zu Führern der Volksbewegung machen lassen. Hätten umgekehrt die Volksmassen gewusst, dass die Oppositionellen ganz andere Ziele verfolgten als sie selbst, dass sie gegen eine Erfüllung von Konsumwünschen und für die Beibehaltung der Selbständigkeit der DDR eintreten würden, so hätten sie sie möglicherweise niemals an ihre Spitze geschoben. Hätte Egon Krenz gewusst, in welch politisch angespannter Situation er handelte, dann hätte er sich möglicherweise nicht zum Sturz Honeckers entschlossen.« Das klingt alles sehr spekulativ, illustriert aber die komplizierten Wechselbeziehungen.

Die entscheidende Kraft des gesellschaftlichen Umbruchs dürfte von dem seit Sommer 1989 stetig angeschwollenen Flüchtlingsstrom ausgegangen sein. Er zerstörte die Illusion der SED-Führung von einem weiterhin beherrschbaren »DDR-Volk« und stellte den »Sozialismus in den Farben der DDR« grundsätzlich in Frage.

In seiner Folge organisierte sich die Opposition. Das »Neue Forum« entstand am 9. und 10. September 1989 und wollte sich eigentlich erst Anfang Dezember erneut versammeln, »Demokratie Jetzt« wurde wenige Tage später gegründet und plante für Anfang 1990 ein erstes Vertretertreffen. Bis dahin war die Zahl der Protestler marginal und entwickelte sich nur innerhalb der Gruppenszenen. Bereits nach sechs Monaten, mit der ersten freien Wahl der DDR am 18. März 1990, verloren die Bürgerbewegungen ihre politische Anziehungskraft.

Die Massendemonstrationen der Bevölkerung begannen, ausgehend von Leipzig, nach Öffnung der ungarisch-österreichischen Grenze am 11. September 1989. Nach rund 250 ausreisewilligen Demonstranten am 4. September – Losung: »Wir wollen raus« – gingen ab Anfang Oktober Zehntausende auf die Straße. Ihre Rufe änderten sich in »Wir bleiben hier« und »Wir sind keine Rowdys«. Der Protest hatte die Mehrheit des Volkes erreicht. Aufrufe dazu durch die alternativen Gruppen gab es nicht. Deren Schwerpunkt lag in jenen Tagen darin, aus den Kirchen herauszutreten und sich öffentlich zu organisieren. Mit der Erklärung des SED-Politbüros vom 11. Oktober 1989 deutete sich erstmals eine potentielle Bereitschaft zur Wandlung der erstarrten DDR-Politik an. Die Massenmedien begannen zaghaft, sich der erzwungenen, unabhängigen Öffentlichkeit zu öffnen. Damit wurde das Abbild der bis zum Mauerfall weitgehend isolierten Bewegungen möglich. In der zweiten Oktoberhälfte 1989 kanalisierten sich die politischen Forderungen auf die Abschaffung des Machtmonopols der SED.

Mit der Öffnung der Grenze am 9. November 1989 artikulierten sich erneut unterschiedliche Zielvorstellungen. Bärbel Bohley, die wichtigste Vertreterin der organisierten Opposition, kommentierte sie: »Die Leute sind verrückt, und die Regierung hat den Verstand verloren.« Dennoch setzte sich nun die Forderung »Wir sind ein Volk« durch. Das wirtschaftliche Gefälle zwischen Ost und West war dabei der wesentliche Auslöser. Einfach gesagt, zerbrach die DDR genau so, wie immer und überall auf der Welt Regime zerbrechen, wenn revolutionäre Situationen entstehen: Die Oben konnten nicht mehr so, wie sie wollten, und die Unten wollten nicht mehr so, wie sie sollten.

WAS BEWIRKTE DAS VERBOT DES SPUTNIK?

Am 18. November 1988 las DDR-Postminister Rudolph Schulze (CDU) zu seinem großen Erstaunen in einer ADN-Meldung, dass er am selben Tag die sowjetische Zeitschrift *Sputnik* verboten habe. Der Allgemeine Deutsche Nachrichtendienst tickerte über die Fernschreiber: »Wie die Pressestelle des Ministeriums für Post- und Fernmeldewesen mitteilt, ist die Zeitschrift *Sputnik* aus der Postzeitungsliste gestrichen worden. Sie bringt keinen Beitrag, der der Festigung der deutsch-sowjetischen Freundschaft dient, stattdessen verzerrende Beiträge zur Geschichte.«

Der Minister wusste, dass das sowjetische Monatsheft mit 130 000 Abonnenten und 60 000 Exemplaren an den Kiosken nicht gerade zu den Presse-Knallern der DDR gehörte und es auch bereits mit dem Oktober-Heft 1988 Probleme gegeben hatte. »Aber über das Verbot hat mich niemand vorher informiert«, klagte der CDU-Blockfreund später.

Auch im Verteiler einer »Information über die Sicherstellung der UdSSR-Zeitschrift *Sputnik* Nr. 10/88« der Stasi-Hauptabteilung XIX vom 3. Oktober 1988 – also gut einen Monat zuvor – tauchte sein Name nicht auf. Dort hieß es: »In dieser Zeitschrift sind mehrere Artikel mit dem Blick auf den Stalinismus enthalten, die unter Nutzung der Möglichkeiten von ›Glasnost‹ verfasst sind. So u. a. ein Artikel des Chefredakteurs mit der Überschrift ›Wozu auf die Vergangenheit zurückkommen?‹ und eine Betrachtung ›Stalin und der Krieg‹.« Es ging um die in der DDR immer noch geheimen Zusatzprotokolle zum Hitler-Stalin-Pakt von 1939, und darüber sollten die Leute auch fast fünfzig Jahre danach möglichst nichts erfahren.

Zum großen Erstaunen von SED-Führung und Staatssicherheit rief das als »Streichung von der Postzeitungsvertriebsliste« verbrämte Verbot in »weit über den Abonnenten- bzw. Leserkreis der Zeitschrift hinausgehenden Schichten der Bevölkerung massive, sehr kritisch gehaltene Meinungsäußerungen« hervor. Das notierte die »Zentrale Auswertungs- und Informationsgruppe« der Stasi am 30. November 1988 und bemerkte weiter: »Beachtenswert dabei ist, dass es kaum Meinungs- bzw. Argumentationsunterschiede bei den sich äußernden Personen zwischen Mitgliedern der SED und Parteilosen gibt.« Als Leute, die sich »besonders heftig, teilweise aggressiv« äußerten, wurden schnell Angehörige aller Sparten der Intelligenz ausgemacht.

Das war eigentlich nicht verwunderlich, denn zuvor gab es bereits den Rückzug kritischer sowjetischer Filme, wie *Die Kommissarin, Und morgen war Krieg* oder *Die Reue,* und auch ein paar Nummern der außenpolitischen Zeitung *Neue Zeit* aus Moskau waren nicht ausgeliefert worden. Stattdessen druckte das SED-Organ *Neues Deutschland* bereits im März 1988 auf einer ganzen Seite den perestroikafeindlichen Artikel »Ich kann meine Prinzipien nicht preisgeben« ab, der zuvor unter dem Namen von Nina Andrejewa in der *Sowjetskaja Rossija* erschienen war. Die Ablehnung von Gorbatschows Glasnost und Perestroika war angesagt, es sollte nur nicht so viel öffentlich darüber geredet werden. Nun hatte die SED unbeabsichtigt ihren eigenen Genossen die Möglichkeit eröffnet, Kritik an ihrer Haltung »vom Klassenstandpunkt aus« zu artikulieren, denn »Von der Sowjetunion lernen, heißt siegen lernen!« gehörte zu den fast vierzig Jahre lang gepflegten Grundsätzen.

Dass für den im Oktober nicht ausgelieferten und im Dezember 1988 bereits verbotenen *Sputnik* den Abonnenten automatisch vier Mark für die zwei Hefte auf die Konten überwiesen wurden, konnte das Volk nicht besänftigen. Dabei war der Preis – wie bei allen DDR-Zeitschriften und Zeitungen – ohnehin stark subventioniert. Der Außenhandelspreis eines *Sputnik* betrug 3,50 Rubel, was nach damaligem Kurs etwa 11,50 DDR-Mark entsprach.

Im Postministerium gingen körbeweise Eingaben ein. Sie wurden mit einem Standardbrief unter Bezugnahme auf die ADN-Meldung beantwortet. Für viele protestierende SED-Mitglieder gab es in der Regie der »Parteikontrollkommissionen« Aussprachen. Sie waren als Gesinnungsprüfungen angelegt und führten bei etlichen Funktionären der unteren Ebenen zur Ablösung von ihrem Posten, meist verbunden mit der »Parteistrafe« einer »Rüge«. Mit diesem rigorosen Vorgehen gelang es, die Diskussion der inneren Lage der DDR innerhalb der SED noch einmal abzuwürgen. Dass es das letzte Mal sein würde, und dann auch noch durch solch ein belangloses Blättchen wie den *Sputnik* ausgelöst, der nun zur aus dem Westen reimportierten Konterbande wurde, ahnte damals niemand.

Der offizielle Kommentar Moskaus zu dem zwischen »Bruderstaaten« einmaligen Vorgang blieb gelassen. Man mische sich nicht in die inneren Angelegenheiten anderer Länder ein, hieß es. Allerdings bekam der Außenhandelsbetrieb Buchexport, der für die Lieferung von DDR-Zeitschriften und -Zeitungen in die Sowjetunion zuständig war, eine umfangreiche Liste von Abbestellungen per 1. April 1989.

Sie betraf insgesamt 24 Titel und entsprach im Umfang den von der DDR verbotenen *Sputnik*-Heften. So sanken zum Beispiel die SED-Blätter *Neues Deutschland* und *Berliner Zeitung* von 18 132 auf 9066 beziehungsweise 4200 auf 200 Exemplare, die *Für Dich* von 48 000 auf 2000 Hefte, *Das Magazin* von 1300 auf 300 Exemplare und sogar der *Bummi* von 24 000 auf 11 660 Stück. Die *Neue Berliner Illustrierte*, mit vormals 26 000 exportierten Exemplaren, verschwand völlig in Moskau und mit ihr mehr als ein Dutzend weiterer DDR-Publikationen, von der *Bildenden Kunst* über *Jugend und Technik* bis zur *Modischen Linie*. Als gut ein Jahr später der neue SED-Chef Egon Krenz den *Sputnik* wieder einführen ließ, wollten ihn nicht mehr viele lesen, und auch das Interesse an DDR-Zeitungen in Moskau kehrte nie mehr zurück.

Woher kam der Begriff »Wende«?

Für die rund zwölf Monate seit dem Sturz Erich Honeckers bis zur deutschen Einheit hat sich das Wort »Wende« eingebürgert. Dass es ausgerechnet Egon Krenz war, der den Begriff in seiner Antrittsrede als neuer Generalsekretär der SED auf der 9. Tagung des Zentralkomitees am 18. Oktober 1989 öffentlich prägte, haben viele vergessen. Am gleichen Abend sprach er im »Massenmedium Fernsehen« von der »Wende« und am 19. Oktober war alles noch einmal in gewohnter Manier im Zentralorgan nachzulesen: »Fest steht, wir haben in den vergangenen Monaten die gesellschaftliche Entwicklung in ihrem Wesen nicht real genug eingeschätzt und nicht rechtzeitig die richtigen Schlussfolgerun-

Egon Krenz (l.) prägte im Oktober 1989 den Begriff »Wende«. Hier gratuliert ihm der Präsident der Volkskammer, Horst Sindermann, zur Wahl zum Vorsitzenden des Staatsrates und des Nationalen Verteidigungsrates der DDR (24. Oktober 1989).

gen gezogen. Mit der heutigen Tagung werden wir eine Wende einleiten, werden wir vor allem die politische und ideologische Offensive wieder erlangen.«

Vielleicht waren seine Redenschreiber vom *Spiegel*-Titel des zwei Tage zuvor erschienenen Heftes inspiriert. Er widmete sich der Kinderprostitution in der Dritten Welt und im letzten Moment kam in der linken oberen Ecke eine gelbe Banderole mit der Aufschrift »DDR – Die Wende« dazu. Gemeint waren damit allerdings die Leipziger Montagsdemonstrationen, die gerade die Ohnmacht des Staates gegenüber dem Volk gezeigt und somit eine »Wende« erfahren hatten. Weniger wahrscheinlich ist es, dass Egon Krenz den Wende-Begriff ausgerechnet beim Klassenfeind entlieh. Helmut Kohl bezeichnete 1982 die Ablösung der SPD durch die CDU/CSU als »geistig-moralische Wende«. Auch die Forderung, ein »linkes, alternatives Konzept für eine Wende« zu erstellen, die am 4. September 1989 in Böhlen erhoben wurde, dürfte nicht dem Geschmack der SED entsprochen haben. Sie kam von Leuten, die als Nörgler und Besserwisser galten. Ihre »Vereinigte Linke« mit etwa 1500 Mitgliedern ging bei den Wahlen am 18. März 1990 im Verein mit der Partei Die Nelken unter.

Für die Freunde in Moskau schien das Wort für den angeblich neuen Kurs akzeptabel, denn Michail Gorbatschow benutzte es bereits am 7. Oktober 1989 bei seinen Ausführungen vor dem noch von Erich Honecker geführten SED-Politbüro, also knapp zwei Wochen vor der öffentlichen Erwähnung durch Krenz. Allerdings meinte er damit die »Wende«, die der auf Mai 1990 vorgezogene SED-Parteitag verkünden sollte. Egon konnte also berechtigt darauf hoffen, er würde damit nicht sofort anecken.

Mit dem Ausrufen der »Wende« bekräftigte Egon Krenz als neuer Generalsekretär den Führungsanspruch der SED. Sie hatte die Lage in der DDR nur »nicht real genug« eingeschätzt und wollte nun wieder »in die Offensive«. Deshalb kam die erste Kritik auch aus den eigenen Reihen und von loyalen Genossen. Schriftstellerin Christa Wolf, in den sechziger Jahren Kandidatin des ZK der SED und danach im Spannungsfeld zwischen selbstquälerischem Zweifel und anhaltender Hoffnung, machte sich am 4. November auf dem Alexanderplatz über die »Wende« lustig. Das klang für sie so, als rufe der Kapitän beim Segeln »Klar zur Wende«, weil der Wind sich gedreht hatte, und die Mannschaft duckt sich, um nicht vom über das Deck pfeifenden Großbaum erwischt zu werden. Für jene, die dabei allzu eifrig waren, erfand sie gleich noch den Begriff »Wendehals«. Der Vogel mit dem blitzartigen Wechsel des Blickwinkels galt auch schon vor der DDR-Misere als Symbol der Opportunisten und bei den alten Griechen als Träger von allerlei Liebeszauber.

Trotzdem bekam der Begriff »Wende« sein eigenes Leben und nahm Fahrt auf. Heute sind Worte wie »Nachwendezeit« oder »Wendegeneration« eingebürgert. »Das neue Schlagwort ist kurz und griffig« war in der Publikation der Bundesregierung *20 Jahre Mauerfall* zu lesen. Der Artikel trug den Titel »›Wende‹? – ›Friedliche Revolution‹? – ›Mauerfall‹?« und beschäftigte sich damit, was denn nun eigentlich geschehen sei. Fazit der Betrachtung: Man wäre glücklicher gewesen, hätte sich »friedliche Revolution« durchgesetzt.

Das meint auch der letzte DDR-Ministerpräsident Lothar de Maizière (CDU): »Noch heute bin ich ärgerlich, dass die Zeit des Herbstes 1989 als ›Wende‹ bezeichnet wird und damit ein Begriff von Krenz aufgegriffen wird, statt sie als das zu bezeichnen, was sie wirklich war, nämlich die Zeit einer friedlichen Revolution.« Den Grund des Ärgers erklärt der frühere Pfarrer und Bürgerrechtler Rainer Eppelmann (CDU): Der Begriff suggeriere, der Umbruch in der DDR sei »von oben« gekommen und nicht durch eine Revolution entstanden, die nun mal vom Volk, und damit »von unten«, ausging.

»Ketten werden knapper, und brechen sowieso ...«

Der Siegeszug des Begriffs »Wende« mag auch damit zu tun haben, dass viele Bürgerrechtler die Entwicklung im Herbst 1989 als »unvollendete Revolution« ansahen. Sie träumten vom Anfang etwas ganz Neuem, von dem niemand wusste, was und wie es sein würde. Ziele wie basisdemokratisch, ökologisch und pazifistisch wurden genannt, Zeit und Raum schienen vergessen. der »dritte Weg« möglich. Das korrespondierte mit linken West-Illusionen. Philosoph Jürgen Habermas gestand der DDR allenfalls eine »nachholende Revolution« zu, da ein »fast völliger Mangel an innovativen, zukunftsweisenden Ideen« geherrscht habe. Was im Westen niemals durchzusetzen war, sollte am liebsten in der DDR probiert werden.

Es ist fast eine Ironie der Geschichte, dass die Erfinder des Begriffs »Wende« heute die Einzigen sind, die ihn für sich korrigiert haben. Die letzten Fans von Egon Krenz sprechen derweil längst von »Konterrevolution« oder »Rückwende«, wenn sie den Herbst '89 meinen. Die Leute auf der Straße hingegen strebten es damals nicht an, irgendwann einmal wie im Westen zu leben. Sie wollten Teil des Westens werden. Deshalb stand auf den Transparenten: »Wende – wohin?«, und auch gleich die Antwort: »Wir sind ein Volk.«

WIE ENTSTAND DIE PAROLE »WIR SIND DAS VOLK«?

Es hätte so etwas wie »Freiheit, Gleichheit, Brüderlichkeit« werden können, doch am Ende wurde es nur der Missbrauch einer Idee und ein kleinlicher Streit um ein Markenrecht. »Wir sind das Volk« steht heute als als zentrales Motto der Erhebung im Herbst 1989 in den Geschichtsbüchern. Die Losung der Leipziger Montagsdemonstrationen, die bald das ganze Lande ergriff, bis sie zum »Wir sind ein Volk« wurde. Wie war es wirklich?

»Wir sind das Volk« ist ein so griffiger und naheliegender Satz, dass er immer dann eine Rolle spielte, wenn sich Volk und Herrschende uneins waren. »Das Volk« als Machtfaktor hatte erstmals in der Französischen Revolution Gewicht. Dorthin richtete Georg Büchner seinen Blick, als er 1835 als 22-Jähriger *Dantons Tod* schrieb. Er thematisierte die Tage zwischen dem 24. März und dem 5. April 1794, in denen der Terror der Revolution deren Kinder fraß. In Büchners Text stellt der führende Jakobiner Robespierre fest, dass der Wille des Volkes Gesetz sei, um das, was geschah zu rechtfertigen. Daraufhin rief ihm ein Bürger zu: »Erster Bürger, Wir sind das Volk und wir wollen, dass kein Gesetz sei, ergo ist dieser Wille das Gesetz, ergo im Namen des Gesetzes gibt's kein Gesetz mehr …« Solche Sätze konnten der Zensur nicht gefallen, und so erlebte Dantons Tod erst am 2. Januar 1902 seine Uraufführung im Theater. Gleichzeitig war es aber gerade der Versuch des Unterdrückens von Gedanken, der sie unsterblich machte.

So scheint es nicht verwunderlich, dass Ferdinand Freiligrath in der Zeit der Märzrevolution 1848 den hehren Anspruch wieder aufnahm. In seinem Gedicht »Trotz alledem« sagt er: »Wir sind das Volk, die Menschheit wir – Sind ewig drum, trotz alledem!«

Engagierter Bürgersinn blieb in Deutschland ein rares Gut. Dass vor diesem Hintergrund auch jene sich zum »Wir sind das Volk« erklärten, die ihre Macht auf dessen Missbrauch bauten, kann nicht verwundern. Der Philosoph Martin Heidegger hoffte auf die Nazis, deren Partei er am 1. Mai 1933 beitrat. Am 27. Mai 1933 hielt er seine Antrittsrede als Rektor der Universität Freiburg und lobte die »Größe und Herrlichkeit dieses Aufbruchs« der neuen Machthaber. Doch die nationalsozialistische Hochschulpolitik ging ihm nicht weit genug. Deshalb trat Heidegger am 27. April 1934 zurück und begründete das in einer Logik-Vorlesung: »Im Augenblick dieses Begreifens ist unsere Entscheidung gefallen. Wir sind das Volk.«

So wie der Philosoph mit diesem Satz zu wenig Einflussnahme »der Partei« kritisierte, und das war damals die NSDAP, wandten sich Leipziger Bürgerrechtler 1988 gegen zu viel Einfluss einer Partei, inzwischen der SED. Zu ihnen gehörte Angelika Kanitz. Sie produzierte 120 Flugblätter mit der Überschrift: »Was ist ein Staat ohne sein Volk – NICHTS«. Das brachte sie ins Frauengefängnis Hoheneck, denn für die Stasi konnten protestierende DDR-Bürger nur »Rowdys« sein. So stand es dann auch in der *Leipziger Volkszeitung*. Um dem zu widersprechen, schrieb Werner Schlögl, ein Mitglied der Oppositionsgruppe um Angelika Kanitz, auf ein Schnapprollo: »Wir sind das Volk. Wir sind keine Rowdys«. Damit wollte er auf dem damaligen Dimitroffplatz während des Prozesses demonstrieren.

Der Rest des Volkes brauchte dann fast noch ein Jahr, um die auf »Wir sind das Volk« verkürzte Parole als Motto seiner Demonstrationen gegen das DDR-Regime zu skandieren. Erstmals nachgewiesen ist dies für die Montagsdemonstration am 2. Oktober 1989. Die Worte waren an die schwerbewaffneten Polizeieinheiten gerichtet, die den Zug stop-

Montagsdemonstration am 13. November 1989 in Dresden

pen sollten. Schriftlich tauchten sie dann am 9. Oktober auf, ergänzt durch ein Flugblatt, auf dem nun auch »Wir sind ein Volk« stand. Damit sollten die Sicherheitskräfte nachdrücklich zum Gewaltverzicht aufgefordert werden.

Wie ein Lauffeuer verbreitete sich dieses Mal der Slogan über das ganze Land. Schnell wurde aus »Wir sind ein Volk« die Forderung nach der deutschen Einheit. Beim Besuch Helmut Kohls am 19. Dezember 1989 in Dresden beherrschte sie in dieser Interpretation das Bild. An den Ausgangspunkt »Wir sind das Volk« erinnerte nur noch eine der letzten DDR-Briefmarken, die am 28. Februar 1990 erschien.

Nach der Einheit lag die Idee nahe, den Slogan als Leipziger Markenzeichen zu erhalten. Oberbürgermeister Wolfgang Tiefensee, der Nikolaikirchenpfarrer Christian Führer und der Bürgerrechtler Uwe Schwabe sicherten ihn sich. Den Anteil Tiefensees übernahm 2012 die Stadt Leipzig. Inzwischen marschierten Neo-Nazis hin und wieder durch die Messestadt. Sie versuchten, das »Wir sind das Volk« zu ihrem Motto zu machen. Das wollte die Stadt verhindern.

Dass ein simples Markenzeichen für ein solches politisches Anliegen ungeeignet sei, fand Bürgerrechtlerin Angelika Kanitz, die inzwischen in Dänemark lebte. Sie beantragte deshalb die Löschung der Wortmarke, die am 18. Februar 2013 auch prompt durch das Patentamt München erfolgte. Grund: Die Marke wurde fünf Jahre lang wirtschaftlich nicht genutzt. Ein paar Wochen später ließen sich zwei Männer der rechtspopulistischen Organisation der »Reichsdeutschen« aus Norderstedt in Schleswig-Holstein »Wie sind das Volk – WSDV« erneut als Marke eintragen. Sie wollten angeblich eine gleichnamige Partei gründen und den Slogan dafür vermarkten. Die nichtkommerzielle Nutzung, etwa bei Demonstrationen, wird von derartigen Markenrechten jedoch nicht berührt.

Das machte sich die am 11. Oktober 2014 gegründete, rechtspopulistische Protestbewegung PEGIDA zunutze. Sie marschierte unter der Losung »Wir sind das Volk« und versuchte so, ihre Fremdenfeindlichkeit zu bemänteln. Dieser Missbrauch beherrscht inzwischen die Nutzung des Slogans. Das Ende der Geschichte einer Parole ist er sicher nicht.

WAS WUSSTE DIE STASI VOM DDR-ABSTURZ?

Mit dem Start in die achtziger Jahre schien es in der DDR bergab zu gehen. Die Menschen spürten es beim täglichen Einkauf, es hakte bei der Arbeit, und der Glaube an die Zukunft schwand. Das Lexikon definiert Krisen als »deutlich negative Entwicklung des Wirtschaftswachstums«. Doch so etwas sollte es im Sozialismus eigentlich gar nicht geben. Die Stasi sprach wohl auch deshalb von »Maßnahmen, die zusätzlich erforderlich werden, um den Auswirkungen des Wirtschaftskrieges der aggressiven imperialistischen Kreise gegen unser Land zu begegnen«.

Es ging um die Existenz der DDR, und wieder einmal waren die anderen daran schuld. Am 4. November 1982 formulierte das MfS eine umfangreiche Analyse unter dem Titel: »Sicherheitspolitischer Standpunkt zum Ansatz des Volkswirtschaftsplanes 1983«. Als »entscheidende Veränderungen« zum bisherigen Wirtschaften wurde dort unter anderem festgestellt: »Die industrielle Warenproduktion wurde um 10 Mrd M reduziert. Das hat Auswirkungen auf das produzierte Nationaleinkommen, das um rund 4 Mrd M herabgesetzt wurde.« Und dann weiter: »Die Sicherung der Zahlungsbilanz mit dem NSW (Nichtsozialistischem Wirtschaftsgebiet, K. B.) erfordert es, einen Exportüberschuss von 9,3 Mrd VM zu erwirtschaften. Das ist mehr als das Doppelte im Jahr 1982. Der geplante Zuwachs im NSW-Export mit 3,7 Mrd VM ist der höchste, der jemals angesetzt wurde.« Es ging also bergab, und zwar ziemlich schnell.

Vom spürbaren Niedergang betroffen waren nach den Erkenntnissen der Stasi alle Bereiche der Volkswirtschaft. Trotzdem musste gegenüber dem Westen das Gesicht gewahrt werden. Deshalb sollten die eigenen Bürger den Gürtel noch enger schnallen: »Aus der Lage heraus müssen dann zur Aufrechterhaltung der Zahlungsfähigkeit Waren angeboten werden, die schnell zu verkaufen sind, und das sind erfahrungsgemäß in besonderem Maße Konsumgüter, die ursprünglich für die Versorgung der Bevölkerung bereitgestellt waren.« Das Angebot der Läden sollte also planmäßig noch knapper werden. Das Volk nahm es zwangsläufig mit Galgenhumor: »Warum haben wir so viele Schlaglöcher? – Weil man sie nicht exportieren kann.«

Insgesamt rechnete der Plan im Jahr 1983 mit einem Warenfonds von mindestens 103,4 Milliarden Mark. Die Stasi-Analyse: »Diese Zielstellung beinhaltet bereits einen Wertzuwachs von rund 2 Mrd M EVP (Endverbraucherpreis, K. B.), der durch Verbesserung der Gebrauchswerte der Erzeugnisse realisiert werden soll.« Klartext: Knapp zwei Prozent der Erlöse sollten aus versteckten Preiserhöhungen kommen.

Trotzdem würde sich die Schere zwischen Kaufkraft der Bevölkerung und vorhandenen Waren weiter öffnen. Grund: Im November 1982 waren »erst für 102 Mrd M Erzeugnisse bilanziert«, und es würden »gleichzeitig die Nettogeldeinnahmen der Bevölkerung auf 102 Prozent und damit um 2,6 Mrd M zunehmen«. Dabei war die Lage schon längst prekär, denn: »Die zunehmende Kaufkraft der Bevölkerung wird bereits im Jahr 1982 nicht mehr ausreichend durch den verfügbaren Warenfonds abgeschöpft … Besonders stark war in diesem Jahr die rückläufige Entwicklung beim Umsatz von Industriewaren, der unter dem Niveau von 1981 liegt.« Nach einer Beratung der Staatlichen Plankommission im September 1982 zeichnete sogar die Stasi ein düsteres Bild: »Bei Strumpfwaren für Herren, Damen und Kinder lag der Aufkommensnachweis zwischen 54 und 78 Prozent. Bei Untertrikotagen lag der Anteil bei 66 Prozent und bei Bettwäsche für Erwachsene nur bei 19 Prozent.« Diese nüchternen Zahlen bedeuteten ganz praktisch: Von fünf Leuten, die Bettwäsche brauchten, hatte gerade einer die Chance, sie auch zu erwischen. Zumindest planmäßig. Wieder gab es Hohn und Spott vom Volk: »Warum soll Kosmonaut Sigmund Jähn Direktor des Centrum-Warenhauses werden? Er kennt sich am besten in leeren Räumen aus.«

Nach der Analyse der Stasi hätte er dort reichlich zu tun gehabt: »Bei vielen Erzeugnisgruppen werden mit den angebotenen Mengen die Versorgungsgrößen der staatlichen Aufgaben 1983 nicht erreicht. So u. a. bei Kindersportwagen, Trinkgläsern, Haushaltsgefrier- und Kälteschränken.« Und es würde noch schlimmer kommen, und zwar »durch die Wahrscheinlichkeit, dass beginnend im I. Quartal 1983 zur Sicherung der Zahlungsbilanz und des Bargeldaufkommens wie bisher auch außerplanmäßige Eingriffe in den Warenfonds vorgenommen werden«. Das Volk stöhnte: »Ich wollt, ich wär ein Pflasterstein, ich könnte schon im Westen sein!« Die Devisenjäger verkauften sogar Leipzigs historisches Kopfsteinpflaster an die Stadt Aachen. Insgesamt brachten die alten DDR-Steine rund acht Millionen Mark ein.

Nicht einmal mehr bei den Staatsreserven war noch viel zu holen. Die Stasi-Analyse dazu: »Die verfügbaren Bestände wurden vom 1.1. bis 30.9.1982 um 1,3 Mrd M (55 Prozent) reduziert. Für 770 Mio M sind Bestände der Staatsreserve im Jahr 1982 zur Erwirtschaftung von Valutamitteln eingesetzt worden ... Charakteristisch für das Jahr 1982 ist, dass für die abverfügten Bestände im Gegensatz zu den Vorjahren keine Wiedereinlagerung erfolgte. Für wichtige Erzeugnisse, wie z. B. Kupfer, Blei, Zinn, Aluminium, Fleisch, Zucker, Getreide und Ölfrüchte, gibt es überhaupt keine Staatsreserve mehr. Für andere Erzeugnisse wie Benzin, Dieselkraftstoff, Butter und Reis wurden die Normen für die Sollbevorratung bedeutend herabgesetzt. Die Bestände sind zum Teil nur noch gering.«

Selbstredend unterlag die nüchterne Bestandsaufnahme durch das Ministerium für Staatssicherheit der DDR strengster Geheimhaltung. Die »Information« für das Volk kommunizierte *Neues Deutschland* am 15. Januar 1983. Sie trug die Überschrift: »1982 erbrachte erneut kräftiges Wachstum unserer Volkswirtschaft«.

WER WOLLTE DAS POLITBÜRO STANDRECHTLICH ERSCHIESSEN?

Das »Auf zum letzten Gefecht« hatte sich Bernhard Quandt anders vorgestellt. 61 Jahre lang lebte er von und mit der Überzeugung »wir sind die stärkste der Partei'n«, wie es die »Internationale« besingt. Am 3. Dezember 1989 war alles vorbei. Mit brüchiger Stimme, weinend und zitternd, hielt der 86-Jährige seine letzte Rede im Zentralkomitee der SED: »Liebe Genossen, mir fällt es sehr schwer, hier heute vor dem Zentralkomitee aufzutreten, wo gesagt worden ist, dass unsere Partei, unsere ruhmreiche Partei, in Gefahr ist, sich aufzulösen, das fällt mir sehr schwer zu begreifen …. jetzt soll es mit der Partei zu Ende sein? Das darf nicht sein, Genossen, das darf nicht sein … Wir haben im Staatsrat die Todesstrafe aufgehoben, ich bin dafür, dass wir sie wieder einführen und dass wir alle standrechtlich erschießen, die unsere Partei in eine solche Schmach gebracht haben … Wir stehen als Zentralkomitee einer solchen Verbrecherbande als Gefolgschaft hintereinander, das will mir nicht in den Kopf …«

Bernhard Quandt meinte es genau so, wie er es sagte. Es war die Erfahrung seines Lebens, das das Jahrhundert der Kriege geprägt hatte. 1903 geboren, ohne Vater aufgewachsen, suchte er seit 1920 seine Heimat in der Politik. Für ihn konnte es nur die sein, die Leuten wie ihm eine Perspektive versprach. Das war der Kommunismus. Seine Überzeugung brachte den Eisendreher in die Zuchthäuser der Nazis, ab 1939 dann in die Konzentrationslager Sachsenhausen und Dachau.

Nach seiner Rückkehr nach Mecklenburg machten die sowjetischen Besatzer den Kommunisten zum Landrat in Güstrow. 1948 wurde er Landwirtschaftsminister, 1951 Ministerpräsident Mecklenburgs. Als das Land 1952 verschwand, übernahm Bernhard Quandt als SED-Sekretär den Bezirk Schwerin und blieb bis 1974 an dessen Spitze, Damals war er 71 Jahre alt. Ein Sitz im ZK ab 1958 und einer im Staatsrat ab 1973 banden ihn bis zum Ende der DDR in deren Politik ein.

Bernhard Quandt ist bei älteren Bauern in Westmecklenburg bis heute beliebt, »Dat wier einer, de secht, wat he meint«, sagen sie. Er galt als gerechter und ehrlicher Mann, eben einer, der auch sagte, was er meinte und mit dem man reden konnte. Diesen Ruf verdiente er sich nach dem Krieg mit der Bodenreform und verlor ihn nicht, als im »sozialistischen Frühling« 1960 unter massivem Druck die »werktätigen Einzelbauern« ihr Hab und Gut in die Landwirtschaftlichen Produktionsgenossenschaften (LPG) einbringen mussten. Beide Vorgänge waren mit Unrecht gegen unterschiedliche Personengruppen verbunden.

Wie ging ein Mann wie Bernhard Quandt damit um und kann das möglicherweise Spuren offenbaren, weshalb die DDR für viele so unerwartet zerbrach? Es war wohl der Anspruch, allein zu wissen, was angeblich die Menschen glücklich und zufrieden machte und die Skrupellosigkeit, sie zu genau diesem »Glück« zu zwingen, wenn die »Einsicht in die Notwendigkeit« versagte. Dass dabei die jeweils gültige »politische Linie«, oft ihre Purzelbäume schlug, hatten Funktionäre wie Bernhard Quandt längst verinnerlicht und zu ihrer »eigenen Überzeugung« gemacht. Sie glaubten an das, was sie sagten. Die »wissenschaftliche Weltanschauung« war längst zur Religion geworden, das Politbüro »der Partei« schien gottgleich in seiner Allmacht und Allwissenheit.

Als Bernhard Quandt forderte, ein paar Verräter standrechtlich zu erschießen, war das für ihn das weitaus kleinere Übel, als »die Macht« in Frage zu stellen. »Das war nicht alles richtig, was geschah«, sagt er nach dem Ende der DDR im Rückblick, »aber an der Macht darf nicht gerüttelt werden. Irgendwo muss die Demokratie dann auch mal aufhören.« Ein Widerspruch war der Ruf nach Gewalt, wenn die Macht bedroht schien, für ihn ebenso wenig, wie das Verständnis von Demokratie als Mittel, die »Diktatur des Proletariats« durchzusetzen. Die Überzeugung, alles diene »der guten Sache« machte jegliches Nachdenken über deren Inhalt unmöglich. Insofern war die harsche und emotional vorgetragene Forderung des »verdienstvollen, alten Genossen« Bernhard Quandt ein drastischer Beleg für die Reformunfähigkeit der SED. Jegliche Veränderung wäre mit einem Teilen von Macht einhergegangen. Darüber nachzudenken verbot sich, wenn die Überzeugung herrschte – bei vielen der DDR-Gründergeneration wie Bernhard Quandt von der eigenen Lebenserfahrung gestützt – genau diese Macht sei die einzig richtige. Deshalb war für ihn, wie für viele andere, 1989 nicht nur ein Traum geplatzt, sondern auch ihre Götterdämmerung.

Und darum wollte Bernhard Quandt am liebsten alle erschießen lassen, die das zu verantworten hatten. Es war eine hilflose Geste, ein Aufschrei, der die Frage nach dem Sinn seines Lebens übertönen musste. Nach der Wandlung der SED in die PDS wählte man ihn in den vom neuen Parteichef Gregor Gysi initiierten »Rat der Alten« mit einem guten Dutzend Mitgliedern. Bernhardt Quandts Meinung über den Kommunismus und die der anderen aus der Altherrenriege unter der Leitung des PDS-Ehrenvorsitzenden Hans Modrow wollte niemand mehr hören. Es ging schon wieder einmal um die Macht, nur die Bemühungen darum hatten sich geändert. Bernhard Quandt starb im August 1999.

WAS WUSSTEN DDR-BÜRGER VOM WESTEN?

Als in der zweiten Hälfte der achtziger Jahre DDR-Bürger unterhalb des Rentenalters zu Familienfesten in den Westen fahren durften, kamen viele von ihnen mit merkwürdigen Erfahrungen zurück. Der Himmel schien »drüben« blauer zu sein, die Wiesen grüner, die Autos fuhren schneller und die Züge leiser, die Städte sahen aus wie auf den Postkarten. Genau so hatten es sich die Ost-Entdecker vorgestellt. Aber nun klagten manche auch über kühle Wohnungen der Gastgeber und deren Jammern über Heiz- und Wasserkosten, das Pfennigfuchsen beim Einkauf und das ständige Ausschalten überflüssiger Glühbirnen. Das kam unerwartet, denn im Paradies hätte doch eigentlich an allem Überfluss herrschen müssen. Und überdies meinte doch fast jeder DDR-Bürger, über den Westen viel besser Bescheid zu wissen, als der dort lebende Landsmann über den Osten. Warum bröckelte der Glanz des Schlaraffenlandes?

Das West-Bild im Osten speiste sich aus verschiedenen Quellen. Seit Mitte der siebziger Jahre reisten jedes Jahr etwa 3 Millionen Bundesbürger in die DDR zu Besuch, einen deutlichen Einbruch um etwa ein Drittel gab es nur kurz 1980 wegen der Erhöhung des Mindestumtausches. Dazu kamen rund 25 Millionen Pakete und Päckchen pro Jahr. Die Erinnerung an das fremde Deutschland geht für viele bis heute durch die Nase. Alles, was aus dem Westen geschickt wurde, roch anders. Es glänzte in schönen, bunten Verpackungen, noch einmal mit Papier umwickelt, das sorgsam geglättet wurde und selbst die Bindfäden waren wertvoll. Erschienen die Besucher persönlich, gaben sie sich lauter als die DDR-Gastgeber, waren an der Kleidung deutlich zu erkennen und verteilten Fünfmarkstücke wie Säckchen mit Glasperlen. Es waren Botschafter einer Welt, in der Milch und Honig zu fließen schienen.

Radio und Fernsehen ergänzten die Eindrücke. Fast in der ganzen DDR wusste man nicht nur, dass Strahler-Küsse besser schmecken oder es schon einen Asbach Uralt wert sei, wenn einem so viel Schönes beschert wurde, sondern auch, wer bei Rudi Carell gewann oder bei »Wetten, dass …?« ein besonders verrücktes Angebot machte. Die Nachrichten waren für jene unverzichtbar, die über die Welt informiert sein wollten. Ohne »S-F-Beat« die »Schlager der Woche« vom RIAS im Radio oder den, »Beat-Club« und »Musik aus Studio

B« im Fernsehen ging für die Jugendlichen gar nichts. Aus dem Verkehrsfunk schöpften manche ihre geographischen Kenntnisse, aus dem Marktpreis – »Erdbeeren aus Werder für 1,50 im Angebot« – ihren DDR-Frust. Das umfangreiche Programm der wichtigsten westlichen Filme im DDR-Fernsehen ergänzte das Bild von einer bunten, sauberen Welt, die zwar ihre Probleme, aber immer auch deren Lösungsmöglichkeiten hatte.

Die dritte Säule des West-Bildes schuf sich die DDR selbst. Die von ihr eingerichteten Intershops waren der Laden, in dem es alles gab, was in HO und Konsum fehlte. Die Westautos auf den Straßen erlaubten einen Blick in die unerreichbar scheinende Zukunft. Allein das satte Ploppen beim Türschließen der Westwagen produzierte Träume. Die Bevorzugung von Westgästen in den raren Restaurants zeigte, was alles möglich sein könnte, hätte man das richtige Geld. Abgerundet wurden all die schönen Träume durch die DDR-Propaganda. Letztlich bekräftigte sie das geschönte Bild, denn dass genau das Gegenteil dessen richtig war, was gesagt wurde, war ein weitverbreiteter Glaube im Land. Hier knüpften die Mankos im West-Bild an, die sich nach dem Fall der Mauer und dem ersten persönlichen Augenschein offenbarten. Die DDR-Bürger hatten ihre Wege gefunden, um bei sich zu Hause zwischen Wahrheit und Lüge unterscheiden zu können. Das Zwischen-den-Zeilen-Lesen war plötzlich nicht mehr gefragt. Selbst konkrete Versprechen – in der DDR bescheiden, aber stets gehalten – galten nun nichts mehr. Wenn es nun hieß »einmalige Gelegenheit« oder »beste Preise«, hatte das nicht viel zu bedeuten. Unsicherheit war die Folge. Geld hatte im Osten nie einen dominierenden Stellenwert. Was da war, konnte sich über kurz oder lang auch jeder leisten. Nun war alles da, aber längst nicht für alle. Die plötzlich nötige soziale Ein- und Unterordnung trübten den goldenen Schein und ließ bei manchen das Gefühl wachsen, nur in dessen Schatten zu stehen.

Mit dem Zerbrechen der Ost-Welt litt auch das West-Bild. Das Leben schien wieder voller Überraschungen zu sein, auf viele davon hätte man gern verzichtet. Kamen früher die Verwandten oder Freunde aus dem Westen, galten sie automatisch als mit Spannung erwartete Boten aus einer fremden Welt. Jetzt schrumpften manche zu den kleinen Würstchen, die sie »drüben« stets waren. Der Verlust ihres Glanzes bedrückte auch sie und wurde oft hinter Oberflächlichkeit verborgen. Ein flüchtiger Bekannter mutierte in der neuen Sprache zum »Freund«. Dass das »Kommen-Sie-doch-mal-vorbei« nicht wörtlich gemeint war, mussten DDR-Bürger erst lernen. Mit der D-Mark kamen bislang unbekannte Wörter wie *Alteigentum*, *Altschulden*, *Kurzarbeit null* oder *Rechtsnachfolger*. Manche von ihnen taten weh, wie etwa *Buschzulage* oder *Abwicklung*.

Der Blick auf den schönen Schein wurde zum Hürdenlauf gegen die neuen Realitäten. Wer sich früher über die DDR-Bürokratie ärgerte, wünschte sie sich jetzt sehnlichst zurück. Der richtige Westen kam plötzlich so ganz anders daher als der bislang gefühlte. Das West-Bild, das für viele bis zum Mauerfall so aussah wie der Sozialismus mit D-Mark, Lego, Baumarkt, schicker Kleidung und Reisefreiheit, zerbrach. Das »Gut-Informiert-Sein« stellte sich als Trugbild heraus.

WAS HATTE DIE SED MIT DEM ISLAM ZU TUN?

Hadschi Halef Omar Ben Hadschi Abul Abbas Ibn Hadschi Dawuhd al Gossarah – und der auch noch von Karl May erfunden – ist wohl der einzige Muslim, den der gemeine DDR-Bürger kannte. Dennoch muss die SED wohl doch noch einen geheimen Draht zu Allah gehabt haben, denn ihre Nachfolge-Partei des Demokratischen Sozialismus (PDS) bedachte ausgerechnet eine bislang völlig unbekannte »Islamische Religionsgemeinschaft« mit insgesamt 136 Millionen DDR-Mark. Der erste Scheck über 75 Millionen Mark trug die Nummer 2154252 und das Datum 31. Mai 1990. Er war auf einen Mann namens Abdel Majid Younes ausgestellt, der seit zehn Jahren im Internationalen Handelszentrums am Ostberliner S-Bahnhof Friedrichstraße Geschäfte betrieb.
Die Stasi notierte unter Aktenzeichen 3826/89: »Es ist bekannt, dass ...Younes mit unterschiedlichen Pässen, unterschiedlicher Nationalität und Personalien in Erscheinung tritt.« Seit etwa 1984 beobachtete sie sein »offenes Auftreten als Leiter der Gruppe Abu Moussa in der DDR« Hintergrund: Yasser Arafats PLO war gespalten und Younes schloss sich dem Fatah-Flügel unter Abu Moussa an. Die Stasi stellte fest, dass er »für diesen Flügel der Fatah Waffengeschäfte durchführt«.
Dennoch bekam er einen Tag vor dem DDR-Ende noch einen DDR-Pass und wurde so schließlich automatisch Bundesbürger. Das alles hing mit der wundersamen Geldumwandlung am 1. Juli 1990 zusammen. Sie machte aus den 75 Millionen DDR-Mark über Nacht 37,5 Millionen harte D-Mark.
Ewald König, damals Korrespondent der Wiener Zeitung *Die Presse* und Nachbar von

Abdel Majid Younes in der Ostberliner Leipziger Straße 60, erinnert sich:. »Younes war Waffenhändler und hatte die Aufgabe, unauffällig Millionen und Abermillionen des SED-Vermögens ins Ausland zu schaffen.« Der Journalist recherchierte und hielt fest: »Das SED-Vermögen betrug zur Wendezeit 6,2 Milliarden DDR-Mark sowie 300 Millionen D-Mark und einen Haufen Dollar, Goldmünzen und Silberbarren. Das Geld sollte in Sicherheit gebracht werden, und Younes spielte dabei eine wichtige Rolle. Eine Summe von insgesamt 136,4 Millionen DDR-Mark ging in der kurzen Zeit zwischen dem 28. Mai und dem 6. Juni 1990 an Younes.«

Dazu entstand aus dem Nichts plötzlich die »Islamische Religionsgemeinschaft«. Younes gründete sie im Februar 1990, nur ein paar Koran-Gläubige aus seiner Verwandtschaft und dem persönlichen Umfeld waren die ersten Mitglieder. Angeblich wollten sie ein multikulturelles Zentrum in Ostberlin errichten. Die »Islamische Religionsgemeinschaft« mietete die Zimmer 21 bis 23 in der Ostberliner Neuen Rossstraße 11. Das Gebäude gehörte damals der PDS, bislang beherbergte es eines von mehreren Internaten der SED-Parteihochschule »Karl Marx«. Bereits am 1. März 1990 wurden die Moslems vom Staatssekretariat für Kirchenfragen der DDR als Religionsgemeinschaft anerkannt. Auf die 75-Millionen-»Spende« folgten nun drei Darlehen der PDS mit einer Gesamtsumme von weiteren 52 Millionen DDR-Mark. Der Darlehenszweck: Drei Anwesen, die bislang der Berliner Bezirksleitung der SED als Erholungsheime dienten, »kurzfristig auf die Erfordernisse der Marktwirtschaft einzustellen, sowie Arbeitsplatzsicherung und -neubeschaffung zu gewährleisten«. Es handelte sich dabei um zwei Ferienheime in Lychen und Wendisch-Rietz und um das *Strandhotel* in Wandlitz mit insgesamt etwa 120 Arbeitsplätzen für Kellner, Köche und Zimmermädchen. Younes war nach den mit der PDS abgeschlossenen Verträgen der Alleinverfügungsberechtigte über die »Darlehen«. Zinsen sollten bis Ende 1992 nicht anfallen, danach würde ein Festzins von einem Prozent an die PDS fällig. Gegen ein Papier mit einer Beschäftigungsgarantie für die Angestellten bekam er ein Vorkaufsrecht für die drei Immobilien oben drauf.

Doch auch damit war das Füllhorn der Partei für Mister Younes noch nicht geleert. Einen Tag vor der Verfügungssperre am 1. Juni 1990 überwies sie 9.486.783 DDR-Mark an das neu gegründete Reisebüro Touristik-Union-Kontakt in Berlin. Diesmal war es kein Darlehen, sondern als Vorauszahlung für 3000 Auslandsreisen von PDS-Funktionären gedacht, die irgendwann einmal stattfinden könnten.

Mister Younes eröffnete am 4. Mai 1990 bei der Deutschen Handelsbank AG der DDR das Konto mit der Nummer 1333-50-011-023. Seit 31. Mai hatte er den 75-Millionen-Scheck in der Tasche, doch er ließ ihn erst am 6. Juni auf dem Konto gutschreiben, was anstandslos geschah. Dieses Zögern fiel ihm nun auf die Füße. Am 1. Juni 1990 trat das einen Tag zuvor von der neuen Volkskammer geänderte Parteiengesetz in Kraft. Seine Paragraphen stellen – etwas verkürzt gesagt – das gesamte »Altvermögen« aller DDR-Parteien unter die Verwaltung einer »Unabhängigen Kommission«. Die Parlamentarier wollten damit den Zugriff der bisherigen und neuen Funktionäre auf das »rechtsstaatswidrig angesammelte Vermögen« verhindern. Für Younes hieß das, die Schenkung war damit »nichtig« geworden, und er musste sie zurückgeben. »Selber schuld«, kommentierte ein PDS-Insider trocken, »hätte er den Scheck gleich am 31. Mai eingelöst, wäre niemand mehr an das Geld herangekommen.«

Wegen der neuen Gesetzeslage wurde nun ermittelt. Die Fahnder gingen von einer »nachgeschobenen Schutzbehauptung« aus, alles spreche dafür, dass es sich um eine zwischen der PDS »und ihrem Vertrauensmann Y. verabredete Vermögensverschiebung« gehandelt habe. Alle Konten des Geschäftsmannes wurden gesperrt. Diverse Prozesse zogen sich bis 1998 hin, schließlich musste Younes mit Zins und Zinseszins mehr als 93,5 Millionen DM zurückzahlen. Offiziell war der Geschäftsmann derweil bettelarm und verschuldet. Im März 2000 gab er beim Amtsgericht Charlottenburg die eidesstattliche Versicherung ab und erklärte sich damit für zahlungsunfähig.

WORÜBER BESCHWERTEN SICH DIE STASI-MITARBEITER?

Im 16. Juni 2010 stellten frühere Generäle und Offiziere des ehemaligen Ministeriums für Staatssicherheit der DDR in der Weitlingstraße in Berlin-Lichtenberg ihr Buch *Fragen an das MfS* vor. Es war dem »60. Jahrestag« der Gründung des Ministeriums gewidmet, das es seit 20 Jahren nicht mehr gab. Die älteren Herren stritten, ob es richtig gewesen sei, in 191 selbstgestellten »Fragen« wieder »alles aufzuwühlen«, doch Oberst Reinhard Grimmer meinte, es sei wichtig, festzuhalten, »dass die Arbeit des MfS der international üblichen Tätigkeit von Auslandsnachrichtendiensten entsprach«.

Doch Undank ist bekanntlich der Welt Lohn und so ist nun schwarz auf weiß nachzulesen, wie schwer es die Männer vom MfS in Wirklichkeit hatten und weshalb ihnen noch heute so viele Leute böse sind. Schuld sei nämlich die »Indoktrination«, die »mit großem propagandistischem Aufwand in die Hirne von Millionen gehämmert« werde. Das führe zur ungerechten Bewertung der einstmals stolzen »Tschekisten«: »Das Schicksal des MfS und seiner Mitarbeiter ist keineswegs mit denen anderer DDR-Einrichtungen vergleichbar. Bereits vor dem Anschluss des Landes begannen Ausgrenzung und Ächtung. Die öffentliche Denunziation verschärfte sich nach dem 3. Oktober 1990. Alles, was sich an Schlechtem seit Kriegsende zwischen Flensburg und Dresden, Ostsee und Bodensee zugetragen hatte, besaß seither nur eine Adresse: ›Die Stasi‹ war an allem Schuld.« Folge: »Das ist der Stoff, aus dem der Mythos des Unmenschlichen und weltweit Einmaligen gewoben wird, um die Köpfe der Menschen zu vernebeln und eine vernünftige Rückschau auf die DDR auszuschließen.«

Dabei war doch alles nur gutgemeint und es schon damals schwer genug, überhaupt Leute zu finden, die sich fürs Volk aufopferten: »Im Laufe der achtziger Jahre wurde es zunehmend schwieriger, Menschen für den Dienst im MfS zu gewinnen. Es war kaum verlockend, ein gesichertes gutes Einkommen in der bisherigen Tätigkeit (bei geregelter Arbeitszeit und sicherer Freizeit) einzutauschen, gegen kaum höhere Dienstbezüge und höhere Einsatzbereitschaft, gepaart mit Einschnitten in bisherige Lebensgewohnheiten. ... Alles zusammengenommen schränkte natürlich den individuellen Spielraum erheblich ein, weshalb zu Recht von überdurchschnittlich hohen psychischen Belastungen der Mitarbeiter des MfS gesprochen werden muss.«

All das brachte den armen Betroffenen wenig ein: »Bonifikationen kannte man in der DDR nicht. Die Gehälter waren angemessen, keineswegs üppig, und besondere Zuwendungen Ausnahme und nicht Regel.« Immerhin müsse man bedenken, dass »Staatsbedienstete in der ganzen Welt besser bezahlt werden als der Durchschnitt der Bevölkerung« und »Überstunden sowie Feiertagsarbeit, wie in jedem anderen Unternehmen, wurden nicht vergütet. Es gab auch keine Jahresendprämien, wie anderenorts üblich. Es gab keine Entschädigungen dafür, dass man in der Freizeit erreichbar sein musste oder sich in Hausbereitschaft befand.« Manch Werktätigem aus der sozialistischen Produktion dürfte das noch heute Mitleidstränen in die Augen treiben.

Eine weitere beklagenswerte Ungerechtigkeit: »Gerüchte und Unterstellungen« über Privilegien »dienen auch als Vorwand für die soziale Ausgrenzung und Diffamierung«. Mal gerade die Führung bekam ein paar Ladenhüter aus dem Westen extra: »Führungskader besaßen allenfalls die Möglichkeit, zu hohen Preisen Importwaren zu kaufen, die sich in Wandlitz als nicht absetzbar erwiesen.« Das MfS-Krankenhaus litt unter »beschränkter Kapazität, so dass die Mehrzahl der Angehörigen des MfS in öffentlichen Gesundheitseinrichtungen oder solchen der Volkspolizei bzw. der NVA behandelt wurden. Die durchschnittliche Wartezeit für die Realisierung eines Wohnungsantrages war im MfS nicht kürzer als im zivilen Bereich. Ferienplätze standen auch im MfS nur in begrenztem Maß zur Verfügung … etwa alle fünf Jahre.« Kein Wunder, dass da bei den armen, ausgebeuteten Stasi-Mitarbeitern Frust aufkam: »Bei Einzelnen brachen Verhaltensmuster und Charaktereigenschaften durch, die zwar nicht ausgestorben, wohl aber zurückgedrängt worden waren: Neid, Missgunst, Eitelkeit, Egoismus, Habgier, Wichtigtuerei, Profilierungssucht, Selbstsucht und so weiter.«

Sogar »die Partei« ließ sie im Regen stehen: »Offensichtlich mangelte es der SED-Führung am nötigen Vertrauen in die Bereitschaft und in die Fähigkeit der Staatsbürger, die notwendigen Veränderungen ohne Aufgabe der DDR zu vollziehen Das hatte verheerende Folgen. Das MfS sollte das Versagen der politischen Führung kompensieren. Dazu war das Ministerium weder angetreten noch 1950 gegründet worden.«

Selbstverständlich gab es deswegen auch keine Überwachung der DDR-Bürger, ihrer Besucher aus dem Westen oder gar anderer »Ausländer«: »Das ist eine Behauptung, für die es keinerlei Beweise gibt. Es fand keine ›flächendeckende Überwachung‹ in der DDR statt … was hätte man mit der Unmenge an Datenmaterial anfangen sollen?« Zumindest rechtzeitig vernichten, meinten die Herren: »Der Vorwurf ist berechtigt, dass im MfS viel zu wenig Schriftgut vernichtet wurde. Vor allem Unterlagen über Inoffizielle Mitarbeiter hätten 1989/90 vollständig vernichtet werden müssen! Das Problem fing damit an, dass viel zu viel archiviert wurde.« Den Grund dafür zu nennen, war dann ja wohl eine der letzten Amtshandlungen des Ministers Erich Mielke: »Aber ich liebe, ich liebe doch alle Menschen …« Und wer wirft schon Liebesbriefe so einfach weg?

WIE VERLIEF DAS DDR-ENDE IN DER ANTARKTIS?

Vom DDR-Außenposten »Georg Forster« in der Antarktis erfuhr das Volk 1988 durch eine 35-Pfennig-Briefmarke. Blaue Forschungs- und Wohngebäude aus Containern mit einem Funkmast in unwirtlicher Eislandschaft ließen zwar Geheimnisvolles vermuten, aber wohl kaum Reiselust aufkommen.

Als sich Vermessungsingenieur und Expeditionsleiter Gerhard Schlosser mit seinem »Vorkommando« von drei weiteren Leuten am 17. Oktober 1989 in Berlin-Schönefeld auf die rund 15 000 Kilometer lange Reise zur Schirmacher-Oase im »Königin-Maud-Land« nahe des Südpols machte, ahnte er nicht, dass es bei seiner Rückkehr die DDR nicht mehr geben würde. Sie bereiteten die Ankunft der restlichen sechs Forscher vor.

Natürlich wussten die Männer, dass es zu Hause gerade gewaltig krachte, aber nicht, was daraus werden könnte. Die am 10. November per Funk empfangene Nachricht vom Tanz auf der Mauer mochte deshalb zuerst auch niemand so richtig glauben. Geophysiker Ulf Bauerschäfer erinnert sich: »Da haben wir gesagt: ›Nee, das kann nicht sein, die machen mit uns hier einen Psychotest.‹« Deshalb war erst einmal weiterhin eiserne Disziplin angesagt, und das galt auch für den Funkverkehr mit der Heimat: Gerhard Schlosser: »Am Anfang musste sich jeder gut überlegen, was er da sagt. Es war eine offene Welle.« Niemand wusste, ob die bislang allmächtige Stasi den Funkverkehr vielleicht immer noch überwachte. Doch sehr schnell bestätigten sich die Nachrichten, und die Deutsche Welle (West) berichtete von den Freudenfesten beiderseits der gefallenen Grenze. Für die DDR-Bürger in der Antarktis änderte sich erst einmal nicht viel – immerhin durften sie nun auch den Funkverkehr mit der 800 Kilometer entfernten Georg-von-Neumayer-Station aufnehmen, die die Bundesrepublik betrieb.

Für die DDR war es bereits die dritte Expedition rings um den Südpol, jedoch die erste mit einer eigenen Mannschaft. Zuvor hatte jeweils ein Wissenschaftler als Gast der Sowjets dort gearbeitet. Vom 1. Januar bis zum 3. März 1988 forschte ein Geologe in der Station Drushnaja 3, vom November des gleichen Jahres bis März 1989 war ein weiterer auf der sowjetischen Hauptstation Molodjoschnaja stationiert, der dann in der Nähe der noch etwa 1000 Kilometer weiter östlich gelegenen Basis Sojus seine Messungen machte.

Die Männer von der Georg-Forster-Station zogen auch nach dem Mauerfall in Berlin mit ihren Schlittenzügen in der Antarktis ihre Runden, denn die Arbeit musste weitergehen, und das Forschungsprogramm war eng. Jeden Tag dokumentierten sie Eisbewegungen, notierten Ozonwerte und beobachteten Polarlichter. Natürlich auch am Wochenende. Trotzdem ließen ihnen die Nachrichten aus der Heimat keine Ruhe. Vor allem an ein Problem erinnerte sich später Chemiker Reinhard Zierath: »Wie geht es jetzt mit mir persönlich weiter?« Dass es die DDR nach ihrer Rückkehr nicht mehr geben würde, erfuhren die Forscher spätestens mit der ersten freien Wahl zur Volkskammer am 18. März 1990. Gerhard Schlosser: »Über Funk durften wir nicht wählen, weil es eine geheime Wahl war.« Keine angenehme Lage für Techniker Gerald Müller: »Man ist weg, weit weg von zu Hause und hat keinen Einfluss, und dort wird eine politische Wende vollzogen.« Am 30. Juni 1990 verabschiedeten sich die Expeditionsteilnehmer von ihren Alu-Chips mit einem ausgelassenen Fest. Trotzdem war die Stimmung gedrückt, denn aus der Heimat kamen beunruhigende Nachrichten. Betriebe schlossen, Forschungsinstitute wurden »abgewickelt«, die Zahl der Arbeitslosen stieg. Die Männer in der Antarktis machten sich so ihre Gedanken, die Ulf Bauerschäfer auf den Punkt brachte: »Jetzt stehen wir nicht mehr am Kaufladen an oder so, sondern demnächst stehen wir am Arbeitsamt an.« Dennoch sollte der Tag der Einheit würdig begangen werden. Rechtzeitig vor dem 3. Oktober ging eine Anfrage nach Berlin, um zu erfahren, wie man sich das dort vorstellte. Doch es kam keine Antwort. Deshalb diskutierten die Forscher nun unter sich, ob man die DDR-Fahne vielleicht am besten zerreißen oder nur durch Schwarz-Rot-Gold ersetzen sollte. Schließlich einigte man sich auf einen feierlichen Flaggenwechsel. Die Kollegen von der Georg-von-Neumayer-Station hatten rechtzeitig den Text der dritten Strophe des Deutschlandlieds übermittelt. Eine Feierstunde wurde vorbereitet, zu der auch die Nachbarn der sowjetischen und indischen Antarktis-Stationen eingeladen wurden.
In den letzten Minuten der DDR, am 2. Oktober 1990, kurz vor Mitternacht nach Berliner Zeit, versammelten sich die Männer rund um den Fahnenmast auf ihrem Forschungscontainer. Ein Trompeter blies zum letzten Mal das »Auferstanden aus Ruinen«, dann rauschte die Flagge mit Hammer, Zirkel und Ährenkranz herab, und unter den Klängen der neuen Hymne und einem Salut aus in die Luft geschossenen Leuchtkugeln hissten sie die neue Fahne.
Die Forschungsarbeit ging auch danach noch planmäßig weiter, bis der Eisbrecher Polarstern die Expeditionsteilnehmer im März 1991 abholte. Mit ihnen reisten auch die

Frauen aus der Georg-von-Neumayer-Station nach Hause, und so gab es auf dem Schiff ein deutsch-deutsches Treffen der besonderen Art, denn bislang kannte man sich nur über Funk.

Im vereinten Deutschland trennten sich die Wege der Männer aus der dritten und letzten DDR-Antarktisexpedition. Ulf Bauerschäfer gründete eine private High-Tech-Firma in Dresden, Reinhard Zierath arbeitete eine Weile für ein Pharma-Unternehmen, bevor er sich als Ballonfahrer selbständig machte, Gerald Müller begleitete für das Alfred-Wegener-Institut für Polar- und Meeresforschung weitere Forschungsmissionen, und Gerhard Schlosser blieb Vermessungsingenieur. Der am weitesten entfernt liegende Außenposten der einstigen DDR wurde ab 1993 vollständig demontiert und verschwand spurlos, um die fragile Umwelt im ewigen Eis nicht zu belasten.

Wo sind die Aluchips und Ostmark-Scheine?

Vorderseite des Hundertmarkscheins der DDR mit dem Kopf von Karl Marx. Auf der Rückseite waren unter anderem der Berliner Fernsehturm und der Palast der Republik abgebildet. Das Einmarkstück der DDR blieb aus Mangel an DM-Münzen bis zum 30. Juni 1991 gültig.

»Ketten werden knapper, und brechen sowieso ...«

Wer sich Anfang der neunziger Jahre in der gerade verblichenen DDR einen neuen Merce-des-Benz kaufen konnte, gehörte gewiss nicht zu den Verlierern der Einheit. Dennoch hielt er Tag für Tag die einstmals geschmähten »Aluchips« in der Hand, denn die Tür-klinken der Nobelkarosse waren aus den früheren DDR-Münzen gemacht. Rund 4500 Tonnen davon wurden im Leichtmetallwerk Rackwitz im Norden Leipzigs, der einzigen ostdeutschen Aluminium-Aufbereitungsanlage, eingeschmolzen.

Vergessen ist derweil, dass die leichten Aluminiummünzen der DDR – nur das 20-Pfen-nig-Stück war eine Ausnahme, weil es automatentauglich sein sollte – sogar das Ende ihres Staates überlebt haben. Sie blieben bis zum 30. Juni 1991 gültig, weil es noch nicht genügend DM-Münzen gab. Danach wanderten viele in die persönlichen Schatullen – man kann ja nie wissen, ob sie nicht doch noch einmal Sammlerwert bekommen, und schließlich sollen auch die Enkel noch erfahren, wie früher das Geld aussah. Herr über die Scheine mit Thomas Müntzer, Clara Zetkin, Johann Wolfgang von Goethe, Friedrich Engels und Karl Marx wurde 1990 Bundesfinanzminister Theo Waigel. Rund 620 Millio-nen Geldscheine, verpackt in 131 000 Säcke, lagen in Erich Honeckers früherer Macht-zentrale. Das Gebäude des Zentralkomitees gehörte einstmals der Reichsbank und hat im Keller riesige Tresore. Diese Altlast waren einmal rund 100 Milliarden DDR-Mark. Sie wog etwa 2000 Tonnen und beanspruchte 4500 Kubikmeter – das entspricht etwa 300 Güterwagenladungen.

Eigentlich wird ungültiges Geld verbrannt oder geschreddert. Doch wegen der »Kür-ze der Zeit« und der »hohen Kostenbelastung«, so der Finanzminister Ende 1991 auf Anfrage des SPD-Abgeordneten Fritz Gautier im Deutschen Bundestag, wollte man die Entsorgung lieber Mutter Natur überlassen. Der Plan: Die Kohle wird in einen Schacht gekippt, mit 15 000 Tonnen Kies und Sand überdeckt und durch die natürliche Feuchtig-keit würde sie dann langsam verrotten. Als Milliardengrab auserkoren wurde der größte Bunker der DDR mit dem Tarnnamen »Malachit« oder auch »Komplexlager 12« genannt. In den Akten heißt er offiziell KL-12/NVA-Nr.16/630. KZ-Häftlinge bauten das rund 13 Kilometer lange Stollensystem in den Thekenbergen bei Halberstadt gegen Ende des Zweiten Weltkriegs. Es sollte ein Flugzeugwerk werden, in den sechziger Jahren überleg-te die DDR dann, unter Tage ein riesiges Kühlhaus einzurichten. Schließlich übernahm 1979 die NVA die Anlage. Dort dienten nun zwei 300 Meter lange Sandsteinstollen als Grabkammer.

Zu den Säcken aus dem früheren ZK-Gebäude kamen nun noch die nie ausgegebenen

200-Mark-Scheine mit dem Abbild einer glücklichen Familie und spielender Kinder und die 500-Mark-Scheine mit dem DDR-Wappen auf der einen und dem Staatsratsgebäude auf der anderen Seite hinzu. Dazu Schecks, Sparbücher und Forumschecks für den Intershop – alles in allem rund 3000 Tonnen.

Verantwortlich für diese gigantische Abfallentsorgungsanlage im Stollen war das Bundesverteidigungsministerium als Nachlassverwalter der NVA. Dort kümmerte man sich nicht darum, hoffte aber, die Deutsche Bundesbank würde sich etwas einfallen lassen, denn die DDR-Mark erwies sich am Ende doch noch als stabile Währung: Sie verrottete einfach nicht.

Im Jahr 1994 erbte die Kreditanstalt für Wiederaufbau (KfW) die Altlast, denn sie wurde Rechtsnachfolgerin der Staatsbank der DDR. Deren Sicherheitsexperte Gerd Kugler erfuhr, dass das eigentlich ja wertlose Geld plötzlich in teilweise druckfrischer Qualität in Sammlerkreisen auftauchte. Er kroch persönlich in die Stollen und sah, dass die zu deren Abschluss errichteten Betonwände angebohrt waren. Der Plan der Geldvernichtung durch Verrotten war gescheitert und nun schien Gefahr im Verzug. Kugler: »Uns war klar, dass der Mythos des vergrabenen Schatzes ein für allemal beendet werden musste, sonst würden wir immer wieder Abenteurer anlocken..« Das schien umso dringlicher, als er und sein Team 1999 sogar zwei junge Männer, 24 und 26 Jahre alt, auf frischer Tat stellten. Es war nicht ihre erste Diebestour in die geheimen Stollen. Sie wurden später zu jeweils 4 Monaten Bewährungsstrafe verurteilt, ihre Hintermänner – und die muss es wegen des technischen Aufwandes gegeben haben – jedoch nie erwischt.

Das DDR-Geld erzielte inzwischen beachtliche Sammlerpreise. Gerade das aber wollte die KfW verhindern, die bereits eine begrenzte Anzahl Scheine in zwölf Auktionen nach der Wende versteigert hatte. Im März 2002 rückten deshalb unter Tage Radlader und Trommelsiebe an, die Stollen wurden geöffnet und Papier und Sand wieder voneinander getrennt. Die widerspenstigen Geldscheine wurden per Container in die Müllverbrennungsanlage am Braunkohlekraftwerk Buschhaus in Niedersachsen gebracht, mit Hausmüll vermischt und verbrannt. Die ganze Aktion kostete die deutschen Steuerzahler noch einmal eine Million Euro. Am 25. Juni 2002 ging der Inhalt des letzten der 298 Container in Flammen auf. Treppenwitz der Geschichte: Damit hat das DDR-Geld zum Schluss sogar die DM überlebt. Deren Altbestände verfeuerte die Bundesbank unmittelbar nach der Euro-Einführung.

WAREN DDR-GRENZER »MAUERSCHÜTZEN«?

Der Streit beginnt mit der Bezeichnung. Was nach der Einheit an Aufarbeitung von Gewalttaten an der einstigen deutsch-deutschen Grenze stattfand, wurde schnell als »Mauerschützenprozesse« bezeichnet. Für die einen stellte sich das als nachträgliche »Rache der Sieger« dar, für die anderen als viel zu milden Versuch, begangenes Unrecht zu ahnden. Wo liegt die Wahrheit?

»Mauerschützen« ist ein Propagandawort. Es soll all jene beschreiben, die dafür verantwortlich waren, dass Menschen an der Grenze zu Tode kamen. Das reicht vom früheren DDR-Staatschef über einzelne Mitglieder der SED-Führung, die militärischen Befehlshaber auf verschiedenen Ebenen bis zu den Soldaten, die diese Befehle ausgeführt haben. Ihnen allen die Verantwortlichkeit für »Totschlag« vorzuwerfen, basiert darauf, dass das Töten von Menschen in der DDR ebenso wie in der Bundesrepublik strafbar war.

Bis 2007 gab es vor diesem Hintergrund 466 Angeschuldigte. 275 Personen wurden verurteilt. Bei acht von ihnen erfolgte ein Schuldspruch, von einer Strafe sahen die Richter jedoch ab. Von den restlichen 267 Verurteilten erhielten einer eine Geldstrafe und 266 Freiheitsstrafen, 236 davon wurden mit Bewährung ausgesprochen. Hier sind die Strafen auf Bewährung nach DDR-Strafgesetzbuch, Paragraph 33, das als »milderes Gesetz« anzuwenden war, einbezogen. Alle Freiheitsstrafen bis zu zwei Jahren wurden deshalb ausgesetzt. Der Anteil von höheren Strafen betrug 11,3 Prozent.

Dass die rechtliche Behandlung dieser Art von Totschlagsdelikten von den politischen Querelen der Vergangenheit des Kalten Krieges geprägt war, zeigt deren Geschichte. Der erste Prozess gegen einen damals noch nicht sogenannten »Mauerschützen« fand am 11. Oktober 1963 vor dem Landgericht Stuttgart statt. Angeklagt war der aus der DDR fahnenflüchtige Grenzer Fritz H. Der Stabsgefreite hatte am 5. Juni 1962 im Harz mit einem gezielten Kopfschuss den 19-jährigen Flüchtling Peter R. getötet. Später floh er selbst in den Westen. Für die Schüsse auf seinen Kameraden in der DDR verurteilte in das West-Gericht zu 15 Monaten Haft ohne Bewährung. In seiner Begründung offenbarte es die politischen Hintergründe: Einerseits hatte sich H. zweifellos durch die Tötung eines Menschen schuldig gemacht. Andererseits sahen die Richter generelles Unrecht im

DDR-Straftatbestand »Republikflucht« und einen Widerspruch zum in der DDR-Verfassung anerkannten Recht auf Freizügigkeit.

Sie argumentieren: Mit dem allgemeinen Ausreiseverbot sollen die DDR-Bürger gezwungen werden, »zur Aufrechterhaltung des Zwangsregimes beizutragen«. Derartige »allein vom politischen Machtstreben getragene gesetzliche Knebelungen des Einzelmenschen« verstießen gegen die Würde des Menschen, »da sie ihn zum Gefangenen im eigenen Lande machen.« Das sei unvereinbar mit der UN-Menschenrechtserklärung von 1948. Deshalb verurteilten sie Fritz H. zu einer demonstrativ geringen Haftstrafe. Damit habe man kundtun wollen, »dass an die rechtliche Verantwortlichkeit des Einzelmenschen auch unter schwierigen äußeren Bedingungen hohe Anforderungen zu stellen sind, wenn sein Handeln an die Grundprinzipien der Menschlichkeit rührt«. Diese grundsätzliche Rechtsauffassung erfuhr auch in anderen Fällen eine Weiterentwicklung und bildete nach der deutschen Einheit die Grundlage für die Verurteilung der »Verantwortlichen für Gewalttaten an der Grenze«.

Dass es dabei auch eine Vermischung von Kriminalität und Politik geben konnte, zeigte lange zuvor der Fall Werner Weinhold. Bei seiner Flucht aus der DDR ermordete der vorbestrafte, mit MPi und 360 Schuss bewaffnete NVA-Soldat am 19. Dezember 1975 zwei Grenzsoldaten. Die DDR verlangte seine Auslieferung. Das widersprach der Rechtslage im Westen, nach der er als »Deutscher« davor geschützt war. Stattdessen folgte 1976 ein Prozess vor dem Schwurgericht Essen. Weil keine DDR-Zeugen geladen wurden und somit die Tötung »nicht erwiesen« (bewusst im Gegensatz zu »nicht bewiesen« formuliert) werden konnte, bekam Weinhold einen Freispruch. Nach Protesten hob der Bundesgerichtshof das Urteil auf, ein neuer Prozess führte im Dezember 1978 zu fünfeinhalb Jahren Haft wegen Totschlags. Weinhold verbüßte davon zwei Drittel. In diesem Fall hatte Politik das Recht dominiert. Was für den Osten zweifelsfrei ein kaltblütiger Doppelmord war, stellte Werner Weinhold als »Notwehr« dar. Die Richter prüften, ob sie gerechtfertigt gewesen sei, weil der Täter ja nur sein »Grundrecht auf Freiheit« wahrnehmen wollte. In der Urteilsbegründung hieß es: »Er war nicht im Recht, als er schoss. Die Soldaten Seidel und Lange waren nicht im Unrecht, als sie getroffen wurden.«

Gut 25 Jahre später wurde Werner Weinhold wieder straffällig. Nach dem Genuss von 17 Gläsern Pils schoss er, inzwischen 55 Jahre alt, am 8. Januar 2005 in der Gasstätte *Bierkiste* in Marl einem 43-jährigen Bekannten eine Kugel durch die Schulter. Das Urteil wegen »gefährlicher Körperverletzung« lautete auf 30 Monate Haft. Noch einmal schien ein Hauch des Kalten Krieges durch den Gerichtssaal zu wehen, als Richter Knut-Henning Staake an die Flucht Werner Weinholds aus dem »Gefängnis DDR« vor 30 Jahren erinnerte.

Was von den Prozessen gegen die »Mauerschützen« bleibt, ist einerseits der Eindruck, dass die Justiz kein geeignetes Mittel ist, um Unrecht aufzuarbeiten, das im breiten Spektrum zwischen Macht, Befehlen, Unterordnung, krimineller Energie und Angst entstanden ist. Andererseits zeigten sie aber auch, dass jeder Einzelne durchaus wusste, was er tat. Ihm lediglich »du darfst« zu sagen, hatte genügt, Menschen zu Tätern werden zu lassen. Wenn darüber nachgedacht würde, könnten auch diese Prozesse einen Sinn gehabt haben.

Warum war der Verlust der Arbeit so schlimm?

Vom »Job« zu sprechen, kam in der DDR kaum jemandem über die Lippen. Stattdessen ging man »auf Arbeit«. Die war sicher und wenn auch manch Chef klagte: »Wenn ich nur einmal sagen könnte, du kannst morgen zu Hause bleiben …«, blieben Kündigungen die Ausnahme. »Häufiges, unentschuldigtes Fehlen« waren mit 46 Prozent der Spitzenreiter, gefolgt von 37 Prozent »Alkoholmissbrauch am Arbeitsplatz«. Zwölf Prozent mussten wegen krimineller Delikte gehen. Nur bei 3 Prozent der Kündigungen wurde »asoziales Verhalten« angegeben, und zwei von hundert Werktätigen verloren wegen fachlicher Inkompetenz ihre Arbeit. In allen Fällen ging es danach zum nächsten Betrieb, denn fast überall wurden Leute gesucht.

Weit mehr als heute war die Arbeitswelt der Lebensmittelpunkt der Menschen. Ihre Betriebe boten nicht nur die Möglichkeit des Geldverdienens, sondern waren auch der soziale Anker. Er löste sich, als ab Mitte 1991 Millionen von Ostdeutschen ihre Arbeit verloren. Nicht mehr das »Arbeitsgesetzbuch«, sondern marktwirtschaftliche Mechanismen regelten nun Fragen wie Urlaub, Wohnung und Kinderbetreuung. Der Lohn beruhte auf Vereinbarungen – im günstigsten, aber im Osten damals seltenen Fall in Tarifverträgen umfassend geregelt. Das erforderte eine andere Art der Verantwortung für sich selbst, die viele überforderte. Sie empfanden den Zuwachs an Freiheit als neue, bisher ungekannte Form der Unfreiheit. Deshalb schien der Verlust des Arbeitsplatzes weit mehr, als das Fehlen einer Arbeit zu sein.

Beim Klagen über die Ineffizienz der DDR-Betriebe wird entsprechend heute üblicher wirtschaftlicher Rechnungsführung vergessen, dass die sozialen Leistungen faktisch ein indirekter Lohnbestandteil waren. Die mangelnde Rentabilität ergab sich somit nicht nur durch geringere Arbeitsproduktivität, sondern auch aus den umfangreichen sozialen Aufgaben der Betriebe. Sie waren im Arbeitsgesetzbuch der DDR vom 16. Juni 1977 verankert, wie zum Beispiel die Pflicht zur Unterstützung bei der Wohnraumvergabe (§ 232) Kinderbetreuung (§ 233) und im Berufsverkehr (§ 230), zum Aufbau eines Erholungswesens (§ 231) und zur Bereitstellung von Werksessen und Dienstleistungs- und Einkaufsmöglichkeiten (§ 228).

Welche Ausmaße das für einen Betrieb annehmen konnte, zeigt beispielsweise eine Rechnung aus dem VEB Normdrehteile Hildburghausen nach der 1978 erfolgten Einführung sozialpolitischer Maßnahmen für Mütter mit Kindern. Die staatlich verordnete Verkürzung der Arbeitszeit von 42 auf 40 Stunden pro Woche für Mütter mit zwei Kindern bei drei Schichten und von 43 ¾ auf 42 Stunden bei zwei Schichten, die Verlängerung des Wochenurlaubs auf 28 Wochen, des »Babyjahrs« für das zweite Kind und des Haushaltstages für alle Frauen führten zum Fehlen von 46 400 Arbeitsstunden für den Betrieb. Dafür gab es keinerlei Kompensation, stattdessen wurde die Lage schöngerechnet, und so kam am Ende durch verschiedene »Initiativen« sogar noch ein Plus heraus – nur Schrauben gab es kaum noch zu kaufen.

In welchen Größenordnungen diese und andere soziale Leistungen zu Lasten für die Betriebe wurden, zeigen die Zahlen. Das Beispiel Kinderkrippen: Die Errichtung eines Platzes kostete im Neubau in den siebziger Jahren etwa 10.000 Mark, der jährliche Unterhalt 3.600 Mark. Beide Zahlen interessierten die Nutzer kaum, denn sie mussten sie nicht zahlen. Bis 1985 stieg die Zahl der Krippenplätze auf 343 787, damit konnten 72,7 Prozent des Bedarfs befriedigt werden. 1989 gab es für 626 259 Kinder im Alter bis zu drei Jahren 353 203 Krippenplätze – trotz des Betreuungsgrades von 80,2 Prozent immer noch zu wenig, um die Nachfrage zu decken. Die gewaltige ökonomische Leistung rief letztlich Unzufriedenheit hervor.

Das Beispiel Urlaub und Ferienbetreuung: 1986 verfügten die Betriebe DDR-weit über 3 085 937 Urlaubsplätze. Die Kosten wurden zu 75 Prozent subventioniert. Existierten

1951 gerade einmal 2017 Kinderferienlager für 237 631 Kinder, fuhren 1988 rund 1,3 Millionen Schülerinnen und Schüler für einen geringen Unkostenbeitrag ins Ferienlager. Doch auch bei Urlaub und Freizeit dominierten die offen gebliebenen Wünsche – zum Beispiel die Aussicht, nur alle fünf Jahre einen FDGB-Urlaubsplatz zu bekommen und im Sommer an der Ostsee schon gar nicht – die Reflexion in der DDR. Oft wurde erst nach dem Verlust des Arbeitsplatzes erkannt, dass die »soziale Einbettung« an ihn gebunden war.

Am Nichterkennen dieses Zusammenhangs hatte die plakative DDR-Propaganda ihren Anteil. Soziale »Errungenschaften« wurden »gewährt«, eine gesellschaftliche Diskussion über ihre Stellung im wirtschaftlichen Gesamtgefüge fand kaum statt. Aus dem Selbstverständnis der SED heraus war die Sozialpolitik von ihr als der Führungskraft zu entscheiden. Das geschah ohne eine demokratische Öffentlichkeit. Gesetzlich festgelegte Mitbestimmungsrechte, etwa über die Betriebsgewerkschaftsleitungen, erlebten viele als formalen Akt. An der bestehenden Kluft zwischen den Verlautbarungen einerseits und den realen Bedingungen andererseits, setzte eine tendenziell wachsende Entfremdung der Werktätigen von »ihren« volkseigenen Betrieben an.

Der Verlust der Arbeit in den DDR-Betrieben war nur das sichtbarste Zeichen der Aufgabe eines Lebensentwurfs, den die einen als Beschneidung ihrer persönlichen Freiheit sahen, die anderen heute jedoch vermissen.

WAS IST AUS DEM VOLKSEIGENTUM GEWORDEN?

Im DDR-deutschen Frühling 1990 geistert der schöne Traum vom vielen Geld durch Zeitungen und Talkshows. Mal wird von Urpfandbriefen gesprochen, mal von Bürgeranteilen. Die Summen schwanken zwischen 25.000 und stolzen 120.000 DM pro Kopf der Bevölkerung jedes Bürgers der Noch-DDR. Das wäre dann sein Anteil am Volkseigentum. Und es gibt auch schon ganz konkrete Pläne: Am 14. März 1990 meldet DPA: »Die DDR-SPD will bei einem Wahlsieg am Sonntag in der DDR an jeden Bürger, vom Säugling bis zum Rentner, Anteilscheine im Nennwert von 40.000 DDR-Mark an Investmentgesellschaften vergeben.« Dieses Geld wäre dann, 1 zu 1 auf DM umgestellt, die Anschubfinanzierung eines jeden für den Start in die Marktwirtschaft. Doch bevor etwas verteilt werden könnte, muss erst einmal festgestellt werden, wie viel überhaupt da ist.

Hans Modrow, letzter SED/PDS-Ministerpräsident der DDR, beziffert das »Nettoanlagevermögen« in der DDR am 13. Februar 1990 auf 1,4 Billionen DM. Das ist wohl zu optimistisch. Deshalb lässt seine Wirtschaftsministerin, Christa Luft, nachrechnen. Sie kommt im Mai des Jahres immerhin noch auf 900 Milliarden. Aber auch das ist offenbar noch zu viel, denn immerhin ist ja einiges an Altlasten zu beseitigen. Der inzwischen eingesetzte Treuhand-Chef Detlev Rohwedder – ein erfahrener Manager aus dem Westen – geht im August 1990 von einem Treuhandvermögen von rund 600 Milliarden DM aus. Wie diese doch sehr unterschiedlichen Angaben entstanden sind, erklärt der spätere Treuhand-Verwaltungsrat, Claus Köhler, auf der Grundlage der Bilanz der Modrow-Regierung: »Sie wies per Ende 1989 ein Bruttovermögen von 1420 Milliarden Mark auf. Nach Abrechnung aller Verbindlichkeiten und Rückstellungen ergaben sich 924 Milliarden Mark als Netto-Vermögen der DDR. Zieht man davon noch die nicht von der Treuhand zu verwaltenden Teile wie Post, Bahn, Kommunalvermögen, Wohnungsgesellschaften usw. ab, bleiben rund 620 Milliarden Mark übrig.« Rohwedders Nachfolgerin, Birgit Breuel, nimmt ebenfalls diese Größenordnung an und zitiert ihren Vorgänger im Spätherbst 1993: »Das Ganze ist etwa 600 Milliarden Mark wert.«

Dieses Geld gehört denen, die es während der 40 Jahre DDR erwirtschaftet haben. Das soll die Treuhand für sie sichern, denn das künftig auch in der DDR geltende »Bürgerliche Gesetzbuch« kennt kein »Volkseigentum« als Rechtstitel. Bundesfinanzminister Theo Waigel (CSU) plant derweil, woher das Geld für die Wirtschafts-, Währungs- und Sozialunion kommen soll. Am 22. Mai 1990 erklärt er: »Die DDR wird das frühere, angeblich volkseigene Vermögen in die Finanzierung der Vereinigung, insbesondere in die Neustrukturierung und Sanierung der Wirtschaftsunternehmen investieren.«

Der Westen hat nun das Sagen und die Idee von den Anteilscheinen ist damit endgültig vom Tisch. Geld kann man eben nur einmal ausgeben. Deshalb wird am 17. Juni 1990 per Gesetz die Treuhand umgewandelt. War es bisher ihre Aufgabe, das »volkseigene« Vermögen im Interesse der Allgemeinheit zu verwalten und es dazu marktwirtschaftlich zu bewerten und zu bewirtschaften, steht nun die schnelle Privatisierung im Vordergrund. Damit waren die »treuen«, zu segnenden Hände für jene geworden, die über Kapital verfügten. Und die kamen in aller Regel nicht aus Ostdeutschland.

Diese Treuhand ist ein Trust mit einer gewaltigen Machtfülle, der – im Gegensatz zum ersten von der DDR-Volkskammer beschlossenen Treuhandgesetz – jeglicher parlamentarischer Kontrolle entzogen ist. Die Aufgabe des in aller Stille umgestalteten Unternehmens ist es nun, für etwa 8000 inzwischen in Kapitalgesellschaften umgewandelte Betriebe und Kombinate unternehmerisch aktive Eigentümer zu finden, die möglichst viele der dort angesiedelten gut 4 Millionen Beschäftigten übernehmen. Hinzu kommt die Privatisierung von etwa 45 000 Einzelhandelsgeschäften und Gaststätten sowie von Tausenden von Buchhandlungen und Apotheken, 14 Centrum-Warenhäusern und Hunderten von Kinos und Hotels. In der Landwirtschaft sind 460 volkseigene Güter, 37 Großbetriebe der industriellen Tierproduktion und zahlreiche Binnenfischereien, Gestüte und Förstereien an den Mann zu bringen. Rund 1,5 Millionen Hektar landwirtschaftliche Nutzfläche müssen verwertet werden.

Das geht mit einem weitgehenden Abbau der einstigen DDR-Wirtschaft einher, deren Tod auf Raten mit Krediten sozialverträglich organisiert wird. Dafür gibt die Treuhand nicht nur das vorhandene Kapital aus, sondern macht überdies auch noch rund 270 Millionen Mark Schulden. So steht am Ende ein Minus von etwa einer Billion Mark, einer Eins mit zwölf Nullen. Sie setzt sich aus dem »Volksvermögen« der DDR, das einstmals mit etwa 600 Milliarden Mark veranschlagt wurde, den Treuhand-Schulden und nebenbei geflossenen »Übergangsgeldern« zusammen. Obwohl diese Zahl in den offiziellen Einheitsstatistiken nicht auftaucht, meinen Experten, sie sei eine eher knappe Schätzung. Ausgegeben wurde das Geld als Preis für die schnelle DM im Osten und damit als Tribut an die schnelle deutsche Einheit. Pro Kopf jedes DDR-Bürgers kostete sie somit rund 62.000 DM.

WO SIND DIE »WINKELSTÜTZELEMENTE UL 12.41« GEBLIEBEN?

Eine Rendite von bis zu mehr als 6500 Prozent hat die DDR im Laufe ihrer Geschichte nur mit einem einzigen ihrer Produkte jemals erzielt: Dem »Winkelstützelement UL 12.41«, rund 2,8 Tonnen schwer, 3,6 Meter hoch und für etwa 120 Mark pro Stück hergestellt. Inzwischen wird so ein Teil bei Auktionen mit mindestens 2.000 Euro aufgerufen und meist für gut 4.000 Euro verkauft. Der Käufer ist dann froh, ein originales Stück der Berliner Mauer erstanden zu haben.

Erfunden wurden die »Winkelstützelemente UL 12.41« eigentlich mal als Wände für landwirtschaftliche Futtersilos. Mit dem Ausbau der Grenze mitten durch Berlin wurden rund 45 000 dieser Teile zum Standard-Bauelement der Mauer und nach deren Fall zu beliebten Sammler- und Renommierstücken.

Die CIA sicherte sich ein schönes buntes Segment für ihren Neubau in Langley, in den Vatikanischen Gärten stehen Mauerteile, das britische und spanische Königshaus hat sich versorgt – nur in Berlin sind sie rar geworden. Reste des einstmals »hässlichsten Bauwerks der Welt« gibt es noch an der East Side Gallery zwischen Kreuzberg und Friedrichshain, in der Nähe des Abgeordnetenhauses und als Dekoration von ein paar Gedenkstätten, wie beispielsweise an der Bernauer Straße, aber dann hört es auch schon auf. Dafür hat sich das Haus der Geschichte in Bonn ein Mauerstückchen besorgt, vor der einstigen »Erfassungsstelle Salzgitter« steht es, das Friedensmuseum in Caen in der französischen Normandie hat es und das Imperial War Museum London natürlich auch. Die Spur der Steine führt nach San Diego ebenso wie auf den Marktplatz des italienischen Modena, doch der größte Deal mit der Mauer ist längst vergessen.

Im Sommer 1990 erinnerten sich ein paar Bauern aus dem mecklenburgischen Breesen, dass die Betonteile ja eigentlich einmal für Silos gedacht waren. Die könnten sie gerade gut gebrauchen. Sie verhandelten kurz mit dem Kommando der Grenztruppen, die in jenen Wochen damit beschäftigt waren, die Mauer nicht nur abzubauen, sondern möglichst auch gleich verschwinden zu lassen. Als die Landwirte dann sogar anboten, die Betonklötze mit ihren Traktoren selbst vom Mauerstreifen zwischen Potsdamer Platz und Checkpoint Charlie in Berlin abzuholen, war der Handel perfekt. 600 Mauersegmente tuckerten in den Norden, immer nachts auf der Bundesstraße 96, denn niemand mochte die hässlichen Mauerteile mehr sehen.

Zweihundert der Betonwinkel gaben die Breesener an ihre Kollegen in Teetzleben weiter. Die zahlten dafür kurz vor der Währungsunion am 1. Juli 1990 ordentliche 37.000 DDR-Mark. »Verkauf aus Demontage« steht auf der von den DDR-Grenztruppen ausgestellten Quittung. Dann wurden die meisten Teile zu Futtersilos verbaut, Doch einige Stücke hatten von den »Mauerspechten« verursachte, ausgefranste Ränder. Diese Stücke landeten als Barriere auf der Weide, um die Mutterkühe von den Kälbchen zu trennen.

Für die Silos konnte man sie nicht brauchen, denn durch die Löcher wäre Luft eingedrungen und die hätte die Silage vergären lassen. So vergingen fast 20 Jahre.

Reste der Berliner Mauer, noch dazu original, wurden inzwischen international gesucht. Davon hörten auch die Teetzlebener Bauern. Ein erster Verkauf von vier schmucklosen, grauen Teilen, die bis dahin auf einer Weide lagen, ließ 2008 stolze 7.800 Euro in ihren Kassen klingeln! Was würden da erst bemalte Mauersegmente bringen! Natürlich wanderten die restlichen Stücke sofort in eine abgeschlossene Lagerhalle. Dabei gab es eine Riesenüberraschung: Ein Mauerteil hatte eine eingelassene Schlupftür! Dick wie ein Tresor und fast unsichtbar im Beton, diente dieser einstmals streng geheime Durchlass früher dazu, durch die Mauer zu kriechen und sie von der West-Seite zu inspizieren. Historiker meinen, so etwas habe es höchstens sechs bis achtmal in den 46 Kilometern Innenstadtmauer in Berlin gegeben – so ein Teil ist also heute so wertvoll wie eine »Blaue Mauritius« für Briefmarkensammler!

Nun sagten sich die Mecklenburger Bauern, »wi hemn Tid«, denn offenbar war es mit den Mauerteilen wie mit Wein: Je älter, umso teurer wurden sie. Darin bestätigte sie Hans Peter Plettner, Vorstandssprecher der Deutschen Grundstücksauktionen AG in Berlin, die weltweit Mauerteile verkauft. Wurden sie vor zehn Jahren noch mit 1.000 Euro pro Stück Mindestgebot aufgerufen, ist es derweil schon das Doppelte – und dass sich das manchmal dann vervierfacht, hat er schon erlebt.

Derweil ärgern sich jene, die vor fast dreißig Jahren für das schnelle Verschwinden der Berliner Mauer gesorgt haben. Der größte Teil der Betonteile wurde damals zerschreddert und als Unterbau in den neuen Autobahnen verbaut. So bewahrheitete sich zu guter Letzt eine Geschichte, die Anfang der sechziger Jahre im DDR-Volk als Witz kursierte: Als die damals geplante Autobahn von Berlin nach Rostock über Jahre nicht fertig und vom Sieben- in den folgenden Fünfjahresplan wanderte, spottete der Volksmund: »Natürlich wurde der Plan pünktlich erfüllt und die Rostocker Autobahn gebaut – allerdings steht sie nun senkrecht um Westberlin.« Inzwischen rollen doch noch Autos darüber.

WAS GESCHAH AM 3. OKTOBER 1990?

Am 3. Oktober 1990 wurde vor dem Reichstag in Berlin die schwarz-rot-goldene Bundesfahne gehisst.

Am liebsten wird inzwischen von der »Wiedervereinigung« gesprochen, wenn vom 3. Oktober 1990 die Rede ist. Die hat es aber niemals gegeben, denn es existierte kein Staat, der aus der Bundesrepublik Deutschland und der Deutschen Demokratischen Republik bestand. Deshalb heißt der im Einigungsvertrag festgelegte Nationalfeiertag auch »Tag der deutschen Einheit«.

Wer ganz genau sein möchte, nennt das Ereignis »Herstellung der Einheit Deutschlands«. Wer noch seinen alten Klassenkämpferzorn pflegt, spricht gern von »Annexion«, »feindlicher Übernahme« oder »Kolonisierung«. Die hat es allerdings ebenso wenig gegeben wie die Wiedervereinigung, denn die Bundesrepublik ist nicht im Osten einmarschiert, sondern die DDR ist ihr beigetreten.

Zur Herstellung der Einheit Deutschlands waren nationale und internationale Voraussetzungen nötig. Zunächst mussten beide deutsche Staaten darüber einig sein, künftig ein Land bilden zu wollen. Die Initiative dazu kam aus der DDR. Dann galt es, das Einverständnis der Siegermächte des Zweiten Weltkriegs – der Sowjetunion, der USA, Großbritanniens und Frankreichs – zu erlangen, weil sie Rechte in Deutschland hatten und die Souveränität beider deutscher Staaten beschränkt waren. Ebenfalls international geklärt werden musste die Bündnisfrage eines künftigen, einigen Deutschlands, die Endgültigkeit der deutschen Grenzen und der Interessenausgleich mit der Sowjetunion. Der Wille zur Einheit manifestierte sich in der DDR mit der Wahl vom 18. März 1990. Sie erfolgte unter wesentlicher Wahlkampfbeteiligung der Parteien der Bundesrepublik. An der Wahl nahmen 93,4 Prozent der Wahlberechtigten teil. Es siegte das Wahlbündnis Allianz für Deutschland, bestehend aus der ehemaligen Blockpartei CDU, der Deutschen Sozialen Union (DSU) und dem Demokratischen Aufbruch (DA), mit 48,15 Prozent der abgegebenen Stimmen. Da es keine Sperrklausel gab, war damit die absolute Mehrheit verfehlt. Dennoch hatte sich die zentrale Forderung der Allianz für Deutschland nach einer schnellen Vereinigung und Wiederherstellung der Länder klar durchgesetzt.

Im Westen sah das Grundgesetz zwei Wege zur Herstellung der Einheit vor. Der Artikel 23 lautete in der Fassung vom 23. Mai 1949: »Dieses Grundgesetz gilt zunächst in den Gebieten der Länder Baden, Bayern, Bremen, Groß-Berlin, Hamburg, Hessen, Niedersachsen, Nordrhein-Westfalen, Rheinland-Pfalz, Schleswig-Holstein, Württemberg-Baden und Württemberg-Hohenzollern. In anderen Teilen Deutschlands ist es nach deren Beitritt in Kraft zu setzen.« Durch die Bildung von Baden-Württemberg 1952 und den Beitritt des Saarlandes 1957 änderte sich die Liste. In Bezug auf »Groß-Berlin« formulierten die westlichen Militärgouverneure in ihrer Genehmigung des Grundgesetzes einen Vorbehalt. Er bekräftigte, dass Berlin nicht durch den Bund regiert werde.

Der zweite Weg zur Einheit war im Artikel 146 des Grundgesetzes formuliert, der in seiner bis 1990 gültigen Fassung bestimmte: »Dieses Grundgesetz verliert seine Gültigkeit an dem Tage, an dem eine Verfassung in Kraft tritt, die von dem deutschen Volke in freier Entscheidung beschlossen worden ist.« Am 23. August 1990 stimmte die Volkskammer für den Beitritt der DDR zum Geltungsbereich des Grundgesetzes der Bundesrepublik Deutschland nach dessen Paragraph 23 mit Wirkung vom 3. Oktober 1990. Dabei wurden 363 Stimmen abgegeben, 294 Abgeordnete votierten mit »Ja«, 62 Abgeordnete mit »Nein«, es gab 7 Enthaltungen.

Damit war von der DDR der Weg zur Einheit gewählt worden, der keinen weiteren parlamentarischen Prozess im Westen erforderte. Der Abschluss eines »Einigungsvertrages« wäre nicht zwingend nötig gewesen, erfolgte aber, um die Probleme der Übertragung des Grundgesetzes auf die dann nicht mehr existierende DDR weitgehend zu regeln, die Bildung der neuen Länder und Berlin als deutsche Hauptstadt festzulegen und die Übernahme des DDR-Vermögens und die Haftung für die DDR-Staatsschulden zu fixieren. Voraussetzung für das völkerrechtliche Inkrafttreten des Einigungsvertrages war der Abschluss des »Vertrages über die abschließende Regelung in Bezug auf Deutschland« (Zwei-plus-Vier-Vertrag), in dem die vier Siegermächte auf ihre Vorbehaltsrechte verzichteten. Damit ersetzte dieser Vertrag den bislang ausstehenden Friedensvertrag nach dem Zweiten Weltkrieg. Er wurde am 12. September 1990 in Moskau unterzeichnet und trat am 15. März 1991 mit der Hinterlegung der letzten Ratifikationsurkunde in Kraft. Der Einigungsvertrag wurde am 31. August 1990 von der Bundesrepublik und der DDR unterzeichnet. Am 20. September stimmten darüber in zeitlich gleichen Sitzungen Volkskammer und Bundestag ab. In der Volkskammer sagten 299 Abgeordnete »Ja«, 80 Abgeordnete »Nein«, und es gab eine Enthaltung. Im Bundestag stimmten 440 Parlamentarier mit »Ja« und 47 mit »Nein« bei 7 Enthaltungen. Am 21. September 1990 stimmte der Bundesrat dem Vertrag zu, am 23. September unterzeichnete ihn Bundespräsident Richard von Weizsäcker. Am 2. Oktober 1990, 24.00 Uhr, endete die Existenz der DDR. Ab 15. März 1991 war das nun geeinte Deutschland frei von alliierten Vorbehaltsrechten. Rechtlich gesehen ist dieser, heute völlig unbeachtete Tag das endgültige Ende des Zweiten Weltkriegs und seiner Folgen.

LITERATURVERZEICHNIS

Allertz, Robert: *Im Visier die DDR*. Berlin 2002.

Andert, Reinhold/Herzberg, Wolfgang: *Der Sturz. Honecker im Kreuzverhör*. Berlin/Weimar 1991.

Andert, Reinhold: *Nach dem Sturz. Gespräche mit Erich Honecker*. Leipzig 2001.

Auerbach, Horst: *Auf Kurs zur Marine*. Stralsund 1998.

Autorenkollektiv: *Das moderne Militärwesen*. Berlin 1968.

Autorenkollektiv: *Geschichte der SED. Abriss*. Berlin 1978.

Autorenkollektiv: *Graubuch. Expansionspolitik und Neofaschismus in Westdeutschland*. Berlin 1967.

Autorenkollektiv: *Protokoll des VIII. Parteitages der Sozialistischen Einheitspartei Deutschlands*. 2 Bde. Berlin 1971.

Autorenkollektiv: *Urlaub, Klappfix, Feriencheck. Reisen in der DDR*. Berlin 2003.

Autorenkollektiv: *Vom Sinn des Soldatseins*. 14. Aufl., Berlin o. D.

Badstübner, Rolf: *Vom Reich« zum doppelten Deutschland. Gesellschaft und Politik im Umbruch*. Berlin 1999.

Barck, Simone/Langermann, Martina/Lokatis, Siegfried (Hrsg.): *Zwischen »Mosaik« und »Einheit*. Berlin 1999.

Behling, Klaus/Eik, Jan: *Lautloser Terror*. Leipzig 2009.

Behling, Klaus: *Berlin im Kalten Krieg*. Berlin 2008.

Behling, Klaus: *Der Nachrichtendienst der NVA*. Berlin 2005.

Behling, Klaus: *Hightech-Schmuggler im Wirtschaftskrieg. Wie die DDR das Embargo des Westens unterlief*. Berlin 2007.

Behling, Klaus: *Spione in Uniform. Die Alliierten Militärmissionen in Deutschland*. Stuttgart/Leipzig 2004.

Beleites, Michael: *Altlast Wismut*. Frankfurt am Main 1992.

Biskupek, Matthias: *Was heißt eigentlich DDR? Böhmische Dörfer in Deutsch und Geschichte*. Berlin 2003.

Blutke, Günter: *Obskure Geschäfte mit Kunst und Antiquitäten*. Berlin 1994.

Bölling, Klaus: *Die fernen Nachbarn*. Hamburg 1983.

Bollinger, S./ Vilmar, F. (Hrsg.): *Die DDR war anders*. Berlin 2002.

Bolz, Lothar: *Von deutschem Bauen*. Berlin 1951.

Brandt, Willy: *Erinnerungen*. Berlin 1997.

Bratfisch, Rainer (Hrsg.): *Freie Töne. Die Jazzszene in der DDR*. Berlin 2005.

Bundesministerium für innerdeutsche Beziehungen (Hrsg.): *DDR-Handbuch*. 2 Bde. Köln 1985.

Burlakow, Matwej: *Wir verabschieden uns von Freunden. Der Abzug*. Bonn 1994.

Ciesla, Burghard: *Als der Osten durch den Westen fuhr*. Köln 2006.

Danelius, Ditmar: *Das Bonzenkind*. Uckerland 2012.

Dokumentationszentrum Alltagskultur der DDR (Hrsg.): *Konsum – Konsumgenossenschaften in der DDR*. Köln 2006.

Eberle, Henrik/Wesenberg, Denise (Hrsg.): *Einverstanden, E.H. Parteiinterne Hausmitteilungen, Briefe, Akten und Intrigen aus der Honecker-Zeit*. Berlin 1999.

Eberle, Henrik: *Anmerkungen zu Honecker*. Berlin 2000.

Eberlein, Werner: *Geboren am 9. November. Erinnerungen*. Berlin 2000.

Eichner, Klaus/Schramm, Gotthold (Hrsg.): *Angriff und Abwehr. Die deutschen Geheimdienste nach 1945*. Berlin 2007.

Eik, Jan/Behling, Klaus: *Verschlusssache. Die größten Geheimnisse der DDR*. Berlin 2008.

Eik, Jan: *Besondere Vorkommnisse. Politische Affären und Attentate in der DDR*. 2. Aufl., Berlin 2006.

Eik, Jan: *DDR-Deutsch. Eine entschwundene Sprache*. Berlin 2010.

Eik, Jan: *Eine Menge Spaß*. Berlin 2013.

Ensikat, Peter: *Populäre DDR-Irrtümer. Ein Lexikon von A–Z*. Berlin 2008.

Falck, Uta: *VEB Bordell*. Berlin 1998.

Feldmann, Klaus: *Das waren die Nachrichten*. Berlin 2006.

Fensch, Eberhard: *So und nur noch besser*. Berlin 2003.

Fischer, Bernd: *Der Große Bruder*. Berlin 2012.

Friedmann, Ronald: *Ulbrichts Rundfunkmann*. Berlin 2007.

Friedrich, Walter/Förster, Peter/Starke, Kurt (Hrsg.): *Das Zentralinstitut für Jugendforschung Leipzig 1966–1990*. Berlin 1999.

Gebhard, Manfred: *Das Magazin in der DDR*. Berlin 2006.

Gillen, Eckhart/Haarmann, Rainer (Hrsg.): *Kunst in der DDR*. Köln 1990.

Golle, Hermann: *Das Know-how, das aus dem Osten kam*. Stuttgart/Leipzig 2002.

Graf, Herbert: *Mein Leben. Mein Chef Ulbricht. Meine Sicht der Dinge*. Berlin 2008.

Grimm, Thomas: *Das Politbüro privat*. Berlin 2004.

Großmann, Werner/Schwanitz, Wolfgang (Hrsg.): *Fragen an das MfS. Auskünfte über eine Behörde*. Berlin 2010.

Habel, F.-B.: *Das große Lexikon der DEFA-Spielfilme. Die vollständige Dokumentation aller DEFA-Spielfilme von 1946 bis 1993*. Berlin 2000.

Halbrock, Christian: *Mielkes Revier*. Berlin 2010.

Hannover, Heinrich: *Die Republik vor Gericht*. Bd. 1. Berlin 1998.

Hartenstein, Michael A.: *Die Geschichte der Oder-Neiße-Linie*. München 2006.

Heckhausen, Markus (Hrsg.): *Das Buch vom Ampelmännchen*. Berlin 1997.

Henrich, Rolf: *Der vormundschaftliche Staat.* Leipzig/Weimar 1990.

Herbst, Andreas/Ranke, Winfried/Winkler, Jürgen: *So funktionierte die DDR.* 3 Bde. Reinbek b. Hamburg 1994.

Herlt, Günter: *Das dicke DDR-Fernsehbuch.* Berlin 2007.

Hoffmann, Heinz: *Der Kommissionshandel im planwirtschaftlichen System der DDR. Eine besondere Eigentums- und Handelsform.* Leipzig 2001.

Honecker, Erich: *Aus meinem Leben.* 7. Aufl., Berlin 1981.

Honecker, Erich: *Zu dramatischen Ereignissen.* Hamburg 1992.

Jenkis, Helmut: *Der Freikauf von DDR-Häftlingen.* Berlin 2012.

Joachimi, Horst: *Resident der HV A in New York. Erinnerungen.* Berlin 2009.

Kalinka, Werner: *Schicksal DDR.* Berlin 1997.

Kaminsky, Annette: *Wohlstand, Schönheit, Glück. Kleine Konsumgeschichte der DDR.* München 2001.

Kant, Immanuel: *Von den Träumen der Vernunft.* Leipzig 1981.

Kilian, Werner: *Die Hallstein-Doktrin.* Berlin 2001.

Kleiner, Franziska (Hrsg.): *Das DDR Sammelsurium.* Berlin 2006.

Kleiner, Franziska (Hrsg.): *Was von der DDR blieb.* Berlin 2009.

Klump, Brigitte: *Das rote Kloster.* Hamburg 1978.

Klump, Brigitte: *Freiheit hat keinen Preis.* München/Berlin 1981.

Kochan, Thomas: *Blauer Würger. Trinkgewohnheiten in der DDR.* Berlin 2011.

Komets, Arik K.: »Das Notaufnahmelager Marienfelde im Visier der Stasi«. In: *Schriftenreihe Erinnerungsstätte Notaufnahmelager Marienfelde.* Bd. 1. Berlin 2002.

König, Gerd: *Fiasko eines Bruderbundes. Erinnerungen des letzten DDR-Botschafters in Moskau. Berlin* 2011.

Koop, Volker: *Abgewickelt. Auf den Spuren der Nationalen Volksarmee.* Bonn 1995.

Koop, Volker: *Besetzt. Sowjetische Besatzungspolitik in Deutschland.* Berlin 2008.

Kopf, Peter: *Wo ist Lieutenant Adkins?* Berlin 2013.

Kowalczuk, Illko-Sascha/Wolle, Stefan: *Roter Stern über Deutschland.* Berlin 2001.

Kowalczuk, Illko-Sascha: *MfS konkret.* München 2013.

Kroll, Hans: *Botschafter in Belgrad, Tokio und Moskau 1953–1962.* München 1969.

Kupfermann, Thomas: *FKK in der DDR. Sommer, Sonne, Nackedeis.* Berlin 2008.

Kwizinskij, Julij A.: *Vor dem Sturm.* Berlin 1993.

Leonhard, Wolfgang: *Das kurze Leben der DDR.* Stuttgart 1990.

Leonhard, Wolfgang: *Die Revolution entlässt ihre Kinder.* 2 Bde. Köln 1955.

Leonhard, Wolfgang: *Meine Geschichte der DDR.* Berlin 2007.

Lolland, Jörg: *Zu Befehl Genosse Unterleutnant.* Stuttgart 1971.

Luxemburg, Rosa: *Werke. Band 4.* Berlin 1974.

Maaz, Hans-Joachim: *Der Gefühlsstau. Ein Psychogramm der DDR.* Berlin 1992.

Maizière, Lothar de: *Anwalt der Einheit.* Berlin 1996.

Maizière, Lothar de: *Ich will, dass meine Kinder nicht mehr lügen müssen.* Freiburg im Breisgau 2010.

Marxen, Klaus/Werle, Gerhard/Schäfter, Petra: *Die Strafverfolgung von DDR-Unrecht. Fakten und Zahlen.* Berlin 2007.

May, Ruth: *Planstadt Stalinstadt.* Dortmund 1999.

Menzel, Rebecca: *Jeans in der DDR.* Berlin 2004.

Merkel, Ina (Hrsg.): *Wir sind doch nicht die Meckerecke der Nation! Briefe an das Fernsehen der DDR.* Berlin 2000.

Mittag, Günter: *Um jeden Preis. Im Spannungsfeld zweier Systeme.* Berlin 1991.

Müncheberg, Hans: *Blaues Wunder aus Adlershof. Der Deutsche Fernsehfunk – Erlebtes und Gesammeltes.* Berlin 2000.

Neubert, Rudolf: *Das neue Ehebuch.* Berlin 1968.

Neubert, Rudolf: *Die Geschlechterfrage.* Rudolstadt 1956.

Neubert, Rudolf: *Fragen und Antworten zum neuen Ehebuch.* Rudolstadt 1960.

Niederhut, Jens: *Die Reisekader.* Leipzig 2005.

Orschel, Rolf: *Kirmes Special. Schausteller und Volksfeste der DDR.* Reichertshausen 2006.

Pehnert, Horst: *Kino, Künstler und Konflikte. Filmproduktion und Filmpolitik in der DDR.* Berlin 2009.

Pohlmann, Friederike: *Hotel der Spione. Das »Neptun« in Warnemünde.* Schwerin 2009.

Presse- und Informationsamt der Bundesregierung: *Weißbuch 1970.* Bonn 1970.

Przybylski, Peter: *Tatort Politbüro. Die Akte Honecker.* Berlin 1991.

Reufsteck, Michael/Niggemeier, Stefan: *Das Fernsehlexikon. Alles über 7000 Sendungen von Ally McBeal bis zur ZDF-Hitparade.* München 2005.

Röhl, Ernst: *Rat der Spötter.* Leipzig 2002.

Sauer, Heiner/Plumeyer, Hans-Otto: *Der Salzgitterreport.* München 1991.

Schabowski, Günter: *Das Politbüro. Ende eines Mythos.* Reinbek 1990.

Schabowski, Günter: *Der Absturz.* Berlin 1991.

Schabowski, Günther: *Wir haben fast alles falsch gemacht. Die letzten Tage der DDR.* Berlin 2009.

Schalck-Golodkowski, Alexander: *Deutsch-deutsche Erinnerungen.* Reinbek b. Hamburg 2000.

Schindler, Nina (Hrsg.): *Das Mordsbuch.* Hildesheim 1997.

Schöne, Jens: *Das sozialistische Dorf.* Leipzig 2008.

Schönfelder, Jan/Erices, Rainer: *Westbesuch. Die geheime DDR-Reise von Helmut Kohl.* Jena/Quedlinburg 2007.

Schröder, Richard: *Die wichtigsten Irrtümer über die deutsche Einheit.* Freiburg im Breisgau 2007.

Schumann, Frank (Hrsg.): *Lotte Ulbricht. Mein Leben. Selbstzeugnisse, Briefe und Dokumente.* Berlin 2003.

Schumann, Frank (Hrsg.): *Lotte und Walter.* Berlin 2003.

Schweizer, Steffi: *Minol. Hauptsache Benzin!* o. O. 2004.

Seidel, Karl: *Nachtrag. Erinnerungen eines Beteiligten an 20 Jahre Beziehungen zwischen der DDR und der BRD.* Berlin 2006.

Sellhorn, Werner J.: *Jazz DDR Fakten.* Berlin 2005.

Setz, Wolfram (Hrsg.): *Homosexualität in der DDR.* Hamburg 2006.

Sommer, Stefan: *Lexikon des DDR-Alltags.* Berlin 1999.

Statistisches Amt der DDR (Hrsg.): *Statistisches Jahrbuch '90 der Deutschen Demokratischen Republik.* Berlin 1990.

Stedtler, Andreas: *Die Akte Lenin. Eine Rettungsgeschichte mit Haken. Mit einem Vorwort von Fritz Pleitgen.* Halle 2006.

Steiner, André: *Von Plan zu Plan. Eine Wirtschaftsgeschichte der DDR.* München 2004.

Stirn, Andreas: *Traumschiffe des Sozialismus.* Berlin 2001.

Stoll, Ulrich: *Einmal Freiheit und zurück.* Berlin 2009.

Stöver, Bernd: *Zuflucht DDR.* München 2009.

Strauß, Franz Josef: *Die Erinnerungen.* Berlin 1989.

Stuhler, Ed: *Margot Honecker. Eine Biografie.* Wien 2003.

Tippach-Schneider, Simone: *Das große Lexikon der DDR-Werbung.* Berlin 2002.

Ulbricht, Walter: »Unser guter Weg zur sozialistischen Menschengemeinschaft«. In: *Das System der sozialistischen Gesellschafts- und Staatsordnung. Deutsche Demokratische Republik. Dokumente.* Berlin 1969.

Völklein, Ulrich: *Honecker. Eine Biographie.* Berlin 2003.

Wagner, Matthias: *Ab morgen bist du Direktor.* Berlin 1998.

Walberg, Ernst-Jürgen/Balzer, Thomas (Hrsg.): *Erinnerungen an die Zukunft.* Bonn 1999.

Walther, Joachim: *Sicherungsbereich Literatur.* Berlin 1999.

Weisser, Ulrich: *NATO ohne Feindbild.* Bonn/Berlin 1992.

Wenzel, Siegfried: *Was kostet die Wiedervereinigung? Und wer muss sie bezahlen? Stand und Perspektiven.* Berlin 2003.

Wolle, Stefan: *Aufbruch nach Utopia. Alltag und Herrschaft in der DDR 1961–1971.* Bonn 2011.

Wolle, Stefan: *Die heile Welt der Diktatur. Alltag und Herrschaft in der DDR 1971–1989.* Berlin 2009.

Wolle, Stefan: *Der Traum von der Revolte. Die DDR 1968.* Berlin 2008.

Zimmermann, Brigitte/Schütt, Hans-Dieter (Hrsg.): *Ohnmacht. DDR-Funktionäre sagen aus.* Berlin 1992.

Zipser, Richard (Hrsg.): *Fragebogen: Zensur.* Leipzig 1995.

Bildnachweis

Archiv Bild und Heimat: S. 73, S. 104, S. 122, S. 131, S. 186, S. 189, S. 251, S. 270, S. 506, S. 508, S. 533, S. 598, S. 699, S. 703

BArch Bild 212-079 / Ugo Proietti: S. 10; BArch N 1648 Bild-KD00139 / Manfred Beier: S. 15; BArch Bild 183-61120-0001 / Dreyer: S. 134; BArch Bild 183-H0813-0600-020 / Dreyer: S. 136; BArch Bild 183-1990-0404-423 / Klaus Oberst: S. 173; BArch Plak 103-015-022: S. 179; BArch Plak 102-087-011: S. 246; BArch Bild 183-D0608-0001-024 / Ulrich Kohls: S. 264; BArch Bild 183-L0619-026 / Peter Koard: S. 273; BArch Bild 183-1984-0803-305 / Schulze: S. 285; BArch Bild 183-J0319-0010-002 / Horst Sturm: S. 298; BArch Bild-F005835-0004 / Simon Müller: S. 305; BArch Bild 183-1987-0911-432 / Karl-Heinz Schindler: S. 332; BArch Bild 183-1990-0429-411 / Karl-Heinz Schindler: S. 339; BArch Bild 183-1986-0813-460 / Klaus Franke: S. 340; BArch Plak 100-027-018: S. 347; BArch Bild 183-1986-0417-414 / Klaus Franke: S. 382; BArch Plak 100-009-011: S. 387; BArch Bild 183-K1109-416 / Friedrich Gahlbeck: S. 391; BArch Bild 183-N0705-417 / Klaus Franke: S. 408; BArch Bild 183-G0506-1001-002 / Hubert Link: S. 413; BArch Bild 183-1985-0206-042 / Rainer Mittelstädt: S. 427; BArch Bild 183-M0729-411 / Wolfgang Thieme: S. 428; BArch Bild 183-19000-0029: S. 432; BArch Bild 183-1989-1130-423 / Hubert Link: S. 441; BArch B 285 Plak-044-013: S. 461; BArch Bild 183-C0520-0009-006 / Klaus Franke: S. 467; BArch Bild 183-J0807-1006-002 / Wolfgang Thieme: S. 472; BArch Bild 183-Z0827-302 / Friedrich Gahlbeck: S. 501; Bild 183-1982-1002-011 / Klaus Franke: S. 527; BArch Bild 183-L0524-409 / Manfred Siebahn: S. 565; BArch Bild 183-16335-0011 / Walter Heilig: S. 569; BArch Bild 183-W0911-0408 / Klaus Franke: S. 591; BArch Bild 183-K0722-0010-005 / Ulrich Häßler: S. 607; BArch Bild 183-J1110-1007-002 / Manfred Siebahn: S. 610; BArch Bild 183-K1013-402 / Benno Bartocha: S. 627; BArch Bild 183-M0312-0141 / Waltraud Grubitzsch: S. 630; BArch Bild 183-B1217-0015-001: S. 647; BArch Plak 005-048-051: S. 655; BArch Bild 183-75256-0001 / Wolf: S. 677; BArch Bild 183-M0911-403 / Klaus Franke: S. 682; BArch Bild 183-K0625-0010-017 / Hubert Link: S. 722; BArch Bild 183-M0723-423 / Friedrich Gahlbeck: S. 735; BArch Bild 183-M0604-413 / Klaus Franke: S. 747; BArch Bild 183-M0823-412 / Ulrich Häßler: S. 760; BArch Bild 183-1986-0901-033 / Gabriele Senft: S. 767; BArch Bild 183-J1204-1007-001 / Klaus Franke: S. 778; BArch Bild 183-1988-0728-304 / Ulrich Häßler: S. 787; BArch Bild 183-1989-1110-409 / Hanns-Peter Lochmann: S. 800; BArch

Bild 183-1989-1024-401 / Klaus Franke: S. 807; BArch Bild 183-1989-1113-050 / Ulrich Häßler: S. 811; BArch Bild 183-1990-1003-400 / Peer Grimm: S. 838

Klaus Fischer: S. 76, S. 91, S. 357, S. 545, S. 551, S. 639, S. 689

Günther Gueffroy: S. 493

picture alliance / akg-images: S. 22, S. 101, S. 132, S. 201, S. 741; picture alliance / Heinrich Sanden: S. 28; picture alliance / ZB / Hubert Link: S. 34; picture alliance / AP Images / Heribert Proepper: S. 44; picture alliance / ZB / Ulrich Häßler: S. 50; picture alliance / ZB / Matthias Toedt: S. 63; picture alliance / ZB / ddrbildarchiv: S. 67, S. 296, S. 560; picture alliance / ZB / Wilfried Glienke: S. 81, S. 92, S. 254; picture alliance / dpa-Zentralbild / Berliner Verlag: S. 149, S. 174, S. 290, S. 516; picture alliance / ZB / Jens Wolf: S. 157; picture alliance / ZB / Günter Höhne: S. 162; picture alliance / dpa / Hendrik Schmidt: S. 165; picture alliance / dpa / Wolfgang Weihs: S. 194; picture alliance / ZB / Thomas Uhlemann: S. 212; picture alliance / ZB / Matthias Bein: S. 218; picture alliance / Chromorange/Dieter Möbus: S. 231; picture alliance / dpa / Carsten Rehder: S. 240; picture alliance / dpa: S. 259, S. 313, S. 358; picture alliance / dpa / Günter Bratke: S. 327; picture alliance / dpa / Tewes: S. 368; picture alliance / Sven Simon: S. 381, S. 415; picture alliance / dpa / Claudia Kornmeier: S. 420; picture alliance / akg-images / Günter Rubitzsch: S. 447; picture alliance / Willy Moese: S. 471; picture alliance / ZB: S. 481; picture alliance / ZB / Benno Bartocha: S. 511; picture alliance / ZB / Georg Zimmer: S. 515; picture alliance / ZB / Klaus Winkler: S. 523, S. 537; picture alliance / ZB / Bernd Settnik: S. 587; picture alliance / Ulrich Baumgarten: S. 619; picture alliance / dpa / ZB-Archiv: S. 40; picture alliance / Martin Athenstädt: S. 674; picture alliance / ZB / Archiv edition ost: S. 717; picture alliance / dpa / Matthias Hiekel: S. 757; picture alliance / ZB / ddrbildarchiv / Klaus Morgenstern: S. 791

Wikipedia: S. 657; S. 826

Von Klaus Behling liegen in den BEBUG Verlagen außerdem vor:

Fernsehen aus Adlershof. Das Fernsehen der DDR vom Start bis zum Sendeschluss
(edition berolina, 2016)

Die Kriminalgeschichte der DDR. Vom Umgang mit Recht und Gesetz im Sozialismus.
Politische Prozesse, skurrile Taten, Alltagsdelikte (edition berolina, 2. Auflage 2018)

Auf den Spuren der alten Meister. Kunsthandel und Kunstraub in der DDR
(Bild und Heimat, 2018)

Spur der Scheine. Wie das Vermögen der SED verschwand
(edition berolina, 2019)

ISBN 978-3-95958-160-8

3. Auflage
© 2019 by BEBUG mbH / Bild und Heimat, Berlin
Umschlaggestaltung: BEBUG mbH, Berlin
Umschlagabbildung: © picture alliance / Bildarchiv Monheim
Druck und Bindung: Graspo CZ

Ein Verlagsverzeichnis schicken wir Ihnen gern:
BEBUG mbH / Verlag Bild und Heimat
Alexanderstr. 1
10178 Berlin
Tel. 030 / 206 109 – 0

www.bild-und-heimat.de